2022 개정 미술과 교육과정 핵심 가이드

류지영, 김효정, 안지연, 이주연, 김향미 편
한국조형교육학회

교육과학사

집필진

류지영(춘천교육대학교)
김효정(이화여자대학교)
안지연(아주대학교)
이주연(경인교육대학교)
김향미(숙명여자대학교)
강윤정(플로리다주립대 박사)
강은영(심석중학교)
고황경(부천동여자중학교)
공완욱(춘천교육대학교)
김상미(성균관대학교)
김선아(한양대학교)
김수진(서울교육대학교)
김정현(한양대학교)
김지혜(광문고등학교)
김해경(경인교육대학교)
김효희(대안여자중학교)
남영림(서울교육대학교)
박상돈(한국교육과정평가원)
박소영(서울교육대학교)
박진희(한양대학교)
백애정(대진고등학교)
성묘진(서울미래초등학교)
송명길(한국교육과정평가원)
심영옥(경희대학교)
안혜리(국민대학교)
이미희(운중초등학교)
이선혜(한양대학교)
이윤희(서울영등포초등학교)
이하림(인천갈월초등학교)
장유정(청주여자상업고등학교)
장현주(덕천초등학교)
정옥희(전주교육대학교)
조성인(경기도교육청)
조원상(서울금양초등학교)
하영유(경상국립대학교)
현은령(한양대학교)
황연주(청주교육대학교)

서 문

오늘날 AI와 디지털 기술의 비약적 발전 속에서 시대적 전환은 학교 교육의 구조와 내용, 방법론에 깊게 영향을 미치고 있으며 교과 교육으로서 미술교육 연구 역시 계속해서 새롭게 이루어지고 있다. 미술교육은 대체 불가능한 창의적 사고, 공감과 소통, 성찰 능력으로 미래 사회의 핵심 역량을 길러내어 전인교육의 본질을 실현하는 중요한 영역으로서 교과 내 · 외적 도전에 지속적으로 직면해 왔다.

본서는 학교 교육으로서의 미술교육의 본질을 '교육과정'을 중심으로 현재 시점에서 구체화하는 2022 개정 미술과 교육과정에 대한 일종의 해설서이다. 미술과 교육과정에 직 · 간접적으로 관여하거나 전문적으로 연구해 온 연구자들을 중심으로 교육과정의 현재, 그리고 과제와 방향성을 모색한다. 과거와 현재, 미래라는 역사성과 지금 이곳이라는 현장성의 관점에서 우리나라 국가 교육과정으로서의 미술교육을 이론과 실제, 역사성과 현장성을 바탕으로 점검하고 재검토한 본격적이며 종합적인 연구서이자 핵심적인 안내서이다.

본서에서는 각 단원마다 주제와 관련된 교육과정의 역사와 이론, 내용과 방법이 포괄적이면서도 상세하게 제시된다. 제1장에서는 심미적 감성, 시각적 소통, 창의 · 융합, 정체성, 공동체라는 미술과 교육과정의 다섯 가지 역량, 제2장에서는 미적 체험, 표현, 감상이라는 미술과 교육과정의 영역, 제3장에서는 지식 · 이해, 과정 · 기능, 가치 · 태도라는 미술과 교육과정의 범주를 다룬다. 제4장에서는 언어와 상상력, 포용성 등 미술과 교육과정에서 미술의 정의와 역할, 제5장에서는 감각과 지각, 시각적 문해력과 시각문화, 재료와 과정 등 미술과 교육과정의 내용, 제6장은 민주시민교육과 맞춤형 교수 · 학습 등 미술과 교육과정에서의 학습자, 제7장에서는 미술과 교육과정에서의 교수 · 학습, 제8장에서는 미술과 교육과정에서의 평가를 다룬다. 각 장 및 소주제들은 그 자체로 완결된 것이므로 각 항목의 순서는 독자의 관심에 따라 찾아보기가 가능하도록 구성되어 있어서 어느 부분에서 시작하더라도 무관하다.

본서는 비록 현행 교육과정을 다루고 있으나 교육과정 자체가 그렇듯 완성이 아니라 '과정'으로서 수업 설계와 현장을 배경으로 이론을 재검토하고 성찰하며 학문적 논의와 현장의 교육 실천에 실질적인 도움이 되는 내용으로 교육적 조망을 가지도록 한다. 시대적 요청에 부응하여 변화하는 현재, 교육이 나아가야 할 길을 모색하며 그 중심에서 미술교육의 중요성과 가능성을 새롭게 인식하고 함께 고민하는 본서는 미술교육, 특히 미술과 교육과정에 관심이 있는 학생이나 예비교사로부터 더 나은 수업을 모색하는 교육자와 관계자 모두에게 도움이 될 것이다.

본서의 발간에 힘써주신 교육과학사의 무궁한 발전을 기원한다. 집필진과 편집진으로 참여해주신 모든 분들과 함께 미술교육으로 미래를 보며 이러한 의미 있는 학술적 모색과 도전이 새로운 지평이 되기를 기대한다.

〈2022 개정 미술과 교육과정 핵심 가이드〉 편집진 대표 류지영

차 례

I

미술과 교육과정의 역량

1 심미적 감성 역량

2022 개정 교육과정에서 제시한 핵심역량 중 '심미적 감성 역량'은 좁은 의미의 지식이나 기술에서 나온다기보다는 일상에서의 실천 과정 그 자체에서 성취 가능한 역량이다. 이에 미래의 핵심역량으로서 '심미적 감성 역량'이 실천적 앎으로서 보편교육으로서 그리고 예술교육으로서의 페다고지론적 의미 고찰이 필요하다. '페다고지(pedagogy)'라는 용어는 '교육학'과 유사한 개념이지만, 넓은 의미의 교육과는 다른 교육기술이라고 할 수 있는 교수·학습의 방법적 실천까지 포괄하는 개념으로, 보다 구체화된 실천 교육학 이론이라고 할 수 있다. 또한 지식을 전수하는 교수·학습 이론과는 다른 교육에 관한 이론으로 교육적 사실에 대한 해석으로 기존의 관습이 사회가 급속하게 변화됨으로써 이루어지는 새로운 사상이나 중요한 용어들에 대해서 성찰하고 해석하는 것으로 성취를 향한 실천 이론이라고 할 수 있다. 교육에서 추구하는 핵심역량은 개인과 사회의 공동 성취로 가능한 것이며, 지속 가능한 미래를 향한 과학적이고 합리적이며 실천적인 노력의 일환이다. 미래 핵심역량이 지니는 페다고지론적 고찰과 해석은 핵심역량 기반 교육의 실천으로 빚어지는 비판들이 긍정적으로 작용하도록 하는 역할을 한다.

이 글은 장기적인 인간 삶의 가치 구현의 측면에서 어떤 역량이 지속 가능한 미래의 실천적 앎으로 환원될 수 있는지 살펴봐야 할 필요성에서 출발한다. 구체적으로는 2022 개정 교육과정에서 제시된 '심미적 감성 역량'의 의미를 보편교육으로서의 페다고지론과 예술교과교육에 함축할 수 있는 페다고지론적 의미를 고찰하는 것을 목표로 한다.

1. 국가 교육과정에 도입된 심미적 감성 역량의 의미

1) 총론에 제시된 심미적 감성 역량의 의미

심미적 감성 역량은 역량 기반 교육과정으로서 본격적으로 개발된 2015 개정 교육과정 총론에서 "인간에 대한 공감적 이해와 문화적 감수성을 바탕으로 삶의 의미와 가치를 발견하고 향유하는" 역량으로 정의되어 있다. 그 의미의 기원은 제4차 교육과정 총론에서 구성 방향에 "취향이 고상하고 아름다움을 추구하는 심미적인 사람"을 언급하면서 출발했다(교육부, 2015, p. 36). 2015 개정 교육과정에서는 다음과 같은 의미를 제시하였다.

> 심미적 감성 역량이란 다양한 가치에 대한 개방적 태도와 반성적 성찰을 통해서 자신과 타인과 사회현상들을 공감적으로 이해하고, 문화적 소양과 감수성을 통해 삶의 의미와 사물들의 아름다움과 가치를 발견하고 향유하며, 이를 바탕으로 질 높은 삶과 행복을 누릴 수 있는 능력을 의미한다(교육부, 2015, p. 36).

2015 개정 교육과정 총론 해설서에 제시된 심미적 감성 역량은 교육과정을 통해 길러져야 할 인간상과 밀접한 연관을 가진 것으로서 미술이나 음악 교과를 통해 길러져야 할 역량의 차원을 넘어 인간 삶의 보편적 기술로서 필수적인 사유 방식으로 이해될 수 있다. 이는 '자신과 타인과 사회 현상들'과 '삶의 의미와 사물들의 아름다움과 가치'로서 지속 가능한 미래를 겨냥한 미래 핵심역량으로서의 명제적 앎의 방식이 특정 상황에서의 지식과 기능, 가치와 태도의 측면을 활용함으로써 얻을 수 있는 결과적인 능력으로 규정지어졌다. 역량에 대한 개념과 이 역량이 발휘될 수 있는 행동으로 이행되는 내재적인 실천을 아우르는 것이라고 볼 수 있다. 다양한 사물과 인간의 삶의 국면, 사회

적 사건과 텍스트의 수용 과정 등을 포함하는 보다 일반적인 개념으로서 이 역량은 단순히 예술 교과에 국한된 것이 아니며, 대상들에 대한 수용과 고찰을 통해 공감적 이해와 문화적 감수성에 기반한 향유를 시도하는 것이라 할 수 있다. 2022 개정 교육과정 총론에서도 2015 개정 교육과정에서 제시된 심미적 감성 역량을 그대로 유지하면서 "인간에 대한 공감적 이해와 문화적 감수성을 바탕으로 삶의 의미와 가치를 성찰하고 향유하는 역량"(교육부, 2022a, p. 6)으로 제시하였다.

최진(2020)은 '심미적 감성 역량'이 교육과정의 핵심 역량으로 등장한 것은 예술을 학생들이 배워야 할 가장 핵심적인 것으로 간주하고 예술이 일깨우는 감수성이 다른 형태의 지식을 습득하는 데 기여할 수 있으며 공동체로 살아가는 법을 배우는 데 중요한 것으로서 예술의 원리가 범교과적으로 적용되어야 할 필요성을 제시한 결과라고 보았다. 이는 불확실한 미래에 교과별 교육과정에서 '심미적 감성 역량'을 보다 포괄적으로 재개념화해서 단순하게 특정 교과에 해당되는 역량이라기보다 인지 중심의 역량에 대한 인식을 넘어 정서와 감성 등의 정의적 측면에서 역량 함양이 필요하다는 인식에서 나온 것으로 봐야 할 것이다. 여타의 다른 2015 개정 교육과정에서 제시된 역량의 개념이 확립된 후에도 명확하게 예술 관련 교과 외에 반영하기 어려웠던 역량으로서 구체적인 교과 측면에서 '심미적 감성 역량'을 적용하는 방안에 대한 논의가 활발하게 이루어진 연구는 드물다(박은진, 최영인, 2020). 이광우, 백경선, 이수정(2017)의 연구에 의하면, '심미적 감성 역량'이 일부 예술 교과 및 국어 교과를 통해서만 달성되고 있는 문제를 지적하였다. 또한 의사소통 역량이나 공동체 역량과 달리 심미적 감성 역량을 교과 역량으로 구체화하거나 교수·학습과 관련하여 개발하고 연구하는 경우는 많지 않다.

2) 각론의 교과 교육과정에 반영된 심미적 감성 역량의 의미

박은진, 최영인(2020)은 2015 개정 교육과정 총론에서 제시된 심미적 감성 역량의 개념이 "감성적 측면과 관련되는 공감적 이해와 문화적 측면의 아름다움 향유라는 두 가지 측면을 포괄하는 복합적인 개념으로 기술"(p. 219)된 것은 궁극적으로 일상생활에서 자신과 자신을 둘러싼 환경과 공동체의 문화와 기술을 향유하고 발전시키는 것을 지향하는 역량으로서의 의미를 내포하고 있다고 본다. 그럼에도 불구하고, 그 개념적 한계로 인해 교과의 특성에 따른 그 개념의 실체적 구체화에 대한 논의와 연구가 필요함을 지적하였다. 이들이 각 교과별 교육과정 각론에 2015 개정 교육과정의 총론에서 제시한 심미적 감성 역량의 개념을 수용하여 교과별로 개발된 핵심역량명과 그 개념에 대한 설명들을 예술교과군과 비예술교과군, 그리고 초등 범교과군으로 분류해 보면, 협소한 의미를 벗어나지 못하고 있는 것으로 보인다(〈표 1〉 참조).

비예술 교과군에서 실과(기술·가정)과에서 '관계 형성 능력'과 같은 능력과 밀접하게 연관되는 개념으로 적용한 것은 교과의 특성을 반영한 것으로 볼 수 있으나, 도덕과에서는 도덕적 정서 능력으로, 국어과에서는 문화를 향유·생산하는 능력으로 심미적 감성 역량을 반영한 것은 총론과 교과별 역량 간의 연계성 속에서 교과 역량으로 수용된 개념들이 공감과 감수성, 그리고 문화 향유의 정서적 측면을 벗어나지 못하고 있음을 알 수 있다. 이러한 결과를 통해 인공지능 기술과 4차 산업혁명으로 인해 새로운 지식과 가치를 창출하기 위해서 어떤 대상에 대한 이해나 평가를 논리적이고 합리적인 사고 과정으로 보기보다는 감각과 결부된 감각적 반응으로 지식을 융합하고 통합하고 가치를 창출할 수 있는 심미적 감성 역량에 대한 인식 전환이

〈표 1〉 2015 개정 교육과정에서 심미적 감성 역량 개념을 수용하여 교과역량으로 구현한 사례(박은진, 최영인, 2020, p. 218에서 교과 계열별로 분류하여 발췌)

교과	심미적 감성 역량을 반영한 교과 역량명	역량 개념의 정의
미술과	미적 감수성	'미적 감수성'은 다양한 대상 및 현상에 대한 지각을 통해 자신의 느낌과 생각을 이해하고 표현하며 미적 경험에 반응하면서 미적 가치를 느끼고 내면화할 수 있는 능력이다.
	미술 문화 이해 능력	'미술 문화 이해 능력'은 우리 미술 문화에 대한 이해를 바탕으로 정체성을 확립하고, 유연하고 개방적인 태도로 세계 미술 문화의 **다원적 가치를 이해하고 존중하며 공동체의 발전에 참여할 수 있는 능력**이다.
음악과	음악적 감성 역량	'음악적 감성 역량'은 음악이 가지고 있는 **아름다움, 특징 및 가치를 개방적 태도로 수용하고 이해하며, 깊이 있는 성찰과 상상력을 발휘하여 삶의 질을 향상시키고 행복을 창출할 수 있는 역량**이다.
	문화적 공동체 역량	'문화적 공동체 역량'은 음악을 통해 우리 문화의 전통과 세계의 다양한 문화를 이해함으로써 지역, 국가, 세계 공동체의 구성원으로서 요구되는 **다양한 가치와 문화를 수용하고, 공동체의 문제 해결 및 발전을 위해 자신의 역할과 책임을 다할 수 있는 역량**이다.
체육과	신체 표현 능력	'신체 표현 능력'은 신체와 움직임을 매개로 생각과 느낌을 표현하고 수용하는 능력이다. 즉 신체 움직임을 통하여 **내면의 감정이나 생각을 적극적으로 표현하고 타인의 표현을 공감할 수 있는 능력**이다. 여기에는 움직임을 매개로 하여 **창의적이고 심미적인 주제를 구성하고 표현하는 능력과 신체로 표현된 것을 심미적 · 비판적으로 수용할 수 있는 능력**이 모두 포함된다. 움직임 언어와 표현 요소에 대한 이해를 바탕으로 신체 움직임을 창의적으로 표현하고 타인의 신체 표현을 **공감하는 과정을 통해 현상이나 사물의 아름다움과 가치, 그리고 다양한 문화를 수용하고 향유할 수 있는 안목**을 형성할 수 있다.
실과(기술 · 가정)	관계형성능력	관계형성능력은 **대상과의 관계를 소중히 여기고, 존중과 공감, 배려와 돌봄을 통해 공동체 감수성을 함양하여 자신과 가족, 친구, 지역사회, 자원, 환경과의 건강한 상호작용과 관계를 형성 · 유지할 수 있는 능력**이다.
도덕과	도덕적 정서 능력	**도덕성을 전제로 자신 및 타인의 감정을 인식하고 배려할 수 있는 도덕적 정서 능력**이다.
국어과	문화 향유 역량	문화 향유 역량은 국어로 형성 · 계승되는 **다양한 문화를 이해하고 그 아름다움과 가치를 내면화하여 수준 높은 문화를 향유 · 생산하는 능력**이다.
즐거운 생활	심미적 감성 역량	심미적 감성 역량은 **일상생활에서 아름다움과 즐거움을 느끼고, 여러 가지 자료와 매체, 도구 등을 사용하여 소리와 이미지, 움직임 등에 대해 다양한 감각을 발달시키는 능력**이다.
창의적 활동	심미적 감성 역량	다양한 예술 · 체육 · 문화 활동의 경험을 바탕으로 **심신을 조화롭게 발달시켜 공감적으로 이해하는 역량**이다.

요구됨을 알 수 있다. 기존의 인지 중심 역량 함양 교육에 대한 반성에 기초하여, 대전환 시대에는 인간이 가진 감성적 측면이 '심미적 경험'의 축적으로 형성된 실천적 행위로서의 인식론과 방법적 연구가 요구된다.

이후 2022 개정 교육과정 개발에서 크게 변화되지 않은 총론의 6개의 핵심역량 중 '의사소통 역량'만 '협력적 소통 역량'으로 바꾸어 핵심역량이 고르게 교과에 반영되도록 하였지만, 각 교과의 특성과 성격에 따라 일부 혹은 해당되는 몇 개의 핵심역량을 반영하여 개발되었다. 2015 개정 교육과정에서 지나치게 역량을 명시함으로써 이에 대한 명시적인 측면에서만 제시되고 실제 교육 내용과 성취기준까지 연결되지 못했던 점을 고려하여 2022 개정 교과 교육과정에서는 구체화된 교과 핵심역량을 제시하지 않은 것은 역량 중심 교육과정의 단점을 해소하기 위한 것이지 핵심역량을 반영하지 않은 것은 아니다. 왜냐하면, 새로 개정된 2022 개정 교육과정은 총론에서 제시된 핵심역량이 교과별로 교과의 특성을 살리는 차원에서 목표와 내용, 성취기준으로 이어지는 전반적인 체계에 녹아들어 있는 것을 교육과정 문서에서 발견할 수 있기 때문이다. 그럼에도 불구하고, 보다 명시적이고 구체적인 성과의 개념을 가진 핵심역량에 비해 심미적 감성 역량은 역시 예술 관련 교과에서 적용될 수 있는 개념으로 협소하게 반영되었다고 할 수 있다(〈표 2〉 참조).

〈표 2〉에 제시된 교과별 핵심역량은 2022 개정 교육과정 총론에서 제시된 핵심역량이 교과 교육과정인 각론에 반영된 것을 필자가 임의로 구분한 것으로서 교육과정 각론에 명확하게 교과 핵심역량이 어떤 총론의 핵심역량과 연결되었다고 명시된 진술은 없다. 하지만 위 교과별 핵심역량의 반영 내용을 통해서 심미적 감성 역량은 여전히 예술 관련 교과에 해당되는 것으로 범교과적 의미의 인식론은 적용되지 않은 것으로 볼 수 있다. 총론에서 제시하는 일반적인 인간의 공감적 태도와 자신과 세계의 관계 속에서 삶의 의미를 반영하는 데 지속 가능한 미래 창조를 위한 가치 실현에 필연적으로 요구되는 역량임에도 불구하고 이 미래 핵심역량이 지향하는 지점과 태도적 측면에서 실천적이고 이론적인 논의가 미흡한 것이라고 볼 수 있다.

역량 개념이 지식기반 사회, 행동주의 목표, 핵심역량, 커리큘럼, 직업 세계의 요구에 그 출현 배경이 있지만, 교

〈표 2〉 2022 개정 교과별 공통 교육과정에서 총론의 핵심 역량 수용 현황

<table>
<tr><th>총론</th><th>국어과</th><th>도덕과</th><th>사회과</th><th>수학과</th><th>과학과</th><th>실과(기 · 가)</th><th>체육과</th><th>음악과</th><th>미술과</th><th>영어과</th><th>바 · 슬 · 즐</th></tr>
<tr><td>자기관리 역량</td><td>자기성찰 · 계발 역량</td><td rowspan="3">자율적인 도덕 판단 능력과 균형 잡힌 도덕적 정서 · 일상의 실천 역량</td><td>문제해결력 및 의사 결정력</td><td>문제해결</td><td rowspan="3">과학적 탐구와 문제해결 능력, 과학적 의사결정 능력</td><td>생활 자립 능력</td><td>건강관리 역량</td><td>자기주도성 역량</td><td>정체성 역량</td><td rowspan="6">영어 의사소통 역량</td><td rowspan="6">‘지금-여기-우리 삶’을 살아가는 역량</td></tr>
<tr><td>지식정보처리 역량</td><td>디지털 · 미디어 역량</td><td>정보활용 능력</td><td>정보처리</td><td>기술학적 지식 이해 능력</td><td rowspan="2">움직임 수행 역량</td><td></td><td></td></tr>
<tr><td>창의적 사고 역량</td><td>비판적 · 창의적 사고 역량</td><td>창의적 사고력</td><td>연결 · 추론</td><td>기술적 문제해결</td><td>창의성 역량</td><td>창의 · 융합 역량</td></tr>
<tr><td>심미적 감성 역량</td><td>문화향유 역량</td><td rowspan="3">민주적 가치 · 덕목과 규범을 내면화하여 실천할 수 있는 역량</td><td></td><td></td><td></td><td></td><td>움직임 수행 역량</td><td>감성 역량</td><td>심미적 감성 역량</td></tr>
<tr><td>협력적 소통 역량</td><td>의사소통 역량</td><td>의사소통 및 협업능력</td><td></td><td></td><td>기술적 실천 능력</td><td></td><td>소통 역량</td><td>시각적 소통 역량</td></tr>
<tr><td>공동체 역량</td><td>공동체 · 대인관계 역량</td><td></td><td></td><td></td><td>관계 형성 능력</td><td>신체활동 문화 향유 역량</td><td>공동체 역량</td><td>공동체 역량</td></tr>
</table>

육에 대한 실천적 페다고지의 측면에서는 거부될 수 있는 소지의 성격이 다분히 존재한다. 왜냐하면 심미적 감성 역량은 핵심역량의 개념으로서 시간적 범위의 측면에서 현재보다는 미래에 방점을 두는 것으로서 본질상 미래 사회에 대한 대비가 관여되어 있음을 고려할 때 각 교과에서 "미래 사회 핵심역량의 개념을 보다 다각적으로 탐색하고 교육과정의 운영 방안과 연계하려는 시도"(백평구, 2023, p. 105)는 매우 중요한 공교육의 과업이다. 그럼에도 '현재'의 시점에서 우수한 성과와의 관련성을 타당하게 고려하기 위해 지금까지와 유사한 역량을 일부 적용하면서도 불확실성을 감수하고 이해관계자의 합의를 형성하는 데 있어서 심미적 감성 역량은 미래사회 대비를 위한 방향성을 공유하면서 유용하게 좀 더 실천적 측면의 논의에 주목할 필요가 있다.

2. 심미적 감성 역량의 교과교육에의 적용을 위한 선행연구

심미적 감성 역량은 인간이 타인과 관계를 맺고 살아가는 데 요구되는 경험적 실천이라고 할 수 있다. 이성적 사고와 감성이 서로 상호작용 행동에 변화를 가져오도록 하는 능력을 기를 수 있는 개념이라고 할 수 있다. 그동안 감성에 대한 인식이 지식과 감각의 영역으로 예술 교과에서 기를 수 있는 것으로 인식되어온 것이 보편적인 인식이라고 할 때, 심미적 감성 역량이 창의성이나 문제 해결 능력, 의사소통 능력, 디지털 소양 능력과 같은 다른 역량들에 비해 적용이 모호할 수 있다. 이 때문에 국외의 경우 교육과정에 심미적 감성을 핵심역량으로 제시하지 않고 있다. 심미적 감성 역량은 그동안 미적 경험과 미적 인식 능력, 미적 정서, 미적 안목, 미적 가치 판단, 공감 능력이라고 할 수 있는 개념으로서 교육과정에서 제시한 역량이다. 이는 모든 교과에서 미래 핵심 역량에 반영해야 하는 중요한 역량이라는 것을 입증하고 보다 실천적 교육이론으로 해석될 수 있다. 따라서 그 학술적인 기원을 살펴볼 필요가 있다.

허정임(2022)은 모든 교과목에서 학생들과 교사들이 직접적인 상황 속에서 상호 구성적으로 경험을 완성해갈 때 유의미한 의사소통이 이루어지며 이 과정 속에서 교사의 경험과 학생의 경험이 '하나의 경험'으로 통합될 수 있고 질적인 변화가 일어난다고 주장한다. 이런 주장은 예술교과이든, 도덕교과이든, 지식교과이든 수학, 과학, 사회 등의 지적 경험이 우세한 요소들과 경험이 앎의 차원에서 머무르지 않고 실천 의지로 발현되도록 감성적 경험이 통합되어야 한다는 것을 시사한다. 초·중등학교에서의 통합이나 융합교육 방법을 듀이가 말하는 경험의 통합성과 질성 개념에 입각해서 제시한 허정임(2022)은 교차학문적, 다학문적인 의미를 설명하면서 듀이가 주장하는 '(심)미적 경험'을 강조한다. "존재의 직접적인 질성이 스며들어 있는 미적 경험을 통해 언어의 한계를 극복할 때 의사소통은 이루어지며 다문화 학생들은 공유감을 갖게 된다"(p. 130)라고 보았다. 실제로 디지털과 생태 전환의 위기에서 모든 것이 언어로 의사소통이 이루어질 수 없는 상황이며, 지식과 언어 능력을 기르는 것만으로 교육은 성과를 낼 수 없다. 가상 세계의 디지털 전환은 시각적이고 감각적인 사고를 더욱 필요로 하며, 말로 소통할 수 없는 의미들을 생생하고 심도 있게 공유할 수 있는 능력이 더욱 요구된다. 예술은 인류가 쌓아온 오랜 기간 동안 인류 공용어로서 보편성을 띠고 있지만, 경험적인 방법을 통해 단 하나의 방식만이 아닌 다양한 방식으로 삶의 문제들을 해결해왔다. 예기치 않은 위기 속에서 오늘날 심미적 감성 역량에 대한 인식은 심미적 감성을 통한 의사소통력과 창의·융합능력을 함양하는 것으로서 미적 경험의 가치 측면에서 더욱 강조되고 있다. 따라서 통합된 하나의 경험으로서 심미적 감성 역량은 단순히 예술교과에 국한된 것이 아니기에 교육과정 총론에서 이를 핵심역량으로 제시한 것이라고 할 수 있다.

류지영(2022)은 역량 중심의 교육과정이 행동주의 성격이 강해지고 교과의 본질 및 가치의 측면에서 미술 이론과 실천의 밀접한 연계가 중요하게 다루어져야 한다고 주장한다. 이는 "기존의 '능력' 중심의 핵심역량의 내용 및 틀이 애매하여 실제로 적용하기는 어렵다는 점, 그리고 지식(knowledge)과 기능(skill), 가치와 윤리(value and ethics)의 문제 및 그 관계를 재정의해야 할 필요가 있다는 문제의식"(류지영, 2021, p. 80)에서 기인한다. 역량 개념으로 '성향', '태도', '자질', '삶의 자세' 등이 강조되는 측면에서 심미적 감성은 교육적 적용에 더욱 애매한 그 개념을 가져왔지만, 이론과 실천의 연계를 강조했다. '심미성', '심미적'이라는 단어에 대한 용어의 불명료성에 대한 논의는 지식이나 기술에 비해 간과되어왔던 '가치와 윤리'가 강조되는 흐름 속에서 심미적 감성 역량의 개념이 모호한 것은 바로 성향, 태도, 자질, 삶의 자세에 대한 측면이 강조된 것으로 인식되었기 때문으로 보았다. 류지영(2022)은 원래 'aesthetic'은 '미적', '감성적', '정서적', '미학적' 등으로 번역되지만, 독일어로 Ästhetik는 '감성학'으로, 학문적 성격으로 받아들여질 수 있다고 보았다. 왜냐하면 '감각의 수용능력을 다루는 학문'과 '감각에 의한 주관의 정서적 또는 감정적 변양을 다루는 학문'으로 구분할 수 있는 것으로 전자는 보다 역량교육의 의미로서 접근할 수 있는 학문적 성격이며, 후자는 우리가 널리 알고 있는 순수학문 영역의 '미학'으로 지칭되는 분야이기 때문이라고 한다(김상현, 2005; 류지영, 2022에서 재인용). 미학을 특정 대상이나 사건, 사물로서가 아니라 실천 혹은 행위로 간주함으로써 역량교육에서의 명제적 앎이 실천적 앎으로 결합될 수 있는 근거들을 발견할 수 있다. 즉 '심미성'을 '감성학'으로 접근함으로써 보다 구체적이고 실천적인 역량으로 인식될 수 있는 근거로서 페다고지론적 입장으로 주장한 것으로 보인다.

김정효, 김해경(2019)은 2015 개정 교육과정에서 초·중등학교 미술과 교육과정에 나타난 미술 교과 역량 중 '미적 감수성'을 제외한 네 개 역량은 대부분 OECD Education 역량들과 관련성이 깊다는 결과를 발표했다. 이는 심미적 감성 역량에 해당되는 역량은 실제 경제적 효용성으로 출발한 핵심역량을 반영하여 개발된 교육과정의 단점을 보완할 수 있는 중요한 역량으로서 학년이 올라갈수록 더욱 OECD 역량들과 관련성이 깊으며 반영된 역량의 수도 증가하였다는 점을 감안할 때, 미술이 초등학교에서 범교과적으로 반영되어 이루어질 수 있는 측면에서의 역량교육이 "'학습에 대한 학습', '실행', '반성' 등의 비중을 높여 개인의 행복과 공동체 사회의 복지를 위해 요청되는 기능, 가치, 태도의 정의적 영역의 역량들이 비중 있게 반영"(김정효, 김해경, 2019, p. 29)되어야 함을 주장한다. 이를 기반으로 디지털 전환에 필요한 소양과 창의·융합 역량과 창의적 소통을 위한 '문해력'의 증진을 위한 역량이 수반되어야 한다는 점을 강조하였다. 따라서 하나의 교과, 즉 예술 교과의 협소한 시각으로 역량을 바라보는 것보다는 교육이라는 장기적 측면에서 보다 거시적인 차원에서 역량의 개념을 인식하고 교과에 반영하여 그 교과가 가진 역할과 가치와 더불어 궁극적인 교육이 지향해야 할 목표에도 도달할 수 있음을 알 수 있다.

박수정 외(2022)는 2022 개정 교육과정의 총론의 지향점과 그에 따른 주요 가치들을 반영하여 2015 개정 미술과 교육과정 교과 핵심역량이었던 '미적 감수성'을 '심미적 감성 역량'으로 제시한 것에 대해 그 하위 요소를 이끌어냄으로써 핵심역량 기반 교육과정에서 디지털 대전환 시대에 필요하고 요구되는 것들을 기반으로 '정체성'과 '공동체' 역량과 연관 지어 제안하였다. 아름다움을 추구하는 것으로 인식할 수 있는 '심미(審美, aesthetic)'는 사실 감각에 의한 지각으로 사물을 인지하는 것과 관련된 것이다. 바움가르텐이 감각과 관련된 고유의 논리로 이 용어를 사용하면서 정신의 여러 능력 중 느낌과 감정이라는 것을 중요하게 생각하게 되는 '감성과학'으로서 '미학'을 주장한 것에 기인한 것으로 그는 '감성(感性, emotion)'의 개념 역시도 단순한 정서나 감정적 상태의 경험이 아니라 감각하고 지각하여 표상을 형성하는 인식 능력이라고 주장한다. 이러한 주장은 학술적인 차원에서 범교과적으로 적용되어야 할 미래 핵심역량으로 간주하는 인식에 기반한 것으로 초등교육에서와 같이 예술교과에 국한되어 적용될 수 있는 의미를 넘어 보편적인 차원의 페다고지론의 입장에서 보는 견해로 보인다.

3. 범교과적 페다고지론으로 본 심미적 감성 역량

1) 프레이리의 페다고지론

비판적 교육 운동가로 알려진 파울로 프레이리(Paulo Reglus Neves Freire)는 교육이 궁극적으로 '인간 해방'을 목표로 삼아야 함을 주장하며, 헤겔의 사상을 근간으로 자유와 인정의 차원에서 자신의 의식화 교육으로 시민사회에서의 자유와 투쟁의 문제에 대해 교육에서 해방의 교육학을 주장한 학자이다. 비판교육 운동가로도 알려져 있지만, 현재 복잡하고 불확실한 미래를 준비하는 대전환 시대 역량교육에서의 '학생 행위 주체성', '광범위한 지식, 기능, 태도 및 가치', '변혁적 역량' 세 가지의 측면에서 인간화의 교육으로 지속적인 재창조로서의 교육과정이 세계에 참여하고 참여를 통해 더 나은 세계를 위해 나아가도록 하는 것이어야 하는 실천적 교육의 중요한 핵심적 사상을 제공하고 있다.

> 프레이리 교육학에서 인간화(Humanization)의 문제는 가치론적인 측면에서 인류의 중심 문제에 속하며, 이것은 비인간화의 상황을 인식하게 한다. 인간 존재에 대한 끊임없는 추구, 프레이리는 인간화를 존재론적 문제뿐만이 아닌 역사적 현실로서의 비인간화가 지닌 문제를 인식하고, 나아가 비인간화된 현실에 대한 투쟁을 인간의 소명으로 제시한다(Freire, 1998/2007; 김영호, 2021, p. 27에서 재인용).

위와 같은 인간의 해방에 대해 비인간화의 상황을 의식화하고 인간다운 삶 중심 교육으로 그 실천 이론을 제시한 프레이리의 사상은 4차 산업혁명, 팬데믹, 기후 위기 및 우리나라에서의 세월호와 이태원 참사와 같은 대혼란을 맞이한 상황에서 심미적 감성 역량이 어떠한 인간을 길러내기 위한 것인지에 대한 인식의 실천적 토대를 찾을 수 있다.

즉 프레이리(Freire, 1986/2012; 김영호, 2021에서 재인용)는 교육학적 차원을 변혁의 실천으로 보며 혁명적 지도력은 억압된 자들과의 지속적인 대화 속에서 교육은 에드문트 후설(Edmund Husserl)의 현상학적 차원을 통해 '의식의 지향성'을 통해 직접적인 삶의 현장에서 민중들이 느끼고 생각하는 것, 이것이 지식의 기초가 된다고 보았다. 이는 오늘날 디지털 기술과 인공지능으로 인한 인간과 기술의 이분법적 인식 상황을 극복하는 데 있어 인간과 비인간의 경계에서 일어나는 개인과 사회의 문제의 설정-대화-프락시스(praxis)를 통해서 민중의 의식을 깨우쳐 실천으로서의 '행동'과 '반성'의 연속적 과정으로 보는 관점에 중요한 영향을 미치는 사상이라고 볼 수 있다(Freire, 1986/2012). 오늘날 핵심 역량교육이 개인적이고 사회적인 가치에 모두 기여하는 방향으로 거듭나야 할 때 인내와 소통, 그리고 판단에 대한 인간의 가치들을 예시화하고 편협과 독단, 그리고 대립과 강요를 멀리하는 교육으로 인간 개개의 존재 가치를 깨닫도록 해주는 데 중요한 도구로 작용한다. 이는 제도적 효력으로서의 심미적 감성교육의 의미가 어떻게 역량교육으로서의 실천적인 의미로 인식될 수 있는가에 대한 실마리를 제공한다고 볼 수 있다. 그 의미의 단서는 심미적 사고이다. 심미적 사고는 인간이 예술작품을 통해 심미적으로 소통하고 인간 경험을 명료하게 함으로써 사물에 대한 신선한 지각을 가짐으로써 인간이 어떤 매개에 의해서가 아니라 주체적으로 사물 자체에 대한 느낌과 감정을 가지도록 하는 사고행위이다. 이러한 심미적 사고는 단순한 감성의 차원이 아니라 비판적 사고로 이끄는 원천으로서 이전의 선경험을 현재의 상황에서 미래에도 지속할 수 있는 존재의 가치를 발견하도록 하는 것이다. 따라서 심미적으로 사고하고 재현하고 표현하고 반응하는 단순한 행위들이 인간에게 자유와 해방을 안겨주는 데 핵심적인 것임을 인식하도록 해준다.

2) 뒤르켐의 페다고지론

뒤르켐(Durkheim, 2003)에 의하면, '페다고지'는 교육을 실천하는 방식이 아니라 인식하는 방식으로서 "마땅히 존재해야 할 바를 밝히며 기대하는 행위의 원칙을 염두에 둔 실천을 함축한다"(박찬영, 2020, p. 79에서 재인용)라고 주장한다. 여기서 실천의 함축은 교수학습과정안을 잘 작성하거나 훌륭한 발문을 잘 이끌어낸다거나 하는 실천의 경험을 잘 체계적으로 갖추고 있다 하더라도 이러한 실천에 대한 성찰이 없이 이루어지는 교수법을 말하는 것이 아니라 "기성세대가 다음 세대(아이들)에게 행사하는 작용 및 실천으로 간주한다면, 기성세대로부터 영향을 받지 않는 교육적 상황은 다 한순간도 없기에"(Durkheim, 2003, p. 69) 이러한 교육 현상에 대한 성찰 방식이 역사적 검토와 반성적 사고를 통해 이루어져야 한다는 것이다. 즉 뒤르켐(Durkheim, 2003)에게 있어 일반적으로 페다고지는 교육으로 이루어지는 "당위를 규명하고, 행동의 원칙을 정하기 위한 것이기에"(박찬영, 2020, p. 78에서 재인용) 실천을 함축하는 것을 말한다. 따라서 페다고지는 역량교육을 위한 교육의 방향 설정과 교육실천에 대한 이론 및 정당화를 체계적으로 성찰하는 역할을 한다. 그러나 실천의 경험을 페다고지라고 할 수 없기에 실천을 위한 이론으로서 페다고지는 '심미적 감성'이 가지는 교육의 본질과 교육이 의존하는 조건 및 역사적인 성찰 모두 만족하는 실천 세계와 관련된 이론으로서 교육의 목적을 설정하기 위한 이론과 실천의 방법을 탐구할 수 있는 방법론 및 교육 현상에 대한 체계적인 성찰을 제공하는 역할을 할 수 있다.

뒤르켐(Durkheim, 2003, p. 81)은 "기존 과학의 성과와 성찰이 제한적이지만, 그럼에도 이를 활용하며 교육 현상에 대한 체계적인 성찰을 시도하는 것이 페다고지의 역할"이라고 주장하였다. 따라서 핵심역량 기반의 교육적 실천은 역량에 대한 개인적이고 사회적인 가치에 기반하여 시대적인 상황에서 그 의미의 성찰을 통해서 주어진 교육적 사실을 두고, 이를 보존할 것인지, 아니면 변화시킬 것인지 선택하는 것이 중요하다고 할 때, 페다고지는 역량 기반 교육에서 가장 체계적으로 해석되고 적용된 성찰을 제공해 줄 수 있을 것이다. 뒤르켐(Durkheim, 2003)의 페다고지론적 의미로서 심미적 감성 역량을 고찰하는 것은 교육 현상에 대해 가능한 한 가장 체계적으로 적용된 성찰(Durkheim, 2003, p. 81)로서 심미적 감성의 심리학적 통찰과 성과 및 행위의 본성, 정서의 측면에서 개인뿐 아니라 사회의 교육에 대한 인식 방식을 성찰하는 것이 된다. 심미적 감성은 한국의 시대적 상황에서 사회심리학, 인지과학, 그리고 최근의 인공지능과 딥러닝에서의 신경과학, 뇌과학의 측면에서 교육사와 철학 이론을 실천 지향적으로 탐구하는 것을 의미한다. 뒤르켐(Durkheim, 2003)의 페다고지론에 따르면 심미적 감성 역량은 집단적 체계 속에서 학교 교육과정에 구현하고 실제로 함양하기 위한 탐색과 논의가 수반되어야 하는 것으로서 심미적 감성 역량의 개념을 명료하게 정립하고 공동의 이해를 확장하여 실제적으로 교육과정과 수업에서 구체적인 방법으로 실천될 수 있도록 해야 한다고 주장될 수 있다. 이를 역량교육의 지나친 성과 위주의 능력에 초점을 두는 데에 따른 교수학습 및 평가의 실천에서 불명료한 개념과 교과에 적용하기 어려웠던 이유는 바로 모든 것이 완벽한 해결책을 찾는 체계적이고 합리적인 방식으로 교육의 방향을 잡아야 하는 교육과정 개발이 정책적으로 이루어져 왔기 때문일 것이다.

이에 "상황이라는 맥락의 복잡성과 경험의 역동성을 인정하고 종합적이며 직관적인 판단과 창조적 상상력을 필요로 하는 가능성에 도전하는"(김황기, 2019, p. 90) 학문으로서 미술이 가진 것을 스스로 발견해 알아가도록 하는 측면에서 미래교육이 지식을 생산하고 자신이 하고 있는 일이 가치 있는 일임을 알게 하는 미술적 페다고지를 강조하였다. 이는 심미적 감성이 역량의 개념으로 학생들이 알아야 할 지식과 기능 및 가치와 태도를 기르는 것으로서 인식되기 위해서 이에 대한 페다고지적 측면에서 심미적 감성이 역량의 개념으로서의 페다고지적 정립이 필요하다는 것을 시사한다. 심미적 감성이 교육이라는 행위를 통해 길러지는 역량으로서 갖는 페다고지적인 의미는 특수한 상황에서 교육자들이 무엇을 어떻게 생각하고, 행동하고, 느끼고, 배우는지만 아니라, 학습자들이 어떤 경험으로 특수한 관계와 상황 속에서 자신의 이전 경험과 이후에 펼쳐질 삶에서 일어나 사건들에 대해 어떻게 느끼고 행동하고 무엇을 채워야 하는지에 대한 과정적 성찰이 이루어져야 한다(김황기, 2017)는 것이 페다고지론적 의미 성찰일 수 있다.

종합해서 뒤르켐의 페다고지론적 입장에서 심미적 감성 역량의 의미는 교육 주체와 대상들의 다양한 경험 요소들이 하나의 전체로 묶이는 것으로서 이러한 경험을 만들어 내는 데 핵심이 되는 '심미적' 속성과 현재의 인공지능 기술로 이루어지는 대전환의 상황 속에서 감성과 이성의 이분법적인 구조가 아니라 현재 상황과 맥락에서 경험의 속성으로 이루어지는 '감성'과 관련된 역량에 대해 실용주의 관점과 지식 전달의 유효성을 통해 경제적, 기술적인 효율성과 성공을 위한 요인이 아니라 효율성과 성공을 위해 무엇이 필요하며 어떤 방법으로 실천해야 하는가에 대한 이론적 정립이 필요한 이유이다.

3) 듀이의 경험으로서의 교육

심미적 감성 역량의 중요성을 지지할 수 있는 구체적인 페다고지로서 듀이의 경험으로서의 교육은 기본적인 토대를 제공한다. 듀이(Dewey)의 경험주의 철학에 입각하여 "인간 삶에서부터 비롯되는 모든 행위들은 경험에 의하여 이루어지고, 이러한 경험들이 각각의 지배적 특성을 돋보이게 할 때 그 경험들은 각각 교육적 특성이 우세한 활동으로 나타난다"(허정임, 2022, p. 25)라는 점에서 그의 경험에 대한 교육적 논의는 현재의 불확실성을 인정하고 새로운 미래 가치의 구현을 향한 대전환의 상황에서 교육을 통한 변화를 위한 페다고지를 다시금 성찰하게 해준다. 듀이(Dewey)는 인간의 삶은 환경 속에서 존속되며 '유기체'로서의 인간이 환경과 상호작용하는 상황 속에서의 경험이 일어나며 중도에 포기하지 않고 끝까지 한 유기체가 세계 안에서 투쟁과 성취를 통해 얻어낸 실천으로써 완성되어 성취감을 안겨주는 만족스러운 이런 경험이 바로 '하나의 경험'이라고 한다. 여기서 하나의 경험을 '지적 경험', '미적 경험', '실천적 경험', '도덕적 경험'이라고 단정적으로 지칭할 수 없고, 하나의 경험이 인간이 가진 예민한 감각을 통해 경험이 가진 다양한 요소인 지적 요소나 도적적 요소와 같은 경험의 부분들을 총체적인 하나의 경험으로 묶어주는 것으로 본다. 이 부분들의 개별적인 요소들이 상호 침투하여 하나의 전체로 통합되도록 해주는 것은 일상생활 속에서 정서적으로 체화될 때라고 한다. 이런 경험이 바로 정서적 특징으로서의 체화된 인지로서 "일상적 실천이면서 동시에 일상과 차별화되는 것으로서의 역사적 사회적 관습과 맥락을 반성적으로 성찰하는 힘"(류지영, 2022, p. 95)이라고 본다.

그러나 듀이(Dewey, 1930)의 경험으로서의 교육과 경험으로서의 예술에서 언급된 심미적인 것과 관련한 것으로서는 예술 작품의 수용과 관련한 활동을 상정하는 경우가 많다. 심미적인 경험으로 이행되는 과정에서 교육 행위를 하나의 예술 행위로 간주하고 지식 위주의 주지주의적 교육에서 통합적인 총체적 교육으로서 예술의 원리가 실용주의와 결합되어 인간의 모든 경험을 환경과 신경계의 상호작용을 근원으로 하는 것이라고 할 수 있다(허정임, 2022). 감수성은 예술 경험이 주는 가치와 태도의 함양에 요구되는 능력으로 부상된 것이라고 할 수 있다. 이러한 인간으로서의 감수성은 지식이나 평가될 수 있는 내용을 통해서가 아니라 심상이나 생각, 느낌 등을 드러내는 정서적이고 관계적인 것으로서 감각능력과 지각능력과 관련지어 시대적인 상황에서 필수적으로 갖추어야 할 자질로서 강조된 것이라고 할 수 있다.

이와 관련하여 김란주(2019)는 2015 개정 교육과정에 설정되어 있는 심미적 감성 역량의 개념과 맥신 그린(Greene, 2001/2011)의 심미적 교육과정이 줄 수 있는 시사점을 탐색함으로써 교육과정에서 소극적이고 주변적인 역할에 머물고 있는 심미적 감성 역량의 개념을 지적하였다. 이를 위한 해결로서 성찰하고 상상하는 능력에 중점을 두고 개방성과 감수성, 공감능력 등을 포함하며 개인적 삶의 향유뿐만 아니라 사회적 변혁의 가능성을 추구하는 방향으로 확장하고 재정립해야 할 필요성을 주장하였다.

4. 예술적 페다고지론에 기반한 심미적 감성 역량의 의미와 가치

1) 교육의 예술적 특성을 반영한 심미적 감성 역량

예술적 페다고지를 통해 심미적 감성에 대한 인식을 가진 예술교육자들은 얼마나 총체적으로 모든 교육에 스며들어 교육의 예술적 특성이 실천적으로 이행되어야 함을 주장할 것이다. 이러한 주장을 설득력 있게 해온 맥신 그린(Greene, 2001/2011)은 본디 예술이 '쓸모'가 아니라 '쓸모와의 거리'에 그 가치가 있음을 새삼 깨닫게 하는 페다고지를 제공한다. 교육을 행위의 측면에서 실천적으로 바라본 그린은 실제적 행위자로서 교사를 예술적 존재로 바라보았다. 그린은 가르침의 행위 속에서 교사의 내면에서 일어나는 미적 감수성이 학생들의 잠재적인 창조성을 불러낼 수 있는 원동력으로서의 교육과 예술을 동일시할 정도로 교육 자체를 심미적 교육이 되어야 한다고 보았다. 교사가 수업에서 자신의 열정, 감성, 움직임, 억양 등의 태도에서 드러내는 창조적 행위는 심미적 사고가 태도와 성향들로 이행되는 예술적 창조 행위와 동일시하고자 하는 견해로 이어진다. 교육이 전인적인 성장을 목표로 지향해야 한다면 모든 것을 옳고 그름이나 성과와 효율성으로 판단할 수 없는 암묵적인 지식을 포함한 심미적 경험으로 이행되어야 한다고 하였다.

따라서 그린(Greene, 2001/2011)은 아이들을 만나고 가르치는 교사가 자신의 예술적 경험에 대해 생각해왔거나 즐거움을 만끽한 기억을 간직하고 이루어지는 교육의 행위가 가진 잠재성을 다음과 같이 밝히고 있다. 이러한 경험은 '심미적 경험'으로서 교사에게 심미적 경험을 제공한 예술 작품 속에 담긴 의미와 가치, 메시지를 알고, 표면적으로 보이는 것 너머의 내면에 있는 무엇인가를 보는 심미적 안목은 예기치 않는 깨달음의 이행으로 학생들마다 감춰진 잠재성을 극대화하고자 하는 것으로 역량교육의 의미에서 중요한 페다고지론을 제공한다(Greene, 2001/2011, pp. 54-57). 자신의 예술성을 교육의 실천 속에서 실현하여야만 결과지향적인 교육이 아니라 교육이라는 실천적 행위를 통해서 얻어지는 과정적인 성취가 이루어진다고 본 것이다. 이러한 견해는 핵심역량 기반의 성과지향에 대한 중요한 반성적 페다고지론을 제공한다.

또한 문화와 시각예술로 핵심역량을 함양해야 한다고 주장한 이은적(2022)은 핵심역량 함양을 위한 교육과정 개발이 교사의 전문성과 자율성에 책무성을 강화하는 것이라고 본다면 교사의 수업 설계 역할이 매우 중요해지므로 학교교육의 질을 향상할 수 있다고 보았다. 이러한 미래 핵심 역량교육으로서 교육과정 문서를 통해 교과교육이 이루어진다면, 실제 그동안 교과의 특성마다 다르지만 교과교육에서 역량 함양을 위한 경험의 질을 얼마나 높게 강화할 수 있는가에 대한 교사의 의지와 열정에 더 많은 무게가 실리게 된다. 따라서 심미적 감성 역량은 교육의 주체인 학생을 가르치는 교사의 측면에서도 중요한 페다고지론을 제공한다. 교육의 질은 교사의 질을 넘을 수 없는 것처럼 그동안 교과의 지식・이해, 과정・기능, 가치・태도가 역동적으로 상호작용함으로써 개발되고 발휘되도록 교사의 예술성을 강조하는 맥락에서 자기 연구를 통한 심미적 감성 역량을 구체화해야 한다는 점은 간과될 수 없는 중요한 견해이다(김외순, 2018).

심미적 감성 역량이 일반적인 인간의 공감적 태도와 자신과 세계의 관계 속에서 삶의 의미를 반영하도록 함으로써 지속 가능한 미래 창조를 위한 핵심역량으로 우리나라 교육과정 총론에서 제시함은 인간 삶의 가치 실현에 필연적으로 요구되기 때문이다. 심미적 감성 역량을 미래 핵심역량이 지향하는 태도적 측면에서 실천적이고 이론적으로 부족했던 논의의 실마리에 다음 인용은 중요한 시사점을 제공한다.

> 심미적 교육(Aesthetic education)은 학습자들이 주목할 만한 것이 무엇인지(시스템적 사고) 알 수 있게 함으로써 예술에 대한 감상적, 성찰적, 문화적, 예측 가능한 참여를 육성(윤리적 가치 판단)하고 다양한 의미를 가질 수 있는 방식(비판적 사고)으로 예술 작품을 학습하기 위해 고안(디지털 소양)된 의도적인 교육이다. 이런 일이 일어날 때, 경험 속에서 새로운 연결(잠재성의 발현)이 만들어진다. 새로운 패턴이 형성되고, 새로운 시야가 열린다(미래를 창조)(Greene, 2001/2011, p. 6에서 필자가 역량교육의 의미로 괄호의 설명 추가).

심미적 교육을 주장한 그린(Greene, 2001/2011)의 사상으로, 4차 산업혁명을 맞이하여 우리나라의 교육이 지향해야 할 방향에 대해서 핵심적인 요소들을 찾아볼 수 있다. 한국과학창의재단 과학문화 포럼에서 권정민(2017)은 '시스템 사고', '윤리적 가치판단', '비판적 사고', '디지털 소양'을 제시한 바 있다. 이러한 역량이 범교과적으로 갖추어야 할 핵심역량이라면 지속 가능한 발전을 향한 성과를 위해 단순히 미래를 대비하기보다 창조하는 차원에서 접근할 필요가 있다. 심미적 감성 역량은 잠재성의 발현으로 최종의 성과를 보여주는 핵심역량이 되어야 한다. 그린(Greene, 2001/2011)은 심미적 교육의 정당성을 주장한 것이지만 상상력에 보다 초점을 맞추어야 할 방법론에 대한 제시를 해준다. 이는 예술적 페다고지론으로 심미적 감성 역량에 대한 인식론을 구체화하는 데 중요한 역할을 한다.

2) 인간 경험 형성에 기여하는 예술의 탁월성에 기반한 심미적 감성 역량

2차 세계대전을 치른 1950년대 전후의 모더니즘과 포스트모더니즘의 경계에서 예술과 심미적 교육이 삶을 얼마나 충만하게 해줄 수 있는지에 대한 미학적 식견과 문화예술정책에 대한 비판적 견해를 피력한 랄프 스미스(Smith, 2006)는 '심미적(aesthetic)'이라는 용어가 가진, 의미들을 통해 중요한 페다고지론을 제공한다. 그는 예술작품이 지닌 탁월성에 대해 인간이 가진 경험 중에서 최고의 감각을 동원하는, 본능적으로 만족감을 주는 경험을 제공하기 때문으로 설명한다. 그는 이런 경험이 바로 심미적 경험으로서 지각과 상상력의 정화를 제공함은 물론 고대 그리스 로마의 고전적 휴머니즘으로서의 심미적 고양을 위한 비판적 사고를 기를 수 있다고 보았다. 또한, 단계적인 경험의 제공을 통해 인간 경험 형성으로서의 교양교육에서 위대한 예술을 감상하는 능력을 향상함으로써 가치 있는 삶의 태도와 더불어 살아가는 문화적 다양성의 적용을 강조한다.

그가 강조한 예술교육의 페다고지론은 미술작품이 가진 평범하지 않은 위대성이 예술의 기초적인 개념의 학습을 통해 심미적 안목을 길러주는 데 시사점을 제공한다. 궁극적으로 모든 인간 삶의 경험이 지닌 심미적 가치를 추구하는 데 있어 학교교육을 통해 길러야 할 능력으로서의 심미적 소통과 문해력의 함양을 강조한다. 이러한 페다고지론이 역량교육에 주는 함의는 심미적 경험을 구체화된 평가로 실현해야 한다는 점이다. "예술에 대한 이론에서 중심적이고 분명히 해야 하는 것은 감정적 깊이, 심오한 진리, 자연적 아름다움, 정밀성, 논의의 신선함이 학교교육에서 평가의 기준이 되어야 한다"고 스미스(Smith, 2006, p. 48)는 주장한다. "예술교육이 예술의 가치 측면에서 관심을 끌게 하기 위해 예술과 예술교육의 정의가 맥락적 또는 프로그램적으로 길러야 할 능력에 초점을 두어 정의되어야 한다"(Smith, 2006, p. 49)라는 견해는 오늘날 역량교육의 차원에서 중요한 페다고지를 제공한다.

또한 그는 과정 중심과 결과 중심의 심미적 학습에서 궁극적으로 청소년들이 예술적 행위를 통해 기를 수 있는 특정 능력의 발달 이론이 가진 한계를 극복해야 한다고 주장한다. 예술교육은 당시의 시대적 상황에서 문화적 대안으로 설정될 수 있는 비전에 따라 달라지며 각자가 생각하는 가치 있는 삶의 본질에 대한 솔직한 가정에 의해 영향을 받는 것이 당연하다고 보았다. 현재의 시점에서 더 강조되어야 할 심미적 이해의 발달을 통해 결과 중심의 창의적 활동이 배움의 초석으로 거듭날 수 있도록 하기 위해서 예술작품이 지닌 구성적이고 계시적인 능력을 가치 있게 함으로써 각기 다른 예술적 상징 체계를 다루고 사용하며 변환할 수 있도록 해야 함을 주장한다(Smith, 2006). 이는 심미적 감성 역량이 교육으로 실천되는 데 있어 예술작품을 모든 교육학적 노력의 초석으로 삼아야 한다는 관점을 제시한 것이라고 할 수 있다.

교육자들은 예술계와 정치계를 연결하여 민중을 교화하는 데 있어 미술의 인지적 측면에 주의를 기울이고 있지만, 즉각적으로 느껴지는 지각적 통찰을 제공하는 심미적 경험은 이에 못지 않게 중요하다. 인간이 생애를 통틀어 진로를 설계하고 어린 학생부터 성인에 이르기까지 경험하는 것들은 다른 가치들 간의 차이로 이해되어 확장될 수 있다. 이러한 연결을 통해 즉각적으로 느껴지는 지각적 통찰을 제공하는 심미적 경험이 인지와 지각적 통찰력을 제공하는 인문학 기반 예술교육과정을 제안한 스미스(Smith, 2006)가 말하는 예술교육은 인지 중심의 예술교육적 페다고지라고 할 수 있다. 이는 위대한 예술이 가진 인간 능력의 탁월함을 증명할 수 있는 수월성교육과 보편교육의 두 가지 측면을 포함하고 있다. 다시 말해서 우리 사회가 가진 예술의 교육적 역할에 대한 이중적인 기대치에 대한 해결을 제안한다. 예를 들면, 포스트모더니즘에서 대중예술의 참여와 순수와 실용의 경계를 허물고자 했던 노력들은 실상은 진지한 예술을 시민 예술의 순수성이 담긴 예술로 가벼운 예술이 가진 하층의 계급의 기분풀이용 예술과 분리시켜야 한다고 주장하는 것이 아님을 인지하는 것과 같다. 즉 순수와 대중 예술을 동등하게 주장하자는 것이 아니라 문화가 다양한 영역으로 구성된다는 것을 인지해야 하는데 이는 심미적 고양을 통해 깨달아야 한다고 보았다. 예술은 잘못된 보편성으로부터 벗어나려는 자유에의 열망을 통해 진정한 보편성에 충실하고자 하는데 중요한 역할을 한다. 이런 진정한 예술의 보편성은 역량 중심의 교육에서 심미적 감성 역량은 자칫 가벼운 예술을 진지한 예술 속으로 혹은 진지한 예술을 가벼운 예술 속으로 끌어들임으로써 이루질 수 있는 것이 아니다. 문화나 예술이나 오락의 화해 불가능한 요소들을 심미적 안목과 감성적 고양이라는 하나의 목적 아래 종속시켜 예술이 가진 총체성을 일반교육으로서 보편교육의 기초적 토대로 삼고자 한 것이다. 이는 예술의 탁월성에 대한 페다고지론을 주장한 것이라고 할 수 있다.

3) 대전환 시대 인공지능 패러다임 속 '감성학'에 기반한 심미적 감성 역량

미래학자들의 예측된 미래를 최적화하고자 하는 노력의 일환으로, 인공지능 첨단기술이 일상화되면서 인간 능력과 역량에 대한 새로운 이해는 중요하게 다루어야 하는 현안이다. 교육 실천의 장을 관조하며 심미적 감성 역량에 대해 더 이상 실천과학적 성과가 확실하지 않다는 이유로 비생산적인 것으로 간주하는 인식은 개선되어야 할 필요가 있다. 이는 심미적 감성 역량에 대한 인식이 교육 현장으로의 이행과정에서 교과에서 어떻게 실천되는지에 대한 관리가 없었던 것도 문제라고 볼 수 있다. 따라서 대전환의 시대 역량 기반 교육과정 속에 학교교육은 경제적 쓸모를 질문하게 함으로써 미래를 지속 가능한 관점으로 바라보도록 해야 함을 의미한다. 그동안 인류가 어떤 교육의 방향점을 가지고 어떻게 불안과 박탈감을 해소하도록 했는지를 주지할 필요가 있다.

2022 개정 교육과정에서는 각 교과마다 학생들이 배워야 할 영역을 정하고 이 영역에서 궁극적으로 발휘될 수 있는 핵심 아이디어를 선정하도록 하고 있다. 이러한 핵심 아이디어는 핵심 역량과는 다른 지속적으로 삶의 변화를 가져올 수 있는 내재된 학습의 개념이다. 예를 들어, 미술 교과에서 핵심역량을 반영하여 미술의 내용 영역을 정하고 이에 따른 핵심 아이디어를 설정하는 데 있어 해당 영역의 지식을 삶과 연계하여 학생들로 하여금 실생활에서도 발휘할 수 있도록 핵심적인 내용을 제공한다. 이러한 영역별 핵심아이디어를 가지고 지식·이해, 과정·기능, 가치·태도가 통합된 교과 역량을 습득하도록 하는 것은 보다 체계적인 실천적 페다고지를 필요로 한다. 페다고지적인 관점에서 인간이 가지는 감성에 대한 것에 학문적으로 접근하여 하나의 인식 능력으로서 그동안의 예술 분야에 대한 경험적인 부분에 보다 분석적이며 체계적으로 접근할 수 있는 개념이 요구된다. 미학을 기반으로 하는 감성학은 인간의 실천적 행위인 예술을 둘러싼 인간 교육 및 활동의 핵심으로서 심미성을 바탕으로 하는 심미적 태도와 실천으로의 접근을 위한 교육이라고 할 수 있다(류지영, 2022). 여기서 감성의 의미는 단순히 감각이나 정서적인 측면만을 의미하는 것이 아니라 지성과 더불어 감성의 작용을 통해 이루어지는 "일상적 실천이면서 동시에 … 반성적으로 성찰하는 힘"(류지영, 2022, p. 95)이라고 이해될 수 있다.

현재 지식의 이해와 실천적 앎이 결합된 핵심역량은 개인만이 아니라 국가 공교육에서 지향해야 할 교육 목표가 될 수 있다. 현재 2022 개정 미술과 교육과정에서 총론의 핵심역량을 그대로 사용한 것으로 보이는 심미적 감성 역량은 예술적인 페다고지론에 입각해서 인간의 감성적 고양이 실천적 앎으로 이행되는 데 미술교과가 중요한 역할을 할 수 있음을 입증하는 것이라고 할 수 있다.

5. 심미적 감성 역량의 과제

미술교육에서 칸트(Immanuel Kant, 1724-1804)에 이어 실러(Johann Christoph Friedrich von Schiller, 1759-1805)의 미적 교육에 대한 주장은 인간이 가진 감각의 양성에 초점을 둔 견해로 받아들여져 왔다. 예술이 가진 정서적인 주관적 경험이 지적인 경험에 대해 우위를 차지하는 것이 아니라 선험적인 차원에서 구체적인 방법론적 연구와 논의가 필요하다고 할 때, 미학에서 주장하는 감각적인 체험만으로는 세상 속에 존재하는 자신의 가치를 발견할 수 없다. 즉 예술교육의 방법론적 이행으로서 순차적으로 이어지는 지적, 도덕적 경험이 일어나도록 해야 심미적 감성이 길러질 수 있다. 현재 인공지능 기술로 인한 가상 세계에서 살아있는 유기체가 세상과 관계하고 상호작용하며 얻는 하나의 경험을 '감성학'으로 접근하면, '변화 가능한 것'으로서의 인간의 능력에 대한 중요한 예술교육의 페다고지의 토대가 된다. 더불어 예술이 가진 심미적 고양의 힘은 개인만을 위한 성공의 차원이 아니라 공동체적 발전을 위한 원동력으로서 명제적 지식이 실천적 앎으로 결합될 수 있는 근거를 제공한다.

* 이 글은 정옥희(2023), '심미적 감성 역량'의 페다고지론적 의미 고찰(미술교육연구논총, 74권)을 수정 보완한 원고임.

정옥희(전주교육대학교)

2 시각적 소통 역량

현대 사회는 개인이 다루어야 하는 시각적 정보의 양과 종류가 폭발적으로 늘어나고 있으며, 각 개인에게 시각적 문화의 소비자 및 향유자만이 아니라 생산자와 관리자로서의 주체적인 역할이 요구되고 있다. 2022 개정 미술과 교육과정에서 함양하고자 목표하는 5대 역량 중 하나인 시각적 소통 역량은 현대 사회를 기반으로 미래 사회에 가장 중요하게 요구되는 역량이자 미술교육이 이 시대에 고유하게 책임져야 하는 영역이 무엇인가를 구체적으로 드러낸다. 시각적 소통 역량은 현대 사회에서 시각문화 개념이 형성되기 시작하면서 필연적으로 중시되어왔으며 미술교육에서도 이 역량 함양의 중요성이 점차 확대되었다. 특히 시각적 소통 역량이 핵심역량으로 제시된 2015 개정 교육과정이 시행된 이후 미래 사회를 준비하는 미술교육의 전망에 시각적 소통 역량에 대한 심층적인 연구가 지속적으로 이루어졌다(박남정, 2016; 이주연, 2018). 다시 말해 시각적 소통 역량 개념은 시각문화 개념과 함께 파악되어야 하며 역량의 함양을 위해 미술교육의 맥락에서 무엇을 어떻게 수업으로 구성하여 실행할 수 있을 것인가 하는 고민은 시각문화 개념의 핵심 요소를 분석하면서 현실화될 수 있을 것이다. 이 글에서는 광범위한 시각문화 이론 중 이러한 목적을 중심으로 개념을 파악하기 위해 2022 개정 미술과 교육과정의 시각적 소통 역량 개념을 살펴본다.

1. 총론의 핵심역량과의 관계

2015 개정 교육과정의 총론에 제시된 인간상의 추구와 각 교과별로 이를 구현하도록 변환된 역량이 충분히 연계되어 있지 못하다는 반성이 지속되어 왔다(이주연, 장연자, 2017). 2022 개정 미술과 교육과정은 총론의 지향과 미술 교과를 통한 실현이 역량 개념을 통해 보다 구체화되었다고 볼 수 있다. 2022 개정안에서는 미술의 정의와 역할을 '시각적 표현과 소통을 통해 개인과 공동체의 삶의 지속가능한 발전에 이바지할 수 있는 인류 보편의 언어'로 확대하여 규정하였다. 이렇게 제시된 미술교육의 역할이 통합적으로 달성될 수 있도록 제시된 역량이 심미적 감성, 창의·융합, 시각적 소통, 정체성, 공동체 역량이다. 즉 2022 개정 미술과 교육과정이 포괄적으로 제시한 총괄 목표인 미적 체험, 표현, 감상의 세 영역에 대한 세부 목표가 이 다섯 가지 역량에 반영되어 있다.

2022 개정 교육과정 총론에는 이 교육과정을 통해 추구하는 인간상이 다음과 같이 제시되어 있다. 개별 교과가 추구하는 목표는 이 인간상에 비추어볼 때 좀 더 명확해진다(교육부, 2022a, p. 5).

> 가. 전인적 성장을 바탕으로 자아정체성을 확립하고 자신의 진로와 삶을 스스로 개척하는 **자기주도적인 사람**
> 나. 폭넓은 기초 능력을 바탕으로 진취적 발상과 도전을 통해 새로운 가치를 창출하는 창의적인 사람
> 다. 문화적 소양과 다원적 가치에 대한 이해를 바탕으로 인류 문화를 향유하고 발전시키는 교양 있는 사람
> 라. 공동체 의식을 바탕으로 다양성을 이해하고 서로 존중하며 세계와 소통하는 민주시민으로서 배려와 나눔, **협력을 실천하는 더불어 사는 사람**(교육부, 2022a, p. 5, 진한 글씨는 연구자의 것).

이를 반영한 총론의 핵심역량이 심미적 감성 역량, 창의적 사고 역량, 협력적 소통 역량, 자기관리 역량, 지식정보처리 역량, 공동체 역량이다. 이 중 협력적 소통 역량은 2015 교육과정의 '의사소통역량'에서 소통의 방법과 목적

이 '협력'에 있음을 더욱 명확하게 하는 의미로 새롭게 제시되었다. 총론에서 제시한 인간상의 첫 번째 서술에 강조된 '자기주도성'과 '협력' 모두 2022 교육과정의 핵심적 가치로서 미술과 교육과정 역량에 분명하게 연계되어 반영된 것을 확인할 수 있다. 총론의 핵심역량 중 '협력적 소통 역량'과 '지식정보처리 역량'을 미술과 교육과정의 '시각적 소통 역량'과 연결하여 좀 더 상세하게 볼 필요가 있다(교육부, 2022a, p. 6; 교육부, 2024).

〈표 1〉 미술 교과의 시각적 소통 역량과 연결되는 총론의 역량(교육부, 2024, p. 5)

(총론) 협력적 소통 역량	다른 사람의 관점을 존중하고 경청하는 가운데 자신의 생각과 감정을 효과적으로 표현하며 상호협력적인 관계에서 공동의 목적을 구현하는 역량	+	(총론) 지식정보처리 역량	문제를 합리적으로 해결하기 위하여 다양한 영역의 지식과 정보를 깊이 있게 이해하고 비판적으로 탐구하며 활용할 수 있는 지식정보처리 역량
		↓		
(미술 교과) 시각적 소통 역량	다양한 매체에 기반한 시각문화를 비판적으로 이해하고 해석하며 이를 활용하여 시각적으로 소통할 수 있는 능력			

협력적으로 소통하기 위해서는 우선 다른 사람의 관점을 파악할 수 있어야 한다. 타인의 표현에 대한 정확한 이해 능력이 전제되어야 상대방의 관점을 존중하고 경청할 수 있다. 그리고 자신의 생각과 감정의 효과적인 표현 역시 나의 표현이 어떻게 상대방에게 들리고 보이며 받아들여질 수 있는지 그 원리를 이해할수록 가능해진다. 즉 의사소통 능력과 상호 존중의 태도가 상호협력적인 관계의 바탕이 되며, '공동의 목적'을 함께 세우고 구현하기 위한 노력을 할 수 있는 기초가 된다.

한편, 지식정보처리 역량의 정의를 살펴보면 더 이상 '정보의 습득'을 의미 요소로 제시하지 않음을 확인할 수 있다. 정보의 검색과 수집, 심지어 분류와 종합의 수고가 점차 검색 엔진과 인공지능 프로그램에 넘겨지고 있다. 이 역량의 핵심은 '문제를 합리적으로 해결'하고자 하는 목적을 수립하는 데에서, 즉 문제를 인식하는 단계에서부터 시작된다. 개인과 공동체의 삶에서 무엇이 문제인지를 파악하고 이를 합리적으로 해결하기 위해 필요한 지식이 무엇인지 찾아 깊이 있게 탐구하는 능력이 요구된다. 여기에서 분명하게 명시되는 '비판적 탐구' 능력과 이렇게 형성된 능력을 자신의 맥락에서 활용할 수 있는 '전이' 능력이 지식정보처리 역량의 핵심이다.

이 두 핵심역량이 미술 교과를 통해 구체적으로 함양되는 방법과 방향을 제시하는 것이 '시각적 소통 역량'이라 할 수 있으며 이를 위해 먼저 '다양한 매체'를 이해하여 매체(media)와 의미(message)의 상호 관계를 파악해야 한다. 그리고 비판적으로 분석, 이해, 해석하고 활용하는 과정을 통해 시각적 문해력을 바탕으로 시각적 소통하는 주체가 되는 것이 시각적 소통 역량 함양을 통해 실현하고자 하는 인간상일 것이다.

2. 현대 사회 시각문화와 소통 방식과의 관계

서론의 시작에서 밝혔듯이 현대 사회에서 시각문화는 문화 전반의 중심에서 다양한 분야 간의 연결을 깊이 해나가며 영역을 확대하는 양상을 보이고 있으며 이 속도는 더욱 빨라질 것이다. 한편, 시각적 소통 역량을 구성하는 구체적인 능력을 이미지 시각화 능력, 시각적 문해력을 비롯해 비판적 사고 능력, 의사소통 능력 등으로 제시하는 것(교육부, 2024)에 주목할 필요가 있다. 미술 교과에서 실질적 중점을 두었던 이미지 시각화 능력이 시각적 소통 역량을 구성하는 필수 요소임은 분명하나, 비판적 사고 능력을 비롯한 고등 사고 능력의 발달이 전제되지 않으면 이 역량의 실현이 불가하다는 사실을 확인시켜준다고 볼 수 있다.

2015 개정 미술과 교육과정에서도 '시각적 소통 역량'은 제시되었다. 이를 2022 개정과 동일한 역량 개념으로 볼 수도 있으나(박수정 외, 2022), 그 내용을 살펴보면 엄밀한 차이가 있다(교육부, 2015, p. 3; 2022b, p. 4).

〈표 2〉 2015 개정 미술과 교육과정의 '시각적 소통 역량' 개념과 2022 개정 미술과 교육과정 '시각적 소통 역량'의 비교(교육부, 2015, p. 3; 2022b, p. 4)

구분	내용
2015 개정 미술과 교육과정 교과 역량 중 '시각적 소통 역량'	변화하는 시각문화 속에서 이미지와 정보, 시각 매체를 이해하고 비판적으로 해석하며, 이를 활용한 미술 활동을 통해 소통할 수 있는 능력
↓	
2022 개정 미술과 교육과정 교과 역량 중 '시각적 소통 역량'	다양한 매체에 기반한 시각문화를 비판적으로 이해하고 해석하며 이를 활용하여 시각적으로 소통할 수 있는 능력

2015 개정 교육과정이 제시될 당시 시각적 소통 역량의 초점은 '변화하는 시각문화'와 모든 능력을 '미술 활동을 통해 소통'하는 데에 맞춰져 있음을 파악해볼 수 있다. 이에 비해 2022 개정 교육과정의 시각적 소통은 미술 활동에 한정되어 있지 않다. 시각적 소통 역량은 미술 활동을 통해서만 발현되지 않으며 삶의 모든 맥락에 필요한 능력이기 때문이다.

현대 사회는 이미 시각문화를 중심으로 구성되고 있고 시각문화의 빠른 변화는 사회 구성원들에게 당연한 사실이 되었다. 시각문화를 비판적으로 이해하고 해석하는 능력은 분명 미술 교과를 통해 키워지지만 이를 활용한 시각적 소통은 사회 구성원으로서 주체적인 삶을 사는 데에 반드시 필요한 보편적 능력이 된 것이다.

3. 시각문화 개념의 성립

시각문화 개념의 파악은 시각적 이미지가 우리의 삶을 어떻게 형성하고 있는지를 관찰하기 시작하는 데에서 시작될 수 있다. 현대 사회에서 우리가 '보고' 있는 시각적 이미지 요소들이 어떠한 의도 없이 발생된 상태로 '목격되는' 것이라 생각하는 사람은 드물다. 그럼에도 불구하고 이미지는 목적에 따라 만들어지고 보는 이의 생각이 형성되는 데에 영향을 미친다는 사실을 의식하고 그 내용과 원리를 파악하는 능동적인 과정을 이행하는 경우가 많지는 않다. 미술교육에서 시각적 소통 역량의 함양을 교육의 목표로 실행하기 위해서는 이 개념 자체가 학습자 각자에게 능동적인 개념 형성 과정을 통해 정립되어가야 한다.

시각문화 연구는 현대 사회에서 이미지와 시각적 경험이 의미를 형성하고 사회를 구축하는 방식을 탐구하며 (Sturken & Cartwright, 2017), 사회적 의미와 맥락을 해석할 수 있는 다양한 접근법과 방법론을 제시하고 있다 (Rose, 2023). 시각문화 연구자들의 주장에서 시각적 소통 역량을 함양하는 교육을 하기 위한 중요 내용을 구성하는 데에 필요한 몇 가지 핵심을 정리해 볼 필요가 있다.

1) 시각문화의 정체와 그 영향의 인식

시각문화는 말 그대로 '보이는 것'의 '문화'이지만 우리가 '보는' 종류와 내용의 단순한 총합이 아니다. 그보다는 우리에게 보이는 것과 우리가 보는 것에 의미를 부여하는 방식, 그리고 보는 과정에 이어지는 결과로서의 행위까지를 포함한다(Mirzoeff, 2015).

니콜라스 미르조프(Nicolas Mirzoeff)는 이러한 주장의 근거로 두 개의 '블루 마블(Blue Marble)' 이미지를 비교 제시한다. 1972년 아폴로 17호에서 우주 비행사가 직접 촬영한 사진 '블루 마블'은 시각적 이미지가 어떻게 '글로벌 마을'의 개념을 형성했는지를 보여준다(Mirzoeff, 2015). 이 사진이 촬영, 공개되기 전까지 지구인 중 아무도 지구를 이러한 관점으로 볼 수 없었다. 이후 지구를 하나의 '마을'과 같은 이미지로 인식하며 대륙과 국가 간의 연결을 의식하고 지구 '공동체'를 공동 운명체로 보는 관점은 인문, 사회, 정치, 예술 모든 영역에 큰 영향을 미쳤다. 그리고 이렇게 지구를 보는 방식은 심지어 1972년 이후 누구도 이러한 방식의 사진을 촬영하지 않았음에도 비슷한 디지털 이미지를 생산, 유통하는 방식으로 이어지고 있다.

[그림 1] 1972년 아폴로 17호에서 우주 비행사 잭 슈미트가 촬영한 '블루 마블'(Mirzoeff, 2015, p. 12)

[그림 2] 2012년 나사가 위성 촬영을 통해 수집한 이미지를 편집해 만든 '블루 마블'(Mirzoeff, 2015, p. 16)

[그림 2]의 '블루 마블'은 이렇게 형성된 관념을 시각화한 예시로서 실제 촬영본이 아니라 나사가 위성 촬영을 통해 수집한 수많은 지구 표면 이미지를 조합한(tiled rendering) 가상의 지구 이미지이다(Mirzoeff, 2015). 상세히 보면 미 대륙을 강조하고 아프리카 대륙을 축소하며 색 보정을 통해 일부 색채를 부각한 것을 알 수 있다. 두 '블루 마블'의 비교는 시각적 이미지가 우리의 생각하는 방식을 형성하고, 이렇게 형성된 관점은 그에 따른 이미지를 생산하여 그 생각의 방식을 유지, 확장시키며 시각문화를 복합적으로 구성해 간다는 사실을 보여준다. 실제 [그림 2]는 전 세계 수많은 이들의 컴퓨터와 휴대폰 바탕화면으로 다운로드되어 사용되었다. 현실적으로 [그림 1]과 같이 지구 전체를 보기 위해서는 상공 11,000km 이상으로 올라가야 하지만, 인공위성의 궤도는 지상 930km 정도에 불과하다. 그러나 [그림 2]가 실제 지구를 조망하여 촬영한 사진인가의 진위 여부는 이 이미지가 사용되는 과정에서 질문거리가 되지 않는다.

2) 시각 이미지와 행동 및 실천과의 관계

[그림 1]과 [그림 2] 사이 지구상에서 일어난 주요한 문제들과 그 문제를 다루는 사고방식과 대처 방법 등을 살펴보자. 인터넷 등 통신의 발달은 개인 간 물리적 위치가 떨어져 있어도 동시간대에 소식이 연결되게 하며 같은 뉴스를 접하게 했다. 그리고 지구 온난화와 같은 이슈를 말 그대로 지역별 문제가 아닌 '지구' 공동의 문제로 의식하게 했다.

'시각적 실천주의'로 번역될 수 있는 'visual activism'은 시각적 이미지가 공동의 실천으로 이어지는 예들을 상기하게 한다. 2019년 북아프리카 튀니지의 장기 독재자 벤 알리(زين العابدين بن علي)의 정권을 무너뜨리고 인접 국가인 알제리, 이집트, 모리타니 등에서 민주화 운동을 일으켜 '아랍의 봄'을 촉발시킨 무함마드 부아지지(طارق الطيب محمد البوعزيزي)의 분신 사태가 그 대표적인 예이다(조기원, 2019). 대학 졸업 후 일자리를 구하지 못해 수레에 과일과 채소를 싣고 다니며 팔던 청년이 지역 당국자에게 자릿세를 내지 않았다는 이유로 노점을 압수당하게 되자 분신을 했고 이 사태를 촬영한 사촌의 영상이 소셜미디어를 통해 확산되면서 튀니지 국내와 주변 중동 국가의 민주적 의식을 각성시켰다.

3) 시각적 주체성

이미지 연구의 현대적 방법론을 제시한 고전이라 할 수 있는 존 버거(John Berger)의 'Ways of Seeing'은 '보는 방식' 자체를 의식하게 하며 사회적 관념과 힘의 관계 안에서 개인이 보고 해석하는 과정의 주체가 될 필요성을 명시했다(Berger, 1972). 이를 '시각적 주체성(visual subjectivity)'이라 할 수 있는데(Mirzoeff, 2015) 개인의 경험과 사회적 배경, 문화적 가치, 정치적 환경 등이 복합적으로 작용하여 다층적으로 형성되는 속성을 갖는다고 볼 수 있다.

시각적 이미지는 종종 특정한 권력 관계를 반영하며 이러한 이미지를 통해 특정한 이데올로기나 메시지를 내면화하는 데에 영향을 미칠 수 있는데, 이는 단지 정치적인 영역만이 아니라 교육, 광고 등에서 사용하는 다양한 시각 매체의 분석을 통해 확인할 수 있다. 시각적인 주체가 된다는 것은 자신의 시각적 표현, 이해, 해석과 소통의 주체가 된다는 의미이기도 하지만 자신이 소통하는 시각적 문화가 어떠한 가치로 형성되고 있는지 비판적으로 파악할 수 있다는 의미가 더 우선된다.

4. 다중 양식의 맥락으로 보는 시각적 소통

1) 다중 양식(multimodality)의 일상적 사용 시대

소셜 미디어를 비롯해 현대 사회에서 주로 사용되는 개인 간 소통 매체는 텍스트, 이미지, 소리, 영상 등의 다양한 요소로 구성된다. 영상 제작과 소통은 특정 기술과 자본이 필요 없는 모두의 매체가 되었고 생성형 인공지능의 대중적 사용으로 이미지와 음악, 영상의 제작 역시 용이해졌다. 귄터 크레스(Gunther Kress)가 강조한 다중 양식(multimodality) 개념은 하나의 예술 작품이 가지고 있는 다양한 양식들(시각적 작품이라면 색상, 형태, 질감, 구도 등)을 분석적으로 파악하고 그 선택과 조합이 의미 전달에 어떤 역할을 하는지 이해하는 것이 현대 사회의 소통에서 얼마나 중요한지를 드러낸다(Kress, 2010).

다중 양식을 사용하여 소통하기 위해 선행되는 이해는 각 양식이 갖는 고유의 규칙과 특정 맥락에서 의미를 구성하고 전달할 수 있는 구성의 가능성을 파악하는 것이다. 이를 바탕으로 다양한 양식을 조합하여 새로운 의미를 창출하는 과정이 가능해진다. 각 양식들이 결합 과정에서 서로를 보완하고 강화하면서 일어나는 관계가 전체 의미를 형성한다.

2) 기호 자원(semiotic resources)과 사회적 기호학 (social semiotics)

기호(sign)는 의미를 전달하는 기본 단위로 이미지, 소리, 제스처 등 다양한 형태로 존재한다. 기호 체계는 이러한 기호들이 상호작용하여 의미를 구성하는 방식을 의미하는데, 기호화는 단순한 기호의 사용이 아닌 사회적 행위로 이해되어야 한다(Kress, 2010). 개인은 기호를 통해 자신의 정체성을 표현하고 사회적 관계를 형성하며 문화적 가치를 전달한다. 즉 기호화는 항상 특정한 사회적, 문화적 맥락 속에서 이루어진다.

소통에서 교환되는 의미는 기본적으로 다양한 기호 자원(semiotic resources)을 사용해 만들어진다(Kress, 2010). 이 기호가 사회 문화적 맥락에서 생성되며 그 의미는 고정되어있지 않다는 사실은 기호를 사용하는 이의 의도와 해석자의 해석이 결합되어 의미가 생성됨을 뜻한다.

5. 시각적 문해력에 대한 체계적 접근

문해력은 언어적 소통이 가능하게 하는 기본 능력이면서 그 향상을 위해서는 체계적인 교육의 과정이 필요하다. 시각적 문해력은 미술교육이 시각적 소통 역량의 함양을 책임지기 위해 모든 수업에서 구체적으로 다루어야 하는 핵심 요소이다.

1) 시각적 문해력의 정의와 구성 요소

시각적 문해력은 기본적으로 시각적 자료를 이해하고 해석하며 이를 통해 소통하는 능력을 의미하는데, 단순히 이미지를 읽는 능력 이상으로 이미지를 비판적으로 분석하고 창의적으로 사용하는 능력을 뜻한다. 시각적 문해력의 구성 요소를 분석해보면 지각(perception), 해석(interpretation), 평가(evaluation), 창의적 표현(creative expression), 메타인지 등을 기본적으로 포함하는데, 시각적 문해력을 이해하고 교육하는 통합 모델의 주요 요소를 좀 더 구체적으로 살펴볼 필요가 있다(Avgerinou & Pettersson, 2011).

- 지각: 시각적 자료를 감지하고 인식하는 능력으로서, 기본적인 시각적 패턴, 형태, 색상 등을 식별하는 것을 포함한다.
- 해석: 의미를 이해하고 해석하는 능력인데 기호, 상징, 문화적 맥락에 대한 이해가 반드시 포함된다.
- 평가: 미적 기준, 기술적 완성도, 의도와 효과성에 대한 평가 등을 의미한다.
- 창의적 표현: 다양한 매체와 기술을 활용하여 자신의 생각과 감정을 시각적으로 표현하는 것을 의미하는데, 기존의 매체 활용 방식만이 아닌 학습자의 실험적이고 혁신적인 접근을 권장하는 것이 좋다.
- 메타인지: 자신의 시각적 문해력과 학습 과정을 인식하고 조절하는 능력으로서 학습 전략을 반성하고 개선한다.

지각은 시각적 자료를 감지하고 인식하는 능력으로서, 기본적인 시각적 패턴, 형태, 색상 등을 식별하는 것을 포함한다. 정확한 지각을 바탕으로 의미 이해와 해석이 가능하다. 여기에는 기호, 상징, 문화적 맥락에 대한 이해가 반드시 포함된다. 그럴 때 미적 기준, 기술적 완성도, 의도와 효과성에 대한 평가 등이 가능할 수 있다. 미적 판단이 주관적 성질을 전제함에도 불구하고 공감과 동의를 얻을 수 있는 영역으로 논의되는 것은 이러한 과정이 바탕이 되기 때문이다. 문해력의 구성 요소에 상하 위계나 선후 관계가 있는 것은 아니지만 '표현'은 지각, 해석, 평가의 능력을 바탕으로 제시될 수 있다. 창의적 표현은 다양한 매체와 기술을 활용하여 자신의 생각과 감정을 시각적으로 표현하는 것을 의미하는데, 기존의 매체 활용 방식만이 아닌 학습자의 실험적이고 혁신적인 접근을 권장하는 것이 좋다. 마지막으로 메타인지는 자신의 시각적 문해력과 학습 과정을 인식하고 조절하는 능력으로서 학습 전략을 반성하고 개선하는 데에 핵심적 역할을 하는 인지 능력이다.

2) 시각적 문해력의 발달 단계와 학습 과정의 체계적 접근

시각적 문해력 교육의 주요 요소를 위와 같이 제시한 아브게리노우와 페테르손(Avgerinou & Pettersson)의 주장을 종합해 보면 시각적 문해력의 발달을 크게 세 단계로 구분해 볼 수 있다(Avgerinou & Pettersson, 2011).

- 기초 단계: 시각적 지각과 기본적인 해석 능력을 발달시키는 단계로써 형태와 색상 등의 기본적 요소를 인식하고 구별하며 기초를 다진다.

- 중급 단계: 복잡한 시각적 자료를 해석하고 평가하는 능력을 발달시키는 단계이다. 다양한 문화적 맥락을 가진 예술 작품을 분석하고, 비판적 평가 활동을 통해 시각적 이해를 심화시킨다.
- 고급 단계: 창의적 표현과 메타인지의 사용을 포함한 고차원적 시각적 문해력을 발달시키는 단계로써 학생들이 창의적 프로젝트를 수행하고 자신의 작업을 반성하고 개선할 수 있도록 지도하는 것이 중요하다.

먼저, 기초 단계는 시각적 지각과 기본적인 해석 능력을 발달시키는 단계로써 형태와 색상 등의 기본적 요소를 인식하고 구별하며 기초를 다진다. 이어지는 중급 단계는 복잡한 시각적 자료를 해석하고 평가하는 능력의 발달로 나아가는데 다양한 문화적 맥락을 가진 예술 작품을 분석하고, 비판적 평가 활동을 통해 시각적 이해를 심화시킬 수 있다. 고급 단계는 창의적 표현과 메타인지의 사용을 포함한 고차원적 시각적 문해력 발달에 중점을 두는데 학생들이 창의적 프로젝트를 수행하고 자신의 작업을 반성하고 개선할 수 있도록 지도하는 것이 중요하다.

실제 수업에서 시각적 문해력을 향상시키고자 하는 목표를 가지고 있을 때 이러한 기본적 단계 구분은 중요한 학습 기준을 제공할 수 있다. 다음 장에서 제시되는 실제 수업 과정에서도 이 '기초 단계'를 거듭 다지는 활동이 얼마나 중요한지 확인할 수 있다. 문해력 일반으로 확장하여 이 문제를 고려하면 문자의 알파벳과 그 기본 조합으로 언어가 생성되는 기초적 이해와 연습이 충분할수록 자신의 언어 표현과 소통이 자유로워짐을 이해할 수 있다.

6. 시각적 소통을 위한 은유적 사고의 역할

문학 작품을 비롯한 문자 언어의 소통에서도 쉽게 그 예시를 찾을 수 있지만, 은유와 상징은 시각적 소통 체계에서 그 이해와 사용의 능력이 충분할수록 풍부한 표현과 소통을 가능하게 하는 핵심적 요소이다. 은유와 상징을 사용하지 못하는 시각적 표현은 단순한 외적 형태의 재현을 벗어나지 못한다는 점에서도 미술 교육적 맥락에서 이 문제를 면밀히 고려할 필요가 있다(하영유, 2020).

1) 개념적 은유 개념의 이해

레이코프와 존슨(Lakoff & Johnson)의 은유와 상징에 대한 인지언어학 연구는 은유적 표현이 단지 수사학적 문제가 아닌 개념적 사고의 영역임을 밝혔다. 이들이 제시한 '개념적 은유(conceptual metaphor)' 개념은 하나의 개념 영역이 다른 개념 영역을 이해하는 데 사용되는 방식을 의미한다. 즉 개념적 은유는 두 개의 영역 간의 관계로 설명되는데, 소스 영역(source domain)은 우리가 잘 알고 있는 개념의 영역이고, 목표 영역(target domain)은 우리가 이해하고자 하는 대상을 지칭한다(Lakoff & Johnson, 2006). 예를 들어 시 구절 "내 마음은 호수"에서 목표 영역은 추상적 개념인 '내 마음'이며, 소스 영역인 '호수'의 구체적인 속성을 통해 '넓고, 잔잔한' 속성을 이해할 수 있게 된다.

소스 영역과 목표 영역 간의 관계 형성을 '은유적 매핑(metaphorical mapping)'이라 하는데 소스 영역의 구조와 특징들이 목표 영역에 적용되는 과정을 의미한다. 예로, '논쟁은 전쟁이다'라는 은유에서 전쟁의 개념적 구조가 논쟁의 이해를 돕는다고 볼 수 있는데, '이기다, 방어하다, 전략을 세우다' 등 전쟁의 속성을 사용해 논쟁을 이해하고 표현하는 방식을 생각할 수 있다.

2) 개념적 은유의 시각문화 적용

시각문화에서는 개념적 은유가 시각적 표현을 통해 구현된다. 예를 들어, 시간의 흐름을 시각적으로 표현할 때 모래시계 이미지를 사용할 수 있다. 모래시계는 시간의 흐름을 물리적으로 시각화한 소스 영역의 이미지로, 이를 통해 시간의 목표 개념을 전달한다. 이러한 '시간-모래시계'의 결합 예는 개념적 은유가 우리 일상에서 얼마나 자리 잡고 있는지를 보여준다. 그러나 이렇게 통상적인 결합의 예시가 아닌 경우 은유적 매핑은 사실 고등사고능력 중에서 추상적 사고 능력을 요하는 고난이도의 과제가 될 수 있다. 우선, 소스 영역과 목표 영역의 본질적 속성을 추출해내는 능력이 요구된다. 그리고 속성들을 유사성 기반으로 결합할지, 혹은 오히려 상반되고 충돌하는 결합 방식을 선택할지 결정해야 한다.

시각적으로 표현하기 위한 은유적 매핑도 쉽지 않지만 기존 작품에 내재한 은유적 구조를 찾아 해석하는 과정 또한 동일한 능력을 요한다. 예로, 살바도르 달리(Salvador Dalí)의 '기억의 지속(The Persistence of Memory)'에서 녹아내리는 시계는 시간의 유동성과 비물질성을 은유적으로 표현한다. 좀 더 과거의 작품인 히에로니무스 보스(Hieronymus Bosch)의 '쾌락의 정원'은 유럽의 중세 말기와 르네상스 시기의 초현실적이고 상징적인 이미지로 가득 차 있음을 확인할 수 있는데, 시각적 은유가 다층적으로 활용되고 있다. 시각 예술은 해당 시대의 시각적 상징 체계를 사용하게 되는데, 인간이 자연의 질서를 무시하고 욕망을 추구하는 실상을 중세의 상징과 은유를 통해 표현한 이 작품은 당대의 관람자뿐만 아니라 현대의 관람자들에게도 다양한 해석의 가능성을 열어준다.

[그림 3] 보스(Bosch, Hieronymus), 쾌락의 정원(The Garden of Earthly Delights, 205.5×384.9cm, c. 1480-1505)

개념적 은유에 대한 이해와 활용 능력은 시각적 이미지와 예술 작품에 대해 표면적인 시각 요소의 조합을 넘어서 작품의 내재된 의미와 맥락을 파악하는 데에 기초가 된다. 앞서 살펴보았던 '기호 자원'의 사용과 '사회적 기호학'의 개념 역시 은유적 사고 능력을 반드시 요한다. 어떠한 시각적 표현을 이해하고 소통하기 위해서도 어떠한 기호가 사용되었는지, 그리고 그 기호들의 연결이 어떠한 맥락을 만들어내며 서로 다른 차원에서는 어떠한 해석의 차이를 허용하는지 스스로 파악하는 능력이 시각적 소통 역량의 핵심이라 볼 수 있다.

7. 미술과 시각적 소통 역량 함양 교육의 방안

앞서 검토한 바와 같이 시각적 소통 역량 함양은 시각적 표현 능력에 초점을 한정시킨 과정을 통해서는 불가능하다고 볼 수밖에 없다. 먼저 그 소통이 일어나는 세상에 대한 폭넓은 관심과 면밀한 관찰 능력, 그리고 공동의 문제를 자신의 문제로 포착할 수 있는 능력과 그 해결 방안을 다각도로 모색할 수 있는 능력이 함께 발달되어야 한다.

다음의 예는 사범대학 미술교육과 2학년 전공 강의 '시각문화의 이해와 실제'에서 시각적 소통 역량 함양을 목표로 구성, 진행된 수업 중 일부이다.[1] 중등 교육 현장에서 학생들의 역량이 함양되는 수업은 교사의 역량이 전제될 수밖에 없다는 기준에서 다음의 수업 주제와 전개 과정은 중등 미술 교과 수업에서 참고할 수 있는 핵심을 내포하고 있다고 볼 수 있을 것이다.

1) '문화'를 인식하기 위해 삶의 문제에 눈뜨기 - 사회적 현안과 제도 살펴보기

[그림 4] 무어(Moore, Michael) 감독, 영화 다음 침공은 어디?(Where to Invade Next, 2015) 포스터

시각문화를 인식한다는 것은 인간의 삶에 공통된 문제가 무엇이며 인류는 이 문제를 어떻게 다루어 왔는지에 관심을 기울이는 태도가 선행되는 것이다. 많은 학생이 자신의 실리적 문제와 직결되는 사안이 아니라면 사회적 문제, 자신이 속한 공동체의 문제, 심지어 자기 자신의 문제에도 큰 관심을 기울이지 않는 것을 알 수 있다. 이를 이기적이거나 타인에게 무관심하다고 학생 개인을 평가할 수 없는 것은, 교육과정 안에서 이러한 삶의 중요한 문제들을 다루는 경험이 충분히 이루어졌다고 보기 어렵기 때문이다. 수업의 주차를 거듭할수록 학생들이 자기 자신과 타인의 문제에 대해 깊은 관심을 가지고 진지하게 문제의식을 발전시켜 나가는 변화를 볼 수 있었다.

공동 감상과 토론의 소재가 된 마이클 무어(Michael Francis Moore) 감독의 다큐멘터리 '다음 침공은 어디?'를 다음의 설명과 함께 제시하였다. "시각문화를 이해한다는 것은 말 그대로 시각적으로 발현되는 문화를 인식하고 그 문화를 형성한 중요 주제를 공동의 삶에서 포착하고 고민하며 해결해가는 것입니다. 제도는 사회의 가장 중요한 문제와 고민을 해결할 방안을 약속해 놓은 것입니다. 이 다큐멘터리에는 각 나라의 좋은 제도가 그들의 역사와 시행착오와 함께 제시되어 있습니다. 제도를 통해 그 맥락을 상세하게 볼 수 있으므로 이 다큐멘터리를 통해 이것을 발견해 봅시다." 강의 도입 후 다음의 질문을 제시하고 개인별 숙고의 시간과 정리 글을 바탕으로 조별 토론이 이루어졌다.

〈과제〉 사회 제도를 통해 자세히 보는 삶의 현실

1. 이 에피소드를 고른 이유는?
2. 이 나라의 이 제도는 어떻게 가능할까?
3. 우리나라에는 2에 해당하는 제도가 무엇이며 어떻게 제정, 시행되고 있는가? 여기에 대해 어떻게 생각하는가?
4. 2와 3의 공통점과 차이점은 무엇인가? 이 차이가 나는 근본적인 이유는 무엇이라고 생각하는가?

슬로베니아의 무상 대학교육제도를 선택한 조에서는 더 '좋은' 교육의 기회를 얻는다는 것이 더 '높은' 사회 경제적 지위에 오르는 조건이 되면 교육은 공공재가 아닌 것이라는 공동의 결론에 이르기도 했다. 이 조의 주제 외에도 노르웨이의 수감 제도, 독일과 이탈리아의 노동권 보호 제도 등을 두고 활발한 토론이 이루어졌다. 핵심은 각 국가별로 '좋아 보이는' 그 제도를 만들고 실현하는 사람들이 가진

1) 강의 개설과 함께 학생들에게 연구의 맥락과 내용을 안내했으며 동의를 얻었다. 논문에 기재된 학생들의 작품과 글은 개인적 정보가 포함되지 않도록 가명을 사용하고 내용을 수정, 편집하였다.

가치와 사고방식이라는 데에 학생들의 생각이 모였다. 자연스럽게 인간의 권리 전반을 다룬 가장 보편적인 기준이라 할 수 있는 '세계 인권 선언'을 살펴보게 됐다.

2) 인간 삶의 핵심을 파악하고 시각적 은유로 소통할 가능성을 찾기

유엔이 명시한 '세계 인권 선언'(UN, 1948)의 전문을 가져와 먼저 선언문 전체의 지향과 각 조항 간의 관계에 대해 살펴보았다. 그리고 지난 주차의 수업에 이어 다음 작업을 진행했다.

〈과제〉 세계 인권 선언문과 시각문화

1. 세계 인권 선언문 중 지난 시간 자신의 조 주제에 해당하는 항목을 찾기
2. 이 항목에 해당하는 의미가 1) 잘 반영/실천되고 있는, 2) 위배/위협받는 현실을 반영하는 시각문화 현상/작품을 찾아보기

노동자의 권리와 관련된 제도를 조사하던 조에서 가장 많은 작품을 찾아 제시하며 활발한 의견을 내놓았는데, 다음은 해당 조가 작성하고 발표한 내용 중 일부이다. 다양한 아르바이트를 경험하며 노동 문제에 대해 어렴풋하게 문제 의식을 가지고 있던 학생들은 인권 선언문에서 인간의 노동권이 무엇이며 어떻게 보장되어야 하는지 핵심을 발견해 나갔다.

1. 세계인권 선언문 조항 중 노동권과 관련된 내용은 제23, 24, 25조에 해당하는데 이 중 선택한 23조의 내용은 다음과 같다.
   - 모든 사람은 일, 직업의 자유로운 선택, 정당하고 유리한 노동조건, 그리고 실업에 대한 보호의 권리를 가진다.
   - 모든 사람은 아무런 차별 없이 동일한 노동에 대하여 동등한 보수를 받을 권리를 가진다.
   - 노동을 하는 모든 사람은 자신과 가족에게 인간의 존엄에 부합하는 생존을 보장하며, 필요한 경우에 다른 사회 보장 방법으로 보충되는 정당하고 유리한 보수에 대한 권리를 가진다.
   - 모든 사람은 자신의 이익을 보호하기 위하여 노동조합을 결성하고, 가입할 권리를 가진다.

그리고 이 개념을 바탕으로 시각문화 안에서 이루어지는 시각적 소통의 예시들을 찾아 제시하였다.

2. 1) 위 조항의 내용이 잘 실현되고 있다고 판단되는 예 - 공정무역 제품인 '이퀄 초콜릿' 패키지

[그림 5] 인터브랜드 코리아, 공정무역 제품 '이퀄(Equal)' 초콜릿 패키지(2013)

공정무역이란 개발도상국의 농가에 정당한 가격을 지불하여 해당 국가의 농민들이 자립할 수 있도록 하는 것을 목적으로 삼는 사회 운동이다.

'이퀄 초콜릿' 패키지는 겉 포장지에 알록달록한 카카오나무가 그려져 있고 속 포장재에도 카카오 열매를 그려 넣어 제품을 꺼낼 때 나무가 자라는 듯한 이미지를 볼 수 있다. 개발도상국 생산자와 자연을 살리는 공정무역의 가치를 자연스럽게 전달할 수 있는 디자인이라 생각한다.

2) 위 조항에 위배된다고 판단되는 예 - 영화 '모던 타임스.'

[그림 6, 7] 찰리 채플린(Chaplin, C. Spencer) 감독, 영화 모던 타임스(Modern Times, 1936) 장면

주인공인 찰리 채플린은 계속해서 돌아가는 컨베이어 벨트의 나사를 조인다. 하루 종일 반복하던 주인공은 단추만 봐도 조이려고 할 정도의 강박증에 시달리다 병원에 입원하게 된다. 영화의 공장주는 직원들의 일거수일투족을 감시하며 노동자의 식사 시간도 줄이기 위해 자동 급식기를 개발하는 등 이윤추구만을 중시한다. 1900년대 초반 노동환경의 모습을 풍자하는 작품으로서 자본주의 사회의 노동 방식의 시작을 보여주는 의미가 있지만 이러한 부분은 현재와 너무 흡사하다는 생각이 들었다. 편의점에서 일하고 있는 알바생을 CCTV로 계속 감시하는 사장에게 의자에 앉아있지 말라는 연락을 받는 알바생들의 사례는 여전히 많다.

3) 시각적 상징과 은유를 통해 삶의 본질을 이야기하기

학생들이 의미와 시각적 표현을 연결하는 과정에서 겪는 가장 큰 어려움 중 하나가 '은유와 상징'의 원리를 이해하고 사용하는 것이다. 앞선 과정에서 학생들이 처음 찾은 예시작의 대부분은 '보도'와 같이 직설적인 내용 전달이거나 드라마나 영화 등 '극'의 형식을 취하더라도 현실을 거의 그대로 옮겨 놓은 방식의 작품들이었다. 은유와 상징의 개념이 이론과 다양한 예시를 통해 이해되는 과정이 필요했는데, 학생들이 자신과 친구들이 찾는 사례에서 본질적 속성을 찾아내고 은유적으로 표현할 수 있는 다양한 가능성을 타진하는 작업이 큰 도움이 되었다.

〈과제〉 상징과 은유를 통한 시각적 표현

1. 인권 선언문 중 1개 조항 선택
2. 1번의 의미가 '상징과 은유'를 통해 잘 드러난 작품 찾기
3. 이 조항의 의미를 자신의 시각적 은유와 상징을 통해 표현하기 (실물 재료를 사용한 드로잉이나 디지털 드로잉, 콜라주 등 매체의 제한은 없음)
4. 작품 설명으로서 '어떠한 의미를 어떠한 은유와 상징을 통해 표현하였는지' 짧은 글로 작성

예시작을 찾는 안목이 자신의 표현으로 이어지기까지 좀 더 많은 단계가 필요했지만 은유와 상징의 원리를 이해하고 사용하기 시작하자 각자의 표현이 더욱 자유롭게 확장되어 가기 시작하는 차이가 두드러지게 드러났다. 위에 제시된 과제 질문은 이 과정을 위한 것이다. 세계인권선언문 중 23조를 선택한 학생 A의 작업은 다음과 같이 진행되었다.

[그림 8] 홀크로프트 (Holcroft, John), Dispensable workers on the 'gig economy' (디지털 드로잉, 2024)
http://www.johnholcroft.com/?project=uncommissioned-editorial-work

사무직 노동자로 보이는 사람들이 일회용 성냥갑 안에서 한 번 사용하고 버려지는 성냥으로 묘사되었다. (gig economy: 필요에 따라 기업들이 단기 계약직이나 임시직으로 인력을 충원하고 대가를 지불하는 형태의 경제)

⇒

[그림 9] 학생 A의 첫 번째 드로잉

정규직과 비정규직 문제에 대한 생각을 그리고 싶었다. 같은 일을 하면서도 비정규직 노동자(왼편)는 정규직 노동자(오른편)에 비해 많은 제약을 받고 언제 해고될지 모르는 불안정한 상태라는 표현을 하고 싶었다. 생각한 내용을 시각적으로 표현하기가 쉽지 않다는 생각이 들었다.

⇒

[그림 10] 학생 A의 두 번째 드로잉

회사에서 쓸모가 다한 종이는 파쇄해버리는 것처럼, 한번 사용된 사람은 고용해지하기 쉬운 비정규직의 현실에 문제의식을 가져야 한다는 의미로 그리게 되었다. 파쇄기의 성질을 비유적으로 가져와 사용했다.

첫 번째 드로잉 후 모든 학생들이 각자의 작업에 대한 발표를 하면서 간단한 피드백을 받았는데 학생 A의 경우 예시작으로 선택한 작품에 사용된 은유적 표현 원리를 사용해보기를 권유받았다. 그리고 다음 주에 다시 제출된 두 번째 드로잉은 완전히 새로운 시각적 언어의 사용으로 생각될 만큼 큰 변화를 보여주었다. 첫 번째 드로잉을 해보고, 다른 친구들의 작업 발표를 들으면서 시각적 은유를 사용한다는 것이 무엇인지 '알아차리게' 되었다고 했다. 시각적 언어를 '언어'로 본다면 이렇게 상징과 은유를 통한 타인의 표현을 이해하고 자신 역시 그 언어를 사용하는 데에는 경험과 연습의 시간이 필요하다는 것을 알 수 있다.

4) 자신의 작업에 대한 분석과 글쓰기 + 타인의 의견을 수용해 발전시키기

자신과 타인의 시각적 표현 작품에 대한 분석과 비평을 할 수 있기 위해서도 경험과 연습이 필요하다. 테리 바렛(Terry Barrett)이 제시한 비평문을 쓰는 원리와 방법에 대해 읽고 "소재 + 매체 + 형식 + 맥락 = 의미"(Barrett, 2017, pp. 11-57)의 구조를 여러 작품의 예를 통해 파악한 후 각자 자신의 작품에 적용, 분석해 보았다.

그리고 자신의 작품을 분석해 본 과정을 바탕으로 모든 친구들의 작품에 피드백을 달아주는 작업을 해보았다. 학생들이 자신의 작품에 대한 분석 글을 본격적으로 게시해 본 경험도 없었지만 친구들의 작품에 피드백을 적어 공유해 본 경험은 더더욱 없었던 터라 두 가지 기준을 제시했다. 첫째, 의미를 구성하는 속성들을 기준으로 분석해 보았을 때 잘 표현했다고 여겨지는, 배우고 싶은 점에 대하여 먼저 적었다. 둘째, 여기에서 더 발전할 수 있는 요소가 있다면 무엇인지를 이어서 작성해 주기로 했다. 학생 A의 경우 친구들의 피드백을 받아 작품을 보완, 발전시키고 다음과 같이 그 내용을 밝혔다.

[그림 11] 학생 A의 최종 드로잉, '파쇄'(디지털 드로잉, 2024)

사람이 그려진 종이가 한눈에 봤을 때 바로 회사원이라고 알아보는 것에 어려움이 있다는 피드백을 바탕으로 정장에 넥타이와 사원증을 추가하였다. 또, 많은 노동자가 그려지면 좋을 것 같다는 의견에 동의해 뒤에 더 많은 양의 종이를 그려 넣었다. 과거에 이미 이런 일들을 겪은 사람들이 많다는 사실을 파쇄기 안에 쌓인 종이의 양을 늘리는 방식으로 나타냈다.

드로잉을 할 때 나 자신은 그 의미를 알고 있는 상태기 때문에 다른 사람들에게는 어떤 부분이 이해하기 어렵거나 애매한지 혼자 알아내기가 힘들었다. 그래서 서로 피드백을 해 주는 과정이 큰 도움이 되었다. 게다가 평소에는 내 작품만 신경 쓰느라 다른 사람의 작품에 대해 의미를 파악하고, 상세하게 피드백을 해 줄 생각을 하지 못했는데 친구들 작품의 소재나 매체, 형식, 맥락, 의미 등을 생각하며 보니 내 작품에도 적용해보고 싶은 배울 점이 많다는 생각이 들었다.

미술 교과의 구체적인 수업을 통한 시각적 소통 역량 함양은 앞서 관련 이론과 개념 소개에서 밝힌 바와 같이 '시각 언어'를 자신의 언어로 사용하여 소통할 수 있는 체계적 접근을 통해 가능하다. 이를 수업으로 구성하기 위해서는 교수자가 학습자의 특성을 파악하고 이해하는 과정이 시작부터 마무리까지 지속되어야 하며 학습자가 자신의 시각적 언어 사용 정도를 자각하는 성찰이 과정과 결과 면에서 반드시 일어날 수 있어야 한다. 더불어, 교사와의 상호작용, 그리고 동료 학습자들 간의 상호 작용이 진정한 경청의 태도를 바탕으로 구체적으로 이루어질 때 시각적 소통 역량이 함양되는 미술 수업은 가능해질 것이다.

8. 시각적 소통 역량을 키우는 과정에서 학생들이 발견한 핵심 요소들

다음은 해당 강의를 수강한 17명의 학생 모두가 작성한 기말 자기 평가와 학기 중 과정 평가의 내용을 '발견'을 중심으로 주제별로 정리한 것이다.

1) 생각의 주체성

- 자신의 생각과 타인의 생각의 구분
- 다른 사람의 생각에 대한 동의와 그것을 내 생각인 것처럼 가져오는 행위를 구분
- 내 생각을 하기 위한 재료로서 충분히 많은 자료의 체계적 조사
- 하나의 문제에 대해서도 다양한 측면을 찾아 종합적으로 보아야 함

2) 경청과 피드백의 의미

- 같은 자료에 대해서도 개인에 따라 다양한 주제가 발견됨을 인식
- 공통 주제에 대해서도 서로의 생각에 공통점과 차이점이 존재함을 인식
- 나와 다른 생각이어도 충분히 근거를 가지고 있다면 존중할 수 있음
- 내 작품에 대한 피드백을 '인정받고 / 받지 못하고' 등의 감정적인 반응으로 가져가지 않고 있는 그대로 받아들이기
- 진정한 피드백은 존중을 바탕으로 함
- 피드백은 작품의 객관적 요소들을 가지고 하는 것이며, 그러므로 자신의 작품을 객관화해서 보고 발전시키는 데에 큰 도움이 됨
- 각자 자기 생각을 충분히 하면 서로에게 좋은 영향을 미친다는 것을 인식

3) 이미지가 가지는 의도와 힘

- 사회적으로 생산되고 소비되는 시각적 이미지들은 그 의도와 맥락을 파악해야 함
- 이미지에 내재한 의도를 의식하지 못하면 무의식적으로 수용해 따를 수 있음
- 시대에 따라 중요한 주제들은 이미지로 표현되고 소통됨: 의식이 깨어나도록 돕는 시각적 표현이나 작품도 있지만, 의식이 무뎌지고 잘못 생각하도록 세뇌하거나 선동하는 경우도 많음
- 나 자신이 이미지 생산자로서 타인과 사회에 미칠 수 있는 영향도 알게 됨: 내 생각과 표현 사이의 관계를 알지 못하면 생산한 시각적 표현의 어떤 의미가 어떤 의도로 다른 사람에게 영향을 미칠지 모를 수 있는데 그 책임이 클 수 있음

4) 미술교육과 미술 교사의 책임과 중요성

- 기존에 생각해 온 미술교육은 주로 표현 매체를 잘 다루고 그 결과가 사람들에게 미적으로 어떻게 받아들여지는지 아는 것 → 미술교육의 핵심에는 창작과 감상에서 꼭 알아야 할 원리들을 배우고 비판적으로 보는 눈을 뜨는 것이 꼭 포함되어야 함
- 미술 교사는 자신이 시각적 작품을 만들기도 하겠지만

학생들이 시각적 작품들이나 시각문화 속 이미지들을 제대로 볼 수 있도록 가르칠 책임이 있음

- 미술 교사 자신이 제대로, 비판적으로 볼 수 있어야 함: 가르치는 사람으로서의 책임을 생각하면 내가 먼저 그렇게 볼 수 있는 사람이 되어야 함

학생들이 기록한 주요 발견을 정리해 보니 1) 생각의 주체성, 2) 경청과 피드백의 의미, 3) 이미지가 가지는 의도와 힘, 4) 미술교육과 미술 교사의 책임과 중요성으로 크게 구분되었다. 미술교육을 공부하며 이미지를 다루는 수업이 '생각의 질서'를 잡아나가는 과정으로 시작되고, 작업하면서 일어나는 모든 선택과 마무리 성찰까지 생각의 주체로서 해나가는 일이라는 발견이 학생들에게 가장 큰 의미로 남았다.

학생들은 그렇게 각자가 생각의 주체로 역할을 하고 있을 때 진정한 의미에서의 '경청과 피드백'이 가능하다는 사실을 깨달았다. 누군가의 게시물에 짧은 댓글을 다는 문화에는 익숙하나 상대방이 표현한 언어의 요소들과 결합 원리들을 분석하며 맥락을 발견하고 이를 최대한 객관적으로 보려 하는 노력에서 나오는 언어들은 피드백을 받는 동료들에게 다른 어디에서 받지 못하던 존중을 경험할 수 있도록 했다. 학생들은 이 과정이 즐거웠으며 앞으로도 지속하고 싶다고 했는데, 기존의 실기 수업에서 해 오던 크리틱(critique) 과정의 중요성과 그 본래 목적도 새롭게 알게 되었다고 했다.

9. 차기 교육과정에서 시각적 소통 역량 교육의 전망

과거 미술교육의 공교육으로서의 효용성을 찾는 연구 중 미술교육을 통해 키워지는 능력이 타 교과의 성취 능력에 얼마나 직접적으로 영향을 미치는가에 초점이 맞춰지던 시기가 있었다(Bamford, 2006; Burton et al., 1999; Deasy, 2002; Winner et al., 2006). 그러나 이제 그 관점은 미술교육을 통해 키워지는 역량이 인간의 삶을 인간답게 살도록 하는 데에 핵심이라는 사실로, 미술교육자들의 인식과 실천에서부터 전환되어야 할 시대가 되었다.

문맹(文盲)은 글을 눈으로 볼 수는 있으나 그 의미를 이해할 수 없어 자신의 언어로 사용할 수 없는 상태를 의미한다. 한 사회에서 통용되고 있는 언어를 사용할 수 없는 상태는 그 사회의 주체적 구성원으로 살고 있다고 보기 어렵다. 현대 사회에서 시각적 소통 역량이 한 사회의 구성원으로 온전히 살아가는 데에 얼마나 중요한가를 파악할수록 향후 교육과정에서 이 역량의 교육은 총론에서, 그리고 연결되는 미술 교과 각론에서 더욱 중점 역량으로 부각될 것이다. 미래의 미술교육이 인간의 전인적 발달을 위해 책임져야 할 구체적인 내용과 방향이 여기에서 발견될 것이라 전망한다.

* 이 글은 하영유(2024), 시각문화의 비판적 분석 능력 함양을 위한 실행 연구: 2022 개정 미술과 교육과정의 시각적 소통 역량 개념을 기반으로(조형교육, 91집)를 수정 보완한 원고임.

하영유(경상국립대학교)

3 창의 · 융합 역량

창의 · 융합 역량은 창의성과 융합 능력을 포함한다. 2011년 교육과학기술부는 수학과 과학 중심 학교교육에 실용적인 기술 · 공학을 연계하여 현대사회에 필요한 과학기술 소양을 갖춘 인력 양성 기반 구축을 목적으로 하는 융합인재교육(STEAM) 활성화 방안을 발표했다. 이후 모든 학문 분야에 예술의 중요성이 부각되었고, 이에 미술교육에서는 미술과 교육과정에 창의성을 기반으로 한 타 학문, 타 교과, 타 장르의 융합 교육을 통한 창의 · 융합형 인재 양성을 위한 교과 역량으로 창의 · 융합 역량을 함양하도록 하고 있다. 창의 · 융합형 인재를 추구하는 인간상이 법적 권한을 갖는 문서에 반영된 것은 2015 개정 미술과 교육과정부터다. 이때는 '창의 · 융합 능력'을 교과 역량으로 하였는데, 2022 개정 미술과 교육과정에서는 '창의 · 융합 역량'을 교과 역량으로 하여 능력과 역량의 의미를 좀 더 명확히 하였다. 특히 4차 산업혁명 이후 기후환경 변화 및 AI, 디지털 시대에 살게 되면서 미술교육에서도 다양한 창의 · 융합 교육과 그에 부응하는 창의 · 융합 역량을 함양하는 학습이 요구된다.

1. 미술과 교육과정에서 창의 · 융합 역량 분석

1) 창의 · 융합 역량의 교육과정 등장 배경

우리나라의 미술과 교육과정은 역사 이래로 창의성을 강조하고 있다. 학교교육으로서 미술교육은 일제 강점기 조선교육령에 의한 도화, 공작 교육 등으로 시작되었다. 비록 학교에서 정상적인 미술교육이 수행되지는 않았지만 당시 교사용지도서에는 창의성을 발현하도록 명시는 되어 있다. 그러나 실제는 창의성 중심 교육이 아닌 도제식, 또는 기능 중심의 미술교육이 주류를 이루었다. 그러다 해방이 되었으나 곧이어 한국전쟁이 발발하였고, 종전 후 미군정기 정부는 국가의 재건을 위하여 인재를 양성할 수 있도록 교육사절단을 초청하였다. 이때 미국의 조지 피바디 사범대학(George Peabody College for Teacher)의 코리안프로젝트(Korean Project)가 성립 · 전개되었고(김기석, 2012), 이 피바디사절단에 의해 전해진 미술교육은 존 듀이의 아동 중심, 창의성 중심의 교육을 한국에 전파하였다. 이러한 영향은 제1차 미술과 교육과정부터 반영하도록 하였으나 이전 오랫동안 기능 중심으로 이루어졌던 기존의 미술교육을 개혁하지 못하고 명목상으로 존재하였다. 제2차 미술과 교육과정부터는 로웬펠드의 표현발달단계 이론이 유입되면서 창의성 미술교육에 대한 본격적인 방향이 제시되었다. 하지만 이 역시 이론과 실제의 괴리가 있어서 표현 기능 중심의 교육이 이루어졌다. 그래도 미술과 교육과정에서의 창의성은 꾸준히 제시되었고 미술과 안에서 창의성은 다른 영역의 변화와 달리 계속 언급되어 왔다.

창의 · 융합 능력 또는 역량의 개념이 정립되기 이전의 연구들은 대부분이 창의성에 관한 단독적인 연구였으며, 융합 능력에 관한 연구는 주로 STEAM 교육에서 이루어졌다(이정아, 2015). 그러나 STEAM 교육 연구는 과학적 능력 향상을 위해 미술교육을 타 교과를 위한 도구적인 요소로 활용하여 연구되었으므로, 더욱 보편적인 창의 · 융합 능력에 대한 정의라고는 보기 힘들다(이정아, 2015). 우리나라에서 STEAM 교육은 2009 개정 교육과정에 따른 교과 교육과정 중 과학, 기술가정에 STEAM의 개념이 반영되었다(조향숙, 김훈, 허준영, 2012).

창의 · 융합 능력이 교과 역량으로 채택된 것은 2015 개정 미술과 교육과정이다. 창의 · 융합 능력의 성격은 "미술 활동 과정에 타 분야의 지식, 기술, 경험 등을 연계, 융합하는 능력"으로 기존 STEAM 교육에서 강조하던 과학과의 창의·융합 능력에 대한 요구보다는 사회 전반에서 활용되는 범영역의 다양한 학제 간의 창의·융합 능력을 의미한 것이다. 이러한 범영역적 창의·융합 능력은 두 가지 분야 이상에 대한 전문적인 지식을 체화하거나 활용 또는 자발적으로 참여함으로써 창의적인 성과를 창출하는 인재(김왕동, 2012), 즉 창의·융합형 인재가 되는 것이다. 창의·융합형 인재는 2015 개정 교육과정이 추구하는 인간상을 바탕으로 교육목적 체계에서 설정된 것이다. 창의·융합형 인재는 창의성의 도구적 사고능력인 융합적 사고를 바탕으로 새로운 의미와 가치를 생성할 수 있어야 하며, 그 활동은 인간과 사회에 이로운 것이어야 하므로 도덕성을 갖추어야 한다(박창언, 2017).

이러한 창의·융합형 인재상을 설정하기 위해 2022 개정 미술과 교육과정에서는 다섯 가지의 교과 특수역량 중 하나로 창의·융합 역량을 제시한 것이다. 특히 창의·융합 개념이 등장하게 된 시대적, 사회적 배경으로는, 첫째, 학문 통합 및 융합적 근본 이론에 관한 관심, 둘째, 학제 간 연구의 필요성, 셋째, 사회·교육적 요구 등을 들 수 있다(김종윤, 2015, pp. 85-90). 하지만 최근 미술교과에서 창의·융합 역량이 중요한 화두가 된 배경에는 무엇보다도 사회적이고 교육적인 요구가 크기 때문이다. 인공 지능(AI)과 딥 러닝(deep learning), VR, AR 등 가상현실과 빅데이터(big-data), 챗GPT 등의 기술들이 하루가 다르게 생성되면서 세상을 급변하게 만들고 있다. 이처럼 급격한 세상의 변화에 적절히 대응해 나가기 위해서 학교 교육이 단순히 기성의 지식 및 기술의 전달에 그칠 것이 아니라 학생들이 스스로 지식을 활용하고 창출하는 능력을 길러주어야 한다는 사회적 인식(김왕동, 2012, p. 99; 이윤복 외, 2015)이 널리 확산하고 있다. 이런 상황은 비단 우리나라만의 문제가 아니라 전 세계 교육계의 주요 관심사다(신동희 외, 2012, p. 371). 급격히 변화하는 사회 문제를 능동적이고 창의적으로 해결할 수 있는 인재 양성이 국가적으로나 개인적으로나 시급한 문제로 부각하였다.

2) 이전 교육과정에서 창의·융합 역량의 전개 및 특징

2009 개정 교육과정에 따른 교과 교육과정 중 과학, 기술가정에 STEAM의 개념이 반영되었다. 2011년 8월 9일 고시된 초·중등학교 교육과정에서 과학, 수학 그리고 실과(기술·가정) 교과에는 융합인재교육의 기본적인 개념이 도입되어 정책 실행에 기반을 구축하였다. 그리고 2011년 교육과학기술부는 수학, 과학 중심 학교교육에 실용적인 기술·공학을 연계하여 현대사회에 필요한 과학기술 소양을 갖춘 인력 양성 기반 구축을 목적으로 하는 STEAM 교육(융합인재교육) 활성화 방안을 발표했다(조향숙, 김훈, 허준영, 2012). 이후 창의·융합형 인재상이 제도적인 문서에 반영된 것은 2015 개정 교육과정에서부터이다. 그러나 추구하는 인재상이 교육목적 체계에서 어떤 위상을 지니고 있는지에 대해서는 법적으로 정하지는 않았다(박창언, 2017, pp. 747-751).

2015 개정 미술과 교육과정의 성격에서 보면, '미술은 바른 인성과 문화적인 소양을 갖춘 창의적 인재'를 육성할 수 있는 핵심 교과로 보았다. 미술 교과의 주요 역량 다섯 가지(미적 감수성, 시각적 소통 능력, 창의·융합 능력, 미술문화 이해 능력, 자기 주도적 미술 학습 능력) 중에서 창의·융합 능력의 의미는, "자신의 느낌과 생각을 다양한 매체를 활용하여 창의적으로 표현하고 미술 활동 과정에 타 분야의 지식, 기술, 경험 등을 연계, 융합하여 새로운 가능성을 발견할 수 있는 능력"(교육부, 2015, p. 3)으로 규정하고, 창의·융합 능력을 함양하도록 하였다.

2015 개정 교육과정은 창의·융합형 인재에 대해 '인문학적 상상력, 과학기술 창조력을 갖추고 바른 인성을 겸비하여 새로운 지식을 창조하고 다양한 지식을 융합하여 새로운 가치를 창출할 수 있는 사람'이라고 정의하고 있다.

창의·융합형 인재의 개념과 비슷하면서도 조금 다르게 사용되는 개념에는 융합, 융합인재, 창의적 융합인재, 창의·융합 인재 교육 등이 있다. 융합은 통합이나 통섭 이후에 등장한 개념이다(이경진 외, 2012). 통합이나 통섭의 의미는 여러 내용이나 분야들의 물리적인 결합이나 일부 학문에 포함하는 것 등이 해당하지만, 융합은 화학적인 결합을 통해 제3의 새로운 시너지를 얻는 데에 의미를 둔 것이다(주미경 외, 2012; 강정찬, 2015). 따라서 최근 미술과 교육과정에서 추구하는 인간상인 창의·융합형 인재는 타 교과나 타 분야의 물리적 결합이 아닌, 학생이 다양한 교수법을 통해서 자기 주도적으로 제3의 새로운 개념이나 시너지를 창출할 수 있는 미래 지향적 인재 창출에 의미를 둔 것이다.

3) 2022 개정 교육과정에서 창의·융합 역량 내용 분석

2022 개정 미술과 교육과정을 보면, "미술 교과는 학생들이 포용성과 창의성을 겸비한 주도적인 사람으로 성장하는 데 핵심적인 역할을 한다."로 규정하였다. 미술 교과 교육의 성격에서 학교 교육은 미술의 의미와 가치에 기초하여 심미적 감성을 함양하고 창의·융합적으로 사고하는 힘과 시각적으로 소통하는 능력을 길러주며 정체성과 공동체성을 확립하여 학생들의 전인적 성장을 이끄는 데 이바지하는 것을 목적으로 한다. 미술 교과에서 함양할 수 있는 역량으로 심미적 감성 역량, 창의·융합 역량, 시각적 소통 역량, 정체성 역량, 공동체 역량의 5가지를 강조하였는데, 창의·융합 역량의 의미로 창의·융합적으로 사고하는 힘과 시각적으로 소통하는 능력을 길러주는 것이라 한다(교육부, 2022a).

미술교과와 창의성의 관계에 대한 연구는 이미 많이 이루어졌다. 한 예로 하버드 대학교의 티시먼과 파머(Shari Tishman & Patricia Palmer)는 예술기법을 활용한 수업이 학습자의 호기심, 개방성, 합리적 사유 등의 '사고기질' 형성에 크게 영향을 미쳐 학습자의 사고력과 창의성이 향상했음을 밝혔다. 이 수업을 통해 질문하기와 조사하기, 관찰하기와 묘사하기, 논리적으로 사유하기, 여러 가지 시각으로 탐색하기, 비교하기와 연관 짓기, 복잡성 발견하기의 여섯 가지 사고 기질은 학생들의 창의적인 문제해결에 필요한 기본적인 사고 기질임을 주장했다(태진미, 2011). 2022 개정 미술과 교육과정의 내용체계에서는 '지식·이해, 과정·기능, 가치·태도'의 세 가지 범주를 제시하고 있는데, 티시먼과 파머의 예술기법은 2022 개정 미술과 교육과정에 명시된 범주와 관련되어 있다.

2022 개정 미술과 교육과정에서 창의·융합 역량에 기반한 목표를 모든 교육과정에 제시하고 있는데, 교과목별 창의·융합 역량과 관련된 목표를 살펴보면 〈표 1〉과 같다.

다음 〈표 1〉 내용에서 특기할 만한 내용은 2022 개정 교육과정 총론에 제시한 디지털·AI 소양 함양과 관련하여 새로운 교육과정 교과목인 융합선택 과목으로 [미술과 매체]가 미술 작품을 통해 작가의 내러티브, 디지털 혁명에 의한 기술의 발달, 기후 위기, 환경 재난 등의 환경적 변화를 이해하는 등 매체의 역할과 의미를 탐색하는 과정에서 미술에서 매체의 미적 가치를 발견하는 데 초점을 두고, 건식 매체, 습식 매체, 유화 물감, 아크릴 물감, 사진, 도자, 유리, 금속, 나무 등 아날로그 매체와 디지털 이미지, 인터넷, 가상현실 등 디지털 매체의 특성과 표현 원리를 실험하고 그 효과를 이해하여 작품에 반영할 수 있도록 설정된 것이다(교육부, 2022a, p. 66).

〈표 1〉 2022 개정 미술과 교육과정에서의 창의 · 융합 역량 관련 목표(교육부, 2022a)

2022 개정 미술과 교육과정		교과목	창의 · 융합 역량 관련 목표
공통교육과정		미술	다양한 미술 활동을 통해 자신의 느낌과 생각을 창의적으로 표현하며 경험과 사고를 유연하게 통합하고 확장한다.
선택중심 교육과정	일반선택 과목	미술	대상과 현상에서 발견한 미적 특징을 다양한 매체의 활용과 융합을 통해 창의적으로 표현한다.
	진로선택 과목	미술 창작	표현 기법과 매체를 실험하고 융합하는 다양한 시도를 통해 창의적으로 표현하는 능력을 함양한다.
		미술 감상과 비평	미술 감상은 전통문화와 타문화 이해의 바탕이 되는 미술 작품, 미술가, 미술사적 사건 등을 탐구하며 작품의 사회 · 문화적 의의를 발견하고 동시대 미술로 확장하여 이해하게 한다.
	융합선택 과목	미술과 매체	아날로그와 디지털 매체의 표현 방법을 실험하고 타 분야와 융합하여 창의적으로 표현하는 능력을 함양한다.

이를 위해서 타 교과와 융합이 이루어질 수 있는 내용을 고려하여 주제 중심의 범교과 학습을 학기 초에 계획하고 실행하도록 하고 있다. 학습 방법으로는 모둠별 창작 활동을 통하여 매체의 융합과 적용과정에서 타 분야의 지식을 연결하여 문제를 해결하고 협력하는 협동 학습 방법, 동료 교수 방법 등을 활용할 수 있다(교육부a, 2022, pp. 68-69).

2. 창의 · 융합 역량 관련 선행연구

1) 역량의 개념

역량의 개념은 본래 직업사회의 필요에 의해서 대두되었으나, 이후 OECD 프로젝트를 통해 직업이나 직무와 관련된 것에서 벗어나 일반적인 삶의 질과 관련해서 논의되어 왔다. 역량의 의미에는 태도, 감정, 가치, 동기 등과 같은 사회적 · 행동적 구성요소뿐만 아니라 지식과 인지적 · 실천적 기능(skill) 등을 포함하므로 이런 점에서 역량은 '역동적이고 총체적인 개념'이라고 할 수 있다. 요컨대 역량은 '기능(skill)'과는 동일한 개념이 아니라 지식, 기능, 태도, 가치를 모두 포괄하는 것으로 이해해야 하는 것이다(소경희, 2013). 학교교육에서 핵심 역량은 다양한 문제를 효율적이고 합리적으로 해결하기 위해 학습자에게 요구되는 지식, 기능, 태도의 집합체로 정의되고 있다(이광우, 2009). 핵심 역량이라는 개념은 처음에는 기업 경영 분야에서 주로 사용되었으나, 이후 OECD의 DeSeCo 프로젝트를 통해 핵심 역량이 학교 교육과정에 역량이라는 개념으로 등장하면서 교육 분야에서 주목받기 시작했다(심영옥 외, 2022).

OECD에서는 지속 가능한 발전과 사회적 결속은 인구 모두를 위한 역량에 달려 있다고 보고, 사회에서 개인의 성공적인 삶과 사회의 발전을 위해 필요한 핵심 역량을 규명한 바 있다. 이것은 일명 DeSeCo(Defining and Selecting Key Competencies)로 불리는 프로젝트를 통해 수행한 것이다(소경희, 2007).

DeSeCo 프로젝트에서 제시한 역량의 의미는 특정 맥락의 복잡한 요구를 성공적으로 충족시킬 수 있는 능력을 말한다. DeSeCo 프로젝트에서는 많은 가능성이 있는 역량 가운데 삶에 꼭 필요한 몇 가지의 역량만을 추출하여 '핵심 역량'으로 선정했다. '핵심 역량'의 선정 기준은 첫째, 역량이 삶의 다양한 분야의 요구를 충족시키는 데 수단이 될 수 있어야 하고, 둘째, 성공적인 삶과 잘 기능하는 사회를 이끄는 데 공헌해야 하며, 셋째, 모든 개인에게 필요한 것이어야 한다(Rychen, 2003; 소경희, 2013)는 세 가지 기준이다. DeSeCo 프로젝트에서 제시한 핵심 역량 선정 기준은 2022 개정 미술과 교육과정에서 제시한 미술과 성격[1]과 유사함을 알 수 있다(교육부a, 2022). DeSeCo 프로젝트에서 제시한 준거에 따라 선정된 '핵심 역량'의 세 가지 범주 및 범주별 하위 능력은 다음 〈표 2〉와 같다.

〈표 2〉 OECD DeSeCo Project에서 제시한 '핵심 역량' 3가지 범주 (소경희, 2013, p. 34)

사회적으로 이질적인 집단에서의 상호작용능력	자율적인 행동 능력	여러 도구를 상호작용적으로 활용하는 능력
• 다른 사람들과의 관계를 잘하는 능력 • 협동 능력 • 갈등을 관리하고 해결하는 능력	• 큰 그림(big picture) 내에서 행동할 수 있는 능력 • 인생 계획 및 자신의 프로젝트를 구상하여 실행하는 능력 • 자신의 권리, 관심, 한계, 필요 등을 옹호하고 주장하는 능력	• 언어 상징, 텍스트를 상호작용적으로 활용하는 능력 • 지식과 정보를 상호작용적으로 활용하는 능력 • (새로운) 테크놀로지를 활용하는 능력

위의 〈표 2〉에 제시된 '핵심 역량'의 기본적으로 내포된 함의는, 개인이 특정한 맥락에서 급변하고 불확실한 미래 사회가 필요로 하는 다양한 요구와 목표에서 성공적인 성과를 이루고 결과를 충족시키기 위해서는 '핵심 역량'을 실행해야 한다는 것이다. 그리고 무엇보다 중요한 것은 이 세 가지 범주의 핵심 역량이 개별적이거나 독단적인 이행을 하는 것이 아니라 서로 관련되어 통합 혹은 융합적으로 작용해야 한다는 것이다.

2) 창의 · 융합 역량의 개념

창의 · 융합 역량은 개별적 개념인 창의력과 융합 능력을 포괄적으로 일컫는다. 창의 · 융합적 사고역량은 고등 사고능력으로, 요컨대 해결할 문제를 새로운 시각에서 발견하고 종합적인 관점과 각 요소 간의 최적화를 위한 관점을 파악하여, 이를 해결하기 위해 다양한 분야의 지식과 기술을 융합적으로 수용하고 응용할 수 있는 능력을 말한다(홍효정, 이재경, 2015).

먼저 창의성의 개념을 살펴보면, 창의성이란 일반적 사회 통념상으로 일반인과는 달리 천재가 가진 특별한 능력이라고 생각된다. 그러나 다수의 학자는 창의성이 천재 혹은 영재의 선천적인 특질이 아닌 후천적인 것이며, 개발될 수 있는 것이라고 주장한다. 창의성에 대하여 정의를 내린 학자들의 의견을 살펴보면 다음과 같다.

1) 미술과 성격 앞부분의 내용에, "미술은 느낌과 생각을 시각적으로 표현함으로써 자신을 둘러싼 세계와 소통하며 자신과 세계와의 관계를 이해하고 그 의미와 가치를 창조하는 인류 보편의 언어이다. 미술은 조형적으로 문제를 해결해나가는 과정을 통해 자신의 내면을 통찰하고 상상력과 창의성을 발현시켜 개인과 공동체의 삶을 풍요롭게 한다. 또한 시대의 특징과 문화를 기록하고 반영하는 미술은 과거부터 동시대에 이르기까지 시공간을 가로질러 사유하게 함으로써 인간의 삶에 대한 이해와 새로운 미술 문화 창출을 이끌고 인류의 지속 가능한 발전에 공헌한다."로 되어 있다.

〈표 3〉 창의성의 정의(허혜경, 류진순, 2010, p. 37)

학자	정의
로웬펠드 (V. Lowenfeld)	• 사고의 융통성과 아이디어의 융통성 • 새로운 것을 만들어 내거나 타인의 다른 방식으로 사고하는 것
테일러 (Frederick W. Taylor)	• 새로운 것을 만들어 내는 능력 • 자신이 속한 사회 집단에 의해 그 시점에서 유용하게 그리고 만족스럽게 받아들이는 새로운 결과 • 사회적으로 승인되는 창의성의 측면을 강조
매슬로 (A. Maslow)	• 개인적 창의성: 개인이 새로운 것을 경험하고 창조하는 기쁨을 주는 자기실현 활동을 통해 발달한다. • 사회적 창의성: 발명가, 과학자, 예술가 등에서 볼 수 있는 특수 재능으로 사회적으로 새로운 가치를 지닌 것 • 개인의 창의성은 사회적 창의성으로 전이
길포드 (Joy Paul Guilford)	• 새로운 것을 생산하는 힘 • 인간의 다섯 가지 지적 기능인 인지력, 기억력, 수렴적 산출력, 확산적 산출력, 판단력 중에서 확산적 산출력을 의미 • 창의성의 요인: 문제에 대한 감수성, 사고의 유창성, 사고의 독창성, 사고의 정교성
토런스 (E. P. Torrance)	• 문제해결을 위해 추측하고 가설을 세우며 검증하고 틀린 방법은 수정하여 최종적으로 그 결과를 전달하려는 과정

한편, 융합의 개념을 살펴보면 표준국어대사전에서는 "융합은 다른 종류의 것이 녹아서 서로 구별이 없게 하나로 합하여지거나 그렇게 만드는 일"(https://ko.wiktionary.org/wiki/)이라고 정의한다. 이는 서로 다른 것들을 단순히 더한다는 양적인 개념이 아니라 기존의 것들이 완전한 합일 상태를 이루어 경계가 사라지고 새로운 것을 창출한다는 보다 질적인 의미의 개념이다. 듀이(John Dewey)는 새로운 가치를 얻기 위해서 경험에 의하여 기존의 가치와 지식을 비판적으로 사고할 수 있는 능력이 중요함을 역설하면서 이를 위한 수단으로 통합적이고 실제 경험에 기반하며 질문이 있는 학습이 이루어질 것을 강조하였다(김정효, 2012). 이렇듯 융합에 대한 사전적 의미와 현대 교육에서 중요한 위치를 차지하는 듀이의 견해를 종합해 보면 지식의 융합은 각 분야 지식들의 단순한 합성을 의미하는 것이 아니다.

일반적인 상황에서 융합이라는 단어는 통합과 비슷하게 혼용된다. 하지만 두 개념은 분명한 차이가 있으며 가장 큰 차이점은 섞이는 과정과 그 결과물이 다르게 나타나는 것이다. 교육적인 측면에서도 통합교육과 융합교육은 차이가 있다. 앞에서 언급한 바 있듯이 통합교육은 서로 다른 학문 분야의 내용이나 요소들을 서로 간에 물리적으로 결합해서 교육하는 방식이고, 융합교육이란 서로 간에 화학적으로 결합시켜 교육하는 방식이다(김진수, 2016). 초기에는 이들이 혼용되곤 했으나 지금은 융합교육의 용어가 교육계에 자주 사용되면서 미술과 교육과정의 교과 역량에 '창의·융합 역량'으로 제시된 것이다.

종합하면, 창의·융합 역량은 새 시대가 요구하는 인재의 능력 가운데 창의성이라는 측면을 강조한 개념이며(이효진, 2017), 문제 상황에서 기존의 다양한 학문, 지식, 능력을 활용하여 긍정적이고 새로운 창의·융합적 결과를 도출할 수 있는 능력을 의미한다.

3) 창의·융합 역량의 의의

창의·융합 역량을 기르기 위한 목적은 창의·융합적 인재를 양성하는 데 있다. 융합 인재란 두 개 이상의 학문 분야 경계를 넘나드는 융합을 통해 새롭고 독특한 가치를 창출하여 그 가치를 그들이 속한 학문, 사회, 경제, 문화의 발전 전반에 확산시킬 수 있는 사람(성은모 외, 2013, p. 544)을 뜻하는 의미로 사용한다. 창의·융합 인재교육은 교육을 통해 다양한 교과와 학문, 가치, 문화에 대한 흥미와 이해력을 높이고, 창의력, 문제해결력, 인성 및 인문적 소양 등을 지닌 인재를 기르도록 하는 것을 의미한다(강정찬, 2015). 하지만 '창의·융합 교육'이나 '창의·융합 인재'에 대한 이론적인 개념이나 용어 사용이 통일되어 있지 않아서(이경진 외, 2012; 홍은숙, 2015), 특성이나 하위 요인, 교육 내용이나 방법 등에서도 차이가 많다. 특히 과학·기술 분야에서는 창의·융합 교육과 STEAM 교육과 같은 개념으로 사용되는 경우도 있다(김진수, 2012; 최유현 외, 2012). 창의·융합인재 양성을 위한 방편이 STEAM 교육일 수 있다는 것과, 이 두 가지 개념이 차이가 없다는 것은 그 함의가 매우 다르다. 일부 연구들은 이에 대해 통합, 융합, 창의·융합, 융복합 등을 엄밀하게 구분할 수는 있지만 이를 구분하는 것보다는 인간의 앎이나 인식이라는 공통적인 함의에 주목해야 한다고 보기도 한다(이선경 외, 2012; 주미경 외, 2012). 다양한 용어들이 등장하고는 있지만 용어의 등장 배경이 큰 차이가 없고, 각각의 용어들이 궁극적으로 지향하는 바가 다르지 않다는 것이다.

4) 창의·융합 역량의 수업모형

미술과 수업에서 창의·융합 역량을 함양하려면 우선 2022 개정 미술과 교육과정의 이해를 명확히 해야 할 것이다. 미적 체험, 표현, 감상의 각 영역을 연계하면서 수업 내용에서는 어떤 내용으로 융합교육을 해서 창의성을 발현하도록 할 것인지를 구성해야 할 것이다.

미술과 수업에서 창의성 발달을 위해 많이 활용되는 수업모형은 '창의적 문제 해결법'이다.

미술과의 모든 내용 영역은 창의성과 관련되어 있다. 미술 수업에서 창의성은 문제해결을 위한 창의·융합적 사고 능력, 창의·융합적 아이디어 창출 능력, 창의·융합적 표현 능력, 작품 분석 및 새로운 해석이나 판단을 내리는 능력 등으로 나타난다. 수업 과정은 다음과 같다.

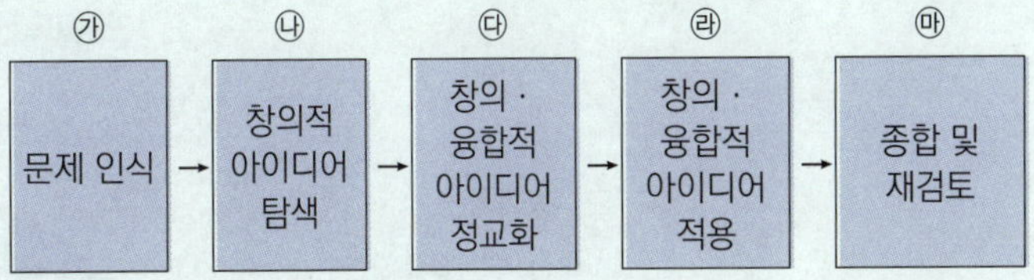

가. 학습자는 제시된 문제를 인식하고 그 해결에 필요한 단서를 파악하기 위해 다양한 재료나 정보를 모아 문제나 주제를 검토, 해체, 분류한다.

나. 학습자는 브레인스토밍 등을 통해 문제해결을 위한 아이디어를 구성한다.

다. 창의·융합적으로 탐색한 아이디어를 분석하고, 정교화하며, 아이디어의 시각화를 위해 스케치하거나 여러 가지 아이디어를 대상으로 최선의 선택을 재검토, 보완하는 단계이다.

라. 창의·융합적으로 정교화된 아이디어를 표현 활동에 적용하는 단계로 독창적인 아이디어가 명확한 형태로 나타난다.

마. 창의·융합적 아이디어가 작품에 잘 반영되었는지 감상, 분석하며 새로운 선택의 가능성도 생각할 수 있다.

다음 [그림 1]은 캡스톤 디자인(설계) 교과목을 활용한 창의·융합 수업을 위한 개념적 틀로서, 보다 구체화된 고등학교 창의·융합 수업을 위한 교수·학습모형 개발을 위해 활용할 수 있는 모형이다.

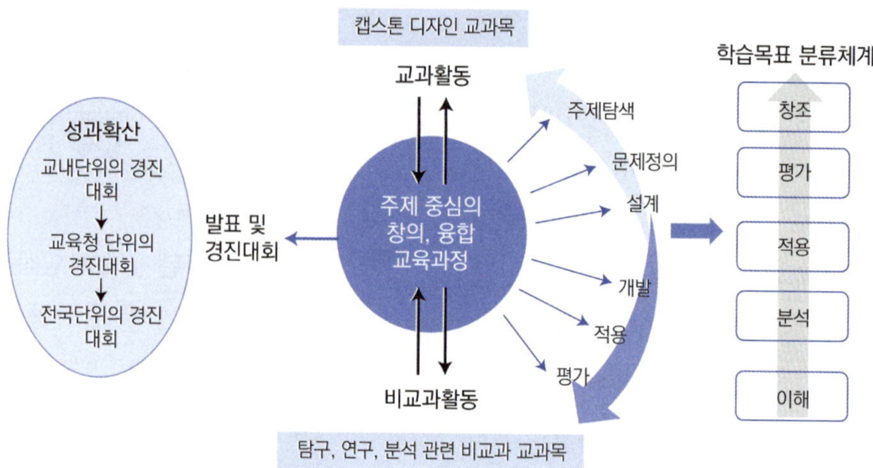

[그림 1] 창의 · 융합 수업을 위한 개념적 틀(이영태, 남창우, 2015, p. 553).

3. 창의 · 융합 역량의 필요성 및 목적, 현황

1) 미술과에서 창의 · 융합 역량의 필요성 및 목적

2021년 4월 교육부에서는 '국민과 함께 하는 미래형 교육과정 추진 계획안'을 발표하였는데, 교육부는 "4차 산업혁명 시대 첨단기술의 발전 및 미래 불확실성이 증대되면서 환경 변화에 유연하게 대응할 수 있는 역량과 변화대응력을 갖춘 인재 확보가 더욱 긴요하다."라고 추진 배경을 설명했다(교육부, 2021). 특히 미래 사회의 불확실성이 증가함으로 이에 따라 미래사회에서 요구되는 역량이 창의력, 다양성 등 기계와 차별화된 인간 고유의 역량 중심으로 변화가 필요하게 된 것이다. 최근에는 대부분 국민도 진로교육, 민주시민 교육, 소프트웨어 교육, 스마트 교육, 프로젝트 학습, 메이커 교육 등을 미래 사회에 필요한 교육의 주요 키워드로 인식하게 되었다. 최근 각 교과에서 공통적으로 출현하는 단어를 살펴보면, AI, 디지털, AIDT, 챗GPT, 역량 강화, 창의 · 융합 역량, 문제해결능력, 토의 · 토론 능력, 협동 능력 등이 많이 거론되는데, 이는 급변하는 미래 사회 대비를 위한 교육에 대한 필요성을 강하게 부각한 것이라 보인다. 특히 이러한 교육의 패러다임 변화에 부응할 수 있는 역량 중 창의 · 융합 역량은 어느 한 곳에서도 빠지지 않는 만큼 미래 사회는 창의 · 융합 역량을 요구하는 것이다.

2) 미술과 창의 · 융합 역량의 현황

(1) 2015 개정 및 2022 개정 미술과 교육과정

2015 개정 미술과 교육과정과 2022 개정 미술과 교육과정에서는 교육과정이 개정되면서도 창의 · 융합을 위한 내용을 중요 개념으로 다루고 있다.

2015 개정 미술과 교육과정에서는 '1. 성격'에서 '창의 · 융합 능력'을 교과 역량으로 제시하였고, 2022 개정 미술과 교육과정에서는 '교육과정 설계의 개요'에 '창의 · 융합 역량'을 교과 역량으로 제시하였다. 이처럼 우리나라 미술과 교육에서는 '창의 · 융합 역량'을 중요한 역량으로 다루고 있음을 알 수 있다.

다음 〈표 4〉는 2022 개정 중학교 [미술①] 교과서에 수록된 창의 · 융합 역량과 관련된 내용들이다.

〈표 4〉 출판사별 2022 개정 중학교 [미술①] 교과서 창의 · 융합 관련 내용 현황(가나다순)

출판사	저자	영역	단원 및 제재	융합 분야
동아출판㈜	안혜리 외 6인	표현	사진과 영상으로 보는 세상	디지털 융합
		표현	뉴 미디어 아트, 오감을 깨우다	디지털 융합
리베르	현은령 외 7인	-	-	-
미진사	김경희 외 9인	-	-	-
㈜교학도서	김형숙 외 6인	-	-	-
㈜금성출판사	박규선 외 5인	표현	디지털 매체로 담는 세상	디지털 융합
		표현	또 다른 세상, 만화와 애니메이션	디지털 융합
㈜다락원	박성식 외 8인	표현	예술 · 기술 · 미래	디지털 융합 타 분야 융합
㈜도서출판 성안당	박정인 외 8인	표현	사진과 영상, 시간과 이야기를 담다	디지털 융합
		표현	경계를 넘어서	타 분야 융합
㈜미래엔	노현욱 외 5인	표현	과학과 예술의 만남, 미디어 아트	타 분야 융합
			디지털 매체로 제작하는 시화	디지털 융합
㈜비상교육	정현일 외 5인	체험	미술로 융합되는 세상	타 교과 융합 타 분야 융합
		체험	일상 속의 시각문화	디지털 융합
㈜씨마스	고황경 외 12인	표현	사진과 영화, 시선을 담다	디지털 융합
		표현	만화와 애니메이션을 보다	디지털 융합
㈜아침나라	최정아 외 8인	체험	경계를 넘어선 미술	타 교과 융합
		체험	미술과 테크놀로지의 만남	타 분야 융합
㈜지학사	이경애 외 4인	체험	미술의 경계를 넘어서	타 교과 융합
		표현	즐거운 만화와 애니메이션	디지털 융합
㈜창비교육	유홍준 외 13인	표현	새로운 매체와 예술	디지털 융합
		표현	만화와 애니메이션	디지털 융합
㈜천재교과서	김선아 외 9인	체험	시각문화, 이미지로 소통하다	디지털 융합
		표현	영상 표현 매체의 확장	디지털 융합
㈜해냄에듀	서예식 외 12인	-	-	-

15종의 중학교 [미술①] 교과서에서는 미술과 타 교과, 타 분야의 융합 교육을 11종 출판사에서 다루고 있으며, 학습 방법론으로는 디지털을 활용하는 내용들로 구성되어 있다.

4. 창의 · 융합 역량의 내용과 방법

1) 미술과 창의 · 융합 역량의 내용

지은림과 주언희(2012, pp. 536-539)는 창의성에 대한 특성들을 인지적 측면, 정의적 측면, 통합적 측면으로 구분하여 제시하였다. 창의성의 인지적 접근은 사고 과정에 초점을 맞춘 것으로 지적 능력의 요소를 포함한다. 인지적 특성의 하위 요인에는 확산적 사고와 활동, 일반적 지식과 기능, 구체적 영역의 지식과 기능, 문제해결력 등이 있다. 정의적 특성은 창의성을 발현하는 데 인성적 특성에 초점을 맞춘 것으로 성격이나 성향적 요소들을 포함한다. 창의적 특성에 해당하는 하위 요인에는 개방성, 호기심, 감수성, 인내심, 독립성, 자율성, 몰입 등을 포함한다. 통합적 접근에서 창의성은 인지적이나 정의적 특성을 포함한 다른 여러 가지 영역의 특성들이 함께 상호작용하는 것이다. 따라서 창의성 교육은 창의적 문제해결을 위한 확산적 사고와 수렴적 사고, 논리적 사고가 역동적으로 상호작용을 하여 새로운 산출물 혹은 해결책을 만들어내는 데 있으므로 창의·융합적 인재 양성에도 목적이 있다.

이러한 창의성 교육을 위한 효과적인 적용 방법에 대해 정지은과 조연순(2012)은 다음과 같이 세 가지의 형태로 구분하였다.

첫째, 미술 교과와 분리된 독립적 창의성 교육의 형태로서 확산적 사고기법과 수렴적 사고기법을 포함한 창의적 사고기법을 활용하는 형태이다. 이 방법은 창의적 사고의 독립적 위상을 유지할 수 있다는 점과 창의적 사고를 보다 체계적으로 강화할 수 있는 장점이 있다(최석민, 2003).

둘째, 미술 교과와 통합된 창의성 교육을 하는 형태이다. 이는 창의성 수업과 교과 내용의 수업을 통합하여 창의적 문제해결 모형이나 창의적 수업모형 등 수업 전반에 적용하거나, 창의성의 구성 요소들을 교과 지식과 통합하여 교수·학습전략에 따라 창의성을 신장시키는 방법이다. 이러한 형태는 해당 교과목의 지식습득은 물론 창의적 산출물을 기대할 수 있다는 장점이 있다(Renzulli & De Wet, 2010).

셋째, 창의성을 지원하는 형태이다. 이 방법은 교사의 중요성과 환경에 대한 설계의 중요성을 강조하여 창의성 신장 교수전략 또는 학습 환경 설계전략을 활용하는 방법이다. 창의성 신장 교수전략은 학생들의 창의적인 잠재력과 능력에 대해 구조화된 교사의 피드백을 활용하는 것이다. 또한 학습 환경 설계전략으로는 대인관계, 정서, 교수스타일의 양상, 조직, 경험, 교사의 태도, 교사의 통제 정도, 규율, 성별과 나이 등을 고려한 학습 환경 설계를 포함한다(이영태, 남창우, 2015). 이처럼 창의성 교육은 절대적으로 정립된 하나의 접근이 있다기보다는 여러 형태로 접근될 수 있다.

2) 미술과 창의 · 융합 역량 방법과 사례

학생들로 하여금 창의·융합 역량을 고취하기 위해서는 교사의 역할과 자질은 매우 중요한 요소이다. 다변화하고 급변하는 사회 속에서 다양한 학습자의 요구와 필요에 맞게 지도하려면 교사의 지식, 기술, 소양 등과 같은 교수역량을 갖추는 것이 무엇보다 중요하다(신동희 외, 2012, p. 376). 교사는 창의·융합 교육에 필요한 다양한 창의력, 문제해결능력, 의사소통 및 결정 능력, 협동 능력, 인문적 소양 등의 역량을 갖추고 있으면서, 동시에 학습자의 창의·융합 역량을 길러주어야 한다.

박찬흥(2018, pp. 44-45)은 학생들의 창의·융합 역량을 위해서 교사의 화법 역량이 중요하다고 하였다. 즉 창의·융합 인재를 성공적으로 길러내기 위해서는 교사의 전문성을 갖춘 교사 화법 역량이 필요하다는 것이다. 그리고 창의·융합 인재 양성에 적합한 교사 화법 역량에 필요한 원리로, 협업 강조의 원리, 문제 중심 학습의 원리, 전인성의 원리, 반성적 사고 중시의 원리 등 네 가지 원리를 강조하였다(박찬흥, 2018, pp. 47-55).

특히 미술교과에서 다음과 같은 교수법으로 창의·융합 역량을 함양할 수 있을 것이다.

첫째, 교재나 디지털 도구를 활용하는 방법으로 미디어 아트, 피지컬컴퓨팅, 가상현실 제작 플랫폼, AI 및 챗GPT 등을 활용하는 것이다.

둘째, 창의적 종합설계 능력을 갖춘 인재 양성을 위해서는 캡스톤 디자인(Capstone Design) 또는 디자인 씽킹(Design Thinking)의 교수·학습 모형을 개발하거나 플립드 러닝(Flipped Learning) 등을 활용하여 타 교과, 타 학문의 종합적인 융합을 창의적으로 꾀할 수 있다.

셋째, 문화예술경험 등 다양한 미적 체험과 현장 탐방을 통해 창의·융합 역량을 높일 수 있다.

이 밖에 최근 교육계에서 대두되고 있는 국제 교육과정을 벤치마킹하는 것이다. 예를 들면 미술 교과에서 창의·융합 역량 함양을 위한 교수·학습 방법으로 국제 교육과정인 IB(International Baccalaureate)[2] 교육과정을 활용하는 것이다.

그중 중등교육 프로그램(Middle Years Programme: MYP)을 살펴보면 다음과 같다.

IB의 학습자상 특성은 IB 교육의 전인적 특성을 반영한 것으로, 지식과 기능을 개발하는 것뿐만 아니라 호기심, 공감과 같은 역량 개발의 중요성을 강조하고 있다. 또한 인지적 발달과 함께 학생들의 사회적, 정서적, 신체 건강에도 관심을 기울이고 있으며, 자신과 타인, 그리고 주변 세계를 존중하는 학습도 강조한다(이한울, 2021). 이는 2022 개정 미술과 교육과정에서 추구하는 창의·융합 역량을 기르기 위한 내용과 유사하다.

IB는 6개의 교수 접근 기술(approaches to teaching)과 5개의 학습 접근 기술(approaches to learning, ATL)을 제시하고 있는데 그 내용은 다음과 같다.

〈표 5〉 IB의 교수 접근 기술(approaches to teaching)(IBO, 2017, p. 6; 이한울, 2021)

교수	접근 방법
탐구에 기반한 교수 (Based on inquiry)	학생들이 스스로 정보를 수집하고 자신을 이해하는 데 중점을 둔다.
개념 이해에 중점을 둔 교수 (Focused on conceptual understanding)	교과에 대한 이해를 심화시키고 학생들에게 새로운 맥락으로 전이 학습이 일어나도록 돕기 위해 개념을 탐구한다.
지역과 글로벌 맥락에서 전개되는 교수 (Developed in local and global contexts)	실제 상황과 실제 사례를 활용하며 학생들이 자신의 경험과 주변 세계와 연결하여 새로운 정보를 처리하도록 한다.
효과적인 팀워크와 협력에 중점을 둔 교수 (Focused on effective teamwork and collaboration)	학생 간의 팀워크 및 협업뿐만 아니라 교사와 학생 간의 협력 관계도 포함한다.
학습 장벽 제거 설계 교수 (Designed to remove barriers to learning)	포괄적이며 다양성을 중시한다. 학생의 정체성을 확인하고 모든 학생이 적절한 개인 목표를 개발하고 추구할 수 있는 학습 기회를 창출하는 것을 목표로 한다.
평가 정보를 활용하는 교수 (Informed by assessment)	평가는 학습을 지원하고 측정하는 데 중요한 역할을 하며 학생들에게 효과적인 피드백을 제공하는 중요한 역할을 한다.

2) IB(International Baccalaureate) 교육과정은 1968년 스위스 제네바에서 설립된 비영리 교육재단인 IBO(International Baccalaureate Organization)에서 3세에서 19세에 이르는 학생들을 위해 개발한 국제적 교육과정이다. IB 교육과정은 국제적 시각에서 미래 학습자들에게 필요한 역량을 함양하기 위해 초등교육 프로그램(Primary Years Programme), 중등교육 프로그램(Middle Years Programme), 디플로마 프로그램(Diploma Programme), 직업 연계 프로그램(Career-related Programme) 등 4개의 프로그램을 제공하고 있다.

다음으로 학습 접근 기술(approaches to learning, ATL)은 학습 방법을 배우는 것이 학생 교육의 기본이라는 신념에 초점을 두고 있다.

〈표 6〉 IB의 학습 접근 기술(approaches to learning, ATL)(IBO, 2017, p. 7; 이한울, 2021)

능력	하위 구성 요소
사고 능력(thinking skills)	비판적 사고, 창의적 사고, 윤리적 사고
연구 능력(research skills)	정보의 비교, 대조, 검증, 우선순위 설정
의사소통 능력 (communication skills)	기술과 구두 의사소통, 효과적인 경청, 논쟁의 구성
사회성 능력(social skills)	긍정적 관계 형성 및 유지, 경청 기능, 갈등 해결
자기 관리 능력 (self-management skills)	시간과 과제 관리와 같은 조직화 능력, 감정 상태와 동기 관리와 같은 정의적 기능

5가지 학습 접근 기술은 IB의 학습을 거친 후에 학생들이 갖게 되는 역량을 제시한 것이며, 5가지 능력은 서로 밀접히 연결되어 있기 때문에 상호 관련지어 파악되어야 한다(이한울, 2021). 즉 IB 교육과정은 학생들이 더 좋은 학습자(better learners)이자 더 나은 사람(better people)으로 성장하고 발전하기 위해 필요한 역량을 가르치고자 하며, 이를 통해 궁극적으로는 더 좋고 더 평화로운 세상을 만들 수 있는 국제 교육을 지향하고 있다.

3) 미술과 수업에서 창의 · 융합 역량의 유의사항

미술과 수업에서 창의·융합 역량을 함양하기 위해서는 우선 창의·융합 역량의 개념을 정확하게 이해하고, 미술교육에서 어떤 이유로 창의·융합적 인재 양성을 필요로 하게 되었는지에 대한 맥락적 흐름을 알아야 할 것이다. 또한 창의·융합 역량 함양을 위해서는 창의성과 융합적 사고력이 우선 이루어져야 하므로 학생의 발달 과정에 따른 학교급별 수준에 적합하고 적절한 수업이 이루어져야 함을 유의해야 한다. 특히 미술과 수업에서 타 교과나 타 학문과 융합 교육을 할 경우 미술교육의 정체성을 간과한 채 다른 교과나 다른 학문을 중점적으로 다루는 예가 있는데 이 점은 특별히 유의해서 미술교과의 정체성과 독자성을 가지는 데 중점을 둔 융합 교육을 실행해야 할 것이다.

〈표 7〉 학교급별 창의 · 융합 수업 방식

학교급	수업방식
초등학교	학생들이 실기 또는 실습 활동을 좋아하는 특성을 고려하여 담임교사와 교과전담교사가 협업하는 체험 위주의 '타 교과 연계형' 강화
중학교	입시 부담이 없으므로 '미술 교과 내 수업형', '타 교과 연계형', '창체 · 방과 후 활용형' 등 모든 유형의 창의 · 융합 수업 진행
고등학교	입시에 대한 부담으로 정규교과 시간 활용이 어렵기 때문에 창체시간 또는 방과 후를 활용하는 '창체형' 또는 '동아리형'에 주력, 단, 미술교육의 정체성을 잃지 않는 전문교육 실행

5. 차기 교육과정에서 창의 · 융합 역량 전망

2022 개정 미술과 교육과정에서 교과 역량으로 심미적 감성 역량, 시각적 소통 역량, 창의·융합 역량, 정체성 역량, 공동체 역량을 명시하고 있다. 물론 다섯 가지의 역량 어느 하나 중요하지 않은 것이 없지만, 특히 창의·융합 역량은 미래 사회가 요구하는 역량으로 가장 우선시되어야 할 중요한 역량이라 할 수 있다. 따라서 창의·융합 역량은 앞으로도 미술과 교육과정에 필수 교과 역량으로 명시되어야 할 것이다.

다만, 미술 교과에서 창의·융합 역량을 함양하기 위해

타 학문과 타 교과와의 융합 교육을 실행할 때 자칫 미술 교과의 정체성을 고려하지 않고 다른 분야에 중점을 두는 수업은 지양해야 할 것이다.

2022 개정 교육과정 총론에서는 추구하는 인간상을 구현하기 위해 교과 교육과 창의적 체험활동을 포함한 학교 교육 전 과정을 통해 중점적으로 기르고자 하는 핵심 역량을 '자기관리 역량', '지식정보처리 역량', '창의적 사고 역량', '심미적 감성 역량', '협력적 소통 역량', '공동체 역량'으로 정의하고 있는데(교육부b, 2022), 이 중 미술교육에서의 창의·융합 역량은 이 같은 6가지 역량을 융합할 수 있는 역량을 말함이다.

미술교육에서 창의·융합 역량을 좀 더 고취하기 위한 제안은 다음과 같다.

첫째, 다양한 아웃리치 프로그램(outreach program)을 발굴 개발하여 학생들의 체험을 강화하기 위해 대학, 정부 출연기관, 기업 파트너십을 확대하고 창의·융합 인재교육 프로그램 운영을 유도한다면 학생들의 눈높이에서 실생활 문제를 해결할 수 있는 능력과 미적 감수성을 함양할 수 있을 것이다.

둘째, 교사의 자율적이고 전문적인 학습공동체 형성이 필요하다. 창의·융합형 인재에게 중요한 것은 인문학적 소양과 예술적 지식, 과학기술에 대한 지식이다. 타 교과는 물론 미술과 동료교사들과도 창의·융합적 인재를 배출하기 위한 인문학적, 예술적, 과학기술적 융합 전문학습 공동체를 조직하여 상호소통과 협력, 협업을 하여 교사들이 창의적 리더십을 발휘한다면 미술교육을 통한 창의·융합적 인재가 양성될 것이다.

셋째, 미술과 교육과정 운영에 관한 융합적 접근의 활성화가 필요하다. AI, 디지털시대가 열리면서 디지털 소양이 매우 중요한 시대가 되었기 때문에, 미술과에서도 디지털 매체 활용이나 타 교과, 타 학문 융합적 접근이 더욱 필요하게 되었다. 교육과정의 융합적 접근 방법에는 내용적인 측면과 방법론적인 측면이 조화롭게 융합적으로 이루어져야 할 것이다. 하지만 우선 융합의 개념을 일관성 있게 정리할 필요가 있다. 융합은 통합, 통섭, 융복합, 학제 간 등의 용어와 혼용되고 있고, 융합 교육에 대한 개념도 다양하게 정의되고 있다(정미경 외, 2015). 아직도 개념이 정확하게 인지되지 못하는 경우가 종종 발견되는데, 실제 미술과 수업에서 융합적 접근을 하려면 어떻게 하는 것이 올바른 방법이며, 어떻게 수업 내용이 이루어지는지 이해한 다음 적용해야 융합적 성과를 거둘 수 있을 것이다.

심영옥(경희대학교)

4 정체성 역량

사회가 다양하고 복잡해질수록 성장과 발전을 도모하기 위한 출발은 개인과 사회의 정체성을 탐색하는 데에서 시작된다. 그동안 교육계에서는 인간성 형성의 차원에서 '나'에 집중해서 정체성을 논의했다면, 이제는 개인과 집단 간의 다양한 관계 속에서 '자아'로서 출발하는 정체성에 대한 논의에 집중한다. 이때 정체성은 개인이나 집단 등으로 구별하기보다는 개별성과 주체성으로 논의될 때 그 가치가 드러난다는 것을 이해하는 것이 필요하다. 이 글에서는 정체성과 관련한 다양한 논의들을 살펴보고 2022 개정 미술과 교육과정에서 정체성 역량을 핵심 역량으로 채택한 배경과 교육과정 개발에서의 도출 과정을 알아봄으로써 미술과 핵심 역량으로서 정체성의 개념을 포괄적으로 이해하는 데 중점을 두었다.

1. 미술계와 교육계에서 중요하게 부상되는 정체성 이슈들

제14회 2023 광주 비엔날레는 노자의 '도덕경(道德經)' '유약어수(柔弱於水)'에서 차용한 '물처럼 부드럽고 여리게(Soft and Weak like Water)'를 키워드로 광주가 지닌 역사성에 기반하여 동시대 개인과 집단 속 사람들이 직면한 복잡한 현실에 미술로 대안을 제시하고자 하였다. 이 전시에서 특별히 눈여겨볼 점은 광주를 지방주의(localism) 혹은 지역주의(regionalism)로 구역화하는 것에 그치는 것이 아닌, 광주의 고유한 정체성 탐색에 기반하여 전통과 현대, 유사성과 개별성에 내재한 연대의 가능성을 찾아 시공간에 걸쳐 분산된 교차와 연계로서 공존할 방법을 모색하고자 시도한 점이다. 초국적주의적(trans-nationalism), 초문화적(cross-cultural) 접근에 기반한 이러한 확장적 시선은 멕시코 초현실주의 작가 캐링턴(Leonora Carrington/1917~2011)의 그림책 '꿈의 우유(The Milk of Dreams)'를 키워드로 한 제57회 2022 베니스 비엔날레에서도 반복된다. 여기에서는 기존의 서구 남성 중심 세계관에서 탈피하기 위해 여성주의(feminism)가 지나치게 강조된 면이 있지만, 그럼에도 젠더에 매몰되지 않고 인간을 둘러싼 자연과 환경, 지속가능성, 반전(反戰), 평화를 향한 메시지 등 인간 존재에 대한 통찰과 공동체적 가치 추구로 전시의 개념과 목적을 확장해 나간 것이 인상적이다. 흑인 여성 작가 모리슨(Toni Morrison/미국/1931~2019)의 글에서 따온 '숨죽인 채로(Quiet as It's Kept)'를 키워드로 한 2022 휘트니 비엔날레에서는 인종차별에 대한 침묵은 정체성 구축에 방해가 될 뿐임을 꼬집으며, 다인종, 다민족, 다문화의 다원적 세계가 지닌 현존한 문제들의 복잡성과 해결 가능성을 양가적 시선으로 전개하였다. 여기에서는 현재의 시점에서 과거를 돌아보고 미래를 예측하며, 젠더, 인종, 민족 등 서로 다른 사회문화적 배경에서 출발하는 개인 및 집단의 정체성과 관련된 보다 복잡한 이슈들을 기꺼이 논의의 중심으로 끌어들여 이 세계가 지닌 불평등함과 불합리성, 부조리를 통찰적 시선으로 논하고자 한 것이 특징이다.

비엔날레에서 발견되는 이러한 확장적 시선은 어쩌면 그 어떤 문화권에서도 통할 만한 범문화권적이고 전 지구적인 주제이면서, 자본주의와 결탁한 글로벌 아트로서 비엔날레가 어쩔 수 없이 취할 수밖에 없는 선택이라고 볼 수도 있다. 그러나 개인과 집단의 정체성에서 출발하여 동시대가 안고 있는 공동의 문제를 이슈화하는 것은 동시대 미술계에서도 빈번하게 발견되는 주제적 특성으로, 동시대 미술과 비엔날레에서 공통적으로 발견되는 이러한 관점의 확장은 지금의 미술계에서 맥락적으로 반영할 수밖에 없는 시대적 특징으로 작용하기 때문이다. 특별히 주류가 아닌 비주류에 대한 관심에서 출발하여 개인과 집단을 이해하고 나아가 세계시민성/세계시민, 환경/생태, 지속가능성/지속 가능한 발전, 여성주의/LGBTQ, 차별, 불평등, 정체성, 서구 중심주의의 해체/탈식민주의(post-colonialism), 난민, 이주, 계급, 불안정성, 분쟁, 재해, 에너지·자원 고갈, 기후 변화 등 전 지구적으로 논의되는 이러한 주요 이슈들은 동시대의 특징이자 동시대 미술에 반영되고 또한 반영해야 할 시대적 핵심 주제라고 할 수 있다. 확장적 시선으로 세상을 바라보는 배경에는 다중 위기의 세기적 갈등 상황의 발생으로 인하여 지역과 문화를 넘나드는 공조와 협력이 아니면 생존하지 못하는, 공존과 공생이 필수적으로 요구되는 시대적 특성 또한 자리한다.

동시대 미술에서 공존과 공생의 공동체 의식은 인간을 둘러싸고 발생하는 다양한 문제를 인식하는 데에서 출발하는데(Robertson & McDaniel, 2010/2011), 특정 인종, 민족, 젠더, 지역 및 집단의 일원으로서 나와 집단이 지닌 정체성의 탐구는 나와 집단을 가로질러 언제나 중요한 시작점으로 작용한다(Kalb, 2013/2020). 이와 달리 개인과 집단을 구분하는 기준이나 잣대가 보다 복합적으로 작용하는 뉴노멀(new normal) 시대에는 인종, 민족, 젠더 등으로 구별되는 기존의 제한적인 정체성 담론에서 벗어나고자 포스트-블랙(post-black), 포스트-페미니스트(post-feminist) 등의 포스트 정체성(post-identity)을 주장하거나, 개인의 정체성을 무의미하다고 치부하면서 다면적 집단 정체성(collective identity)을 지향하기도 한다. 그러나 이 또한 장소, 지역, 공간, 기억을 공유하는 개인이자 집단의 일원으로서 또 다른 동질성과 이질성을 논하는 것이기 때문에, 여전히 정체성 담론 안에서 이루어지는 '정체성 관련' 논의라고 봐야 한다. 그렇다면 동시대 미술에서는 왜 개인과 집단의 정체성을 비롯하여 사회가 지닌 현존하는 문제들을 그리도 집요하게 핵심 키워드로 채택하는가에 대해서도 살펴봐야 할 것이다. 미술의 역사를 돌아보았을 때 동시대 미술에 국한하지 않고 과거부터 지금까지 미술의 역사를 통해 관심을 가지고 주제 혹은 키워드로 줄곧 표현해 온 것이 바로 이러한 정체성을 비롯한 현존하는 문제들로서, 동시대에 와서는 개인과 집단의 대중적인 관심과 맞물려 인식의 폭이나 정도가 사회를 향해 폭발적으로 증대되었기 때문이다. 이는 이미지를 통해 서로 다른 개인과 집단 간 공감대를 형성하며 인류가 직면한 다양한 문제를 공동으로 인식하고 문제해결에 다가갈 수 있도록 소통하게 해주는 시각 언어로서 미술이 지닌 핵심적인 힘이자, 미술의 사회적 역할과 기능 때문이라고 할 수 있다.

인간의 존재감과 존엄성, 상상력(Harari, 2015/2015)을 필요로 하는 이 시기에, 이미지를 통해 추상적 사고를 가능하게 하고 인간의 상상력을 증폭시키는 미술에서 동시대의 핵심을 가르는 중요 키워드로 정체성에 주목하는 것을 목도하며, 2022 개정 미술과 교육과정(교육부, 2022a)에서 정체성을 주요 핵심 역량으로 채택한 것은 어쩌면 당연한 귀결이라 할 수 있다. 교과 내용학으로서 정체성에 대한 미술계의 담론이 학교미술교육에서 중요하게 거론되어 왔다고 하더라도, 정체성 역량의 등장 이전에는 자기 삶의 주체로서 자기 주도성이 강조되어 왔기 때문에 이의 교육적 변환으로서 개인과 집단을 아우르는 정체성의 도입은 학교미술교육의 관점에서 보면 또 다른 도전이자 시도라고 할 수 있다.

2. 정체성 관련 논의들

1) 정체성의 의미

정체성(identity)은 라틴어 'identitas', 즉 '전적으로 동일한 것', '참된 본래의 형체'를 뜻한다. 정체성이 '동일성', '같음'의 의미에만 머무르지 않는 이유는 라틴어 'identitas'에 해당하는 희랍어 'tautotes'가 '자신', '자체'라는 의미로, '동일성으로서의 정체성(identity as sameness)'과 '자기성으로서의 정체성(identity as selfhood)'으로 구분되기 때문이다(박승규, 2013; 윤성우, 2004). '변화하는 정체성(changing identity)'과 '변화하지 않는 정체성(unchanging identity)'을 바라보는 학문적 관점은 '다름'과 '차이'에 대한 시각을 어떻게 아우르냐에 있는데, 이는 '서사 정체성'과 '이야기 정체성(narrative identity)'에 대한 논의로 연결된다(고미숙, 2003). 고미숙(2023)은 본질적이고 불변하며 고정된 실체로 존재하는 전통적 관점의 정체성과 달리 포스트모더니즘 시대 사이버 공간에서의 정체성은 실체가 아니라 유동적이고 다양하며 탈중심적이면서 자아와 타자의 관계를 통해 구성-재구성-재해석되는 과정이라고 보았다. 특히 기존의 전통적인 관점이 일관성과 통일성을 강조하면서 차이-타자-다양성을 배제하는 문제를 낳았다면, 새로운 관점은 차이-타자-다양성을 강조하는 대신 통일성과 일관성을 배제했기 때문에 통합적 관점에서 윤리적 측면을 고려한 서사적 정체성이 필요함을 주장하였다. 박승규(2013)에 의하면 시공간의 맥락을 전제로 정체성은 변화하고 진화하기 때문에, 정체성의 양상에 영향을 끼치는 이러한 시공간을 인간 간의 관계로 응집된 집단으로 변환하면 정체성은 다시 '개인의 정체성'과 집단으로 형성되는 '사회적 정체성(social identity)'으로 구분된다고 하였다. 개인이 속한 사회가 무엇을 추구하고 어떤 동일성을 주장하며 차이와 다름을 어떻게 구분 짓는가에 따라 집단의 정체성에 영향을 끼친다는 점에서 이현재(2005)는 안게른(Emil Angehrn/독일/1946-)의 정체성 분석을 토대로 '수적 정체성', '질적 정체성', '나-정체성'으로 구분하면서, 개인의 정체성 파악을 위해서 다름을 찾기보다 그 개인이 어떤 집단에서 어떤 성질을 공유하는가에 따라 질적 정체성임에도 자신을 일관적이고 동일하게 인식하고 통합시킴으로써 '나-정체성'에 도달할 수 있다고 주장하였다.

그동안 정체성은 장소・공간(환경, 도시, 지역, 국가 등), 업무(직무・직업, 기관 등), 하위문화(젠더, 인종, 민족성, 국가 등) 등과 함께 언급되어 왔는데, 특별히 외부의 자극이 강화되고 빈번해지는 동시대에 와서는 고유한 본질적 특성에 대한 파악이 중요해지면서 정체성 관련 논의가 더욱 긴밀하게 진행되었다.[1] 일례로, 초연결 사회(hyper-connected society)에서 데이터 기반 자아(data-based self)와 스스로 인식하는 자아 간의 괴리로 인한 심리적 불안감

---

1) 동시대 미술가들의 새로운 시도를 읽을 22개의 키워드(주체, 언어/기호, 장소 특수성, 상황, 제도비판, 노마디즘(nomadism), 아카이브/컬렉션, 참여/개입, 관계 미학, 포스트 프로덕션, 일상성/키치, 기억/향수, 묵시록/유토피아/디스토피아, 숭고, 생태, 명상/제의, 미술과 디자인, 차용, 사춘기, 네트워크, 시장과 반시장, 미장센)(양은희, 진휘연, 2017)에서도 미술가들이 경험하고 표현하는 시도의 총체로서 정체성 이슈를 다루고 있다. 이정민(2019)은 동시대 미술에 드러나는 트랜스내셔널리즘 담론 분석을 통해 다문화주의, 디아스포라, 노마디즘으로 대표되는 동시대 미술이 정체성 이슈와 깊이 관련됨을 논하였다. 또한 동시대 미술에서 정체성은 인간성 회복, 장소와 상황의 특수성, 예술을 통한 참여, 인류의 불평등, 환경에 대한 경각심과 책임감과 긴밀한 연계를 맺거나(윤미경, 장현주, 조원상, 이정현, 이주연, 2022), 변화하는 정체성(Robertson & McDaniel, 2010/2011), 신체-자아-동시대 경험(젠더 이슈)(Kalb, 2013/2020), 인간성 회복(양은희, 진휘연, 2017)과도 연계되어 논의된다. 기타 정체성에 영향을 끼치는 중요 요소로는 자기 인식적 성별(gender), 생물학적 성별(sex), 성적 취향, 인종, 민족(성), 시민권/국적, 사회계급, 사회로부터의 인정과 보상, 능력/장애, 직업, (획득된) 지위, 관계-상태, 종교, 가족/가족 전통, 조상, 출신 지역, 출생 순서, 청소년기의 경험, 문화적 관행/가치, 가치-신념, 취미, 감성지수, 기술, 외모, (사용) 언어, 정치적 견해, 성격/카리스마, 포부, 태도, 문화적 관행 등이 언급되기도 한다.

해소를 정체성과 연계하여 언급하거나(조성은, 김선희, 장근영, 한은영, 2013), 인공지능 기술이 발전하는 AI 시대에 인간 소외가 심화되는 현상으로 발생하는 문제들과 더불어 AI와 대별되는 인간의 정체성을 논하기도 한다(김영례, 2018; 박수정 외, 2019; 신은화, 2021). 또한 세계화 시대에 진입하여 세계 시민성과 공동체 의식이 강조됨에 따라 나와 타자를 가르는 관행에서 벗어나 사회적 결속과 통합을 위하여 세계시민으로서 개인이 갖는 책임과 역할을 연계하여 세계 구성원으로서의 정체성을 논하기도 한다(김선규, 2016; 황세영, 2018).

이러한 정체성 관련 논의를 종합하면, 첫째, 정체성은 나에 집중하여 스스로를 직시하는 '자아정체성(self identity)'에서 출발하고 있음을 알 수 있다. 둘째, 자아정체성에 대한 고민은 '나는 누구인가'라는 질문에서 출발하여 민족, 종교, 문화, 인종, 젠더 등 집단 속에서 규정되는 민족 정체성, 지역 정체성, 정치 정체성, 국가 정체성 등 다양한 사회적 집단의 스펙트럼으로 나타난다는 것이다. 따라서 정체성을 동일성으로서의 정체성/자기성으로의 정체성, 변화하는 정체성/변화하지 않는 정체성, 서사 정체성/이야기 정체성, 개인의 정체성/사회적 정체성, 수적 정체성/질적 정체성/나-정체성, 개인적·지역적 정체성/국가·사회적 정체성/글로벌 정체성 등으로 구별하기도 하지만, 각각 구분된 집단의 사회적 정체성은 독립적으로 존재하는 것이 아닌, 한 사람이 속한 시간, 공간, 상황에 따라 유동적으로 변하기도 하고 새롭게 구성된다는 것에 주목할 필요가 있다. 정체성의 개념이나 의미, 형성 과정, 발달, 구분 등과 관련해서는 학자마다 차이가 있으나, 심리사회적 발달 단계와 관련해서는 에릭슨(Erik Homburger Erikson/독일-미국/1902-1994)의 9단계(이민경, 김보기, 2013; Erikson & Erikson, 1998/2019)가 주로 많이 거론된다. 프로이트(Sigmund Freud/오스트리아/1856-1939)의 정신분석 이론을 배경으로 사회적 상호작용의 역할을 강조한 에릭슨의 이론에 교육자로서 특별히 주목하는 이유는 정체성은 고정된 실체가 아니라 유동적, 다원적, 특수적, 복수적이며 다양한 관계 속에서 행동적 실천에 의해 형성되기 때문에, 자율적 주체로 서기 위해 자신의 것으로 통합하는 능력의 육성이 무엇보다도 중요한 만큼 이를 학교교육에서 어떻게 교육 내용으로 연계할 것인가에 대한 고민과 책무를 안겨주기 때문이다.

2) 미술에서의 정체성

미술의 경우 특별히 전후 세대 미술에서는 개인의 정체성 이슈에 집중한 반면, 동시대 미술에서는 주로 사회적, 문화적 의미에서 정체성 이슈가 다루어지고 있는데(Kalb, 2013/2020; Robertson & McDaniel, 2010/2011), 이는 정체성의 의미에 대한 재발견과 새로운 해석 때문이라고 할 수 있다. 기존의 정체성이, 각각이 존재하는 그 자체에 대한 독립적인 존중의 의미가 컸다면, 다각도로 변화되고 구성되는 동시대 미술에서의 정체성은 공동체 의식 등 타 쟁점과도 깊은 연관을 맺으면서 협력과 연대, 서로 다른 가치에 대한 존중을 강조한다는 점에서 차이를 지닌다(윤미경 외, 2022). 한국 미술의 경우 정체성의 문제가 본격적으로 제기된 것은 미술 내적으로 모더니즘이 정착하여 이의 수용이 어느 정도 이루어지고 외적으로는 고도의 경제성장이 이루어지기 시작한 1970년대로, 한국 고유문화와 전통 미의식에 대한 각성이 촉구되면서 정체성 논의가 촉발되었다고 할 수 있다(김홍희, 2010). 김홍희(2010)는 1990년대 후기식민주의(탈식민주의) 시대 한국 미술가들은 전통과 포스트모던, 한국적 특수성과 세계적 보편성, 글로벌리즘과 로컬리즘으로 점철되는 혼성과 환유 사이에서 독자적인 정체성을 모색하기 위해 정진해왔다고 밝혔다. 이 하나의 사례를 통해서도 미술에서의 정체성은 정체성 자체를 탐구하고 표현하는 것과 기존 사회에서 규정된 정체성의 개념과 기준, 의미, 영역 등을 해체하고 재해석하려는 것의 두 가지로 구분해 볼 수 있음을 알 수 있다. 다시 말하면, 미술에서의 정체성은 미술가 개인 혹은 미술가가 속한 사회적 집단의 정체성을 미술작품을 통해 시각적으로 구체화하여 밝혀나가려는 것과, 시대에 따라 프레임 씌워진 정체성에 질문을 던지며 선언적이고 혁명적인 전환을 시도하는 미술의 힘을 통해 그 개념과 의미를 새롭게 재인식하거나 해체하고 재규정하려는 시도의 두 가지로 구분할 수 있다는 것이다.

미술에서 정체성의 의미를 보다 구체적으로 알아보기 위하여 최근의 비엔날레에서 대표적인 사례를 살펴보도록 한다. 제14회 광주 비엔날레 예술 감독이 추천한 미술가이기도 한 시와니(Buhlebezwe Siwani/남아프리카공화국/1987~)는 그 자신이 남아프리카의 전통적인 방식을 따르는 영적 치유자이자 여성으로서 '영혼강림'을 통해 미술가 자신의 개인적 기억과 경험, 아프리카의 정신성에 기반하여 인간과 자연의 관계 탐구로 시선을 확장해 나갔다. 2022 베니스 비엔날레에서 황금사자상을 수상한 보이스(Sonia Boyce/미국/1967~)는 흑인 여성의 정체성을 탐구하는 미술가로, '그녀 방식의 느낌'을 통해 다양한 세계의 흑인 여성들과 협력하여 침묵의 역사를 다시 읽을 것을 제안하였다. 미술평론가 홍경한(2022)은 이번 베니스 비엔날레에서 새로운 조형미를 발견하기 어렵고 '여성'이라는 소실점으로 집결하는 '집요함의 과잉'을 비판한 바 있지만, 다양한 사회문화적 특질로서의 정체성에 대한 끝없는 탐구와 집중은 모던아트가 지향했던 조형적 심미감을 성취하려는 엘리트주의적인 주장보다는 오히려 코스모폴리탄적 정신성과 인간주의를 지향한다는 점에서 미술이 추구하는 보다 궁극적인 목적에 접근하려는 것이라고 판단되어 오히려 해방감마저 들게 한다. 2022 휘트니 비엔날레에 전시된 故 차학경(한국-미국/1951~1982)의 '아카이빙 작업'은 한 미술가의 삶을 통해 일제 강점기, 독재자, 이민 등 한 나라의 역사와 더불어 국가, 언어, 기억, 시간의 상실을 맥락적으로 조망한 것으로, 짧은 생을 산 미술가의 삶에서 의미있게 거쳐 가는 사회적 요인들이 개인 및 개인을 둘러싼 세계를 어떻게 바라보아야 하는가에 대한 관점을 제시함과 동시에 맥락적 통찰을 요구한다는 점에서 의미를 지닌다.

동시대 미술은 1970년대 혹은 1980년대에 각각 시대적, 지역적 한계성이 드러나는 상황을 맞으며 정체성 관련 이슈에 관여할 수밖에 없는 상황들을 맞닥뜨리게 된다. 따라서 시대적 문제의식과 공통의 이해를 전제로 하는 동시대 미술에서 정체성은 주요 이슈로 작용한다고 밝힌 연구자가 많다(류지영, 이주연, 고황경, 2020; 윤미경 외, 2022; 이주연, 2019; Kalb, 2013/2020; Robertson & McDaniel, 2010/2011). 이들에 의하면, 기존의 미술이 개인적 차원에서 미술가 자신의 정체성에 집중했다면, 동시대에 와서는 미술가가 속한 공동체의 사회적 이슈와 연계하여 확대된 집단 정체성에 중점을 둔다는 것이다. 여기에는 서구 문화의 수용과 민족 정체성의 구현 사이에서 방황하며 서구 중심의 타자성을 비판한 논의도 있지만, 대부분은 주류와 비주류, 중심과 주변의 경계가 무너지면서 진행되는 탈지역화(deterritorialization), 다문화화(multiculturalization), 다원화(pluralization), 탈장르화, 탈경계, 혼성성, 탈중심성 등과 관련된 동시대의 특성과 함께 동시대 미술의 정체성이 논의되고 있다는 것이다. 이는 기존의 내셔널리즘(nationalism)에 기초한 배타적인 미술이 더 이상 공감을 이끌어낼 수 없게 되면서 글로벌리즘과 내셔널리즘 사이에서 어떤 입장을 취해야 할 것인가에 대한 고민이 정체성 이슈를 논의의 중심으로 이동시킨 것이라고 할 수 있다(이지은, 2015). 따라서 기존에는 형식주의적 비평 관점으로 미술작품을 온전히 분석할 수 있었다면, 동시대 미술에서는 미술가 및 미술작품의 배경과 상황을 정치, 경제, 사회, 문화적 요인들과 긴밀하게 연계하여 개인-집단-사회 간 맥락을 읽어야 감상과 분석이 가능해지게 되었다는 것이다. 이는 노마드(nomad)로 떠도는 디아스포라(diaspora) 미술가들이 많아지면서 어쩔 수 없이 정체성 이슈로 귀결되는 것과 무관하지 않다.

지금까지 몇 가지 제한적인 사례를 중심으로 살펴보았지만, 동시대 미술에서 정체성은 미술가 자신의 자아정체성이나 자신이 속한 지역 등의 장소성에만 머무르지 않고 인간의 신체, 젠더, 인종, 민족, 지역사회, 국가, 경제, 사회문화적 이슈를 포함한 정체성 이슈와 긴밀하게 또한 포괄적으로 연계되어 논의되고 있다는 것을 알 수 있다(Kalb, 2013/2020). 로버트슨과 맥대니얼(Robertson & McDaniel, 2010/2011)은 동시대 미술의 주요 이슈의 하나로 정체성이 다루어지고 있다고 강조하면서, 기존의 미술에서 다룬 정체성이 개인적 차원에 치우쳤다면 동시대 미술에서는 미술가가 속한 젠더, 인종, 민족, 국가를 포함한 보다 확대된 공동체의 집단적 정체성에 중점을 두고 접근하기 때문에, 미술가들이 언급하는 정체성은 고정적인 개념이나 의미가 아니라 사회적 이슈와 맞물려서 움직이는 개념으로 이해되어야 한다고 주장하였다. 이렇게 탈장르, 탈경계, 혼성성, 탈중심성, 자유로운 이동으로 인한 영역의 확장 등을 특징으로 하는 시대를 배경으로 동시대 미술은 개인이자 특정 인종과 민족, 특정 목적에 의한 집단 속 미술가로서 미술을 통해 삶의 지향점을 찾아갈 뿐만 아니라, 규정지어진 사회적 규범과 제한을 뛰어넘어 공통의 문제를 찾아 강력한 시각적 이미지로 문제에 대한 재인식과 더불어 문제해결을 위한 노력을 촉구하는 특징을 동시에 지닌다고 할 수 있다. 여기에서의 출발은 언제나 사회문화적 배경과 함께 돌아보는 나에 대한 탐구와 인간에 대한 성찰과 존중임을 확고히 하고 있다.

3) 교육/미술교육에서의 정체성

일반적으로 정체성과 밀접하게 관련된 교과는 국어, 사회(역사), 도덕 등 일부 교과에 한정된다고 여기지만, 김설리, 조남규(2019)는 무용교육을 통해 정체성을 발달시킬 수 있다고 보았으며, 김성곤(2017)도 체육교육을 통해 기존 정체성의 대안으로 '체성(體性, somatic nature)'을 제안하면서, 모든 교육의 시작과 끝은 이에 바탕을 두어야 한다고 주장하였다. 박영민, 이성흠(2020)은 문학작품 읽기를 통해 자아정체성이 함양된다고 보았으며, 이를 비롯하여 바람직한 가치관, 사회적 정서, 시민성, 의사소통 능력의 함양이 가능함을 주장하였다. 진로와 직업 등 진로교육은 일반적으로 정체성과 관련하여 많이 언급되는데, 조현영, 손민호(2017)는 정체성, 즉 '나다움'을 함양하기 위해서 진로교육이 진로 역량으로 변환될 필요가 있다고 주장하면서, 정체성과 진로 역량이 긴밀하게 연계되어 있음을 논하였다. 그 외 정체성은 교육자의 교수·학습 수행과 연계하여 연구되기도 하는데(김규태, 2018; 박은주, 2018; 이경재, 조상식, 2017; 정옥희, 2012), 의학 관련 전문직 분야에서도 의사로서의 직무 수행을 위하여 정체성 역량의 필요성이 주장된 바 있다(Jarvis-Selinger, 2012). 사회적 맥락으로서 집단성에 대한 이해가 정체성 형성에 필수적임을 논하고 있다는 점에서 정체성의 개념과 이해에는 개인과 집단이 긴밀하게 연계됨을 인식하는 것이 중요하다는 것을 알 수 있다. 그러나 여기에서의 정체성은 기본적으로 자기주도성, 자아정체성과도 같이 정체성의 한정적 개념과 보다 더 밀접하게 연관된다.

홍원표(2011)는 글로벌·다문화 시대에 개념화되는 정체성은 '개인적·지역적 정체성', '국가·사회적 정체성',

‘글로벌 정체성’과의 긴밀한 연계 속에서 개발된다고 주장하면서 각 교과별 정체성 교육 내용을 제시한 바 있는데, 미술교육의 경우 초등학교 수준에서는 관련 내용을 제시하지 않은 반면, 중등학교 수준에서는 ‘개인적 정체성’, ‘다문화적 이해와 태도’, ‘지구촌의 문화적 다양성’, ‘국제적 관점과 참여’ 학습을 미술 교과의 정체성 교육으로 제안하였다. 물론 이 연구는 2007 개정 미술과 교육과정과 연계한 것으로 지금과는 시기적 차이가 있다는 점을 감안해야겠지만, 그럼에도 피연구자로 참여한 중등교사들이 학습자의 정체성을 기르는 데 미술 교과가 중요한 역할을 한다고 응답한 점은 고무적이다. 이들은 문화적인 측면에서 개인적·지역적·국가적 정체성뿐만 아니라 글로벌·다문화적 이해를 높일 수 있는 중요 교과로서 미술 교과를 인식하고 있었다. 이러한 결과는 미술 교과와 정체성 함양과의 연계가 긴밀함을 말해주는 지표로서 미술과 교육과정에서 보다 체계적으로 정체성 교육을 연계할 필요가 예전부터 있어 왔음을 보여 준다.

학교교육에서의 동시대 미술의 적용과 관련한 이주연(2019)의 연구에 기반하여 학생들이 이해 가능한 동시대 미술의 6가지 쟁점(‘기후 변화’, ‘문화 다양성’, ‘공동체 의식’, ‘정체성’, ‘장소 특수성’, ‘매체의 확장’)을 중심으로 학교급별 미술 학습 내용을 제시한 윤미경 외(2022)에 의하면, ‘정체성’을 쟁점으로 초등학교 수준에서는 ‘자아(나)’, ‘신체’, ‘가족’, ‘성별’을, 중등학교 수준에서는 ‘언어’, ‘인종’, ‘젠더 이슈’, ‘성 소수자’, ‘노마디즘’을 하위 학습 요소로 제안하면서 학교미술교육에의 적용 가능성을 타진한 바 있다. 이는 학교미술교육에서 정체성 형성 교육이 하위 학습 요소의 구체적 적용을 통해 학교급별로 가능함을 시사한다. 이주연(2018)은 특별히 ‘기계와 대별되는 인간으로서의 가치를 인식하고 자신의 삶을 주체적으로 살아나갈 수 있는 능력’으로 정체성 역량을 언급하면서, 여기에는 다른 사람과의 관계성이 중요하게 개입되기 때문에 개인과 집단의 정체성이 모두 정체성에 포괄될 수밖에 없음을 주장하였다. 또한 인간을 다른 생명체와 구별 짓는 것은 바로 사유하는 능력이자 나를 다른 사람과 구분 짓는 능력으로서, 이는 개인의 정체성 형성과 깊게 연관을 맺기 때문에 미래의 미술교육을 위해서는 인성과 바른 태도를 포함한 인간으로서의 정체성이 우선적으로 함양되어야 함을 강조하였다. 이는 사람이 중심에 있지 않으면 존재 가치가 없다는 라니에(Lanier, 2013/2014)의 논리와도 직결되는 것으로, 미래사회에서는 사회 구조 체제가 크게 변할 수밖에 없으므로 인간 존재의 본질을 직시하고 이를 일관되고 동일하게 또한 지속적으로 유지하면서 정체성 형성을 통해 자기 혼란을 극복해야 하는데, 이는 미술교육을 통해 가능함을 주장하였다. 이러한 논점은 미술교육의 목표가 단순히 엘리트주의적(elitism), 본질주의적(essentialism) 관점으로 ‘미술(교육)을 위한 미술(교육)’에 그치는 것이 아니라, ‘미술을 통한 교육’, ‘미술로 확장되는 교육’으로 나아감을 시사한다. 이러한 주장에 근거하면 미술은 그동안 인간의 삶 속에서 정체성을 찾는 문제에서 최일선에 존재해 왔으므로, 학교미술교육에서도 인간의 정체성 정립을 위하여 미술을 중점에 두고 그 적용을 위한 효율적인 교수·학습 내용과 방법이 모색되어야 한다. 더불어 미래사회를 대비하여 자기 가치 확인(self-affirmation)을 통해 정체성을 확립하는 실천적 방안들이 미술교육에서 고려되어야 할 필요성도 강조되어야 한다.

2022년 한 해 동안 2022 개정 미술과 교육과정의 개발 과정에서 미술 교과에 정체성 역량의 교육적 적용과 관련한 의견들이 수합된 바 있는데, 여기에 개진된 의견을 종합하면 다음과 같다. 첫째, 정체성 역량이 미술보다는 국어, 사회, 도덕 등 타 교과에 더 적합하다는 교과로서의 적절성과 관련한 문제 제기가 있었다. 둘째, 정체성은 사회적 상호작용과 공유된 역사를 통해 형성되기 때문에 변화되고 구성되는 특징을 지녀서 이를 교육목표로서 또한 역량으로 취하기가 어렵다는 의견이 있었다. 이는 정체성이 고정적인 본질이나 보편의 개념이 아니라는 이해에 기반한 것이지만, 정체성을 목적으로 탐구하는 것과 무엇이 정체성인지를 찾아 나가는 인식론적 성찰의 두 가지 중 한쪽에만 치중하여 제기된 의견이라고 판단된다. 셋째, 개인과 집단의 정체성 강화가 자칫 세계시민 의식을 향한 최근의 방향성에 역행될 수 있다는 우려가 제기되었다. 넷째, 2022 개정 교육과정(교육부, 2022b)이 고시되기까지 그 기반이 된 국제경제협력개발기구(Organisation for Economic Co-operation and Development)(이하 OECD) 'OECD 학습나침반 2030 (Learning Compass 2030)'에서 강조하고 있는 '학생의 행위 주체성(student agency)'과 '변혁적 역량(transformative competencies)'(OECD, 2018; 2019)이 정체성 역량으로 반영이 가능할지에 대한 우려가 제기되었다. 이러한 의견 중 일부는 동시대 미술계에서 중요하게 논의되고 있는 정체성에 대한 담론과는 별개로, 보수적인 견지에서 학교미술교육을 바라보고 제안된 의견이라고 판단된다. 이의 해결을 위해서는 개인과 집단을 포괄한 정체성의 의미에 대한 설명과 더불어, 2022 개정 교육과정 총론에서는 학습이 종료된 후에도 이의 교육적 효과가 지속적으로 일어나야 하는 것으로 역량을 제안하고 있기 때문에 기존 교육과정에서 제시한 역량의 개념 및 적용과는 차이가 있음을 강조할 필요성이 제기된다.

교육 및 미술교육 관련 연구에서 볼 수 있듯이, 연구자마다 정체성에 접근하는 관점이 다양한데, 미술 교과에서 핵심 역량으로 채택한 정체성 자체도 변화하고 구성되는 의미를 지녔지만, 교육과정별로 역량의 개념과 적용 방식을 역량 기반 교육과정, 역량 반영 교육과정, 역량 중심 교육과정 등으로 구별하기 때문에 교과별 역량의 적용에 차이가 있을 수 있음을 먼저 이해해야 할 것이다. 즉 교과별로 무엇으로 역량을 정하는가도 중요하지만, 해당 교육과정에서 역량을 어떻게 바라보는가에 따라 역량에 대한 접근도 다르기 때문에 이에 대한 이해를 명확히 해야 한다는 것이다. 종합하면, 2022 개정 교육과정 총론에서 규정하는 역량의 개념 이해에 기반하여 2022 개정 미술과 교육과정에 제시된 정체성은 개인 및 개인을 둘러싼 사회와의 상호작용과 경험, 상호간의 이해 정도에 따라 영향을 받는, 변화하고 구성되는 개념이기 때문에, 역동적으로 변화하며 끊임없이 재개념화되는 환경 속에서 자기 스스로를 인식하도록 돕는 것에 중점을 두어야 한다는 것을 강조할 필요가 있다.

3. 미술과 교육과정에서 정체성 역량 논의

1) 2022 개정 미술과 교육과정 개발을 위해 제안된 대안적 역량들

교육과정 개정 시기마다 현행 교육과정을 비판적으로 검토하고 개선 방향 및 방안을 제시하는 연구가 교육부의 위탁을 받아 한국교육과정평가원(제7차 교육과정까지 한국교육개발원에서 주관함)을 중심으로 진행되어왔다. 2015 개정 교육과정을 점검하고 2022 개정 교육과정을 개발하기 위한 역량 관련 연구(김혜숙 외, 2018; 박소영, 양윤정, 박상돈, 2022; 배주경, 박진용, 서지영, 이경언, 박소영, 2021; 배주경 외, 2019; 정영근, 민용성, 이주연, 2019; 주형미 외, 2020; 진의남 외, 2015)들은 2022 개정 미술과 교육과정의 실제적 고시를 위한 기반 연구로서 의미를 지닌다. 이 가운데 주형미 외(2016)는 미래사회 변화에 따라 미술교과에서 역량의 의미를 재개념화할 필요성(주형미 외, 2021, p. 41 재인용)을 제기하여 2022 개정 미술과 교육과정 개발에 직접적인 시사점을 주기도 하였다. 그 외 2022 개정 교육과정의 개발을 위한 역량과 관련하여 이주연, 장연자(2017)는 미술과 교육과정을 위한 '인성 역량'으로 '심미적 감성 역량', '정체성 역량'을, '사고 역량'으로 '창의적 사고 역량'을, '소통 역량'으로 '시각적 소통 역량', '문화 공동체 역량' 등을 제안하기도 하였다(주형미 외, 2021, p. 41 재인용). 이 중 정체성은 정의적 영역(태도와 가치)에서 별도로 제안될 수 있는 역량으로 제안되었다. 정체성 역량이 하나의 핵심 역량으로 제안된 것은 주형미 외(2021)의 연구로, 여기에서는 차기 미술과 교육과정 역량 개선을 위한 대안들이 〈표 1〉과 같이 3차에 걸쳐 제안되었다.

〈표 1〉 자기 주도적 미술 학습 능력의 재설정을 위해 차기 미술과 교육과정 역량으로 제안된 대안1, 2, 3
(주형미 외, 2021, pp. 275-278 추출)

2015 미술과 교육과정 관련 역량	자기 주도적 미술 학습 능력의 재설정을 위해 차기 미술과 교육과정 역량으로 제안된 대안1, 2, 3					
	대안1		대안2		대안3	
	역량	의미	역량	의미	역량	의미
자기 주도적 미술 학습 능력	자기 주도적 미술 학습 능력	(현행 유지)	자기 주도적 미술 학습 역량	(현행 유지/ 역량으로 명칭만 변경)	정체성 역량	자발적이고 주도적으로 미술 활동에 참여하여 자신에 대한 미술적 탐구를 수행하고, 자신에 대한 이해를 확장 · 심화하며, 이를 자기 계발 및 성찰의 계기로 삼을 뿐만 아니라 그 과정에서 타인의 생각과 느낌을 이해하고 존중 · 배려함으로써 타인과 협력할 수 있는 능력

대안1에서는 2015 개정 미술과 교육과정 중 개선이 필요한 역량으로 '미적 감수성', '시각적 소통 능력', '미술 문화 이해 능력'의 세 역량을 들면서, 현재의 맥락으로는 협소한 개념으로 이해되기 때문에 재개념화가 필요함을 제기하였으며, '자기 주도적 미술 학습 능력'은 그대로 유지시켰다. 대안2에서는 기존의 '능력'에서 '역량'이라는 용어로의 일괄적인 수정을 단행하면서, 대안1과 마찬가지로 '미적 감수성', '시각적 소통 능력', '미술 문화 이해 능력'의 세 역량에 대한 개선을 요구하였으나, 여기에서도 '자기 주도적 미술 학습 역량'은 기존의 능력에서 역량으로 명칭만 변경했을 뿐 개념은 그대로 유지시켰다. 대안1과 대안2에 의하면, 학교급별 교사들은 '자기 주도적 미술 학습 능력'을 적절하고 타당한 역량으로 간주하고 있음을 알 수 있었다. 대안3에서는 동시대로 오면서 미술의 성격이 확장일로에 있으므로 이와 별개의 전통적인 관점에서 미술 고유의 특성만을 반영할 경우 교과 역량의 내용 협소화를 초래할 수 있다는 논리에 기초하여 보다 공격적인 의미를 지닌 '정체성 역량'이 제안되었다. 여기에서의 '정체성 역량'은 '자발적이고 주도적으로 미술 활동에 참여하여 자신에 대한 미술적 탐구를 수행하고, 자신에 대한 이해를 확장 · 심화하며, 이를 자기 계발 및 성찰의 계기로 삼을 뿐만 아니라, 그 과정에서 타인의 생각과 느낌을 이해하고 존중 · 배려함으로써 타인과 협력할 수 있는 능력'으로 정의되었다. 시대적 특성을 반영한 교과 내용의 확장은 교과의 고유한 기존 특성과 멀어져서 교과 내용으로 인식되기 어렵다는 점과 맞물려 있기 때문에, '자기 주도적 미술 학습 능력'과 '정체성 역량' 중 어느 것이 더 교과의 특성을 반영하여 설득력을 얻는가에 따른 문제가 발생할 수 있다고 볼 수가 있다. 그러나 이는 정체성 역량 자체가 미술 외부에 있다는 전제에서 출발하는 것이므로, 확장일로에 있는 미술을 미술교과교육에 적극적으로 반영하는 현 상황을 반영하지 못한 인식의 제한성이 이러한 해석으로 연결된 것이라고 판단된다.

상기 연구에 의하면 대안3에서 새롭게 제안된 '정체성

역량'의 경우 캐나다 B.C.주 교육과정에 제시된 범교과 핵심 역량인 '개인적인 인식과 책무성(personal awareness and responsibility)' 역량과 유사하다면서, 정체성 역량은 미술 교과만의 특성을 반영한 고유 역량('조형 역량', '시각적 소통 역량')도 아니고 미술 교과와 범교과를 아우르는 역량('미적 지각 및 비판적 사고 역량', '창의 · 융합 역량')도 아닌 범교과적인 주제이지만, 미술 교과를 통하여 차별적으로 함양될 수 있는 미술 교과 역량의 하나로 제안될 수 있다고 밝히고 있다. '정체성 역량'이 범교과적인 역량으로 이해되어 서술된 점은 적절하지 않지만, 그럼에도 교육과정의 개선을 위하여 확장된 미술의 맥락 속에서 미술 교과에서 적용 가능한 역량의 하나로 제안된 점은 주목할 만하다. 전문가를 대상으로 한 델파이 조사에서는 대안3에서 '자기 주도적 미술 학습 능력'을 대체할 역량으로 '정체성 역량'을 제시했지만, 초 · 중학교 교사를 대상으로 한 설문조사에서는 미술 교과 역량으로 '정체성 역량'이 적절하다는 항목에 초등학교 교사 6명(2.5%), 중학교 교사 2명(1.3%)만 찬성해서 적절성 여부는 상대적으로 낮게 나타났다. 이를 '정체성 역량'이 적절하지 않아 호응도가 낮다고 해석하기보다는, 2015 개정 교육과정 총론의 '자기관리 역량'과 연계하여 미술과 역량으로 제안되었으나 호응도가 낮았던 '자기 주도적 미술 학습 능력'을 연계해 본다면, 이를 대체할 정의적 역량으로서의 '정체성 역량'도 비례적으로 낮게 나타난 것으로 해석할 수 있다. 현장 교사들이 교육과정에 큰 변화를 요구하지 않으며 익숙한 역량에 더 친숙하게 반응한다는 점을 고려한다면, 대안으로 제안된 '정체성 역량'의 응답률이나 호응도가 미미함에도 불구하고 이것이 역량의 하나로 도출되었다는 사실과 또한 이것이 연구 결과로까지 기록되었다는 것은 의미가 크다. 결과적으로 볼 때 교사들은 2015 개정 미술과 교육과정의 '자기 주도적 미술 학습 능력'의 대안으로 '정체성 역량'이 가능하다고 본 것으로, 이의 적용과 관련해서는 교육과정에서 역량의 의미, 미술 교과 역량으로서 정체성의 개념, 학교 현장에의 구체적인 적용에 대한 연수가 뒤따라야 할 필요성을 느낀다.

2) 2022 개정 미술과 교육과정 개발 과정 시 제기된 의견들

2022 개정 미술과 교육과정 개발을 위한 1차 연구(정옥희 외, 2022)에서는 2015 개정 미술과 교육과정에 대한 의견수렴을 통해 교육과정의 역량과 관련한 개선 방안으로 개인적인 역량에서 나아가 타인에게 영향을 주는 방향 제시가 필요하고, 그간의 교과 역량이 한정적이므로 기존의 정형화된 미술 교과 역량에서 벗어나 확대된 교과 역량을 제시할 필요가 있음이 제안되었다. 2022 개정 미술과 교육과정 총괄 목표 및 학교급별 목표 진술에서 가장 중요하게 고려하는 키워드('삶', '쉬운 진술', '창의성', '가치', '생태와 공존', '역량', '디지털', '심미성', '현장성', '문화', '학교급별 수준', '미래사회', '정체성', '인성', '미술교육의 본질', '융합', '진로-체험', '협력과 소통', '시민성' 등) 가운데 '정체성'은 '정체성 확립'으로서 '자기 주도성', '자율성', '자의식 함양', '공동체의 가치', '세계와 자연 및 인간관계에 대한 보완', '협동' 등의 하위내용으로 제안되었다(정옥희 외, 2022). 2022 개정 미술과 교육과정 개발을 위한 2차 연구(이주연 외, 2022)에서는 1차 연구 결과에 기초하여 시안 구성을 위하여 수렴된 다양한 의견 중 정체성 역량 관련하여 제기된 의견을 종합하면, 첫째, 2015 개정 미술과 교육과정 성격에서 5가지 역량을 명확하게 제시한 것처럼 2022 개정 미술과 교육과정 성격이나 목표에서 핵심 역량을 명확히 제시해야 한다는 것이다. 둘째, 정체성 역량은 교육과정 총론의 자기관리 역량과의 연계도 부족할 뿐만 아니라, 기

존의 자기 주도적 미술 학습 능력이 미술 교과의 성격을 잘 드러냈던 만큼 정체성 역량으로 변경된 이유가 납득되게 제시되어야 한다는 것이다. 셋째, 정체성 역량의 개념이 다양해서 자의적으로 해석될 여지가 있어 이는 역량으로 적절하지 않으며, 더구나 미술 교과에서 필요로 하는 개성과 다양성 존중 등을 포괄하는 개념이 아니므로 미술 교과 역량으로서 정체성 역량에 대한 재고가 요구된다는 것이다. 넷째, 정체성 역량을 제외한 다른 역량들은 내용 체계 및 성취기준에 명확하게 반영된 데 비해 정체성 역량은 반영된 부분이 없어 수정이 필요하다는 것이다.

2015 개정 교육과정에서는 성격 항목에 역량을 구체적으로 제시한 것과 달리, 2022 개정 교육과정 총론에서는 기존처럼 제시하는 방식을 지양하고 교과의 본질적 특성을 담은 역량을 이전 교과 역량과 연계하여 도출한 뒤 목표 항목에 포괄하여 진술하도록 규정해 놓았기 때문에, 미술과 교육과정에서도 이러한 방침에 따라 역량을 구분하여 제시하지 않고 성격과 목표에 녹여 진술했다고 밝힌 바 있다(이주연 외, 2022). 따라서 2022 개정 미술과 교육과정에 정체성 역량의 제시가 명확하지 않다는 것은 역량의 개념이 명확하게 이해되지 않는다는 것이 아니라, 역량이라는 명칭하에 구체적인 진술이 드러나지 않음을 의미하는 것으로 해석된다. 진의남 외(2015)에 따르면, 2015 개정 미술과 교육과정의 '자기 주도적 미술 학습 능력'에 대한 이해도나 호응도가 전체 역량 중에서 제일 낮았음에도 불구하고, 현재는 이를 미술 교과의 성격이 잘 드러난 역량이라고 판단하고 있는 점으로 미루어 여기에는 시간의 경과에 따른 수용과 이해가 자리하고 있다고 판단된다. 2015 개정 미술과 교육과정에서 '자기 주도적 미술 학습 능력'이 제시되기 이전에 '창의력', '자아정체성'(이근호 외, 2012), '자기주도성'(이경언 외, 2010), '자기관리 능력', '진로 개발'(김혜경, 박은덕, 2013; 진의남 외, 2014) 등이 제안된 바 있는데, 이는 기존의 표현과 감상 영역에서 필요한 '자기 주도적 탐구 능력', '자발성', '도전 의식', '자아 표현', '주체적 주제 탐구', '자신과 환경과의 관계 표현' 등에 반영되어 있던 내용 요소들에서 독립되어 새로운 개념으로 강조된 것이라고 볼 수 있다. 이는 다시 말하면, '자기 주도적 학습 능력'도 기존의 다양한 영역과 내용 요소에서 중요시되는 내용들이 따로 독립되어 새로운 의미를 지닌 개념으로 구성된 것이므로, 시간의 경과에 따라 분류 체계의 합리성보다는 교과별 중요성과 관심 정도에 따라 어떤 개념이든 하나의 독립된 개념으로 충분히 자리매김할 수 있는 것으로 해석할 수 있다.

2022 개정 미술과 교육과정에서 밝히고 있는 정체성 역량의 개념과 의미, 하위 요소 등은 다양한 채널을 통해 전문가 및 현장 교사의 의견이 수렴된 것이므로, 개념에 대한 재정의보다는 현장 적용과 활용 측면에서 역량의 개념을 명확히 제시할 필요가 있다는 것에 공감한다. 물론 타 역량과 비교해볼 때 정체성 역량은 미술 교과를 전체적으로 아우르는 상위의 개념으로 인식되어 성격과 목표, 내용 체계와 성취기준, 교수·학습 및 평가 등의 구성 체제별로 구분지어 제시하기 어려운 점이 있기 때문에 교과 역량으로서 자리매김하기 위해서는 보다 정확한 제시가 필요하다는 데 동의한다. 주형미 외(2021)의 연구에서는 정체성 역량이 중학교보다는 초등학교 수준에서 더 요구되는 역량으로 나타난 것과 비교해볼 때 2022 개정 미술과 교육과정의 정체성 역량은 공통 교육과정의 목표보다는 고등학교 일반선택과 진로선택 교육과정의 목표에 더욱 뚜렷하게 제시된 만큼, 정체성에 대한 이해 정도에 차이가 큼을 알 수 있다. 앞으로 정체성 역량의 구체적인 적용을 위해서는 학교급별 위계를 고려한 내용 요소에 관한 연구도 추가적으로 필요하다고 판단된다.

3) 2022 개정 교육과정 총론 및 미술과의 정체성 역량

교육부의 '모두를 아우르는 포용 교육 구현과 미래 역량을 갖춘 자기 주도적 혁신 인재 양성'이라는 비전하에 2021년 2022 개정 교육과정 추진 계획에 따른 '2022 개정 교육과정 총론 주요 사항'(교육부, 2021)이 발표되었다. 이에 의하면 개정의 중점으로 '미래사회가 요구하는 역량 함양이 가능한 교육과정', '학습자의 삶과 성장을 지원하는 맞춤형 교육과정', '지역 · 학교 교육과정 자율성 확대 및 책임교육 구현', '디지털 · AI 교육환경에 맞는 교수 · 학습 및 평가 체제 구축'을 제시하였다. '추구하는 인간상'으로는 '전인적 성장을 바탕으로 자아정체성을 확립하고 자신의 진로와 삶을 스스로 개척하는 자기 주도적인 사람', '폭넓은 기초 능력을 바탕으로 진취적 발상과 도전을 통해 새로운 가치를 창출하는 창의적인 사람', '문화적 소양과 다원적 가치에 대한 이해를 바탕으로 인류 문화를 향유하고 발전시키는 교양 있는 사람', '공동체 의식을 바탕으로 다양성을 이해하고 서로 존중하며 세계와 소통하는 민주시민으로서 배려와 나눔, 협력을 실천하는 더불어 사는 사람'의 네 가지가 제시되었다. 2015 개정 교육과정 총론의 핵심 역량[2] 중 '자기관리 역량'은 교과에 따라 적절하게 적용된 반면(이주연, 장연자, 2017)[3], 2022 개정 교육과정 총론의 '자기관리 역량'은 국어 교과의 '자기 성찰 · 계발 역량', 실과 교과의 '소비자 시민성과 자립 역량', 체육 교과의 '건강 관리 역량', 음악 교과의 '자기 주도성 역량', 미술 교과의 '정체성 역량' 등으로 기존보다는 적은 교과에서 이를 교과 역량으로 적용시킨 것을 알 수 있다.

이와 같은 결과는 2022 개정 교육과정에서 총론의 자기관리 역량이 핵심 역량으로서 중요성이 떨어졌다기보다는, 2022 개정 교육과정에서의 핵심 역량에 대한 해석에 따른 차이와 교과별 적용 여부에 기인한다. 이를 위해서는 우리나라 교육과정에서 역량 개념 설정에 일조한 OECD 연구[4]를 살펴볼 필요가 있다. 2018년에 제안된 'OECD 교육 2030 학습 프레임워크(The OECD Learning Framework 2030: Work-in-progress)'는 개인과 사회의 웰빙을 목표로 나아가기 위한 역량과 과정을 제시한 것으로, 여기에서 방향성 탐색의 의미가 강조된 '지속적으로 진화하는 학습 틀'로서 'OECD 학습나침반 2030'(OECD, 2018; 2019)이 제안

2) 2022 개정 교육과정 총론 핵심 역량으로는 '자아정체성과 자신감을 가지고 자신의 삶과 진로를 스스로 설계하며 이에 필요한 기초 능력과 자질을 갖추어 자기 주도적으로 살아갈 수 있는 자기관리 역량', '문제를 합리적으로 해결하기 위하여 다양한 영역의 지식과 정보를 깊이 있게 이해하고 비판적으로 탐구하며 활용할 수 있는 지식정보처리 역량', '폭넓은 기초 지식을 바탕으로 다양한 전문 분야의 지식, 기술, 경험을 융합적으로 활용하여 새로운 것을 창출하는 창의적 사고 역량', '인간에 대한 공감적 이해와 문화적 감수성을 바탕으로 삶의 의미와 가치를 성찰하고 향유하는 심미적 감성 역량', '다른 사람의 관점을 존중하고 경청하는 가운데 자신의 생각과 감정을 효과적으로 표현하며 상호협력적인 관계에서 공동의 목적을 구현하는 협력적 소통 역량', '지역 · 국가 · 세계 공동체의 구성원에게 요구되는 개방적 · 포용적 가치와 태도로 지속 가능한 인류 공동체 발전에 적극적이고 책임감 있게 참여하는 공동체 역량'의 여섯 가지가 제시되었다. 교과 교육과정의 개발과 관련해서는 역량 함양 교과 교육과정 개발을 위하여 '깊이 있는 학습', '교과 간 연계와 통합', '삶과 연계한 학습', '학습 과정에 대한 성찰'이 강조되었다.

3) 국어 교과의 '자기성찰 · 계발 역량', 도덕 교과의 '자기 존중 및 관리 능력', '윤리적 성찰 및 실천', 수학 교과의 '태도 및 실천', 과학 교과의 '과학적 참여와 평생 학습 능력', 가정 교과의 '생활 자립 능력', 체육 교과의 '건강 관리 능력', '신체 수련 능력', 음악 교과, 영어 교과, 바른생활 교과에 공통적인 '자기관리 역량', 미술 교과의 '자기 주도적 미술 학습 능력' 등으로 교과에 적절하게 적용된 것을 볼 수 있다.

4) OECD는 불확실한 미래사회에서 학습자가 성공적인 삶을 영위하기 위해 갖추어야 할 역량 탐색을 위해 'OECD 교육 2030: 미래교육과 역량(OECD Education 2030: The Future of Education and Skills)'을 선언하고 여기에서 'DeSeCo(Defining and Selecting Key Competencies) 프로젝트'를 진행한 바 있다(OECD, 2018; 2019; OECD, 2005; 최수진 외, 2019). 이 프로젝트에 참여한 다양한 전문가들은 논의 끝에 핵심 역량(key competency)을 포함한 교육의 방향성을 제안하였는데, 이를 교육적 획일화를 꿈꾸는 글로벌 거버넌스적 횡포로 보는 시각이 있지만 그럼에도 이는 전 세계의 교육 어젠다를 새롭게 형성하는 데 큰 영향력을 끼쳤다.

되었다. 여기에서는 다양한 형태의 학습에 담긴 내재적 가치를 인지하고 학교 안팎의 모든 학습을 포괄할 것이 강조되었으며(김아미, 2019), 학습의 필수 조건을 기본 조건과 핵심 기능, 지식 및 태도, 가치로 정의하였는데, 이는 2022 개정 교육과정의 핵심 역량과 내용 요소를 '지식・이해', '과정・기능', '가치・태도'의 세 범주로 구분하는 기초가 되었다. 이를 종합하면, OECD 교육 2030의 특징은 '미래', '웰빙', '변혁적 역량'[5], '학생 행동 주체'로 요약되며, 실천과 실행이 무엇보다도 강조되었다고 할 수 있다.

2022 개정 교육과정 총론의 '자기 주도적 역량'은 OECD 교육 2030 학습 프레임워크의 5개 범주 28개 역량(이미경 외, 2018) 중 '자기관리(self-regulation/self-control)', '존중(respect)', '끈기/회복력(persistence/resilience)', '신뢰(trust)', '학생 주도성(student agency)', '협력적 주도성(co-agency)', '책임감 가지기(taking responsibility)', '긴장과 딜레마 해소하기(reconciling tensions and dilemmas)', '예측(anticipation)', '실행(action)', '반성(reflection)'의 11개 역량과 관련지을 수 있다.[6] 여기에서 주목할 만한 점은 OECD의 역량은 의미에 있어 추상적 사고, 태도와 실천, 내면화의 개념들이 모두 동일선상에서 역량으로 제시되었다는 것으로, 역량의 개념을 명확하게 일정하고 균형적 무게를 지닌 관점으로 설정하지 않아도 추구하는 바는 그대로 유지할 수 있다는 점이다.

2022 개정 미술과 교육과정의 성격을 살펴보면, '미술의 정의와 역할', '미술 교과의 역할', '학생들이 얻는 교육적 성과', '오늘날 미술의 중요성과 의의'의 차례로 구성되어 진술되었다. 앞서 제시한 바대로, 2022 개정 교육과정에서는 교과 역량을 설정하여 선언하는 기존의 방식에서 벗어나 기존 역량과의 유기적 연계를 통해 통합적으로 도달 가능한 교과의 역할로서 역량을 제안하는 것으로 방침이 결정되었기에 이러한 방향에 따라 미술 교과의 성격과 목표도 제시되었다. 2022 개정 미술과 교육과정의 공통 교육과정의 성격 및 목표에서 정체성 역량 관련 내용을 살펴보면 〈표 2〉와 같다. 또한 2022 개정 교육과정 총론에서는 교과 역량이 선언적으로만 제시되었다고 지적하면서 역량을 성격에서도 반영하고 특별히 목표와 통합하여 진술할 것이 요구됨에 따라 미술과 교육과정의 역량도 교과 목표를 반영하여 〈표 3〉처럼 제시되었다. 2022 개정 미술과 교육과정의 정체성 역량을 2015 개정 미술과 교육과정의 자기주도적 미술 학습 능력과 비교하면 〈표 4〉와 같다.

---

5) 여기에서 강조하고 있는 '변혁적 역량'은 비판적 입장을 가지고 선택과 결정을 하는 '성찰(reflection)'로부터 시작하여 지금 취한 행동이나 결정이 미래에 어떤 결과를 가져올지를 분석하고 예측하는 '예견(anticipation)', 그리고 이 모두를 기반으로 '행동(action)'이 이루어져야 함을 주장하면서, 세 하위 범주로 '새로운 가치 창출하기(creating new value)', '갈등과 딜레마 조정하기(reconciling tensions and dilemmas)', '책임감 갖기(taking responsibility)'를 제시하고 있다.

6) 이미경 외(2018)는 OECD에서 제시한 역량이 2015 개정 교육과정에 따른 국어, 수학, 사회/역사, 과학, 체육, 예술(미술/음악), 기술・가정/정보 등의 7개 교과에 어떻게 반영되었는지를 탐색한 바 있는데, 이 연구에서는 '성격'-'목표'-'내용 체계 및 성취기준'-'교수・학습 및 평가의 방향' 등 교육과정 구성 체제 전반에 걸쳐 매핑을 했기 때문에, 역량의 개념이 교육과정의 목표로 통합된 2022 개정 교육과정에서는 구성 체제 전체로 확장해서 매핑을 할 경우 연계성이 약하게 나타날 우려가 있다. 2015 개정 교육과정도 역량 기반이 아닌, '역량을 반영한 교육과정' 체제였으며, 2022 개정 교육과정에서는 핵심 역량이 강조되긴 하였으나 이의 구체적인 개념 설명을 교육과정에서 하지 않는 것으로 결정했기 때문에 2022 개정 교육과정을 매핑할 경우 이런 이유로 어려움이 있을 수 있다. 즉 2022 개정 교과 교육과정에서는 총론에서 제시한 역량에 의거하여 교과 역량을 개발하였지만 그 구성이나 제시 등에서는 기존보다 자유로웠기 때문에 총론의 자기관리 역량의 개념은 교과별로 다른 형태의 진술로 포함되어 서술될 가능성이 있을 수 있다는 뜻이다. OECD의 5개 범주 28개 역량과 다양하게 연계할 수 있는 2022 개정 교육과정 총론의 '자기관리 역량'은 앞으로 그 하위 내용의 설정에 있어 다양성이 고려되어야 하며, 매핑은 성격과 목표에 한정하여 이루어질 필요가 제기된다.

〈표 2〉 2022 개정 미술과 교육과정 성격 및 목표에서 정체성 역량 관련 내용(밑줄)

- (공통 교육과정/성격) 미술은 느낌과 생각을 시각적으로 표현함으로써 자신을 둘러싼 세계와 소통하며 자신과 세계와의 관계를 이해하고 그 의미와 가치를 창조하는 인류 보편의 언어이다. 미술은 조형적으로 문제를 해결해나가는 과정을 통해 자신의 내면을 통찰하고 상상력과 창의성을 발현시켜 개인과 공동체의 삶을 풍요롭게 한다. 또한 시대의 특징과 문화를 기록하고 반영하는 미술은 과거부터 동시대에 이르기까지 시공간을 가로질러 사유하게 함으로써 인간의 삶에 대한 이해와 새로운 미술 문화 창출을 이끌고 인류의 지속 가능한 발전에 공헌한다. 학교교육에서 미술교과는 미술의 의미와 가치에 기초하여 심미적 감성을 함양하고 창의 · 융합적으로 사고하는 힘과 시각적으로 소통하는 능력을 길러주며 정체성과 공동체성을 확립하여 학생들의 전인적 성장을 이끄는 데 이바지하는 교과이다. (중략) 미술을 매개로 사고하고 행동하며 자신과 세계와의 관계를 성찰하여 자신에 대한 이해를 확장할 수 있다. (중략) 이처럼 미술 교과는 학생들이 포용성과 창의성을 겸비한 주도적인 사람으로 성장하는 데 핵심적인 역할을 한다. 디지털 전환의 시대를 맞이하여 미래에 대한 예측이 불확실해질수록 삶의 주체로서 자신에 대한 이해가 더욱 중요해지고 있다. 미술의 경험을 통하여 학생들은 자신이 느끼고 생각한 것을 이해하고 성찰하며 확장함으로써 자신의 정체성을 형성해 갈 수 있다. 또한 타인, 환경, 세계와 상호 작용하는 가운데 자신의 위치를 확인하고 나아가 타인의 고유성을 존중하며 더불어 살아가는 힘과 협력적 문화를 형성하는 힘을 기를 수 있다. 특히 가상공간까지 미술의 범위를 확대하고, 표현과 소통의 도구 디지털 매체를 적극적으로 활용함으로써 학생들은 신체와 사고, 시간과 공간의 경험을 확장하며 디지털 시대에 필요한 소양을 기를 수 있다. 이를 바탕으로 학생들은 개인의 문제를 넘어 주변과 세계에서 일어나고 있는 다양한 문제에 새로운 질문을 던지고 함께 해결하면서 사람과 환경의 공존을 위한 생태 전환적 가치를 함양하여 공동체의 발전에 참여하는 시민으로 성장할 수 있다.
- (공통 교육과정/목표) 대상과 현상에 대한 미적 체험을 바탕으로 느낌과 생각을 표현하고 감상하는 활동을 통하여 자신과 세계를 이해하고 미술 문화 창조에 주도적으로 참여할 수 있다. (중략) 미술을 매개로 주도적으로 사고하고 행동하며 세계와의 관계에서 자신을 이해한다.

〈표 3〉 2022 개정 미술과 교육과정 공통 교육과정 미술과 목표에 반영된 역량

2022 개정 미술과 교육과정 목표			핵심 역량
공통 교육과정	총괄 목표	대상과 현상의 미적 체험을 바탕으로 느낌과 생각을 표현하고 감상하는 활동을 통하여 자신과 세계를 이해하고 미술 문화 창조에 주도적으로 참여할 수 있다.	
	세부 목표	(1) 대상과 현상을 감각적으로 지각하고 반응하면서 심미적 감성을 기른다.	심미적 감성 역량
		(2) 미술 활동을 통해 자신의 느낌과 생각을 창의적으로 표현하며 경험과 사고를 유연하게 통합하고 확장한다.	창의 · 융합 역량
		(3) 다양한 매체에 기반한 시각문화를 비판적으로 이해하고 활용하여 시각적으로 소통한다.	시각적 소통 역량
		(4) 미술을 매개로 주도적으로 사고하고 행동하며 세계와의 관계에서 자신을 이해한다.	정체성 역량
		(5) 미술 문화의 다원적 가치를 존중하며 협력적 의사소통을 통해 공동체의 문화 발전에 참여한다.	공동체 역량

〈표 4〉 2015 및 2022 개정 미술과 교육과정 역량 비교

2015 개정 미술과 교육과정 역량		하위 역량
자기 주도적 미술 학습 능력	미술 활동에 자발적이고 주도적으로 참여하면서 자기를 계발 · 성찰하며, 그 과정에서 타인의 생각과 느낌을 이해하고 존중 · 배려하며 협력할 수 있는 능력	자율성, 자기 계발, 진로 개발 능력, 자기성찰, 공감, 존중, 배려, 협력 등

2022 개정 미술과 교육과정 역량		하위 역량
정체성 역량	미술 활동을 통해 독립적인 개인으로서 또한 자신이 속한 집단의 일원으로서 개인과 집단의 개별성과 고유성을 인식하고 성찰하여 자아상과 세계관을 형성해나갈 수 있는 능력	자아정체성, 자아 존중, 자율성, 자기 계발, 자기성찰, 자기 탐구, 자기 이해, 자기 주도성, 주체성 이해 등

2022 개정 미술과 교육과정의 총괄 목표에 제시된 '자신과 세계에 대한 이해'와 '주도적인 참여'는 모두 OECD와 2022 개정 교육과정 총론에서 강조하는 '자아정체성', '자기 주도성', '자기관리 개념'과 깊게 관련되어 나타난다. 2022 개정 미술과 교육과정의 정체성 역량은 '미술 활동을 통해 독립적인 개인으로서 또한 자신이 속한 집단의 일원으로서 개인과 집단의 개별성과 고유성을 인식하고 성찰하여 자아상과 세계관을 형성해나갈 수 있는 능력'으로, 하위 역량은 '자아정체성', '자아 존중', '자율성', '자기 계발', '자기성찰', '자기 탐구', '자기 이해', '자기 주도성', '주체성 이해' 등으로 제시되어 있다. 정체성 역량에서의 개인 혹은 집단/사회의 구분은 식별을 위한 구분이라기보다는 개인이 접할 수 있는 다양한 환경을 고려한 관계적 정체성의 개념으로, 특정 집단에서 어떠한 동일한 성질을 공유함에도 이를 개인이 자기 자신을 일관적이고 동일하게 인식하고 통합해 나가면 그것은 정체성에 도달하는 것으로 보기 때문에, 이는 집단 정체성에서 일반적으로 요구되는 탈개인화와는 다르며, 집단 정체성에서 배타적인 개인의 정체성만을 주장하는 것도 아니다. 이러한 의미에서 2022 개정 미술과 교육과정에서의 정체성 역량의 개념은 개인이나 집단에 매몰되지 않고 서술하는 것이 더 정확할 수도 있다. 2022 개정 미술과 교육과정에서 제시한 역량으로서의 정체성은 동일한 하나의 의미가 아닌, 정체성과 관련된 모든 논의를 포함한다.[7] 그럼에도 불구하고 국가 교육과정의 역량으로서 정체성을 제안할 때는 정체성의 개념에 근거하여 개인과 집단의 개별성과 고유성을 인식하고 내면화를 통해 실천으로 나아가는 역량으로 정리할 수 있다.[8] 2022 개정 교육과정에서 정체성 역량의 개념에는 개인과 집단의 개별성에 대한 언급이 있지만 하위 역량에는 개인의 정체성만 있을 뿐 집단으로서의 정체성 내용이 부재하다는 지적이 있어왔다. 집단의 정체성은 개인의 정체성에 기반하기 때문에 별도의 역량이 제시되지 않은 것으로 이해될 수 있으나, 개념적 균형을 위해서는 '개인과 집단의 상호작용', '집단 기반 자존감'(장용선, 조대환, 2017), '집단에의 기여', '소속감', '동질한 특징의 공유' 등을 사회적 정체성의 하위 역량으로 제안할 수 있다.

4. 정체성 역량에 거는 기대

오늘날 기술의 진보를 목격하며 이에 맞서 인간의 정체성이란 무엇인가라는 질문이 거대 담론을 형성하면서 정체성에 대한 탐구가 보다 본격화하기 시작하였다. 기존의 전통적 관점에서의 정체성이 일관성과 통일성을 강조하고 타자와 다양성을 배제했다면, 지금의 정체성은 다름과 차이를 강조하면서 변화하고 구성되는 개념이라고 할 수 있다. 또한 정체성은 나에게 집중하여 스스로를 직시하는 자아정체성에서 출발하며, 젠더, 인종, 민족, 종교, 문화 등의 집단으로 규정되는 사회적 정체성의 스펙트럼으로 나아가

7) 한 예로 '2015 코리아 투모로우'(2015.10.2.-10.25. 서울 성곡미술관) 전시에서는 다양한 관점에서 한국 미술의 정체성을 다시 읽자는 취지를 담아 확장성 있는 메타언어 'i'를 코드로 제시하면서, 정체성이란 개별적이면서도 다양한 층위에서 해석이 가능한 확장적인 개념인 동시에 예술의 본질적 요소라고 설명하였다. 일반적으로는 비엔날레의 국가관 운영처럼 국가와 국적에 근거한 정체성으로서 주류와 비주류를 가르는 기준처럼 명확한 개념을 요구하지만, 정체성은 여기에 한정되지 않고 탈지역화, 다문화화, 다원화와 관련하여 폭넓게 논의되는 보다 넓은 개념이라고 할 수 있다. 2022 개정 미술과 교육과정에서도 정체성 역량에는 다양한 층위의 해석을 포함한다.

8) 이주연(2023a, 2023c)은 디지털 전환과 기술을 연계하여 '개인 간, 개인-세계 간, 개인-기술 간 상호 연결과 협업이 가능한 주도적인 학습자이자, 디지털 전환(DX: Digital Transformation) 등으로 변화하는 시대 상황 속에서 개인과 집단의 개별성과 고유성을 인식하며 정체성과 자아상 및 세계관을 형성해나갈 수 있는 능력을 갖춘 학습자'로 정체성 역량을 갖춘 학습자를 정의한 바 있다.

기 때문에, 개인의 정체성과 사회적 정체성으로 구분할 수 있다. 그러나 정체성은 본질이 아니라 구축되는 것이고 담론의 변화에 따라 구성되고 변화하는 개념이기 때문에 다양한 개념이 존재할 수밖에 없다는 것을 이해하는 것이 중요하다.

이 글에서는 최근의 광주, 베니스, 휘트니 비엔날레의 사례를 포함하여 동시대 미술에서 정체성이 어떻게 이해되고 해석되는지를 고찰하였다. 이렇듯 미술계의 변화를 주의 깊게 주시하는 이유는 미술교과교육의 내용학을 결정짓는 방향타 역할을 해왔기 때문이다. 동시대의 특징이 탈지역화, 다문화화, 탈장르화, 탈경계, 탈중심성, 다원화로 다변화되면서 동시대 미술가는 개인으로서, 또한 젠더, 인종, 민족, 국가, 지역으로 구분되는 사회적 집단의 일원으로서 미술가 자신의 자아정체성과 집단의 정체성을 넘나들며 확장적 시선으로 정체성의 개념과 의미를 해체하고 재규정하며 이를 미술작품으로 표현해왔다. 동시대 미술에서 정체성은 미술가 자신의 자아정체성이나 자신이 속한 지역, 장소 등에 머무르지 않고 인간의 신체, 지역사회, 경제적, 사회문화적 쟁점을 포함한 정체성 이슈와 긴밀하게 논의되어 왔기 때문에, 동시대 미술가들에게서 발견할 수 있는 정체성은 고정적인 개념이나 의미가 아니라 사회적 이슈와 맞물려서 움직이는 개념으로 이해되어야 하며, 이를 내용학으로 하는 미술교육에서도 적극적으로 반영해야 할 개념이라고 판단된다. 또한 이 글에서는 미술에서의 정체성이란 미술가 개인이나 미술가가 속한 집단의 정체성을 미술을 통해 시각적으로 구체화하여 밝혀나가려는 것과, 시대에 따라 규정되고 프레임 된 모든 정체성에 의문을 던지며 이를 해체하고 재규정하려는 것의 두 가지 개념을 모두 포함하는 것으로 정의하였는데, 이는 정체성을 학교교육에 적용함에 있어 정체성을 찾아 나가는 것인가 아니면 정체성이 무엇인가를 탐색하는 것인가에 대한 질문에 대한 답이 될 수 있을 것이다.

이러한 미술계의 변화와는 별도로 교육계에서도 미래사회의 교육 패러다임의 변화에 따라 새로운 교육 프레임을 조성하고자 다양한 방안이 거론되었으며, 2022 개정 교육과정의 개발을 앞두고는 OECD의 교육 방향들에 대한 논의가 집중적으로 이루어졌다. 특별히 'OECD 학습나침반 2030'에서 강조한 자기 주도성, 정체성, 책임감, 목적의식, 성장 마인드, 책임감 있는 행동, 변화를 만드는 능력 등에 집중하여 우리나라의 교육에도 이와 관련한 역량이 강화될 필요성이 제기되었으며, 이는 2022 개정 교육과정 총론에서 '포용성과 창의성을 갖춘 주도적인 사람'을 비전으로 채택하는 결과로 이어졌다. 2022 개정 교육과정 총론의 정신을 반영하여 2022 개정 미술과 교육과정에서도 시대적·교육적 요청에 부응하여 기존의 자기 주도적 학습 능력을 정체성 역량으로 변환하였는데, 이는 OECD에서 강조한 미래사회 대비 학습자의 주도성을 더욱 확대한 것이다. 정체성 역량의 개념 정의에는 개인의 정체성과 집단으로서의 사회적 정체성을 구분하고 있지만 이러한 구분은 식별을 위한 구분이라기보다는 개인이 접할 수 있는 다양한 환경을 고려한 관계적 정체성의 개념으로서, 특정 집단에서 어떠한 동일한 성질을 공유함에도 이를 개인이 자기 자신을 일관적이고 동일하게 인식하고 통합해 나간다면 정체성에 도달하는 것으로 볼 수 있으며 이는 개인의 정체성과 사회적 정체성에 모두 적용된다고 할 수 있다. 이는 집단 정체성에서 일반적으로 요구되는 탈개인화와는 다르며, 또한 집단 정체성에 배타적인 개인의 정체성만을 주장하는 것도 아니다. 결국 정체성은 변화하는 개념이기 때문에 자기 자신 및 자신을 둘러싼 세계에의 상호작용과 경험, 그 사이의 이해 정도에 따라 영향을 받는다고 할 수 있다. 결국 이의 교육을 위해서는 역동적으로 변화하며 끊임없이 재개념화되는 환경 속에서 자기 스스로를 동일하게 인식하는 것이 정체성 교육에서 무엇보다 중요함을 강조해야 할 것이다.

이 글은 2022 개정 미술과 교육과정의 새로운 핵심 역량으로 제안된 정체성 역량의 효율적인 적용을 위한 안내의 필요성이 요구됨에 따라 동시대 미술에서의 정체성에 대한 이슈와 더불어 2022 개정 미술과 교육과정의 개발 과정에 대한 고찰을 통해 정체성의 개념과 의미를 다시 잘 살펴보고 이해를 돕는 데 중점을 두었다. 2022 개정 미술과 교육과정의 정체성 역량은 변화하는 패러다임 속에서 미술만의 고유한 본질에 한정하지 않고 삶 속에서 지속적으로 질문을 던지며 삶의 가치를 확인하고 인간성을 회복하며 문제를 해결해 가려는 사람들에게 미술을 통한 방향성을 제시하고자 설정된 역량이다. 여기에서 중요한 것은 역량의 개념과 범위를 명확히 구분하고 역량을 향해 나아가는 것이 아닌, 역량을 통해 교육의 목적으로 나아가야 한다는 것이다. 따라서 정체성의 개념을 규명하는 것보다는 무엇에 대한 정체성이며 이를 어떻게 인식해야 하는가에 대한 차원으로 이동해야 한다는 것이다. 이와 더불어 이 글에서는 2022 개정 미술과 교육과정에 제시된 정체성 역량의 하위 역량이 개인적 정체성에 국한되어 있어 집단의 정체성과 관련하여 '개인과 집단의 상호작용', '집단 기반 자존감', '집단에의 기여', '소속감', '동질한 특징의 공유'를 제안하였지만, 이는 다수에 의한 의사결정 절차가 뒤따라야 할 사안이므로 후속 과제로 남겨둔다. 2022 개정 미술과 교육과정에서 촉발한 정체성 역량에 대한 제안은 불확실한 미래사회에서 개인과 집단이 길을 잃지 않고 각자가 가야 할 방향을 찾아 나갈 힘을 길러줄 단초가 될 것으로 기대한다.

* 이 글은 이주연(2023), 2022 개정 미술과 교육과정 정체성 역량 고찰(조형교육, 88집)을 수정 보완한 원고임.

이주연(경인교육대학교)

5 공동체 역량

공동체 역량은 2022 개정 교육과정에 범교과적 핵심 역량 중 하나로 제시되어 있다. 여기에서 공동체란 학생들이 현재 살아가는 지역과 국가를 넘어 세계를 포괄하며 인류 공동체까지를 아우르는 광범위한 개념이다. 우리나라 교육과정에서 공동체 역량이 명시된 것은 역량 중심 교육과정이 도입된 2015 개정 교육과정부터이지만, 제5차 교육과정부터 현행 교육과정까지 총론이 '추구하는 인간상' 가운데 하나인 '더불어 사는 사람'에 토대를 두고 있다. 2022 개정 교육과정 총론이 추구하는 '더불어 사는 사람'이란 "공동체 의식을 바탕으로 다양성을 이해하고 서로 존중하며 세계와 소통하는 민주 시민으로서 배려와 나눔, 협력을 실천하는 사람"이다. 2022 개정 교육과정의 공동체 역량이란 "지역·국가·세계 공동체의 구성원에게 요구되는 개방적·포용적 가치와 태도로 지속 가능한 인류 공동체 발전에 적극적이고 책임감 있게 참여하는" 역량을 가리킨다. 이와 같은 총론의 공동체 역량의 개념은 2022 개정 미술과 교육과정에서 "미술 문화의 다원적 가치를 존중하며 협력적 의사소통을 통해 공동체의 문화 발전에 참여한다"로 개념화되어 있다. 이는 총론의 공동체 역량을 '미술 문화'와 공동체의 '문화 발전'이라는 관점에서 교과 특성에 맞게 제시한 것이다. 미술교과에서 공동체 역량의 필요성과 목적을 설정하는 근거로는 첫째, 관계와 참여를 강조하는 미술 및 미술교육의 흐름, 둘째, 변혁적 역량을 강조하는 미래교육의 흐름, 셋째, 전 지구적 관점을 강조하는 세계시민교육과 지속가능발전교육의 흐름이 있다. 미술과 수업에서 공동체 역량을 다룬 사례는 세계시민교육이나 지속가능발전교육의 관점에서 공감능력, 인권의식, 환경운동 등의 주제를 다룬 수업 사례들이 있다. 차기 교육과정에서 공동체 역량은 그 범위와 성격을 확장하고 지구 공동체, 인류 공동체 의식을 더 강조할 필요가 있다.

1. 미술과 교육과정에서 공동체 역량 관련 내용 분석

1) 공동체 역량의 교육과정 등장 배경

현행 2022 개정 교육과정 안에서 공동체 역량은 '범교과적 역량'으로 제시되었다. 공동체 역량이라는 개념이 왜 현행 교육과정에 핵심 역량 중 하나로 포함되었는지 그 배경을 살펴본다면, 현대 사회의 급속한 세계화 현상에 따른 역량 중심 교육과정의 도입과 글로벌교육 패러다임의 변화와 관련된다고 할 수 있다.

먼저, 국내 교육과정에 역량 중심 교육과정이 도입된 계기는 1997년부터 2003년까지 이뤄진 경제협력개발기구(OECD)의 데세코(DeSeCo) 프로젝트였다. 이 프로젝트가 발표한 「핵심역량의 정의 및 선정」 보고서에 따르면, 핵심역량은 급속한 기술의 변화, 복잡한 대인관계, 상호의존도가 높은 세계화 현상에 적응할 때 요구되는 실제적 수행능력이며, '민주적 가치'와 '지속가능발전'이라는 공통 가치를 바탕으로 선정되었다(OECD, 2005). 즉 역량 중심 교육과정은 앞으로 학생들이 겪게 될 미래 사회의 복잡하고 다양한 문제는 개인 차원을 넘어 지구 전체 차원에서 바라보고 협력하여 해결해야 한다는 생각에서 도입되었다.

다음으로, 유엔과 유네스코가 이끄는 글로벌교육 패러다임의 변화가 국내 교육과정에 반영되었다. 2012년 유엔은 글로벌교육우선구상(GEFI)에 따라 세계시민교육(GCE)을 국제사회의 교육 의제로 채택하였다. 세계시민교육의 학습주제를 살펴보면, "세계시민성, 인권, 성평등, 문화다양성, 평화, 지속가능발전" 등이 포함되어 있으므로, 사실 세계시민교육은 유엔이 창설 이래 추구해 온 국제이해교육(EIU)의 진화된 형태이며 그 실천 과정에서 미흡했던 부분을 보완한 것이다(한경구, 2017). 또한, 유엔은 2019년에 지속가능발전교육 2030(ESD for 2030) 선언을 통해 지속

가능발전목표(SDGs) 17가지를 달성하기 위한 필수 요소로 교육을 강조하였다(유네스코한국위원회, 2018, 2021). 지금까지 국제사회에서 진행되었던 글로벌교육의 방향을 요약해보면, '지속 가능한 인류 공동체 발전'을 지향하고 있다. 이러한 방향성이 현행 2022 개정 교육과정에서 공동체 역량 개념에 반영되었다고 볼 수 있다. 그 근거로 유네스코 아시아태평양국제이해교육원(2021)이 세계시민교육의 3가지 핵심 요소인 "인류 공동체 의식, 다양성 존중, 연대의식 함양 및 실천"(p. 20)을 2022 개정 교육과정에 포함하자고 하였던 제안을 들 수 있다.

요컨대, 현행 교육과정에 공동체 역량이 등장한 배경에는 학생들이 예측하기 어려운 미래 사회의 변화와 과제에 대해 지역과 국가 차원에서 대응할 수 있는 민주 시민의 역량과 지구 전체 차원에서 대응할 수 있는 세계시민 역량을 배양해야 한다는 교육적 요구가 있다.

2) 지난 교육과정에서 공동체 역량의 전개

우리나라 교육과정은 초·중등 교육을 통해 학생이 갖춰야 할 특성과 교육과정이 추구하는 바를 '추구하는 인간상'으로 제시하였다. 제5차 교육과정부터 현재까지 꾸준히 제시되어 온 인간상은 자주적인(자기주도적인) 사람, 창의적인 사람, 교양 있는 사람, 더불어 사는 사람 등이며(교육부, 2022c), 그중 '더불어 사는 사람'과 밀접하게 관련된 역량이 바로 공동체 역량이다. 국가 교육과정의 수시 개정을 허용하기 시작한 2007 개정 교육과정부터 2015 개정 교육과정까지 교육과정 총론이 '추구하는 인간상'을 살펴보면, 그 내용이 조금씩 진화하였음을 알 수 있다(〈표 1〉 참조). '더불어 사는 사람' 관점에서, 2007 개정 교육과정이 추구하는 인간상은 "민주 시민 의식을 기초로 공동체의 발전에 공헌하는 사람"(교육인적자원부, 2007a)이고, 2009 개정 교육과정이 추구하는 인간상은 "세계와 소통하는 시민으로서 배려와 나눔의 정신으로 공동체 발전에 참여하는 사람"(교육과학기술부, 2009a)이며, 2015 개정 교육과정이 추구하는 인간상은 "공동체 의식을 가지고 세계와 소통하는 민주 시민으로서 배려와 나눔을 실천하는 더불어 사는 사람"이다(교육부, 2015a, p. 2). 2007 개정과 2009 개정 교육과정이 추구하는 '더불어 사는 사람'의 공통점은 '공동체 발전에 공헌 또는 참여하는 (민주) 시민'의 모습이다. 또한, 2009 개정과 2015 개정 교육과정이 추구하는 '더불어 사는 사람'의 공통점은 '세계와 소통하는 (민주) 시민'의 모습이다. 위와 같이 각각 교육과정의 '추구하는 인간상'을 서로 비교해보면, 2007 개정 교육과정의 '민주 시민'이 2009 개정과 2015 개정 교육과정에서 '세계와 소통하고 배려와 나눔의 정신(실천)을 보여주는' 것으로 구체화하고 확장했다고 볼 수 있다.

또한, 세 시기의 교육과정이 각각 제시한 교육 목표(역량)를 살펴보면, 2007 개정과 2009 개정 교육과정의 경우, 고등학교 교육 목표로서 '국가 공동체의 발전(형성)을 위한 노력'과 '세계 시민의 의식(자질)과 태도'를 제시하였다. 이처럼 국가·세계 공동체와 관련된 교육 목표는 2015 개정 교육과정에서 "지역·국가·세계 공동체의 구성원에게 요구되는 가치와 태도를 가지고 공동체 발전에 적극적으로 참여하는 역량"(교육부, 2015a)의 형태로 발전되었다.

2015 개정 교육과정 해설서(한혜정 외, 2015)에 따르면, 위의 공동체 역량의 내용은 크게 다음의 4가지 범주로 나뉘며 그 하위 요소는 괄호 안에 다음과 같이 표기될 수 있다. (1) 지역·국가·지구촌의 구성원으로서 요구되는 가치와 태도를 수용하고 실천하는 능력(시민의식, 준법정신, 질서 의식), (2) 지역적·국가적·세계적 차원의 다양한 문제 해결에 책임감을 가지고 적극적으로 참여하는 능력(공정성과 정의감, 참여와 책임의식), (3) 다양한 사람들

과 원만한 관계를 가지고 협업하고 상호작용하는 능력(협동과 협업 능력), (4) 다른 사람들을 배려하며 함께 살아갈 수 있는 능력 등을 의미한다(나눔과 배려 정신)(한혜정, 2015, 이정우, 2017, p. 152 재인용).

〈표 1〉 2007~2015 개정 교육과정의 공동체 관련 인간상과 교육 목표(역량)

범주	2007 개정 교육과정	2009 개정 교육과정	2015 개정 교육과정
총론	〈추구하는 인간상〉 민주 시민 의식을 기초로 공동체의 발전에 공헌하는 사람	〈추구하는 인간상〉 세계와 소통하는 시민으로서 배려와 나눔의 정신으로 공동체 발전에 참여하는 사람	〈추구하는 인간상〉 공동체 의식을 가지고 세계와 소통하는 민주 시민으로서 배려와 나눔을 실천하는 더불어 사는 사람
	〈교육 목표〉 국가 공동체의 형성과 발전을 위해 노력하며, 세계 시민으로서의 의식과 태도를 가진다. (고등학교 목표)	〈교육 목표〉 국가 공동체의 발전을 위해 노력하며, 세계 시민으로서의 자질과 태도를 기른다. (고등학교 목표)	〈핵심 역량〉 지역 · 국가 · 세계 공동체의 구성원에게 요구되는 가치와 태도를 가지고 공동체 발전에 적극적으로 참여하는 공동체 역량

위와 같이 2007 개정 교육과정부터 세계 시민의 개념이 교육과정 안에서 다뤄지게 된 배경에는 국제이해교육 또는 세계시민교육이 있다. 국제이해교육이란 국가 간의 이해 증진을 통해서 국제사회의 평화 유지를 목적으로 1946년 1차 유네스코 총회에서 처음 등장하였으며, 7차 교육과정(1997~2007) 시기부터 창의적 재량학습 과목 안에 선택적으로 도입되었고, 2007 개정 교육과정과 2009 개정 교육과정 안에 범교과 목표와 내용으로서 존재하였다(김수진, 2022). 그에 따라 2000년도부터 국제이해교육을 실시하는 학교와 직무연수를 받은 교사들이 증가하기 시작했으며 (유네스코 아시아태평양국제이해교육원, 2003), 2012년경부터 세계시민교육이라는 이름으로 불리게 되었다.

지난 2007~2015 개정 교육과정의 총론에 나타난 공동체 관련 목표와 역량이 미술과 교육과정에서 어떻게 나타나고 있는가? 역량 개념이 도입되기 전 2007년과 2009년에 개정된 미술과 교육과정에는 공동체라는 단어는 명기되지 않았지만, 인류 공동체의 중요한 정신적 물질적 유산이자 생산물인 '문화'의 한 유형으로서 '미술 문화'의 개념이 사용되었다. 예를 들어, 2007 개정 미술과 교육과정의 교과 목표는 "미술 문화를 향수할 수 있는 능력과 태도" "미술을 생활화하여 미술 문화를 존중하는 태도를 가진다"(교육인적자원부, 2007b, p. 2)이고, 2009 개정 미술과 교육과정의 교과 목표는 "미술 문화를 계승, 발전시킬 수 있는 능력"(교육과학기술부, 2011b, p. 4)이다. 이 '미술 문화'의 개념은 2015 개정 미술과 교육과정에서도 '미술 문화 이해 능력'이라는 역량 개념으로 계승되고 있다. 이 역량은 "우리 미술 문화에 대한 이해를 바탕으로 정체성을 확립하고, 유연하고 개방적인 태도로 세계 미술 문화의 다원적 가치를 이해하고 존중하며 공동체의 발전에 참여할 수 있는 능력"(교육부, 2015b, pp. 3-4)을 가리킨다. 여기서 기존의 '민주 시민'과 '세계 시민'의 개념이 미술 교과 특성에 맞게 '문화 시민'으로 전환되었고, '문화 시민'으로서 학생은 지역, 국가, 세계 공동체의 미술 문화를 이해하고 문화의 다원적 가치를 이해하고 포용함으로써 공동체 발전에 참여할 수 있는 소양과 역량을 길러야 한다. 요컨대, 2007~2015 개정 미술과 교육과정의 '미술 문화' 관련 교과 목표와 역량은 총론의 공동체 역량을 미술 교과에 맞게 개념화한 것으로 이해할 수 있다(〈표 2〉 참조).

〈표 2〉 2007~2015 개정 미술과 교육과정의 미술 문화 관련 교과 목표와 역량

범주	2007 개정 교육과정	2009 개정 교육과정	2015 개정 교육과정
미술 교과	〈교과 목표〉 미술 문화를 향수할 수 있는 능력과 태도 * 하위 목표: 미술을 생활화하여 미술 문화를 존중하는 태도	〈교과 목표〉 미술 문화를 계승, 발전시킬 수 있는 능력 * 하위 목표: 미술을 생활화하여 미술 문화를 애호하고 존중하는 태도	〈교과 역량〉 * 미술 문화 이해 능력 우리 미술 문화에 대한 이해를 바탕으로 정체성을 확립하고, 유연하고 개방적인 태도로 세계 미술 문화의 다원적 가치를 이해하고 존중하며 공동체의 발전에 참여할 수 있는 능력

3) 2022 개정 교육과정에서 공동체 역량 내용 분석

2022 개정 교육과정 총론이 제시한 공동체 역량 내용은 2015 개정 교육과정의 공동체 역량 내용의 기본 골격을 그대로 지니고 있다. 2015년과 2022년에 개정된 두 교육과정이 모두 공동체와 관련된 인간상으로 '더불어 사는 사람'을 추구하며, 그러한 사람은 공동체 의식을 지니고 세계와 소통하며 배려와 나눔을 실천하는 민주 시민을 가리킨다. 2022 개정 교육과정은 민주 시민의 그런 특징에 '다양성에 대한 이해와 상호 존중'이라는 특징을 한 가지 더 추가했다고 보면 된다. 즉 2022 개정 교육과정이 말하는 '더불어 사는 사람'이란 "공동체 의식을 바탕으로 다양성을 이해하고 서로 존중하며 세계와 소통하는 민주 시민으로서 배려와 나눔, 협력을 실천하는"(교육부, 2022a, p. 5) 인간상을 가리킨다. 이 인간상을 한마디로 요약하면 "공동체 의식과 민주 시민 의식"을 갖춘 "세계 시민"을 말한다(교육부, 2022c, p. 32).

그러한 '더불어 사는 사람'에게 요구되는 것이 곧 공동체 역량이다. 2022 개정 교육과정의 총론에 따르면, 공동체 역량은 "지역・국가・세계 공동체의 구성원에게 요구되는 개방적・포용적 가치와 태도로 지속 가능한 인류 공동체 발전에 적극적이고 책임감 있게 참여하는 역량"이다(교육부, 2022a, p. 6). 총론 해설에 의하면, 이 공동체 역량은 "지역・국가・지구촌의 구성원으로서 요구되는 가치와 태도를 수용하고 실천하는 능력, 지역적・국가적・세계적 차원의 다양한 문제 해결에 책임감을 갖고 적극적으로 참여하는 능력, 다양한 사람들과 협업하고 상호작용하는 능력, 다른 사람들을 배려하며 함께 살아갈 수 있는 능력" 등을 의미한다. 그 하위 요소로서 "시민 의식, 준법 정신, 질서 의식, 공정성과 정의감, 참여와 책임 의식, 협동과 협업 능력, 나눔과 배려" 등이 포함될 수 있다(교육부, 2022c, p. 35).

요컨대, 현행 교육과정은 2015 개정 교육과정의 공동체 역량 내용을 토대로 "개방적, 포용적" 가치와 태도, "지속 가능한 인류 공동체", "책임감" 등의 수식어를 추가한 것이다.

지난 교육과정과 비교해볼 때, 2022 개정 교육과정의 주요 변화는 총론에서 제시한 인간상 및 역량과 연계하여 '교과 역량'을 설정한 것이다. 미술과 교육과정의 교과 역량은 심미적 감성 역량, 창의・융합 역량, 시각적 소통 역량, 정체성 역량, 공동체 역량이며, 그 중 공동체 역량의 경우 총론의 역량과 교과의 역량이 동일한 명칭으로 설정되었다.

미술교과의 공동체 역량의 내용을 살펴보면, "미술 문화의 다원적 가치를 존중하며 협력적 의사소통을 통해 공동체의 문화 발전에 참여한다"(교육부, 2022b, p. 4)로 명시되어 있고, 그 주요 키워드는 '미술 문화' '다원적 가치', '협력적 의사소통', '공동체 문화'이다. 지난 2007~2015 개정 미술과 교육과정의 공동체 관련 목표나 역량과 비교해보면, '미술 문화'라는 키워드를 계승하며, 2015 개정 미술과 교육과정의 교과 역량인 '미술 문화 이해 능력'의 기본 토대를 유지하되, '협력적 의사소통'이 추가되고 '우리' 미술

문화와 '세계' 미술 문화라는 이분법적 표현이 사라지는 등의 변화를 보여준다. 그와 같은 공동체 역량 내용의 변화는 총론에 나타난 '지속 가능한 인류 공동체'라는 공동체 의식과 다양성에 대한 '개방적 · 포용적' 가치와 태도를 강조하고, '협력을 실천하는' 지향점을 반영하고 있음을 암시한다.

요컨대, 미술교과의 공동체 역량은 총론의 공동체 역량을 미술 교과에 맞게 '문화' 관점으로 설명하여 공동체의 '문화 발전'에 참여할 수 있는 능력으로 개념화했다. 이것은 지난 미술과 교육과정의 교과 역량의 개념을 계승하면서도 지역 공동체와 국가 공동체를 넘어 지구 공동체 및 인류 공동체로 범위를 확대하고 개념을 명료화했다고 볼 수 있다(〈표 3〉 참조).

〈표 3〉 2022 개정 교육과정의 공동체 역량 관련 내용

범 주	내 용
총론	〈추구하는 인간상〉 공동체 의식을 바탕으로 다양성을 이해하고 서로 존중하며 세계와 소통하는 민주시민으로서 배려와 나눔, 협력을 실천하는 더불어 사는 사람
	〈핵심 역량〉 지역 · 국가 · 세계 공동체의 구성원에게 요구되는 개방적 · 포용적 가치와 태도로 지속 가능한 인류 공동체 발전에 적극적이고 책임감 있게 참여하는 공동체 역량
미술 교과	〈교과 역량〉 미술 문화의 다원적 가치를 존중하며 협력적 의사소통을 통해 공동체의 문화 발전에 참여한다.

2. 공동체 역량 선행연구

1) 교육과정 관점의 공동체 역량 연구

교육과정 문서와 공동체 역량의 연관성을 살펴본 연구에는 2015 개정 교육과정의 총론에 제시된 공동체 역량의 의미와 하위요소를 고찰한 연구(이정우, 2017)와 2022 개정 미술과 교육과정에 제시된 공동체 역량에 대한 현장의 이해를 높이기 위해서 공동체 역량의 타당성, 하위 요소, 적용 사례를 고찰한 연구(박수정 외, 2022)가 있다.

이정우(2017)는 캐나다, 호주 등의 국외 교육과정 문서에 나타난 공동체 역량의 의미가 학생의 수행 중심으로 지식/이해, 기능, 가치/태도로 세분화된 점과 공동체 역량의 하위요소가 더 다양하고 상세하게 제시된 점을 찾아내어 국내 교육과정에 주는 시사점을 밝히고 있다.

박수정 외(2022)는 미술의 사회 탐구 가능성에 주목하여 공동체 역량이 미술교과 핵심역량으로서의 타당성을 지닌다고 보았으며, 미술교과에서 공동체 역량은 비인간 주체까지 포함하는 포용적 공동체를 지향하며 주체의 능동성과 실천지를 반영한 개념으로 파악하고자 하였다. 또한, 다양한 형태의 공동체 중심 미술교육을 통해 미술교과에서의 공동체 역량이 잘 반영될 수 있다고 보았으며, 학습자가 자신의 삶의 경험과 연결시켜 능동적으로 참여하는 능력으로 보았다.

2) 세계시민교육 및 지속가능발전교육 관점의 공동체 역량 연구

국제사회의 글로벌교육이 '지속 가능한 인류 공동체 발전'을 지향함에 따라 공동체 역량 관련 연구가 세계시민교육(GCED)과 지속가능발전교육(ESD)의 관점에서 이루어졌다. 세계시민교육은 국가 공동체를 넘어서 지구 공동체의 시민이라는 정체성에 기초한 교육으로 "세계시민성을 함양하는 것"(정우탁, 2022, p. 115)을 의미하며, 1950년대부터 유네스코가 힘써온 국제이해교육에서 발전한 것이다. 최근 유네스코는 '지속가능발전교육 2030'을 통해 기후

변화와 환경문제, 빈곤과 불평등과 같이 “상호연결되어 있는 전 지구적 과제를 풀어가는 지식 · 기술 · 가치 · 태도를 갖추도록 돕는 교육”(유네스코한국위원회, 2021)을 제안하였다.

앞서 밝혔듯이, 세계시민교육의 중요성이 점점 커지므로 최근 학교 현장에서 진행된 공동체 역량 함양을 위한 세계시민교육의 내용을 제안하거나 효과를 고찰한 연구가 수행되었다. 그 예로 세계시민교육이 초등학생의 공동체 역량 함양에 효과가 있는지 검증한 연구(조현기, 2017)와 초등학생의 공동체 역량의 함양을 위해 미술교과 기반 세계시민교육 프로그램을 제안한 연구(송기연, 2020)가 있다. 미술대학의 공동체 중심 미술교육 사례에 관한 연구(안혜리, 2024)는 문화예술교육사 양성과정에서 공동체 역량 함양의 중요성을 논의하였다. 공동체 역량을 직접 논의한 연구는 아니지만, 세계시민교육이나 지속가능발전교육을 미술교육의 내용과 방법 등에 적용한 연구(김예지, 김효정, 2022; 이선혜, 2021; 이선혜, 김선아, 2021; 장연자, 2017; 전수연, 김형숙, 이재예, 2023)도 공동체 역량에 해당하거나 밀접하게 관련된 교육적 결과를 제시하고 있다.

3) 문화적 공동체 관점의 공동체 역량 연구

공동체 역량을 ‘문화’ 관점에서 문화적 공동체 역량으로 파악한 연구가 존재하며 그러한 예에는 음악과의 ‘문화적 공동체 역량’ 측정 도구를 개발한 연구(백순근, 김서진, 홍수민, 2023), 초등학교 음악교과서의 국악(노동요)에 나타난 문화적 공동체 역량 구현 양상을 분석한 연구(한지수, 2023)가 있다.

3. 미술교과에서 공동체 역량의 목적과 필요성

미술교과에서 공동체 역량의 목적과 필요성을 논의하는 배경에는 관계와 참여를 강조하는 미술과 미술교육의 흐름과 사회 변혁과 미래 대응을 위한 교육의 흐름이 자리잡고 있다.

1) 관계와 참여를 강조하는 미술 및 미술교육의 흐름

미술교과에서 공동체 역량이 필요한 첫 번째 근거는 포스트모더니즘 이후 미술 및 미술교육의 흐름이 관계와 참여를 강조하는 방향으로 변화했다는 데 있다. 전통 미술이 공동체의 종교적, 정치적 목적 등을 반영하는 형태를 취했다면, 모더니즘 미술은 개인의 정체성과 내면 세계를 표현하는 데 집중하였으며, 포스트모더니즘 미술은 다시 공동체의 정체성과 관심사를 반영하고, 공동체 기반 창작 및 기획을 모색하는 방향으로 변화하였다(Anderson & Milbrandt, 2004/2012). 특히, 1980-90년대는 관계 중심 미술, 사회참여 미술이 확장되는 시기였다.

부리오는 관계 미학(l’esthétique relationnelle)에 기초해 관객의 ‘참여’, 관객과의 ‘소통과 대화’를 작품에 적극적으로 반영함으로써 관계 지향 예술 창작을 강조한다(박수정 외, 2022; Bourriaud, 1998/2011). 그는 관계적 예술의 사례로 편지, 명함, 식사, 전화 등을 통해서 관객들과의 접속과 만남을 시도한 작가의 작품을 들고 있다. 비숍(Bishop, 2006)은 사회적 전회(social turn) 개념을 통해 미술이 협업과 참여를 중시하는 사회참여 미술로 전환한 현상을 고찰하였다. 사회참여 미술은 사회적 실천을 강조하는 행위예술의 전통에 속하며, 공동체의 개입과 타 분야와의 협업을 중시한다. 사회참여 미술과 유사한 개념으로 행동주의 미술, 공동체 기반 미술, 새 장르 공공미술 등이 있다. 이러한 현대미술과 미술교육의 흐름은 미술교과에서 공동체 역량의 목적과 필요성을 설정하는 근거가 된다.

2) 변혁적 역량을 강조하는 미래교육의 흐름

미술교과에서 공동체 역량이 필요한 두 번째 근거는 변혁적 역량을 강조하는 미래교육의 흐름이다. 경제협력개발기구(OECD)는 'OECD 학습 나침반 2030'을 통해서 2030년대 미래사회를 살아갈 주체인 학생들에게 더 나은 사회를 만드는 데 필요한 '변혁적 역량'을 새롭게 규정하였다. OECD가 제시한 변혁적 역량은 "새로운 가치 만들기, 딜레마 해소하기, 책임감 가지기"이며 이 세 가지 역량은 미래사회의 변화에 대비하여 개인, 사회, 환경의 안녕(웰빙)을 이루기 위한 역량으로 제안되었다(OECD, 2019, p. 16). 이러한 역량은 예측 불가능한 불확실한 문제가 발생하고, 다양한 이해관계가 충돌 및 공존하며, 인공지능과 인간을 대비하는 담론이 활성화되는 미래 사회에 요구되는 역량이다. 이 세 가지 역량은 기존 교육에서 강조해온 능력과 태도인 창의성과 비판적 사고, 공감과 존중, 성찰과 협동 등에 해당된다고 볼 수 있다(김아미, 2019). OECD는 변혁적 역량이 인공지능 시대에 인공지능 기술을 능가하는 인간의 고유한 역량이며, 인공지능을 인간에게 유용한 방향으로 개발하기 위한 역량이라고 강조한다(OECD, 2019, 경기도교육연구원, 2019, p. 10 재인용). 변혁적 역량의 학습은 "예견-행동-반성(AAR)"의 세 단계가 순환되는 과정으로 이루어진다. 예견 단계에서 학습자는 오늘 내린 선택과 결정에 따른 미래의 결과를 분석하고 예측한다. 행동 단계에서 학습자는 개인, 사회, 환경의 안녕(웰빙)을 위해 행동하려는 의지와 능력을 발휘한다. 반성 단계에서 학습자는 개인, 사회, 환경의 안녕(웰빙)을 위해 자신의 사고를 개선하고, 그것을 토대로 행동을 개선한다(OECD, 2019, p. 16). 미래사회를 지향하는 OECD의 변혁적 역량은 민주시민교육과 접점을 찾을 수 있으며(김아미, 2019), 이러한 현대교육의 흐름은 미술교과에서 공동체 역량의 목적과 필요성을 설정하는 근거가 된다.

3) 전 지구적 관점을 강조하는 세계시민교육과 지속가능발전교육

미술교과에서 공동체 역량이 필요한 세 번째 근거는 세계시민교육과 지속가능발전교육의 흐름이다. 세계시민교육의 필요성은 정보통신기술의 발달과 국제 이주 증가에 따른 세계화 현상이 가속화되면서, 인종과 문화 다양성, 국가 간의 불평등과 민족·종교 분쟁, 환경 오염과 기후변화 등의 지구촌 문제들이 단일 국가를 토대로 한 시민교육으로 해결불가능하다는 위기감 속에서 대두되었다. 세계시민교육은 세계시민성(세계시민주의)을 어떻게 정의하느냐에 따라 국제이해교육, 문화 간 이해교육, 지속가능발전교육 등과 유사하거나 그것을 모두 포괄하는 상위 개념으로 이해될 수 있다.

유엔(UN)은 전 지구적 과제를 풀어가는 지식·기술·가치·태도를 갖추도록 돕는 교육으로 '지속가능발전교육 2030'을 제안한 바 있으며, 이는 교육이 지속가능발전에 중추적인 기여를 한다는 것을 보여준다(유네스코한국위원회, 2021). 이 지속가능발전교육의 실천 프로그램은 '지속 가능한 인류 공동체' 의식에 기초해 지속가능발전교육의 실천 영역을 정책 개선, 학습 환경 변혁, 교육자 역량 개발, 청년의 권한부여와 참여, 지역 차원의 실천으로 제시하였다(유네스코한국위원회, 2021). 이러한 글로벌교육의 흐름은 미술교과에서 전 지구적 차원의 공동체 역량의 목적과 필요성을 설정하는 근거가 된다.

4. 미술과 수업에서 공동체 역량의 내용과 사례

공동체 역량 함양에 초점을 둔 미술과 수업은 공동체 역량의 개념에 어떤 관점에서 접근하는가에 따라 다양한 내용으로 구성될 수 있다.

1) 공감능력 함양을 위한 세계시민교육

- 초등학생의 공감 능력을 공동체 역량으로 보고, 공감 능력 향상을 위해 그림책을 활용한 미술과 세계시민교육 사례이다.
- 타인과 세계의 타문화에 대한 이해, 타인에 대한 관심, 가치관, 정서 표현, 타인에 대한 이해와 수용 및 존중하는 자세를 학습 목표로 선정하였다.
- 수업 절차는 '도입 → 지각 → 명료화 → 내재화 및 평가'로 구성되었다.
- 수업 활동은 '동물의 눈으로 본 세상'(1・2차시), '내가 만약 사자라면'(3・4차시), '우리 이모부는 그리스 사람'(5・6차시)으로 실행되었다.
- 등장 인물의 다양한 갈등 상황과 입장 바꿔보기를 통해 타인의 마음과 입장에 대한 초등학교 1학년 학생들의 공감능력이 향상되고, 시각화를 통해 공감 경험이 확장되어 세계시민의식이 증진되었다(이선혜, 김선아, 2021).

2) 인권의식 함양을 위한 미술・사회과 융합 세계시민교육

- 초등학생 대상의 인권 의식을 함양하기 위한 미술과 세계시민교육 사례이다.
- 미술과 교육과정의 세계시민 요소와 공동체 역량 요소를 분석한 후 인권 보장을 위한 디자인 수업을 개발하였다.
- 수업 활동은 '공정과 공평의 의미'(1・2차시), '적정기술 디자인'(3・4차시), '모두를 위한 디자인'(5・6차시)으로 실행되었다.
- 모두를 위한 디자인의 관점에서 학교 환경 개선을 위한 디자인 제안서를 발표한 후 학교에 제안하였다(송기연, 2020).

3) 환경운동을 위한 세계시민교육 기반 지속가능발전교육

- 중학생 대상의 세계시민교육 기반 미술과 지속가능발전교육 사례이다.
- '제로 웨이스트(zero waste)'를 생활에 실천하기 위한 팀 활동 중심의 8차시 수업으로 구성되었다.
- 학습 목표와 내용은 지속가능발전교육의 내용(기후변화, 에너지, 환경문제), 미술과 교육과정의 핵심 요소(소통과 제작), 세계시민교육의 학습 요소(이슈, 상호연결성, 적극적 참여・행동)를 결합한 '제로 웨이스트에 기반한 생활용품 디자인하기'이다.
- 액션 러닝(action learning) 교수학습 모형을 적용하여 '과제 명확화 → 정보수집 및 아이디어 구상 → 초안 개발 및 타당성 검증 → 최종 결과물 완성 및 성찰'의 4단계를 적용하였다(장연자, 2017).

5. 차기 교육과정에서 공동체 역량의 전망

지역・국가 차원의 민주시민성과 지구 차원의 세계시민성 함양의 필요성이 점점 커지는 가운데 현행 2022 개정 교육과정이 제시한 공동체 역량의 개념과 내용과 방향은 차기 교육과정에서도 유지 또는 확대될 것으로 여겨지며 미술교과 핵심역량의 하나로 계승되리라 전망한다. 현행 교육과정의 공동체 역량은 '다원적 가치'와 '협력적 의사소통'을 통해 '공동체의 문화 발전'에 참여하는 역량으로 명시되어 있어서 '문화'라는 범위에 한정된 느낌을 준다. 만일 총론이 추구하는 인간상인 '세계와 소통하는 민주시민'이나 핵심역량에 나타난 '지속 가능한 인류 공동체 발전' 등의 내용을 더 담아내고, 학습자의 주체적 능동성과 실천지를 반영한 개념(박수정 외, 2022)으로 제시하려면, 공동체의 범위와 성격을 확장하고 지구 공동체, 인류 공동체 의식을 더 강조할 필요가 있다고 본다.

안혜리(국민대학교)

Ⅱ

미술과 교육과정의 영역

6 미적 체험

이 글에서는 예술과 만나는 인간의 미적 실천으로서 미적 체험을 이해하여 미술과 교육과정 및 학교교육으로서 미술교육의 미학적 의의, 그리고 인간과 교육에 대한 미술교육의 관점으로서 미술교육의 핵심인 미적 체험의 교육적 가능성을 탐색한다. 예술의 경험을 바탕으로 하는 미적 실천을 살펴보고, 시각예술로서 미술을 일종의 인간 실천 또는 실천적 형식으로 다루어, '미적'의 의미와 성격을 예술에 관한 인간의 교육 활동으로서 살펴본다. '미(美)의', '심미성' 등으로 다루어지는 '미적'인 것으로서 미적 체험은 주관과 대상이 역동적인 상호 소통을 이루는 실천이다. 그 실천은 대상의 미적 측면에 대한 수용이나 수동적 과정이 아니라 능동적이며 구체적인 실천이다. 미술은 일상적 인간 실천과 차별화된 것이면서 역사적·사회적 관습, 문화를 반성적으로 성찰하는 힘을 가진다. 이 힘은 다시 일상으로 환원되며 우리의 삶에 변화를 이끌어낸다. 미적 체험을 통해 미술과 인간을 둘러싼 미적 상황에 대한 실천적 형식을 발견하며 성찰하여 인간에게 의미 있는 교육적 성과를 도출할 수 있다.

1. 미술과 교육과정에서의 미적 체험

우리나라 미술과 교육과정에서 미적 체험은 제7차 교육과정에서 나타나 2007 개정 미술과 교육과정에서 내용 영역 체계 중 하나로 나타났다. 그리고 2009 개정 교육과정에서 체험 영역으로 변경되었고 2022 개정 교육과정에서 미적 체험 영역이 되었다.

〈표 1〉 미술과 교육과정 미적 체험 관련 내용 체계 비교

<table>
<tr><th>제5차</th><th>제6차</th><th>제7차</th><th>2007 개정</th><th>2009 개정</th><th>2015 개정</th><th>2022 개정</th></tr>
<tr><td rowspan="3">표현
감상</td><td rowspan="3">미술과 생활
느낌 나타내기
상상하여 나타내기
보고 나타내기
꾸미기와 만들기
붓글씨로 나타내기
작품감상

(*영역명은 초등 기준)</td><td>미적 체험
• 자연미
• 조형미
• 미술과 생활(중~)
• 미술과 문화(고~)</td><td>미적 체험
• 자연 환경
• 시각문화 환경</td><td>체험
• 지각
• 소통</td><td>체험
• 지각
• 소통
• 연결</td><td>미적 체험
• 지각
• 성찰
• 소통</td></tr>
<tr><td>표현
• 주제표현
• 표현 방법
• 조형요소와 원리
• 표현 재료와 용구</td><td>표현
• 주제표현
• 표현 방법
• 조형요소와 원리
• 표현 과정</td><td>표현
• 주제표현
• 조형요소와 원리
• 표현 방법</td><td>표현
• 발상
• 제작</td><td>표현
• 발상
• 매체 탐색
• 제작</td></tr>
<tr><td>감상
• 서로의 작품 감상
• 미술품 감상
• 미술문화유산 이해(중~)</td><td>감상
• 미술 작품
• 미술 문화</td><td>감상
• 미술사
• 미술비평</td><td>감상
• 이해
• 비평</td><td>감상
• 이해
• 비평
• 생활화</td></tr>
</table>

제5차 교육과정까지 미술과 교육과정은 대영역 표현과 감상으로 크게 분류되었다. 제5차 미술과 교육과정에서 초등의 경우 표현 영역에서는 '경험한 것 나타내기', '상상하여 나타내기', '보고 나타내기', '모양을 생각하여 꾸미기', '환경 꾸미기', '쓸모를 생각하여 만들기', '붓글씨로 나타내기', 감상 영역에서는 '서로의 작품 감상하기', '자연 및 조형물 감상하기'로 분류되어 표현과 감상으로 구성되었다.

제6차 교육과정에서 '미술과 생활' 영역이 신설되어, 표현, 감상 두 영역에 추가되어 세 영역으로 제시되었다. '개정의 중점'에서 '둘째, 미술과 생활의 밀접한 관련을 통해 감성적 체험을 강조하며 주변 환경에 대한 관심과 개선 의지를 갖도록 의도'하고 있다. 미술과 목표에서는 '조형 활

동 경험을 통하여 표현 및 감상 능력을 기르고 창조성을 계발하여 정서를 함양하게 한다'(총괄), '생활 속에서 아름다움을 느끼고 애호할 수 있는 태도를 가지게 한다'(초), '생활 속에서 아름다움을 찾아, 애호할 수 있는 능력과 태도를 기르게 한다'(중), '생활 속에서 아름다움을 발견할 수 있는 미적 지각 능력과 태도를 가지게 한다'(고)로 제시되었다. '미술과 생활' 영역에서는 '아름다움'에 대한 감각과 애호, '미적 지각' 등 미적 체험의 내용을 부분적으로 다루고 있다.

제7차 교육과정에서 기존의 '미술과 생활' 영역에서 '미적 체험' 영역이 신설되어 표현, 감상과 함께 세 영역으로 제시되었다. 미술과 목표 '미술 활동을 통하여 표현 및 감상 능력을 기르고, 창의성을 계발하며, 심미적인 태도를 함양한다'(총괄) 가운데 '가. 미적 대상의 가치를 발견하고 이해할 수 있다'로 제시하여 미적 체험이 '심미적인 태도'와 '미적 대상의 가치'와 관련됨을 알 수 있다. 또한 제6차 교육과정의 '미술과 생활'에서 내용 요소를 제시하지 않았던 것과는 달리 신설된 '미적 체험' 영역에서는 내용을 제시하고 있다. 초등학교에서는 '자연미', '조형미' 등 대상으로 제시하고 있으며 중학교에서는 '자연미와 조형미의 조화 이해', '미술과 생활의 관계 이해', 고등학교에서는 '자연미와 조형물의 미적 가치 이해', '미술과 문화의 관계 이해' 등으로 대상(소재)과 활동의 내용을 결합하였으며 연계성과 위계성을 고려하여 수준별로 구성하였음을 알 수 있다.

2007 개정 미술과 교육과정에서도 '미적 체험' 영역은 이어지며 표현, 감상과 함께 세 영역으로 제시되었다. 미술과 목표는 '미술의 다양한 활동을 통하여 미적 감수성, 창의적 표현 능력, 비평 능력을 기르고 미술 문화를 향수할 수 있는 능력과 태도를 기른다'(총괄)이며 미적 체험에 해당하는 하위 목표로는 '가. 생활 속에서 여러 가지 대상과 현상에 대한 미적 감수성을 기른다'로 제시하였다. 미적 체험을 '생활 속'에서 '여러 가지 대상과 현상', '미적 감수성'으로 제시한 것이다. 내용(중영역)에서는 '자연미', '조형미'에서 '자연 환경', '시각문화 환경'으로 제시하여 '미'의 문제가 '환경'의 문제로 변화되었다(교육과학기술부, 2011; 박소영, 2011; 양윤정, 2016).

2009 개정 미술과 교육과정에서는 '미적 체험' 영역이 '체험' 영역으로 변화되었다. 표현, 감상과 함께 세 영역으로 제시되었다. 미술과 목표는 '미적 감수성과 직관으로 대상을 이해하고 삶을 창의적으로 향유하며 미술 문화를 계승, 발전시킬 수 있는 전인적 인간을 육성'하는 것에 두었다. 미적 체험에 해당하는 내용을 '가. 자신과 주변 세계에 대한 미적 감수성을 기른다'(하위)로 제시하였다. 미술과 목표와 하위목표, 중영역의 내용 요소 등 2007 개정의 '미적 체험'과 2009 개정의 '체험' 영역에서 명칭의 차이가 보인다. 또한 '체험' 영역에서 '지각'과 '소통'으로 중영역을 제시하여 지금까지 대상으로 제시된 것과 차이를 보인다. 대영역명인 '체험', 그 하위 영역명인 '지각', '소통'의 의미가 매우 추상적이고 광범위하다는 점, '표현', '감상'에 비해 영역명의 이해와 가독성이 떨어져 재구성의 어려움, '체험', '지각', '소통' 용어가 미술과의 특성을 반영하고 있는지에 대한 의문 등이 제기되었다.

2015 개정 미술과 교육과정에서도 '체험' 영역이 유지되며 표현, 감상과 함께 세 영역으로 제시되었다. 2009 개정 미술과 교육과정과 마찬가지로 '체험', '표현', '감상'으로 제시한 것이다. 미술과 목표는 "다양한 미술 활동을 통하여 대상을 감각적으로 인식하고, 느낌과 생각을 창의적으로 표현하며, 미술 작품의 가치를 판단함으로써 삶 속에서 미술 문화를 향유할 수 있는 능력을 기른다."이다. 미적 체험 영역에 해당하는 내용을 "가. 주변 세계를 미적으로 인식하고 시각적으로 소통하는 능력을 기른다."(하위)로 제시하였다. 미술과 목표에서 2009 개정과 비교하면, '미적 감

수성' 대신 '대상의 감각적 인식', 미술 문화 대신 미적 가치가 부각되었으며 '미적 감수성'은 미술과의 성격에서 교과 역량의 하나로 제시되었다. 중영역의 '지각', '소통'에서 '연결'이 추가되어 삶과의 연계가 강조되었다. 한편 중영역을 핵심 개념으로 전환하여 내용을 구조화하여, 체험 영역은 지각하고 소통한 것을 생활에서 활용하거나 타 영역, 활동, 분야 등과 융합하는 '연결'을 핵심 개념으로 추가하였다(박소영 외, 2015a). '연결'은 체험한 것을 표현과 감상 활동으로 연계하는 것으로서 표현 영역에서 제작 후 감상 활동으로의 연계, 감상 영역에서 재제작이나 표현 활동으로의 연계와 모두 관련되며 또 다른 형태의 체험, 추체험으로 이어질 수도 있고 삶과의 연계로도 이어지는 포괄적인 것으로 제시하였다. 이를 통해 가장 포괄적인 체험 영역의 핵심 개념으로 제시하였다. 미적 체험에서 체험으로 명칭이 변경됨으로써 개념의 확장이 이루어져 체험에서 다루어야 할 내용이 실제로는 미술 활동 전반을 아우르며 내용영역으로서의 체험을 벗어나는 제안인 것이다.

현행 2022 개정 미술과 교육과정에서는 교과의 목표와 중영역에서 '미적 체험', '표현', '감상'으로 제시하고 있다.

교과 목표는 다음과 같다. "대상과 현상에 대한 미적 체험을 바탕으로 느낌과 생각을 표현하고 감상하는 활동을 통하여 자신과 세계를 이해하고 미술 문화 창조에 주도적으로 참여할 수 있다." 그리고 '미적 체험'에 해당하는 하위 목표는 "(1) 대상과 현상을 감각적으로 지각하고 반응하면서 심미적 감성을 기른다."로 제시하였다.

제6차 교육과정부터 그 이전의 표현, 감상으로 크게 구분되던 중영역이 세 가지로 구분되기 시작하였다. 제6차의 '미술과 생활'을 거쳐 제7차와 2007 개정에서 '미적 체험', 2009 개정과 2015 개정에서 '체험', 2022 개정에서 '미적 체험'으로 환원된 것을 알 수 있다. 교육과정의 변천에서 본다면, 중영역의 명칭은 '미적 체험'과 '체험' 순서였으나 내용은 '자연미', '자연 환경'에서 '지각', '소통'으로 변화됨으로써, '체험'의 내용에서 '미적 체험'의 내용으로 변화되어 온 것을 볼 수 있다. 2022 교육과정에서 '미적 체험' 영역으로 영역명이 변화된 것은 이와 같이 명칭과 내용을 연결하여 통합한 것에 의의가 있다.

한편 미술과의 내용 체계는 영역, 영역별 핵심 아이디어, 내용 요소로 구성하였다. 교과의 내용을 구분하는 가장 큰 단위인 '영역'은 '미적 체험', '표현', '감상' 영역으로 설정하였다. '미적 체험' 영역은 감각과 사고의 연결을 통해 미적 감수성을 기르고 앎을 확장하며 자신과 세계의 의미와 가치를 성찰하고 소통하게 한다. '표현' 영역은 다양한 발상과 매체를 통해 느낌과 생각을 시각화하고 성찰하며 창의적으로 문제를 해결하는 가운데 예술적 성취를 경험하게 한다. '감상' 영역은 다양한 삶과 문화가 반영된 미술과의 만남으로 미적 판단 능력을 기르고 자신과 공동체를 이해하며 미술 문화의 다원적 가치를 존중하게 한다.

핵심 아이디어는 각 영역에서 학습을 통해 일반화할 수 있는 내용을 진술한 것으로, 영역의 정의와 의미, 역할 등을 포괄하여 세 문장으로 제시하였다. 영역별 핵심 아이디어에 기초하여 학생들이 학습해야 할 내용 요소를 지식·이해, 과정·기능, 가치·태도의 세 범주로 구분하여 학년군별, 학교급별로 위계화하였다. 지식·이해는 미술과 학습을 통해 반드시 알아야 할 구체적 지식과 그것에 대한 이해를 의미하며, 과정·기능은 미술 지식을 습득하는 데 활용되는 사고 및 탐구 과정, 미술 고유의 절차적 지식이고, 가치·태도는 미술 활동을 통해서 기를 수 있는 의미 있고 바람직한 가치 및 태도이다. 그중 미적 체험 영역의 내용 체계와 구조는 다음과 같다.

〈표 2〉 2022 개정 미술과 교육과정 미적 체험 내용 체계(교육부, 2022, p. 6)

<table>
<tr><td>핵심 아이디어</td><td colspan="3">• 미적 체험은 감각을 깨워 미적 감수성을 풍부하게 하며 미적 가치를 발견하도록 한다.
• 대상과 현상을 관찰하고 지각하는 경험은 앎을 확장하고 자신을 성찰하게 한다.
• 이미지에 대한 비판적 이해는 시각적 소통과 문화적 참여의 토대가 된다.</td></tr>
<tr><td rowspan="3">구분
범주</td><td colspan="3">내용 요소</td></tr>
<tr><td colspan="2">초등학교</td><td>중학교</td></tr>
<tr><td>3~4학년</td><td>5~6학년</td><td>1~3학년</td></tr>
<tr><td>지식 · 이해</td><td>• 자신의 감각
• 대상의 특징
• 생활 속 미술</td><td>• 감각과 매체의 역할
• 자신과 환경의 관계
• 이미지와 의미</td><td>• 감각을 활용한 미적 인식
• 시각문화의 의미와 역할
• 삶과 미술의 관계</td></tr>
<tr><td>과정 · 기능</td><td>• 감각을 활용하여 탐색하기
• 대상에 반응하여 느낌과 생각을 나타내기
• 미술의 특징과 역할을 발견하기</td><td>• 감각과 매체를 활용하여 탐색하기
• 대상과 상호 작용하며 의미 발견하기
• 이미지를 해석하고 활용하기</td><td>• 이미지를 비판적으로 해석하기
• 이미지를 활용하여 소통하기
• 미술과 다양한 분야 연결하기</td></tr>
<tr><td>가치 · 태도</td><td>• 미적 탐색에 대한 호기심
• 미술의 역할에 관한 관심</td><td>• 주변 환경에 대한 민감성
• 비판적으로 이해하는 태도</td><td>• 자신과 환경에 대한 감수성
• 다양한 문화 존중과 참여</td></tr>
</table>

〈표 3〉 2022 개정 미술과 교육과정 〈미적 체험〉 성취기준(교육부, 2022)

[초등학교 3~4학년]

[4미01-01] 자연물과 인공물을 탐색하는 데 다양한 감각을 활용할 수 있다.
[4미01-02] 주변 대상을 체험하며 떠오른 느낌과 생각을 다양한 방법으로 나타낼 수 있다.
[4미01-03] 미적 탐색에 호기심을 갖고 참여하며 자신의 감각으로 대상의 특징을 이해할 수 있다.
[4미01-04] 생활 속에서 활용되는 미술에 관심을 가지고 미술의 특징과 역할을 발견할 수 있다.

[초등학교 5~6학년]

[6미01-01] 다양한 감각과 매체를 활용하여 자신과 대상을 탐색할 수 있다.
[6미01-02] 자신이나 주변 환경에서 찾은 감각적 특징, 느낌, 생각 등을 관련지어 나타낼 수 있다.
[6미01-03] 주변 환경에 대한 민감한 태도로 대상과 상호 작용하며 새로운 의미를 발견할 수 있다.
[6미01-04] 이미지가 나타내는 의미를 비판적으로 이해하고 느낌과 생각을 전달하는 데 활용할 수 있다.

[중학교]

[9미01-01] 감각을 활용하여 대상과 현상을 탐색하고 자신과 환경에 대한 감수성을 확장할 수 있다.
[9미01-02] 시각문화의 의미와 역할을 알고 이미지를 비판적으로 해석할 수 있다.
[9미01-03] 다양한 문화를 존중하며 이미지를 활용하여 소통할 수 있다.
[9미01-04] 삶과 미술의 관계를 이해하고 다양한 분야와의 연결 방안을 모색할 수 있다.

2022 개정 미술과 교육과정의 '미적 체험' 영역 내용체계에서 영역의 핵심 아이디어는 미적 체험, 지각, 소통, 성찰에 대한 내용으로 제시되었다. 미적 체험의 핵심 아이디어는 '감각을 깨워 미적 감수성을 풍부하게 하며 미적 가치를 발견'하는 것으로 "대상과 현상을 관찰하고 지각하는 경험은 앎을 확장하고 자신을 성찰하게 한다.", "이미지에 대한

비판적 이해는 시각적 소통과 문화적 참여의 토대가 된다.”로 제시하여 지각, 성찰, 소통을 중심으로 미적 체험의 정의 및 역할을 포함한다. ‘지식·이해’와 ‘과정·기능’에서는 감각과 대상, 삶을 중심으로 이해하고 탐색하는 활동, ‘가치·태도’에서는 호기심, 관심, 존중의 태도 등으로 인지적 영역, 정의적 영역, 심동적 영역으로 구분하여 제시하고 있다.

미술과 교육과정에서는 미적 체험에 대해 성취기준을 제시한다. 예를 들어 초등학교 3~4학년의 성취기준에서 “[4미01-03] 미적 탐색에 호기심을 갖고 참여하며 자신의 감각으로 대상의 특징을 이해할 수 있다.”로 제시하며 이에 대해 성취기준 해설에서 “[4미01-03] 성취기준은 객관적 지식을 적용하거나 고정 관념에 따라 대상을 이해하는 방식에서 벗어나 몸의 다양한 감각으로 직접 대상을 탐색하는 데 호기심을 갖고 참여하며 자신의 감각을 바탕으로 대상의 특징을 이해하는 데 중점을 둔다. 같은 대상이라도 지각하고 반응하는 방식은 학생마다 다를 수 있다. 대상을 지각하며 자연스럽게 떠올린 자신의 감정, 느낌, 생각 등을 나타내고 친구들의 다양한 반응을 접하며 자신만의 고유한 감각을 통해 대상이 지닌 다채로운 특징을 이해한다.”라고 제시한다.

이와 같은 미적 탐색은 대상을 지각하는 체험뿐만 아니라 대상에 반응하며 떠오르는 자신의 감정, 느낌, 생각 등을 글, 그림, 사진, 동영상, 음악, 움직임 등을 통해 자유롭게 표현하는 활동으로까지 이어지도록 하는 것이다. 이를 통해 자신의 감각을 통해 대상을 지각하고 반응하는 방식을 성찰할 수 있다. 또한 삶과 연계되는 미술이라는 점에서 미적 체험에서 다루는 생활 속 미술의 범위는 순수 미술, 응용 미술 및 시각문화 전반을 포괄한다. 일상적인 시각문화만이 아니라 순수 미술까지 포함하는 것이다. 학습자가 주변의 생활용품이나 영상물, 건축 및 생활공간 등에서 미술과 관련된 것들을 조사·수집·분류하고 소통하는 과정에서 미술이 삶과 밀접하게 연관되어 있음을 알 수 있다.

2. 미적 체험의 의미

‘미적 체험’은 ‘미적’과 ‘체험’이라는 두 단어의 합성어이다. 우선 미적 체험에서 ‘미적’이라는 용어의 의미를 선행연구에서 살펴보자. ‘미적(美的)’, ‘심미적(審美的)’에 해당되는 영어 표현 ‘aesthetic’, 불어 표현 esthétique에는 ‘감성적’이라는 의미도 있다. 이는 학문적으로는 ‘미학(aesthetics)’으로부터 유래되었는데, 한국어 ‘미학’은 한자어로 ‘美學’이며 근대에 일본에서 유래하였다. ‘Aesthetic’은 1750년 바움가르텐(Baumgarten)이 만든 독일어 ‘Ästhetica’를 번역한 미학(Aesthetics)을 의미하는 용어이다. 미학이라는 학문은 미(美)에 관한 오랜 철학적 전통에 바탕을 둔다. 바움가르텐은 미학을 ‘미의 학문’으로 보았지만 ‘Aesthetica’는 넓은 의미에서 미의 연구로서, 미와 감성에 관련된 제 학문과 연구로 사용되었다. 미학에서 다루는 가치 현상 전 영역을 포괄하며 사용하는 ‘미적’의 개념은 좁은 의미의 미를 포함, 숭고(sublime), 우미(grace), 비장(tragic), 골(comic), 유머(humour), 추(ugliness) 등의 모든 미의 범주를 포괄하는 것이다(이은적, 2003). ‘미적’의 의미인 ‘aisthesis’는 ‘sensory perception’, ‘sensory cognition’에 해당하는데 지각에 관한 학문으로서 그 자체가 감각적 지각, 감각적 인식, 감성적 지각, 감성적 인식이라는 의미이다(김진엽, 2001). 바움가르텐의 라틴어 저작 제목은 ‘Aesthetica’인데, ‘느끼다, 지각하다, 감지, 감각, 인식’이라는 의미의 그리스어 아이스테시스(aisthesis, αἴσθησις)로부터 유래된 것으로 ‘(나는) 본다, 들린다, 인지한다’를 의미하는 ‘지각(perception)’을 의미하는 ‘아이스타노마이(aisthanomai, αἰσθάνομαι)’가

어원이다. 용어의 유래를 생각해 본다면 '지각', 나아가 '미적'은 단순히 대상을 느끼는 것뿐 아니라 보고 듣고 인지하고 감각하며 이해하고 배우는 범주를 포함하는 말로서 사변적이고 철학적이라 인식되는 '미학'의 핵심으로서 '심미'의 의미를 다시 생각해 보게 한다(류지영, 2022; 심혜련, 2006; 임새롬, 민경훈, 백성혜, 2021). 지각 경험에 대한 흥미는 18세기 철학에서 미적 대상을 향수하여 그 가치를 판정하는 능력을 말하는 취미의 능력, 또는 미적 판단의 개념과 함께 커지며, 미(美)나 다른 종류의 미적 지각적 특성에 대한 인간의 반응을 연구하게 되었다. 따라서 용어의 역사나 이해의 관점에서 본다면 미적 태도, 미적 체험은 좁은 의미의 '미' 인식이나 체험보다는 넓은 의미의 미의 범주를 지각 활동을 통해 감성적으로 인식할 때의 특별한 방식이며 완성된 시험인 것이다(이은적, 2003). 한편 '체험'에 해당하는 'experience'는 지식(앎) 혹은 인식을 의미하는 '엠페이라(empeira)'에서 유래되어 경험, 체험으로 번역된다(박정훈, 2020). 다시 말해 미적 체험이라는 말은 감성적이고 감각적인 지각 및 인식을 통해서 얻게 되는 앎이라고 볼 수 있다(김진엽, 2001).

'미적'에 해당하는 '아이스테시스(aisthesis)'는 논리적 규칙에 근거를 두지 않는 행위로 받아들여지는데, '체험'은 개념으로 이행하는 행위로 이해될 수 있다. 이 점에서 '미적'과 '체험', 두 단어의 합성어로서 '미적 체험'의 의미는 복잡하고 다층적이어서 분명한 정의가 어렵다(박정훈, 2020).

미적 체험은 어떤 역할을 하는가. 미술에 대한 정의, 특히 예술이란 무엇인가에 대한 질문은 전통적으로 모방론, 표현론, 형식론을 통해 이루어져 왔다. 수용미학의 대두, 그리고 이와 함께 이루어진 미적 체험의 개념은 현대에서 미학의 활성화에 기여하게 되었다. 포스트모더니즘에서 이루어진 몸에 대한 강조 역시 미나 예술을 감상하는 데 인간의 직접적이며 신체적인 체험이 중요하다는 관점으로 이어져, 미적 체험을 새로운 차원에서 조망하도록 한다(김진엽, 2001). 예술은 우리에게 미적 체험을 제공한다. 그러나 '미적'이라는 용어를 도덕적, 사회적 같은 단어와 구분하여 그 특성을 확인하는 것은 쉬운 일이 아니다. 미적 체험 역시 정의하기 어렵다. 미적 체험을 도덕적 체험, 사회적 체험 등 다른 체험들과 구분하여 정의하는 것은 어려운 것이다. '감성적(sensory)'이라는 단어는 인간의 오감과 연관된다. 즉 미적 체험이라는 용어는 인간 감각을 통해 얻게 되는 체험인데 그렇다고 몸의 감각이나 다섯 가지 감각을 통해서 얻게 되는 체험을 모두 미적 체험이라고 볼 수는 없다. 오감을 통한 체험이 미적 체험이 되기 위해서는 특정 태도, 어떤 미적 태도(aesthetic attitude)의 전제가 필요하다. 오감을 통해서 얻게 되는 체험 중에 미적 태도를 거친 체험이 미적 체험이 되는 것이다(김진엽, 2001). 정리하면, 미적 체험은 미학으로부터 비롯되었다. 미적 체험은 주제가 지각하는 특별한 방식을 의미하므로 미적 태도가 중요하며, 미적 태도에 의해 이루어지는 완성된 체험인 미적 체험, 그리고 미적 태도의 대상인 미적 대상의 문제를 탐구할 수 있다.

한편 미적 대상과 미적 체험은 상호 관련된다. 뒤프렌(Dufrenne, 1967/1996)은 미적 체험의 현상학을 주장하며 미적 지각과 미적 대상을 매개로 미적 체험을 규명하려 하였다. 미적 체험 영역은 지각과 대상, 의식과 존재, 주체와 객체의 관계성을 '노에시스'(의식의 작용 측면)-'노에마'(의식의 대상 측면) 구조로 규명한다. 미적 체험의 대상(노에마)을 살펴보면, 미적 대상과 미술은 둘이며 하나인 관계이다. 미술은 그 자체로 존재하여 실존적 성격이 있으며 동시에 미적 지각을 통해 미적 대상으로 존재한다. 미적 대상이 되려면 전시, 공중, (감상자와) 공유, 판단이 전제되므로 미적 관조는 사회적 행위이며, 경험과 상황에 따라 감상자의 다양한 해석이 가능하다면 미술은 미적 대상으로서 존재한다. 첫째, 소재 측면에서 감각물의 존재, 둘째, 의미 측면에서 재현되는 관념의 존재, 셋째, 표현 측면에서 감정의 존재라면 미적 대상이 될 수 있으며 통일성과 자율성을 속성으로 한다(김혜숙, 2007; 박상규, 1991; Dufrenne, 1967/1996). 미적 체험은 예술가와 감상자 사이의 매개인 대상에 접근하는 것으로서 미적 대상은 세계를 보여주며 동시에 자기 존재를 실현하여 내부에 또 다른 세계를 가진다. 미적 대상은 작가가 사회적 개인적 내용을 기호화, 상징화하여 다양한 매체로 나타낸 것이며 감상자의 경험과 이해도에 따라 체험이 달라진다. 감상자는 작품 해석과 이해를 통해 사회, 문화, 도덕 등의 가치를 인식한다. 이 체험은 일상으로 환원되며 따라서 미술은 삶의 변화를 이끌어낸다.

3. 미학의 역사에서 미적 체험의 의미

지금까지 다루어온 미적 체험과 관련하여 서양 근대미학이 성립된 18세기의 관점에서 보면 미학은 크게 다음 두 가지 특성이 있었다. 첫째, 미학이 다른 여타의 학문 영역과 구분되는 독립된 분과로 자리 잡았다. 서양에서 근대란 각 영역이 고유한 특징을 확보하는 시기로서 특히 18세기부터 근대 미학은 분과로 독립되었다. 미학의 고유한 특징이 미적인 것과 관련되는 것은 자명하여, 미적인 것은 논리적, 도덕적, 종교적, 경제적, 정치적인 것 등과 구분되며 본격적으로 탐구되었다. 둘째, 주관화의 경향이다. 미가 객관적 대상이 지닌 속성이 아니라 마음에 의해 구성된다는 생각, 이에 따라 미에 대한 체험이 중요하게 대두되었다. 즉 근대 미학은 미적인 것에 대한 구분과 미적인 것에 대한 주관화라는 특징을 통해 미적 체험에 대한 논의를 본격화했다고 볼 수 있다(김진엽, 2001).

앞서 언급한 바와 같이 '미적'과 '체험'이 결합된 용어인 '미적 체험'은 그 의미가 다층적이고 복잡해서 분명하게 정의되기 어려우며 두 용어의 결합 가능 여부 자체가 미학적 과제로 여겨져 왔다. 박정훈(2020)에 의하면 19세기 후반 실험심리학자 페히너(G. Th. Fechner)가 '미적 체험'을 처음 언급했으며 이후 20세기 프래그머티즘에서 듀이(J. Dewey)가, 현상학에서 뒤프렌(M. Dufrenne)이 논의를 전개한 바 있다. '미적'은 '감각적 지각'을 의미하는 '아이스테시스(aisthesis)'에서, '경험'은 지식(앎), 인식을 의미하는 '엠페이라(empeira)'에서 유래되었다. '미적'은 논리적 규칙에 근거를 두지 않는 행위로, '체험'은 개념으로 연결되는 행위로 이해될 수 있으며 서로 다른 두 개념이 결합된 용어로 받아들여지고 사용되는 과정에서 생긴 갈등과 충돌 자체가 개념 이해를 어렵게 한다. 미적 체험의 개념은 명시되기 전부터 미학 연구에서 중요하게 다루어졌다. 바움가르텐의 '감성적 인식(cognitio sensitiva)'은 미적 체험을 이론화하려 했다. 근대 미학에서 칸트(I. Kant)는 미적 반성 또는 미적 판단 이론을 전개했는데 이는 미적 체험론과 연결되는 것으로서 비록 칸트는 이 용어를 사용하지 않았지만 '미적'은 비인지적 특성을, '체험'은 인식 행위의 발단을 의미한다. 현대 미학에서 미적 경험론에 해당하는 칸트 이론에서 미적 반성이나 미적 판단 등이 전개되고 있었던 것이다(박정훈, 2020).

미적 태도에 대해 살펴보자. 김진엽(2001)에 따르면 미적 태도론은 샤프츠베리(Shaftesbury), 허치슨(Hutcheson), 애디슨(Addison) 등의 18세기 영국 취미론자들 이후 칸트를 거쳐 현대의 벌로우(Bullough), 스톨니츠(Stolnitz) 등으로 이어진다. 미적 태도는 예술 작품에 대한 우리의 태도를 설명하는데 미적 태도에서 자주 논의되는 것이 무관심성(불 désintéressement, 영 disinterestedness), 즉 무관심한 태도이다. 무관심성 개념은 미적 태도와 관련하여 미학의 중심 개념으로서 대상에 대해서, 그것을 이용할 다른 목적 없이 보는 것을 의미한다. 칸트는 "그 어떠한 흥미도 없는 상태에서의 만족"과 무관심적인 기쁨을 언급하며, 미적 감흥을 의식의 초월적인 인식을 초월한 능력과 관련짓는다. "취향은 한 대상, 혹은 한 재현의 양상을 그 어떠한 관심 없이 만족, 혹은 불만족으로 판단하는 능력이다", "우리가 한 대상의 존재에 대한 재현과 연결시켜 갖는 만족을 관심이라고 부른다. 이 만족은 그것이 결정적인 요소이든, 관심과 필연적으로 연결되었든 간에 욕구하는 능력(La faculté de désir)과 관계된다.", "미적 만족이란 그것이 한 대상의 존재에 대한 욕구와 연결되지 않은 범위에서 유일하게 자유로운 만족이다" 등으로 말한다(Kant, 1790/2009, p. 56, 50, 55). 미적 관심과 욕구하는 능력의 기준은 순수한 미적 만족을 감각적 기쁨, 실용성이나 선(善) 등 다른 종류의 만족과 구별하는데, 미적 쾌감은 객관적인 내용 없이 지식의 주관적인 형태이며 지식의 순수한 기쁨에 이르게 하는 것이다. 따라서 예술은 독립된 하나의 장르로서, 자연, 학문, 직업과는 차별된다(이은적, 2003). 이와 같이 칸트는 미적 체험에 대해 경험 구성 능력으로서 '상상력과 이해 사이의 자유로운 유희'로 보았다. 스톨니츠는 더욱 몰입하고 집중적인 미적 무관심성의 개념을 발전시켰다. 무관심을 설명하기 위해서 "공감적(sympathetic)"이란 개념이 등장한다. 공감적이란 "어떤 대상을 대할 때 그 대상을 그 자체의 방식대로 받아들이는" 것을 의미한다. 어떤 대상을 윤리적 목적이나 정치적 목적이나 쾌락적 목적 등 어떤 목적 없이 어떤 대상이 가지는 그 자체의 구조나 목적에 맞추어 대상을 대할 때의 태도가 공감적 태도인데 이는 과거의 경험이나 추억, 도덕적 관점이나 비판 등 산만한 태도에서는 생기지 않는다. 대상 자체에 맞추어 대상 자체의 모든 부분을 지각하기 위해 예민해야 하며 부분들이 어떻게 연관되어 전체로 하나의 대상을 이루는지 밝힐 수 있도록 정확해야 한다. 이러한 예민함과 정확함이 함께 이루어지는 섬세함(delicacy)이 요구되며 이를 위해서는 수동적인 멍함이 아닌 능동적인 활달함을 유지해야 한다(김진엽, 2001).

칸트 미학에서 미적 경험론에 대해 최준호(2004)의 연구를 살펴보자. 칸트의 경우 심미적 경험은 고유성이 있는 개별적인 것으로서 질적 완전성을 파악하게 하는 것이다. 미적 체험은 근본적으로 배타성이나 절대적 주권성과는 관계가 없다. 비록 칸트가 말하는 미적 체험은 다른 경험과 관계가 깊지만 동시에 그러한 일반적이거나 초월적인 경험과는 구별되는 예술적 경험의 고유성을 가진다. 심미적 경험은 반성적 활동이며 객체와 독특한 부정적 관계가 있다. 한편 예술에 대한 고전주의적 관점은 경험주의, 일종의 데카르트주의로서, 인간의 체험과 경험에 대한 보편적인 인간상 및 보편적인 미를 구현하려 하면서 이때 감성적 감각적 인식에 바탕을 두었다. 즐거움을 주는 대상은 이성에 기초한 어떠한 원칙에 근거를 추구하는데 레이놀즈에 의하면 회화에는 법칙이 하나만 있는 것이 아니라 수없이 많으며, 그 법칙들은 비록 비실제적인 것처럼 보이더라도 예술가의 마음속에 분명히 느껴지고 존재한다(Beardsley, 1982). 이에 따라 주체성 자각을 가능하게 하는 새로운 예술철학으로서 합리주의 철학이 대두되었다. 합리주의에서 감성적, 감각적 인식은 오류의 원천이며 극복되어야 할 어떤 것으로서 신뢰할 수 없다. 다시 이를 비판하는 과정에서 철학적 미학이 등장하게 되었다. 다시 말해 철학의 분과 학문으로서 미학은 합리주의에 의해 평가절하된 감성적 인식의 자율성과 독립성 추구의 결과이다(최준호, 2004).

새로운 예술철학에서는 주관성과 무관한 보편성에 대한 의문이 다시 제기되었다. 감성적, 감각적 인식의 문제에서 미를 경험하는 능력으로서 취미는 공통감(sensus communis)에 기초하는가. 이는 진리 인식과 어떤 관계가 있는가. 미의 영역은 수학적 엄격성과 명확함을 담보하지 않으므로 철학적 의미와 지위를 부여할 수 없다는 것이 데카르트의 관점이었다. 그리고 17세기 이후 18세기 중반, 미는 지적 원리가 아니라 감성과 감정에 기초한 것이라는 인식이 퍼지게 된다. 사프츠베리(Shaftesbury)로부터 흄(Hume)에 이르는 경험주의자들에 의해 논의가 이루어진다. 뒤보스(Dubos)와 함께 사프츠베리는 취미를 미의 능력으로 본격 제시한 최초의 인물이다(박정훈, 2020). 예술의 본질은 모방이라고 하면서도 우리는 심미안에 의해 추론을 거치지 않고 미적 대상을 바로 판단할 수 있는데 그 능력은 바로 취미이다. 이 능력에 기초하여 미를 경험할 때 무관심적 만족의 상태가 된다(최준호, 2004; Beardsley, 1982). 이는 예술론이 고전주의로부터 벗어난 것이다.

> 모든 감정은 자신을 넘어서는 어떤 것과도 관계하지 않으며, 사람이 그것을 의식하는 곳이면 어디서나 항상 실재하기 때문에 정당하다 … 미는 사물 그 자체에 내재한 특질이 아니다. 그것은 단지 그 사물들을 관조하는 사람의 마음속에 존재하는 것이며, 마음들도 제각기 상이한 미를 지각한다. … 취미의 일반 원리는 인간 본성에서 일정 불변의 것이다(Beardsley, 1982, pp. 219-226).

이는 미의 상대주의 관점에 서면서도 미의 정당성과 함께 미적 기준의 다양성과 보편성을 주장한 것으로, 미의 핵심은 미가 감정에 기초하는 것이기 때문에 미의 기준 또한 다양하다는 것이다. 이와 같은 경험론의 전통은 버크를 거쳐 앨리슨(A. Alison)으로 이어진다. 이 일련의 과정에 의해 데카르트주의적 예술론은 심미적 인식의 학문으로서의 예술론이 된다. 예술에서 이성보다 심미적인 것이 강조되는 것이 당연해지고, 바움가르텐에 의해서 미의 체험에 인식론이라는 철학적 지위가 부여되었다. 철학의 학문 갈래로서 미학이 탄생한 것이다(최준호, 2004; Beardsley, 1982).

바움가르텐은 미학 개념을 처음 사용하였으며 앞서 다룬 바와 같이 감각적, 감성적 인식으로 다루었다. 미적 체험은 심미적 경험으로서 기본적으로 감각적이고 감성적인 체험이다. 그는 합리론자들과는 달리 이러한 심미적 경험들이 논리적 인식 경험에 일방적으로 종속된다고 보지 않았다. 미적 체험은 논리적인 인식보다 하위일 수도 있으나 나름대로 자율성과 완전성을 가지며 진리를 인식하는 데 기여한다. 이 과정에서 미적 체험은 개별적인 것의 질적 고유성을 유지하면서도 사태를 파악하는 특성을 가진다는 사실이 부각되었다. 바움가르텐은 미적 진리에 대한 추구를, 질료적 완전성을 얻으려고 노력하는 것으로 보고, 개별성으로 규정된 진리의 객체를 파악하려는 시도로 본다(박정훈, 2020). 미적 체험은 특징과 차이에 의해 사태를 파악하는 추론적 개념적 인식과 구별된다. 심미적 진리의 최고 단계는 개별 사물들의 질적 완전성을 드러내는 것이다(최준호, 2004).

이와 같이 미적 체험은 대상의 속성들을 객관적으로 규정하는 것과 무관하지만 미적 체험에 의해 대상의 질적 특성은 더욱 생생하게 파악된다. 추론적 사유에서는 공통적 요소 외에는 버려지는 대상의 질적 특성이 미적 체험에서는 더욱 부각되기 때문이다.

4. 미적 체험에 대한 주요 담론과 고찰

미적 체험에 대해 현대 미학의 관점에서 학자들의 철학적 담론에 대해 살펴보면, 미적 체험의 성격이나 의의에 대한 연구는 현대에서 20세기 중반 이후 영미권 미학계에서 분석철학의 방법론을 통해 비로소 본격화되었다. 20세기 후반 분석미학계에서 미적 체험의 의의에 대해 본격적으로 논쟁이 시작되었다. 이에 대해 디키(Dickie), 마골리스(Margolis) 등의 부정적 입장과 비어즐리(Beardsley), 캐럴(Carroll), 아이스밍어(Iseminger) 등의 긍정적 입장이 나누어졌는데 후자의 주장에 따르면 미적 체험은 대상의 미적 속성을 확인하고 입증한다(박정훈, 2020).

20세기 후반부터 근래에 이르기까지 특히 독일어권 미학계에서 미적 체험론이 본격 전개되는 과정에 대해 박정훈의 연구(2020)로 살펴보면, 20세기 후반부터 미적 체험론은 대상 작품의 객관적 속성으로부터 작품 수용 혹은 이를 통한 의미의 소통으로 관심이 변화한다. 작품 개념의 위기였던 것이다. 19세기 초반의 헤겔(G. W. F. Hegel) 미학과 낭만주의 예술론 이래 예술은 진리를 근본으로 하는 최고의 정신 형식 또는 그 자체가 가장 고귀한 형식으로 이해되었다. 그러나 새로운 시대에서 아방가르드 예술과 문화산업의 성장 이래로 작품 미학(생산미학), 즉 작품을 진리의 구체적 형태로 보고 작품 수용을 인지 행위로 보는 전통적 예술 관점은 한계를 보인다. 예술 체험의 마지막 단계는 예술작품, 즉 대상이 아니라 그 수용인 주관의 경험 과정이라는 주장이 제기되었다. 야우스(H. R. Jauβ)는 예술의 역사 이래 미적 체험은 예술 제작과 수용, 의사소통 과정에서 제일 중요한 역할이었다고 주장하였고 이저(Iser, 1976)는 작품은 창작될 때가 아니라 수용되는 그 순간에 결정적 의미를 부여받는다고 보았다. 수용 미학, 즉 작품 자체가 아니라 작품에 대한 주관의 경험 과정에 주목하는 경향 이후 이제 미학 연구는 예술만을 대상으로 하지 않는다. 젤(M. Seel)의 "현상의 미학", "자연의 미학", 벨슈(W. Welsch)의 "미학화 과정", "보편적 경향으로서의 미학화", 뵈메(G. Böhme)의 "생태주의적 자연미학", "감각적 지각학" 등은 미적 체험의 대상이 일상 영역 전반으로 확대되는 상황을 보여준다(박정훈, 2020; 류지영, 2022).

예술적 경험으로서의 미적 체험은 다른 학문들과 구별되며, 불안정한 예술 개념에 대한 미학적 성찰의 시작으로서, 미적인 것 본연에 그리고 인간의 다른 사고나 실천으로는 불가능한 미학적 가능성에 주목할 때 드러난다(박정훈, 2020; 최준호, 2004). 미적 체험은 작품 '일반'이나 의미가 확립된 대상으로 이루어지는 것이 아니다. 미적 체험은 의미가 가변적인 것, 구체적인 어떤 것을 만나는 일회적 사건이다(박정훈, 2020).

현상학에서는 몸이 무엇인가를 경험할 때, 몸을 통해 마음 내부와 마음 전체로 경험할 때 의미가 발생한다고 본다. 몸의 중요성이 강조되면서 마음과 몸의 관계가 다시 설정되는데 메를로-퐁티(Merleau-Ponty, 1908-1961)는 지각의 현상학에서 고차원의 지적 기능은 외부에 반응하는 몸의 존재에 근거한다고 하였으며 그것을 지각으로 보았다(김혜숙, 2003; Merleau-Ponty, 1945/2006). 고유한 몸은 인식 주체와 구별되는 외부 대상이 아니며, 주체는 세계를 보는 관점이고 몸이 인식 주체라는 것이다. 현상학적 몸, 즉 각 개인이 그것을 경험하게 되는 몸으로 개인적인 경험이 몸으로 존재한다는 사실과 몸을 소유한다는 사실을 구분한다. 현대의 신체예술, 설치미술, 페미니즘 등 포스트모더니즘 미술에서는 개인과 몸, 계급, 인종, 성의 문제가 많이 다루어진다(김혜숙, 2003; Meecham & Sheldon, 2000/2004).

지금까지의 논의를 통해 미적 체험에 관한 주요 내용은 다음과 같이 정리될 수 있다.

- 미적 체험의 논의가 본격적으로 이루어지기 시작한 것은 근대 미학 이후이다.
- 미적 체험은 오감에 바탕을 둔 미적 태도를 통해 얻게 되는 체험이다.
- 미적 태도는 우리가 어떤 대상을 무관심적인 공감의 상태에서 섬세하게 바라보는 태도이다.

• 오감을 바탕으로 하는 미적 태도로 유발되는 미적 체험은 통일성, 다양성, 응집성이 있다.

정리하면 미적 체험은 오감 체험으로서의 미적 태도, 다시 말해 무관심성, 공감, 섬세함 등의 태도로 접근하여 이루어지는 통일된 의미체의 경험이다. 미적 체험은 의미(몸의 감각), 미적 태도(무관심성, 공감, 섬세함), 성질(통일성, 응집성, 다양성)의 통합으로 정의된다(김진엽, 2001).

앞서 살펴본 우리나라 교육과정의 역사적 측면을 다시 살펴보면, 제6차 교육과정부터 그 이전의 표현, 감상으로 크게 구분되던 중영역이 세 가지로 구분되기 시작하였다. 제6차의 '미술과 생활'을 거쳐 제7차와 2007 개정에서 '미적 체험', 2009 개정과 2015 개정에서 '체험', 2022 개정에서 '미적 체험'으로 환원된 것을 알 수 있다.

제7차와 2007 개정의 '미적 체험' 영역에서는 자연미와 조형미를 중심으로 중학교부터는 '미술과 생활', '미술과 문화' 등이 제시되었으며 2007 개정에서는 '자연 환경', '시각문화 환경'으로서, 자연과 문화 등 대상 및 환경의 의미로서 제6차의 '미술과 생활'의 연장으로 보인다. 그 후 '체험' 영역이 2009 개정에서는 '지각', '소통' 그리고 2015 개정에서는 '지각', '소통', '연결'로 제시되었다. 지각이 미학에서 말하는 미적 지각과 미적 인식이며 앞서 미적 체험에 대한 미학적 논의에서 살펴본 대로, 대상의 속성들을 객관적으로 규정하는 것과 무관하지만 미적 체험에 의해 대상의 질적 특성은 더욱 생생하게 파악된다고 본다면 '지각'과 '소통'은 대상과의 만남의 체험이며 공유라는 의미에서 일반적이며 일상적인 경험으로서의 체험이 아닌 바로 '미적 체험'이다. 추론적 사유에서는 공통적 요소 외에는 버려지는 대상의 질적 특성이 미적 체험에서는 더욱 부각되기 때문이다. 미적 태도가 무관심성을 바탕으로 하더라도 수동적인 멍함이 아닌 능동적인 활달함을 유지해야 한다는 점에서 질적 완전함을 추구하는 것으로서 미적 체험은 오감에 바탕을 둔 미적 태도를 통해 얻게 되는 체험이라고 본다면 여기서 '지각'은 미적 인식이며 중영역의 '체험'은 미적 체험을 의미한다. 2009 개정과 2015 개정에서는 '체험', '표현', '감상'을 중영역으로 하고 있지만 '체험' 앞에 '미적'이 생략된 것이며 이는 다른 중영역도 마찬가지이다. 즉 '미적 체험', '미적 표현', '미적 감상'이라고 볼 수 있다. 그러나 아무래도 '체험'이라는 명칭에서 미적 체험을 연상하는 것은 일반적으로는 생각하기 어렵다. 체험이란 주변 세계를 경험하는 것으로서 자연미나 조형미, 자연 환경이나 시각문화 환경처럼 생활 주변의 것을 관찰하고 탐색하는 것, 즉 '대상'의 문제로 여겨진다. 그러므로 교육과정의 변천에서 본다면, 중영역의 명칭은 '미적 체험'과 '체험' 순서였으나 내용은 '자연미', '자연 환경'에서 '지각', '소통'으로 변화됨으로써, '체험'의 내용에서 '미적 체험'의 내용으로 변화되어 온 것을 볼 수 있다. 2022 교육과정에서 '미적 체험' 영역으로 영역명이 변화된 것은 이와 같이 명칭과 내용을 연결하여 통합한 것에 의의가 있다.

미적 체험(aesthetic experience)은 다양한 방식의 감각적 인식과 탐구에 관련된다. 특히 '미적'을 의미하는 'aesthetic'은 '미적'과 동시에 '미학적'이라는 의미의 형용사로서 미학에서 반응의 형태로서 경험이나 어떤 존재의 질적 상태를 묘사한다. 손지현과 이민정(2012)의 연구에서는 미술교육의 목표를, 학생들의 미적 인식(aesthetic awareness)을 높이고 일상적 경험에서의 미, 예를 들면 보도블록의 기하학적인 선과 패턴의 흥미로움, 나뭇잎의 미묘한 색채와 질감 인식 등을 발견하여 시각적 경험에서 일상을 즐기고 미술 작품에서 의미를 발견하는 것(Anderson & Milbrandt, 2005/2007)이라고 제시하면서 교육과정의 미적 체험에서 '미적' 단어가 미술교육에서의 중요성과 함께 학문적 전통의 의미를 명시하는 것임을 밝힌 바 있다. 그러나 '체험'은 경험과 유사한 단어로서 대상과의 직접적인 접촉을 의미하며 여러 교과와 학교 밖 교육 활동까지 광범위하게 사용되는 용어로서 그 의미의 포괄성으로 인해 내용 범주 구분에 혼란을 야기한다. 여기서 '체험' 영역으로의 명칭 변화를 살펴보자.

> 미적 체험의 도입은 미학적, 철학적 사고로서 미술을 제시하는 데 긍정적인 효과를 가져왔으나 여전히 적절한 개념이 확립되지 못하고 실제적인 수업으로 변환할 수 있는 구체적인 필수 학습 요소를 제시하지 못했다는 지적이 있다. 미적 체험을 '체험'으로 바꿈으로써 미적 인식이 모든 영역에서 요구되는 요소로 다루어질 수 있도록 함과 동시에 미술의 체험적, 실천적, 활동적 성격을 부각시킬 수 있다(손지현, 이민정, 2012, p. 87).

'미적 체험'에서 '체험'으로 대영역명을 변경한 이유는 위 두 가지 원인, 즉 미적 체험의 필수 학습 요소의 부재, 그리고 미술의 체험적, 실천적, 활동적 성격 강조의 필요성이라는 두 가지로 요약된다(양윤정 외, 2011). 이에 대해 손지현과 이민정의 연구(2012)에서는 '미적 체험' 영역이 '체험'으로 변경된 점을 둘러싼 논의들을 다음과 같이 비판하였다. 학습자는 미적 체험이라는 감각적 학습을 통하여 관계를 인식하는 사고와 비판적인 안목을 형성하는 판단 과정을 체계적으로 경험한다. 이 과정에서 주변 현상에 대한 미학적, 철학적 사고 방식을 형성하여 미술교육의 철학적 가치 제시에 긍정적인 효과를 가져왔으나 실제 수업에서 미술교육의 학습 요소를 구체적으로 제시하지 못한다는 점, 미적 체험의 포괄적 성격으로 미술 수업에서는 고유한 미적 체험의 성격이 부각되지 못한 채 도구화되어 동기 유발로만 활용된다는 점이 지적된다. 그 결과 수업에서 미적 체험만의 고유한 가치와 교수 학습 요소가 사장되었다. 그리하여 2009 개정 미술과 교육과정의 '체험'으로 변경되었으나 '체험' 영역은 표현과 감상과의 개념적 관계가 여전히 모호하며 기존의 미적 체험과 마찬가지이다(김정선, 2012; 류재만, 2007; 이경언 외, 2010). 6차 미술과 교육과정에서 생활의 미적 경험을 다루는 미술의 생활화, 7차 미술과 교육과정에서 자연미, 조형미 발견은 '미적 체험' 영역, 미술품 감상은 '감상' 영역으로 구분하는 등 미적 대상 구분에만 미적 체험 용어가 사용된 것과도 관련된다(박정애, 2001; 이은적, 2003). 이와 같이 미적 체험에 대한 접근의 한계를 비롯하여 미술교육에서 미적 체험 개념 및 기초 연구가 충분히 이루어지지 않고 미적 대상의 구분으로만 사용되어 현재까지 교수학습에서 개념적 혼란과 실천의 제한으로 이어진 것이다.

이상의 논의를 바탕으로 미술과 교육과정에서 미적 체험 영역의 필요성에 대해 다음과 같이 정리할 수 있다.

첫째, 미술교육의 역사에서 볼 때 미적 체험은 미학적, 철학적인 사고의 양식을 가르칠 수 있는 내용으로 미적 체험과 관련된 교수학습 방법은 지속적으로 학교 현장과 연계되어 미학과 연계된 미술교육으로서, 미술에 대한 질문을 통하여 사고의 학습과 이론, 예를 들어 모방론, 형식주의, 표현주의, 제도주의 등을 결합하는 깊이 있는 교수 학습 활동으로 이루어질 수 있음(Anderson & Milbrandt, 2007)에도 불구하고 '체험' 영역으로 변화한 것은 이러한 깊이 있는 철학적 미학적 내용을 다룰 가능성 자체를 축소시킨다.

둘째, 미적 체험은 감성적 인식의 측면이 강하지만 감성은 순수하게 감각적인 것이 아니라 이를 통해 인지적 능력과 사고력, 비판적 능력을 기른다는 점에서 더욱 확장될 가능성이 있다. 칸트 이후 미적 태도의 무관심성 이론과 서양의 모더니즘과 결합된 한국 현대 미술 수용 과정에서 미적 체험을 인지적, 실용적 측면보다 감성적 체험으로만 이해하여 '미적 체험'의 가능성이 축소되었다(손지현, 이민정, 2012).

셋째, 미적 체험이 '체험'으로 변경되면서 체험, 표현, 감상 영역이 모두 '미적'인 것임을 강조하고 동시에 미술의 체험적, 실천적, 활동적 성격을 부각했지만 미적 체험은 실제로는 미술 활동 성격 그 자체이다. 표현과 감상 영역 역시 '미적 체험'인 것이다. 미적 체험이 실제로는 두 영역의 동기 유발 활동으로 이루어진 것도 문제이지만 미술 활동은 '체험'으로서 그리기, 만들기 등의 수업 중 '활동'이 지나치게 강조된 것, 그 과정에서 중영역이나 내용요소의 변화 없이 '체험' 영역으로 변화됨에 따라 '미적' 특성이 희석된 것 등을 문제로 지적할 수 있다. 현대 미술교육에서 비판과 성찰하는 능력으로서의 사고력과 인지적 측면이 약화되고 활동이 강조되면서 활동의 의미나 사고력 등 활동의 궁극적인 목적으로서 미술교육을 통한 인간상보다도 학습 대상으로서의 내용이 강조된 것처럼 보이는 점 등이 문제점으로 지적된다(손지현, 이민정, 2012). 미술과 교육과정에서 '표현'과 '감상' 외에 대영역이 도입된다면 '체험'보다는 '미적 체험' 영역이 바람직하며 위에서 제기된 문제들에 대한 재검토가 전제되어야 한다.

5. 미술교육에서 미적 체험의 의의: 예술과 교육을 잇는 경험으로서 미적 체험

- 내적 체험으로서의 자기 인식과 사회적 인식으로의 공동체성
- 미적 접근과 이에 의해 드러나는 인간다움
- 삶과의 연계 및 차별화, 이를 통한 통일된 의미체로서의 심미성('미') 체험

지각을 통해 이루어지는 작품과의 만남은 감상자 내적인 직접적인 자각을 바탕으로 하는 경험이라는 점에서 미적 체험은 사적이고 개인적인 경험에 기초한 자신만의 방식에 의한 주관적인 특성이 있다. 동시에 미술을 매개로 스스로를 반영하고 반성하는 자기 인식적 경험이며 성찰적 경험이다. 미술의 세계를 경험하는 것은 감상자가 자신을 보는 경험, 객관화 경험을 통해 자기의 의식을 인식하도록 하는 메타인지에 의해 고차원적인 자기 인식을 가능하게 한다(곽덕주, 최진, 2018; Makkreel, 2015). 미적 체험은 지각과 성찰, 그리고 소통에 의해 인식적 존재로서의 미적 대상, 그리고 이에 대하는 태도로서의 미적 태도와 자기 인식에 의해 내적으로 체험하는 것이다. 이것은 미적 체험이 미술교육의 출발이며 전체상으로 가능함을 보여준다. 미술교육은 미적 체험에 의해 지각, 소통, 성찰의 과정으로서 미술을 매개로 하여 주체의 인식, 타자와의 관계, 이를 통한 사회적 인식으로 가능하며 확장될 수 있다.

사물과 세계에 대한 미적 접근에 의해 인간다운 삶이 가능해진다. 아렌트(H. Arendt)는 존재론적 욕구 측면에서 욕구를 우리가 의식적으로 자각하는 것은 자기 내면의 감정과 사유에 특별한 방식으로 집중하게 하는 미적 체험을 할 때라고 지적한다. 칸트의 무관심성에 의하면 목적이나 이해관계에 의해 이루어지는 인식 판단은 미적 체험이나 미적 판단과 거리가 있으므로, 내면에 대한 집중이나 욕구는 미적 체험에 어울리지 않을 수도 있지만, 우리가 자신을 표현하고 타인과 관계 맺는 근저에는 자기 존재감이 있다. 현대인의 내적 혼란과 파편화된 삶에서 인간다움의 회복과 관계 맺기의 방식으로서 미적 접근은 인간이 각자의 인간다움을 드러내면서 세상을 파악하고 주체적으로 살아가기 위한 방안으로 개별적 반응과 감정에 주목하고 숙고하는 미적 판단의 자세로 자신이 누구인지를 공동체 속에 드러내는 가운데 가능한 것이다(곽덕주, 최진, 2018). 이러한

과정을 통해 우리는 이론적 지식의 이해가 아니라 인간에 대한 실천적 이해, 삶에 대한 이해, 그리고 우리의 사람됨을 드러낸다. 따라서 미적 체험은 실천적인 문제로서 우리 스스로에게 어느 정도 주목하게 하면서도, 자신과 타인에게 소통 가능한 형태로 표현하려는 세계의 확장적 움직임을 매개한다. 공통감각은 아무렇게나 표현하는 것이 아니라 이해와 소통을 전제로 하며 그 과정에서는 공동체의 존재 방식을 배우게 된다. 이와 같이 자신이 타인의 생각을 상상하는 활동에 대해 칸트는 '확장된 정신(enlarged mentality)'으로 명명한 바 있다(곽덕주, 최진, 2018; 최준호, 2004). 이러한 드러냄, 표현하는 것이 교육적으로 의미가 있는 것은 공동체 안에서 자신의 내적 반향을 타자가 이해할 수 있도록 하는 과정이 자신을 타인이나 세계와 연결하도록 애쓰는 과정, 즉 공통 감각을 확장하는 과정으로 이해될 수 있기 때문이다(곽덕주, 최진, 2018). 미적 판단이 판단 능력의 인식에 기반하며 타자와 소통 가능성에 기반하는 반성적 능력으로서 공통감각에 기초한다면 객관성과 보편성이 존재한다. 즉 자기 생각과 상상을 미술을 통해 타인과 소통하는 과정에서 필요한 공통 감각은 타인과 공존하는 길을 예술적으로 모색하는 것이다. 그러므로 미의 감각과 체험은 주관이 특정 대상을 표현하여 칸트가 말하는 감각의 공통성으로, 공동체적 삶과 존재 방식을 배우는 길이기도 하다(류지영, 2022).

'심미적, 미적, 감성적'으로 많이 번역되는 'Aesthetic'은 '미학'의 핵심으로서 '심미'를 다시 생각해 보게 한다. 심미(審美)는 대상의 아름다움을 살피는 것, 심미안(審美眼)은 인간이 가지는 고유한 안목으로 아름다움을 심미적으로 지각하는 힘, 즉 고급 취향 문제가 아니라 대상의 미적 특성에 의식적 때로는 무감각적으로 주의를 기울이고 발견하는 지적 능력이다. 개인이 심미안에 의해서 미술을 감상하거나 창작하는 활동 등으로 예술과 만남을 통해 일어나는 심미적 경험, 이것이 바로 미적 체험(aesthetic experience)이다(류지영, 2022; 임새롬, 민경훈, 백성혜, 2021; Green, 2001). 심미적 교육의 결과, 예술의 가치 발견이 끝이 아니며 예술, 교육, 미학 등 여러 층위와 연계해 일상에서 실천하는 연습이다.

미적 체험에 필요한 것은 무엇인가. 예술의 세계에 대한 탐험이 의의를 가지기 위해서는 교육의 소재로서 다음과 같은 작품이 필요하다(임새롬, 민경훈, 백성혜, 2021; Greene, 1995/2019).

첫째, 여러 다양한 해석이 공존하는 여러 층위(layer)를 가진 미적 대상이어야 한다.

둘째, 관습적인 정전(canon)으로부터 확장된 동시대 예술로서 인간 삶의 조화와 부조화를 아우르는 작품이 필요하다.

셋째, 인생이 '지면'이고 텍스트와 여백으로 이루어졌다면, '여백'에 해당하는 예술이 필요하다. 일상과 거리 두기를 하는 낯설게 보기를 훈련하게 하는 것이다.

앞서 살펴본 바와 같이 미술과 교육과정에서는 미적 체험에 대해 성취기준을 제시하는데 예를 들어 초등학교 3~4학년의 성취기준에서는 "[4미01-03] 미적 탐색에 호기심을 갖고 참여하며 자신의 감각으로 대상의 특징을 이해할 수 있다."로 제시하며 이에 대해 성취기준 해설에서 "[4미01-03] 성취기준은 객관적 지식을 적용하거나 고정 관념에 따라 대상을 이해하는 방식에서 벗어나 몸의 다양한 감각으로 직접 대상을 탐색하는 데 호기심을 갖고 참여하며 자신의 감각을 바탕으로 대상의 특징을 이해하는 데 중점을 둔다. 같은 대상이라도 지각하고 반응하는 방식은 학생마다 다를 수 있다. 대상을 지각하며 자연스럽게 떠올린 자신의 감정, 느낌, 생각 등을 나타내고 친구들의 다양한 반응을 접하며 자신만의 고유한 감각을 통해 대상이 지닌 다채로운 특징을 이해한다."고 제시하여 교수 방법으로 이해,

적용할 수 있다.

미적 탐색은 대상을 지각하는 체험뿐만 아니라 대상에 반응하며 떠오르는 자신의 감정, 느낌, 생각 등을 글, 그림, 사진, 동영상, 음악, 움직임 등을 통해 자유롭게 표현하는 활동으로까지 이어지도록 하는 것이다. 이를 통해 자신의 감각을 통해 대상을 지각하고 반응하는 방식을 성찰할 수 있다. 또한 삶과 연계되는 미술이라는 점에서 미적 체험에서 다루는 생활 속 미술의 범위는 순수 미술, 응용 미술 및 시각문화 전반을 포괄한다. 일상적인 시각문화만이 아니라 순수 미술까지 포함하는 것이다. 학습자가 주변의 생활용품이나 영상물, 건축 및 생활공간 등에서 미술과 관련된 것들을 조사·수집·분류하고 소통하는 과정에서 미술이 삶과 밀접하게 연관되어 있음을 이해할 수 있다.

미적 체험은 직접 만드는 것부터 감상을 통해 공동체와 공유, 공감, 성찰하는 전 과정을 일련의 활동으로 제시하는 것도 가능하다(임새롬, 민경훈, 백성혜, 2021). 또한 만들면서 재미있거나 즐거운 감정만으로는 완성되지 않는다(Dewey, 1934/2016)는 것을 기억해야 한다. 예술—미술이나 음악을 접하며 기분 좋거나 재미있다는 느낌 자체는 심미적 경험, 미적 체험이라고 할 수 없다. 순간적인 느낌과 정서에 불과하며 이것이 미적으로 되기 위해서는 재료와 표현 방법 등에 대한 집중과 숙고, 이로써 발견되는 매체와 메시지의 일체감과 내 삶의 경험이 융합되는 전율, 이로써 더욱 확장되는 정서적·인식적 깨달음이 필요하다(임새롬, 민경훈, 백성혜, 2021).

그린(1978)이 지적한 것처럼 가르치는 목적은 답을 주는 것이 아니라 학생들이 참여(engaging)하는 것이며, 참여는 의미를 알려주고 교사가 변화시키는 것이 아니라 학생이 스스로 찾도록 하고 촉진하는 것이다. 핵심은 개인이 자신의 상황을 의식적으로 되돌아보고 이해하기 위해 스스로 '깨어 있음', 부조리한 상황을 고치려는 능동적이고 의식적인 태도 함양이 교육 목적이 된다는 것이다. 목적은 학교가 아니라 교육, 즉 학교화시키는 것이 목적이 아니라 삶과 연결된 진정한 교육이 목적임을 강조한다. 그의 3가지 발견, 즉 자신의 발견과 자신을 둘러싼 세계의 발견, 이 둘 사이 연결성의 발견에 집중하여 탈맥락화(decontextualization)를 맥락화(contextualization)하기 위한 교육으로서 미적 교육은 삶과 일상의 맥락을 돌아보고 좋은 사회가 무엇인지를 예술을 통해 나름대로 고민하게 한다(임새롬, 민경훈, 백성혜, 2021; Greene, 2001). 그렇다면 미적 교육의 실천으로서 미적 체험이 기능할 수 있다. 이는 미술교육의 의미를 생각한다면 교수 학습의 과정에서 특히 교육 계획으로서 수업 설계의 단계에서 더욱 깊이 고민되어야 하는 것이다. 미적 체험은 미의 경험이다. 오감의 체험으로서 미적 태도—무관심성, 공감, 섬세함 등으로 접근하여 이루는 통일된 의미체 경험이 미적 체험이다.

6. 미술교육에서 미적 체험의 의의와 방향성

첫째, 미적 체험은 어떤 대상을 무관심적인 공감의 상태에서 바라볼 때 얻는 체험이라는 점에서 미술교육에서 미술 작품이나 일상의 다양한 미적 대상에 대한 태도를 새롭게 만든다. 교육의 매개로서 경험은 구성되는 과정으로서 세상에 주의를 기울이는 방식으로 형성되며 미술은 관찰과 지각, 인식으로 대상이나 문제에 접근하여 통찰력, 경험의 의미를 탐색하고 질적인 판단과 함께 이 과정들을 즐기는 태도를 길러준다(손지현, 이민정, 2012). 예술이나 삶의 다양한 양상을 바라보며 교훈이나 역사적 주제 같은 내용에 초점을 맞추는 것은 대상 자체가 아니라 외부를 보는 것이다. 사회, 윤리, 도덕, 교훈 등 내용 측면도 교육적 의의가 있지만 여기서 미술은 수단이며 미술 본연의 의의가 아니다. 실제, 실용적 관심의 지각에서는 대상이 원인과 결과 및 다른 것들과의 관계 속에서 고려되지만 미적 태도는 지각 대상을 고립시켜 형태나 색 등에 집중한다(류지영, 2022). 미적 체험에 바탕을 둔 미술교육은 수단, 도구가 아니라 심미안을 가지도록 하는 자체가 예술적 체험으로서 본질이다.

둘째, 미적 체험은 미술교육에서 본질적으로 인간 삶 혹은 다른 사물, 학문들과 차별화되는 특유성, 고유성을 명백하게 한다. 예술의 자명성이 결여된 동시대 예술은 자신의 정체성에 대해 끊임없이 질문한다(류지영, 2022; 박정훈, 2020). 예술의 동시대성에 대한 추구는 곧 예술의 예술다움에 대한 과제이고 시각예술인 미술은 모든 시각적 예술과 비예술에 의문을 제기한다. 예술은 그 본질에 대한 규정보다 대상 및 대상에 대한 성찰로 존재하며 현재진행형으로 끊임없이 이루어진다. 불안정한 예술 개념은 가려져 있던 예술 고유의 의의를 경험의 순간마다 매번 묻게 된다는 점에서 모든 예술은 보편적 가치를 가진다(Bertram, 2017). 기존의 것에 대한 부정은 새로운 가능성으로 전환하게 하는 보편성을 가진다. 그 과정에서 미적 체험은 일상에서의 경험과 차별화된 특유의 의미를 만나게 한다(류지영, 2022; 박정훈, 2020).

셋째, 미술교육에서 미적 체험은 시각예술로서의 미술의 가치를 더욱 인식하도록 한다. 미적 체험은 롤랑 바르트가 말하는 오감을 통한 감각적인 활동으로서 예술 전체에서 가능하지만 그린의 말대로 질감(texture) 측면이라면 시각예술, 즉 시각적 인식을 중심으로 미술과 세계에 대한 반응과 소통으로 이루어진다. 미적 체험의 대상이자 내용, 방법으로서 일상성은 온몸을 통한 감각과는 차별되는 시각예술 매체를 통해 가능하다. 미술과와 타 예술을 구별하지 않더라도 타 영역이나 타 예술과는 차별화되는, 시각예술로서의 질성이라는 매체적 특성이 미술교육에서는 요구되는 것이다.

넷째, 미적 체험은 미술과 세계를 이해하는 능동적인 상호작용의 과정이다. 미적 태도에 기초한 미적 체험은 앞서 다룬 것처럼 통일성, 다양성, 응집성을 지니며 대상을 지각하는 지각자가 의미를 구성한다(김진엽, 2001). 듀이(John Dewey)는, 우리는 이미 결정되어 있는 세상을 경험하는 것이 아니라 경험을 통해 세상을 재구성한다고 말한다(김진엽, 2001, p. 4; Dewey, 1934). 미술교육에서 미적 체험은 지각하는 사람의 적극적, 능동적인 의미화 과정이며 체험 주체와 체험 대상과의 역동적인 상호작용이 가능한 체험 방식이다. 체험 주체의 능동적, 적극적 개입으로 미적 대상과의 역동적인 상호과정 속에서 가치 있는 지각 능력 및 세계를 인식하고 재구성하는 능력을 기를 수 있다. 이는 인간이 세계를 의미화하고 세계를 이해하고 소통하는 방식에 중요한 역할을 제공한다(손지현, 이민정, 2012).

다섯째, 미술교육에서 미적 체험은 심미적 경험으로서 심미적 안목을 기른다. 심미적 안목이란 심미적 문해력(aesthetic Literacy)으로서 미술교육에서 중시하는 시각적 문해력과 관련되어 중요하다. 미적이라는 용어는 '무감각'이라는 용어의 반의어로서 미적 체험은 일상생활에서 늘 보는 방식, 즉 스테레오 타입의 지각 방식에서 인간을 해방시켜 새로운 눈으로 사물을 보고 비판할 수 있는 능력을 길러준다는 것이다(손지현, 이민정, 2012; Greene, 2001). 브라우디(H. Broudy) 역시 미적 체험에서 인간의 지각 방식은 표면적 관조나 지식 습득을 넘어 미적 지각력, 미적 판단력을 수반한다면서 미적 판단 문제를 제기하였다. 이러한 미적 판단은 대상의 관조를 넘어 경험에 대한 반성과 지각력을 요구한다. 이 능력을 브라우디는 미적 문해력이라고 하고 초등학교 시기가 미적 문해력의 기초 교육에 좋은 시기라고 하였다(손지현, 이민정, 2012; Broudy, 1972).

미적 체험은 주체의 능동적이고 적극적인 개입을 통해 미적 대상과의 역동적인 상호과정 속에서 가치 있는 지각력, 세계를 인식하고 재구성하는 능력을 기르는데 그 과정에서 통찰력, 경험의 의미를 탐색하고 질적인 판단과 함께 이 과정들을 즐기는 태도를 기른다. 이는 인간이 세계를 의미화하고 세계를 이해하고 소통하는 방식에 중요한 역할을 한다(손지현, 이민정, 2012). 예술과 함께 살아간다는 것은 일상에서 자신만을 위한 공간인 여백을 만드는 것으로서 현재와 다른 것, 다른 존재 방식을 꿈꾸게 된다. 그 과정에서 자기 내면의 힘을 자각하게 되면서 자기 존재방식의 변화를 가져올 수 있다(곽덕주, 최진, 2018; Greene, 1995). 예술은 실천으로서, 인간의 자유와 스스로를 실현하는 근원적인 동력이다. 예술과 만나며 이 동력에 의해 타인과 소통 가능한 형태로 표현되는 세계가 확장되면서 인간은 주체로서 자기 본연을 각성하는 순간을 맞이한다. 그리하여 미술교육에서 미술은 미적 체험에 의해 우리에게 다가와 존재하며 우리를 살아있게 만든다.

예술을 둘러싼 인간의 활동으로서 '미적'인 의미와 성격이 있다. 감성적인 앎으로서 미적 체험은 주체와 대상이 역동적으로 상호작용하며 소통하는 실천으로서 그 실천은 대상의 미적 속성을 수용하는 수동적 과정이 아니라 구체적 실천이다(류지영, 2022). 그리하여 미적 체험은 일상과 차별화되면서 역사적 · 사회적 관습 등을 반성적으로 성찰하는 힘을 가진다. 미적 체험은 그 판단이나 인식 능력 자체가 일반적인 감각, 객관성과 보편성, 공감의 감각으로 연결된다. 이는 타자와의 소통 가능성을 전제에 두고 수행하는 반성적 능력이다.

학교는 인성교육을 위한 수업 활동이 이루어지며 여기에는 느낌과 생각의 표현으로서 미술을 비롯한 예술적 활동이 필요하다. 예술은 경험을 풍부하게 하며 미학적 감성적 특징을 가진다. 이러한 미적 감성적 특징은 미술뿐만 아니라 국어, 수학, 과학 같은 다른 모든 분야에서도 적용될 수 있다. 아이스너가 말하는 것처럼 미적 특징, 미적 안목에 의해 각 분야에 집중하는 것을 배우는 것은 학교교육으로서 더욱 강조되어야 한다(Eisner, 2007). 이렇게 자신을 드러내는 표현은 미술 외에서 표정이나 몸짓, 무용 등의 예술교육을 통해서도 가능하며 시지각적 특성이라는 시각적인 예술로서의 미술교육의 특성이 드러날 수 있다. 이는 미술이라는 매체를 통해 감각, 지각, 표현, 반응하도록 하는 텍스트로서의 예술 작품과 체험의 연습과 축적을 통해 가능해진다. 일상에서 지각, 감각하는 것을 그대로 받아들이지 않고 각자 내적 체험과 사유로 판단, 표현, 소통하는 힘은 미적 관점에서 출발하여 역사적 · 사회적 관습이나 규범을 반성적으로 성찰하는 힘이기도 하다(곽덕주, 최진, 2018; 류지영, 2022). 이 힘은 다시 일상으로 환원되며 우리의 삶에 변화를 이끌어낸다. 이것이 미적 체험의 의의이며 미적 체험에 의한 미술교육의 힘이라고 할 수 있다. 미적 상황에서의 실천 혹은 형식으로서 인간에게 의미 있는 교육적 성과로 이어질 수 있을 것이다.

* 이 글은 류지영(2023), 미래 미술교육의 방향성 탐색: 미술과 교육과정에서의 미적 체험(조형교육, 88집)을 수정 보완한 원고임.

류지영(춘천교육대학교)

7 표현

'표현'은 우리나라 미술과 교육과정이 시작되던 시점부터 수차례 개정 과정을 거쳐 현재에 이르기까지 꾸준히 사용되어 온 용어이다. 이 글에서는 미술과 교육과정에서 표현 개념의 과거와 현재를 조명하면서 그 의미를 고찰하고자 한다. 이를 위해 미술과 교육과정 문서에서 표현 개념이 등장하게 된 배경과 이후 전개에 대해 관련 자료들을 통해 살펴보았고, 선행연구 분석을 통해 교육과정 내 표현의 의미를 받아들이는 다양한 시각들에 접근했다. 또한 2022 개정 미술과 교육과정을 자기와 세계 이해 과정으로서의 표현 개념과 창작의 역동성을 포용한 표현 영역의 두 측면을 중심으로 분석하면서 개정 미술과 교육과정에서 표현의 의미를 탐색했다. 그리고 자기 및 세계 이해와 창작의 역동성에 바탕을 둔 표현 수업 실천을 위한 제안점으로 자기와 세계 이해의 계기가 될 표현 활동 과제, 세계와의 관계 이해에서 교사의 핵심적 역할, 예측 불가능성을 포용하는 표현 과정을 제시하였다.

1. 미술과 교육과정에서 표현 개념의 등장과 전개 - 표현 영역을 중심으로

국가에서 제시하는 학교교육을 위한 교육과정은 특정 역사적, 시대적 맥락 속에서 형성되며, 여러 상황적 요인들에 의해 변화의 필요성이 제기되었을 때 일련의 절차를 거쳐 지속적으로 개정된다. 1954년 1차 교육과정이 고시된 이래 우리나라의 국가교육과정은 굴곡진 현대사를 반영하면서 정권이 바뀔 때마다 수차례 개정을 거듭해 왔다(소경희, 2019). 미술과 교육과정도 국가교육과정 개정이 이루어질 때마다 개정 방향에 맞추어 변화를 겪었다. 그러나 여러 차례에 걸친 개정에도 불구하고 주요 미술 활동 중 하나를 지칭하는 '표현'은 교과 목표와 내용을 기술하는 데 꾸준히 사용되어왔다. 특히 미술과 내용을 구분하는 대영역 명칭으로 '창작', '제작' 혹은 '조형'이 아니라 '표현'이 선택되어 2022년 개정 교육과정에 이르기까지 여러 차례 사용되어왔다는 점이 주목된다. 우리나라 미술과 교육과정 내용 기술에서 왜 표현 개념이 두드러지게 나타나는가? 특히 교과 내용 체계를 구성하는 범주의 명칭으로 왜 '표현'이 선택되었을까? 미술과 교육과정에서 '표현'이 등장한 시기에 이 개념의 의미와 현재 개정 교육과정에서 표현 개념의 의미는 어떻게 다른가? 이러한 질문에 접근하기 위해 먼저 우리나라 미술과 교육과정의 내용 체계 영역을 중심으로 검토하면서 '표현'의 등장과 전개에 대하여 살펴보고자 한다.

미술과 교육과정에서 '표현'은 1차 교육과정부터 2022 개정 교육과정까지 교과 목표를 기술한 내용에 거의 빠짐없이 등장하고 있다. 또한 내용 체계 영역 명칭으로서의 '표현'도 1차 교육과정의 중학교 수준 교육과정에서 처음 등장하여 2차, 3차를 제외하고 4차 교육과정부터 최근까지 계속 사용되고 있다. 1차 미술과 교육과정(중학교)은 미술과 '지도의 범위'를 표현 활동, 이해 활동, 감상 활동, 기술 활동의 네 가지로 나누고 각각의 지도 순서, 방법에 대한 교재로서 교과 내용을 '표현 교재', '감상 교재', '이해 교재', '기능 숙련의 교재'로 제시하였다(문교부, 1955b). 내용 체계에서 표현 개념이 당시 누구에 의해 어떤 과정으로 채택된 것인지에 관한 심화된 연구가 부족한 상황에서 그 등장 배경을 규명해 내는 것은 쉽지 않지만, 국가 교육과정이 특정 시대적 맥락 속에서 형성된다는 점을 전제한다면 두 가지 외부적 요인을 고려해볼 수 있다.

첫 번째는 1차 교육과정 시기 전후로 국내에 도입된 미국 교육사상의 영향이다. 1차 교육과정은 해방 직후 미군정기에 우리나라 학교들이 따라야 할 지침으로 제공된 '교수요목'을 개정하여 만들어졌으며, 1945년 일제 통치에서 해방된 해로부터 9년이 지난 1954년에 이르러서야 공포되었다(소경희, 2019). 3년간의 미군정기를 포함한 '교수요목기'(1945~1954)는 한국 교육이 미국 교육사상을 수용하는 데 시발점이 되었던 시기였다. 미국의 진보주의 교육사상의 영향으로 일제에 의한 식민교육의 잔재를 청산하고 민주적 교육을 지향하고자 한 '새교육' 운동이 이 시기에 전개된다. '새교육' 운동은 아동 중심, 아동의 흥미와 생활 경험을 강조하는 진보주의 교육이 미술교육에도 알려지게 된 계기가 되었다. 또한 1952년 8월부터 미국 교육사절단이 네 차례에 걸쳐 내한하여 다양한 활동을 통해 현직 교원을 훈련시키고 교육과정과 교수방법을 개선하고자 힘썼다. 이 중 1954~55년 활동한 3차 교육사절단의 활동 결과 보고서가 『교육과정 지침』이란 명칭으로 국내에 번역 출간되었다. 보고서에서 어린이는 "어른들의 생각에 의존하게 되어선 안" 되며, "어린이의 표현을 격려"해야지, "비판적인 언사는 창작적 표현을 후퇴시킬 것"이라고 미술 지도에 관하여 안내하고 있다(박휘락, 1995 재인용). 임화 위주의 미술교육이 주류를 이루던 한국의 상황에서 이들은 아동의 창조적 능력을 자유롭게 펼치도록 격려하는 새로운 미술교육의 방향을 소개한 것이다. 미국 교육사절단의 방문은 우리나라 미술교육이 아동의 자유로운 표현을 중시하는 창조표현주의 미술교육 사상을 도입하는 데 중요한 역할을 하게 된다.

박휘락(1995)은 해방 이후 위와 같은 미국의 영향으로 전파된 창조표현주의 미술교육 사상이 1차 교육과정 및 교과서에도 도입되기 시작했고, 1963년 2차 교육과정기부터 본격적으로 실천되었다고 보았다. 1차 교육과정에서 창조표현주의 미술교육이 반영된 부분은 국민학교 수준의 교과 영역 목표와 지도 목표의 "조형적 욕구를 만족"시키고, "표현 의욕을 조장"하도록 하며, "자기 표현에 대하여 자신"을 갖도록 해야 한다는 등 일부 내용에서 발견할 수 있다(문교부, 1955a). 그러나 중학교 수준 1차 교육과정에서 영역 명칭으로 '표현'이 처음 선택된 것이 이러한 미국의 영향, 창조표현주의 미술교육 사상과 직접적으로 결부되어 있다고 단언하기는 어렵다. 해당 교육과정 문서에 기술된 '표현 활동의 내용 요소'(〈표 1〉)에서 '실용을 목적으로', '환경을 미화 개선하는 활동'과 같은 기술을 보면 아동의 자유로운 자기표현보다 오히려 기능적이며 실용적인 성격이 강하게 나타나고 있다. 교육과정 영역명으로 '표현'의 도입이 창조표현주의 미술교육 사상과 직접적으로 결부되어 있다면 이러한 내용 요소는 설명하기 어려운 부분이 있다. 아마도 미술과 교육과정의 내용 체계 영역명으로 '표현'이 받아들여지고 여러 번의 개정에도 유지된 중요한 배경으로는 2차 교육과정 이후 창조표현주의 미술교육 사상의 광범위한 수용을 들 수 있을 것이다. 그러나 처음 영역명으로 표현 개념이 채택된 배경을 찾기 위해서는 또 다른 요인을 고려해야 한다.

〈표 1〉 제1차 미술과 중학교 교육과정 표현 영역 내용 요소

1차 중학교 교육과정에서 표현 활동의 내용 요소
㈎ 그림을 그리거나 조각(彫刻)을 하는 등 순전히 미를 목적으로 한 표현 활동. ㈏ 설명적인 도면(圖面)을 그리거나 모형이나 실용적인 것을 만드는 것과 같은 실용을 목적으로 하는 표현 활동. ㈐ 도안을 구성하거나, 공예적인 것을 만들거나, 또는 서예(書藝)와 같이 실용과 미를 아울러 목적으로 하는 표현 활동. ㈑ 물건을 배치, 배합하여 환경을 미화 개선하는 활동.

두 번째는 일제강점기를 지나 해방 이후에도 이어진 일본의 영향이다. 몇몇 학자들은 해방 후 형성된 미술과 교육과정의 체계와 내용에 일본 미술교육과 유사한 측면이 나타나고 있다는 점을 지적한다. 박정애(2000)는 1차 교육과정에서 자유로운 자기 표현과 일상생활의 실제적 응용이

라는 상충되는 측면이 동시에 나타나는 것이 재건주의와 창조표현주의 사상이 결합되었던 1947년 개정 일본 교육과정 모델을 한국 교육과정에 반영한 결과로 해석하였다. 박휘락(1995)은 일제강점기인 1938년 제3차 조선교육령 시기 임화 중심이던 도화교재가 '표현교재', '감상교재', '설화교재'로 변경되면서 '감상' 용어가 정식으로 교육과정에 도입되었고 이것이 해방 이후 표현 영역과 더불어 감상 영역이 중요한 2대 영역이 될 수 있었던 계기였다는 점을 지적한다. 류지영(2016)은 우리나라 교육과정을 일본과 비교하면 일본보다 3~5년 후 개정된 한국의 교육과정 일부에서 겹치는 부분이 발견된다고 언급하면서 1차부터 4차까지 중학교 미술과 교육과정 내용 체계를 일본 교육과정과 비교한 표를 제시한다. 1954년 개정된 1차 교육과정만 본다면 1951년 개정된 일본 교육과정(중학교) 내용 체계〈표 2〉와 거의 흡사하다는 것을 발견할 수 있다. 이러한 연구들은 1차 교육과정에 표현 개념 도입에 있어서 일본의 비중이 어느 정도인지 추측하는 데 도움이 된다. '표현'의 교육과정 도입도 '감상' 용어처럼 일제강점기 일본 통치하의 교육체제에서 이루어졌다는 점, 또한 해방 후 형성된 1차 교육과정의 미술과 내용 체계가 3년 전 개정된 일본의 내용 체계를 거의 따른 것으로 보이는 점은 미술과 교육과정의 영역 명칭으로 '표현'이 채택된 데 있어 일본의 영향력이 크게 작용하였다는 점을 시사한다.

〈표 2〉 한국과 일본의 교육과정 내용 비교

국가	개정시기	교육과정 내용
일본	1951	표현 교재(묘화, 도안, 배치 배합, 공작, 제도), 감상교재, 이해교재, 기능 숙련의 교재
한국	1954	표현 교재(묘화, 의장, 배치 배합, 공작, 기타공작, 제도, 서예), 감상교재, 이해교재, 기능 숙련의 교재

출처: 류지영(2016). 일본 자유화운동 및 그 이후의 영향. 류지영 외(편). 미술교육의 기초(p. 86)에서 발췌

이후 미술과 교육과정 내용 체계에서 표현 영역의 변천 과정을 살펴보면 이 영역은 4차 교육과정(1981~1987)부터 감상 영역과 함께 전체 교육과정 내용을 구분하는 대영역이 되었다. 이 시기에는 고등학교를 제외한 국민학교, 중학교 교육과정을 표현과 감상으로 크게 구분했고 국민학교 표현 영역은 '조형놀이', '회화로 표현하기', '조소로 표현하기', '꾸미기와 만들기', '서예로 표현하기'로, 중학교 표현영역은 '회화', '조소', '디자인', '서예'로 중영역을 구성했다. 중영역과 소영역들은 '회화', '조소'와 같이 미술 장르를 구분하는 명칭과 '표현하기', '꾸미기'와 같은 활동명으로 구성되었다. 5차 교육과정(1987~1992)에서는 국민학교, 중학교, 고등학교 전체 교육과정 내용을 표현과 감상으로 구성했으며 국민학교 표현 영역의 중영역은 미술 장르명을 쓰지 않고 '경험한 것 나타내기', '상상하여 나타내기', '보고 나타내기' 등 활동명으로만 구성했다. 6차 교육과정(1992~1997)은 학문중심 미술교육의 영향으로 교육과정에 미학을 도입하여 표현과 감상으로 구분된 교육과정 내용에 '미술과 생활' 영역이 더해졌다. 또한 국민학교, 중학교의 표현에 해당되는 영역은 모두 활동명으로 구성되었다. 중학교의 표현은 '보고 나타내기', '느낌과 상상으로 나타내기', '꾸미기와 만들기', '붓글씨로 나타내기' 네 가지 영역으로 이루어졌다.

7차 교육과정(1997~2007)에서는 오늘날까지 이어져 오고 있는 미적 체험, 표현, 감상의 3개 대영역으로 이루어진 내용 체계가 확립되었다. 또한 학교급별로 다르게 구성되어 있던 표현과 감상 영역을 하나의 체계로 구성하고 표현 영역은 활동명 대신 표현을 위한 기본적인 학습 요소로 영역을 구성하였다(양윤정, 2016). 이에 따라 초, 중, 고 모두 표현 영역은 기본 학습 요소로 선정된 '주제표현', '표현 방법', '조형요소와 원리', '표현 재료와 용구'의 동일한 네 가지 영역으로 이루어지게 되었다. 2007년 개정 교육과정(2007~2009)에서 표현 영역은 초등학교, 중학교에서 '주제

표현', '표현 방법', '조형요소와 원리', '표현 과정'으로 구성했고, 고등학교는 '주제표현'과 '표현 과정' 두 가지로 구성하여 초·중학교와 차이를 두었다. '표현 과정'은 기존의 결과 중심으로 이루어졌던 미술 학습을 전환하여 의미와 아이디어의 구체화 과정을 강조하기 위해 표현 영역에 새롭게 포함되었다(이주연 외, 2020). 2009 개정 교육과정(2009~2015)의 표현 영역에서는 기존 중영역인 표현 과정이 표현 방법에 통합되어 '주제표현', '조형요소와 원리', '표현 방법'의 세 가지 중영역으로 구성되었다. 2015 개정 교육과정(2015~2022)의 내용 체계는 영역, 핵심 개념, 일반화된 지식, 내용 요소, 기능으로 구분되어 제시되었으며, 표현 영역은 기존 중영역 구성에서 벗어나 표현할 아이디어를 탐색하는 과정을 강조하여 '발상'과 '제작'으로 크게 구분되었다. 각 중영역에는 이에 관한 일반화된 지식이 제공되며 초등학교 3~4학년, 5~6학년, 중학교가 각기 다른 내용 요소로 구성되었다. 중학교의 경우 중영역 발상은 내용 요소인 '주제'와 '의도'로, 중영역 제작은 내용 요소인 '표현과정과 점검', '조형요소와 원리의 효과', '표현 매체'로 구성되어 있다.

지금까지 미술과 교육과정에서 표현 개념이 중요 용어로 등장하게 된 배경과 표현 영역의 변천 과정을 살펴보았다. '표현'은 1차 교육과정(중학교)의 내용 체계에서부터 등장하며 표현 개념이 영역명으로 처음 선택되고 이어져 온 배경에는 외부의 영향이 컸던 시대적 맥락이 놓여 있었다. 4차 교육과정에서 2015 개정 교육과정까지 내용 체계에서 표현 영역의 변천을 돌아보면 기존 미술 장르별 구분을 사용하던 것에서 표현에 필요한 학습 요소들, 표현 과정 및 발상 단계로 강조점이 변화된 것을 발견할 수 있다. 이는 표현 활동에서 완성된 결과물과 그것의 질에 가치를 두던 것에서 아이디어를 탐색하고 시각화하는 과정으로 초점을 이동해 간 결과로 해석된다.

2. 미술과 교육과정에서 표현 개념에 대한 선행 연구

미술과 교육과정에서 표현 개념은 국가 교육과정이 확립되기 시작했던 시기부터 교과 목표와 내용 체계에 도입되었고 교육과정 문서에서 미술 활동을 기술하는 중요 용어로 사용되어 왔다. 그러나 교육과정의 표현 개념에 관하여 미술교육 연구자들이 통일된 시각을 가지고 있는 것은 아니다. 교육과정 개정의 강조점에 따라, 연구의 초점에 따라 표현의 의미에 관해 다른 관점을 제시하고 있으며, 내용 체계의 영역 명칭으로 '표현'은 적합하지 않다는 점을 주장하는 학자도 있다. 미술과 교육과정 내 '표현'의 의미를 고찰한 선행연구를 통해 몇 가지 관점들을 살펴보고자 한다.

김정선(2016)은 미술과 교육과정에서 2차 교육과정기부터 표현 영역의 목표로 자리 잡아온 '창의적 표현 능력'의 변천을 추적하고, 창의성과 표현 능력을 연결시켜 미술과 교육 목표로 삼는 기존의 방식이 타당한지 재검토하였다. 저자는 표현의 사전적 정의를 시각 예술에 맞게 수정하여 "사상이나 감정 따위를 시각화하여 나타냄, 또는 나타낸 결과"로 다시 정의하면서, "생각과 감정의 드러냄"이 표현의 목표라고 할 때 드러내는 수단의 특성이 미술과를 다른 교과와 구분하는 것이기에 '창의적 표현 능력'은 미술과의 목표로 제시되기에 너무나 일반적이라고 주장한다(김정선, 2016, p. 11).

김정선(2016)의 연구에서 제시된 표현의 정의에 있어 주목되는 것은 표현 개념이 지닌 과정적 의미이다. '제작(製作)'이나 '창작(創作)'이 완성된 결과물인 작품을 만드는 것에 초점이 있다면, 표현은 보이지 않는 내적 측면을 드러내는 과정적 행위에 강조점이 있다. 저자는 이 "생각과 감정의 드러냄"이야말로 표현의 의미가 확장되는 경우에도 그것의 유효한 특질로 남아있을 것이라고 보았다(김정선,

2016, p. 11). 또한 무엇으로 어떻게 드러내는지, 표현 수단과 형식이 미술과 다른 예술을 구분하는 것이라는 점을 내세우면서 미술과 교육과정 내 표현의 정의에 시각화의 측면을 포함하였다. 이는 미술과 교육과정의 표현 개념에서 그 드러냄의 과정이 갖는 핵심적 특성이 물질을 통해 시각화하는 것임을 강조한다.

양윤정 외(2003)는 미술과의 교육 목표를 이루는 5가지 주요 개념으로 '미적 인식 능력', '표현 능력', '비평 능력', '창의성', '시각적 문해력'을 선정하고 미술과 교육 목표와 내용을 21세기 사회 문화의 특성에 적합하도록 새롭게 구성하고자 하였다. '표현 능력'에 관한 내용은 1) 학생들은 작은 창조자로서 그들에게 있어 그리기, 만들기로 대변되는 미술의 모든 활동은 자기 표현이라 할 수 있으며 2) 21세기의 특징은 시각적 미디어에 의한 문화적 현상으로, 학교 미술교육에서는 다양한 시각 미디어를 통한 시각적 진술들을 바르게 인지하고, 적절히 활용하여 제작할 수 있는 능력을 함양하는 교육이 필요하며 3) 그럼에도 불구하고 미술 교육에서 중요한 몸을 통한 감각적 표현 활동 또한 동시에 조화롭게 추구되어야 한다는 것으로 요약된다(양윤정 외, 2003). 이를 종합하여 21세기 '표현 능력'을 "학생들이 재료와의 교감과 몸 감각을 통한 기초 표현 활동을 중심으로, 각종 시각 매체를 포함한 영상 이미지까지도 함께 이해하고 종합하여, 자신의 생각이나 느낌, 감정, 기억, 경험 등을 다양하고 생동감 있게 창의적으로 변용시켜 시각화해 내는 능력"(p. 49)으로 정의하고 있다.

양윤정 외(2003)의 연구에서 나타난 표현 개념에 초점을 맞추어 본다면 1차 교육과정기에 도입되었던 창조표현주의 미술교육 사상의 영향이 지속되고 있다는 점을 파악할 수 있다. 이는 미술을 통해 자기를 표현한다는 관점을 근대 미술 교육부터 현재까지 이어지는 미술교육의 오랜 전통(최성희, 2022)이라 해석하는 시각과 연관 지어 볼 수 있으며, 고립되고 중심화된 근대적 자아에 대한 포스트모더니즘의 비판과 창조표현주의 미술교육의 한계에 대한 논의 이후에도 미술 표현을 '작은 창조자'의 자기 표현으로 이해하는 관점이 이어져 오는 것으로 보인다. 또한, 시대적 요청에 따라 표현 활동의 초점이 다르게 해석될 수 있다는 점을 시사한다. 시각문화에 관한 내용을 미술교육 내용 체계에 반영해야 한다는 목소리가 높아지던 시기에 이러한 시대적 요청을 교육과정에 반영하기 위해 이 연구에서는 미술과 교육 목표의 주요 개념으로 시각적 문해력을 선정하고 '표현 능력'에 이와 관련한 내용을 반영하여 표현의 범위를 더 넓게 확장하고 있다.

박영주(2016)는 2015 개정 교육과정과 미술 수업 내 미술 표현 활동에 있어서 표현의 의미를 검토했다. 저자는 2015 개정 교육과정에서 '표현'은 표현 계획과 과정, 결과의 모든 측면이 중시되는 통합적 입장에서 이해되고 실천되어야 할 것으로 파악한다. 이때 미술 표현이란 "자신의 생각을 드러내는 소통 도구의 하나로 타인에게 자신의 의도를 정확하게 전달할 수 있는 방법을 모색하고 탐구하여, 하나의 결과물로 도출하는 것", "자신이 처한 상황에서 매체를 활용하는 적절한 방법을 습득하고 유연하게 적용함으로써 가장 바람직한 결과에 이르는 과정으로 그 결과가 타인에게 수용될 수 있도록 나타내는 것"으로 정의된다(박영주, 2016, p. 397).

박영주(2016)의 연구는 표현에 관하여 내적인 것의 '드러냄'이나 자기표현을 강조하기보다 표현의 결과가 타인에게 '의도를 정확히 전달'하고, '수용될 수 있도록' 하는 데 보다 초점이 맞추어져 있다. 이를 위해 '전달할 수 있는 방법을 모색하고 탐구'하며, 매체 활용 방법을 익히고 잘 적용하는 것이 중요해진다. 이렇게 표현 의도에 맞게 표현 과정에서 적절한 방법을 찾아 계획하고 매체를 탐구하는 등의 활동을 중시하는 것은 미술 표현이 인지적 사고 과정과 직결되어 있다는 시각을 전제한다. 미술과 교육과정에 학문중심 미술교육 이론이 도입되고 미술 표현에서 인지적 측면을 강조한 이론들이 조명되면서 이후 표현 활동을 인지적 과정 또는 문제해결 과정으로 이해하는 관점이 교육과정에 반영되어 왔다. 저자는 인지적 사고 과정과 소통의 측면을 중심으로 표현을 새롭게 정의하고 있다.

한편, 몇몇 연구들은 미술과 내용 체계 영역의 명칭으로 '표현'이 부적절하다고 주장한다. 박정애(2006)는 7차 교육과정 개정에서 내용 체계의 문제를 비판하고 미적 체험, 표현, 감상의 내용 영역들에 포스트모더니즘 이론을 바탕으로 한 전환이 필요하다고 제안한다. 영역명 '표현'에 관해서는 그것이 창조표현주의 미술교육의 이론과 실제를 만드는 데 전제가 되었던 표현주의 미학에 기초한 것으로, 한 이론에 근거하여 '만들기'나 '미술 제작' 활동 전체를 포괄하기에 협소한 의미를 지닌 명칭이라고 지적한다. 이러한 비판을 통해 저자는 미술과 교육과정이 여러 번의 개정 속에서 오늘날 시각문화, 다문화주의, 구성주의 등 다양한 새로운 시각이 반영되고 있음에도 불구하고, 과거 창조표현주의 미술교육의 유산이라 할 수 있는 영역명 '표현'을 무비판적으로 계속 사용하는 것이 정당한 것인지 질문을 던진다.

김창식(2005)은 비평적 사고의 개념과 미술교육에서 비평적 사고의 의미에 관해 논술하면서 비평적 사고가 결여된 예로 미술과 교육과정(7차)에서 사용된 언어 개념을 들고 있다. 여기에서 영역명 '표현'은 불명확한 개념, 영역 이해에 혼동을 초래하는 명칭으로 지목된다. 내용 체계에서 '표현'은 실기활동을 통한 자기표현을 의미하고, 영역명 '감상'은 실기활동을 제외한 언어를 통한 자기표현이 이루어지는 영역이기에, '실기표현'으로 명칭이 바뀌어야 영역에 대한 개념을 명확히 할 수 있다는 것이다(김창식, 2005). 이러한 주장은 '표현' 자체로 영역 특성을 이해하기 어렵기 때문에 감상 영역의 구분되는 측면을 반영하여 명칭이 부여되어야 한다는 시각이다.

이경언 외(2010)는 미술과 교육과정(2009 개정) 내용 체계 개선 방향을 제시하면서 영역명 '표현'의 한계에 대해 지적한다. 교육과정에서 '표현'이라는 용어를 관습적으로 사용해오고 있지만 제작, 창작, 실기라는 용어와 혼용되고 있으며, 실제적 미술 활동이 포함하는 복합적인 요소들을 포괄하지 못한 채 표현 기능, 감정 표현 등과 같이 제한된 의미로 사용되는 경우가 많다고 보았다. 이에 따라 '표현' 명칭을 뺀 4가지 활동 영역으로 새롭게 내용 체계를 구성한 방안을 제시하고 있다. 이 연구에서도 '표현' 그 자체의 의미가 표현 영역이 포괄해야 하는 미술 활동의 여러 측면을 담아내지 못하고 있음을 지적하고 있다.

지금까지 살펴본 바와 같이 미술과 교육과정에서 표현 개념에 대한 이해는 통일되어 있지 않으며 '표현'을 영역 명칭으로 사용하는 부분에 대해서도 시각이 일정하지 않다. 이렇게 하나의 개념에 대해 다양한 관점이 나타나게 되는 이유를 추측해 보면, 우선, 표현 개념이 우리나라 미술과 교육과정의 변천 과정 안에서 서로 다른 의미를 추가하게 되어 범위가 확장되고 복합적인 개념으로 변화되었다는 점을 들 수 있을 것 같다. 앞서 표현의 의미는 느낌과 생각의 시각화, 자기 표현, 시각문화에 기반한 제작, 소통을 위한 인지적 탐구 과정 등으로 제시되었으며 이는 다양한 근거 위에서 파악된 것이다. 또한, 제작, 창작 등과 유사한 의미, 실제적으로 쓰이는 영역명 '표현'의 의미와 교육과정 초기 창조표현주의 미술교육에서 표현의 제한적 의미 사이 간극이 있는데, '표현'을 영역명으로 유지하는 문제에 있어 이 간극에 대한 입장이 다양하다는 점을 지적할 수 있다. 앞서 선행연구에서 '표현'의 의미가 해당 범주를 포괄하지 못하고 있다는 점을 들어 '표현'을 영역명으로 사용하는 데 반대하는 주장은 이러한 의미상 간극을 전제하고 있다.

그러나 여러 비판에도 불구하고 현재에도 여전히 미술과 내용 체계의 영역명으로 '표현'이 사용되고 있고 교육활동 목표, 내용 서술에 중요한 개념으로도 쓰이고 있다. 이는 우리나라 미술교육에서 표현 개념이 갖는 독특한 위치를 암시하는 것으로 보인다. 이경언 외(2010)는 교육과정의 내용 체계를 재구조화하는 것의 어려움에 대하여 "교과에 대한 기존의 인식 전반의 전환을 모색하는 것으로 이에 따른 위험과 혼란을 감수할 만한 필요성이 공유되었을 때에 가능할 것"(p. 221)이라 언급한 바 있다. 이러한 관점을 전제하면, 교과 내용 영역의 명칭을 바꾸는 것은 문서상 변화에 그치는 것이 아니라 기존 인식의 전환을 요청하는 것이며, 이로 인해 예상되는 혼란과 파급 효과를 감수하겠다는 공감대가 미술교육 영역 전반에 형성되어야 실행될 수 있는 것이라 할 수 있다. 이러한 측면에서 영역명 '표현'이 오랫동안 유지되어 올 수 있었던 것은 명칭에 대한 문제제기와 변경 시도가 있었음에도 불구하고 그것의 필요성을 설득하지 못할 만큼 표현 개념이 우리나라 미술교육의 독특한 맥락적 상황 안에서 도입되어 오랜 기간 복잡성을 유지한 채 정착되어 온 개념이라는 점을 드러낸다.

3. 2022 개정 미술과 교육과정에서 표현 개념의 의미

표현 개념이 미술과 교육과정에서 핵심적 용어로 여전히 사용되는 이유가 단지 변경의 어려움 때문만은 아닐 것이다. 영역명으로서 '표현'이 포괄하는 범위의 문제가 여전히 논란으로 남지만, 미술과 교육과정 문서에 제시된 미술의 의미 및 미술교육의 방향과 표현 개념은 깊게 연결되어 있다. 2007 개정 교육과정부터 2022 개정 교육과정까지 미술의 정의 및 역할에 대한 서술에는 '느낌과 생각을 시각적으로 표현'하며, '자신과 세계를 이해(2022 개정에서는 '자신과 세계와의 관계를 이해')'하는 활동이라는 부분이 공통적으로 등장한다. 먼저, 교육과정 안에서 미술 표현이 '느낌과 생각을 시각적으로 표현'하는 것이라고 정의될 때, 표현 활동의 성격은 그림, 조각과 같은 완성된 작품을 만드는 제작 활동의 측면보다, 학습자 내부의 정서와 사고를 시각화하는 표현 과정으로서 이해된다. 더불어 교육과정 내에서 표현 개념이 '생각이나 느낌 따위를 언어나 몸짓 따위의 형상으로 드러내어 나타냄'(국립국어원 표준국어대사전)이라는 '표현'의 사전적 정의에 가깝게 받아들여지고 있음을 알 수 있다. 그리고, 미술이 '자신과 세계를 이해'하는 활동으로 기술된 부분에서는 일반교육의 차원에서 미술교육의 가치(김정선, 2017)이자 미술교육을 통해 학습자가 궁극적으로 성취해야 할 지향점이 제시되고 있다. 미술교육의 방향이 궁극적으로 자신과 세계에 대한 이해와 연결되어야 하기에 작품 창작 과정은 학습자의 내적 작용이 강조되는 표현 활동으로 해석될 수 있다. 이렇게 교육과정에서 미술에 대한 정의가 느낌과 생각의 시각화 과정과 학습자의 내적 작용에 초점을 맞추고 있다는 측면에서 교육과정에서 표현 개념이 중요하게 다루어지는 이유를 추측해 볼 수 있다.

2022 개정 교육과정에서도 '표현'은 내용 체계의 영역 명칭으로, 주요 미술 활동을 가리키는 용어로 광범위하게 사용되고 있다. 여기에서는 개정 교육과정에서 표현의 의미에 대해 관련되는 두 가지 초점, 즉 표현에서 자기와 세계 이해가 강조된 점과 표현 영역에서 창작의 역동성을 포용하려 한 측면을 중심으로 제한적인 범위 내에서 살펴보고자 한다.

1) 자기와 세계 이해 과정으로서의 표현

2022 개정 교육과정의 '추구하는 인간상'과 '성격 및 목표' 부분에서는 자기 이해 및 자기와 세계와의 관계에 대한 성찰이 보다 부각되고 있다. 미술과 교육과정의 방향이 조정됨에 따라 과거부터 이어져 온 '자기 표현'의 의미가 새롭게 조명될 필요가 있다. 이번 개정에서는 미술과 교육과정의 핵심 역량으로 '정체성 역량'이 새롭게 도입되어 정체성 형성의 바탕이 되는 자기 이해에 관한 부분이 교육과정 내용 전반에 반영되었다. 추구하는 인간상에서 '자신과 세계를 이해하고 미술 문화 창조에 주도적으로 참여하는 사람'(교육부, 2022, p. 4), 성격 부분에서 '미술은 조형적으로 문제를 해결해나가는 과정을 통해 자신의 내면을 통찰하고 상상력과 창의성을 발현시켜 개인과 공동체의 삶을 풍요롭게 한다', '미술의 경험을 통하여 학생들은 자신이 느끼고 생각한 것을 이해하고 성찰하며 확장함으로써 자신의 정체성을 형성해 갈 수 있다', 교육과정 목표에서 '미술을 매개로 주도적으로 사고하고 행동하며 세계와의 관계에서 자신을 이해한다'(교육부, 2022, pp. 5-6)와 같은 부분들로부터 미술 활동을 통한 자기와 세계 이해, 성찰을 강조하는 부분을 찾아볼 수 있다.

〈표 3〉 2022 개정 미술과 교육과정에서 '자기와 세계 이해' 관련 기술

2022 개정 미술과 교육과정(공통 교육과정)에서 '자기와 세계 이해'에 관한 기술	
추구하는 인간상	**자신과 세계를 이해하고** 미술 문화 창조에 주도적으로 참여하는 사람
성격	• 미술은 조형적으로 문제를 해결해나가는 과정을 통해 **자신의 내면을 통찰하고** 상상력과 창의성을 발현시켜 개인과 공동체의 삶을 풍요롭게 한다. • **미술을 매개로 사고하고 행동하며 자신과 세계와의 관계를 성찰하여 자신에 대한 이해를 확장할 수 있다.** • **미술의 경험을 통하여 학생들은 자신이 느끼고 생각한 것을 이해하고 성찰하며 확장함으로써 자신의 정체성을 형성해 갈 수 있다.**
목표	• 대상과 현상에 대한 미적 체험을 바탕으로 **느낌과 생각을 표현하고 감상하는 활동을 통하여 자신과 세계를 이해하고** 미술 문화 창조에 주도적으로 참여할 수 있다. • 미술을 매개로 주도적으로 사고하고 행동하며 **세계와의 관계에서 자신을 이해한다.**

이와 같은 기술들은 개정 교육과정에서 미술 표현 활동이 '자기와 세계와의 관계를 성찰'하고 이해하는 과정이 될 것을 요청한다. 표현 활동을 통해 성찰과 이해가 강조되는 것은 작은 창조자, 예술가로서 자유롭게 자신의 표현 욕구를 분출하는 자기 표현과 사뭇 다른 성격의 표현 개념이 보다 부각되는 것이라 해석될 수 있다. 이러한 '자기와 세계 이해'의 측면에서 표현 활동에 접근하기 전에, '자기 표현'으로서의 표현 개념의 배경을 먼저 살펴볼 필요가 있다.

'자기 표현'은 예술 영역에서 역사적으로 고유한 맥락을 갖고 있다. 예술의 역사에서 '표현'은 18세기 낭만주의 시기 기존에 지배적이던 재현의 개념을 대체하며 도입된 개념이다. 신고전주의 이전까지 예술을 이해하는 방식인 재현에서는 예술작품과 표현 대상의 관계가 중요했지만, 예술가가 자기 내부의 정서를 바깥으로 나타낸 것, 즉 예술가에 의해 표현된 것이 예술이라는 생각이 퍼지면서 예술가와 작품의 관계로 초점이 이동한다. 낭만주의 시대 예술가 내부의 정서를 밖으로 드러낸다는 의미의 '표현'은 그것의 어원인 '밖으로 짜내는 것(pressing outward)'이란 뜻을 지닌 라틴어 'exprimō'에서 유래한다(임혜은, 2007). Parsons와 Blocker(1998)는 후기 낭만주의 시기 예술에서 표현은 작가 내부에 어떤 정서가 작품 속으로 흘러 들어가는 인과 관계로서 인식되어 인간 정서의 넘쳐흐름, 발산, 분출로 설명되었다고 한다.

우리나라 미술교육에서 표현을 아동들의 자유로운 자기 표현으로 연결시키는 데 기여한 창조표현주의 미술교육은

아동중심 교육사상, 심리학, 20세기 초 표현주의 미술에 바탕을 두고 있다. 창조표현주의 미술교육에서는 어른의 간섭에서 벗어난 상태에서 자유로운 자기표현이 보장될 때 아동 내부에 잠재된 창조성이 발휘될 수 있으며, 이때 미술은 창조적 잠재력을 계발시켜주는 도구로 인식되었다. 또한 자기 표현의 과정에서 오는 조화로운 인격 성장에 교육의 초점이 맞추어져 있어 완성된 작품의 질보다 표현의 과정에 중점을 두었다. 이렇게 낭만주의 시대와 창조표현주의 미술교육에서 자기 표현은 모두 창작자 내부에 드러나길 기다리는 정서, 잠재된 창조성이라는 본질이 존재하고 그것을 바깥으로 내보이도록 하는 과정으로 인식되었다는 점에서 공통점을 갖는다.

반면 미술을 매개로 하여 '자신과 세계와의 관계를 성찰'하고 '자신에 대한 이해를 확장'하기 위한 활동으로 표현을 파악한다면 '자기'에 대한 전제가 달라질 수밖에 없다. '자기'는 더 이상 주어진 본질을 품은 고정된 것이 아니라 시간 속에서 변화하며, 미술 표현을 매개로 한 성찰 과정 속에서 발견되거나 발명될 수 있는 것이다. 불명료하고 모호한 '자기'는 미술 표현의 과정 안에서 구체화되어 나타나며 이 과정 속에서 일어나는 자기 이해는 자아정체성의 형성으로 이어진다. 이러한 표현 내에서의 정체성 탐색은 세계와의 관계 속에서 타인들에 의해 주어진 나의 위치를 발견하는 방향으로 나아갈 수도 있으며, 또는 구축된 관계의 그물망 내 위치를 넘어 어느 지점에도 놓이지 않는 자신의 고유성을 형성하는 방향으로도 나아갈 수 있다. 김정선(2017)은 자화상을 중심으로 미술이 자신의 이해에 기여할 수 있는 방식을 탐구하면서 표현 과정 안에서 자기 이해를 끌어낼 수 있는 계기를 발견한다. 미술 표현을 통한 자기 이해는 물질적 형상화를 통해 주관적으로 경험되어 설명하기 어려운 내적 상태를 구체화하고, 표현 매체인 물질의 한계와 가능성에 영향받는 과정 안에서 확장되고 다양화될 수 있다(김정선, 2017). 이러한 관점을 고려하면 표현은 더 이상 고립되고 중심화된 자기의 분출로서의 자기 표현이 아니라 시간의 흐름 안에서 일어나는 객체, 타자, 물질과의 마주침 또는 세계와의 상호작용 속에서 자기 형성, 자기 이해가 일어나도록 하는 계기로서 이해될 수 있다.

또한 자기 이해는 타인에 의해 구축된 세계 속에 놓인 자기 위치를 인식하면서 세계 이해와 연결된다. 자기가 세계에 의존해 있다는 인식은 자신과 세계를 잇는 활동인 표현과정과도 이어진다. 우리는 타인들이 형성해 놓은 세계를 의식하고 그것을 향해 표현할 수밖에 없다. 이러한 측면에서 표현은 자기 이해의 과정인 한편 타인들의 질서 속에 나타나기 위해 세계를 이해하려는 과정이기도 하다. 이와 관련하여 최진(2020)은 자기표현이 독백이 아닌 그것을 바라볼 타인의 존재에 의존하는 것으로 인식되어야 한다고 말한다. 한편 미술 표현은 그것을 가능하게 하는 물질들의 특성과 한계 내에서 이루어지는 것이다. 우리의 표현 의지를 물질에 부과하기도 하지만, 우리를 둘러싼 사물들, 우리와 상호작용하는 사물들에 의해 영향받고 변화한다. 이렇게 타인들, 물질들의 세계와 연결되고 세계 이해에 다가서기 위해서는 자기중심성에서 벗어나려는 노력이 필요하며 중심화된 나에게서 벗어나려는 움직임은 개정 교육과정에서 강조하는 공동체 의식, 생태 감수성을 함양하는 데 있어 출발점이 된다.

2) 창작의 역동성을 포용한 표현 영역

2022 개정 미술과 교육과정에서 또 다른 주목할만한 변화는 표현 영역에서 성찰과 순환을 강조하여 실제 작품 창작 과정의 불명료함과 역동성을 어느 정도 교육과정 안에 포용하려 했다는 점이다. 교육과정 문서는 국가 교육 전체의 실제를 변화시키고자 하는 요청과 권고의 성격을 지니

므로 규정적이고 추상적인 언어로 기술될 수밖에 없다. 그러나 표현 영역은 그러한 언어로 나타내기 어려운 모호한 측면을 다분히 지니고 있기에 이를 내용 체계 속에서 명확히 틀 짓는 것은 어려운 도전이다.

2015 교육과정의 성격 부분에서 다루어진 표현 영역에 대한 설명을 살펴보면 표현 과정에서 필요한 절차와 학습 요소들을 명확히 하는 방식으로 서술되어 있다. 구체적인 내용을 보면, 아이디어를 탐색하는 발상과 표현 과정을 계획하고 만들어가는 제작에서 요구되는 요소들이 어느 정도 순서에 따라 규정되어 있다. 2022 교육과정에서는 교육과정 설계의 개요와 내용 체계의 영역별 핵심 아이디어 부분에서 표현 영역에 관한 기술을 찾아볼 수 있는데, 표현의 요소와 역할을 중심으로 서술되어 있다. 핵심 아이디어는 해당 영역의 학습을 통해 일반화할 수 있는 핵심 내용을 영역의 정의와 의미, 역할 등을 포괄하여 세 문장으로 나타낸 것으로(교육부, 2022), 표현 영역의 핵심 아이디어에서 표현은 '자신의 느낌과 생각을 시각화'하는 것이며 '창의적 사고와 성찰의 순환 과정'으로 구성되는 것이다. 2015 교육과정과 유사하게 표현 과정에서 필요한 절차와 학습 요소들이 2022 교육과정의 발상과 작품 제작의 역할에 대한 기술 안에서 제시되고 있지만, 이러한 표현의 과정이 정해진 방향을 갖는 것으로 설명되기보다 사고와 성찰의 순환을 표현 과정의 성격으로서 강조하여 제시하고 있다.

특히 '성찰'은 2015 교육과정에서 표현 영역의 '제작' 핵심 영역에 언급되지만 공통 교육과정의 경우 성찰의 내용이 성취기준에 구체적으로 제시되어 있지 않다. 반면, 2022 교육과정에서는 성취기준(초등학교 5~6학년) 해설의 "작품 완성의 전 과정에서… 표현 방법과 절차를 재고하는 성찰의 태도"(교육부, 2022, p. 14)라는 부분에서 나타나듯, '성찰'의 의미에 표현 과정 중에 나타난 것들을 감지하고 반응하고 대응하면서 창작의 과정을 사고하고 변화를 시도해 나갈 수 있도록 하는 '다시 되돌아봄'의 측면이 반영되어 있다. 이러한 성찰은 단순히 작품 제작 중에 처음 계획과 비교하여 부족한 부분을 점검한다는 의미를 넘어선다. 그것은 창작의 전 과정에서 떠오르는 문제들을 파악하고 표현 의지와 세계 및 물질과의 상호작용과 협상 속에서 문제에 대처하여 상황에 따라 과정을 전환해 간다는 의미에서의 성찰이며, 이러한 대응의 과정이 창작 중에 지속적으로 반복되기에 표현을 '성찰의 순환 과정'으로 제시한 것으로 읽힌다.

〈표 4〉 2015 및 2022 개정 미술과 교육과정 '표현' 영역 기술 비교

개정시기	미술과 교육과정(공통 교육과정)에서 표현 영역에 관한 기술
2015 개정 (성격)	'표현' 영역에서는 다양한 방식으로 주제나 아이디어를 탐색하고, 작품의 표현 방법과 제작 과정을 계획하며, 표현 과정에서 매체를 탐구하여 창의적으로 제작하도록 한다.
2022 개정 (교육과정 설계의 개요)	표현 영역은 다양한 발상과 매체를 통해 **느낌과 생각을 시각화**하고 **성찰**하며 창의적으로 문제를 해결하는 가운데 예술적 성취를 경험하게 한다.
2022 개정 (내용 체계 – 표현 영역의 핵심 아이디어)	• 표현은 자신의 **느낌과 생각을 시각화**하는 **창의적 사고와 성찰의 순환** 과정으로 이루어진다. • 다양한 발상은 아이디어와 주제를 발전시키고 표현의 토대가 된다. • 작품 제작은 표현 재료와 방법, 조형 요소와 원리 등을 선택하고 활용하여 창의적으로 문제를 해결하는 과정을 통해 예술적 성취를 경험하게 한다.

이러한 측면은 교육과정 성격 부분에서 개정 교육과정에서 표현의 특징에 관한 키워드라 할 수 있는 '창작의 역동성'과 조응한다. 제작 과정에서 재료와 교감하면서 얻은 발상으로 계획을 전환하거나, 초기 아이디어가 현실에 부딪힐 때 사고와 성찰의 역동적 순환은 실제 창작 과정에서 늘 일어나기 마련이다. 제작 중에 갑자기 떠오르는 아이디

어들과 첫 계획을 조율하면서, 재료 등 물질들이 나의 의지에 반하여 단단히 저항할 때 겨우 임기응변하면서 표현의 과정은 의도와 사뭇 다른 방향으로 풀려간다. 마치 풍랑 속에서 표현 의지라는 돛을 달고 내부와 외부에서 정신없이 밀고 들어오는 거친 물살을 헤치고 항해하다가 처음에 생각하지 못했던 장소로 배가 이동해 가듯이 제작 과정은 겉으로 잘 드러나지 않는 역동성을 지닌다. 재료를 가지고 무언가 만들어가는 과정에서 "탐구의 물결은 좀처럼 화살표 방향으로 흐르지 않는다"(Eisner, 2014, p. 93)라는 엘리엇 아이스너(Elliot Eisner)의 언급처럼 표현과정은 그 자체로 변화무쌍하다. 중요한 것은 표현 의지를 놓지 않으면서 내부와 외부에서 유입되는 것들에 감각과 지각을 열어두고 계속 새로운 것을 발견하고 거기에 맞추어 대응해 나가는 것이며, 표현 과정에서 현재의 감각에 주의를 기울이고 자신에게 다가오는 것들과 함께 미지의 지점으로 변화해 나가는 것이다. 이러한 '창작의 역동성'은 표현 영역과 표현 활동을 통해 학습자가 관습적 시각을 넘어서서 도약하도록 이끄는 부분이라 할 수 있다.

표현 과정의 역동성과 '사고와 성찰의 순환 과정'에 대한 강조는 표현 영역의 내용 요소에서도 나타난다. 2022 개정 미술과 교육과정에서 영역의 내용 요소는 영역별 핵심 개념을 중심으로 구조화했던 2015 개정과 달리, 영역별 핵심 아이디어를 중심으로 선별되었으며 '지식 · 이해', '과정 · 기능', '가치 · 태도' 세 범주로 나누어 내용이 제시되었다(교육부, 2022). 초등학교 5~6학년의 '과정 · 기능' 범주의 '과정을 돌아보며 작품을 발전시키기'는 표현 과정 내에서 주어진 절차에 종속되기보다 작품 속에서 무엇이 벌어지고 있는지 계속 주시하면서 성찰하도록 이끈다. 중학교의 '가치 · 태도' 범주의 '표현 과정에서의 주도성과 성찰'도 과정 속에 깨어있으면서 떠오르는 어려움과 질문들에 스스로 답을 찾고 새로운 발견을 해내는 것이 중요하다는 점을 강조한다. 이러한 측면은 교육과정에서 "미술 표현 과정에서 마주하는 크고 작은 질문과 답을 찾아 나가는 과정(교육부, 2022, p. 17)"의 교육적 가치를 반영한 것으로, 이것이 삶의 변화와 연결되기 위해서 과정 속의 성찰은 인지적 영역에만 머무는 것이 아니라 세상을 감각하는 방식을 새롭게 하는 데까지 이끌어져야 한다. 중학교의 '과정 · 기능' 범주의 '새로운 표현을 실험하고 작품 제작하기'는 창작의 역동성에 대한 고려 안에서 "실패를 두려워하거나 익숙한 표현 방법에 안주하지 않고(교육부, 2022, p. 17)" 실험적 성취로 나가도록 독려하는 부분으로, 표현 과정에서 실수와 실패의 위험을 감수할 수 있도록 실천 과정에서의 포용성이 뒷받침되어야 한다.

〈표 5〉 2022 개정 미술과 교육과정 표현 영역 내용 요소(부분)

범주 \ 구분	내용 요소		
	초등학교		중학교
	3~4학년	5~6학년	1~3학년
[과정 · 기능]	• 관찰과 상상으로 아이디어를 떠올리기 • 표현 방법을 익히기 • 의도를 가지고 작품을 제작하기 • 타 교과와 관련짓기	• 다양한 방법으로 아이디어를 연결하기 • 표현 방법을 탐색하여 활용하기 • **과정을 돌아보며 작품을 발전시키기** • 타 교과와 융합하기	• 주제에 적합한 표현 계획하기 • **새로운 표현을 실험하고 작품 제작하기** • 작품을 공유하고 소통하기 • 미술 표현 경험을 삶과 연결하기
[가치 · 태도]	• 표현에 대한 흥미 • 자기 작품을 소중히 여기는 태도	• 주제 표현의 의지 • 자유롭게 시도하는 태도	• **표현 과정에서의 주도성과 성찰** • 자신과 타인의 작품 존중

4. 자기 및 세계 이해와 창작의 역동성에 바탕을 둔 표현 수업 실천을 위한 제안

2022 개정 교육과정에서는 표현 활동 속에서 겉으로 잘 드러나지 않았던 학습자의 내적 과정을 보다 포용하고자 했다. 앞서 살펴본 자기 및 세계 이해와 창작의 역동성은 언어로 설명하기 어려운 내적 성찰 과정과 결부되어 있다. 표현 수업 실천에서 이러한 측면을 받아들일 때 고려해야 할 점들은 다음과 같다.

첫째, 표현 활동이 자기와 세계 이해를 목적으로 한다면 그것이 이루어질 수 있는 계기가 될 과제가 미술 수업을 통해 주어져야 한다. 자기 및 세계에 대한 깊은 이해는 자연스럽게 일어나기보다 어떤 계기에 의해 촉발되거나 외부에서 오는 특정 사건을 겪고 난 이후 부지불식간에 찾아온다. 미술 수업 과제가 자기와 세계 이해의 계기나 사건으로 제공되기 위해서는 완성된 작품의 질에 대한 강조보다 표현 과정 중에 나타나는 것에 대한 민감성을 강조하는 표현 활동을 제공하는 것이 필요하다. 그러한 활동은 불명료한 내적 정서를 구체화하는 표현이나 아직 다루어 본 적 없는 낯선 매체를 활용한 것이 될 수 있다. 또는 물질을 통해 특정 대상을 구현하는 것의 의미를 탐구하면서 작품을 구현했던 재료를 다시 원상태로 되돌리는 과제(Taguchi, 2018)가 될 수도 있다. 이렇게 미술 수업이 자기와 세계와의 의미 있는 만남이 일어날 수 있는 장소가 되려면 학습자가 수업 과제를 통해 다양한 상황과 경험 속에 노출될 수 있도록 하고자 하는 교사의 노력이 필요하다.

둘째, 고립되고 중심화된 자기에서 벗어나 세계와의 관계 속에서 자신을 이해하도록 표현 활동을 이끄는 데 있어서 교사의 역할이 핵심적이다. 타인들에 의해 구축된 세계와 자신을 이어주는 것이 표현 활동이 되어야 하나 그렇지 않은 경우가 있을 수 있다. Biesta(2018)는 예술 교육에서 학습자에게 자신만의 고유한 목소리를 표현할 수 있는 기회를 제공해 왔지만, 만약 자기를 표현하는 목소리가 인종차별적이고 파괴적인 것이라면 어떻게 해야 할 것인가 질문을 던진다. 세상에 성숙한 방식으로 존재하는 것과 학습자의 자유로운 표현은 서로 상충될 수 있으며, 수업에서 학습자 중심성에 대한 고려로 무분별한 표현을 허용한다면 자기중심성을 깨뜨릴 교육의 기회는 사라지게 된다 (Biesta, 2018). 중심화된 자기 자신으로부터 벗어나도록 하고, 타인과의 관계 속에서 자신을 인식하도록 학습자를 이끄는 것은 교사의 몫이다.

셋째, 표현 활동은 절차에 따라 계획을 실천하여 완성작에 이르는 목적론적 과정에서 어느 정도 벗어나 예측 불가능성을 받아들일 틈과 여유가 수반되어야 한다. 창작의 역동성을 고려한다면 정교한 사전 수업 설계와 수업 계획, 그리고 목표에 따르는 실행을 요구하는 기존 수업의 관행과 제한들을 완전히 따라가기는 어렵다. 왜냐하면 표현 과정 속에서 발견하고 성찰하는 것은 예측 불가능한 시간의 차원 속에서 일어나기 때문이다. 이렇게 우발성과 내적 성찰 과정을 포용한 표현 활동에서는 실수와 실패가 표현 의지를 잃게 하지 않으며 오히려 그것이 습관적 사고를 벗어나 새로움을 발견할 기회로 작용할 수 있다.

5. 표현 영역의 과제와 방향성

지금까지 미술과 교육과정에서 표현 개념의 등장 배경과 변천 과정을 '표현 영역'을 중심으로 검토하였고, '표현'에 대한 다양한 시각을 관련 선행 연구를 통해 살펴보았다. 또한 자기와 세계 이해 과정의 강조, 창작의 역동성 포용의 두 측면을 중심으로 2022 개정 교육과정에서 표현 개념의 의미를 탐색하고, 이러한 의미에 기반한 표현 수업 실천 방향을 제안하였다. 교육과정에서 표현 개념의 과거와 현재의 의미를 조명하고자 한 이 글에서는 부득이하게 자기 표현과 자기와 세계 이해를 위한 표현 간의 대립이 다소 부각 되었다. 1차 교육과정부터 우리나라 미술교육에 큰 영향을 미친 창조표현주의 미술교육 사상의 영향으로 오랫동안 표현은 자유로운 자기 표현으로 이해되어 왔다. 표현 개념에 대한 이러한 인식은 변화를 거듭했으며 2022 개정 교육과정에서 표현 개념의 의미는 내적 성찰에 기반한 자기와 세계의 이해 과정이란 측면이 보다 강조되고 확장되었다. 그러나 미술 교육에서 양 측면은 모두 중요하고 어느 하나가 다른 것을 대체하는 것은 아니며, 자유롭고 창의적인 충동을 표출하는 미술 활동은 여전히 공존하고 있다. 양 측면 모두에 중요한 지점은 무엇보다 표현 과정 안에서 고립되고 중심화된 자아를 넘어서도록 하고, 자기 표현과 자기 탐구의 시간을 겪으며 학습자 내부의 도약을 촉발하여 형성적 차원이 작동될 수 있도록 하는 교육적 지원이 요구된다는 것이라 할 수 있다.

표현 과정 내 자기와 세계 이해라는 유동적 측면을 고려한다면, 2022 개정 교육과정에서 작품을 만들어가는 과정에서 일어나는 물질과의 상호작용 및 이를 통해 학습자가 영향받고 변화하는 측면이 제한적으로만 조명된 부분은 한계점으로 지적될 수 있다. 2022 개정 교육과정 표현 영역의 내용 요소에서 표현 '의도', '주제 표현의 의지'와 같은 키워드나 표현 영역에 대한 기술에서 '문제 해결'에 대한 강조는 학습자가 표현 과정에서 떠오르는 외부 영향에 자신을 개방하여 변화를 일으키는 사건과 만나는 차원을 포괄하지 못한다. 의도를 재료에 부과하는 표현 과정과는 또 다른 표현의 측면, 예측할 수 없는 외부의 영향에 노출되고 물질과의 상호작용 속에서 한계를 발견하고, 실수와 실패로부터 더 깊은 자기 이해와 세계 이해에 이르게 되는 부분, 의도가 계속 빗나가고 표현 의지가 넘지 못할 제한을 발견하고, 물질이 나의 변화를 이끌어가는 차원 또한 표현 과정의 중요한 측면이라 할 수 있다. 차기 미술과 교육과정에서는 표현 과정 내에서 작용하는 이러한 보이지 않는 차원과 그것의 가능성이 보다 고려될 수 있기를 기대한다.

강은영(심석중학교)

8 감상

미술과 교육에서 '감상'이란 무엇인가. '감상'은 미술과 교육과정 가운데 '표현'과 함께 가장 오래된 영역이다. 미술 '감상' 영역은 1954년 제1차 교육과정 시기에 미술과 목표 가운데 하나로 도입되었으며 특히 중학교의 경우 '표현', '이해', '감상', '기술' 등 교재 및 지도 내용이자 활동의 하나였다. 이 글에서는 '감상'이 미술과 교육과정에 도입된 배경과 그 변천과정에 대해 관련 문헌들을 통해 다루고 2022 개정 미술과 교육과정에서 '감상'에 대해 살펴본다. 핵심 아이디어, 지식 · 이해, 과정 · 기능, 가치 · 태도를 비롯하여 성취기준과 교수 · 학습 및 평가 등 미술과 교육과정에서 이루어지는 '감상' 영역은 총론으로부터 비롯된 교과 역량과 수업의 연결선상에 있다. 미술교육에서 '감상'의 의의와 역할에 대해 살펴보고 교육과정에서 '감상' 영역의 과제와 방향성을 탐색하고자 한다.

1. 미술과 교육과정 감상 영역의 전개

근대에 이르러 보통교육으로서의 학교제도 속에 미술이 도입되었다. 하나의 교과로서 미술이 설정되면서 미술의 사회적인 위치, 학교 제도에서의 위치와 역할을 담당하며 교과로서 성립되기 위한 이론과 실천, 권위와 제약을 동시에 가지게 된 것이다. 미술과 교육과정의 내용체계 가운데에서 '감상' 영역은 어떻게 다루어지고 있는가. 또한 내용과 방법은 어떻게 변화되어 왔는가. 미술 감상에 대해서는 다양한 이론과 논의가 가능하지만 여기서는 우리나라 미술과 교육과정에서의 '감상' 영역과 내용에 대해 살펴보자.

미술과 교육에서 감상 영역은 국가 수준 교과 교육과정 수립 초기부터 '표현' 영역과 더불어 필수 영역으로 지속적으로 존재해왔다. 우리나라 미술과 교육에서 '감상'이라는 용어가 처음 등장한 것은 일제 강점기였던 1938년 제3차 '조선교육령' 시기 만들어진 '소학교규정'이다.

1938년 실시된 소학교규정부터 한국에서 보통교육으로 감상이 다루어지기 시작한 것이다. 이 규정에는 '미감을 양함을 요지로 함'이라고 규정하고 있다.

미술교과인 '도화(圖畵)' 과목은 1920년대까지 형체를 바르게 그리는 능력을 함양하는 목표를 가지고 사물을 있는 그대로 보고 그리거나 임화를 지도하는 교과로서 모사를 위한 기능교육을 중심으로 하였다. 감상교육은 모사를 위한 감상, 모사의 수준을 확인하기 위한 감상, 표현방법과 기법의 설명을 중심으로 이루어졌다. 도화과의 교재들은 자재화(自在畵), 용기화(用器畵), 임화(臨畵), 사생화(寫生畵) 등으로 구성되었고 이를 다루는 미술교과서 외에 별도의 감상교재는 없었다. 미술 감상 및 비평교육은 제3차 조선교육령기인 1938년부터 감상교재가 정식으로 학교교육에서 나타났다(김형숙, 2015). 당시 미술교과서인 초등도화는 '표현교재', '감상교재', '설화교재'로 구성되어 있었는데 도화교육의 목표인 '인격도야'는 심미적 정조의 도야라는 감상교육의 목적을 강조하고 있다. 인격적으로 훌륭한 사람이 되도록 한다는 인격도야와 아름다움을 추구하는 고차원적인 감정을 기르고 몸과 마음을 닦는다는 '심미적 정조의 도야'는, 표현방법과 기법 이해로 이루어졌던 이전의 감상교육에서 진일보했다(김형숙, 2004, 2015; 박휘락, 1998). 이후 1941년에 개정된 초등학교 규정에 "작품을 감상하는 능력을 길러…"라고 교육과정에 '감상'이라는 단어가 등장하였다. 그리고 1945년 광복 이후 교수요목기와 교과과정기, 그 이후 교육과정 개정을 거쳐 현재 2022 개정 교육과정에 이르기까지 변화의 과정을 거쳐 왔다.

우리나라 교육과정에서 제시된 ‘감상’ 영역의 목표를 살펴보면 다음과 같다.

〈표 1〉 미술과 교육과정에서 감상 영역 목표의 변화

<table>
<tr><th>교육과정</th><th colspan="4">초등학교</th><th colspan="4">중학교</th><th colspan="4">고등학교</th></tr>
<tr><td>1차</td><td colspan="4">자연의 미와 조형의 미 또는 글씨를 감상하는 능력을 기른다.</td><td colspan="4">자연과 조형품을 감상하는 능력을 기른다.</td><td colspan="4">창조적인 표현력과 감상력을 사회생활에 활용하는 능력을 발전시킨다.</td></tr>
<tr><td>2차</td><td colspan="4">자연미와 조형품을 감상함으로써 미적 정서를 길러 조형미에 대하여 이해하고 이를 아끼고 보존하는 마음과 태도를 가지게 한다.</td><td colspan="4">조형품을 널리 감상함으로써 조형미를 이해하고 미적 정서를 높여, 이를 아끼고 보존하는 마음과 태도를 가지도록 한다.</td><td colspan="4">미술 문화의 전통과 동향을 이해함으로써 조형품의 가치와 의의를 바르게 감상할 수 있는 능력을 기르도록 한다.</td></tr>
<tr><td>3차</td><td colspan="4">우리나라 및 다른 나라의 조형품을 감상할 줄 알며, 아울러 미를 애호하고 보존하는 마음과 태도를 기른다.</td><td colspan="4">우리나라 및 다른 나라의 미술품에 대한 심미성을 풍부히 하고, 우리의 미술 문화를 애호·보존하게 하여, 민족 문화 발전에 이바지하려는 태도를 기른다.</td><td colspan="4">우리나라 및 다른 나라의 우수한 미술 작품을 감상할 수 있는 능력을 길러 조형품의 가치와 의의, 전통과 동향을 올바르게 알게 하여, 민족 문화 발전에 이바지할 수 있게 하는 동시에 미술 문화를 애호 존중하는 태도를 기른다.</td></tr>
<tr><td>4차</td><td colspan="4">우리의 자연과 조형품의 아름다움을 즐기고 애호할 수 있는 감상 능력을 기른다.</td><td colspan="4">우리의 자연과 여러 가지 조형품의 가치를 발견, 애호할 수 있는 감상 능력을 기른다.</td><td colspan="4">우리의 자연과 우리나라를 비롯한 다른 나라 조형품의 미적 가치를 구명할 수 있는 감상 능력을 기른다.</td></tr>
<tr><td>5차</td><td colspan="4">우리나라의 자연과 조형품의 아름다움을 즐기고 애호할 수 있는 능력과 태도를 기르게 한다.</td><td colspan="4">자연 및 조형품의 가치를 발견하고 애호할 수 있는 능력과 태도를 기르게 한다.</td><td colspan="4">자연미와 조형품에 대한 감상 능력과 미적 문화의 가치를 판단할 수 있는 능력을 기르게 한다.</td></tr>
<tr><td>6차</td><td colspan="4">미술품에 관심을 가지고 존중할 수 있는 태도를 가지게 한다.</td><td colspan="4">미술품의 가치를 발견하고 존중할 수 있는 능력과 태도를 기르게 한다.</td><td colspan="4">미술품의 가치를 판단하고, 다양한 미술 문화를 이해하는 능력과 존중하는 태도를 기르게 한다.</td></tr>
<tr><td>7차</td><td colspan="12">미술품의 가치를 판단하고 미술문화 유산을 존중할 수 있다.</td></tr>
<tr><td rowspan="2">2007 개정</td><td colspan="12">미술의 가치를 이해하고 판단할 수 있는 능력을 기른다.
미술을 생활화하여 미술 문화를 존중하는 태도를 가진다.</td></tr>
<tr><td colspan="3">미술 작품과 미술 문화에 관심을 가진다.</td><td colspan="3">미술 작품을 분석하고 미술 문화의 중요성을 이해한다.</td><td colspan="3">미술 작품을 맥락적으로 해석하고 미술 문화의 의미를 이해한다.</td><td colspan="3">미술 작품을 판단하고 미술 문화에 참여한다.</td></tr>
<tr><td>2009 개정</td><td colspan="12">미술의 가치를 이해하고 판단할 수 있는 능력을 기른다.
미술을 생활화하여 미술 문화를 애호하고 존중하는 태도를 기른다.</td></tr>
<tr><td rowspan="2">2015 개정</td><td colspan="12">미술 작품이 지닌 특징을 이해하고 비평할 수 있는 능력을 기른다.
미술을 생활화하며 문화의 다원적 가치를 존중하는 태도를 기른다.</td></tr>
<tr><td colspan="4">미술 작품의 특징과 배경을 탐색하고 이해하는 능력을 기른다.
미술 활동에 흥미와 관심을 가지고 자발적으로 참여하는 태도를 기른다.</td><td colspan="4">미술의 변천 과정과 맥락을 이해하고 작품의 의미를 해석하는 능력을 기른다.
미술 활동에 주도적으로 참여하고 서로 협력하는 태도를 기른다.</td><td colspan="4">미술 문화의 다양성과 교류를 이해하고 작품의 가치를 판단하는 능력을 기른다.
미술 활동을 통해 자기를 계발하고, 공동체의 발전에 참여하는 태도를 기른다.</td></tr>
<tr><td>2022 개정</td><td colspan="8">다양한 삶과 문화가 반영된 미술과의 만남으로 미적 판단 능력을 기르고 자신과 공동체를 이해하며 미술문화의 다원적 가치를 존중한다.
미술 문화의 다원적 가치를 존중하며 협력적 의사소통을 통해 공동체의 문화 발전에 참여한다.</td><td colspan="4">미술을 매개로 사고하고 행동하며 세계 속에서 자신을 성찰하고 주도적으로 삶을 살아간다.
다양한 미술 문화를 존중하고 공동체의 문제 해결에 참여하여 풍성하고 지속 가능한 문화 발전에 기여한다.</td></tr>
</table>

우리나라 미술과 교육과정에서 '감상'은 제1차 교육과정(교육과정에서의 명칭은 '교과과정')부터 2022 개정 교육과정까지 미술교육의 목표와 내용으로 지속적으로 등장하고 있다. 내용체계 영역 명칭으로서 '감상'은 '표현' 및 다른 영역과 마찬가지로 제1차 교육과정 중학교 수준의 교육과정에서부터 나타나서 현재까지 지속적으로 사용되고 있다. 미술과 교육과정 개정이 거듭됨에 따라 감상교육의 목표와 내용이 점차 체계화되고 있으며 '생활화'를 통해 삶과의 연결 역시 다루어지게 되었다.

1945년 광복 이후 전쟁을 거쳐 1955년 공포된 제1차 교육과정에서는 초등학교 미술과 목표로서 감상에 관련하여 "4. 자연의 미와 조형의 미 또는 글씨를 감상하는 능력을 기른다."로 제시하여 자연과 조형의 미, 그리고 글씨 등 주변과 관련하여 감상의 능력을 요구하였다. 1963년 제정, 공포된 제2차 교육과정은 생활중심과 경험주의의 토대에서 감상교육이 진행되었다. 감상교육의 목표는 조형품의 감상을 통하여 미술의 동향과 조형미에 대해 이해하고, 미술가의 정신과 작품을 애호, 존중하는 태도를 가지도록 하는 것이다. 이 시기는 초등학교에서 전 학년에 준하여 감상력을 높이는 것으로 설정해 두었다는 점이 특징적이다. 제1차 교육과정과 마찬가지로 감상활동은 독자적으로 설정되지 않고 표현활동과 연계되어 지도하도록 설정되었으나 목표는 별도 항목으로 제시되었다. 미술과 목표 중 "3. 조형 능력을 일상 생활에 활용하여 아름답고 합리적으로 미화 개선할 수 있는 태도와 습관을 가지도록 한다."로 제시하여 미술과 생활의 연계를 시도하고 있다.

미술 감상교육에 대한 인식은 1973년 개정된 제3차 교육과정부터 변화되기 시작하였다. 초등학교에서는 내용이 회화, 조소, 디자인, 공예, 서예, 감상 등 여섯 영역으로 구성되어 감상 영역이 하나의 주요 영역이 되었다. 감상교육에서는 전통미술과 민족미술 작품을 감상하고 문화를 애호, 존중하는 태도를 기르는 데 중점을 두었다.

1981년 개정된 제4차 교육과정은 각 학교급별로 표현능력, 감상능력이라는 범주 아래 목표를 설정하여, 학생들이 표현 및 감상활동을 통하여 인간성을 기르고 미적 정서와 창조성을 길러 인격을 함양하고 우리 문화 창달에 기여하는 국민적 자질을 육성하는 것을 목표로 하였다.

제5차 교육과정에서는 초등학교 1, 2학년에서 미술, 음악, 체육을 즐거운 생활로 통합하였으며 초등학교 3학년부터 미술을 표현과 감상 영역으로 다루었다. 감상 영역에서는 친구 작품 감상하기와 자연 및 조형품 감상하기로 나뉘었다.

1992년 제6차 교육과정에서 미술과 교육과정의 목표 가운데, 미술품의 가치를 판단하고, 다양한 미술 문화를 이해하는 능력과 존중의 태도를 기르도록 하였다. 미술 감상은 미술 감상교육과 비평교육에 의해 가능한 것으로서, 표현활동에서 다루지 못한 내용들을 고루 경험할 수 있도록 하며 지도를 위해 미적 가치판단이 강조되었다. 감상 방법으로 미술관, 전시회 등을 관람하고 시청각 자료를 활용하여 미술사를 이해하고 미술 비평능력을 기르도록 한다.

제7차 교육과정에서는 감상교육을 강조하고 있는데, 이는 감상이 작품제작을 위한 동기유발이 되기도 하고 미적 대상을 보는 안목을 높이기도 한다. 제7차 교육과정에서 미술 감상은 학교 급별 수준에 따라 범위와 수준이 다르게 제시되어, 초등학교에서는 미술 감상 및 비평 부분을 관심과 흥미를 유도하는 수준에서 다룬다. 여기서 미술 감상은 단계적 절차의 방법론이 강조되면서 기술, 분석, 해석, 판단이라는 네 단계가 적용되었다.

2007 개정 미술과 교육과정에서 미술 감상은 미술작품, 미술가, 미술사 등을 중심으로 미술의 지식과 개념을 익히고, 의견을 언어화하거나 생활 속에서 미술 문화를 향유할 수 있는 기초능력 함양에 중점을 두었다. 초등학교에서는 시각적 대상과 현상에 흥미와 관심을 가지고, 미술작품과

문화에 관심을 가지며, 미술 용어를 이해하도록 하였다.

2009 개정 교육과정 총론과 더불어 2011년에 개별교과의 각론으로 2009 개정 교육과정에 따른 미술과 교육과정이 고시되었다. 이전 교육과정에서 대영역 감상은 '미술작품'과 '미술문화'라는 중영역으로 구성되었던 것에 비해, 2009 개정에서는 '미술사'와 '미술비평'으로 변경되었고 이는 2015 개정 미술과 교육과정에서 다시 '이해'와 '비평'으로 변경되었다. 그러나 하위목표를 보면 그 맥락은 거의 유사한 것으로 보인다.

우리나라 교육과정은 경험주의·생활중심 교육과정(1, 2차), 학문중심 교육과정(3차), 인간중심 교육과정(4차 이후), 역량중심 교육과정(2015 개정) 등으로 변화되어 왔다. 그 변천 과정을 살펴보면 언어적 표현 방법에는 차이가 있지만 본질적인 변화가 크다고 보기는 어렵다고 평가된다(서울교대미술교육연구회, 2014, p. 316). 그러나 자연과 조형의 미와 글씨(1차)로부터, 미술 작품, 미술 문화, 미술 활동(2009, 2015 개정) 등으로, 감상의 능력과 이해와 보존의 태도(1차, 2차)로부터 이해와 판단, 참여의 태도(2009, 2015 개정) 등으로, 감상의 대상 및 목표와 내용은 변화, 확장되어 왔다.

1차 교육과정(1954-1963)에서 '감상' 목표는 자연미, 조형미, 글씨에 대한 '감상능력'에 중점을 두었고 2차 교육과정(1963-73)부터 5차 교육과정(1987-1992)까지 감상 영역의 목표는 '자연과 조형품의 아름다움을 즐기고 가치를 발견하며 애호하는 능력'의 배양에 초점을 두었다. 6차 교육과정(1992-1997)부터 DBAE의 영향으로 미술비평과 미술사 등의 요소를 반영하기 시작하여 7차 교육과정(1997-2007)에서는 '미술품의 가치 판단'과 '미술 문화유산 존중'을 감상목표로 제시하게 된다. 이런 흐름은 2007 개정 교육과정(2007-2009), 2009 개정 교육과정(2009-2015)을 거쳐 2015 개정 교육과정(2015-현재)에서도 그대로 이어졌다. 2015 개정 교육과정의 감상 영역의 목표는 '미술 작품의 가치 판단'과 '미술 문화의 향유' 능력의 함양이며, 그 교육 내용은 미술사적 이해와 미술비평이 된다(류지영, 이은적, 안혜리, 이주연, 김선아, 2016). 이는 감상교육이 미술 문화의 향유자를 길러낸다는 전제에 의한 것으로 결과적으로 '감상'이 미술 교과 안에서 중요한 비중을 차지하게 된 것이다. 이는 학교 현장의 교사와 학생들에게도 미술감상교육의 필요성에 대한 긍정적인 인식으로 이어지게 되었다(김홍주, 2020; 오유림, 안혜리, 2021).

지금까지 감상의 흐름을 살펴보면(백중렬, 1999; 박휘락, 2003; 김형숙, 2015), 미술 감상교육은 학교교육에서 점차적으로 강조되고 체계화되었음을 교육과정의 개정을 통해 알 수 있다. 미술과 교육과정에서는 미술교육의 목표를 표현 및 감상활동을 통한 조화로운 인간 형성, 즉 전인교육의 일환으로 다루고 있다. 전통적인 미술교육으로부터 창조주의 미술교육, 그리고 이에 반발한 학문중심 미술교육 이후의 경향으로 변화된 것이다(박휘락, 2016). 한편 미술 감상교육과 비평교육에 관한 논의는 미술교육에서는 학문중심 미술교육 이후 본격적으로 시도되었으며, 우리나라에서는 DBAE의 도입과 더불어 더욱 구체적으로 거론되었다. 미술 감상 및 미술비평교육은 그동안 실기 중심으로 하는 미술교육에서 미학, 미술사, 미술비평에 이르는 내용을 광범위하고 포괄적으로 다루며 미술교육의 확장을 가져왔다고 볼 수 있다(류지영, 2019). 2009 개정 2011 미술과 교육과정에서 감상 영역은 내용으로서 '미술사', '미술비평'이 설정, 제시되었고 2015년 개정 미술과 교육과정에서는 '이해'와 '비평'으로 용어가 바뀌어 제시되었다. 2022 개정 미술과 교육과정에서는 표로 명시화되어 드러나지는 않지만 '이해'와 '비평'을 중심으로 다루어지며 지도 요소 측면에서 '미술사'와 '미술비평'의 연속으로 보인다.

2. 2022 개정 미술과 교육과정에서의 감상

현행 2022 미술과 교육과정에 제시된 미술과 총괄 목표와 학년군별 감상 영역 지도 내용을 살펴보자.

〈표 2〉 2022 개정 미술과 교육과정의 미술 교과 목표(교육부, 2022, p. 6)

대상과 현상의 미적 체험을 바탕으로 느낌과 생각을 표현하고 감상하는 활동을 통하여 자신과 세계를 이해하고 미술 문화 창조에 주도적으로 참여할 수 있다. (1) 대상과 현상을 감각적으로 지각하고 반응하면서 심미적 감성을 기른다. (2) 미술 활동을 통해 자신의 느낌과 생각을 창의적으로 표현하며 경험과 사고를 유연하게 통합하고 확장한다. (3) 다양한 매체에 기반한 시각문화를 비판적으로 이해하고 활용하여 시각적으로 소통한다. (4) 미술을 매개로 주도적으로 사고하고 행동하며 세계와의 관계에서 자신을 이해한다. (5) 미술 문화의 다원적 가치를 존중하며 협력적 의사소통을 통해 공동체의 문화 발전에 기여한다.

미술과 총괄 목표에 따른 내용 체계는 영역, 영역별 핵심 아이디어, 내용 요소로 구성하였다. 교과의 내용을 구분하는 가장 큰 단위인 '영역'은 '미적 체험', '표현', '감상' 영역으로 설정하였다. 그중 '감상' 영역은 다양한 삶과 문화가 반영된 미술과의 만남으로 미적 판단 능력을 기르고 자신과 공동체를 이해하며 미술 문화의 다원적 가치를 존중하게 한다. 감상 영역의 내용 체계를 살펴보면 다음과 같다.

〈표 3〉 초3~중학교 '미술' 감상 영역(교육부, 2022, p. 6)

핵심 아이디어	• 감상은 다양한 삶과 문화가 반영된 미술과의 만남으로 자신과 공동체의 문화를 이해하게 한다. • 작품의 내용과 형식에 대한 맥락적 이해와 비평은 미적 판단 능력을 높인다. • 감상은 서로 다른 관점을 이해하여 삶에서 미술 문화의 다원적 가치를 존중하도록 한다.		
범주 \ 구분	내용 요소		
	초등학교		중학교
	3~4학년	5~6학년	1~3학년
지식 · 이해	• 미술 작품과 미술가 • 미술 작품의 특징 • 미술 전시	• 미술 작품의 배경 • 미술 작품의 내용과 형식 • 공동체의 미술 문화	• 미술의 시대적, 지역적, 사회적 맥락 • 미술 용어와 지식 • 다양한 감상 방법과 관점
과정 · 기능	• 자세히 보고 질문하기 • 미술 작품에 관한 느낌과 생각을 설명하기 • 미술 전시 및 행사에 참여하기	• 작품과 배경을 연결하기 • 다양한 방법으로 분석하기 • 미술 문화 활동을 경험하고 공유하기	• 미술 작품의 내용과 형식 분석하고 설명하기 • 미술 작품을 해석하기 • 미술 감상 경험을 삶과 연결하기
가치 · 태도	• 자신의 감상 관점 존중 • 미술 문화에 관한 관심	• 서로 다른 관점의 존중 • 공동체 문화에 참여	• 미술의 다원성 존중 • 공동체 문화에 기여

〈표 4〉 고등학교 선택교과 '미술' 감상(교육부, 2022, p. 35)

핵심 아이디어	• 감상은 다양한 삶과 문화가 반영된 미술과의 만남으로 자신과 공동체의 문화를 풍요롭게 한다. • 작품의 내용과 형식에 대한 맥락적 이해와 비평은 미적 판단 능력을 높이고 미술 문화의 다원적 가치를 이해하게 한다.
범주 \ 구분	내용 요소
[지식 · 이해]	• 미술의 시대적, 지역적, 사회 · 문화적 변천 • 미술 감상과 비평을 위한 관점과 방법 • 전시의 목적과 유형
[과정 · 기능]	• 미술과 시대, 사회, 환경과의 상호 관련성 분석하기 • 작품에 대한 자신의 견해와 가치 판단을 논리적으로 표현하기 • 전시를 기획하고 참여하기
[가치 · 태도]	• 감상을 통한 소통 • 미술 문화의 다원적 가치 이해와 존중

내용 체계에서 핵심 아이디어는 각 영역에서 학습을 통해 일반화할 수 있는 내용을 진술한 것으로, 영역의 정의와 의미, 역할 등을 포괄하여 세 문장으로 제시하였다. 감상의 영역별 핵심 아이디어는 '감상', '이해', '비평'을 중심으로 미술문화와 가치 등을 함께 제시하였다. "감상은 다양한 삶과 문화가 반영된 미술과의 만남으로 자신과 공동체의 문화를 이해하게 한다.", "작품의 내용과 형식에 대한 맥락적 이해와 비평은 미적 판단 능력을 높인다.", "감상은 서로 다른 관점을 이해하여 삶에서 미술 문화의 다원적 가치를 존중하도록 한다." 이에 기초하여 학생들이 학습해야 할 내용 요소를 지식 · 이해, 과정 · 기능, 가치 · 태도의 세 범주로 구분하여 학년군별, 학교급별로 위계화하였다.

예를 들어 초등학교 3~4학년의 '감상'에서 지식 · 이해는 '미술 작품과 미술가', '미술 작품의 특징', '미술 전시', 과정 · 기능은 '자세히 보고 질문하기', '미술 작품에 관한 느낌과 생각을 설명하기', '미술 전시 및 행사에 참여하기', 가치 · 태도는 '자신의 감상 관점 존중', '미술 문화에 관한 관심', 가치 · 태도는 '감상을 통한 소통', '미술 문화의 다원적 가치 이해와 존중'으로 제시하고 있다. 2015 개정 교육과정에서의 기능적 요소를 내용 체계로 함께 제시하고 있다.

감상 영역의 성취기준은 다음과 같다.

〈표 5〉 감상 영역 성취기준(교육부, 2022, p. 11, 15, 18, 38)

학년	〈감상〉 성취기준
초등 3~4	• [4미03-01] 미술 작품을 자세히 보고 작품과 미술가에 관해 질문할 수 있다. • [4미03-02] 미술 작품의 특징과 작품에 관한 자신의 느낌과 생각을 설명할 수 있다. • [4미03-03] 미술 문화에 관심을 가지고 전시 및 행사에 참여할 수 있다. • [4미03-04] 작품 감상에 흥미를 가지고 참여하며 작품에 대한 자신의 감상 관점을 존중할 수 있다.
초등 5~6	• [6미03-01] 미술 작품을 작품이 만들어진 시대적, 지역적 배경 등과 연결하여 이해할 수 있다. • [6미03-02] 미술 작품의 내용(소재, 주제 등)과 형식(재료와 용구, 표현 방법, 조형 요소와 원리 등)을 분석하여 작품의 특징을 설명할 수 있다. • [6미03-03] 공동체의 미술 문화 활동에 관심을 가지고 참여하며 경험을 공유할 수 있다. • [6미03-04] 다양한 방법을 활용하여 작품을 감상하며 작품에 관한 서로 다른 관점을 존중할 수 있다.
중학교	• [9미03-01] 미술의 시대적, 지역적, 사회적 맥락을 이해하고 설명할 수 있다. • [9미03-02] 작품의 내용과 형식을 분석하고 미술 용어와 지식을 활용하여 설명할 수 있다. • [9미03-03] 다양한 감상 방법과 관점을 활용하여 작품을 해석할 수 있다. • [9미03-04] 미술의 다원성에 대한 존중을 바탕으로 미술 감상 경험을 삶과 연결하고 공동체 문화에 기여할 수 있다.
고등학교 (선택)	• [12미03-01] 미술의 시대적, 지역적, 사회 · 문화적 변천 과정을 이해하고 작품을 감상하며 자신의 견해를 논리적으로 표현할 수 있다. • [12미03-02] 비평 방법을 활용하여 미술과 시대, 사회, 환경과의 상호 관련성을 분석하고 가치를 판단할 수 있다. • [12미03-03] 미술 작품 감상과 비평의 관점을 활용한 소통으로 미술 문화의 다원적 가치를 이해하고 존중할 수 있다. • [12미03-04] 전시의 목적과 유형을 이해하여 전시를 기획하고 참여할 수 있다.

현행 미술과 교육과정에서는 해설서는 없으며 성취기준의 난이도에 따라 부분적으로 해설을 제시한다. 전체 해설이 없는 점은 아쉬우나, 다음과 같이 일부 해설을 제시하여 미술 교과 및 감상 영역의 이해와 수업의 진행에 도움이 되도록 하였다.

〈표 6〉 감상 영역 성취기준의 해설 일부(교육부, 2022, p. 11, 15, 18, 38)

- [4미03-01] 성취기준은 작품에 대한 교사의 질문이나 조사에 의존하는 감상 방식에서 벗어나 학생들이 작품을 충분히 보고 자신의 느낌과 생각을 바탕으로 질문을 만들어 상호 작용하는 데 중점을 둔다. 질문하기를 통한 감상은 작품과 나누는 대화의 시작이다. 작품 정보를 활용한 질문, 작품의 내용이나 형식에 관한 질문, 작가의 입장이 되어 던지는 질문 등 다양한 질문을 통하여 학생들이 감상에 흥미를 느끼고 감상 관점을 기르도록 한다.
- [6미03-03] 성취기준은 교실 수업이라는 시공간을 확장하여 전시, 지역 축제, 문화 행사 등 학생들이 살아가는 지역 사회의 미술 문화에 관심을 가지고 적극적으로 참여함으로써 문화를 향유하는 태도를 생활화하는 데 중점을 둔다. 또한 그 경험을 공유하고 소통함으로써 새로운 문화를 생성해가는 데까지 관심을 확장한다.
- [9미03-04] 성취기준은 미술의 다원성을 존중하는 태도를 바탕으로 미술 감상 과정과 결과에서 얻은 지식과 경험을 자신의 삶과 연결하여 통찰을 얻고 자신이 속한 공동체가 더 나은 문화를 만들어 나가도록 하는 데 중점을 둔다. 미술 작품과 그에 얽힌 다양한 주제에 관해 의견을 나누는 가운데 미술의 가치와 역할을 인식하고 미술을 통해 나와 공동체의 문화를 새롭게 하는 데 기여할 수 있다.
- [12미03-01] 성취기준은 미술의 시대적, 지역적, 사회 · 문화적 변천 과정과 미술 작품의 관련성을 맥락적으로 이해하고 감상하기 위해 설정된 것이다. 시대적, 역사적 변화의 맥락 속에서 미술 작품의 특징과 의미, 자신의 견해를 미술 용어를 사용하여 논리적인 글과 말로 표현하는 데 초점을 둔다.

이와 같이 성취기준을 살펴보면, 성취기준에 대한 구체적인 설명을 위해 각 학년군에서 한 개씩 성취기준을 선정하여 해설을 제시하였다. 한편 '성취기준 적용 시 고려 사항'을 제시하여 미술 수업에서 교사를 위한 도움이 되도록 하였다. 감상 영역에서의 '성취기준 적용 시 고려 사항'은 다음과 같다.

〈표 7〉 초등 3~4 감상 영역 '성취기준 적용 시 고려 사항'(교육부, 2022, p. 11)

- 감상 영역에서는 학생들이 미술의 이해, 비평, 생활화의 개념을 이해하도록 한다.
- 감상 활동 시 미술 작품과 미술가를 조사하고 탐구하는 방법을 안내하고 정보와 일화 등을 활용하여 학생들이 미술 작품과 미술가를 친근하게 느끼고 감상에 흥미와 관심을 가지도록 한다.
- 작품 선정은 학습자의 발달 수준을 고려하되, 여러 분야의 작품을 풍부하게 접할 수 있도록 배려한다. 사실기 전 발달 수준의 학습자들이 다양한 미술 작품을 접함으로써 미술에 대한 고정 관념에서 벗어나 자신의 취향을 발견하고 감상에서 이해한 바를 표현 활동의 아이디어로 연계할 수 있도록 한다. 더불어 미술 작품을 통해 서로 다른 생각이 공존할 수 있음을 이해하고 존중하는 태도를 기를 수 있도록 한다.
- 미술 작품에 관해 교사가 질문하고 학생이 답변하는 감상이 아니라 미술 작품을 충분히 볼 수 있는 기회와 여건을 제공하여 학생들이 호기심을 갖고 질문을 만들 수 있도록 유도한다. 질문 만들기를 통해 미술 작품에 대한 적극적인 감상 태도와 자신의 감상 관점을 기르도록 한다.
- 작품 감상문 쓰기, 작품을 소개하는 편지 쓰기, 작품 속 장면을 연극으로 표현하기, 작품을 노래로 표현하기 등 작품에 대한 느낌과 생각을 자유롭게 발표하도록 한다.
- 감상에서 평가는 미술 작품과 미술가를 조사한 내용, 작품에 관한 질문 만들기, 작품에 대한 자신의 느낌과 생각 발표, 미술 전시에 참여하는 태도 등을 중심으로 평가한다.

〈표 8〉 초등 5~6 감상 영역 '성취기준 적용 시 고려 사항'(교육부, 2022, p. 15)

- 감상 영역에서는 학생들이 미술의 이해, 비평, 생활화의 개념을 이해하도록 한다.
- 미술 작품 감상은 작품이 만들어진 시대적, 지역적 배경, 미술가의 심리와 정서 등과 관련지어 작품을 맥락과 함께 이해할 수 있도록 한다.
- 미술 작품의 내용과 형식의 개념을 이해하고 작품의 특징을 분석하는 활동을 통해 미술 감상 방법을 익히고 자신의 느낌과 생각을 미술 용어를 활용하여 설명할 수 있는 능력을 기르도록 한다.
- 우리나라의 전통 미술과 현대 미술을 포함하여 다양한 시대의 미

술 작품과 다양한 문화의 미술 작품을 비교 감상하면서 작품에 대한 자신의 관점과 반응을 명료화하고 관점의 다양성을 경험하도록 한다. 더불어 문화적 다양성을 이해하고 존중하는 태도를 기르도록 한다.
- 감상 작품은 학습자의 발달 수준을 고려하여 선정하며 학생들이 직접 경험할 수 있는 전시와 문화 행사 등을 적극적으로 활용한다. 또한 온라인 미술관 작품 감상을 통해 학습자가 주도적으로 미술 작품을 찾아 감상할 수 있도록 지도하여 미술을 생활화할 수 있도록 한다.
- 감상에서 평가는 미술 작품의 배경을 연결하여 감상하기, 미술 작품의 내용과 형식에 따른 특징 분석하기, 여러 가지 미술 감상 방법을 활용하고 자신의 느낌과 생각을 발표하기, 다양한 미술 문화에 관심 갖기 등을 중심으로 평가한다. 관찰법, 발표 및 토론법, 감상문, 포트폴리오법 등을 활용하여 감상의 과정과 태도가 평가에 반영될 수 있도록 한다.

〈표 9〉 중학교 감상 영역 '성취기준 적용 시 고려 사항'(교육부, 2022, p. 18)

- 감상 활동 시 학생들의 배경을 고려하여 작품을 신중하게 선택하고 균형 있는 시각으로 접근한다. 또한 학생이 주도적으로 감상 작품을 선정하고 자신의 삶과 연계하여 작품을 감상하며, 고유의 관점을 정립하여 작품을 비평할 수 있도록 개방적이고 포용적인 분위기를 조성한다.
- 미술 작품에 대한 자료 수집 과정에서 디지털 매체를 적극적으로 활용하되 신뢰할 수 있는 양질의 정보를 비판적으로 선택하여 적용할 수 있도록 한다. 또한 수집한 정보를 정리하고 설명하는 과정에서 디지털 매체를 활용하여 자신의 감상과 비평을 효과적으로 전달할 수 있도록 한다.
- 자연과의 공존, 지속가능성을 주제로 작업하는 미술가와 미술 작품을 적극적으로 수업에 도입하여 학생들의 생태 감수성 함양을 도모할 수 있다.
- 감상 작품 선택 시 공동체 및 사회 문제를 주제로 작업하는 미술가와 미술 작품을 적극적으로 도입하며, 작품 감상 과정에서 자신의 고유한 관점을 형성하고 다른 사람의 생각을 경청하고 수용함으로써 민주시민의 자세를 기를 수 있도록 한다.

우선 성취기준을 살펴보면, 성취기준에 대한 구체적인 설명을 위해 각 학년군에서 한 개씩 성취기준을 선정하여 해설을 제시하였다. 예를 들어 초등학교 3~4학년군에서 "[4미03-01] 미술 작품을 자세히 보고 작품과 미술가에 관해 질문할 수 있다."의 경우 "[4미03-01] 성취기준은 작품에 대한 교사의 질문이나 조사에 의존하는 감상 방식에서 벗어나 학생들이 작품을 충분히 보고 자신의 느낌과 생각을 바탕으로 질문을 만들어 상호 작용하는 데 중점을 둔다. 질문하기를 통한 감상은 작품과 나누는 대화의 시작이다. 작품 정보를 활용한 질문, 작품의 내용이나 형식에 관한 질문, 작가의 입장이 되어 던지는 질문 등 다양한 질문을 통하여 학생들이 감상에 흥미를 느끼고 감상 관점을 기르도록 한다."로 제시하여, 성취기준에서 제시한 '자세히 보고'의 의미, '작품과 미술가'에 대한 구체적인 사항, '질문할 수 있다'를 둘러싼 다양한 상황과 맥락, 의미와 종류 등을 다루어 관점과 시각을 기르도록 하였다. 해설서가 따로 제시되지 않으므로, 이러한 해설이 전체 성취기준에 대해 이루어진다면 더욱 상세한 교수·학습 방법의 제시가 가능해질 것으로 본다. 그러나 공통되거나 반복되는 요소가 많아 가독성 문제가 있을 수 있으므로 '성취기준 적용 시 고려 사항'을 제시하여 미술 수업에서 교사를 위한 도움이 되도록 하였다. 예를 들어 초등학교 3~4학년에서는 "감상 영역에서는 학생들이 미술의 이해, 비평, 생활화의 개념을 이해하도록 한다.", "감상 활동 시 미술 작품과 미술가를 조사하고 탐구하는 방법을 안내하고 정보와 일화 등을 활용하여 학생들이 미술 작품과 미술가를 친근하게 느끼고 감상에 흥미와 관심을 가지도록 한다.", "작품 선정은 학습자의 발달 수준을 고려하되, 여러 분야의 작품을 풍부하게 접할 수 있도록 배려한다. 사실기 전 발달 수준의 학습자들이 다양한 미술 작품을 접함으로써 미술에 대한 고정 관념에서 벗어나 자신의 취향을 발견하고 감상에서 이해한 바를 표현 활동의 아이디어로 연계할 수 있도록 한다. 더불어 미술 작품을 통해 서로 다른 생각이 공존할 수 있음을 이해하고 존중하는 태도를 기를 수 있도록 한다." 등으로 명시하는 등, 경우에 따라서는 항목별 구분이나 글자 수 제한

없이, 발달 단계의 특징을 비롯하여 해당 항목과 관련된 내용과 태도 등에 대해 구체적인 다양한 내용을 통해 여러 관점에서 감상 수업의 진행을 도울 수 있도록 제시하였다.

중학교의 경우 '디지털 매체', '공동체 및 사회 문제', '자연과의 공존, 지속가능성' 등 미술 외의 다른 분야에 대해서도 지도하도록 하고 있으나 미술 작품의 본질적인 내용에 비해 분량이 다소 많은 것처럼 보이기도 한다. 고려 사항의 내용에 대해서는 참조하며 가감을 통해 수업을 구성할 수 있을 것이다. 이와 같이 '성취기준 적용 시 고려 사항'의 적절한 활용을 통해 성취기준의 이해와 수업 진행에서 도움이 될 것으로 본다.

3. 감상교육의 의의

미술은 미술로 드러나는 내부의 '표현'이다. 이는 감성과 만나는 과정이며 자신과 타자의 세계, 자연과 환경 그리고 외부의 세계와 다양한 문화와 만나면서 다시 창조와 상상을 통해 자신다움이라는 개성과 감동, 새로운 의미를 만들어 낸다. 이 모두가 외부에는 미적인 의미로서의 예술인 미술로 드러난다. 이를 가능하게 하는 장(場)으로서 미술 감상은 의의와 가능성을 가진다.

미술 감상의 의의는 무엇인가.

첫째, 미술 감상은 인간과 문화의 이해이다.

미술 감상을 통해 우리는 자신의 느낌과 생각을 자각하며 미술 감상은 그 시대를 이해할 수 있도록 돕는다. 고전에서부터 시대를 거쳐 동시대 미술에 이르기까지의 미술 작품을 감상하며 시대별 흐름과 특징을 이해하면서 지금 우리가 살고 있는 이 시대의 변화와 유행, 삶의 모습까지도 엿볼 수 있고 이러한 과정에서 우리의 역사와 현대 사회를 이해할 수 있도록 한다. 따라서 미술 감상 교육은 다양한 인간의 이해와 삶의 방식, 시대와 문화를 이해하고 자각, 성찰하는 교육적 의의를 가진다. 작품을 감상하는 과정을 경험하는 것은 작품에 대한 가치를 인식하고, 판단하고 평가할 수 있으며 문화를 전승하고 계승시키고 나아가 새로운 문화 창조의 출발점이 된다.

둘째, 미술 감상은 커뮤니케이션 그 자체이다.

미술 감상은 커뮤니케이션의 목적이자 수단으로서 커뮤니케이션 그 자체이다. 언어로써 다른 사람과 이야기하며 생각과 느낌을 나누는 커뮤니케이션의 과정에 의해 동시대를 살아가는 사람으로서 가치관과 의견을 공유하는 경험을 통해 그 안에서 사회적 소속감을 느낄 수 있다. 서로의 의견을 나누고 소통하며 미술을 통해, '소중한 나', 그리고 '나만큼 소중한 너'를 깨닫는 것은 '나'와 '너'라는 개체로서의 상호 존중만이 아니라 '우리'라는 연결성을 가지는 상호 공동체를 체험하는 것이다.

셋째, 미술 감상은 적극적인 전인격적 활동이며 인간 교육 그 자체이다.

인성교육을 표방하지 않더라도 미술 감상은 인간 교육 그 자체를 지향한다. 우리는 상대와 서로 소통하는 과정에서 나와 다른 의견을 수용하는 방법을 터득하며 이는 상대에 대한 존중, 공동체의 체험, 사회적 교화 작용이라는 인성 교육적 역할을 한다. 관심과 흥미로 출발하여 더 오래 관찰하며 전인격을 통해 거대한 예술과 만나면서 기존의 자신의 틀을 넘어 더 풍부하고 깊이 있게 작품을 볼 수 있는 눈을 길러줄 수 있는 것이다.

넷째, 미술 감상은 미적 삶을 가능하게 한다.

무엇을 보고 아름답다고 반응하는 것에는 감상의 과정이 포함된다. '아름답다', '그렇다면 왜 아름다울까?', '색이 예쁘기 때문에', 단순하게는 이러한 과정을 거칠 것이고 더 깊게 접한다면 형과 색, 질감, 이러한 요소들이 관련되며 복합적으로 아름다움을 느낄 수 있을 것이다. 감상교육은 생활 속에서 이러한 미적 특징을 미술적으로 더욱 깊게 인식하고 찾아낼 수 있도록 한다. 이는 나아가 미술적 능력 자체를 기르며 미술 작품을 창작하는 능력과 연결된다. 어떤 색, 재료, 표현이 어떤 효과를 내는지를 많이 경험하고 내면화한다면 자신의 작품을 창작할 때 이를 활용하며 효과적이고 창의적인 제작을 가능하게 한다.

다섯째, 미술 감상은 창조적 활동이며 삶의 창조적 원동력이 된다.

감상의 사전적 정의를 살펴보면, 감상은 어떠한 대상에 관하여 스스로 관심을 갖고 미를 체험하며 판단하는 정서와 사고의 종합적인 활동을 의미한다(박휘락, 2003). 미술 작품은 작가가 표현하려 하는 주제를 담은 창조물이지만 그와 더불어 감상하는 사람의 작품에 대한 관심과 이해, 감상을 통해서 새롭게 창조되는, 능동적인 미적 창조 활동인 것이다. 우리가 살아가는 이 사회의 그 어떤 것도 예술적인 의미를 가질 수 있고 그것을 표현하는 데에는 한계가 없음을 알 수 있도록 한다.

여섯째, 미술 감상은 인간의 풍요로운 삶에 기여한다.

문화와 여가를 어떻게 보내는가의 문제는 질적인 삶, 풍요로운 삶의 중요한 기준이 되고 있다. 미술 감상 수업을 통해서 예술에 대해 관심과 호기심을 불러일으키고 미술 작품, 시각적 이미지와 명화를 지속적으로 접하며 가까워지도록 하는 것은 시각적인 감각적 체험과 지적 자극을 통해 그 과정에서 정서의 순환과 인간 이해, 나아가 예술적 안목과 시야를 확장시켜 풍요로운 인간의 삶에 기여한다.

미술과 그 가치를 알고 이해하기 위해서는 기초 지식과 풍부한 감상의 경험이 필요하다. 초등학교에서 일찍이 조형 요소와 원리를 가르치고, 색과 표현방법 등을 가르치면서 기초적인 직관적 감상부터 점진적으로 심화된 감상 수업을 진행하는 것은 미적 경험 및 그 축적의 토대가 된다. 작품을 이해하는 것은 전체적으로 인식하고, 다음으로 매체, 색, 선 등을 부분적으로 보고, 다시 전체, 다시 부분 이렇게 순환되는 계속적인 지적인 과정이기도 하다. 미술 감상수업은 우리와 근접한 일상 속에서 내재해 있는 미적인 요소를 찾고 시각적 정보를 다루면서 더 나은 미적 판단을 할 수 있는 지각력과 안목의 기반이 되어준다.

창조주의 미술교육 이론으로 잘 알려진 로웬펠드(Lowenfeld)는 표현 활동만 강조한 것은 아니다. 초등학교 학생들이라고 하더라도 감상이 감상자의 태도와 수준, 작품의 주제와 표현 방법과 재료 등을 고려하여 이루어진다면 자기 작품의 감상과 함께 성인의 훌륭한 작품도 이해, 감상할 수 있다고 보았다. 특히 다른 문화의 미술을 감상하는 것에 대해, 미술이 그 사회와 문화가 가지는 의미를 보거나 이해하기 위한 방법으로서, 한 시대에서 다음 시대로 전해지는 것으로서 미술이 인간을 세계에 동화시키거나 그 안에서 자기표현을 하는 데에 중요한 역할을 한다고 보았다(Lowenfeld, 1963, p. 67, 95). 미술감상은 미술의 그저 단순한 하나의 영역에 그치는 것이 아니라 그 자체가 학문적 접근이 가능한 새로운 분야로서 미술과 더 깊이 만나고 타 교과와의 연계를 가능하게 하며, 나아가 다양한 삶의 성찰과 인간 형성을 위한 중요한 역할을 담당하게 되었다. 현대는 외부에서의 교육이 아니라 자기 교육(Self Education)이 중요해진 시대이다. 이러한 현대에서 사회라는 더 넓은 세계에서 필요한 미술의 의미를 생각하면 학교교육에서 감상을 통한 미술과의 만남, 그 의미에 대한 강조는 교육적 차원에서도 더욱 중요해진다(류지영, 2011, 2018).

특히 초등학교 고학년부터의 청소년기는 그 이전의 자기중심성 단계, 자아와 타자의 미분화 단계, 자아와 타자의 상호 침투 단계를 벗어나 이제 타자와 사회에 눈을 돌리는 한편으로 자신의 내면, 자아에 눈뜨고 자신을 직시하며 새로운 세계를 만들어가는 인생의 중요한 시기이다. 발달심리학자이며 정신분석가인 에릭슨(Erik Homburger Erikson)은 인간 발달에서의 정체성을 다룬 『Identity and the life cycle』(1959)에서 인생의 위기적인 상황을 극복하지 못할 때 자아는 확산하며 정체성(Identity)이 붕괴하고, 한편 갈등이 극복될 때 인간 존재로서 '자기'의 새로운 통합이 가능하다고 보았다. 여기서 말하는 정체성은 자아동일성이며 자신을 직시하는 것에 의해 가능해지고 본질적인 의미에서 자기실현을 가능하게 하는 것이다. 미술은 이전까지의 삶에서 예상하지 못한 대상 혹은 현상과 마주하면서 이러한 과정을 통해 결국에는 자기 자신을 만나고 자신과 직접 마주 보도록 한다. 자신의 탐구에 깊이 관계하면서 자신과 타자의 존재를 인간의 전체상으로 보여주며 깨닫게 하는 것, 이것이 미술, 넓은 의미에서의 예술이다. 미술은 예술에 의한 인간 성장 그 자체를 보여준다. 인간의 성장에 관여되는, 이를 위한 교육의 공공성, 즉 미래 사회를 위한 학교 교육이나 사회교육의 역할이라는 측면을 생각하면, 교육적 관점에서 미술 감상의 중요성은 더욱 강조된다.

미술감상을 통해 관찰력과 집중력, 지식과 이해력, 사고력이 길러진다. 함께 감상하는 경우 대화와 토론에 의해 발표력과 커뮤니케이션 능력, 나름대로의 의미 만들기, 자신감과 자존감, 사고력, 경청과 관용과 유연성, 문제해결능력, 시각적 탐구와 자기의견의 수정을 통한 성찰 등이 가능하며 사고와 커뮤니케이션 과정에서 복잡한 '질'과 만나고 실천하고 경험을 위한 틀을 제공하게 된다(류지영, 2018).

이러한 일반적인 의의를 넘어 특히 오늘날에는 정답이 없는 예술과의 만남에 의해 주변의 대상을 이해하고 배우며 이것을 기본으로 앞으로 나아감으로써 자신감과 방향성, 자신의 실수나 벽에 부딪침을 재고찰하고 정보나 해석을 재고하고 수정하며 호기심을 기르고 지적 탐구심이 길러진다. 이는 어떤 의미로는 삶 그 자체, 전문가의 탐구과정과 본질적으로 같은 것이다(Yenawine, 2013). 정답이 없는 것을 계속 질문한다는 것은 불투명한 상황에서 앞으로 나아가는 것으로서 감상자는 자신의 힘으로 문제를 해결하기 위해 불확실성에 직면하게 된다. 이것은 미래 사회를 살아가는 인간을 위한 교육이 되는 것이다(류지영, 2018).

4. 감상교육의 과제와 방향성

이 글에서는 감상교육의 과제와 방향에 대해 다음과 같이 다루고자 한다.

첫째, 미술의 본질과 가치로서의 감상에 대한 인식이다.
감상 영역의 내용체계에서 핵심 아이디어는 '감상', '이해', '비평'을 핵심으로 하여 문화와 가치에 대해서도 다루고 있다.

〈표 10〉 감상 영역 내용체계에서의 핵심 아이디어

• 감상은 다양한 삶과 문화가 반영된 미술과의 만남으로 자신과 공동체의 문화를 이해하게 한다. • 작품의 내용과 형식에 대한 맥락적 이해와 비평은 미적 판단 능력을 높인다. • 감상은 서로 다른 관점을 이해하여 삶에서 미술 문화의 다원적 가치를 존중하도록 한다.

이해와 맥락을 살펴보면 역사의 대상으로 작품을 다루게 되기 쉬우며 이 경우 작품 그 자체보다 그 배경이 지나치게 강조되지 않도록 한다. 역사적 측면에서 미술작품을 자료처럼 다루거나 역사적 인식이 우선시된다면 극단적으로는 미술 작품이 부재하더라도 미술사를 암기하는 것도 가능하며 이 경우 암기는 실제로는 미술 감상이 필수는 아

니다. 감상을 하지 않아도 시험에서 좋은 점수를 받을 수 있는 것이다. 감상교육은 미술사나 이해 교육과 관련이 깊기는 하지만 이들과는 구별되어 다루어져야 하는 것이다. 만약 배경 이야기를 교재의 일종으로 다룬다면 스토리텔링이나 내러티브가 수업의 중심이 될 수도 있다. 이야기를 통해 작품에 대한 흥미를 가지게 하는 것도 물론 중요하겠지만 작가나 배경 지식, 역사의 지원이 없다면 흥미를 느낄 수 없는 작품이라면 감상의 의미를 찾기 어려울 수도 있다. 경우에 따라 다른 영역에 의해 보완되더라도 미술 감상은 우선 작품 자체만으로도 성립될 가능성이 전제될 필요가 있다.

감상 수업에서는 수업의 중심이 제작활동보다 작품의 이해에 있다는 점에서 미술비평은 감상의 과정이며 방법이 된다. 펠드먼 등에 의한 '기술, 분석, 해석, 평가'의 비평이론에 중점이 주어지면서 이러한 일련의 행위가 비평 활동의 기본적인 '과정'으로 교과서에서 제시되는 경우가 있다. 이때 감상능력이란 작품을 읽는 눈을 키우는 것이라기보다는 미술비평과정의 이해나 일종의 판단능력의 형성으로서 감상교육의 최종 목표는 평가의 실현이 된다. 일종의 '감식안' 형성이며, 이때 감식안으로서의 '객관성'이 지나치게 강조되거나 개인의 자의적 판단에 치우치는 경우 혹은 수업에서 제시되는 체크리스트나 워크시트와 같은 일종의 '틀'이 제시되는 경우에는 자칫 활동의 초점이 애매해질 수 있다. 나아가 이러한 평가나 판단이, 과거 교육과정에서 제시된 바 있는 교과 하위 목표인 "(전략)미술 문화를 애호하고 존중하는 태도를 기른다" 혹은 2022 개정 교육과정에서 감상 영역의 핵심 아이디어인 "미술문화의 다원적 가치를 존중하도록 한다.", 혹은 앞서 다룬 '성취기준 적용 시 고려사항'에서 다룬 것같이 '자연과의 공존, 지속가능성', '생태 감수성', '공동체 및 사회 문제', '민주시민의 자세' 등 미술의 본질적 요소에 비해 사회적 관점이 감상 활동에 과도하게 영향을 미칠 수도 있다. 그 결과 학습자의 '판단'이란 결국 작품을 '애호하고 존중하기 위한' 판단이 된다거나 민주 시민이 되도록 교사가 의도하는 수업이 되어 학습자의 독자적인 비평이나 비판적 사고력보다는 기존 사회의 관점이나 판단을 추체험하는 결과가 될 가능성도 있다. 작품의 '가치'가 지나치게 강조되는 경우도 마찬가지이다. 비평교육은 학습자중심을 표방하지만 자칫하면 '가치' 이해 교육의 우려가 있다. 작품의 '가치'가 무엇인지 특정하기는 어려우며 수업 중에 한 작품의 유일성과 독창성이 강조되는 것은 작품의 방법론 이해나 다른 미술의 이해에는 도움이 되지 않는다. 현대에서 미술작품은 무조건적인 가치가 있는 대상이 아닌 의사소통을 위한 매개, 텍스트로 파악된다. 박휘락의 지적처럼 작품에 내재한다고 생각하는 의미의 불변성, 이러한 의미를 학생들에게 이해하도록 설득하는 감상교육은 비판되어야 한다(박휘락, 2003)면 미술 감상 활동의 의의와 본질에 대한 검토가 필요할 것이다.

이러한 관점에서 본다면 미술과 교육과정에서 미술의 맥락으로서의 미술문화 및 맥락과 관련된 역량 제시가 '공동체' 역량으로 이루어졌다는 점에는 아쉬움이 있다. 미술과 교육과정에서는 심미적 감성 역량, 창의·융합 역량, 시각적 소통 역량, 정체성 역량, 공동체 역량을 미술과 학습을 통해 기를 수 있는 교과 역량으로 설정하였다. 미술과 교육과정이 총론의 교육과정과 구별되는 '미술과'의 교육과정이라면 민주시민이나 글로벌, 다문화 등 기타 다른 요소로서의 공동체 역량보다도 미술사나 미술문화 측면이 강조되어 다루어져야 할 것이다. 미술에 대한 지식과 이해, 미술문화 등에서는 작품과 미술가, 작품과 배경, 맥락과 사회 및 환경, 미술사적 의의, 문화적 가치의 문제를 다룬다. 작품과 미술가, 작품과 배경 및 맥락, 사회, 환경, 미술사적 의의, 문화적 가치를 이해하는 것과 관련된다. 비록 핵심 아이디어에서는 미술문화에 대해 다루고 있으나 핵심 아이디어가 교육과정 내에서 체계의 틀이나 구조의 핵심으로 기능하고 있다고 보기 어려우므로 미술의 맥락으로서의 미술문화는 2015 개정 미술과 교육과정에서의 '미술문화이해능력' 혹은 '미술문화능력' 등 미술과의 교과 역량으로서 강조되어야 할 것이다.

둘째, 감상 영역의 구조화에 대한 관점이다.

미술은 다른 학문과 마찬가지로 구조를 가진다. 미술은 다양한 인간의 인식으로서 지(知)의 결합체이다. 미술작품은 작가에 의해 미리 전제된 의도에 의해 구성된다. 비록 우연성이 제작에서 중요한 역할을 한 작품인 경우라도 우연성 그 자체가 미리 계획된 제작 의도가 되는 것이다. 사고의 과정으로서 미술은 세계를 해석하고 표현하는 하나의 방법이며 이때 감각과 감성, 감정과 우연성까지도 체험을 통해 구조화하고 형으로 만드는 인간 지성의 산물이다. 인간 지성의 총합체로서 미술 작품에는 각각 제작의 핵심적인 구조와 방법이 존재한다. 미술의 이해란 미술을 성립하도록 하는 방법론을 체험하고 이해한다는 의미이며 학교에서 이루어지는 미술교육이란 이러한 구조와 방법들을 발견(체험), 이해(감상)하고 실천(제작)하는 것이 되어야 한다. 이 점에서 감상 영역의 구조화가 가능할 것으로 본다.

예를 들어 미술교육에서의 역량과 리터러시, 수업, 학생활동, 성취기준과 평가기준의 일체화 및 구조화의 관점에서 미술감상교육 루브릭을 제시할 수 있다. 루브릭에서는 예를 들어 '1. 심미적 감성적 지각, 2. 주제 · 내용, 3. 조형성 · 확장성, 4. 미술지 · 미술문화, 5. 삶과의 연계'라는 5가지 관점을 제시할 수 있다. 또한 감상교육의 관점 및 기준을 리터러시의 관점으로 정리하면 예를 들어 미적 리터러시와 시각적 리터러시, 조형적 · 예술적 · 미디어 · IT 리터러시, 문화적 · 역사적 리터러시, 인성과 가치관 등으로 구별하여 미술감상의 목적과 성취도를 동시에 고려하면서 수업을 구성할 수 있다. 교사의 입장에서 한 차시의 수업 혹은 한 학기의 활동 등으로 큰 틀 안에서 학생의 경험이나 미적 인식 및 지적 발달 등을 고려하면서 재구성할 수 있다. 이러한 감상 영역의 구조화는 교육과정 내용 체계가 아니더라도 교수 · 학습 및 평가에서도 가능하므로 구조화와 방법에 대한 인식이 함께 이루어져야 할 것이다(류지영, 2018).

이 글에서는 '감상'이 미술과 교육과정에 도입된 배경과 그 변천과정에 대해 관련 문헌들을 통해 다루고 2022 개정 미술과 교육과정에서 '감상'에 대해 살펴보았다. 핵심 아이디어, 지식 · 이해, 과정 · 기능, 가치 · 태도를 비롯하여 성취기준과 교수 · 학습 및 평가 등 미술과 교육과정에서 이루어지는 '감상' 영역은 총론으로부터 비롯된 교과 역량과 수업의 연결선상에 있다. 미술교육에서 '감상'의 의의와 역할에 대해 살펴보고 교육과정에서 '감상' 영역의 과제와 방향성을 탐색하였다. 그 결과 미술의 본질과 가치로서의 감상에 대한 인식, 감상 영역의 구조화에 대한 관점에서 논의하였다. 현재의 문화예술시대에 미술 감상의 교육적 역할과 교육과정에 대한 연구는 더욱 필요하게 될 것이다.

류지영(춘천교육대학교)

Ⅲ

미술과 교육과정의 범주

9 지식 · 이해

지식은 다양한 대상과 현상, 사건 등에 대한 경험을 바탕으로 한 인간의 의식을 의미하며, 이해는 이 같은 지식을 유연하게 생각하고 수행하는 능력으로 정의된다. 지식교육은 학습자에게 지식의 의미를 습득하게 하는 것이며, 이해교육은 패턴화된 지식의 내용과 의미에서의 연관성에서 일반화와 원리를 파악하는 데 초점을 맞춘다. 우리 미술교육에서 지식과 이해교육은 서구 미술교육의 변화와 학문의 발달, 교육과정 체계의 변화와 제안들 속에서 그 관점과 내용을 형성하고 전환해 왔다. 이렇게 형성되어 온 관점과 내용들은 지난 시간들 동안의 우리 미술교육 학자와 교사들의 학문적, 실천적 탐구의 결과이며, 미술교육에 적용할 수 있도록 제시된 지식의 핵심이자 구조이다. 이러한 측면에서 미술과 교육과정에 제시된 각 영역 범주별 내용 요소는 미술과 학습을 통해 동시대 학습자가 명확히 알아야 하는 지식이나 개념, 이해를 위한 필수 학습 요소라 할 수 있다. 오늘날에는 학습자에게 새로운 정보와 경험을 제공하고 미술교육의 정체성 확립과 미술과 목표를 달성하기 위해 미술교육에서 지식과 이해교육이 강하게 요구되고 있다. 미술교육에서는 미래 사회가 필요로 하는 새로운 지식을 구성하기 위해 노력해야 하며, 이를 학습자의 심화된 이해로 연계하기 위한 교육 방안에 대해 끊임없이 탐구해야 한다.

1. 미술교육에서의 '지식 · 이해' 교육

1) 미술교육에서의 '지식 · 이해' 교육의 도입

미술은 지적인 활동보다는 감성적 활동이 중심이 된다는 인식이 주로 작용해 왔다. 이 같은 인식은 오래전 서구 철학에서 기인한다. Plato는 최상의 참된 지식의 자원으로서 이상적 형상을 지지하며 미술의 작으면서 소소한 지위에 대해 논하였다(Efland, 2006). 그는 이데아는 순수하고 이성적인 사고에 의해 인식되고, 비물질적이며 시간 · 공간을 초월한 실재(철학사전편찬위원회, 2012)인데 반해, 미술은 절대적 선(善)과 미(美)에서 벗어난, 원형에서 멀어진 대상에 대한 모사에만 집중하며 이성적 사고는 동반되지 않는다고 보았다. 이의 영향으로 인해 미술을 상대로 하는 교육에서는 오랫동안 대상의 모사를 위한 기능 습득이 강조되어 왔으며, 이후 미술 작품은 재능에 기반한 감성적 표현의 산물이라는 인식이 지속되어 왔다.

미술교육에서 지식과 이해교육에 관심을 갖게 된 것은 미술의 긴 역사를 고려한다면 그리 오래된 것은 아니다. 18세기 계몽주의와 낭만주의 교육 사조에서 비롯된 창조중심 미술교육에서는 아동의 창의성 개발에 초점을 맞춘다. 이는 미술교육에서 지식과 이해교육을 중요하게 고려하지 않는 경향을 더욱 강화시키는 계기가 되었다. 미술교육에서 지식교육의 중요성은 학문중심 교육과정에 영향을 받은 학문중심 미술교육의 등장으로 본격적으로 논의되기 시작했다. 미술은 미술만의 체계적인 구조를 가진 지식 체계로 간주 되었으며, 미술교육에서 지식을 가르쳐야 한다는 교육 운동이 전개된 것이다(박정애, 2022). 학문중심 미술교육에서는 미술을 대표하는 학문으로 미학, 미술사, 미술 제작, 미술 비평의 네 가지를 제시하고 이를 교육에 적용하고자 하였다. 여기에서는 학습자의 미술 이해와 감상 능력을 개발하고 신장하는 데 목표를 두고 작품을 창조할 뿐 아니라 미술의 이론적 지식을 습득하게 하는 활동이 중심이 된다(김동영 외, 2000). 이때의 지식은 미술에 대한 보편적 지식으로 학습자의 미술문화 소양 함양에 초점을 맞추어 구성된 지식이다.

의식의 활동성과 지각의 전체성을 강조하는 형태심리학

(Gestalt psychology)의 발달은 미술교육에서의 지식교육에도 영향을 미쳤다. 형태심리학자들은 대상의 특징을 지각하고 비교, 대조할 수 있는 지각의 분화(perceptual differentiation)는 학습에 따라 발달하고, 학습자의 경험에 의해 영향을 받는다고 보았다. 그리고 이러한 지각의 분화 촉진과 시지각 발달을 위해서는 지식의 습득이 중요하다고 주장하였다(한국미술교육학회, 2000). 특히, Arnheim은 시각이 사고의 핵심 요소라고 하였는데, 그의 이 같은 주장은 예술작품의 정서적 효용성이라는 제한에서 벗어나 시각적 사고 과정을 거쳐 예술이 비논리적 사고에 기초하고 있다는 견해를 극복하게 하였으며, 예술의 인식론적 측면을 부각시켜 예술의 교육적 정당성을 확립하게 하였다(이모영, 2007). 이와 같은 미술에 대한 인식론적 접근은 지식학습이 미술교육의 선행 조건으로 작용하게 하였을 뿐 아니라 지식에 기초한 미술학습이 학습자의 인지 발달에 영향을 미칠 수 있다는 인식을 갖게 하였고, 미술교육에서는 지식교육의 중요성을 재고하게 되었다.

미술교육에서 이해교육에 대한 본격적인 고려는 이해중심 교육과정을 기반으로 한 역량 중심 교육과정이 적용되기 시작한 2009 교육과정기 이후부터이다. 역량 중심 교육과정은 학습자에게 미래 사회에 필요한 핵심역량을 함양하게 한다는 지향점을 갖는다. 핵심역량은 OECD의 평생학습사회에 대비하기 위한 생애 학습의 기반으로, 이에 해당하는 지식과 기술이 무엇인지에 대한 제시에 기초한다(소경희, 2006). 또한 이는 미래 사회를 살아갈 학습자의 성장과 발달을 촉진하기 위해 교육적으로 설계된 하나의 구조이다. 이에 따라 2015 미술과 교육과정에서는 핵심역량에 기반한 미술과 교과 역량으로 미적 감수성, 시각적 소통 능력, 창의·융합 능력, 미술 문화 이해 능력, 자기주도적 미술학습 능력을 제시하였다. 2022 개정 미술과 교육과정에서는 심미적 감성 역량, 창의·융합 역량, 시각적 소통 역량, 정체성 역량, 공동체 역량을 미술과 학습을 통해 기를 수 있는 교과 역량으로 제시하였다(교육부, 2022).

지식기반사회에서 요구되는 역량에는 특정 가치나 지식뿐 아니라, 이를 제대로 작동하기 위한 필요조건과 역량 내에 내포되어 있는 확장된 의미에서의 접근을 필요로 한다(손민호, 2011). 이러한 측면에서 이해중심 교육과정에서의 수업 설계는 학습자들이 학습 내용을 이해했다는 것을 드러내기 위한 것으로, 학습자들에게 설명하고, 해석하고, 적용하고, 관점을 가지고 보고, 감정 이입을 하며, 자신의 사고 과정을 반성하는 기회를 제공해야 한다(김경자, 온정덕, 2014). 결국 미술과 교육과정에 제시된 여러 내용들은 학습자가 미래 사회를 살아가는 데 필요한 지식과 기술임과 동시에, 이에 대한 심화된 이해를 통해 학습자가 미래 사회를 살아가는 데 필요한 학습 경험 제공을 위한 핵심적인 내용이 된다.

2) 미술과 교육과정에서 '지식 · 이해' 교육

미술과 교육과정은 사회의 변화와 시대적 요구에 따라 그 목표와 내용을 달리해 왔다. 그리고 이에는 지식과 이해 교육의 내용과 맥락의 변화가 동반되어 있다. 본격적이고 자주적인 교육이 시작된 1954년에 시행된 제1차 교육과정은 진보주의 교육의 영향을 받아 구성되었으며, 교과의 체계가 본격적으로 제시되었다는 측면에서 교과중심 교육과정으로 칭하기도 한다. 제1차 교육과정기 미술과 교육과정에서는 미술에 대한 기본적인 기능과 지식의 습득과 함께 이의 실생활에서의 적용에 중점을 두었다. 1963년부터 적용된 제2차 교육과정은 실업(實業)교육의 강화, 교과목 선택의 제한, 경험중심 교육과정의 일반적 지향점 설정 등의 특징을 갖는다(문지은, 2018). 미술과에서는 일상생활에서의 미술 경험을 바탕으로 한 창의적 표현과 기술의 습득,

조형 능력의 일상생활에서의 활용에 초점을 두고 교육과정을 마련하였다. 1973년 시행된 제3차 교육과정에서는 국민적 자질 함양과 인간 교육의 강화, 지식·기술 교육의 쇄신이라는 개정의 기본 방침을 제시하였다(문교부, 1973). 학문중심 교육과정이라는 새 교육 사조의 도입으로 미술과에서도 기본 지식의 구조와 개념을 체계적으로 계열화하였으며, 발견과 탐구 학습을 강조하였다(고관희, 2016). 이로 인해 미술교육에서도 조형 활동뿐 아니라 조형품 감상 능력을 배양하는 것을 중요한 목표로 삼게 되었다(한국조형교육학회, 2018).

제5공화국 출범과 함께 마련된 제4차 교육과정에서는 지나친 학문중심 교육과정의 강조로 인한 교과 간의 소통 미흡과 교육 효과의 저하에 대한 반성에 따라 학습자의 주체성과 자율적인 활동 강조 등의 전인 교육이 강조되었다(양민영, 2019). 미술과에서는 조형과 감상을 강조하면서도 내용에서는 감상보다는 표현에 더 큰 비중을 두게 되었지만, 감상에서 미적 가치와 이를 애호하는 태도와 습관 함양에 초점을 맞추고 있다는 점이 눈에 띈다. 1987년부터 시행된 제5차 교육과정에서는 지식의 급격한 팽창과 과학의 발달에서 오는 고도 산업화, 정보화 시대에 능동적으로 대처하기 위한 교육과정 구성의 방향을 설정하였다(문교부, 1987). 미술과에서는 제4차 교육과정기에서와 같이 표현과 감상의 두 영역을 유지하고, 이를 통해 창조성과 정서를 함양하는데 목표를 두었다. 1992년부터 시행된 제6차 교육과정에서는 국제화와 세계화에 따른 급격한 변화 속에서 자주적이고 창의적인 사람과 도덕적인 사람이라는 인간상을 제시하였다. 이 시기 미술과에서는 1980년대 미국에서 등장한 학문중심 미술교육을 이론적 배경으로 소개하고 내용의 일부를 수용하여(한국조형교육학회, 2018) 미술품의 가치와 미술 문화에 대한 이해, 이를 존중하는 태도 함양을 목표로 제시하였다.

1997년부터 적용된 제7차 교육과정기의 미술과 교육과정에서는 사회 문화적 변화와 새로운 미술교육 패러다임을 수용하면서 미술교육의 정당성을 확보하고 현장 미술교육의 질적 발전을 도모할 수 있도록 하였다(황연주, 2008). 목표로 미적 대상의 가치 발견과 이해, 미술품의 가치 판단, 미술 문화 존중 등을 제시하였고, 성격에서는 미술이 시대의 문화를 기록하고 반영하고 있다는 점에서 미술 문화를 통해 과거와 현재를 이해해야 함을 강조하였다. 특히 미술과 영역을 미적 체험, 표현, 감상으로 구분하고 각 영역에 해당하는 학습 요소를 제시하였는데, 이는 미술교육에서의 지식과 이해교육의 내용을 구체화했다는 측면에서 의미를 갖는다. 2007 교육과정기에는 급변하는 시각문화와 경제 구조의 변화에 따른 교육과정 개정에 대한 요구가 반영되었다. 특히 미술과 교육과정 내용 체계에는 시각문화와 미술 문화에 대한 지각과 이해가 주요한 학습 요소로 제시되었다.

본격적인 역량 기반 교육과정으로 제안된 2015 개정 교육과정은 미래 사회가 요구하는 핵심역량을 함양하여 바른 인성을 갖춘 창의·융합형 인재를 양성하는 데 중점을 두고 있다(교육부, 2015). 이때 지식과 이해교육은 미술과 교육과정 내용 체계에 제시된 영역별 핵심 개념 및 일반화된 지식, 내용 요소, 기능을 통해 연계된다. 핵심 개념 구분에 따라 제시된 일반화된 지식은 학습자들이 해당 영역에서 알아야 할 보편적 지식을 의미하며, 각 내용 요소는 지식 측면에 초점을 두고 기능과 결합하는 방식을 취하고 있다(이주연 외, 2022). 내용 요소는 핵심 개념을 형성하게 하는 주제에 해당하는 것이며, 기능은 이 주제를 맥락과 상황 간으로 전이시켜 학습자들에게 일반화된 지식을 형성하게 한다. 결국 2015 미술과 교육과정의 내용 체계는 내용 요소와 기능의 결합을 통해 핵심 개념을 형성하고 이 핵심 개념의 의미를 파악하여 일반화된 지식을 형성하도록 구성된 것으로 이해할 수 있다. 2022 개정 교육과정에서는 지식·정보의 폭발적 증가에 따라 단편적 지식의 습득보다는 학습한 내용을 삶의 맥락에 적용하고 복잡한 문제를 해결하는 역량 함양 교육을 강조하고 있다(교육부, 2021). 미술과 교육과정에서도 지식·이해, 과정·기능, 가치·태도의 세 범주 구분에 따라 해당 영역에서 학습해야 할 각각의 내용 요소를 제시하고 있다. 각 내용 요소는 지식을 구성하는 주제이며, 미술이나 미술교육에서의 사건, 관계, 대상, 현상 등에 대한 검증된 지식을 의미한다. 특히, 미술과 교육과정에서의 내용 체계는 지식과 수행 관점에서의 내용 요소를 제시하고 있으며, 개념에 해당하는 내용 요소에 대한 학습을 통해 핵심 아이디어를 획득하게 함으로써 미술교육에서의 지식과 이해교육의 유기적 연계를 구조화한 것으로 볼 수 있다.

2. '지식 · 이해'의 개념과 교육

1) '지식 · 이해'의 개념

지식은 사물에 대해서 명확히 묘사된 의식을 말한다(철학사전편찬위원회, 2012). 사물은 인간의 인지 안에 존재하는 것으로, 항구적 성질을 갖는 대상과 인간의 행위에 의해 발화된 개념적인 것을 의미한다(박상돈, 2023). 결국 지식은 인간이 경험할 수 있는 다양한 대상과 현상, 사건 등을 원천으로 하며, 이 같은 다양한 원천에 대한 인간의 명확한 의식이라고 할 수 있다. 인간의 인식 작용에는 지각된 대상과의 동화, 즉 감각적 대상의 모사를 뜻하는 감관지각(aisthēsis)과 더불어 시작된다. 감각 인식은 지성적 인식의 토대를 이루는데, 지성적 인식의 구조는 감각 인식과 유사하다(Hessen, 2016). 일반적으로 지식의 형성은 감성적 단계에서부터, 그것을 기초로 하여 질적으로 높은 이성적 단계까지 진행되며 완성되는데, Plato(2023)는 있는 것(存在, 존재자)에 대한 인식이 곧 지식이며, 무지와 지식 사이에는 의지(판단)가 개입된다고 보았다.

지식이 인간의 인식 작용의 결과 혹은 인식 내용을 의미할 때는 지식과 개념을 혼용해서 사용하기도 한다. 개념은 사물의 본질적 특징을 반영하는 사고형식으로 인간의 사고 활동의 기본적 단위를 일컫는다(철학사전편찬위원회, 2012). 하지만 개념은 공통된 특성 또는 결정적인 속성을 공유하는 일련의 대상, 상징, 또는 사태를 지칭(Shunk, 2016)한다는 측면에서 인식의 결과나 내용으로써의 지식과는 차이가 있다. 결국 개념은 우리가 경험, 관찰한 것을 어떤 기준에 따라서 비슷한 것끼리 분류하고 거기에 이름을 붙인 추상적인 용어, 즉 어떤 부류의 공통적인 속성을 추상화한 것이라고 할 수 있다(류종열, 2003). 그렇다고 해서 개념이 지식과 다른 것이거나 개념만의 체계적 속성을 갖는다고 볼 수는 없다. 오히려 개념은 지식의 연속적 혹은 중층적 속성을 가진 또 다른 형태의 지식이며, 개념을 형성하기 위해서는 사물에 대한 경험을 분류하기 위한 인식으로써 인간 이성의 작용이 더 적극적으로 작용해야 한다는 점에 주목할 필요가 있다.

지식은 인식과 같은 의미로 쓰이지만 인상이나 기억, 상상이나 억견(臆見) 등과도 구별된다. 인식이 외계의 반영과정의 작용과 그 결과의 총체를 가리키는 데 반해, 지식은 주로 인식 작용의 결과, 그 작용에 의해서 얻어진 인식 내용을 가리킨다(철학사전편찬위원회, 2012). 이 같은 인식론적 논의의 전통에서 주로 통용되는 지식 개념은 크게 절차적, 표상적, 체험적 지식으로 구분된다. 절차적 지식은 한 사람의 행위나 인식 체계가 과제 수행을 위한 규칙이나 규범에 따라 조직될 때 성립된다. 표상적 지식은 어떤 것을 알기 위해 그에 해당하는 정보가 마음속에 떠올라 있어야 하며, 체험적 지식은 체험의 결과로써 성립되는 지식을 일컫는다(유진현, 2014). Ryle은 지식을 명제적 지식과 방법적 지식으로 구분하였다. 명제적 지식이란 사물에 대하여 아는 것을 명제로 표현한 것이며, 방법적 지식은 어떤 방법, 능력, 기능과 같은 것들을 의미한다(허경철, 조덕주, 소경희, 2001). 지식을 명시지와 암묵지로 구분하기도 하는데, 명시지는 명백하고 객관적인 의미가 있는 것으로 간주된다. 반면 암묵지는 경험을 통해 노하우(knowhow)의 형태로 축적되는 것으로 겉으로 드러나지 않는 속성을 갖는다(신범석, 2018). 이 같은 지식 개념들을 통해 인간 인식의 작용과 그 과정에 동반되는 경험의 유형을 어떻게 구분하느냐에 따라 지식을 구분하는 기준이 달라진다는 것을 알 수 있다. 또한 이성과 경험이 인간이 지식을 획득하게 하는 기제인 동시에 지식 획득의 전제임을 확인할 수 있다. 결국, 지식이란 인간 인식의 객관적 내용인 동시에 그 내용들의 속성을 나타내는 것이며, 인간이 사물에 대한 경험에서 획득한 앎의 과정이나 활동의 총칭이라고 볼 수 있다.

이해라는 용어는 우리의 일상생활에서 매우 관습적이고 통념적으로 사용된다. 이해의 사전적 의미는 언어 등과 같이 기호의 의미를 파악하는 것(철학사전편찬위원회, 2012), 사물의 본질과 내용 따위를 분별하거나 해석하는 것(고려대학교 민족문화연구원, 2011), 사리를 분별하여 알거나 말이나 글의 뜻을 깨쳐 아는 것(두산동아, 2008) 등으로 다양하다. 결국 이해는 상징적 체계로서 기호의 의미를 파악하고 해석하여 아는 것으로, 이해를 위해서는 기호와 지시체 사이의 관계 탐색, 여러 형식의 기호에서의 내용 파악과 이에 대한 명확한 인식 등의 과정이 동반되어야 함을 알 수 있다. 다양한 형식의 기호의 의미를 파악한다는 것은 그 기호의 의미를 정교하게 가다듬고 그 내부를 나누거나 갈라서 살펴보는 일이다. 이와 같은 이해 개념은 주로 언어학이나 인지심리학에서 적용된다. 언어학에서의 이해는 개별 단어나 문장의 분석과 인식에, 인지심리학에서 이해는 표기된 재료의 의미를 파악하는 것에 초점을 맞춘다. 그리고 이해에는 어떤 주제의 의미를 파악하거나 기억하는 데 영향을 미치는 사전 지식이 중요하게 작용한다.

교수(敎授)에서의 이해는 Perkins(1998)에 의해 제안되었다. 그는 이해를 자신이 아는 것을 유연하게 생각하고 수행하는 능력이라고 정의하였다. 학습의 주의(noting) 관점에서는 의식이 관여하지 않거나 최소한으로 관여하는 가장 낮은 수준의 의식 단계를 지각이라고 하며, 반대로 일반적인 사고는 물론 상위 인지적 사고까지 포함하여 학습이 최대한으로 이루어지는 의식 단계를 이해라고 한다(서울대학교 국어교육연구소, 2014). 학습에서의 이해는 자신이 아는 것에 대한 분석을 필요로 한다. 그리고 분석을 통해 우리가 성취하고 싶어 하는 목적이 무엇인지 설명할 수 있어야 한다(Lehrer, 1996). 교육에서의 이해에는 지식의 분석을 통해 성취하고자 하는 목적이나 학습이 최대한으로 이루어진 의식 단계를 무엇으로 볼 것인가의 문제가 뒤따르는데 이때 이해는 지식에 대한 수행 능력을 성취하는 것으로 보는 것이 타당하다.

이해는 실제적 상황에 적용하는 전이를 통해 드러난다. 이를 위해서는 탐구와 숙고가 동반되어야 한다(강현석, 이지은, 배은미, 2019). 이후에는 탐구와 숙고를 통해 드러난 어떤 상황이나 사실, 개념이나 내용을 학습하여 인지하고, 인지된 것들에 대한 내면화와 내면화가 반영된 수행으로 이어져야 하는데, 이 같은 일련의 과정을 교수·학습에서의 이해라 볼 수 있다.

2) 지식과 이해교육

지금까지 우리는 학습자가 지식을 형성하는 것을 교과서에 제시된 명제적 형태의 언어나 문자를 암기하는 것으로 여겨 왔다. 그리고 이 같은 차원에서의 지식교육에 대한 비판이 오랫동안 지속되어 왔다. 이때의 비판은 우리 교육이 올바른 지식교육이 수행되었을 때의 학습자의 변화나 지식에 대한 이해의 상태 등을 전제하지 않고 단순한 지식 저장에만 관심을 가져온 것에 대한 비판이다. 하지만 대부분의 지식은 일반적으로 생각하는 것처럼 정적이거나 명제적이지 않다. 우리는 지식이 인간 지각의 상호작용, 행동 및 대상에 대한 조작에 기반을 두고 구조화된다는 점에 집중해야 한다. 그리고 지식교육은 다양한 활동 안에서의 지각과 행위, 조작을 통해 형성된 지식의 의미를 더욱 구체적으로 파악하게 하는 데 초점을 맞출 필요가 있다.

Erickson(2008)은 사실적 지식과 개념적 이해 사이의 상호작용 측면에서의 지식의 구조를 [그림 1]과 같이 제시하였다. 이는 개념 간의 관계(원리 및 일반화)를 이해하기 위해서는 사실적 지식이나 예시들을 상향식으로 추상화함으로써 개념적 이해를 구축한다는 것을 나타낸다(Stern, Lauriault & Ferraro, 2021). 개념은 주제로부터 이끌어낸 지적 구성체이며 새로운 상황과 맥락으로 전이된다. 일반화는 한두 개념의 관계를 진술한 것으로 맥락과 상황 간에 전이된다는 측면에서 과목 안에서의 법칙이나 진리인 원리와 구분된다(Marschall & French, 2024). 그렇다면 지식의 구조 측면에서의 교과 내용은 지식의 표층이나 이면에 자리하고 있는 원리 또는 일반화된 지식이다. 그리고 이 원리와 일반화는 지식의 표층과 밀접하게 관련되어 있으며, 지식의 구조 내에 내재하고 있는 다른 원리와 일반화와 관련이 있다(박재문, 1998). 그리고 이때의 다른 원리나 일반화된 지식은 교과 내용에 내재되어 있는 하부 지식의 조직을 바탕으로 구성된 새로운 지식이 된다.

교육에서의 이해는 학습자가 상호관련성 속에서 지식을 파악하고 이렇게 습득한 지식을 새로운 상황에, 새로운 방식으로 적용해 결과물을 산출하는 것을 의미한다(온정덕

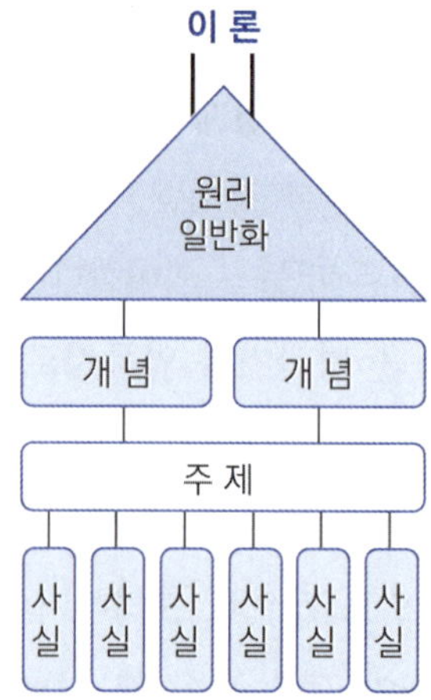

[그림 1] Erickson의 지식의 구조(Structure of Knowledge)

외, 2023). 이때의 결과물은 새로운 지식에 해당하는데, 지식을 독립적이거나 혹은 명제적이라고 규정할 수 없는 것은 지식의 이 같은 유기적인 특성 때문이다. 이는 지식이 지식 이면에 내재해 있는 보다 일반적인 원리와 관련된 다른 일반적인 원리와도 관련을 맺고 있기 때문이다(박재문, 1998). 이와 같은 맥락에서 교육에서 이해는 지식이 갖는 유기적 특성에 따라 새로운 지식을 지속적으로 형성해 가는 과정이며, 지식의 상호 관련성을 파악해 나가는 것이라고도 볼 수 있다.

이해중심 교육과정은 학습자의 이해 촉진을 교육에서 실행하기 위해 제안된 것이다. 이는 또한 교육과정에서 다루고 있는 지식이 학생의 이해에 초점을 맞춰 재구성되었다는 측면에서 학생 중심 교육과정이라고도 한다(고인규, 2016). 이해중심 교육과정에서는 학습자의 지식과 경험에 기초하여 교육과정을 구성하고 이를 하나의 지식으로 내면화할 수 있는 교수·학습 구성을 중시하고, 학습자가 패턴화된 지식의 내용과 의미에서의 연관성을 통해 일반화와 원리를 파악하는 데 초점을 맞춘다. 학습자에게 지식의 원리나 일반화를 가르친다는 것은 학습자가 지식의 영속적 이해(enduring understanding)에 도달할 수 있도록 하

는 것을 의미한다(한국교육과정학회, 2017). 영속적 이해는 학습자들이 지식의 원리나 일반화의 의미를 파악하고 내면화하여 새로운 상황과 맥락에서 그것을 적용하고 활용하는 것을 말한다(온정덕 외, 2023).

미술과 교육과정에서의 영속적 이해에 대해 Stewart와 Walker는 영속적 아이디어로 제시하였다. 다양한 예술에 대한 확장된 관점으로 예술과 인간 경험에 관한 중요한 개념, 영속적 아이디어의 심층적 이해를 목표로 하는 미술 수업 설계의 이론과 방법을 제안하였고 이는 현재 미국의 국가교육과정(NAEA)에 영향을 주었다(Stewart & Walker, 2020).

이해는 객관적 내용과 속성에 대한 심화된 지식을 구성하는 것으로 이 과정에서 생성된 일반화와 원리는 새로운 지식으로 환류된다. 그렇기에 이해교육은 지식교육으로부터 분리되거나 개별적으로 수행되기 어렵다. 이해교육을 위해 교수자는 수업에 제시한 지식이 또 다른 지식을 생성할 수 있는 하나의 조건으로 작용할 수 있도록 수업을 구조화해야 한다. 이때 학습자는 서로 다른 지식을 통합하고 조직화하여 새로운 일반화와 원리를 구성할 수 있게 된다.

3. 2022 미술과 교육과정에서 지식과 이해교육의 내용

2022 개정 미술과 교육과정에서는 각 영역의 학습을 통해 일반화 할 수 있는 내용을 핵심 아이디어로 제시하고, 학습자들이 학습해야 할 필수적인 내용 요소를 지식·이해, 과정·기능, 가치·태도의 세 범주로 구분하여 제시하고 있다. 이때 지식·이해 범주에 해당하는 내용 요소는 학년군별 학습을 통해 반드시 알아야 할 지식일 뿐 아니라 이해의 대상이기도 하다. 특히 2022 개정 미술과 교육과정에서의 지식·이해 범주는 미술 개념과 원리에 대한 지식과 이해에 초점을 맞추고 있다(이주연 외, 2022). 2022 개정 미술과 교육과정에 제시된 각 영역별 지식·이해 범주의 내용 요소는 〈표 1〉과 같다.

2022 개정 미술과 교육과정에서는 학습을 통해 배운 지식을 새로운 상황에 전이하는 역량 함양을 중시하고, 깊이 있는 학습을 통한 지식의 적용과 실천이 중요함을 강조하고 있다. 이에 따라 각 영역별 핵심 아이디어와 범주 구분에

〈표 1〉 영역별 지식 · 이해 범주 내용 요소(교육부, 2022)

구분 / 영역	내용 요소		
	초등학교		중학교
	3~4학년	5~6학년	중학교
미적 체험	• 자신의 감각 • 대상의 특징 • 생활 속 미술	• 감각과 매체의 역할 • 자신과 환경의 관계 • 이미지와 의미	• 감각을 활용한 미적 인식 • 시각문화의 의미와 역할 • 삶과 미술의 관계
표현	• 표현 주제 • 기본적인 표현 재료와 용구 • 조형 요소의 특징	• 표현 주제와 발상 • 표현 재료와 용구, 디지털 매체 • 조형 요소와 원리의 관계	• 표현 주제와 의도 • 다양한 표현 재료와 방법 • 조형 요소와 원리의 효과
감상	• 미술 작품과 미술가 • 미술 작품의 특징 • 미술 전시	• 미술 작품의 배경 • 미술 작품의 내용과 형식 • 공동체의 미술 문화	• 미술의 시대적, 지역적, 사회적 맥락 • 미술 용어와 지식 • 다양한 감상 방법과 관점

출처: 2022 개정 미술과 교육과정(교육부, 2022)의 영역별 내용 체계를 재구성함.

따른 내용 요소를 제시하고 성취기준에 그 도달점을 명료화 하였다(이주연 외, 2022). 그리고 내용 체계에 제시된 내용 요소는 영역별 핵심 아이디어라는 일반화할 수 있는 핵심적인 지식을 구성하는데 적용할 수 있는 주개념들이다.

하지만 미술교육에서의 지식과 이해교육이 내용 체계에서의 지식·이해 범주의 내용 요소에만 제한되지 않는다는 점에 주목할 필요가 있다. 미술과 내용 체계에서의 내용 요소는 미술학습을 위한 일차 조직자인 영역 구분에 따라 제시된 핵심 아이디어 학습의 근거가 될 수 있지만 각각의 내용 요소가 우리 미술교육에서의 지식과 이해교육의 범위를 제한하지는 않는 것이다. 오히려 각 영역별, 범주별 내용 요소는 미술과 학습을 통해서 학습자가 명확히 알아야 하는 지식이나 개념, 이해를 위한 기본 학습 요소로 제시된 것이라 볼 수 있으며, 이는 각 영역에서 혹은 미술교육에서의 지식과 이해교육을 위한 전제라고 보는 것이 타당하다. 즉 각각의 내용 요소는 미술과 교육과정에 형식적으로 제시된 지식 구성의 현상 또는 표층에 해당되며 미술교육은 그 이면에 내재해 있는 일반적인 원리를 학습자들이 알게 함으로써 미술적 지식에 대한 심화된 이해를 도모할 수 있게 해야 하는 것이다. 이러한 측면에서 교육과정에 제시된 내용 요소가 우리 미술교육에서의 지식과 이해교육의 명징한 대상이거나 주제라고 보아서는 안 될 것이다.

복잡한 교과의 구성을 그 시대의 하나의 패러다임으로만 국한시키는 것은 편협한 이해이다(한국조형교육학회, 2018). 2022 개정 미술과 교육과정에 제시된 내용 요소가 동시대 교육의 패러다임을 따르고 있으며, 한편으로는 동시대 학습자가 획득해야 하는 지식이라는 전제를 부인할 수는 없다. 하지만 이에는 급격한 사회문화의 변화에 따라 학습자의 경험은 달라질 수 있으며, 이로 인해 학교에서 가르쳐야 하는 미술교육에서의 지식이 끊임없이 변화할 수 있다는 가정 또한 동시되어야 하는 것이다.

4. 미술교육에서의 지식과 이해 교육의 방법

미술교육에서의 지식교육에서는 지식을 구성하기 위한 방향을 제시하거나, 지식을 구성하는 절차적 도움을 제공해야 한다. 이해교육에서는 학습자가 어떤 지식의 원리나 일반화를 파악하는 데 그치는 것이 아닌 이를 바탕으로 새로운 상황과 맥락으로의 전이할 수 있는 능력을 함양할 수 있도록 해야 한다. 이와 같은 측면에서 지식과 이해교육을 위해 백워드(Backward) 설계 모형이 대표적으로 거론된다. 백워드 설계는 학생들에게 주요 아이디어를 통해 학습의 의미를 형성하게 하고, 학습을 전이시키는 능력인 이해 능력을 개발하고 심화시키는 데 목적이 있다(강현석, 이지은, 배은미, 2019). 또한 개념이나 원리 탐구에 초점을 맞춘 지식과 이해교육을 위한 교수·학습 방법에는 개념 학습 모형, 발견 학습 모형, 개념 분석 모형, 원리 탐구 모형(인지적 갈등), 개념 변화 학습 모형 등이 있다(이주연 외, 2022).

개념 학습 모형은 인간의 행동주의적 관점에서 비롯된 교수·학습 모형이다. 개념학습(conceptual learning)은 개념의 속성을 확인하고 이를 바탕으로 새로운 예를 생성하거나, 실례와 비실례를 변별하여 개념을 이해하기 위한 교수·학습 모형이다. 인간은 개념의 실례(instances)와 비실례(noninstances)를 올바르게 밝혀낼 때 그 규칙을 계속 유지하며, 실례와 비실례를 올바르게 밝혀낼 수 없을 때 그 규칙을 수정한다(Shunk, 2016). 개념 학습 모형의 핵심은 추상적으로 이해된 개념의 속성이나 예를 구체적으로 존재하는 현실적인 모습과 비교하여 그 차이를 분석하면서 개념을 이해하는 데 있다(류종열, 2003). 개념 학습 모형을 적용한 미술 수업에서 학습자는 미술 개념 사례들을 수집하고 그중에서 미술에 적합하지 않은 사례를 추출하고 비교하여 미술적 개념을 완성하게 할 수 있다. 예를 들어 학습자는 감각 작용에 의해 형성된 미적 개념을 수집하고, 감각 작용에서 벗어난 미적 개념과의 비교를 통해 감각을 활용한 미적 인식이 무엇인지에 대해 이해할 수 있다.

발견 학습 모형은 Bruner에 의해 제시된 '지식의 구조'를 가르치는 방법으로 제안되었다. 발견 학습 모형은 학문의 개념이나 원리의 발견 또는 재발견하는 과정을 학습자가 직접 체험함으로써, 해당 학문의 성과와 탐구의 과정 및 기법을 종합적으로 학습할 수 있도록 하기 위한 교수·학습 방법이다(채경전, 김종한, 김태영, 2012). 특히 발견 학습 모형은 교수자가 학습자들에게 교과 내용을 일방적으로 전달하는 것이 아니라 학습자들을 교과 내용 학습에 스스로 참여하게 한다는 점에서 다른 교수·학습 방법과 차별화된다. 이 모형에서의 발견은 교사가 제시하는 것을 듣거나 읽는 것이 아니라 가설을 구성하고 검증하는 활동을 포함하며, 학습자는 제시된 예시들을 통해 확산과 수렴의 과정을 거쳐 하나의 일반화된 개념을 추출하고 획득할 수 있게 된다. 미술과에서는 핵심 아이디어에 도달하기 위한 수업에 발견 학습 모형을 적용할 수 있다. 이를 위해 교사는 먼저 핵심 아이디어를 구성하는 지식을 구조화하여 제시하고, 이후 학습자들에게 이 지식의 구조에 해당하는 내용을 찾아 적용하게 한다. 이 과정에서 학습자는 미술 개념의 발견을 체험할 수 있으며, 미술 지식을 학습할 수 있다.

개념 분석 모형에서는 개념 문제의 분리, 분석하고자 하는 개념이 사용되는 전형적인 사례의 확인, 전형적인 사례의 반대 사례 또는 관련된 개념이나 사례 고찰, 가상적인 사례 검토 등의 과정을 거친다. 이 외에도 분석된 결과에 대한 사회적 맥락 검토, 가정에 대한 우려, 실제적인 결과 및 언어 정립의 문제를 따져 볼 수 있다(이영문, 2010). 이는 지식의 검증에 초점을 맞춘 것으로 사례나 사회적 맥락, 가정, 결과 등은 검증 기준이 된다. 개념 분석 모형을 통해서 학습자는 검증된 지식을 공적 상징으로 표현될 수 있는지에 대한 여부를 판단함으로써 명징한 지식으로써 개념을 성립할 수 있게 된다. 미술과에서는 미술 지식에 대한 인지 학습뿐 아니라 새로운 지식과 개념을 형성하게 하는데 유용하게 적용할 수 있다. 예를 들어 학습자는 표현 과정에 적용된 지식을 검증함으로써 해당 지식을 더욱 명확히 인지할 수 있으며, 또 다른 표현 방법에 대한 가정과 비교, 검증 등을 통해 새로운 표현 방법에 대한 지식 또는 개념을 형성할 수 있다.

원리 탐구 모형(인지 갈등)은 오개념 교정에 효과적으로 적용할 수 있는 교수·학습 모형이다. 학습에서 인지 갈등은 학습한 새 개념이 기존 인지 구조에 의미있게 통합되지 않고 병치됨으로 인해 나타난다. 원리 탐구 모형은 오개념 교정뿐 아니라 개념 변화를 목적으로 하며, 학습자의 인지 갈등을 유발시키는 과정에서 학습자는 새 개념을 획득하게 된다(권난주, 권재술, 1998). 미술과에서는 작품 제작 과정에 원리 탐구 모형을 적용할 수 있다. 작품이 표현 의도에 맞지 않게 제작되었다면, 이는 재료와 표현 방법에 대한 오개념에서 비롯된 것으로 볼 수 있다. 이 과정에서 학습자는 자신이 선정한 표현 방법에 대한 인지 부조화를 경험하게 된다. 이후 학습자는 자신이 원하는 주제 표현에 적합한 표현 방법을 다시 탐색하는 과정에서 미술 표현에 대한 새 개념을 획득할 수 있다.

개념 변화 학습 모형은 학습자가 자신의 생각을 표현하고, 재구성하며 생각의 타당성을 평가하고, 재구성된 생각을 응용하여 검토하는 단계로 구성된다(김동렬, 2009). 이때 교사는 학생들이 인식해야 하는 개념을 안내하고, 학생들은 자신들이 생각한 각각의 개념들에 대한 의견을 제시한다. 이후에는 또 다른 개념들을 자신이 제시한 개념들과 비교함으로써 자신이 처음 제시했던 개념을 수정할 수 있다. 미술과에서는 미술에 대한 새로운 지식을 구성하기 위한 방법으로 개념 변화 학습 모형을 고려할 수 있다. 예를 들어 학습자에게 특정 주제 표현을 위해 활용할 수 있는 여러 재료가 해당 주제를 구현하는 데 타당한지에 대해 생각하고 의논하게 하여 주제 표현에 적합한 재료를 탐색하게 할 수 있다. 이 과정에서 알게 된 주제와 재료의 정합성은 학습자가 재구성한 새로운 미술적 지식이 된다.

5. 차기 미술과 교육과정에서의 지식 · 이해 교육에 대한 전망

지식의 교육적 가치는 절대적으로 규정되어서는 안 되며, 그것을 배워야 하는 사람의 현재의 품위를 기준으로 규정되어야 한다. 교육적 가치가 가장 높은 지식이란 결국 학생의 현재 수준에 적합한, 어쩌면 그보다는 약간 높아 학생들의 노력으로 동화해 낼 수 있는 정도의 지식이다(허경철, 조덕주, 소경희, 2001). 이해교육은 공통된 이해를 위해 수행되어야 한다. Wittgenstein은 공통된 이해에는 논리적인 판단의 합의가 가정되어 있으며, 이는 '삶의 형식에 대한 합의'를 의미한다는 데서 그 의의를 찾을 수 있다고 보았다(Hamlyn, 2010). 그렇다면 미술교육에서 지식과 이해교육에서는 학습자의 수준에 맞는 교과 내용 구성과 이에 대한 공통된 합의를 위한 학습 활동이 동반되어야 한다. 더불어 학습 내용은 학습자의 삶과 연관된 현상에 초점을 맞춰야 한다.

미술과 교육과정에 제시된 내용 체계는 미술과 학습을 통해서 학습자가 명확히 알아야 하는 지식이나 개념, 이해를 위한 필수 학습 요소를 구조적으로 제시한 것이다. 이때 제시된 내용 요소는 각 영역에서의 지식과 이해교육을 위한 전제가 된다. 미술교육에서는 이를 바탕으로 새로운 지식 습득과 이해, 개념의 교정과 타당성 검증 등을 위한 교수·학습 방안을 구안하고 적용할 수 있어야 한다. 특히 우리는 2022 교육과정 개정에서 디지털 친화적이고 도전적 특성을 갖는 학습자들을 위한 새로운 교육과 최적화된 맞춤형 교육으로의 변화 요구에 반응하고, 학습자의 삶과 연계한 학교 교육 혁신의 필요성을 강조하고 있다는 점에 주목할 필요가 있다. 교육과정 개정의 이 같은 관점은 교과 내용의 변화에 대한 예측과 이에 대한 교과의 즉시적인 대응이 필요함을 자각하게 한다. 그리고 우리는 미래 사회를 살아갈 학습자가 미래 사회에서 살아가는데 필요한 지식을 스스로 구성하고, 이를 내면화할 수 있도록 하기 위한 전제로써 지식이 무엇인지에 대해서도 고민할 필요가 있다.

무엇보다도 미술교육에서는 디지털 기술을 기반으로 하는 미술 문화와 학습 환경의 변화에 기민하게 반응할 수 있어야 한다. 원격 수업은 이제 교과교육에서 익숙한 하나의 현상이 되었다. 가상현실과 AI는 우리의 일상생활 곳곳에서 작동하고 있다. 생성형 인공지능을 통해 형성된 지식은 우리들에게 참지식이 무엇인지에 대한 혼란을 경험하게 한다. 그리고 우리는 디지털화된 세계가 미술교육의 내용 자체로 수용되거나 이 과정에서 형성된 지식이 미술과 학습 내용으로 적용될 수 있을 것이라는 점에 대해서도 예측할 수 있다. 이때의 지식은 디지털 세계에 대한 것일 수 있으며, 디지털 세계에서 파생된 전혀 경험하지 못했던 그 무엇일 수도 있다. 그렇다면 차기 미술과 교육과정에서는 학습자들에게 그들의 미래 생활과 연결될 수 있는 동시대 미술 문화를 탐색하게 하여 미래 사회에 대해 예측할 수 있도록 하기 위한 내용 체계를 구성할 수 있어야 한다. 이를 통해 미술교육은 학습자들이 미래 사회를 살아가는 데 필요한 준비를 견인할 수 있어야 할 것이다.

* 이 글은 박상돈(2024), 미술교육에서의 지식과 이해교육(조형교육, 90집)을 수정 보완한 원고임.

박상돈(한국교육과정평가원)

10 과정 · 기능

미래 사회를 디지털 전환, 기후 위기, 갈등 증대, 불확실성, 복잡성 사회로 진단한 OECD는 미래 사회의 급격한 변화 대응을 위한 연구 'OECD Education 2030: 미래교육과 역량 프로젝트'의 1단계 프로젝트를 통해 2019년 'OECD 학습 나침반 2030'을 발표하였다. 학습 나침반에서 핵심역량을 구성하는 세 차원은 '지식, 기능, 가치 · 태도'이며 역량은 지식과 기능 습득, 그 이상을 의미한다. 역량의 의미를 학습자의 삶과 연계하여 존재적 접근으로 재 개념화한 데 의의가 있다. 역량을 구현하는 데 중요한 역할을 하는 '기능'은 2022 개정 미술과 교육과정에 '과정 · 기능'이 도입되는 배경이 된다. 내용 체계에 자리한 '과정 · 기능'은 지식을 습득하는 데 활용되는 사고 및 탐구 과정이면서 동시에 그 자체로서 학습되어야 할 교과 고유의 절차적 지식이다. 미술과 역량을 구현하기 위한 실천적 과정으로서, 지식 · 이해, 가치 · 태도와 상호 유기적 관계를 맺으며 입체적으로 작동하는 특성이 있다. 교육적 체험은 과정적 실재이다. 이러한 측면에서 과정 · 기능은 역량 구현을 위한 절차적 지식으로서 교육적 체험의 구체적인 상황과 맥락을 잇는 중요한 실천적 위치에 놓여 있다.

1. 미술과 교육과정에서 '과정 · 기능'의 도입

1) 2015 미술과 교육과정에서 '기능'의 도입

'영역'과 '내용'으로 구성된 내용 체계가 제6차 교육과정에 도입된 이후, 2015 개정 교육과정에 이르러 '핵심 개념', '일반화된 지식'과 함께 '기능'이 교과 교육과정의 내용 체계에 새롭게 추가되었다. 기능의 도입 배경에는 1997년에서 2003년까지 이루어진 국제경제개발기구(Organization for Economic Co-operation and Development, 이하 OECD)의 DeSeCo 프로젝트에서 역량을 학교 교육의 새로운 비전으로 제시한 데 있다(최수진 외, 2019). 미술 교과의 구조인 영역을 체험, 표현, 감상으로 제시하고, 각 영역에 해당하는 핵심 개념과 일반화된 지식과 함께 기능이 자리하게 되었다. 2015 개정 교육과정의 내용 체계에 기능을 배치한 이유 중 하나는 각 교과를 통해 '학생들이 할 수 있고, 또는 할 수 있기를 기대하는' 기능을 제시하여 학생들의 배움과 교사의 수업 실천이 교과의 역량을 향하도록 하는 데 있다(이광우 외, 2015a). 기능은 교육과정에서 교육의 실천과 직접적인 관련성을 가지는 중요한 개념이다. 또한, 기능은 성취기준의 수행 부분을 제시하는 데 있어 중요한 근거로 작동한다. 성취기준 개발 시, 학년(군)별 내용과 결합하여 수행의 기준을 명료화하여 그동안 사용해왔던 '~안다', '~이해한다'와 같은 지식 습득 위주의 내용 기준에서 벗어날 수 있게 이끈다. 궁극적으로 기능(skill, practice, process, competency)은 '성취기준에서 수행 기준을 명료화하며 핵심역량을 구현하는 중요한 통로' 역할을 담당한다(권문호, 박종석, 2020).

소재 중심의 내용 체계로 구성되었던 2009 개정 교과 교육과정과 달리, 2015 개정 교과 교육과정은 핵심역량 함양을 위한 핵심 개념 중심의 교과 내용 설계에 근거하여 '영역, 핵심 개념, 일반화된 지식, 내용 요소, 기능'으로 구성되었다. 교과의 특성에 맞게 교과의 영역을 규명하고 영역별 고유한 핵심 개념을 도출하여 학생들이 내용 요소를 왜 배워야 하는지에 대한 일반화된 지식을 설정하였으며 학습자가 교과를 통해 궁극적으로 획득해야 할 능력으로서 기능을 내용 체계에 제시하였다(이광우, 정영근, 2017). 이는 교과 간 내용 체계의 일관성을 확보하고 내용 요소의 선정과 조직의 근거를 마련하여 기존의 소재 중심의 내용 체계가 갖는 문제점을 개선하려는 의지가 반영된 것으로 볼 수 있다(서영진, 2015; 이광우 외, 2014).

2015 개정 교육과정에서 처음으로 역량을 제시하여 '학습자가 실제적 삶의 맥락 가운데 무언가를 할 줄 아는 실질적인 능력을 기르는 데 초점'을 두었다(교육부, 2022b). 2015 개정 미술과 교육과정에서 기능 또한 미술과 역량을 기르는데 초점이 있다. 2015 개정 미술과 교육과정의 내용 체계에서 기능은 해당 영역과 관련된 교과 역량의 세분된 기능으로 접근하고 있다(박소영, 양윤정, 백경선, 2016). 예를 들어 아래 [표 1]에서 알 수 있듯이 공통 교육과정의 중학교 체험 영역에 제시된 기능은 '탐색하기, 발견하기, 상호 작용하기, 활용하기, 모색하기, 관련짓기'이다. 미술 교과가 기반으로 하는 학문의 가장 기초적인 개념과 원리인 핵심 개념 중 소통에 해당하는 일반화된 지식 '이미지는 느낌과 생각을 전달하고 상호 작용하는 도구로서 시각문화를 형성한다.'와 내용 요소 '이미지와 시각문화'와 기능을 결합한 성취기준은 '[9미01-02] 시각문화 속에서 이미지의 다양한 전달 방식을 이해하고 활용할 수 있다'로 기능 중 '활용하기'가 성취기준에서 행위 동사로 제시되어 있다. 또한, 성취기준 [9미01-02]는 체험 영역에만 해당하는 것이 아니라 표현의 기능과 연계되어 교과 내 통합적 접근과 교과 간 융합적 접근의 수업 실천을 지향하고 있음을 알 수 있다.

그러나 이러한 기능의 역할과 의미에도 불구하고 내용 체계 구성에 있어 총론의 일방적 요구와 교과 내부적 연구와 검토 시간 부족 등으로 교과의 특성이 충분히 고려되지 못했다는 2015 개정 교과 교육과정에 대한 전체적인 비판적 관점이 있었다(이광우, 정연근, 2017). 이와 더불어 총론에서 제시하는 내용 체계 구성 항목의 의미가 명료하지 않은 점, 그리고 교과마다 다르게 해석하고 전개된 점, 항

〈표 1〉 2015 개정 미술과 교육과정(공통 교육과정, 중학교 미술 내용 체계) (교육부, 2015)

<table>
<tr><th>영역</th><th>핵심 개념</th><th>일반화된 지식</th><th>내용 요소</th><th>기능</th></tr>
<tr><td rowspan="4">체험</td><td>지각</td><td>감각을 통한 인식은 자신과 환경, 세계와의 관계를 깨닫는 바탕이 된다.</td><td>자신과 환경</td><td rowspan="4">탐색하기
발견하기
상호 작용하기
활용하기
모색하기
관련짓기</td></tr>
<tr><td>소통</td><td>이미지는 느낌과 생각을 전달하고 상호 작용하는 도구로서 시각문화를 형성한다.</td><td>이미지와 시각문화</td></tr>
<tr><td rowspan="2">연결</td><td rowspan="2">미술은 타 학습 영역, 다양한 분야와 연계되어 있고, 삶의 문제 해결에 활용된다.</td><td>미술과 다양한 분야</td></tr>
<tr><td>미술 관련 직업</td></tr>
<tr><td rowspan="4">표현</td><td>발상</td><td>주제를 다양한 방식으로 탐색, 상상, 구상하는 것은 표현의 토대가 된다.</td><td>주제와 의도</td><td rowspan="4">탐색하기
계획하기
점검하기
활용하기
표현하기</td></tr>
<tr><td rowspan="3">제작</td><td rowspan="3">작품 제작은 주제나 아이디어에 적합한 조형 요소와 원리, 표현 재료와 용구, 방법, 매체 등을 계획하고 표현하며 성찰하는 과정으로 이루어진다.</td><td>표현 과정과 점검</td></tr>
<tr><td>조형 요소와 원리의 효과</td></tr>
<tr><td>표현 매체</td></tr>
<tr><td rowspan="3">감상</td><td>이해</td><td>미술 작품은 시대와 지역의 배경을 반영하고 있어 미술 작품에 대한 이해는 시대적 변천, 맥락 등을 바탕으로 작품의 특징을 파악하는 활동으로 이루어진다.</td><td>미술의 변천과 맥락</td><td rowspan="3">설명하기
이해하기
해석하기
활용하기
전시 기획하기</td></tr>
<tr><td rowspan="2">비평</td><td rowspan="2">미술 작품의 가치 판단은 다양한 관점과 방법을 활용한 비평 활동으로 이루어진다.</td><td>작품 해석</td></tr>
<tr><td>작품 전시</td></tr>
</table>

목 간 내용 구성이 중복되는 점 등 비판적 관점이 제기되었다(이광우, 정연근, 2017). 학습자의 역량을 중시하는 2015 개정 교육과정에서 내용 체계가 제시하는 기능이 일반적 수준이거나 미흡하다는 비판과 함께 수식어와 목적어 없이 제시된 기능은 구체적이고 교과 특수적인 관점에서 제시될 필요가 있다는 견해가 있었다(임유나, 홍후조, 2016). 또한 '내용 체계에 기능을 명시적으로 제시한 점은 적절하나 교과 역량을 구현하는 방안의 기능이 설정되어 있지 않고 세부적인 행위 동사로 제시되어 교과 고유의 사고나 탐구 과정을 드러내지 못한 점, 그리고 기능의 발달적 수준 또한 드러내지 못했다(한혜정 외, 2022)'라는 2022 개정 교육과정 각론 조정 연구의 진단은 2015 개정 교육과정의 내용 체계를 반추하게 하였고 2022 개정 교육과정 개발에서 내용 체계의 개선사항으로 작용하였다.

2) 2022 개정 미술과 교육과정에서 '과정 · 기능'의 도입

2022 개정 미술과 교육과정에 제시된 과정 · 기능의 도입 배경을 이해하기 위해 OECD에서 추진된 OECD Education 2030: 미래교육과 역량 프로젝트를 살펴볼 필요가 있다. OECD는 미래 사회를 디지털 전환, 기후 위기, 갈등 증대, 불확실성, 복잡성 사회로 진단하고, 급격한 미래 사회의 변화에 대응하기 위해 2015년부터 OECD Education 2030: 미래교육과 역량 프로젝트를 연구 수행하고 있다. 2015년에서 2018년까지 진행된 1단계 프로젝트의 핵심 연구 주제는 학습자에게 '무엇을 가르칠 것인가?'로 학습개념 틀(learning framework) 개발이며, 2019년부터 진행되고 있는 2단계 프로젝트의 핵심 연구 주제는 '어떻게 가르칠 것인가?'로 교수개념 틀(teaching framework)이다(이미경, 2022; 최수진 외 2019). 1단계 프로젝트가 사회 변화에 맞게 미래지향적 학습의 비전과 학생들이 함양해야 할 역량을 규명했다면, 2단계 프로젝트는 학습개념 틀이 지향하는 학습을 실행하는데 요구되는 교사의 자질과 역량을 규명하는 데 있다(최수진 외, 2019, p. 44).

2019년 1단계 프로젝트 연구 수행의 결과 'OECD Education 2030 학습 프레임워크(이하 OECD 학습 나침반 2030)'가 2019년 발표되었다(이미경, 2022). OECD 학습 나침반 2030에서 밝힌 미래 교육의 지향점은 개인과 사회의 웰빙(well-being)이다. 학습자 개인의 행복한 삶의 영위, 그리고 지속 가능한 사회와 정의로운 사회를 이상적 모습으로 설정하고 학습자의 학습 나침반의 방향을 결정하는 핵심 역량을 구성하는 3가지 차원으로 지식, 기능, 가치 · 태도를 제시하였다. 여기서 역량은 지식과 기능을 습득하는 것, 그 이상을 의미한다. 역량은 복잡한 요구를 충족시키기 위해 지식, 기능, 태도와 가치를 동원하는 능력이다(이상은 외, 2018, p. 85). OECD Education 2030: 미래교육과 역량 프로젝트에서 지식은 세계의 특정 양상에 관한 사실, 개념, 아이디어, 이론을 포함하는 것으로 학문적 지식, 간 학문적 지식, 인식론적 지식, 절차적 지식이라는 네 가지 유형으로 세분화 되어 있다(최수진 외, 2019). 또한, 역량을 구성하는 기능은 인지적 · 메타인지적 기능, 사회적 · 정서적 기능, 신체적 · 실용적 기능을 포함하며 지식을 활용하고 과정을 수행할 수 있는 능력을 의미한다. 가치 · 태도 또한 새로 도입된 개념으로 개인적, 지역적, 사회적, 세계적 범주의 가치 · 태도 개념을 아우르고 있다(최수진 외, 2019).

OECD 학습 나침반 2030의 지식, 기능, 가치 · 태도는 2022 개정 교육과정의 내용 체계에 '지식 · 이해', '과정 · 기능', '가치 · 태도'가 새롭게 자리하는 데 큰 역할을 하였다. 교육과정에서 내용 체계의 구성을 분석해보면 교과의 특성과 교과가 지향하는 바를 알 수 있다. 학습자의 삶과 연계한 깊이 있는 학습이 가능하도록 2022 개정 미술과 교육과정은 핵심 아이디어를 중심으로 내용 체계를 구성하였다. 변화의 흐름 가운데 실제 삶과 유리되거나 사실과 정보를 습득하기 위해 학습자가 많은 시간과 노력을 할애하게 하는 것은 과연 어떠한 의미가 있는가? 이에 관한 깊은 성찰은 가르쳐야 할 내용의 우선순위로 핵심 아이디어를 설정하게 하였다. 과정·기능은 미술교육이 이루어지는 구체적인 수업의 현상 속에 작동하고 있다. 그러나 그동안 과정·기능에 주목하지 않았기에 교육과정에서 개념적인 접근과 구체성 및 체계적 제시가 이루어지지 않았다. 2022 개정 교과 교육과정의 내용 체계의 변화는 그동안 주목받지 못했던 과정·기능을 수면 위에 올려 두었다. 과정·기능의 개념 정립과 도입은 과정·기능의 현상에 관한 주목으로 이어지기에, 미술교육을 담당하는 미술교사의 관점에서 바라볼 때 바람직한 변화라 할 수 있다.

2. '과정 · 기능'의 개념과 특성

1) '과정 · 기능'의 개념

2015 개정 교과 교육과정에서 기능은 '수업 후 학생들이 할 수 있거나 할 수 있기를 기대하는 능력으로, 교과 고유의 탐구 과정 및 사고 기능 등을 포함'한다(이광우, 정영근, 2017). 2015 개정 교과 교육과정 시안 개발 연구(이광우 외, 2015a)에서 2015 개정 교육과정에서의 기능은 '교과 역량을 보다 구체화한 양태'임을 밝히고 있다. 이는 곧 기능을 통해 교과에서 기대하는 역량이 무엇인지 알 수 있다는 것을 의미한다. 기능의 개념에는 교육을 통해 학습자가 핵심역량을 구현해 나갈 수 있게 성취기준의 기대 수행 능력으로서 기술, 실습, 프로세스, 수행 능력의 의미를 포함하고 있다. 과정적 행위, 절차적 지식과 실천의 의미가 2015 개정 교육과정의 '기능'에 내포되어 있다. 2015 개정 교육과정에 도입된 '기능' 개념은 이전에 사용해왔던 역할의 의미로서 기능(function)과 교육(목표)분류 체계로서 지식·기능·태도의 기능과 그 의미가 다르다(이광우 외, 2015a). 그러나 각론에서 기능의 각 항목에 관한 명료한 정의가 제시되어 있지 않아 현장의 교사가 기능의 의미와 역할을 이해하고 교육적 실천으로 연결하는 데 부족함이 있었다. 특히, 기능 교과에서는 교과에서 사용해오던 기존의 기능(skill) 개념으로 인식하는 경향을 피할 수 없었다.

2022 개정 교육과정 각론 조정연구에서 밝히고 있는 과정·기능의 개념은 '지식을 습득하는 데 활용되는 사고 및 탐구 과정이면서 동시에 그 자체로서 학습되어야 할 교과 고유의 절차적 지식'이다(한혜정 외, 2022, p. 63). 앞서 살펴보았듯이, 과정·기능은 OECD Education 2030: 미래교육과 역량 프로젝트의 1단계 프로젝트 연구 결과물인 OECD 학습 나침반 2030의 기능 개념으로부터 영향을 받아 도입되었다. OECD 학습 나침반 2030에서 기능은 세 가지 유형으로 정의되고 있다. 이는 2022 개정 미술과 교육과정의 과정·기능 개념을 이해하는 데 도움이 된다. 세 가지 기능 유형을 살펴보면 우선, '인지적·메타인지적' 기능이다. 인지적 기능은 비판적 사고력과 창의적 사고력을 포함한 사고 전략이며 메타인지적 기능은 자신의 지식, 기능, 가치 및 태도를 파악할 수 있는 능력이다. 불확실성과 급변하는 현상에 유연하게 대처하기 위해서는 '인지적·메타인지적 기능'을 갖출 필요가 있다(최수진 외, 2019, p. 55-56). 다음으로 '사회적·정서적' 기능이다. 사회적·정서적 기능은 공감 능력, 자기-효능감, 책임감, 협동심, 자기-통제, 호기심, 정서적 안정 등을 포함한 것으로 사고, 감정, 행동 등을 일관된 패턴으로 나타날 수 있게 하는 개인적 능력이다(최수진 외, 2019, p. 56). 마지막으로 '실용적·신체적' 기능이다. 신체적 기능은 물리적 도구, 작동법, 기능을 활용할 수 있는 일련의 능력을 말한다(최수진 외,

2019, p. 56). 미술을 통해 신체적 기능의 발달은 인지적·메타인지적 기능과 무관하지 않다. 신체적 기능의 작동에는 인지적·메타인지적 기능이 함께 하기 때문이다. 실용적 기능은 원하는 결과에 도달하기 위해 자원이나 도구와 기기를 조작하고 활용할 수 있는 능력이다(최수진 외, 2019, p. 56). 과정·기능은 이러한 세 가지 기능 유형의 개념을 내포하고 있음을 알 수 있다.

2) '과정·기능'의 특성

린 에릭슨(L. Erickson), 로이스 래닝(L. Lanning), 레이첼 프렌치(R. French)는 그들의 공동 저서 「개념 기반 교육과정과 수업: *Concept Based Curriculum Instruction*」에서 오늘날 사회 정치적, 환경적 문제를 '복잡성' 개념으로 규정한 바 있다(Erickson 외, 2019). 교육자는 학습자가 복잡하고 상호작용하는 세계를 살아갈 수 있게 교육을 통해 개념적 이해로 나아가도록 책임을 다해야 한다고 보며 3차원 교육과정 수업 모델을 제시하였다(Erickson 외, 2019). 이들은 또한, 모든 교과는 고유한 구조를 가진다고 보았으며 지식의 구조와 과정의 구조를 제시하였다. 지식의 구조와 과정의 구조는 서로 분리되어있는 것이 아니라 유기적 관계하에 있다. 에릭슨의 '지식의 구조'와 래닝의 '과정의 구조'를 살펴보는 것은 2022 개정 교육과정에서 새롭게 선보인 과정·기능의 특성을 이해하는 데 도움이 된다.

과정의 구조를 알아보기에 앞서 [그림 1]의 지식의 구조를 살펴보면 구성요소 간의 관계를 알 수 있다. 우선, 사실은 원리나 일반화를 뒷받침한다. 하지만 사실의 습득만으로 깊이 있는 이해로 전이되기에는 어려움이 있다. 주제는 구체적인 사실적 사례들을 관련짓지만 역시 전이로 이어지기 어렵다. 개념은 사실로부터 도출된 지적 구성체이다. 일반성, 추상성, 복잡성 면에서 다른 수준으로 존재하며 매크로 하거나 마이크로 할 수 있으며 전이되는 특성이 있다. 일반화는 개념적 이해를 의미하는 것으로 영속적 이해, 핵심적 이해, 빅 아이디어에 해당한다. 두 개 이상의 개념 간 관계에 관한 것으로 시간에 제한받지 않고 여러 문화와 상황에 걸쳐서 적용될 수 있다. 원리 또한, 일반화와 같이 영속적인 혹은 핵심적인 이해, 빅 아이디어로 불린다. 2022 개정 미술과 교육과정의 핵심 아이디어는 여기에 해당한다.

에릭슨과 래닝, 그리고 프렌치는 미술, 음악, 체육과 같

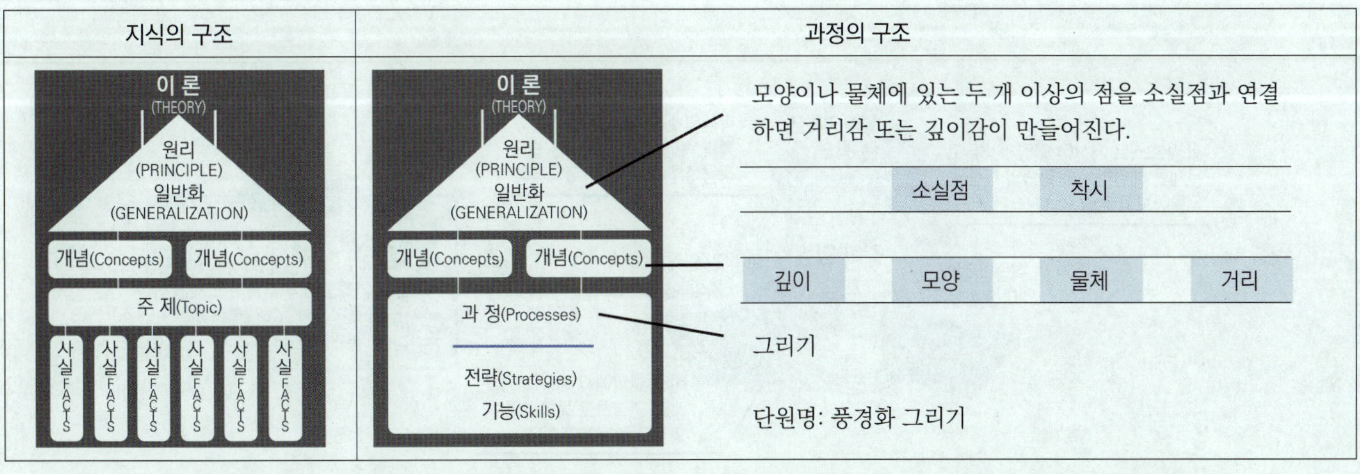

[그림 1] 에릭슨(H. Lynn Erickson)의 지식의 구조(1995)와 래닝(Lois A. Lanning)의 과정의 구조(2012)

출처: H. Lynn Erickson, Lois A. Lanning and Rachel French, 2019

은 과정 중심의 교과를 단지 숙달해야 할 분절적인 기능으로 여기는 것은 잘못된 인식이기에, 교육과정 설계에서 과정 및 지식과 관련된 개념적 이해를 명확하게 할 필요가 있다고 보았다(Erickson 외, 2019, pp. 62-63). [그림 1]의 '과정의 구조'는 기능(skill), 전략(strategies), 과정(processes), 개념(concepts), 일반화(generalizations), 원리(principles)의 관계가 유기적 관련하에 있음을 보여준다. 지식의 구조와 마찬가지로 낮은 인지 수준으로부터 개념적 이해의 수준에 이르는 사고의 위계가 있다. 과정의 구조에서 개념 수준에 도달하면 '하는 것'으로부터 왜 그것을 하는지 '이해'하게 된다(Erickson 외, 2017, 온정덕, 윤지영 역, 2019: 62-63). 과정・기능은 학습자가 학습 내용에 참여하고, 탐구가 가능하게 하는 절차적 지식이자 매개이다. 과정 내 전략과 기능을 활용하는 행위로부터 개념이 도출된다. 또한, 수행해야 할 것을 규정한다. 기능은 분절이 아니라 유기적인 상호작용으로 생성의 힘을 보여주며 개념적 이해로 나아가게 한다. 과정에 개입되어있는 학습자의 존재론적 측면인 내적 특성과 외적인 맥락은 지식을 습득하고 탐구하는 과정에서 그리고 사고하고 탐구하는 그 자체의 전략과 기능의 활용에서 질적 차이를 만들어낸다.

학습자에게 교과 고유의 탐구 과정을 경험하게 하는 것은 교과 학습을 통한 영속적 이해와 의미 생성 방식을 경험하도록 하기 위한 것이다. 따라서 기능은 분절적인 기술(skill)이나 활동이 아니라 높은 수준의 사고와 과정을 통해 지식을 적용하고 확장하며 실천하는 것을 가능하게 하는 것이기에 역량교육에서 중요한 교육내용으로 다루어져야 한다. 또한, 과정・기능에는 필연적으로 학습자의 자기 이해와 성찰 과정이 함께 존재하며 학습 과정에 관한 성찰 능력은 깊이 있는 학습과 이를 통한 역량 함양을 이끄는 동력임을 이해할 필요가 있다. 2022 개정 교육과정에서 과정・기능은 교과의 특성에 맞게, 교과의 사고 및 탐구 과정을 명료화하여 학습자의 발달 및 수행의 복잡성에 따라 학년(군)별 수준이 드러나도록 제시하고 있다. 여기에 전제된 것은 학습자의 주체성과 탐구 과정의 강조이다. 과정・기능은 교과 교육내용에 접근하는 방식이자 역량을 구현하기 위한 과정으로 학습자의 경험과 지향성 및 존재적 특성과 분리될 수 없으며 또한, 지식・이해, 가치・태도 범주와 분리되어 작동하는 것이 아니라 상호 유기적 관련을 맺으며 입체적으로 작동하는 특성이 있다.

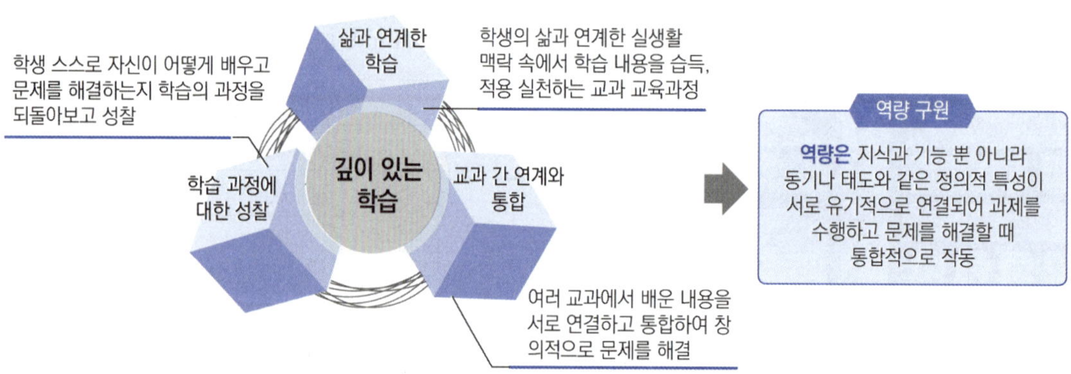

[그림 2] 역량 함양을 위한 교과 교육의 강조점

출처: 2022 개정 교육과정 총론 주요사항(시안)(교육부, 2021, p. 33).

3. 미술과 교육과정에서 '과정 · 기능'의 역할

1) 미술과의 특성

1990년대 중반 OECD DeSeCo 프로젝트에 의해 학교 교육의 새로운 비전으로 역량이 자리하게 되면서 역량을 기반으로 하는 교육과정 담론이 본격적으로 형성되었다(최수진 외, 2019). 이는 2015 개정 미술과 교육과정에 이르러 미술과의 본질로서 교과 역량을 탐색하는 계기로 작용하였다. 2015 개정 교육과정에서 내용 체계의 구성요소 중 하나였던 '기능'은 앞서 언급하였듯이, 지식을 습득하는 데 활용되는 교과 고유의 탐구 과정 및 사고 기능의 의미를 포함한다. 이는 학습의 결과 학생들이 할 수 있거나 할 수 있기를 기대하는 능력으로 교과 역량과 관련이 있다(온정덕, 변영임, 안나, 유수정, 2018). 기능의 개념과 의미를 교과마다 다르게 해석하고 이해하는 불일치의 문제점들이 존재하였다면, 2022 개정 미술과 교육과정에서 내용 체계의 과정 · 기능은 2015 개정 교육과정의 기능에 관한 불명료성과 이로 인한 개념적 이해의 부족과 교과 간 차이와 모호성을 딛고 기능의 역할이 미술과 교과의 역량을 향해 나가는 '과정'으로 미술과 교과의 본질에 좀 더 밀착되어 있다. 요소주의적 관점에서 벗어나 과정 · 기능은 교과 내 통합과 교과 간 융합적 관점에서 역량 구현을 위한 절차적 지식으로서, 교육적 체험의 구체적인 상황적 맥락을 잇는 중요한 실천적 위치에 놓여 있다.

[그림 2]를 보면 2022 개정 교육과정에서 교육과정 구성의 중점으로 '교과 교육에서 깊이 있는 학습을 통해 역량을 함양할 수 있도록 교과 간 연계와 통합, 학생의 삶과 연계된 학습, 학습에 대한 성찰을 강화'하고 있음을 알 수 있다(교육부, 2022b). 2022 개정 교육과정은 학습자의 역량을 구현하고자 하는 교육과정이다. 미술과 교육과정에서도 이러한 취지에 맞게 미술과 교과에서 깊이 있는 학습을 통해 학습자가 궁극적으로 함양하고자 하는 역량을 '심미적 감성 역량, 정체성 역량, 창의 · 융합 역량, 시각적 소통 · 역량, 공동체 역량'으로 제시하였다. 미술과 역량 구현을 위한 과정 · 기능은 미술과 교과의 교육 소재적 특성과 이를 통한 교육적 체험이 가지는 교육적 가치와 의미가 긴밀하게 관련되어 있다. 2022 개정 미술과 교육과정에서 공통 교육과정에 해당하는 미술 과목을 예로 들면, 미술의 성격은 '느낌과 생각을 시각적으로 표현함으로써 자신을 둘러싼 세계와 소통하며 자신과 세계와의 관계를 이해하고 그 의미와 가치를 창조하는 인류 보편의 언어'임을 밝히고 있다(교육부, 2022a). 과정 · 기능 또한 이와 맥을 함께한다.

미술과 과정 · 기능은 그 자체 앎의 대상이다. 또한, 비가시적 속성인 느낌과 생각을 물질성과 조형적 관계 탐색에 의한 조형 언어에 기대어 의미와 가치를 생성해 나가는 과정으로 궁극적으로 '자신과 세계와의 관계' 이해와 '미술과 역량 구현'과 관련되어 있다. 미술과의 과정 · 기능은 개념적 이해와 함께 행위 중 성찰을 통해 새로이 지식과 의미를 형성해 내가는 사고와 탐구의 과정이다. 또한, 미술체험의 특성과 관련하여 몸의 행위와 결부된 지각의 과정, 물질과 비 물질성의 교합과 변용의 순간이 존재하며 의도와 비의도성, 느낌과 불투명성, 우연과 애매함이 상황적 맥락 안에서 행위를 통해 자기 규정성을 가지게 된다(백애정, 2020). 이러한 미술과의 특성을 과정 · 기능은 포함하고 있다.

2) 미술과 교육과정에서 '과정 · 기능'의 역할

2022 개정 교육과정 문서 체제 지침 개발의 기반인 4가지 원리에서 '역량 함양을 위한 교과 교육은 교과에서 배운 내용이나 능력이 교과 맥락을 떠나 다양한 삶의 맥락에서도 발휘되도록 하는 데 목적이 있다'라고 명시하고 있다(한

혜정 외, 2022). 이는 미술과 교육을 통해 지향해야 할 상위의 목표이다. 2022 개정 미술과 교육과정에서 깊이 있는 학습을 통한 미술과 역량 구현은 '지식・이해, 과정・기능, 가치・태도'라는 세 차원이 유기적으로 연결되어 통합적으로 작동할 때 가능하다. 과정・기능은 미술과 고유의 사고와 탐구를 명료화하여 '깊이 있는 학습'을 지원하고자 하는 의도를 반영하고 있다. 여기서, 과정・기능의 역할을 찾을 수 있다. 미술과 역량을 형성하는 데 과정・기능은 학습자의 주체적 행위로서 실천적 이해를 위해 중요한 위치에 있다. 과정・기능은 전이 가능한 이해의 촉진을 위한 전략이다. 또한, 과정・기능은 학생의 주도성과 탐구 기반의 학습을 지향한다. 이해의 전이는 개념적 수준에서 일어난다(온정덕, 윤지영, 2019). 전이란 '특정 상황에서 학습한 것을 새로운 상황에 적용할 수 있는 능력'으로 깊이 있는 학습을 통해 개념적 이해로 나아갔다면 미술 교과의 맥락뿐 아니라 새로운 상황과 다양한 삶의 맥락에 적용할 수 있다. 이렇듯, 과정・기능에서 낮은 수준의 기능 습득에 머무는 것이 아니라 사고와 탐구의 과정으로 개념적 이해의 수준까지 나아가야 한다는 전제가 기저에 자리하고 있다.

역량교육에서 학습은 지식을 단순히 아는 것이 아니라 탐구를 통해 지식을 확장, 정교화, 수정하는 과정적 의미를 포함한다. 과정・기능을 통해 학습 내용에 깊이를 부여하고 학습자 수준에서 새로운 의미와 가치를 생성하는 실천 과정이다. 가르쳐야 할 내용 요소라는 위치와 함께 각 영역에 해당하는 지식・이해와 가치・태도와의 유기적 관계를 통해 깊이 있는 이해로 나아가기 위한 절차적 지식으로서 방법이자 전략 역할을 한다. 2015 개정 미술과 교육과정에서 수식어나 목적어 없이 기술되었던 '기능'은 2022 개정 미술과 교육과정에서는 '과정・기능'으로 학년(군)별 가르쳐야 할 내용 요소로 자리매김하고 있다. 교과의 사고 및 탐구 과정으로서 과정・기능을 명료화하고, '과정・기능을 학년(군)별 위계를 드러내어 제시하고 있다(한혜정 외, 2022, p. 48).

핵심 아이디어는 교과의 본질과 얼개를 드러내는 것으로 과정・기능은 학습자가 이전의 지식과 새로운 지식, 혹은 맥락 간의 개념적, 구조적 유사성을 인식하고 규칙성을 발견하는 것을 돕는다. 영역별 핵심 아이디어를 중심으로 '지식・이해', '과정・기능', '가치・태도'로 구성된 세 범주에 따른 내용 요소로 구성된 내용 체계를 확인할 수 있다. 과정・기능은 학생의 깊이 있는 이해와 고차원적 사고 기능이 학년(군)이 높아감에 따라 어떤 발달 수준을 보이는지 드러나도록 진술되어 있다(한혜정 외, 2022). 여기서 지식・이해, 과정・기능, 가치・태도는 개념적으로 구분될 뿐 실제 발현 과정에서는 상호작용적으로 긴밀하게 연결되어 통합적으로 작동한다는 점에 주목할 필요가 있다. 과정・기능에는 미술과 고유의 탐구기능과 사고방식이 반영되어있는 것으로 미술과 고유의 탐구기능과 사고방식은 미술교육의 소재인 미술 창작의 과정과 미술 작품 감상과 비평의 과정에서 일어나는 실천적 지식과 깊은 관련이 있다.

4. 미술과 수업설계와 수업에서 '과정・기능'의 실천적 제안

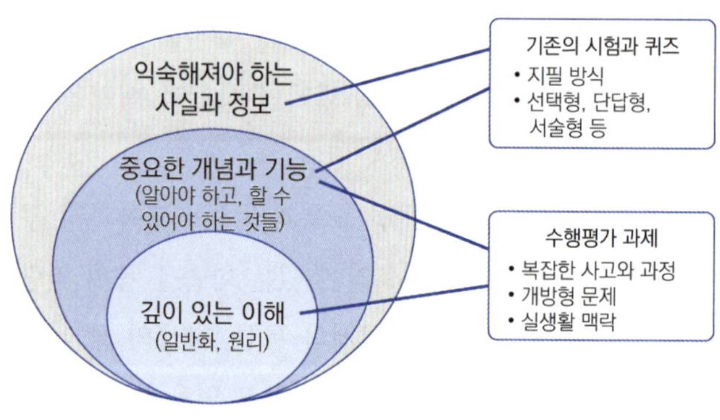

[그림 3] 내용의 범주와 평가 형태

출처: 위긴스 & 맥타이(1998) p. 15, 온정덕, 변영임, 안나, 유수정, 2019, p. 39 재인용)

예를 들어, '인상주의가 태동하게 된 배경을 알 수 있다.'에 초점을 둔 수업설계는 2차원적이다. 그러나 '과학, 기술의 발전과 미술의 관계를 이해하기 위해 인상주의가 태동하게 된 배경을 알 수 있다.'는 학습자의 경험을 3차원으로 인도한다. 미술 교사가 2차원적 수업설계를 하더라도 학습자에 따라 미술의 관계를 다양한 맥락에서 탐구하여 깊이 있는 이해로 자신의 경험을 심화해나갈 수 있다. 하지만 이 경우, 교육적 책무를 학습자의 경험 안에서의 우연성에 맡기는 것이다. 깊이 있는 이해를 위한 수업설계는 교사 안에서 이루어져야 할 책무이다. 과정·기능은 학습자의 경험을 2차원에서 벗어나 3차원 학습이 가능하게 하는 가교역할을 할 수 있다. 이는 수업의 설계와 실천에서 고려되어야 할 사항이다. [그림 3]의 범주를 보면, 앞서 살펴보았던 [그림 1]의 지식의 구조와 유사하게 내용 범주에도 층위가 있음을 알 수 있다. 또한, [그림 1]의 '과정의 구조'에도 낮은 인지 수준으로부터 개념적 이해의 수준에 이르는 사고의 위계가 있음을 살펴보았다.

[그림 1]에서 과정의 구조의 풍경화 그리기라는 행위에는 기능(skill)과 전략이 뒷받침되어 '깊이, 모양, 물체, 거리'라는 마이크로 개념과 '소실점, 착시'라는 매크로 수준의 개념이 형성되며, '모양이나 물체에 있는 두 개 이상의 점을 소실점과 연결하면 거리감 또는 깊이감이 만들어진다.'와 같은 전이 가능한 일반화의 수준, 즉 개념적 이해가 가능함을 보여주고 있다. 이를 통해 '깊이 있는 이해'를 위한 수업설계와 실천을 위해 교과 고유의 '지식의 구조'와 '과정의 구조'가 가지는 특성을 이해하고 반영해야 한다는 관점을 알 수 있다(Erickson 외, 2017, 온정덕, 윤지영 역, 2019: 72). 미술과 수업을 통해 영속적 이해로 나아가야 한다. 2차원적 교육과정과 수업이 [그림 3]에서 '익숙해져야 하는 사실과 정보'와 '중요한 개념과 기능'에 해당하는 '학생들이 알게 되는 것과 할 수 있는 것'에 초점을 두었다면, 3차원적 수업은 일반화와 원리까지 나아가게 하여 '깊이 있는 이해'에 초점을 둔 것으로 학생들의 실생활을 맥락 삼고 있다.

이를 위해 미술과 수업설계와 실천에서 과정·기능은

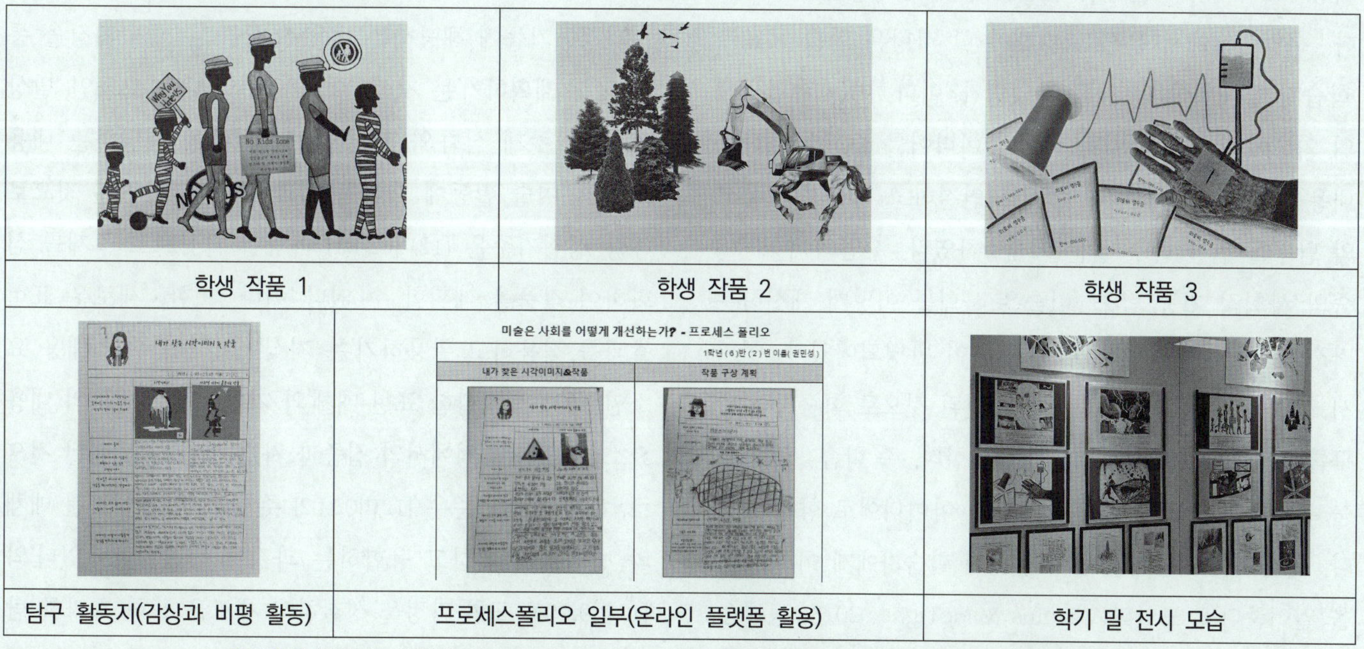

[그림 4] '미술의 사회적 기능 탐구: 미술은 사회를 어떻게 개선하는가?' 수업 관련 자료 이미지

어떤 모습이어야 하는가는 핵심 아이디어와 지식 · 이해와 가치 · 태도, 성취기준, 학생과 교사의 내부요인과 외부의 환경적 요인과도 무관하지 않다. 비가시적 속성과 결부되어있어 '생략해버린 교육적 체험의 과정'을 [그림 4]의 학생 작품 1~3을 통해 확인하기란 쉽지 않다. 다만 가시적으로 드러난 작품의 이미지를 통해 학생들의 경험 과정을 유추할 수 있을 뿐이다. [그림 4]는 백워드 수업설계로 2023년 2학기, 고등학교 1학년을 대상으로 한, 탐구기반수업인 '미술의 사회적 기능 탐구, 미술은 사회를 어떻게 개선하는가?'의 결과물과 탐구 활동지 및 작품 전시 모습의 일부이다. '미술의 사회적 기능 탐구, 미술은 사회를 어떻게 개선하는가?' 수업과 관련하여 2022 개정 미술과 교육과정 이해와 적용을 위해 과정 · 기능이 수업설계와 실천에서 어떻게 연결되는지 알아보고 그 역할과 의미가 어떻게 발현되어야 하는지, 그 실천적 방안을 제안하고자 한다.

〈표 2〉는 수업설계 중 일부를 요약한 것이다. 교사의 수업 의도와 2022 개정 미술과 교육과정의 핵심 아이디어, 내용 요소, 성취기준과의 연결을 통해 관계성을 알 수 있다. 수업설계에서 우선 고려해야 할 사항은 학습 목표로 '학습자가 배워야 할 것은 무엇인가?'이다. 이는 수업설계의 의도에 반영되어있다. 핵심 아이디어를 중심으로 학습 내용을 구조화하여 내용 체계를 연결하고 학습자의 사고와 탐구를 위한 탐구 질문을 개발하였다. 수업의 주제 '미술의 사회적 기능 탐구, 미술은 사회를 어떻게 개선하는가?'에는 포괄적 수준의 탐구 질문이 반영되어있다. 여기서, 탐구 질문은 과정 · 기능과 관련된 것으로 학습자의 탐구를 이끌고 깊이 있는 이해를 유도한다. 즉 학습자의 사고를 촉진하고 학습자의 탐구가 핵심 아이디어로 향하게 한다. 위긴스와 맥타이는 탐구 질문이 학습자에게 이해의 문을 열어준다고 보았다(Wiggins & McTighe, 2013, 정혜승, 이원미 역, 2016). 수업설계에서 고려된 사항은 깊이 있는 이해를 위한 학생 주도의 탐구 기반의 귀납적 수업이다.

〈표 2〉에서 과정 · 기능에 해당하는 내용 요소는 '이미지를 활용한 소통방식 탐구하기, 주제의 확장을 통한 작품 계획하기, 새로운 표현 효과를 적용하고 활용하기, 작품에 대한 자신의 견해와 가치 판단을 논리적으로 표현하기'이다. 우선, 과정 · 기능의 내용 요소 '이미지를 활용한 소통방식 탐구하기'는 미적 체험 영역의 지식 · 이해 범주에 해당하는 내용 요소인 '시각문화의 다양성과 의미 전달 방식'과 '삶과 연결된 미술'과 가치 · 태도 범주에 해당하는 내용 요소인 '시각문화에 대한 비판적 수용과 향유, 삶 속 미술의 의미에 대한 공감'과 연결되어 있음을 알 수 있다. '시각문화의 다양성과 의미 전달 방식'과 '삶과 연결된 미술'은 알고 이해해야 할 미술 교과의 내용이다. '시각문화에 대한 비판적 수용과 향유, 삶 속 미술의 의미에 대한 공감'은 미술 교과 활동을 통해 기를 수 있는 고유한 가치와 태도이다. 이와 관련된 성취기준은 '[12미01-03] 이미지를 활용한 소통방식을 탐구하여 미술이 삶 속에서 가지는 의미에 대해 공감할 수 있다.'이다.

과정 · 기능에 해당하는 내용 요소인 '주제의 확장을 통한 작품 계획하기'는 지식 · 이해 범주의 내용 요소인 '발상과 표현 주제 심화'와 가치 · 태도 범주에 해당하는 내용 요소인 '미술 활동에 대한 관심과 참여'와 관련된 것으로 해당 성취기준은 '[12미02-01] 다양한 발상으로 주제를 심화하여 작품을 계획할 수 있다.'이다. 또한, '새로운 표현 효과를 적용하고 활용하기'는 지식 · 이해 범주의 내용 요소인 '주제에 적합한 표현 매체'와 가치 · 태도 범주의 내용 요소인 '표현 과정에서의 집중과 자기 성찰'과 관련된 것으로, 해당 성취기준은 '[12미02-02] 주제에 적합한 표현 매체와 방법을 실험하고 융합하는 과정에 집중할 수 있다'와 '[12미02-03] 표현 과정을 성찰하고 새로운 표현 효과를 탐색하여 다음 작품에 반영할 수 있다.'이다. 과정 · 기능의

〈표 2〉 '미술의 사회적 기능 탐구: 미술은 사회를 어떻게 개선하는가?' 2023 수업설계의 일부 요약

<table>
<tr><td>수업 의도</td><td colspan="3">본 수업은 학습자의 시각적 소통 역량과 공동체 역량을 갖추기 위한 것으로, 탐구 기반의 귀납적 수업설계 모형을 바탕으로 한다. 일상에서 접할 수 있는 시각 이미지나 사회적 기능이 돋보이는 작품을 선택하여 정보와 의미를 담고 있는 시각 이미지와 사회적 목소리를 내는 작품의 특성을 내용적 측면과 조형적 측면에서 파악하여, 시각 이미지와 작품을 비판적 관점에서 분석하고 해석할 수 있게 한다. 나아가 표현과 연계된 활동을 구성하여 학생들의 삶 가운데 개선해야 할 사회적 문제를 스스로 찾아 작품의 주제로 확장해 나가는 과정에서 자신의 삶과 사회가 연결되어 있음을 인식하게 한다. 또한, 미술 작품을 통해 사람들의 인식과 행동에 영향을 줄 수 있음을 체험하게 한다. 미술의 사회적 기능에 관한 깊이 있는 이해가 궁극적으로 체험의 구조를 바꾸는 하나의 농밀한 경험이 되어 자신과 세계에 관한 인식의 확장으로 이어지길 바란다.</td></tr>
<tr><td>과목</td><td colspan="2">미술</td><td>학년: 1</td></tr>
<tr><td rowspan="3">핵심 아이디어</td><td rowspan="3">영역</td><td>미적 체험</td><td>• 이미지의 관찰과 탐색은 미적 안목을 형성하고 자신과 사회, 환경과의 소통으로 이어진다.</td></tr>
<tr><td>표현</td><td>• 표현은 창의적 사고와 순환적인 성찰의 과정을 포함한다.</td></tr>
<tr><td>감상</td><td>• 작품의 내용과 형식에 대한 맥락적 이해와 비평은 미적 판단 능력을 높이고 미술 문화의 다원적 가치를 이해하게 한다.</td></tr>
<tr><td rowspan="9">내용 요소</td><td rowspan="3">지식 · 이해</td><td>미적 체험</td><td>• 시각문화의 다양성과 의미 전달 방식
• 삶과 연결된 미술</td></tr>
<tr><td>표현</td><td>• 발상과 표현 주제 심화
• 주제에 적합한 표현 매체</td></tr>
<tr><td>감상</td><td>• 미술 감상과 비평을 위한 관점과 방법</td></tr>
<tr><td rowspan="3">과정 · 기능</td><td>미적 체험</td><td>• 이미지를 활용한 소통방식 탐구하기</td></tr>
<tr><td>표현</td><td>• 주제의 확장을 통한 작품 계획하기
• 새로운 표현 효과를 적용하고 활용하기</td></tr>
<tr><td>감상</td><td>• 작품에 대한 자신의 견해와 가치 판단을 논리적으로 표현하기</td></tr>
<tr><td rowspan="3">가치 · 태도</td><td>미적 체험</td><td>• 시각문화에 대한 비판적 수용과 향유
• 삶 속 미술의 의미에 대한 공감</td></tr>
<tr><td>표현</td><td>• 미술 활동에 대한 관심과 참여
• 표현 과정에서의 집중과 자기 성찰</td></tr>
<tr><td>감상</td><td>• 감상을 통한 소통</td></tr>
<tr><td rowspan="3">성취기준</td><td colspan="2">미적 체험</td><td>[12미01-03] 이미지를 활용한 소통방식을 탐구하여 미술이 삶 속에서 가지는 의미에 대해 공감할 수 있다.</td></tr>
<tr><td colspan="2">표현</td><td>[12미02-01] 다양한 발상으로 주제를 심화하여 작품을 계획할 수 있다.
[12미02-02] 주제에 적합한 표현 매체와 방법을 실험하고 융합하는 과정에 집중할 수 있다.
[12미02-03] 표현 과정을 성찰하고 새로운 표현 효과를 탐색하여 다음 작품에 반영할 수 있다.</td></tr>
<tr><td colspan="2">감상</td><td>[12미03-02] 비평 방법을 활용하여 미술과 시대, 사회, 환경과의 상호 관련성을 분석하고 가치를 판단할 수 있다.</td></tr>
<tr><td>탐구 질문</td><td colspan="3">• 이미지는 우리의 삶에 어떻게 활용되는가?
• 작가들은 왜 사회적 메시지가 담긴 작품을 제작할까?
• 미술의 사회적 기능은 무엇인가?
• 이미지와 시각문화의 관계는 무엇인가?
• 이미지는 어떻게 사람들의 인식과 행동을 변화하게 하는가?
• 미술(이미지)은 사회를 어떻게 개선하는가?(포괄적 수준의 핵심 질문)
• 인간의 삶에 이미지란 무엇인가? (포괄적 수준의 핵심 질문)</td></tr>
<tr><td>평가 유형</td><td colspan="3">수행평가(프로세스 폴리오)</td></tr>
</table>

내용 요소인 '작품에 대한 자신의 견해와 가치 판단을 논리적으로 표현하기'는 지식·이해 범주의 내용 요소인 '미술 감상과 비평을 위한 관점과 방법'과 가치·태도 범주의 내용 요소인 '감상을 통한 소통'과 관련된 것으로 해당 성취기준은 '[12미03-02] 비평 방법을 활용하여 미술과 시대, 사회, 환경과의 상호 관련성을 분석하고 가치를 판단할 수 있다'이다.

수업은 크게 네 개의 활동 단위로 이루어졌다. 첫째, '이미지를 활용하여 소통방식 탐구하기'와 관련된 부분으로 '내가 찾은 시각 이미지와 작품' 탐구 활동이다. 이 활동은 감상과 비평의 과정을 통해 이미지의 소통방식을 이해해 나가는 과정으로 학생은 탐구와 실천의 주체로 위치하게 된다. 이미지의 소통방식 이해를 통해 인간의 삶에 이미지란 무엇인지 다양한 맥락에서 탐구할 수 있다. 둘째, '주제의 확장을 통한 작품 계획하기'와 관련된 부분으로 학생들이 개선해야 할 사회 현상을 자신의 관심에 따라 다양한 영역과 결부시켜 관련 자료를 찾아 자신의 삶과 사회, 그리고 세계가 연결되어 있음을 인식하고 작품의 주제로 확장할 수 있다. 이를 토대로 작품 계획을 세울 수 있다. 셋째. '새로운 표현 효과를 적용하고 활용하기'와 관련된 부분으로 작품 구상계획을 토대로 작품을 제작하는 활동이다. 사회적 메시지를 작품으로 표현하는 과정을 통해 미술의 사회적 기능을 체험적으로 이해할 수 있다. 넷째, '작품에 대한 자신의 견해와 가치 판단을 논리적으로 표현하기'와 관련된 부분으로, '내가 찾은 시각 이미지와 작품'탐구 활동의 감상과 비평에서 시각적 문해력을 형성해나가는 과정과 함께, 자신의 작품을 감상하고 비평하는 활동에서도 작품에 관한 자신의 견해와 가치 판단을 논리적으로 표현할 수 있다.

어떤 주제에 관한 깊고 영속적인 이해는 사실과 기능(skill)을 넘어 근본적인 개념과 원리를 탐구할 때 가능하다(Isecke, 2011; 강현석, 이지은, 정수경 역, 2016, p. 26). 2022 개정 미술과 교육과정의 이해와 적용을 위한 탐구 기반의 이해중심 교육과정 수업설계(백워드 수업설계: Understanding by Design)인 '미술의 사회적 기능 탐구, 미술은 사회를 어떻게 개선하는가?' 수업에서 과정·기능은 수업 실천과 관련된 부분으로 수업 활동의 단위로 기능하며 학생의 주도성과 탐구를 돕고 있다. 과정·기능은 지식·이해 범주에 해당하는 내용 요소와 가치·태도 범주에 해당하는 내용 요소와 유기적으로 연결되어 실천되는 구조이다. 수업에 사용된 성취기준은 내용 체계에서 영역별로 제시된 세 범주 중 2가지 범주의 내용 요소를 정합하는 방식으로 개발되어 있다. 성취기준은 학생이 궁극적으로 할 수 있거나 할 수 있기를 기대하는 도달점이다. 과정·기능은 성취기준에서 수업 실천의 방향과 수행의 기준을 명료화하며 가치·태도와 함께 학습자가 미술과 역량을 형성하게 하는 매개 역할을 하고 있다.

류지영(2021)은 교과의 본질과 가치에 관한 탐구에 존재론적 접근이 함께 할 때 2015 개정 교육과정의 '역량'의 실천적 의미가 가진 한계를 넘어설 수 있다고 보았다. 이러한 맥락에서 수업설계와 실천은 미술과 역량을 구현하는 데 중요한 역할인 과정·기능을 지식·이해와 가치·태도 범주와 함께 미술과의 본질과 가치를 반영하여 존재론적 측면에서 바라볼 필요가 있다. 과정·기능은 '학생들에게 어떠한 교육적 체험을 하게 할 것인가?'와 관련된 것으로 미술의 사회적 기능을 알게 하는 것에 머무는 것이 아니라, 그 너머의 것까지 알고 행위 할 수 있는 데까지 나아가야 한다. 전이 가능한 이해는 자기 이해 없이 불가하다. 개념 그 자체를 언어적으로 아는 것이 아니라 개념을 받치고 있는 현상으로 깊이 들어가 자신과 세계에 관한 존재론적 접근과 함께 인식의 확장으로 나아가기 위한 실천적 과정이 될 수 있도록 수업설계와 수업에서 고려되어야 한다.

5. 차기 미술과 교육과정에서 과정 · 기능의 전망

2022 개정 교육과정의 개정 배경 중 하나인 '미래 사회의 불확실성', 미래는 불확실한 영역이자 가능태의 영역이다. 불확실성은 '미래'라는 개념을 규정짓는 속성 중 하나이기도 하다. 해결되지 않은 전 지구적 문제들은 아직도 산적해 있다. 깊숙이 자리한 자본주의 체계는 부의 불균형을 정당화하며 생과 사의 문제까지 관여한다. 이기로 얼룩진 분별없는 개발과 사라지지 않는 플라스틱 잔류 쓰레기가 생태 환경에 위협을 가하는 시대, 그 어느 시기보다 '위기'라는 말이 익숙해진 시기를 우리는 살아가고 있다. 견고한 삶의 토대는 왜곡된 믿음 안에 존재할 뿐, 애초 존재하지 않았는지도 모른다. 학교 안을 들여다보면 학생들의 삶은 객체화되어 끝을 알 수 없는 입시 경쟁 속에 내몰려 있다. 이러한 상황에서 우리는 과연 무엇을 할 수 있을까? 우리가 미술교육을 통해 진정 노력을 기울여야 하는 것은 무엇일까? 2022 개정 미술과 교육과정에서 과정 · 기능은 그 자체 알고 이해해야 할 내용 요소이자 교과 고유의 사고와 탐구 방법으로 명료화하여 제시되고 있다. 이는 '깊이 있는 이해'로 학습자의 교육적 체험을 끄집어내기 위함이다.

미래의 불확실성을 무수한 가능태의 영역으로 옮길 수 있는 것은 과정 · 기능, 그 실천적 과정을 통해서이다. 여기에는 필연적으로 학습자의 구체적인 삶과 존재적 특성이 관여한다. 이를 들여다볼 필요가 있다. 또한, 우리는 학자나 전문가가 형성한 의미 구성체인 개념을 단순하게 습득하는 방식을 교육적 체험이라 말하지 않는다. '사과는 빨간색이야.' 명명되는 순간, 사과에서 찾을 수 있는 무수한 색들은 후경으로 사라져버리는 그러한 현상에 익숙한 교육에서 벗어날 필요가 있다. 과정 · 기능의 역할이 여기에 있다고 생각된다. 개념을 떠받치고 있는 현상의 자리에서 학생들의 탐구가 이루어질 수 있도록 과정 · 기능의 역할을 분명히 한 점은 긍정적 변화이다. 교육적 체험은 궁극적으로 나와 나를 둘러싼 세계와의 관계를 이해하며 끊임없이 나를 변형해나가는 과정이다(백애정, 2020). 또한, 교육적 체험은 과정적 실재로서 한 개체의 체험 구조를 변화시키고 품위를 상승하는 가교역할을 하며 자기 존재의 확인과 존재 방식을 드러내는 것이며 또한 존재적 변화를 가능하게 한다(백애정, 2013). 좀 더 나아가, 차기 교육과정에서 이러한 존재적 차원까지 아우르며 과정 · 기능이 고려되기를 기대한다.

백애정(대진고등학교)

11 가치 · 태도

2022 개정 교육과정에서 "학생 개개인의 인격적 성장을 지원하고, 사회 구성원 모두의 행복을 위해 서로 존중하고 배려하며 협력하는 공동체 의식을 함양한다"(교육부, 2022a, p. 4)는 점을 강조하며 불확실성의 사회에서 협력적 태도와 상호 존중의 가치를 함양할 수 있는 교육과정을 구성하고자 하였다. 특히 초등학교 교육은 "일상생활과 학습에 필요한 규칙과 질서를 지키고 서로 돕게 배려하는 태도"(교육부, 2022a, p. 6)를 함양하는 것에 목표를 두어 삶을 살아가는 기본적인 태도를 지닐 수 있도록, 중학교는 초등학교에서 익힌 가치와 태도를 기반으로 타인 존중을 실천하는 민주시민으로서의 자질을 함양하는 것에, 고등학교는 국가 구성원으로서 필요한 가치를 알고 세계 시민으로서 자질과 태도를 갖추는 것에 중점을 두고 있다. 최근 개인 간 연대를 저해하는 요소, 즉 차별, 편견, 혐오 등의 적대적 관계 요소들이 사회의 안전을 위협하고 협력적 가치의 의미를 퇴색하며 사회적 문제로 부각됨에 따라, 2022 개정 미술과 교육과정은 이를 반영하여 미적 활동을 통해 연대 강화, 생태 감수성 및 다원적 가치 등을 함양한 민주시민을 양성하는 방향성을 제시하고 있다. 특히 필자는 사회 속에서 사람들 간의 우호적 접촉을 강조하며, 미술교육이 적대적 요소를 줄이고 사회 구성원 간 연대를 위한 가치와 태도를 기르는 중요한 도구가 될 수 있음에 주목하였다. 이에 '세상과 접촉', '매체를 통한 접촉', '타 문화와 접촉'이라는 세 가지 범주로 우호적 접촉의 방식을 제안하였으며, 이는 미술을 매개로 의미 있는 가치를 내면화하고 협력과 상호 존중의 태도를 함양하는데 효과적으로 기여할 수 있다.

1. 미술과 교육과정에서 가치와 태도 함양에 관한 내용 분석

1) 가치와 태도 함양의 필요성과 미술의 역할

인류의 발전과정은 통시적(通時的) 관점에서 볼 때 그리 우호적이지만은 않았다. 산업혁명 시기를 지나며 계층 간의 상호적대감은 커졌고, 정치적 파벌을 이용한 시민의 분열도 야기되었으며, 성별, 인종별, 종교 등의 이유로 혐오의 학습이 이어지는 역사적 환경 또한 만들어졌다. 또한 세계화를 통한 다문화 현상의 심화도 또 다른 사회 갈등의 원인이 되었다. 최근 우리나라는 인구 절벽과도 가까운 저출생을 경험하고 인구 급감이 이슈가 되는 상황에서 인구 감소의 대안으로 다문화 사회를 이루어가야 하는 상황이지만, 특정 인종에 대한 차별과 잠재적 범죄인 취급, 다문화와 소수 집단에 대한 편견 등이 또 다른 형태의 혐오로 이어지고 있다(심규선, 2018).

이처럼 연대를 저해하는 적대적 요소로 대표적인 것이 차별과 혐오이다. 차별과 혐오는 우리에게 대립과 교오(交惡)를 야기하며 또 다른 갈등의 도화선이 되기도 한다. 이를 단순히 개인 간의 감정 문제, 혹은 이해관계로 보는 것은 문제가 있으며, 원인으로 사회 구조적, 환경적 측면에서 차별과 혐오가 어떻게 사회 전반에 확산되는지 살펴볼 필요가 있다.

2004년 한 통계에 의하면 이미 절반 이상의 응답자가 한국사회의 차별이 사회문제로 심각하게 부각되고 있음을 인식함을 볼 때 차별과 이에 따른 사회 불평등이 21세기 한국 사회의 사회문제임을 확인할 수 있다(손인서, 김승섭, 2015). 또한 2016년 우리 사회의 큰 차별 요인을 알아보는 한 통계에서는 소득 수준(50.7%), 교육 수준(44.0%), 직업(38.8%)의 순서로 차별을 생성할 가능성이 높은 요인으로 꼽았다(이창현, 2016). 코로나19 이후 더 큰 소득격차를 보이며 소득 불균형으로 인한 차별의 가능성은 계층 간 혐오로 이어지며 사회 구조 속에서 다양한 문제들을 양산하고 있다.

2023년 8월 16일, 국토연구원에서 발표한 「소득 불평등과 거주지 분리의 특성 및 변화」 보고서에 따르면 소득 불평등을 넘어, 소득 수준에 따라 거주지가 달리 나타나는 '거주지 분리 지수[1]'가 나날이 증가되는 것도 목도되고 있다. 소득 불평등 지수는 다소 완화되었는데 이것은 일종의 착시이며, 그러한 현상의 이면에는 고소득층 간 교류와 연대, 저소득층 간 교류와 연대 등 소득에 따른 거주지의 분리가 완연해져 생기는 현상이라고 볼 수 있다. 거주지 분리 지수는 2017년 0.013에서 2021년 0.015로 증가하여 소득에 따른 공간을 분리하고자 하는 욕구가 사회적으로 증가하고 있음을 보여주었다(국토연구원, 2023). 이러한 거주지 분리는 단순히 환경이 소득에 따라 분리되는 것을 의미하는 것이 아니라, 고소득층의 거주지의 경우 외부의 접근을 완전히 차단하고자 하는 게이티드 커뮤니티(gated community) 같은 배타적 커뮤니티를 양산하며 이것은 또 다른 차별과 혐오의 형태를 보여주고 있다. 어린 학생들 사이에서도 이미 거주지에 대한 이슈가 당연한 듯 대화의 주제로 떠오르고 있으며 계층 간 소셜믹스는 번번이 계층 간 불화로 성공적인 결과를 가져오지 못하고 있다. 이런 현상과 관련하여 임윤서, 안윤정(2016)은 한국의 고속 성장은 편리와 다양한 측면에서 경제적 이익을 가져다 주었으나 동시에 편중된 성장중심주의로 인한 인간소외, 도덕성 상실, 공동체 해체, 범죄율의 증가 등으로 사람 간 소통의 단절과 사회적 불안감을 안겨주며 타인과 어울리는 삶보다 자신에게 충실한 삶을 사는 사회로 변모하도록 이끌었다고 보았다. 공익, 다다익선 등 우리는 새마을 운동을 비롯한 그 이전의 역사에서부터 협력 지향적 성향과 상생의 역사를 가지고 발전해 왔으나, 최근의 이러한 차별적 커뮤니티들은 그간 지속되었던 특유의 연대를 위축시키는 요인으로 작용하고 있다.

한편 적대적 요소로써 혐오는 사전적 의미로 "싫어하고 미워함"(표준국어대사전, 연도불명)을 의미한다. 김태형(2019)은 영어를 기준으로 보면 혐오를 일반적으로는 disgust로, 몇몇 연구에서는 hate를 사용하고 있어 "역겨울 정도로 싫어하고 미워하는 감정"(김태형, 2019, p. 21)으로 정리할 수 있다고 보았다. 특히 그 감정의 강도가 매우 높을 때, 미워하는 정도를 넘어서는 감정이 지배할 때 드러나는 감정으로 보고 있다. 우리나라에서는 그러한 상태를 '극혐'이라 표현하며 남성 또는 여성, 노인과 어린이 등이 혐오의 대상이 되었고, 혐오의 대상이 아닌 존재가 있을까 싶을 정도로 다양한 혐오가 공존하게 되었다.

김태형(2019)은 이러한 사회적 혐오가 위험한 이유를 다음과 같이 밝히고 있다. 첫째, 혐오는 인간의 합리적인 사고를 방해한다. 대상에 대한 올바른 인식을 거부한다는 것과 경계를 짓고 이분법적 사고를 하며 혐오를 정당화하기 위해 자신을 합리화하는 태도를 지니게 되는 문제가 있다. 둘째, 서로의 공존을 거부하는 태도가 생긴다. 공존을 거부한다는 것은 다른 의미로 인간으로 취급하지 않겠다는 의지를 보여주기도 하며 세상의 본질을 왜곡한다. 마지막으로 공존의 거부로 혐오의 대상을 향해 공격할 수 있다. 이는 사회에 눈에 보이는 실질적인 피해를 야기하며 테러, 살인 등의 극한 범죄로 이어질 수 있다. 혐오가 더 큰 혐오를 낳는 것, 혐오 대상으로의 낙인 등은 혐오가 왜 우리 사회에서 사라져야 할 모습인지 설명하고 있다.

이렇게 차별과 혐오가 만연해진 시류 속에서 적대적 요

1) 거주지 분리지수는 현 거주지 상에서 서로 다른 집단이 완전히 균형적으로 분포할 때 0이 되며, 분리 정도가 심해질수록 1에 가까워짐(국토연구원, 2023)

소가 사회적으로 만연해지는 것을 막고, 보다 온기 있는 사회로 나아가기 위한 미술교육의 본질과 역할 및 미적 경험을 통해 얻을 수 있는 가치와 태도가 무엇인지에 대한 정립이 필요해졌다.

미술교육은 주지 교과와 구별되는 정서 함양이 중심인 교과이기에 창의력과 정서를 함양하는 것이 주된 목적이며 본질이라고 할 수 있다. 이는 인본주의(humanism) 사상에서 기원하였다고 볼 수 있는데, 인본주의는 인간이 태어나면서부터 개체성 및 잠재력을 가진다고 보는 사상으로 인본주의에서 교육은 개성과 잠재력을 이끌어 내어 성장시키는 과정으로 보았다. 20세기 초 미술교육에서 이러한 인본주의 사상을 반영하여 표현주의 미술교육이라는 흐름을 만들었고, 이 과정에서 개인의 발달을 강조하게 되었다. 여기서 인본주의 사상이 인간을 각각의 개인으로만 보고 인간의 복잡한 사회적 상호작용 및 관계 맺음을 반영하지 못하였다는 맹점을 발견하며, 이후 현대의 학문계는 주체 중심의 인본주의 사상에서 문화중심의 포스트모던 사고로 이동한다. 인간의 존재를 문화 중심적인 존재로 보는 포스트모던 사고의 관점은 실로 2022 개정 미술과 교육과정 전반에 기저로 깔려있다. 미술은 자기표현이기도 하지만 다양한 문화적 요소가 흡수된 텍스트로서의 미술로 과거, 현재, 미래의 삶을 반영하며 삶의 태도를 만든다. 이러한 관점은 미술교육의 목표가 삶에 대한 이해이며, 자신과 상호작용하는 삶에 대한 지식 및 통찰력을 갖게 되는 것임을 확인하게 한다(박정애, 2011). 이처럼 미술은 단지 정서 교육을 위한 것이 아니라, 삶과 연결된 문화교육으로서의 가치와 역할을 지니고 있기에 교과로서, 시대의 요구로서 중요성을 지닌다.

2) 2022 개정 미술과 교육과정에서 '가치와 태도'

2022 개정 교육과정에서는 2015 개정 교육과정의 내용 체계에서 새로운 변화를 주었는데, 교과목에서 배우는 필수 학습 내용인 내용 요소를 '지식 · 이해, 과정 · 기능, 가치 · 태도'로 분류하여 제시한다는 점이다. '지식 · 이해'는 교과 및 학년군별로 해당하는 영역에서 알고 이해해야 할 내용에 관한 것이라면, '과정 · 기능'은 교과가 지니는 고유의 사고 및 탐구 과정 혹은 기능을 말한다. 그리고 '가치 · 태도'는 교과 활동을 통해 학습자가 기를 수 있는 교과 고유의 가치와 태도를 가리키는 것으로 해당 내용 요소를 통해 미술 교과가 추구하는 가치와 태도가 무엇인지 제시한다(교육부, 2022b).

이중 '가치 · 태도'는 미술교육이 갖는 인문학적 가치와 삶을 반영하고 있기에 가치 중심적인 범주이다(이재영, 2016). 또한 미술의 지식과 형식적인 측면을 넘어 문화 상대주의적이고 맥락주의적인 내용 요소들을 품고 있다. 시시각각 변화되는 사회 속에서 공동체의 연대를 저해하는 적대적 요소를 방어할 미술의 가능성을 보여주는 요소이기도 하다. 이에 필자는 '가치 · 태도' 범주에 주목하며, 2022 개정 미술과 교육과정에서 교육활동을 통해 함양하고자 하는 가치와 태도가 무엇인지 좀 더 자세히 분석해보고자 한다. 이를 위해 2022 개정 미술과 교육과정의 각 영역에서 추구하는 가치와 태도를 〈표 1〉과 같이 정리하였고, 〈표 1〉에 정리된 가치와 태도 및 2022 개정 미술과 교육과정에서 언급하는 가치 서술 부분을 핵심어 중심으로 〈표 2〉와 같이 정리해보았다.

〈표 1〉 2022 개정 미술과 교육과정의 영역별 가치 · 태도 내용 요소 정리(교육부, 2022b, pp. 6-64에서 재구성)

영역	내용 요소						
	공통 교육과정			선택 중심 교육과정			
	초등학교		중학교	미술	미술 창작	미술 감상과 비평	미술과 매체
	3~4학년	5~6학년	1~3학년				
미적 체험	• 미적 탐색에 대한 호기심 • 미술의 역할에 관한 관심	• 주변 환경에 대한 민감성 • 비판적으로 이해하는 태도	• 자신과 환경에 대한 감수성 • 다양한 문화 존중과 참여	• 시각문화에 대한 비판적 수용과 향유 • 삶 속 미술의 의미에 대한 공감			
표현	• 표현에 대한 흥미 • 자기 작품을 소중히 여기는 태도	• 주제 표현의 의지 • 자유롭게 시도하는 태도	• 표현 과정에서의 주도성과 성찰 • 자신과 타인의 작품 존중	• 미술 활동에 대한 관심과 참여 • 표현 과정에서의 집중과 자기 성찰			
감상	• 자신의 감상 관점 존중 • 미술 문화에 관한 관심	• 서로 다른 관점의 존중 • 공동체 문화에 참여	• 미술의 다원성 존중 • 공동체 문화에 기여	• 감상을 통한 소통 • 미술 문화의 다원적 가치 이해와 존중			
설계와 창작					• 창작 과정에서의 몰입과 도전적 문제 해결 태도 • 창작의 과정과 결과에 대한 다양성 존중 및 비판적 수용		
창작의 확장					• 창작 과정에서의 몰입과 도전적 문제 해결 태도 • 창작의 과정과 결과에 대한 다양성 존중 및 비판적 수용		
미술 감상						• 작품 이해와 해석에 대한 공감과 포용 • 문화 다양성에 대한 수용과 공동체 의식	
미술 비평						• 미술 비평 관점을 사회와 삶으로 확장	
매체의 이해							• 매체의 미적 가치 공유 • 매체의 효과에 반응하는 태도 • 매체에 대한 개방적 태도와 비판적 수용
매체의 활용							• 매체의 미적 가치 공유 • 매체의 효과에 반응하는 태도 • 매체에 대한 개방적 태도와 비판적 수용

〈표 2〉 2022 개정 미술과 교육과정의 영역별 가치 · 태도 관련 핵심어 정리(교육부, 2022b)

2022 개정 미술과 교육과정의 영역별 가치 · 태도 관련 핵심어 정리	
가치	미술의 역할과 가치
	다양한 미술 문화가 지닌 고유한 가치(다원적 가치)
	작품 속 미적 가치
	미술 문화유산의 가치
	표현의 가치
	매체의 미적 가치
	생태 전환적 가치
	대상과 현상의 미적 가치
태도	삶과 환경에 연결함으로써 심미적 가치를 내면화하는 태도
	의견을 존중하고 포용하는 태도
	자유롭게 시도하고 창작을 즐기는 태도
	문제 해결 태도
	표현 재료와 용구 및 표현 방법을 적극적으로 탐색하고 적용하는 태도
	표현 방법과 절차를 재고하는 성찰의 태도
	매체에 개방적인 태도
	도전적이고 실험적인 태도
	비판적 태도
	작품을 소중히 여기는 태도(타인의 작품 존중)
	적극적인 감상 태도
	미술 전시에 참여하는 태도
	문화 향유 태도
	다원성을 존중하는 태도
	민주시민의 자질과 태도
	미술을 향유하는 태도
	경계를 넘나드는 유연한 태도

〈표 1〉과 〈표 2〉를 살펴보면, 2022 개정 미술과 교육과정에서 미술 교과 고유로 함양할 수 있는 가치에 관하여 대체로 미적 가치 및 다원적, 생태적 가치를 언급하고 있으며, 태도의 경우에는 미술 문화 수용 측면에서의 태도, 즉 비판적, 개방적, 공감과 포용 등에 관해 언급하고 있다.

먼저 미적 체험 영역에서 추구하는 가치와 태도에 대하여 좀 더 세부적으로 살펴보면, 미술이 지니는 고유한 역할과 가치에 대하여 호기심과 관심을 갖고, 대상과 현상에 관한 미적 가치 및 생태 감수성과 다원적 가치를 함양하고자 한다. 또한 삶과 환경의 연결을 통한 심미적 가치의 내면화와 미술 향유의 태도 및 경계를 넘나드는 유연한 태도의 함양을 도모한다. 미적 체험을 통해 더불어 살아가는 인간으로서 다원적 가치의 필요성을 알고, 현상학적 관점에서 세계를 구성하는 사물과 생명의 소중함을 느끼며, 그러한 심미적 체험의 누적을 통해 타인과 세상에 대한 무관심이 아닌 호기심으로 세계를 인식하는 관점을 키우고자 하였다.

표현 영역에서의 가치는, 표현하는 행위 자체에 대한 가치와 표현에 사용되는 매체가 갖는 미적 가치, 타인의 의견을 존중하고 포용하며 자신의 표현에 대해 재고하고 성찰할 줄 아는 가치를 제시하고 있다. 표현 영역에서의 태도는 자유로운 시도와 창작을 즐기고 도전하는 실험적인 태도와 표현 재료와 용구에 대한 적극적 탐색의 태도, 표현 방법과 절차를 재고하는 성찰의 태도, 매체에 개방적인 태도의 함양을 제안하고 있다. 심미적 경험은 "감상하고, 지각하며, 향유하는 경험"(Dewey, 1934/2016, p. 110)으로, 특히 무엇을 만들어내는 과정에서 이루어지는 행위와 깊은 관련이 있다. 심미적 경험의 기저에는 표현에 쏟는 열정이 담겨 있으며, 창작을 이끄는 자신의 감정에 만족감이 깃들 때 예술 활동을 마무리함으로써 심미적 경험으로 나아갈 수 있으며, 다수의 이익과 가치를 추구하는 공동의 작업일 경우, 그 과정에서 얻는 심미적 경험도 반드시 존재한다. 이처럼 표현은 자신뿐만 아니라 타인 및 공동체와 함께 심미적 경험을 만들어가며, 표현하는 행위의 모든 과정이 미적 가치를 지니며 미술교과 고유의 가치를 보여준다.

마지막으로 감상 영역에서의 가치는, 다양한 미술 문화가 갖는 고유의 가치와 미술 문화유산 및 작품이 갖는 미적 가치, 태도에서는 타인의 의견을 존중하고 포용하며 작품을 소중히 여기고, 미술 전시에 참여하며, 적극적 감상 태도와 비판적인 태도를 갖는 것, 그리고 미술을 통해 다원성을 존중하는 태도를 기를 수 있도록 제안하고 있었다. 미술은 특히 다양한 문화를 접하는 매개로, 미술을 통해 다양한 문화에 대한 균형 잡힌 감각을 익힐 수 있고, 우리 사는 세상과 공동체에 대한 깊은 사유를 일으키며, 작품에 대한 다양한 생각이 공존함을 인지할 수 있다. 미술 교과의 가치와 태도는 이처럼 이분법적인 사고의 경계를 넘고 미술로 글로벌 영역을 탐험하도록 지원한다.

미술은 개인의 정서적, 정신적 태도와 의식을 강화하고 자극하는 힘을 지니고 있으며, 개인에게 필요한 가치와 태도는 문화적 코드를 이해하고 있을 때 함양이 가능하다(Anderson, 2007). 또한 미술 교과의 가치와 태도는 개인의 성장뿐만 아니라 사회 문화적인 환경 속에서 관계 맺음을 통한 성장을 위한 것이며, 삶을 스스로 만들고 결정하는 태도를 만들기 위함이다. 이러한 관점은 2022 개정 미술과 교육과정에 잘 드러나 있으며, 자신의 가치와 사회의 가치, 공동체의 가치를 인식하고, 사회적 진보를 위한 시작으로써 미술을 제안하고 있다.

2. 우호적 접촉에 관한 이론적 배경 및 선행연구

1) 우호적 접촉에 관한 함의

'우호'의 의미를 탐색하면 "개인끼리나 나라끼리 서로 사이가 좋음"(표준국어대사전, 연도불명)으로 이를 위해 상대에게 정신적 물질적 도움을 제공하거나 도움을 주는 행동을 포함한다. Hare & Woods(2020/2021)는 자신의 저서 『다정한 것이 살아남는다』에서 초·중등학교와 대학교는 공동체 내 관계를 이상적으로 가져갈 수 있는 우호적인 접촉이 발생하는 공간임을 Gaither & Sommers(2013)의 연구를 소개하며 밝히고 있다. 학교라는 울타리 안에서 이루어지는 다양한 인종들의 접촉이 결국 타 인종을 향한 부정적이고 적대적인 감정과 인식을 불식하는데 도움이 되었다는 연구 결과를 볼 때, 함께 지내며 상대를 위한 도움을 행하는 사이좋은 모습들, 즉 우호적 행동들이 결국 공동체 내에서 관계의 개선에 좋은 결과를 가져올 수 있다는 것이다. 필자는 위 연구에서 학교 내에서 발생하는 접촉의 '우호성'에 주목하였고, 이는 공동체 내에서 이루어지는 미술 교육을 통한 관계 맺음에 있어 가치와 태도의 성격을 규정할 수 있는 적절한 용어라고 보았다.

한편 접촉은 사전적 의미로 "서로 맞닿음. 가까이 대하고 사귐"(표준국어대사전, 연도불명)이다. 그것이 정신적 접촉이든 물질적 접촉이든 간에 접촉을 통하면 만물은 밀접한 연결을 이룬다. 접촉이 강화되면 인간은 접촉을 통해 연대를 시작하는데, 연대의 사전적 의미는 "여럿이 함께 무슨 일을 하거나 함께 책임을 짐"(표준국어대사전, 연도불명)으로, 이는 함께함을 전제로 하고 하나의 목표를 지니며, 책임공유를 통해 서로의 역할이 있음을 드러낸다. 이를 통해 볼 때 우호적 접촉은 '서로 사이가 좋아 물질적 정신적 도움을 줄 수 있도록 연결된 상태'로 정리해 볼 수 있다. 이에 많은 사람과 가치 공유를 시도하는 것, 예술적 경험을 함께 하는 것은 우호적 접촉을 현실화 하는데 도움을 줄 수 있다.

학자들은 2차 세계대전 이후 집단 간 갈등이 깊어지는 상황을 해소할 수 있는 방안으로 '접촉'을 떠올렸다. 앞서 밝힌 바와 같이 사람들의 우호적 접촉을 경험하는 대단히 중요한 장소로 학교를 꼽았으며, 우호적 접촉의 필요성과 갈등 해소의 장소로써 학교의 가치를 더욱 확신하게 되었다(Hare & Woods, 2020/2021). 학교는 수많은 종류의 사람이 모여 이루는 접촉의 장으로써, 다양한 내집단 및 외집단 간의 교류가 가능하며, 그 속에서 무수히 많은 경험과 갈등 해결을 통한 혐오의 상쇄도 기대해 볼 수 있는 가치 있는 공간이다. 또한, “나이가 많을수록, 교육 수준이 낮을수록, 권력 지향적 가치를 지닐수록 사회적 소수 집단에 대한 고정관념과 편견은 완고하다”(박수미, 정기선, 2006, p. 22)는 연구 결과는 교육을 통한 다양한 접촉의 기회가 많을수록 사회 갈등이 적을 수 있다는 가능성을 보여주며 학교 내 우호적 접촉의 경험이 중요함을 보여주고 있다.

2) 우호적 접촉 관련 선행연구와 교육적 접근

접촉이론은 편견에 관한 연구와도 밀접하게 닿아있다. 편견이 접촉의 우호성과 적대성을 결정하기 때문이다. 이와 관련한 실험 중에서 아이에게 편견이 생성됨에 있어 부모의 역할이 얼마나 큰지를 보여주는 실험이 있다. 흑인 버튼과 긍정 버튼을 만들어 놓고 동시에 누를 때와 흑인 버튼과 부정 버튼을 동시에 누를 때 아이들이 버튼을 누르는데 걸리는 시간을 측정해 본 실험이다. 아이들은 흑인과 부정 버튼을 누를 때보다 흑인과 긍정 버튼을 누를 때 더 혼란스러워하고 교착상태에 빠진 것처럼 보였다. 이는 흑인과 부정 언어가 아이 내면에 상당히 강하게 자리 잡고 있다는 것을 보여준다. 그런데 이러한 암묵적 연상 테스트에서 연구자는 흑인에 대한 편견이 큰 부모의 아이가 부모와 같은 편견을 보인다는 점을 발견하였다. 자녀는 부모의 많은 것을 공유하는데, 머릿속에 있는 편견까지도 공유한다는 것은 아이가 의지하는 어른이 어떤 생각을 가져야 하는지 단적으로 보여준다(Everhardt, 2020/2021). 이러한 아이의 편견을 바로 잡아주는 것은 학교 교육을 통해서, 특히 접촉이 많은 미술교육의 협동 학습을 통해서 가능할 수 있으며, 우호적 접촉을 형성하는데 기여할 수 있다. Paluck & Green(2009)은 연구를 통해 협동 학습이 민족, 인종, 능력에 관한 편견 감소에 도움을 줌을 언급하였는데, 미술교육에서 집단이 사회를 위한 목적을 가지고 예술적으로 협력하는 것은 이미 사회참여예술교육 또는 공공미술교육 관련 선행연구를 통해 실천 가능함이 드러난 바 있다.

또 다른 흥미로운 실험으로 소수자의 룸메이트와 백인 룸메이트의 정기적 접촉이 미래에 어떤 긍정적인 효과를 가져오는지 평가하는 실험이 있다. 이 실험을 통해 확인할 수 있는 것은 외집단과 정기적인 상호작용이 학생들에게 사회적인 다양성을 경험하는데 좋은 연습이 된다는 점이다. 실험에서 혼합 인종 룸메이트 그룹은 타 인종에 대한 관용과 배려, 이해 등의 가치가 높아진 반면, 같은 인종의 룸메이트 그룹은 그러지 못했다는 흥미로운 결과를 가져왔다(Gaither & Sommers, 2013). 이 연구를 통해 생각해 볼 수 있는 것은 우리가 편견을 가지고 있는 대상에 대한 접촉의 기회를 제공하는 것은, 그들과 우리가 다르지 않음을 경험하게 해 줌으로써 편견이 줄어드는 기회가 된다는 점이다. 이는 타 인종에 대해 새롭게 알게 된 것에 대한 자신의 호기심을 충족하며 상대에 대한 호감도가 동반 상승하게 되는 것으로 보인다.

이러한 선행연구에서 의미 있는 점은 외집단과의 교류는 관용의 가치를 많이 사용하게 되어 편견이 줄어드는 효과를 얻는다는 점이다. 내집단[2)]끼리 굳이 사용하지 않는 가치를 외집단과의 교류를 통해 밖으로 끄집어내는 접촉의 활동들은 이런 이유로 중요할 수밖에 없다. [그림 1]을 보면 원에서 바깥쪽으로 갈수록 ‘우리’의 개념이 약해지기 때문에 바깥쪽 원의 집단과 교류하는 것은 관용의 가치를

2) 집단원이 ‘우리’라는 말을 동일한 의미로 사용하는 집단(Allport, 1954/1993, p. 50)

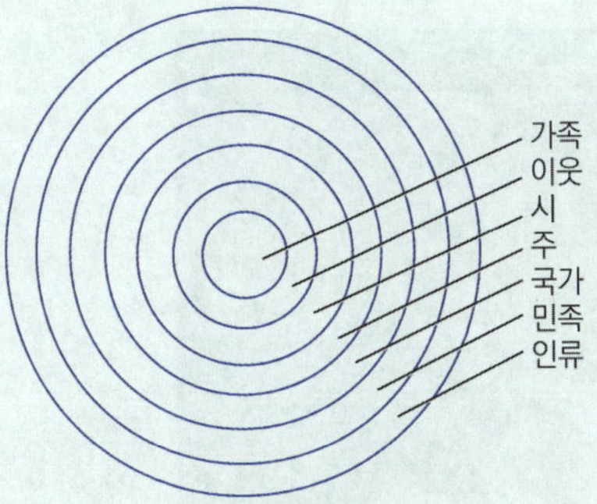

[그림 1] 원이 커질수록, 내집단 감정이 약해진다(Allport, 1954/1993, p. 60)

많이 활용하게 된다는 점을 확인할 수 있다. 어린이와 청소년의 또래 결속력은 갈수록 심해지고 타 집단에 대한 배타성을 지니기 때문에 미술교육을 통한 외집단과 꾸준하고 자연스러운 접촉 활동이 필요할 수 있다. 학급 내에도 수많은 내집단 및 준거집단[3]이 존재하며 이것은 일치하다가도 일치하지 않으면 갈등의 주요 원인이 되는데, 이렇게 내집단끼리 뭉치는 현장에서 외집단과의 교류를 이끌어내는 것이 쉽지 않지만, 학생들에게 주어지는 외집단과의 미술을 통한 접촉의 기회는 담아두었던 가치와 덕목들을 활용하고 편견을 감소시켜주는 역할을 기대할 수 있다. 다만 일반적인 학교에서는 다문화 환경이 만들어지지 않을 수 있고, 편견을 가지고 있는 외집단이 없을 수 있기에 이런 경우 다양한 디지털, 비주얼 콘텐츠를 활용하여 가상 접촉을 통한 협동 학습도 시도해볼 수 있다.

다만, 우호적 접촉이 빈번하게 발생하더라도 성격의 차이나 문화적 차이를 서로 발견하게 될 때 그저 단순한 접촉에서 끝나게 된다. Allport(1954/1993)는 이처럼 가벼운 접촉은 편견을 더 강화하는 효과를 가져오기도 하였음을 밝히며 빈도의 법칙에 의한 피상적 접촉에 우려를 드러냈다. 가벼운 접촉의 지각 상황에서 보면, 이미 지니고 있는 불쾌한 편견에 대해 순간적으로 선택적 지각을 일으키기 때문이다. 깊이 있는 접촉에 비해 편견을 바로잡을 시간적 여유가 없는 상태이다. 이렇듯 가벼운 접촉은 오히려 문제를 더 어렵게 만드는 원인이 되기도 한다.

심규선(2018)도 이와 같은 의견이다. 이에 질적 접촉을 대안으로 제시하며 접촉의 지속성, 대화의 친밀성, 공동의 목표 지향 등의 노력으로 성립되는 것이 질적 접촉이라고 정의하였다. 두 학자의 견해를 볼 때, 구성원들의 공통된 인식과 상호 호혜적인 감각과 태도를 찾을 수 있도록 깊이 있는 접촉의 방식과 시간 등의 노력이 상당히 필요하다.

3. 가치와 태도 함양을 위한 우호적 접촉강화 미술교육의 필요성 및 목적

현대 사회 연대의 약화는 코로나19로 인한 온라인의 경험도 원인이 되었다. 코로나19를 경험한 우리는, 다양한 영역에서 생각할 수 없었던 온라인 세상을 경험하며 오프라인의 커뮤니티가 없어도 삶을 유지하는 것이 가능하다는 것을 인지하게 되었다. 특히 타인과의 관계에서 느끼는 불편함을 회피하고자 하는 비대면 선호의 경향과 전 세계적으로 충격을 던진 0.78%의 대한민국 합계 출산율[4], 1인 가구 비율의 증가[5] 등도 이러한 공동체의 약화를 가속화하며 과연 우리가 지역사회를 기반으로 하던 과거의 온기 넘치는 공동체로 회귀할 수 있을지 의문을 갖게 한다.

이러한 우려를 인식하듯 교육 현장에서는 학생들의 공동체적 가치와 태도를 함양하기 위해 다양한 교육과정 구

3) 준거집단은 개인이 그 집단의 부분이거나 또는 심리적으로 관계되기를 열망하는 집단으로, 개인이 그 집단원으로 간주되기를 바라는 집단이다. 그러나 개인의 입장에서 내집단이 준거집단이길 원해도 그렇지 않은 경우가 있어 내집단과 준거집단이 항상 일치하는 것은 아니다(Allport, 1954/1993, p. 55)

4) 합계 출산율(TFR, Total Fertility Rate)은 여성 1명이 평생 동안 낳을 것으로 예상되는 평균 출생아 수를 나타낸 지표로서 연령별 출산율(ASFR)의 총합이며, 출산력 수준을 나타내는 대표적 지표임(통계청, 2022)

5) 1인 가구 비율=(해당 연령집단 1인 가구 수 ÷ 일반 가구 수) × 100(통계청, 2023)

[그림 2] 공세초등학교 〈평화 프로젝트〉 학생 작품(2018)

성을 시도하고 있다. [그림 2]는 용인시의 공세초등학교에서 진행한 〈평화 프로젝트〉를 통해 완성된 벽화의 모습으로, 이 프로젝트를 기획한 박수정 교사는 당시 학생들의 개인적이고 경쟁적인 모습에 문제의식을 느끼고, 평화에 대한 생각을 구체화하고 실천적 가치로 전환하기 위해 프로젝트를 구성하였다고 하였다. 본 프로젝트는 학생들이 생각하기에 다소 추상적인 '평화'의 개념을 구체화하고 시각화하는 작업을 통해, 학생 스스로 평화에 대한 개념을 정립해가는 과정으로 진행되었다. 특히 '평화는 무슨 맛일까'라는 질문을 통해 평화의 맛을 상상하며 평화의 시각이미지를 도출하였고, 도출된 시각이미지는 그림을 잘 그리는 학생과 그렇지 못한 학생의 협업으로 각자가 생각하는 평화의 이미지를 균형 있게 담아 작품을 완성하였다. 완성된 그림은 커다란 현수막에 인쇄되어 학교의 담벼락에 전시되었는데, 작품 속에는 서로가 서로를 '품는다'는 따뜻한 공동체의 상징적 이미지와 서로의 품 안에서 우호성을 인식하며 평화를 느끼는 모습을 학생의 시선으로 담아내었다. 이처럼 교육 현장에서는 의미있는 예술 활동을 통해 학생들에게 공동체적 가치와 태도를 기를 수 있도록 교육과정을 구성하고자 노력하고 있다.

대립하는 두 개인 또는 집단 간, 얼마나 많은 우호적 접촉과 소통의 시간이 주어졌는지가 편견을 상쇄하고 연결하는 열쇠이다. 〈평화 프로젝트〉와 같이 예술은 인간이 공동체에 대해 고민하고 생각을 전환하는 계기를 마련하기도 한다. 미술교육의 역할은 이처럼 우호적이고 질적인 접촉의 장의 열어주고 사고의 확장과 실존적 가치 및 태도를 인식함에 있다.

4. 가치와 태도 함양을 위한 우호적 접촉강화 미술교육의 내용 및 방법

1) 가치와 태도 함양을 위한 우호적 접촉강화 미술교육의 내용

어린이의 발달 단계에서 보면 초등학교 5학년 즈음 되면 더 복잡한 사회적 관계와 맥락이 생기고 사춘기 때는 완전 배척이나 내집단만 우선하는 성향을 보이며 이것이 편견으로 이어지기도 한다. 이처럼 보통 사춘기 시절에 외집단에 대한 부정적 시각과 사고가 편견과 혐오로 이어질 수 있지만, 다행히도 우리는 교육을 통해 이러한 부정적 감정들을 억누를 수 있다(Williams, 2022). 따라서 학교에서는 편견을 감소할 수 있는 연령기에 적절한 경험과 공동의 목표 지향적 미션을 제시하는 학습이 이루어져야 하며, 미술 자체가 좋은 매개가 될 수 있다. 이와 관련하여 Young(2001/2013)은 예술은 일반 법칙으로 규정하기 어렵고 복잡하며 다양한 주제에 관한 통찰력을 제공하는데 탁월하다고 보고, 자신의 감정과 대상 간의 관계 및 세계 내에서 우리의 위치 등과 같은 복합적 현상에 대한 이해에 가장 잘 기여하는 분야로 보았다.

이처럼 우리는 복잡한 사회의 주제와 이슈와 관련하여 문화예술을 통해 올바른 가치와 태도를 인식하며 통찰로 나갈 수 있다. 특히 심규선(2018)은 다문화의 경우 매체에 따라, 접촉 방식에 따라 태도의 변화를 가져오는데, 관련 미디어 시청, 다문화 축제 참여 등의 방식이 다문화에 대한 수용적 태도를 불러온다고 보았다. 접촉에는 다양한 방식이 있으나 심규선(2018)의 연구처럼 매체를 통한 접촉, Allport(1954/1993)의 연구처럼 직접적으로 세상 및 타 문화인과 만나는 접촉이 있을 수 있다. 이에 미술을 통해 얻은 행동과 인식의 변화들이 실천적 지식이 될 수 있도록, 예술로써 우호적 접촉을 통해 가치와 태도를 함양할 수 있도록 '세상과 접촉, 매체를 통한 접촉, 타 문화와 접촉'의 세 가지 측면에서 그 가능성을 모색해 볼 수 있다.

2) 가치와 태도 함양을 위한 우호적 접촉강화 미술교육의 방법과 사례

(1) 세상과 접촉

Merleau-Ponty(1945/2002)는 세계-에로-존재의 개념을 언급한다. 세상과의 연결은 몸을 통해 이루어지며, 우리의 몸은 세계에의 존재고, 우리의 지각으로 식별할 수 없는 의식 또한 세계에의 존재이다. 이는 결국 우리는 몸으로 세계 속에 있고, 또 세계를 향해 나아간다는 것을 의미한다. 즉 세계 속에서 수많은 접촉과 경험을 통해 의미를 교환하는 관계를 맺고, 또 다른 의미를 찾아 세계로 다시 나아가는 순환의 과정을 설명하고 있다. 필자가 말하는 세상과 접촉은 퐁티의 이러한 사유를 반영한다. 가치와 태도를 함양하는데 있어 우선적으로 이루어져야 하는 것은 세상과의 교류, 연결, 교감이라는 것이다. 인간의 세계를 구성하는 인간 및 비인간 주체들의 현존을 지각하고 받아들이는 과정은 가치와 태도를 함양하기 위한 필수 요소이다.

이러한 생각이 반영된 '세상과 접촉'을 구현하기 위해 필자는 '가을 만나기' 수업을 진행하였다. 이 수업 소재는 인간을 대상으로 하는 편견이 아니라 세계 내 생태, 환경에 대한 학습자의 인식 변화를 가져오기 위한 수업이었다. 가을을 주제로 한국의 가을에 존재하는 색과 느낌, 이미지를 직접 접촉하여 느끼는 미적 체험 수업이며, 우리가 보편적으로 생각하는 가을의 이미지에서 새로운 미를 발견하는 경험을 제공하는데 목적이 있었다. 카메라를 들고 운동장에서 만나 운동장에서 가을의 색과 공기, 하늘 등을 자연스럽게 느끼며 가을 나무를 유심히 탐색하였고, 일반적인 가을 나무의 형태뿐만 아니라 가을 나무는 다양한 형태와 색채를 지님을 체험하고 화폭에 담아보는 활동으로 이어나갔다. 가을을 경험하면서 가을이지만 가을 나무가 가질 수 있는 빨강이 아닌 초록에 대한 이야기도 나눌 수 있었고, 색의 뒷면은 또 어떤 색을 지녔는지 알아보며 Merleau-Ponty(1945/2002)가 말하는 사물의 깊이를 경험을 통해 탐색해 보는 시간을 가질 수 있었다. 또한 몸을 통한 세상에 대한 지각의 경험이 세상과 현상을 이해하는 폭을 넓히고, 세상의 좌표에서 벗어난 곳곳의 지점들을 체득하는 깊이 있는 활동은 삶을 확장하고 환경의 미적 가치와 미술을 향유하는 태도를 기를 수 있을 것이라 기대하였다.

〈표 3〉 '가을 만나기' 수업 설계

<table>
<tr><td>학년</td><td>5학년</td><td>성취 기준</td><td colspan="2">[6미01-02] 대상이나 현상에서 시각적 특징을 발견할 수 있다.
[6미02-04] 조형원리(비례, 율동, 강조, 반복, 통일, 균형, 대비, 대칭, 점증, 점이, 조화, 변화, 동세 등)의 특징을 탐색하고, 표현의도에 적합하게 활용할 수 있다.</td></tr>
<tr><td rowspan="2">단원</td><td rowspan="2">시간을 관찰 해요</td><td>평가 관점</td><td colspan="2">가을 속 대상을 주의 깊게 관찰하고 시간의 흐름에 따른 대상의 선, 형, 색 등의 시각적 특징과 변화를 발견하여 수채화로 표현할 수 있다. (관찰법/ 실기평가)</td></tr>
<tr><td>관련 가치 · 태도</td><td colspan="2">• 주변 환경에 대한 민감성
• 주제 표현의 의지
• 서로 다른 관점의 존중</td></tr>
<tr><td>주제</td><td>차시</td><td colspan="2">활동 내용</td><td>자료 및 유의점</td></tr>
<tr><td>가을 만나기</td><td>1-2</td><td colspan="2">• 가을 속 대상의 시각적 특징 찾기
• 내가 알던 가을의 색과 대상 떠올리기
• 사진기에 관찰표현 할 가을 나무 모습 담기</td><td>사진기</td></tr>
<tr><td>가을을 담기</td><td>3-4</td><td colspan="2">• 관찰한 대상의 모습을 수채화로 표현하기
• 친구들의 가을 감상하기</td><td>수채화 도구</td></tr>
</table>

[그림 3] 가을 만나기 활동 결과물

'가을 만나기'는 5학년 학생을 대상으로 진행하였으며, 이전 학년에서 수채화를 경험한 적이 있었기 때문에 보다 수월하게 가을을 담아 표현할 수 있었다. 가을 속 자신이 정한 나무의 시각적 특징을 탐색해 보고, 자신이 알던 가을의 색과 모습이 일치하는지 비교하고 내용을 친구들과 교류하였다. 사진기에는 자신이 표현할 가을 나무를 구도와 색을 고려하여 담고, 3-4 차시에 이를 수채화로 표현하는 활동을 가졌다. 삶에서 우리가 익숙하게 생각했던 것, 우리의 배경 세계의 인식과 지각을 달리하는 수업이 될 수 있었고, 이를 통해 새롭고 다양한 세계와의 접촉과 고유의 미적 가치를 느껴볼 수 있었다. 본 활동과 관련된 가치 · 태도의 내용 요소(5-6학년)는 '주변 환경에 대한 민감성', '주제 표현의 의지', '서로 다른 관점의 존중'으로 탐색해 볼 수 있다.

(2) 매체를 통한 접촉

매체는 "회화, 조각 따위에 쓰는 재료를 통틀어 이르는 말"(표준국어대사전, 연도불명)로 재료에서 좀 더 확장된 표현으로 매체를 이해할 수 있다. 2022 개정 미술과 교육과정에서는 표현에 있어 매체의 중요성을 강조하고 있고, 매체가 미술 그 자체이거나 매체를 통해 미술이 완성되기에 매체를 탐색하고 선정하는 과정이 중요함을 재차 언급하고 있다(교육부, 2022b). 특히 현대의 다양한 테크놀로지와 관련된 매체는 학생들을 보다 다양한 미적 체험으로 인도하며 제작 과정과 결과에 대한 흥미와 호기심을 이끌어 낼 수 있고, 사회적 이슈를 다채롭고 예술적인 형태로 제작할 수 있다.

미술교육에서 '매체를 통한 접촉'의 사례로 주제와 매체를 접목한 새로운 메시지 전달 방식을 떠올릴 수 있다. 여기서 태블릿PC를 활용한 미술은 제작 환경을 단순하게 세팅하고 실패에 대한 회복력을 높여 주제에 좀 더 집중할 수 있는 제작 환경을 만들어준다.

[그림 4] 장현우, [희나인], 2022, iPad painting.

출처: kt그룹 희망나눔재단

매체를 활용하여 〈희나인〉을 표현한 중학생작품은 주제와 매체의 연결이 어떤 예술 창작을 만들어내는지 잘 보여준다. 1,000원의 메뉴로 어려운 이웃들을 돕는 희나인의 '해 뜨는 식당'의 사연을 태블릿PC를 활용하여 간단한 카툰으로 제작, 사연의 가시성과 감수성을 잘 드러내었다. 매체에 따라서 우리는 작품에 대한 감정을 다양하게 경험할 수 있기에 매체와 주제의 결합은 창작에 있어 중요한 문제인데, 희나인 홍보 카툰의 경우 주제와 매체의 적절한 조화로 감상자로 하여금 좋은 감정과 따스한 연대 감정을 일으킨다. 공동체 내의 이슈에 대한 충분한 공감을 이끌어내는데 태블릿PC를 활용한 드로잉은 탁월한 매체로 활용되었다.

태블릿PC 드로잉은 잘 알려진 바와 같이 데이비드 호크니의 새로운 예술적 도전으로, 태블릿PC가 미술 매체로서 충분한 예술적 가치가 있음을 보여주었다. 2022 개정 미술과 교육과정의 표현 영역의 가치와 태도에서는 매체의 미적 가치에 대한 탐구와 새로운 매체에 대한 도전정신 및 실험적인 태도, 적극적 탐색의 태도 등의 함양을 강조하고 있다. 호크니의 태블릿PC 드로잉은 이러한 표현 영역의 가치와 태도를 잘 반영한 사례로 매체가 곧 예술이 되는 도전적이며 실험적인 과정을 잘 보여주고 있다. 본 활동과 관련된 가치・태도의 내용 요소(중학교)는 '다양한 문화 존중과 참여', '표현 과정에서의 주도성과 성찰'로 볼 수 있다.

(3) 타문화와 접촉

미술 교과의 가치와 태도에서 다원적 가치의 함양을 추구하고 있기에 다문화 미술교육과도 관계가 있다. 다문화 미술교육은 주류 집단의 교육에 소외된 소수 계층의 문화를 인정하고 평등한 교육의 기회와 권리를 제공하는 것에 목적이 있고, 다른 문화에 대한 깊이 있는 이해를 미술을 통해 행하고자 한다(한수정, 2012). 같은 맥락으로 김혜경(2010)은 다문화 미술교육이 문화에 대한 이해를 통해 소양을 높이고, 실제 수업을 통해 갈등보다 통합을 강구하는 것이라고 보았다. 이처럼 다문화 미술교육은 현대의 다양한 인종과 문화 속에서 공존을 위해 이루어지는 미술교육이며, 인류와 관계된 주제-생태학적 접근, 소외 계층, 여성 등-에 대하여 다양한 접근이 가능하다. 또한 타 교과와의 통합을 통해 다문화 미술교육에 대한 조금 더 높은 효과를 기대할 수 있다.

이에 필자는 '타 문화와 접촉'을 통한 다문화 미술 수업을 고려해 보았다. 다원적 가치와 개방적 태도를 함양할 수 있는 실질적인 수업을 구성함으로써 학습자에게 이 시대, 이 세계에 대한 깊이 있는 이해를 가져올 수 있을 것이라 생각하였다. 수업은 '문화 다양성 대축제'라는 주제로 진행되었는데 필자의 학급에는 멕시코 혼혈의 학생이 있었기에 학급의 학생들이 다른 문화와 접할 수 있는 자연스러운 기회와 분위기를 조성할 수 있었다.

〈표 4〉 '문화 다양성 대축제' 수업 설계

<table>
<tr><td>학년</td><td>4학년</td><td>성취 기준</td><td colspan="2">[4사04-06] 우리 사회에 다양한 문화가 확산되면서 생기는 문제(편견, 차별 등) 및 해결 방안을 탐구하고, 다른 문화를 존중하는 태도를 기른다.
[4미02-01] 미술의 다양한 표현 주제에 관심을 가질 수 있다.</td></tr>
<tr><td rowspan="2">단원</td><td rowspan="2">3. 사회 변화와 문화 다양성</td><td>평가 관점</td><td colspan="2">다양한 문화를 체험하는 데 적극적으로 참여하고 다른 문화를 존중하는 태도를 보이며 타 문화의 미적 표현 활동에 참여할 수 있다.</td></tr>
<tr><td>관련 가치 · 태도</td><td colspan="2">• 미술의 역할에 관한 관심
• 미술 문화에 관한 관심</td></tr>
<tr><td>주제</td><td>차시</td><td colspan="2">활동 내용</td><td>자료 및 유의점</td></tr>
<tr><td>타문화 탐색 및 체험 준비</td><td>1-2</td><td colspan="2">• 소개할 나라와 문화를 탐색하기
• 모둠별로 자료 준비하기
• 체험 부스 만들기</td><td>• 모둠별 활동
• 보드, 채색도구, 클레이</td></tr>
<tr><td>타문화 체험 하기</td><td>3-4</td><td colspan="2">• 다양한 나라의 체험 부스 방문 및 체험 활동하기
• 체험 소감 공유하기</td><td>• 체험 부스 로테이션 활동
• 방문 확인 여권, 도장</td></tr>
</table>

[그림 5] 문화 다양성 대축제 활동 모습

4학년 2학기 사회 교과와 연계된 문화 다양성 대축제는 학생들이 주체적으로 다른 나라의 문화를 조사하고 다른 모둠이 준비한 문화 체험 코너를 부스 형식으로 운영하면서 간접적으로나마 다문화를 경험하는 수업으로 기획되었다[표 4 참조]. 본 활동과 관련된 가치 · 태도의 내용 요소(3-4학년)는 '미술 문화에 관한 관심', '미술의 역할에 관한 관심'으로 탐색해 볼 수 있다.

활동은 다른 나라의 문화재를 그려보는 코너, 클레이로 다른 나라의 음식을 만들어 보는 코너, 다른 나라의 전통 소품들을 착용하고 인증샷을 찍어보는 코너, 다른 나라의 전통 놀이를 체험하는 코너 등이 운영되었다. 그중에서 학생들은 다른 나라 음식 시식 코너에서 가장 열광했다. 학생들의 반응을 보며 필자는 화이트 큐브의 권위에 도전하던 Rirkrit Tiravanija의 1990년 작품 〈팟타이〉 퍼포먼스를 떠올렸다. Bourriaud(1998/2011)가 바라본 Rirkrit Tiravanija의 전시는 음식을 일종의 틀로 보며 그 안에서 일어날 수 있는 교류의 장을 열어주는 것이 중요하다고 보았는데 이 활동도 마찬가지로 학생들에게 음식이라는 매체로 새로운 문화를 접하고 그것에 관한 깊이 있는 대화를 나누는 교류가 의미 있었다[그림 6 참조]. 여기서 음식이라는 매체는 다원적 가치를 그대로 담아내며 학생들이 다양한 문화를 경험함에 있어 중요한 구심점이 되었다. 또한 다원적 가치를 지닌 매체를 통해 학생들이 세상의 다양한 면을 접촉하고 탐색하며 세계에 대한 호기심과 관심의 태도를 이끌어 낼 수 있었다.

[그림 6] Rirkrit Tiravanija, [untitled 1990 (pad thai)]. 1990

문화예술을 통한 갈등의 해결과 타문화에 대한 이해는 호혜와 진정한 공유에 기반하는 것으로 예술적 소통을 통해, 호혜적 커뮤니케이션을 통해 타협 가능한 갈등으로 인지한다. 이질적인 외집단이, 혹은 내집단 내에서도 교육이나 예술을 통한 공통의 경험을 갖는 것은 서로의 차이를 무너트리고, 대화와 협업을 통해 긴장을 완화할 수 있다(Goldbard, 2006/2015). 문화예술 콘텐츠로 외집단에 대한 오해와 편견을 감소시키고, 함께 참여하는 활동을 지향하며 다양성을 존중하는 미술 교육과정이 운영된다면 자연스럽게 다원적 가치와 태도의 함양도 가능할 것이다.

5. 차기 교육과정에서의 전망

본 연구는 최근의 연대를 저해하는 비대면의 경험과 선호, 출생률 저하, 1인 가구의 증가, 공동체를 위협하는 범죄의 성행 등 공동체의 해체를 가속화 하는 요소들이 사회적 문제로 부각 되는 것을 우려하며, 그 속에서 미술교육의 역할에 무엇인지에 대한 고민으로 시작되었다. 이러한 분위기를 반영하듯 2022 개정 미술과 교육과정에서도 미술교육을 통한 가치와 태도의 함양으로 공동체의 연대를 강화하고 생태 감수성과 다원적 가치를 지닌 공동체 구성원으로 성장할 수 있도록 교육과정을 구성하고자 하였다.

사회적 연대를 저해하는 적대적 요소들을 상쇄하고 미술교육을 통해 가치와 태도를 함양할 수 있는 방법으로 필자는 사회 구성원 간 우호적 접촉에 주목하였고, 우호적 접촉의 방법으로 적대적 요소들, 즉 차별, 편견, 혐오 등을 공동체 내에서 줄여 연대할 수 있는 방법을 탐색하였다. 특히 개인 간 접촉이 질적일수록, 다시 말해 접촉의 빈도보다 접촉의 유형과 질이 더 중요하며, 미술교육이 질적 접촉의 역할을 담당할 수 있음을 선행연구를 통해 살펴보았다.

이를 바탕으로 미술교육의 방법적 측면도 고려하였는데, '세상과 접촉', '매체를 통한 접촉', '타 문화와 접촉'이라는 세 범주에서 가치와 태도 함양의 가능성을 모색하고 수업 사례를 탐색하였다. 세상과 접촉에서는 인간뿐만 아니라 우리를 둘러싼 세상을 만날 때 우리의 편견과 인식도 변화할 수 있다는 전제로 '가을 만나기' 수업을, 매체를 통한 접촉에서는 공동체 관련 따뜻한 주제와 매체를 효율적으로 접목한 태블릿PC로 표현하는 예술을 사례로 제시하였고, 타 문화와 접촉에서 사회 교과 융합 수업으로 타 문화를 학생 주체적으로 자연스럽게 경험하는 '문화 다양성 대축제' 융합 수업을 소개하였다.

Hare & Woods는 "우리의 삶은 얼마나 많은 적을 정복했느냐가 아니라 얼마나 많은 친구를 만들었는가로 평가해야 함을, 그것이 우리 종이 살아남을 수 있었던 숨은 비결이다"(Hare & Woods, 2020/2021, p. 300)라고 하며, 인류의 역사를 통해 인간의 올바른 진화의 방향과 우호적 연대의 중요성을 언급하였다. 결국 접촉의 빈도뿐만 아니라 사람 간, 학문 간, 문화 간 등 이질적 주체 간의 접촉이 어떤 내용의 접촉이었는지가 중요해졌다.

이 글 전체에서 언급하고자 했던 포괄적 가치는 우호성이다. 피상적인 참여, 정적인 미술 활동들은 최근의 미술 교육과정에서 요구하는 가치와 태도를 함양하기 어렵다. 타인에게, 타 문화에, 타 문화의 작품에 우호적일 수 있는 태도는 많은 경험과 다양한 그룹과의 접촉에서 온다는 것을 강조하고자 하였다.

가치와 태도의 내면화는 단순한 시지각 중심의 교실 미술로는 쉽지 않음을 다시 한번 강조하며, 포용적이며 수평적 형태의 참여형 미술교육이 교사 교육과정에 적극 반영되길 기대한다.

* 이 글은 이미희(2023), 우호적 접촉 강화와 공동체 역량 함양을 위한 미술교육(조형교육, 88집)을 수정 보완한 원고임.

이미희(운중초등학교)

Ⅳ

미술과 교육과정에서 미술의 정의와 역할

12 언어로서의 미술

이 글에서는 2022 개정 미술과 교육과정에서 미술을 '인류 보편의 언어'로 새롭게 규정한 것에 주목하여 언어로서 미술은 무엇을 의미하며 어떻게 보편성을 가지게 되며, 그것이 미술교육적 차원에서 어떤 의미를 가지는지에 대하여 알아보고자 하였다. 그 방법으로 소쉬르와 바르트, 데리다, 비트겐슈타인의 언어이론이 어떠한 흐름으로 변화되어 왔는지 구조주의에서 후기구조주의에 이르는 과정적 측면에서 분석함으로써 '언어'를 바라보는 관점과 언어를 사용하는 주체와의 관계에 대해 고찰하였고, 이러한 언어에 대한 인식을 토대로 동시대 미술 작품을 분석하며 미술이 보편성을 갖게 되는 가능성을 도출하였다. 연구 결과, 인류 보편의 언어로서의 미술은 표현-감상하는 주체가 작품이라는 형식을 통하여 공동의 의미를 형성해 나가는 끊임없는 소통과 의미 생성 행위를 담는 의미를 가지고 있음을 도출할 수 있었다. 또한 언어로서의 미술의 보편성은 기표-기의의 지속적 차이 생성으로 인한 다양성과 참여 행위로 인하여 획득되며, 진부한 형식을 깨고 새로운 인식으로 주체들을 참여하게 하는 역할을 할 수 있다는 데에 그 교육적 의의가 있었다. 이 글은 정체성과 포용성을 구현하는 방안에 대한 미술교육적 차원에서의 해답이 될 수 있을 것이다.

1. 언어의 구조, 기표와 기의의 작동방식에 대한 고찰

1) 언어의 구조에 대한 이해, 소쉬르의 언어학(기호학)

소쉬르(Saussure, 1916/1959)는 자신의 언어학을 일반 언어학이라고 명명했다. 언어학(linguistique)이라는 말로 새롭게 만들어 부름으로써 언어 연구가 독립적 학문, 과학적 학문으로써 확고한 위상을 갖게 하고자 하였다. 소쉬르는 language는 랑그와 파롤로 구성되어 있다고 하며 언어를 가리키는 말을 나누었다. 랑그는 한 언어 사회의 공통적 체계나 규약이며 파롤은 한 개인의 발화행위를 의미한다. 랑그와 파롤 중 연구의 정당한 대상이 되어야 하는 것은 랑그라는 원리를 내세웠다. 즉 언어를 하나의 기호체계이며 사회적 규범으로 보는 언어관을 가지고 있었으며, 언어가 가지고 있는 두 가지 면, 표현체라는 면과 의미의 수용체라는 면 중 언어를 하나의 음성적 표현체로 보고 연구의 주된 과제로 삼아야 한다는 형식주의자적인 입장을 취했다. 그는 언어를 하나로 기호로 보았으며, 단어는 시니피앙(signifiant, 기표)과 시니피에(signifie, 기의)로 구성되어 있다고 보았다. 시니피앙은 기호의 표현적인 면, 시니피에는 기호의 개념적인 면을 담당한다(김진우, 2014).

소쉬르의 언어이론은 언어적 단위나 가치를 설정하고 그들 간의 관계를 규명함으로써 언어를 과학적으로 연구하는 움직임을 일으켰으며, 그의 의도와 다르게 결국에는 언어연구를 통하여 인간의 본성이나 정신의 문제를 연구하는 데도 쓰일 수 있는 하나의 대이론으로써 기능하게 되었다. 그의 사상은 인류학, 심리학, 문학이론처럼 인간 본성과 직결되는 현상을 연구하는 학문들에도 영향을 미쳤다. 후기구조주의에 해당하는 바르트, 데리다의 연구에서도 소쉬르의 언어이론이 참조점이 되고 있기에 소쉬르의 연구를 살펴보는 일은 중요한 일이다.

2) 언어와 주체, 저자-텍스트-독자의 관계

소쉬르(Saussure, 1916/1959)에 의하면 언어는 사회적 약속의 차원인 랑그와, 개인적 사용의 차원인 파롤로 이루어져 있는데, 이때 언어학의 대상으로 랑그만 보았다. 그러나 이는 닫힌 의미 체계로서의 언어만 다루게 함으로써 실제 작용하는 언어의 기능과 관계적 측면을 배제했다는 한계점을 가지고 있으며 이에 따라 언어를 사용하는 사람들 사이의 의미작용 이해를 어렵게 한다. 교육학에서는 언어 그 자체를 연구로 하기보다는 언어를 사용하는 인간들에게 일어나는 작용, 변화, 영향이 더욱 유의미하므로 '파롤'에 해당하는 언어사용 주체까지 포함한 세계로의 확장된 관점이 요구된다.

랑그에서 파롤로 시선이 옮겨가며 언어학자들은 '텍스트'라는 개념에 주목하게 된다. 텍스트는 복합체계나 그 체계들의 상관관계에 의해서 정의되는 파롤 차원의 단위로서, 인간 의사소통의 궁극적 단위이다. 텍스트는 단순한 언어표현의 구성체가 아니라 의사소통의 참여자가 주체적으로 활용하는 인지적 구성체다(김윤한, 1999). 이에 구조주의에서 포스트구조주의로 전환되며 언어와 언어사용에 대한 관점의 변화를 바르트와 데리다의 '텍스트' 개념을 중심으로 살펴보겠다.

3) 저자의 죽음: 바르트의 텍스트

김윤한(1999)은 '텍스트'는 복합체계나 그 체계들의 상관관계에 의해서 정의되는 파롤 차원의 단위라고 해석하였다. 포스트구조주의자(poststructuralism)이자 기호학자인 바르트는 소쉬르의 이론을 계승하면서도 기표와 기의의 관계는 고정적인 것이 아니라 가변적인 것이라고 보며, 기호학의 궁극적인 연구과제는 기표, 즉 형식의 실체를 밝히는 것이라기보다는 오히려 기의, 즉 의미의 실체를 밝히는 것이라고 보았다. 바르트는 텍스트에서 독자가 일종의 기호의 피동적 소비자가 아닌 기호의 재생산자가 되는 새로운 역할을 밝혔다(김진우, 2014). 또한 그는 "독자의 탄생은 저자의 죽음을 대가로 한다"(Barthes, 1984, p. 67)라는 유명한 선언을 남겼다. 저자의 의도라든가 저자가 이렇게 의도했으리라고 짐작되는 바에 따라서 텍스트를 읽지 말아야 할 시대가 도래했다는 것이다(Royle, 2003/2007).

바르트는 텍스트를 하나의 단순한 의미 표현체로서가 아니라 복합적 의미표현체로서의 기호체계로 보았다. 바르트(Barthes, 1977)의 기호론적 문학관은 『저자의 죽음』과 『작품에서 텍스트로』와 같은 논문에서 잘 밝혀져 있다. 주목해야 할 점은 저자의 죽음과 함께 '독자의 탄생'이 이루어진다는 것이다. 이러한 지점에서 바르트는 '작품'이 아니라 '텍스트'라는 개념을 사용하는데, 텍스트는 어원상 라틴어 동사에서 파생된 명사로 '직물/조직'이라는 뜻을 갖는다. 김상환(2008)은 "작품이 안정되고 중심화된 전체를 가리킨다면, 텍스트는 닫히지 않는 의미화 회로와 무한정한 생산적 유희, 그 유희를 통한 의미의 과잉 등을 지시한다"(p. 100)고 하였다. 이로써 저자는 고정된 기표에 고정된 기의를 담아 독자에게 전달하고, 독자는 수동적으로 고정된 기표를 보고 고정된 기의를 받아들이는 것에서 해방된다. 짜이는 직물인 텍스트 속에서 저자는 자신의 길을 잃고 독자의 직조행위로부터 의미 생성이 일어나게 된다. 즉 이로부터 언어는 폐쇄적 성격에서 개방적 성격으로 전환되며, 독자의 역할 역시 수동성에서 능동성으로 전환됨으로써 언어를 둘러싼 행위에 '움직임'이 일어나게 된 것이다.

4) 차이의 흔적: 데리다의 텍스트

반면 포스트 구조주의이자 해체론의 사상가인 데리다는 저자의 의도와 저자가 말하려고 하는 바의 중요성을 강조한다(Royle, 2003/2007). 이는 저자의 고정된 생각을 강조한다기보다 탈중심화(decentring), 즉 서술하고 변형하며 언어중심주의를 해체하는 일의 중요성을 역설한 것으로 해석할 수 있다. 서술과 변형의 결합은 데리다의 '해체'라는 개념을 이해하는 데 도움이 된다. 로일(Royle, 2003/2007)은 데리다의 '해체'에 대하여 다음과 같은 의미로 제시하였다.

> 해체. n. 생각지도 못한 것: 불가능한 것의 경험: 생각되지 않고 남아 있는 것: '사물 자체'에서 언제나 이미 작동하는 불안정화의 논리: 모든 동일성은 그 자신이면서 동시에 그 자신과 다르게 만드는 것: 이론적 실천적 기생충 혹은 바이러스: 이른바 사회, 정치, 외교, 경제, 역사적 현실 따위에서 목하 벌어지는 일: 미래의 열림(Royle, 2003/2007, p. 77)

'남아 있는 것, 다르게 만드는 것, 미래의 열림'이 세 서술이 데리다의 텍스트를 이해하는 데 도움을 준다. 바르트가 '작품'과 '텍스트'를 구분했듯이, 데리다 역시 '책'과 '텍스트'를 구분하여 설명하였다. 책이 완결된 글 뭉치라면, 텍스트는 책에 밀폐된 내용이 아니라 차이의 흔적들을 지시하는 흔적들의 직조물, 차이의 네트워크이다. 즉 데리다의 텍스트 개념은 '모든 표시, 흔적 참조의 체계'로 정의된다(Royle, 2003/2007). '남아 있다', '흔적'이라는 서술에서 바르트와는 다르게 바라보는 저자에 대한 관점이 드러난다. 저자는 독자의 탄생과 함께 죽어 사라지는 것이 아니라, 텍스트 안에 계속 흔적으로 남아 있다. 이는 저자와 텍스트를 분리할 수 없다는 의미로 해석할 수 있다.

데리다는 프로이트의 사후성의 논리로부터 원초적인 것과 파생적인 것, 현전하는 것과 부재하는 것, 과거에 있는 것과 미래에 있는 것은 서로의 가능성을 조건 짓는다는 '상호 텍스트성'을 이끌어 내었다(김상환, 2008).

> 텍스트 안에서 현전적 사태가 나타난다면, 그것은 사후적으로 구성된 결과에 불과하다. 가령 과거는 미래에 의해 사후적으로 구성되고, 그런 의미에서 과거는 미래보다 늦게 온다. 원인은 결과에 의해 소급적으로 성립되고, 그런 의미에서 원인은 결과 뒤에 발생한다. 이것이 프로이트가 병인과 '원초적 장면' 등을 지배한다고 보는 '사후성의 논리'다(김상환, 2008, pp. 107-108).

이로써 데리다는 저자-언어기호(책)-독자의 선형적 전달 모델에서 탈피하여 독자와 저자의 공동 의미 생성의 과정을 보여주었다. 김상환(2008)의 위 글을 보면, 과거는 미래에 의해 사후적으로 구성된다. 우리는 늘 현재에 살고 있기에, '과거'는 실존하지 않는다. 그런데 '과거'는 어떻게 해서 생성된 것인가? 미래에 의해 사후적으로 '구성'됨으로써 생성된다. 그러한 면에서 과거는 그 자체로는 존재하지도 부재하지도 않는 '흔적'으로 존재한다. 또한 과거를 구성하는 행위 역시 독립적인 생성 행위가 아니라 흔적이 현전적 사태로 나타나도록 변형함으로써 이루어진다. 이에 텍스트는 상호 텍스트성을 띠게 된다.

책에 적용하여 해석해 보면, 책이 가지는 의미는 저자가 이미 담아놓은 것이 아니었다. 그것은 미래에 독자에 의해 '구성'되어 다양한 양상으로 드러나는 것이기에 미래에 독자는 저자와 시간적 차이를 두고 만나게 된다. 이러한 면에서 저자는 텍스트에 흔적으로 남아 있으며, 유령으로 도래하는 것이다.

5) 포스트구조주의 언어이론의 시사점

바르트와 데리다의 텍스트 개념으로부터 '미술로서의 언어' 관점 설정에 있어 두 가지 시사점을 얻을 수 있다. 첫째, 소쉬르의 구조주의 언어학에서 포스트 구조주의로 전환되는 흐름 속에서 언어 연구의 역사를 보면, 언어의 '형식'차원만 연구의 대상으로 했을 때 언어의 성격이 닫힌 체계처럼 인식되며 언어를 사용하는 주체들의 참여 행위가 배제되는 문제가 발생한다. 따라서 교육학적 차원에서 언어를 다루기 위해서는 랑그뿐만 아니라 파롤의 차원도, 기표뿐만 아니라 기의의 차원도 함께 고려해야 한다.

둘째, 랑그와 파롤, 기표와 기의는 개념상 분리일 뿐 실제 분리할 수 없으며 완전한 정체성을 가진 개념이 아닌, 지속적으로 영향을 주고받으며 상호-생성해 나가는 운동적 개념으로 보았을 때 언어는 단순한 탐구의 대상이 아닌 삶 속에서 기능하는 살아 있는 행동으로서의 성격을 획득한다. 미술교육에서 언어로서의 미술은 그것이 무엇인지 분석하기 위해 선언된 것이 아니라, 그것이 '인류 보편 언어'로서 기능하며 포용적 공동체를 형성하도록 하기 위한 실천적 의도가 내포되어 있기에 랑그와 파롤, 기표와 기의를 분절적으로 보기보다는 그 관계가 어떠할 때 인간의 주체성과 참여가 실현되는지에 초점을 두고 연구해야 한다는 시사점을 얻을 수 있다.

2. 언어로서 미술의 다양성과 보편성

앞서 언어연구의 전환적 흐름 속에서 언어로서 미술의 연구에 있어서 1)파롤을 놓치지 않고 살펴보아야 한다는 점, 2)랑그와 파롤, 기표와 기의의 관계에 따른 인간 주체성의 관점에서 언어를 바라보아야 한다는 시사점을 얻었기에, 본 장에서는 이 두 점에 주목한 언어 연구를 살펴보며 본 연구의 궁극적 목적인 '보편적 언어'는 어떻게 가능한지 도출해내고자 하였다. 언어가 보편성을 가지게 되는 방법에는 두 가지 측면이 있다. 하나는 형식적 통일성이고 다른 하나는 이질성을 가진 상태에서 함께 의미 생성에 참여하는 것이다. 전자의 경우는 촘스키의 생성문법의 표준이론에서 그 근거를 찾아 볼 수 있는데, 모든 언어의 표층구조는 서로 다르지만 사고의 형식을 표현하는 심층구조는 동일한데, 이때 '사고의 형식'에서 언어는 보편성을 가지게 된다(김윤한, 1999). 한편 후자는 이질성을 가진 주체가 끊임없이 교류하며 의미를 공동-생산하는 과정에서 보편성을 획득하게 된다. 이를 미술계에서 해석해 보면, 미술의 형식으로부터 보편성을 찾았던 형식주의 미술과 이질적 공존으로부터 보편성을 찾았던 포스트모던 미술을 비교해볼 수 있다. 박정애(2018)는 과거 모더니즘 시대 형식주의 미술에서 미술이 보편적 시각 언어로 여겨졌다가 포스트모던 담론이 형성되면서 이질성을 드러내는 미술, 지역 언어로서의 성격을 드러내게 된 흐름 속에서 미술은 독창성을 통해 인간의 보편적 감성을 자극하면서 복수적 해석을 유발시킨다고 하였다, 즉 '지역성이 곧 보편성을 얻는다'는 통찰을 이끌어 내었다. 본 장에서는 후자의 경우에 주목하여 파롤 차원에서 언어의 다양성을 강조하였던 비트겐슈타인의 언어놀이 개념, 바흐친의 이종언어 개념으로부터 언어로서의 미술이 보편성을 얻게 되는 가능성을 찾고자 한다.

1) 참여의 보편성: 비트겐슈타인, 언어놀이

비트겐슈타인에 의하면 언어는 생활양식의 산물이며 언어를 제대로 이해하는 것은 언어사용자들의 생활양식 속으로 들어가는 것이다(송선희, 정영기, 2021). 비트겐슈타인은 언어의 형식이 아니라 의미에 관심을 두었고, 일상언어를 분석의 대상으로 봄으로써 언어학에서 화용론의 기본 원리가 되기도 하였다(김진우, 2014).

비트겐슈타인(Wittgenstein, 1953/1994)은 언어놀이를 언어와 그것에 얽혀 있는 행위들로 구성된 총체라고 하며, 언어는 그것이 사용되는 맥락 속에서만 생명력을 가질 수 있다는 언어관을 드러낸다. 비트겐슈타인이 언어를 '놀이'로 비유한 것에는 하나의 놀이 안에는 규칙이 있듯이 삶에도 형식이 있으며, 다양한 놀이가 있듯이 삶의 형식 또한 다양하다는 것을 내포하고 있다. '가족 유사성(Family resemblance)' 개념을 통해 언어에는 단 하나의 공통된 본질은 없으며, 단지 다양한 방식으로 서로 얽혀있는 관계들만 있을 뿐이라고 하였다(송선희, 정영기, 2021).

비트겐슈타인의 '언어놀이' 개념은 공통적인 것이 없이도 서로 통할 수 있다는 가능성을 보여준다. 또한 언어의 지시적 기능에서 탈피하여 '삶'으로서의, 총체성을 가진 언어를 규정할 수 있다는 데에 의의를 갖는다. 놀이에는 규칙이 반드시 존재하지만 놀이의 규칙은 규칙을 위해 존재하거나 놀이하는 이와 무관하게, 고정 불변한 진리로 존재하는 것이 아니라 함께 놀이하는 이들에 의해 정해지고, 변형된다. 또한 놀이는 다른 이들을 배제하지 않는데, 놀이에 함께하려는 참여의지와 놀이의 규칙을 배우려는 의지만 있다면 누구든 함께 놀이할 수 있다. 놀이는 특정 목적성취를 위해 하는 수단이 아니기에, 놀이 그 자체가 의미 있는 행위이기에 가능한 일이다. 언어놀이는 '언어유희'라고 표기되기도 하는데, 비트겐슈타인의 이 개념을 중심에 두고 작업한 동시대 미술 작가의 작품을 선정하여 분석함으로써 언어놀이(언어유희)가 참여와 보편성을 이끌어내는 과정을 탐색하고자 한다.

안규철 작가는 일상과 사물, 언어에 대한 면밀한 통찰을 토대로, 동일한 방식으로 읽히는 언어의 지시적 기능을 그의 예술 작업을 통해 '질문을 던지는 기능'으로 전환시킨다. 이를 통해 진부한 언어가 놓쳤던, 공고한 기표-기의의 규칙이 담지 못했던 다양한 생각과 삶의 양식이 드러나게 한다. 안규철의 드로잉 작품 〈구름〉(2012)을 통해 비트겐슈타인의 언어놀이(언어유희) 개념을 이해할 수 있다([그림 1] 참조). 안규철 작가의 〈구름〉은 사물과 언어 사이의 임의성을 다룬 마그리트 작품의 아이디어를 빌려온 드로잉이다.

[그림 1] 안규철, [구름], 2012, 20×30cm, 종이에 펜
출처: 안규철, 2013, p. 148

이 작품에서 구름 모양으로 그려졌지만 저마다 연기, 운석, 조개껍질, 미끼, 돌멩이, 구름 등으로 이름 지어졌다. 이때 '이 기표가 의미하는 것은 구름인가, 돌멩이인가, 아니면 다른 무언가인가?'의 문제에 직면한다. 안규철 작가는 이러한 작업을 통해 '구름'이라는 기표가 단일하게 지시했던 일대일 대응체계에서 벗어나, 사회적으로 통용되었던 닫힌 체계로부터 의미의 가능성, 상호주관적 의미구성의 가능성을 열어둔다. 안규철의 작품 〈구름〉에서 구름의 형태를 만들어 보려는 작가의 시도는 어떤 것은 감자 같이, 어떤 것은 돌멩이 같이 되며 실패하게 되는데, 그 과정에서 "그 어떤 것과도 닮지 않아야 구름 비슷한 것이 된다"(안규철, 2013, p. 150)는 의미가 생성된다. 〈구름〉 작품을 보는 이들은 '우리는 무엇을 읽어야 하고 어떤 의미를 받아들여야 하는가?'의 고민 속에서 '받아들이는 것'을 포기하고 의미를 직접 구성하게 된다. 즉 기표와 기의의 일대일 대응이 아닌 미끄러짐의 관계를 통해 해석의 가능성, 해석으로의 참여의 가능성이 열린 것이다.

안규철의 〈구름〉 작품에서 기표-기의의 '어긋남'을 통해 작품을 매개로 소통하는 이들은 비트겐슈타인의 '언어놀이'와 같이 실제 저마다의 삶의 맥락에서 다양한 의미를 생성해 내는 참여의 기회를 갖게 된다. 즉 언어로서의 미술에 있어 작품은 기표-기의의 어긋난 틈새로 생성된 공통 맥락에서 사람들이 저마다의 방식으로 작가의 세계에 '참여'하도록 끌어냄으로써 보편성을 획득할 수 있다는 가능성을 찾을 수 있다.

2) 다양성이 이루는 보편성: 바흐친, 이종언어 (heteroglossia)

바흐친(Bakhtin, 1981)은 말하는 주체의 모든 구체적 발화는 원심력과 구심력이 작용하는 지점 역할을 한다고 하며 언어의 구심력과 원심력에 대해 논하였는데, 구심력은 언어적, 이념접 집중화와 통일을 의미하고, 원심력은 분권화와 해체의 과정을 의미한다. 바흐친(Bakhtin, 1981)은 "모든 발화는 단일 언어(구심력 경향)에 참여하는 동시에 사회적, 역사적 이종언어(원심력, 계층화 힘에 참여한다"(p. 272)라고 하였다. 바흐친(Bakhtin, 1981)은 언어 생활의 중앙집중적 경향(구심력)의 흐름에 의해 탄생하고 형성되었던 언어학, 언어철학은 언어 생활의 원심력을 구현하는 이종언어를 무시함으로 인하여 언어의 대화적 측면이 언어연구에서 배제되었다고 지적하였다. 이에 언어적으로 조명받지 못한 담론 생활의 측면과 관련된 질문에 참여해야 할 필요성을 강조하며 다언어적인 세계에서의 담론의 삶과 행위를 다루어야 한다고 하였다(Bakhtin, 1981).

그린(Greene, 2019)은 바흐친의 이종언어에 대한 강조에 동의하며 문화의 이종어(heteroglossia)는 대화 속에서 한 단어 안에 여러 의미가 공존하는 이종어가 언어를 살아 있고 발전하게 한다고 하였다. "미결정 개방성과 같은 언어에 귀 기울이는 것은 현실을 인식하고 개념화하는 언어의 헤게모니를 타파하고, 모든 가능성으로 향한 길을 열기 위함이다"(Greene, 2019, p. 149)라는 그린의 서술에서 진부하게 일상적으로 쓰이는 개념화된 언어의 폭력성을 경고하고 지속적으로 이질성에 주목할 수 있도록 다양한 언어에 대한 관심을 잃지 말아야 한다고 촉구하고 있다. 다양한 언어는 서로의 대화를 요구한다. 또한 서로의 삶의 형식으로의 참여를 요구한다. 따라서 이종언어는 서로의 삶에 관심을 기울이고 이해하려는 참여적 태도 위에 존재한다. 이종언어를 랑그와 파롤의 관계적으로 분석해 보면, 언어의 사회적 약속의 차원인 랑그가 그 상태로 굳어진다면 '언어는 헤게모니'를 갖게 되며, 파롤 역시 그러한 헤게모니에서 벗어나지 못하고 다양함을 드러내는 언어행위는 잊혀지게 된다. 따라서 예술언어와 같이 헤게모니를 타파하고 새로운 약속과 움직임을 만들기 위한 노력으로서의 언어는 배제된 존재들을 드러내어 대화의 주체로 불러낸다는 면에서 좁은 공동체의 보편성(또는 개념적 공동체의 보편성)이 아니라 포용적 공동체의 보편성(또는 살아있는 실제 공동체의 보편성)을 획득하게 한다.

3) 미술교육에서 연결과 지속적 생성의 역할을 하는 언어

이하림(2023)은 미술교육에서 '커먼즈'라는 지속적 생성을 가능하게 하는 공동체 실현의 원리를 연구하였는데, 그 연구에서 핵심적 원리 중 하나가 바로 '언어'에 관한 원리였다. 연결과 지속적 생성을 가능하게 하는 공동체에서의 핵심적인 역할이 '언어로서의 미술'이라는 점에서 보편적 언어로서의 미술을 규정하는 데 도움이 될 것이다. 이 연구에서는 동시대 미술계에서 다섯 명의 연구 참여자를 선정하여 면담하였는데, 그 중 세 명의 연구 참여자가 공통적으로 '언어로서의 미술'을 언급했다는 점에 주목하여 〈표 1〉과 같이 분석하였다.

〈표 1〉 언어에 대한 사례별 의미 분석

사례	맥락	역할	성격	의미
안규철	소통의 매개체: 미술과 언어는 같은 현상의 연속	매개 예술 = 언어	공통성, 일상성	공통구조
최두수	언어로서의 예술 (art as language)		실험성, 다양성	다양성을 만들며 예술의 대중화
김해보	예술은 감성적 소통으로서의 언어		이질성 (차이)	인간다움(생태성)

출처: 이하림, 2023, p. 194

안규철 작가는 작업에서 사물과 언어를 재료로 하는데, 사물과 언어는 인간이라면 누구나 사용할 수 있는 공통구조를 가졌기에 소통의 매개체로 역할을 할 수 있다고 하였다. 다만, 이때 삶의 맥락과 무관하게, 진부하게 사용되는 언어, 죽은 언어를 되살리는 방식의 작업을 하는데, 이에 대해 다음과 같이 정리할 수 있었다.

안규철은 이처럼 닫히고, 단절된 사랑의 개념을 열고 연결시키며 흐르게 하기 위한 장치로 〈기억의 벽〉과 같은 예술 프로젝트의 장을 만들었다. 그리움이라는 단어 이면에 있는 다양한 사람들의 삶과 맥락이 지속적으로 쌓이고 움직이는 설치미술을 통해 우리는 다른 사람의 그리움에 공감하고 서로 대화할 수 있는 기반을 가지게 되었다. 맥락 없이 존재하는 '그리움' 언어를 열어 수많은 사람들과 연결을 드러내었을 때, 그리움은 고립된 혼잣말이 아니라 관계망을 만드는 '의무통과지점'의 역할을 하게 된다. (이하림, 2023, p. 195)

앞서 분석한 언어이론을 통해 분석해 보면, '사랑'은 사회적으로 약속된 개념이지만 그 개념이 내포하는 저마다의 질적 차이, 다양한 삶의 맥락 속에서의 그리움은 잊혀진 채 누구나 쉽게 '사랑'을 이야기함으로 인하여 '사랑'을 말하는 인간은 정작 '사랑'으로부터 소외되는 문제가 야기된다. 이에 작가는 닫힌 체계로서의 언어를 이용하면서도 그것을 해체하여 사람들의 다양한 살아있는 언어로 채워 넣게 함으로써 주체들의 의미 생성 활동을 촉발하고 작품을 매개로 한 대화를 일으켰다.

최두수 전시기획자와 김해보 서울문화재단 본부장의 사례에서는 언어로서의 예술을 '인간성'과 연관을 짓는다. 인간이 소통할 때 정확한 의미 전달은 불가능하며 이러한 어긋남으로 인하여 끊임없이 전달하려고 노력하게 되는데, 그것이 바로 '인간성'이라고 보는 것이다(이하림, 2023).

인간성은 명확한 전달과 이해에 있다기보다는 행위자들 사이의 상호작용으로 '함께 생성의 과정에 놓이는 것'에 있다고 분석할 수 있다. 인간성의 개념을 이렇게 할 때 인간의 존재는 한 생을 살아가는 생물학적 인간 개인의 신체로 한정시킬 수 없다. 인간은 과거에 살았던 이의 글이나 영상을 통해 상호작용할 수 있으며, 또한 미래의 인간 역시 지금 살아가는 이의 그림이나 글로 소통할 수 있다. 서로를 연결하는 이러한 글, 그림, 영상 등의 매체는 '언어'로서 기능한다(이하림, 2023, p. 197).

'함께 생성의 과정에 놓이는 것'이라는 점에서 앞서 바르트와 데리다가 주장했던 '상호 텍스트성' 개념과 연관 지어 생각할 수 있다. A를 A로 오차 없이 바로 인식할 수 있을 때, 인간과 인간의 지속적 소통은 불필요해진다. 오차 없이 전달할 수 있는 매체만 있으면 의미 전달의 목적을 달성할 수 있기 때문이다. 이러한 점에서 인간 사이는 단절된다. 한편, 의미하는 바가 닫힌 체계로 전달되지 않고 지속적으로 차이를 생성할 때, 인간은 의미 생성의 장으로 참여하며 의미를 공동 생성하게 되는데 이때 언어는 연결과 움직임의 언어가 되는 것이다. 이러한 사례들로부터 언어가 민주화되는 과정을 [그림 2]와 같이 공통성과 실험성의 속성으로 정리한다.

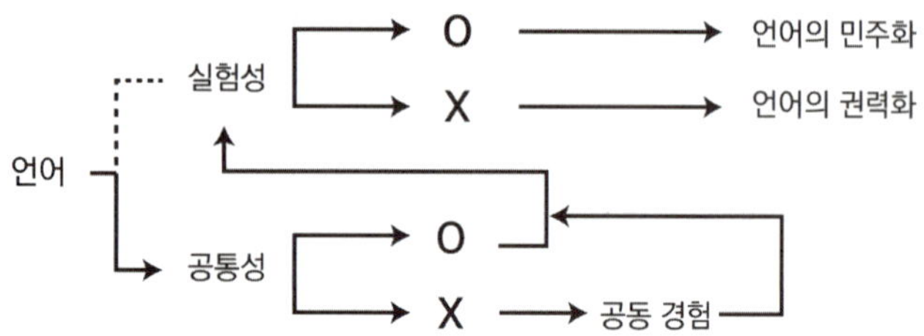

[그림 2] 언어의 민주화 과정 알고리즘

출처: 이하림, 2023, p. 256

이는 바흐친의 이종언어(heteroglossia)에 근거한 도식인데, 공통성은 언어가 언어로서 기능하기 위한 공통형식, 규칙을 의미하며 그것이 실험성(다양성)을 가지지 못하고 머물러 있을 때 언어는 헤게모니화(언어의 권력화)된다. 공통형식이 없는 상태의, 즉 비트겐슈타인의 언어놀이와 같은 성격의 언어라면 그 언어놀이에 참여함으로써 공동 경험을 만들어냄으로써 공통의 삶의 형식을 이해하게 할 수 있다. [그림 2]의 핵심은 언어는 공통성과 실험성을 항상 가지고 있어야 권력화되지 않고 다양성과 포용성을 가진 보편적 언어로서 기능할 수 있다는 것이며, 이를 통해 예술은 그러한 면에서 공통성과 실험성의 움직임을 멈추지 않고 만들어내는 성격의 언어임을 깨달을 수 있다.

3. 미술과 언어, 컨텍스트

예술이란 예술적 대상을 가지고 무엇인가를 표현하는 것이기 때문에 예술적 대상은 일종의 언어라고 할 수 있다. 오히려 예술적 대상은 다양한 예술의 대상이 될 수 있다는 점에서 여러 언어를 가지고 있다고 하는 것이 옳을 것이다. 각각의 예술적 장르는 독특한 표현매체를 가지고 있으며, 독특한 표현매체는 다른 언어나 표현매체와는 다른 종류의 의사소통에 적합하도록 특별히 고안된 것이다(Dewey, 1934/2016).

앞서 데리다의 해체주의 이론을 분석하면서 컨텍스트란 '말, 삶, 세계, 실재, 역사 따위' 무한정한 컨텍스트를 고려하고자 하는 노력, 부단한 재문맥화 운동을 향한 노력이다. 예술의 표현매체는 앞서 [그림 2]에서 분석했던 것처럼, 공통 형식을 가지고 있으면서 그 의미를 미끄러지게 함으로써 사람들의 적극적 해석과 참여를 이끌어내며, 그로 인해 작품의 의미는 맥락적 차원에서 공동생산된다. 즉 텍스트는 컨텍스트로 확장됨으로써 공통의 장을 형성하며 새로운 의미를 촉발하고 공유한다. 이에 [그림 2]의 언어의 민주화 과정 알고리즘에 따라 '공통성과 실험성을 모두 가지고 있어 작품과 만나는 사람들을 의미 생성에 참여시킴으로써 상호 텍스트성을 끌어내는가?'의 기준에 부합하는 동시대 미술 작품을 선정하여 언어로서의 미술이 보편성을 가지게 되는 과정을 분석하였다.

1) 기표의 변화를 이용한 기의의 전복

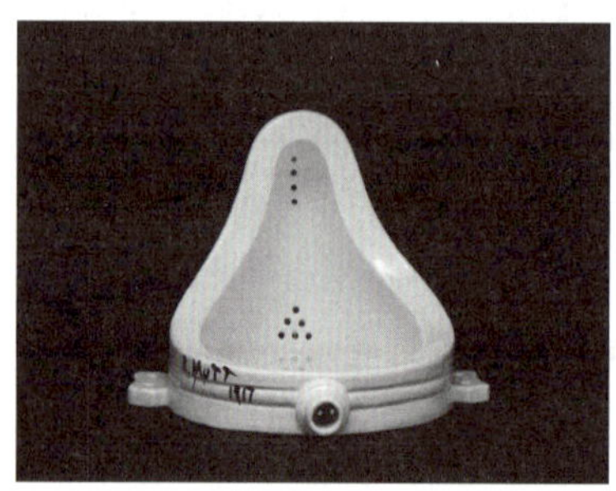

[그림 3] 마르셀 뒤샹, [샘], 1964 edition (after 1917 original), Painted and glazed ceramic, 35.6×49.1×62.cm

출처: Partial gift of Mrs. William H. Conroy, Eskenazi Museum of Art, Indiana University

뒤샹은 미술과 언어의 관계를 구조적으로 연결시켰고, 언어를 기표와 기의의 이중구조를 갖는 기호로 전제하되 기표와 기의의 1:1 연결을 거부했다(진휘연, 양은희, 2022). 미술관의 컨텍스트에는 미술작품이 실리고, 화장실의 컨텍스트에는 변기가 자리잡는다. 그런데 뒤샹의 〈샘〉 작품에서는 변기가 미술관의 컨텍스트에 자리 잡으며, 변기가 '샘'이라는 제목과 작가의 서명과 함께 새로운 기표를 형성하며 기의의 변화를 실험하였다. 미술 작품을 미술 작품으로 변기를 변기로 여기는 것은 너무 당연한 일이었고 삶 속에서 하나의 닫힌 개념체계로 작동하였다. 그런데 뒤샹의 작품으로 인하여 미술작품의 개념과 일상 사물의 개념, 고귀한 것에 대한 인식과 그렇지 않은 것에 대한 인식이 깨지고 그 깨진 틈을 사람들의 새로운 인식으로 채울 수 있게 된 것이다.

2) 모순적 배치로 새로운 의미 형성

[그림 4] 박이소, [우리는 행복해요(We Are Happy)를 위한 드로잉], 2004, 2016(디지털화), 21x29.7cm, pencil, color pencil on paper

출처: 국립현대미술관 미술연구센터 소장, 이소사랑방 기증
MMCA Art Research Center Collection, Gift of Yiso Sarangbang

박이소 작가의 작품([그림 4])을 보면, '우리는 행복해요' 텍스트가 새로운 맥락에서 읽히는 효과를 경험하게 된다. '행복'은 선언하는 것이 아니라 직접 느끼는 것이다. 행복은 항상 지속되는 것이 아니라 변화하는 감정의 한 양상이다.

그런데 [그림 4]와 같이 '우리는 행복해요' 텍스트를 고정불변하는 위치에 두고, 공식적으로 선언하는 모순적 맥락 속에서 이 텍스트는 새로운 감정과 생각을 촉발하는 살아있는 언어로 재구성된다.

예술작품은 항상 새로운 사유를 촉발하는가? 예술작품 역시 유명해지고 많은 사람이 향유하며 익숙해지면, 그 역시 사람들에게 감흥을 주지 못하고 일상 사물처럼 여겨지거나 화폐화되어 거래상품으로 기능하게 된다. 이에 예술작가들은 많은 사람이 공유하는 익숙한 형식에 새로운 시도를 함으로써 열린 상태를 만들기도 한다.

로버트 인디애나(Robert Indiana)의 작품 'LOVE'는 VE위에 LO를 배치하는 작가의 조형적 배치로 인하여 새로운 언어 형식을 갖게 되면서 진부하게 사용되었던 'love'의 공허한 클리셰로부터 탈피하여 새로운 맥락에 놓이게 되었다. 흥미로운 점은 이러한 예술가의 작품 자체가 하나의 의미전달 형식이 되어 언어처럼 작동한다는 것이다.

[그림 5] 좌측: General Idea, [AIDS], 1987, acrylic on canvas, 182.9×182.9cm, private collection/
우측: Robert Indiana, [Love], 1966, oil on canvas, 82.6×6.4cm, Indianapolis Museum of Art.
출처: https://www.aci-iac.ca/art-books/general-idea/biography/

[그림 5]는 작품 〈LOVE〉의 배치에 단어만 AIDS로 대치시켰다. 이로써 LOVE가 존재했던 맥락 속에서 AIDS라는 단어 의미를 환기하는 새로운 언어적 효과를 일으켰다. 사람들의 많은 사랑을 받고 보편적으로 언급되던 LOVE의 형식에 AIDS 글자를 넣음으로써 언급되기를 꺼려하고 숨겨졌던 AIDS의 텍스트는 삶의 전면에 드러나게 되었다.

3) 언어의 다양한 맥락 살리기, 이종언어

강익중은 〈내가 아는 것〉 연작을 통해 살아가면서 알게 된 지식과 지혜를 하나의 문장으로 써서 3×3인치의 조그만

정사각형 나무판에 한글로 한 음절씩 써서 전시하는 관객 참여형 작품, 전시이다([그림 6] 참조).

이는 미술작품에서 이종언어(heteroglossia)로 작업하는 사례가 된다. 정사각형 나무판에 적혀 전시된 문장들은 하나의 개념으로, 하나의 이념으로 통합되지 않는 각각의 삶이 그대로 살아 있는 다양한 언어로 남아 있다.

[그림 6] 강익중, [내가 아는 것], 2017
출처: 한국문화예술위원회 아르코미술관

이 작품은 누구나 쉽게 쓸 수 있는 한글을 매개로 하지만 작품이 의미, 내용은 진부하지 않다. 공통된 형식을 사용하지만 그 안에 담긴 것은 공적인 언어가 아닌 사적인 삶의 의미다. 그리고 공식적 기관에 의해 공표된 지식이 아닌, 사적 지식이 공적인 맥락에 놓이게 하여 언어의 헤게모니를 깨고 그 자리를 다양한 사람들이 가진 의미로 채웠다는 점에서, 이 작품은 다양성을 잃지 않은 채 보편성을 가질 수 있게 되었다.

4. 2022 개정 미술과 교육과정에서 '인류 보편의 언어로서 미술'이 가지는 의미와 역할

이 글에서는 2022 개정 미술과 교육과정에서 미술을 '인류 보편의 언어'로 새롭게 규정한 것에 주목하여 언어로서 미술은 무엇을 의미하며 어떻게 보편성을 가지게 되며, 그것이 미술교육적 차원에서 어떤 의미를 가지는 지에 대하여 알아보고자 하였다. 그 방법으로 먼저 소쉬르와 바르트, 데리다, 비트겐슈타인의 언어이론이 어떠한 흐름으로 변화되어 왔는지 구조주의에서 후기구조주의에 이르는 과정적 측면에서 분석함으로써 '언어'를 바라보는 관점과 언어를 사용하는 주체와의 관계에 대해 고찰하였다. 이를 통하여 다음 두 가지 언어에 대한 통찰을 얻을 수 있었다.

첫째, 소쉬르의 구조주의 언어학에서 후기 구조주의로 전환되는 흐름 속에서 언어 연구의 역사를 보면 언어의 '형식' 차원만을 연구의 대상으로 했을 때 언어의 성격이 닫힌 체계처럼 인식되며 언어를 사용하는 주체들의 참여 행위가 배제되는 문제가 발생한다. 따라서 교육학적 차원에서 언어를 다루기 위해서는 랑그뿐만 아니라 파롤의 차원도, 기표뿐만 아니라 기의의 차원도 함께 고려해야 한다.

둘째, 랑그와 파롤, 기표와 기의는 개념상 분리일 뿐 실제 분리할 수 없으며 완전한 정체성을 가진 개념이 아닌, 지속적으로 영향을 주고받으며 상호-생성해 나가는 운동적 개념으로 보았을 때 언어는 단순한 탐구의 대상이 아닌 삶 속에서 기능하는 살아 있는 행동으로서의 성격을 획득한다. 미술교육에서 언어로서의 미술은 그것이 무엇인지 분석하기 위해 선언된 것이 아니라, 그것이 '인류 보편 언어'로서 기능하며 포용적 공동체를 형성하도록 하기 위한 실천적 의도가 내포되어 있기에 랑그와 파롤, 기표와 기의를 분절적으로 보기보다는 그 관계가 어떠할 때 인간의 주체성과 참여가 실현되는지에 초점을 두고 연구해야 한다. 이처럼 언어연구에서 '언어'에 대한 관점이 주는 시사점으로부터 '언어로서의 미술'은 표현하는 자(작가)와 작품을 만나는 자(감상자)가 작품이라는 형식을 통하여 공동의 의미를 형성해 나가는 끊임없는 소통과 의미 생성 행위를 담는 의미를 가지고 있음을 도출할 수 있다.

이러한 언어이론으로부터 얻은 시사점을 토대로 비트겐슈타인과 바흐친의 이론을 분석해 보았을 때 '보편적 언어로서의 미술'은 '참여로서의 보편성'과 '다양성이 이루는 보편성'으로 그 보편적 성격을 정리할 수 있었다. 참여의 보편성은 비트겐슈타인의 언어놀이 개념에 기반하여 안규철의 〈구름〉(2012) 작품을 분석하여 이끌어낸 의미이다. 안규철의 〈구름〉 작품에서 기표와 기의의 '어긋남'을 통해 작품을 매개로 소통하는 이들은 언어 놀이에 참여할 수 있었는데, 이를 통해 언어로서 미술에서 어긋남의 틈새로 생성된 공통 맥락에서 저마다의 이질성은 유지한 채, 작가의 세계로 참여하도록 이끌어 내며 보편성을 획득할 수 있다는 가능성을 찾을 수 있었다.

'다양성이 이루는 보편성'은 바흐친의 '이종언어(heteroglossia)' 개념에 기반하여 찾은 의미이다. 예술언어와 같이 헤게모니를 타파하고 새로운 약속과 움직임을 만들기 위한 노력으로서의 언어는 배제된 존재들을 드러내어 대화의 주체로 불러낸다는 면에서 좁은 공동체의 보편성(또는 개념적 공동체의 보편성)이 아니라 포용적 공동체의 보편성을 획득하게 된다. 바흐친의 이종언어에 근거하여 만든 이하림(2023)의 언어의 민주화 과정 알고리즘과 연관지어보면, 언어는 공통성과 실험성을 항상 가지고 있어야 권력화되지 않고 다양성과 포용성을 가진 보편적 언어로서 기능할 수 있으며, 이를 통해 예술은 공통성과 실험성의 움직임을 멈추지 않고 만들어내는 성격의 언어임을 깨달을 수 있었다. 이러한 '참여'와 '다양성'을 촉발하는 동시대 미술 작품을 선정하여 분석해본 결과, 1)기표의 변화를 이용한 기의의 전복, 2)모순적 배치로 새로운 의미 형성, 3)이종언어로서 언어의 다양한 맥락 살리기의 언어적 전략을 사용하고 있었다. 이는 사람들로 하여금 익숙한 기표-기의의 관계를 깨뜨려 대화를 통한 의미 생성에 있어서 능동적 주체성을 획득하게 하며 이로써 참여와 연결의 가능성을 열어둔다.

인류 보편 언어로서의 미술은 미술교육의 장에서 다양성과 소통의 가능성을 열어주는 새로운 개념이 된다. 기존의 관습과 규칙을 깨고 지속적으로 차이를 생성하는 과정에 '나'를 주체로서 개입하게 하는 작용을 통하여 학생은 미술 수업에서 주체성을 가지게 된다. 소쉬르의 '랑그'에 해당하는 단단하게 굳어진 사회적 약속의 차원에서는 학생들이 수동적 의미 수용자이지만, 후기구조주의 언어학자들이 전환시켰던 언어에서 텍스트 개념으로의 전환, 그리고 저자와 독자의 역할의 전환으로 인하여 인간은 거대담론, 닫혀진 체계로부터 해방되어 능동적 의미생성의 역할을 할 수 있게 되었다. 따라서 미술교육은 인류 보편의 언어로서, 학생들로 하여금 지속적으로 차이, 다양성을 만들어 나가면서 그 이질성의 틈에 자신을 끊임없이 개입시키고 위치시키며 주체적 역할을 하도록 해야 한다는 방향성을 제안하고 있다. 이때 다양성에 기반한 보편성은, 차이가 있기에 상호-대화의 가능성을 가지고 있고, 이러한 가능성을 활용하여 서로의 다양한 언어, 삶의 형식에 관심을 가지고 참여하며 이해하는 과정에서 획득되는 것이다. 이러한 연구의 결과는 정체성과 포용성을 구현하는 방안에 대한 미술교육적 차원에서의 해답의 하나가 될 수 있을 것이다.

* 이 글은 이하림(2023) 인류 보편 언어로서의 미술에 대한 고찰 (조형교육, 88집)을 수정 보완한 원고임.

이하림(인천갈월초등학교)

13 미술에서의 상상력

인류의 문명사에서 두 개의 축이 되어 왔던 이성과 상상, 계몽과 낭만은 오늘날 디지털 문명사회에서 역사적으로 대립 관계를 유지해 오던 것에서 벗어나 통합의 양상의 모습을 보여주고 있다. 그동안 상반된 것으로 여겨졌던 이성과 상상, 계몽과 낭만은 이제 테크놀로지와 상상력 또는 기계와 인간이라는 새로운 변형으로 나타나면서 두 개의 축이 수렴되어 융합의 시대를 열어 가고 있다. 상상력의 축에 인간, 감성, 소프트웨어, 아날로그, 예술 등의 키워드들이 속한다면, 테크놀러지의 축에는 기계, 이성, 하드웨어, 디지털, 과학 등의 키워드들이 서로 연결되고 있다. 이러한 두 축의 수렴으로부터 나오는 현상이 바로 융합이다. 앞으로의 미래사회는 이성과 감성, 기계와 인간, 하드웨어와 소프트웨어, 과학과 예술이 서로 네트워킹 되는 방향으로 나아갈 수밖에 없다(임정택, 2011). 많은 사람들은 '미술' 교과목에서 상상력이 수반되는 활동을 학생들이 체험 및 학습하고 나아가 학생들이 그들의 창작활동으로 연결시킬 것으로 기대하곤 한다. 이처럼 일반적으로 미술 수업에서 기대되는 상상력의 개발 및 표현은 과연 얼마나 미술과 교육과정에 반영되고 있는지를 파악하기 위해서 상상력의 의미와 상상력에 대한 인식, 미술에서의 상상력 교육을 논의하고 미술과 교육과정 문서상 '상상', '상상력'이 언제, 어떻게 등장하고 있는지를 살펴보도록 한다.

1. 상상력의 의미와 상상력에 대한 인식

1) 상상과 상상력의 어원 및 의미

'상상하다'(imagino)는 '마음을 그리다' 또는 '형(形)을 만들다'(imaginare)에서 유래했다. 그것의 라틴어 명사형인 imago(image)와 imaginatio(imagination)는 상(像)이나 표상(表象), 상상(想像)이나 상념(想念)을 뜻한다. 여기서 imaginatio(imagination)는 경우에 따라서 상상의 능력이나 그것의 결과물을 가리킨다는 점에서 imago(image)와는 다르다. 어원적으로 상(想)+상(像)은 인간의 마음 또는 생각으로 상이나 형을 만드는 행위를 가리킨다. 이와는 달리 상상+력(力)은 상(像)이나 형(形) 즉 이미지를 생성하는 힘으로서 이성적이고 논리적인 사고력에 비하여 비이성적, 초 논리적인 사유능력을 의미한다(심락현, 2012).

상상력(想像力)은 감각적인 정서를 바탕으로 특정한 자극과 욕망에 의하여 능동적으로 반응함으로써 인간의 누적된 앎 그리고 기억들이 종합적으로 재조직되어 이성 초월적이며 현존하지 않는 새로운 심상으로 표상한다(심락현, 2012; 홍병선, 2008). 상상력은 아직 경험하지 않은 현재 존재하지 않는 대상을 직관적으로 머릿속으로 그려보는 능력으로 인간 행동 발달에서 매우 중요한 기능을 갖는다. 상상력은 지식을 이해하고 경험의 의미를 아는 데 도움을 준다. 자신이 직접 경험하지 못한 것에 대한 타인의 이야기나 기술을 통해 무언가를 개념화 할 수 있기 때문에 사람들은 상상을 통해 세계를 이해할 수 있고, 무슨 일이 일어나는 과정을 배울 수도 있다(Vygotsky, 1930/2014).

2) 철학에서 상상력에 대한 인식

인간에게 있어서 상상력이란 사고하는 인간 그리고 새로운 것을 만들어 낼 수 있는 인간을 가능하게 해 주는 원동력이 된다. 이러한 상상력에 대한 인식은 고대 철학자 플라톤으로부터 시작된다. 상상력(phantasia)은 플라톤에게 이미지 제작(image-making)능력으로 설명되어지고 르네상스 시대에는 상상력 개념의 의미가 확장되어 인간과 자연에 대한 새로운 이해를 과학, 철학 그리고 예술분야에서도 드러내게 된다. 이에 반해 근대 철학자들은 상상력을 오성과 지각 사이에 놓여 있는 이성에 종속되어야 할 인식능력으로 규정하고 있어 예술에서의 상상력에 관한 논의를 구체적으로 찾아보기는 힘들다. 이에 본 절에서는 고대부터 르네상스 그리고 20세기 사르트르를 기점으로 해서 상상이 더 이상 인식의 방해물이 아닌 인간 인식의 방법으로 간주되었다는 점에 주목하여 사르트르 이후의 상상력에 대한 인식을 살펴보고자 한다.

(1) 고대~르네상스 시대의 상상력 개념

서양교육의 역사는 플라톤의 교육사상으로부터 기술되고 있다. 플라톤의 교육사상은 그의 철학에 기반을 두고 있으며 그의 철학사상은 이성주의에 근거한다. 플라톤은 이데아의 세계와 현상계를 구분하고 이데아의 세계만이 참된 실재라고 보았다(이상오, 2014). 그런데 아이러니 한 것은 플라톤의 이성적 사유가 오늘날 생각해 보면 그야말로 상상적 사유였다는 점이다. 플라톤은 목수가 제작한 책상을 보면서도 물질로서 존재하는 책상만을 보지 않고 또 다른 책상이 있다고 상상했다. 플라톤은 그것을 '책상의 이데아'라고 말했다. 이데아는 책상이라는 물질의 원형이다. 책상의 이데아는 눈에 보이지 않는다. 목수는 책상을 제작하면서 책상의 원형인 이데아를 모방했던 것이다. 이렇게 플라톤은 우리의 존재를 눈에 보이는 물질세계와 눈에 보이지 않는 이데아의 세계로 나누어 사유했다. 플라톤이 했던 것처럼 책상을 보면서 눈에 보이지 않는 책상의 이데아를 떠 올리는 것, 이것이 바로 상상력이다(임정택, 2011).

플라톤은 이미지의 세계를 불완전한 것으로 생각했기에 이미지를 보고 이데아를 생각하는 이성을 중시했다. 이와는 조금 다른 입장에서 아리스토텔레스는 이데아라는 것이 현실의 세계와 분리되어 따로 존재하는 것이 아니라 현실에 이미 내재해 있다고 보았다. 아리스토텔레스는 예술이 현실을 모방하는 것이라고 했다. 그러나 그의 모방 개념은 현실을 그대로 복사한다는 의미가 아니라 현실에 내재한 것을 재현한다는 것을 말한다. 이로써 아리스토텔레스는 예술의 허구적인 성격을 어느 정도 인정한 것이며, 현실과는 다른 어떤 것을 지향하는 상상력에 어느 정도 숨통을 터주고 있다(임정택, 2011).

르네상스 철학에서는 상상력의 개념이 고대 철학의 상상력 개념에 대한 해석으로부터 형성되었다. 하지만 르네상스 철학자들은 상상력 개념의 의미를 확장하여 인간과 자연에 대한 새로운 이해를 철학과 과학 그리고 특히 예술분야에서 드러내었다. 이들은 상상력을 인간의 존엄성과 자유를 정립하는 토대로 파악하였다. 르네상스의 자연철학은 점성술과 마법, 연금술 등에서 고안되었던 인간과 자연에 대한 상징 이미지를 수학적 이미지로 변경하는 전단계의 상태를 보여준다. 르네상스 철학자들은 여기서 상징 이미지들에서의 진리 문제를 제기하면서 상상력의 의미를 확장한다. 그 결과 예술 영역이 확대되어 시학에 국한되어 적용되었던 진리개념이 회화, 조각, 음악 등으로 확대된다. 이는 상상력이 고대 그리스 철학에서는 모방의 하위개념으로 인식되어 환상만을 만드는 능력으로 취급되었던 것과는 달리 르네상스 시대에 있어서 상상력은 창조적 능력이라는 새로운 의미를 획득하게 된다(강동수, 김재철, 2003).

(2) 20세기 이후 상상력 개념

20세기 사르트르(Sartre)를 기점으로 해서 프랑스 상상력 연구가들의 공헌으로 인해 상상은 이제 더 이상 인식의 방해물이 아닌 인간 인식의 방법으로 간주됨으로써 재평가되었다. 이처럼 상상력 연구의 전기를 마련한 사르트르는 1936년, 『상상력(L'Imagination)』이란 단행본을 발표했다. 그는 한 권의 책 전체를 상상력 이론을 주제로 집필한 최초의 철학자라는 평가를 받을 수 있었다. 그리고 4년 후 『상상계(L'Imaginaire), 1940』라는 저서를 출간했는데 이 두 책을 통해 사르트르는 상상력을 지각에서 파생한 보조적인 정신 기능으로 간주했던 철학과 심리학의 전통에 강력하게 저항했다(이주하, 2008; Sartre, 1940/2015).

상상력에 대한 인식 대전환은 프랑스의 바슐라르(Gaston Bachelard, 1884-1962)에 의해서 이루어졌다(홍명희, 2005). 사람들은 그동안 상상력이란 이미지를 형성하는 능력이라고 주장해 왔다. 그런데 상상력은 오히려 지각작용에 의해 받아들이게 된 이미지들을 변형시키는 능력이다. 즉 애초의 이미지로부터 우리를 해방시키고, 이미지들을 변화시키는 능력인 것이다. 이미지들의 변화, 곧 이미지들의 예기치 않은 결합이 없다면 상상력은 존재하지 않는 것이며, 상상하는 행위 또한 없는 것이다(Bachelard, 1943/1993).

바슐라르는 상상력의 소산인 창의성과 독창성의 중요성을 강조하고 있다(유경훈, 2009; 홍병선, 2009; 홍병선, 2014; 홍병선 외, 2012). 이러한 그의 관점과 이론은 상상력의 코페르니쿠스적 혁명을 이룬 것으로 평가되고 있다(이주하, 2008). 이미지의 위상을 기존의 이성의 종속물내지 방해물로 여기던 것을 인간 활동의 근원적 원천으로 끌어올렸다. 우리는 이미지의 위상을 인간 활동의 근원적 원천으로 끌어올린 바슐라르의 상상력과 이미지에서 미술에서의 상상력 교육에 주는 시사점을 찾을 수 있을 것이다.

2. 미술에서의 상상력 교육

앞에서 살펴본 상상력(phantasia)은 플라톤에게 이미지 제작(image-making)능력으로 설명되어진다. 미술에 있어 이미지는 재료이자 창착의 결과물이기도 하다. 이미지에 대한 철학적 성찰이 플라톤과 아리스토텔레스에서부터 시작되며 르네상스 시대에는 상상력 개념의 의미가 확장되어 인간과 자연에 대한 새로운 이해를 과학, 철학 그리고 예술분야에서도 드러내게 된다. 르네상스 철학자들은 특히 상징 이미지들에서의 진리 문제를 제기하면서 상상력의 의미를 확장하게 되고 그 결과 예술 영역이 확대되어 시학에 국한되어 적용되었던 진리개념이 회화, 조각 등으로 확장된다. 회화와 조각 등의 미술영역에서는 이미지를 제작하기도 하고 변형하기도 하는 활동이 미술의 창작활동의 기저에 놓여 있다는 점을 다시 상기해 볼 필요가 있다.

특히 바슐라르가 제시하고 있는 상상력은 단순한 이미지의 제시 및 형성에 그치지 않고 이미지의 역동적인 변화, 변형, 창조를 통해 보다 활성화된 이미지가 학생들의 보다 풍부한 상상력의 원동력을 형성하는 데 충분한 교육적 가치가 있다고 본다.

1) 미술에서의 상상력 교육의 배경

미술은 상상력을 키워주고 우리 감각세계를 새롭게 하는 데 중요한 역할을 한다. 우리는 미술을 통해 특정 방식으로 세상을 바라보고 상상력을 발휘하는 활동을 경험한다. 아이들은 놀이 활동에서 그들이 갖고 노는 물체에서 상상력을 발휘하게 되고 이를 통해 재미를 느끼게 된다(Eisner, 2002/2007).

감정과 느낌처럼 상상력은 사고 영역에서 다루기 어려운 주제이다. 상상력은 18, 19세기 동안 문학과 철학에서 널리 다루어져 왔다. 상상력은 실제로 경험하지 않은 관념과 마음에 있는 이미지를 형성하는 행위 혹은 능력이다. 이것은 또한 이전 경험의 통합과 재구조화를 통해 새로운 아이디어 혹은 이미지를 창조하는 행위 혹은 능력이다. 이전 '경험의 통합과 재구조화를 통해 새로운 아이디어 혹은 이미지를 창조하는 능력'은 피상적으로 지각하는 망상과 구별되며, 사물과 사물간의 유사성을 지각하는 매우 진지하고도 깊이 있는 독창적 능력으로 인식된다(Efland, 2002/2006).

존 듀이(John Dewey)는 상상력은 정신이 세계를 마주하는 지점에서 오랜 그리고 친근한 것을 경험 안에서 새롭게 할 때 관심의 풍부한 혼합이라고 말했다. 그러나 20세기 초 반세기 동안 지배적이었던 행동주의 심리학에서 상상력은 별다른 관심을 받지 못했다(Efland, 2002/2006).

한편 상상력은 우리가 미술가의 창의적 재능 혹은 내러티브의 생산에서처럼 이미지를 구성하거나 재구성하며, 상징을 결합하거나 재결합할 수 있는 인지적 과정으로 보고자 한다. 이러한 정의는 상상력의 산물은 매일의 일상적인 사고와 다르다는 것을 암시한다. 상상적이라는 표현은 형식이나 내용에 있어서 어떤 새로운 것이 있음을 뜻한다. 상상력은 그 자체로 하나의 특정한 인지적 과정이 아니라 오히려 인지적 행위의 결과라고 볼 수 있다. 예컨대, 말이나 글 표현에서 참신한 은유의 창조, 새로운 이미지를 형성하는 콜라쥬 작품에서 이미지의 병치는 우리의 상상력이 발휘된 예라고 볼 수 있다(Efland, 2002/2006). 이처럼 상상력은 학습자의 인지작용을 거쳐 새로운 미적 창작물을 만들 수 있게 한다.

2) 미술에서의 상상력 교육에 관한 선행연구 분석

본 절에서는 그동안 미술교육 학회지에 실린 논문 가운데 상상력에 관한 논의를 집중적으로 다룬 선행연구 내용을 분석하여 앞으로 미술교육에서 상상력을 어떻게 접근해 나갈 것인지에 대한 실마리를 얻고자 한다.

(1) 미술교육에서의 상상표현과 물질적 상상력

우리의 초등학교 미술 시간을 돌이켜 생각해 보면 즐거웠던 일 그리기, 꿈속에서 일어났던 일 그리기, 과학 상상화 그리기, 나의 꿈 그리기 등과 같이 당시의 경험과 기억을 떠올리며 상상하면서 그림을 그렸던 일들을 회상해 볼 수 있을 것이다. 이러한 아이들 자신의 생각과 느낌 그리고 상상에 기초한 상상표현은 초등학생들의 미술 수업에서 빼놓을 수 없는 내용이기도 하다.

장동호(2009)는 그의 논문에서 미술이라는 특수영역에 따른 상상력의 유형을 4가지로 개발하였다. 이 연구에서는 인문학과 심리학에서 말하는 상상력의 유형 분석 결과 미술영역에 그대고 적용시키는데 불합리하다고 판단하고 미술이라는 특수영역에서 보는 특수한 관점에서의 상상력의 유형이 필요하다는 사실에 착안하여 새롭게 상상력의 유형을 상상 물체로서의 상상력, 상상 이야기로서의 상상력, 현상으로서의 상상력, 연상 물체로서의 상상력의 4가지로 제시하였다.

한편 류지영(2021)은 미래교육으로서의 물질적 상상력과 미술교육을 바슐라르 이론을 중심으로 논의하였다. 예술적 상상력에 대한 탐색을 위해 창의성과 물질적 상상력의 기초로서 물질의 개념과 이론에 접근하고자 하였다. 포스트 코로나 시대, 온라인으로 이루어지는 비대면 미술교육에서 재료와 매체를 통해 이루어지는 조형의 문제를 가장 중요하게 다루어져야 한다고 보았다. 미술활동에서 재료와 매체를 통해 얻게 되는 다양한 특성에 대한 물질적 경험은 학생들에게 조형적 문제 해결 능력을 기르게 하며, 이 과정을 통해 확산적이고 유연한 사고를 가능케 하며 나아가 창의성과 상상력을 기를 수 있게 된다.

(2) 상상력 · 공감적 상상력 · 창조적 상상력 개발을 위한 미술교육의 역할

최은영(2018)의 논문에서는 제4차 산업혁명의 시대에 요구되는 상상력을 미술교육을 통해 개발하기 위해 그동안 미술교육에서 상상력에 관해 어떠한 관점을 지녀왔는지 그리고 실재 학생들은 어떻게 상상력을 인식하고 있는지를 구체적으로 알아보고자 하였다.

이 연구에서는 새 시대에 필요한 상상의 내용을 구체적인 학습 내용의 경험으로 다루어 학령기 수준에 따라 단계별로 체계화시켜 교육경험으로 제공하는 방식을 제안하고 있다. 사회적 구성주의 관점에서 비고츠키는 일찍이 상상력을 경험을 구성할 때 작용하는 일반적 원리에 가깝게 바라보며 어린 시절부터 어른까지 성장하면서 상상력이 더 풍부하게 개발될 수 있는 것으로 보았다. 상상력이 합리적 이성과 대립되는 주관적 정서에만 치우친 능력이 아니라 지금보다 더 나은 변화를 지향하는 총체적인 마음의 능력으로 보는 관점에서 상상력은 학습자의 발달 수준에 따라 체계적으로 심화시켜 개발할 수 있는 인간의 잠재 능력인 것이다(최은영, 2018).

정희경(2016)의 논문에서는 공감적 상상력을 발휘하여 예술가의 생애사를 이해하고 성인의 삶의 의미를 형성하는 교육적 효과를 얻기 위한 방안을 모색하였다. 여기서 주목되는 것은 공감의 재조명에 있다. 공감이란, 다른 사람의 마음을 헤아려 보는 과정 또는 결과이며, 타인을 이해하는 방식으로 이해된다. 여기서 공감과정에서 상상력이 중요하게 언급되는 것을 볼 수 있는데, 상상은 과거에 내가 겪어보지 못한 지금 나와 다른 입장의 상대방의 감정과 상황을 이해해 보는 과정이기 때문이다(정희경, 2016).

백경미(2011)의 논문에서는 디지털시대에 들어서면서 분야 간의 융합과 통섭이 강조되고 있는데 예술과 과학을 연계시키고자 하는 시도들이 늘어나고 있는 움직임이 우리의 교육현장에 어떠한 영향을 미칠지를 주목하였다.

연구자가 대학에서 이공계 학생들을 대상으로 하여 '예술과 창의성' 강좌를 개설하고 수업을 진행하였다. 여기서 눈길을 끄는 점은 학생들의 예술 실제에 대한 탐색들이 개별 학생들의 예술 탐구 내용을 자신의 전공 영역과 연계하여 활용 방법을 모색해 보도록 할 것을 적극 권장하였다는 것이다(백경미, 2011). 학생들은 융합을 통해 창조적 상상력을 기를 수 있는데, 창조적 상상력은 관념단계부터 실현단계로 나아가는 능력을 의미하며 막연한 상상력과는 다르다(Root-Bernstein & Root-Bernstein, 1999/2007).

3) 상상력 교육에 기초한 미술교육의 의의 및 필요성

상상력 교육에 기초한 미술교육의 의의 및 필요성을 정리하면 다음과 같다.

첫째, 미술교육의 주된 목적은 아이들로 하여금 작품제작 과정에서 표현 형식을 창작해 보게 함으로써 그들의 마음을 계발하도록 하는 것이다(Eisner, 2002/2007). 마음을 계발하는데 있어서는 인간의 거의 모든 정신활동에 필수적인 조건이 되는 상상력이 동원되어야 할 것이다.

둘째, 미술활동은 개성의 표현과 상상력의 발동과 관련하여 교육적인 도움을 줄 수 있다(Eisner, 2002/2007). 아이들의 개성 표현과 상상력의 발동은 미술활동에서 가장 기본이 되는 창의적인 미술작품을 만들어 낼 수 있는 근간이 된다. 더불어 자신의 개성과 상상력으로 미술작품을 구상하고 제작하는 과정에서 창의적이고 융합적인 사고를 하게 된다.

셋째, 상상력이 합리적 이성과 대립되는 주관적 정서에만 치우친 능력이 아니라 지금보다 더 나은 변화를 지향하는 총체적인 마음의 능력으로 보는 관점에서 상상력은 학습자의 발달 수준에 따라 체계적으로 심화시켜 개발할 수 있는 인간의 잠재 능력인 것이다. 따라서 인간의 잠재능력은 무한하다는 점에서 상상력 개발은 미래사회의 인재들에게 필수적이라 할 수 있다.

넷째, 미술활동은 물질적 경험에서 출발하며 물질에 대한 탐색은 직접적이며 동시에 감각적인 체험이라는 사실을 다시금 생각해 보아야 한다. 또한 미술활동에서 재료와 매체를 통해 얻게 되는 다양한 특성에 대한 물질적 경험은 학생들에게 조형적 문제를 해결할 수 있도록 하며, 이 과정을 통해 유연한 사고, 즉 '물질적 상상력'을 경험할 수 있게 된다.

다섯째, 2015 개정 및 2022 개정 미술과 교육과정에서는 창의적인 인재 육성을 위해 융합교육에 대한 중요성을 강조하고 있는 바, 미래교육으로서 미술교육에서는 예술, 과학, 테크놀러지, 문화 간의 관계에 대한 다각적인 탐색활동이 이루어져 '창의적 상상력'을 발휘해야 할 것이다. 이와 함께 다른 사람의 마음을 헤아려 보고 타인을 이해하는 '공감적 상상력'이 미술교육에 활용되고 실행될 수 있도록 해야 할 것이다.

3. 미술과 교육과정에서 상상력 관련 내용

우리나라 국가 교육과정은 교수요목(1946-1954) 시기를 거쳐 '제1차 교육과정'(1954-1963), '제2차 교육과정'(1963-1973), '제3차 교육과정'(1973-1981), '제4차 교육과정'(1981-1987), '제5차 교육과정'(1987-1992), '제6차 교육과정'(1992-1997), '제7차 교육과정'(1997-2007), '2007 개정 교육과정'(2007-2009), '2009 개정 교육과정'(2009-2015), '2015 개정 교육과정'(2015-2022), '2022 개정 교육과정'(2022-)에 이르기까지 변화를 거듭해 왔다.

1) 제2차~2015 개정 미술과 교육과정에서 상상력 관련 서술 분석

제1차 교육과정(1954-1963) 시기에 발행된 미술교과서에서는 종래 모사 위주의 기술주의 미술교육에서 벗어나 창조성 중시의 미술교육으로 나아가려는 의도가 발견되나 상상이나 상상력에 관한 언급은 아직 반영되지 못했다(박휘락, 1998). 이에 여기서는 창의성 중심 미술교육이 미술교과서 도판에 도입된 시기인 제2차 미술과 교육과정부터 순차적으로 검토한다.

(1) 제2차 미술과 교육과정

제2차 미술과 교육과정에서는 "학생들의 경험을 중심으로 한 경험주의 교육에 바탕을 두고, 일상생활과 관련된 미적 경험을 표현하고 감상하며, 이를 생활과 관련시켜 조형적 능력과 태도를 기르는데 미술과의 기본 목표"를 두고 있다(김성숙, 이주연, 2012, p. 78).

제2차 국민학교 미술과 교육과정에서는 목표, 학년목표, 지도내용, 지도상의 유의점으로 제시되어 있다. 교육과정 지도내용은 '그리기', '꾸미기', '만들기'를 다루고 있는 것을 볼 수 있다. 그 가운데 상상을 언급한 부분은 그리기(상화, 사생화. 판화, 협동제작) 중 상화에서 발견된다. 제2차 초등 및 중등 미술교육과정에서 상상력 관련내용을 〈표1〉로 정리하였다.

〈표 1〉 제2차 미술과 교육과정 중 상상력과 관련된 학습내용

구분	초등학교	중학교	
1, 2 학년	1. 그리기 (1) 상 화 • 본 것이나 경험한 것 중에서 소재를 택하여 그리기 • **환상적인 것이나 추상적인 것의 그리기** • 이야기를 듣고 그리기	1 학년	(2) 회화 ① 풍경, 정물, 동식물 등의 표현 ② 여러 가지 재료의 **추상적인 표현**
3 학년	1. 그리기 (1) 상화, 사생화 • 환경을 관찰하고 생활 경험의 영역을 넓혀서 소재를 택하여 그리기 • **환상적인 것이나, 추상적인 것의 그리기**		
4 학년	1. 그리기 (1) 사생화, 상화 • 그리는 제재의 범위를 넓히고, 특색 있는 장면을 택하여 그리기 • 구상적인 것, **추상적인 것의 소재를 택하여 그리기** • **이야기를 듣거나 읽고 그리기**	2 학년	(2) 회화 ① 풍경, 정물, 동식물, 인물 등의 표현 ② 여러 가지 재료와 기법에 의한 **추상적 표현**
5 학년	1. 그리기 (1) 사생화, **상화** • 환경을 주의 깊게 관찰하여 사실을 항상 새로운 면으로 보고, 그 속에서 소재를 택하여 그리기 • 구상적인 것, **추상적인 것, 공상적인 것의 소재를 택하여 그리기**	3 학년	(2) 회화 ① 풍경, 정물, 동식물, 인물 등의 표현 ② 여러 가지 개성적인 표현, **추상적인 표현**
6 학년	1. 그리기 (1) 사생화, **상화** • 생활 경험을 넓혀 독창적인 소재를 택하여 그리기 • 색, 선, 형, 질, 양감 등의 **추상적인 요소로 그리기** • 구상적인 것, **추상적인 것의 소재를 택하여 그리기**		

출처: 문교부, 1963a. pp. 4-8 및 문교부, 1963b, pp. 7-14에서 재구성 (밑줄과 강조는 연구자).

〈표1〉에서 제시된 제2차 중학교 미술교육과정 중 지도 내용을 살펴보면 회화를 지도할 때 먼저 풍경, 정물, 동식물 등을 보고 관찰하면서 사생하는 과정과 함께 "경험에서 느낀 구상이나 추상적인 표현을 아울러 지도 한다."는 서술이 1, 2, 3학년에 공통적으로 있음을 알 수 있다. 여기서 추상적인 표현이란 눈에 보이지 않는 것에 대한 표현을 의미하여 상상력을 발휘하는 활동을 말하고 있는 것이다.

미술에서 추상화는 현실에서 출발하지만 불필요한 부분을 도려내가며 본질을 드러내는 과정이다. 추상화는 화가만 하는 것이 아니라 글을 쓰는 작가도 과학자도 수학자도 모두 하는 과정으로 그 방법은 기본적으로 동일하다. 진정한 의미에서 추상화된 현실에서 출발하되 불필요한 부분을 도려내 가면서 사물의 놀라운 본질을 드러내게 하는 과정이다(Root-Bernstein & Root-Bernstein, 1999/2007).

(2) 제3차 미술과 교육과정

제3차 미술과 교육과정(1973-1981)은 학문중심 교육과정이라는 새로운 교육사조가 도입되었다. 미술교과에서는 "심상표현과 적응표현을 강조하고 디자인, 공예교육을 중시하여 미적 정서, 창의적 표현과 함께 기초적 기법 및 용구 사용능력을 기르며, 우리나라 미술품 및 문화재를 감상하고 보존, 애호하는 태도를 기르는데" 중점을 두고 있다(김성숙, 이주연, 2012, p. 79).

제3차 국민학교 미술과 교육과정에서는 일반목표, 학년별 목표와 내용으로 제시되고 있다. 1~6학년까지의 미술과 내용에서는 '회화', '조소', '디자인', '공예', '감상'을 다루고 있는 것을 볼 수 있는데 그 중에 '상상'을 언급한 부분이 '회화'에서 발견되며 그 내용은 다음과 같다.

〈표 2〉 제3차 국민학교 미술과 교육과정 중 상상력과 관련된 학습 내용

학년	제3차 미술과 교육과정 중 상상력 관련 내용
제1학년	1) 회 화 가) 느낀 것이나 생각한 것 등의 생활 경험을 꾸밈없이 다각적으로 그린다. (1) 자기가 그리고 싶은 것을 마음대로 그리기 (2) **기억이나 상상 및 공상** 등을 통하여 생활 경험을 자유롭게 그리기 (3) 재미있는 이야기를 듣고 그리기
제2학년	1) 회 화 가) 느낀 것이나 생각한 것 등의 생활 경험을 꾸밈없이 다각적으로 그린다. (1) 자기가 그리고자 하는 것을 다각적으로 그리기 (2) **기억이나 상상 및 공상** 등을 통하여 생활 경험을 중심으로 하여 그리기 (3) 이야기를 듣고 가장 재미있는 장면을 생각하여 그리기
제3학년	1) 회 화 가) 느낀 것이나 생각한 것 중에서 재미있는 주제를 정하여 자기 생각대로 자신 있게 그린다. (1) 주체가 무엇인지 알 수 있도록 자신 있게 그리기 (2) **기억이나 상상 및 공상**에 따라 그림의 주제를 정하여 그리기 (3) 이야기를 읽거나 듣고 스스로 주제를 정하여 그리기
제4학년	1) 회 화 가) 느낀 것이나 생각한 것 중에서 인상적인 주제를 선택하여 자타의 표현의 다름을 알고 **자기 생각대로** 성실하게 그린다. (1) 그림의 중심이 확실히 나타나게 그리기 (2) **기억이나 상상 및 공상**에 따라 주제와 구상이 부합되게 그리기 (3) 이야기를 읽거나 듣고 흥미 있는 장면을 주제로 하여 확실하게 그리기
제5학년	1) 회 화 가) 느낀 것이나 생각한 것 중에서 다채로운 주제를 선택하여 계획성 있게 개성적으로 그린다. (1) 구성과 계획이 표현에 나타나도록 개성적으로 그리기 (2) 구상한 것을 색, 형, 명암, 원근 등을 살려서 그리기 (3) 이야기를 읽거나 듣고 개성적인 주제를 잡아 그리기
제6학년	1) 회 화 가) 느낀 것이나 생각한 것 중에서 특색 있는 주제를 선택하여 독창적인 구성을 세워 주제에 맞게 그린다. (1) 구상과 계획이 더욱 독창적으로 나타나게 그리기 (2) 구상한 것을 색, 선, 형, 질, 양감을 살려서 그리기 (3) **이야기를 읽거나 듣고 재미있는 장면을 화면 구상을 생각하여 그리기**

출처: 문교부, 1979a, pp. 1-18 (밑줄과 강조는 연구자).

제3차 중학교 미술과 교육과정은 일반목표, 학년별 목표와 내용으로 제시되어 있다. 제3차 중학교 교육과정에서는 일반목표와 학년별 목표에서 모두 상상력을 언급하고 있다.

〈표 3〉 제3차 중학교 미술과 교육과정 중 상상력과 관련된 내용

학년	제3차 중학교 미술과 교육과정 내용
제1학년	(가) 회화의 표현 활동을 통하여 **미적 직관과 상상을 솔직하게 표현하는 능력과 태도**를 기른다. (라) **디자인 활동을 통하여 발상력**과 미적 감각을 높이며, 아름답게 디자인하는 기초적인 능력과 태도를 기른다.
제2학년	(가) 회화의 표현 활동을 통하여 **미적 직관과 상상을 효과적으로 표현하는 능력**과 태도를 기른다. (라) 디자인 활동을 통하여 용도에 따른 조건을 알고 구상을 확실히 하여, 디자인하는 능력을 발전시킨다.

출처: 문교부, 1979b, pp. 1-13 (밑줄과 강조는 연구자).

위의 제3차 중학교 미술과 교육과정에서의 1학년 및 2학년의 학년목표에서 첫 번째로 "회화의 표현활동을 통하여 '미적 직관'과 '상상'을 솔직하게 표현하는 능력과 태도를 기른다."로 명시되어 있다(문교부, 1979b, pp. 4-8). 이는 중학교 학생들에게 표현활동을 하는 데 있어서 대상을 관찰하여 표현하는 것뿐만 아니라 미적 직관력과 상상력을 통한 주관적인 시각적 표현도 함께 미술시간에 다루어져야 함을 의미한다(문교부, 1979b).

(3) 제4차 미술과 교육과정

제4차 미술과 교육과정(1981-1987)은 "전인적인 인간을 기르고자 하는 인간중심 교육과정"을 강조한다. 미술교과에서는 "미적 경험을 통한 정신교육의 강조와 미술과의 표현을 통한 창의성 발달에 주안점을 두고, 자율성, 상상력, 탐구적 태도를 강조하는 심미적 태도를 개발하는 데" 중점을 두고 있다(김성숙, 이주연, 2012, p. 79).

제4차 미술과 교육과정 중 초등학교의 경우, 교과목표를

먼저 제시하고 이어서 학년 목표와 내용이 나오는데 이 중 '내용'을 중심으로 살펴보도록 한다. 내용은 크게 '표현'과 '감상'으로 이루어진다. 표현은 다시 '조형놀이', '회화로 표현하기', '조소로 표현하기', '꾸미기와 만들기'의 4가지로 구성된다(1981a). 이 가운데 '회화로 표현하기'와 '조소로 표현하기'에서 '상상'이라는 용어가 등장한다.

중학교 미술과 교육과정에서는 교과 목표, 학년목표 및 내용, 지도 및 평가 상의 유의점으로 제시되어 있다. 중학교 학년 별 내용 중에서 상상이 언급된 부분은 표현이다. 표현은 회화, 조소, 디자인, 서예로 분류된다(문교부, 1981b). 이 중 회화와 조소에 '상상'이 언급되고 있는데, 1-3학년과정의 표현에서 다루는 내용은 거의 유사하므로 1학년의 내용만 수록하도록 한다. 초등 및 중등교육과정에서의 상상력 관련 내용을 정리하면 다음의 〈표 4〉와 같다.

〈표 4〉 제4차 초등학교 및 중학교 미술과 교육과정 중 상상력과 관련된 내용

학년	'표현' 에서의 학습 내용	
	(2) 회화로 표현하기	(3) 조소로 표현하기
초등 1,2 학년	(가) 경험한 것 그리기 생활 주변에서 본 것, 느낀 것, 생각한 것 등을 자유롭게 표현한다. (나) 보고그리기 대상을 관찰하고, 자기가 느낀 형과 색의 특징을 두드러지게 표현한다. (다) **상상하여 그리기** **연상, 상상, 희망** 등을 자유롭게 표현한다. ...(생략)....	(가) 경험한 것 나타내기 생활 주변에서 본 것, 느낀 것, 생각한 것 등을 자유롭게 표현한다. (나) **상상하여 나타내기** **연상, 상상, 희망** 등을 자유롭게 표현한다. (다) 재미있는 방법으로 나타내기 재료와 용구를 잘 이용하여, 나타내고 싶은 것을 자유롭게 표현한다.
중등 1학년	(가) 구상 표현 ① 경험한 것, **상상한 것**, 생각한 것 등에서 주제를 명확하게 하여 의도적으로 표현한다. ② 표현 활동에 있어서는 전체와 부분, 원근, 구도 등을 생각하여 의도적으로 나타낸다. .....(생략).....	(가) 구상 표현 ① 경험한 것, **상상한 것**, 생각한 것 등에서 주제를 명확하게 하여 의도적으로 표현한다. ② 표현 활동에 있어서는 면, 덩어리를 생각하여, 비례 등을 중심으로 의도적으로 나타낸다.

출처: 문교부, 1981a, pp. 1-4, 문교부, 1981b. pp. 1-5 (밑줄과 강조는 연구자).

(4) 제5차 ~ 2015 개정 미술과 교육과정

제5차 미술과 교육과정은 종래의 교육과정, 생활중심, 학문중심, 인간중심 교육과정의 장점을 조화롭게 체계화한 것이 특징이다. 제6차 교육과정은 미술의 본질적 기능을 회복시키면서 미술을 통한 인간 형성의 입장을 강조하였으며, 제5차 교육의 창조, 개성, 교육적인 측면을 더욱 강조하면서 보다 생활에 밀접한 미술교육을 강화하였다. 제7차 미술과 교육과정은 21세기의 세계화, 정보화 시대를 주도할 자율적이고 창의적인 한국인을 육성하고자 목표면에서 건전한 인성과 창의성을 함양하는 기초 교육에 충실하고자 하였으며, 세계화・정보화에 적응할 수 있는 자기 주도적 능력을 신장하는 데에 주력하였다(김성숙, 이주연, 2012). 2007 개정부터는 수시개정 체제로 변화하면서 시각문화 환경이 처음으로 미술과 교육과정에 도입되었다. 이러한 미술과 교육과정의 변천과정 속에서 학습자의 창의성이 발현되기 가장 적합한 미술과 교육과정에서 상상력이 어떻게 반영되고 있는지를 살펴보고자 한다.

제5차 교육과정까지 미술과 교육과정은 교과목표, 학년목표 및 내용으로 제시되고 있다. 대 영역 표현과 감상으로 크게 분류된다. 초등의 경우 표현 영역에서는 경험한 것 나타내기, '상상하여 나타내기', '보고 나타내기', '모양을 생각하여 꾸미기', '환경 꾸미기', '쓸모를 생각하여 만들기', '붓글씨로 나타내기', 감상영역에서는 '서로의 작품 감상하기', '자연 및 조형물 감상하기'로 분류되어 있다(문교부, 1987).

제6차 교육과정에서 미술과 생활 영역이 신설되면서 표현, 감상 두 영역에 추가되어 세 영역으로 제시되었다. 표현 영역은 '느낌 나타내기', '상상하여 나타내기', '보고 나타내기', '꾸미기와 만들기', '붓글씨로 나타내기'의 4가지로 분류된다. 이 중 '상상하여 나타내기'는 학년별 영역에서

'여러 가지 상상의 주제를 자유롭게 표현한다.'로 서술되어 있으며 초등학교 3학년부터 6학년까지 유사한 내용으로 제시되어 있다(교육부, 1992a).

7차 미술과 교육과정에서는 최초로 성격 부분에서 "미술 교과 교육은 다양한 미술 활동을 통하여 주변 세계의 아름다움을 느끼며 향유할 수 있는 심미적인 태도와 상상력, 창의성, 비판적인 사고력을 길러 주고, 아울러 미술 문화를 이해하며 계승, 발전시킬 수 있는 능력을 갖춘 전인적 인간을 육성하는 데에 목적이 있다."고 명시하고 있다(교육부, 1997). 이는 미술교육과 상상력이 그 자체로 밀접한 관련성을 지닌다는 것을 나타내고 있는 것이다.

2007 개정 미술과 교육과정의 '성격'에서 "미술 교과 교육은 미적 감수성과 직관으로 대상을 이해하고 시각적 조형물이 가진 아름다움을 느끼며 누릴 수 있는 심미적 태도와 표현력, 상상력, 창의성, 비판적 사고력을 길러준다(교육인적자원부, 2007, p. 1)."라고 되어 있다. 여기서 언급된 상상력은 미술과 교육에서 학생들에게 길러 줄 수 있는 능력 중 하나로 제시되고 있음을 알 수 있다. 내용체계에서는 표현 영역의 학년 군별 주제표현에서 '상상'이 '자유로운 발상'으로 대체되었다는 것이 발견된다. 3, 4학년 표현 영역의 주제표현에서 "자유로운 발상을 통하여 주제를 표현한다." 그리고 그 하위개념으로 "여러 가지 대상을 관찰하여 나타내기"와 함께 "자유로운 발상으로 느낌과 생각 나타내기"가 서술되어 있다(교육인적자원부, 2007, p. 4).

2009 개정 미술과 교육과정에서의 학년 급별 목표를 살펴보면, 초등에서는 "학습과 생활에서 문제를 인식하고 해결하는 기초능력을 기르고, 이를 새롭게 경험할 수 있는 상상력을 키운다."라고 서술하고 있고, 중학교에서는 "학습과 생활에 비교한 기초능력과 문제 해결력을 바탕으로 창의적 사고력을 기른다."라고 되어 있다(교육과학기술부, 2011, pp. 3-4). 그리고 교육과정 중 표현영역의 성취기준 가운데 주제표현의 활동의 예로서 "관찰, 경험, 상상 등의 방법으로 표현된 다양한 주제의 작품을 찾아본다."와 "자유로운 발상을 통해 자신이 표현하고 싶은 주제를 생각해 본다."라고 되어 있다(교육과학기술부, 2011, pp. 7-8, 12, 17).

2015 개정 미술과 교육과정의 내용체계에 표현영역의 핵심개념인 발상과 관련된 3~4학년의 내용요소로 '상상'과 '관찰'이 등장한다. 초등 3, 4학년 성취기준으로 "연상, 상상하거나 대상을 관찰하여 주제를 탐색할 수 있다", 초등 5, 6학년 성취기준으로는 "다양한 발상 방법으로 아이디어를 발전시킬 수 있다"로 제시되었고, 관련 교수·학습 방법으로 "결합, 분해, 강조 등 다양한 발상방법을 활용하도록 지도 한다"로 제시되었다(교육부, 2015).

2) 2022 개정 미술과 교육과정에서 상상력 관련 서술 분석

2022 개정 미술과 교육과정의 성격에서는 다음과 같이 서술되어 있다.

> 미술은 느낌과 생각을 시각적으로 표현함으로써 자신을 둘러싼 세계와 소통하며 자신과 세계와의 관계를 이해하고 그 의미와 가치를 창조하는 인류 보편의 언어이다. 미술은 조형적으로 문제를 해결해나가는 과정을 통해 자신의 내면을 통찰하고 **상상력과 창의성**을 발현시켜 개인과 **공동체**의 삶을 풍요롭게 한다. 또한 시대의 특징과 문화를 기록하고 반영하는 미술은 과거부터 동시대에 이르기까지 시공간을 가로질러 사유하게 함으로써 인간의 삶에 대한 이해와 새로운 미술 문화 창출을 이끌고 인류의 지속 가능한 발전에 공헌한다. 학교 교육에서 미술 교과는 미술의 의미와 가치에 기초하여 심미적 감성을 함양하고 **창의·융합적으로 사고**하는 힘과 **시각적으로 소통하는 능력**을 길러주며 정체성

과 공동체성을 확립하여 학생들의 전인적 성장을 이끄는데 이바지하는 교과이다(교육부, 2022b, p. 5, 밑줄과 강조는 연구자).

미술은 다른 교과목과는 달리 조형적으로 문제를 해결해나가는 과정을 중시한다. 이 과정에서 학생들은 상상력과 창의성을 발현시키게 된다. 아울러 개인적 차원을 넘어 공동체의 삶을 풍요롭게 하는 창작물을 만들 수도 있다. 2022 개정 미술과 교육과정에서는 기존의 교육과정에서는 볼 수 없었던 공동체 역량이 포함되었다. 이를 반영하여 미술과의 성격 및 목표에서도 개인적인 자원에서 출발한 상상력이 개인 더 나아가 공동체의 삶으로 확대됨을 알 수 있다. 이상의 내용을 바탕으로 2022 개정 교육과정에서는 미술과 핵심역량인 심미적 감성 역량, 창의·융합 역량, 시각적 소통 역량, 정체성 역량, 공동체 역량 가운데 창의·융합 능력과 시각적 소통 능력 그리고 공동체 역량은 미술에서의 상상력으로 인해 발현될 수 있는 핵심역량이라 볼 수 있다.

2022 개정 미술과 교육과정의 내용 체계는 미적체험, 표현, 감상으로 되어 있는데 이 중에서 특히 표현은 다양한 발상을 통해 아이디어와 주제를 발전시키고 새로운 것을 만들어내는 활동이 핵심적이라 할 수 있으므로 미술에서의 상상력과 관련되어 있다(교육부, 2022b, p. 7).

〈표 5〉 2022 개정 미술과 교육과정 내용체계: 표현

핵심 아이디어	• 표현은 자신의 느낌과 생각을 시각화하는 **창의적 사고**와 성찰의 순환 과정으로 이루어진다. • **다양한 발상은 아이디어와 주제를 발전시키고 표현의 토대가 된다.** • 작품 제작은 표현 재료와 방법, 조형 요소와 원리 등을 선택하고 활용하여 창의적으로 문제를 해결하는 과정을 통해 예술적 성취를 경험하게 한다.		
구분 / 범주	내용 요소		
	초등학교		중학교
	3~4학년	5~6학년	1~3학년
[지식·이해]	• 표현 주제 • 기본적인 표현 재료와 용구 • 조형 요소의 특징	• 표현 주제와 **발상** • 표현 재료와 용구, 디지털 매체 • 조형 요소와 원리의 관계	• 표현 주제와 의도 • 다양한 표현 재료와 방법 • 조형 요소와 원리의 효과
[과정·기능]	• 관찰과 **상상**으로 아이디어를 떠올리기 • 표현 방법을 익히기 • 의도를 가지고 작품을 제작하기 • 타 교과와 관련짓기	• 다양한 방법으로 **아이디어를 연결하기** • 표현 방법을 탐색하여 활용하기 • 과정을 돌아보며 작품을 발전시키기 • 타 교과와 융합하기	• 주제에 적합한 표현 계획하기 • 새로운 표현을 실험하고 작품 제작하기 • 작품을 공유하고 소통하기 • 미술 표현 경험을 삶과 연결하기

출처: 교육부, 2022b, p. 7에서 재구성함(밑줄과 강조는 연구자).

위의 〈표 5〉에서 제시된 미술과 교육과정 미적체험, 표현, 감상의 내용체계 중 표현은 특히 미술에서의 상상, 상상력과 관련이 깊다. 표현의 핵심 아이디어에서 기술된 내용 중 특히 "다양한 발상은 아이디어와 주제를 발전시키고 표현의 토대가 된다"가 가장 핵심적이라 할 수 있다. 〈표 5〉에 밑줄 친 부분은 미술에서의 상상력과 관련되는 것들로, 표현 주제와 발상은 2차 교육과정부터 나오는 상상, 상상력이 대체된 용어로 볼 수 있다.

다음은 초등학교 3~4학년에 제시된 2022 개정 미술과 교육과정 '표현'에서의 성취기준을 살펴본다(교육부, 2022b). 표현(초등3-4학년)에서 제시하고 있는 성취기준을 적용할

때 고려해야 할 사항은 "표현영역에서 학생들이 발상, 매체 탐색, 제작의 개념과 방법을 이해하도록 하는 것"이 우선되어야 한다. 구체적으로 "표현활동이 학생들의 삶과 연결될 수 있도록 성취기준을 활용하여 학습목표를 설정하고 관찰의 대상이나 상상을 이끄는 동기는 학습자의 주변에서 흔히 접할 수 있는 생활요소에서 출발하여 표현 활동이 삶에 주는 심미적 영향력을 경험할 수 있도록" 하는 것이 중요함을 알 수 있다(교육부, 2022b, p. 10).

2022 개정 초등 미술과 교육과정 성취기준에서 "관찰과 상상으로 아이디어를 떠올려 표현 주제를 구체화 할 수 있다[4미02-01]"(교육부, 2022b, p. 9)에서 우리는 미술의 표현활동에서 주제를 구체화하기 위한 근원을 '관찰'과 '상상'에서 찾고 있음을 확인할 수 있다. 같은 선상에서 5-6학년 미술과 성취기준 내용 중에서 "다양한 방법으로 아이디어를 연결하여 확장된 표현 주제로 발전시킬 수 있다[6미02-01]"(교육부, 2022b, p. 9). 에서도 아이디어를 연결하여 확장시키는 과정에서 상상력이 동반되는 시각적 사고가 일어나게 된다는 점을 상기해 볼 때 이 또한 미술교육에서 표현활동에서 사물이나 표현하고자 하는 대상에 대한 면밀한 관찰과 그로부터 시작되는 상상력의 작동, 즉 시각적 상상표현이 필수적임을 확인하게 된다.

4. 미술과 교육과정에서의 상상력

미술과 교육과정에서의 상상력 관련 서술 내용을 검토한 결과 다음과 같은 사실을 도출할 수 있었다.

첫째, 상상 및 상상력은 제2차 미술과 교육과정에서부터 2015 개정 교육과정 그리고 2022 개정 교육과정에서 지속적으로 등장하고 있어 미술에서 상상 및 상상력은 시각적인 창작활동을 하는 데 없어서는 안 되는 중요한 기제라는 사실이다.

둘째, 2022 개정 미술과 교육과정에서의 상상력은 주로 미적체험, 표현, 감상 중 표현과 밀접한 관련성을 보이고 있다는 점이다. 특히 표현과정에서 주제표현을 하는 데 있어서 발상을 통한 창작활동은 인간의 상상력이 그 원천이라는 것을 알 수 있었다.

셋째, 제2차 교육과정부터 제7차 교육과정까지의 미술 교육과정에서 상상은 주로 그리기 또는 회화영역에서 느낀 것이나 생각한 것을 그리는 과정에서 기억이나 상상 등을 그 원천으로 삼고 있다는 것이다.

넷째, 2007 개정 미술과 교육과정에서는 상상이 자유로운 발상으로 대체되어 사용되었으나 상상의 기제가 작동하는 것을 전제로 한 발상으로 그 내용이 파악되었다.

다섯째, 2009~2015 개정 미술과 교육과정에서는 연상하거나 상상하는 발상을 그 방법으로 하여 아이디어를 발전시키는 표현활동으로 제시되어 있었다.

이상에서 살펴본 바에 따르면, 상상력은 2022 개정 미술과 교육과정에서뿐만 아니라 이전의 미술과 교육과정에서도 꾸준히 등장하는 핵심적인 용어임을 알 수 있다. 인간의 상상력은 인류의 역사에서 무언가를 발견하고 만들어 나가는 창조적인 인간을 가능하게 한 원동력이라 할 수 있다. 2022 개정 미술과 교육과정의 주요 방향은 '포용성과 창의성을 갖춘 주도적인 사람'의 육성에 있다. 개인의 성장과 더불어 공동체적인 관점에서 모두 함께 지속 가능한 미래 사회를 준비해 나가는 데 있어서 미술에 있어서의 상상력 교육은 그 역할이 크다고 생각된다.

* 이 글은 박소영(2024), 미술에서의 상상력에 대한 고찰: 상상력에 대한 인식과 미술과 교육과정 관련내용 분석을 중심으로(조형교육, 91집)를 수정 보완한 원고임.

박소영(서울교육대학교)

14 미술교육에서의 포용성

교육부는 미래사회가 요구하는 교육과 환경을 마련하고자 핵심역량 중심의 2022 개정 교육과정을 공포하였다. 2022 개정 교육과정의 주요 방향은 '포용성과 창의성을 갖춘 주도적인 사람'의 육성이다. 따라서 이번 교육과정은 포용성이라는 개념에 초점을 두고 살펴볼 필요성이 있다. 교육부(2021)에서는 포용성에 대해 "사회 구성원들 사이의 차이와 다양성에 대한 상호 이해와 존중을 바탕으로, 개개인의 교육적 성장과 공정하고 지속 가능한 사회를 함께 실현해 나가고자 하는 태도 및 소양"(p. 12)이라고 정의한다. 포용성이라는 키워드는 현재 전 세계적인 교육 프로젝트의 중심일 뿐 아니라, 우리나라 국가 수준의 다양한 정책연구에서도 언급되고 있는 방향점으로, 이는 개인의 성장과 더불어 공동체적인 관점에서 모두 함께 지속 가능한 미래를 준비해야 한다는 의지를 바탕으로 하고 있다. 이에 본고에서는 2022 개정 교육과정에서 포용성의 의미를 살펴보고 미술과 교육과정과 포용성의 연관성에 대해 알아보고자 하였다. 이를 위하여 교육에서 포용성이 등장한 배경에 대해 국내외 자료를 통해 살펴보았으며, 미술교육에서 포용성의 등장과 전개, 의미에 대한 자료들을 정리하였다. 또한 포용적 미술교육의 사례로 팬데믹 시기에 성공적으로 이루어졌던 온오프 혼합 노인교육 프로그램을 제시하고, 더불어 학교 교육과 관련된 국내 논문과 포용적 미술 수업에 대한 자료를 볼 수 있는 해외 사이트를 소개하였다. 마지막으로 미술교육에서 포용적 교육의 실천을 위한 내용과 방법, 그리고 앞으로의 방향에서 고려해야 할 점들에 대해 논의하였다.

1. 미술과 교육과정에서의 포용성

1) 2022 개정 교육과정 총론에서의 포용성

교육부는 급변하는 사회적 변화에 맞추어 미래사회가 요구하는 교육과 환경을 마련하고자 핵심역량 중심의 2022 개정 교육과정을 공포하였다. 2022 개정 교육과정의 주요 방향은 '포용성과 창의성을 갖춘 주도적인 사람'의 육성이다. 이번 교육과정의 핵심 키워드인 포용성과 창의성 중 창의성은 기존의 교육과정에서도 지속적으로 강조되었다는 점을 고려할 때, 이번 교육과정은 '포용성'이라는 개념에 초점을 두고 살펴볼 필요성이 있다.

교육부에서 제시한 2022 개정 교육과정 총론의 중요사안(2021) 자료에 따르면 교육과정에서 의미하는 포용성이란 "사회 구성원들 사이의 차이와 다양성에 대한 상호 이해와 존중을 바탕으로, 개개인의 교육적 성장과 공정하고 지속 가능한 사회를 함께 실현해 나가고자 하는 태도 및 소양"(p. 12)을 뜻한다. 포용성이라는 키워드는 현재 교육뿐 아니라 국가 수준의 다양한 정책연구에서도 언급되고 있는 방향점으로, 이는 미래사회에서는 개인의 성장과 더불어 공동체적인 관점에서 모두 함께 지속 가능한 미래를 준비해야 한다는 의지를 바탕으로 하고 있다. 현재 전 세계는 고도의 발전을 누리면서도 경제적 불균형에 따른 사회적 양극화 현상, 기후 변화에 의한 생존의 위기 등과 같이 함께 해결해야 할 과제들을 안고 있다. 이에 따라 경제협력개발기구(OECD)와 유엔교육과학문화기구(UNESCO)와 같은 국제기구에서는 지속가능발전 사회의 구현을 위한 교육 정책들을 발표하고 있다.

이러한 세계교육의 흐름에 맞추어 새롭게 공포된 2022 개정 교육과정에서는 자기주도성(주체성, 책임감, 적극적 태도), 창의와 혁신(문제해결, 융합적 사고, 도전), 그리고 포용성과 시민성(배려, 소통, 협력, 공감, 공동체 의식)을 주요 요소로 고려하며, 교육을 통해 목표로 추구해야 할 인재상을 설정하였는데 살펴보면 다음과 같다(교육부, 2022a, p. 5).

가. 전인적 성장을 바탕으로 자아정체성을 확립하고 자신의 진로와 삶을 스스로 개척하는 자기주도적인 사람
나. 폭넓은 기초 능력을 바탕으로 진취적 발상과 도전을 통해 새로운 가치를 창출하는 창의적인 사람
다. 문화적 소양과 다원적 가치에 대한 이해를 바탕으로 인류 문화를 향유하고 발전시키는 교양 있는 사람
라. 공동체 의식을 바탕으로 다양성을 이해하고 서로 존중하며 세계와 소통하는 민주시민으로서 배려와 나눔, 협력을 실천하는 더불어 사는 사람

여기서 라. 항목을 보면 공동체에 대해 이해하고 존중하는 포용적 태도를 강조하고 있으며, 소통과 협력을 통해 세계시민으로서 함께 더불어 살아갈 수 있도록 하는 소양을 지향하고 있음을 알 수 있다. 이와 함께 핵심역량으로는 자기관리 역량, 지식정보처리 역량, 창의적 사고 역량, 심미적 감성 역량, 협력적 소통 역량, 공동체 역량을 제시하였는데(교육부, 2022a), 이 중에서 협력적 소통 역량과 공동체 역량에서 포용성과의 관련성을 찾아볼 수 있다.

2022 개정 교육과정 총론에서 포용성과 관련하여 또 하나 주목할만한 부분은 '모두를 위한 교육과정'임을 강조하고 있다는 점이다(교육부, 2022a). 지역, 학교의 형태, 장애, 학습 부진 등과 같이 학생들이 지닐 수 있는 다양한 특성들로 인해 수업에서 불이익을 받지 않고 학생들 개인의 상황을 고려한 맞춤형 교육을 지원할 수 있도록 공공성과 책무성을 지닌 교육과정의 편성, 운영 지침, 그리고 지원 체제를 마련할 것을 강조하고 있다. 이는 현시점이 앞으로 교육 현장에서 어떠한 형태의 교육을 실천해야 할 것인가에 대한 심도 있는 고민이 필요한 때임을 시사한다.

2) 지난 미술과 교육과정에서 포용성의 전개

미술과 교육과정에서의 포용성에 대해 이해하기 위해서는 과거의 교육과정에서 포용적 관점이 어떻게 전개되어 왔는지를 살펴볼 필요성이 있다. 교육부(2021)의 정의와 같이 포용성이 "사회 구성원들 사이의 차이와 다양성에 대한 상호 이해와 존중을 바탕으로, 개개인의 교육적 성장과 공정하고 지속 가능한 사회를 함께 실현해 나가고자 하는 태도 및 소양"(p. 12)이라고 한다면, 이른 시기의 미술과의 교육과정에서는 타인의 작품과 의견을 존중하고, 다른 나라의 문화를 다양하게 접하려고 하는 노력 정도로 살펴볼 수 있을 것이다. 보다 구체적으로는 1997년에 발표된 7차 미술과 교육과정에서부터 찾아볼 수 있다. 7차 교육과정에서는 '21세기 국제화, 정보화 시대를 주도할 자율적이고 창의적인 한국인을 육성한다'를 주요 목표로 정하고 있는데, 이에 감상영역에서는 학년 수준에 맞추어 우리나라와 다른 나라의 미술과 문화를 함께 살펴보고 자국의 미술 문화뿐 아니라 다른 나라의 미술 문화에 대한 이해를 함께 도모하고 있음을 발견할 수 있다.

2007 개정 미술과 교육과정에서는 타문화에 대한 존중과 배려를 넘어서, 미술을 낭만적 관점이 아닌, 사회문화적 변화를 고려한 도구적 관점으로 바라보고 삶을 위한 미술교육을 실현하고자 하는 것을 방향으로 삼았다. 또한 감상영역의 지도 부분에서 작품은 성, 인종, 민족, 지역, 시대, 양식별로 비교 감상하고, 문화적 다양성과 차이를 이해하도록 지도해야 한다고 언급하고 있는데, 이는 지역, 인종 등의 문화적 벽을 넘어 포용적 관점을 취하고 있음을 알 수 있다.

2009 개정 교육과정은 세계 환경과 국가 위상이 변화했음에 따라 글로벌 창의 인재를 육성하고자 하는 배경을 지닌 교육과정이었다. 이에 미술과 초등학교의 목표는 타인과 공감하고 협동하는 태도를 기르는 것으로 제시하고 있으며,

중학교 수준에서는 다양한 소통 능력을 바탕으로 민주시민으로서의 자질과 태도를 갖추는 것으로 제시하고 있다(김혜경, 2022). 또한 감상영역에서는 지도상의 유의점으로, 작품은 성, 인종, 민족, 지역, 시대, 양식별로 비교 감상하고, 문화적 다양성과 차이를 이해하도록 지도한다고 언급하고 있는데, 이 또한 포용적 관점과 관련지어 생각해볼 수 있다.

2015 개정 교육과정은 핵심역량을 기반으로 하는 교육과정으로, 다섯 개의 핵심역량(미적 감수성, 시각적 소통 능력, 창의·융합 능력, 미술 문화 이해 능력과 자기 주도적 미술학습 능력)을 강조하고 있는데, 이 중, 미술 문화 이해 능력과 자기 주도적 미술학습 능력은 세계의 다원적 가치에 대해 생각하고 존중할 수 있는 태도에 대해 언급한다는 점, 나아가 공동체의 더욱 나은 미래에 대한 참여를 제안한다는 점, 그리고 타인의 생각과 느낌을 존중·배려하며 협력하는 자세를 강조하고 있다는 점에서 포용적 성격을 지니고 있다고 할 수 있다. 더불어 교과서의 디자인 영역에서도 유니버설디자인, 넛지디자인을 다루는 등 사회적 약자에 대한 배려와 글로벌 문제를 해결하기 위한 수업 내용 또한 포용성과 관련지어 바라볼 수 있다.

지금까지 살펴본 바와 같이 미술과 교육과정은 7차 교육과정 시기부터 2015 개정에 이르기까지 감상영역과 태도와 같은 정의적 영역을 중심으로 타문화에 대한 이해와 수용, 존중과 같이 포용적 관점을 점진적으로 다루고 있음을 알 수 있다. 감상영역 이외에 2007 개정부터 시작된 시각문화교육도 미술이 시각적 언어로 활용될 수 있음을 강조하며, 대중문화 속에서 사용되고 있는 시각이미지와 이미지 속의 함의, 그리고 그로 인해 생겨날 수 있는 타인에 대한 편견, 문화적 다양성에 기인한 오해 등을 발견하고 비판적 시각으로 바라볼 수 있는 학습 내용을 포함함으로써 학습자들이 세계시민으로서 갖추어야 할 타문화에 대한 존중과 수용적 태도를 함양할 수 있도록 노력해왔음을 알 수 있다.

3) 2022 개정 미술과 교육과정에서 포용성의 내용 분석

2022 개정 미술과 교육과정의 공통 교육과정에서 제시하고 있는 미술과 설계의 개요를 살펴보면 다음의 [그림 1]과 같다. '자신과 세계를 이해하고 미술 문화 창조에 주도적으로 참여하는 사람'을 육성하는 것을 주요 목표로 하며, 이를 위한 다섯 개의 역량을 제시하고 있다.

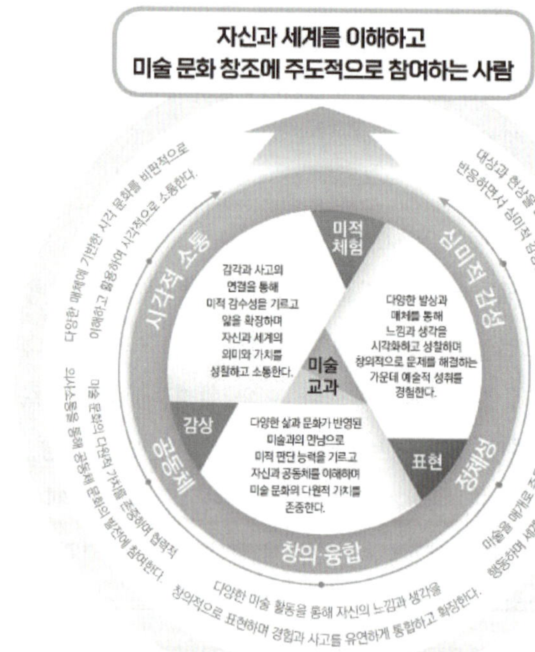

- 심미적 감성 역량: 대상과 현상을 미적으로 지각하고 반응하면서 심미적 감성을 기른다.
- 창의·융합 역량: 다양한 미술 활동을 통해 자신의 느낌과 생각을 창의적으로 표현하며 경험과 사고를 유연하게 통합하고 확장한다.
- 시각적 소통 역량: 다양한 매체에 기반한 시각문화를 비판적으로 이해하고 활용하여 시각적으로 소통한다.
- 정체성 역량: 미술을 매개로 주도적으로 사고하고 행동하며 세계와의 관계에서 자신을 이해한다.
- 공동체 역량: 미술 문화의 다원적 가치를 존중하며 협력적 의사소통을 통해 공동체 문화의 발전에 참여한다.

[그림 1] 미술과 공통 교육과정 설계의 개요

출처: 교육부, 2022b, p. 4

위와 같이 2022 개정 미술과 교육과정에서 제시한 다섯 개의 핵심역량을 기존 2015 개정 교육과정의 핵심역량(미적 감수성, 시각적 소통 능력, 창의·융합 능력, 미술 문화 이해 능력, 자기 주도적 미술학습 능력)과 비교해 볼 때, 앞의 세 가지 역량은 유사 혹은 보완된 개념으로 보이나 마지막 두 개, 정체성 역량과 공동체 역량의 경우, 미술을 통해 '세계와의 관계에서 자신을 이해'함을 강조하고, 미술 문화의 '다원적 가치 존중', '협력적 의사소통' 그리고 '공동체 문화 발전'이라는 용어를 포함함으로써, 보다 포용적 성격을 드러내고자 했음을 엿볼 수 있다. 또한 미술과의 성격 부분에서는 미술이란 인류의 보편적 언어로서 조형 활동의 과정에서 자신의 내면에 대해 이해할 수 있고 나아가 느낌과 생각을 시각적으로 표현함으로써 창의성을 갖출 뿐 아니라, 개인과 공동체의 삶을 발전시키는 데 도움을 줄 수 있음을 설명하고 있다. 또한 미술이란 시대의 특징과 문화를 기록하고 반영하는 특성이 있어서 인류의 지속가능발전에 이바지할 수 있는 교과임을 강조하고 있다.

2022 개정 교육과정 총론의 중요사안 자료(2021)에서는 현대사회가 다변화되고 예측하기 어려워질수록 불안해하기보다는 우리는 자신의 성찰을 통해 정체성을 확인함과 동시에 개인의 삶에서 머무르는 것이 아닌 현 사회가 직면한 문제를 해결하고 공존과 번영을 위해 함께 노력해야 한다고 언급한다. 미술은 시각적 조형 활동을 통해 자신을 성찰하고 자신의 생각과 느낌을 창의적으로 표현할 수 있으며, 또한 타인의 작품을 통해 다른 이들의 생각과 문화를 간접적으로 접하고 이해하는 경험을 갖도록 한다. 미술은 자연스럽게 소통의 수단이 되고 자아 성찰의 계기가 되며 학습자들은 세계시민으로서 시각적 언어를 통해 사회적 문화적 대화에 참여할 수 있고, 나아가 타인을 존중하고 함께 미래사회의 문화를 형성하는데 이바지 할 수 있는 힘을 기르게 된다.

2. 교육에서 포용성의 의미와 등장 배경 및 대상

1) 포용성(inclusion)의 의미

최근 십여 년간 포용성(inclusion)은 다양한 분야에서 핵심 키워드로 등장하고 있다. '포용적 성장(inclusive growth)', 그리고 '포용과 혁신'이라는 목표를 세우고 국가 수준에서의 포용성의 적용방안을 모색해왔으며, 현재까지도 여러 분야에서 포용성에 대한 이해와 실천 방법에 대해 활발하게 논의하고 있다. 국내외의 포럼이나 연구보고서에 등장하는 '포용성(inclusion)'은 다양성(diversity), 형평성(equity)의 개념과 함께 설명되는데, 다양성(D), 형평성(E), 포용성(I), 이 세 개의 용어를 줄여서 DE&I, 혹은 ED&I로 사용하기도 한다. 이는 '포용성'이란 단어가 독립된 본연의 의미가 있다 하더라도 단독으로 활용되기보다는, 다양성 그리고 형평성과 함께 보완적으로 이해되어야 한다는 것을 의미한다.

세 개념의 관계를 이해하기 위해 각각의 정의를 살펴보면, 먼저 다양성이란 한 사회의 구성원이 지니고 있을 수 있는 다양한 민족적 요소들, 예를 들어 인종, 국가, 지역, 종교, 언어, 문화 등에 따른 차이, 그리고 더 넓은 개념에서는 나이, 가족구성, 직업, 생활 방식, 생활 반경, 경제적 상황과 같은 개인적 다양성, 또한 문제해결 방법, 사고방식, 인생 경험, 세상을 바라보는 시각 등에서 올 수 있는 인지적 다양성(오명숙, 2019)이라고 할 수 있다. UNESCO에서는 다양성이란 문화적, 언어적, 인종적, 종교적, 성별, 사회적, 정치적, 경제적 차원 등을 포함하며, 다양성은 기본적으로 평등과 인권을 존중하며 모든 개인과 그룹이 자유롭게 정체성을 표현하고 개발할 수 있는 환경의 조성을 목표로 한다고 설명한다(www.unesco.org). 다양성에 대한 정의는 학자에 따라 다르게 범주화될 수 있다.

두 번째로 형평성(equity)이란 공평성(equality)과는 다른 개념으로 공평성이 모든 사람에게 똑같은 기회를 주는 것과 같이 무엇인가를 동등하게 제공한다는 의미라면, 형평성이란 한 개인의 상황과 필요에 맞추어 보다 세분화된 지원과 참여의 기회를 제공함으로써, 질 높은 과정과 결과를 만들어내는 개념으로 이해될 수 있다. 그리고 이러한 개념은 다음의 [그림 2]와 같은 표현으로 나타낼 수 있다.

[그림 2] 공평성과 형평성(UNESCO, 2020, p. 11)

UNESCO에서는 형평성 있는 교육에 대해 언급하고 있는데 '교육에 대한 포용과 형평성은 혁신적인 교육 의제의 초석이므로 우리는 접근, 참여, 학습 결과에 있어서 모든 형태의 배제와 소외, 불평등을 해결하기 위해 노력해야 한다. 가장 취약한 계층, 특히 장애인에게 노력을 집중할 것을 약속한다'(http://www.unesco.org)라고 제시하고 있다.

마지막으로 포용성이란 다양성을 인정하고 실행하는 방식이며 포용적 사회에서는 각 구성원이 배제되지 않고 각 개인의 개성이 존중되는 상태이다(오명숙, 2019). 또한 포용성이란 사회의 모든 개인과 그룹이 동등하게 참여할 수 있는 환경조성을 위해 다양성을 인정하고 존중하는 것을 목표로 하며, 이는 사회적 연결성을 촉진하고 차별을 해소할 수 있다. 따라서 포용성은 세계 공동체적인 관점을 지닌다(http://www.unesco,org)고 볼 수 있다.

종합해보면 포용성이란 개인의 입장에서는 자신의 정체성에 대한 이해를 바탕으로 타인을 이해하고 인정하며 나아가 미래사회에 다가올 문제에 대해 주체적으로 참여하며 신체적, 정신적 건강한 삶을 사는 방법을 추구하는 것을 의미한다. 사회적 입장에서의 포용성은 구성원들 각자가 지니고 있을 수 있는 여러 요소의 다양성을 인정하고, 이에 필요한 지원과 기회를 형평성 있게 제시한다는 의미로 이해할 수 있으며, 나아가 앞으로 직면하게 될 불확실한 미래사회에 공동체적인 시각에서 대응할 수 있도록 환경과 조건을 조성하려는 노력이라고 정리할 수 있다.

2) 포용적 교육의 등장 배경

교육은 전 세계인이 누려야 할 보편적인 권리이며 누구에게나 동등한 기회가 보장되어야 한다. 앞서 살펴본 바와 같이 포용성, 다양성, 형평성, 이 세 개념(DE&I)은 교육에서도 현재 가장 주요하게 등장하는 키워드가 되었다. 박준 외(2021)는 사회문화적 차원에서 교육과 포용성에 대해 다음과 같이 설명하고 있다. 교육은 사회적 배제를 개선하고 사회적 포용의 수준을 높이는 데 있어 가장 중요한 요인이 된다. 또한 사회 안에 존재하는 문화적 다양성과 사회집단 간에 공통된 지식과 상호 이해를 촉구할 수 있는 수단으로 활용될 뿐만 아니라 배제된 구성원들에게 배움의 기회를 제공하는 것을 의미한다. UN, OECD, UNESCO와 같은 세계 주요 기관에서는 십여 년 전부터 교육을 통한 DE&I의 실천과 적용을 목표로 하며 연구와 포럼을 개최하고 있다. UN 경제사회국에서 2016년에 발간한 〈아무도 뒤에 남기지 않기: 포용적 성장의 필요성〉이라는 보고서에서는, 사회적 포용을 "사회 참여의 수단을 늘리는 과정"이라고 정의하였다. 이는 “특별히 불리한 위치에 있는 이들에게 더 많은 기회를 제공하고, 더 많은 자원을 제공하며, 목소리를 내게 하고, 이들의 권리는 존중하는 것”을 의미한다(이재열, 2021, p. 163). 또한 UNESCO(2015)에서는 포용성과 형평성에 대해 다음과 같이 정의한다. 포용성은 학습자의 존재, 참여 및 성취를 제한하는 장벽을 넘어설 수 있도록 도움을 주는 과정이며, 형평성은 모든 학습자의 교육이 동등한 중요성을 가질 수 있도록 공정성을 보장하는 것이다. 이처럼 포용성, 형평성, 다양성은 주요 기구에서 교육 프로젝트들을 통해 강조되어 온 개념이라고 할 수 있는데 몇 개의 주요 프로젝트를 요약해보면 다음과 같다.

(1) 지속가능발전목표(SDGs)

UN은 ‘모두를 위한 교육(EFA: Education for All)’이란 표어 아래 ‘지속가능개발목표’를 추진하며 ‘누구도 소외되지 않는, 포용적이고 공평한 양질의 교육 보장과 평생학습 기회의 증진’을 추진해오고 있다. UN에서는 전 세계의 국가 모두가 공동으로 달성해야 할 지속 17개의 목표와 169개의 세부 목표를 발표하였다(https://sdgs.un.org). 17개의 목표는 다음과 같이 5개의 P로 구성되어 있는데, 5P는 사람(People), 번영(Prosperity), 환경(Planet), 평화(Peace), 그리고 파트너십(Partnership)으로 나뉘어 있으며, 이는 글로벌 포용성으로 다시 정리될 수 있다. 17개 목표 중 네 번째는 교육에 대한 것으로, 〈모든 사람을 위한 포용적이고 형평성 있는 양질의 교육 보장 및 평생교육 기회 증진〉을 목표로 정하고 있다(SDG4). 이에 우리나라도 국제 사회의 일원으로 한국 사회에 맞는 국가 지속가능발전목표(K-SDGs)를 수립한 바 있다. 우리나라의 국가 지속가능발전목표의 내용을 보면, 모두를 위한 교육의 실천이라는 목표 아래, 학습자의 문화적, 사회적, 학습적 수준과 배경 등과 같은 요소들과는 상관없이 모든 학습자가 자신의 상황에 맞춰 필요한 교육적 기회와 혜택을 누리는 포용적 교육을 목표로 하고 있다. 또한 국제적인 시각에서 세계시민의식과 문화 다양성에 대한 존중, 지속가능 발전사회에 이바지할 수 있도록 교육적 체제 마련과 재정확보, 교사 수급 등을 주요 과제로 제시하고 있다.

(2) 교육 프로젝트 Education 2030

OECD는 세계의 각국이 디지털, 인공지능과 같은 과학기술의 발달, 기후 변화 등과 같이 미래사회에 직면하게 될 문제점들을 해소할 수 있는 교육과정의 방향을 마련해야 한다고 보았다. 또한 기존의 교육이 사회의 요구에 맞추어 변화되어 왔으나, 일부 경직되고 수동적인 부분이 잔재해 있다는 점을 지적하며, 이에 2018년에 초등학교에 입학한 학생이 성인이 되는 해를 기준으로 하여 2030이라는 시기를 지정하고 미래사회에 대비할 수 있는 교육의 목표와 방법에 대한 성찰을 바탕으로 미래사회의 학생들에게 맞는 교육의 실천을 위해 역량을 재개념화하고자 하였다(최수진 외, 2019). Education 2030은 DeSeCo(Definition of Selection of Competencies)의 2.0 버전이라고도 불리는데 DeSeCo는 1997년 OECD에서 발표한 미래사회에서 개인이 갖추어야 할 핵심역량 세 가지(도구의 지적 활용, 사회적 상호작용, 자율적 행동)를 뜻한다(이상은 외, 2019). DeSeCo에서 시작된 역량 중심 교육은 Education 2030에서도 이어지며 우리나라 2015 개정 교육과정에도 핵심역량 중심의 교육을 목표로 등장하도록 하는 데 큰 영향을 미쳤다. 기존의 DeSeCo에서 Education 2030으로 넘어오면서 달라진 점은 교육에서 학습의 목표를 성공(Success)이라는 개념에서 웰빙(well-being)이라는 표현으로 변경하였다는 점이다(이상은 외, 2019). 웰빙이란 다양한 의미를 포함할 수 있으나 여기서 웰빙이란 개인의 경제적, 사회적 성공보다는 신체적/정신적 건강, 시민으로서의 참여, 사회적 연계, 교육, 안전, 삶의 만족도, 환경 등과 같은 삶의 질과 보다 관련되어 있다.

특히 주목할 점은 2015년도 인천에서 열렸던 세계교육포럼에서 Education 2030 「포용적이고 공평한 양질의 교육과 모두를 위한 평생학습을 향하여」를 표어로 선정하며, 이러한 미래사회에 대비할 수 있는 교육의 기본 바탕을 '모두를 위한 교육'에 두고, 주요 요소를 '포용성'과 '공평성'으로 내세웠다는 점이다. 포용적이고 공평한 양질의 교육과 모두를 위한 평생학습 기회의 증진은 지속가능발전 의제의 목표 중 하나이며, 이는 현재 전개되고 있는 교육 변화의 중심이기도 하다.

3) 포용적 교육에서의 대상

포용성이 다양성과 함께 이해된다고 할 때 기존에 이루어져 온 다문화교육과 연장선상에서 이해해 볼 필요가 있다. 초기 다문화 교육이 다문화 배경을 지닌 학습자를 대상으로 하는 교육에 초점이 맞추어져 있다가 점차적으로 모두를 위한 다문화 교육으로 확대된 바 있다. 황은영(2010)은 포용 교육에 대한 개념을 다문화 교육의 재개념화라고도 하였다. 포용적 교육은 대상의 범위를 말할 때 민족적 요소에 기인한 차이점에만 초점을 두는 것이 아닌, 개인이 지닐 수 있는 모든 가능성에서의 다양성을 의미한다. UNESCO(2016)는 포용적 교육의 대상에 대해 다음과 같이 언급한다. 포용적 교육의 정의에 대해서는 혼란스럽게 사용되고 있는데 아직도 여러 나라에서 포용적 교육이란 일반교육 환경 내에서 장애 아동을 배려하는 접근방식으로 이해되고 있다. 그러나 포용적 교육의 목적은 인종, 사회계층, 민족, 종교, 성별, 능력의 다양성에 대한 태도에서 비롯될 수 있는 사회적 배제를 없애는 것이다. 교육은 인간의 기본권이자 정의로운 사회를 위한 기반이라는 믿음에서 출발하기 때문이라고 설명한다. 또한 신철균(2019)은 교육에서 포용이란 사회경제적 취약계층 학습자를 넘어 교실 안에서 학습적으로 흥미를 갖지 못하고 소의 "버티고" 있는 학생들(p. 20)을 배제하지 않고 학습안으로 끌어들여야 하는 개념이라고 하였다.

정리하면, 포용적 교육에서 대상이란 사실상 교실에 있는 모두, 혹은 교육을 받고자 하는 모두가 지닌 수없이 많은 다양한 차이점들에 기인하기 때문에 다문화 교육에서 분류되었던 대상의 기준과는 구분되며, 어떠한 기준으로 그룹화하는 것을 넘어서는 개념이라고 이해된다. 개인이 지닌 특정한 조건이나 배경 때문에 혹은 학업적으로 부족하다고 해서 배제되어서는 안 되며 교육에 형평성 있게 참여할 수 있도록 필요한 지원을 마련하는 것을 목표로 삼아야 한다는 것을 의미한다.

3. 미술교육에서 포용성의 의미와 사례

1) 미술교육에서 포용성의 전개와 의미

포용성이라는 용어는 UN, UNESCO와 같이 교육과 관련된 국제기구뿐만 아니라 2022년 국제박물관협회(ICOM: International Council of Museums)에서 발표한 박물관의 새로운 정의에서도 inclusive라는 표현으로 등장한다. 예술 분야에서 포용적인 교육의 실천은 어느 때 보다 중요하게 언급되고 있지만 이러한 포용이 무엇을 의미하며, 누구를 위한 것인지, 또한 이러한 교육의 효과적인 실현을 위한 실천 방법은 무엇일지와 같은 발전적 논의는 충분히 이루어지지 못하고 있다(Jackson, 2017). 2022 개정 미술과 교육과정에서도 포용성을 중요하게 다루고 있는 만큼, 미술

교육에서 포용성이란 용어를 어떻게 사용하고 이해하며 실천할 것인가에 대한 깊이 있는 논의가 필요하다. 포용성이라는 용어가 우리나라 미술교육에 직접적으로 등장한 것은 최근이기에 이와 관련된 선행연구가 충분치 않은 점을 고려하여, 이 글에서는 '미술교육에서의 포용성'이란 표현에 있어 포용성의 개념이 범 교육적인 측면에서 어떻게 수용되고, 나아가 미술교육에서 이해될 수 있는가와 같이 용어 자체의 의미를 밝히는데 중심을 두고자 하였다. 더불어 포용적 미술교육이란 용어는 이러한 포용성의 개념을 미술교육 현장에서 풀어내는 방식적인 측면, 즉 미술교육에서 포용성의 실천과 같은 의미로 사용하였다.

미술교육에서 포용성의 전개를 살펴보기 위해, 앞서 살펴본 포용성의 의미와 미술교육의 흐름을 연결 지어 이해해보고자 한다. 미술교육에서 본격적으로 포용적 접근과 내용이 등장한 것은 사회재건주의에 기반한 미술교육이 전개된 시점부터 찾아볼 수 있다. 2001년 미국에서 시작된 No one left behind act는 어떠한 이유로든 학습자가 교실에서 낙오돼서는 안 된다는 전미적 교육 운동이었다. 이에 다양한 배경을 가진 학습자에게 불평등 없는 교육을 마련하고자 노력하였는데, 이러한 움직임은 미술교육에서 다문화 미술교육이 활성화되는 데 큰 영향을 미쳤다. 또한 미술교육에서는 미적 추구를 중심에 두기보다는 미술을 삶의 측면에서 활용할 수 있는 방안에 대해 고민해왔고, 그 결과로 인간과 삶, 삶의 문제들, 공동체, 환경 등으로 미술교육의 범위와 내용이 확장되었다. 이는 시각문화 미술교육, 커뮤니티 중심의 미술교육, 삶을 위한 미술교육, 사회정의를 위한 미술교육, 생태미술교육, 공공미술과 참여적 미술교육 등과 같은 이름으로 이어져 왔다. 이러한 흐름은 미래사회를 위해 공동체의 관점에서 교육을 활용하려는 지속가능발전교육의 방향과 공통점이 있다고 볼 수 있다.

교육부(2021)가 제시한 포용성의 정의에 빗대어 포용성에 기반한 미술교육의 의미에 대해 생각해보면, '미술을 통해 사회 구성원들 사이의 차이와 다양성에 대한 상호 이해와 존중을 이끌어내고, 개개인의 교육적 성장과 공정하고 지속 가능한 사회를 함께 실현해 나가고자 하는 태도 및 소양을 기르는 교육방식'이라고 정리할 수 있다.

전미미술교육연합(NAEA: National Art Education Association)에서도 현재 주요 핵심 이슈로 ED&I를 강조하고 있는데, 2019년부터 위원회를 창설하고 다양성과 형평성, 포용성에 대한 목소리를 내고 있다. 이러한 비전과 움직임은 지속될 것으로 보이며 포용적 미술교육을 위한 다양한 연구와 실천 방법이 제시될 것으로 생각된다. 현재도 공식 웹사이트를 통해 ED&I 이해를 위한 자료들을 제공하고 있다.

미술과 교육과정에서 포용성이란 단어는 2022 개정 교육과정과 함께 새롭게 등장하였지만, 포용적 관점에서 미술교육을 실천하고자 하는 노력은 지속적으로 이루어져 왔다고 볼 수 있다. 이는 사회적 요구와 함께 미술을 보다 의미 있게 활용하고 생애에 거쳐 접할 수 있도록 가르치고자 하는 연구자와 교사들의 의지가 바탕에 있었다고 생각된다.

포용적 미술교육을 성공적으로 실천하기 위해서는 내용과 방법 등이 구체적으로 제시되어야 하며 무엇을 목적으로 하는지, 더욱 명료화할 필요성이 있다. 모두를 위한 교육을 지향하는 현 교육의 흐름에서 미술교육에서는 모두를 위한 미술교육(Art Education for All)에 대해 생각해야 하는 시점이다.

2) 포용적 미술교육의 사례

현재 미술교육에서 포용성과 관련된 연구를 찾아보면, 앞으로의 실행을 위해 기반을 마련하고자 하는 연구들이 대부분이며, 우리나라 상황에 맞는 효과적인 실천을 위해서는 지속적인 연구가 필요할 것으로 보인다. 포용적 미술교육에 관한 실천적 연구가 요구되는 시점에서 몇 가지 참고할 수 있는 사례를 제시하고자 한다.

(1) 온오프 혼합 노인교육 프로그램

포용성에 중심을 둔 교육은 모두를 위한 교육으로써 평생학습을 지향한다. 지난 몇 년간 팬데믹 시기를 경험하며 교육의 불평등이 극명하게 드러났고, 그중에서도 비대면 수업의 시도조차 어려웠던 노인들은 교육의 테두리에서 배제되고 말았다. 이러한 상황에서 노인학습자들의 대면 수업과 비대면 수업을 의미 있게 끌어낸 미술 수업의 사례를 간단하게 소개하고자 한다. 이는 2020년 복지기관 문화예술교육 지원사업의 일환으로 이루어진 판교노인종합복지관의 노인미술교육 프로그램이다. 프로그램은 총 20회이며 수업방식은 대면, 비대면 혼합으로 이루어졌으며 참가인원은 70~80대 10명이었다. 전체 수업 20회 중, 6회(1~3회, 14~16회)는 비대면으로 이루어졌으며 10회(4~13회)는 대면수업, 나머지 4회 수업은 수업과 관련된 동영상 감상 수업으로 대체되었다. 수업의 내용과 주차별 내용을 정리하면 다음의 〈표 1〉과 같다.

〈눈이 부시게〉 프로그램을 계획하고 진행했던 박 교사는 다음과 같이 말한다.

> 팬데믹 상황에서 어르신들과의 줌, 동영상 콘텐츠 활용 등과 같은 새로운 방법으로 수업할 수 있을지 강사뿐 아니라 복지관 담당자, 참여자들 모두가 반신반의하며 시도하게

〈표 1〉 눈이 부시게 프로그램의 개요

프로그램명	눈이 부시게				
프로그램 개요					
어르신들 일상의 사물, 공간, 자신의 모습 등을 있는 그대로 또는 과거의 기억과 중첩되어 들여다보며 다양한 형식의 시각언어로 풀어 표현해 본다. 이를 통해 자신의 삶에 집중하며 '나'를 표현하는 미술작업을 경험한다.					
회차	수업주제	수업 형식	회차	수업주제	수업 형식
1	OT/미술과 만나기	줌	11	움직이는 시점으로 그리는 나의 공간	대면
2	젠탱글 꽃	줌	12	나의 선택의 가능성들	대면
3	집안의 유물	줌	13	낯선 구름	대면
4	색종이 만들기	대면	14	사연 있는 나의 신발	줌
5	나의 무릉도원	대면	15	자화상	줌
6	복지관 풍경 그리기	대면	16	미술 도구의 초상	줌
7	가장 오랜 기억 한 조각	대면	17	콜라주 작업 소개	동영상
8	캔버스에 그리는 기억 속 풍경 1	대면	18	한국 근대 회화에서 엿보는 기억	동영상
9	캔버스에 그리는 기억 속 풍경 2	대면	19	움직이는 초점으로 공간을 그리다(데이비드 호크니)	동영상
10	나의 길을 그리다	대면	20	우리들의 발자취 및 온라인 전시회	동영상

된 수업이었다. 물론 모든 과정이 원활했다고 할 순 없겠지만, 어르신들의 적극적인 참여와 새로운 방법에 따른 미술 수업에 흥미로워하시는 모습을 보며 마치 모두가 함께 성장하는 기분이 들었다.(박 교사의 소감문 중)

〈눈이 부시게〉 프로그램에서는 기법보다는 주제에 중심을 둔, 무엇보다 과정이 있는 감정적 웰빙(emotional well-being)을 목표로 하는 미술교육을 실천하고자 하였다는 측면에서 의의가 있다. 특히나 코로나로 대면수업 진행이 어려웠던 상황에서 줌을 이용한 수업을 성공적으로 이끌어냄으로써 노인 학습자들에게 디지털 기기를 활용한 포용적 교육환경 마련의 가능성을 보여주었다는 점에서 의미가 있다고 볼 수 있다.

(2) 공완욱(2023), 미술교육 수준에 따른 재료와 기법, 지도 방법, 조형교육(88), 1-31.

2022 개정 교육과정에서는 모든 학습자를 고려한 맞춤형 수업에 대해 언급하고 있다. 공완욱(2023)은 「미술교육 수준에 따른 재료와 기법, 지도 방법」이라는 논문에서 학습자 수준에 따른 재료와 기법 사용의 중요성에 대해 강조하며, 초등학교와 중학교 미술 교과서 안에 제시되어 있는 재료와 기법을 분석하고 학습자 수준(미술에 대한 경험, 흥미 포함)에 따른 지도 방법을 제안하였다. 이는 궁극적으로 모든 학습자를 고려한 수업을 가능하게 하고 포용적 학습환경을 마련하는데 도움이 된다고 강조한다. 학교 교육 현장에서 포용적 미술교육을 실천하는데 있어 유의미한 기초자료로 참고할 수 있다.

(3) Davis Publication(https://www.davisart.com/)

Davis는 미국학교 미술 수업에서 교사들이 가장 많이 사용하는 교과서를 제작하는 출판사로서 해당 회사의 공식 사이트에서는 [그림 3]과 같이 포용성을 주제로 하는 수업 샘플과 자료들을 무료로 제공하고 있다. 다양한 주제로 제공되는 자료에는 학생들의 작품 사례와 수업 단계, 고려해야 할 점들에 대해 상세하게 설명되어 있기에 포용적 미술교육의 수업을 준비하는 데 있어 유용한 자료로 활용될 수 있다.

ALL LEVELS

FOSTERING RESPECT

As art teachers, we play a major role in guiding students through creative processes that they can embrace and use throughout their lives.

Keep It Authentic

Keep It Student-Centered

Saving Face

[그림 3] All Levels: Fostering Respect lesson sample

4. 포용적 미술교육의 내용과 방법 및 실천적 제안

1) 포용적 미술교육의 내용과 방법

포용적 미술교육의 실천을 위해서는 내용과 방법에 대한 논의가 이루어져야 한다. 이재영(2022)은 포용성이라고 하면 태도를 의미하며 이는 가르쳐지는 문제라기보다는 실제 경험을 통한 내적 동기, 감정적 동요, 공감적 이해 등과 같은 내적 필요성이 동반되어야 한다고 언급하였다. 이는 포용성이라는 주제를 수업의 직접적 소재로 삼아 수업을 진행하기보다는 포용성을 경험할 수 있는 수업 내용과 방식으로 접근해야 한다고 이해될 수 있다. 이러한 포용적 미술교육의 내용과 방법에 대해 주제면, 형태적, 공간적 관점, 세 가지로 나누어 정리해보고자 한다.

(1) 수업의 주제적 접근: 삶의 이야기, 학습자의 이야기, 통합적 접근

포용적 미술교육에서 다루는 주제라면 인간과 삶에 관련되어야 한다. Anderson과 Milbrandt(2004/2007)는 교수학습에 있어 미술적 질에 대해 논하기보다는 인간에 대한 주제를 중심에 두고, 학생들의 관심과 집중을 끌어모아야 하며 자기 자신, 장소, 그리고 공동체에 대한 인식으로 넓혀 나가야 한다고 강조한다. 김혜경(2022)은 포용성 교육에서는 자신의 문화에 대한 이해를 바탕으로 타문화를 인정하고 존중하며 공동체로 시각을 옮겨 지속 가능한 발전 방향을 추구하며 보다 나은 삶을 위한 교육으로 나아갈 수 있다고 언급한다. 더불어 이는 문화 다양성에 대한 존중과 인정, 공동체적 관점, 지속가능발전으로의 이행, 평등과 평화에 관한 내용도 포함되어 있다고 설명한다. UNESCO(2020)는 또한 학습자의 다양성은 수업에서 제한점이 아닌 기회로 보아야 한다고 언급한다. 학습자의 삶과 관련된 다양성의 이슈들을 수업으로 끌어들여 서로에 대한 존중을 기반으로 한 포용적 수업을 진행할 수 있을 것이다. 더불어 포용적 교육에서는 개인의 다양성, 사회문제, 환경문제, 미래사회 등 다양한 삶의 이슈들에 대해 다루도록 하므로 다른 분야와의 통합적 접근이 필요할 것이다.

(2) 수업의 형태적 접근: 그룹 활동, 모두가 참여할 수 있는 역할 나눔, 학생 중심의 활동

OECD Education 2030 프로젝트에서는 학생들의 행위주체성(student agency)을 강조하고 있다. 학생들이 명확한 가치가 있는 목적을 설정하고 아직 남아있는 혹은 새롭게 직면하게 되는 문제에 대한 다각적인 해결책을 찾는 법을 알아가는 것이 미래사회에서 매우 중요하게 생각된다(이상은, 소경희, 2019). 또한 교육과정에서는 학습자 주도성에 대해 언급하고 있는데 이는 학습자가 자신의 삶과 학습을 주도적으로 설계하고 구성하는 능력으로, 미래사회 변화의 주체가 될 수 있도록 하는 것(교육부, 2021)을 강조하고 있다. 이는 그룹 활동으로 구성될 수 있는데, 여럿이 함께하는 활동을 통해 자연스럽게 포용성을 추구할 수 있을 것이다. 이때 배제되는 구성원이 없도록 역할의 고른 분배를 고려해야 할 것이다.

(3) 수업의 환경적 접근: 충분한 물리적 환경과 시설, 분위기

Musneckiene(2020)은 포용적 미술교육 수업을 준비하는 데 필요한 요소로 포용적 환경 마련을 강조하고 있다. 이는 배경과 문화, 능력이 다른 모든 학습자를 지원하고, 안전하고, 동기를 부여하고, 관용하며, 학습 차이가 있는 학습자에게 적합한 환경이어야 한다는 것을 의미한다. 모두를 위한 포용적 미술 교실에서는 장애 학생들의 경우에도 수업의 질에서 차이가 있어서는 안 되며, 이를 위해 충분한 공간과 물리적 환경이 마련되어야 한다. 특히 활동의 영역이 다채로운 미술 수업의 경우, 모든(every) 학습자의 조건에 맞춰서 수업을 진행하기 위해서는 이를 지원할 수 있는 공간과 재료·공구의 다양성, 교사와 전문가의 협력 등이 필수적이다(Penketh, 2017). 또한 물리적으로 포용적인 환경뿐 아니라 관용, 자유, 활발한 의사소통을 보장함으로써 학습자들에게 심리적, 정서적 안정감을 줄 수 있을 것이다. 이러한 환경 속에서 학습자가 직간접적으로 경험하는 안정감, 존중감은 포용적 접근의 핵심이라고 할 수 있다.

Henderson과 Lasley(2014)는 포용적 교실을 만들기 위해서는 적합한 내용과 기준, 학습자의 발달에 대한 지식, 학습자 개인의 능력과 필요한 도움, 관심사와 각자 문화에 대한 이해를 적절하게 사용하여 계획해야 한다고 말하며, 미술을 통한 포용적 환경 만들기를 위하여 생각해야 할 10가지 요소들에 대해 다음과 같이 제시한다(pp. 11-16).

- 함께함(Togetherness): 학습자들은 함께 하는 활동을 통해 평등하다고 느끼며 그룹에서 배제되지 않았다는 사실을 느끼게 된다. 실제로 학습자는 교실 안에서 동등하다고 느낄 때, 보다 나은 학습효과를 만들어낸다. 따라서 교사는 짝으로 하는 활동이나 소그룹 활동에 학습자들을 참여시키도록 함으로써 함께함에서 배울 수 있는 즐거움을 알도록 해야 한다.
- 다양성(Diversity): 다양성은 가족, 문화, 언어, 가족 형태, 경제적 지위, 성별, 종교 등 여러 가지 요소를 포함한다. 아이들은 자신과 다른 친구들로부터 다름에 대해 배울 수 있으며 이러한 과정에서 서로 영향을 받는다.
- 지역사회 구축(Community building): 포용적인 교실에서 커뮤니티를 형성하기 위해서는 교사, 학생, 가족 모두를 아우르는 진정한 관계를 구축하는 것이 공동의 책임이다. 학습자들의 다양한 관심, 능력, 차이를 인정하는 것이 중요하다. 이를 위해 다양한 시각과 목소리를 교육과정에 반영하고 포용적인 교수 전략을 사용하며 도움이 필요한 아이들을 지원한다.
- 학습자의 다른 능력들(Differing abilities): 포용적 교실에서는 학생들 모두가 자신의 재능과 능력에 집중할 수 있도록 존중받아야 하며, 또한 이러한 재능을 친구들과 나눌 수 있도록 해야 한다. 학생들이 지닌 개인의 능력은 다른 친구들과의 의미 있는 대화에 참여하고 함께 문제를 해결하는 매일의 활동을 통해 성장할 수 있다.
- 할 수 있다는 태도("Can do" attitude): 교사는 학습자들의 활동에 대해 할 수 있다는 믿음과 신뢰를 보여주어야 한다. 대부분의 학습자들은 자신의 학년에 맞는 학습 내용을 배우게 되지만 이러한 지지를 받을 때, 보다 난이도 있는 과제를 해결할 수도 있다. 또한 학습 속도가 늦은 학생들의 경우 머무르지 않고 계속 도전할 수 있도록 정서적인 뒷받침을 해주어야 한다.
- 학습자 중심(Student-centered): 학습자 중심의 학습 환경에서는 학생들이 자신의 지식을 충분히 활용하여 수업에 참여할 수 있다. 학생의 목소리를 전체 학습 경험의 중요한 요소로 인식할 때, 모든 학생이 학습에 적극적이고 책임감 있는 자세로 참여할 것을 기대할 수 있다. 학습자들은 자신이 관심 있는 과제에 참여할 때, 더 즐겁게 학습할 수 있다.
- 공유하는 공간과 시간(Shared space and time): 보다 포용적인 접근을 위해서는 특수교육 교사와 같이 다른 분야의 지식을 가지고 있는 전문가들을 일반교육의 교실로 "끌어들이는(pull-in)" 방법이 필요하다. 교사와 타분야의 전문가와 함께 학생을 관찰하고 지도하며 교육의 질을 높일 수 있다.
- 전문가의 협업(Professional collaboration): 협력적이며 협조적인 접근방식은 학생들을 돕는 방법 중 하나다. 다양한 분야의 전문가들이 지닌 지식과 전략은 문제점을 식별하고 해결방안을 구축하는 데 도움이 되며 일반교사를 지원할 수 있다. 교구를 공유할 수도 있으며, 적절한 디지털 애플리케이션에 대한 조언을 얻을 수도 있을 것이다.
- 포트폴리오 평가(Documenting student learning): 진정성 있는 평가를 위해서 포트폴리오를 활용할 수 있다. 학업 내용, 성과 평가, 과제 보고, 그리고 무엇보다 학생의 발전과 성장상황을 기록하고 확인할 수 있으므로 기록적인 성격을 지닌 포트폴리오를 활용한 평가가 유용하다.
- 가족들(Families): 특히 어린 나이의 학습자들에게 가족은 삶에 있어 가장 중요한 사람들이다. 가족은 학습자를 파악하는 데 있어 최선의 정보를 제공해줄 수 있다, 학교와 교사, 그리고 학부모로 이루어진 공동체는 학습자들에게 긍정적인 학습 환경을 마련해주는 데 중요한 역할을 한다.

또한 각자 다른 배경을 지닌 가족들의 재능과 문화, 전통 등을 공유하는 것도 좋은 방안이 된다.

미술은 위의 모든 요소에 적합하게 적용될 수 있으며 이러한 요소들의 성공적인 적용은 포용성을 강화하고 학습자들에게도 미술 수업에서의 긍정적이고 풍부한 경험을 제공할 수 있다(Henderson & Lasley, 2014). 이외에 포용적 미술교육의 실천을 위하여 고려해야 할 점을 몇 가지 더 살펴보면 다음과 같다.

2) 포용적 미술교육 실천을 위한 제안

(1) 타분야 전문가와의 적극적인 교류

포용성이란 다른 말로는 경계선의 확장, 열린 접근을 의미한다. 따라서 포용적 미술 수업의 계획과 실현과정에 있어서 타분야 전문가들과의 적극적인 협력이 요구된다고 할 수 있다(Henderson & Lasley, 2014). Karkou와 Glasman (2004)은 포용적 교실의 실현을 위해 미술치료와의 교차점을 찾고 이를 활용해야 한다고 언급한다. 또한 특수교육, 노인교육, 아동교육, 다문화 교육 등 가능한 여러 기관의 전문가들과의 의사소통과 협력 체제를 마련해야 한다. 교육과정이나 기존 연구에서 언급되는 대상을 보더라도 학습 부진, 장애인, 탈북자 등 상당히 구체적이기에 포용적 미술교육에서는 '모두'를 강조하는 만큼이나 미술교육의 대상이 광범위하고 개개인에게 필요한 요소들도 다양할 것으로 여겨진다. 따라서 이에 맞는 교육을 제공할 수 있는 체계적인 준비가 필요하다.

(2) 대상에 따른 교육의 세분화

미술의 경우 재료나 도구에 민감하게 반응하는 학습자, 혹은 신체적, 정신적 어려움으로 여러 도구의 사용과 순서에 맞는 작품 제작이 불가능한 경우가 있을 수 있다. 타분야 전문가와의 협력을 통해 이러한 상황에 맞춰 대응하는 방안들이 모색되어야 한다. 미술 수업에서 접할 수 있는 다양한 상황에 맞추어 대체적 방법을 제시하기 위한 연구가 필요하다고 생각된다. 또한 미술교육에서 학습 부진이라고 하면 미술에 재능이 없다고 느끼며 스스로 수업에서 미술 수업에 흥미를 잃고 낙오되거나, 혹은 그렇게 평가되어 좌절감을 느끼게 되는 학습자를 의미할 것이다. 포용적 미술교육에서는 이러한 학습자들도 다시 미술 수업 안에서 안정감을 느낄 수 있도록 세심하게 지도해야 할 것이다. 포용성과 형평성의 의미는 포용대상으로 학습 부진으로 힘들어하는 아이들을 포함하고 있지만, 이것이 반대로 재능을 발휘하는 아이들도 평준화해야 한다는 의미는 아니다. 아이들 각각에 맞는 수준의 교육과 지원이 뒷받침되어야 하므로 재능이 있는 아이들이 개인적, 경제적 이유로 교육의 기회를 얻지 못하는 경우가 없도록 이를 위한 방안도 필요하다고 여겨진다. 더불어 포용적 교육은 생애에 걸친 교육을 지향하므로 앞서 제시한 사례와 같이 노인 학습자를 위한 교육 실천에 대해서도 활발한 연구가 이루어져야 할 것이다.

(3) 교재의 개발

포용적 미술교육의 실천을 위해서는 교재의 개발이 시급하다. 내용적인 면에서는 다양한 배경을 지닌 학습자가 개인과 공동체 관점에서 공감할 수 있는 풍부한 내용이 포함되어야 하며, 표현 활동과 관련해서도 개인의 필요와 조건에 맞춰 선택하거나 대체할 수 있는 대안적 유형의 활동에 대한 소개가 지도적 측면에서라도 제시되어야 할 것이다. 형태적 면에서는 유형을 다양화하여 교재의 활용도를 높여야 할 것이다. 디지털 형태로 제작된 교재는 학습자의 조건에서 오는 차이점을 어느 정도 충족할 수 있을 것이라 예상되는데 2022 개정 교육과정에서 디지털과 AI 교육환경에 맞는 교수학습 및 평가체제 마련을 목표 중 하나로 정하고 있는 만큼 이러한 디지털 형태의 교재 개발이 필요한 시점이다.

(4) 평가 방법에서의 형평성

미술교육에서 언제나 주요 논쟁 중 하나는 평가의 문제이다. 보다 공정하고 형평성에 맞는 평가 방법에 대해 고민하고 있으며, 포용적 교육을 추구하는 미술 수업에서는 하나의 기준을 모두에게 적용하기보다는 학생의 성장과 발달을 지켜볼 수 있는 포트폴리오나 프로세스폴리오와 같은 방법이 적합할 것으로 생각되며(이재영, 2022), 세분된 대상에 맞춰 적용할 수 있는 평가 방법의 모색이 활발하게 이루어져야 할 것이다.

(5) 교사에 대한 지원

포용적 미술교육은 모두를 위한 교육을 지향하는 만큼 학습자에 대한 파악부터 재료와 도구의 선택, 환경의 세팅 등 수업 준비의 절차가 훨씬 복잡하고 과정에서도 세심한 배려가 필요한데 이에 따른 전문성이 요구된다. 그만큼 교사의 역할이 중요하기 때문에 교사만의 힘으로는 어려움이 따를 것으로 예상된다. 적극적이고 다양한 지원체계와 협력관계, 교사에 대한 대우가 필요하다고 생각된다.

5. 차기 교육과정에서 포용적 미술교육의 전망

신철균(2019)은 포용국가의 교육혁신을 위한 전략과 과제를 다음과 같이 말하고 있다. 첫째, 교육적 기회를 공정하게 제공해야 하고 사회 통합성을 강화해 나가야 한다. 이를 위해서는 공교육에 대한 충분한 재정마련이 뒷받침되어야 하고 이를 통해 학생들은 같은 출발선에 설 수 있게 된다. 둘째, 교육에서 학생들의 개별성과 주체성을 중시하며 학생들의 삶의 질을 높일 수 있는 체제를 마련해야 한다. 이를 위해서는 포용적 대상의 범위를 확대해야 한다. 셋째, 교육-고용-복지로 이어지는 연계체제를 강화하고 평생교육으로 이어질 수 있는 교육적 체제를 위한 노력이 필요하다.

포용적 미술교육은 모두를 위한 미술교육을 지향하는 만큼, 교육을 준비하고 실천하는 입장에서 고려해야 할 부분이 범위가 크게 확장되고 세분화되었다고 보인다. 교실에서 배제되는 학습자 없이 모두에게 필요한 질 높은 교육의 제공, 그리고 삶과 관련된 다양한 주요 이슈들을 다루며 미래사회를 준비한다는 목표, 성공보다는 학습자의 감정적 웰빙을 추구하고자 하는 이번 교육과정의 취지는 교육의 보편적인 성격과 부합하기에 공감하는 바이다. 특히 미술은 유연한 활동이 가능하고 다양한 재료와 방법을 활용할 수 있으며 자신의 생각을 자유롭게 나누고 표현할 수 있는 수용적 분위기, 타인에 대한 존중, 창의적 작업 과정 등을 주요하게 다루기에 포용적 교육을 실천할 수 있는 최적의 교과라고 생각된다. 다만 다루고 있는 대상과 내용이 범위의 크기가 막대한 만큼 그 안에서 내실 있는 운영과 실천을 이루어내기 위한 고민과 노력이 필요하다. 박준 외(2021)는 포용국가에 대한 보고서에서 모두의 참여에서 야기될 수 있는 "갈등과 우유부단함"(p. 46)에 대해 언급한다. 이러한 우유부단함을 해결하기 위해서는 하나로서의 모두(all)가 아닌 개인 차원(every)에서의 모두라는 개념으로 접근해야 하며, 포용적 접근의 대상과 범위와 방법, 내용에 대한 섬세한 탐색이 요구된다. 더불어 학교 수준, 교사 수준, 그리고 교실 수준에서의 포용적 교육과정을 풀어 나가는 방법에 관한 연구가 필요하다.

미술교육의 흐름에서 살펴보았듯이 삶의 차원에서 미술을 보다 의미 있게 활용할 수 있도록 하고자 하는 교육적 의지는 미술교육 바탕에 지속해서 이어져 왔고 앞으로도 계속될 것으로 생각된다. 포용적 미술교육의 실천을 위해서는 미술교육에서 말하는 포용성에 대한 개념, 대상에 대한 명료화 과정이 필요하고 이에 따라 교육을 실천할 수 있는 체제적 지원과 협력이 필요하다. 더불어 디지털과 AI를 강조하는 교육과정인 만큼 다양하게 활용 가능한 형태의 교재 개발이 필수적이라고 여겨진다. 이는 학습자와 교사 모두를 돕는 방안이 될 것이다.

지금까지 미술교육에서의 포용성에 대해 살펴보았다. 2022 개정 교육과정이 발표된 이래 교육과정과 포용성의 연관성에 관해 언급한 연구 외에 실천적 방법과 관련된 연구는 아직 이루어지지 않고 있는 실정이다. 새로운 교육과정의 적용을 위해서는 실천적 방법에 대한 많은 연구과 논의가 뒷받침되어야 할 것으로 보인다. 본 글에서 정리한 내용과 제안들이 기초가 되어 앞으로 모두를 위한 미술교육에 대한 논의가 활발히 진행되기를 기대한다.

* 이 글은 강윤정(2024), 미술교육에서 포용성의 의미와 실천 방법에 대한 고찰(조형교육, 89집)을 수정 보완한 원고임.

강윤정(플로리다주립대 박사)

15 미술교육에서 포용성 재개념화: 타자 개념을 중심으로

2022 개정 교육과정에서는 "포용성과 창의성을 갖춘 주도적인 사람"(교육부, 2022a, p. 4)으로 성장하게 하는 데 중점을 두었으며, 이는 추구하는 인간상과 핵심역량, 교수·학습 등에 반영되었다. 이는 '포용성'이 학생의 입장에서 함양해야 할 역량의 지향점이 되기도 하면서 교사의 입장에서 교수·학습을 설계 및 운영할 때 학습자가 가진 다양성을 포용하는 지침이 되기도 함을 의미한다. 포용성에 대하여 전자에 초점을 둘 때는 배움의 장에서 학생들이 포용성을 어떻게 획득하게 되는지에 대한 탐구가 이루어질 수 있고, 후자에 초점을 둘 때는 배움의 장에서 모든 학생들에게 배움의 기회를 제공하는 방안을 모색하는 방향으로 논의가 전개될 것이다. 이를 '포용성 교육'과 '포용적 교육'으로 정리할 수 있다. 모두를 위한 교육, 모두에게 양질의 교육을 받을 기회를 제공하는 교육의 의미를 가지는 포용적 교육은 보편적 학습 설계, 학습자 맞춤형 교육 등의 주제로 연구되어 왔으며, 강윤정(2024)의 연구를 통해 구체적인 포용적 미술교육의 내용과 실천적 방법이 제안되었다. 한편, 미술교육에서 포용성 교육에 대해서는 포용성 개념을 직접적으로 다룬 연구(김지원, 2020; 김혜경, 2022) 외에도 세계시민교육, 지속가능발전교육, 다문화교육 등의 주제로 주로 논의되어 왔다. 이 글에서는 전자인 '포용성 교육'의 측면에 초점을 두고, 아이러니하게도 포용성 개념이 내포할 수 있는 폭력성(포용의 대상이 되는 다양한 범주들의 범주화 과정의 폭력성)의 가능성 문제 제기를 출발점으로 하여 포용성 교육에서 이루어지는 모든 범주화된 개념을 제거했을 때 드러나는 최초의 구별인, '자아'와 '타자'에 대한 사유로부터 시작하여 미술교육에서 포용성 개념의 본질이 무엇인지 탐구하고자 한다.

1. 포용성은 어떻게 획득되는가: 타자의 개념 고찰

철학의 역사는 비판의 역사라고 할 수 있다. 이전 철학자의 사유를 비판적으로 계승하면서 새로운 사유를 펼쳐나가는 과정에서 시대적 흐름에 따라 우리는 무엇을 원하며 무엇을 궁금해하며 무엇이 중요한지에 대한 치열한 고민을 해나갔다. 이러한 면에서 미술교육에서의 자아-타자 개념의 철학적 고찰을 위해서는 동시대가 지향하는 철학적 가치 이면에 토대가 되고 있는 이전 철학자들의 사유에 대한 비판적 고찰이 필연적으로 요구된다. 포용성에 관한 논의에 있어 아직 개인의 고유성과 집단적 공동체성 사이의 해결되지 않는 문제가 존재하고 있는데, 그 이면에는 철학의 역사에서 '나는 곧 나다'와 같은 동일성의 사유로 자아를 상정함으로써 타자를 배제하게 되었던 문제와 자아와 타자를 본래적으로 공통 원리에 놓인 공동체 일원으로서의 존재로 상정함으로써 개별 존재의 고유성이 배제되었던 문제가 녹아들어 있다. 이에 본고에서는 현재 포용성 개념에 존재하고 있는 폭력적 해석 가능성의 근간에 존재하는 타자 철학 사유를 비판하며 새롭게 해석하여 미술교육에서의 포용성을 재개념화하고자 한다. 즉 데카르트(Descartes)와 하이데거(Heidegger), 레비나스(Levinas)에 이르는 타자 철학에서 타자 개념의 변화 과정을 추적하며 비판적 해석함으로써 현재의 포용성 개념에 있어 드러나지 않았던 다양한 의미와 가치를 발견하고자 한다.

1) 근대 서구 철학에서 자아(코기토)의 탄생과 타자 개념

포용성의 개념이 성립하기 위해서는 '나(자아)'에 대한 개념이 정초되어야 한다. 데카르트(Descartes, 1637/2022)는 '나는 생각한다 고로 존재한다'라는 명제를 통해 사유로부터 나의 존재를 도출하였다. 근대의 문을 연 데카르트는, 인간의 의식을 다른 존재들로부터 구별하며 주체의 지위를 가지게 하는 역할을 하였다. 이처럼 데카르트(Descartes, 1637/2022)의 코기토(cogito)는 인간 주체성을 탄생시켰다는 데에 그 의의가 있지만, 인간의 경험은 배제하고 남는 순수한 의식의 확실성만을 남기는 과정에서 이론적 세계에 머무르게 된다는 한계가 있었다.

근대적 사고에서 나와 대상의 관계에 있어 "대상은 자기 자신의 고유성을 가지고 출현하는 것이 아니라, 주체가 열어놓은 연구 영역 또는 주체의 계산하는 능력에 매개됨으로써 주체의 지배 아래 포섭되는 것으로서 출현하게 되었다"(서동욱, 2022, p. 29). 근대적 주체는 모든 것을 자신의 인식적 자산으로 만드는 방식으로 자신의 지배 아래 두고자 한다. 이런 소유 속에서 모든 것은 주체와 다른 자신의 이타성을 상실하고 주체에게 필요한 용도에 맞추어 동화된다. 근대 서구의 학자들은 인종적 열등성의 편차에 대한 확고한 편견을 가져왔고, 열등성의 편차라는 질서 속에 타자를 포섭하며 식민지 착취의 문제를 일으켰다. 즉 유아론(독아론)으로 불려지는 근대적 사고에서 인간-주체는 타자를 이성에 근거한 질서와 규칙성에 근거하여 그 이질적인 것을 주체라는 동일자로 환원시키며 독자적인 지위를 가진다.

나의 사유가 곧 나의 존재를 성립시켜 준다는 것은 곧 타자의 개입 없이도 나는 나 그 자체로 완전한 존재임을 의미하며, 내가 그 자체로 완전하다는 것은 타자는 나에 대한 '대상'으로서 나의 완전성에 포섭되어야 하는 존재의 지위를 가지게 됨을 의미한다. 여기서의 나-타자의 관계는 포용보다는 포섭의 개념으로 더욱 잘 설명되며 권력의 비대칭에 의한 폭력성의 등장 가능성을 시사한다.

'나'의 완전성에 집중할수록 타자(대상)에 대해 의존적인 관계가 형성되는 이 아이러니는, 미술교육에서의 포용성 개념에 있어 정체성, 주도성, 자기 이해와 같은 용어들을 어떻게 해석해야 하는지에 대한 깊이 있는 고찰이 필요함을 시사한다.

2) 하이데거의 사유에서 타자 개념

이러한 유아론으로부터 벗어나기 위한 사유로, 하이데거(Heidegger, 1927/1998)의 존재론적 접근을 고찰함으로써 자아-타자 관계에 대한 전환적 사고를 시도해볼 수 있다. 하이데거는 유아론과 같은 타자 문제는 인식론적 관점에서 해결하려 할 경우 실패할 수밖에 없으므로 존재론적으로 접근해야 한다고 제안한다. 하이데거(Heidegger, 1927/1998)는 『존재와 시간』에서 의식보다 더 심층적인 영역이 있는데, 그것이 바로 '존재'라는 사유를 전개한다. 존재자의 의식으로부터 의식의 존재함이 중요한 문제로 전환된다. 하이데거는 대상이 우리에게 출현하는 일의 비밀을 의식 활동의 차원에서 기술하려 하지 않고, 더 심층적인 '삶을 마주하는' 존재 방식으로부터 찾으려 했다. 다시 말해 대상이 의식의 상관자로 출현하기 이전에 우리의 존재 방식 속에서 출현한다는 것을 밝혀내려 했다.

하이데거(Heidegger, 1927/1998)는 존재론적 차원에서 이해된 존재자의 출현을 기술하기 위한 범주를 '실존 범주'라 하였는데, 『존재와 시간』에서 '세계-내-존재'를 제시하였다. 세계-내-존재는 '애초에 이미' 세계 안의 다른 사물들 및 타자들과 더불어 있다. 하이데거에 의하면 세계-내-존재하는 현존재는 타자와 더불어 있는데, 이를 표현하는 또 하나의 실존범주가 바로 '공동존재' 또는 '공동현존재'이다. 다른 것들과 더불어 있음이 현존재의 근본 양식인 것이다.

하이데거(Heidegger, 1927/1998)의 사유에서는 현존재의 존재함 자체가 곧 타자와 함께 존재함이므로 타자는 이질적인 자가 아니라 공동으로 존재함 속에서 친숙한 자이다. 본래 존재의 양식은 공동-존재라는 사유 속에서, 함께 하는 운명 공동체, 민족의 개념이 존재에 있어 중요한 문제가 된다. 서동욱(2022)은 이런 면에서 하이데거 철학이 '전체주의'의 성격을 가진다는 점을 지적하였다. 하이데거에게 타자는 유일무이한 독자성 속에서 출현하는 하나의 타자가 아니라, 함께 존재하는 '집단'으로서 타자인 것이다. 그러나 이러한 타자는 타자를 타자이게끔 해주는 고유성을 지니고 있지 않기에, 실은 타자가 아니다. 하이데거의 사유는 타자의 고유성이 아니라, 실은 '전체란 무엇인가?'라는 문제에 집중하고 있다는 한계를 가지고 있다. 또한 하이데거의 타자에 대한 사유는 독일의 국가사회주의로 귀착했다는 피할 수 없는 문제를 가지고 있다.

이러한 문제는 포용성 개념을 '공동체적 차원'으로 접근할 때 고려해야 할 점에 대한 사유로 이끈다. 개별 존재들의 고유성, '다름'을 지니고 있지 않은 공통적 원리, 동질성뿐인 공동체에서는 포용의 대상이 부재하기에, 포용의 실천 여지를 가지고 있지 않은 채 동질성에 대한 당위적 성격을 가지게 된다. 앞서 데카르트(Descartes, 1637)의 사유에서 '자아(코기토)'에만 집중했을 때의 폭력성에 대한 문제 제기를 하였는데, 이에 대한 전환적 사유로서 하이데거의 '공동존재' 개념에서도 결국 개별 존재들의 고유성을 배제하는 위험성이 드러남을 발견할 수 있었다.

3) 레비나스의 사유에서 타자 개념

하이데거(Heidegger, 1927/1998)는 독단적으로 홀로 서 있는 인간 주체에게 '세계', 그리고 세계-내-관계하고 있는 타자 맥락을 제공함으로써 더불어 사는 것에 대한 이론적 기반을 제공해주었지만 한편으로는 타자의 이질성을 배제하고 국가-운명 공동체의 동질성만을 강조함으로써 독일 국가사회주의의 문제로 귀착되었다는 한계를 가지고 있었다. 하이데거(Heidegger)의 이와 같은 한계를 비판하며 새로운 타자 사유를 전개해 나간 학자가 레비나스(Levinas)이다. 레비나스는 전체성으로 흡수되어 버렸던 주체의 동일성을 찾아주고자 하였다(서동욱, 2022). 레비나스는 하이데거의 사상을 연구하였으나 이후 사상적 결별을 하게 되는데, 박원빈(2008)은 이에 대하여 "레비나스는 하이데거의 이러한 자아중심적 철학이 존재라는 거대한 동일성에 타자를 복속시키는 사상적 기반이었고 결국 그를 나치에까지 협력하도록 이끌었다고 생각한다"(p. 182)고 분석하였다.

레비나스(Levinas, 1995/2020)의 사유에서 타자는 '무한'의 성격을 가진다. 자아는 자아의 원리에 의해 무한을 인식할 수 없고 그저 욕망할 뿐인데, 무한을 욕망하는 것을 레비나스는 '초월'이라고 표현한다. 즉 레비나스는 타자를 무한, 원리(아르케) 밖의 초월적 영역으로 둠으로써 타자가 타자성을 그대로 간직할 수 있도록, 타자가 가진 고유한 이질성을 자아에 의해 동질화할 수 없도록 철학적 기반을 마련하였다고 평가할 수 있다.

그렇다면 이러한 타자와 자아의 관계는 어떠한가? 나와 타자의 관계는 비대칭적이다. 왜냐하면 타자와의 관계에 있어서 나는 타자의 부름에 거부할 수 없고 환대의 의무를 가지며 수동적으로 놓여있음의 상태가 되기 때문이다. 레비나스는 앞서 데카르트적 사유에서 타자를 수학적 원리에 의해 포섭할 수 있는 존재로 대하는 것과, 하이데거의 사유에서 비본질적 공동-존재로서의 타자로부터 존재에 대한 지속적 질문을 던지며 공동체 전체를 본질적 존재로 고양시키고자 했던 것과는 다른 관점을 보여주고 있다. 타자에 대해 '자아'가 '지금' 모든 것을 파악, 장악할 수 없다는 것을 인정하고 수동적으로 놓이게 되는 전환은 나-타자 관계에서 우려되었던 폭력성의 문제를 한 측면에서는 해결해 주고 있다. 그러나 이는 주체의 무기력함, 타자에 대한 방임 문제로 연결될 가능성이 있지는 않은지 검토가 필요하다. 또한 타자에 대한 응답(받아들임)을 '당위'의 측면, 윤리적 차원에서 보고 있다는 점에서 하이데거와는 반대의 측면에서 자아에 대한 폭력성을 가지게 되는 문제에 직면한다.

2. 헤겔의 보편적 자기의식의 사유에 근거한 포용성 재개념화

1) 헤겔의 주인-노예 변증법에서 보편적 자기의식과 타자 개념 고찰

"교육과정은 교육 목적 및 목표를 달성하기 위해 교육 내용 또는 학습 경험을 선정하고 조직하고 실천하고 평가하는 의도적이고 계획적인 행위라고 볼 수 있다"(교육부, 2022c, p. 3)는 교육과정의 개념은 교육 목적을 가지고 계획-실천-평가하는 능동적 행위의 성격을 가지고 있다. 레비나스의 타자철학은 타자의 이질성을 인식 너머의 장에 둠으로써 있는 그대로의 이질성으로 두는 존중의 차원을 열어주었다는 점에서 의의가 있으나, 타자에 대한 영역을 인간의 인지적 차원 바깥의 일로 둠으로써 포용성 문제에 있어 인간을 수동적 위치에 두었다는 점에서 인간의 성장 가능성을 전제하고 이를 달성하기 위한 계획 및 실행으로서의 교육의 문제를 해결하는 데에는 기여하기 어려운 점이 있다는 한계에 직면한다. 앞서 논의한 내용을 종합적으로 고려해 보았을 때, 인식론적 차원의 논의 전개 중 개인의 인식이 보편적 인식으로 성장하는 과정을 보여준 헤겔의 철학에서 '보편적 자기인식' 개념에 주목하게 된다.

『정신현상학』은 자연적 의식이 경험을 통해 대상과의 분리를 지양하고 절대적인 앎에 도달하는 과정을 서술한다(강순전, 2016). 헤겔(Hegel, 1807/2005)은 주인-노예 변증법을 통해 자기의식이 곧 사회적 의식, 즉 타자와의 관계를 통해 성립하는 의식임을 보여주었다. 헤겔(Hegel, 1807/2005)은 인간이 자기의식을 획득하는 과정을 "욕망(Begierde)"(p. 212)과 "인정(Anerkennung)"(p. 220)의 개념을 가지고 이끌어간다. 헤겔에 의하면 자기의식의 경험은 구별-부정(지양)-복귀의 과정을 통해 이루어진다. 먼저, 자아-타자의 구별로부터 자기의식으로의 여정이 시작됨을 살펴보면, 헤겔은 "나로부터 구별된 나라는 대상을 의식하는 것은 필연적으로 자기의식의 역할에 속하는 것"(Hegel, 1807/2005, p. 203)이라고 하였다. 자기의식은 자신에 대한 의식으로, 기본적으로 대상과의 구별을 전제로 한다. 자기의식이 생명을 가지지 않은 사물을 대상으로 했을 때 욕구는 물질적 욕구로서, 자기의식은 사물에 의존하며 진정한 자기의식에 이르는 데 실패한다. 즉 자기의식을 가진 생명을 대상으로 자아가 가지는 욕망은 물질적 소유의 욕망이 아닌, 대상으로부터 나에게 자기 의식이 있다고 여겨지게 되는 '인정의 욕망'의 성격을 가지게 된다. 자기의식이 있는 대상으로부터 '자기의식'을 발견하고, 그것을 부정함으로써 그것이 나에게로 향하여(복귀하여) 자기의식이 '나'에게 있음을 인식하게 되는 것이다. 이를 헤겔은 "타자 속에서 자기 자신을 본다는 식으로 타자를 지양한다"(Hegel, 1807/2005, p. 221)라고 한다. 그런데 타자에게 있는 자기의식을 내가 인정한다면, 다시 "자체 내로의 복귀(eine doppelsinnig Rückkehr in sich)"(Hegel, 1807/2005, p. 221)하는 작용이 일어나지 않기에 자기의식을 획득하지 못하게 된다. 따라서 자기의식 획득은 '타자의 자기의식을 부정'함을 통해 가능하다.

즉 헤겔(Hegel, 1807/2005)은 "자기의식은 오직 다른 자기의식 속에서만 스스로 만족에 도달할 수 있는 것이다"(p. 218), "자기의식이란 오직 인정된 것(ein Anerkanntes)으로서만 존재할 뿐이다"(p. 220)라고 하며 자기의식이 또 다른 자기의식을 가진 자립적 존재의 인정을 통해서 획득되는 것이라는 사유를 펼친다. 나는 다른 것이 아닌, 다른 사람이 아닌 '나'라는 인식을 획득하고자 하는 욕구, 자기 의식을 존중받고자 하는 욕구를 헤겔은 '인정욕구'라고 한다. 인정욕구를 가진 자아는 또 다른 자기의식을 가진 자아를 만났을 때 문제에 직면하는데, 자기에 대한 인식은 타자에 대한 '부정'을 통해 그와 구별됨으로써 가능하기 때문에 자아는 타자의 자기의식을 부정해야 하는 상황에 놓이게 되는 것이다. 이를 헤겔(Hegel, 1807/2005)은 '인정투쟁'이라고 한다. 이러한 인정투쟁에서 승리하여 독자적 자기의식을 획득한 자를 '주인'(der Herr), 인정투쟁에서 실패하여 타자의 자기의식을 위해 존재하는 비자립적 의식을 가진 자를 '노예'(der Knecht)라고 한다. 이를 헤겔(Hegel, 1807/2005)은 "한쪽이 독자성을 본질로 하는 자립적인 의식이고 다른 한쪽은 생명, 즉 타자에 대한 존재를 본질로 하는 비자립적인 의식이다. 여기서 전자가 '주인'(der Herr) 이고 후자가 '노예'(der Knecht)이다"(p. 228)라고 하였다.

인정투쟁에서 성공한 자는 비자립적 의식을 매개로 하여 자립적인 의식을 획득하게 되는데, 이 때의 타자의 의식은 사물의 형태를 띤 자립적인 존재와 한데 묶여 있으며, 이로써 주인은 사물이라는 자립적 존재를 매개로 하여 노예와 관계하게 되는 것이다(Hegel, 1807/2005).

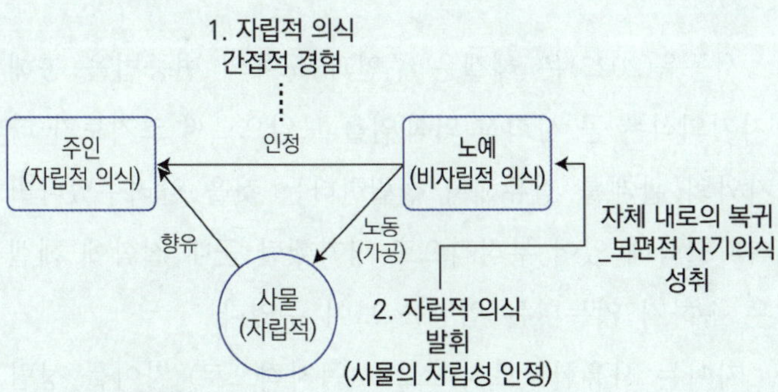

[그림 1] 헤겔의 주인-노예 변증법에서 보편적 자기의식 획득 과정

그러나 아이러니하게도 타자를 자기의식으로 존중하지 않고 부정함으로써 동물적 생명과 같은 사물적 대상으로 두었을 때, 자기의식은 그것에 대한 의존성으로부터 벗어나지 못하고 진정한 자기의식이 되지 못한다(강순전, 2016)

결과적으로 헤겔은 주인-노예-사물의 관계에서 진정한 자기의식으로서 보편적 자기의식을 획득하게 되는 논리를 '노예'임을 주인-노예 변증법을 통해 보여주었다([그림 1] 참조). 주인은 노예가 자신의 자기의식을 인정해 주는 한에서만 자기의식을 획득하게 되기에 노예의 존재 없이는 성립되지 않는다. 한편 노예는 독자적으로 존재하지 못하고 사물의 형태를 띤 자립적인 존재와 묶여 주인과 관계하게 된다. 주인은 노예를 통해 노예가 가공한 사물을 향유하는 한편, 노예는 사물의 향유 권한은 주인에게 있기에 사물을 없애버릴 수 없고, 사물을 가공하는 부정의 과정을 경험한다. 즉 노예는 주인의 자립적 의식을 인정함으로써 자립적 의식을 간접적으로 경험하는데, 다른 한편으로는 사물을 가공하는 노동 속에서 자신의 자립적 의식을 발휘하게 됨으로써 순수한 자립성을 획득하게 된다. 이를 강순전(2016)은 "헤겔에 따르면 노동은 인간이 자신의 본질을 발휘하는 것이다. 노동은 인간의 본질인 자기의식이 자연 속에 실현되는 것을 말한다"(p. 175)라고 하였다. 앞서 인간이 비자립적 대상으로서 물적 대상을 욕망할 때, 오히려 사물에 의존하게 되며 자기의식의 성립으로 나아가지 못하게 되는 현상에 대해 논의하였다. 그런데 노예의식은 주인의 존재로 인하여 사물을 자립적 존재로 대하게 되고, 이로써 사물의 자립성을 부정하는 노동(가공행위)으로부터 자기의식으로 복귀하여 주인은 해내지 못했던 스스로의 힘으로 자신의 독립성을 획득하는 일을 실현하게 되는 것이다.

> 주인은 주인인 자기만이 자유로워야 하고 노예는 당연히 예속되어야 한다고 편협하게 사유한다. 반면 노예는 주인도 인간이기 때문에 자유로워야 하지만 노예인 자신도 인간이기 때문에 자유로워야 한다는 보편적 자유의 이념을 깨닫게 된다(강순전, 2016, p. 175).

헤겔은 관념론적 사유를 전개하면서도 앞서 데카르트의 사유에서 타자의 존재가 필요하지 않고 오로지 '내가 생각하기에' 나임이 성립되는 독아론적 한계를 벗어날 수 있는 열쇠를 주인-노예 변증법으로부터 발견하였다. 헤겔의 주인-노예 변증법으로부터 자아도, 타자도 존중하는 보편적 자기의식의 획득 과정에서 '노동'의 의미와 중요성이 드러난다.

헤겔의 주인-노예 변증법에서 노예의 '노동'은 다음과 같은 성격을 갖는다. 첫 번째, 노동은 사물을 직접 만나 사물을 '변형'하는 과정에서 사물의 자립성을 인정하게 되는 일이다. 노동은 대상을 바로 향유하고자 하는 욕망을 억제함으로써 사물이 소멸되는 데까지 나아가지 않고 사물의 형성으로 나아가는 일이 되는데(Hegel, 1807/2005), 이때 대상은 나의 뜻대로 쉽게 바뀌지 않기에 노동을 하는 과정에서 대상의 자립성을 이해하게 된다. 두 번째, 노동의 결과 얻게 되는 것은 물질적 결과물 그 자체라기보다는 사물의 자립성과 함께 나의 자립성에 대한 이해, 보편적 인식의 성취라고 볼 수 있다. 즉 노동은 의식이 자기에게로 되돌아오게 하는 데 핵심적인 매개 역할을 한다. 이를 헤겔(Hegel, 1807/2005)은 "의식이 자기에게로 되돌아오는 데는 노동이 개재해야만 하는 것이다(Durch die Arbeit Kommt es aber zu sich selbst)"(p. 231)라고 하였다. 이러한 면에서 헤겔의 노동 개념은 마르크스의 '노동' 개념과 다른 의미를 갖게 되는데, 마르크스의 노동 개념에 의하면 노동의 결과물로부터 인간은 소외되지만 헤겔의 노동 개념에 의하면 노동은 인간을 소외시키는 것이 아니라 사물을 형성하는 과정에서 자기의식을 실현하는 일이 된다.

이때 예술 활동과 노동 개념의 접점이 형성되는데, 이는 마르크스와 달리 헤겔의 노동 개념에서 사물을 대상화하지 않고 자립성을 인정하며 사물을 형성해 나가는 과정을 통해 관념적으로만 이해했던 자기의식을 실현하는 기회를 얻듯이, 예술 활동 또한 다양한 매체를 활용하여 예술가의 의식을 실현하는 일이 되기 때문이다. 여기서 헤겔의 주인-노예 변증법에서 노동, 사물, 자체 내로의 복귀 개념이 보편적 자기의식을 획득하는 의식의 경험 과정을 보여주는 데 중요한 역할을 한 점에 착안하여, 미술교육의 장에서 학습자가 미술활동을 통해 포용적 인식을 획득해 나가는 예술적 성취의 과정을 헤겔의 개념들이 가진 특성을 통해 가시화할 수 있다는 가능성을 발견할 수 있다. 나의 자립적 존재, 자유는 타자의 자립성을 인정하고 사물을 자립적 존재로 대하는 태도 속에서의 '노동'을 통한 '자체 내로의 복귀'로서 성취될 수 있다는 헤겔의 사유는 포용성 개념에 있어서 타자를 배제하지 않고 존중하는 것을 당위적 차원에서만 머무르게 하지 않고 자아정체성과 관계시킴으로써 그 의미를 진정으로 사유할 수 있도록 해준다.

2) 헤겔의 타자개념에 의한 미술교육에서 포용성 개념 분석

서동욱(2022)은 헤겔은 주인과 노예의 변증법을 통해 '자기의식은 곧 사회적 의식'임을 보임으로써 코기토가 타자와의 관계를 경유해서 성립한다는 것을 알려주었다며 타자철학에 있어 부정적으로 평가했던 근대 철학에 헤겔은 속하지 않는다는 입장을 보여 주었다.

자아는 사유함으로써 스스로(독자적으로) 자아를 성립시킨다는 데카르트의 철학은 타자를 대상으로서만 존재하게 하며 자아의 인식으로 포섭하는 방식의 타자로 둠으로써 타자의 이질성을 자아와 동질화하는 폭력성의 문제에 직면하였다. 이러한 근대적 주체-타자 관계를 인식의 기반으로 하며 역사적으로 세계는 식민주의 문제를 겪게 되었기에, 데카르트의 자아(코기토)-타자 개념은 포용성과 거리를 두는 개념이라고 평가될 수 있다.

하이데거는 자아-타자 관계를 처음부터 세계-내-공동존재로 둠으로써 데카르트에 의한 서구 합리주의 사유에서의 단독적이고 무세계적인 주체의 한계를 극복하고 있으나 현존재의 실존 방식을 본래성(Eigentlichkeit)과 비본래성(Uneigentlichkeit)으로 구분하고 우선 대개 현존재는 '비본래적으로 실존'하는 것이며 현존재의 '결의함'으로 인하여 자신의 본래성으로 회귀하게 된다는 사유를 전개하며 기본적인 공동 존재 양식을 부정적으로 상정한다는 점에서(심유진, 2009), 존재 자체의 존중보다는 자신의 실존 가능성에 대해 물음을 던지고 사유하는 과정에서 본래성을 되찾은 현존재(하이데거에 의하면 소수, 민족)에게 제한적으로 의미를 부여하고 있다는 문제도 함께 가지고 있다.

레비나스는 하이데거의 사유가 전체주의적 성격으로 전개되었던 한계로부터 벗어나 타자의 이질성을 있는 그대로 존중할 수 있는 철학적 가능성을 보여주었다. 그러나 그러한 이질적 타자를 대하는 방식에 있어서 자아는 타자를 자신의 원리에 의하여 파악하는 것이 불가능하며 타자에 대한 수동적 노출로서 타자를 있는 그대로 받아들임, 응답함의 태도로 둠으로써 자아를 무기력하게 두는 한계에 직면한다.

지금까지 독립적으로 성립되는 자아(데카르트), 이미 타자와 운명을 같이하는 공동존재로서의 자아(하이데거), 자아 존재와 다르게 무한으로 있는 타자를 수동적으로 받아들이는 자아(레비나스)에 대하여 고찰해 본 결과, 자아와 타자 그 어느 쪽에 대한 폭력성 없이 이질성을 그대로 남겨둔 채 서로가 서로를 존중하는 포용적 관계 성립이 어려움을 알 수 있었다.

헤겔의 사유 역시 자아의 인식 차원에서 타자를 사유했기에 결국 타자 그 자체와의 관계라기보다 자아의 인식이 매개된 타자와의 관계에 대한 논의로 전개됨의 한계를 가지고 있으나, 인식이 보편적 자기인식에 이르러 타자에 대한 존중의 태도를 가지게 되는 과정, 즉 인식의 경험을 논리적으로 보여줌으로써 편협한 자기인식에 머무르지 않고 타자(의 자기인식)도 인정하고 존중할 수 있는 가능성을 제시할 수 있다는 점에서 본고에서는 헤겔의 주인-노예 변증법에 주목하였다. 이는 단순히 헤겔의 사유를 그대로 미술교육에 적용하는 일이 아니며 미술교육에서의 포용성을 재개념화하기 위해 필요한 논리적 도구로서 헤겔 사유에서의 개념적 특성에 주목하여 참조하는 일이기에 헤겔의 개념들과 앞으로의 논의에서 미술교육에서의 개념들 사이에 의미상 일치하는 대응관계가 이루어지는 것이 아님을 밝힌다. [그림 2]와 같이 미술교육에서 헤겔의 주인-노예 변증법에서 의식이 보편적 자기의식으로 성장하는 경험의 과정을 보여주었던 사유방식을 '변형적 적용'하여 미술교육에서 학습자가 미술활동을 하는 과정에서 보편적 자기의식으로 나아가는 '의식의 경험'을 드러낼 수 있다.

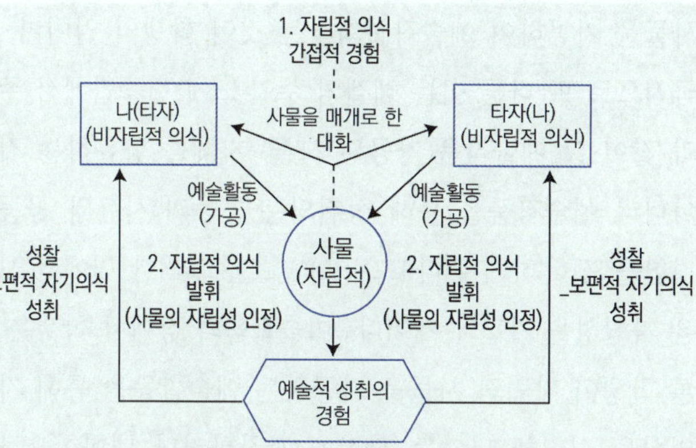

[그림 2] 미술교육에서 헤겔의 주인-노예 변증법의 변형적 적용

헤겔의 사유에 있어서 주인-노예-사물에서 자기의식이 보편적 자기의식을 획득하는 과정에서 '사물'의 역할, 즉 사물을 가공하는 '노동'의 역할이 중요하게 다루어진다.

이를 미술교육에서의 포용성 개념을 정립하기 위해 재사유해 보면, 주인이 노예를 매개로 사물을 향유하는 것이 아니라, 다시 인정투쟁을 하는 자기의식들의 수평적 관계로 놓고 자기의식들이 함께 사물과 관계하는 공동 예술활동의 상황을 상상해 볼 수 있다.

사물을 부정하는 가운데 형식을 다듬어가는 행위라는 이 매개적인 중심은 동시에 의식의 개별성 또는 순수한 독자성이 발현되는 장이기도 한데, 결국 의식은 노동하는 가운데 자기 외부에 있는 지속적인 터전으로 나아가는 것이다. 이렇게 해서 노동하는 의식은 사물의 자립성을 곧 자기 자신의 자립성으로 직관하기에 이른다(Hegel, 1807/2005, p. 232).

인간은 모두 어떤 면에서는 타자에 종속되어 있다. 교육과정에서 밝히는 장애 학생, 다문화 학생, 탈북 학생 등이 배제되지 않도록 고려하기를 제시하고 있는데, 이들뿐만 아니라 이질성을 판단하는 척도가 존재하는 한 모두가 어떤 기준에서는 배제될 수 있는 타자성을 가지고 있다. 그러한 면에서 교실 안 학생들을 자립적 의식을 성취해야 하는 과정에 놓인 존재로 상정할 수 있다. 미술교육의 장에서 사물을 가공하여 예술작품화하는 것이 학생의 일이며, 궁극적으로 또 다른 이는 헤겔의 주인-노예 변증법에서 주인과 같이 그 예술작품(가공된 사물) 자체를 향유하는 것이 아니라 예술작품을 통해 성취되는 공동의 사유와 공동의 경험을 '성찰'하게 된다([그림 2] 참조). 그러한 면에서 사물은 자립성을 가진 존재이다. 미술교육의 장에서 학생은 다른 학생이 자립적 사물을 가공하는 예술활동을 통해 자기의식을 성취해 나가는 과정을 관찰하거나 대화함으로써 독립적 자기의식을 간접적으로 경험하며 자신 또한 예술활동을 통해 그 과정에 참여하고 성찰함으로써 간접적으로 경험했던 자기의식을 발휘하며 성취하게 된다. 여기서 학생의 '성찰'이 헤겔의 사유에서 '자체 내로의 복귀'와 같은 역할을 한다고 볼 수 있다.

그렇다면 모든 미술활동은 포용적이라고 볼 수 있을까? 여기서 첫 번째로 '사물'의 역할이 중요한데, 사물 자체를 향유하지 않고(예술작품 자체를 만들어 소유하는 것에 목적을 두지 않고) 예술적 성취의 경험으로 이끌어나가는 것이 그것이다. 두 번째로 나의 활동에만 몰두하는 것이 아니라 타자와의 대화를 통해 타자의 예술적 성취 과정을 살펴보고 대화를 통해 간접적 경험하는 것, 마지막으로 예술활동 과정을 내면으로 다시 가져가 성찰하는 과정, 이 세 가지 조건이 충족되어야 헤겔의 주인-노예 변증법이 시사하는 보편적 자기의식 획득의 과정(자아와 타자를 모두 존중하는 포용성)을 미술교육의 장에서 성취할 수 있다.

3. 2022 개정 미술과 교육과정에서 포용성 재개념화

1) 2022 개정 미술과 교육과정에서 포용성의 의미 해석

2022 개정 교육과정에서는 "포용성과 창의성을 겸비한 주도적인 사람으로 성장하게 하는 데 중점을 둔다"(교육부, 2022b, p. 4)고 하였다. 포용성은 더불어 살아가는 공동체적 소양이나 서로를 존중하고 배려하는 성숙한 인격 등 교육의 전통적인 가치를 요약해 주며, 창의성은 미래 사회가 요구하는 다양한 역량과 국제적으로 경쟁력 있는 인재가 갖추어야 할 능력과 소양 등 교육의 사회적 가치를 요약한다. 2015 개정 교육과정에서는 "이 교육과정은 우리나라 교육과정이 추구해 온 교육 이념과 인간상을 바탕으로, 미

래 사회가 요구하는 핵심역량을 함양하여 바른 인성을 갖춘 창의융합형 인재를 양성하는 데에 중점을 둔다."(교육부, 2015, p. 3)고 하였는데, 여기서 2015 교육과정에서는 '인재'에서 2022 개정 교육과정에서는 '사람'으로 서술이 바뀐 점에서 중요한 변화를 발견할 수 있다. 2015 개정 교육과정에서 '인재 양성'에 중점을 두었던 것으로부터 2022개정 교육과정에서 '사람으로 성장'하게 하는 데 중점을 둔다고 선언하게 된 것은 우리나라 교육의 근본적 관점과 방향의 전환을 가져오는 유의미한 일이다. 이제 우리 교육과정의 비전은 '인재'가 아닌 '사람'에 있게 되었다. 그러한 의미에서 포용성과 항상 함께 언급되는 '공동체'의 개념 또한 달라지며 포용한다는 개념 역시 함께 새로운 국면을 맞이하게 된다.

2022 개정 교육과정 총론에서는 포용성의 가치를 반영하여 개인의 행복과 자유를 제안하지 않으면서 존중, 배려, 협력을 통해 인류공동체의 지속가능발전을 구현하는 공동체 의식을 함양하도록 할 것을 강조하였다(교육부, 2022c). 여기서 교육은 개개인의 인격적 성장과 존중, 배려, 협력의 공동체 의식이 서로 상충하지 않도록 주의를 기울여야 한다는 과제를 안고 있다. 총론에 강조된 '포용성' 개념이 미술과 교육과정에서는 어떻게 드러나는지 고찰해 보면, 2022 개정 미술과 교육과정 성격에서는 "미술을 매개로 사고하고 행동하며 자신과 세계와의 관계를 성찰하여 자신에 대한 이해를 확장할 수 있다"(교육부, 2022a, p. 5)고 제시되어 있으며 목표를 "대상과 현상에 대한 미적 체험을 바탕으로 느낌과 생각을 표현하고 감상하는 활동을 통하여 자신과 세계를 이해하고 미술 문화 창조에 주도적으로 참여할 수 있다"(교육부, 2022a, p. 6)고 제시하였다. 교육과정 총론에서 '포용성'이 미술과 교육과정에서 '자신과 세계를 이해'하는 것으로 구현되어 있음을 확인할 수 있다. 여기서 자신-세계를 어떻게 이해해야 하는지에 대한 근본적인 물음이 제기된다.

〈표 1〉과 같이 교육과정을 분석해 보면, '개인(자아)'에 있어서는 고립된 채 홀로 서 있는 자아가 아닌 관계적 차원에서 논의되고 있는 한편, '공동체'에 있어서는 전체주의적 사고가 아닌 개별자의 다양성, 다원적 가치를 이해하고 존중하는 차원에서 논의되고 있음을 발견할 수 있다. 미술과 교육과정 역량에서 정체성 역량과 공동체 역량에 대한 서술에서 이러한 개인과 공동체의 관계, 자신과 세계의 이해와 관련한 직접적 서술이 이루어지고 있다.

미술교육에서 포용성 개념이 '자신과 세계의 이해'로 구현되고 있음을 앞서 분석하였다. 이로부터 그동안 포용성의 논의가 공동체성, 배려와 협력의 차원에서 이루어진 것에서 '자신에 대한 이해', 정확히는 '자신-세계 관계에 대한 이해'의 차원으로 전환되었음을 발견할 수 있다. 따라서 포용성 개념을 고찰함에 있어 공동체에서 시작하기보다 미술과 교육과정 역량에서 제안된 '정체성', 그리고 미술과 교육과정 전반적으로 강조되고 있는 '성찰'로부터 출발하여 미술과 교육과정이 어떻게 포용성으로 향해가도록 설계되었는지 그 관련성에서 미술교육에서의 포용성의 의미와 역할을 찾을 수 있다.

박수정 외(2022)는 정체성 역량에서 가치의 포용성에 관한 문제를 고려해야 함을 논의하였다. 정체성에 '다름'에 의미를 두고 차이점으로부터 정체성의 특질을 발견해 내기도 하는 현상에 주목하여 2022 개정 미술과 교육과정에서 관계적 측면, 정체성에서 관계의 역할을 고려하고 있음을 강조하였다.

이주연(2023)은 정체성 역량에서의 개인 혹은 집단/사회의 구분은 식별을 위한 구분이라기보다는 개인이 접할 수 있는 다양한 환경을 고려한 관계적 정체성의 개념으로, 2022 개정 미술과 교육과정에서의 정체성 역량의 개념은 개인이나 집단에 매몰되지 않고 서술하는 것이 더 정확할

〈표 1〉 2022 개정 미술과 교육과정에서 자신과 세계의 이해 관련 내용 분석

		자신과 세계의 이해 관련 내용	분석
성격 및 목표	성격	미술을 매개로 사고하고 행동하며 **자신과 세계와의 관계를 성찰**하여 **자신에 대한 이해를 확장**할 수 있다(p. 5)	• 자신에 대한 이해의 근거가 '관계'에 있음을 제시하고 있음.
		타인, 환경, 세계와 상호 작용하는 가운데 **자신의 위치를 확인**하고 나아가 **타인의 고유성을 존중**하며 **더불어 살아가는 힘**과 협력적 문화를 형성하는 힘을 기를 수 있다(p. 5)	• 자신의 위치를 확인하는 방법으로 '타인, 환경, 세계와의 상호작용'을 제시하고 있으며, 이 때 타인의 고유성을 존중하는 태도를 강조하고 있음.
	목표	대상과 현상에 대한 미적 체험을 바탕으로 느낌과 생각을 표현하고 감상하는 활동을 통하여 **자신과 세계를 이해**하고 미술 문화 창조에 주도적으로 참여할 수 있다. (4) 미술을 매개로 주도적으로 사고하고 행동하며 **세계와의 관계에서 자신을 이해**한다. (5) 미술 문화의 **다원적 가치를 존중**하며 협력적 의사소통을 통해 공동체의 문화 발전에 기여한다.	• 세계와의 관계에서 자신을 이해하는 것과 함께 다원적 가치를 존중하는 태도를 미술과 목표로 삼고 있음을 제시하고 있음. • 특히 정체성 역량(세계와의 관계에서 자신을 이해)과 공동체 역량(다원적 가치를 존중) 관련 서술에서 포용성과 연결될 수 있는 지점을 발견할 수 있음.
내용 체계 및 성취 기준	내용 체계	1) 미적 체험: **대상과 현상**을 관찰하고 지각하는 경험은 앎을 확장하고 **자신을 성찰**하게 한다. 2) 표현: 표현은 **자신의 느낌과 생각**을 시각화하는 창의적 사고와 **성찰의 순환 과정**으로 이루어진다. 3) 감상: 감상은 **서로 다른 관점을 이해**하여 삶에서 미술 문화의 **다원적 가치**를 존중하도록 한다.	• 자신-세계 이해에 있어, 핵심 아이디어에서 제시된 '성찰'과 '다원적 가치'가 중요한 역할을 할 수 있음을 발견할 수 있음.
	성취 기준	[6미01-03] 주변 환경에 대한 민감한 태도로 대상과 상호 작용하며 새로운 의미를 발견할 수 있다. [성취기준 적용 시 고려 사항] 미적 체험은 무심코 보던 대상을 감각적으로 탐색하고 지각함으로써 세계에 대한 인식과 소통의 범위를 확장하는 활동으로 **사람과 사람, 사람과 주변 대상, 대상과 대상과의 관계**를 포함한다. 미적 체험을 통해 학습자가 시야를 넓히고 타인과 대상에 대한 심미적 감성을 함양할 수 있도록 고려한다. 나아가 **인간 중심의 사고에서 벗어나** 대상에 대한 생태 감수성을 풍부하게 하고 **사람과 자연의 공존에 대한 생태 전환적 가치**를 내면화하도록 지원한다. [6미02-04] 주제 표현에 **의지를 갖고 표현 과정을 돌아보며** 작품을 발전시킬 수 있다. [9미02-04] **자신과 타인의 작품을 존중**하며, 다양한 방법으로 **공유하고 소통**할 수 있다. [9미02-05] 미술 표현 과정에서의 경험을 **성찰**하고 삶의 문제 해결에 적용할 수 있다. [성취기준 적용 시 고려 사항] 작품 제작 과정에서 공유하고 소통하는 활동을 통해 **자신과 타인에 대해 더 깊이 이해**하도록 하고, **공동 작품 제작**, 단체전 기획 등의 활동을 통해 서로 협력하여 문제를 해결하며 **공동체 의식**을 기를 수 있다.	• 미적 체험 활동에 있어 사람-사람, 사람-대상, 대상-대상의 다층적 관계를 상정하고 있음을 알 수 있음. • 위 내용체계에서 추출한 핵심 아이디어와 관련된 성취기준 내용으로, 자신과 환경의 생태전환적 관계, 성찰의 태도가 강조되고 있음. • 표현 활동에 있어 자신의 의지 반영과 표현 과정을 돌아보는 성찰적 과정을 중요시하고 있음을 알 수 있음. • 자신과 타인에 대해 깊이 이해하기 위하여 작품 제작 과정에서 공유하고 소통하는 활동을 제안하고 있음. 포용성에 초점을 두었을 때 각자 작품을 제작하는 것이 아니라 서로 제작 과정에서 공유 및 소통이 요구됨을 알 수 있음. • '다원성' 존중에 대한 태도가 강조되고 있음. 포용성에 있어서 '동질화'하는 작업에 몰두하기보다는 다원적 가치를 있는 그대로 존중하는 것이 미술교육에서 지향하는 방향임을 알 수 있음. • 공동체 및 사회 문제를 주제로 작업하는 미술가와 미술작품을 감상할 때 자신의 관점을 형성하고 다

		[9미03-04] 미술의 **다원성에 대한 존중**을 바탕으로 미술 감상 경험을 삶과 연결하고 공동체 문화에 기여할 수 있다. [성취기준 적용 시 고려 사항] 감상 작품 선택 시 **공동체 및 사회 문제를 주제로 작업하는 미술가와 미술 작품**을 적극적으로 도입하며, 작품 감상 과정에서 자신의 고유한 관점을 형성하고 다른 사람의 생각을 경청하고 수용함으로써 민주시민의 자세를 기를 수 있도록 한다.	른 사람의 생각을 수용하는 작용이 이루어지도록 함으로써 포용성을 성취할 수 있음을 알 수 있음. 자신의 독단적 관점이 아니라 다른 사람의 생각을 수용하며 포용적 관점을 이루어 나가기를 의도하고 있음을 발견할 수 있음.
교수·학습 및 평가	교수·학습	2) 교수학습 방법_(나) 학습자 특성을 고려한 개별화, 맞춤형 교수학습 방법 활용 학생들이 자신의 경험, 생각과 느낌을 시각적으로 표현하는 과정은 **외부 세계와의 상호관계 속에서 내면을 성찰하게 한다.** 삶과의 긴밀한 연결을 만들고 의미를 구성하며 학습자의 반성적 성찰을 돕기 위해 시각 요소를 담은 신문이나 잡지, 이미지를 포함한 일기 등을 활용한 서사 중심의 교수학습 방법을 활용할 수 있다.	• 미술과 교육과정에서 시각적 표현 과정을 '외부 세계와의 상호관계 속에서 내면을 성찰하는 과정'으로 보고 있음을 발견할 수 있음. • 미술과 교육과정에서 포용성 개념에 있어 '관계'와 '성찰'이 중요한 역할을 할 수 있음을 도출할 수 있음.
	평가	학습자가 **스스로 성찰**하며 반성적으로 사고할 수 있는 기회를 제공한다.	• 자신과 세계를 이해하는 힘을 길러주기 위한 교수·학습 방향 및 방법(관계와 성찰)과 일관된 흐름으로 평가에서도 성찰을 강조하고 있음을 확인할 수 있음.

출처: 교육부, 2022b

수 있음을 논의하였다. 또한 정체성에 대한 논의들은 서로 다른 방식으로 이루어지고 있지만, 결국 동질성과 이질성에 대한 논의로 이루어짐을 발견하였다.

이를 앞선 타자철학 논의의 시사점에 따라 분석해 보면, 먼저 데카르트의 사유에 의하면 정체성 역량은 자아의 자기완성적인 동일성으로, 타자의 존재 없이 성립할 수 있지만 2022 개정 미술과 교육과정에서는 정체성에 있어 자신의 이해와 함께 세계의 이해를 전제하고 있다는 점에서 데카르트의 사유와 다른 길을 걷는다고 볼 수 있다.

두 번째로 하이데거의 사유에 의하면 개인은 세계-내-공동존재로서 세계-내 함께 있는 존재들과 같은 운명 공동체의 일원이 되지만 2022 개정 교육과정에서는 개인의 자유를 제한하지 않고, 집단에 매몰되지 않는 것의 중요성을 강조했기에 개별 존재들의 있는 그대로의 자유의 측면에서는 하이데거와도 다른 길을 걷게 된다.

세 번째로 레비나스의 사유에 의하면 개인은 자아의 논리로 파악할 수 없는 절대적 이질성을 가진 타자에 대하여 수동적으로 노출되며, 타자의 부름에 응답하게 되기에 타자의 이질성을 있는 그대로 존중하지만 자아를 수동적 위치로 둔다는 한계점이 있었다. 2022 개정 미술과 교육과정에서는 자신과 세계를 '이해', '의지'를 가지고 이끌어 가는 능동성을 중요시 여기며 기본적으로 타자를 '이해'하려고 하는 능동적 자아를 상정한다는 면에서 레비나스와도 다른 방식의 사유를 기반으로 한다.

즉 2022 개정 미술과 교육과정에는 포용성을 '자신과 세계에 대한 이해'로 구현하고자 하며 타인, 환경, 사회와의 상호작용을 통해 자아에 대한 이해를 깊이 있게 하고 타자의 고유성을 존중하는 태도를 기르는 것이 가능하다는 분석을 이끌어낼 수 있다. 또한 미술작품 제작 과정에서 공유와 소통, 성찰이 이러한 상호작용의 핵심이 될 수 있다는 면에서 미술교육에서의 포용성 개념에 있어 미술작품이 중요한 매개 역할을 할 수 있음을 알 수 있다.

2) 헤겔의 사유에 착안한 2022 개정 미술과 교육과정에서 포용성 재개념화

교육과정-인식의 차원에서 헤겔이 전개한 성숙한 의식에 도달하는 과정을 통해 미술교육에서 포용적 인식으로 성장하도록 이끌 가능성을 찾고자 한다.

(1) 미술과 교육과정에서 자아와 타자의 개념

2022 개정 교육과정에서는 기본적으로 교육 비전을 '인재 양성'이 아닌 '사람으로 성장'하게 하는 것으로 둠으로써 자아는 목적이 있는 공동체의 일원으로서가 아니라 자립적 존재로서 여겨지고 있다. 미술과 교육과정에서는 "자신과 세계를 이해하고 미술 문화 창조에 주도적으로 참여하는 사람"(교육부, 2022b, p. 4)으로 비전을 둠으로써 총론에서의 포용성이 '자신과 세계를 이해하는 것', 창의성이 '미술 문화 창조'로 구현되고 있음을 확인할 수 있다. 즉 미술과 교육과정에서의 포용성은 '자신과 세계에 대한 이해'로 해석될 수 있다. '~에 대한 이해'를 하는 주체는 학생이므로 미술교육에서 학생은 자신뿐만 아니라 세계에 대한 이해를 할 수 있는 존재임을 가정하고 있으며 이는 '주도성'과 연결되어 능동적 주체가 끊임없이 자신과 세계에 대해 이해를 해 나가는 일을 교육과정이 의도하고 있음을 알 수 있다.

즉 자아는 '능동적, 자립적' 존재이며, 타자는 자아가 이해할 수 있는 존재이다. 그러나 미술과 교육과정은 이와 함께 자신과 세계에 대한 이해는 자아의 방식으로 타자의 이질성을 존중하지 않은 채 포섭하는 방식의 독단적 이해가 아니라, 서로 다른 관점과 다원적 가치를 존중해 주는 방식의 이해라는 단서를 제공하고 있다. 헤겔의 주인-노예 변증법에서 자아와 타자는 자기인식을 가진 자와 또 다른 자기인식을 가진 자의 관계로 성립되며, 이 둘 사이에는 인정투쟁이 발생한다. 이때 투쟁에서 승리한 주인은 사물을 매개로 노예와 관계하며 자기의식의 자립성(자유)을 실현하는데, 주인의 자립적 의식은 노예에 의해 성립된다는 면에서 모순적으로 비자립적 성격을 가지는 한편 노예는 주인의 자립성과 사물의 자립성 모두를 인정하면서 자기 내면으로 떠밀려든 의식을 통해 보편적 자기의식을 획득하게 된다. 이러한 사유는 우선 타자의 존재를 인정하는 비자립적 자기의식의 상태로부터 자립적 사물을 가공하면서 자기의식을 실현하며 타자의 존재와 함께 자아의 존재를 모두 존중하게 되는, 본질적으로 자유로우며 보편적인 자기의식으로 성취되는 과정을 보여주었다.

미술교과 교육과정에 적용해 보면, 자신의 의식만이 중요함을 주장하는 독단적 자아가 아니라 타자의 미술 활동(미적 체험, 표현, 감상) 과정과 결과에 관심을 가지고 공유하고 소통함으로써 자기 의식을 실현해 나가는 과정을 간접적으로 경험하고, 자신 또한 미술 활동을 통해 자신의 의식을 실현해 나가며 나의 의식과 타인의 의식이 모두 존중받아야 함을 깨달아 나가는 성장의 과정으로 포용성 교육을 재개념화할 수 있다.

(2) 작품 공유와 소통, 성찰을 통해 성취되는 자신과 세계에 대한 이해

헤겔의 주인-노예 변증법이 미술교육에서의 포용성에 대한 사유로 연결될 수 있었던 것은 노예가 사물을 가공하는 '노동'의 자리에 미술교육의 장에서 재료를 가공하여 작품을 제작하는 '미술 활동'을 두려는 시도가 가능하기 때문이다. 이와 더불어 '자체 내로의 복귀'의 자리에 '성찰'을 둘 수 있다. 주인은 노예를 매개로 해야만 사물을 만날 수 있으며 이때의 사물은 비자립적 사물로 여겨지기에 주인은 노예도, 사물도 비자립적인 존재이며 자신의 의식만이 자립적이라는 독단적 의식을 가지게 된다. 한편 노예는 주인의 자기의식도 존중받아야 하며 노동을 통해 사물 또한 자립적임을 이해함으로써 보편적 자기의식을 성취하게 된다. 이를 듀이(Dewey, 1934/2015)의 저항과 장애를 극복할 때 생명체의 성장이 이루어진다는 서술과 연결지어 사유해 보았을 때, 내 마음대로 할 수 없는 자립적 존재와의 만남과 그의 자립성 인정은 곧 자아의 내면으로 돌아와 성찰을 일으키며 성장으로 이어지도록 함을 깨달을 수 있다.

주인-노예 변증법에서는 주인은 직접 노동을 하지 않고 노예만이 노동을 하였다면, 미술교육에서는 모든 학생이 미술 활동에 참여하기에 사물을 매개로 하는 수평적 관계가 이루어진다. 이 때 '인정투쟁'의 자리에는 '공유와 소통'이 놓이게 된다. 학생과 학생 사이에는 직접 서로의 존재를 인정받기 위한 직접적인 투쟁의 관계가 아닌, 각각 독립성을 가진 사물과 관계하며 사물을 가공함으로써 자기의식을 실현해 나가는데 이에 그쳤을 때는 보편적 자기인식으로 나아가지 못하게 된다. 자기의식이 투영된 미술작품을 서로 공유하며 소통할 때, 자아는 타자의 자기의식 실현 과정을 온전히 경험함으로써 자신의 미술 활동에도 자기의식이 실현되고 있음을 이해할 수 있다. 그런데 이 때 사물의 성격 역시 헤겔의 주인-노예 변증법과 는 다른 방식으로 해석되어야 하는데, 미술교육의 장에서 사물은 가공되었을 때 누군가에게 물질적으로 향유되는 것이 아니라 사물을 매개로 학생들이 예술적 성취를 이루게 함의 성격을 가지고 있기 때문이다. 따라서 주인-노예 관계가 성립되지 않아도 사물은 자립성을 가지게 된다. 이로써 미술교육에서 자아는 타자의 의식을 부정하지 않고도 비자립적 자기의식으로부터 시작하여 결국에는 보편적 자기의식의 자유를 획득하게 된다.

이 논의를 통해 또한 미술수업에 있어서 개인활동에 머무르지 않고 다른 친구의 작품을 감상하는 활동은 단순한 감상과 향유의 목적이 아닌, 표현활동에 담긴 자아와 자아-대상 상호작용의 특성을 이해할 수 있는 중요한 인식의 기반을 제공함을 알 수 있다. 미술교육에서 친구의 작품에 관심을 기울이고 친구의 작품을 매개로 소통하는 일은 곧 작품 속에 담긴 친구의 존재와 친구와 나의 소통 경험의 가능성을 이해하는 일이 되며, 이러한 경험은 작품활동을 해 나갈 때 의도를 가지고 주도적으로 표현활동을 하는 과정적 경험의 본질이 무엇인지에 대한 체화된 이해 기반을 마련해 주는 일로 이어진다. 따라서 나와 타자를 관계적으로 이해하고 존중하는 포용성을 향하는 미술의 성취를 위해 '작품의 공유와 소통'은 핵심적인 역할을 하게 된다.

3) 미술과 교육과정에서 포용성 개념에 있어 다원적 가치를 존중하는 것의 의미

타자의 이질성을 존중한다는 것은 '이해', '수용', '포섭', '참여' 등 다양한 의미로 해석될 수 있다. 미술과 교육과정에서는 이 중 '이해', '참여'로 서술된 부분을 확인할 수 있다. 일방적으로 받아들이는 수용은 학습자를 수동적 존재로 둔다는 점에서 2022 개정 교육과정의 지향점과 방향을 달리하며, 이질성을 자아의 원리로 들여와 동질화시키는 포섭은 개별자의 자유를 침해하지 말아야 한다는 2022 개정 교육과정의 유의점에 반하는 일이 된다. 그렇다면 포용성을 지향하는 미술교육에서 학습자들은 무엇을 이해하고, 어디에 참여해야 하는가의 문제에 직면한다. [그림 2]에서 밝혔듯이, 타자는 사물을 가공하는 예술활동을 통해 자기의식을 발휘한다. 이는 타자와 사물의 관계에서 일어나는 타자 고유의 것으로, 나와 구별되는 타자의 이질성이 드러나게 된다. 이를 존중한다는 것은 무관심하게 타자의 예술활동을 내버려두는 것이 아니라, 관심을 가지고 대화와 공유(참여) 활동을 통해 타자의 자기의식 실현 과정을 이해하려 노력하는 것을 의미한다. 이는 당위성의 차원에서 강요되는 것이 아니며, 결국 자신의 예술활동에서 자기의식을 실현하기 위한 인식적 기반이 된다. 타자의 예술활동에서 타자의 자기인식이 실현되는 과정을 이해한 자아는 자신 또한 예술활동에 참여하며 자기의식을 실현하게 되는데, 이때 이 모든 과정에 대한 '성찰'을 통해 타자도 자신도 존중하는 보편적 자기인식, 포용적 인식을 획득한다. 따라서 포용성을 지향하는 미술교육에서는 서로의 작품에 관심을 기울이고 표현 의도에 대하여 질문을 던지는 등 미술작품을 매개로 대화를 나누는 과정이 곧 다원적 가치를 존중하기 위한 일이 되기도 하기에 중요하게 여겨지고 실천되어야 한다.

4) 미술과 교육과정 포용성 개념에 있어서 사물의 의미와 역할

이하림(2023)은 미술교육에서 공동체를 지향하는 개념인 '미술교육 커먼즈'의 실현 원리 중 하나로 연대를 이루기 위한 '연대의 원리'의 하위 요소로 사물, 자연, 창작환경과 같은 비인간 행위자의 역할이 중요함을 제시하였다. 동시대 미술 사례들에서 동시대 미술 행위에서 사용되는 사물, 자연, 공간 등은 단순한 대상이 아닌 행위자들에게 행위를 불러 일으키는 매개자로서의 능동적 역할을 수행함을 발견할 수 있다(이하림, 2023). 포용성을 지향하는 미술교육에 있어서 '사물'은 미술 재료, 미술 작품, 미적 체험의 대상 등으로 해석될 수 있는데 이때 핵심은 인간이 단순히 향유하는 대상으로서의 수동적 존재가 아닌, 예술적 성취를 이루게 하는 능동적 역할을 하며 자립적 위치를 가지고 있다는 점이다. 미술교육의 장에서 사물은 그 자체로 도구적 목적이 되거나, 완전히 수동적 존재가 되기보다 학생들과 관계를 맺으며 학생의 자기의식을 실현하고, 대화와 소통이 이루어지도록 학생들 사이를 매개하며 포용성을 성취하도록 한다.

4. 미술교육에서 포용성의 구현과 전망

이 글에서는 2022 개정 미술과 교육과정에서 강조된 소통과 성찰이 미술교육에서의 포용성 실현을 위해 핵심적인 역할을 할 수 있으며, 헤겔의 보편적 자기의식 성취의 과정 분석을 통해 미술 활동에서 '사물'을 매개로 한다는 점에 주목하여 포용성을 가진 사람으로 성장하는 과정에서 학생들이 어떤 경험을 해 나가야 하는지에 대해 구체할 수 있는 기반을 마련할 수 있었다. 단, 이를 위해서는 사물 그 자체가 물질적 향유의 대상이 되는 것이 아니라, 사물을 매개로 예술적 성취를 이루게 하는 능동적 역할을 해야 함을 함께 깨달았다. 이러한 논의에 따라 포용성을 지향하는 2022 개정 교육과정 미술교육의 교육 활동 장면에서 미술 작품을 물질적으로 완성하는 것 그 자체에만 몰두하기보다는 미술 활동을 하는 과정에서 학생들은 끊임없이 서로의 활동을 들여다보고 공유하고 대화하며, 과정을 성찰하는 일로 채워감으로써 포용성 교육에 있어 개인과 공동체에 매몰될 수 있다는 우려로부터 벗어나 다원적 가치를 있는 그대로 존중할 수 있게 하는 미술교육만의 방식과 역할을 확고히 해 나갈 수 있기를 기대한다.

* 이 글은 이하림(2024), 미술과 교육과정에서의 포용성 재개념화: 타자 개념을 중심으로(조형교육, 90집)을 수정 보완한 원고임.

16 미술교육에서의 주도성

우리나라 교육과정에서 '주도성'의 의미가 본격적으로 거론되기 시작한 것은, 제7차 교육과정부터이다. '주도성'은 학생들이 스스로 자신의 목표를 세우고 행위할 수 있는 능력을 말한다. 이후, 2007 개정 미술과 교육과정(…학습자의 자기 주도적 학습에 대해 '다양한 동기 유발을 통해 표현 의지를 북돋아 주고…), 2009 개정 교육과정(학습자가 미적 감수성과 직관으로 대상을 이해하도록 하고, 학습자 자신의 삶을 창의적으로 향유하며…), 2015 개정 교육과정(…점차 미술을 통한 전인적 교육과 개인의 역량 강화로의 변화를 보여주며 학습자 개인의 성장을 중요…), 2022 개정 미술과 공통 교육과정(…학생은 대상과 현상에 대한 미적 체험을 바탕으로 느낌과 생각을 표현하고 감상하는 활동을 통하여 자신과 세계를 이해하고 미술 문화 창조에 주도적으로 참여…)'에 이르기까지 점차 확장되고 있다. 학습자의 주도성을 자연스럽게 발현하기에 적합한 특징을 지닌 미술은 인간이 참여하여 창조해내는 과정(process)이다. 미술교육에서 학습자 주도성을 발현시키는 수업을 수행하기 위한 방법을 '학습자 측면, 교사 측면, 학습 환경적 측면, 사회변화・제도적 측면'에서 제안할 수 있다(…). 변혁적인 미래 사회에 절실히 요구되는 인재상의 요건인 학습 주도성 교육은 미래지향적 교육 방안이다. 그러나 이에 대한 관심이 본격화됨에도 불구하고 교육 현장에서는 여전히 학생 주도성과 그 요소에 대한 합의가 충분치 않아 현실적으로는 잘 수행되지 못하고 있다. (…) 미술교육에서의 학습자 주도성 역시, 얼마 전 고시된 2022 개정 미술과 교육과정에서 본격적으로 적용되어 미술과의 교과 역량, 공통 목표, 각 영역에도 잘 드러나고 있으나 적용 측면에서는 아직 시작에 불과하여 미술과에서 적용할 수 있는 학습자 주도성에 대한 미술과 영역, 주제, 대상 등에 대한 다양한 측면의 실천적 연구가 적극적으로 필요한 시점이다.

1. 미술과 교육과정에서 주도성 관련 내용 분석

1) 주도성의 교육과정 등장 배경

교육의 화두는 미래 사회를 대비할 수 있는 인재를 키우는 데 있다. 격변의 폭을 가늠하기 어려운 디지털 대전환에 따른 산업 및 사회변화, 감염병 확산, 기후환경 변화, 학령인구 감소 등의 상황 속에서 미래 사회 대응에 대한 긴장감이 확대되며 지속되고 있기 때문이다. 이러한 변화에 대한 교육 혁신으로 교육과정의 변화는 절실하다. 국가 교육과정은 사회적 변화, 학문의 발달, 학생의 요구 등을 배경으로 하여 학교 교육의 목표 및 내용, 방법, 평가를 설계하게 되는데 최근 교육과정에 대한 체제 전환 요구가 반영된 2022 개정 교육과정이 고시되어 실행되고 있다. 예측하기 어려운 미래 사회를 대비하기 위하여 필요한 역량을 함양하고 학습자 맞춤형 교육을 강화하는 교육 비전을 정립하기 위한 요구가 이번 개정 교육과정의 추진 배경이며 특히 강조되고 있는 키워드가 '학습자의 주도성'이다(교육부, 2021).

'학습자 주도성'은 '학습자 중심'이라는 개념에서 파생되었다. 이 개념의 사상적 뿌리는 Locke(1632)의 영향을 받은 18세기 사상가 Rousseau(1712)의 '학습을 학습자의 자발적・능동적 경험'이라는 교육이론으로 설명한 부분이다. 이후 자연스럽게 학습을 학습자의 자발적 경험과 같은 것으로 간주하게 되었다. 19~20세기 교육학은 Rousseau의 이론으로부터 서술되고 해석될 수 있다. '다양한 학습 경험, 아동의 흥미 존중, 열린 수업, 학습자 존중' 등의 표현은 근대 이후 Rousseau로부터 이어지는 학습자 중심 경험주의 교육 이론의 산물이라 간주될 수 있다. 또한, Dewey(1859)는 경험 교육 이론에서 학습자 중심의 교육이 교육 내용과 학습자의 상호작용으로 이루어지는 것이라고 하였으며 학습자 중심성의 교육철학을 좀 더 완숙한 형태로 제시하였다. 한편, 구성주의에서는 학습자가 자신 내면의 구성 과정을 통하여 자신이 의도한 대로 주도해 가는 교육을 학습자 중심 교육이라고 본다. 또한, 학습자 중심 사상의 확산은 평생 학습 담론에서 교육의 범위와 영역이 확장되었고 학습자 중심 교육으로 이른 측면이 있다. 학습자 중심 교육은 학생의 내면적 자발성을 존중하고 학교 교육 체제를 그들의 개별성과 다양성에 적응시키는 노력이라고 할 수 있다. 이와 같이 학습자 주도 학습은 학습자가 스스로 독립적이며 주도적으로 개인의 학습 계획을 수립·달성하기 위해 필요한 학습 전략과 기술을 선택하고 학습 내용과 학습 경험을 결정하며 평가까지 이루어지는 학습이다(남미자 외, 2021).

우리나라 교육과정에서 '주도성'의 의미가 본격적으로 거론되기 시작한 것은 1997년 12월 교육부 고시 제1997-15호로 개정된 제7차 교육과정부터라고 할 수 있다. 21세기의 세계화·정보화 시대를 주도할 자율적이고 창의적인 한국인을 육성하고자 학생 중심의 교육과정이 등장하였고, 국가 수준의 공통성과 지역별·학교별·개인별 수준에 따른 다양성을 동시에 추구하는 교육과정 시스템이 구성되어 학교와 학생의 역할에 대한 패러다임 전환이 나타나는 시기였다(교육인적자원부, 2007). '주도성'은 학생들이 자신의 목표를 세우고 행위할 수 있는 능력을 말하는데 세 가지 차원이 함께 작동한다는 것을 이해해야 한다. 그것은 성향적(목적, 지향성), 동기적(지각, 끈기), 위치적(상호작용, 협상) 차원으로써 이러한 차원이 학생의 실천에 어떠한 영향을 주는지에 대해 인지하고, 교사들이 지각하고 있는 공간에서 학생이 자신의 학습을 책임지는 주도권을 가질 수 있으며, 자신의 기회를 확장할 수 있는 학습에 참여할 수 있게 되는 것이다(Vaughn, 2023). 제7차에서는 '교육과정'을 '학습자가 학습 경험을 선정하고 조직함으로써 교육 경험의 질을 구체적으로 관리하는 교육의 설계도'라 정의하고 있으므로 '주도성'을 강조하고 있다고 볼 수 있다. 이는 학교와 교사들이 교육과정의 설계자가 되어야 함을 나타내며 학생을 변화시키는 대상으로 보는 것이 아니라 스스로 교육과정을 만들어 가는 '변혁'의 주체로 여기는 것이다(정기효, 2021). 제7차 교육과정의 세 가지 성격을 통해 학습 주체의 무게 중심이 학습자에게로 이동하고 있음을 확인할 수 있다. 이에 해당하는 성격은 '첫째, 국가 수준의 공통성과 지역·학교·개인 수준의 다양성을 동시에 추구하는 것, 둘째, 학습자의 자율성과 창의성을 신장하기 위한 학생 중심의 교육과정, 셋째, 교육청과 학교·교원·학생·학부모가 함께 실현해 가는 교육과정'이다(교육인적자원부, 2007). 이를 통해 제7차 교육과정이 학생 중심의 교육과정이라는 방향성을 읽을 수 있으며 학생 스스로 배움의 과정을 계획하고 주도적으로 실행할 수 있는 능력인 자기 주도적 학습에 대하여 관심을 기울이고 있음을 알 수 있다. 이러한 패러다임은 지금의 2022 개정 교육과정까지 지속적으로 이어져 그 맥락을 같이 하며 실제로 배움이 일어나는 학습 현장에서 매우 중요한 방향성을 제시하고 있다.

2) 지난 미술과 교육과정에서 주도성의 전개 및 특징

제7차 교육과정의 학생 중심 교육과정의 특징은 미술과 교육과정에도 함께 반영되어 그 특징이 나타난다. 학습자의 관심과 흥미·요구를 반영한 교과 내용구성 체제와 더불어 제6차 교육과정에서 주목했던 개성·창조·정서 교육으로서의 성격이 더 강조되었다(류재만, 손지현, 2017). 2007 개정 미술과 교육과정에서는 교과 교육 목적의 두 번째에 학습자의 자기 주도적 학습에 대해 '다양한 동기 유발을 통해 표현 의지를 북돋아 주고 주제, 표현 방법, 조형 요소와 원리, 재료와 용구 등의 표현 요소와 표현 계

〈표 1〉 제7차 ~ 2015 개정 미술과 교육과정 목표의 '주도성' 전개 특징

시기	'주도성' 전개 특징	미술과 목표	핵심어 추출	'주도성' 의미 발현
제7차 교육과정	• 학습자 관심과 흥미 · 요구를 반영한 교과 내용구성 체제 • 개성 · 창조 · 정서 교육으로서의 성격 강조	미술 활동을 통하여 표현 및 감상 능력을 기르고, 창의성을 계발하며, 심미적인 태도를 함양한다. 가. 미적 대상의 가치를 발견하고 이해할 수 있다. 나. 느낌과 생각을 창의적으로 표현할 수 있다. 다. 미술품의 가치를 판단하고, 미술 문화유산을 존중할 수 있다.	• 표현 및 감상 능력 • 창의성 계발 • 심미적 태도 함양 • 미적 대상 가치 발견 · 이해 • 느낌 · 생각 창의적으로 표현 • 미술품 가치 판단 • 미술 문화유산 존중	• 표현 및 감상 능력 • 창의성 계발 • 느낌 · 생각 창의적으로 표현
2007 개정 교육과정	• 다양한 동기 유발 통해 표현 의지 고찰 • 표현 요소와 표현 계획, 수행, 반성 등의 표현 과정, 표현의 확장에 관한 체계적 탐색 • 자기 주도적 표현 활동으로 느낌 · 생각 창의적 발산	미적 감수성과 직관으로 대상을 이해하고 삶을 창의적으로 향유하며 미술 문화를 계승, 발전시킬 수 있는 전인적 인간을 육성하는 데 있다. 가. 자신과 주변 세계에 대한 미적 감수성을 기른다. 나. 느낌과 생각을 창의적으로 표현하고 소통할 수 있는 능력을 기른다. 다. 미술의 가치를 이해하고 판단할 수 있는 능력을 기른다. 라. 미술을 생활화하여 미술 문화를 애호하고 존중하는 태도를 기른다.	• 미적 감수성 • 직관으로 대상 이해 • 삶을 창의적으로 향유 • 미술 문화 계승, 발전 • 전인적 인간 육성 • 자신과 주변 세계 • 느낌 · 생각 창의적으로 표현 • 소통할 수 있는 능력 • 미술 가치 이해 · 판단 • 미술 생활화 • 미술 문화 애호 · 존중 태도	• 삶을 창의적으로 향유 • 자신과 주변 세계 미적 탐색 • 느낌 · 생각 창의적으로 표현 • 소통할 수 있는 능력
2009 개정 교육과정	• 학습자가 미적 감수성과 직관으로 대상 이해 • 미술을 통하여 학습자 자신의 삶을 창의적으로 향유	미술의 다양한 활동을 통하여 미적 감수성, 창의적 표현 능력, 비평 능력을 기르고, 미술 문화를 향수 할 수 있는 능력과 태도를 기른다. 가. 생활 속에서 여러 가지 대상과 현상에 대한 미적 감수성을 기른다. 나. 느낌과 생각을 창의적으로 표현하고 소통할 수 있는 능력을 기른다. 다. 미술의 가치를 이해하고 판단할 수 있는 능력을 기른다. 라. 미술을 생활화하여 미술 문화를 존중하는 태도를 가진다.	• 미적 감수성 • 비평 능력 • 미술 문화 향수 능력 · 태도 • 대상과 현상에 대한 미적 감수성 • 창의적으로 표현 · 소통 능력 • 미술 가치 이해 · 판단 능력 • 미술 생활화 • 미술 문화 존중하는 태도	• 비평 능력 • 대상과 현상에 대한 미적 감수성 • 창의적으로 표현 · 소통하는 능력
2015 개정 교육과정	• 미술을 통한 전인적 교육, 개인의 역량 강화 • 미술을 통한 학습자 개인의 성장 중시	다양한 미술 활동을 통하여 대상을 감각적으로 인식하고, 느낌과 생각을 창의적으로 표현하며, 미술 작품의 가치를 판단함으로써 삶 속에서 미술 문화를 향유 할 수 있는 능력을 기른다. 가. 주변 세계를 미적으로 인식하고 시각적으로 소통하는 능력을 기른다. 나. 자기 주도적인 미술 활동을 통해 창의 · 융합적으로 사고하고 표현할 수 있는 능력을 기른다. 다. 미술 작품이 지닌 특징을 이해하고 비평할 수 있는 능력을 기른다. 라. 미술을 생활화하며 문화의 다원적 가치를 존중하는 태도를 기른다.	• 대상을 감각적으로 인식 • 느낌 · 생각을 창의적으로 표현 • 미술 작품 가치 판단 • 삶 속에서 미술 문화 향유 능력 • 주변 세계 미적 인식 • 시각적 소통 능력 • 자기 주도적 미술 활동 • 창의 · 융합적 사고 · 표현 능력 • 미술 작품 특징 이해 • 비평 능력 • 미술 생활화 • 문화의 다원적 가치 존중 태도	• 느낌 · 생각을 창의적으로 표현 • 삶 속에서 미술 문화 향유 능력 • 시각적 소통 능력 • 자기 주도적 미술 활동 • 창의 · 융합적 사고 · 표현 능력 • 비평 능력

획, 수행, 반성 등의 표현 과정, 표현의 확장에 관한 체계적인 탐색과 자기 주도적인 표현 활동으로 느낌과 생각을 창의적으로 나타나게 한다'라고 언급하고 있다(교육인적자원부, 2007, p. 227). 2009 개정 교육과정 개정의 기본 방향 역시 학생 중심 교육과정으로 '창의성, 인성, 글로벌 정신을 갖춘 미래 인재를 육성하여 학교 교육과정의 자율화를 구현하는 것'에 두고 있다. 미술과 목표에서는 학습자가 미적 감수성과 직관으로 대상을 이해하도록 하고, 학습자 자신의 삶을 창의적으로 향유하며 전인적 인간으로 성장할 수 있도록 하는 내용이 포함되어 있다(교육과학기술부, 2011). 이어지는 2015 개정 교육과정 또한 총론 및 교육과정 성격에서는 학습자 중심의 교육을 더욱 강조하며 '학습자의 자율성과 창의성을 신장하기 위한 학생 중심의 교육과정'으로 규정하고 있다. 특히, 학교 교육을 통하여 신장해야 할 핵심역량으로 '자아정체성과 자신감을 가지고 자신의 삶과 진로에 필요한 기초 능력과 자질을 갖추어 자기 주도적으로 살아갈 수 있는 자기관리 역량'이 더욱더 강조되고 있음이 엿보인다(교육부, 2015). 미술과 교육과정 또한 내용적 특성에서 학문 중심 교육과 기능 중심 미술교육을 넘어서 점차 미술을 통한 전인적 교육과 개인의 역량 강화로의 변화를 보여주며 학습자 개인의 성장을 중요시하고 있음을 알 수 있다(이경재, 2018). 〈표 1〉은 교육부의 미술과 교육과정(교육인적자원부 2007; 교육과학기술부 2011; 교육부 2015)을 참고하여 각 미술과 교육과정에서 나타나고 있는 '주도성'의 전개 특징에 따른 미술과 목표의 핵심어를 추출하고, 그 중에서 '주도성'의 의미가 더 잘 발현될 수 있는 특정 핵심어를 나타낸 것이다.

3) 2022 개정 미술과 교육과정에서 주도성 내용 분석

2022 개정 미술과 공통 교육과정은 총론에서 제시한 인간상 및 역량과 연계하여 '심미적 감성 역량, 창의・융합 역량, 시각적 소통 역량, 정체성 역량, 공동체 역량'을 미술과 학습을 통해 기를 수 있는 교과 역량으로 설정하고 있다. 교과 역량을 토대로 미술과 공통 목표를 '학생은 대상과 현상에 대한 미적 체험을 바탕으로 느낌과 생각을 표현하고 감상하는 활동을 통하여 자신과 세계를 이해하고 미술 문화 창조에 주도적으로 참여할 수 있다'로 제시하고 있다. 미술과 공통 교육과정은 성격 및 목표, 내용 체계 및 성취 기준, 교수・학습 및 평가의 구성 체계를 갖는다. 그리고, 내용 체계에서 미적 체험 영역은 감각과 사고의 연결을 통해 미적 감수성을 기르고 앎을 확장하며 자신과 세계의 의미와 가치를 성찰하고 소통하게 한다. 표현 영역은 다양한 발상과 매체를 통해 느낌과 생각을 시각화하고 성찰하며 창의적으로 문제를 해결하는 가운데 예술적 성취를 경험하게 한다. 감상 영역은 다양한 삶과 문화가 반영된 미술과의 만남으로 미적 판단 능력을 기르고 자신과 공동체를 이해하며 미술 문화의 다원적 가치를 존중하게 한다(교육부, 2021). 한편, 2022 개정 미술과 교육과정 목표에서 '주도성' 관련 전개 특징과 핵심어에서 추출한 '주도성'의 의미가 더 잘 발현된 핵심어는 〈표 2〉와 같다. 이 표를 통해 이전 교육과정에 비해 학습자 주도성을 더 중시하여 반영하였음을 알 수 있다.

2. 미술교육에서의 주도성 관련 선행연구

1) 미술교육에서 주도성의 개념 접근

미술교육에서 자기 주도성은 미술의 기본적인 전제가 된다고 여겨지기 때문에 깊이 있게 다루어지지 않는 측면이 있다. 표현 활동에서 학생들은 다양한 재료를 활용하여 직접 조형 활동에 참여하게 되므로 주도적인 활동이 자연

〈표 2〉 2022 개정 미술과 교육과정 목표의 '주도성' 전개 특징

시기	'주도성' 전개 특징	미술과 목표	핵심어 추출	'주도성' 의미 발현
2022 개정 교육 과정	• 미술 문화 창조에 주도적으로 참여 • 미술 매개로 주도적 사고 · 행동 • 세계와의 관계에서 자신 이해	대상과 현상에 대한 미적 체험을 바탕으로 느낌과 생각을 표현하고 감상하는 활동을 통하여 자신과 세계를 이해하고 미술 문화 창조에 주도적으로 참여할 수 있다. (1) 대상과 현상을 감각적으로 지각하고 반응하면서 심미적 감성을 기른다. (2) 미술 활동을 통해 자신의 느낌과 생각을 창의적으로 표현하며 경험과 사고를 유연하게 통합하고 확장한다. (3) 다양한 매체에 기반한 시각문화를 비판적으로 이해하고 활용하여 시각적으로 소통한다. (4) 미술을 매개로 주도적으로 사고하고 행동하며 세계와의 관계에서 자신을 이해한다.	• 대상과 현상에 대한 미적 체험 • 감상 활동 통하여 세계 이해 • 미술 문화 창조에 주도적으로 참여 • 대상 · 현상을 감각적으로 지각 · 반응하며 심미적 감성 기르기 • 느낌 · 생각 창의적으로 표현 • 경험과 사고를 유연하게 통합 · 확장 • 다양한 매체 기반 • 시각문화 비판적 이해 · 활용 • 시각적 소통 • 미술 매개로 주도적 사고 · 행동 • 세계와의 관계에서 자신 이해 • 미술 문화의 다원적 가치 존중 • 협력적 의사소통 • 공동체 발전에 참여	• 미술 문화 창조에 주도적으로 참여 • 대상 · 현상을 감각적으로 지각 · 반응하며 심미적 감성 기르기 • 느낌 · 생각 창의적으로 표현 • 경험과 사고를 유연하게 통합 · 확장 • 시각문화 비판적 이해 · 활용 • 시각적 소통 • 미술 매개로 주도적 사고 · 행동 • 세계와의 관계에서 자신 이해 • 협력적 의사소통 • 공동체 발전에 참여

스럽게 이루어진다고 생각되기 때문이다(김선아, 2016). 그러나 교육 전반에 걸쳐 학습자의 주도성이 점차 강조되고 있는 흐름 속에서 학습자의 위치와 역할에 대하여 주목할 필요가 있다.

미술교육에서 주도성에 대해 다루었던 연구로부터 개념과 그 의의를 살펴보고자 한다. 이주연(2001)은 구성주의에서 논의되는 학습자 중심 교육과 자기 주도 학습이 미술 교과에서는 학생들의 표현 활동에 국한되고 있음을 지적한다. 또한 학습자의 특성을 파악하지 못하고 학습의 선택권과 자율권이 학습자에게 주어졌을 때 나타날 수 있는 다양한 양상들을 예견하지 못하는 상황에서 학습자 중심 교육이나 자기 주도적 학습, 열린 교육을 실시하는 것에 대한 우려를 나타낸다. 그래서 학습자 중심의 제7차 미술과 교육과정 운영을 위한 제언으로, 학습자가 요구하는 것이 무엇인지를 파악하는 교사의 전문가적인 노력 및 능력의 중요성을 거론한다. 학습자가 문제 해결을 위한 과정에서 스스로 성찰하고 인지 체계를 바꾸어 나가는 능동적이고 자율적인 힘을 가질 수 있도록 하는 교육 시스템, 다양성을 인정하는 사회적인 분위기 조성이 필요함에 대해 강조한다. 이용일(2005)은 학생들이 학습함에 있어 흥미를 느끼고 주도적인 역할을 하였을 때와 타인과 다른 것을 만들어 낼 때 자기 효능감을 깨닫게 되므로 학습자들에게 활동의 주체자로서 선택권과 자율성을 강화하여 능동적인 참여를 유도해야 한다고 이야기한다, 또한 현행 교과서의 문제점을 해결하기 위한 새로운 시도와 미래를 대비하고 풍성한 문화 시대를 열기 위한 교사의 실천적 노력, 제도의 조력이 필요함을 주장한다. 김혜경(2013)은 세계 여러 나라의 미술과 교육과정에서 발견되는 개별화의 강조와 상대성의 강화로 개인의 역량과 통합을 강조하는 경향을 논의한다. 교육과정이 지니고 있는 '코스(course)'로서의 의미에서 '과정(process)'으로서의 의미가 강조되어야 하고, 새로운 시각에서 미술을 즐기고 학습자의 생활 속에서 체득될 수 있는 개인의 삶에 집중하는 역량을 중심으로 미술과 교육과정이 재구조화 되어야 함을 이야기한다. 김선아(2016)는

2015 개정 교육과정이 고시된 이후 자기주도학습에 대한 사회적 관심과 요구가 증대되고 있으므로 미술 교과의 맥락에서 적절하게 해석・구현하기 위한 방안이 시급함을 주장한다. 학습자 개인에 국한되지 않는 학습자-교사 간의 상호작용적이고 관계적인 관점에서 자기주도학습에 대해 논의하는 것이 필요하고, 자기주도학습은 순환적 개념으로 학습자 스스로 과제를 '계획-실행-반성'하여 의미 있는 경험을 구성해가는 과정임을 이야기한다. 학습자-교사 간의 역할 이동보다는 '학습자가 목표를 설정하고, 자기통제 하에 전략을 수행해 나가며, 반성적으로 평가하는 학습의 전 과정'에서 학습자가 주도성을 가질 수 있도록 하는 사회적 지원 체계가 마련되어야 함을 역설(力說)한다.

2) 미술교육에서 주도성의 의미

우리나라 교육에서 학습자가 '무엇을 해낼 수 있는 능력-역량(competency)'은 학생들의 수행 중심에서 이루어진다는 의미를 담고 있다. 실제로 교육의 결과로 학생들이 무엇을 할 수 있느냐를 중심으로 한다. 미술교육에서 주도성의 의미에 접근하기 위해 '학습자 주도성'의 개념과 발현 과정을 살펴보면 다음 [그림 1]을 참고할 수 있다.

> "학습자 주도성은 '흥미-앎에 대한 욕구를 바탕으로 하는 지속적이고 적극적인 애씀', '행위-구체적인 실천'이라는 하위 개념으로 이루어진다. 학습자 주도성은 행위주체성(agency)의 속성, 행동할 수 있는 가능성(capability)의 의미를 동시에 가지고 있으며 '무엇을 할 수 있고, 무엇이 될 수 있는가?'에 대한 것이다. 소중히 여길 만한 삶을 영위할 수 있는 가능성으로서 삶의 주도성을 목적으로 하며, '총체적 잘 살기'라는 방향성을 갖는다."(남미자 외, 2021, pp. 80-83).

그렇다면, 미술교육에서 주도성의 의미는 무엇일까? 미술은 근본적으로 인간이 참여하는 과정(process)이다. 원시적 사회에서부터 현재의 고도 문명사회에 이르기까지 모든 사회는 미술을 통해 시대 구성원들인 인간의 문화를 비춰주며 그 과정을 예상하게 하기 때문이다. 인간이 참여하여 창조해 내는 과정으로서의 미술은 이미 학습자의 주도성을 핵심으로 하고 있다. 최근 2022 개정 교육과정의 미술 교과 성격의 내용에는 학습자가 배움의 주체가 될 수 있는 학습자 주도성을 더욱 강조하고 있다.

> "디지털 전환의 시대를 맞이하여 미래에 대한 예측이 불확실해질수록 삶의 주체로서 자신에 대한 이해가 더욱 중요해지고 있다. 미술의 경험을 통하여 학생들은 자신이 느끼고 생각한 것을 이해하고 성찰하며 확장함으로써 자신의 정체성을 형성해 갈 수 있다. 또한 타인, 환경, 세계와 상호작용하는 가운데 자신의 위치를 확인하고 나아가 타인의 고유성을 존중하며 더불어 살아가는 힘과 협력적 문화를 형성하는 힘을 기를 수 있다."(교육부, 2021, p. 5).

'미술의 경험을 통하여 삶의 주체로서 학생들은 자신이 느끼고 생각한 것을 이해하고 성찰하며 확장해야 한다는 것'은 미술 수업이 이루어지는 전 과정에서 학습자가 가지는 주체성으로부터 나오는 것을 스스로 느끼고, 자신이 생각한 것에 대하여 자율성을 보장받으며 구체적 실천을 통해 배움 과정을 온전히 자기 것으로 만들어 가며 정체성을 바르게 형성해 가는 것을 의미한다고 할 수 있다. 더불어 학습자의 주도성이 온전히 발휘될 수 있도록 필요한 것들을 지원할 수 있는 교육적 개입, 즉 역량 있는 미술 교사와 주변 환경을 포함한 전반적인 교육 시스템의 상호작용이 뒷받침되어 상호 간의 조화를 이루어야 가능할 것이다.

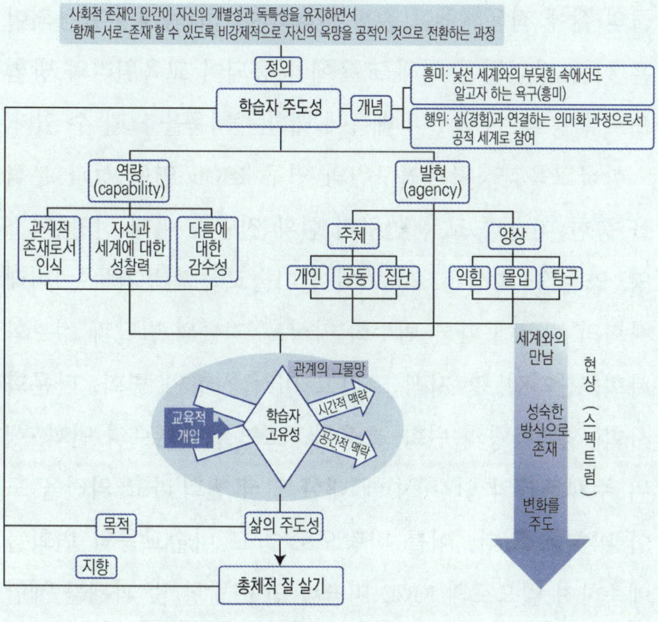

[그림 1] 학습자 주도성의 개념 지도

출처: 남미자 외, 2021, p. 81

3) 미술교육에서 주도성의 특징

Greene은 진정한 배움은 학습자가 자율성을 가지되 배움에 책임감이 더불어 수행될 때 가능하다고 하였다. 학생들이 참여(engaging)하도록 하는 것, 학생 스스로 답을 찾아가도록 촉진하는 것이 가르침의 목적이다. 학습자 개인이 자신의 상황을 돌아보고 이해하기 위해 스스로 깨어 있는 것과 문제 상황을 극복하려는 능동적이고 의식적인 태도의 함양이 무엇보다 중요하다. 삶과 연결된 진정한 교육을 강조한 그는 '자신의 발견, 자신을 둘러싼 세계의 발견, 이 둘 사이의 연결성의 발견'에 집중하여 탈맥락화(decontextualization)를 맥락화(contextualization)하기 위한 교육으로서 미적 교육은 삶과 일상의 맥락을 돌아보고 좋은 사회가 무엇인지를 예술을 통해 고민하게 한다고 하였다(임새롬, 민경훈, 백성혜, 2021, p. 73, 재인용). 이는 미술이 학습자의 주도성을 자연스럽게 발현하기에 적합한 특징을 가지고 있음을 말한다. 이와 같은 특징을 지닌 미술은 인간이 참여하여 창조해내는 과정(process)이다. 미술과 학습자 주도성 발현을 촉진하기 위한 모형을 제안하기 위해서 2022 개정 교육과정 미술과 목표를 바탕으로 하여 이인태, 우연경, 유은정(2003)의 학습자 주도성의 발현 수준 모형을 참고하여 나타낸 미술과 학습자 주도성의 발현 모형은 [그림 2]와 같다. 학습자 주도성은 목적을 달성하기 위해 개인과 공통적 수준의 다수와 협력하면서 필요한 지식, 가치·태도, 기술 등을 식별하고, 이를 획득하기 위해 구체적인 목표와 계획 등을 수립해야 한다. 수립한 계획이나 전략 등을 효과적으로 실행 및 관리하고, 이 모든 과정을 반성하고 평가할 수 있는 통합적인 능력이 필요하다. 이를 위해 '의도성, 자기조절, 자기성찰'이 상호작용하는 개인의 내적 힘을 길러야 한다(이인태, 우연경, 유은정, 2003).

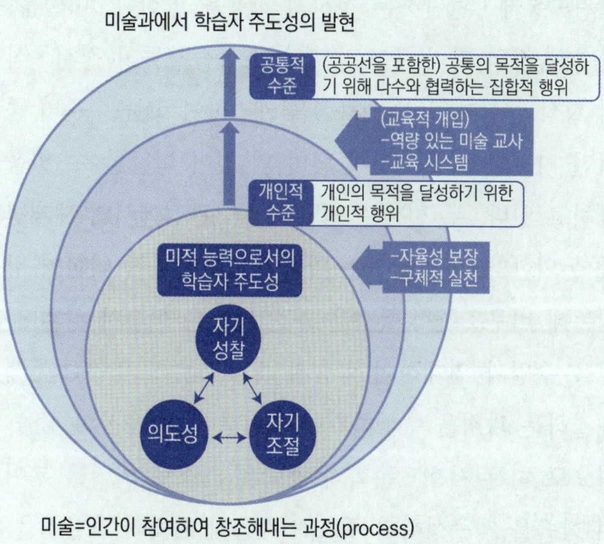

[그림 2] 미술과에서 학습자 주도성의 발현 모형

3. 미술교육에서의 주도성 필요성 및 목적, 현황

1) 미술교육에서의 주도성의 필요성 및 목적

김선아(2016)는 '미술과 자기주도학습의 의미와 원리에 관한 탐색적 연구'에서 학습자 관점에 대한 대안을 제시하며 미술교육에서 학습자 주도성 방안에 대한 방향성을 제안하고 있다. Anderson과 Milbrant(2004; 2007)가 말하는 미술교육이 창의성과 메타 인지의 중심에 있다는 것을 거론하며 첫 번째 대안으로 인지적 관점에서의 재개념화를 논의한다. 창의성(creativity)은 학생들이 실제 수업에서 나오게 된 결과로써 새로운 관계를 지각하거나, 비범한 아이디어를 산출하거나 전통적 사고유형에서 벗어나 새로운 유형으로 사고하는 것을 말하며 메타 인지(metacognition)는 자신의 인지 과정에 대해 한 차원 높은 시각에서 관찰・발견・통제・판단하는 정신적 작용을 말한다. 미술을 통한 학습자의 자기 주도적 학습이 학습자들의 정서・심리적 향상과 함께 인지적 능력을 개발하여 고등 수준의 종합적인 사고를 발달시키게 되며 더 깊이 학습할 수 있음을 밝히고 있다. 두 번째는 맥락주의적 관점에서의 재개념화를 논의한다. 여기에서는 미술의 사회문화적 역할이 강조되는데 비구조화적 특성을 가진 미술은 학습자 삶의 문제들을 수업과 연계하여 학습자 스스로 주도적으로 문제를 해결하는 과정을 수행하기에 용이하다. 학습자의 삶을 배경으로 하는 사회・문화적 맥락은 스스로 의미를 부여하며 학습을 재구성하며 주도적 배움의 매력과 효율성을 경험할 수 있다.

김황기(2021)는 미술을 통한 미래 교육의 원리를 학생들이 재능을 발견하고 계발하는 교육, 지금보다 더 넓고 깊게 설정하는 학습의 개념, 개인화에 초점을 준 커리큘럼, 스스로 가르칠 줄 아는 학습 방법이 필요함을 주장한다. 미술가들의 삶에 적용해왔던 존재 원리와 미술교육에서 활용되어 온 학습 방법들은 미래 교육에 차용되어 교육원리와 방법으로 활용될 수 있으며 배움에 대한 즐거움을 느낄 수 있다.

한국교육과정평가연구원의 연구 'KICE 연구 성과 분석을 통한 미술과 교육 연구의 현황 진단과 미래 전망'(박소영, 양윤정, 박상돈, 2022)에서 미술교육 전문가들은 미래 사회의 변화에 따른 범주화 양상을 '기술의 발달과 정보화 사회, 창의성 및 지식 그리고 미적 지형의 변화, 다문화 사회, 생태환경의 변화, 초융합・초연결 사회로의 변화, 행위 주체로서의 인간(성)에 대한 인식 변화'라고 의견을 모아 밝히고 있다. 이를 바탕으로 학교 미술교육의 변화를 예측하며 앞으로의 KICE 미술과 연구 방향 및 과제를 제안하였다. 미래 사회의 변화 특징으로 '기술의 발달과 정보화 사회'에서 학교 미술교육에서 도모해야 하는 변화에 '비주얼・미디어・디지털 리터러시 교육, 학교 환경 변화에 따른 교육 방법의 다양화, 개인별 맞춤형・개별화 교육, 매체 활용 교육의 다양화・전문화, 디지털 매체 교수・학습 방법, 온・오프라인 병행 수업에 따른 수업 내용・방법・평가 방법, 기술 활용에 있어서의 윤리적 검토'를 논의하였다. 창의성 및 지식 그리고 미적 지형의 변화에서는 '정보의 해석과 창의적 사고, 창의적 문제 해결력 향상을 위한 교수법'이 요구되며, 행위 주체로서의 인간(성)에 대한 인식 변화를 위한 학교 미술교육의 변화로는 '인간 존재・실존・감성・체험과 경험의 의의와 의미, 공동체 의식 및 협력・협동・배려의 강조, 미적 경험을 통해 감각을 회복하는 사회적 상상력 교육'이 필요함을 언급하였다(박소영, 양윤정, 박상돈, 2022, pp. 43-47). 미술교육에서 학습자 주도성의 필요성을 더욱 강조하여 언급되는 부분은 창의성 및 지식 그리고 미적 지형의 변화에서 '정보의 해석과 창의적 사고, 창의적 문제해결력 향상을 위한 교수법', 기술 발달과 정보화 사회에서의 '개인별 맞춤형・개별화 교육', 행위 주체로서의 인간(성)에 대한 인식 변화에서 '인간 존재·실존·감성·체험과 경험의 의의와 의미, 공동체 의식 및 협력·협동·배려의 강조, 미적 경험을 통해 감각을 회복하는 사회적 상상력 교육'의 변화 부분이다. 이는 미술교육에서 학습자의 주도성 실천이 적극적으로 수행되어야 함을 이야기하는 것이다.

〈표 3〉 미술과에서 자기주도학습, 학습자 중심 관련 연구 현황

학술연구정보서비스(RISS), 검색일: 2024. 02. 08.
[상세 검색 - 논문명/미술 - 주제어/학습자 중심, 자기주도학습 - 발행연도/2000~2023 - 주제 분류/교육 - KCI 등재 학술지]

기간	연구자	연구 제목	구분	
			자기주도 학습	학습자 중심
2000 ~ 2010	박라미(2002)	자극을 통한 학습자 중심의 다각화 표현을 위한 미술 프로그램 연구		●
	박라미(2003)	신(新)미술교육을 위한 학습자의 비판적 활동과 자기주도적 의미부여 필요성	●	
	이용일(2005)	학습자 중심의 자기 주도적 학습을 위한 초등미술교과서 개발 방안	●	●
	김지희(2010)	자기 주도적 미술활동 프로그램이 아동의 창의성 발달에 미치는 영향 연구	●	
2011 ~ 2015	손정우(2013)	미술활동과 연계한 과학실험활동이 초등학생의 자기주도학습능력과 창의적 성격에 미치는 영향	●	
	강인애(2015)	온라인 박물관을 활용한 시각문화 미술교육의 수업사례: 맥락적 학습과 자기주도적 학습을 중심으로	●	
	이현민(2015)	가상박물관을 활용한 시각문화 미술교육: 자기 주도적 학습과 맥락성을 중심으로	●	
2016 ~ 2020	김선아(2016)	미술과 자기주도학습의 의미와 원리에 관한 탐색적 연구	●	
	김애리(2019)	NLP기법을 활용한 집단미술치료프로그램이 저소득층 중학생의 자기주도학습 준비도에 미치는 효과	●	
	이재영(2019)	자기 주도적 미술 학습 능력 신장을 위한 미술 감상 학습 방안 연구: 미술교육의 인문학적 가치를 기반으로	●	
	정회진(2019)	자기 주도적 미술 학습을 위한 공간 디자인 프로그램 설계- 예비 초등 교사를 대상으로 한 미술교육과정을 중심으로	●	
	이채원, 김효정(2020)	학습자 중심의 전시 감상 수업을 통한 미술관과 학교연계교육 방안 연구		●
2021 ~ 2023	박윤미(2021)	'미술'과 '언어' 활동 융합형 아동 발달지원 프로그램 개발 및 효과 분석: 자기 주도적 학습능력 및 의사소통 태도에 미치는 영향을 중심으로	●	
	주민정(2021)	비평적 탐구 활동이 자기 주도적 미술 감상 학습 능력에 미치는 영향	●	
	김양주(2022)	학습자 중심 미술교육을 위한 실행연구: 성인과 고등학생 대상 통합미술 수업을 중심으로		●
	박현희(2023)	자연모사 미술융복합수업이 중학생의 자기주도학습과 과학적 문제해결능력에 미치는 효과	●	
	장운, 고영춘(2023)	학습자 주도 수업에 의한 미술사 교과의 학업 자기효능감, 학습몰입 및 학업성취의 연구: 중국 후난성 H사범대학 미술전공 2학년 학생들을 대상으로		●

2) 미술교육에서 주도성의 현황

미술교육에서 주도성과 유사 개념인 '자기주도학습, 학습자 중심'의 관점에 해당되는 국내 연구 현황을 찾아보면 학술지와 학위논문을 합쳐 약 65편이다. 그중 KCI 등재 국내 학술지 논문만을 추려보면 〈표 3〉과 같다. 주도성은 앞서 언급한 바와 같이 학습자 중심이라는 개념에서 파생된 학습자 주도학습으로 학습자가 스스로 독립적이며 주도적으로 개인의 학습 계획을 수립하고 달성하기 위하여 수반되는 과정을 포함한다. 학습자가 알맞은 학습전략과 기술을 선택하고 학습 내용과 경험을 결정하는 과정을 통하여 평가까지 이르는 학습이다. 이와 같은 관점의 접근이 이루어진 국내 학술지 연구들은 〈표 3〉에서 보듯이 '자기주도학습'과 '학습자 중심'의 관점이 혼재되어 비슷한 개념으로 연구가 진행되어왔음을 알 수 있으며 자기주도학습이 보다 더 많은 빈도를 나타내고 있다.

4. 미술교육에서의 주도성의 내용과 방법

1) 미술교육에서 주도성의 내용

2022 개정 미술과 교육과정 미술과 목표는 '대상과 현상에 대한 미적 체험을 바탕으로 느낌과 생각을 표현하고 감상하는 활동을 통하여 자신과 세계를 이해하고 미술 문화 창조에 주도적으로 참여할 수 있다'로 학습자 주도성이 중요한 아젠다(agenda)이다. 한국교육과정평가원에서는 'KICE 연구 성과 분석을 통한 미술과 교육 연구의 현황 진단과 미래 전망'에서 향후 미술과 교육 연구의 발전 방향을 제안하기 위하여 델파이 조사와 전문가 협의회 등을 통해 미래 사회의 변화 모습을 예측하고, 그에 기반한 학교미술교육의 변화 방향을 모색하였다. 행위 주체로의 인간(성)에 대한 인식 변화에 대응하기 위해 학교미술교육은 인간 존재와 인간성을 재정의할 수 있어야 하며, 미래 사회에서의 인간성에 대한 인식 변화에 대응하기 위한 인성교육, 생명 및 타자 감수성, 미적 감수성, 공동체성 함양 등을 위한 교육이 이루어져야 한다는 의견을 제시하였다(박소영, 양윤정, 박상돈, 2022). [그림 3]은 학습자의 주도성 교육을 위한 인식 변화와 연결성이 있는 행위 주체로의 인간(성)에 대한 인식 변화를 위해 요구되는 미래 사회에 대비한 학교미술교육의 변화에 관한 내용으로 미술교육의 주도성 내용에 기반이 될 수 있다.

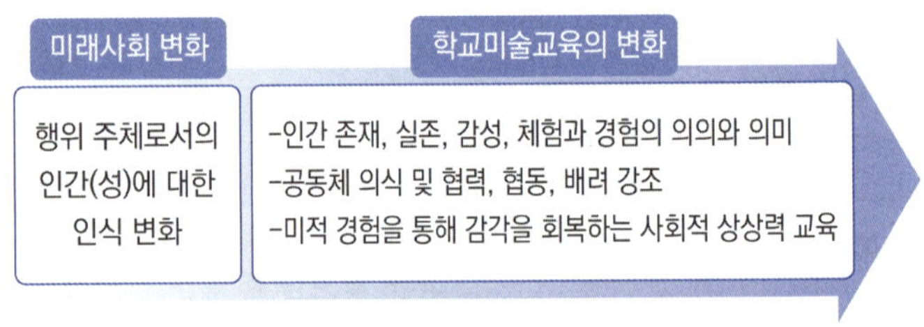

[그림 3] 미래 사회에 대비한 학교미술교육의 변화

출처: 박소영, 양윤정, 박상돈, 2022, p. 44.

미술과에서 주도성의 내용은 행위 주체성(agency)의 속성과 행동할 수 있는 가능성의 의미를 동시에 가지는 학습자 주도성 교육을 지향점으로 하는 2022 개정 미술과 교육과정의 목표와 내용 체계를 참고하여 다음과 같이 제시하고자 한다. '미적 체험' 영역에서 학습자는 자신의 감각을 일깨워 미적 감수성을 경험하며 미적 가치를 발견할 수 있다. 또한 미적 대상과 현상을 관찰·지각하는 경험을 통해 배움을 확장하고 자신을 성찰하는 기회를 가질 수 있다. 이미지에 대한 비판적 이해를 수행하는 과정에서는 시각적 소통 능력을 기를 수 있고, 문화적 참여의 토대를 다양하게 체험할 수 있다. '표현' 영역에서는 학습자 자신의 느낌과 생각을 시각화하는 창의적 사고를 발산하고 자기성찰의 순환 과정을 경험할 수 있다. 다양한 발상은 학습자의 아이디어와 주제를 발전·확장시킬 수 있고 자기표현의 토대가 되며 작품 제작 과정은 다양한 표현 재료와 방법을 탐색하고 조형 요소와 원리를 선택하고 활용하여 자신만의 방법으로 창의적인 문제를 해결하는 과정을 거치며 이를 통해 예술적 성취를 경험할 수 있다. '감상' 영역에서는 다양한 삶과 문화가 반영된 미술을 경험하며 자신과 공동체의 문화를 깊게 이해할 수 있고, 다양한 작품의 내용과 형식에 관한 맥락적 이해를 바탕으로 분석적인 비평을 통해 미적 판단 능력을 고취시킬 수 있다. 또한, 감상을 통해 서로 다른 관점의 다양한 시각을 이해하며 삶에서 미술 문화의 다원적 가치를 존중하는 태도를 함양할 수 있다. 영역별 핵심 아이디어 내용은 학교급별로 [지식·이해], [과정·기능], [가치·태도] 구분되어 제시되고 있으나 학습자의 수준과 특성에 따라 학습자 주도성 교육에 적합하도록 유동적으로 재구성되어 제공되어야 한다.

2) 미술교육에서 주도성 방법 및 사례

이화식(2019)은 대화 기술을 적용한 학습자 중심 감상법에 대한 연구를 통해 학교 현장, 박물관, 미술관, 전시장 등에서 구체적으로 사용할 수 있는 대화 중심 감상 수업 방안에 대하여 고찰하였다. 대화 중심 감상 수업의 과정과 그에 연계된 구체적 대화 기술을 적용하는 것은 현대 사회가 요구하는 학습자 자기 주도적 능력, 의사소통 능력과 협응될 수 있음을 이야기하였다. 학습자 중심의 전시 감상 수업을 통한 미술관과 학교 연계 교육 방안을 연구한 이채원, 김효정(2020)은 미술관과 학교가 연계된 학습자 중심의 전시 감상 수업의 효과성 확인 및 활성화 방안을 모색하였다. 전시에 대한 미적 경험의 하위영역 중 '인지적 영역'이 가장 높은 향상도를 보였으며 그 다음으로는 '소통적, 감정적, 지각적 영역' 순으로 향상도가 나타났다. 학생 간 긍정적 상호작용과 흥미가 반영된 사전학습은 전시 주제에 대한 관심과 이해도를 높였으며 이로 인해 학습자 삶으로 내면화되고 확장될 수 있음을 알 수 있었다. 또한 교사의 학습 환경개선에 영향을 주었음을 관찰할 수 있었다. 김양주(2022)는 성인과 고등학생 대상 통합미술 수업을 중심으로 학습자 중심 미술교육을 위한 실행연구를 수행하였다. 실행연구를 통해 학습자가 자발적인 존재로서 이루어지는 통합미술교육 수업의 자유로움은 다른 수업과 차이를 느끼게 하는 정서적 교감 요인이 되어 학생들에게 미술을 새롭게 바라볼 기회를 제공하였다. 또한 학습자 자신이 생활 속에서 미술을 어떻게 경험하고 접근하는지, 어떤 의미를 가지는가와 관련됨을 볼 수 있었으며 같은 수업 속에서도 학습자 각자가 체험하게 된 통합은 저마다 다른 의미가 있음을 관찰할 수 있었다. 무엇보다 연구자에게 통합미술교육이 '문제 해결'이라는 결과 중심 시각에서 '더 나은 인간'이라는 지향점을 향해 가는 과정의 교육이 될 수 있음을 발견하며 인식 변화를 가져왔다. 학생 주도의 소통과 참여 중심 공공미술 프로젝트 실행연구를 수행한 장현주(2022)는 연구 과정을 통해 코로나 펜데믹으로 상호의사소통 기반의 수업이 장기간 이루어지지 못하는 상황에 주목하여 미술 수업에서 학생이 주도하는 프로젝트 수업을 시도하였다. 학생들에게 적극적인 의사소통 기회를 주고 프로젝트 전 과정에 자발적으로 참여하도록 분위기를 조성하여 적극적인 참여와 소통을 유도하며 공공미술교육의 가치와 가능성을 보여주고자 하였다. 연구를 통해 초등학교 고학년 수준에 맞는 학생 주도적 공공미술교육의 가능성과 이론 정립 기여를 기대할 수 있었다. 〈표 4〉는 미술교육에서 학습자 중심의 주도성 교육이 이루어진 사례이다.

〈표 4〉 미술교육에서 주도성의 사례

연구 제목	연구자	주제어	내용 및 결과
대화 기술을 적용한 학습자 중심 감상법	이화식 2019	대화 중심 감상 대화 기술 집단 과정 학습자 중심 감상	• 학교 · 박물관 · 미술관 · 전시장 등에서 구체적으로 사용할 수 있는 대화 중심 감상 수업 방안 논의. • 대화 중심 감상 수업의 과정과 그에 연계된 구체적 대화 기술을 적용하는 것은 현대사회가 요구하는 학습자 자기 주도적 능력, 의사소통 능력과 협응됨. • 대화 중심 감상에서 진행되는 학습 모형을 '대화 중심 감상 모형, 반응중심학습법 모형, 대화 중심 집단'의 단계를 재구성하여 구체적 대화 기술을 제시함.
학습자 중심의 전시 감상 수업을 통한 미술관과 학교 연계 교육 방안 연구	이채원 김효정 2020	학습자 중심 교육 미술관과 학교 연계 교육 전시 감상 수업	• 미술관과 학교가 연계된 학습자 중심의 전시 감상 수업의 효과성 확인 및 활성화 방안을 모색함. • 전시에 대한 미적 경험의 하위영역 중 '인지적 영역'이 높은 향상도를 보였으며, '소통적 → 감정적 → 지각적 영역' 순으로 향상도를 보임. • 학생 간 긍정적 상호작용과 흥미가 반영된 사전학습은 전시 주제에 대한 관심 · 이해도 증가로 학습자 삶으로 내면화되고 확장될 수 있음. • 교사의 학습 환경개선에 영향을 줌.
학습자 중심 미술교육을 위한 실행연구 -성인과 고등학생 대상 통합미술 수업을 중심으로-	김양주 2022	학습자 중심교육 통합미술교육 질적연구	• 학습자가 자발적인 존재로서 이루어지는 통합미술교육 수업의 자유로움은 다른 수업과 차이를 느끼게 하는 정서적 교감 요인이 되며 학생들에게 미술을 새롭게 바라볼 기회 제공함. • 학습자 자신이 생활 속에서 미술을 어떻게 경험 · 접근하는지, 어떤 의미 가지는가와 관련되며 같은 수업 속에서도 각자가 체험한 통합은 저마다 다른 의미가 있음. • 연구자에게 통합미술교육이 '문제 해결'이라는 결과 중심 시각에서 '더 나은 인간'이라는 지향점을 향해 가는 과정의 교육으로 인식 변화 가져옴.
학생 주도의 소통과 참여 중심 공공미술 프로젝트 실행연구	장현주 2022	공공미술 프로젝트 미술교육 참여 소통 초등학교 고학년	• 학생들에게 적극적인 의사소통 기회를 주고 프로젝트 전 과정에 자발적으로 참여하도록 분위기를 조성하여 참여 · 소통을 위한 공공미술교육의 가치와 가능성을 보여주고자 함. • 초등학교 고학년 수준에 맞는 학생 주도적 공공미술교육의 가능성과 이론 정립 기여를 기대함.

앞서 살펴본 선행연구들을 바탕으로, 미술교육에서 학습자 주도성을 발현시키는 수업을 수행하기 위한 방법을 '학습자 측면, 교사 측면, 학습 환경적 측면, 사회변화 · 제도적 측면'에서 제안하면 다음과 같다. 학습자 측면에서는 자기 자신에 대한 긍정적 인식과 미술과 학습에 흥미를 가지고 능동적이며 자율적인 참여 태도를 유지하기 위한 의지가 필요하다. 교사 측면에서는 학습자-교사 간의 상호작용적이고 관계에 대한 교차적 사고가 가능하도록 학습자에 대한 존중, 학습 과정의 공동 참여자 역할 인지, 교사의 미술 전문가적 역량, 수업에 대한 지속적인 성찰 과정이 요구된다. 학습 환경적 측면에서는 학습자들 특성 · 수준 · 상황을 고려한 촘촘한 미술과 교육과정, 학습 동기의 유발, 학습자가 문제 해결을 위한 과정에서 스스로 성찰하고 인지 체계를 바꾸어 나가는 힘을 가질 수 있도록 하는 지원 체계, 미술 학습을 총체적으로 보는 관점, 민주적인 학교 문화, 미술 평가에 대한 인식 전환 등을 고려해야 한다. 사회변화 · 제도 측면에서는 미술과 교육과정에 대한 지원 체계, 미술과 학습에 대한 패러다임 전환, 학습자가 주도성을 가질 수 있도록 하는 사회적 지원 체계가 필요하다.

3) 미술교육에서 주도성 수업 유의 사항

각 학습자만이 가지는 고유성과 수업이라는 시공간적 맥락 사의의 상호작용이 일어나는 공간에서 발현되는 것이 학습자의 주도성이다. 이러한 발현은 학습자에게 적합하게 이루어지는 교육적 개입을 통하여 확장되고 발전할 수 있다. 시간을 두고 성취해 나가는 학습자 주도성 중심의 교육은 교육과정 그 자체라 할 수 있다. 그러나 학습자의 주도성은 학습자 개인의 역량만으로 이루어진 것이 아니라 학습자를 둘러싸고 있는 다양한 맥락과 관계들 사이의 상호작용 속에서 영향을 받는다(남미자 외, 2021). 따라서 학습자의 주도성을 확장하고, 성장시키기 위해서는 여러 가지 유의해야 할 점이 있다. 첫째, 학습자의 고유성(특성, 발달성, 사회문화적 배경, 미술에 대한 기초지식 등)을 고려해야 한다. 주도성은 학습자가 가지는 고유성이 배경이 되어 새롭게 구성되어지는 것이기 때문이다. 둘째, 학습자가 자기 자신에 대한 긍정적 인식을 가지고 미술 수업에 능동적·자율적으로 참여하기 위해서는 수업의 분위기가 허용적이어야 한다. 학습자의 주도성은 학습자의 잠재성을 깨워 배움이 이루어지기 때문에 교사의 허용적인 분위기와 타인과의 긍정적인 상호작용이 무엇보다 중요하다. 셋째, 교사는 학습자 주도성 수업에서 학습자들의 공동 참여자임을 인식해야 한다. 특히 미술교육 전문가의 섬세한 반응과 반성적 성찰을 지속적으로 피드백하는 조력자가 되어야 한다. 넷째, 학습자가 학습 과정에서 주도성을 유지할 수 있는 동력을 가질 수 있도록 학습 지원 체계(학습을 총체적으로 보는 관점, 미술과 교육과정에 대한 지원 체계, 민주적인 학교 문화, 평가에 대한 인식 전환 등)가 필요하다.

5. 차기 교육과정에서 미술교육 주도성의 전망

변혁적인 미래 사회에 절실히 요구되는 인재상의 요건인 학습 주도성 교육은 미래지향적 교육 방안이다. 그러나 이에 대한 관심이 본격화됨에도 불구하고 교육 현장에서는 여전히 학생 주도성과 그 요소에 대한 합의가 충분치 않아 현실적으로는 잘 수행되지 못하고 있는 실정이다(편지윤, 정혜승, 2023). 미술교육에서의 학습자 주도성 역시, 얼마 전 고시된 2022 개정 미술과 교육과정에서 본격적으로 적용되어 미술과의 교과 역량, 공통 목표, 각 영역에도 잘 드러나고 있다. 교과 역량을 토대로 한 미술과 공통 목표는 '학생은 대상과 현상에 대한 미적 체험을 바탕으로 느낌과 생각을 표현하고 감상하는 활동을 통하여 자신과 세계를 이해하고 미술 문화 창조에 주도적으로 참여할 수 있다'로 더 잘 명시되어 있다. 〈표 2〉에는 2022 개정 미술과 교육과정 목표에서 '주도성' 관련 전개 특징(미술 문화 창조에 주도적으로 참여, 미술 매개로 주도적 사고·행동)과 핵심어에서 추출한 '주도성'의 의미 발현(미술 문화 창조에 주도적으로 참여, 대상·현상을 감각적으로 지각·반응하며 심미적 감성 기르기, 느낌·생각 창의적으로 표현, 경험과 사고를 유연하게 통합·확장, 시각문화 비판적 이해·활용, 시각적 소통, 미술 매개로 주도적 사고·행동, 세계와의 관계에서 자신 이해, 협력적 의사소통, 공동체 발전에 참여)에 잘 나타나 있다. 이는 이전 교육과정에 비해 학습자 주도성을 더 중시하여 반영하였음을 알 수 있다. 그러나 적용 측면에서는 아직 시작에 불과하여 미술과에서 적용할 수 있는 학습자 주도성에 대한 미술과 영역, 주제, 대상 등에 대한 다양한 측면의 실천적 연구가 적극적으로 필요한 시점이다.

성묘진(서울미래초등학교)

17 생태전환적 가치와 미술교육

기후위기를 비롯한 환경재난의 시대에 생태계의 인간과 자연의 상호 의존성 및 생태적 가치에 대한 이해가 중요하며, 이를 통해 지속 가능한 삶으로의 전환이 필요한 시점이다. 인간과 생태계가 공존하며 지속 가능한 삶을 추구하기 위해서는 우리의 행동양식뿐 아니라 조직문화와 시스템까지 총체적으로 변화해야 한다. 이러한 변화를 이끌어 내기 위해서는 '생태 전환 교육'이 필수적이라고 할 수 있다. 2022 개정 교육과정 총론의 주요 개정 배경인 '생태환경 변화'에 대비하기 위해서는 자연생태계와 인류의 삶이 균형을 이룰 수 있도록 '생태전환적 가치'가 체계적으로 교육에 반영되어야 한다.

이에 이 글에서는 2022 개정 미술과 교육과정에서의 '생태 전환 교육'의 의미와 내용을 조명하고, 미술교육에서 실행할 수 있는 내용과 방법을 제시하고자 했다. 이를 위해 미술과 교육과정에서의 생태전환적 가치의 필요성과 배경에 대해서 살펴보았으며, 생태 전환 교육의 개념, 목표 및 선행연구에 대해서 분석하였다. 이후 생태 전환 교육을 기반으로 한 미술교육의 전개에 대한 탐색과 함께 목적과 필요성에 관해서 탐구하고, 2022 개정 미술과 교육과정에서 생태 전환 교육을 실행하기 위한 필요역량과 수업설계의 방향을 제시하였다. 마지막으로 생태 전환 교육에 기초한 미술교육에 대한 방향 제시와 함께 차기 교육과정의 전망에 대하여 논하였다. 이 글이 교육과정에 새롭게 도입되는 생태 전환 교육에 기초한 미술교육 연구에 도움이 될 것으로 기대한다.

1. 생태전환과 미술교육

새로운 지질시대인 인류세(Anthropocene)의 시작점은 인구 증가, 에너지 사용, 온실가스 배출 등의 인간 활동이 지구환경에 악영향을 끼치기 시작한 산업혁명을 그 기점으로 보고 있다(Crutzen, 2016). 인간의 산업 발전의 대가라고 할 수 있는 지구온난화 해결을 위해 온실가스 감축을 목표로 한 1997년 교토의정서 협약 이후, 2015년 파리 기후협약에서 세계 각국은 지구의 평균온도가 산업화 이전보다 1.5도를 넘지 않도록 노력하는 것에 합의하였으나 이에 따른 실천이행이 뒤따르지 못했다. 이후 2018년 유엔 기후변화정부간협의체(Intergovernmental Panel on Climate Change, IPCC)의 「지구온난화 1.5℃」 보고서는 파리 기후협약의 목표 도달을 위한 정책, 사회적 논의의 기초가 될 과학적 근거를 제시하여 국제사회의 주목을 받았다(IPCC, 2018). 이러한 국제적 노력에도 불구하고 2024년 세계경제포럼(World Economic Forum, WEF)의 「글로벌 리스크 보고서」에서는 여전히 기후변화와 자연 파괴가 인류가 직면한 가장 심각한 위기라고 경고하고 있다. 이러한 전세계적으로 겪고 있는 기후위기의 징후 가운데 인간 중심의 근대적 세계관을 반성하고 생태 전환을 통해 지속 가능한 미래를 위한 대응책을 마련하는 것이 필요하다.

기후재난 문제를 해결하기 위한 세계 각국의 노력 가운데 교육계에서도 2021년 11월 유네스코에서 국제 위원회를 구성하여 「함께 그려보는 우리의 미래: 교육을 위한 새로운 사회계약」의 일명 '교육의 미래 2050' 보고서를 발표했다. 이 보고서는 인류와 지구가 처해있는 지속가능성의 위기를 인식하고, 생존하기 위한 사회의 변혁이 요청되는 상황에 대응할 수 있는 교육의 혁신적 실천방안을 제시했다(유네스코 및 유네스코한국위원회, 2022). 한편, 우리나라에서도 1970년대 시작한 환경교육이 제7차 교육과정에서는 환경교육이 녹색성장교육, 지속가능발전교육으로 이어졌으며, 2022 개정 교육과정에서는 '생태 전환 교육'으로 진화해왔다. 2020년 서울특별시교육청은 '생태 전환 교육

중장기(20-24) 발전 계획'을 토대로 국가적 확산을 이끌어 내고 있으며, '생태 전환 교육'을 "기후위기 시대를 극복하기 위해 인간 중심적 사고에서 벗어나, 인간과 자연의 공존과 지속가능성을 위해 인간의 생각과 행동양식의 총체적 변화를 추구하는 교육"(서울특별시교육청, 2020, 1., p. 2)으로 정의하고 있다. 본 발전 계획의 추진목적은 기후위기 대응을 위한 생태적 전환을 실천할 수 있는 생태시민 육성을 위해 학교 안팎의 상호학습과 협력 시스템을 구축하는 것이다. 이러한 노력은 학생들이 지속 가능한 미래를 스스로 만들어갈 수 있도록 지도하는 학교교육이 필요하다는 요구로부터 시작되었으며, 이는 지속가능발전교육의 지향점과도 같다고 할 수 있다. 생태 전환 교육의 핵심가치는 학습자의 앎과 행하는 실천이 연결되는 '통합', 지속 가능한 사회로 전환을 뜻하는 '변혁', 개인과 사회적 차원의 실천역량을 갖추기 위한 '실천' 그리고 다양한 주체간의 협력의 '연대'이다(서울특별시교육청, 2020. 1.). 또한 생태 전환 교육은 생태문명 구축을 위한 학교 교육과정 전환, 생태시민 육성을 위한 교육환경 구축, 생태 전환 교육을 위한 추진체계 및 협력기반 구축이라는 중점과제를 제시하고 있다(서울특별시교육청, 2020. 1.).

생태 전환 교육을 위한 미술교육은 시대적 요구에 따라 다양한 모습으로 발전해 왔으며 그중 생태미술과, 지속가능발전교육에 기초한 미술교육에 대한 연구가 주를 이룬다. 생태 미술교육의 개념과 교육적 실천에 대해 연구가 있으며(김성숙 외, 2012; 이성도, 김혜숙, 2016; 이지연, 강주희, 2012;), 생태학, 비판적 장소기반 교수법, 생태회복, 장소 생태학에 대한 미술교육 연구가 진행되어 왔다(이성도, 김혜숙, 2016, p. 199 재인용; Anderson & Guyas, 2012; Blandy, Graham, 2007; Garoian, 1998; Gradle, 2007). 지속가능발전교육에 기초한 미술교육의 방향과 실천에 관한 연구도 다수이다(김형숙, 2015; 김효정, 2023; 장연자, 2017; 임혜원 외, 2017). 생태 전환 교육을 위한 미술교육 연구로는 류하영(2023)의 비주얼 저널을 활용한 프로그램에 관한 연구와, 김지서와 정은영(2023)의 인공지능 기술을 활용한 수업사례가 있다.

박수련(2022)은 지속 가능한 미래를 만들기 위한 역량을 키우는 교육이 지속가능발전교육의 목표이며, 생태 전환 교육의 목표는 생태학적 소양과 역량 배양과 함께 인간과 자연의 공동운명체로 살아갈 수 있는 생태시민 육성이라고 제시하였다. 안종복 외(2021)는 생태 전환 교육은 전 세계가 마주한 기후위기에 대해 인식하고 대응해 나가며 지속 가능한 성장과 확장을 도모하기 위해 '가치와 지향점', '실천 교육', '실천 행동', '시스템과 제도의 전환' 등의 영역이 연계되어 작동하는 생태전환을 의미한다고 하였다. 김지은과 이두곤(2022)은 생태 전환 교육의 전환은 환경적 가치를 중심으로 경제, 사회, 산업 등 우리 사회의 모든 분야에서 근본적인 변화를 만들어 낸다고 하였다. 관련 선행연구를 통해 생태 전환 교육과 지속가능발전교육은 지속 가능한 미래를 지향하며 이를 위한 교육적 지향점과 실천방향이 같다는 것을 알 수 있었으며, 또한 생태 전환 교육의 개념정립과 함께 실천방안에 대한 많은 연구가 이루어지고 있는 것을 살펴볼 수 있었다.

생태 전환 교육과 국가 교육과정이 관련된 연구도 활발하게 진행되고 있으며, 생태 전환 교육을 위한 교육과정 운영과 실행에 관한 연구와(김지은, 이두곤, 2022; 박수련, 2022; 송슬기, 2022; 이은애, 2022; 이장원, 2022; 이한진, 2022), 생태 전환 교육 연구학교 운영실태에 관한 연구와(윤나온, 서은정, 2022), 생태 전환 교육에 대한 교사의 인식조사에 대한 연구가(이지원 외, 2021) 진행되었다.

선행연구 분석을 통해 교육과정에 있어서 생태전환적 가치에 대한 교육적 방안과 함께 '삶의 전환'을 어떻게 학교 안팎으로 추진할 것인지에 대한 실천에 대한 연구가 중요하며, 이러한 연구가 미술교육에서 필요하다는 것을 알 수 있었다. 따라서 이 글의 목적은 2022 개정 미술과 교육과정에서의 '생태 전환 교육'의 의미와 내용에 대해서 살펴보고, 미술교육에서 실행할 수 있는 내용과 방법을 제시하고자 한다.

2. 생태 전환 교육의 개념과 교육적 가능성

1) 생태 전환 교육의 개념: 지속가능발전과 생태주의를 중심으로

'생태 전환 교육'은 최근 등장한 개념으로 내용적인 측면에서 '지속가능발전'과 '생태주의'와 밀접한 연관성이 있다. 이는 서울특별시교육청(2020)과 교육부의 2022 개정 교육과정 관련 문헌에서 설명되는데, 생태 전환 교육의 개념을 설명할 때 주요 용어로 '환경과 인간의 공존', '생태적 전환을 위한 교육', '지속 가능한 삶', '지속 가능한 발전', '생태・환경 감수성'으로 기술되고 있는 것을 볼 수 있다. 생태 전환 교육의 개념과 지향점을 알기 위해서 지속가능발전과 생태주의 철학에 대해서 함께 살펴볼 필요가 있다.

지속 가능한 개발이라는 용어는 1980년에 국제자연보호연맹(IUCN) 회의를 통해 처음 언급되며 국제적인 공감대가 이뤄지며 1987년 유엔 세계환경개발위원회(WCED)의 「우리 공동의 미래(Our Common Future)」를 통해 지속가능발전의 개념이 제시되었다(B. G. Harlem, 1987). 지속가능발전은 "미래세대의 필요를 충족시킬 수 있는 가능성을 해하지 않으면서 현세대의 필요를 충족시키는 것"이라고 정의하였다(WECD, 1987. p. 43). 여기에서의 지속가능발전은 현세대와 미래세대의 세대 간 배려와 협력으로 환경, 사회, 경제적인 통합적 방향에서 지속가능성을 추구해 나간다는 뜻이다. 리우선언 이후 10년마다 환경 관련 성과를 검증하기 위한 2002년 Rio+10인 지속가능발전 세계정상회의(World Summit on Sustainable Development, WSSD)에서 2012년 Rio+20 세계회의로 이어졌다. Rio+20인 2012년 유엔 지속가능발전 정상회의(United Nations Conference on Sustainable Development, UNCSD)에서 '우리가 원하는 미래'라는 결의문을 통해 지속가능발전목표(Sustainable Development Goals, SDGs)가 제시되었다. 이는 새천년개발목표(Millennium Development Goals, MDGs)를 잇는 포스트-2015 아젠다로 볼 수 있다. MDGs는 2000년 제5차 유엔총회에서 2000년부터 2015년까지 빈곤퇴치, 보건향상, 환경보전 등의 8가지 목표와 21개의 세부목표를 설정했으나, 개발도상국의 사회발전 위주여서 세계적인 확산에 무리가 있었다. MDGs의 이러한 단점을 보완하여 SDGs는 2016년부터 2030년까지 개발도상국과 선진국에 적용할 수 있는 포괄적인 목표를 설정했으며, MDGs의 사회발전 중심의 목표 범위를 SDGs에서 사회, 경제, 환경으로 확장하였다. 또한 SDGs는 더 좋은 세상으로 적극적으로 변화시키고자 하는 강력한 비전도 함께 제시했다(UN, 2015). SDGs는 인류(People), 지구환경(Planet), 번영(Prosperity), 평화(Peace), 파트너십(Partnership)의 5개 영역(5P)을 기초로 인류 보편적 문제와 함께 지구환경, 경제 사회문제에 대해서 17개의 목표, 169개의 세부목표와 241개의 지표를 제시했다. SDGs는 환경, 경제발전, 복지와 양질의 교육까지 포함하며, 세계 각국에서는 실정에 맞는 SDGs의 세부목표와 지표를 개발하여 실천과 이행 결과에 대한 모니터링과 평가를 수행하고 있다. 서울특별시교육청(2020. 1.)의 생태 전환 교육의 운영은 SDGs의 한국형 지표인 K-SDGs의 세부목표에 기초해 제시하고 있다. 이렇게 생태 전환 교육은 '지속 가능한 삶'과 '지속 가능한 발전'을 추구하며 인류가 건강하고 안전한 삶을 살아갈 수 있는 방향성을 제시하고 있다.

생태 전환 교육에 관련 개념을 살펴보면, '생태'는 생물마다 처해있는 환경조건에 따라 적응하는 상태로 개체 간의 상호관계부터 자연환경과 관계를 맺으며 이룬 집단생활상태라고 할 수 있다(강병화, 2012). '생태주의' 사상은 여러 가지 유형이 있는데, 심층 생태주의, 사회 생태주의, 생태학적 마르크스주의, 생태 여성주의 등이 있다. 사회 생태주의와 생태학적 마르크스주의는 환경문제의 원인을 사회문제로 보며(Bookchin, 1974), 생태 여성주의는 남성 중심의 가부장적 문화에 억압받는 여성처럼 자연도 인간 중심의 기술 문화에 억압된다는 관점을 가지고 있다(남상준 외, 2020). 심층 생태주의(Deep Ecology)는 인간이 주체이며 자연은 객체로 생각하는 인간중심의 근대적 사고가 생태위기의 원인이기 때문에 이에 대한 반성을 통해 인간과 자연의 관계를 회복시키고자 한다는 점에서 생태 전환 교육의 관점과 연결된다고 할 수 있다. 심층 생태주의는 자연을 인간 중심적인 관점에서 보호받아야 하는 객체로 보지 않고, 자연의 모든 생명체와 인간이 공존하고, 조화를 추구하며, 자연보호나 환경 캠페인 같은 피상적인 활동이 아닌 세계관과 자아 개념의 근본적인 변화를 추구한다(Naess, 2001). 위와 같이 생태주의는 환경보호와 관련된 사회적, 정치적 생활양식의 근본적인 변화를 전제로 하므로, 생태교육을 통해 생물의 집단생활과 주변의 자연환경을 포괄하여 생물간의 상호관계와 생물과 환경과의 관계에 대해서 폭넓게 배울 수 있다.

2) 지속가능발전교육에서 생태 전환 교육으로: 교육적 관점과 가능성

지속가능발전교육은 지속가능발전에 기초한 교육개념이며 1992년 유엔환경발전회의(UNECED) 리우선언의 아젠다 21을 통해 실천 원칙과 방향이 제시되었다(UN, 1992). 1992년 유엔환경발전회의 아젠다 21의 36장에 지속가능발전교육은 지속가능발전을 이행하는 데 중요한 교육개념이며 수단임을 기술하고 있다(UN, 1992, Chapter 36). 유엔총회에서 지속가능발전의 원칙, 가치, 시행 방침을 모든 학습 과정에 통합시키기 위한 '지속가능발전교육 10년(Decade of Education for Sustainable Development, DESD)'을 지정하여 지속가능발전에 대한 교육적 역할을 강조하였다(UN, 2002). '지속가능발전교육 10년' 국제 이행계획 초안에서는 지속가능발전교육(Education for Sustainable Development, ESD)을 "모든 사람이 질 높은 교육의 혜택을 받을 수 있으며, 이를 통해 지속 가능한 미래와 사회 변혁을 위해 필요한 가치, 행동, 삶의 방식을 배울 수 있는 사회를 지향하는 교육"으로 정의하고 있다(UNESCO, 2004). 지속가능발전교육은 오랜 시간 세계 각국의 노력으로 다양한 교육적 시도를 통해 우리의 가치, 신념부터 생활의 실천까지 장기적인 관점에서 진행되어야 하는 교육적 실천으로 진행되어 왔다. 지속가능발전교육은 지속 가능한 생활 방식을 위한 변화를 추구하고(Eliott & Davis, 2009) 있기에, '생태 전환 교육'과 내용적인 측면에서 연관성이 있다고 볼 수 있다. 지속가능발전교육이 지속 가능한 미래 사회를 구축하기 위한 역량과 실천에 초점을 맞추고 있다면, 생태 전환 교육은 기후위기에 직면한 상황의 전 지구적 노력이 필요한 시점에서 변혁과 혁신을 촉진할 수 있는 방향성을 제시한 것이라고 할 수 있다. 지속가능발전교육은 환경, 사회, 경제, 문화의 통합적 관점에서의 지속가능성을 추구하기 위한 역량을 배양하는 실천교육이라고 할 수 있으며, 생태 전환 교육은 지속가능발전교육과 개념과 실천적 철학을 같이하며 생태와 인간의 공존을 기반으로 지속가능한 세계를 조성하기 위한 책임감 있는 행동을 유도하기 위한 전환점을 강조하는 교육이라고 할 수 있다.

지속가능발전교육은 2015 개정 교육과정에서부터 2022

개정 교육과정까지 범교과 주제로, 환경, 사회, 도덕, 과학 등의 관련 교과 중심으로 반영하였다. 2022 개정 교육과정 총론에서는 생태 전환 교육에 대해서 직접적 명시 대신 교육과정 변화의 주요 배경과 구성의 중점으로 '생태환경 변화'를 들고 있다. 관련 교육용어에는 환경교육, 생태교육, 녹색전환교육 등이 있으며, 생태 전환 교육은 이러한 개념에서 발전한 용어라고 할 수 있다(환경부, 2022). 환경교육은 공해나 환경오염을 예방하고 해결하기 위한 교육을 강조하며(환경부, 2022), 생태교육은 인간은 자연의 우위에 있는 존재가 아닌 생태계 구성 일원으로 보며 생태계의 회복과 조화로운 생활양식의 실천을 강조하고 있다(김남수 외, 2016). 녹색전환교육의 '녹색전환'은 지구환경 파괴의 원인인 사회 경제체계를 친환경적으로 전환하는 것이며(최병두, 2020), 환경적 가치를 중심으로 경제, 사회에 있어서 근본적 변화를 추구하는 것이다(김지은, 이두곤, 2022). 그러나 생태 전환 교육의 '생태전환'은 환경적 가치나 인간이 중심이 되는 것이 아니라 동일선상에서의 공존을 추구하며 지속 가능한 세상을 만들기 위해 총체적 혁신과 변화를 추구한다고 볼 수 있다. 생태적 위기가 심각해질수록 생태적 전환이 중요하기 때문에 교육을 통해 생명과 인간과의 친밀함을 이끌어낼 수 있다(Orr, 1992).

생태 전환 교육은 생태적이고 윤리적인 의식과 지속가능발전에 합치될 수 있는 가치, 견해, 능력, 행동방식을 형성하기 위한 교육내용이며 그 과정 가운데 생태적 시각으로 성찰하게 하는 지향점이자, 사회적 연대와 운동으로 연결되는 교육을 의미한다(서울특별시교육청, 2020. 1.). 생태 전환 교육을 통해 생태 소양과 생태 감수성을 키울 수 있으며, 생태 소양(eologycal literacy)은 생태 리터러시, 생태문해력이라고도 한다. '생태 소양'은 생태계의 조직 원리를 이해하고 지속 가능한 인간 공동체를 구축하기 위해서 필요한 소양이다(Capra, 1996). '생태 감수성'은 생태중심적인 사고에 기반해 자연과 교감하며 생명에 대해 존중하고 공감하고 더 나아가 생태계의 일부로서 자연 문제에 책임감을 느끼는 태도와 정서를 의미한다(Capra, 1996). 생태 전환 교육은 인간과 자연의 공존과 조화를 추구하는 공생의 관계정립을 통해 기후위기 문제 종식을 위한 실천적 측면에서 지속 가능한 미래를 이끌 사회구조적 변혁을 꾀하는 교육이라고 할 수 있다.

3. 2022 개정 교육과정과 생태 전환 교육

1) 2022 개정 교육과정 총론의 생태 전환 교육 전개와 특징

〈표 1〉 생태 전환 교육의 학교급별 교육목표

초등학교	중학교	고등학교
공동체 의식을 바탕으로 지속 가능한 삶을 살아가는 데 필요한 생명(자연)과 같이 살아가는 태도를 기른다.	환경과 인간의 공존을 추구하며 지속 가능한 삶을 살아가는 데 필요한 역량과 자질을 기른다.	인류의 생태적, 사회적 상황에 대한 인식을 바탕으로 문제해결을 위한 전 과정에 참여하는 자질과 태도를 기른다.

출처: 교육부, 2021, p. 14

2022 개정 교육과정에 대한 방향은 DeSeCo의 연장인 OECD Education 2030(OECD, 2018)의 미래교육의 방향에 기초해 교육을 통해 국가 사회적 변화 속에서 새로운 해결책을 찾고자 했다. 교육부는 「2022 개정 교육과정 총론 주요 사항」에서 디지털 전환, 기후환경 변화에 대응할 수 있는 미래사회에 필요한 역량 함양을 위한 교육과정 체제 전환의 필요를 밝히며 기후 관련 다양한 위기 상황에 대응하며 극복하는 능력이 국가 경쟁력을 좌우한다고 했다(교육부, 2021). 교육과정 구성의 중점으로 "기후・생태환경 변

화가 가져오는 지속 가능한 발전 과제에 대한 대응 능력 및 공동체적 가치를 함양하는 교육 강화"(교육부, 2021, p. 10)에 대해 설명했다. 이는 10대 중장기적 국가 의제 중 하나인 기후변화 대응(경제인문사회연구회, 2021)을 위한 교육체제 구현이 그 배경임을 알 수 있다. 생태 전환 교육에 대한 정의로 "기후변화와 환경재난 등에 대응하고 환경과 인간의 공존을 추구하며, 지속 가능한 삶을 위한 모든 분야와 수준에서의 생태적 전환을 위한 교육"(교육부, 2021, p. 14)으로 기술했다. <표 1>의 생태 전환 교육의 학교급별 교육목표를 보면 교육적 인간상 '더불어 사는 사람'과 핵심역량을 연계하고, '지속 가능한 발전', '기후위기 대응', '생태전환' 등에 포함된 가치인 생명존중, 지속가능, 생태·환경 감수성을 교육목표에 반영한 것을 볼 수 있다. 또한 초등학교에서는 생명(자연)을 소중히 여기며 함께 살아가는 태도를 키우며, 중학교에서는 환경과 인간이 공존할 수 있는 역량을 키우고, 고등학교에서는 문제해결을 위한 자질과 태도를 키우는 학교급별 단계별 목표를 보여준다.

<표 2> 생태 전환 교육의 내용 기준안

주요영역	내용요소
• 생태와 인간이 관계 • 기후변화와 생태계 문제 탐구 • 생태전환을 위한 실천과 참여	• 생태 감수성과 책임감 • 인간 이외의 다른 종에 대한 보호의식 • 미래세대의 권리로서 환경권 존중 • 생태전환을 위한 사회체계의 변화 제안 및 실천

출처: 교육부, 2021, p. 14

생태 전환 교육의 내용 기준안은 <표 2>와 같이 주요영역은 '생태와 인간의 관계',' 기후변화와 생태계 문제 탐구', '생태전환을 위한 실천과 참여' 등이며, 내용요소는 '생태 감수성과 책임감', '인간 이외의 다른 종에 대한 보호의식', '미래세대의 권리로서의 환경권 존중'과 '생태전환을 위한 사회체계의 변화 제안 및 실천' 등이 포함된다(교육부, 2021).

지금까지 교육부(2021)의 「2022 개정 교육과정 총론 주요 사항」에서 다룬 생태 전환 교육 내용을 살펴보았으며, 이는 2022 개정 교육과정 총론에 다 반영된 것은 아니므로 반영된 내용을 알아보고자 한다. 앞서 언급한 것처럼 2022 개정 교육과정 총론에서는 생태 전환 교육의 직접적 명시 대신 교육과정 변화의 주요 배경과 구성의 중점으로 '생태환경 변화'에 대해 기술하고 있다. 또한 2022 개정 교육과정 총론의 교육목표에 환경·생태 교육, 민주시민교육 등이 반영되었다. 교육과정 구성의 중점을 살펴보면 미래사회가 요구하는 역량 함양을 위해 주도성 및 공동체 의식 함양을 목표로 삶과 연계한 역량교육 강화를 강조하고 있는데 살펴보면 아래와 같다(교육부, 2022a). 교육과정 구성의 중점 중에서 생태 전환 교육과 연관된 항목은 주도성, 공동체 가치 및 역량강화와 관련된 내용이다.

> 가. 디지털 전환, 기후·생태환경 변화 등에 따른 미래 사회의 불확실성에 능동적으로 대응할 수 있는 능력과 자신의 삶과 학습을 스스로 이끌어가는 주도성을 함양한다.
> 나. 학생 개개인의 인격적 성장을 지원하고, 사회 구성원 모두의 행복을 위해 서로 존중하고 배려하며 협력하는 공동체 의식을 함양한다.

여기서 가. 항목은 미래 대응 능력과 주도성에 관한 것으로 미래 사회의 불확실성에 대한 대응 능력과 함께 삶과 학습을 스스로 이끌어가는 주도성은 2022 개정 교육과정에서 중요하게 생각하는 첫 번째 역량이다(교육부, 2022d). 디지털 전환과 기후·생태환경 등의 변화가 많은 불확실한 미래 시대에 학습자가 자신의 삶을 설계하며 미래사회를 위한 창의적인 변화의 주체가 될 수 있도록 적극적인 태도로 인간과 환경이 공존할 수 있는 주도성을 함양할 수 있다. 나. 항목은 개개인의 인격적 성장과 공동체 의식에 관한 것으로 "공동체 의식은 UNESCO 등이 인류공동체의 과제로 강조하는 지속가능발전을 구현하는 데 기초가 되는 중요한 가치"(교육부, 2022d, p. 26)이다. 공동체 의식은 존중, 배려, 협력 등을 핵심 요소로 포함하기 때문에, 개인의 노력만으로 달성하기 어려운 생태전환에 있어서 협력과 상호지원을 통해 지속 가능한 사회를 함께 만들어 가는 데 도움이 된다. 협력적 소통 역량은 환경과 인간의 공존을 추구하며 지속 가능한 삶을 살아가는 데 필요한 핵심 소양이라고 할 수 있다(교육부, 2022c).

2) 2022 개정 미술과 교육과정에서의 생태 전환 교육 내용

미래사회의 변화에 대응하는 것을 넘어 지속가능발전을 위해 디지털 소양, 생태 감수성, 민주시민성을 기르기 위한 범교과 학습을 반영하여 2022 개정 미술과 교육과정에서는 교과 역량을 도출하기보다 미술과의 성격과 목표, 그리고 내용체계, 성취기준 등에 전반적으로 반영하여 개발되었다(교육부, 2022c). 2022 개정 미술과 교육과정의 성격에 관한 내용을 살펴보면, 시각적 표현과 소통을 통해 사람과 환경의 공존을 위한 생태전환적 가치를 함양하여 공동체의 발전에 참여하는 시민으로 성장할 수 있다고 밝히고 있다(교육부, 2022b). 총론에서 제안하는 디지털 전환, 생태전환적 가치, 민주시민 등의 사회적 변화에 대응하기 위해 미술과 교육과정은 예측할 수 없는 미래를 살아가는 주체로서의 학습자 자신에 대한 이해가 필요하다. 따라서, 미술의 경험을 통해 학생들은 자기 생각과 감정을 이해하고 성찰하며 사고를 확장하며 사람과 환경의 공존을 위한 생태전환적 가치와 관련된 문제를 함께 탐색하고 해결하면서 공동체의 발전에 참여하는 시민으로 성장할 수 있다.

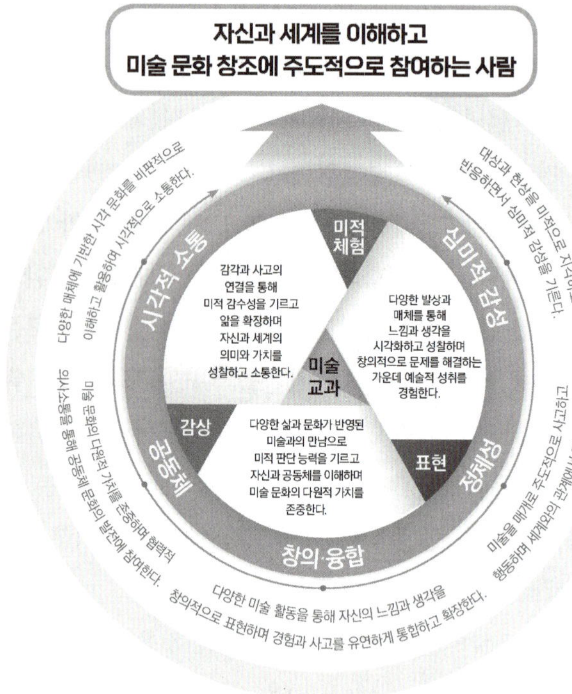

[그림 1] 미술과 공통 교육과정 설계의 개요

출처: 교육부, 2022b, p. 4

[그림 1]과 같이 사회변화와 시대적 요구를 반영하여 미래 사회 학습자들이 갖추어야 할 역량으로 심미적 감성 역량, 정체성 역량, 창의·융합 역량, 시각적 소통 역량, 공동체 역량을 제시하고 있다(교육부, 2022b). 이 중 공동체 역량은 2015 개정 교육과정에서 제시하고 있는 '미술 문화 이해 능력'의 개념과 책무를 확대한 것으로, 미술을 통해 학습자는 배려와 소통, 협력과 공감으로 미술 문화 이해를 통해 공동체 의식을 함양할 수 있다. 공동체 역량은 앞서 총론에서 언급한 것처럼 공동체 속에서 포용성과 책임감을 느끼고 더불어 살아가는 세상을 만들어가도록 하며 지속가능성을 개인과 공동체적 관점에서 이해하고 함께 더불어 살아가기 위한 태도를 함양하고 실천할 수 있는 능력이다. 공동체 역량은 학생 자신이 공동체의 주인임을 인지하고 비판적 사고를 통해 자신이 속한 공동체의 문제에 대

해 함께 협력하여 해결하기 위해 서로 배려하며 소통을 통해 협력과 공감을 끌어내는 미술과의 특성과 의의에 부합한다고 볼 수 있다(교육부, 2022c). 공동체 역량은 환경과 인간의 공존을 추구하는 지속 가능한 삶을 살아가는 데 필요한 핵심소양으로 자신이 속한 공동체의 문제에 대해서 상호 연대하여 해결하며 공동체적 가치를 함양하는 역량으로 생태 전환 교육과 관련성이 깊다고 할 수 있다.

2022 개정 미술과 교육과정의 학교급별 내용체계를 살펴보면, 미적체험에서는 초등학교 3~4학년에선 주변을 탐색하고 체험하며 생태 감수성을 키우며, 5~6학년에서 자신과 환경의 관계에 대해서 배우고 주변 환경에 대한 민감성을 키우며, 중학교에서 자신과 환경에 대한 감수성을 배양한다. 고등학교에서는 이미지 관찰 탐색을 통해 미적 안목을 형성하고 자신과 사회, 환경과 소통하며 미술을 공동체와 생태환경으로 확장한다.

[6미01-03] 주변 환경에 대한 민감한 태도로 대상과 상호 작용하며 새로운 의미를 발견할 수 있다.
[9미01-01] 감각을 활용하여 대상과 현상을 탐색하고 자신과 환경에 대한 감수성을 확장할 수 있다.
[12미01-04] 삶과 연결된 미술을 이해하여 공동체와 생태환경으로 확장할 수 있다.
[12미02-04] 주제를 확장하기 위한 미술 활동에 관심을 가지고 참여할 수 있다.
[12미03-02] 비평 방법을 활용하여 미술과 시대, 사회, 환경과의 상호 관련성을 분석하고 가치를 판단할 수 있다.

관련 성취기준을 살펴보면, 초등학교 학교급에서는 자연환경에서 미적으로 탐색하며 주변 환경에서 상호작용하고 교감하며 예술적 사고를 통해 자신과 환경과의 생태전환적 관계를 인식할 수 있다. 중학교에서는 다양한 감각활동에 기반해 주변을 탐색하고 환경에 대한 미적인식을 통해 감수성을 키우며, 미적인식의 경험을 통해 주변 환경에 생태적, 문화적 환경에 의미를 부여할 수 있으며, 나와 자연 생태에 대한 관계를 탐색하며 자신의 정체성을 발견할 수 있다. 또한 자신과 환경과의 상호작용을 통해 생태 감수성을 함양하여 지속 가능한 삶을 실천할 수 있다. 고등학교 학교급에서는 자신의 삶과 관련된 미술에 대해서 이해하며 자신의 사고를 공동체와 생태환경으로 확장한다.

표현영역의 성취기준에서는 생태전환 관련 용어가 언급은 없으나 성취기준 적용 고려 사항에 표현 재료 선정이나 작품의 주제나 과정에서 발생하는 환경문제에 관해서 서술하고 있다. 감상에 있어서도 마찬가지로 자연과의 공존이나 지속가능성을 주제로 한 작가나 작품에 대한 감상으로 학생들에게 생태 감수성 함양을 도모하는 방향을 제시하고 있다.

교수학습 방법에 있어서, 생태환경 문제, 지속 가능한 발전, 기후위기의 생태 전환 교육 관련 주제를 선택하여 창의적으로 또는 실천적으로 문제를 해결하는 방향을 제시하고 있다. 범교과 교수학습에서도 기후 위기 대응의 학습내용을 통해 생태 감수성을 함양하고 환경과 인간의 건강한 공존 추구를 위한 지속 가능한 미래로 향해갈 수 있는 교수학습 계획을 권장하고 있다.

2022 개정 미술과 교육과정을 통해 학습자는 미술을 통해 생태환경을 미적으로 느끼며 가치를 인식하며 생태환경 문제에 대해서 통합적 관점에서 탐색하며, 더 나아가 공동체의 발전에 근거한 지속 가능한 미래 사회를 위해 공헌할 수 있는 인재로 성장해 나갈 수 있다.

4. 생태 전환 교육에 기초한 미술교육

1) 생태 전환 교육에 기초한 미술교육의 전개

지금까지 미술에서 전개되어 온 생태미술(Ecological Art), 자연미술(Nature Art), 환경미술(Environmental Art), 지속가능발전교육을 위한 미술교육은 생태 전환 교육과 연계하여 살펴볼 필요가 있다. 환경미술, 생태미술, 자연미술은 환경미술 운동이 시작된 1960년대 후반부터 1980년대 초반까지 전개되었다(김형숙, 2015, p. 29 재인용; Blandy, Congdon & Krug, 1998). 각 개념의 특징에 대해서 차례로 살펴보면, "환경미술은 인간 역시 지구 생태계의 일부라는 사실을 기반으로, 특정 환경에 사는 모든 생명체와 자연, 문화의 상호 관련성을 구현하고자 하는 예술 분야로, 미술의 사회적인 기능을 강조"(김향미, 2009, p. 276)한다. 생태미술은 환경 관련 미술로 국한되지 않으며, 인간이 생태계에 끼친 영향에 대해서 고려하며 인간과 생태계 간의 상호작용에 주안점을 둔다(정헌이, 2012, p. 312 재인용). 자연미술은 물, 불, 흙, 나무 등의 자연 요소를 주재료로 활용하며 생태계를 보전하면서도 자연 자체의 본질을 형상화하고자 한다(김혜숙 외, 2012). 지속가능발전교육을 위한 미술교육은 미술을 통해 학생들이 건강하고 행복한 미래를 지속가능하게 만들어 나갈 수 있도록 기후재난 문제에 대해 환경, 사회, 경제, 문화의 통합적 관점에서 사고하며, 다함께 협동하여 창의적으로 문제를 해결하며 문화적 번영까지 이를 수 있는 역량을 키워주는 교육이라고 할 수 있다. 환경미술과 자연미술은 인간과 자연의 공생관계에 지향점은 공유하며, 자연미술은 생태계 보전과 자연의 가치에 대해 무게를 두며 환경미술은 더 나아가 사회적 의미를 추구한다고 볼 수 있다. 생태미술은 인간이 생태계의 일원으로서 생태계에 끼치는 영향을 고려하며 자연과의 공존과 상호작용을 중시한다는 점에서 생태 전환 교육과 결을 같이한다. 또한 지속가능발전을 위한 미술교육은 '지속 가능한 삶을 위한 교육적 실천을 강조'하고 있다는 점이 생태 전환 교육과 연계된다고 볼 수 있다.

앤더슨과 구야(Anderson & Guyas, 2012)는 환경위기가 지구와의 지속 가능한 관계를 악화시키기 때문에 지속가능발전을 위한 미술교육의 가능성과 역할이 필요함을 주장하였다(장연자, 2017, p. 64 재인용). 장연자(2014)는 탈구조주의 생태학의 관점에서 미술교육을 바라보고 생태학적 미술교육의 방향에 대해서 탐색하였으며, 김계영, 김성숙, 임광철(2012)과 임혜원 외(2017)는 지속가능발전교육과 생태학적 관점에서 미술과 교수·학습의 방법과 방향을 제시하였다(류하영, 2023, p. 158 재인용). 이렇듯 미술교육에서 생태 전환 교육은 생태학은 물론 지속가능발전교육과 연계하여 연구되고 있다.

'생태 전환 교육에 기초한 미술교육'의 실천을 위해서는 우리 학생들이 생태중심의 의식변화와 가치관 정립을 경험할 수 있어야 한다. 이를 위해 생태 전환 교육을 위한 미술활동을 통해 학생들이 자신의 삶에서 자연을 대상으로 미적인 경험을 하고 생태 감수성을 키우며 나와 자연의 공생관계에 관하여 인식할 수 있어야 한다. 더 나아가 환경문제에 대해서 비판적으로 사고하며 함께 창의적으로 문제를 해결하며 '생태전환적 가치'에 대해서 학습할 수 있어야 한다.

2) 생태 전환 교육에 기초한 미술교육의 목적과 필요성

생태 전환 교육에 기초한 미술교육의 목적은 학생들이 미술활동을 통해 내 주변의 자연환경에 대해서 미적으로 인식하고 교감하며 생태 감수성을 키우고 자연과 올바른 관계를 맺으며 함께 공존할 수 있는 지속 가능한 삶을 실천할 수 있게 하는 것이다. 생태 전환 교육에 기초한 미술교육을 통해 학생들은 자연의 아름다움을 느낄 수 있는 환경에 대한 감수성을 키우며 자연환경과 소통하며 상호작용할 수 있는 관계 정립을 통해 생태전환적 가치를 배우며 생태환경 문제에 대해 창의적이며 실천적으로 문제해결을 할 수 있는 역량을 키워나갈 수 있다.

생태 전환 교육에 기초한 미술교육이 필요한 이유는 첫째, 인간과 자연의 생태공동체로서 사랑의 관계에 대해서 배우며 생태 감수성을 키울 수 있다. 학생들은 미술로 체험하고 표현하며 자연과 교감하고 상호작용하면서 자연의 아름다움을 느끼며 자연과 사랑의 관계를 맺고 생태 감수성을 기를 수 있다. 둘째, '지속 가능한 삶을 위한 생태전환적 가치'에 대해 배울 수 있다. '생태전환' 주제 미술 활동을 통해 학생들은 전 지구적으로 함께 대응해야 하는 환경문제에 대해서 인식하며 '지속 가능한 삶을 추구하고자 하는 사고의 전환'을 경험할 수 있다. 셋째, '생태전환을 위한 통합적 사고'에 대해서 학습할 수 있다. 지속가능성 이슈는 단선적인 원인과 결과로 이어지는 것이 아니라 환경, 사회, 경제, 문화 분야가 서로 복잡하게 얽혀있으므로, 이러한 문제를 해결하기 위해서는 통합적인 사고의 접근이 필요하다. 따라서, 생태전환과 관련된 다양한 장르의 미술작품을 감상하고 표현하며 통합적 관점에 대하여 학습할 수 있다. 넷째, 환경문제를 인식하고 창의적으로 해결할 수 있는 능력을 기를 수 있다. 학생들은 영화, 공익광고, 회화, 퍼포먼스 등을 활용한 시각문화 미술교육으로 자신의 생활이 생태계에 어떠한 악영향을 미치는가에 대한 문제의식을 느낄 수 있고 더 나아가 창의적인 문제해결을 위한 학습을 할 수 있다. 다섯째, 지속 가능한 미래를 위하여 함께 노력하는 것을 배울 수 있다. 지속 가능한 미래를 만들어가기 위해서는 동일한 지향점을 공유하며 협동하는 것이 중요한데, 생태 전환 교육에 기초한 미술 수업 과정에서 학생들이 협업하며 지속 가능성을 위해 함께 노력하는 것에 대한 중요성에 대해서 배울 수 있다.

5. 생태 전환 교육에 기초한 미술교육의 실천방법

1) 생태 전환 교육에 기초한 미술교육의 내용과 방법

(1) 생태 전환 교육에 기초한 미술교육의 단계별 접근

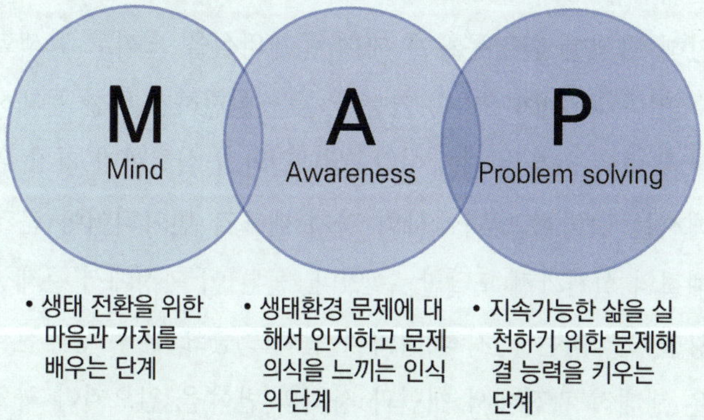

[그림 2] 생태 전환 교육에 기초한 미술교육의 단계별 접근

출처: 김효정, 김태선, 2022 토대로 재구성

생태 전환 교육에 기초한 미술교육을 교육현장에 적용하기 위해서는 체계적인 실천방법이 필요하며, [그림 2]에서 이를 위한 3가지 단계별 접근을 제시하고자 한다(김효정, 김태선, 2022). 첫 번째, '생태전환을 위한 마음과 가치를 배우는 단계'로, 학생들에게 자신의 삶을 사랑하고 더 나아가 인류공동체의 삶의 터전인 자연환경을 아끼고 배려하는 마음과 생태전환적 가치에 대해서 배우는 단계이다. 자연환경과 생태계 관련 문제는 지식적 접근보다 자연에 대한 사랑을 일깨우는 감성적 접근이 교육적 효과가 크기 때문이다(Ali Khan, 2003). 보네트(Bonnett, 2002)는 지속가능발전교육에 있어 동기를 강조하면서 사랑을 기반으로 하는 '가치체계에 대한 틀(Frame of Mind)'[1]이 중요하

다고 하였다. 자연을 체험하고 표현하고 감상하는 과정에서 학생들은 자연을 미적으로 느끼며 자연과의 교감을 통해 자연의 아름다움, 소중함을 통해 생태 감수성을 키우게 되는 감성적 접근으로 생태 전환 교육에 기초한 미술교육을 위한 기초를 다지는 단계라고 할 수 있다. 두 번째는, '생태환경 문제에 대해서 인지하고 문제의식을 느끼는 인식의 단계'이다. 학생들은 관련 주제 미술 수업의 체험, 표현, 감상의 과정에서 생태환경 관련 문제를 탐색하며 생태 문해력인 생태 소양을 함양하고, 우리의 생활과 산업화로 인해 발생한 환경문제에 대해 문제의식을 느끼고 탐색할 수 있다. 세 번째, '지속 가능한 삶을 실천하기 위한 문제해결 능력을 키우는 단계'이다. 생태전환의 실천까지 가기 위해서는 정의적 영역에서의 가치 태도가 변화되어야 문제해결의 실천까지 도달할 수 있다. 물론 이 과정에서 문제상황을 인식하는 인지적 영역의 변화도 중요하다. '생태전환은 생태적 관점에서 개인과 사회의 변혁'을 일으켜야 하므로 이를 실천하기 위한 마음과 가치에서부터 인식 그리고 실천적 문제해결까지 연결될 수 있어야 한다. 이러한 과정을 고려해 생태 전환 교육에 기초한 미술교육의 단계별 접근의 실천방법을 제시하였다.

1) 가치체계에 대한 틀(Frame of Mind)은 지속가능성을 추구하기 위한 사람과 자연의 관계는 사랑을 기본으로 이루어져야 한다는 것이다. 즉 사랑을 기초로 한 자연과의 관계성은 지속가능성에 대한 인식의 동기가 된다는 것이다.

(2) 생태 전환 교육에 기초한 미술교육의 필요역량과 실천과제

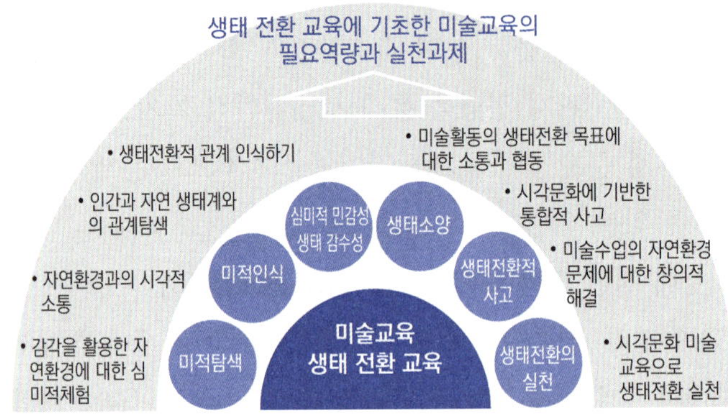

[그림 3] 생태 전환 교육에 기초한 미술교육의 필요역량과 실천과제

생태 전환 교육에 기초한 미술교육의 필요역량과 실천과제를 제시하고자 한다[그림 3]. 나와 자연환경과의 관계에 기초한 '미적탐색', '미적인식', '심미적 민감성과 생태 감수성', '생태 소양', '생태전환적 사고', '생태전환의 실천'의 6가지 필요역량과, 8가지 실천과제로 '감각을 활용한 자연환경에 대한 심미적 체험', '자연환경과의 시각적 소통', '인간과 자연 생태계와의 관계 탐색', '생태전환적 관계 인식하기', '미술활동의 생태전환 목표에 대한 소통과 협동', '시각문화에 기반한 통합적 사고', '미술 수업의 자연환경 문제 주제에 대한 창의적 해결', '시각문화 미술교육으로 생태전환 실천하기'를 제안한다.

생태 전환 교육에 기초한 미술교육을 위한 6가지 필요역량에서 '미적 탐색'과 '미적인식'은 미술활동에 있어서 학생들이 환경에 대해서 미적으로 탐색하고 이를 통해 자연환경에 대해 미적으로 인식할 수 있는 역량이며, '심미적 민감성과 생태 감수성'은 환경에 대한 심미적 민감성을 통해 생태 감수성을 증진하는 것이다. '생태 소양'은 생태계의 지속가능성을 위해 생태문해력을 키우는 것이다. '생태전환적 사고'는 자신의 가치관 가운데 인간과 자연환경을 동일선상에 두고 공존을 추구하는 사고체계를 내면화하는 것이다. '생태전환의 실천'은 다양한 생태전환을 위한 미술교육을 통해 자신의 지속 가능한 삶을 위하여 일상생활에서 실천해 나갈 수 있는 역량이다.

8가지 실천과제 중 '감각을 활용한 자연환경에 대한 심미적 체험'은 학생들의 시각, 촉각, 청각, 후각 등의 감각을 활용해 자연환경을 미적으로 탐색하는 것이다. '자연환경과의 시각적 소통'은 나의 주변 환경을 탐색하고 교감하는 시각적 소통을 통해 상호작용하며 나와 자연의 관계에 대해서 성찰하며 생태 감수성을 키울 수 있다. '인간과 자연 생태계와의 관계 탐색'은 학생들은 생태계의 일원으로 우리의 삶의 기초가 되는 자연과 사랑의 관계를 맺어가는 것이다.[2)] 이러한 감성적 교류가 환경문제에 대해서는 지식교육의 이성적 접근보다 자연에 대한 사랑을 일깨우는 감성적 접근이 교육적 효과가 더 크기 때문이다(김효정, 김태선, 2022, p. 201 재인용; Bonnett, 2003; Ali Khan, 2003). '인간과 자연 생태계와의 관계 탐색'은 직접적인 자연환경에서의 체험이나 영화, 영상, 포스터와 순수미술 등의 시각문화를 통해 학생들이 자신과 자연 생태계와의 관계에 대해서 탐색한다. '생태전환적 관계 인식하기'는 생태적 경험과 지식에 대해서 배우고 고민할 수 있는 기회를 제공하여 자연과 내가 공존할 수 있는 생태전환적 관계에 대해서 인식하는 것이다. '미술활동의 생태전환 목표에 대한 소통과 협동'은 미술활동을 진행하면서 생태환경 관련 문제에 있어서 함께 소통하고 협동하면서 타인의 생각과 감정에 대해서 이해하며 하나의 목표에 공감하며 협동하는 것을 말한다. '시각문화에 기반한 통합적 사고'는 시각문화교육을 통해 지속 가능한 삶이 무엇인지에 대해서 환경, 사회, 경제, 문화 측면에서 통합적으로 생각하며, 시대가 직면한 지속가능성 이슈에 대해서 사고할 수 있다. '자연환경 문제에 대한 창의적 해결'은 시각 이미지를 통해 지속가능성 문제를 탐색하고 협동하며 창의적으로 해결해 나가는 것이다. '시각문화 미술교육으로 생태전환 실천하기'는 시각문화 미술교육을 통해 환경문제의 원인에 대해서 고민하고, 어떻게 하면 생태전환을 실행할 수 있을지 사회적 책임과 실천을 독려하는 것이다.

2) 생태 전환 교육에 기초한 미술 수업 설계

〈표 3〉의 생태 전환 교육에 기초한 미술 수업을 위한 수업모형의 1단계는 생태 전환 교육에 기초한 미술 수업의 교육목표와 수업 주제를 선정하는 단계다. 교육목표는 앞서 언급한 생태 전환 교육에 기초한 미술교육의 필요역량인 나와 자연환경과의 관계에 기초한 '미적탐색', '미적인식', '심미적 민감성과 생태 감수성', '생태 소양', '생태전환적 사고', '생태전환의 실천'을 경험하며 이를 증진할 수 있는 방향으로 정한다. '생태전환'을 위한 수업 주제 선정 시 학교급을 고려하고 학생들의 실생활과 연관성이 높고 공감을 이끌 수 있는 주제를 선정한다. 또한 수업 주제는 학생들의 일상생활의 경험과 연관시켜 공감대를 형성할 수 있도록 한다. 융합수업 구성 시 교과별로 동일한 수업 주제와 지향점을 같이 가져가는 게 좋다.

2단계는 생태 전환 교육에 기초한 미술 수업을 위한 교육과정 분석 단계로, 1단계에서 선정한 수업 주제와 관련된 미술과 교육과정을 분석한다. 타 교과와의 융합수업을 구성할 때 교과별 교육과정과 단원에 대해서 함께 분석을 진행한다.

2) 본 역량은 보네트의 '지속가능발전교육에 있어 동기를 강조하면서 사랑을 기반으로 하는 교육은 인간, 환경, 자연 간의 사랑의 관계성 정립을 통해 인간은 자신을 자연 체계의 일부로 여기게 되고 인간의 근원과 인간들을 존속시키는 것들을 사랑으로 연결할 수 있다'라는 이론에 근거한다. M. Bonnett, "Education for sustainability as a frame of mind," *Environmental Education Research* 8, 2002, pp. 9-20.

3단계는 생태 전환 교육에 기초한 수업 내용을 구성하는 단계로 전 단계의 교육과정 분석 내용을 기초로 미술 수업으로 구성할지 융합수업을 구성할지에 따라서 교육목표와 교과구성 및 차시 구성을 한다. 생태전환을 위한 미술 수업의 내용 구성은 '감각을 활용한 자연환경에 대한 심미적 체험', '자연환경과의 시각적 소통', '인간과 자연 생태계와의 관계 탐색', '생태전환적 관계 인식하기', '미술활동의 생태전환 목표에 대한 소통과 협동', '시각문화에 기반한 통합적 사고', '미술 수업의 자연환경 문제 주제에 대한 창의적 해결', '시각문화 미술교육으로 생태전환 실천하기'를 경험할 수 있도록 선정한다. 교육목표, 교과구성, 차시 구성을 고려하여 차시별 계획도를 구성한다. 학생들이 '생태전환'을 위한 주제에 공감하며 몰입할 수 있도록 수업 내용을 구성한다.

4단계는 세부 수업활동 및 평가계획 단계로 전 단계에서 구성한 차시별 내용에 맞게 수업 활동과 교수학습과정안을 구성한다. 차시별 학습목표와 수업활동 그리고 평가를 함께 계획하여 일치화시키는 것이 좋다. 대면, 비대면 수업과 브랜디드 수업을 고려하여 진행한다.

5단계는 수업내용 검증 및 감상계획을 진행하는 단계로 전 단계에서 구성한 수업 활동내용과 평가계획에 맞게 평가체계를 구체화한다. 교사의 수업 예시작을 기초로 학생

〈표 3〉 생태 전환 교육에 기초한 미술과 수업모형

수업단계	생태 전환 교육에 기초한 미술 수업 설계 시 주요내용
1단계: 교육목표 및 수업주제 선정	• 생태 전환 교육에 기초한 미술 수업의 교육목표와 수업주제를 선정하는 단계 • 교육목표는 생태 전환 교육에 기초한 미술교육의 필요역량을 키울 수 있도록 선정 • 생태전환을 위한 수업주제는 나와 자연환경과의 관계에 기초한 '미적탐색', '미적인식', '심미적 민감성과 생태 감수성', '생태 소양', '생태전환적 사고', '생태전환의 실천'을 경험하며 증진할 수 있는 방향으로 정하기 • 융합수업으로 진행하고자 할 때 사회, 과학 등의 타 교과를 선정하고 동일한 교육목표와 수업주제 적용하기
2단계: 교육과정 분석	• 1단계에서 선정한 생태전환을 위한 수업주제와 관련된 미술과 교육과정과 단원분석 • 타 교과와의 융합수업 설계 시 주제에 맞게 선정한 교과별 교육과정과 단원에 대해 함께 분석하기
3단계: 수업내용 구성	• 2단계의 교육과정과 단원분석 내용을 기초로 교육목표와 총 차시 구성하기 • 생태전환을 위한 미술 수업의 내용 구성은 '감각을 활용한 자연환경에 대한 심미적 체험', '자연환경과의 시각적 소통', '인간과 자연 생태계와의 관계 탐색', '생태전환적 관계 인식하기', '미술활동의 생태전환 목표에 대한 소통과 협동', '시각문화에 기반한 통합적 사고', '미술 수업의 자연환경 문제 주제에 대한 창의적 해결', '시각문화 미술교육으로 생태전환 실천하기'를 경험할 수 있도록 설계하기 • 생태전환을 위한 미술 수업의 교육목표, 차시에 따라 차시별 수업내용을 고려하여 차시별 계획도 구성하기 • 차시별계획도의 수업내용 흐름에 맞게 학생들이 '생태전환'을 위한 주제에 공감하며 몰입할 수 있도록 구성하기
4단계: 세부 수업활동 및 평가계획	• 3단계에서 구성한 총 차시별 계획 내용에 맞게 세부 활동을 구성하여 교수학습과정안 완성하기(온 · 오프라인과 브랜디드 수업 고려) • 차시별 세부 수업활동 내용을 구성하여 학습목표와 평가를 함께 계획하기 • 학습목표. 수업내용과 평가 항목이 일치할 수 있도록 계획하기
5단계: 수업내용 검증 및 감상계획	• 4단계에서 구성한 세부 수업활동 내용과 평가계획에 맞게 교사는 미술 수업 예시작을 제작한 뒤 학생 표현활동과 평가체계 구체화하기 • 교사 예시작을 기초로 온 · 오프라인 수업에서 학생들의 작품을 '생태전환' 관점에서 어떻게 함께 감상하고 평가할지 계획하기

출처: 김효정, 김태선, 2022 토대로 재구성

들의 작품을 '생태전환' 관점에서 어떻게 함께 감상하고 전시 및 공유할지 계획한다. 위와 같이 생태 전환 교육에 기초한 미술 수업을 위한 수업모형에 따라 단계별로 수업을 설계하고 적용할 수 있다.

6. 미술과 교육과정에서 생태적 가치의 적용과 실천 전망

기후재난의 문제를 해결하기 위한 세계 각국의 노력이 이어짐에도 불구하고 2022년 「기후 도미노: 중대한 기후 시스템들이 임계점에 도달했음을 알리는 위험신호」 보고서를 통해 이미 지구온난화의 임계점을 넘어섰으며 이에 대한 대책이 필요한 시점을 맞이했다(박성준, 이승준, 2022. 8. 26.). 이에 교육적으로 생태적 가치에 대해서 배우며 지속 가능한 삶으로의 전환이 이루어질 수 있어야 한다. 예술교육은 정의로우면서 지속 가능한 미래를 위한 교육에 이바지할 수 있으므로(Moore, 2020), 생태 전환 교육에 기반한 미술교육을 통해 사회 구조의 변화를 촉구할 수 있다.

2022 개정 미술과 교육과정은 총론에서 제안하는 미래 사회의 변화에 대한 대응과 지속 가능 발전을 위한 디지털 소양, 생태 감수성, 민주시민성 배양을 위한 범교과 학습을 미술과의 성격과 목표, 그리고 내용체계, 성취기준 등에 전반적으로 반영하였다(교육부, 2022c). 성격에서는 시각적 표현과 소통을 통해 인류와 환경의 공존을 위한 생태전환적 가치를 학습하며 공동체 발전에 참여하는 시민으로의 성장을 밝히고 있다(교육부, 2022b). 2022 개정 미술과 교육과정의 핵심역량 중 공동체 역량은 학습자는 미술을 통해 배려와 소통, 협력과 공감으로 미술 문화 이해를 통해 공동체 의식을 키울 수 있으며, 학생은 공동체 주인의식을 가지고 공동체 문제에 협력하여 함께 해결하기 위해 서로 배려와 소통을 통해 협력과 공감할 수 있는 역량으로 생태 전환 교육과 관련이 높다. 또한 생태 전환 교육을 실현하기 위한 학교급별 내용체계의 구성과 성취기준에 있어서 미적체험, 표현, 감상의 영역별로 방향을 제시하고 있다.

2022 미술과 교육과정은 예측할 수 없는 미래를 살아가는 주체로서의 학습자가 생태전환적 가치를 학습하며 미래 사회변화에 대응해 나가기 위해서는 '생태 전환 교육'의 의미와 내용 그리고 미술교육의 실천 방향을 구체화할 필요가 있다. 따라서, 이 글을 통해 생태 전환 교육에 기초한 미술교육의 단계별 접근과 필요역량과 실천과제와 함께 미술 수업 모형을 제시했다. 생태 전환 교육에 기초한 미술교육의 3단계는 '생태전환을 위한 마음과 가치를 배우는 단계', 생태환경 문제에 대해서 인지하고 문제의식을 느끼는 인식의 단계', '지속 가능한 삶을 실천하기 위한 문제해결 능력을 키워주는 단계'를 제시했다. 생태전환의 인식부터 실천까지 달성하기 위해서는 문제상황을 인식하는 인지적 변화부터 가치 태도의 정의적 영역의 변화가 필요하다. '생태전환은 개인과 사회의 생태적 관점의 변혁'이 필요하기 때문에 이를 위한 마음과 가치의 인식 그리고 문제해결의 실천까지 연결될 수 있어야 한다. 교육적 단계와 함께 생태 전환 교육에 기초한 미술교육의 필요역량과 실천과제로 나와 자연환경과의 관계에 기초한 '미적탐색', '미적인식', '심미적 민감성과 생태 감수성', '생태 소양', '생태전환적 사고', '생태전환의 실천'의 6가지 필요역량과, 8가지 실천과제로 '감각을 활용한 자연환경에 대한 심미적 체험', '자연환경과의 시각적 소통', '인간과 자연 생태계와의 관계 탐색', '생태전환적 관계 인식하기', '미술활동의 생태전환 목표에 대한 소통과 협동', '시각문화에 기반한 통합적 사고', '미술 수업의 자연환경 문제 주제에 대한 창의적 해결', '시각문화 미술교육으로 생태전환 실천하기'를 제안했다. 또한 생태 전환 교육에 기초한 미술 수업을 위한 수

업모형도 함께 제안했다.

'생태전환'을 위해서는 지식 차원에서의 학습도 중요하지만, 궁극적으로 인간의 가치와 태도가 바뀌어야 하며 이는 장시간의 노력이 필요하다. 그 기초가 되는 것은 인간의 마음이며 알리 칸(Ali Khan, 2003)은 환경문제에 대한 이성적인 접근보다 감성적 접근을 통해 지속 가능한 사회구현에 대한 비전을 품을 수 있다고 했다. 나와 자연의 공존과 조화를 추구하는 공생의 관계 정립의 토대 위에 관련 문제들을 인식하며 비판적으로 사고하고 다차원적인 실천까지 할 수 있는 체계적 교육목표와 실천 방안이 필요한 것이다. 또한 지역사회와의 협력과 연대를 통해 지역의 생태전환에 이바지하는 방안 또한 필요하다. 학생들이 지역사회의 일원으로 지역의 환경문제에 책임을 느끼며 참여할 수 있을 것이다. 학생들의 '생태전환'을 위한 가치관을 정립하고 다양한 미술활동을 통해 관련 문제에 대한 인식과 함께 비판적 사고를 강화하고, 실천적 경험까지 이어질 수 있어야 한다.

차기 미술과 교육과정에서는 인간과 자연 생태계가 균형 있게 공존하며 지속 가능한 삶과 함께 행복하고 건강한 미래를 꿈꿀 수 있도록 우리의 인식과 행동양식의 변화에서 더 나아가 사회 조직문화와 시스템까지 총체적 전환을 일으킬 수 있는 미술과 교육과정의 생태 전환 교육의 단계적 시스템이 필요하다.

지금까지 2022 개정 미술과 교육과정에서의 '생태 전환 교육'의 의미와 내용 그리고 미술교육의 실행 방향에 대해서 논하였다. 교육과정의 고시 이후 관련 주제의 연구가 활발히 진행되고 있으나 미술과 관련 연구에서 그 개념과 가치 및 실천 방향에 대한 연구가 더 필요한 실정이다. 미술과 교육과정의 '생태적 가치'의 실천과 적용을 위해서는 관련 연구과 논의가 뒷받침되어야 할 것으로 보인다. 본고에서 제시한 내용들을 단초로 이후 관련 연구와 함께 학교현장의 적용이 활발하기 진행되기를 바란다.

* 이 글은 김효정(2024), 2022 개정 미술과 교육과정의 생태전환적 가치와 실천에 관한 연구(조형교육, 91집)를 수정 보완한 원고임.

김효정(이화여자대학교)

18 미술과 교육과정 재구성의 의미와 쟁점

국가 교육과정은 학문 분야의 변화를 반영하는 동시에 교과의 방향지시등과 같은 역할을 한다는 점에서 그 중요성을 간과할 수 없다. 또한, 국가 교육과정은 합의된 확실한 지식을 다루고 있지만, 고정불변의 상태에 있지 않고 특정 시기의 시대적 상황과 이슈에 반응한다는 점에서 유기체적인 성격을 갖는다. 따라서 교육과정의 개정은 교육의 환경 변화에 따른 미술 교과의 새로운 담론을 구성해 갈 수 있는 하나의 지표가 된다. 이에 2022 개정 교육과정의 본격적인 현장 적용을 앞둔 현 시점에서 미술과 교육과정의 해석과 실행에 관한 검토가 요구된다. 특히 총론에서 요구하고 있는 교육과정의 방향을 어떻게 미술 교과의 특수성 안에서 이해하고 반영할지에 관한 과제를 마주하고 있다. 이 장에서는 수시 개정을 거듭해 온 미술과 교육과정의 쟁점을 '국가' 교육과정의 체제적 관점에서 되돌아보고, 미술교육에 적합한 교육과정 이론을 고찰하여 미술과의 특수성을 반영한 2022 개정 교육과정의 적용 방안을 탐색하는 것을 목적으로 한다. 이를 위한 이 글의 탐구문제는 다음과 같다. 첫째, 미술과 교육과정의 틀로서 국가 교육과정은 어떤 의미가 있는가? 둘째, 국가수준 교육과정으로서 미술과 교육과정 재구성의 방향과 특성은 무엇인가? 셋째, 2022 개정 교육과정의 실행 측면에서 교육과정 재구성의 주요 쟁점은 무엇인가?

1. 교과 교육과정으로서 미술과의 특성

교과 내용의 특수성을 갖는 미술과의 경우, 일반적 기준으로서 표준화를 지향하는 교육과정의 틀을 수용하는 데에 어려움을 가질 수밖에 없다. 그렇다면 국가수준 교육과정에 대하여 미술과는 부정적, 방어적 입장을 견지해야 하는가? 그렇지는 않을 것이다. 학교 교육 안에서 교과로서의 위치를 정당화하고 미술의 교육적 가치를 설득하는 도구로서 교육과정의 틀을 갖추는 것은 간과할 수 없는 중요성을 갖기 때문이다. 이러한 딜레마 상황을 전제로, 다음에서는 표준화된 기준(standards)에 대한 비판적 시각을 통해 미술과의 특수성을 조명하고자 한다. 또한, 과학적 교육과정과 예술적 교육과정의 상반된 견해를 통해 국가수준 미술과 교육과정에 적합한 접근 방법을 모색하고자 한다.

이경재(2018)는 미술과 교육과정에 대한 개념사적 연구를 통해 1980년대까지 기능적 숙련을 강조하던 교육과정의 방향이 1990-2000년대 창의성, 미적 체험을 강조하는 모더니즘 예술교육으로 전환된 이후 2010년대부터는 포스트모더니즘 관점을 반영한 미술교육으로 지향점이 변화하였다고 주장한다. 이처럼 국가수준 교육과정은 시대적 요구와 더불어 미술교육의 학술적 논의, 현장의 변화에 반응하면서 교과로서 미술의 개념을 형성해왔다. 이러한 맥락에서 미술과에서 국가 교육과정은 확고하게 정의된 미술의 학문 체계를 구조화한 일종의 청사진으로 기능하는 것이 아니다. 그보다는 시시때때로 변화하는 우리나라 학교 교육의 사회문화적 상황을 반영한 미술교육의 담론을 형성하는 하나의 축으로서, 다양한 미술교육 이해관계자의 숙의와 합의를 통해 지속적으로 구성되어왔다. 이러한 관점에서 다음에서는 표준화된 기준(standards)에 대한 비판적 시각을 고찰하고, 과학적 교육과정과 예술적 교육과정의 상반된 견해를 통해 미술과 교육과정의 특성을 살펴보고자 한다.

1) 미술과에서 국가 교육과정에 대한 비판적 시각

해방 후 근대 공교육의 출발과 함께 국가 교육과정이 수립된 우리나라와 달리, 미국에서는 1994년 국가 기준(National Standards)을 처음 마련하였다. 이러한 해외 사례는 학교 미술교육에서 국가수준 교육과정이 당연하거나 필수적인 전제가 아닌 시대적, 사회적 필요에 따라 그 당위성을 비판적으로 재고할 수 있는 대상임을 보여준다. 특히 당시 미국 미술교육자들의 고민과 우려는 미술교육에서 국가적 틀(framework)이 갖는 의미를 되돌아 볼 수 있는 하나의 사례가 된다. 국가 교육과정에 대한 논의가 한창 진행되었던 1993년 열린 미국교육연구학회(AERA) 학술대회의 주요 내용을 정리한 Eisner(1993)의 글에는 국가 교육과정이 학교의 공장식 모델(factory model)을 강화하고, 교사의 전문성을 약화하며, 관료적 통제를 심화시킬 것이라는 여러 발표자의 우려가 요약되어 있다. 같은 맥락에서 London(1997)은 교육을 표준화하려는 모든 시도는 재앙과 같은 결과를 가져올 수 있다고 경고하면서, 정치적 실체인 국가와 미술의 결합은 양자 간의 힘의 불균형으로 인해 위험한 관계일 수밖에 없다고 강하게 비판한다. 국가 차원의 기준을 통하여 무엇이 미술이고 어떤 미술이 후원받아야 하는지의 내용이 정치적으로 정의되는 위험을 안고 있기 때문이다. 이에 반해 그는 특정한 시기, 장소, 상황에 속한 사람들에 의해 자발적으로 구성되는 지역 기준(local standards)을 국가 기준의 대안으로 제안한다.

국가 교육과정으로 인한 학교의 표준화와 학생 다양성의 훼손에 대한 우려는 '미국은 국가 교육과정이 필요한가?'라는 제목의 Eisner(1995)의 글에서 보다 명확하게 논의되고 있다. 여기에서 Eisner는 국가 교육과정을 향한 움직임을 복잡한 구조적 문제를 안고 있는 학교 개혁에 대한 손쉬운 처방전을 찾는 것으로 규정한다. 더욱 심각한 문제로 그가 지적하는 것은 국가 기준을 마련하는 데에 있어 '호기심의 자극, 지성의 육성, 감수성 개발, 상상력의 성장, 그리고 인간이 가진 특별한 잠재력을 활용하고자 하는 동기'와 같은 학교 교육의 근원적인 사명이 간과되고, 경쟁과 시험을 통한 학업 성취에만 초점이 맞추어져 있다는 것이다.

여러 비판과 우려 속에서 만들어진 미국의 국가 기준은 이후 어떻게 전개되었을까? 약 10여 년 후에 쓰여진 Freedman(2003)의 글에서는 주(state)와 국가 수준의 기준 수립 이후 시험에 기반한 학생 평가가 예술 교과에도 폭넓게 자리 잡게 되었다고 기술하고 있다. 덧붙여 예술의 학술적, 미적 경험에 대한 합의가 가능하다는 믿음에 기초한 중앙집권적인 교육과정이 규격화된 문화적, 인식론적 경계를 인위적으로 만들어놓았다고 지적한다. 하지만 동시에 시각문화, 인터렉티브 테크놀로지 등을 언급하면서, 21세기 초 미술교육 공동체 안에서 처방적인 교육과정 패키지에 대해 저항하는 전환적 움직임이 있다는 점도 언급하고 있다. 이처럼 미술과에서 국가 교육과정은 학교 교육이라는 공적 영역 안에서 정의되는 미술의 방향과 특성에 대한 비판과 성찰 속에서 미술교육의 한 축을 이루어왔다고 볼 수 있다.

만약 우리나라에서도 국가 교육과정이 비강제적인 조항으로서 선택 가능한 상황이라면, 미술 교과에서는 모든 학습자의 성취 수준에 대한 일반적인 기준인 교육과정을 채택할 것인가? 시기별로 개정되는 국가수준 교육과정을 당연한 전제로 수용하기에 앞서 미술을 가르치는 데에 있어 국가가 제시한 기준이 어떠한 의미가 있는지, 미술의 특수성에 대한 어떤 위협이 도사리고 있는지, 교과의 특수성을 반영하기 위해 어떤 점이 고려되어야 하는지 등에 대한 질문을 던져보아야 할 것이다. 앞서 논의한 1990년대 미국의 사례에서 확인할 수 있는 것은, 효율성, 과학적 합리성, 객관주의를 추구하는 국가의 입장을 반영한 국가 교육과정과 다양성, 개별성, 주관적 판단을 중시하는 미술교육의 특성 간의 긴장 관계가 미술과 교육과정을 이해하는 데 있어 핵심적인 요소가 된다는 점이다.

2) 과학적 교육과정 vs 예술적 교육과정

미술을 하나의 교육과정 체계로 구상하는 데에 있어 '교육과정'이라는 단어에서 연상되는 경직된 이미지는 부조화된 느낌을 야기한다. 부분적으로 이는 19세기말 태동된 교육과정 개념이 뿌리 깊게 자리 잡고 있기 때문일 것이다. 교육과정에 대한 학문적 연구는 '과학적 교육과정 운동'에서 출발하였고, 교육목표의 설정, 학습경험의 선정, 학습경험의 조직, 평가가 단선적인 일련의 단계로 구성되는 교육과정 모형으로 실제적인 영향력을 확산해 나갔다(박채영, 2019). 초기 교육과정 학자들이 '과학적'인 방식으로 교육과정을 구성하기 위해 일상생활에서 어른들이 경험하는 사태와 이를 해결하기 위한 성인의 수행 활동을 분석함으로써 교과를 구성하려고 했다는 점은 흥미로운 대목이다(박천환, 박채형, 노철현, 2015). 교육 대상을 고려한다면 학생들의 생활을 분석하는 것이 타당할 것으로 생각될 수 있으나, 교육을 미래에 대한 준비로 여겼던 당시 교육과정 학자들은 아동이 추후 직면할 미래 생활과 가장 유사한 어른들의 활동을 '과학적' 근거로 삼았던 것이다. 이러한 관점은 우리나라 국가수준 교육과정에도 반영되어 있는데, 제5차 교육과정 총론 개정 시안 연구(곽병선 외, 1986)에서는 교육과정을 "학교에서 학생들에 대한 교육적 성취를 의도하여 기성 세대의 핵심적 문화 내용으로서 지식, 사고의 양식, 경험을 재구성한 계획(이탤릭체 연구자 강조)"(p. 55)으로 정의하고 있다. 이처럼 교육과정 개발의 과학적, 절차적 접근, 그리고 교육내용의 근거를 성인들의 합의된 지식과 수행에서 찾으려고 했던 전통적인 교육과정 모형은 학생 자신의 생각과 느낌에서부터 출발하는 미술교육의 관점에서는 괴리가 있을 수밖에 없다.

더 나아가 미술교육에서 다루는 지식의 비구조화된 성격을 고려할 때, 설정된 목표를 중심으로 위계적으로 개념을 정연화하는 교육과정 모형은 발에 맞지 않는 신발을 신는 것과 같은 곤란함이 따른다. Efland(2002/2006)는 비구조화된 분야의 지식을 환원적인 방식으로 구조화하는 경우 단순화의 오류나 피상적인 유사성에 집중하게 되는 경향이 있다고 설명하면서, 다루는 지식의 구조적 특성을 고려해야 한다고 주장한다.

> 오늘날 대부분의 학교 학습은 그것이 문제가 되는 영역에 대하여 적절하든 적절하지 않든 잘 구조화되는 것으로 표현되고 있다. 따라서 복잡하게 구조화된 영역에서 학습하는 것과 관습적이고 잘 구조화된 영역에서 학습하는 것의 차이를 인식하는 것은 일반교육의 개혁에서 핵심적인 요소이다. 특히 개혁의 목적이 학습자의 인지적 잠재력을 최대한 활성화 하는 것이라면 더욱 그러하다. 예술교육은 복잡하게 구조화된 영역으로 표현되어야 한다. (Efland, 2002/2006, p. 158)

미술은 보편화된 지식이나 공식을 통해 학습이 이루어지기보다는 다양한 사례에서 지식을 도출하여 스스로 조합해 가는 방식으로 습득된다. 따라서 학생들은 유연한 사고와 인지적 활동을 통해 지식을 받아들이는 것 이상을 수행해야 한다.

과학적 교육과정 모형의 대안으로 제시된 Eisner의 예술적 교육과정은 미술 학습 경험을 설계하는 데에 유용한 교육과정 모형이라 할 수 있다. 여기에 사용된 '예술'이라는 용어는 교육과정에 있어 암묵지와 실천적 지식, 정서적 측면에 중점을 둔 개념이다(성정민, 2021). 미술 교과에서는 학습의 결과를 정확하게 예측하고 이를 목표로 하여 논리정연한 교수·학습 과정을 설계하여 지도하는 것이 가능하지도, 바람직하지도 않다. 이에 Eisner는 계획된 학습 내용에 따른 구체적인 행위의 양태를 중심으로 진술되는 행동 목표(behavioral objectives)에 대한 대안으로, 문제해결

목표(problem-solving objectives)와 표현 결과(Expressive outcomes)를 중심으로 한 다차원적인 목표 설정을 제안한다. 문제해결 목표는 다양한 방법으로 해결될 수 있는 당면한 문제와 이의 해결 과정에서 따라야 할 조건이 결합된 형태로 진술된다(박채형, 2019). 예를 들면, '2가지 색을 사용하여 어린이의 방을 위한 따뜻한 느낌의 벽지를 디자인한다.'와 같은 식이다. 반면 표현 목표에 관해 Eisner는 다음과 같이 설명한다.

> 표현목표는 학생이 나타내거나 만들어 낸 행동이나 결과를 기술한 것이 아니다. 그것은 학생이 작업에서 직면하게 될 어떤 마주침(encounter)을 기술하는 것이며 곧 그 마주침으로부터 긍정적인 결과가 일어나기를 기대하는 것이다. 교사가 발견하고 평가하려고 시도하는 것이 바로 이러한 결과이다. 어린이가 무엇인가를 학습한다거나 경험하는 것, 또는 무엇인가를 만들어 내는 일은 그가 어떤 재료를 가지고 작업할 기회를 가진 다음 결정된다. (Eisner, 1972/1998, p. 172)

표현 목표에 대한 위의 설명에서 과학적 교육과정 모형과 대비되는 예술적 교육과정의 중요한 특징, 2가지를 추론할 수 있다. 첫째, 교육목표는 교사가 가르치고자 하는 것만이 아닌, 학생이 마주치게 될 것을 포함해야 한다. 이때, 교육목표를 결정하는 것은 교사와 학생의 공동 작업이 된다. 둘째, 표현 목표는 학습 이후에 명료화되는 것으로, 교사의 '기대'와 '발견'의 영역이다. 따라서 교육목표는 교육과정 계획 단계에서 확정될 수 없으며, 교육과정의 실행 속에서 기대-발견의 순환적 과정을 통해 완성된다. 이처럼 성인의 행동이 아닌 학생의 마주침을 교육 결과로 추구한다는 점, 그리고 단선적 절차가 아닌 순환적 과정을 통해 교육과정이 구성된다는 점이 과학적 교육과정 모형과 차별화되는 주요한 예술적 교육과정의 특징이라 할 수 있다.

어떤 교육과정의 개념을 채택하는가에 따라 국가수준 교육과정의 성격을 규정하고 적용하는 방식이 달라질 수 있다. 과학적 교육과정 모형에 따르면, 국가수준 교육과정은 학문 분야의 전문가들이 선별한 교육내용과 행동을 정연화한 것으로, 현장에서 교사는 이에 적합한 학습활동을 선정, 조직하여 실행하는 역할을 담당하게 된다. 또한, 학습활동에 대한 사정(assessment)을 통해 교과 교육과정에 제시된 성취기준에의 도달 정도를 평가한다. 반면에 예술적 교육과정 모형을 채택한다면, 국가수준 교육과정은 학생들이 해결해야 할 문제와 그 조건을 제시한 것이다. 교사는 이를 수업 상황에 맞추어 재조직하는 것과 동시에 학급의 개별적 요구와 특성에 따라 표현 목표를 수립할 수 있어야 한다. 즉 국가수준 교육과정은 교사가 기대할 수 있는 결과에 대한 포괄적인 진술로서, 교육과정은 수업을 통해, 교사와 학생 간의 상호작용을 통해 완성된다.

2. 미술과 교육과정의 재구성

국가수준 교육과정이 내포하고 있는 경직된 구조적 한계를 극복하기 위한 하나의 방안을 교사의 교육과정 재구성에서 찾아볼 수 있다. 특히 지식 구조의 측면에서 복합성과 다양성을 견지하는 미술교육의 입장에서는 교사가 국가수준 교육과정의 성격을 어떻게 이해하고 자신의 교수행위에 적용하는지가 중요한 부분을 차지한다. 이에 다음에서는 제7차 교육과정 개정 시기 본격화된 국가수준 교육과정 재구성의 의미를 고찰하고, 미술과의 특성을 고려한 미술과 교육과정 재구성의 방향을 '생성적, 순환적 과정'과 '교사-학생 간 상호작용'의 2가지 측면에서 논의하고자 한다.

1) 국가수준 교육과정 재구성의 정의

중앙집권체제와 분산체제, 중앙집권적 교육과정과 학교 중심 교육과정의 양극단을 연결할 수 있는 핵심적인 요소가 교사의 교육과정 재구성이다. 1997년 개정된 제7차 교육과정이 이전의 '교과서 중심'이 아닌 '교육과정 중심 '학교 교육으로의 전환을 표방하면서, 교육과정 편성·운영의 역할 분담 체제와 교육과정의 다양한 운영, 자율화를 촉진하는 교육과정 정책의 '획기적인 변화'를 시도하면서 교육과정 재구성에 관한 논의가 본격적으로 시작되었다(교육부, 1997). 제7차 교육과정 해설서(교육부, 1997)에서는 학교 수준 교육과정을 설명하면서 "학교 교육과정의 최종 결정자는 바로 교사"(p. 16)라고 명시하고 있다. 이어서 교육의 효율성, 적합성, 다양성, 교원의 자율성과 전문성 신장, 학습자 중심 교육의 구현의 5가지로 학교 수준 교육과정의 필요성을 강조한다. 여기에서 주목할 것은, 교원 전문성의 개발과 학습자 중심 교육으로의 전환을 위한 방법으로서 교사의 교육과정 재구성이 다루어지고 있다는 점이다. 또한, 2022 개정 교육과정에서 강조되고 있는 교육과정의 지역연계, 학습자 맞춤형 교육의 원류를 제7차 교육과정에서 찾아볼 수 있을 것이다.

교사의 자율성과 전문성은 교육과정 재구성의 개념을 구성하는 핵심적인 요소이다. 강현석과 방기용(2012)은 "교사가 수업을 계획하고 실행하고 평가하는 과정에서 이루어지는 상위 수준의 교육과정과 교과서, 교사용 지도서 등을 학습자와 상황에 맞게 구현하고 재조직 및 재구성하는 의도적이며 해석적인 활동"(p. 124)으로 정의한다. 김종훈(2017)에 따르면, 교육과정 재구성은 교사가 자신의 신념과 가치에 비추어 실천적 맥락에 따라 교육과정을 변경, 수정하여 교육에 참여하는 가운데 다양한 주체들을 연결하는 연속적인 교수 행위이다. 이러한 정의에서 교사가 자신의 신념과 가치, 교육적 의도, 자율적 판단에 기초하여 교육과정을 재조직하고 해석하는 교육과정 재구성의 실행 주체로 다루어짐을 알 수 있다.

반면, 교사의 자율성 측면에서 법적 구속력을 가지는 국가 수준 교육과정 재구성이 과연 가능한가에 대한 근원적인 비판이 제기되기도 한다. 국가의 교육과정 '개발'이 선행되고, 상의하달의 일방적 방식으로 내려지는 교육과정을 교사가 '재구성'한다는 전제 자체가 수직적 관계를 내포하는 것이며, 교사의 교육과정 활동을 종속적인 것으로 왜곡한다는 것이다(서경혜, 2016). 같은 맥락에서 이윤미, 조상연, 정광순(2015)은 국가 교육과정의 상호조정이나 생성의 권한이 교사에게 주어지지 않은 상태에서 교육과정 재구성은 원천적으로 불가능하며, 교과서 재구성 혹은 성취기준에 따른 수업 만들기를 교육과정 재구성의 개념으로 혼용하는 혼란이 가중되고 있다고 지적한다. 이상을 종합할 때, 교육과정 재구성의 실행 주체로서 교사의 역할이 단순한 교육과정의 적용을 넘어 국가수준 교육과정에 대한 해석과 학습경험으로의 매개를 포괄하는 전문성의 논의을 포함하는 것임을 알 수 있다.

2) 미술과 교육과정 재구성의 방향

국가수준 미술과 교육과정(교육부, 2022b)에서는 미술을 "느낌과 생각을 시각적으로 표현함으로써 자신을 둘러싼 세계와 소통하며 자신과 세계와의 관계를 이해하고 그 의미와 가치를 창조하는 인류 보편의 언어"(p. 5)로 규정하고 있다. 미술 언어의 '보편성'을 강조할 때, 국가수준 교육과정을 통한 일반적 기준의 수립은 정합성을 갖는다. 하지만 어떤 언어인가를 수식하는 개인의 '느낌과 생각', '자신과 세계와의 관계', '의미와 가치 창조'와 같은 표현들에서 이러한 보편적 미술 언어의 학습이 개인적이고 주관적이며 지식, 기능, 태도 등을 통합적으로 포괄하는 것임을 알 수 있다. 따라서 인간의 복합적인 인지와 정서를 다루는 미술과의 특성을 고려할 때 국가수준 교육과정의 실행 차원에 있어 학교, 수업 단위의 교육과정 재구성이 더욱 중요한 의미를 갖는다.

초등교사의 미술과 교육과정 재구성 경험에 관한 근거이론 연구에서 송명길(2022)은 교육과정과 수업의 상호보완적 관계 속에서 교육과정 재구성이 순환적 구조를 갖는다고 주장한다. 또한, 교사가 생각하는 재구성의 지향점이 '의미 있는 미술 수업'을 만드는 데에 있으며, '열려있는 수업', 활동과 재료의 다양화, 타교과와의 통합에서 미술과의 특성이 나타난다고 보았다. 이와 같은 연구결과를 통해 교사들의 실제적 경험 속에서 미술 교과의 특수성을 고려한 교육과정 재구성이 다양한 방식으로 개념화될 수 있음을 알 수 있다.

앞서 고찰한 미술과 교육과정이 갖는 딜레마를 전제로, 과학적 교육과정 모형에서 예술적 교육과정 모형으로의 전환을 통해 미술과의 특수성을 반영한 교육과정 재구성의 가능성을 모색할 수 있을 것이다. Eisner의 예술적 교육과정을 토대로 한 미술과 교육과정 재구성의 방향은 다음 2가지로 정리할 수 있다. 첫째, 교육과정 재구성은 순환적 구조 속에서 구성되는 생성적(generative) 과정이 되어야 한다. Eisner(1993)에 따르면, 학습자의 새롭고 창의적인 반응을 추구하는 예술 관련 교과의 교육과정은 예측할 수 없는 내용과 수행을 포함할 수밖에 없다. 정확히 예상된 결과물을 산출하는 것보다는, 학습 결과가 교사와 학생 모두에게 놀라움이 될 때 교육목표가 성취되는 것이다. 이는 교육목표가 사후에 온전하게 발견되고 이해된다는 것을 의미한다. 따라서 미술과에서 교육과정 재구성은 수업 설계 단계에서 교사에 의해 진행되는 국가수준 교육과정에 따른 내용의 선정 및 재조직에 머물지 않는다. 그보다는 교사의 교육과정 분석 및 해석으로부터 출발하여, 교수·학습활동 속에서 미술의 지식이 학습자 개인의 의미와 가치로 새롭게 변용되고 생성되는 순환적 과정을 통해 이루어진다.

둘째, 미술과 교육과정 재구성에서는 국가수준 교육과정-교사 간의 관계뿐만 아니라 교사-학생 간의 상호작용이 핵심적인 요소로 다루어져야 한다. 여기에서 상호작용이란 Eisner(1972/1998)가 묘사한 것처럼 교사가 설정한 수업 목표와 표현 결과 "사이를 왔다갔다하는 리듬감"(p. 174)을 만드는 것을 의미한다. 즉 국가수준 교육과정의 성취기준에 따라 교사가 설정한 수업 목표와 학생들이 새로운 마주침으로 채워가는 표현 결과가 수업 안에서 상호 연결될 수 있도록 하는 교육과정 재구성이 필요하다.

국가수준 미술과 교육과정은 광범위한 미술의 지식과 개념을 학습자의 발달에 따라 정연화하고 창작 및 감상의 과정을 학습 경험으로 조직할 수 있는 틀을 제공한다는 점에서 의미가 있다. 하지만 이러한 보편적인 미술교육의 체계는 교사의 재구성을 통해 학생들에게 의미 있는 지식으로 변환될 때에 미술교육의 질적 수준을 담보하는 기준으로서의 역할을 달성할 수 있다. 이상의 논의를 요약하면, 학생들과의 상호작용 안에서 하나의 마주침이자 발견으로서 미술이 경험되도록 하는 생성적 환경을 구축하는 것이 미술과 교육과정 재구성의 방향이 되어야 한다.

3. 2022 개정 미술과 교육과정 재구성의 쟁점

비구조화된 지식 구조에 따른 미술과의 특수성을 고려할 때, 일반적인 기준으로서의 국가 수준 교육과정이 수업에 적용될 때에는 교사의 전문성에 기초한 폭넓은 재구성을 요구한다. 앞서 논의한 바와 같이, 교실 안 학습자와의 상호작용 속에서 이루어지는 미술과 교육과정 재구성은 수업 상황에 따른 생성적, 유동적, 맥락적 개념이다. 따라서 어디에나 적용 가능한 단일한 재구성 방식을 도출하는 것보다는, 미술과 교육과정의 변천 속에서 새롭게 적용되는 2022 교육과정 개정의 중점 사항이 무엇이며, 이에 따라 새롭게 요구되는 교육과정 재구성의 핵심이 무엇인지를 파악하는 것이 필요하다. 이에 다음에서는 2022 개정 미술과 교육과정 재구성의 실행 주체로서 교사가 고려해야 할 주요 사항을 '내용 중심에서 수행 중심으로의 전환'과 '학문 중심에서 학습자 중심으로의 전환'의 측면에서 조명하고, 이에 따른 교육과정 재구성의 주요 쟁점을 논의하고자 한다.

1) 내용 중심에서 수행 중심으로의 전환

2022 개정 미술과 교육과정(교육부, 2022b)의 일러두기에서는 성취기준을 '영역별 내용 요소(지식 · 이해, 과정 · 기능, 가치 · 태도)를 학습한 결과 학생이 궁극적으로 할 수 있거나 할 수 있기를 기대하는 도달점'으로 설명하고 있다. 즉 성취기준은 지식, 기능, 태도를 포괄하는 미술과의 내용을 수행한 결과로 나타나는 도달점이라 할 수 있다. 성취기준이 '수행'의 최소 성취수준과 밀접한 관련성을 갖는다는 점은 특히 미술과에서 주목할 필요가 있다. 학문적 체계에 따른 지식과 개념을 아는 것 자체보다는 수행 활동 가운데 이를 추론하고 적용하여 의미를 생성하는 데에 미술 교과의 목표가 있기 때문이다. 이에 교육과정의 성취기준 개념이 미술과에서 어떻게 전개되어왔는지 고찰하고, 그 안에서 2022 개정 미술과 교육과정에 제시된 '과정 · 기능'을 중심으로 교육과정 재구성의 쟁점을 논의하고자 한다.

성취기준이 학습의 결과로 알아야 할 것과 할 수 있어야 하는 것에 대한 진술임에도 불구하고, 교과 교육과정의 분석은 알아야 할 것, 즉 내용 체계를 중심으로 이루어지는 경향이 있다. 하지만 점차 개정의 중점이 표준화된 지식에 기초한 내용 체계에서 학습자의 역량 강화로 이동하면서 (이경재, 2018), 정해진 내용에 대한 성취의 파악보다는 '할 수 있어야 하는 것'의 수행 차원에서 성장 정도를 평가하는 추세로 전환하고 있다.

미술과 교육과정에서 '성취기준'이라는 용어가 교육과정 문서를 구성하는 별도의 항목으로 등장한 것은 2009 개정 시기이지만, 미술과에서 수행 중심으로의 전환을 위한 기초적인 틀을 마련한 것은 2007 개정 시기라 할 수 있다. 2007 개정 중학교 교육과정 해설서(교육인적자원부, 2007b)에서는 학교급별 중점 방향을 '기초 교육', '활용 교육', '가치 교육'의 3가지로 구분하여 제시하여 학교급별 위계성을 명료화하였다. [그림 1] 이와 같은 기본 방향에 따라 교육과정의 내용 체계에 사용되는 행동 용어들이 사고 능력과 수행 활동의 수준에 따라 다양화되는 것을 볼 수 있다(교육인적자원부, 2007a). 예를 들면, 미적 체험 영역에서 '지각하기 → 특징을 이해하기 → 역할을 이해하기 → 가치를 판단하기', 표현 영역에서 '탐색하여 표현하기 → 익혀서 표현하기 → 효과적으로 표현하기 → 활용하여 표현하기', 감상 영역에서 '관심 갖기 → 분석하고 감상하기 → 해석하고 감상하기 → 가치를 판단하고 감상하기'와 같이 심화되는 방식이다.

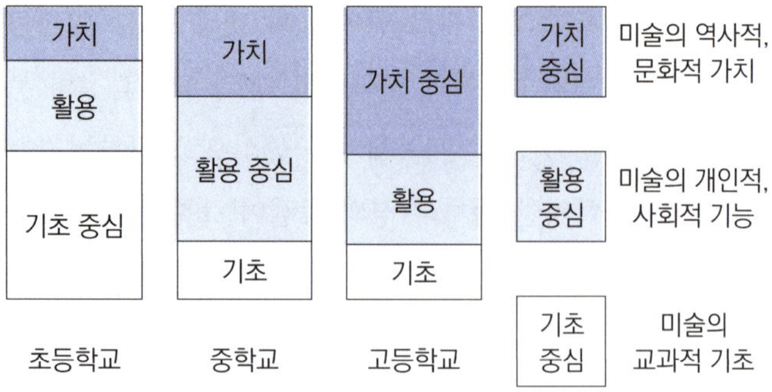

[그림 1] 학교 미술교육의 방향과 학교 급별 중점 방향
출처: 교육부인적자원부, 2007a, p. 203

수행 중심으로의 전환은 '역량'과 '기능'이라는 개념이 도입된 2015 개정 교육과정에서 더욱 두드러지게 나타났다. 이에 관해 류지영(2021)은 총론의 방향에 따라 능력 중심으로 미술과의 목표가 기술되면서 미술의 개념 자체가 변화하였다고 주장한다. 기존에 시각적 조형 언어로 한정하여 기술되었던 미술의 교과목표가 인간의 삶과 생활 전반에 영향을 미치는 활동으로 확장되었다는 것이다. 2015 개정 미술과 교육과정(교육부, 2015b)에서는 성취기준을 '학생들이 교과를 통해 배워야 할 내용과 이를 통해 수업 후 할 수 있거나 할 수 있기를 기대하는 능력을 결합하여 나타낸 수업 활동의 기준'으로, 기능을 '수업 후 학생들이 할 수 있거나 할 수 있기를 기대하는 능력으로 교과 고유의 탐구과정 및 사고 기능 등을 포함'하는 것으로 설명하고 있다. 즉 성취기준은 내용요소와 기능을 결합한 형태의 진술로서, 그 안에서 수행의 범위와 수준을 '기능'을 통해 명시하였다고 할 수 있다. 〈표 1〉에 정리된 바와 같이, 미술과에서의 기능은 절차적 사고, 인지적 사고의 복합적인 능력을 중심으로 학교급별 위계성을 가지고 구성되어 있다.

〈표 1〉 2015 개정 미술과 교육과정 내용 체계의 '기능' 분석

공통 교육과정 (3~9학년)			선택 교육과정 (10~12학년)				
영역	초등학교	중학교	미술	미술창작		미술감상과 비평	
체험	감각 활용하기 탐색하기 반응하기 발견하기 나타내기 관련짓기	탐색하기 발견하기 상호 작용하기 활용하기 모색하기 관련짓기	인식하기 모색하기 참여하기 연계하기	표현 계획	탐색하기 구체화하기 시각화하기 선택하기 계획하기	미술의 역사	정보 수집하기 추론하기 분석하기 설명하기 관련짓기 해석하기
표현	관찰하기 상상하기 계획하기 방법 익히기 발전시키기 구체화하기 표현하기	탐색하기 계획하기 점검하기 활용하기 표현하기	탐색하기 표현하기 활용하기 확장하기 성찰하기	표현과 확장	표현하기 융합하기 점검하기 반영하기 전시하기 평가하기	미술의 비평	탐색하기 묘사하기 명료화하기 적용하기 논술하기 소통하기
감상	이해하기 설명하기 비교하기 분석하기 존중하기	설명하기 이해하기 해석하기 활용하기 전시 기획하기	이해하기 설명하기 활용하기 판단하기				

강주희와 김정효(2022)는 이제까지의 미술과 교육과정의 내용을 체계화하고 학문적 정통성을 확립하는 데에 학문중심미술교육(DBAE)이 기여하였다고 전제하면서, 교육과정 '내용'의 의미와 범주에 대한 합의가 이루어져야 한다고 지적한다. 특히 수행 기능이 교과의 내용과 성취 기준의 중요한 요소로 다루어지고 있는 점을 고려할 때 이를 어떻게 구조화할 것인가의 논의가 필요하다. 2022 개정 미술과 교육과정(교육부, 2022b)에서는 성취기준을 '영역별 내용 요소(지식·이해, 과정·기능, 가치·태도)를 학습한 결과 학생이 궁극적으로 할 수 있거나 할 수 있기를 기대하는 도달점'으로 명시하고 있다. 2015 개정 교육과정에서 설명하고 있는 성취기준과 비교해 볼 때, 과정과 기능. 가치와 태도가 내용 요소 안에 통합되면서 미술과에서 '내용'의 범위가 지식 체계에 국한되어 있지 않음을 보다 명확히 하였다고 볼 수 있다. 따라서 2022 개정 미술과 교육과정에 명시된 '과정·기능'은 2015 개정 시기의 '기능'이 보다 구체화, 세분화된 형태로 제시된 것으로 볼 수 있다. 〈표 2〉

이상에서 살펴본 바와 같이, 2022 개정 미술과 교육과정의 '과정·기능'은 미술 교과에서 다루는 내용 자체가 특정한 지식(knowledge)보다는 앎(knowing)으로, 개념보다는 수행으로 전환되는 흐름을 보여주는 것이라 할 수 있다. 따라서 교육과정 재구성에 있어 교수·학습 활동은 '무엇을' 다루는가 못지않게 '어떻게' 이해를 생성하고 작품을 창작하는가를 중심으로 설계되어야 할 것이다. 제작과 감상 과정에 대한 메타인지와 성찰을 통해 자신의 작업 방식과 미적 성향을 발견하고 이해할 수 있도록 하는 데에 주안점을 두어야 한다.

2) 학문 중심에서 학습자 중심으로의 전환

"미술에서는 균등성보다 개별성이 찬사를 받는다."는 미술교육의 핵심적 가치를 압축한 명제이자, 균등한 질 관리

〈표 2〉 2022 개정 미술과 교육과정 내용 체계의 '과정 · 기능' 분석

영역	초등학교 3,4학년	초등학교 5,6학년	중학교	고등학교 미술
미적 체험	• 감각을 활용하여 탐색하기 • 대상에 반응하여 느낌과 생각을 나타내기 • 미술의 특징과 역할을 발견하기	• 감각과 매체를 활용하여 탐색하기 • 대상과 상호 작용하며 의미 발견하기 • 이미지를 해석하고 활용하기	• 이미지를 비판적으로 해석하기 • 이미지를 활용하여 소통하기 • 미술과 다양한 분야 연결하기	• 대상과 현상의 미적 가치 분석하기 • 이미지를 활용한 소통방식 탐구하기 • 미술을 공동체와 생태환경으로 확장하기
표현	• 관찰과 상상으로 아이디어를 떠올리기 • 표현 방법을 익히기 • 의도를 가지고 작품을 제작하기 • 타 교과와 관련짓기	• 다양한 방법으로 아이디어를 연결하기 • 표현 방법을 탐색하여 활용하기 • 과정을 돌아보며 작품을 발전시키기 • 타 교과와 융합하기	• 주제에 적합한 표현 계획하기 • 새로운 표현을 실험하고 작품 제작하기 • 작품을 공유하고 소통하기 • 미술 표현 경험을 삶과 연결하기	• 주제의 확장을 통한 작품 계획하기 • 표현 매체와 방법을 실험하고 융합하기 • 새로운 표현 효과를 적용하고 활용하기
감상	• 자세히 보고 질문하기 • 미술 작품에 관한 느낌과 생각을 설명하기 • 미술 전시 및 행사에 참여하기	• 작품과 배경을 연결하기 • 다양한 방법으로 분석하기 • 미술 문화 활동을 경험하고 공유하기	• 미술 작품의 내용과 형식 분석하고 설명하기 • 미술 작품을 해석하기 • 미술 감상 경험을 삶과 연결하기	• 미술과 시대, 사회, 환경과의 상호 관련성 분석하기 • 작품에 대한 자신의 견해와 가치 판단을 논리적으로 표현하기 • 전시를 기획하고 참여하기

를 위한 국가 교육과정의 적용에 있어 미술 교과가 마주하게 되는 모순을 드러내는 문장이라 할 수 있다(Eisner, 2002/2007, p. 212). 많은 미술 교사들은 표준화의 성격을 가질 수밖에 없는 국가수준 교육과정이 학습자의 개별적 특성을 침해하지 않도록 수업을 재구성하기 위한 노력을 기울여왔다. 2022 개정 교육과정에서 '학습자 맞춤형' 수업이 새롭게 강조되면서 이러한 학습자 중심의 교육과정 재구성이 학교 교육 전반에서 요구되고 있다고 볼 수 있다. 이에 미술과 교육과정에서 '학습자 중심'의 개념이 어떻게 변화하여왔고, 현행 교육과정에 제시된 맞춤형 수업이 교사 수준의 교육과정 재구성에 무엇을 요구하고 있는지 살펴볼 필요가 있다.

'자율과 창의에 바탕을 둔 학생 중심 교육과정'을 표방한 제7차 교육과정을 학습자 중심 교육과정에 대한 논의가 확대되기 시작한 출발점으로 볼 수 있을 것이다(교육부, 1997). 이러한 총론의 방향에 따라 이주연(2001)은 미술 수업에서 제7차 교육과정을 실천함에 있어 "학생의 미적 체험이나 표현, 감상에서 도출되는 다양성을 어떻게 예상하며 수업을 해나가는가의 현실적인 문제를 예견해야"(p. 69)한다고 지적한 바 있다. 이후 미술과에서의 학생 중심의 교육과정은 학습자에게 선택권과 자율권을 부여하는 자기주도적 학습의 맥락에서 논의되어왔다. 이러한 교육과정의 기조가 이어지면서 2015 개정 교육과정 총론(교육부, 2015a)에서 또한 국가 교육과정의 성격을 '학습자의 자율성과 창의성을 신장하기 위한 학생 중심의 교육과정'으로 규정하고 있다.

교육과정 총론 차원에서 학습자 중심 교육과정의 기조가 지속되는 가운데, 미술과 교육과정의 교과 목표에서 점진적으로 학습자에 대한 강조가 나타나는 것을 살펴볼 수 있다. 교육 목표 차원에서 학생들의 삶, 자신의 느낌과 생각에 대한 언급이 포함되기 시작하였으며, 2022 개정 시기에는 직접적으로 자신의 이해가 교과 목표의 하나로 제시되고 있다. 이러한 목표를 반영한 내용 체계에 있어서도 제7차 교육과정 시기의 '자연미', '조형미'가 2007 개정 시기부터 '자연 환경', '시각문화 환경'으로 확장되면서 체험의 대상으로서 '미'가 아닌 학습자 자신이 속한 환경의 지각과 탐색이 중요한 내용으로 다루어지게 되었다. 더 나아가 2022 개정 교육과정에서는 '자신과 세계의 이해'가 교육 목표에 포함되었을 뿐만 아니라 '정체성 역량'이 새롭게 제시되면서, 미술 교과에서 학습자를 중심으로 한 학습 내용과 방법의 개발은 더욱 중요한 위치를 차지하게 되었다고 볼 수 있다. 〈표 3〉

〈표 3〉 미술과 교육과정의 개정 시기별 교과 목표

수준	개정 시기별 미술과 교과 목표
제7차 교육과정	미술활동을 통하여 표현 및 감상 능력을 기르고, 창의성을 계발하며, 심미적인 태도를 함양한다.
2007 개정	미술의 다양한 활동을 통하여 미적 감수성, 창의적 표현 능력, 비평 능력을 기르고, 미술 문화를 향수할 수 있는 능력과 태도를 기른다.
2009 개정	미적 감수성과 직관으로 대상을 이해하고 *삶을* 창의적으로 향유하며 미술 문화를 계승, 발전시킬 수 있는 전인적 인간을 육성하는 데 있다.
2015 개정	다양한 미술 활동을 통하여 대상을 감각적으로 인식하고, *느낌과 생각을* 창의적으로 표현하며, 미술 작품의 가치를 판단함으로써 *삶 속에서* 미술 문화를 향유할 수 있는 능력을 기른다.
2022 개정	대상과 현상에 대한 미적 체험을 바탕으로 *느낌과 생각을* 표현하고 감상하는 활동을 통하여 *자신과 세계를 이해*하고 미술 문화 창조에 *주도적으로 참여*할 수 있다.

* 이탤릭체 연구자 강조

Eisner(2002/2007)는 미술 학습에서 '놀람'은 적이 아닌 친구라고 설명하면서, 학습의 결과로 예상치 못한 것을 마주치게 되는 미술 교과에서 기준(standards)의 강조는 학생들의 의미 있는 학습의 순간을 방해할 수 있다고 지적한다. 따라서 미술에서는 결과가 보장된 안정성보다는 예측 불가능성과 모호함을 감수할 수 있는 유연한 교육 목표와 내용의 설계가 필요하다. 국가수준 교육과정이 하나의 표준이 아닌 도달점으로서의 성취기준을 지향하고, 목표에 도달하는 과정에 대한 학습자의 자율성과 주도성을 강조하고 있는 만큼, 국가 교육과정의 보편성과 학습자 개별성은 더 이상 양립 불가능한 것으로 치부할 수 없다. 따라서 국가수준 교육과정의 재구성을 통하여 모든 학생에게 의미 있는 미술 학습의 경험을 제공하는 맞춤형 수업에 대한 실제적 방안이 요구된다.

2022 개정 교육과정에서 새롭게 등장한 핵심 키워드 가운데 하나는 '학습자 맞춤형 수업'이다. 교육과정이 개정되었다고 해도 과학적 교육과정 모형에 기초한 공장식 학교교육 체제 자체가 개혁된 것은 아니다. 따라서 다수의 학생을 한 명의 교사가 지도하는 현재의 수업 상황에서 개별 학습자의 특성을 고려한다는 것은 말처럼 쉬운 일이 아니다. 그럼에도 불구하고 학습자를 지식 전수의 대상이 아닌 창작, 비평의 주체로 위치시켜 온 미술과는 학교 안에서 '맞춤형' 수업의 가능성을 탐색하고 선도할 수 있는 교과로서의 역량과 특수성을 가지고 있다.

미술교육의 역사 속에서 학습자를 어떻게 규정하고 학습자의 어떤 특성에 주목할 것인가는 수업의 내용과 방법을 결정하는 중요한 요소로 다루어져 왔다. 이에 관해 김선아(2022)는 미술교육에서의 학습자관을 발달론적 관점, 인지적 관점, 사회문화적 관점으로 구분하여 설명한 바 있다. 각각의 입장에 따라 학습자는 예술가와 같은 창의성을 가진 '아동'이자, 능동적으로 의미를 구성하는 '학습자'이며, 문화적으로 구성된 사회적 '주체'이다. 창작과 비평의 주체로서 학습자의 정서적, 심리적, 문화적 특성과 미술 표현 발달에 대한 이러한 연구를 토대로, 2022 개정 교육과정에서 지향하는 '학습자 맞춤교육'을 미술과의 맥락에서 재구성하고 실행할 수 있는 방안을 모색하여야 한다.

2022 개정 교육과정 총론(교육부 2022a)에서는 'Ⅳ. 학교 교육과정 지원'에서 '2. 학습자 맞춤교육 강화'의 항목을 별도로 두어 국가 및 교육청 수준에서 제공하는 맞춤형 교육의 지원 방안을 제시하고 있다. 이는 현장에서도 학교, 교사 수준의 교육과정 재구성을 통해 교과별 맞춤형 수업을 실행해야 함을 시사한다. 총론에 근거하여 2022 개정 교육과정에서 강조하는 맞춤형 교육의 주안점을 4가지로 요약할 수 있다. 첫째, 학생의 특성과 교과 교육과정의 목표에 부합하는 평가 방법, 절차, 도구의 다양화이다. 둘째, 학습 부진, 느린 학습자, 다문화 가정 학생, 특수교육 대상 학생 등 학습 소외 및 교육 격차를 방지하는 맞춤형 교육이다. 셋째, 진로 설계에 있어 학생의 자기주도성을 확대하기 위한 방안 마련이다. 넷째, 지역사회와의 연계, 학교 밖 교육 자원 발굴 및 공유 등 지역의 자율성 확대이다.

총론의 방향에 맞추어 2022 개정 미술과 교육과정에서도 맞춤형 수업에 대한 언급이 다수 등장함을 볼 수 있다(교육부 2022b). 중학교 표현 영역의 '성취기준 적용 시 고려 사항'에서는 '맞춤형 학습을 위하여 개별 학생들의 배경과 특성, 요구와 필요를 조사하고 관심과 진로·직업을 고려하여 표현 주제와 방법을 선택'할 수 있다는 해설과 함께, 학생들이 주도적으로 주제를 선택하고 탐구하며 표현 과정과 결과를 기록, 관리하는 내용을 제시하고 있다. 또한, '교수·학습의 방향'에서도 '학습자의 주도성을 바탕으로 삶과 긴밀하게 연관된 주제를 다루며 다양한 학습자를 고려한 맞춤형 교수·학습이 이루어질 수 있도록 계획하고 실행한다.'고 명시하고 있다.

이에 대한 세부 사항으로 학교와 지역의 여건에 따른 학습 양과 수준의 적정화와 학습자의 주도적인 문제해결을 위한 성찰적 사고 촉진을 강조하고 있다. 더 나아가 개별화, 맞춤형 교수・학습 방법을 활용 방안을 제시하고 있는데, 여기에서는 학생의 특성 분석, 배려가 필요한 학생에 대한 신중한 고려, 반성적 성찰을 돕는 서사 중심 교수학습・방법 활용 등을 제시하고 있다. 마지막으로 디지털 기술을 활용한 맞춤형 학습을 언급하고 있는데, 학습관리시스템, 온라인 협업 및 전시 등을 활용한 학습 지원 방안 등이 다루어지고 있다. 종합할 때, 학습자 중심 교육과정을 위한 미술과 교육과정의 재구성은 학습자의 특성을 진단하고 파악할 수 있는 학습분석, 학습자의 다양성을 존중하는 수업 환경 구축, 개별화된 교수・학습 방법의 활용, 그리고 맞춤형 학습을 위한 디지털 기술을 활용의 4가지 측면에서 이루어져야 한다.

4. 미술과 교육과정에서 교육과정 재구성의 전망

미술과의 특수성을 고려한 국가수준 교육과정의 실행을 논의할 때에, Eisner의 '영 교육과정(null curriculum)' 개념에 비추어 학교 교육과정 안에서 미술의 위치를 상기할 필요가 있다. Eisner(1979/2009)에 따르면, 미술은 대표적으로 영(null) 교육과정에 속하는 분야이다. 언어적, 논리적, 과학적, 생산적 사고 발달을 위한 계통적 지식의 수용과 전달을 중심으로 한 학교 교육 안에서, 예술은 '논리 이전의 논리(alogical)'를 따르는 비언어적, 정서적 과정이라는 특성으로 인해 관심 밖으로 밀려나게 된다. 이처럼 교육과정이 '순수한' 지식 체계가 아닌 일종의 가치 체계라는 점은 교육과정의 실행 또한 기계적인 활동이 아닌 가치 판단을 요구하는 것임을 시사한다. 따라서 영 교육과정의 관점에서 미술 교사는 국가 교육과정을 자신의 관점에서 해석하고, 미술을 통한 앎의 방식이 학교 교육에 갖는 교육적 가치를 교육과정 재구성을 통해 구현해야 하는 책무를 갖는다.

국가 교육과정이 미시적인 차원에서 교사의 수업 개선을 지원하고 지지하는 도구로 활용되기 위해서는 통시적으로 교육과정의 변화를 고찰하고 교과 교육의 관점에서 국가 교육과정의 의미를 살펴볼 필요가 있다. 특히 2022 개정 교육과정의 전면 시행에 따라 총론과 각론, 국가수준 교육과정과 학교 수준 교육과정의 관계적 관점에서의 교육과정 재구성 논의가 필요한 시점이다. 이 장에서 고찰한 미술과의 교육과정 재구성의 쟁점은 교사-학생의 상호작용 속에서 순환적으로 구성되는 교육과정 재구성을 시도하는 교사의 교육과정 읽기를 돕는 자료로 활용될 수 있다. 이를 토대로 예술적 교육과정의 개념을 적용한 미술과 교육과정 재구성에 관한 교사의 실천 경험과 수업의 실제를 다루는 후속연구가 진행될 수 있을 것이다. 2022 개정 미술과 교육과정이 실제적인 현장의 수업 개선으로 이어질 수 있도록 다양한 실행 주체가 참여하는 교육과정에 대한 다각도의 논의가 이어지길 기대한다.

* 이 글은 김선아(2024), 국가수준 미술과 교육과정 재구성의 의미와 쟁점에 관한 소고: 2022 개정 교육과정을 중심으로(조형교육, 90집)를 수정 보완한 원고임.

김선아(한양대학교)

V

미술과 교육과정의 내용

19 미술교육과 감각, 지각, 인식

감각적 지각이라는 어원을 통해 탄생한 '아이스테시스(aesthetics)'는 미학의 원천이 '감각' 그 자체임을 드러내며 이성과 분리된 채 학문적 논의에서 밀려나 있던 감각, 즉 감성의 개념을 미학적 논의의 중심으로 불러왔다. 근대 이후에 여러 철학자들에 의해 소환된 '감각적 인식의 학문'으로서의 미학은 미술의 본질을 개인의 경험에 근거한 감각적 지각을 통한 인식에 두었으며, 상상력을 기반으로 한 추상적 사유의 개념을 아우르는 새로운 인식의 영역을 열게 한다. 이러한 개인의 감각, 지각에 의한 감성적 인식에 주목하며 미술교육과정 전반에 감각과 지각의 미술 교육적 의지가 반영되어 있음을 확인할 수 있는데, 특히 6차, 7차 교육과정의 '체험' 또는 '미적 체험' 영역이 그것이다. 7차 교육과정을 통해 제시된 미적 체험을 통한 미술교육의 내용 및 성격은 개인의 감각적 지각의 인식 과정을 미술교육의 핵심 가치로 설계하고자 하는 의지를 드러낸다. 더불어 개인의 감각, 지각을 기반으로 한 '미적 감수성'은 미학사 전반의 논의와 연계하여 반영되었음을 알 수 있으며 미술의 교육적 가치를 절대적 이성이 아닌 개인의 정서와 감성, 경험의 질적 특성에 기반을 둔다는 사실을 잘 보여준다. 감각과 지각은 개인이 느끼는 분위기와 감성, 추상적 상상력을 불러오는 새로운 앎의 형식으로 존중받게 되었으며 이러한 감각적 지각의 정서적 의미는 오랜 기간 미술교육의 자양분이 되어왔다. 또한 '미'에 관한 인식을 하나의 학문적 영역으로 끌어오기 위한 시대적 노력의 연장선상에서 우리는 새로운 형식의 매체 환경을 맞이하고 있는데, 이는 감각, 지각을 통한 새로운 형태의 인식 과정에 주목하게 하며 이를 통한 미술교육의 사회적 개인적 가치를 새롭게 조망하게 한다.

1. 미술과 교육과정에서 감각, 지각, 인식의 의미와 내용 분석

1) 지난 교육과정에서 감각, 지각, 인식의 개념과 의미 전개

교수요목기를 거쳐 제7차 교육과정에 이르기까지 한국 미술교육은 시대적 흐름의 특성에 따라 교육의 방향성과 성격의 차이를 보여 왔다. 그러나 학생의 자기표현 및 창의성, 경험과 미적 정서, 미적 경험 등의 표현 표기를 활용해 미술교육의 핵심 가치가 개인의 경험과 정서를 기반으로 한 자기표현임을 동일하게 드러내고 있다. 실제 경험을 통해 학습자의 감각을 자극하고 대상과 현상을 지각하는 과정을 통해 '질적 앎'의 새로운 영역을 확장해 가도록 하는 것이 미술교육의 핵심이며 우리 교육과정에서 '미적 체험'은 이러한 삶과 연계된 감각과 지각 그리고 인식의 개념을 활용해 그 의미를 잘 담아내고 있다.

그러나 우리의 미술교육과정 내용 체계 전반을 살펴보았을 때 7차 교육과정에서의 미적 체험, 표현, 감상 영역 표기 이전까지 감각, 지각을 통한 인식에 주목하며 미적 체험 영역을 독립적으로 강조하는 데에 다소 소극적이었다는 점을 확인할 수 있다. 이는 미술교육에 있어 표현과 감상에 중점을 두었던 과거 교육과정의 문제와 연결될 것이다. 즉 감각, 지각, 인식의 미술교육적 의미가 표현 및 감상과 긴밀하게 연계되어 있다는 점, 그리고 그 가치를 독자적으로 존중하며 교육적 방안을 모색할 때 개인의 정서와 미적 인식의 가치를 향상시킬 수 있다는 의식이 부재했다는 점 때문에 다소 긴 시간 교육과정 내에서 미적 체험 영역을 강조하지 않았다고 볼 수 있다. 이러한 문제의식을 바탕으로 6차(1992) 교육과정의 '미술과 생활'은 감각과 지각 체험을 통한 사회적 관계성에 관한 탐색의 포문을 열었으며 이후 교육 과정 전반에서 '체험' 또는 '미적 체험'이라는 영역을 활용해 감각, 지각, 인식의 미술교육적 의미를 담고자 했음을 알 수 있다. 이후 2007 개정 교육과정에서도 미적 체험을 대영역의 하나로 제시하며 미적 대상과의 관계를 통한 미적 감수성 함양에 내용의 방점을 두었고, 중영역으로 제시한 '자연 환경', '시각문화 환경' 등의 표기를 통해 '미'의 문제가 '환경'의 문제로 변화되었음을 확인할 수 있다(교육과학기술부, 2011; 양윤정 외, 2011; 양윤정 외, 2016; 교육부, 2022, p. 27에서 재인용). 이는 7차 교육과정을 기점으로 이후 교육과정에서 줄곧 감각과 지각을 통한 인식이 세계 이해의 한 방식으로 존중되어 왔음을 확인하게 하며 '체험' 또는 '미적 체험'이라는 표현 표기 안에서 감각과 감성을 통한 지각 및 인식의 범주가 점차 확장되어 '문화' 또는 '환경'으로 표현하며 삶의 포괄적 양상을 미적 대상화하고 있음을 보여준다.

2009 개정 교육과정과 2015 개정 교육과정에서는 '미적 체험'이 '체험'으로 표현 표기가 변화하였으나 앞서 언급한 '미적 인식 대상' 범주의 포괄적 의미 표기와 연계되며 문화 속으로 확대된 체험을 강조하고 지각의 주체인 자신과 주변 환경의 관계 인식, 시각문화 속에서의 소통과 가치 이해를 다루는 체험으로 영역의 특성을 달리 표현하는 것이었다(양윤정 외, 2011; 박소영 외, 2015a, 교육부, 2022, p. 27에서 재인용). 즉 미적 인식의 대상은 감각적 지각을 통한 감성적 인식을 바탕으로 나와 연결된 세계를 이해해야 함을 교육과정 전반에서 강조하고 있음을 알 수 있다.

2015 개정 교육과정에서의 내용 체계를 살펴보면 '체험'이라는 대영역 아래 '지각'과 '소통' 이외 '연결'이라는 중영역을 추가로 표기하며 '체험'의 특성이 여전히 개인의 감각과 지각에 의한다는 사실을 보여준다. 뿐만 아니라 감각과 지각, 그리고 인식으로의 과정이 세계와의 소통에 있어 핵심적인 내용임을 강조하며 타 영역인 '표현' 과 '감상' 활동과 연계되어 있음을 보여준다. 특히 자신과 주변과의 환경, 현상과의 '관계'에 주목하도록 성취수준을 설계하고 있으며 동시대 시각문화의 특수성을 반영하며 이미지의 문화적 전달 방식에 대한 이해를 '소통'이라는 영역을 통해 소개하고 있다. '연결'이라는 중영역을 이용해 지각과 소통을 통한 감각과 지각의 인식, 그리고 상호 작용의 의미를 보다 폭 넓게 삶의 문제로 연결하도록 구체화하고 있는 것이다.

또한 2015 미술과 개정 교육과정의 핵심역량 중 '미적 감수성'은 감각, 지각, 인식에 관한 미술교육의 핵심 가치를 가장 잘 담아내고 있다. 미적 감수성은 개인의 미적 경험에 근거한 감성적 인식을 통해 외부세계를 개인의 감각기관으로 느끼고 지각하여 표상을 형성하는 인간의 인식 능력을 뜻한다(이은적, 2022). 이는 교육과정이 대상과 현상에 대한 지각을 느낌과 생각 그리고 이해의 형식으로 존중하며 개인의 미적 경험과 반응에 주목하는 방향으로 실현하고 있음을 보여준다. 2015 개정 교육과정의 미술과 교수-학습 방법을 살펴보면, 학습 목표 및 매체 활용, 발문과 미술 자료 등에 관한 고려를 중요시했던 이전 교육과정에 비해 '미적 감수성을 통한 실제적 경험', '감각의 자극과 반응' 등 미술의 기본적 성격을 강조하며 다양한 교수-학습 방법을 연계 제안하고 있음을 확인할 수 있다(교육부, 2015b). 또한 '체험' 영역의 내용 체계 및 성취기준을 통해 시각 이미지의 의미 탐색과 시각적 소통 능력을 강조하고 있는데, 가장 원초적인 감각인 '시각'이 단순 정보 수용의 개념이 아닌 삶을 이해하는 방식이자 소통 능력과 연계된다는 사실은 드러낸다. 이는 감각적 지각을 통한 인식이 인지적 능력뿐 아니라 미적 소통의 핵심으로서 존중되며 미적 경험의 근원으로 활용되고 있음을 보여준다.

2) 2022 개정 교육과정에서 감각, 지각, 인식의 의미와 내용 분석

2022 개정 미술과 교육과정에서는 대상과 현상에 대한 미적 체험을 바탕으로 느낌과 생각을 표현하고 감상하는 활동을 통하여 자신과 세계를 이해하고 미술 문화 창조에 주도적으로 참여하도록 하는 것을 목표로 설정하고 있다(교육부, 2022). 이러한 목표를 바탕으로 제시된 핵심 역량 및 교육과정 설계의 개요를 살펴보았을 때 2022 개정 미술과 교육과정 역시 이전 교육과정과 마찬가지로 감각, 지각, 인식 개념을 '미적 체험' 영역으로 연결하여 그 의미를 명확히 하고 있다.

그러나 '미적 체험' 영역을 독립적인 내용 체계로 제시하며 감각 체험과 미적 인식을 존중하고자 했던 이전 (미술과) 교육과정의 노력에도 불구하고 여전히 비판적 성찰을 위한 사고력과 인지적 측면의 현장 교육이 부족하다는 문제의식은 꾸준히 제기되어왔다. 이러한 문제의식과 연계하여 2022 개정 교육과정에서의 감각, 지각, 인식 교육으로 대변되는 '미적 체험'의 교육 방향성과 지향점은 감각, 지각의 본질을 바탕으로 한 인지적 사고와 비판적 성찰을 추구하는 데에 있다. 즉 '미적 체험' 내용체계의 핵심 키워드로 제시된 '이미지에 대한 비판적 이해', '관찰과 지각을 통한 경험은 앎을 확장하고' 등의 서술이 그것이다. 특히, '해석', '소통', '연결', '의미와 역할' 등의 표현을 통해 미적 체험 영역의 의미가 개인의 정서에 머무르지 않고 다양한 대상과 현상들과 연계되며 그 의미와 가치가 확장된다는 사실을 잘 보여준다.

2015 개정교육과정에서의 '체험'이라는 대영역 표기는 2022 개정교육과정을 통해 다시 '미적 체험' 표기로 전환되었다. 다양한 세계 이해의 대상성을 확장한다는 의미를 고려하며 등장했던 '체험' 표기는 미술의 교과 특성을 약화시켰다는 비판 하에 다시금 감각적 지각, 감성적 인식의 의미를 강조하며 '미적 체험'을 등장시켰다. 또한 세계에 관한 감각적 지각과 개인의 반응을 통한 심미적 감성은 '미적 체험'과 다름 아니며 미술교육의 목표가 개인의 감각과 지각, 인식의 과정에 있음을 드러낸다. 더불어 미술 표현과 감상을 통해 느낌과 생각을 표현하는 일련의 활동은 미술 교과 전반에서 감각, 지각, 인식의 개념이 근본적으로 작동하고 있음을 시사한다.

2022 개정 미술과 교육과정의 세부 목표 중 '심미적 감성 역량'과 연계되는 내용으로 '대상과 현상을 감각적으로 지각하고 반응하면서 심미적 감성을 기른다'는 내용 표기는 2022 개정 교육과정 중 가장 명확하게 감각, 지각, 인식의 의미를 교육적으로 드러낸 부분 중 하나일 것이다. 더불어 새롭게 표현 표기된 '정체성'이라는 키워드 역시 미술을 매개로 한 사고와 행동의 '주도성'을 강조하며 자기 이해의 핵심 가치로서 개인의 경험과 인식의 질적 특성을 존중함을 드러낸다. 미술과 교육과정 역량 중 '정체성 역량'은 2015 개정 교육과정에서 미술과 핵심역량 중 미적 감수성 및 자기주도적 미술 학습 능력에서 다소 파편적으로 제시되어 있었다면, 2022 개정 교육과정에서는 독립적으로 제시하며 '심미적 감성 역량'과 연계하여 그 의미와 교육적 가치의 영향력를 더욱 구체화하고 있다. 즉 미술을 매개로 주도적으로 사고하고 행동하며 세계와의 관계 속에서 자신을 이해하는 것이 얼마나 중요한 능력인지를 '정체성 역량'을 통해 드러내고 있는 것이다. 자신의 감각과 지각에 의한 인식이야말로 세계 이해를 위한 하나의 진솔한 방식이며 미래 사회를 대비하기 위한 기초 역량 함양과 창의성 발현을 위한 기초적 인식 방법이자 자기 이해의 과정이 될 수 있기 때문에 중요하다.

또한, 2022 개정 미술과 교육과정에서는 미술 활동을 통해 정체성을 함양하는 과정이 결과적으로 전인적 성장을 이끄는 것이라 표현하며 주체적 세계관을 형성하는 데에 있어 미술 본연의 힘에 주목하고 있다. 이는 세계 이해의 방식을 보다 주관적 소통과 사고의 힘에 있음을 드러내며 그 힘의 원천이 감각과 지각을 통한 인식임을 강조한다. 특히 디지털 전환 시대를 맞이하여 미래에 대한 예측이 불확실해질수록 삶의 주체로서 자신에 대한 이해가 중요하다는 점을 강조하고 있는데, 변화할 지식과 생성될 지식을 주어지는 대로 받아들이는 것이 아닌, 자신의 감각과 지각에 의해 인식하며 소통하는 능력은 분명 역동적이고 새로운 앎의 과정으로 나아가는 힘을 만들 수 있을 것이다.

'미적 체험' 영역이 감각과 지각을 통한 세계 이해를 기반으로 개개인의 체험의 질적 특성을 존중한다는 점을 드러내는 것에 비해 표현과 감상 영역의 핵심 아이디어 전반에서는 '감각, 지각, 인식'의 개념을 직접적으로 드러내고 있지 않다. 즉 학습자의 '느낌과 생각'을 시각화하는 일련의 활동으로 핵심 아이디어를 정리하거나 감각, 지각을 활용한 작품 감상인 '미술과의 만남'을 통해 관련 내용을 서술하는 것으로 대신하고 있는 것이다. 이러한 표현은 구체적 감각, 지각의 질적 특성이 미술교육 활동 영역 전반에 암묵적으로 깔려 있음을 보여주지만 보다 구체적인 연계성을 드러내는 형식과 내용을 갖추지 못하고 있음을 확인하게 한다.

이상에서 살펴본 2022 개정 미술과 교육과정에서의 감각, 지각, 인식의 의미와 내용 체계의 특징을 정리하면 다음과 같다.

첫째, 감각적 체험을 기반으로 한 세계와의 상호작용으로 대변되는 '미적 체험'은 인지적, 실용적, 정서적 의미를 포괄하는 다층적 개념을 담고 있다. 둘째, 교육과정의 핵심 역량 중 '심미적 감성 역량', '정체성 역량'을 통해 감각적 지각으로 대변되는 미적 체험의 교육적 의미를 강조하고 있다. 셋째, 다양한 매체에 기반 한 시각문화의 비판적 이해를 강조하고 있는 '시각적 소통 역량'을 통해 새로운 형식과 범주의 감각, 지각 체험에 관한 이해가 중요함을 드러내고 있다. 넷째, 감각, 지각, 인식의 개념은 미적 체험뿐 아니라 표현 및 감상 전반에 암묵적으로 내재되어 작용하고 있으며 주체적 체험과 소통에 있어 근원적 힘을 발휘하고 있다.

2. 감각, 지각, 인식에 대한 선행 연구

1) 감각, 지각, 인식의 미학적 의미와 변천

고대 철학으로부터 지금에 이르기까지 철학의 핵심 화두는 '이성'과 '감성'일 것이다. 감각, 지각, 인식은 이러한 철학사에 있어서 다양한 시각으로 이해되어왔던 이성과 감성의 관계 의미를 재편하고 규정하는 세부 요소이며 세계 인식과 해석을 위한 핵심 개념이다. 대부분의 고대 철학자들은 감각, 지각의 문제를 이성의 영역과 명확히 분리하며 인식의 낮은 단계로 분류해왔다. 그것은 감각의 '주관성' 때문이었는데, 데카르트는 자연을 수학화, 합리화 하면서 최대한 감각적 증거를 배제하려했다(진중권, 2019). 이처럼 감각이 주관성의 현현(顯現)이기 때문에 이성적 인식에서 밀려났다는 점은 감성적 인식의 가치를 존중받는 현대 미학에서는 역으로 핵심적 가치로 존중받는 중요한 개념이 되었다.

플라톤(Platon)은 이데아를 통해 미의 존재를 설명하며 이성이 허락하는 미를 유일한 미로 인정했다. 또한 감각의 의미를 이성의 범주에서 밀어내며 이성을 방해하는 요소로 간주했다. 그러나 아리스토텔레스(Aristoteles)는 이데아를 감각적인 현실 세계로 끌어들이며 감각을 사유의 방식으로 존중하는 초석을 마련하였다. 실질적으로 근대철학의 문을 연 데카르트(Descartes)가 인간은 신체가 아니라 정신이라고 말하며 참된 인식을 위해 이성은 가까이하고 오류의 근원인 감각은 가능한 멀리해야 한다고 주장했다면, 반대로 로크(Locke)를 비롯한 영국의 경험주의 철학자들은 이성의 독단을 비판하면서 모든 앎은 궁극적으로 감각적 경험으로부터 온다고 주장했다(서울대학교 철학사상연구소, 2015). 그들에게 진리는 직접 감각해서 느낀 것이었다. 경험론은 지성적 사고가 감각의 경험에서 온다는 입장으로 이성과 경험적 감각은 결국 물리적으로 같은 것임을 드러내는 것이다(박정애, 2022). 이러한 감각은 몸과 인식, 즉 물리적 몸과 사유하는 이성이 완벽하게 독립되어 있다고 믿었던 시기의 감각과 다른 지위를 획득하게 되며 감각적 경험이 주체와 분리되어 논의할 수 없다는 사실을 확인하게 한다.

이처럼 감각적 지각에 관한 인식의 의미를 이성과 감성의 영역으로 나누어 논의하던 철학사를 거쳐 이성의 독단을 거부하며 등장한 감각적 경험의 존중에 관한 논의는 18세기를 기점으로 새로운 변화를 맞이하게 된다. 김남시(2019)는 18세기를 기점으로 이성과 분리되었던 감성, 즉 감각은 이성의 사유를 방해하는 것이 아니라 이성의 사유를 확장하는 자극제로서의 가치를 존중 받게 된다고 강조한다. 본격적으로 '감각'을 몸의 인식학으로 존중하며 인간의 신체가 이성 그 자체임을 언급한 대목이라 할 수 있다.

독일 철학자 뵈메(Gernot Bohme)는 과학 기술 문명과 근대 주체 철학을 비판하며 새로운 미학을 논의한 학자이다. 그는 지각학의 의미를 바움가르텐의 본령에 따라 시대의 변화 속에서 감각학의 의미를 새롭게 정의하고자 했다(윤화숙, 2012). 즉 근대 철학에서의 자율적 이성 인간을 추구하는 과정에서 인간의 신체성과 정체성이 배제되었다고 주장하며 신체와 정서에 영향을 받는 인간으로서의 지각학을 주장한다. 뵈메가 주장하는 감각학의 핵심은 세계와 연결되어있는 주체로서의 인간이 감각하고 지각하는 것은 개인의 정서 문제와 직결된다는 것이다. 즉 지각 경험이나 현상들을 포괄적으로 다루는 뵈메의 지각론에서 볼 때 고대 철학에서 무시되어왔던 개인의 몸 지각의 문제는 '완전한 감성'으로 존중받으며 새로운 존재 성찰의 계기로 작동한다.

이처럼 감각적 지각은 이성과 감성의 철학사 안에서 전통적 미의 개념이 '미적인 것'으로 논의의 관점이 전환되는 과정에서 미의 절대성 혹은 형이상학적 특질을 인식의 주체와 대상의 관계에 대한 관심으로 옮겨가게 하는 데에 있어 중요한 질료가 되었음을 알 수 있다. 미에 관한 학문적 탐구가 자율성을 획득하기 이전까지의 감각, 지각의 의미는 이성적인 것으로 여겨진 근대적 사고 즉 이성과 감각의 이분법적 논리에 의해 지식의 근거가 될 수 없다고 여겨졌다. 그러나 이제 감각적 지각은 미학의 논의에서 핵심적 위치에 서게 되었고 우리를 주관적 경험의 가치에 주목하게 하며 감각과 지각에 의한 인식에 새로운 지위와 역할을 부여하였다. 감각, 지각, 인식의 개념은 이제 사회 변화 및 시대적 특성과 연관되며 주체로서의 인간이 세계와 어떻게 관계하는지에 대한 탐색의 키워드로 작동한다. 더불어 감각, 지각에 의한 정서적 경험의 의미가 곧 인간의 모습이자 '나'에 관한 인식의 문제이며 그 자체가 대체 불가능한 앎, 이해의 차원임을 강조한다.

2) 감각, 지각, 인식의 개념과 교육철학적 배경

감각(sense)이란, 인간에게 인식을 가능하게 하는 능력들 중 가장 원천적인 것으로서, 세계 내 존재하는 어떤 대상이나 현상들이 특정한 느낌이나 감정으로 우리의 의식을 자극하는 최초의 단계이자 지점을 말한다(김지혜, 2010, p. 50에서 재인용). 즉 우리 몸에 작용하는 외부 세계의 자극에 의한 가장 원초적인 정보로 볼 수 있다. 지각(perception)은 감각적 경험의 결과로서 어떤 대상이나 어떤 성질 혹은 어떤 관계에 대하여 알게 되는 것을 말한다. 아른하임(Arnheim, 1996)은 지각이 하나의 심상 혹은 하나의 기억에 대한 구체적 인식(awareness)의 상태를 뜻한다고 보았다. 즉 감각기관을 통해 정보를 수용하고 환경의 자극 패턴들을 구성, 통합하여 인식하는 과정 전반을 지각이라 말할 수 있다. 또한 지각은 모든 형태의 앎의 근원이기도 하다(이은적, 2022). 인식(recognition)은 사물, 대상을 분별하고 판단하여 아는 일로서 대상을 받아들이는 질적 과정을 포함하며 감각, 지각의 특수성에 따라 달리 얻어지는 앎 또는 그것이 얻어지는 과정을 뜻한다.

이처럼 감각과 지각은 주체로서의 나와 외부 세계와의 관계 속에서 대상의 실재를 인식하는 과정 및 인간 주체의 독특한 정신성과 신체성을 설명하는데 활용되는 용어이다. 근대 이후 다양한 철학적 논의 안에서 등장했던 감각, 지각을 통한 인식은 '미적 감수성'이라는 개념 안에서 관념적인 의식이 아닌 사고의 양태로 존중 받으며 감각을 통한 이성의 계발, 혹은 이성의 완전성, 혹은 감수성의 완전한 인식으로의 '앎'이라는 사고로 이행하며 그 의미를 존중 받는다. 계몽주의를 기반으로 한 산업화와 과학적 사고의 흐름 속에서 이성과 대비되는 감성, 감각에 새롭게 주목하며 세계 이해의 근거로서 직접 경험을 통한 감각에 주목했던 예술사와 같은 맥락에서 여러 학자들은 감각적 지각에 기초한 교육을 주장했다. 루소(Rousseau) 역시 최초의 이성을 '감각-이성 sense-reason'이라 부르며 아동기에 필요한 감각 교육의 중요성을 강조했다. 라이프니츠(Leibniz)는 미를 '감성적 지각'의 완성으로 설명한 바 있으며 이러한 일련의 지각은 인간의 이성이 감각과 명확히 구분될 수 없음을 시사한다. 페스탈로치(Pestalozzi) 역시 루소와 마찬가지로 교육 철학의 핵심을 '감각으로서의 인상'에 두었다(박정애, 2022). 이러한 여러 이론가들의 교육 철학은 감각을 통해 이성을 계발한다는 방향성을 보였으며, 이는 감각계발의 중요성을 인식한 학교 교육의 내용과 형식에 영향을 미쳤다. 그러나 여전히 이성의 하위 개념으로 감각 및 감성을 논의한다는 점에서 한계를 지니기도 했다.

또한 인지심리학적 관점에서 감각, 지각, 인식의 의미는 인간의 사고와 정보로서의 감각적 체험 과정을 지각, 정보처리, 정서, 언어 등 다학제적 접근으로 탐구하게 했다. 시각, 청각, 미각을 통한 지각 과정이 단순한 감각계를 통한 표상화 과정으로 설명되는 것을 넘어 그러한 감각계의 작동 과정에서 환경 및 심리적 정서적 인식의 의미, 인지 체계의 확장성의 의미 등 다양한 논의를 통해 교육적 차원에서 활용할 방안을 모색해 왔다는 뜻이다. 민동원(2016)은 Davis와 Markman의 연구를 근거로 체화된 인지 이론의 의미를 신체의 특정 감각과 운동체계가 사고와 정서에 영향을 미친다고 강조했다. 즉 환경과 신체의 관계에서 사물의 본질을 끊임없이 재창출하게 하는 지각의 의미에 주목한 것인데 신체적 지각이 마음과 연계되어 본질적 동력으로 작용하고 선택과 판단과 같은 인지 과정에 영향을 미친다는 것이다.

이러한 감각, 지각과 인식에 관한 복합적인 관점들은 감각적 사유의 실체에 접근하기 위해 노력했던 철학자들에 의해 다채롭게 해석되어왔다. 이성과 감성의 조화를 통해 완전한 인간성을 형성할 수 있다는 주장하에 '미적 교육'을 주장했던 실러는 유희충동을 통해 형식으로의 이성과 소재와 물질로서의 감정의 상호작용 의미를 중요성을 강조했으며, 아른하임(1969)은 시각과 지각은 분리된 것이 아니며 그 자체로 시각적 사고라고 말한다. 현대에 이르러 몸에 대한 현상학적 탐구로서 감각, 지각에 주목했던 메를로-퐁티(Merleau-Ponty)는 경험의 주체로서의 '몸'이 감각하는 세계와 어떻게 관계 맺는지에 주목했으며, 들뢰즈(Gilles Deleuze)는 감각의 주체와 대상의 구별이 없는 생성과 갱신으로의 창조적 과정 개념을 활용해 몸과 마음의 이분법적 사고를 전복시켰다.

이명순(2020)은 들뢰즈 철학을 바탕으로 감각 교육의 필요성을 강조하고 자연스러운 자기 이해를 출발점으로 교육의 접근이 필요함을 언급하며 자기 삶에 주목하는 것이 감각 교육의 핵심이라 말한다. 더불어 신체적 활동을 통한 우연적 요소, 자유로움의 가치가 자신의 원초적 감각에 접근할 수 있는 집중과 몰입의 시간을 만들 수 있다고 강조한다. 감각의 본질은 개인의 자아 표출을 인정하고 존중하는 것이며 이는 현존하는 지식을 그대로 수용하고 이해하는 것이 아니라 자신의 삶 속에서 기존의 지식을 해체하고 새롭게 생성하는 것을 뜻한다. 비슷한 맥락에서 백애정(2021) 역시 미술교육에서의 지각의 의미와 가치 연구를 위해 제임스 깁슨(James J. Gibson)의 생태적 지각과 메를로-퐁티의 몸주체와 지각에 관한 현상학적 연구에 주목한다. 깁슨의 생태적 지각은 활동적 환경으로서 살아 움직이는 인간의 행위와 생태적 환경과의 유기적 상호작용의 관계를 통해 지각의 발생적 측면을 보여주었으며 행위를 통해 몸과 환경을 연결한다는 측면을 강조한다(Mark, 2012, 김동환 외 역, 2007: 백애정, 2021, p. 28에서 재인용). 또한 메를로-퐁티를 통해 감각 주체인 경험적 신체에 근간한 지각적 판단과 경험에 주목하며 세계와 관계하는 '몸-주체'[1)]로의 관심을 통해 교육적 탐색을 이어간다. 이와 같이 몸에 의한 주체적 감각, 지각에 주목한 새로운 사유와 인식은 지식의 전달과 이해라는 제한된 범위의 교육을 벗어나 새로운 미술교육의 방안을 모색하게 한다.

3) 매체의 혁신적 기술 변화와 감각, 지각, 인식

'시각문화'라는 범주 안에서 삶과 더불어 체험하게 되는 문화적 특성을 비판적으로 이해하고자 했던 미술교육은 더 나아가 혁신적 테크놀로지로 대변되는 AI(인공지능), VR(가상현실), IoT(사물 인터넷), 로봇기술, 빅데이터 등의 스마트 미디어 생활 속에서 또 다른 감각, 지각, 인식의 이해를 요구받고 있다. 메를로-퐁티(1964)는 '과학은 사물들을 조작하며, 사물에 거주하기를 포기한다'라고 말하며 과학으로 인해 모든 사상이 기술로 변형되는 거침없는 태도로 인하여 인간 주체가 감각을 그냥 지나치게 만든다고 생각했다. 과학은 오로지 효율성만 목표로 한 나머지 감각을 잃게 만들었으며 그러한 이유 때문에 다시 감각으로 돌아가야만 함을 보여준다(Cyril Morana & Eric Oudin, 2009, 한의정 역, 2013). 하지만 이미 혁신적 과학 기술이 일상 속에 촘촘히 스며들어 삶을 영위하는 한 방식으로 자리 잡고 있는 지금, 우리는 감각을 지나치게 만드는 기술의 혁신을 가로질러 새로운 유형의 사물을 감각하고 소통하며 삶의 일부로 인식하고 있는 것은 아닐까? 이러한 혁신적 기술에 의한 새로운 매체 문화는 감각, 지각의 의미와 더불어 미래 미술교육의 방향을 다시 생각하게 한다.

심혜련(2019)은 이와 같은 혁신적 매체 문화의 특징을 '혼종', '재매개' 등으로 규정하며 예술과 매체, 인간의 관계를 성찰한다. 그녀는 포스트 디지털 매체 시대라고 불리는 현 상황에서 낡은 매체와 새로운 매체의 구분이 아닌 병렬적 상호작용의 특징을 지닌다고 말한다. 특히 매체를 둘러싼 경계들이 무의미해지며 경계를 자유롭게 넘나드는 '이종(hetero)예술', '인터(inter)', '트랜(trans)'이라는 이름으로 다양한 맥락 속에 재편성되는 매체의 특징은 사물이든 지식이든 간에 그것이 본래 가지고 있는 속성을 새롭게 재편성한다고 강조한다. 사물 본연의 가치를 무시하고 수집과 재편성을 통해 의미를 부여하는 이종 주체들이 지금 이 시대의 인간상과 다름 아니며 이러한 주체들은 이성과 감성의 이분법 또한 파기한다.

---

1) 정신과 분리될 수 없는 행위 주체이자 실존성에 입각하여 몸과 행위를 이해하고자 했던 메를로-퐁티의 사유를 바탕으로 묘사되었던 '몸-주체' 의미를 바탕으로 세계와의 관계 맺음 속에서 존재하는 '사유로서의 몸'을 지칭하고자 한다.

이처럼 혁신적 기술을 바탕으로 한 디지털 매체예술 혹은 디지털 사회를 마주하는 우리의 감각과 지각은 달라진 매체 형식과 질적 특성에 의해 기존의 경험과 다른 새로운 인식의 특성을 보여준다. 그것은 매체의 변화를 단순한 형식적 변화로 읽기 보다는 그것을 마주하고 지각하는 주체와의 관계 안에서 인식과 느낌의 양상이 보여주는 차이를 확인해 봐야 함을 뜻한다. 예를 들어, 기존의 예술 작품의 물성을 지각하거나 관조적으로 감상하는 것은 디지털 매체 작품 감상에서는 찾아보기 힘들다. 비물질의 매체 예술은 가상의 이미지를 감각하고 인식하는 것을 포함해 새로운 속도와 공간을 체험하게 하거나 인식의 융합과 파편화를 통해 새로운 정서를 마주하게 한다. 사이버 공간의 특성 안에서 끊임없이 이질적 미디어들이 융합되고 새롭게 접속하며 단일한 지각에 멈추지 않고 지각의 반복과 확장성 안에서 매 순간 새로운 정서와 인식을 탄생시키는 것이다. 시공간의 의미 재배치, 종결된 지식의 형태가 아닌 끊임없이 확장되고 재 생성되는 사유의 방식 등은 포스트 디지털 예술을 포함한 동시대 사회의 모습이 우리의 감각, 지각의 범주와 사유 방식이 달라질 수밖에 없음을 시사한다. 더 나아가 인간의 몸과 기계 그리고 지각은 분리불가능하며 기계가 공생하는 '확장된 몸(expanded body)'을 등장시켰는데, 이는 매체에 의존한 '지각의 매개화'(심혜련, 2019) 또는 '매체를 통한 감각의 확장성'을 의미하며 가상 체험의 감각 특성과 몸-주체에 관한 인식을 새롭게 요구한다.

프랑코 베라르디(Franco Berardi, 2013)는 소통 과정의 디지털화는 생성의 지속적 흐름에 대한 감각을 감소시키고, '단속의 인터넷'은 의식과 감수성 사이의 관계가 변형되고, 기호의 교환이 점점 탈감각화 되는 과정을 겪게 된다고 보았다. 동시대의 이미지와 영상은 이처럼 짧은 호흡으로 하이퍼텍스트를 통해 연결되고 확장되며 끊임없이 새로운 정보로 우리에게 다가온다. 이것은 분자화된 텍스트의 연결성과 확장성 혹은 가로지르기 등으로 설명되며 물리적 통일체가 없는 가상의 구조인 이미지와 텍스트를 각자의 직관과 사고를 통해 재구성하게 되는 인식을 뜻한다. 이는 '주어진 세계에 대한 인식'이 아니며 새롭게 '-되기'의 차원에서 해석된 공유된 세계를 뜻한다. 영토적 공간에 대한 인간의 소통과 연계 의식을 재정의하며 외부로 향하는 개인의 감각과 지각적 좌표를 새롭게 인식하고 끊임없이 변형시켜야 할 것을 요구한다(Rosi Braidotti, 2015, 이동신, 2022에서 재인용). 초연결사회로 언급되는 지식과 정보 혼재의 가상공간에서 우리는 분명 새로운 감각과 지각 체험을 마주하고 있다.

이와 같은 불연속적이고 비선형적인 디지털 매체의 양식은 인간의 지각체계가 능동적이며 불규칙하게 연결되고 확장되며 새로운 인지 체계를 주도적으로 생성한다는 특성과 연결된다. 이러한 디지털 매체의 특성을 인지하고 대상으로서의 가상공간 및 사물을 마주할 때 감각은 실로 복합적이고 융합적인 형태로 다가올 것이다. 이는 새롭게 직면할 디지털 감수성의 실체에 주목하며 자신의 감각과 지각, 인식의 흐름을 명확히 이해하고 활용할 것을 요구하게 된다는 뜻과도 같다. 더불어 실재(實在)하는 세계 경험에 대한 차이를 민감하게 느끼며 자신의 감각과 지각, 그리고 인식의 주체적 이해와 활용을 필요로 한다.

3. 미술과 교육에서 감각, 지각, 인식 교육의 필요성 및 목적

1) 감각, 지각, 인식에 기초한 미술교육의 특징

미술교육의 가치와 목표에 있어 핵심적인 내용은 미적 감수성과 감성을 통한 개인의 성장일 것이다. 미적 감수성이란 개인의 주관에 의한 감각과 지각 체험을 통해 외부 세계를 이해하고 느끼게 되는 다양한 형태의 감정 특성을 말한다. 미술교육 과정 내에서 이러한 미적 감수성의 의미는 미적 가치 인식과 내면화로의 의미와 연계되며 교육의 핵심 가치로 정리되어왔다. 이은적(2022)은 이러한 지각 교육, 감성 교육이 미술교육의 본질이라 말하며 개인의 지각 능력을 발달시켜 미적 감수성을 키우는 것을 미적 교육으로 부른다. 즉 미적 교육으로 대변되는 미술교육을 논의하기 위해서는 감각, 지각, 인식의 개념과 상호 연관성, 교육적 의미에 관한 이해를 필요로 한다.

이러한 감각, 지각, 인식의 의미를 미술교육 과정으로 연계하여 반영한 개념이 미적 체험이며 체험의 주체인 자아가 체험의 대상인 객체를 만나면서 이루어지는 일련의 독특한 질적 체험 과정을 의미한다. 감각을 통한 지각, 그리고 그러한 감각적 지각을 통한 인식은 이 세계를 느끼고, 새롭게 해석하고, 사유를 확장시키며 감각적 체험과 연계하여 질적으로 사유할 수 있도록 하는 '체험의 실체'이자 사유의 '질료적 조건'이며 '상상의 현전'과도 같다. 이성도(2020)는 미적 체험은 지각과정 그 자체이며 미적 주체와 미적 대상과의 상호작용에서 이루어지는 직접체험이라고 언급한다. 브라우디(Broudy, H)는 미적 체험은 직접적이고 직관적인 사고를 가능하게 하는 경험이므로 인식하고 판단하고 행동하는 것들의 근원적인 지각이나 감각작용이며, 상상에 의해 대상을 미적으로 재구성할 수 있는 힘을 가지고 있다고 정리한다(이수경, 1994, p. 3, 이화식, 2005에서 재인용). 즉 감각, 지각을 통한 체험의 과정은 '몸'의 인식 능력이자 주체의 '감성'에 관한 것이며 오감으로 대변되는 시각, 촉각 등의 감각을 통해 지각하고 느끼며 생각하는 것을 포함, 다소 추상적인 느낌과 분위기 등을 인식하는 것을 뜻한다.

감각과 지각은 미적 체험의 주체인 개인의 경험에 근원적으로 의미를 둔다는 점에서 논의의 가치를 지닌다. 또한, 미술교육을 통한 세계와 자신의 이해 과정에 있어서 감각, 지각을 통한 인식은 다양한 삶의 능동성과 생동감을 느낄 수 있게 해주며 새로운 상상력으로의 이행을 돕기 때문에 중요하다. 이은적(2022)은 감각을 통한 인식은 자신과 환경, 세계와의 관계를 깨닫는 바탕으로 우리의 모든 의식, 지성, 판단은 감각에 기초한다고 강조한다. 더불어 미술교육에 있어 지각 능력은 단순한 감각 활동이 아닌 시각적 사고이며, 창의성과 도덕적 감수성을 형성하는 근간이 되기 때문에 교육적 탐색을 필요로 한다고 말한다. 이처럼 미술교육의 특징은 감각적 직접 체험을 기반으로 한다는 점에 있으며 이러한 체험을 통해 미의식과 감수성을 함양하고 세계 이해를 위한 질적 인식 능력을 함양한다는 것에 의의를 지닌다.

이상에서 정리한 감각, 지각, 인식에 기초한 미술교육의 특징을 요약하면 다음과 같다.

첫째, 미술교육은 경험 주체로서 직접적 체험을 기반으로 한다. 이는 미술교육이 다양한 질료로서의 물성을 탐색하고 직접 감각하며 구성하는 일련의 활동을 포함해 동기 유발 및 경험의 환기 등을 활용한다는 점에서, 또는 작품 감상을 통한 감각 체험의 차원에서 직접체험의 특성을 가진다는 뜻이다. 미술 교과는 '공간 속에서 시각적・노작적 활동을 통한 물질적 체험이 중심이 되는 미적 체험을 통한 이해, 표현, 감상 활동의 영역을 갖는다.'(임정기 외, 2006, p. 25, 이주연 외, 2020, p. 16에서 재인용). 이성도(2007)는 물질과 물질로서 조작하고 응시하는 가운데 이루어지는 시각적・감각적・촉각적 사고가 감각 중심의 체험을 통해 작용하게 된다고 말한다. 둘째, 미술교육은 주체와 대상 혹은 주체와 현상과의 상호작용의 순간을 활용한다. 미술교육의 핵심 과제인 '미적 인식'은 대상을 주어지는 대로 받아들이는 것이 아닌 몸-주체와 대상과의 상호작용의 순간이 불러오는 정동(affect)과 상상력, 느낌과 분위기 등의 질적 인식의 순간을 주체성 인식의 과정으로 이해하며 자기표현의 질료로 활용하게 된다. 셋째, 미술교육은 사유의 실체로서 감각적 지각을 통한 인식을 존중한다. 아이스너(Ellot Eisner)는 인지활동 없이는 어떠한 활동의 경험도 가능하지 않고 그러한 활동 자체가 바로 우리가 사고라고 부르는 것과 동일한 것이라고 말한다. 어떤 것을 지각한다는 것은 무엇을 인지하는 것을 말하며 이때 감각, 지각, 인지 간의 구별은 사라진다(Eisner, 2003, pp. 78-79, 이주연 외, 2020, p. 153에서 재인용). 지각 능력은 단순 감각 활동을 통한 알아차림으로 그치는 것이 아니라 사고의 한 형식이며 인간 성장을 위한 질료로서의 감수성과 창의성을 촉발시킨다는 측면에서 교육적 가치와 의의를 지닌다.

2) 미술교육에서 감각, 지각, 인식의 필요성 및 목적

모더니즘에서 포스트모더니즘으로의 이행은 사고의 패러다임 전환 속에서 교육의 변화를 요구했으며 절대적 가치로서의 지식과 이성주의를 벗어나 다원성과 맥락성을 강조하며 미술교육의 방향을 새롭게 모색하게 했다. 그러나 언제나 그러했듯이 미술은, 그리고 미술교육은 자기이해를 바탕으로 한 창조적 자기표현을 핵심 가치로 상정하였다. 그리고 이러한 미술교육은 교육 과정 안에서 '미적 체험', '표현', '감상'이라는 대영역을 중심으로 사회적 지향점과 특수성을 반영하고 세부 요소들을 구체화하며 미술교육의 방향을 제시해왔다. 이은적(2003)은 주체의 지각 방식을 의미하는 '미적 태도', 그에 의해 이루어지는 완성된 체험으로서의 '미적 체험' 그리고 대상의 측면에서 논의하는 '미적 대상'에 대한 탐구, 더 나아가 미적 대상을 향수하며 그 가치를 판단하는 '취미 판단'의 개념에 이르기까지, 미에 관한 지각적 특성을 이해하고 반응하는 것이 무엇보다 중요하다는 사실을 강조한다.

앞서 언급한 다양한 미적 지각 범주에 관한 교육적 접근의 근간인 감각, 지각, 인식의 미술교육적 필요성을 정리하면 다음과 같다.

첫째, 감각, 지각을 통한 인식과 이를 활용한 표현의 구체화는 자신의 삶 또는 내면과 소통하는 원초적 자기이해와 성찰의 토대가 될 수 있다. 로웬펠드(1947)는 어린이를 포함한 모든 인간은 감각을 통해 배우고 성장하며 모든 형태의 미적 표현은 역동적인 것이고 끝없이 변화하는 과정이라 말한다(이명순, 2022, p. 211). 자신의 감각과 지각을 통해 떠오르는 다양한 느낌과 정서를 온전히 들여다보며 그것을 다채롭게 활용하며 깨닫게 되는 자기이해는 분명 인간의 내적 성장에 있어 자양분이 될 수 있기 때문에 중요하다. 둘째, 감각, 지각을 통한 대상 및 세계와의 상호작용은 그 자체로 새로운 의미의 감수성과 깨달음을 생성해내는 미적 사고의 출발점이다. 미적 사고는 이성적 사유 이상의 의미를 지니며 고정된 관념의 틀을 깨고 세계를 이해하는 자신만의 시각을 확장시키도록 돕고, 이는 다채로운 사유의 힘으로 작용할 수 있는 가능성을 지니기에 의미 있다. 셋째, 감각과 지각의 인식과 활용은 상상력과 창의성 발현의 잠재적 단계로 작동하며 자유로운 자기표현의 질료로 쓰인다. 개인의 고유한 감각에 집중하며 그것의 실체를 사유하고 드러내기 위한 다양한 인식과 표현활동은 자신의 존재 특성을 새로운 방식으로 확인하게하며 보다 다채로운 형태로 발현되기 때문에 새로운 사유와 발상의 원동력이 될 수 있다. 감각과 지각을 통한 인식은 그것의 쓰임을 따지지 않는, 이성적 사유의 틀 밖에서 순간순간 떠오르고 변주되는 생성적 에너지로서 작동하기에 의미 있다.

이상에서 언급한 감각, 지각, 인식의 미술교육적 필요성 모두는 결국 '자아정체성'의 문제를 관통하고 있다. 동시대의 핵심 화두인 '자아정체성'은 본질이 아닌 맥락 안에 끊임없이 갱신되는 생성의 존재이자 과정형의 의미를 지닌다. 이러한 정체성 개념은 자기 이해와 성찰의 핵심이며 관계성 안에서 끊임없이 변화하는 존재로서의 주체를 인정하는 포스트모더니즘적 사고의 연장선상에 있으며 몸-주체로서 마주하는 근원적 감각에 의해 촉발되는 개념이다.

교육의 목적이 그러하듯 감각, 지각, 인식을 통한 미술교육의 목적 역시 인간의 내적 성장일 것이다. 미술교육은 내적 성장의 근원적 힘을 개인의 감각과 지각에 두는 것이며 자신의 삶 속에서 마주하는 다양한 감각 자료를 통해 스스로를 이해하고 질적 사유의 장을 통해 세계를 이해하는 주체성을 회복하는 데에 의미를 둔다. 즉 질적 사유의 한 방식인 '미적 인식'은 감각적, 감성적 인식과 다름 아니며 이러한 지각의 특성이 가지는 생생한 경험의 특성은 미술의 다양한 영역에서 활용되며 정서를 순화시키고 이성과 감성을 조화롭게 형성하도록 돕기 때문에 중요하다. 대상과 현상을 감각적으로 지각하는 과정은 절대적 개념과 이성적 판단의 이원론적 사고가 배척되고, 이러한 지각의 특성이 질적 사유의 생생함을 통한 창의성과 추상적 사유의 장을 연다는 데에 의의가 있으며 이를 통한 내적 성장을 도모하는 것에 미술교육의 목적이 있을 것이다.

4. 감각, 지각, 인식의 미술교육적 방법 제안

1) 감각, 지각, 인식 교육의 다양한 방법들

우리 삶의 일상에서 무언가와 마주치는 '순간'에 관해 생각할 때 그것은 항상 이미 공간에 있는 것의 '재현'을 방해한다(Pacini-Ketchabaw, Kind & Kocher, 2016/2021). 여기에서 재현은 습관적인 삶의 존재 방식이자 태도이다. 미술교육에서의 감각 체험은 '대상과 마주치는 순간'에 관한 '지금 여기' 그리고 고정된 일상을 뒤흔드는 '사건'이자 새로운 '관계'를 형성하는 힘의 원천이다. 이러한 감각체험은 각각의 독특한 표상으로 지각되며 대상과 현상을 자신만의 정서를 바탕으로 인식하게 하는데, 이를 '심미적 감수성', '미적 인식 능력'으로 이해할 수 있다.

들뢰즈의 정의 속에서 지각과 정서는 감각을 구성하는 내용이다. 감각은 하나의 범주에서 다른 범주로, 하나의 층에서 다른 층으로, 하나의 영역에서 다른 영역으로 이동하는 것이다(Deleuze, 1981, 이명순 재인용, 2020, p. 24). 세계 인식의 각기 다른 창문을 열고 사색하고 상상하며 자신을 드러내고 이해하는 일련의 활동을 목표로 하는 미술교육에 있어 이러한 '감각'의 의미에 주목해야 하는 것은 당연한 일일 것이다. 기존의 것을 넘어서는 것, 고정된 것을 파기하고 새롭게 바라보게 하는 것 즉 굳어진 시각에 균열을 만드는 것이 미술의 역할이기 때문일 것이다.

이와 같은 감각, 지각 그리고 인식의 문제를 환기했을 때 우리는 다음과 같은 방법을 통해 미술교육의 본질에 다가갈 수 있으리라 생각한다. 첫째, 감각의 근원적 의미를 이해하며 신체성에 기반한 '물성 체험'을 제안한다. 물질의 고유한 성질을 온전히 감각하는 것은 나와 외부세계를 연결하는 첫 행위이며 물체가 지닌 기존의 의미가 파기되며 새로운 발견이 시작되는 지점이다. 들뢰즈와 가타리(Deleuze and Guattari)에 의하면, 만남은 언제나 고정된 것들을 뒤흔든다(Pacini-Ketchabaw, Kind & Kocher, 2016/2021, p. 92). 또한 대상을 만진다는 것은, 혹은 본다는 것은 환경과 주체의 상호작용 속에서 새로운 것을 발견하고 더불어 다양한 가능성에 개방된다는 것을 의미한다. 물성 체험은 감각 그 자체에서 의미가 완성되기보다 주체의 삶과 존재 방식이 연계되며 다채로운 의미를 생성하고 파생시키는 과정을 의미한다. 둘째, 재료의 물성 혹은 현상에 가해지는 균열과 자극을 통한 '우연성'과의 만남을 제안한다. 사물과 사건, 공간에 관한 원초적 감각에 더해지는 물리적 자극은 재료의 특성과 기법적 측면에서 새로운 결합으로 이어지며 예측하지 못한 변화와 우연적 효과를 만들어낸다. 더불어, 지각과 소통 과정에서의 발문과 주제 제시, 그리고 이를 통한 발상과 상상력으로 이어지는 다채로운 연결 과정 또한 새로운 자극에 포함시킬 수 있다. 이러한 우연성과 마주하는 것은 대상을 지각하는 '순간'의 역동성을 뛰어 넘는 새로운 에너지를 창출하기 때문에 의미 있다. 들뢰즈는 정동(情動)을 되기(becoming)의 이행으로 설명하며 변화하는 과정에서 기존의 것을 전복(顚覆)하고 가로지르는 '힘'의 개념으로 보았다. 감각, 지각 과정에서의 다채로운 발문과 제안, 물리적 자극과 새로운 조합의 시도는 새로운 감각 및 지각으로 연결되고 인식의 새로운 장을 펼치며 기존의 지식이 지닌 틈새를 드러나게 할 것이다. 셋째, 이상의 경험이 불러오는 미적 인식의 특성을 자신의 삶과 연결시켜 구체화시키는 '삶과 연결하기'를 제안한다. 물성 체험을 통한 감각의 근원적 발단이 다양한 자극과 변주를 통해 새로운 감각, 지각으로 거듭나는 과정에서 체험 주체는 다양한 미적 인식을 기반으로 한 발상과 상상력으로 연결될 것이다. 그러나 조금 더 구체적으로 자신의 감각을 마주하고 이해하기 위해서는 경험과 연결시켜 구체화 하거나 다른 방식으로 느낌과 분위기를 환원하는 과정을 필요로 한다.

이상에서 언급했던 감각, 지각, 인식 교육을 위한 미술교육의 방법을 핵심 키워드 및 방향성을 고려하여 정리하면 〈표 1〉과 같으며, 〈표 2〉를 통해 감각, 지각, 인식 교육을 위한 단계별 핵심 키워드와 세부 내용을 확인할 수 있다.

〈표 1〉 감각, 지각, 인식 교육을 위한 단계별 핵심 키워드 및 방향성

시작: 물성체험		변주: 우연성과 마주하기		적용: 삶과 연결하기
① 만남/ 마주침 ② 주의 기울이기 ③ 표현과 몰입	⇨	① 균열과 자극 ② 연결과 재구성 ③ 발상과 상상	⇨	① 경험의 환기 ② 감각의 환원 ③ 소통과 성찰

〈표 2〉 감각, 지각, 인식 교육을 위한 단계별 핵심 키워드와 세부 내용

❒ 시작: 물성체험

① 만남/ 마주침 (경험의 질적 특성으로 향하기)	• 다양한 재료와 도구, 사물과 공간을 단일 개념으로 제시하기 • 오감을 활용해 감각하고 순간의 인상과 느낌을 드러내기 • 관념적 사고와 개념을 배제하고 순간의 인상과 느낌 마주하기
② 주의 기울이기: 관찰, 탐색 (다양한 가능성에 개방되기)	• 다양한 재료와 도구, 사물과 현상을 관찰하고 세밀하게 탐색하기 • 제한된 색과 조형, 부분 탐색을 통해 주의를 기울이기 • 감각의 일부를 차단하거나 일부를 극대화하며 감각환경 제한하기 • 다양한 각도에서 사물을 바라보고 관찰하기 • 재료와 도구로 연결된 신체의 확장성에 주목하고 힘 조절하기
③ 표현과 몰입: 즐거움, 자유 (무의식적 신체성에 빠져들기)	• 구체적 형상 재현이 아닌 감각의 발현을 단순 조형으로 연결하기 • 재료의 성격을 이해할 수 있도록 반복적으로 사용해 보기 • 재료의 사용법을 탐색하고 새로운 방식으로의 활용 시도해 보기 • 형식과 주제의 제한 없이 감각한 대상을 자유롭게 표현하기

❐ 변주: 우연성과 마주하기

① 균열과 자극 (새로움으로의 이행)	• 감각에 집중하며 사물과 재료를 주도적으로 변화시키고 체험하기 • 엉뚱하고 새로운 발문을 통해 사물을 새롭게 바라보기 • 기존의 물성을 전복하기 위한 다양한 힘을 가하거나 조합해보기 • 사물과 재료에 가해지는 힘의 강도와 방향성 의식하기 • 재료 활용의 범주와 크기를 제한하거나 무제한으로 열어놓기
② 연결과 재구성 (창조적 상호작용)	• 다양한 사물과 재료를 조합하거나 공간과 현상을 뒤틀어 보기 • 재료의 다채로운 혼합을 통한 물성과 조형적 변화 체험하기 • 다양한 재료를 혼합해 사용하며 예측하지 못한 이미지와 만나기 • 매체로서의 신체 운동성과 재료의 연결성에 주목하여 감각하기 • 사물과 재료를 새로운 시공간의 의미와 연결하여 조합해보기 • 기존의 사물과 재료의 형상에 힘을 가해 변화 주기(찢기, 자르기, 구기기 등)
③ 발상과 상상 (창조적 결합)	• 새로운 감각-지각에 민감하게 반응하고 인식하기 • 무의식적으로 떠오르는 발상과 상상 이미지를 즉각적으로 시각화하기 • 느낌과 생각의 변화를 끊임없이 추적하고 표현하기

❐ 적용 : 삶과 연결하기/미적 인식의 구체화

① 경험의 환기 (감각 경험의 인상 불러오기)	• 주제에 맞는 자신의 감각-지각 경험 및 사건 떠올리기 • 감각적 체험의 느낌을 구체적으로 말하거나 서술하기 • 일상 경험의 느낌을 다양한 감각으로 연결하여 표현하기
② 감각의 환원 (미적 인식의 구체화)	• 자신의 감각-지각 경험의 구체적 느낌과 정서를 활용해 표현하기 • 구체적 감각경험을 통한 느낌을 다른 감각 체험으로 환원하여 연결하기 • 자신의 느낌과 정서를 다른 대상과 공간, 사물로 묘사하기
③ 소통과 성찰 (자기이해 과정)	• 경험의 환기 및 감각의 환원을 기반으로 한 작품을 감상하기 • 자신의 작품에 관한 의도와 생각, 과정과 실천에 관한 이야기 나누기 • 다양한 작품을 감상하고 자신의 경험으로 연결하여 이해하고 표현하기

2) 2022 개정 미술과 교육과정의 감각, 지각, 인식 교육 적용 사례

수업 '먹을 이용한 콜라주 추상표현'은 앞서 정리하였던 감각, 지각, 인식 교육의 단계별 핵심 키워드 및 방향성을 고려해 구성하였다. 수업은 제시된 재료의 특성과 사용법을 안내하지 않은 채 스스로 물성과 조형적 특성을 탐색하며 자유롭게 활용하는 단계를 출발점으로 한다. 수업의 핵심은 제시된 주제도, 제작 과정의 특별한 제한성도 없다는 점에 있으며 다음의 세 단계 1) 시작: 물성 체험 2) 변주: 우연성과 마주하기 3) 적용: 삶과 연결하기 단계의 특성에 따른 간략한 안내와 함께 진행된다. 재료 탐색 과정에서 마주한 다양한 재료들을 조합하고, 시각화된 이미지의 조형성을 감각, 지각하며 '무엇'을 표현하기 위한 과정이 아닌 물성 그 자체에 몰두할 수 있도록 수업을 설계하는 것이 중요하다.

첫 번째 단계 '물성 체험'에서는 이미지의 재현과 구체화를 지양할 수 있도록 안내하며 다채로운 조형의 탄생과 자신의 물리적 힘과 방향성의 연계성을 인식하도록 돕는다. 두 번째 단계 '우연성과 마주하기'에서는 재료의 새로운 연결과 조합 또는 물리적 힘에 의해 재료의 물성이 달라지는 상황을 활용할 수 있도록 한다. 이는 기존에 탐색했던 재료의 물성이 새로운 형태로 변화하고 새로운 감각과 발상으로 학생들을 유도할 것이다. 마지막 단계 '삶과 연결하기'는 학생들 각자의 특정 경험과 연계하는 과정으로, 새로운 감각과 지각에 의한 이미지의 연상과 재구성을 활용한다. 이를 통해 완성된 작품의 원천에 관한 자신의 느낌과 생각에 주목하는 단계이다. 무의식적이고 즉흥적인 행위와 연계되어 구성된 이미지를 새롭게 지각하며 그 의미를 자신만의 언어와 이미지로 연결하고 인식하며 구체화하는 단계이다. 〈표 3〉은 감각, 지각, 인식 교육의 한 사례인 '먹을 이용한 콜라주 추상표현' 수업의 흐름을 확인할 수 있는 단계별 핵심 내용이다.

〈표 3〉 감각, 지각, 인식 교육 사례-'먹을 이용한 콜라주 추상표현' 수업 단계별 내용

※ 제목 : 먹을 이용한 콜라주 추상표현

❒ 시작 : 물성 체험(재료와 만나 소통하는 경험)

<table>
<tr><td rowspan="3">경험
-
소통</td><td>① 만남/ 마주침</td><td colspan="3">• 대상(재료)을 만나다.
- 먹, 물, 종이 각각을 감각하다.
- 대상(재료)에 대한 인상을 말하거나 적어본다.(개념 정의 X)</td></tr>
<tr><td>② 주의 기울이기</td><td colspan="3">• 대상(재료)을 관찰하고 탐색하다.
- 눈을 감고 대상을 만지거나 냄새를 맡다.
- 물과 먹의 양 등을 조절하며 대상의 특성을 관찰한다.
- 물리적 힘을 가해 대상의 변화와 특성을 탐색한다(종이를 접거나 구기기, 먹과 물, 종이의 질적 특성 파악하기).</td></tr>
<tr><td>③ 표현과 몰입</td><td colspan="3">• 대상(재료)을 활용해 표현하다.
- 감각, 지각한 대상의 느낌을 형식에 구애받지 않고 자유롭게 표현한다.
- 감각, 지각한 재료의 특성을 느끼며 자유롭게 표현한다.
- 각각의 재료를 혼합하여 다채롭게 활용해본다(그리기, 뿌리기, 흘리기, 물의 농도 활용하기)</td></tr>
<tr><td rowspan="2">활동
사진</td><td colspan="2"></td><td>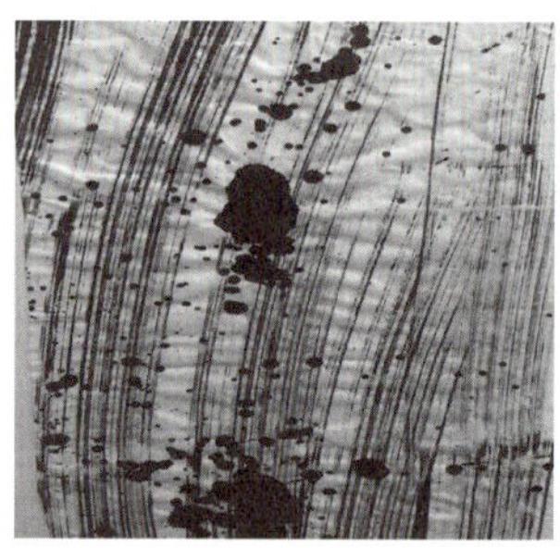</td><td>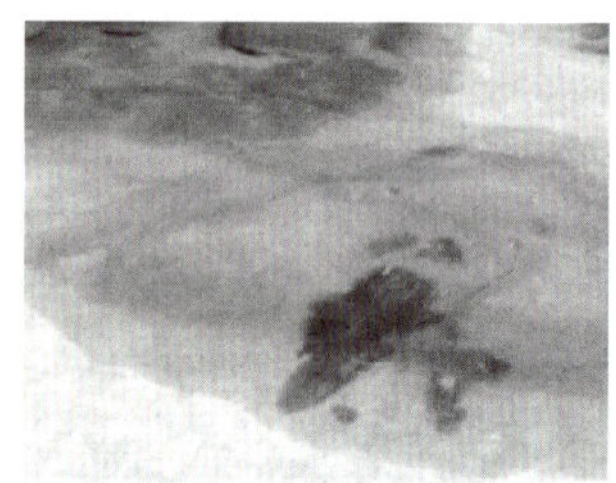</td></tr>
<tr><td colspan="2">▲ 학생들의 물성체험 과정</td><td>▲ 물성체험 - 자유로운 표현</td><td>▲ 물성체험 - 자유로운 표현</td></tr>
</table>

❒ 변주: 우연성과 마주하기

<table>
<tr><td rowspan="2">경험
-
소통</td><td>① 균열과 자극</td><td>• 대상(재료) 본연의 형태와 성질을 뒤틀다.
- 종이를 접거나 구겨서 기존의 모양을 바꿔 본다.
- 물의 양을 조절해 먹의 농도를 다양하게 만들어 활용한다.
- 종이에 물을 뿌린 상태에서 먹을 사용해 본다.
- 여러 장의 종이를 겹쳐 사용해 본다.
- 다른 재료를 추가하여 혼합해 본다.</td></tr>
<tr><td>② 연결과 재구성</td><td>• 대상(재료)을 새로운 형식으로 조합하다.
- 다양한 조형으로 그려진 이미지를 찢거나 오리기, 구겨서 새로운 이미지로 탄생시킨다.
- 그려진 이미지의 부분을 새로운 이미지와 조합하여 재구성한다.</td></tr>
</table>

	③ 발상과 상상	• **새롭게 조합된 이미지를 통해 떠오른 생각과 느낌을 추가하다.** - 작업 과정에서 마주하는 이미지가 자극하는 발상과 상상력을 따라가며 추가 이미지를 그리거나 변형하여 제작한다. - 자신만의 스토리텔링을 활용해 이미지를 새롭게 연결하고 추가한다.

활동 사진		
	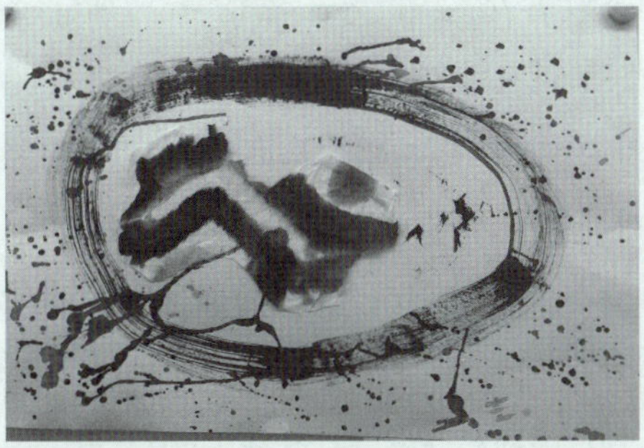	
	▲ 물성 체험 과정에서 탄생한 이미지는 다양한 변주(균열과 자극, 연결과 재구성)를 통해 새로운 조형을 탄생시킨다. 그려진 이미지를 찢어 붙이고 그 이미지 위에 먹과 물감을 뿌리며 우연적 효과가 더해진 작품이다.	▲ 물성 체험 과정에서 그려진 다양한 농도의 먹 선과 이미지는 다시 구겨지고 말려 새로운 형태의 물성으로 바뀌었다. 구겨진 종이 위에 새롭게 드러난 조형의 신선함을 따라 무의식적으로 조합된 작품이다.

❐ 적용: 삶과 연결하기(미적 인식의 구체화)

경험 – 소통 – 성찰	① 경험의 환기	• **이미지를 통해 연결되는 발상과 상상의 근원에 대해 생각하다.** - 우연의 효과로 이루어진 이미지를 보고 떠오르는 이야기나 이미지 등을 글이나 말로 구체화 하며 정리한다. - 자신이 제작하고 있는 작품의 방향성과 의도에 관해 생각한다.
	② 감각의 환원	• **자신의 작품을 다양한 감각 형식으로 환원하다.** - 작품 제작 과정 또는 완성작의 느낌을 음악, 맛, 날씨, 장소, 사물 등과 연계해 떠올린다.
	③ 소통과 성찰	• **완성작에 대한 자신의 생각과 느낌, 제작 과정에 대해 발표하고 소통하다.** - 작품의 제목을 정하고 설치 장소를 탐색해 전시한다. - 활동 전반에 관한 자신의 생각과 느낌을 자유롭게 발표한다.

활동 사진		
	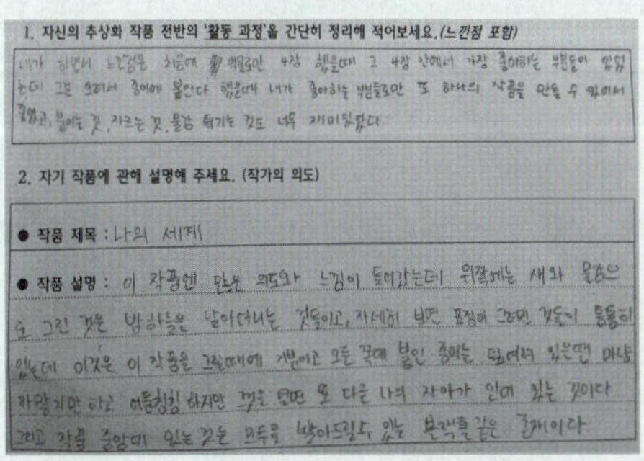 1. 자신의 추상화 작품 전반의 '활동 과정'을 간단히 정리해 적어보세요. (느낀점 포함) / 2. 자기 작품에 관해 설명해 주세요. (작가의 의도) / ● 작품 제목 : 나의 세계 / ● 작품 설명 :	
	▲ 완성작에 대한 생각과 느낌 정리(활동지)	▲ 학생작품 – 나의 세계

5. 차기 미술과 교육과정에서 감각, 지각, 인식 교육의 전망

2022 개정 미술과 교육과정에서 드러난 감각, 지각, 인식 교육의 핵심은 학습자의 주체성과 자기 인식의 바탕이 되는 감각과 지각에 관한 존중과 이를 통한 상호작용 및 소통에 주목하는 것에 있음을 알 수 있다. 더불어 사회의 변화 속에서 감각하고 체험하는 대상과 공간의 특성이 달라졌음을 인지하며 '디지털 전환시대', '생태 전환적 가치의 의미' 등의 표현 표기로 교육의 성격과 목표를 설명하고 있다. 이는 감각을 활용한 미적 인식과 감수성 함양을 목표로 하는 미적 체험의 의미가 사회 문화적 변화에 민감하게 연동될 수밖에 없음을 시사한다.

이러한 의미에서 차기 교육과정에서의 감각, 지각 교육의 방향은 새로운 매체 환경에 관한 이해와 더욱 긴밀하게 연결될 것이며 지각의 매체화를 통한 포스트휴먼 시대의 미술과 미학의 논의 앞에 서게 될 것이다. 이러한 포스트디지털 매체 시대의 지각의 의미는 가상성과 이동성[2], 그리고 매체를 통한 소통 방식의 변화와 자연스럽게 이어진다. 즉, 몸-지각과 주체성의 개념으로 연결되는 감각, 지각 경험과 미적 인식 능력에 관한 미술 교육적 탐색은 앞으로 혁신적 디지털 매체의 특수한 성격에 기반 한 인식을 통해 새로운 사유 체계를 만들어 나갈 것이다.

지금 우리는 다양한 디지털 매체를 활용한 미술 작품들과 혁신적 매체 변화를 반영한 다양한 문화체험의 중심에 놓여있다. 하지만 우리는 그것을 미적으로 인식하고 자신만의 감수성으로 마주하고 있을까? 매체 체험이 끊임없는 감각 자극과 확장된 정보망을 통해 파편적으로 소비되는 단순 정보로서의 경험으로 그치지 않기 위해 우리가 주목해야 할 점은 무엇일까? 먼저, 다양한 디지털 매체 예술 작품에 관한 깊이 있는 감상과 이해를 필요로 한다. 즉, 포스트 디지털 매체 예술의 양상이 매체의 물성이 아닌 가상의 이미지 또는 영상으로 구현되며 실체가 없는 예술로 존재한다는 사실에 대한 인식이 필요하다. 이는 실체가 없는 예술의 수행성이 그 나름의 형식으로 감상자에게 독특한 지각 체험을 선사한다는 점에 관한 인식을 뜻한다. 매체 예술은 매체의 도구적 속성을 떠나 하나의 개념이고 메시지이며 관객과 상호작용하는 생생한 체험을 통해 감각을 자극하고 확장시킨다. 물성이 사라진, 몸과 기계 매체를 통한 감각의 확장이 선사하는 메시지에 주목해야 한다.

따라서 차기 교육과정에서의 감각 지각 교육은 물성이 사라진 예술 작품에 관한 근원적 의미와 가치를 바탕으로 보다 심도 있게 탐색되어야 할 것이다. 또한 미학, 매체미학 그리고 인문학으로 향해 감각, 지각, 인식의 근원적 의미와 사유의 장을 삶과 연계하여 이해하고 체화하는 깊이 있는 경험을 필요로 한다. 이는 끊임없이 변화하는 매체를 단순한 도구로 인식하는 것이 아니라 인류의 사유 방식을 대변하는 또 하나의 정체성을 지닌 개념으로 이해할 것을 요구하는 것이기도 하다.

더불어 감각, 지각, 인식의 과정에서 디지털 매체의 지각과 차별화된 물성 체험의 가치와 활용에 더욱 주의를 기울여야 할 것이다. 디지털 매체 지각 방식과 다른 물성 체험의 독특한 질적 체험을 강화하여 그 차별성을 명확히 인식하고 자기 감각에 조금 더 예민하게 반응하고 활용할 수 있는 능력을 키우는 것은 자신과 세계를 보다 입체적으로 이해할 수 있도록 도울 것이며 이는 차기 교육과정에서 주목해야 할 내용 중 하나이다.

김지혜(광문고등학교)

---

2) 심혜련(2019)은 디지털 전환 시대의 핵심적인 특성으로 '이동성'을 들며 구글 시대의 접속과 검색의 확장된 공간성과 이동성에 주목한다. 언제 어디서든지 시간과 장소, 공간의 물리적 특성을 무시하고 접속과 검색, 소통과 사유가 가능해진 디지털 시대의 특성을 '이동성'으로 언급한 것이다.

20 시각적 문해력 교육

> 본고는 미술과 교육에서 시각적 문해력 교육의 개념을 정립하고, 시각적 문해력 교육이 학교 미술과 교육과정에서 언제부터 실시되어 어떻게 전개되어 왔는지 그리고 최근에 고시된 2022 개정 미술과 교육과정에서는 어떻게 반영되었는지 그 내용과 그에 적절한 교수·학습 방법 및 평가에 대해 살펴본다. 시각적 문해력 교육이 미술과 교육과정에 언제부터 등장하였느냐의 문제는 광의적 의미로 해석하느냐 또는 협의적 의미로 해석하느냐에 따라 달라질 수 있다. 광의적 의미의 해석은 비록 '시각적 문해력'이라는 용어를 직접적으로 사용하진 않았지만, 기존 미술교육에서 다루어져 온 모든 조형적, 감상적 활동 자체가 시각적 이미지를 이해하고 제작하고 비판적으로 판단하는 능력을 길러주는 활동들이기 때문에 시각적 문해력과 관련된다고 볼 수 있다. 하지만 협의적 의미의 해석은 2007 개정 미술과 교육과정에서 '시각문화 미술교육'이라는 미술교육 사조의 영향에서부터라고 볼 수 있다. 기존의 미술교육이 표현 및 감상 활동을 통한 정서적, 심미적 인간의 육성에 강조점을 두었다면, 이때부터 시각적 이미지를 읽고 해석하는 시각적 소통 능력의 의미를 강하게 부각하여 현대 사회와 미래 사회의 시각문화 환경에 대처할 수 있는 능력의 함양을 중요시여겼다. 따라서 시각적 문해력의 광의적 의미의 해석은 내용이 너무 광범위하고 방대하므로, 본고에서는 협의적 의미에서 시각적 문해력 교육이 어떻게 미술과 교육과정에서 전개되어왔는지 살펴본다.

1. 시각적 문해력 교육의 개념과 현황

1) 시각적 문해력 교육의 개념

'시각적 문해력'은 영어인 '비주얼 리터러시(visual literacy)'를 번역한 것으로 비주얼 리터러시의 의미 고찰을 통하여 그 개념을 보다 명확하게 알 수 있다.

먼저 '리터러시(literacy)'의 개념은 원래 문자를 읽고 쓰는 것으로 이해되었으나, 커뮤니케이션의 유형이 다양해지면서 그 의미는 광범위하게 변하였다. 실스(Seels, 1994, p. 98)는 "literate한 사람은 오늘날 책임 있는 시민으로서의 기능에 필요한 기본적인 것을 배운 교육 받은 사람이다."라고 하였다. 이러한 의미에서 오늘날 리터러시의 개념은 인간이 갖추어야 할 기본적인 기초소양이라는 의미로 다양한 분야에서 사용되고 있다. 예를 들어, 미디어와 관련된 기초소양을 '미디어 리터러시', 컴퓨터와 관련된 기초소양을 '컴퓨터 리터러시' 또는 '디지털 리터러시' 등과 같이 '커뮤니케이션 리터러시', '매쓰(math) 리터러시', '데이터 리터러시' 또는 '정보 리터러시', '미학 리터러시' 등 매우 광범위하게 적용되고 있다. 이러한 의미에서 '비주얼 리터러시'는 시각적 이미지와 관련하여 시각적 이미지를 읽고 쓸 수 있는 기초소양을 말한다. 여기서 '읽는다'는 의미는 수많은 시각적 이미지를 올바르게 이해하고 그 속에 내재 된 상징적 의미를 해석하는 능력을 뜻하며, '쓴다'는 의미는 시각적 이미지를 필요에 따라 적절하게 활용하고 또 그것으로 표현할 수 있는 기본적인 능력을 말한다.

하지만 '비주얼 리터러시'의 개념은 '비주얼' 즉 '시각'이란 개념 자체가 언어와 같이 분명한 논리적 체계가 없고 묘사적인 성격이 강하기 때문에 관점에 따라 다양하게 정의 내려질 수 있다. 돈디스(Dondis, 1973)의 견해는 이를 잘 뒷받침해준다.

"비주얼 리터러시는 언어에서처럼 분명한 논리적인 체계가 없다. 언어는 인간에 의해 고안 되어진 정보를 기호화하고, 기억하고, 해독하게 만들어 낸 체계이다. 그러므로 그들의 구조는 비주얼 리터러시가 평행선상에 있을 수 없는 논리를 가진다."(Dondis, 1973, 황연주, 2001, p. 144에서 재인용)

또한 비주얼 리터러시의 개념은 시각적 이미지가 미학, 미술사, 수학, 국어, 시각적 커뮤니케이션, 미술교육, 미디어 교육 등 매우 다양한 영역에서 다루어지기 때문에 관련된 분야의 학문적 배경이나 이론적인 관점에 따라 각각 다르게 정의된다. 이러다 보니 비주얼 리터러시의 개념은 더욱 다양한 의미로 정의 내려질 수밖에 없다.

비주얼 리터러시 개념을 처음으로 정의 내린 사람은 데베스(Debes, 1969)로, 1969년 미국의 로체스터(Rochester)에서 열린 첫 '비주얼 리터러시 회의(International Visual Literacy Association, IVLA)'에서 그는 비주얼 리터러시를 "인간의 학습에 있어서 근본적인 의미를 가지는 인지능력에 대한 일련의 그룹을 총칭"(Debes, 1969, Pettersson, 1994, p. 217에서 재인용)하는 것으로 보고, 한 인간을 발달시킬 수 있는 시각적인 능력들 즉 시각적 이미지와 정보들을 보고 이해하고 해석하며, 제작하고 평가하는 숙련된 능력들로 보았다.

그 후 많은 연구자들이 이 개념에 대해 관심을 가졌고, 특히 20세기 후반부터 시각문화에 대한 관심이 일어나기 시작하면서 학자들의 다양한 정의가 있어 왔다. 이러한 추세에 따라 미술교육에서도 '시각문화 미술교육(visual culture art education)'이 주요 동향을 이루면서 비주얼 리터러시 개념은 미술교육에서 본격적으로 다루어지기 시작했다. 미술교육적 관점에서 접근한 비주얼 리터러시의 정의를 몇 가지 살펴보면 다음과 같다.

하이니히 외(Heinich 외, 1982, p. 62)는 "비주얼 리터러시는 시각적 메시지를 정확하게 해독하고 그러한 메시지를 창조하는 학습된 능력"으로 보았다. 레이시(Lacy, 1987, p. 46)는 "비주얼 리터러시는 시각적 메시지를 인식하고, 분석하고, 평가하고 그리고 생산하는 능력"으로 정의내렸다. 그리고 커티스(Curtiss, 1987, p. 3)는 "비주얼 리터러시는 시각적인 진술의 커뮤니케이션을 이해하는 능력이며, 적어도 한 시각적인 매체로 자기 자신을 표현하는 능력이다. 그것은 작품을 생산하는 문화적인 문맥상에서 주제 내용과 의미를 이해하고, 작품의 구문론적인 구성과 문체상의 원리들을 분석하고, 작품에 대한 숙련된 미적인 장점들을 평가하며, 직관적으로 형태를 이해하고 또한 작품의 상호작용적이고 상승작용적인 성질을 파악하는 능력을 수반한다."(Seels, 1994, p. 104; 황연주, 2001, p. 145에서 재인용)고 하였다. 또한 브래든과 호틴(Braden & Hortin, 1982, p. 41)은 '비주얼 리터러시'의 개념을 "이미지를 이해하고 활용하는 능력, 이미지적 개념들로 자신을 표현하고, 이미지적으로 생각하고 학습하는 능력"이라고 하였다.

이와 같이 미술교육적 관점에서 접근한 '비주얼 리터러시'의 다양한 정의들을 바탕으로 황연주(2001, p. 142-144)는 비주얼 리터러시의 구성 요소를 시각적 이미지와 관련된 올바른 이해능력, 비판적인 수용능력, 적절한 활용능력, 능동적인 제작능력 그리고 창의적인 조형능력으로 크게 구분하고 다음과 같이 정의를 내리고 있다.

"비주얼 리터러시는 그림이나 영상 또는 시각적인 진술들과 같은 시각적 이미지들을 올바르게 이해하고, 분별력 있고 비판적으로 수용하며, 자신의 필요에 따라 적절하고 의미있게 활용하고 또 주체적이고 능동적으로 제작하며 창의적으로 표현할 수 있는 능력들과 숙련된 기술을 의미한다."

이러한 '비주얼 리터러시'의 개념은 '시각적 문해력'으로도 상용되기 때문에 이 둘은 결국 같은 선상에서 이해할 수 있다. 따라서 본고에서는 '비주얼 리터러시'의 개념을 '시각적 문해력'으로 대체하여 사용한다. 시각적 문해력을 위한 교육은 오늘날의 시각적 문화현상을 올바르게 이해하고 그들과의 상호작용을 위해 필요한 능력 함양을 위한 교육이라고 볼 수 있다. 특히 생활 주변의 다양한 시각적 문화현상을 미술교육의 내용으로 적극 수용하여 교육하자는 시각문화 미술교육 사조가 미술교육의 주요 동향이 된 21세기 초반부터 시각적 문해력 교육은 더욱 강하게 부각되었다. 미술교육에서 개개인을 가능한 올바르고, 능동적인 시각문화의 소비자 및 생산자로 이끌어 주기 위해서는 시각적 문해력 교육은 더욱 중요하게 된 것이다.

2) 시각적 문해력 교육의 선행연구와 교육적 접근

초창기 '비주얼 리터러시 운동'의 대표자인 데브스(Debes, 1969), 돈디스(Dondis, 1973) 그리고 슬레스(Sless, 1984)는 시각적 문해력을 함양하기 위하여 학교에서 모든 종류의 그림들을 다루는 체계적인 지도가 필요하다고 하였다. 이에 레이시(Lacy, 1987)는 학생들에게 시각적 문해력 교육을 직접 교육하기도 하였는데, 학생들이 그림의 내용과 조형의 분석에 대한 이해를 통해서 그 그림이 사실적인 것을 다루는지, 좀 덜 사실적인 것을 다루는지 또는 완전히 비사실적인 것을 다루는지를 이해하도록 교육하였다 (Lacy, 1987, Pettersson, 1994에서 재인용).

뢸(Röll, 1998)은 미디어 교육적 측면에서 영화, 비디오 클립, 광고, 비디오 아트, 컴퓨터 애니메이션과 같은 인기 있는 대중 매체에 있어서 상징적인 그림들을 교육내용으로 다루었으며, 프라이베르그(Freiberg, 1999)는 '미디어-예술-교육(Medien-Kunst-Pädagogik)'이라는 개념과 더불어 미디어 교육의 이론과 실제에 있어 특히 그림과 관련된 미디어 아트를 중심으로 미디어 리터러시를 발전시킨 통합적인 교육안을 제시하였다.

이와 같이 초창기 시각적 문해력 교육은 주로 영상 매체를 중심으로 한 미디어 교육에서 많이 다루었다. 영상을 중심으로 한 시각적 미디어가 점차 확산되면서 미술교육뿐만 아니라 다양한 교육 영역에서 다루어지기 시작하였다.

미술교육에서는 황연주(2000)가 『컴퓨터 애니메이션을 통한 비주얼 리터러시 교육』에서 컴퓨터 기술의 발달에 따라 영상이 우리의 일상생활에 강력한 영향을 미치면서 미술교육에서 컴퓨터 애니메이션 관련 시각적 문해력을 함양하기 위한 실행 연구를 실시하기도 하였다. 시각적 이미지를 다루는 미술교육 영역이었지만 그 당시 미술교육에서는 뚜렷한 시각적 문해력과 관련된 개념 정립이 없는 상황에서 미술교육적 관점에서 시각적 문해력의 개념을 정의하였고, 컴퓨터 애니메이션과 같은 (동)영상 교육을 미술교육에서 다루어야 하는 필요성을 주장하면서 관련된 시각적 문해력 교육의 실천 방안을 모색하였다.

이후 박상돈과 이성도(2007)는 청소년의 일상적 도구가 된 휴대폰 카메라를 이용하여 미술교육에서 다큐멘터리 사진을 제작하고 활용하는 교수·학습을 통한 시각적 문해력 신장 방안을 제시하였고, 송정은(2009)은 TV 타이틀 디자인의 시각적 구성 요소와 특징을 중심으로 학생들이 일상생활에서 비판적 수용능력과 시각적 의사소통 능력이 이루어질 수 있는 시각적 문해력 지도 방안을 모색하였다.

이와 같이 미술교육에서는 초기에 주로 영상 매체와 관련된 시각적 문해력 함양을 위한 교육적 방안을 제시하다가, 최근에 교육과정에서 시각적 문해력의 중요성이 강조되고 '시각적 소통 능력'이 미술교과의 역량으로 제시되면서 차츰 다양한 시각적 이미지에 담겨 있는 의미의 이해와 해석 그리고 그 속에 담겨 있는 사회·문화적 맥락의 분석과 비평을 강조하는 경향이 있다.

3) 미술과 교육에서 시각적 문해력 교육의 현황

오늘날 시각적 이미지가 주요 커뮤니케이션의 수단이 되면서 시각적 문해력은 이제 21세기 필수 역량 중의 하나라고 해도 과언이 아니다. 미술과 교육에서도 이러한 필요성에 의해 시각적 문해력 함양을 위한 교육적 접근이 이루어지고 있다. 하지만 실질적인 교육 현장에서는 몇 가지 오해와 어려움이 있는데, 그 현황을 살펴보면 다음과 같다.

첫째, 오늘날의 대표적인 시각적 문화현상이 시각 매체를 통한 영상이다 보니, 시각적 문해력 교육은 선행 연구자료들을 보면 주로 사진, 애니메이션 등과 같은 영상 교육을 중심으로 접근하는 경향이 있음을 알 수 있다. 하지만 시각적 문해력 교육은 영상에 한정하지 않고 모든 시각적 문화현상들을 포괄하며, 기존의 미술 작품뿐만 아니라 시각 매체를 통한 영상물, 건축, 디자인, 거리의 간판이나 광고 등 모든 일상생활 속의 시각적 이미지를 아우른다.

둘째, 시각적 문해력 교육은 시각적 문해력의 구성 요소들이 통합적인 관점에서 이루어져야 하는데, 관련된 선행 연구들과 교육 현황을 보면 단순한 작품 제작과 감상 수업을 중심으로 한 기존의 수업방식에서 크게 벗어나지 못하고 있음을 알 수 있다. 오늘날의 시각적 문화 현상들을 보다 잘 이해하고 자신의 필요에 따라 활용 및 제작할 수 있고 비판적 안목을 길러주기 위한 시각적 문해력의 함양을 위해서는 수업 목표의 설정과 수업 방법적 측면에서 기존과 다른 새로운 접근과 시도가 필요하다. 하지만 한정된 미술 수업 시간에 시각적 문해력의 구성 요소 전체를 아우르는 내용을 모두 다루기에는 시간이 부족할 수 있는 한계도 있다.

셋째, 현행 미술과 교육에서 시각적 문해력 교육은 시각적 이미지에 담겨 있는 의미의 이해와 해석 그리고 그 속에 담겨 있는 사회·문화적 맥락의 분석과 비평을 강조하는 경향이 있다. 따라서 기존 미술교육에서 중요하게 다루고 있는 미학적, 조형적 측면의 접근이 미흡하여 미술교육의 고유한 정체성을 흐리게 할 수 있다.

넷째, 일상생활을 중심으로 한 시각적 문해력 교육에서 테크놀로지를 기반으로 한 시각 매체와의 접근은 불가피한데, 기술의 빠른 발달로 표현 매체의 변화가 빠르면서 이에 유연하게 대처해 나갈 수 있는 교육 전문가가 많지 않다는데 문제가 있다. 기존 매체에 적응할 만하면 또다른 첨단 매체가 등장하고 새로운 학습을 요구하기 때문에, 교사는 끊임없이 등장하는 새로운 매체에 항상 민감하게 반응하고 이를 활용한 교육을 위한 자기 개발이 끊임없이 필요하다. 따라서 많은 교사들이 영상 표현에 기술적 한계를 느끼고 제대로 시행하지 못하는 경우가 많다. 또한 새로운 시각 매체의 빠른 발달과 등장은 미술표현 도구의 확장을 가져오지만, 빠르게 변화하는 기술과 첨단 매체에 부응하는 물리적인 교육환경을 지속적으로 마련하는 것이 어렵다는 문제도 있다.

시각적 문해력은 오늘날의 다양한 시각적 문화 현상들을 올바로 이해하고 활용하며 그들과 상호작용 하기 위해 필요한 능력이다. 따라서 미술과 교육은 학생들이 시각적 문맹에서 탈피할 수 있도록 시각적 문해력 교육을 강화하여 그들의 사회·문화적 삶에 보다 미적·질적으로 참여하고 소통할 수 있도록 해야 한다. 이러한 점에서 오늘날 미술교육의 역할이 매우 크다고 할 수 있다.

2. 미술과 교육과정에서 시각적 문해력 교육의 전개

1) 지난 교육과정에서 시각적 문해력 교육의 전개

시각적 문해력 교육이 미술과 교육과정에서 본격적으로 다루어지기 시작한 시점은 2007 개정 미술과 교육과정(교육인적자원부, 2007)에서 '시각문화 미술교육'이 주요 이론적 토대가 되면서부터라고 볼 수 있다. 기존의 미술교육이 표현 및 감상 활동을 통한 창의적 표현, 심미적 태도 및 미적 정서 함양에 강조점을 두었다면, 이때부터 미술교육의 사회·문화적 성격을 강조하여 현대 사회와 미래 사회의 시각문화 환경에 대처할 수 있는 능력의 함양을 중요시 여겼다. 시각문화는 대중 매체를 통하여 현대사회의 일상생활을 지배하는 문화현상이 되었고, 더불어 정보의 시각화 현상으로 시각적 의사소통이 중요하게 되면서 결국 '시각문화 미술교육'이라는 새로운 미술교육 사조가 탄생되었던 것이다. 이에 2007 개정 미술과 교육과정에서는 이러한 영향을 받아 일상생활 속의 시각문화를 미술교육의 내용으로 적극 끌어들여 시각문화에 대한 인식능력과 시각적 소통 능력 등과 같은 시각적 문해력을 함양하기 위한 시각문화 미술교육 사조를 바탕으로 하였던 것이다. 이때부터 미술과 교육과정에 시각적 문해력 교육이 어떻게 전개되었는지 살펴보면 다음과 같다.

2007 개정 미술과 교육과정의 총괄 목표는 "미술의 다양한 활동을 통하여 미적 감수성, 창의적 표현 능력, 비평 능력을 기르고, 미술 문화를 향수할 수 있는 능력과 태도를 기른다."라고 제시하고 있다. 이에 따른 세부 목표는 '생활 속에서 여러 가지 대상과 현상에 대한 미적 감수성, 느낌과 생각을 창의적으로 표현하고 소통할 수 있는 능력, 미술의 가치를 이해하고 판단할 수 있는 능력, 미술을 생활화하여 미술 문화를 존중하는 태도'를 기르는 것으로 설정하고 있다. 여기서 생활 속에서의 미적 감수성, 창의적 표현을 통한 소통 능력, 미술의 생활화가 제7차 미술과 교육과정과 차별화되는 내용으로 시각문화 미술교육의 영향을 반영하고 있음을 알 수 있다. 즉 이전의 모더니즘적 관점의 미술교육에서 일상생활 속의 다양한 시각적 문화 현상들을 포괄하는 포스터 모더니즘적 관점의 미술교육을 지향하고 있음을 알 수 있다.

2007 개정 미술과 교육과정의 내용체계는 제7차 미술과 교육과정의 미적 체험, 표현, 감상 영역의 내용 구조를 그대로 유지하면서 각 영역의 필수학습 요소에 시각문화에 대한 내용을 반영하고 있다. 미적 체험 영역에서는 제7차 미술과 교육과정의 '자연미'와 '조형미'에서 '자연환경'과 '시각문화환경'으로 범위를 확장하여 필수학습 요소를 구성하였다. '시각문화환경'은 생활용품, 생활공간, 영상물 등과 같은 자연물 이외의 일상생활 속의 다양한 시각적 문화환경을 포함한 개념으로 기존의 조형물 개념보다 확장된 의미로 사용하였다. 시각문화환경의 학년군별 내용으로, 초등학교 3, 4학년에서는 시각문화환경의 아름다움을 지각하고, 5, 6학년에서는 시각문화환경의 아름다움을 발견하고 그 특징을 이해하며, 중학교 7, 8, 9학년에서는 시각문화환경의 기능과 역할을 이해하고, 고등학교 10학년에서는 시각문화환경의 사회적·문화적 가치를 판단하는 내용으로 제시하였다. 이에 따라 표현 영역에서 이전 교육과정에서 다루지 않은 사진, 디지털 영상, 애니메이션 등과 같은 영상 표현이 2007 개정 미술과 교육과정에서부터 처음으로 다루어지기 시작했다. 영상은 오늘날 일상생활에서 가장 두드러진 시각적 문화현상이자 21세기를 대표하는 미술표현 양식으로 다양한 시각 매체의 발달과 더불어 더욱 비중있는 소통 수단이자 표현 매체가 되었기 때문이다. 감상 영역에서는 종합적인 감상 능력을 길러줄 수 있도

록 '미술작품'과 '미술 문화'를 필수학습 요소로 하였는데, 특히 '미술 문화'는 서로의 작품 감상과 미술품을 중심으로 하는 '미술작품' 감상과는 달리 보다 확장된 개념에서 미술 문화의 이해와 참여 활동을 중심으로 미술의 생활화를 내용으로 하고 있다.

이와 같이 2007 개정 미술과 교육과정에서는 '시각적 문해력'이라는 용어를 직접적으로 사용하지는 않지만 시각문화 미술교육의 이론을 바탕으로 하고 있고, 내용 영역인 미적 체험, 표현, 감상 영역에서 골고루 관련 내용을 제시하고 있다. 미적 체험 영역에서는 필수학습 요소에 '시각문화환경'이라는 개념을 사용하고 있으며, 표현 영역에서는 오늘날의 대표적인 시각적 문화현상인 '영상'을 학습 내용에 포함시키고 있고, 감상 영역에서는 '미술 문화'를 필수학습요소로 선정하여 일상생활에서 미술 문화에 대한 이해와 참여 활동을 포함하고 있다.

2009 개정 미술과 교육과정(교육인적자원부, 2011)은 2011년에 고시되었으나 총론의 고시 연도(2009년)에 따라 2009 개정 미술과 교육과정으로 부른다. 2009 개정 미술과 교육과정의 목표에서는 "자신과 주변 세계에 대한 미적 감수성, 소통할 수 있는 능력, 미술의 생활화" 등과 같은 내용이 '시각적 문해력'과 관련된다고 볼 수 있는데, 이는 2007 개정 미술과 교육과정과 유사하다고 볼 수 있다.

2009 개정 미술과 교육과정의 내용 체계에서는 '미적 체험'이 '체험'으로 변경되었는데, 이는 '미적'으로 한정되는 경험이 아니라, 삶 속의 모든 영역에서 미적 인식과 실천을 다루기 위함이다. 또한 미적 체험의 중영역인 '자연환경'과 '시각문화환경'도 '지각'과 '소통'으로 변경되었는데, 이는 자연환경과 시각문화환경이 미적 체험의 대상이지 하위 요소가 아니라는 이유에서였다. 지각과 소통은 '시각적 문해력'과 직접적으로 관련되는데, '지각'은 감각을 통한 인식이 자신과 환경, 세계와의 관계를 깨닫게 하는 바탕이 되는 것으로 주변의 시각적 대상이나 현상을 이해하고 특징을 발견하는데 중요한 요소이다. '소통'은 느낌과 생각을 전달하고 상호작용하는 도구로서 시각적 이미지를 이해하고 이를 활용하여 타인과 상호작용하는 것을 의미하기 때문이다. 이와 같이 2009 개정 미술과 교육과정에서 시각적 문해력과 관련되는 내용은 시각적 이미지를 매개로 한 일상생활 속의 소통에 초점을 두고 있다는 점이다.

2015 개정 미술과 교육과정(교육부, 2015)에서는 미적 감수성, 시각적 소통 능력, 창의·융합 능력, 미술 문화 이해능력, 자기 주도적 미술 학습 능력을 기본적인 미술교과 역량으로 삼고 있는데, 특히 '시각적 소통 능력'은 "변화하는 시각문화 속에서 이미지와 정보, 시각 매체를 이해하고 비판적으로 해석하며, 이를 활용한 미술 활동을 통해 소통할 수 있는 능력"(교육부, 2015, p. 3)을 말한다. 시각적 소통 능력의 하위 요소는 시각화 능력, 시각적 문해력, 비판적 사고력, 의사소통 능력 등이다. 시각적 문해력은 시각적 소통 능력의 한 요소로 결국 미술교육을 통해 기를 수 있는 핵심 역량이라고 할 수 있다. 즉 2015 개정 미술과 교육과정에서는 다양한 미적 경험을 바탕으로 시각 이미지와 정보를 읽고 해석하며 비판적으로 바라보는 시각적 문해력을 더욱 강조하고 있는데, 그에 따라 세부 목표에서도 "주변 세계를 미적으로 인식하고 시각적으로 소통하는 능력을 기른다."라고 제시하고 있다.

2015 개정 미술과 교육과정의 내용체계에서는 '체험' 영역에서 이전 교육과정의 '지각'과 '소통'에 덧붙여 '연결'이라는 핵심 개념을 추가하였다. 연결은 미술과 타 분야를 관련지어 이해하는 한편 생활 속에서 미술을 활용하도록 하는 것을 의미한다. '소통'에 해당하는 내용 요소들 중 초등학교 5, 6학년에서 '이미지와 의미', 중학교에서 '이미지와 시각문화' 그리고 고등학교에서 '시각문화의 가치와 역할'이 '시각적 문해력'과 특히 관련성이 많다. '연결'에서는

초등학교 3, 4학년에서 '미술과 생활' 그리고 고등학교에서 '미술을 통한 사회 참여'의 내용 요소가 특히 관련된다. '감상' 영역에서는 기존의 '미술사', '미술비평'이 '이해'와 '비평'으로 변경되었다. 미술작품을 비롯한 다양한 시각적 문화현상의 이해는 시대와 지역의 배경을 반영하고 있어 그 특징과 시대적 변천, 맥락 등을 파악하게 하고, 비평은 다양한 관점과 방법에 의해 시각문화의 가치를 판단하게 하기 때문에, '시각적 문해력'에 있어 중요한 요소이기도 하다. 따라서 2015 개정 미술과 교육과정에서는 미술과의 역량 중의 하나인 '시각적 소통 능력'을 중심으로 시각적 문해력 교육이 반영되어 있다고 볼 수 있다.

2) 2022 개정 미술과 교육과정에서 시각적 문해력 교육

2022 개정 미술과 교육과정(교육부, 2022)은 총론에서 제시한 인간상 및 역량과 연계하여 심미적 감성 역량, 창의·융합 역량, 시각적 소통 역량, 정체성 역량, 공동체 역량을 미술과 학습을 통해 기를 수 있는 교과 역량으로 설정하였다. 여기서 '창의·융합 역량'은 2015 개정 미술과 교육과정의 '창의·융합 능력'이, '시각적 소통 역량'은 '시각적 소통 능력'이 유지된 것이며, '심미적 감성 역량'은 '미적 감수성'이, '정체성 역량'은 '자기 주도적 미술 학습 능력'이 그리고 '공동체 역량'은 '미술 문화 이해 능력'이 새롭게 제시 및 변화된 것이다.

이에 따라 2022 개정 미술과 교육과정은 "학교 교육에서 미술 교과는 미술의 의미와 가치에 기초하여 심미적 감성을 함양하고 창의·융합적으로 사고하는 힘과 시각적으로 소통하는 능력을 길러주며 정체성과 공동체성을 확립하여 학생들의 전인적 성장을 이끄는 데 이바지하는 교과이다."(교육부, 2022, p. 5)라고 성격에서 밝히면서 시각적으로 소통하는 능력을 명시하고 있다. 특히 2022 개정 교육과정에서 디지털 소양을 범교과 학습 주제로 설정하였고, 이에 따라 2022 개정 미술과 교육과정에서도 디지털 시대에 필요한 소양을 강조하고 있다. 이전의 교육과정에서 제시한 정보통신기술(ICT), 사진, 영상, 멀티미디어와 같은 매체 활용에서 가상공간까지 미술의 범위를 확대하고, 표현과 소통의 도구로 디지털 매체를 적극적으로 활용함으로써 학생들이 신체와 사고, 시간과 공간의 경험을 확장하며 디지털 시대에 필요한 소양을 기를 수 있도록 하고 있다.

2022 개정 미술과 교육과정의 목표에서는 미술교과의 역량에 따라 세부 목표를 설정하고 있는데, '시각적 소통 역량'과 관련하여서는 "다양한 매체에 기반한 시각문화를 비판적으로 이해하고 활용하여 시각적으로 소통한다."라고 제시하고 있다. 시각적 소통 역량의 하위 요소는 2015 개정 미술과 교육과정과 유사하게 이미지 시각화 능력, 시각적 문해력, 비판적 사고력, 의사소통 능력 등으로 제시하여 시각적 문해력을 시각적 소통 역량에 포함하고 있다.

2022 개정 미술과 교육과정의 내용 체계는 '영역', '영역별 핵심 아이디어' 그리고 '내용 요소'로 구성하여 이전 교육과정과는 많은 차별화를 두고 있다. 영역 구분에서 2015 개정 미술과 교육과정의 '체험' 영역을 제7차 미술과 교육과정과 2007 개정 미술과 교육과정에서와 같이 '미적 체험' 영역으로 변경하여, 영역을 '미적 체험', '표현', '감상'으로 설정하고 있다. 하지만 종래의 미적 체험 영역이 자연과 조형물, 자연환경과 시각문화 환경 등으로 미적 체험의 대상으로 주로 이해되었다면, 2022 개정 미술과 교육과정의 미적 체험은 보다 '미적'인 특성을 강조한 감각과 사고의 연결을 통해 미적 감수성을 기르고 앎을 확장하며 자신과 세계의 의미와 가치를 성찰하고 소통하는 의미가 보다 강하게 부각 되었다. 핵심 아이디어는 각 영역에서 학습을 통해 일반화할 수 있는 내용을 진술한 것이며, 내용 요소는

핵심 아이디어에 기초하여 학생들이 학습해야 할 필수 내용을 선정한 것으로, 지식·이해, 과정·기능, 가치·태도의 세 범주로 구분하여 제시하였다(교육부, 2022). 2022 개정 미술과 교육과정의 미적 체험, 표현, 감상 영역을 중심으로 한 내용체계에서 시각적 문해력 관련 내용을 살펴보면 다음과 같다.

미적 체험 영역에서는 핵심 아이디어에 "이미지에 대한 비판적 이해는 시각적 소통과 문화적 참여의 토대가 된다."라고 제시하고 있다. 내용 요소의 범주 '지식·이해'에서는 '이미지와 이해', '과정·기능'에서는 '대상과 상호 작용하며 의미 발견하기', '이미지를 해석하고 활용하기', '이미지를 비판적으로 해석하기', '이미지를 활용하여 소통하기' 그리고 '가치·태도'에서는 '비판적으로 이해하는 태도' 등의 내용이 시각적 문해력과 관련된다.

표현 영역에서는 핵심 아이디어에 "표현은 자신의 느낌과 생각을 시각화하는 창의적 사고와 성찰의 순환 과정으로 이루어진다."라고 제시하고 있는데, 여기서 '자신의 느낌과 생각을 시각화'하는 내용이 시각적 문해력과 관련된다. 그리고 내용 요소의 범주 '지식·이해'에서는 '조형 요소의 특징', '조형 요소와 원리의 관계', '표현 주제와 의도', '과정·기능'에서는 '의도를 가지고 작품을 제작하기', '표현 방법을 탐색하여 활용하기', '새로운 표현을 실험하고 작품 제작하기', '작품을 공유하고 소통하기' 그리고 '가치·태도'에서는 '표현 과정에서의 주도성과 성찰' 등이 시각적 문해력과 특히 관련되는 내용이다.

감상 영역에서는 핵심 아이디어에 "작품의 내용과 형식에 관한 맥락적 이해와 비평은 미적 판단 능력을 높인다."라고 제시한 부분이 시각적 문해력과 특히 관련성이 많다. 내용 요소의 범주 '지식·이해'에서는 '미술 작품의 특징', '미술 작품의 배경', '미술 작품의 내용과 형식', '미술의 시대적, 지역적, 사회적 맥락', '과정·기능'에서는 '미술 작품에 관한 느낌과 생각을 설명하기', '작품과 배경을 연결하기', '다양한 방법으로 분석하기', '미술 작품의 내용과 형식 분석하고 설명하기', '미술 작품을 해석하기' 그리고 '가치·태도'에서는 '공동체 문화에 참여' 등과 같은 내용이 시각적 문해력과 특히 관련된다고 볼 수 있다. 물론 이외의 내용들도 시각적 이미지를 이해하고 이를 활용하여 소통하며 비판적으로 사고하는데 직간접적으로 관련되는 내용들일 수 있지만, 앞에서 제시한 내용들은 시각적 문해력의 구성 요소에 근거하여 보다 직접적으로 관련된 진술들이라고 볼 수 있다.

이와 같이 2022 개정 미술과 교육과정에서는 시각적 소통 역량이 교육과정의 내용 체계 속에 비중있게 제시가 되어 있으며, 시각적 이미지에 대한 올바른 이해와 해석 및 활용은 시각적 소통의 토대가 되고, 다양한 발상과 매체를 통해 자신의 생각과 느낌을 시각화시킴으로서 이미지를 활용하여 소통할 수 있고, 시각 이미지를 비롯한 미술작품을 분석, 설명, 해석하는 과정에서 미적 판단 능력과 비판적 사고력을 기르고 결국 이러한 일련의 과정을 통하여 시각적 문해력을 향상시킬 수 있도록 하고 있다.

3. 미술과에서 시각적 문해력 교육의 필요성 및 목적

1) 미술과에서 시각적 문해력 교육의 필요성

오늘날 우리는 문자를 통하기보다는 영상을 통해 지식과 정보를 얻으려는 경향이 있다. 정보를 검색할 때도 문자 중심의 포털 사이트보다는 유튜브(YouTube)나 동영상 검색 플랫폼을 이용하는 사람들이 늘어나고 있고, 직접 영상 콘텐츠를 만들어서 공유하려는 1인 크리에이터들의 활동도 늘어나고 있는 추세이다. 이제 영상과 같은 시각적 이미지는 특정 제작자나 전문인들의 소유물이 아니라 관심있는 누구나가 제작하고 소비할 수 있으며 실시간 상호 소통이 가능한 새로운 커뮤니케이션 방식이 되어가고 있다.

따라서 우리는 과거와 달리 실질적이고 직접적인 경험을 통해서보다는 시각적 매체를 통해 중재된 사실들로부터 보고 듣고, 경험하고, 배운다. 이러한 영향으로 커뮤니케이션에 있어 문자 위주의 개념적 사고에서 이미지적 사고로 무게 중심이 옮겨 가고 있는 것이다. 우리들의 일상생활 속 깊이 파고들고 있는 TV, 인터넷, 스마트폰 등과 같은 영상 매체를 통한 정보의 시각화 현상은 시각적 커뮤니케이션을 보편화시켰으며, 시각적 이미지가 더 이상 텍스트 커뮤니케이션의 보조 수단이 아니라, 커뮤니케이션의 주요 수단으로 작용하게 하였다. 이러한 변화의 주요 요인은 시각적 이미지의 손쉬운 제작과 유포를 용이하게 한 컴퓨터와 정보통신기술의 발달과 더불어 텍스트와는 다른 시각적 이미지가 함축하고 있는 고유한 특성 때문이기도 하다. 슈미트(Schmidt, 1996)는 문구의 순차적이고 어려운 독서와 비교해서 그림은 빠르고, 쉽고, 재미있고, 자극적이라고 했다. 뿐만 아니라 정보의 시각화 현상은 다음과 같은 이유에서도 가속화되고 있다.

첫째, 시각적 이미지는 많은 집중과 노력을 요구하는 문자보다 쉽게 이해되고 재미있다.

둘째, 시각적 이미지는 문자로만 전달되는 정보보다 실감 나고 설득력이 있다.

셋째, 시각적 이미지는 문법이나 글자를 배워야 하는 문자와 달리 누구에게나 소통가능하다.

넷째, 시각적 이미지는 문자보다 시선을 끌고 주목성이 높다.

다섯째, 시각적 이미지는 복잡한 내용의 정보를 문자보다 간결하고 효과적으로 전달할 수 있다.

여섯째, 시각적 이미지는 내용을 다 읽어야 이해할 수 있는 문자 정보보다 더 짧은 시간에 내용을 이해시킬 수 있다.

이와 같은 정보 전달의 효율성 때문에 정보 전달 방식이 문자 중심에서 시각적 이미지 중심으로 변화되어 가고 있다. 하지만 시각적 이미지에 의한 정보는 문자에서처럼 분명한 논리적인 체계가 없기 때문에 그것을 보는 사람에 따라서 다양한 의미로 해석 되어질 수도 있다. 따라서 많은 경우 문자나 구두 언어 그리고 이미지가 상호보완적인 관계에서 통합적으로 사용되어진다(황연주, 2018).

미디어를 통해 중재된 영상들은 사실을 그대로 반영하는 것이 아니라, 인위적으로 조작된 가상의 세계 즉 허구적인 사실을 다룬다. 더욱이 컴퓨터 테크놀로지의 발전은 이미지의 존재 방식을 새로운 패러다임에서 종합하고 재편하고 있다. 컴퓨터 기술의 발전은 가상 세계의 이미지를 마치 사진과 같이 사실적으로 표현할 수 있게 하였으며, 비물성적 이미지를 통한 정보화, 무한한 3차원적 이미지의 표현이나, 모니터 속의 이미지와의 상호작용과 같은 새로운 가상 세계로 표현 영역의 탄생을 가져왔다(황연주, 2018). 이러한 시각 이미지는 일상생활을 지배하는 한 문화 양상이 되었고, 오늘날의 어린이와 청소년들은 일상생활에서 시각 매체를 통한 시각 이미지의 홍수 속에서 살고 있다. 따라서 슈미트(Schmidt, 1996)는 '그림 읽기의 필요성'을 강조하고 있다.

따라서 현대사회의 두드러진 정보의 시각화 현상과 시각문화의 범람은 학생들로 하여금 시각적 이미지를 올바로 이해하고 그 속에 내포된 의미를 해석하며, 자신의 필요에 따라 적절하게 선택하여 활용하고, 비판적으로 수용하며 나아가 능동적·창의적으로 제작해 낼 수 있는 능력인 시각적 문해력 교육을 미술교육에서 필요로 하고 있다. 시각적 문해력은 단순히 시각적 정보를 이해하고 비판적으로 수용하는 것만이 아니라, 필요에 따라 직접 시각적 이미지를 생산하고 제작할 수 있어야 본인이 전달하고자 하는 메시지를 만들어 상대방에게 전달할 수 있기 때문에, 생산 및 제작 능력이 동시에 요구된다. 특히 제작 및 표현 활동은 기존 미술교육에서도 중요하게 다루는 부분이기도 하다. 이것은 종래 문자를 읽고 쓰는 능력을 배우는 것처럼 오늘날의 다양한 시각문화 환경에서 시각적 이미지를 올바르게 이해하고 활용하는 능력을 배움으로써 보다 주체적으로 의사소통하며 상호작용할 수 있는 능력을 함양하는 것이기도 하다.

만약 시각적 문해력 교육이 학교 교육에서 제대로 이루어지지 않는다면, 학생들은 일상생활 속에 점점 깊이 파고드는 비교육적 시각문화 현상들에 무비판적으로 노출될 것이며, 대중 매체의 지배 이데올로기에 무방비 상태로 수없이 쏟아지는 시각적 이미지에 대한 올바른 대처 능력을 획득할 수 없어 시각적 문맹인이 될 것이다. 학생들이 다양한 시각적 이미지로 둘러싸인 오늘날과 미래의 사회·문화적 삶에 보다 적극적으로 참여하고 상호작용 및 소통하기 위해서는 미술교육에서 시각적 문해력 교육은 필수 불가결하다 할 수 있다.

2) 미술과에서 시각적 문해력 교육의 목적

시각적 문해력은 무수히 쏟아지는 시각문화를 올바르게 이해하고, 분별력 있고 비판적으로 수용하며, 적절하고 의미 있게 활용하고, 주체적이고 창의적으로 제작할 수 있는 능력을 말한다. 이러한 시각적 문해력의 구성 요소는 시각적 이미지와 관련된 올바른 이해 능력, 비판적인 수용 능력, 적절한 활용 능력, 능동적인 제작 능력 그리고 창의적인 조형(표현)능력(황연주, 2020)이다. 미술교육에서 시각적 문해력 교육의 목적은 이러한 구성 요소의 함양을 말한다. 이를 보다 자세히 살펴보면 다음과 같다.

첫째, 시각적 문해력 교육의 목적은 시각적 이미지에 대한 '올바른 이해 능력'을 함양하기 위한 것이다.

일반적으로 우리는 인지과정을 통하여 세상을 이해해 나간다. 인지과정을 거쳐 우리는 주변환경과 시각적 정보를 인식하고 이해하며 수용 및 전달한다. 왜냐하면 인지는 '모든 지식과 인식의 기초'(Pöttinger, 1997)가 되기 때문이다. 다양한 시각문화의 구조, 조형 형식 그리고 작용 가능성을 제대로 인지하고, 구별할 수 있어야 그것을 올바르게 이해할 수 있다. 인지과정을 통한 올바른 이해 능력은 시각적 커뮤니케이션에 있어 가장 기본적인 능력이라 할 수 있다(황연주, 2020).

둘째, 시각적 문해력 교육의 목적은 시각적 이미지에 대한 '비판적인 수용 능력'을 함양하기 위한 것이다.

시각문화에 대한 분석적이고 비판적인 접근은 수동적이 아닌 능동적인 수용자로 만들어준다. 비판적인 수용 능력은 시각문화의 내용, 형식 그리고 제작자의 의도 등과 관련해서 분석하고, 통속적인 이미지를 미적인 관점에서 비판적으로 보고 판단하는 활동을 통하여 길러질 수 있다. 이것은 특히 쏟아지는 시각문화 환경 속에서 몰가치와 저급한 이미지에 휩쓸리지 않고 자신의 주체성을 찾고 미적 판단을 하는데 특히 중요하다(황연주, 2020). 미적 대상들의 구조와 기능들을 비판적으로 판단할 수 있는 능력은 2022 개정 미술과 교육과정의 세부 목표인 "다양한 매체에 기반한 시각문화를 비판적으로 이해하고 활용하여 시각적으로 소통한다."(교육부, 2022, p. 6)와도 관련이 된다.

셋째, 시각적 문해력 교육의 목적은 시각적 이미지의 '적절한 활용 능력'을 함양하기 위한 것이다.

시각문화는 정보, 휴식, 긴장 완화, 학습, 미술 감상, 창작 활동 등 다양한 영역에서 활용된다. 시각적 이미지를 자신의 필요와 목적에 따라 적절하게 활용하기 위해서는 우선 기술적 측면에서 시각 매체를 자기 주도적으로 다룰 수 있는 능력이 요구되며 그리고 다양한 시각 매체 환경으로부터 자신의 필요에 따라 의미 있게 선택하여 활용할 수 있는 능력이 필요하다. 적절한 활용 능력은 시각적 커뮤니케이션이 정보의 전달과 소통에 지배적인 사회에 보다 주체적으로 참여할 수 있게 해 준다(황연주, 2020).

넷째, 시각적 문해력 교육의 목적은 자신의 필요에 따라 시각적 이미지의 '능동적인 제작 능력'을 함양하기 위한 것이다.

미술교육에서 제작 활동은 매우 중요하다. 다양한 시각 문화를 실질적으로 제작하고 표현해 보는 직접적인 경험은 미술과에서 중요하게 다루어지는 활동이기 때문이다. 실질적인 제작 활동을 통하여 다양한 시각적 언어들에 대한 이해를 더욱 구체적으로 할 수 있게 되며, 필요에 따라 더욱 효과적으로 활용할 수 있게 된다. 학생들은 그들의 생각과 아이디어를 시각적 이미지를 통하여 표현할 수 있어야 한다. 시각적 메시지를 실질적으로 제작하는 과정에서 다양한 표현 수단과 표현 가능성을 직접 탐색하고 경험해 보는 활동을 통하여 시각적 언어들 즉 기호나, 형태, 색, 공간에 대한 이해를 더욱 구체적으로 할 수 있게 되며 시지각과 표현 능력의 향상을 가져오게 되는 것이다(황연주, 2020).

다섯째, 시각적 문해력 교육의 목적은 시각적 이미지의 '창의적인 조형 능력'을 함양하기 위한 것이다.

창의성은 빠른 기술의 변화와 더불어 "항상 새롭고 보다 질 좋은 이미지에 대한 상승하는 요구"(Pettersson, 1994, p. 225)의 시대에 필수 불가결한 것이다. 그것은 새로운 표현 가능성과 문제 해결을 위한 길을 열어주기 때문이다. 끊임없는 기술의 발전과 새로운 시각적 이미지 영역의 확장은 새로운 이미지 제작의 가능성을 열어주기 때문에 창의적 표현으로의 잠재성이 그만큼 크다. 창의적인 조형 능력은 단순한 제작 능력에서 한 걸음 더 나아가 작품을 보다 예술적이고 미적으로 품격화할 수 있다(황연주, 2020). 이것은 또한 미술교육에서 지속적으로 추구해온 목표이자 역량이기도 하다. 2022 개정 미술과 교육과정의 세부 목표에서도 "미술 활동을 통해 자신의 느낌과 생각을 창의적으로 표현하며 경험과 사고를 유연하게 통합하고 확장한다."(교육부, 2022, p. 6)라고 제시되어 있다.

4. 미술과에서 시각적 문해력 교육의 내용, 방법 및 평가

1) 미술과에서 시각적 문해력 교육의 내용

미술과 교육에서 시각적 문해력 교육의 내용은 2022 개정 미술과 교육과정의 내용 체계에서 시각적 문해력과 관련된 내용 요소를 추출하여 이를 시각적 문해력 교육의 구성 요소와 관련지어 살펴보고자 한다(〈표 1〉 참고).

미적 체험 영역은 내용 요소 중에서 "이미지와 이해, 대상과 상호 작용하며 의미 발견하기, 이미지를 해석하고 활용하기, 이미지를 비판적으로 해석하기, 이미지를 활용하여 소통하기, 비판적으로 이해하는 태도" 등이 특히 시각적 문해력과 관련된다. 시각적 문해력의 구성 요소 중에서 시각 이미지의 구조, 조형 형식 그리고 작용 가능성을 올바르게 인지하고 이해하는 '올바른 이해 능력'과 이를 해석하고 소통하기 위해 적절히 활용할 수 있는 '적절한 활용 능력'이 미적 체험 영역의 내용 요소와 관련된다고 볼 수 있다.

표현 영역은 내용 요소 중에서 "조형 요소의 특징, 조형 요소와 원리의 관계, 표현 주제와 의도, 의도를 가지고 작품을 제작하기, 표현 방법을 탐색하여 활용하기, 새로운 표현을 실험하고 작품 제작하기, 작품을 공유하고 소통하기, 표현 과정에서의 주도성과 성찰" 등이 특히 시각적 문해력과 관련된다. 시각적 문해력의 구성 요소 중에서는 '능동적

〈표 1〉 미술과 시각적 문해력 교육의 내용

대영역	범주	시각적 문해력과 관련된 내용 요소	시각적 문해력의 구성 요소
미적 체험	지식 · 이해	• 이미지와 이해	올바른 이해 능력 적절한 활용 능력
	과정 · 기능	• 대상과 상호 작용하며 의미 발견하기 • 이미지를 비판적으로 해석하기 • 이미지를 해석하고 활용하기 • 이미지를 활용하여 소통하기	
	가치 · 태도	• 비판적으로 이해하는 태도	
표현	지식 · 이해	• 조형 요소의 특징 • 표현주제와 의도 • 조형 요소와 원리의 관계	능동적인 제작 능력 창의적인 조형 능력
	과정 · 기능	• 의도를 가지고 작품을 제작하기 • 새로운 표현을 실험하고 작품 제작하기 • 작품을 공유하고 소통하기 • 표현 방법을 탐색하여 활용하기	
	가치 · 태도	• 표현 과정에서의 주도성과 성찰	
감상	지식 · 이해	• 미술 작품의 특징 • 미술 작품의 내용과 형식 • 미술 작품의 배경 • 미술의 시대적, 지역적, 사회적 맥락	올바른 이해 능력 비판적인 수용 능력
	과정 · 기능	• 미술 작품에 관한 느낌과 생각을 설명하기 • 다양한 방법으로 분석하기 • 미술 작품을 해석하기 • 작품과 배경을 연결하기 • 작품의 내용과 형식 분석하고 설명하기	
	가치 · 태도	• 공동체 문화에 참여	

인 제작 능력'과 '창의적인 조형 능력'이 특히 표현 영역의 내용 요소와 관련된다고 볼 수 있다. 학생들이 자신의 느낌과 생각을 시각적 이미지를 통해 실질적으로 직접 제작하고 표현할 수 있어야 시각적 언어들 즉 기호나, 형태, 색, 공간에 대한 이해를 더욱 구체적으로 할 수 있게 되며 본인이 전달하고자 하는 의미를 제대로 시각화시킬 수 있다. 또한 단순한 제작 활동에서 한 걸음 더 나아가 창의적으로 조형하는 활동을 통하여 새로운 표현 가능성과 문제해결력 및 예술적이고 미적으로 승화된 창작 활동이 가능하기 때문이다.

감상 영역은 내용 요소 중에서 "미술 작품의 특징, 미술 작품의 배경, 미술 작품의 내용과 형식, 미술의 시대적, 지역적, 사회적 맥락, 미술 작품에 관한 느낌과 생각을 설명하기, 작품과 배경을 연결하기, 다양한 방법으로 분석하기, 작품의 내용과 형식 분석하고 설명하기, 미술 작품을 해석하기, 공동체 문화에 참여" 등이 특히 시각적 문해력과 관련된다. 시각적 문해력의 구성 요소 중에서는 '올바른 이해 능력'과 '비판적인 수용 능력'이 특히 감상 영역의 내용 요소와 관련된다고 볼 수 있다. 감상은 미술 작품의 특징과 내용 및 형식 그리고 사회문화적 맥락 등을 올바르게 이해하는 것으로부터 출발하며, 이를 바탕으로 작품을 다양한 관점에서 분석하고 비판적으로 보고 판단하는 활동을 통하여 미적 판단 능력을 기를 수 있기 때문이다.

미술과 내용체계에서 시각적 문해력과 관련된 내용 요소에 근거하여 관련되는 시각적 문해력의 구성 요소는 미적 체험 영역에서 올바른 이해 능력과 적절한 활용 능력, 표현 영역에서 능동적인 제작 능력과 창의적인 조형 능력 그리고 감상 영역에서 올바른 이해 능력과 비판적인 수용 능력이 관련된다고 볼 수 있다.

하지만 시각적 문해력의 구성 요소들은 각각의 시각문

화 영역들이 추구하는 목적과 함께 서로 다른 독특한 표현 형식과 구조적인 성질들을 가지고 있기 때문에 서로 다른 경험을 중심으로 다루어져야만 한다. 각각의 시각적 정보들이 이루고 있는 시각적 표현들을 이해하기 위해서 그 이미지의 구성 요소들을 분석하고 각 요소 간의 관련성을 통해 통합적으로 그 의미 관계를 파악해야 한다. 즉 시각적 정보의 변별화와 통합화의 과정을 거쳐 의미를 해독해야 한다. 이를 통하여 시각문화 각각의 조형적이고 미적인 구조들과 조직적인 문맥이 분석되고 해독되어 시각적 소통 능력을 획득하게 되는 것이다(황연주, 2020).

2) 미술과에서 시각적 문해력 교육의 방법

미술과에서 시각적 문해력 교육은 학습자의 삶을 둘러싼 다양한 실생활의 문제들을 수업 주제로 다루며, 미술과의 핵심 역량인 시각적 소통 역량을 비롯한 시각적 문해력의 구성 요소에 해당하는 능력들을 함양하기 위하여 각각의 시각적 표현양식들을 중심으로 한 다양한 교수·학습 방법들을 적용할 수 있다. 시각적 문해력 교육의 교수·학습 방법은 일반적으로 기존 미술과 교육에서 사용해 온 귀납적 사고법, 창의적 문제 해결법, 반응 중심 학습법을 비롯하여 프로젝트 학습법, 토의·토론 학습법, 디지털 기반 교수·학습 방법, 스토리텔링 학습법 등의 적용이 적절하다고 볼 수 있다.

'귀납적 사고법'은 개별적인 사실들을 보고 공통적인 특성이나 공유되는 원리 등을 발견하여 사고하도록 하는 수업이다. 제시된 자료에 내재 되어 있는 관련성을 발견하여 제작 또는 해석 활동에 반영하는 과정에서 자신이 구성한 미술적 지식을 일반화시키는 행위 전체를 의미하며 지식 전달의 학습보다는 사고능력 개발에 초점을 맞춘 수업 방법이다. 주로 미적 체험과 감상 영역에서 활용되며, 시각적 문해력에서 올바른 이해 능력, 적절한 활용 능력 그리고 비판적인 수용 능력의 함양을 위한 수업에서 적절한 교수·학습 방법이다.

'창의적 문제 해결법'은 개인이나 집단이 어떤 문제를 해결하기 위하여 창의적으로 사고하도록 학습시키는 방식(박소영, 2002)으로 주로 표현 영역에서 활용할 수 있는 교수·학습 방법이다. 따라서 시각적 문해력의 능동적인 제작 능력과 창의적인 조형 능력을 함양하기 위해 적절한 교수·학습 방법이라 할 수 있다.

'반응 중심 학습법'은 학생들의 개인적인 반응을 중심으로 전개되므로, 반응을 강요하거나 반응의 형식을 강요하면 학습자의 표준화된 반응이 나타나기 때문에, 반응에 대한 표현이 자유로울 수 있는 수업 상황이 제공되는 것이 좋다. 반응에 영향을 주는 요인은 학습자의 나이, 선지식, 사회 경험, 태도, 개성, 정체유형, 욕구, 인지 발달의 수준 등이 있다. 따라서 반응의 형성 단계에서는 학습자의 배경지식과 경험을 자극하여 활용하도록 한다(박소영, 2002). 이것은 미적 체험이나 감상 영역의 수업에서 주로 활용되며, 미적 감수성 및 미술문화 이해 능력 함양에 효과적이므로 시각적 문해력의 올바른 이해 능력, 적절한 활용 능력 그리고 비판적인 수용 능력의 함양을 위한 수업에 적절한 교수·학습 방법이다.

'프로젝트 학습법'(교육부, 2022)은 문제를 심층적으로 연구하며 해결 방안을 모색하고 실행하는 교수·학습 방법이다. 학습자가 관심 있는 주제를 중심으로 미술 영역 내, 타 교과 및 타 분야와 연계하여 주제를 깊이 탐구하고 서로 토론하고 아이디어를 공유하면서 자율적으로 문제를 해결하는 수업 방법이다. 문제를 해결하기 위해 충분한 기간과 단계적 수행 과정을 거치며 비판과 성찰, 상호작용을 통한 깊이 있는 학습을 경험하고 문제를 창의적으로 해결하는 자기 주도적 학습 태도를 함양하는데 적절한 방법이다. 이것은 미적 체험, 표현, 감상 영역에 모두 적용할 수 있으며, 시각적 문해력의 모든 구성 요소에 해당하는 역량 함양에 활용할 수 있는 교수・학습 방법이다.

'토의・토론 학습법'(교육부, 2022)은 규칙과 단계에 따라 의견을 나누는 가운데 앎을 명료하게 하고 확장할 수 있는 교수・학습 방법이다. 의사결정이나 아이디어 정교화가 필요한 활동과 쟁점 중심의 활동에 활용할 수 있다. 다른 친구들과 생각과 의견을 나누며 다양한 관점을 존중하는 태도를 기를 수 있다. 이것은 미적 체험이나 감상 영역의 수업에서 주로 적용되며, 시각적 문해력의 올바른 이해 능력, 적절한 활용 능력 그리고 비판적인 수용 능력의 함양을 위한 수업에 적절하다.

'디지털 기반 교수・학습 방법'(교육부, 2022)은 학습 환경의 변화를 고려하여 온・오프라인 연계가 가능하며, 실감형 콘텐츠 활용 학습, 메타버스 활용 학습, 학습관리시스템(LMS: Learning Management System) 활용 학습 등이 여기에 속한다. 실감형 콘텐츠를 활용한 학습은 실재감을 구현하여 학습에 몰입감을 높이고, 공감각적 상호작용이 가능하며, 메타버스를 활용한 학습은 가상공간에서 전시회를 열고 감상하거나, 온라인 게시판 등을 활용하여 소통의 장을 넓힐 수 있다. 디지털 기반 교수・학습 방법은 미적 체험, 표현, 감상 영역에 모두 적용할 수 있으며, 시각적 문해력의 모든 구성 요소에 해당하는 역량 함양에 활용할 수 있는 교수・학습 방법이다.

'스토리텔링 학습법'은 이야기 중심의 창의적 인문학과 오감을 자극하는 감성이 결합 된 소통과 교감을 통한 교수・학습 방법으로, 의미있는 스토리를 구성하기 위해 언어적인 요소와 미학적으로 의미 있는 스토리를 위해 예술적인 요소가 통합적이고 공감각적으로 적용되는 교수법이다. 이것은 미적 체험, 표현, 감상 영역 모두에 적용할 수 있으며, 시각적 문해력의 모든 구성 요소에 해당하는 역량 함양에 활용할 수 있는 교수・학습 방법이다.

3) 미술과에서 시각적 문해력 교육의 평가

시각적 문해력의 각 구성 요소별 평가 내용을 2022 개정 미술과 교육과정에 제시된 성취기준을 중심으로 추출하여, 관련된 평가 내용에 적절한 평가 방법을 제시하면 다음과 같다(〈표 2〉 참고).

다음의 〈표 2〉에서 제시된 시각적 문해력의 각 구성 요소별 평가 내용은 '올바른 이해능력'에서는 대상의 특징 이해, 조형 원리를 이해, 시대적・지역적 배경 이해, 미술작품의 내용과 형식 분석, 시대적・지역적・사회적 맥락 이해 등, '적절한 활용 능력'에서는 이미지를 활용하여 소통, 삶의 문제 해결에 활용, 다양한 방법으로 공유 및 소통 등, '능동적인 제작능력'에서는 의도를 가지고 작품 제작, 조형요소를 알맞게 활용하여 주제 표현, 다양한 표현 재료와 용구를 활용한 작품 제작, 다양한 매체를 활용한 효과적 주제 표현 등, '창의적인 조형능력'에서는 다양한 미술표현 실험 등 그리고 '비판적인 수용능력'에서는 이미지의 비판적 이해, 이미지의 비판적 해석 등이 2022 개정 미술과 교육과정의 성취기준을 중심으로 추출될 수 있다.

이러한 평가 내용에 따라 각 구성요소별 적절한 평가 방법은 '올바른 이해능력'에서는 관찰법, 발표 및 토의・토론법, 연구보고서법, 서술형 및 논술형 평가 등, '적절한 활용 능력'에서는 포트폴리오법, 프로세스폴리오법, 발표 및 토의・토론법, 자기 평가 및 동료 평가 등, '능동적인 제작능력'에서는 작품 계획서, 제작 과정 점검 체크리스트, 자기 평가 및 동료 평가, 실기 평가, 포트폴리오법, 프로세스폴리오법 등, '창의적인 조형능력'에서는 작품 계획서, 제작 과정 점검 체크리스트, 실기 평가, 포트폴리오법, 프로세스폴리오법 등 그리고 '비판적인 수용능력'에서는 감상문, 연

〈표 2〉 2022 개정 미술과 교육과정 중심 시각적 문해력의 평가 내용과 평가 방법

시각적 문해력의 구성 요소	2022 개정 미술과 교육과정의 성취기준에 따른 평가 내용	평가 방법
올바른 이해 능력	[4미01-03] 미적 탐색에 호기심을 갖고 참여하며 자신의 감각으로 대상의 특징을 이해할 수 있다. → 대상의 특징 이해 [6미02-03] 조형 요소의 어울림을 통해 조형 원리를 이해하고 주제 표현에 연결할 수 있다. → 조형 원리 이해 [6미03-01] 미술 작품을 작품이 만들어진 시대적, 지역적 배경 등과 연결하여 이해할 수 있다. → 시대적, 지역적 배경 이해 [6미03-02] 미술 작품의 내용(소재, 주제 등)과 형식(재료와 용구, 표현 방법, 조형 요소와 원리 등)을 분석하여 작품의 특징을 설명할 수 있다. → 미술작품의 내용과 형식 분석 [9미03-01] 미술의 시대적, 지역적, 사회적 맥락을 이해하고 설명할 수 있다. → 시대적, 지역적, 사회적 맥락 이해	관찰법, 발표 및 토의 · 토론법, 연구보고서법, 서술형 및 논술형 평가 등
적절한 활용 능력	[9미01-03] 다양한 문화를 존중하며 이미지를 활용하여 소통할 수 있다. → 이미지를 활용하여 소통 [9미02-05] 미술 표현 과정에서의 경험을 성찰하고 삶의 문제 해결에 활용할 수 있다. → 삶의 문제 해결에 활용 [9미02-04] 자신과 타인의 작품을 존중하며, 다양한 방법으로 공유하고 소통할 수 있다. → 다양한 방법으로 공유 및 소통	포트폴리오법, 프로세스폴리오법, 발표 및 토의 · 토론법, 자기 평가 및 동료 평가 등
능동적인 제작 능력	[4미02-04] 표현 의도를 가지고 작품을 제작하며 자기 작품을 소중히 여길 수 있다. → 의도를 가지고 작품 제작 [4미02-03] 조형 요소의 특징을 자유롭게 탐색하며 주제 표현에 알맞게 활용할 수 있다. → 조형요소를 알맞게 활용하여 주제표현 [6미02-02] 디지털 매체 등 다양한 표현 재료와 용구를 탐색하여 작품 제작에 활용할 수 있다. → 다양한 표현 재료와 용구를 활용한 작품 제작 [9미02-03] 조형 요소와 원리, 표현 재료와 방법, 디지털 매체를 포함한 다양한 매체를 활용하여 주제를 효과적으로 표현할 수 있다. → 다양한 매체를 활용한 효과적 주제 표현	작품 계획서, 제작 과정 점검 체크리스트, 자기 평가 및 동료 평가, 실기 평가, 포트폴리오법, 프로세스폴리오법 등
창의적인 조형 능력	[9미02-02] 주도적이고 도전적인 태도로 다양한 미술 표현을 실험하고 작품에 적용할 수 있다. → 다양한 미술표현 실험	작품 계획서, 제작 과정 점검 체크리스트, 실기 평가, 포트폴리오법, 프로세스폴리오법 등
비판적인 수용 능력	[6미01-04] 이미지가 나타내는 의미를 비판적으로 이해하고 느낌과 생각을 전달하는 데 활용할 수 있다. → 이미지의 비판적 이해 [9미01-02] 시각문화의 의미와 역할을 알고 이미지를 비판적으로 해석할 수 있다. → 이미지의 비판적 해석	감상문, 연구보고서법, 서술형 및 논술형 평가, 발표 및 토의 · 토론법 등

구보고서법, 서술형 및 논술형 평가, 발표 및 토의 · 토론법 등이 일반적으로 활용 가능하다. 하지만 미술과에서 시각적 문해력의 평가는 학습자가 성취기준에 도달하는 과정과 학습 결과를 고려하여 학습자의 성장과 발달에 도움이 되는 평가가 되도록 이외의 다양한 평가 방법을 적절하게 활용할 수 있다.

황연주(청주교육대학교)

21 시각문화와 미술교육

이 글에서는 시각문화 미술교육(Visual Culture Art Education)의 학문, 철학적 가치와 교육의 의미가 디지털 혁명시대의 교육을 어떻게 변화시켜 나아갈 수 있을지, 2022 개정 미술교육과정에서의 시각문화 미술교육의 목적과 반영을 살펴보고자 한다. 현재 초등 1,2학년을 대상으로 2022 개정 교육과정의 공통교육이 실시되고 있고, 2024년 이후부터 2022 개정 교육과정이 적용된 교과용도서 시행이 시작된다. 학령인구감소와 급변하는 교육환경 및 세대격차, 교사의 업무 외 학습량 증대 등 수많은 문제들이 산적해 있지만, 무엇보다 우리의 시선을 사로잡고 있는 문제는 바로 24시간 꺼지지 않는 '시각 영상 문화'이다. 이것은 미술교과목에서 시각문화 미술교육의 필요성과 의미를 더욱 강조하며, 교수·학습 방법과 주제의 확산을 고려할 시점임을 보여준다. 이에 시각문화 미술교육의 새로운 의미와 가치에 대하여 재인식할 필요성이 있다. 우리 교육 현장과 교사, 교재 및 의식은 그 준비와 대응으로서 10여 년 전부터 선행 연구들이 이루어졌음에도 불구하고, 아직 '시각문화'의 범주를 '대중문화'라는 하위문화로 국한하여 인식한 채 '공교육'을 위한 '교육'을 되풀이하려는 것은 아닌지 점검할 필요가 있다. 그 기준과 매뉴얼 그리고 현세대의 점검과 재진단이 필요한 시기인 것이다. 인공지능(AI), 가상현실(VR), 디지털미디어의 융합, 온라인플랫폼(메타버스) 상용 등은 이미 교육현장에서 이루어지고 있고, 기존의 미술교육 목표와는 다른 새로운 시선으로 '미술교육'을 전환해야 하는 시대이다. 현대사회는 빠르게 소비되는 시각 이미지와 시각문화의 속성을 가졌고 초 단위로 변화하는 화면의 정보가 학생들의 시각과 뇌를 무의식적으로 잠식한다. 이와 같은 이미지의 광속 노출 속에서 선택적으로 학습자 자신에게 필요한 정보를 찾고 미래사회에 적응할 수 있도록 도움을 주며 창의력을 신장시켜야 한다. 학습자뿐만 아니라 교수자 입장에서도 매우 혼란스러운 시대 상황이며 함께 변화의 파도를 헤쳐나아가야 할 시대이다.

1. 시각문화란 무엇인가

시각문화는 회화, 조각 등의 미술 작품뿐만 아니라 눈으로 볼 수 있는 것 중 문화적인 의미를 담고 있는 것을 말한다. 시각적인 것과 문화적인 것의 결합인 '시각문화'는 시각과 밀접한 관련을 가지고 있는 모든 문화 양상을 말한다. 아른하임(Rudolf Arnheim)은 인간은 습득할 수 있는 정보의 약 70%를 보는 행위 즉 시각으로부터 얻는다고 주장하였다. 인간의 시지각은 직관적이고 빠르며 가장 절대적으로 많은 양의 정보처리가 가능한 가장 민감한 감각 중 하나라고 말해도 무방할 것이다. 그리고 지금 현대사회 주변은 이 시각의 변화와 정보가 통제 불가능의 상태로 노출되고 있으며 인간은 이 시각문화 정글 안에서 필요한 이미지를 '선택'하며 문제해결을 하며 나아가야 한다.

시각문화(Visual Culture)란 용어 그대로 시각(the visual)과 문화(the culture)의 합성어이다. 시각문화라는 용어를 처음 미술사의 영역에서 사용하였던 앨퍼스(Svetlana Alpers)는 시각문화를 "이미지가 세상을 재현하는데 있어서 중심적인 역할을 수행하는 특정의 시대와 문화라는 의미"로 규정한다. 시각문화를 주장하는 학자들의 견해를 종합해보면 시각문화는 한가지 성격으로 규명하기에는 어려운 다양한 층위가 존재한다. 우리가 시각문화의 정의와 시각문화 미술교육의 개념에 대해 이해하기 위해서는 학습자가 처한 환경과 그 환경을 해석하고 살아가는 능력을 기르는 데 초점을 두는 것이 핵심이라고 볼 수 있다.

디지털 혁명과 인공지능 시대 시각문화의 역할과 의미를 거론하게 된 이유에는 이른바 '본다는 것', '시각'적 자극과 이에 대한 사회적 맥락 사이에 존재하는 인식의 틈 때문으로 여겨진다. 이는 시각이미지가 주어진 환경과 조건 맥락에 따라 시각적으로 '보여지는 것'과 '읽혀지는 것'이 동일한 의미로 작동되지 않을 수 있기 때문이다.

시각문화 관련 연구 분야는 시각(visual)을 강조하는 부문에 초점을 맞춘 연구와 사회적 맥락을 강조하거나 문화적 측면의 연구, 그리고 시각과 문화(Visual Culture)를 통합하려는 연구로 나누어진다. 시각적 측면을 강조하는 관점에서의 연구는 시각문화를 시각의 우선권을 인정하고 이러한 측면에서 문화 양상이 시각 이미지와 기존 미술 영역이 다양화된 것으로 이해한다. 사회적 맥락을 강조하는 문화적 측면의 연구는 시각문화를 전통적인 미술뿐만 아니라 다양한 형태의 대중문화를 포함하는 문화적 생산 범주를 포함하며 사회적 문제로서 시각적 측면을 갖는 모든 인간의 산물로 이해한다. 따라서 이 분야의 연구는 다학문적 접근의 필요성을 주장하고 시각문화가 더 이상 미술일 수 없으며 통합 학문의 성격으로 접근되어야 한다고 주장한다. 시각적인 면과 문화적인 면을 통합하려는 연구들은 시각문화는 실제의 중요한 구성물로서 시각적 특성에 관심을 불러일으키는 한 방식이며 드러나지 않는 의미의 차원을 포함한다고 규정하고, 시각문화도 이와 같다. 위 세 가지 요소 모두 우리의 삶을 구성하는 문화적 실제가 중요한 것임을 강조하며, 이러한 지적은 이미지의 복합성을 감각의 영역으로 보는 기존의 시각에서 벗어나 통합적으로 고려하려는 포스트모던 시각으로 이동할 것을 의미한다.

2. 시각문화 미술교육(Visual Culture Art Education: VCAE)

시각문화 미술교육의 주요 목적 중 하나는 비평적 사고와 역량 강화이며, 이것은 대중문화의 속성과 그것의 이데올로기적 특성 즉 문화 상품화 전략이나 프로파간다적 성격의 전략 등의 시각적 문해력 향상능력에 초점을 맞춘다. 이것이 바로 시각적 리터러시라 일컫는 역량이며, 시각문화 미술교육이 줄곧 주장해 온 '이미지의 홍수 속에서 시각적 문해력을 길러 비판적 사고력을 기르도록 한다'는 학습목표에 가장 부합한 특성이며, 국내에도 2000년대 이후의 초반기 시각문화 미술교육의 연구의 활발한 키워드로 분석되고 있다(김홍숙, 2008). 시각문화 미술교육은 시각 이미지를 이해하고 활용하는 능력 이른바 비주얼리터러시(Visual Literacy)라고 하는 시각적 미디어를 읽고 쓰는 능력으로 규정한다. 사실 과거에는 문해력, 독해력 등과 같은 개념으로 쓰였고 지금까지도 학문에서는 비슷한 용어로 규정되기도 하였다. 또한 여기에 대한 재개념화 및 교육 재논의는 미술 교육계에서 다양한 프로그램의 감상 및 표현 교육으로 실천해왔던 것을 알 수 있다(신현경, 2020).

시각문화 미술교육의 대상은 회화 조각 등 흔히 예술이라 일컫는 고급문화와 달리 영역 외의 것 즉 만화, 사진, TV, 광고, 게임, 비디오, 영상매체, 온라인, 가상 현실 등 다양하다. 즉 그 대상은 전통적 미술교육의 표현 매체와 대상과 달리 대중적이고 상시적이며 일반적일 수 있다는 특성을 가진다. 시각문화와 시각문화 미술교육은 학습 대상과 의미를 한정하는데 어려울 수 있으며 '문화: 자연'의 개념이나 '문명: 야만'의 개념처럼 명료한 규명을 하기는 더욱 복잡해질 수 있다. "시각문화 미술교육의 목표는 학생들이 시각이미지를 이해, 해석, 판단하고 활용하여 타인 및 사회와 소통하고 교감하도록 하는데 있다"(김정희 외, 2018)는 말처럼 구성주의적 맥락을 취하도록 한다.

일상생활 속 시각 이미지들은 곧 교육대상이며 상시적이고 학습자들과 함께 같은 시공간 속 '시각문화'에 존재한다. 다만, 학교 교육에서는 이를 대중문화 속 이미지라는 이유만으로 '교육적으로 적절치 않은 이미지'로 규정하고 혹은 교육 콘텐츠로서 교육자가 충분한 경험 없이 교육할 수 없다는 한계가 있다. 각 가정이나 학습자의 의지 혹은 사회 구조적 문제로 그 교육적 대상화를 미루어 온 것도 사실이다. 이것은 교사가 시각이미지나 시각문화에 대한 무관심한 조력자가 된다거나, 수업 준비에 대한 과중한 업무 부담을 가중시킬 수 있다는 오해를 불러일으킬 수 있다. 시각문화 미술교육 관련 미술 교과교육 방법으로 시각문화의 주제 중심교육과 시각문화의 지식, 기능, 인성의 통합수업이 있다(손지현, 2006). 여기서 전자의 경우에는 대중문화와 관련한 다양한 수업을 토대로 기존의 교육과정 속에서 실시한 바 있으며 일반적으로 '소통'의 맥락에서 읽혀왔다. 미술 수업의 방법론을 개발하면서 교과 간 통합, 융합의 개념이 국내 교육에도 급진적으로 도입되기 시작했고 통합수업 모형과 창의성이 강조되기 시작하였다. 이는 기존의 지식 체계에서 벗어나 새로운 아이디어와 기술, 기능, 인성과 같은 교육과정 체계의 완성과 시대의 흐름과 맥락을 같이하는 교육개발 연구성과들이다. 학습자의 창의적 사고를 통한 문제해결학습으로써 통합교육과정의 실현은 미술작품을 통해 접근이 용이하다고 해석하였고 그 기본적 이론의 틀을 드레이크와 번스(Drake & Burns, 2006; 65)를 인용하여 설계하여 지식(Know), 기능(DO), 인성(BE)의 내용에 기초한다고 제시했다(손지현, 2011).

2022 개정 미술과 교육과정의 내용 체계와 유사한 형식적 틀을 갖고 있으며 아래와 같은 표로서 질문과 교육과정의 계획자를 위한 맥락적 질문을 제기하였음을 알 수 있다. 이에 따른 시각문화 예술교육의 주요 요소는 아래와 같은 6개의 하위 요소로 구분할 수 있다. 특히 시각문화 예술교육에서 수행할 수 있는 교육 활동은 ① 학제 간 통합과 융합의 관점, ② 시각적 문해력 및 비판적 사고, ③ 미디어 리터러시, ④ 표현 양식의 다양성, ⑤ 문제해결능력, ⑥ 창의성과 프로젝트라는 실제적 활동도 겸비하는 특성이 있다. 학교 교육에서 시각문화 미술교육은 가능하며, 이를 통해 학생들은 시각적인 감성과 표현 능력을 향상 시킬 수 있다. 이는 학생들의 창의력과 비판적 사고력을 발전시켜 미래 사회에 적응하고 성공할 수 있는 기반이 될 것이다. 인공지능을 활용하기 위한 데이터 언어를 학습하기 위해서는 필수적으로 수없이 많은 단어의 배열이 필요하다. 데이터 언어의 배열과 조합이 어떤 창의적 아이디어를 만들 수 있는가는 인간의 경험과 사고 창의적 아이디어에 따라 달라질 수 있다. 그리고 그 결과물은 곧 시각화로 연결되며 시각문화로 확장되면서 창작 프로젝트 활동을 할 수 있게 되는 것이다.

〈표 1〉 시각문화 미술교육의 주요 6요소

구분	내용
학제 간 통합	문화학, 미디어학, 사회학, 인류학 등 다양한 학문 분야의 관점을 통합하여 시각문화에 대한 보다 포괄적인 이해가 필요하다.
시각적 문해력과 비판적 사고	학생들이 시각적 표현을 분석하고 질문하는 힘을 키우고 이미지에 내재된 메시지, 정치적, 사회적 목적의식에 대한 비판적 안목을 기른다.
미디어리터러시	학생들이 디지털 시대의 복잡한 시각적 환경을 탐색하고 해석하는 데 도움이 되는 미디어 리터러시 기술을 개발, 미디어가 어떻게 의미를 구성하고 인식을 형성하는지 이해한다.
맥락적 읽기	시각적 인공물의 생성 및 수용에 영향을 미치는 역사적, 문화적, 사회적 맥락을 이해하는 것의 중요성을 강조한다.
다학제적 접근	다학제 다문화, 다층적 사고방식과 의사소통은 전통적인 예술 형식을 넘어 이미지, 소리, 몸짓과 같은 다양한 양식을 수용하여 현대 사회의 보다 복잡한 문제를 해결하고 다양한 관점을 깊이 있게 이해할 수 있도록 돕는다.
창작 활동	기본적으로 비판적 분석에 중점을 두지만, 시각문화 예술교육에는 학생들이 자신의 아이디어와 해석을 시각적으로 표현할 수 있는 실습형 창의적 프로젝트도 포함된다는 면에서 표현 및 창작활동도 포함할 수 있다.

3. 한국 교육과정과 시각문화

한국의 교육과정은 포스트모더니즘 미술 이후 시각 이미지라는 폭넓은 개념이 정규 미술교과에 등장하면서 거론되었다고 할 수 있다. 시각문화는 2007 개정 미술과 교육과정 이후 본격적으로 개념이 투입되었다고 할 수 있으며 그 증거는 초등미술교과에 사진단원이 집필된 사례를 통해 알 수 있다. 일반적인 미술의 창의성과 미술교육의 교육방법은 다분히 시간차가 존재했다고 볼 수 있고 예술가들이 작품을 제작할 때 창의성이라 정의되는 영역에서 관점과 기준은 명확히 상이했다고 할 수 있다. 이처럼 시각문화라는 개념의 도입은 2007 개정 이후 전개되면서 미술과 교육과정에서 등장하기 시작한다. 2009 개정 미술과 교육과정에서는 창의성과 인성 교육이라는 키워드로 교육목표를 제시했으며 표현영역에서 제작방법의 다양성을 모색했다. 창의적 아이디어의 구현을 위한 다양한 예술 작품 활동이나 협업작품을 통해 제작과정에서 느끼는 공동체의 성취감과 협업능력향상에 집중하기도 하였으며 삶이나 사회적 교류의 필요성을 강조하기도 하였다. 이것은 단순히 일상생활에 만연한 '미적 개념'의 시각문화를 연상하도록 하는 대중적이고 소비적인 이론적 해석에서 벗어나 학습자의 삶에서 공동체에 대한 인식의 영역을 넓힐 수 있는 협동작품을 제작 활동으로 제시하거나 토의토론 학습을 통해 주변 환경에 관심을 갖도록 유도하기도 하였다. 2015 개정 미술과 교육과정에 이르기까지 지속되어 프로젝트형 수업으로 발전했으며 사회문제와 결부하여 지역사회문제에 대한 문제의식을 공유하고 실제 문제를 해결하면서 '시각문화'를 형성하고 성취감을 경험한 것이 사실이다. 다만, 그 성과나 교육현장에 대한 적용여부, 결과물에 대한 뚜렷한 연구 성과는 기초연구나 서양의 연구물에 의존적인 경향이 있었던 것이 사실이다. 국내 시각문화 미술교육의 개념이 도입된 사례를 교육과정별로 살펴보면 아래와 같은 표로 제시할 수 있다.

이와 같은 문제의식에 대해 손지현(2011, 198)은 '교사들의 이해도가 낮고 시각문화 개념이 현장에 충분히 적용될 여유 없이 2009 개정 미술과 교육과정에 급하게 도입' 되었다는 한국교육의 현장과 정부 정책의 탁상공론으로 비판받을 수 있으며 교과 교재의 집필이라는 중요한 문제를 목전에 두고 불완전하고 불균형적인 교육행정 환경의 문제점과 폐단의 수난을 수차례 겪어 왔다고 할 수 있다. 2009 개정 미술과 교육과정에서 창의, 인성 교육과 시각문화 미술교육의 주제는 핵심적 논쟁으로 자리 잡았던 사안이라고 할 수 있다. 특히 사진이나 이미지, 통합, 공공미술, 미디어 리터러시와 같은 개념이 제시되는 것은 초반기 시각문화 미술교육의 흐름을 잇는 연구성과의 흐름과 맞물린 결과라고 보여진다. 이후 2010년대부터 교수 학습 방법론이 연구되기 시작하는데, 대중문화의 긍정적인 측면과 즐거움에서 의미를 찾고 교수학습방법을 개발하려는 시도는 미술교과서에서도 그대로 반영되며 이것은 미술교과서 역시 더욱 풍요롭게 만드는 계기가 되었다. 2015 개정 교육과정에서는 창의성과 인성에 대한 논의가 지속되고 있으며, 미술 고유의 영역인 체험, 표현, 감상 영역이 내용 체계로 제시되고 있지만, 시각문화 미술교육의 범주가 모호하게 규정된 한계가 있다.

〈표 2〉 시각문화 미술교육과 교육과정의 키워드

개정 연도	키워드
2007	시각문화의 개념 정립, 창의성, 기본적인 미술 기법, 창의적 표현
2009	시각문화의 다양성 및 비판적 사고 강화, 시각적 소통과 다양한 표현 방법 탐구, 비판적 감상 능력 발전
2015	시각문화와 사회적 맥락과 연계, 시각문화와 사회의 연결성 강조, 비주얼 리터러시와 창의적 문제 해결 능력
2022	시각문화와 디지털 환경에서의 적응,디지털 미디어의 중요성 부각, 협업 및 소통 능력

2015 개정 교육과정에서는 창의, 융합이라는 새로운 키워드가 등장하였고, 다학제간 통합, 융합이라는 화두가 가속화되기 시작한다. 이른바 세계 속에서 글로벌 한 인재로 살아남기 위해 학습자에게 필요한 '역량'이 각 교과별로 제시되었고, 시각문화 미술교육은 시각 이미지에 대한 비판적 문해력 등이 필수내용으로 서술되었고, 이에 따른 교과내용이 수록되었다고 할 수 있다. 이전 교과서와 비교했을 때 시각 이미지의 스펙트럼도 넓어졌고, 주제 역시 보편적이고 사회적인 이슈도 등장했으며 프로젝트학습을 통해 실천적으로 변화하였다고 볼 수 있다.

달라진 2022 개정 미술과 교육과정에서는 성격 및 교육목표에서 시각문화 미술교육의 필요성과 그 성격에 대해 명확히 밝히고 있으며 특히 디지털 시대로의 전환에 앞서 미술교과에 대한 폭넓은 확장성과 활용성에 대한 명확한 이해를 제시하고 있기도 하다. 시각문화 미술교육론을 유의미하게 접근해야하는 이유는 미래 사회가 인간에게 미치는 '시각문화' 자체의 거대한 영향력 때문임은 부정할 수 없다.

2022 개정 교육과정에서는 비주얼 리터러시, 미디어 리터러시의 역량에 대해 매우 가치 있게 평가하게 될 것이며 인간이 습득해야 할 필수역량이 될 것이다. 가상적 이미지와 일상의 이미지가 혼재되어 제시될 것으로 보인다(이주연, 2023). 이미 Ai라는 인공지능의 현실과 맞물려 인간과 기계의 결합이라는 파격적 교육환경이 눈앞에 다가왔고 미래세대의 적응과 발달이라는 새로운 교육목표는 새로운 교수학습방법의 연구를 가속화하고 있다. 여기서 창의성, 인성, 소통, 공동체, 문제해결력 등을 강조하는 예술교육의 방향성은 기존 교육과정에서 제기된 '시각문화 미술교육'의 개념적 문제점들을 보완하면서도 보다 전문적이고 사회성을 강조하는 창조적 방향을 모색해가는 교육과정으로 해석할 수 있다. 최근 한국 교육현장에서 일어나는 다양한 문제들은 이미 오래전부터 방치되어온 한국교육 내부의 상흔이자 치유과정이기도 하다. 미술교과목과 타 교과목의 연계를 통해 학교교육현장에서 인격이나 인간성, 도덕성, 윤리 등의 사회문제들을 해소할 수 있다면, 이는 진정한 의미의 기초교육으로서 문제해결력을 기를 수 있는 교육이 아닐까 한다. 그리고 가장 중요한 지점은 이와 같은 담론이 공론화되고 가정, 개인의 윤리, 공정성 등 사회를 유지시키는 기본 원칙에 근거하여 재편되기 시작했으며, 이른바 교과교재에 등장할 수 있는 '주제'가 될 수 있게 되었다는 점이다.

미래 미술교육에서 시각문화와 미술교과 내 파급력을 고려해 본다면 '시각문화'의 확장과 그 영향력의 가능성에 대해 교육정책과 미디어 리터러시(Media Literacy) 교육의 필요성을 강조해야함은 분명하다. 즉 미술이라는 교과의 특성을 강조하여 '시각의 감각적 특성', '소통', '시각적문해력'의 감상교육적 측면만을 강조하거나 전문적인 영역의 교육이라고 특성화해온 그간의 미술교과의 교육은 매우 제한적이고 엄격한 영역으로 분류되어 왔던 것으로 보인다. 이에 보다 보편적이고 대중적이며 실용적이고 재미있는 방향(① 대중적인 동기유발 보편성, ② 뛰어난 효율성, ③ 다양한 응용성, ④ 세련된 감각, ⑤ 공정한 시민성, ⑥ 다학제적 융합성 등)으로 변화해야 한다. 적어도 향후 교육과정에서 추진 중인 '공동체의 삶'과 '인간성 함양'이라는 목적은 현 미술교과서에서 보다 융합적, 복합적인 시각적 문해력, 미디어 리터러시를 기반으로 삶과 시각문화를 조율할 때 비로소 명확한 교재가 완성될 것이라고 생각한다.

미디어 리터러시는 예술의 창조적 제작뿐만이 아닌 비판적으로 읽고 참여하며 나아가 국경을 넘어선 미디어 리터러시 예술창작을 통해 공동체 환경 속에서 존중받고 시각적으로 소통할 수 있는 길, 그것이 미술이라는 교과가 추구할 수 있는 길이며, 현세대에게 가장 직관적이고 가까운 매체이자 언어라고 할 수 있는 영상매체를 통해 제시될 때 필수적 요소가 아닐까. 따라서 2022 개정 미술과 교육과정의 성격 및 교육목표에서 시각문화 미술교육의 필요성과 그 성격에 대해 명확히 밝히고 있으며 특히 디지털 시대로의 전환에 앞서 미술 교과에 대한 폭넓은 확장성과 활용성에 대한 명확한 이해를 제시하고 있기도 하다.

> 디지털 전환의 시대를 맞이하여 미래에 대한 예측이 불확실해질수록 삶의 주체로서 자신에 대한 이해가 더욱 중요해지고 있다. 미술의 경험을 통하여 학생들은 자신이 느끼고 생각한 것을 이해하고 성찰하며 확장함으로써 자신의 정체성을 형성해 갈 수 있다. 또한 타인, 환경, 세계와 상호 작용하는 가운데 자신의 위치를 확인하고 나아가 타인의 고유성을 존중하며 더불어 살아가는 힘과 협력적 문화를 형성하는 힘을 기를 수 있다. 특히 가상공간까지 미술의 범위를 확대하고, 표현과 소통의 도구로 디지털 매체를 적극적으로 활용함으로써 학생들은 신체와 사고, 시간과 공간의 경험을 확장하며 디지털 시대에 필요한 소양을 기를 수 있다. 이를 바탕으로 학생들은 개인의 문제를 넘어 주변과 세계에서 일어나고 있는 다양한 문제에 새로운 질문을 던지고 함께 해결하면서 사람과 환경의 공존을 위한 생태 전환적 가치를 함양하여 공동체의 발전에 참여하는 시민으로 성장할 수 있다(교육부, 2022, p. 5).

미디어 교육에 대해 청소년의 스마트폰, 인터넷을 더 오래 더 다양한 방법으로 사용한 것으로 조사된 것으로 확인되었다(윤지영 외, 2022). 다만, 고무적인 것은 연령대에 따라 차등이 있기는 하지만 스마트폰, 모바일기기에 대하여 절제 및 효율적으로 사용하는 방법을 배우고 익혀가는 학생들이 전년대비 늘어난 것으로 조사 집계되고 있다는 것이다(CYS-NET 정보망 통계리포트, 2023: 한국청소년 상담복지 개발원 https://www.kyci.or.kr). 이에 미술 교과서는 단지 아름다움을 넘어 자신이 전달하고자 하는 명확한 메시지를 함축하여 응집해 표현해내는 일종의 개별 언어라고 풀이해도 될 것이다. 현 시점은 미술교과, 미술교재를 공부하는 학습자 입장이라면, 과도기적 기간이다. 2015 개정 및 2022 개정 미술과 교육과정의 과도기적 시기이며 교과서 역시 마찬가지임에 유의하면서 미술 교과서의 보완 내용에 대해 고려하여 보자.

4. 미술 교과서와 시각문화

현행 미술 교과서에서는 미술교과와 공동체, 협력, 이해, 윤리성 등에 관한 상호작용과 상관관계에 대한 명확한 근거를 찾아내기 어렵다고 판단된다. 즉 예술과 인성과의 관계, 예술과 창의성과의 관계성에 대한 연구 성과들 중에 그 민감한 특성과 감수성의 관계를 규명하기에는 한계가 있다. 학습자 개인의 경험과 살아온 환경 그리고 사회 문화적 배경 등 복잡한 원인을 다층적으로 규명하는 것은 까다롭기도 하지만, 학습자의 특성을 이해하지 못한 채 분류 및 그룹화, 공통성을 부여하고 특징을 찾아 미술교육의 정당성을 부여하기에는 다소 성급한 결론의 오류가 발생할 수 있기 때문이다. 현재 인공지능(Ai)의 자료들로 이러한 사례를 극복해 볼 수 있으며 일반화하기에 어려웠던 미술 영역의 효과적인 교육방책을 개별적인 교육방안을 제시해 줄 수 있는 것도 시각문화 미술교육의 일환에서 유의미할 것이라 판단할 수 있다. 다만, 아직 그 성과는 후속연구가 필요하며, 정제된 데이터가 필요하다는 점, 그리고 그 데이터는 현세대에서 구축해야 한다는 점에 그 무엇보다 촉각을 곤두세워야 할 것이다. 2022 개정 미술과 교육과정에서는 학문적인 지식과 기술적 능력, 예술적 경험과 예술창작에 이르는 영역에 주목하고 있다. 이는 시각문화 미술교육에서 강조하는 학습자의 창의성, 상상력을 키우는 목표와 일치하며 다양한 매체와 기법의 활용과 함께 자율적 예술 표현이 가능하도록 한다. 이에 향후 미술 교과에 적용 가능한 프로그램을 아래와 같이 제시할 수 있다.

1) 새로운 교수·학습 방법에 대한 체계 마련

현재 시각문화와 미술교육에서의 교육 목표와 학습 과정은 아래와 같은 일반적으로 비주얼리터러시 교수학습모형의 형태로 이루어지고 있다. 그밖에도 디지털 전환(digital transformation)기를 맞이하면서 교수학습모형도 점차 다양한 형태로 변화하고 있다. 테크놀로지 기반의 융합교육, AI기반 융합 교육, 하이브리드 교육 등 다양한 교육이 제시되고 있다. 2022 개정 미술과 공통 교육과정 교수학습 및 평가과정에서는 미술 학습환경의 변화를 고려하여 온・오프라인의 연계가 가능한 디지털 기반의 교수학습방법을 활용하도록 권장하고 있다.

구체적인 교수, 학습방법 중에서도 디지털 기반 교수학습방법은 아래와 같이 소개되어있다. 주로 3차원의 가상세계(3D, AR, VR)를 활용한 실감형 학습 콘텐츠를 활용한 메타버스(metaverse) 기반학습방법, 온라인 출결관리 및 학습관리 시스템을 활용한 LMS 학습 관리시스템활용(LMS: Learning Management System)으로 학습자의 관리 및 적합한 지원을 할 수 있도록 제시하였다(교육부, 2022, p. 115). 그 학습효과의 상승 결과로 교사는 학습자 개개인에게 적절한 피드백을 제공해주고 있다. 뿐만 아니라 집단과 공동체 활동 과정의 학습 과정의 실행 및 학습전략의 보완 등 교수・학습 과정에서 각 단계별로 발생할 수 있는 크고 작은 문제들에 대해 즉각적 대응이 가능하며 온라인 시스템을 통해 시공간적 제약을 극복하며 공개토론방이 생성되었을 경우, 사각지대가 없이 공론화된 장을 형성한다면 학습 소외지역의 발생 현상을 감소시킬 수 있을 것이다. 이처럼 정보의 시각화는 학습자들이 속한 소그룹이나 혹은 학급 혹은 교내에서 반드시 정보획득과 기회의 공정성을 부여받을 수 있도록 세심한 주의가 필요하며, 이와 관련된 새로운 윤리 강령 역시 필요할 것으로 보인다. 다만 이때, 학습자의 생활권에 침해되는 행위나 정보유출, 해킹, 과도한 답변의 요구, 정보 노출빈도, 시간 등 다양하게 적용될 수 있는 생활 속 원칙(윤리, 도덕, 원칙) 등을 안전하게 확보한 후 실행해야 할 것이다. 학습자의 개별적 생활과 공교육 간의 조율은 아직은 변수로 작용하고 있다. 일부 교육 프로그램의 경우 사용자의 해당 프로그램의 운영 및 숙련도에 따른 교육격차가 발생할 수 있다. 이는 학생과 학생 간의 문제를 넘어 학생과 교사, 교사와 교사, 집단, 지역, 공동체, 국가 간의 문제로 갈등과 경계가 발생 될 수 있다. 인류가 아직 경험해본 적 없는 교육현장 속 논란과 분쟁의 소지가 있는 부분은 유네스코(UNESCO)는 'EDU 2030의 지속 가능한 발전 목표(SDG4)'에 따라 협의체 및 국내외 상황을 고려하여 세심하고 균형적인 교육정책을 마련하기 위해 교육현장에서 실천적 정보를 공유하고 있다(이은적, 2022). 국내 상황을 고려할 때 교육격차, 문화격차가 두려워 미룰 수도 없는 문제이기에 디지털 교육으로 평준화될 수도 있지만, 반대의 경우도 발생할 수 있음을 반드시 지각하고, 교육현장에서 세심한 교육과 지도가 필요하다고 생각한다. 특히 교사와 학생, 행정 및 관련 업무 종사자들에 대한 지도 및 서비스가 모두 필요한 실정이다.

2) 데이터 시각화 교육에 대한 편차 극복 방안

디지털 시각이미지, 디지털로 전해지는 글과 정보 및 데이터의 대부분은 즉각적으로 시각이미지화 되기에 주의 깊게 살펴볼 필요가 있다. 따라서 단계별로 발생할 수 있는 교육 편차에 대한 세심한 관찰과 피드백은 학습의 원동력으로 작동할 수 있다. 시각정보가 학습자의 뇌로 인식되어 번역되는 데는 매우 짧은 시간이 걸린다. 수업 중 인공지능 학습 도우미 Ai에게 정보를 묻고 답하며 인간의 노동을 대신하고 효율성을 높인다(이준, 김유진, 2023). 즉 시각이 곧 정보가 처리되고 사고하는 시간이 짧아졌으며, 또 다른 시각정보로 자극될 수 있는 시간의 주기로 끊임없이 반복된다는 점이다. 점차 새로운 영역을 개척하게 될 미래의 인간사회는 극단적이고 빠르며 이질적인 개인과 사고와 시각의 격전지가 될지도 모른다. 분석에 분석을 거쳐 최대한의 답변과 결론을 얻어내고 다음 문제를 향해 나아갈 때 우리는 예기치 않은 상황을 맞이할 수 있다. 바로 학습자 간의 격차이다. 이것은 각 단계별 역량과 평가안이 세부적으로 필요하다. 현재는 우수한 성능을 갖춘 교육 결과 도출물만이 답안이다. 이에 가장 빠르고 최적의 버전을 소유한 학습자가 어쩌면 과거와 다른 학습 능력의 선두주자가 될 수도 있다. 이러한 교육격차를 최소화하면서 학습자의 단계별 문제 수행시 발생 될 어려움을 극복시켜주거나 평가해 줄 시스템이 시급히 필요하다고 생각된다.

3) 데이터 및 교육 매체 아카이브화 및 교사의 역할

기존에는 컴퓨터의 프로그램을 활용하거나 모바일의 일부 프로그램을 활용하여 시각이미지를 생산하거나 재생산해내는 방식, 혹은 그와 관련한 유의미한 비판 방식에 대한 논의를 시각문화 미술교육에서 연구하였다. 즉 결과물이 예측 가능하였으며 교육방법 역시 예측가능한 범주에서 교사가 수업을 진행하고 평가할 수 있었다. 웹사이트나 애니메이션 만들기 혹은 간략한 카드뉴스나 동영상 제작 등 방법은 다채롭지만, 교사가 활용 가능한 프로그램에 한정되거나 학습자 스스로 활용 가능한 프로그램으로 선행학습을 시킨 뒤 주제와 제작기간을 고려하여 학습활동과 결과물을 얻을 수 있었을 것이다. 하지만 지금은 다른 시대에 살고 있다. 예를 들어 디지털 미디어, 가상 설치미술, 혼합미디어 미술, 과정미술, 참여미술, 인터랙티브 아트, 인공지능 미술, 스마트 아트, 실시간 정보의 활용 등 지금까지만 하더라도 다양하고 혼종적인 개념과 방법이 미술 매체에 다양하게 개입하고 적용되며 문제해결에 도움을 주고 있다. 이렇게 생성되는 문제들 사이에서 상호 작용하며 매체들 사이에서 어떤 것이 학습자와 개별 환경 간의 교육매체로 적합한지 그 척도와 기준에 대한 수없이 많은 데이터와 기준은 교사가 아닌 인공지능이 대체해주는 시대가 열리게 되었다. 즉 교사의 역할이 필연적으로 바뀌게 된 것이다. 다만, 학교 교육 내에서 공동체의 삶을 살아가며 지켜야 할 윤리의식과 기준을 시급히 설정해 나아가는 것이 필요하다. 학습자들은 이미 정보와 다양한 프로그램을 누비고 있는 탐험가이다. 그들의 시각을 유연한 사고와 다각적 시선으로 이해할 수 있도록 접근시키는 것은 미술교육이 가진 시대적 의무가 될 것이다. 따라서 시각문화교육은 시각 이미지의 선택, 시각문화의 적용, 창조 방법 및 매체선택 활용 검토 등에 분초 단위로 변화하고 있음을 인지 해야 한다. 감각적이고 빠른 변화에 민감하게 반응하며, 그 변화에 대응하는 방식과 대안도 갖춰 나아가야 한다. 미술과 교육과정에서도 이 모든 윤리체계를 확립하기가 어렵다면 '시각이미지', '시각문화'에 한정하여 표현 매체들의 활용 및 방법 그리고 접근에 대해 교육 가이드 및 메뉴얼화, 자동 업데이트와 같은 프로그램 등이 필요하다. 교사 1인이 모두 능숙하게 다룰 수 없다는 한계점은 앞으로 가속화 될 것이며. 인간이 쌓아온 지식의 양적 붕괴는 곧 교실 환경으로 침투될 것이다. 이에 교사는 과거와 다른 역할을 부여받고 대처해야 한다.

4) 저작권, 지적재산권, 경제권 등 디지털 법률 대응 교육

시각문화와 이미지를 활용하는 인구는 증가할 것이다. 또한 NFT(Non-fungible token)는 디지털 환경에서 발생할 수 있는 지적재산권과 법적소유권, 수익창출과 같은 사회활동에 예술 및 디지털재산권의 보호를 활용하고 보호받을 수 있도록 제도화 시킬 수 있다는 측면에서 고무적이다. 다만, 현재까지는 관련 법규나 실생활 적용이 미미한 수준이기에 대처법과 교수법을 적용하기 어렵거나 매뉴얼 확립과 개념정립에 대한 기초연구가 활성화되지 못한 상태이다. 특히 저작권 관련 법률은 더욱 그러하다. 향후 시각문화의 생산과 재생산의 과정에서 예상치 못한 상황이 발생할 가능성이 있으며 이에 대한 교육 매뉴얼, 대응원칙, 초, 중, 고등과정에서의 규정 및 교육방법이나 사용규약 및 지도상의 유의점을 새롭게 재편할 필요가 있다. 교사의 역할은 촉매자이자 연결자 매개체로서 기능하며 사고를 유연하게 만드는 역할을 수행한다. 무엇보다 미술교과는 감각적이며 감수성에 기반한 교과목이므로 섬세한 마인드 컨트롤 및 상호작용의 연속적 커뮤니케이션이 필수이다. 따라서 교사와 학생간의 긴밀한 커뮤니케이션은 창의적 아이디어를 개발시키고 확장시킬 수 있는 중요한 토대로 작동하게 될 것이다. 현재의 수업은 텅 빈 캔버스를 채우는 과정이기에 해당 데이터로서 '연속성', '지속성', '상호텍스트성', '연계성'을 구축할 필요가 있다.

5. 미래 미술교육에서 시각문화의 의미

시각문화는 유기적 생명체이다. 미술은 시각문화의 기반 하에 존재하며 변화할 수 있다. 때론 창조적이고 감각적이고 새롭기도 하지만 다양한 시각언어로 개개인의 표현방법으로 소통하는 시각언어이자 소통의 매개체이다. 마치 하나의 유기적 생명체인 시각문화는 세포와 같은 시각이미지들의 역할과 상호작용을 통해 새로운 현상을 만들기도 하고 스스로 소멸되기도 한다. 미래의 미술교육은 이러한 시각문화의 생성과 소멸 과정에 긍정적이고 민주적이며 윤리적인 영향을 미칠 수 있도록 기여해야 할 것이다. 2022 개정 미술과 교육과정은 특히 디지털기술의 확산과 생성형 AI, 이미지 생성형 AI 등이 출현하면서 기존 예술의 가치와 의미에 대한 사고를 전복시키고 있다. 이것은 문화적 사고의 전환기이며 예술 폭의 확장기에서 겪을 수 있는 진통일 것이다. 아울러 공교육 및 학교 내에서도 시각문화의 의미와 미디어 리터러시, 민주시민에 대한 명확한 이해들을 동반하며 사회와 문화의 맥락에 따라 예술도 해석하고 변화한다는 측면으로 미술교육을 바라보았으면 한다. 불변의 진리가 아닌 유동적인 생명체로 미술교육을 인식했다고 생각해본다면 현재의 미술교육 내부에서 생성되는 시각문화에 대한 인식과 교사 및 학습자의 역할도 변화할 것이다. 단지 표현의 매체와 방법이 달라졌고, 사고의 방식과 교육방법, 인간이 살아가야 할 방식이 고차원적으로 진일보한 상태의 기술적 전환을 넘어 미술이 한 인간을 표현하는 가장 실체적이고 직접적인 소통의 도구가 될 수 있을지도 모른다. 인간을 표현하기에는 언어는 한정적이고, 문화로 구분하기에는 개인은 다채로우며, 우리가 알고 있는 지식은 미미한 것일지 모르기 때문이다. 미래 사회의 시각문화는 인간과 공동체가 살아가는 데 필수 요소가 될 것이다. 시각적 문해력, 미디어 리터러시는 단지 미술 교과 교육만의 목표가 아닌 인간이 살아가는데 필요한 필수 학문으로서 필요성이 강조될 것이다.

김상미(성균관대학교)

22 시각문화 미술교육과 소통

디지털 전환시대의 현대 사회는 정보화 사회로의 빠른 변화로 수없이 많은 정보가 쏟아지고 있다. 이러한 시대에서 시각문화 미술교육은 기존의 미술 방식을 넘어서 디지털 기술을 통한 창의적인 표현과 소통의 방법을 적극적으로 활용하고 있다. 디지털 기술의 발달로 인해 사람들은 전 지역뿐만 아니라 전 세계적으로 동시대를 체험한다. 다양한 디지털 매체를 통해 다양한 문화의 수용자인 동시에 생산자로 참여함으로써 그 의미 구성 과정의 역동성을 부여하고 있는 현실이다. 이러한 시대의 흐름에서 미래는 더욱 빠른 속도로 변화할 것이며 학습자들은 지금과는 다른 세상과 마주하며 살아가야 할 것이다. 동영상은 누구나 쉽고 빠르게 자신을 표현할 수 있는 소통의 도구로 미디어 중심의 새로운 시각 언어를 생성하고 시각문화에 기반한 소통을 확대시킨다. 2022 개정 미술과 교육과정에서는 시각적 소통을 강조하며, 표현과 소통의 도구로 디지털 매체 활용을 권장함으로써 디지털 시대에 필요한 소양을 기르는 것이 중요하다는 점을 제시하고 있다(교육부, 2022). 따라서 디지털화된 소통의 가속화 속에서 실천적 미술교육의 중요성을 인식하고, 이러한 교육이 현장에서 효과적으로 이루어질 수 있도록 지속적인 연구가 필요하다.

1. 시각문화와 시각문화 교육

1) 시각문화의 개념

최근 우리 시대를 문화 확산의 시대로 보는 관점이 광범위하게 퍼지고 있다. 문화는 그것이 속한 사회로부터 영향을 받기도 하고 변화하는 사회에 원인을 제공하기도 한다. 또한 사회적 맥락 속에서 해석되고 이해되어야 하며, 사회의 구조와 가치를 반영한다. 이러한 관점에서 시각이미지 중심의 사회에서 나타나고 있는 다양한 문화가 바로 시각문화(Visual Culture)라고 볼 수 있다.

시각문화는 과거의 모더니즘 시대에 고급미술로 여겨졌던 회화, 조각, 공예, 디자인 등의 순수 미술뿐만 아니라 우리 생활 주변의 일상적인 모든 시각적 문화 현상을 포괄하는 대중문화까지 포괄한다. 시각문화는 우리가 보고 인지하는 것들이 우리의 삶의 방식을 규정하는데 시지각 이미지가 결정적이라 할 수 있다(안인기, 2016). 따라서 시각문화는 우리 눈에 보이는 것들이 우리 행동과 생활방식에 영향을 미치고 변화를 줄 수 있다는 것에 주목한다.

시각문화는 모든 시대에 존재했지만, 오늘날 그 중요성이 더욱 부각되는 이유는 소통과 정보가 우리 삶에서 핵심적인 역할을 하기 때문이다. 따라서 디지털 환경에서의 학습자들에게 시각문화를 해석하고 새로운 의미를 창출할 수 있는 소통 능력이 요구된다. 디지털 시대의 현대 사회에서 우리는 본인의 의사와 상관없이 다양한 시각적 이미지에 끊임없이 노출되며, 이를 통해 정보를 얻고 변화하게 된다. 이러한 시각문화의 이해를 바탕으로 시각문화의 특성은 네 가지로 제시할 수 있다(김진선, 2008, pp. 7-8). 첫째, 문화 안에서 다른 감각에 비하여 시각의 우선권을 인정한다. 둘째, 사회적 맥락을 강조한다. 셋째, 다양한 매체의 활용을 포함한다. 넷째, 통합적 접근을 요구하는 다문학적 개념이다. 시각 이미지를 통한 의사소통이 가능하기 위해 통합교수 방법이 필요하다.

2) 시각문화 교육의 개념

시각적 이미지는 오늘날의 문화를 구성하는 중요한 문화 양상 중 하나로 그것을 중심으로 발달하고 있는 모든 시각적인 문화 현상을 시각문화라고 할 수 있다(황연주, 2004). 시각문화는 미디어 시대 속에서 미시적이고 개별적이며 신체의 무의식 영역을 장악하는 수준의 손안의 영상으로 옮겨가고 있다(안인기, 2014). 이에 시각 이미지가 소통의 핵심 역할을 하는 현대에서 미술교육은 시각문화 연구와 교육적 접근으로 인간과 사회 성찰이 필요하다(손지현, 2021).

시각문화 교육은 DBAE의 한계를 극복하여 대중문화 속 이미지들을 교육하면서 사회 변화에 따른 학습자들의 흥미를 반영하고 있다(김예림, 2022). 시각문화 교육은 시각문화에 대한 이해를 바탕으로 의사소통 능력과 새로운 시각문화를 창조할 수 있는 능력을 길러주는 교육이라고 정의할 수 있다(안인기, 2008).

2. 시각문화 미술교육의 이해

1) 시각문화 미술교육의 개념

시각문화 미술교육은 오늘날의 시각문화를 비판적으로 해석하고 의미 있게 표현할 수 있는 능력이 중요하다고 강조한다. 미술 교과는 자신의 생각과 느낌을 시각적인 표현과 비판적인 시각을 통해 시각적 소통이 가능한 교과이다(송기현, 2020). 디지털 문화 속에서 살아가는 오늘날 학습자들에게 시각적 소양과 소통 능력은 매우 중요하다. 따라서 다양한 관점에서 시각 이미지를 해석하고 표현하는 힘을 기르는 미술교육이 필요하다. 미술은 시각 이미지를 통해 의사소통을 하고 사고를 공유할 수 있다. 또한 내면의 정서와 생각을 시각적으로 구현함으로써 세계와의 소통을 도모하고, 시대 정신과 문화를 반영함으로써 인간 이해를 심화시키며 문화 창조를 촉진한다(교육부, 2022). 이를 위해 학교 교육에서는 새로운 교육 방법의 도입으로 수업 방식을 변화시키고 교육의 질 개선으로 이어질 수 있도록 미술이 그 역할을 하도록 방법을 모색해야 할 시기이다(이선혜, 2023).

미술교육에서 시각문화를 가르쳐야 한다는 논의는 포스트모던 담론을 비롯하여 다양한 디지털 매체의 확산, 문화의 다원화 등 시대적, 사회적 배경으로 시작되었다. 많은 미술교육을 연구한 학자들은 미술교육에서 시각문화를 교육해야 한다고 〈표 1〉과 같이 주장한다.

〈표 1〉 시각문화 교육의 필요성에 대한 학자들의 의견

학자	시각문화 미술 교육의 필요성
Duncum (2021)	• 새로운 시대는 테크놀로지로 말미암아 이미지의 생산이 더욱 가속화되는 사회로 보며 일상생활의 미적 경험을 중시하는 미술교육을 제시한다. • 우리의 일상생활에서 시각문화가 제공하는 미적 경험을 수동적으로 받아들이는 것이 아니라 미적 경험 속의 기호, 상징, 이미지를 비평적으로 해석하는 미술교육의 중요성을 강조한다.
Feedman (2000)	• 시각문화는 앞으로 계속 확장될 것이며 그 영역은 순수 미술, 영화, 비디오, 컴퓨터 테크놀로지, 패션, 사진, 광고 등이 모두 포함되고 순수 미술과 대중문화의 경계가 허물어져가고 있다. • 시각문화에 대해 비판적 해석 방법이 필요하며 적극적인 수용 및 연구를 해야 한다.
Anderson & Milbrandt (2007/2012)	• 다양한 디지털 매체들은 현대 사회에서 항상 경험할 수 있는 것으로 직접 눈에 보이는 기호들 너머에 무엇이 실재하고 있는지를 새로이 규정하는데 영향을 미치고 있다. • 시각 이미지들의 범람은 언어와 그 논리적 구조를 부차적인 것으로 전락하게 하였다.

학자들마다 시각문화에 대한 의견들은 다양하지만 공통적으로 미술 교육에서 시각문화를 교육해야 한다는 주장은 일치한다. 디지털 전환시대에 살아가는 학습자들에게 삶의 주체로서 자신에 대한 이해가 더욱 중요시해졌고, 자

신을 느끼고 생각한 것을 이해하고, 성찰하며 이를 확장하며 살아갈 수 있도록 교육안에서 도와야 한다. 시각문화 환경에서는 미술의 범위를 가상공간까지 확대하여 디지털 매체를 기반으로 비판적인 시각으로 시각적 의사소통을 한다(교육부, 2022). 이런 맥락에서 시각적 의사소통을 통한 시각문화 미술교육은 미술 교과 안에서 매우 큰 역할을 하고 있다.

2) 시각문화 미술교육에 대한 교육과정

미술교육은 개인과 사회의 시각문화 연구를 통해 이미지가 문화의 중심으로 인식되고, 이미지를 통한 인간 문제에 대해 심도 있게 다루어져 왔다(Keifer-Boyd & Maitland-Gholson, 2007/2010). 시각문화 미술교육은 소통의 관점에서 접근되어야 한다(김정선, 2007). 교육과정 안에서 시각문화라는 용어는 2007 개정 교육과정에서부터 내용이 추가되어 제시되었다. 미적 체험의 필수 학습 요소로 '자연환경'과 함께 '시각문화 환경'이 제시되어 시각문화 환경의 아름다움을 발견하고, 그 특징을 이해한다는 내용을 제시한다(교육과학기술부, 2007). 2007 개정 교육과정에서의 시각문화 환경은 조형적인 질서와 원리를 중심으로 미적 특징을 발견하는 데에 중점을 두고 있다. 이는 생활 속에서 미술의 사회적 기능과 중요성을 인식하는 데 도움을 준다고 제시하고 있다(교육과학기술부, 2007). 2009 개정 교육과정에서는 3, 4학년 군과 5, 6학년 군의 미적 체험이 체험으로 바뀌면서 체험 영역에 시각문화에 대한 내용을 포함하고 있다. 학교급별 성취수준을 살펴보면 초등학교에서는 '자신과 주변 환경의 미적 특징을 발견하고 시각문화를 이해한다', 중학교에서는 '자신과 주변 환경과의 관계를 이해하고, 시각문화에 참여한다'로 서술되어있다(교육과학기술부, 2012, pp. 5~6). 초등학교의 경우 3, 4학년 군과 5, 6학년 군 모두 시각문화에 대한 내용이 제시되었다. 2015 개정 교육과정에서는 미술 교과 역량으로 시각적 소통 능력이 포함되면서 시각문화와 관련된 역량이 제시되었다. 2015 개정 교육과정에서의 시각적 소통 능력이란 '변화하는 시각문화 속에서 이미지와 정보, 시각매체를 이해하고 비판적으로 해석하며, 이를 활용한 미술 활동을 통해 소통할 수 있는 능력'이다(교육부, 2015, p. 3). 이와 같이 시각 이미지를 통한 의사소통은 교육과정 안에서도 개정이 되면서 더욱 중요시해졌다는 것을 알 수 있다.

2022 개정 교육과정에서도 시각적 소통 능력은 매우 중시되고 있다(교육부, 2022). 2022 개정 교육과정에서의 시각적 소통은 '다양한 매체에 기반한 시각문화를 비판적으로 이해하고 활용하여 시각적으로 소통한다'의 의미를 지닌다(교육부, 2022, p. 4). 2022 개정 교육과정은 다시 미적 체험으로 영역이 바뀌면서 핵심 아이디어를 통해 시각문화에 대한 내용이 언급된다. 〈표 2〉는 2022 개정 미술과 교육과정에서의 내용 체계를 학교급별로 제시된 내용이다.

학교급별 성취 수준에서도 시각 이미지를 통한 소통이 강조되고 있음을 알 수 있다. 학교급별 성취 수준을 보면 초등학교 3, 4학년 군은 '생활 속에서 활용되는 미술에 관심을 가지고 미술의 특징과 역할을 발견할 수 있다.'(교육부, 2022, p. 8), 초등학교 5, 6학년 군은 '주변 환경에 대한 민감한 태도로 대상과 상호 작용하며 새로운 의미를 발견할 수 있다.'와 '이미지가 나타내는 의미를 비판적으로 이해하고 느낌과 생각을 전달하는 데 활용할 수 있다.', 중학교에서는 '시각문화의 의미와 역할을 알고 이미지를 비판적으로 해석할 수 있다.', '다양한 문화를 존중하며 이미지를 활용하여 소통할 수 있다.', '삶과 미술의 관계를 이해하고 다양한 분야와의 연결 방안을 모색할 수 있다.'(교육부, 2022, pp. 8~16.)로 제시되고 있다. 이는 감각과 사고의

〈표 2〉 2022 개정 미술과 교육과정의 미적체험 영역 내용 체계

핵심 아이디어	• 미적 체험은 감각을 깨워 미적 감수성을 풍부하게 하며 미적 가치를 발견하도록 한다. • 대상과 현상을 관찰하고 지각하는 경험은 앎을 확장하고 자신을 성찰하게 한다. • 이미지에 대한 비판적 이해는 시각적 소통과 문화적 참여의 토대가 된다.		
범주 \ 구분	내용 요소		
	초등학교		중학교
	3~4학년	5~6학년	1~3학년
[지식 · 이해]	• 자신의 감각 • 대상의 특징 • 생활 속 미술	• 감각과 매체의 역할 • 자신과 환경의 관계 • 이미지와 의미	• 감각을 활용한 미적 인식 • 시각문화의 의미와 역할 • 삶과 미술의 관계
[과정 · 기능]	• 감각을 활용하여 탐색하기 • 대상에 반응하여 느낌과 생각을 나타내기 • 미술의 특징과 역할을 발견하기	• 감각과 매체를 활용하여 탐색하기 • 대상과 상호 작용하며 의미 발견하기 • 이미지를 해석하고 활용하기	• 이미지를 비판적으로 해석하기 • 이미지를 활용하여 소통하기 • 미술과 다양한 분야 연결하기
[가치 · 태도]	• 미적 탐색에 대한 호기심 • 미술의 역할에 관한 관심	• 주변 환경에 대한 민감성 • 비판적으로 이해하는 태도	• 자신과 환경에 대한 감수성 • 다양한 문화 존중과 참여

출처: 교육부, 2022, p. 6

연결을 통해 미적 감수성을 키우고, 지식을 확장하며, 자신과 세계의 의미와 가치를 성찰하고 소통하는 것을 의미한다.

교육과정에서의 시각문화에 대한 내용을 살펴보면 미적 체험영역에서 주로 다뤄지고 있으며 시각 이미지를 통한 의사소통의 중요성에 중점을 두고 있다. 시각문화의 소통 방식은 언어의 소통방식과는 다르다. 미술교육은 이미지와 시각문화를 해석하고 그 의미를 찾아내 새로운 가치를 발견하는 능력을 기른다(Keifer-Boyd & Maitland-Gholson, 2007/2010). 따라서 시각문화 미술교육은 비판적인 이해와 더불어 소통의 관점에서 접근되어야 한다. 이는 단순히 시각적인 아름다움을 감상하는 것을 넘어, 이미지가 전달하는 사회적, 문화적 맥락과 메시지를 이해하고, 이를 바탕으로 자신의 생각을 표현하며 타인과 효과적으로 소통하는 능력을 함양하는 것을 목표로 한다. 특히, 현대 사회에서 이미지는 다양한 디지털 매체를 통해 폭넓게 확산되며 개인과 사회에 큰 영향을 미치고 있다. 이러한 환경에서 학생들은 시각적 자료를 비판적으로 해석하고 활용하는 능력을 갖추어야 하며, 이를 통해 문화적 다양성을 존중하고 사회적 참여를 확대할 수 있다. 미술교육은 이러한 시각적 소통 능력을 체계적으로 기르도록 지원함으로써, 학생들이 창의적이고 비판적인 사고를 바탕으로 사회에 기여하는 시민으로 성장할 수 있도록 돕는다.

3. 소통 능력 중심 시각문화 미술교육

미술 활동은 근본적으로 소통의 행위라고 할 수 있다(박상돈, 2020). 미술은 정서적으로 자신의 의사를 조형언어로 전달하는 관점에서 일종의 소통이라 할 수 있다(고홍규, 2014). 다양한 대상들과 소통을 활성화하기 위해 미술교육에서의 시각 미디어는 간접 경험을 위한 하나의 도구로 활용이 가능하다.

안인기(2016)는 시각문화에 대해 시각으로 지각되는 정보들은 우리의 삶의 방식들을 구성하는데 시각 이미지가 중요하다는 것에 대해 설명한다. 김진희(2020) 또한 시각문화는 대중문화와 함께하며 소통한다는 특징을 지닌다고 한다. 이에 시각문화 미술교육은 이미지 중심의 생활을 하는 데 가장 필요한 소통 능력을 길러주는 것이라 할 수 있다(이현진, 2013). 따라서 디지털 전환 시대에서 인간적인 소통의 문제는 시각문화 미술교육의 관점에서 매우 중요하다 할 수 있다(손지현, 2021). 이와 같이 시각문화 교육과 시각문화 미술교육에 대한 개념 정의는 학자마다 차이가 있지만 〈표 3〉과 같이 삶의 방식을 변화시키는 의사소통능력 중심의 개념으로 설명된다.

〈표 3〉 의사소통능력 중심의 시각문화 미술교육의 개념

학자	개념
손지현 (2021, p. 19)	시각문화 교육에서 추구하는 소통의 핵심은, 새로운 시각을 통해 머나먼 공간의 어려운 삶을 공감할 수 있도록 하는 것이다.
이현진 (2013, p. 48)	시각문화 미술교육은 현대 사회에서 이미지 중심의 생활을 영위하는 데 의사소통능력을 길러줄 수 있다.
안인기 (2007, p. 198)	시각문화 교육은 시각문화의 생성과 소통, 이해를 목적으로 하는 교육이다.
이영기 (2006, p. 45)	시각문화는 소통과 소통 행위에 의해 존재한다. 시각문화 미술교육은 사람과 사람 사이의 정보교환에 대한 소통, 상호이해를 위한 소통으로서의 교육이다.
김정선 (2004, p. 3)	시각문화교육은 일상의 삶 속에서 시각적 의사소통을 중심으로 이루어져야 하며 이를 위한 체계적인 교육이 필요하다.

시각문화의 소통은 인지적인 요소를 이해하고 의미를 전달하며 새로운 의미를 만들어내는 커뮤니케이션의 측면을 갖고 있으며 디지털 시대의 현대 사회에서 학습자들이 마주하는 다양한 일상생활 안에서의 모든 시각적인 문화 현상에 대해 소통할 수 있는 능력을 길러야 한다(안인기, 2007). 시각문화는 어느 시대에나 존재해왔으나 오늘날 더욱 주목을 받는 것은 우리의 삶에서 소통과 정보가 중요한 역할을 하고 있기 때문이다(안인기, 2007). 오늘날의 미디어 환경은 컴퓨터를 중심으로 모든 미디어가 연결되어 있고, 수없이 많은 다양한 정보들이 디지털화 과정을 거쳐 빠르게 통합되고 네트워크를 통해 유통된다(이임수, 2015). 이는 디지털 전환시대를 살아가는 학습자들에게 정보와 소통이 매우 중요하다는 것과 그 의미를 같이한다. 교과교육으로서의 시각문화 미술교육은 디지털 시대를 살아가는 학습자들에게 범람하는 시각 이미지들을 비판적인 사고로 바라볼 줄 알고, 미술을 통한 의사소통 능력을 향상할 수 있도록 돕는 교육이 될 수 있다(이선혜, 2023).

4. 시각문화 미술교육의 내용과 방법 제안: 동영상 활용을 중심으로

1) 디지털 시대의 동영상 활용 미술교육의 의미

현대 사회에서 상호작용과 활용도가 높은 디지털 매체 중 하나는 동영상이라 할 수 있다. 동영상은 학습자들에게 깊은 관심뿐만 아니라 그 활용에 있어서 사회·문화 전반에 이르기까지 확대되는 등 우리들의 삶과 밀접한 관계를 맺고 있다고 해도 과언이 아니다. 손지현(2021)은 시각문화는 시각 이미지뿐만 아니라 글과 음악, 소리, 움직임 등의 복합적인 감각 경험이 삽입된 텍스트로 구성된다고 설명한다.

동영상은 사전적인 의미로 '컴퓨터 모니터의 화상이 텔레비전의 화상처럼 움직이는 것'이라고 정의한다(국립국어원 표준어국어대사전). 이러한 동영상은 새로운 매체에

따른 뉴미디어로서 기존 미디어의 정보처리나 전달 방식에 수정이 가해져 새로운 기능이 부가되어 계속 발전되고 있다. 황연주(2003)는 뉴미디어에 따른 동영상 세계의 변화는 다음의 다섯 가지 양상에 의해 나타난다고 제시한다. 첫째, 뉴미디어에서의 영상 제작은 디지털 방식을 사용하여 다양한 기술과 효과를 적용한다. 둘째, 뉴미디어에 의한 동영상은 문자, 그림, 사진, 음성, 음향 등과 같은 다양한 매체를 통합할 수 있는 기능을 제공한다. 셋째, 뉴미디어에 의한 동영상을 통해 상호작용적인 소통이 가능해지며, 이는 기존 매체의 일방적인 수용에서 벗어나는 새로운 소통 방식이다. 넷째, 동영상은 뉴미디어로 인해 네트워크를 통해 여러 사람들과 공유되고, 인터넷을 통해 빠르게 수신 및 전달될 수 있으며, 막대한 양을 안방에서도 얻을 수 있는 기회를 제공한다. 다섯째, 뉴미디어에 의한 동영상은 3차원적 영상으로 가능하게 되면서 시뮬레이션이나 가상현실 체험과 같은 표현 영역의 확장을 가져온다. 이와 같이 컴퓨터 기술을 주축으로 빠르게 변화되는 뉴미디어에 의한 동영상은 현시대의 시각문화에 새로운 문화 양상을 제공한다고 볼 수 있다.

영상은 청각적 소통과 비언어적 표현을 통해 이미지를 복원하며, 이는 소통의 방식을 확장시키는 역할을 한다(서제희, 2020). 이 글은 디지털 전환시대에 시각문화의 하나로 동영상 현상을 주목한다. 디지털 전환시대의 미술은 가상공간까지 범위를 확장하여 시각문화를 비판적으로 이해하고 활용하여 시각적인 소통이 가능하도록 한다(교육부, 2022). 미술교육에서 동영상 교육은 시각 미디어에 대한 체험과 소통, 제작 활동을 통해 학습자들의 삶에 복합적으로 작용하고 있으며 그에 대한 수용은 매우 다층적이다(박상돈, 2020).

Rebaud(2007/2008)는 인간이 정보를 받아들일 때 83%가 시각, 11%가 청각을 통해 이루어지며, 미각, 촉각, 후각은 단 5%에 불과하다는 점을 예로 들어 시각문화의 중요성을 강조하였다. 동영상의 발달은 오늘날 빠르게 변화하는 시각 매체들에 의해 소통의 의식도 변화하고 있다. 컴퓨터 기술을 주축으로 이루어진 디지털 동영상은 시각문화에 새로운 문화 양상을 제공한다. 이에 학습자들은 미술교육에서 동영상에 대한 참여자로 또는 제작자로서 쌍방향으로서의 소통이 가능하게 된다. 시각문화 미술교육은 다양한 시각적 이미지와 정보, 시각 매체의 이해를 통해 타인과의 소통 및 비판적인 해석을 할 수 있는 능력을 개발시켜 줄 것이다(이선혜, 2023). 따라서 연구자의 관점에서 동영상을 활용한 시각문화 미술교육의 핵심 요소를 〈표 4〉와 같이 소통능력 중심으로 제시할 수 있다.

〈표 4〉 동영상을 활용한 시각문화 미술교육의 핵심 요소

시각 이미지의 활용 및 탐색	비판적 해석	소통	공감
시각 이미지가 갖는 의미 탐색 및 이해	시각 이미지와 정보의 다양한 시각과 해석을 비판적으로 사고하고 분석	시각 이미지를 통한 소통과 사고 및 공유	주변 환경에 대한 관심과 이해를 바탕으로 공감

동영상을 활용한 시각문화 미술교육의 핵심 요소는 시각 이미지의 활용 및 탐색, 비판적 해석, 소통, 공감으로 요약된다. 시각 이미지의 활용 및 탐색은 시각 이미지가 갖는 의미를 탐색하고 그 의미를 이해하도록 한다. 순수미술을 비롯하여 응용미술 및 시각문화 전반을 포함하는 생활 속 미술에 대해 탐색하고, 지각하는 활동이 이루어지도록 한다. 비판적 해석은 다양한 매체에 기반하여 다양한 시각 이미지와 정보들에 대해 비판적으로 이해하고 사고하는 과정이 된다. 학습자들은 다양한 시각과 해석으로 사고하고 분석하는 과정에서 시각적 소통을 경험할 수 있다. 따라서 소통은 동영상을 제작하는 과정에서 생활 속에서

탐색한 다양한 시각문화를 조사하고 수집하고 분류하는 과정에서 시각적 소통이 이루어진다. 시각 이미지를 통한 소통과 사고 및 공유의 시간이 가능하다. 이를 통해 주변 환경에 대한 관심과 이해를 바탕으로 시각문화를 통한 미술은 우리의 삶과 아주 밀접하게 연관되어 있음을 이해하고 공감하게 된다는 흐름을 반영한다.

2022 개정 미술과 교육과정에서 미적 체험의 핵심 아이디어 중 하나로 "이미지에 대한 비판적 이해는 시각적 소통과 문화적 참여의 토대가 된다"라고 제시하고 있다(교육부, 2022, p. 6). 이와 같이 교과 교육으로서의 미술교육은 디지털 시대의 범람하고 있는 많은 시각 이미지들을 비판적인 사고로 바라보고, 미술을 통한 소통능력을 통해 공감으로 이어질 수 있도록 돕는 교육이 될 수 있다. 따라서 동영상을 활용한 시각문화 미술교육의 교수·학습 계획을 적극적으로 활용하고, 이를 현시대에 맞춰 다양한 디지털 매체를 통해 우리 삶과 밀접하게 연관된 미술을 발견하고 반응할 수 있도록 기회 마련에 앞장서야 할 것이다.

2) 동영상을 활용한 시각문화 미술교육 프로그램 개요

수많은 정보가 쏟아지고 있는 현대 사회는 4차 산업혁명 시대, 정보화 시대, 디지털 전환시대 등으로 세계를 바라볼 수 있는 안목이 필요하며 이는 생활 속 시각 이미지들을 비판적으로 해석하고 소통을 통해 공감으로 이어져야 한다. 이 글은 현대 사회를 시각적 기호로 구성된 의미의 망으로 간주하며, 이를 비판적으로 해석할 수 있는 능력을 기르는 것을 목표로 한다. 이를 통해 시각적 소통이 가능한 미술교육의 효과적인 활용 방안을 모색하고자 한다. 이에 동영상을 활용한 시각문화 미술교육의 수업 목표는 〈표 5〉와 같이 미적 체험, 표현, 감상의 세 영역의 측면에서 제시할 수 있으며 이는 시각 이미지의 활용 및 탐색, 비판적 해석, 소통, 공감의 핵심 요소에 중점을 두고 설정하였다.

〈표 5〉 동영상을 활용한 시각문화 미술교육의 수업 목표

동영상을 활용한 시각문화 미술교육 핵심 요소	• 시각 이미지의 활용 및 탐색 • 비판적 해석 • 소통 • 공감

⇩

학습목표	
미적 체험	• 다양한 매체를 통해 시각문화의 전달 방식과 그 의미를 비판적으로 이해한다.
표현	• 생활 속에서 활용되는 시각문화를 찾아 전달하고자 하는 의미를 동영상으로 표현한다.
감상	• 시각 이미지가 주는 의미를 흥미있게 탐구하고 소통한다. • 생활 속 시각문화가 우리 삶과 연관되어 있음을 공감한다.

본 수업의 학습 목표는 다양한 매체를 활용해 시각문화의 개념을 스스로 탐색하는 활동에서 출발하여, 미술이 우리 삶과 깊이 연관되어 있음을 공감할 수 있도록 소통 능력을 함양하는 데 중점을 둔다. 실행수업은 총 10차시(1차 실행 4차시, 2차 실행 6차시)로 이루어진다. 1차 수업 실행 후 동영상의 제작 원리를 익히고 동영상을 제작하는 시간이 더 필요하다는 자문가 집단의 의견을 반영하여 2차 실행은 2차시의 수업 시수를 늘려 6차시의 수업이 실행되도록 수정·보완되었다. 최종 프로그램은 2차 실행 후 자문가 집단의 자문으로 〈표 6〉과 같이 개발되었다.

〈표 6〉 동영상을 활용한 시각문화 미술교육의 수업 실행의 주요활동 및 최종 프로그램

차시		수업에 반영된 주요 활동
1차 실행	1	• 학교에서 만난 시각문화 탐색하기 • 시각문화 읽기
	2 · 3	• 동영상의 제작 원리 알기 • 동영상 제작을 위한 내용 정하기 • 디지털 표현 매체의 활용 방법을 알고, 전달 내용을 담아 동영상으로 제작하기
	4	• 완성 작품 업로드 하기 • 작품 감상하기

⇨

차시		수업에 반영된 주요 활동
2차 실행	1	• 오늘 하루 내가 만난 시각문화 탐색하기 • 동영상 속 조형요소와 원리 찾아보기
	2 · 3	• 디지털 매체의 동영상 제작 방법 알기 • 동영상 제작을 위한 시나리오 구상하기
	4 · 5	• 동영상을 활용한 시각문화 미술 제작하기
	6	• 완성 작품 업로드 하기 • 작품 발표 및 친구들의 작품 감상하기

⇩

차시	최종 수업에 반영된 주요 활동
1	• 내가 만난 시각문화 탐색하기 - 하루 동안 내가 만난 미술에 대해 이야기한다. - 디지털 기기를 활용하여 내가 만난 미술을 탐색한다. - 시간이나 장소의 흐름에 따라 내가 만난 미술을 탐색한다. • 시각문화 읽기 - 탐색한 시각문화 이미지의 기준을 세워 온라인 패들렛 게시판에 올린다. - 친구들이 올린 주제별 시각문화를 보고, 시각문화에 대해 생각과 느낌을 이야기한다. - 시각문화에 사람들의 생활 양식과 사고방식이 담겨 있음을 이해한다. • 동영상 속 조형 요소와 원리 찾아보기 - 다양한 동영상 자료를 보며 미술의 조형성을 찾아본다.
2 · 3	• 디지털 표현 매체의 동영상 제작 방법 알기 - 동영상 제작을 위한 앱을 활용하여 이미지 편집 및 동영상 제작 방법을 익힌다. • 동영상 시나리오 구상하기 - 하루 동안 내가 만난 시각문화를 떠올리며 시간이나 장소의 흐름에 따라 시나리오를 구상한다. - 장면 장면에 내용을 담아 표현해 본다.
4 · 5	• 동영상을 활용한 시각문화 미술 제작하기 - 구상한 시나리오를 바탕으로 필요한 시각 이미지, 음악 등을 미디어 기기를 활용해서 검색한다. - 검색한 이미지를 비판적으로 분석하고 활용하여 동영상 앱을 통해 동영상을 만든다.
6	• 완성 작품 업로드하기 - 학급 누리집, 유튜브, 밴드 등에 작품 업로드한다. - 제작한 동영상 내용, 활용한 매체 등을 함께 기록하고 작품 업로드한다. • 작품 발표 및 친구들의 작품 감상하기 - 친구의 작품을 감상하고 댓글로 작품에 대한 생각을 공유한다. - 친구들의 작품에서 어떤 점이 잘 표현되었는지 이야기나눈다.

[그림 1] 탐색한 시각문화 이미지의 기준을 세워 온라인 패들렛 게시판에 올린 내용

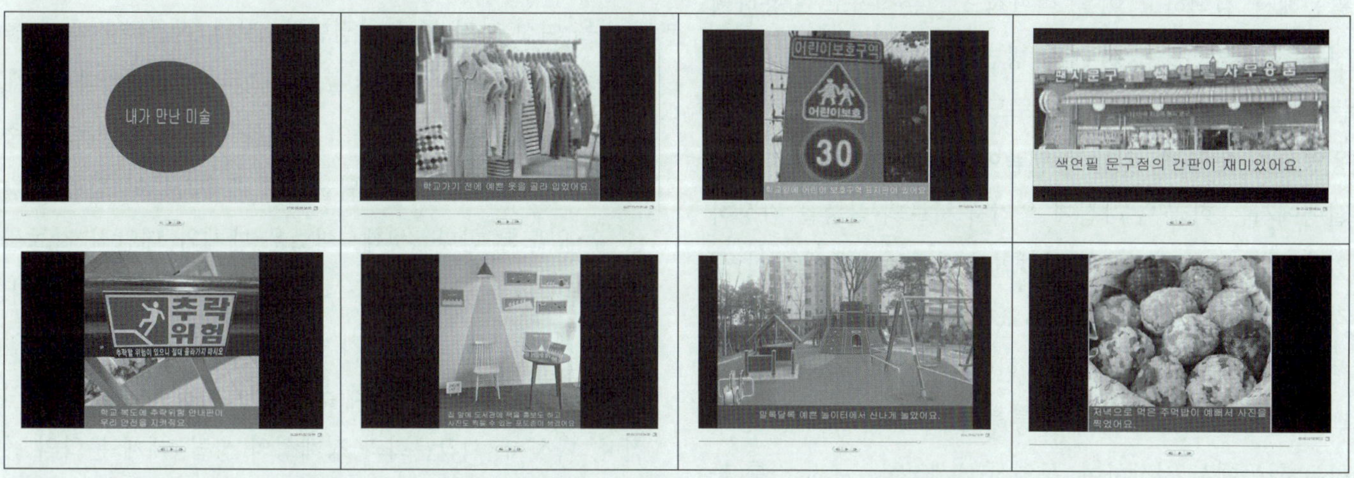

[그림 2] 시간과 장소의 흐름에 따라 내가 만난 미술 소개하기 동영상 제작 학생 작품

1차시에서는 먼저 내가 만난 시각문화를 탐색하게 된다. 하루 동안 내가 만난 미술을 생각해 보고 디지털 기기를 활용하여 내가 만난 미술을 탐색한다. 이때 시간이나 장소의 흐름대로 찾아보도록 한다. 자신이 탐색한 시각문화 이

미지들을 다운로드 한 후 [그림 1]과 같이 기준을 세워 온라인 패들렛 게시판에 올려 주제별로 모아진 시각문화의 시각 이미지들을 보고, 생각과 느낌을 이야기하도록 한다. 이러한 과정에서 학습자들은 시각문화에는 사람들의 생활양식과 사고방식이 담겨 있음을 스스로 발견할 수 있도록 한다. 다양한 시각문화를 탐색한 후 시각문화에 대한 다양한 동영상 자료를 찾아보며 미술의 조형성을 찾아보는 시간을 가지도록 한다. 2차시와 3차시는 블록타임으로 동영상을 제작하기에 앞서 디지털 표현 매체의 동영상 제작 방법을 알아보는 시간을 가지도록 한다. 동영상 제작을 위한 앱 활용과 이미지 편집과 동영상 제작 방법 등에 대해 익힌다. 동영상 제작 방법을 익힌 후 제작하고자 하는 동영상의 시나리오를 작성한다. 시간과 장소의 흐름에 따라 내가 만난 미술에 대한 시나리오 구상을 하게 된다. 4차시와 5차시도 역시 블록타임으로 동영상을 활용한 시각문화 미술을 제작하는 시간이다. [그림 2]와 같이 구상한 시나리오를 바탕으로 필요한 시각 이미지, 음악 등을 미디어 기기를 활용해서 검색하고 이를 비판적으로 분석하고 활용하여 전 시간에 익힌 동영상 제작 방법대로 만들어 본다. 6차시는 제작한 동영상 작품을 업로드하여 감상하는 시간이다. 동영상을 올릴 수 있는 플랫폼에 작품을 업로드한다. 본 실행에서는 학급 누리집에 올려서 서로의 작품을 감상하였다. 친구들의 작품을 감상하면서 댓글로 작품에 대한 생각을 공유하고, 어떤 점이 잘 표현되었는지에 대한 자신의 생각과 느낌을 이야기 하도록 한다. 이와 같은 최종 프로그램의 실행은 다양한 매체를 통해 스스로 시각문화를 탐구하는 활동에서 시작하여, 동영상을 제작함으로써 소통 능력을 함양하고, 이를 통해 미술이 우리 삶과 밀접하게 연관되어 있음을 공감하는 것으로 이어져야 한다는 점이 강조되고 있다. 이러한 과정은 단순히 시각적 이미지를 수집하고 재현하는 데 그치지 않고, 시각문화의 의미와 역할을 비판적으로 성찰하며, 이를 바탕으로 창의적이고 효과적인 소통 방식을 탐구하는 기회를 제공한다. 또한 학습자들은 다양한 시각적 표현과 미디어 기술을 활용하여 자신만의 메시지를 전달함으로써 미술의 사회적 기능과 가치를 새롭게 발견하고 체험할 수 있다. 이러한 학습 경험은 학생들이 현대 사회에서 시각적 소통의 중요성을 인식하고, 이를 실질적인 삶의 맥락에서 활용할 수 있도록 돕는다.

5. 디지털 전환 시대의 시각문화 미술교육

디지털 시대의 현대 사회에서 우리는 본인의 의지와 상관없이 일상생활 속에서 끊임없이 시각적 이미지에 노출되며, 그로부터 다양한 정보를 얻고 영향을 받으며 살아가고 있다. 디지털 기술의 발전으로 인해 시각적 요소가 강조되는 사회 환경의 변화로 인해 시각문화 미술교육의 필요성은 더욱 강조되고 있다(Mitchell, 1994). Anderson과 Milbrandt(2007/2012)는 시각문화 미술교육의 교수·학습 방법을 여섯 가지 틀로 설명한다. 첫째, 학문과 사회를 통합시키고 교육과정 내용에 초점을 맞춰서 설계한다. 둘째, 시각문화에 대한 학습자들의 이해를 돕기 위해 학습자 중심의 교수·학습 방법을 활용하여 학습자들이 경험을 쌓을 수 있도록 한다. 셋째, 새로운 매체와 대안적 자료를 활용하여 의미 있는 교수·학습 방법을 구축하도록 한다. 넷째, 시각문화를 만들어가는 여러 미술가들의 시각적인 관점을 이용하여 학습자의 상상력과 비평 능력을 향상시킨다. 다섯째, 시각문화와 정체성의 성립, 세계 문화의 풍요로움, 자연적이고 조형적인 환경의 보전 등의 논점이나 쟁점과 학습자 자신과의 관련성을 고려하여 생각한다. 여섯째, 지속적인 토론을 통해 지식을 습득하고 적용할 수 있도록 하며, 학습을 평가하는 데에는 신중한 방법과 기준을 명확하게 사용한다. 이와 같이 시각문화 미술교육은 미술을 학습자의 삶의 문제와 사회적 맥락을 관련지어 이해하도록 하며, 다양한 시각적 현상에 대해 비평적 감각을 기르도록 하기에 디지털 사회를 살아가고 있는 학습자들에게 매우 중요한 교육으로 이어져야 한다.

2022 개정 미술 교육과정의 성격에서는 미술의 범위를 가상공간까지 확장하고, 표현과 소통의 도구로서 디지털 매체의 활용을 적극 권장하여 디지털 시대에 필요한 소양을 기를 수 있도록 하고 있다. 또한, 목표에서는 시각문화의 다양한 매체를 비판적으로 분석하고, 시각적 표현을 통해 소통하는 방법을 활용할 것을 제시하고 있다(교육부, 2022). 이와 같이 교육과정 안에서도 디지털 전환시대의 시각문화 교육에 대한 중요성이 강조되고 있다. 따라서 학교 현장에서 실천적 영역으로서의 교육이 이루어질 수 있도록 연구가 지속되어야 한다. 이 글은 시각문화 미술교육의 중요성을 인식하고, 수없이 많은 정보의 시대에서 현대사회를 시각적 기호로 구축된 의미로 간주하여 이를 비판적으로 해석할 수 있도록 실천적 차원의 미술교육을 지원하고자 한다. 미술교육은 능동적인 참여의 가능성을 높이고 디지털 기술을 대한적이고 독창적인 방식으로 사용하는 데 기여할 수 있다(안인기, 2023). 디지털 시대의 학습자는 더 이상 수동적인 미디어 소비자가 아니라 능동적인 문화 참여자, 제작자로 거듭나고 있다.

미술교육은 개인과 사회의 시각문화를 분석함으로써 이미지의 가치를 확인하고, 이미지를 통해 인간 문제의 본질을 확인하려 노력하였다(Keifer-Boyd & Maitland-Gholson, 2007/2010). 김정선(2007)은 시각문화 미술교육은 소통의 관점에서 접근되어야 한다고 주장한다. 디지털 매체의 정보전달과 설득 능력을 배우는 것은 영상시대 소통방식을 익히기 위한 과정이다. 따라서 학습자들은 디지털 시대에 변화하는 시각문화 안에서 삶의 주체로서 미술을 통해 비판적인 사고로 시각적인 소통을 할 수 있도록 돕는 교육이 미술교육에서 이루어져야 한다.

* 이 글은 이선혜(2023), 소통능력 신장을 위한 동영상 활용 시각문화 미술교육에 관한 실행연구(조형교육, 87집)를 수정 보완한 원고임.

이선혜(한양대학교)

23 수준에 따른 재료와 기법, 지도 방법

미술교육은 개인의 창의성, 자기 표현력, 비판적 사고력을 키우는 데 있어 중요한 역할을 해왔다. 미술 창작 과정에서 재료 선택, 기술 습득, 교육 방법의 효과 사이의 역동적인 상호작용이 이루어진다. 이 상호작용의 중요성은 미술 학습 경험을 풍부하게 하고, 미술 발달을 촉진하며, 개인적 표현의 한 형태이자 문화적 산물인 미술에 대한 더 깊은 이해를 촉진한다. 전통적으로 미술 재료는 물감, 연필, 점토, 먹 등의 실물 매체로 분류된다. 그러나 기술이 발전함에 따라 미술 재료의 범위는 디지털 도구, 인터랙티브 소프트웨어 및 다양한 멀티미디어까지 확장되었다. 이러한 확장은 예술적 표현의 새로운 가능성을 제공함과 동시에 적응성과 접근성 측면의 과제를 가져왔다. 미술교육은 학생들의 다양한 기술 수준과 학습 스타일에 맞는 미묘한 접근 방식을 필요로 한다. 획일적인 교육 방법은 학생들의 미술 잠재력을 개발하기에 불충분하며, 복잡한 기술을 조기에 이해하는 데 어려움을 겪는 부정적인 학습 경험을 초래할 수 있다. 따라서 다양한 수준의 숙련도를 가진 학생들의 고유한 능력과 필요에 따라 미술 재료, 기술 및 교육 방법을 조정하는 방법을 모색하는 것은 필수적이다.

1. 미술과 교육과정에서 미술 재료에 관한 내용 분석

학생들은 기본적인 미술 재료의 사용 방법과 속성, 그리고 이를 안전하게 다루는 방법을 배움으로써 기본적인 미술 능력을 발전시킨다. 초·중등학교 단계별로 맞춤화된 재료에 관한 지식은 학생들의 연령과 발달 수준에 맞는 적절한 학습 경험을 제공하므로 교과서의 구성은 이를 반영하여 제작된다. 재료와 기법에 대해 학습하는 과정에서, 학생들의 창의력과 문제 해결 능력이 개발되며, 이는 미술 이외에 다른 학문의 영역으로도 확장된다. 학교 교육에서 미술 재료에 대한 깊은 이해가 미술과 관련된 직업 또는 대학 진학을 고려하는 학생들에게 중요한 기초가 될 수 있다. 재료의 다양성과 이에 대한 지식은 학생들이 독창적이고 기술적으로 미술 활동을 탐구하는 데 있어 효과적이다. 또한, 재료 사용의 환경적, 윤리적 측면에 대한 교육은 학생들이 지속 가능하고 책임 있는 예술 창작의 중요성을 이해하도록 한다. 이러한 사항들을 고려하였을 때, 교과서에서 다루는 미술 재료를 분석하는 것은 미술교육에서 학생들의 발달 측면과 미술교육의 목표 측면에서 어떠한 교육 경험을 제공하려 하는지 그 방향성을 파악하는 데 도움이 될 수 있다.

2022 개정 미술과 교육과정에서 재료는 주로 표현 영역에서 다루고 있다. 3~4학년군에서는 기본적인 표현 재료의 특성을 이해하고 사용 방법과 재료의 물성을 감각적으로 익힌다. 5~6학년 군에서는 다양한 표현 재료를 탐색하고 표현 주제에 적합한 표현 재료와 용구의 쓰임을 학생 스스로 탐색하고 습득하여 주제가 잘 드러날 수 있도록 적용하게 한다. 중학교에서는 더욱 효과적으로 주제를 표현할 수 있도록 재료를 사용한다. 재료 사용에 있어서 안전성, 다양한 수준의 학생에 대한 배려 등을 안내하고 있으며, 특히 디지털 매체의 활용을 강조하고 있다. 생태전환 및 지속가능성을 고려하여 재료와 용구의 선택 및 활용에 있어 친환경적으로 접근하도록 한다. 재료의 사용법이나 도구의 활용에서는 직접 교수법을 권장한다. 표현 활동에서 재료 사용에 있어 교육과정에는 미술 재료에 대한 구체적인 설명보다는 개괄적인 내용이 포함되므로, 미술 교과서를 분석하는 것은 미술과 교육과정에서 미술 재료에 관

한 내용을 간접적으로 이해할 수 있도록 한다.

2022 개정 교육과정에 따른 교과서 발행은 아직 이루어지고 있지 않다. 2015 개정 미술과 교육과정에 따른 초등학교 3~6학년의 미술 교과서를 분석한 결과 학생들의 발달 단계를 고려한 재료와 표현 기법을 제시하고 있음을 확인할 수 있었다. 3~6학년에서 사용되는 미술 재료는 전체적으로 각 학년에서 크게 다르지 않다. 종이, 연필, 색연필, 싸인펜, 크레파스, 수채물감, 찰흙, 수묵 등은 모든 학년에서 공통적으로 사용되고 있으며, 가장 많이 사용되는 재료들로 학생들이 쉽게 접근할 수 있는 재료를 주로 사용하고 있다. 다만 같은 재료를 사용하더라도 학년에 따라 고학년으로 갈수록 기법이 심화된다. 3~4학년의 경우 평면 미술 재료는 단순 채색이 주를 이루고 있는데, 이는 미술 재료를 탐색하며 친숙해질 수 있도록 하기 위한 의도로 보인다. 일부 출판사의 교과서에서는 재료의 기법을 다양하게 설명하면서 창의적인 활용 방법에 대해 보다 집중한다. 5~6학년 교과서에서는 같은 재료를 사용하더라도 더 다양한 기법들을 안내하기도 한다. 이는 사실적인 재현을 추구하는 발달 단계를 고려하였을 때 학생들이 보다 효과적인 표현을 하는 데 있어 유용할 것이다. 서예의 경우는 3~4학년에서 판본체, 5~6학년에서 궁체를 다루고 있는 교과서가 많은데, 난이도를 충분히 고려하고 있다. 수묵화는 3~4학년에서 찍기나 번지기 등 수묵의 특성을 이해할 수 있는 수준으로 제시되고 있으며, 5~6학년에서는 몰골법, 구륵법, 수묵채색 등의 기법이 제시되고 있으나 기법의 명칭 등 설명적인 내용보다는 그림과 사진으로 안내하고 있다. 서예, 한국화 등은 다른 재료와 비교하였을 때, 기법에 관한 설명이 자세하다. 입체 미술 재료는 학생들의 안전과 신체적 성장을 고려한 것으로 보인다. 찰흙, 우드록, 종이, 수수깡, 모루, 철사 등 비교적 손쉽게 다룰 수 있는 재료들이 대부분이다.

중학교 미술 교과서에서 다루는 미술 재료는 초등학교에서 다루는 미술 재료보다 다양하다. 하지만 초등학교와 마찬가지로 연필, 색연필, 싸인펜, 수채물감, 점토 등 학생들에게 친숙한 재료들이 주를 이룬다. 중학교 미술 교과서에서도 역시 재료의 기법에 관한 설명은 거의 나타나지 않는다. 초등학교의 일부 출판사에서 수채물감의 기법을 설명하고 있으나, 중학교 교과서는 수준 높은 기법이 요구되는 참고 작품만 제시되거나 작업 순서에 대한 설명만 있다. 전체적으로 중학교 미술 교과서는 초등학교에서 다루었던 미술 재료들이 소개되고 있으며, 동시대 미술에서 다루는 참고 작품들을 제시함으로써 기법을 소개하고 있다. 동시대 미술에서 미술 재료의 사용법은 기존의 틀을 깨고 새로운 접근을 요구하는 것이므로 특정한 기법을 안내하기보다는 창의적인 표현 유형을 소개한다.

초등학교와 중학교 미술 교과서를 분석한 결과 미술 재료와 기법에 대한 다음과 같은 시사점을 도출하였다. 첫째, 초등학교에서 중학교로 이어지면서 학생들이 비교적 접하기 쉽고, 다루기 쉬운 재료들이 반복적으로 나타난다. 학년, 학교급이 올라갈수록 단순한 탐색에서 점차적으로 여러 가지 기법들이 참고 자료에서 소개된다. 둘째, 학년, 학교급이 올라갈수록 제시되는 미술의 재료가 다양해진다. 반복적으로 다루는 재료들이 있지만, 그 이외에도 미술 재료가 다양해지며 같은 재료라도 다양한 방법으로 사용할 것을 제안한다. 셋째, 미술 재료의 기법에 관한 설명이 교과서에서는 충분히 제시된다고 보기 어려우므로, 교사의 미술 재료와 기법에 관한 지도가 요구된다. 참고 자료에서 재료의 다양성과 표현 방법의 심화가 나타나기는 하지만, 그 방법에 관한 설명은 서예나 판화 등 상당히 제한된 영역에서만 소개되고 있다. 따라서 학생들이 스스로 미술 재료에 관한 기법을 익히기에는 충분한 자료라고 보기 어렵다. 이에 미술을 지도하는 교사는 다양한 미술 재료의 특성과 기법에 대한 충분한 이해를 바탕으로 학생들에게 교육할 필요가 있다. 마지막으로 초중등 미술 교과서는 미술 재료와 기법에 관한 학생의 발달 단계를 충분히 고려하여 제시되고 있다. 평면 표현과 입체표현의 일반적인 발달 단계뿐 아니라 사회문화적 맥락과 다양성을 고려한 발달에 기반한 재료와 기법을 반영하고 있다.

2. 미술교육과 재료

1) 미술교육에서 재료와 기법의 역할

최근 학교 미술교육에서는 기본 기술과 기법을 '관련 없는 것'으로 치부하는 경향이 있었으며 학생들의 '표현의 자유'를 강조하며 소홀히 해오는 경향을 보여왔는데 그렇게 함으로써 교사들은 미술교육에서 중요한 것을 놓치고 있다(Gair, 1996). 재료와 방법에 대한 기술적 이해 없이는 학생들이 자신의 생각을 표현할 진정한 자유를 가진다고 보기 어렵기 때문이다. 미술 재료는 미술 활동에서 아이디어와 감정을 실체화시키는 매개체이다. 종이, 캔버스, 조각용 돌, 찰흙, 물감, 디지털 캔버스 등 다양한 재료를 선택함으로써 그림, 조각, 디지털 아트 등 다양한 형식의 작품을 창작할 수 있다. 미술 활동에서 다양한 재료를 활용하는 것은 새로운 시각과 아이디어를 개발하고 창의성을 향상시키는데 필수적이다. 각 재료는 고유한 특성을 가지고 있어 미술 수업에서 다양한 시도와 실험의 기회를 제공한다. 재료 선택은 학생이 작품에 원하는 미적, 감성적 효과를 부여하는 데 도움을 준다. 예를 들어, 물감의 색채나 질감, 조각의 형태와 텍스처는 작품의 의미와 감정을 강조하거나 변형시키는 데 사용된다. 미술교육에서 기법은 학생들에게 작품을 제작하는 데 필요한 실제적인 기술을 제공한다. 그림 그리기, 조각, 콜라주, 수채화 등의 다양한 기술을 익힘으로써 학생들은 자신의 아이디어를 효과적으로 표현할 수 있게 된다. 재료 사용 기법은 작품의 미적 효과와 스타일에 영향을 미친다. 재료의 특성을 효과적으로 살리거나 혹은 새로운 기법을 시도함으로써 작품의 시각적인 특징을 창출해낸다. 학생들은 기법을 사용하여 미술의 경계를 확장하고 새로운 아이디어를 발견할 수 있다. 미술교육에서는 이러한 과정을 통해 학생들에게 창의적인 탐구와 실험의 기회를 제공한다. 미술교육에서 재료와 기법은 학생들의 창의성과 기술을 함께 발전시키는 핵심 요소이다. 학생들은 다양한 재료와 기법을 통해 자신의 아이디어를 구체화하고 미적 감각을 향상시킬 수 있으며, 이는 예술적 성장과 표현력을 향상시키는데 중요한 역할을 한다. 미술교육을 통해 학생들은 예술을 통한 감정 표현과 창의적인 사고를 개발하는데, 이러한 역할은 재료 사용 기법에 대한 이해와 숙달이 바탕이 될 때 더욱 효과적이다. 미술교육에서 학생 수준에 맞는 재료 사용 교수법의 중요성은 다양한 분야의 미술교육 이론에서 많은 연구를 통해 언급되어 왔다(Efland, 1990; Lowenfeld, 2002). 미술교육에서 재료는 학생들의 학습 동기 부여와 직접적인 관련이 있다. 학생들은 자신이 이해하고 다룰 수 있는 재료를 사용할 때보다 높은 동기부여를 얻는다. 학습 과정에서 자신의 능력을 경험하고 성취감을 느끼는 것은 긍정적인 학습 경험을 조성하며, 이는 미술 활동에 대한 긍정적인 태도를 유도한다. 이때, 학생의 학습 수준에 맞는 도전 기회를 제공하는 것은 중요하다. 학생들은 자신의 학습 수준에 맞는 재료와 기술을 통해 조금씩 도전하고 발전할 수 있는 기회를 가진다. 학생들은 미술 기술과 기법을 단계적으로 발달시키며, 자신감을 키우고 미술 능력을 향상시킬 수 있다. 학생 수준에 맞는 재료 사용의 학습은 창의성과 표현력 발달에도 영향을 미친다. 학생들이 이해하고 다룰 수 있는 재료를 사용하면 예술적 창의성과 표현력을 자유롭게 발휘할 수 있다.

창의성은 기존에 가지고 있는 것들을 생산적으로 재배열함으로써 나타날 수 있는데, 이는 미술 활동에서 재료에 대한 이해와 숙달을 기본적으로 갖추고 있어야 창의성이 발현될 수 있음을 의미한다. 학생들이 미술 작품을 통해 자신의 생각과 감정을 자유롭게 표현할 수 있는 환경은 예술적 성장과 창의적 표현 능력의 증진에 도움이 된다. 한편, 학생들이 어려운 재료나 기술을 사용하면서 실패 경험을 많이 할 경우, 미술에 대한 부정적인 태도를 형성할 수 있다. 학생의 수준에 맞는 재료와 기법을 사용하면 미술 수업에서 긍정적인 학습 경험을 제공하고, 학생들이 미술 활동을 즐기며 계속해서 참여하도록 유도할 수 있다. 미술 교육에서 학생 수준에 맞는 재료 사용 교수법은 학습자들의 긍정적인 학습 경험을 형성하고 미술적 능력을 향상시키는 데 중요하다. 미술 수업에서 학생들이 재료를 탐색할 수 있도록 충분한 기회를 제공하여, 자연스럽게 미술 재료와 친숙해지고, 미술의 기본 개념들을 파악할 수 있도록 하는 것을 시작으로 점차 미술 발달을 끌어내어 미술적 잠재력을 최대한 발휘할 수 있도록 한다.

2) 미술 재료의 종류와 기법

미술교육은 다양한 인지의 발달, 감성의 발달, 창의성과 예술적 표현의 발달을 추구하는데, 미술 활동에서 미술 재료의 역할은 중요하다. 학생들은 미술 수업에서 미술 재료를 통해 사고하며 행동한다. 미술 재료는 작품의 색채, 질감, 형태, 그리고 미적 가치에 대한 결정적인 영향을 미친다. 미술 재료를 이해하고 구분하는 것은 미술교육과 창작 과정에서 중요한 관점 중 하나이다. 미술 재료를 구분하는 방법은 관점에 따라 다양하겠지만, 미술교육에서 미술 재료를 평면 미술, 입체 미술, 디지털 미술이라는 세 가지 주요 범주로 구분하여 제시하고자 한다. 전통적인 미술 재료의 구분은 크게 2차원의 평면 미술 재료와 3차원의 입체 미술 재료로 나뉘어져 왔다. 이러한 구분은 각 재료가 제공하는 고유한 표현 방식과 학생들이 이를 통해 경험할 수 있는 교육적 가치에 기반을 두고 있다. 디지털 매체의 등장은 미술 재료의 전통적인 이분법적 구분을 확장시켰다. 디지털 매체는 가상 공간에서의 창작을 가능하게 하여, 물리적 차원을 넘어서는 새로운 표현의 형태를 제공하므로 전통적인 미술 재료의 범주에서 벗어나게 된다.

(1) 평면 미술 재료

평면 미술 재료는 주로 화면 상에 작업되는 미술 작품을 위한 것이다. 이러한 재료에는 종이, 캔버스, 팔레트, 붓, 그리고 다양한 종류의 물감과 연필 등이 포함된다. 평면 미술은 드로잉, 수채화, 아크릴 그림, 유화와 같은 작업에서 주로 사용되며, 색채와 질감을 조절하여 자신의 아이디어를 시각적으로 표현하는 데 중요한 역할을 한다. 주로 사용되는 평면 미술 재료의 종류는 다음과 같다.

이상에서 제시하는 재료 이외에도 다양한 평면 미술 재료가 활용되고 있다. 평면 미술재료를 다루는 것은 학생들에게 있어 가장 손쉽게 접근할 수 있는 방법이므로 다양한 표현 기회를 제공할 수 있다. 다양한 재료와 기법을 활용하여 개성을 살려 창의적인 작품을 만들 수 있으므로 미적 감각을 기를 수 있을 뿐 아니라, 시각적 소통 능력을 기를 수 있다.

(2) 입체 미술 재료

입체 미술 재료는 미술 작품을 3차원적으로 표현하는 데 사용되며, 형태와 공간을 강조한다. 이러한 재료는 다양한 종류의 재료와 매체를 포함하며, 나무, 금속, 석재, 플라스틱, 종이, 직물 등을 활용하여 작품을 창작한다. 입체 미술

〈표 1〉 평면 미술 재료(심상철, 2000; Holt & Smith, 1995)

종류	필요한 화구	주요기법	특징
수채화	종이, 붓, 팔레트, 물통	겹쳐 칠하기, 알라 프리마 기법(단번의 붓질로 적절한 효과를 냄), 담채 기법(같은 색조에 변화를 주어 표현하는 기법), 점묘법, 드라이 브러싱(극소량의 물감을 붓의 끝에 묻혀 사용), 번지기 기법	물 기반의 매체로 물을 사용하여 희석하고 혼합, 투명하고 선명한 색상, 빠른 건조
유화	물감, 캔버스, 팔레트, 나이프, 기름통	글레이징(투명하게 희석시켜 투명하게 표현), 임패스토(물감을 두텁게 칠해 질감 표현), 스크래칭(막대기나 나이프로 긁어냄), 프로타주(마르지 않은 상태로 문지름), 스컴블링, 드라이 브러싱	깊고 은은한 광택, 오랜 지속성, 높은 형태 안정성, 질감의 강조
아크릴화	물감, 캔버스, 붓, 나이프, 팔레트	임패스토, 마티블(두세 가지 색 혹은 동일 색을 덧칠), 텍스처(모래, 석고 가루 등을 혼합하여 표면 가공), 콜라주, 번지기 기법, 점묘법, 에어브러싱	속건성, 내구성이 강함, 접착력이 강하여 바닥재가 다양하며 공예 용도로도 사용 가능
동양화	먹, 벼루, 물감, 종이, 붓, 조색용 접시, 물그릇	수묵화(먹으로만 그리는 그림), 수묵담채화(수묵에 옅게 채색), 채색화(색깔 있는 물감으로 그리는 기법), 묘사법(입체감과 양감, 질감을 나타내는 붓 자국 기법),	선과 여백을 강조, 자연과 인간의 조화를 추구, 문자를 활용하여 작품에 통합
파스텔	파스텔 브러시, 정착액	문지르기, 담채 기법, 파스텔 위에 수채물감 이용, 반발기법,	풍부한 색상, 흐림 효과, 빠른 작업
연필	종이, 지우개	드로잉, 문지르기	기본적인 재료, 깨끗이 지울 수 있음
색연필	종이, 커터, 정착액	스크래칭, 바니싱(색을 고르기 칠해 놓은 표면에 다른 색연필로 덧칠), 임프래션, 물을 이용한 기법	부드러운 색상, 쉬운 사용법, 색층과 혼합, 정밀함, 휴대성
목탄	종이, 정착액, 지우개	손가락으로 문지르기, 흰색 과슈로 하이라이트 주기	깊고 풍부한 음영, 단순한 흑백 작업
판화	잉크, 종이, 압착기, 조각도	볼록판화, 오목판화, 평판화, 공판화	복수성, 간접표현, 독특한 효과, 실용성

은 질감과 텍스처를 표현하고 다양한 조각 및 모델링 기술을 사용한다. 입체 미술 작품은 예술을 대중에게 소개하는 데 효과적이므로 공공미술에서도 많이 활용된다. 미술교육에서 주로 사용되는 입체 미술 재료는 다음과 같다.

입체 미술 작업은 재료를 통해 다양한 형태와 질감을 탐구하도록 하여, 미술 활동에서 공간과 물질 간의 독특한 상호작용을 표현할 수 있도록 한다. 물리적 형태를 통해 관람자와 더 강렬하게 소통하며, 실제 공간에서의 작품 배치와 조명 등으로 다층적인 의미를 생성한다. 입체 미술은 형태와 구조를 통해 다양한 감각적 경험을 제공하고, 작품을 만지거나 일정한 거리를 두고 관찰함으로써 다양한 관점과 체험을 제공할 수 있다. 입체 미술 작업은 물질과 색상, 형태를 실험적으로 탐색하여 새로운 아이디어와 표현 방법을 발견하도록 한다.

(3) 디지털 미술 매체

최근 미술교육에서 디지털 매체는 주목을 받고 있다. 기술이 발달함에 따라 접근성이 좋아졌으며, 디지털 네이티브로 불리는 현대의 학생들은 디지털 매체에 익숙하며 이를 활용한 학습을 선호한다. 디지털 매체는 학생들이 다양한 방식으로 자신의 아이디어와 감정을 표현할 수 있는 수

〈표 2〉 입체 미술 재료

종류	필요한 화구	주요기법	특징
종이	가위, 풀	접기, 종이 염색, 콜라주, 오리기, 이어 붙이기	가벼움, 다목적성, 친숙함
점토	점토판, 점토칼, 물	모델링(점토를 사용하여 원하는 형태를 조형하는 기술), 조각, 도기 기술, 굴림, 이어 붙이기	가소성, 수성, 소성, 다양한 마감 및 색상 처리
나무	접착제, 못, 가구용 본드, 페인트, 니스	조각, 접합, 스컬프팅, 채색, 톱질, 대패질, 줄질, 끌질, 다듬잇질, 니스칠	자연적인 느낌, 다양한 종류, 내구성
플라스틱	플라스틱 칼, 가위, 접착제	절단, 접합(접착, 용접, 나사 및 볼트 연결 포함), 열 가공, 페인팅, 데코레이션	가벼움, 다양한 색상, 형태 안정성, 내구성
금속	절단기, 톱, 용접기, 연마제	절단, 접합, 사포질, 페인트칠, 도색, 브레이징, 더블링, 철강구조	내구성, 다양한 형태 표현 가능
유리	절단기, 유리용접기, 조각도구	프레임워킹(유리를 녹여 모델링하는 기술), 글래스블로잉(유리를 녹여 불어 모향을 나타냄), 엠보싱(패턴새기기), 스테인드 글라스	투명성, 반사성, 양면성
직물	가위, 바늘, 실, 접착제, 염료	재봉, 염색, 자수, 퀼트, 자르기,	가벼움, 유연성, 다양한 패턴
재활용품	패트병, 종이상자, 유리병, 캔 등	절단과 조립, 붙이기, 페이팅 및 장식, 조각 및 형성	환경 친화적, 경제성, 다양성

단을 제공한다. 온라인 협업이나 글로벌 네트워크를 통한 공유에 있어서 강점이 있어 연결성과 아이디어의 교류 등을 가능하게 한다. 미술교육에서도 디지털 미술 매체에 대한 새로운 교육 방식이 확산되는 추세이다. 디지털 미술 매체의 종류는 다음과 같다.

〈표 3〉 디지털 미술 매체

종류	특징 및 기법
그래픽 태블릿 (Graphic Tablet)	그래픽 태블릿은 컴퓨터 화면에 직접 그림을 그리는 기술로 디지털 펜과 터치 패드로 구성됨. 펜의 압력 민감도를 통해 미묘한 선과 쉐이딩 조절 가능.
그래픽 디자인 소프트웨어 (Graphic Design Software)	그래픽 디자인 소프트웨어는 컴퓨터 프로그램으로, Adobe Photoshop, Illustrator, Corel Painter, Clip Studio Paint 등이 있음. 소프트웨어를 사용하여 디지털 캔버스에서 작업하고 이미지 편집, 레이어링, 컬러 매니퓰레이션 등을 수행.
3D 프린팅 (3D Printing)	3D 프린터와 다양한 3D 프린팅 소재(플라스틱, 금속, 세라믹 등)를 통해 작품을 제작. 3D 모델링 소프트웨어를 사용하여 입체 작품을 만들 수 있음. 디지털 파일을 3D 프린터에 전송하여 실제 작품으로 출력.
가상 현실(VR) 미술(Virtual Reality Art)	헤드셋, 컴퓨터 그래픽 소프트웨어 및 컨트롤러로 구성됨. 제작자는 가상 현실 환경에서 그림을 그리거나 조각 작품을 만들 수 있으며, 관람자는 헤드셋을 착용하여 작품을 360도로 경험할 수 있음. 가상 현실 미술은 전적으로 디지털 매체에 의존하는 예술 형태로, 가상 환경에서 창작되며 관람.
인공지능 미술 도구	GAN 기반 도구(학습 데이터와 유사하지만 새로운 이미지 생성), DALL-E(자연어 설명을 바탕으로 새로운 이미지를 생성) 등 기존의 작품 또는 명령어 등으로 새로운 이미지를 빠르게 생성해 냄.

디지털 도구 및 기술로서의 미술 재료는 미술가들에게 창작과 표현의 새로운 가능성을 열어주며, 디지털 예술의 성장과 진화에 기여하고 있다. 미술가들이 전통적인 미술 재료와 함께 혼합하여 창조적인 작품을 만들어내며, 미술의 다양한 형태와 표현 방법을 탐구하는 데 활용된다.

3. 수준에 따른 재료와 기법, 지도 방법

미술교육에서 재료와 기법을 지도할 때에는 학생의 수준을 고려해야 한다. 여기에서는 재료와 기법의 탐색 단계, 개발 단계, 적용 단계로 구분하여 교육의 방향을 설정하고자 한다. 탐색, 개발, 적용 단계로 구분한 이유는 다음과 같다. 우선, 미술 재료 교육의 단계를 설정하는 것은 개인의 성숙함에 따라 다양한 인지 단계를 거치며 발전한다는 이론에 기반한다(Ginsburg, 2006). 미술교육의 맥락에서 이러한 구분은 학생들이 다양한 미술 재료와 기법을 사용할 수 있는 인지적 준비 수준이 다양할 수 있음을 인식하도록 한다. 한편, 미술 표현 발달은 단지 종적 발달이 아닌 횡적 발달을 수반하고 있다(김정희, 공완욱, 2019). 따라서 단순한 연령이나 학년으로의 수준 제시를 피하는 동시에 학생들의 개별적인 필요와 능력에 따라 교육을 맞춤화하려는 노력이 필요하다. 둘째, 미술 재료 교육의 탐색-개발-적용 단계 설정은 비고츠키의 사회적 상호작용과 근접 발달 영역(ZPD)의 역할을 강조한다(Vygotsky, 1978). 탐색 단계는 학생들에게 새로운 미술 재료와 기법을 소개하는 것으로 볼 수 있으며, 개발 단계는 교사나 또래의 도움을 받아 비계 학습을 하는 것이고, 적용 단계는 학생들이 배운 것을 독립적으로 사용하는 것으로, ZPD 개념과 일치한다. 셋째, 블룸의 교육 목표 분류법은 학습 목표를 하위인지 능력에서 상위 능력에 이르기까지 분류하는 틀을 제공한다(강현석, 정재임, 최윤경, 2005). 수준에 따른 미술 재료 지도 방법을 단계적으로 제안하는 것은 이해와 기억에 중점을 둔 탐색 단계, 적용과 분석에 중점을 둔 개발 단계, 창작과 평가에 중점을 둔 적용 단계로 구분하는 체계를 반영한다. 넷째, 구성주의 학습이론은 지식이 학습자에 의해 능동적으로 구성된다는 점을 강조한다. 미술 재료 교육을 단계별로 나누면 학생들은 실습 경험을 통해 점진적으로 이해와 기술을 쌓을 수 있으며, 각 단계는 이전 단계를 기반으로 하여 실제적인 이해와 학습의 효과를 높일 수 있다. 또한, 이러한 구분은 체계적으로 기법을 습득할 수 있도록 하며, 재료의 기본부터 접근하는 진행적인 학습을 지원하여 창의적인 재료의 사용 숙달의 과정에 있어서 학습의 누락이 없도록 한다. 앞에서 미술 교과서의 분석 결과, 미술과 교육과정에서도 미술 재료에 관한 지도는 탐색으로부터 시작하여 점차 기능을 향상시켜 자율적이고 창의적으로 활용하는 방향으로 구성이 되어 있다. 다만 이 글에서 학년에 따른 재료의 구분을 제시하지는 않는데, 이는 여기서 제안하는 지도 방법이 연령이나 학년에 의한 구분이 아니며, 다양한 개인을 염두한 것이기 때문이다. 학생마다 능력과 사전 지식이 다르다는 점을 인식하고 미술 재료 교육을 단계별로 나누면 교사가 개별 요구에 맞게 교육을 차별화할 수 있다. 이 접근 방식은 준비 수준이 다른 학생들을 수용하여 모든 학생이 각자의 속도에 맞춰 학습할 수 있도록 한다. 탐색 단계에서는 학생의 창의성과 호기심을 촉진하며, 기본적인 기법을 지도한다. 이 단계에서는 학생들이 다양한 재료와 기술을 경험하며 자신만의 창의적인 표현 방식을 발견한다. 기초적인 기법과 기본적인 조형 원리를 소개하므로, 학생들은 미술의 기초를 배우고 자신의 기법을 구축하는 초기의 단계이다. 재료에 대한 관심과 동기를 유발하며 재료와 친숙해질 수 있도록 한다. 개발 단계에서는 자기표현 능력을 강화하고, 기술적 능력을 향상한다. 학생들은 자신만의 스타일을 발견하고 개발할 수 있는 단계이다. 이 단계에서는 학생들이 자기표현 능력을 더욱 강화하고 개인적인 정체성을 형성하면서, 이전 단계보다 복잡한 기술과 재료와 기법에 관한 미술적 원칙을 습득하고 향상시킨다. 이로써 학생들은 더 높은 수준의 작품을 제작할 수 있게 된다. 적용 단계에서는 재료를 다양한 방식으로 다루며 자신의 미술적 역량을 높은 수준까지 향상시킬 수 있는 기회를 얻는다. 이 단계에서는 학생들이 재료의 사용에 있어서 전문화되고 자신만의 예술적 성취를 이루어내며, 다양한 재료를 통해서 생각과 느낌을 자유롭게 표현할 수 있게 된다. 여기서 모든 재료를 설명하기는 어려우므로, 앞에서 살펴본 미술 교과서의 분석 결과를 바탕으로 미술 교과서에서 제시되는 재료를 중심으로 수준에 따른 재료 및 기법과 지도 방법을 소개하고자 한다.

1) 연필

연필은 미술에서 널리 사용되는 재료 중 하나이며, 다양한 특징을 가지고 있다. 연필의 사용 용도, 연필의 경도(hardness) 및 두께, 그리고 연필의 재료에 따라 다양하다. 연필은 주로 그림 그리기, 스케치, 색칠, 셰이딩, 드로잉, 스케치북 작업 등 다양한 미술 활동에 사용된다. H 연필은 하드한 연필로, 연필 선의 어두운 정도가 상대적으로 밝다. B 연필은 부드러운 연필로, 연필 선의 어두운 정도가 상대적으로 진하다. HB 연필은 중간 경도를 나타내며, 연필 선이 중간 어두운 정도를 가진다. 연필의 선을 더 얇게 또는 더 두껍게 그릴 수 있으며, 이것은 연필을 가볍게 누르거나 강하게 누르는 정도에 따라 달라진다. 연필 선을 조절하여 세세한 세부사항을 표현하거나 그림자와 음영을 부각시킬 수 있다(Holt & Smith, 1995). 수준에 따른 지도 방법은 다음과 같다.

〈표 4〉 수준에 따른 연필 사용 지도 방법

단계	지도 방법
탐색 단계	연필을 편안하게 잡고 기본적인 선을 그리는 데 익숙해지는 것을 목표로 함. 연필을 사용하여 간단한 선을 그리고 선의 굵기와 형태를 연습함. 직선, 곡선, 파동선 등 다양한 선 스타일을 연습하며 손목과 손가락의 통제를 향상시킴.
개발 단계	연필을 사용하여 그림자와 깊이를 표현하고, 선을 부드럽게 섞는 기술을 습득. 연필을 사용하여 그림자와 음영을 추가하고, 연필의 경도를 활용하여 선의 어둠을 다룸. 연필로 그린 선과 음영을 부드럽게 섞어 블렌딩 효과를 만들어내는 방법을 익힐 수도 있음. 손가락, 티슈, 블렌딩 스텀프 등을 사용하여 선과 음영을 부드럽게 연결함.
적용 단계	연필을 사용하여 고도의 디테일과 크로스 해칭 음영을 다루는 기술 등을 익힘. 연필로 작은 디테일이나 세세한 부분을 처리할 수 있도록 지도함. 정확하게 표현하기 위해 연필 선을 조절하는 기법을 연습함. 다양한 표면과 물체의 복잡한 음영을 표현함.

2) 색연필

색연필은 미술 수업에서 가장 많이 사용되는 도구 중 하나로 연필과 비교하여 색상이 다양하므로 학생들에게 작품에 적합한 색상을 선택하는 자유를 부여한다. 색연필은 컬러 블렌딩이 쉽게 가능한 재료이다. 서로 다른 색상을 조합하고 부드럽고 자연스러운 색상 전환을 만들어냄으로써 그림에 깊이와 촉감을 표현할 수 있다. 색연필은 작은 디테일과 정밀한 작업에 적합한 도구로, 세세한 선과 세부사항을 정확하게 그리고 다룰 수 있다. 대부분의 색연필은 무독성이며, 환경친화적이기 때문에 학생들이 안전하게 사용할 수 있다. 색을 층층이 쌓아 올릴 수 있고, 종이, 캔버스, 목판 등 다양한 표면에서 사용 가능하며 휴대가 쉽다.

〈표 5〉 수준에 따른 색연필 사용 지도 방법

단계	지도 방법
탐색 단계	하나의 색상을 사용하여 간단한 단색 작품을 만듦. 예를 들어, 하늘을 파란색으로 채우거나, 초록색으로 잔디를 표현함. 기본적인 도형(원, 사각형, 삼각형 등)을 그린 후, 연필로 그린 선을 채우고 색칠하는 연습을 함. 색연필을 다루는 기초적인 기술을 습득하고 단색을 효과적으로 사용하는 법을 익힘.
개발 단계	다양한 색상을 사용하여 작품을 만듦. 색의 대비를 이해하고, 작품에 다양한 컬러를 활용. 서로 다른 색상을 부드럽게 섞는 블렌딩 효과 방법 안내. 색을 부드럽게 연결하고 색상 간의 자연스러운 변화를 표현하는 기술을 연습함. 빛과 그림자를 표현하고 주체를 입체적으로 만들기 위해 색연필을 사용하는 방법을 연습하며, 빛에 비춰진 부분과 그림자를 표현할 수 있도록 지도함.
적용 단계	디테일한 작업을 수행하기 위해 색연필을 정교하게 사용. 작은 부분에 세밀한 선을 그리고 작은 디테일을 추가함. 입체감을 부여하기 위해 음영 기법을 사용하도록 하며, 물체의 형태와 깊이를 강조함. 다양한 색상을 조합하여 작품의 색 구성을 풍부하게 하고 작품의 감정이나 주제를 강조하는 방법을 연습함.

3) 파스텔

파스텔은 저항감이 적고 문질러서 다양한 효과를 내는 직접적인 채색 재료이다(김택훈, 정영진, 신혜영, 안영숙, 오성혜, 2004). 파스텔은 풍부하고 선명한 색상을 만들어낸다. 다양한 색조와 채도를 가진 파스텔은 다양한 색상 표현을 가능하게 한다. 파스텔은 매우 부드럽고 질감 있는 선을 그릴 수 있다. 연필 또는 마커와는 다르게 파스텔은 종이에 미끄러지듯이 색채를 올릴 수 있다. 파스텔은 서로 다른 색상을 부드럽게 섞어 블렌딩 효과를 만들어낼 수 있으므로 부드럽고 자연스러운 색상 전환을 표현할 수 있다. 파스텔은 유연하게 그릴 수 있는 재료로, 정교한 디테일과 자유로운 표현을 모두 가능하게 한다. 파스텔은 빠른 작업을 가능하게 한다. 물감을 건조시킬 필요가 없고, 넓은 면적에도 빠르고 간단하게 채색이 가능하다. 스케치, 일러스트레이션, 풍경화 등 다양한 미술 작품을 만드는 데 사용되는 다재다능한 미술 도구로 학생들은 파스텔을 활용하여 자신만의 고유한 작품을 창작하고 색채와 질감을 표현할 수 있다.

〈표 6〉 수준에 따른 파스텔 사용 지도 방법

단계	지도 방법
탐색 단계	하나의 파스텔 색상을 사용하여 간단한 작품 제작. 예를 들어, 색면을 하나의 색상으로 채우거나, 하나의 색으로 과일을 그릴 수 있음. 파스텔로 선을 그리고 직선, 곡선, 형태를 연습. 손목과 손의 움직임을 익히며 선의 두께를 조절해보도록 함. 파스텔 블렌딩을 연습하여 서로 다른 색상을 부드럽게 섞어 표면에 부드러운 색상 전환을 만들어 냄. 주로 다른 채색 도구와 혼합하여 사용하면서 재료의 특성을 익힘.
개발 단계	다양한 파스텔 색상을 활용하여 작품을 제작함. 색상의 대비와 조화를 연습. 더 복잡한 배경과 주제를 다루며 작품을 풍부하게 표현하도록 함. 풍경, 동물, 정물 등을 주제로 함. 세세한 디테일을 그리고 고도의 정밀한 작업을 수행함. 손이나 휴지 등으로 문질러서 다양한 효과를 표현하는 기법을 익힐 수 있도록 함.
적용 단계	실사와 사실적인 작업을 수행. 대상의 입체감과 빛 그리고 그림자를 더 자세히 표현하도록 지도함. 서로 다른 색상과 채도를 더욱 적극적으로 블렌딩하여 부드럽고 자연스러운 색상 전환을 할 수 있음. 지우개를 통한 하이라이트 주기, 붓으로 닦아 내기, 질감 쌓아 올리기 등의 고급 기법도 사용(Holt & Smith, 1995). 개념 미술, 추상 미술 또는 특정 주제에 초점을 맞추는 등 다양한 주제를 표현하도록 함.

4) 수채물감

수채물감은 투명한 특성을 가지고 있어, 종이나 다른 색상 아래의 층이 보이도록 하는데 적합하다. 이러한 투명성을 이용하여 미술 작품에 깊이와 투명한 효과를 표현할 수 있다. 수채물감은 물을 사용하여 색상과 진하기를 조절할 수 있다. 물을 더하면 색상이 연해지고 투명해지며, 물감을 더 많이 사용하면 진한 색상을 얻을 수 있다. 이는 색상을 조절하고 다양한 효과를 창출하데 효과적이다. 수채물감을 사용하여 여러 겹의 층을 쌓아나갈 수 있어, 미술 작품에 깊이와 복잡성을 부여하고 빛과 그림자를 다루는 데 사용된다.

〈표 7〉 수준에 따른 수채물감 사용 지도 방법

단계	지도 방법
탐색 단계	물과 색상의 비율을 조절하는 기초적인 연습을 함. 다양한 브러시 스트로크를 통해 기초적인 기법을 연습. 붓으로 직선, 곡선, 형태를 그려보며, 단색으로 채색함. 불어서 표현하기, 찍기, 데칼코마니, 번지기, 뿌리기 등 수채물감의 성질을 다양하게 체험하도록 함(신혜영, 서은주, 안영숙, 이해정, 왕혜원, 2012). 크래파스나 색연필 등 성질이 다른 재료와 혼합하여 사용할 수도 있음.
개발 단계	다양한 수채물감 색상을 활용함. 색상의 대비와 혼합을 연습하며, 여러 종류의 붓과 브러시 스트로크를 사용하여 물감을 제어하는 능력을 향상시킴. 세부적인 표현과 질감을 표현할 수 있도록 함. 겹칠이나 번지기를 의도적으로 사용하여 풍부한 효과를 나타내도록 지도함(심상철, 2000).
적용 단계	대상의 입체감과 빛 그리고 그림자를 더 자세히 다룸으로써 보다 사실적인 표현을 추구하도록 함. 서로 다른 색상과 물을 사용하여 색상을 부드럽게 혼합하는 고급 블렌딩 기술을 연습함. 물감에 여러 번의 층을 더하여 작품에 깊이와 다양한 색감을 표현할 수 있음. 탐색 단계에서 다루었던 다양한 기법들과 혼합하여, 더욱 다채로운 작품을 제작하도록 함.

5) 수묵

수묵은 동양의 전통적 재료이다. 한국화는 수묵화와 채색화의 두 가지 양식으로 분류되는데, 미술교육에서는 일반적으로 수묵이 기반이 되므로 여기서는 수묵의 지도 방법에 대해 설명한다. 수묵은 용어에서 드러나다시피 물과 먹을 이용한 미술 재료이다. 물을 사용하여 색상의 진하기와 밀도를 조절하며 다양한 효과를 표현할 수 있다. 수묵에서 선은 중요한 역할을 한다. 선은 그림의 주요 특징을 나타내며, 미세한 선의 두께 변화로 다양한 선의 효과를 표현해낸다. 수묵은 종이에 직접 그려지는 것이 일반적인데, 종이의 종류나 질감, 흡수력이 수묵 작품에 영향을 미친다.

〈표 8〉 수준에 따른 수묵화 사용 지도 방법

단계	지도 방법
탐색 단계	수묵화의 핵심인 선의 중요성을 강조. 학생들은 미세한 선의 두께와 다양한 선의 형태를 연습하고 간단한 모양과 패턴을 그릴 수 있음. 주로 간단한 주제나 형태를 그리는 것으로 시작함. 나무, 산, 강, 해, 달 등을 그려서 기본적인 수묵화 원리와 미술 재료를 익히는 데 중점을 둠. 수묵 담채보다는 먹과 물만을 이용하여 먹의 특성을 파악하도록 함.
개발 단계	다양한 선과 형태를 그리는 데 더 심화된 기법을 학습. 긴 선, 짧은 선, 곡선, 물결 모양 등 다양한 선의 스타일을 연습하며, 그림에서 더 다양한 패턴을 사용하도록 함. 이 단계에서는 먹의 농담에 따른 층과 이를 활용한 작품 계획을 수립하는 방법을 가르칠 수 있음. 어떻게 그림의 요소를 배치하고 비례를 유지하는지에 대한 기법을 먹의 특징을 고려하여 학습함. 농담이나 선을 통한 빛과 그림자의 효과를 다루는 연습도 가능함. 간단한 수묵 담채 작품도 지도할 수 있음.
적용 단계	수묵화로 사실적인 표현에 초점을 둘 수 있음. 학생들에게 명암과 대비의 개념을 가르치며, 그림의 입체감을 높여 다양한 기법들과 혼용함. 종이의 종류에 따른 먹의 효과를 고려하여 작품을 제작할 수 있도록 함. 흘리기, 불기, 서화 등 더 다양한 방법을 활용하여 자신만의 창의적인 수묵화 작업을 시도할 수 있음.

6) 종이

종이는 미술 수업에서 다양하게 사용되는 재료이다. 종이는 많은 평면 표현의 바탕이 되는 용도로도 사용되지만 여기서는 공예의 측면에 초점을 두고 살펴본다. 미술 재료로써 종이는 독특한 특징들이 있다. 종이는 가벼운 재료로, 다루기 쉽고 운반하기 편리하다. 이러한 특성으로 다양한 종이 공예 활동에 적합하다. 상대적으로 유연하고, 휘거나 접을 수 있으므로 종이를 접거나 펼치고, 말아서 원하는 형태로 만들 수 있다. 쉽게 칼 또는 가위로 자를 수 있으므로 크기나 모양을 맞추는 데 용이하다. 원하는 크기로 자르거나 미세한 디테일을 추가할 수 있다. 다양한 색상과 패턴을 가지므로, 원하는 색상과 디자인을 선택할 수 있다. 종이 공예에는 일반 종이뿐만 아니라 재질이 독특한 유형도 사용할 수 있다. 종이의 표면은 다양한 방법으로 처리할 수 있다. 종이를 물에 담가서 물감을 퍼뜨려 색을 입히거나, 도장, 프린트, 인쇄 등 다양한 표면 처리 기술을 활용하여 원하는 효과를 낼 수 있다. 접착력이 높아서 접착제나 접착 테이프를 사용하여 다른 물체와 붙일 수 있다. 종이를 다른 재료와 결합하여 공예 작품을 만들 수 있다. 접기, 접착, 물감 칠하기, 종이절단, 색칠, 드로잉, 콜라주, 모자이크 등 다양한 공예 기술과 용도에 활용된다. 종이를 활용하여 카드, 장식품, 꽃, 스크랩북 등 다양한 공예품을 만들 수 있다. 종이는 저렴하고 활용성이 높다.

〈표 9〉 수준에 따른 종이 사용 지도 방법

단계	지도 방법
탐색 단계	학생들에게 종이를 사용하여 자유롭게 실험하도록 함. 아이디어를 발견하고 자신만의 창의적인 방법을 개발하는 데 도움이 되며, 종이의 특성을 체험으로 이해하고 친숙해지도록 함. 다양한 종이 종류와 기법을 학생들에게 소개하고 그들이 어떤 종이와 기법을 선호하는지 확인함. 이러한 과정을 통해 학생들은 자신의 관심과 미적 감각을 발견할 수 있음. 간단한 종이접기나, 콜라주 등의 방법을 지도할 수 있음.
개발 단계	특정한 종이 공예 기술을 집중적으로 가르치고 연습시킬 수 있음. 이 단계에서는 학생들이 이전에 탐색한 아이디어를 실제 작품으로 구현하도록 함. 종이를 다양한 형태로 접거나 조각내어 미니어처나 입체 구조물을 만들 수 있음. 퀼링은 종이 조각을 롤로 만들어 다양한 패턴과 디자인을 만드는 기술로, 이 기법을 사용하여 독특한 질감의 작품을 제작하기도 함. 종이조각을 조합하여 큰 작품을 만들거나, 종이를 붙여 작품의 배치를 계획하는 방법을 지도함. 종이로 만든 동물 조각, 종이 카드, 종이 콜라주 작품 등을 주제로 프로젝트 활동을 할 수 있음.
적용 단계	학생들이 자신의 아이디어로 독립적인 종이 공예 프로젝트를 수행하도록 함. 학생들은 개발 단계에서 학습한 기술과 아이디어를 활용하여 작품을 완성함. 다른 재료들과 융합하여 새로운 작품을 제작함.

7) 찰흙

찰흙은 미술 수업에서 입체 작품을 제작하는데, 매우 유용한 재료로써 형태를 만들고 입체표현력을 향상시키는 데 사용된다. 찰흙은 쉽게 모양을 만들 수 있으므로 다양한 조형 작업에 적합하다. 찰흙은 그리기나 그림을 그리는 것과 달리 직접 손으로 모델링하고 형태를 만들 수 있어 예술가의 직관과 미술적 표현에 가변성을 제공한다. 형태를 잘 유지하는 특성이 있으며, 건조 후에는 단단해지므로 작품을 오랫동안 보존할 수 있다. 건조한 이후에는 채색을 할 수 있다.

〈표 10〉 수준에 따른 찰흙 사용 지도 방법

단계	지도 방법
탐색 단계	먼저 찰흙을 소개하고 다룰 때의 안전 사항을 강조함. 학생들에게 손을 깨끗하게 씻고 찰흙 다루기 전에 손을 습기로 적당히 적셔야 함을 설명함. 찰흙을 손으로 다루도록 허용하고 자유로운 체험을 유도함. 찰흙의 질감과 무게를 느끼며, 손으로 모양을 만들고 여러 가지를 실험해 보도록 함. 학생들에게 기초적인 찰흙 모델링 기술을 가르침. 손가락과 손바닥을 사용하여 모양을 만들고 세부 형태를 형성하는 방법을 보여준다. 간단한 찰흙 모형을 만들어 볼 수 있도록 함. 예를 들어, 기본 동물 모형, 그릇이나 컵 등의 모형을 만들도록 할 수 있음.
개발 단계	찰흙을 성형하는 다양한 방법을 지도함. 핀칭기법, 속파기기법, 코일링기법, 판성형기법 등을 지도하고 이러한 기법들을 사용하여 작품을 제작할 수 있도록 한함(민경익, 2006). 찰흙용 조각도를 이용해서 세부 묘사를 하여, 더 정교한 작업이 가능하도록 함. 패턴, 장식 등을 추가하고, 찰흙이 마른 뒤 다양한 도구를 사용하여 채색할 수 있도록 함.
적용 단계	학생들에게 더 큰 규모의 작품을 제작할 수 있도록 함. 자신만의 아이디어와 디자인을 구현하고 창작적으로 표현할 수 있도록 함. 틀성형기법을 활용하여 석고 등의 재료를 찍어내는 것도 가능함. 철사 등을 이용하여 뼈대를 만들어 찰흙을 붙여 원하는 형태를 듦. 표면의 장식이나 세부 형태를 더욱 정교하게 제작하도록 지도할 수 있음.

8) 판화

판화는 원본 작품을 복제하거나 다수의 인쇄물을 만들 수 있다. 이는 작품을 대량으로 생산하거나 여러 명의 학생이 동일한 디자인을 인쇄할 때 유용하다. 판화는 고무판화, 목판화, 종이판화, 스텐실 등의 기술적 접근을 통해 다양한 효과와 스타일을 구현할 수 있다. 이러한 다양성은 학생들에게 예술적 표현의 다양성을 경험하게 해준다. 라인, 질감, 패턴 등을 강조하여 작품을 디자인하고 강조할 수 있으며, 다층적 판화 기술을 사용하면 레이어링을 통해 다양한 시각적 효과를 만들 수 있다. 판화는 일러스트레이션, 디자인, 포스터 제작 등 다양한 미술 및 디자인 분야에서 활용된다. 판화는 인쇄 과정을 학습하는 데 도움이 된다. 잉크, 판, 롤러, 프레스 등을 사용하며 인쇄 과정의 이해와 기술을 향상시킬 수 있다. 판화는 그 자체로도 예술적 가치가 있으며, 미술 수업에서 학생들에게 창의성과 기술적 역량을 키우는 데 활용된다.

〈표 11〉 수준에 따른 판화 지도 방법

단계	지도 방법
탐색 단계	필요한 재료와 도구를 소개하고 안전 사항을 강조함. 기본적인 판화 기술을 소개함. 밑그림 그리기, 절단 및 파내기, 질감 표현 등을 가르쳐 작품을 만들 때 사용할 수 있는 다양한 요소를 배우도록 함. 연령이 낮을 경우 경도가 높은 재질의 판은 다루기 어려우므로 우드록이나 종이를 이용하여 작업을 함. 판화의 방법을 익히고, 원리를 깨우치는 것에 중점을 두며, 지나치게 복잡한 형태보다는 단순한 형태를 추구하여 인쇄의 품질이 우수하도록 유도함.
개발 단계	볼록판화, 오목판화, 공판화 등의 다양한 기법을 익히도록 함. 판화의 기법에 따라 특징을 이해할 수 있도록 하고, 효과적인 표현을 위한 방안을 모색하는 계획단계를 거치도록 함. 레이어링, 색상의 혼합, 음영 및 하이라이트 효과 등을 다루는 방법을 지도할 수 있으며, 세부적인 표현을 할 수 있도록 함.
적용 단계	복잡한 레이어링, 다양한 색을 사용한 표현, 패턴 디자인 등을 다루며 학생들의 기술적 역량을 향상시킴. 기법의 특성을 알고 주제에 맞게 기법을 선택하여 창의적인 제작이 이루어지게 함. 실크스크린 등 의상을 활용한 작품을 제작할 수 있음. 안전과 재료가 확보가 된다면 목판화, 석판화 등 더 다양한 기법에 도전함.

9) 디지털 매체

디지털 매체는 예술과 기술을 통합한다. 디지털 미디어 소프트웨어와 하드웨어를 사용하여 예술 작품을 만들면서 창의성과 기술 역량을 함께 개발할 수 있다. 디지털 매체는 전통적인 재료에서 할 수 없었던 확장된 미술 표현 방법을 가능하게 한다. 그림, 사진, 비디오, 애니메이션, 3D 모델링 등을 통해 자신의 아이디어를 표현할 수 있다. 디지털 미술은 현대 예술의 중요한 부분으로 자리잡았으며, 디지털 매체를 익히는 것은 현대 예술 세계와의 연결을 강화한다. 디지털 환경에서는 다양한 도구와 기술을 활용하여 과제를 해결하는 방법을 개발할 수 있습니다. 디지털 매체를 사용함으로써 디지털 문해 능력도 함께 강화된다. 학생들은 디지털 미디어의 사용과 이해를 향상시키며, 현대 사회에서 필요한 기술과 지식을 습득한다.

〈표 12〉 수준에 따른 디지털 매체 지도 방법

단계	지도 방법
탐색 단계	디지털 미술을 위해 사용할 장비와 소프트웨어를 소개함. 학생들에게 그림판이나 간단한 디지털 그림 그리기 앱을 사용하여 기초 기술을 연습하도록 함. 디지털 기기를 활용한 도형 그리기, 기본 컬러 팔레트 사용 등을 다루며, 간단한 동물이나 대상을 디지털로 그리는 연습을 함. 다양한 구도로 사진을 찍는 방법을 지도할 수도 있음.
개발 단계	보다 수준 높은 디지털 그림 그리기 소프트웨어를 소개하고 사용법을 가르침. 학생들은 레이어, 브러시 설정, 블렌딩 등의 개념을 익히며 더 복잡한 작업을 할 수 있도록 함. 색채 이론과 색상 조합에 대한 기초를 가르치고, 학생들이 색채를 더 효과적으로 사용하고 다양한 시도를 할 수 있도록 함. 사진의 경우 편집의 기능을 지도할 수도 있으며, 인공지능 미술 등을 활용하여 자유롭고 다양한 표현을 하며 공유함.
적용 단계	디지털 아트의 역사와 유명한 아티스트들을 소개하고 연구하는 과정을 도입함으로써 예술적 이해와 영감을 높임. 디지털 미디어의 고급 기술을 지도함. 학생들에게 더 복잡한 레이어 관리, 패턴 디자인, 디지털 페인팅 기술을 가르치고, 학생들이 작품을 더 높은 수준으로 개발하도록 함. 학생 스스로 새로운 방법을 개발하여 표현하는 것도 가능하며, 인공지능 미술을 효과적으로 사용하며 자유로운 창작 프로젝트를 수행함.

4. 차기 교육과정에서 미술 재료 관련 내용 전망

미술교육은 창의성, 기술, 사회적 변화 간의 역동적인 상호작용을 반영하면서 끊임없이 변화하고 있다. 차기 미술과 교육과정의 미술 재료는 혁신, 지속가능성, 글로벌 연결성이라는 다양한 요구를 반영할 수 있다.

디지털 기술의 부상은 미술 창작의 지형을 재편하고 있으며, 2022 개정 미술과 교육과정에서도 여러 차례 언급되고 있다. 차기 미술과 교육과정에서도 이러한 변화는 이어질 것으로 전망된다. 디지털 일러스트레이션과 3D 모델링을 위한 그래픽 태블릿, 최첨단 소프트웨어 등의 디지털 도구에 관한 내용이 보다 구체적으로 다루어질 수 있다. 여기에 가상 현실과 증강현실 기술의 통합은 미술을 가르치고 경험하는 방식에 새로운 도구로 활용될 수 있다. 가상현실 플랫폼은 학생들이 미술 작품을 제작할 수 있는 몰입형 환경을 제공하고, 증강현실은 전통적인 미술 재료에 정보를 제공하는 상호 작용성을 추가하여 물리적 영역과 디지털 영역 사이의 격차를 완화할 수 있다. 전도성 잉크, 반응성 패브릭, 프로그래밍 가능한 요소 등 스마트한 미술 재료도 고려할 사항이다. 이러한 재료를 통해 학생들은 전통적인 예술 매체의 경계를 넓혀 상호 작용적이고 역동적인 작품을 제작할 수 있다. 또한, 인공지능 관련 요소도 다루게 될 수 있는데, 학생들은 색과 형태뿐 아니라 프롬프트 등의 언어적 입력 요소도 다루어야 할 것이다.

디지털 및 스마트 미술 재료의 강조가 두드러질 수 있겠지만, 여전히 전통적인 미술 재료는 계속해서 교육과정에서 가장 중요하게 다루어질 것이다. 그러나 기존의 전통적인 미술 재료는 현대적인 변화를 겪을 수 있다. 전통과 혁신의 교차는 미술과 교육과정에서 계속해서 논의될 것이며, 상호작용이 강조될 수도 있다.

한편, 환경 문제가 중심이 되면서, 차기 미술과 교육과정은 미술 재료의 지속가능성을 강조할 수 있다. 생분해성 재료, 재활용 가능 물품 및 기타 친환경적인 재료의 사용은 재료 사용의 숙련뿐만 아니라 환경을 의식하는 미래의 세대를 육성하는 데 중요하게 생각될 수 있다. 이러한 변화는 예술적 노력의 생태적 발자국을 줄이려는 사회적 노력을 반영하기 위함이다.

미술 재료의 학습에 있어서 인공지능 기술이 차기 미술과 교육과정에서 활용될 수도 있다. 적응형 학습 기술은 각 학생의 고유한 예술적 스타일, 선호도 및 진행 상황을 분석하여 개인의 필요에 맞게 조정할 수 있다. 이러한 개인화된 접근 방식을 통해 학생들은 보다 효과적인 방식으로 자신의 미술 정체성과 잠재력을 탐색할 수 있다.

차기 미술과 교육과정에서 새로운 접근이 다양한 방향으로 이루어질 수 있겠으나, 전통적인 재료와 전통적인 학습법의 위치가 축소될 수는 없을 것이다. 이는 미술교육에서 본질적이며 가장 기본적인 것이기 때문이다. 학생들의 미적 감각을 깨울 수 있는 기본적인 재료 교육의 토대에 새로움과 다양성이 접목하는 것으로 차기 미술과 교육과정이 구성될 것으로 전망한다.

* 이 글은 공완욱(2023), 미술교육에서 수준에 따른 재료와 기법, 지도방법(조형교육, 88집)을 수정 보완한 원고임.

공완욱(춘천교육대학교)

24 미술 표현 과정의 기록과 관리

미술은 인간의 본능적인 행위이다. 미술의 창조적 표현을 통해 인간은 건강하고 조화로운 정신을 만들어 사회에서 일어나는 다양한 문제 현상을 해결할 수 있다(Read,1956). 따라서, 미술은 예술적 아름다움을 영위하고자 하는 인간의 본능을 기록으로 유지하면서 인류 역사에 기여해 왔다. 특히, 미술은 창작의 과정 속에서 특정한 상황을 묘사하는 것이 아닌 작가의 상상력과 정신세계 등을 이상적 조형미를 통해 표출하면서 새로운 상상력을 제시하기도 하였다. 이 과정에서 미술의 기록은 작품을 보다 심도 있게 이해하고 관찰하여 고차원의 단계로 발전할 수 있도록 돕는다. 따라서 미술 표현 과정에서의 기록과 그에 대한 관리는 미술을 통한 인간의 문화발전에 매우 중요한 의미를 가진다. 기록은 사전적 의미로 추후에 남길 수 있는 목적으로 어떠한 사실을 특정한 매체를 통해 정리하는 것을 의미한다. 미술에서의 기록은 작품 자체로도 기록의 가치를 담고 있지만, 표현 과정상 남기게 되는 다양한 기록들은 작품에 스토리를 입혀 작품의 가치를 더욱 의미 있게 만들 수 있다. 특히, 결과보다 과정을 중시하는 현 교육의 시대적 상황과 맞물려 미술 표현의 기록과 관리는 그 어느 때보다 중요해졌다. 이에 미술교육에서 학생들의 작품 제작 과정에서 나올 수 있는 다양한 기록의 방법들을 고민하고 있다. 따라서, 본 장에서는 미술교육에서의 표현 과정 기록에 대한 구체적인 목적을 이해하고, 나아가 그 기록을 효과적으로 관리할 수 있는 방법에 관해 살펴보고자 한다.

1. 미술 표현 과정에서 기록의 의미와 역할

예술가들은 자신의 작품을 제작하면서 각종 스케치, 일기, 편지, 작품 설명 등을 통해 작품 표현 과정의 기록을 남긴다. 루소는 자신만의 특별한 작품을 표현하기 위해 미술관과 박물관을 자주 방문하여 수많은 화가의 작품을 관찰한 후, 그 내용을 기록으로 남겨 자신의 작품에 반영하였다(윤현희, 2020). 또한, 고흐는 동생 테오와 편지를 주고받으며, 작품을 제작하던 당시의 고흐의 마음을 간접적으로 기록하기도 하였다. 이외에도 피카소, 클림트 등, 우리가 잘 알고 있는 많은 작가들은 작품 결과 이외에도 작품 과정에서 발생한 수많은 스케치를 남기며 작품 표현에 대한 끝없는 고민을 기록으로 남겼다. 그 덕분에 후세의 우리들은 그들의 작품을 단순히 표현기법적인 측면으로만 감상하는 것이 아니라, 감성과 이성, 그리고 사회적 배경 등의 다양한 측면에서 이해할 수 있는 것이다.

현대로 넘어오면서 다양한 기술과 매체를 통해 예술가 스스로 관객 앞에 나서서 작품을 설명하고 이해시키는 과정이 많아지게 되었다. 특히, 미술 평론가 및 미술사가들은 화가들의 기록과 말, 그들의 삶과 작품을 기반으로 다양한 기록을 남기며 작품에 대한 새로운 가치를 제시해 주고 있다. 20세기 다양한 미술 작품을 소개한 Lynton(1980)는 자신이 기록한 화가의 작품이 감상자들의 개인적 경험과 연결되며, 보다 더 확장적이고 유연하게 이해하기 원한다고 하였다. 이제 미술은 그동안 주가 되던 작가의 시각적 표현 결과를 공유하는 것에서 벗어나, 표현 과정에서의 작가 스스로의 다양한 기록과 그 작품에 대한 타인의 감상 기록 등을 통해 예술 문화로서 그 가치가 더욱 확장하게 된 것이다.

2. 학교 미술교육에서의 기록과 관리

1) 우리나라 학교 미술교육에서의 기록의 역할

학교 교육에서 학교생활기록부의 각종 세부능력 특기사항은 지필평가 성적에 의한 수치적 평가 대신 학생의 특성과 소질 등을 파악하여 학생의 지성과 인성을 고르게 성장시키기 위해 도입된 개혁안이다(이경렬, 권요한, 1999). 그러한 이유로 학생생활기록부의 세부 특기 사항은 학생의 노력을 중심으로 학생 활동에 관해 교사가 직접 관찰하고 평가한 내용을 기록해야 한다(박균열, 엄준용, 주영효, 2015). 그러므로 미술 교과의 학생생활기록부 역시 작품의 단순한 결과보다는 작품이 나오기까지 학생이 어떤 고민과 노력을 하였는지 그 내용이 나타나도록 기록하는 것이 중요하다. 하지만, 현실상 여러 학생을 담당하고 있는 미술 교사가 학생 개개인의 활동을 세밀히 관찰하고 그 내용을 기록으로 남기는 것은 쉬운 일이 아니다. 그러한 이유로 최근에는 교육 활동 중 교사의 지도하에 학생이 작성한 자료는 활용이 가능하다는 기재 요령이 제시되었다. 예를 들어 동료평가서, 자기평가서, 수업 산출물, 소감문, 독후감 등이 활용 가능한 학생 자료이다. 특히, 결과물에 대한 발표를 통해 동료평가를 실시하고 그 자료를 활용함으로서 보다 더 객관적인 평가를 위한 기록을 수행하도록 하고 있다. 하지만, 한 학기에 3~4개 정도의 실기평가를 진행하고, 학년 단위로 수업을 진행하는 미술 교과에서 학생들의 다양한 기록물을 작성시키고 기록하는 것은 교사 입장에서 쉬운 일은 아니다. 특히, 한 학교에 한두 명의 미술 교사가 대다수인 우리나라의 학교 상황에서는 더욱더 어려운 형편이다. 따라서, 학생들의 다양한 기록을 활용하고, 이를 효과적으로 보관하며 관리할 수 있는 방법적 보완이 매우 필요한 상황이다.

2) 관련 선행연구 탐색

미술교육에서 교육과정, 수업, 평가에 관한 선행연구는 다양하게 나타나고 있다. 시대적 변화에 따른 수업을 개발하고 적용하는 실증연구로, '교육과정-수업-평가-기록의 일체화'가 나타나기 시작하였으며, 대학입시의 학생부종합전형에 따라 '기록'에 대한 중요성이 나타나기 시작하였다(박소영, 강현석, 2019). '교육과정-수업-평가-기록의 일체화'는 각 요소 간의 불일치에서 오는 문제를 해소하여 일관된 교육을 실천하는 목적을 가지고 있다. 이 중 '기록'은 학교생활기록부의 '세부능력 및 특기사항'을 작성하는 것으로, 학습 과정에서 나타나는 다양한 기록을 효과적으로 관리하기 위한 방안을 필요로 한다(이수룡, 김일두, 박민재, 2021; 이명섭 외, 2019; 정종복, 2019). 특히 2019년 발생한 COVID-19로 인해 활성화된 온라인 수업의 영향으로 이러한 기록에 대한 연구는 디지털 기술 활용에 기반하여 진행되고 있다. 원격 및 디지털 기술을 이용한 '교육과정-수업-평가-기록의 일체화' 사례 연구(박병철, 2021; 충청북도교육청, 2022)와 미술 수업 전반의 기록과 관리의 흐름을 상세히 제시한 사례연구(장유정, 현은령, 2023) 등이 그 예이다. 해당 연구들은 시대적 흐름에 맞춰 디지털과 에듀테크, 그리고 온라인 플랫폼을 활용해 학생과 교사가 수업 내용에 관해 기록하고 관리 할 수 있는 방법을 구체적으로 제시하고 있다.

하지만, 미술교육에서 다양한 표현 활동과 과정이 존재한다는 점에서, 앞서 제시된 선행연구의 결과가 적용에 있어 제한적일 수밖에 없는 아쉬움이 있다. 따라서, 본 장에서는 미술의 표현 및 표현 과정에 따른 효과적 기록과 관리를 교사와 학생, 미술교육 내용, 제작과정별 평가, 협력 수업 등의 다양한 상황에서 살펴보고자 한다.

3. 미술 표현 과정의 기록과 관리 방향성

1) 학생 입장에서의 미술 표현 과정 기록과 관리

과정 중심의 교육과정에서 학생들에게 의미 있는 과정을 경험하게 하는 것은 매우 중요하다. 하지만 교육에서 평가는 교육과정의 성과를 분석하는 중요한 과정이므로 평가의 근거가 되는 교육과정의 기록도 학생의 경험과 연관하여 중요하게 다루어져야 한다. 특히, 미술 교과에서는 한 명의 교사가 모든 학생의 표현 과정을 하나하나 관찰하기 어려울뿐더러, 미술 표현에는 학생의 주관적인 특성이 다양하게 내포되므로 학생 스스로 자신의 표현 과정을 의미 있게 기록할 수 있도록 지원하는 것이 중요하다. Eisner (1972)는 미술 교과의 특성은 양적인 면보다는 질적인 특성이 강하다고 하였다. 따라서, 과정과 미술이 지니는 특성의 효과를 질적으로 드러내기 위해서는 학생 스스로 표현 과정을 기록하고 관리하는 것이 필요하다.

미술 교과에서 학생의 다양한 산출물을 평가하는 것을 포트폴리오 평가라 하며, 학습 전반의 결과물을 만들어가는 과정을 기록하고 관리한 내용을 평가하는 것을 프로세스폴리오라고 한다. 이와 같은 평가는 교사에게는 학생의 변화와 성장 과정을 모두 파악할 수 있게 하고, 학생에게는 자신의 활동 과정을 통해 스스로를 이해하고 평가할 수 있는 기회를 갖게 한다. 한 작품을 완성하기 위해 적어도 3~4시간을 할애하는 표현 활동에서 각 시간마다 자기반성의 짧은 글쓰기를 남겨 놓아도 충분한 표현의 기록이 될 수 있다. 학생 스스로 힘들었던 부분이나 인상 깊었던 부분을 기록한 것은 교사가 수업 관찰 과정에서 발견하지 못한 것들을 알 수 있게 하여 개별화된 학습지원을 할 수 있도록 한다. 또한 학생들은 수많은 교과의 수업 활동 속에서 자신이 남긴 미술 수업의 기록물을 통해 이전 수업과 활동을 상기시키고, 타 교과 활동과 융합을 통해 창의성을 증진시킬 수 있는 계기가 될 수 있다.

2) 교사 입장에서의 미술 표현 과정 기록과 관리

교사가 미술 수업에서 학생의 표현 과정을 모두 꼼꼼하게 관찰하기란 쉽지 않다. 하지만 그럼에도 불구하고 미술 교육에서 교사의 기록과 관리는 가장 중요하다. 왜냐하면 실제 미술 수업에서 처음부터 마지막까지 수업의 흐름을 이끌어가는 사람은 교사이고, 학생의 기록과 산출물을 바탕으로 다음 수업을 계획하는 사람도 교사이기 때문이다. 따라서 교사는 미술 전공자인 동시에 교육 전문가로서 학생들의 미술 표현 특징을 세밀히 관찰할 수 있는 능력을 갖추고 있어야 한다. 따라서, 교사는 학생들의 표현 과정을 개별적으로 기록하면서 학생들의 비전문가적 조형 언어에 대한 기록들을 정비 및 정리하는 역할을 해야 한다. 그리고 표현 과정에서 나타나는 다양한 기록을 효율적으로 관리하여 추후 학교생활기록부를 작성할 때 의미 있는 평가를 남길 수 있도록 해야 한다. 그러므로 교사는 미술 수업을 구성하기 전에 어떤 방법으로 기록을 남기고, 효율적으로 관리할지 그 방법을 고민할 필요가 있다. 구체적으로 서면으로 기록을 남길 것인지, 플랫폼을 활용한 디지털 기록으로 남길 것인지도 판단해야 한다. 또한, 자신이 직접 관찰하는 기록의 시점과 사진, 글쓰기, 체크리스트와 같은 방법도 사전에 결정해야 활동 종료 후 기록물 정리의 혼란을 줄일 수 있다. 많은 학교에서 COVID-19 이후 학생들에게 1인 1스마트 기기가 보급되었다. 이후 에듀테크와 관련된 다양한 콘텐츠와 플랫폼이 교육의 합리적 실용성을 높이고 있다는 연구 결과들이 등장하는 시점이다. 따라서 미술 표현 과정에서의 기록과 관리의 방법을 디지털화하는 것도 교사의 업무 부담을 낮추는 방법이라 여겨진다.

3) 미술 표현 과정의 기록과 관리를 위한 계획

수업을 계획하기 전 교육과정과 수업 방법, 평가 계획 등을 수립하게 된다. 특히 대학입시와 연결되는 고등학교의 경우 학교, 학부모, 교사, 학생 모두 평가에 대한 관심이 고조되므로 이에 대한 공정성에 가장 중점을 두게 될 수밖에 없는 상황이다. A, B, C나 수치로 제시되는 정량평가는 주로 지필고사와 같은 객관적 측정이 가능한 교과에서 주로 시행이 되고 있지만, 미술 교과는 실질적 학생 활동의 수행과정과 산출 결과물을 평가하는 정성 평가를 주로 시행하고 있다. 따라서 학교와 교사와 수업 내용에 따라 학교생활기록부의 기재 내용은 매우 다양하게 나타난다. 미술은 다른 교과에 비해 표현 활동에 중점을 두고 있기 때문에 평가 내용이 매우 다양하게 제시된다. 이는 다양성 측면에서 볼 때 미술 교과 평가의 강점이기도 하나, 객관성 확보에 있어서 많은 이의를 제기하는 요인이 되기도 한다. 따라서 객관화된 평가를 위한 미술 표현 과정의 기록을 위해서는 꼼꼼하고 체계적인 계획과 안내가 필요하다. 특히, 학생과 교사가 남기게 되는 다양한 미술 수업의 기록을 어떤 시점에서 어떤 방법으로 남기게 될지 고민해야 한다. 미술 표현 과정의 기록을 위해 남길 수 있는 기록과 관리에 대한 체크리스트의 예를 현장 수업에 기반하여 정리하면 다음과 같다(〈표 1〉 참조).

〈표 1〉 미술의 표현 과정의 기록과 관리를 위한 체크리스트(예)

구분	내용	기록 대상	차시별 기록 시간	기록 방법
수업 이해	표현 기법 및 방법에 대한 발문과 답변			
	활동의 사전 조사			
활동 과정	학생의 상시 기록			
	모둠회의 기록			
	작품 계획서			
	학생 작품 과정 기록			
	수업 중 교사 관찰 기록			
표현 결과	작품 결과 제시 및 설명			
	자기평가서			
	동료평가서			

위의 〈표 1〉에서 체크리스트는 수업 이해, 활동 과정, 표현 결과에 따라 구분하고 해당 파트에 따라 기록의 요소를 제시하고 있다. 그리고, 누가 기록할 것인지에 대한 기록 대상, 언제 기록할 것인지에 대한 기록 시간, 어떻게 기록하여 관리할 것인지에 대한 기록 방법을 통해 수업 활동 중 필요한 기록 계획을 세울 수 있다. 기록 시간은 횟수를 포함하여 해당 기록 내용을 여러 차례로 구성하여 계획한다. 또한, 미술 교과의 특성상 학생들이 표현 활동에 집중하고 기록을 소홀히 여길 수 있기 때문에 학생의 기록 독려를 위해서 기록과 평가를 연계하여 관리하는 것이 필요하다. 만약, 교사의 수업 계획 및 기록 계획에 따라 필요 없는 내용은 제외해도 무방하다.

4. 미술 표현 과정의 기록과 관리 사례

미술 표현 과정의 기록과 관리 사례는 서면 사례와 온라인 플랫폼 사례를 함께 제시하고자 한다. 특히, 서면보다는 온라인 플랫폼 사례를 중점적으로 다루고자 하는데, 이는 2022 개정 교육과정에서 중시하는 디지털 교육의 장려 정책과 연관되어 있다. 또한 물리적 저장 공간의 한계를 넘어 디지털화된 공간을 활용함으로서 기록 관리의 효과성과 편리성을 높이기 위해서이다.

1) 미술 표현 이해를 위한 학생 참여 기록과 관리 사례

미술 수업에서는 표현 기법과 방법에 대한 학생들의 이해가 필요하다. 이때, 교사는 학생들에게 미적 지식을 물어보는 경우가 있는데, 학생 전체에 질문을 던지게 되면 일부 학생들만 답을 하는 경우가 많다. 그렇다고 해서 만약 한 학생을 지목해서 질문할 경우, 소심한 학생들은 모든 친구 앞에서 답을 하는 것을 힘들어할 수 있다. 하지만, 표현 과정의 이해를 위한 수업 중 학생들의 질문과 답변을 교사가 귀담아듣고 이에 대해 기록하는 것도 매우 중요하다. 따라서, 교사는 모든 학생들이 수업에 적극적으로 참여할 수 있는 기회를 제공하여야 한다. 표현 기법과 방법에 대한 이해를 높이기 위한 수업의 경우, 수업 과정에서 제시될 수 있는 발문을 학생들에게 미리 제시하여 생각해 볼 수 있도록 하고, 그 생각을 작성하여 제출하거나 발표할 수 있도록 할 수 있다. 또한, 학생들의 개별 스마트 기기에 시청각 자료를 공유한 뒤, 모든 학생들이 교사의 발문에 즉각적으로 답을 하면 교사가 이를 확인하여 저장할 수 있는 온라인 플랫폼 시스템을 이용하는 것도 좋다(〈표 2〉 참조).

2) 미술 표현 활동의 과정별 짧은 글쓰기 기록과 관리 사례

미술 수업의 표현 활동을 진행하면서 모든 과정을 영상으로 찍어 기록하고 이를 상세히 살펴보는 것은 학교 교사의 입장에서 현실적으로 무리가 있다. 따라서 학생들이 수업 종료 후 자신의 표현 활동 과정을 짧은 글을 통해 기록하며 반성할 수 있도록 하고, 교사는 이를 통해 해당 수업에서 미처 발견하지 못한 학생의 특성을 파악하는 것이 더 효율적이다. 또한, 학생의 과정별 짧은 글쓰기는 학생들의 정리된 생각을 확인할 수 있다는 점에서 교사의 평가 기술 시간을 줄일 수 있다. 다음은 온라인 플랫폼을 활용해 수업 종료 후 학생 스스로 자신의 활동의 '어려웠던 점', '극복 및 잘한 점'을 기록한 내용이다. 이는 한눈에 학생들의 기록을 확인할 수 있고, 학생들 역시 친구들이 어떤 부분이 힘들었고 잘하였는지를 확인할 수 있어 소통의 역할도 할

〈표 2〉 서면과 온라인 플랫폼을 활용한 미술 표현 과정의 평가(예)

그림은 단순히 조형미만 보여주는 것일까? 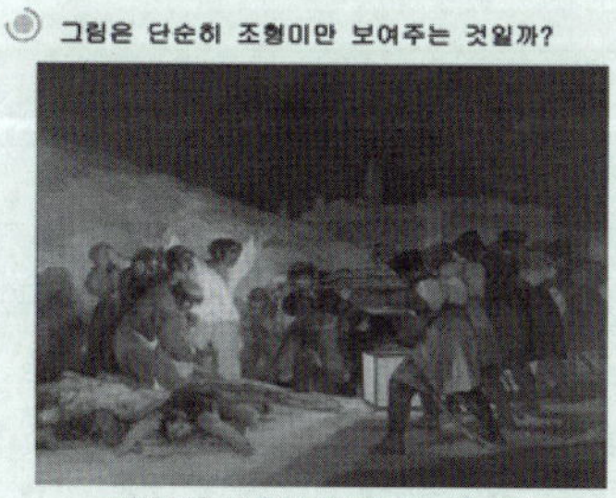 <1808년 5월 3일 학살>, 프란시스코 데 고야, 1814 ① 위 그림 <1808년 5월 3일 학살> 에서 무엇을 찾아볼 수 있을까요? ② 그림 속에 숨겨진 이야기는 무엇이 있을까요?	
표현 이해의 기록을 위한 사전 발문 학습지(서면)	학생들의 답변을 확인하고 저장하는 교사의 컴퓨터 화면(온라인 플랫폼)

수 있다([그림 1] 참조).

장유정과 현은령(2023)은 에듀테크를 활용한 미술교육 연구에서, 표현 활동 후 학생들의 짧은 글쓰기 기록은 소외된 학생들까지 교사가 효율적으로 관리할 수 있다고 보았다. 다만, 학생들의 기록 과정 중 다른 학생이 쓴 글을 삭제할 수 있는 상황이 발생할 수 있으므로 작성 시간과 행렬의 보호 기능을 활용할 것을 제안하였다.

3) 미술 표현 작품 제작과정의 기록과 관리 사례

일반적으로 표현 작품 제작과정의 기록은 학생 스스로 개별 포트폴리오 북을 만들면서 진행된다. 하지만 다수의 과목을 이수해야 하는 학생의 입장에서 볼 때, 지면 포트폴리오 북 제작은 수행에 따른 수고로움으로 인한 부담감이 크다. 따라서 온라인 플랫폼을 활용해 표현 과정을 지속적으로 기록하며 관리하는 것은 교사와 학생 모두에게 효율적 방법으로 제시될 수 있다. 온라인 플랫폼을 이용할 때, 미술 작품의 제작과정을 학생들 스스로 사진으로 남기도록 하는 것은 매우 유용한 기록 방법이다. 사진은 학생들이 어떤 고민을 통해 작품을 제작하였는지 알 수 있게 하여, 작품 제작과정의 기록과 관리를 넘어 작품 전시 및 공유방법의 아이디어도 제공하기 때문이다. 즉 비록 학생들의 서툰 조형 구성력으로 작품을 완성하더라도 교사들은 사진을 통해, 보다 더 쉽게 학생들이 추구했던 표현 작품에 대한 의도를 이해할 수 있도록 돕는다([그림 2] 참조).

[그림 2] 온라인 플랫폼을 활용한 작품 제작과정 포트폴리오(예)

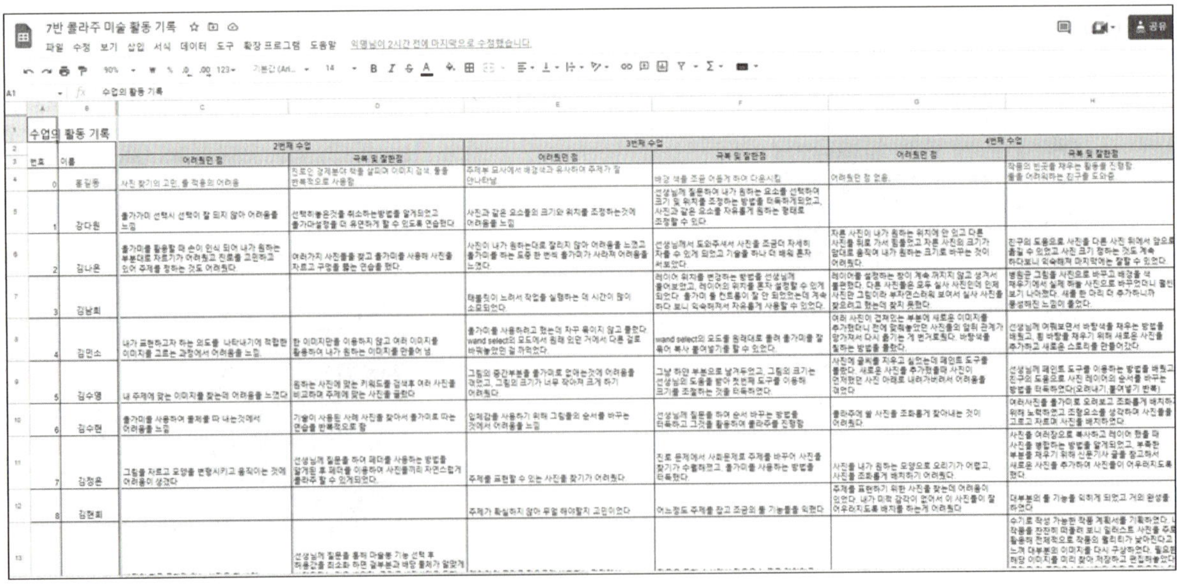

[그림 1] 온라인 플랫폼(구글 슬라이드)을 활용한 학생 활동 기록(예)

무엇보다 미술 표현 제작과정을 저장하는 온라인 플랫폼을 활용할 때 가장 큰 장점은 학생과 교사 모두 시공간에 구애 없이 인터넷으로 접근하여 살펴볼 수 있다는 점이다. 앞으로 디지털 환경으로 급속하게 변화할 학교 교육에서 온라인 플랫폼을 이용한 미술 표현 과정의 기록은 더욱 더 확산될 것으로 예상된다. 따라서 이에 대한 유지 및 관리 매뉴얼에 대한 수립도 필요한 시점이다.

4) 자기평가 및 동료평가에 대한 기록과 관리 사례

미술 표현 과정의 학생 기록에서 평가는 해당 미술 활동의 전반을 확인할 수 있는 중요한 자원이다. 자기평가서와 동료평가서는 서면으로 학생들에게 제시할 수도 있으나, 기록한 내용을 학생들이 지속적으로 확인할 수 없는 것과 보관이 어렵다는 단점을 가지고 있다. 따라서 이러한 단점을 보완하기 위한 대안으로 온라인 플랫폼을 활용할 수 있다. 온라인 플랫폼을 활용한 평가는 교사에게는 평가서를 효과적으로 관리하고 보관할 수 있도록 하고, 학생에게는 자신의 활동 내용을 수시로 확인할 수 있게 돕는다.

특히, 자기평가는 학생들이 작품의 특징과 배우고 느낀 점, 활동 과정에서 어려웠지만 극복한 방법 등을 상세히 작성하여 스스로 평가할 수 있도록 하는 것은 수업 계획만큼이나 매우 중요하다. 따라서 표현 활동에서 얻은 인지적이고 정의적인 내용을 지식과 태도, 그리고 목표 달성 여부 등으로 분류하여 조직화 된 자기 평가서를 제공하는 것은 학습 정리 측면에서 매우 큰 의미를 갖는다(〈표 3〉 참조).

동료평가의 경우는 자기평가와 달리 학생의 관리와 지속적 확인보다는 학생의 객관적인 판단이 중요하다. 친구의 작품을 바라보는 객관적 판단이 필요하므로 친구들과 상의하거나 합의보는 시간을 주기보다는 비교적 개별활동을 통해 단시간에 진행하는 것이 효과적이다. 이러한 측면에서 온라인 플랫폼을 활용한 자기평가는 동료 학습자의 발표 시간 동안에 손쉽고 빠르게 평가에 참여할 수 있다는

〈표 3〉 표현 활동에 대한 자기평가서(예)

<table>
<tr><th>표현 활동</th><th>자기평가서</th></tr>
<tr><td>
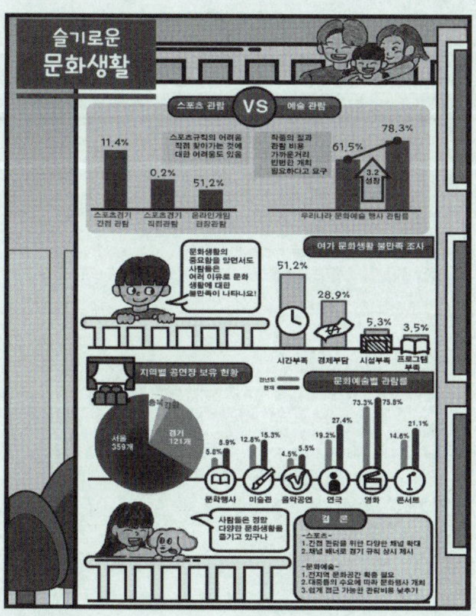

〈데이터시각화를 통한 포스터 제작〉
</td><td>

정보를 시각화시킨 통계 포스터 발표하기

통계 결과와 이를 분석하여 시각화시킨 포스터의 특징을 자유롭게 적어보고 친구들 앞에서 발표할 수 있도록 합니다. 다른 친구들이 발표할 때 발표한 친구가 누구이고 칭찬할 부분과 개선해야 할 부분을 함께 적어보도록 합시다.

1) 발표 내용을 적어봅시다.

<table>
<tr><td>통계 포스터의 특징
(작품계획서 활용)</td><td></td></tr>
<tr><td>배우고 느낀 점</td><td></td></tr>
<tr><td>활동 시 어려웠던
점과 극복 방법</td><td></td></tr>
<tr><td>활동 이후 달라진 점</td><td></td></tr>
</table>

2) 자신이 생각하는 통계 포스터 표현의 목표달성 여부를 생각해보고 목표에 따른 부족한 부분, 우수한 부분을 정리해 봅시다.

<table>
<tr><th></th><th>평가 요소</th><th>부족한 부분</th><th>목표달성 여부</th><th>우수한점</th></tr>
<tr><td>1</td><td>통계 주제와 분석과정이 효과적으로 구성하여 발표하였는가?</td><td></td><td></td><td></td></tr>
<tr><td>2</td><td>선정된 통계 주제에 맞는 통계치를 수집하여 통계 요소를 분명하게 표현하였는가?</td><td></td><td></td><td></td></tr>
<tr><td>3</td><td>통계 주제와 결과에 맞는 그래픽 요소를 효과적으로 포스터를 표현하였는가?</td><td></td><td></td><td></td></tr>
<tr><td>4</td><td>학습 과정에서 주어진 문제를 해결하기 위해 노력하였는가?</td><td></td><td></td><td></td></tr>
</table>

</td></tr>
</table>

장점이 있다. 또한 자신의 작품에 대한 동료 학습자의 의견을 온라인 플랫폼에 탑재된 설문 기능 통해 학생 스스로 구성하게 하는 것은 평가에 대한 학생들의 능동적 참여를 유도할 수 있게 한다. 교사 또한 동료평가 시간 중에 발표자와 평가자인 학생 모두를 손쉽게 관리하며 시의성 있게 최종 평가자료를 작성할 수 있다(〈표 4〉 참조).

특히 온라인 플랫폼을 활용한 평가는 부피가 큰 미술 활동 결과물을 온라인에서 공유 후 평가 관리할 수 있다는 점에서 타 교과에서보다 미술 교과에서 더 큰 효율성을 기대할 수 있다.

5) 미술 감상 수업에서 협력 수업을 통한 표현 과정의 기록과 관리 사례

미술 교과의 표현 과정에서 보편적으로 시행되는 협력 수업은 학생들의 협동심, 의사소통 및 결정 능력 등을 향상시킬 수 있는 좋은 방법이다. 하지만 적극적이고 리더십의 강한 학생 중심으로 수업이 흘러갈 위험이 있다. 또한, 협력 수업에서는 개별화 수업에 비해 교사의 일대일 맞춤형 관찰이 어렵기 때문에 개별 평가보다는 동료평가를 시행하는 것이 일반적이다. 하지만 수업의 평가를 학생들의 동료평가에 큰 비중을 두고 시행하기에는 위험부담이 따른

〈표 4〉 온라인 플랫폼을 활용한 동료평가(예)

<table>
<tr><td>설문 기능을 활용하여
자신의 작품에 대한
동료 평가지 작성의 예</td><td>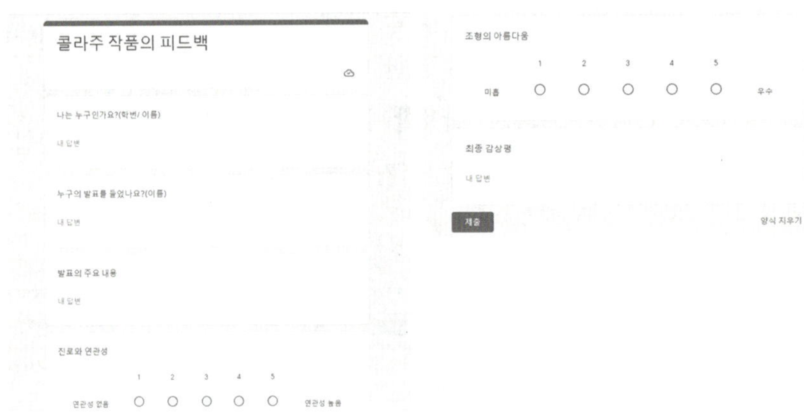
</td></tr>
<tr><td>교사의
학생 평가 관리 화면</td><td></td></tr>
</table>

다. 특히 대학 입시와 연결되는 고등학교급에서는 평가에 대한 공정성 시비에 휘말리기 쉽기 때문에 동료 평가를 보완할 수 있는 장치가 필요하다. 이때 활용할 수 있는 방법이 전자 필기와 화상 채팅이 가능한 온라인 플랫폼을 활용하는 것이다(〈표 5〉 참조).

이처럼 온라인 플랫폼에서는 모둠원 간에 서로 다른 색의 펜을 사용해 작품 감상의 과정을 글로 남길 수 있고, 작성 과정과 대화를 화상 채팅 플랫폼을 활용해 기록할 수 있다. 따라서 교사는 모둠 활동 과정에서 세세하게 관찰하지 못했던 학생들의 개별활동을 온라인 플랫폼 의 전자 필기의 내용과 대화 기록을 통해 확인 할 수 있다. 또한 학생들의 개별적 질문을 받을 수 있어, 협동 학습에서 발생할 수 있는 모둠 또는 개인별 문제 상황에 대해 유연성 있게 조력할 수 있다.

〈표 5〉 온라인 플랫폼의 전자 필기와 화상 채팅 기능을 활용한 기록과 관리(예)

학습 주제	동서양의 풍속화 비교
준비물	• 학생 개인용 스마트 기기, 모둠용 스마트 기기
활동 내용	• 모둠형 스마트 기기의 공유 노트와 화상채팅에 참여 • 카메라는 작품과 모둠원을 이원화하여 비추도록 촬영  • 전자 필기장을 활용해 작품 감상 내용 기록하기 : 모둠원 간에 이야기를 나누며 서로 다른 색 펜을 사용하여 작성하기 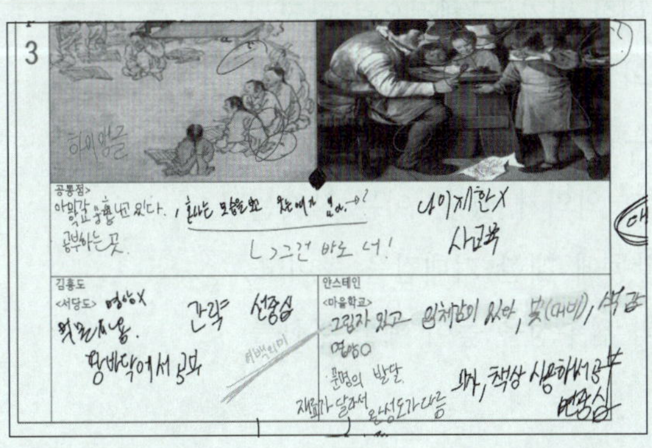
기록 및 관리 내용	• 전자 필기장과 채팅방의 대화 내용 • 회의 과정 내용 • 학생의 학습지원 요청 및 교사 조력 내용

5. 미술 표현 과정의 기록과 관리 전망

현 교육과정에서 미술 표현 과정의 기록과 관리는 과정 중심 교육과정의 강조됨에 따라 그 필요성이 요구되고 있다. 다만 교육과정에서는 구체적인 방법을 제시하고 있지 않으므로, 학교와 교사, 그리고 교실 환경에 따라 교사가 선택하여 운영하여야 한다. 따라서 다양한 미술 표현 과정의 기록과 관리 방법에 대한 매체, 과정 설계, 효과성 검증 결과 등을 다각도로 연구하여 현장 교사가 각각의 환경에 맞게 선택 및 재구성하여 활용할 수 있도록 해야 한다.

여기서는 그동안 미술 표현 과정의 기록과 관리 과정에서 자주 사용해온 서면 활용 방법과 2022 개정 교육과정에서 중시하는 디지털 활용 교육에 맞춰 온라인 플랫폼 기반의 활용 방법을 제안하였다. 표현 과정의 기록과 관리에서 가장 중요한 것은 교사와 학생의 손쉬운 접근을 유도해야 하지만 정보 손상이 없는 관리를 유지하며 객관성과 신뢰성을 확보하는 것이다. 따라서, 교사는 수업 전 교수·학습 과정을 설계하는 계획 과정에서 수업의 내용 요소뿐만 아니라 학생과 본인의 기록 정보가 더욱 유용한 정보로 활용될 수 있도록 기록과 관리에 대한 방법을 수립하고 실행하는 것이 매우 중요하다. 결과적으로 미술 표현 과정상의 기록과 관리는 교육 활동에 대한 평가, 구체적으로 학교생활기록부 기록을 위한 목적의 활용에 적극적으로 활용된다는 점 이외에도, 정의적 측면에서 수업 활동 결과물의 가치를 공유한다는 점에서 그 의의가 있다. 이는 작게는 학생들의 다음 미술 표현 활동에 대한 기대감을 높이고, 크게는 학생들의 미적 능력과 감수성을 높여 예술 문화를 신장시킬 수 있도록 돕는다. 따라서 미술 표현 과정의 기록과 관리에 대해 보다 체계적이고 다양한 활용을 통해 미술 교과가 학교 현장에서 실행되는 이유와 당위성을 확보할 수 있기를 바란다.

현은령(한양대학교)

25 표현 결과의 공유와 소통 방법

인류 역사에서 적극적인 인간관계를 형성하는 소통과 소통을 통한 가치공유는 인류의 가장 중요한 문화 현상이다(서영식, 2009). 즉 개인의 생각을 전달하는 지속적인 소통이 구성원 간에 끊임없이 이뤄지면서 동일한 가치를 형성할 수 있도록 하였으며, 인간관계와 문화 형성의 기반이 되었던 것이다. 이는 어떠한 광범위한 영역에 사용되더라도 변하지 않는 공유와 소통의 본질적 가치이다. 그렇다면 공유와 소통이 지니는 본질적 가치를 학교 미술교육의 표현 결과에 어떤 방법으로 적용해야 할까? 학교교육에서 미술교과는 교과 자체의 지식 이해와 함께, 그리기와 만들기를 비롯한 창작 활동을 통해 학생의 정서 발달과 창의적인 생각을 향상시킬 수 있도록 하는 것도 중요하게 다룬다. 다시 말해, 다양한 교과에서 배운 지식을 활용해 시각적 유형의 대상을 창의적으로 구성하게끔 수업을 구성하는 것이다. 또한, 미술 수업을 통해 완성된 작품은 제작자의 의도와 방법을 이해하고 습득하는 것을 넘어 사람들에게 공유되고 소통되는 과정을 통해 공유할 수 있도록 한다. 이는 자신의 미적 표현력과 가치를 알리며 작품을 바라보는 타인의 심미적 감수성을 작품에 결합시켜 공동체간에 새로운 문화 가치를 형성할 수 있는 기회로 작용하기 때문이다. 그런 이유로 우리의 삶과 역사 속에는 늘 미술이 존재하며 인류 발전에 기여 해왔다. 따라서 학교 미술 교육과정 속 공유와 소통에 대해 알아보는 것이 필요하며, 이를 통해 미술 표현 결과에 어떻게 적용해 볼 수 있는지를 구체적으로 살펴보아야 할 것이다.

1. 미술과 교육과정에서 표현 결과의 공유와 소통의 의미

1) 교육과정에 나타난 공유와 소통의 가치

미술에서 공유와 소통은 관객과의 관계를 넘어 사회와 역사와의 소통을 의미하는 것이다(유혜종, 2013). 즉 미술의 공유와 소통은 미술 교육을 넘어 민주 시민으로서 공동체적 의식을 높일 수 있는 주요 요소가 될 수 있다는 의미이다. 2022 교육과정 총론이 추구하는 인간상은 전인적 성장을 통한 자기 주도적인 사람, 발상과 도전으로 새로운 가치를 만들 수 있는 창의적인 사람, 다원적 문화적 소양을 갖춘 교양있는 사람, 공동체를 통해 더불어 사는 사람이다(교육부, 2022a). 총론이 추구하는 인간상을 이루기 위해서는 인간 개인의 발전을 넘어 집단과 국가, 인류의 이상을 실현하기 위한 하나의 방향으로 공동체를 이루는 목적성을 지니고 있다. 공동체를 이루는 가장 기본적인 요소는 바로 공유와 소통이라 생각된다. 그 이유는 자신을 표현하기 위해 타인을 존중하고 공동이 추구하는 목적을 위해 협력적으로 소통하는 것이 필요하기 때문이다(교육부, 2022a).

그렇다면 미술 교과에서의 공동체를 이루는 공유와 소통은 어떤 특징을 가지고 있을까? 인류는 오래전부터 이미지를 통해 다양한 소통을 진행해왔다. 인류는 문자가 만들어지기 전부터 동굴 벽화를 통해 사냥과 채집의 방법을 기록하며 생활 방식을 소통하고 공유하였으며, 역사성을 지닌 왕과 귀족의 묘에는 그들의 삶을 기록하며 의상, 음식, 주거 형태, 사람들과의 관계를 보여주며 그들의 문화를 이해할 수 있도록 하였다. 현대 미술 교육의 표현 속 공유와 소통 역시 창작을 통해 자신을 깊이 탐색하고 정체성을 찾아 공동체의 다양한 미적 가치의 경험을 공유하고 소통하면서 새로운 문화를 만들어갈 수 있도록 추구하고 있다(교육부, 2022b). 따라서, 소통과 공유는 미술 교과에서 중시하는 심미적 감성, 창의적 표현 이상으로 학생 개인의 가치를 확장하는 동시에 학생이 속하거나 앞으로 맞이하게 될 새로운 공동체 문화를 형성을 위한 중요한 역량인 셈이다.

특히 미술은 작품 표현을 통해 자신 내면의 분신을 시각적으로 창조하는 조형 과정을 통해 스스로에게 내재되어 있던 놀라운 것을 발견해 나가는데 매우 유용하다(김혜숙 외, 2003). 즉 미술 작품을 통해 인간은 자신의 내면을 드러냄으로써 타인에게 자신을 표현하는 것이다. 자신을 드러낸다는 것은 타인을 이해할 수 있는 기회가 되기도 하며, 나와 타인을 이해하는 과정에서 함께 살아가는 사람 간에 환경, 생활 등의 공통분모가 형성되어 공동체를 만드는 과정이다. 그런 이유에서 미술은 시각을 통해 나누는 또 하나의 언어인 것이다. 또한, 창의성을 통해 나타난 다양한 조형 표현의 공유와 소통은 개인과 공동체를 성장시키면서 하나의 문화를 형성하고 발전시키는 중요한 역할을 한다.

2) 미술과 교육과정에서 표현 결과 공유와 소통의 특징

미술 교과에서의 공유와 소통은 감상 영역에서 용어가 주로 활용되었지만. 2022 개정 미술 교육과정에서는 미적 체험, 표현, 감상 등 전 영역에 걸쳐 다양하게 활용하고 있다. 특히, 미술 표현에서 다양한 표현 방법과 기법 및 매체들이 활용되면서 작품 제작 과정에 대한 공유와 소통의 과정을 중시한다. 제작 단계에서부터 공동 작품과 같은 협력을 통한 문제 해결을 통해 공유와 소통을 추구하는데, 그 중 창작 및 제작 단계에서의 공유와 소통은 새로운 아이디어와 프로세스를 만들어 낼 수 있다는 점에서 예술적 영감을 얻을 수 있는 기회가 된다. 아울러 아이디어를 공유하는 과정에서 새로운 공동체 의식을 함양시키기도 한다. 특히 2022 개정 미술과 교육과정에서는 작품 표현 결과의 공유와 소통은 단순한 감상적 공유가 아닌 발표와 토론을 통해 학생 공동체가 새로운 문화를 형성해 갈 수 있도록 지향하고 있다(교육부, 2022b). 미술은 객관적 사실을 보여주기도 하지만 주관적 가치를 보여주기도 한다. 이는 작품을 제작한 사람의 감정과 아이디어를 전달할 수 있는 기회를 넘어 타인의 생각과 아이디어를 들어볼 기회가 된다. 또한, 미술 작품의 결과 발표와 토론을 통한 대화적 소통은 단순히 평가 단계를 넘어 다원화된 미술 표현의 심미적·감성적 공감대를 형성할 수 있다는 점에서 문화의 이해와 경험을 넘어 사고를 통합·확장할 수 있다는 장점을 지니고 있다.

최근 들어 미술교과에서의 작품 표현 결과의 공유와 소통의 공간은 온·오프라인으로 그 확장을 추구한다(교육부, 2022a). 이는 새로운 미술 커뮤니티의 장을 형성하여 보다 확장된 공동체를 구축하는 데 중요한 역할을 하고 있다. 그동안 엘리트 미술에서 작품의 공유는 미술관이라는 한정된 공간에서 이뤄지는 경우가 많았다. 작가는 전시를 하고 관람자는 그저 감상만 할 뿐이었다. 하지만 미술관을 넘은 확장된 표현 결과의 공유와 소통은 작가와 관람자를 상호작용할 수 있도록 하며, 온라인을 통한 소통의 장은 작가와 관람자를 보다 친근하게 만드는 동시에 새로운 문화 교류의 기회를 만들 수 있도록 한다. 따라서 미술교육에서 이루어지는 공유와 소통은 다양한 온·오프라인 플랫폼을 통해 공유될 수 있으며, 미술의 제작자와 감상자의 적극적 소통을 유도하는데 매우 유용하다.

2. 표현 결과의 공유와 소통에 관한 선행연구

미술 교육의 표현 결과에 대한 공유와 소통의 선행연구

는 일부 초중고 교과서에서 학생들의 작품 전시 기획에 관련된 내용을 다루는 경우가 많다. 구체적으로 작품 제작 후 확장 활동으로 발표와 토론을 통해 표현 결과의 공유와 소통을 제시하는 내용들이다. 학교 교육보다는 미술관 교육에서 작품을 통한 공유와 소통에 관심을 두고 연구를 진행하였으며, 학교 미술 교육과 관련해서는 감상 교육에서 관련 내용을 찾을 수 있다. 구체적으로 관람객과의 다양한 소통 방법에 대해 탐구한 미술관 사례 연구(김수진, 2018), 미적 소통을 통한 사례 연구를 통해 본 공공 미술과 미술 교육에 대한 연구(김성숙, 2012), 소통이란 관점으로 대화 중심의 미술 감상 교육이 학생의 자아존중감에 미치는 영향에 관해 탐구한 연구(박지원, 박향숙, 2010), 미술관과 학교를 연계한 학습자 중심 전시 감상 수업에 대한 연구(이채원, 2020)등이다. 물론 미술 감상 교육과 연관되어서 매우 다양한 연구들이 존재한다. 하지만 특정 수업 프로그램의 감상 방법을 제시하고 있어 공유와 소통이라는 보다 확장된 의미로 해석하기 어려운 점이 있다. 또한, 표현 결과 공유와 소통으로 제시된 선행연구 역시 모두 의미 있는 가치를 지니고 있지만, 교육과정에서 지향하고 있는 새로운 공동체 구성을 통한 문화 형성의 다양한 방향성을 제시하는 측면에서는 아쉬움이 있다. 특히, 현재 개발된 온라인 기술을 통한 공유와 소통의 방법을 충분히 제시하지 못하고 있다는 것이 한계점으로 지적된다. 따라서, 교육과정 및 학교 미술 교육에서 다뤄야 할 표현 결과의 공유와 소통을 위해 내용과 방법, 그리고 공유와 소통을 위한 다양한 매체의 활용에 대한 연구가 필요한 상황이다.

3. 표현 결과 공유와 소통의 방법

미술과 교육과정에서 공유와 소통은 표현 과정에서부터 제시되어 그 중요성을 강조하고 있다. 표현 결과를 다룰 때 표현 과정에 대한 공유와 소통은 작품을 이해하는 중요한 요소가 된다. 따라서, 표현 결과의 공유와 소통을 이루기 위해서는 작품의 결과를 제시할 때 어떤 제작 과정과 아이디어가 있었는지 미리 기록으로 남기고 소통을 나눌 동료와 교사에게 공유하는 것이 필요하다. 이를 위해 작업 과정에 따른 작품 계획서, 아이디어 스케치, 작품 제작 과정의 사진들을 남겨 놓아 표현 결과 공유와 소통 시 논의하여 다음 작품의 아이디어 발상에 활용할 수 있도록 하는 것이 매우 유용하다.

본 장에서 제시하는 표현 결과의 공유와 소통의 방법은 다양하게 활용되는 미술 활동 및 교수-학습 방법을 일부 활용하여 발표, 토론 및 토의, 작품 전시와 설명을 통한 방법, 작가와의 만남, 모둠 활동, 작품의 재구성 및 시각화로 구성하였다. 이는 학생의 주도적 배움과 상호작용을 일으키기 위한 방안으로 제안된 것으로 다음과 같다.

1) 교실 발표와 토론 및 토의

현재 대부분의 학교 미술 수업에서는 미술 표현 결과에 대한 발표를 진행하고 있으며, 이를 평가에 적용한다. 그리고 동료 평가를 통해 친구의 작품에 대해 생각해 보는 시간을 갖는다. 하지만, 평가를 위한 도구적 활용의 공유와 소통보다 진정한 미술 확장을 도모할 수 있는 다음과 같은 발표와 토론 및 토의 방법이 필요하다.

첫째, '발표 중심의 표현 결과 공유와 소통' 방법이다. 발표 중심의 표현 결과 공유와 소통은 미술 감상과 비평이 지닌 작품의 이해와 가치를 반영한다. 공유와 소통에서도 작품에 대한 충분한 이해의 과정이 필요하기 때문이다. 다만, 유명 미술가의 작품이 아닌 학교 구성원의 작품을 활용하는 것이 필요하다. 공유와 소통의 발표를 위해 학생은 표현 과정에서부터 자신이 표현한 형식적 요소, 맥락적 특성, 의도 등을 충분히 고려해 작품을 제작해야 한다. 이는 언제든지 자신의 작품을 공동체 구성원에게 소개하고, 관람자 및 소통 참여자가 작품을 다각적으로 살펴볼 기회를 제공하기 위함이다.

둘째, 자연스럽게 이야기를 주고받으며 개방적인 상호작용을 이루는 '토론 및 토의 중심의 표현 결과 공유와 소통' 방법이다. 토론과 토의는 어떤 문제를 다루고 있다는 점에서 같지만, 토론은 논리를 바탕으로 상대방의 의견을 이겨야 하는 경쟁적 특성이 있으며, 토의는 문제에 대해 최선의 해결을 위한 협력적 특성을 지닌다(박일수, 2012). 하지만 토론과 토의는 우리 생활 속에서 상호 병행을 통해 이뤄진다(정문성, 2004). 따라서 토론과 토의를 포괄적으로 활용할 수 있다. 토론 및 토의를 위해 발표 중심과 마찬가지로 제작자는 사전에 작품에 대한 다양한 자료와 정보를 준비해야 하며, 해당 정보는 문서나 시각 자료를 통해 미리 제공해 주는 것이 필요하다. 또한 평가와 판단을 넘어 다양한 의견을 들을 수 있는 질문을 미리 구성해 자연스러운 토론 및 토의가 될 수 있도록 유도해야 한다. 박지원과 박향숙(2010)은 대화 중심의 미술 감상 교육이 학생의 자존감을 높일 수 있는 하나의 방법이라 설명하며, 작품을 이해하고 생각할 수 있는 질문에 대해 몇 가지를 제안하였다. 이를 바탕으로 표현 결과 토론 및 토의를 유도할 수 있는 질문을 재구성하여 정리하면 다음과 같다(〈표 1〉 참조).

〈표 1〉 표현 결과 토론 및 토의를 유도할 수 있는 질문

구분	표현 결과 오프라인 전시 공간의 특성
작품의 형식	• 친구의 작품 형태는 어떠한가요? • 친구의 작품의 색채는 어떠한가요? • 친구의 작품 기법에서 어떤 특색이 느껴지나요? • 친구의 작품에서 기존의 작품들과 유사점 또는 특이점은 무엇이 있나요?
작품의 내용	• 친구의 작품은 무엇을 표현한 것 같나요? • 친구의 작품에서 무엇이 보이나요? • 친구의 작품에서 찾아볼 수 있는 독특한 점이 있나요? • 친구의 작품은 시대적으로 어떤 특징을 가지고 있다고 보나요?
작품의 해석	• 친구는 작품을 왜 이렇게 표현했을 것 같나요? • 친구의 작품 표현에 어떤 의도가 있을까요? • 친구 작품과 작품 제목이 연결성은 어떠한가요?
작품의 느낌	• 친구의 작품을 보면 어떤 느낌이 드나요? • 친구의 작품 제작 과정에서 어떤 어려움이 있었을 것 같나요? • 친구의 작품 제작 및 결과를 통해 무엇을 새롭게 알고 배우게 되었나요? • 내가 친구라면 어떻게 작품을 표현했을까요?

위와 같은 질문은 토론 및 토의 과정에서 관람자 및 소통 참여자의 의견을 먼저 경청하고 작품 제작자가 후 답변을 통해 긴밀한 소통을 유도하기 위함이다. 만약, 학생들이 자유로운 대화에 어려움을 느낀다면 자신을 주제로 한 작품 표현을 통해 긍정적 피드백을 제공하는 집단미술치료의 방법을 활용할 수 있다. 건강하게 자라난 청소년일지라도 내면을 통한 감성적이고 정서적인 이야기를 나누는 것을 어려워할 수 있기 때문이다(이황은, 2009).

2) 전시 작품 설명 및 작가와의 만남

전문 미술 작가들은 자신의 작품을 선보이기 위해 전시관을 이용해 작품을 전시하고 때때로 관람자에게 직접 자신의 작품을 소개하고 안내한다. 또한 작가와의 만남을 통

해 자신의 작품 세계를 다수의 사람들에게 전달한다. 따라서 미술 작가와 같은 공유와 소통의 방식을 학교 미술교육에 다음과 같이 활용할 수 있다.

첫째, 가장 고전적인 방법이면서 가장 보편적으로 활용하는 '작품 전시와 설명을 통한 방법'이다. 전시를 통해 다양한 작품을 선보이고, 작품의 독특한 정보를 설명하여 감상자의 이해를 돕는 방법이다. 전시과정은 계획, 기획, 제작, 실행, 최종, 평가의 단계로 이뤄지며 실행 단계에서는 전시 작품의 유지와 보존을 포함해 작품 설명, 강연, 교육 등이 진행된다(윤병화, 이영란, 2013). 학교 미술 교과의 전시는 이런 실행의 과정에서 작품 설명, 강연을 실천하지 못하는 경우가 많으나, 학생들은 전시 작품에 대해 자연스럽게 서로의 생각을 이야기한다. 작품 전시의 채택 여부를 떠나 미술 교과 시간에 모든 학생들이 작품 제작에 참여하였기 때문이다. 자신의 작품과 비교하고 작품 제작 상황을 떠올리며 이야기를 나눌 수 있으므로 작품에 대해 더욱 긴밀하고 진솔한 이야기를 나누는 공유와 소통의 기회가 될 수 있다. 미술관과 같이 작품 제작자 또는 전시 작품을 잘 이해하고 있는 학생 도슨트를 배치하여 1대 1의 관계로 작품에 관해 이야기하고 논의할 수 있다면 더욱 의미 있는 공유와 소통이 될 수 있을 것이다.

둘째, '작가와의 만남'[1)]과 같은 이벤트 혹은 세미나를 계획할 수 있다. 작가와의 만남은 공유하고자 하는 작품과 제작자에게 집중할 수 있으며, 해당 작품에 대해 다양한 의견을 공유할 수 있는 장점이 있다. 특히 정해진 시간에 집단을 통한 논의가 가능하고, 즉각적인 피드백을 진행할 수 있으므로 포럼과 같은 토의 방식을 활용할 수 있다. 또한 작가가 된 학생은 본인 작품의 전문가가 되기 위해 많은 노력을 하게 된다. 자신만의 작품에 관해 차별화된 탐구와 함께 작품과 관련된 미술사적 맥락도 파악해야 한다. 더불어 작가와의 만남에 참여한 학생들 역시 능동적 참여자로서 소통을 위한 노력이 필요하다. 따라서 이러한 방법은 참여자 모두에게 능동성을 부여할 수 있다.

3) 모둠 활동을 통한 공유와 소통

학교 현장의 미술시간에서 작품 전시를 통한 설명, 작가와의 만남과 같은 세미나는 공간적이고 시간적인 제약으로 모든 학생의 작품을 공유하고 소통하기 어렵다. 또한 상위 주제 속에 하위 주제로 세분화하여 작품을 표현하였을 때 더욱 긴밀한 소통이 필요하게 된다. 따라서 이러한 문제를 해결하기 위해 '모둠 활동을 통한 공유와 소통'을 진행할 수 있다. 모둠을 활용한 공유와 소통은 비슷한 세부 주제와 표현기법을 활용한 학생들이 모여 각자의 작품을 소개하고, 작품에 대해 긴밀하게 이야기를 나눌 수 있다. 소규모로 구성된 모둠은 더욱 편안한 마음으로 작품에 대한 논의를 진행할 수 있으며, 구성원 모두가 이야기를 할 수 있는 기회를 제공한다. 길현주 외(2016) 연구에서도 모둠 활동을 통해 학생들은 서로의 공통점과 다른 점을 찾아가며 스스로 성장하는 모습을 갖게 되었다고 하였다. 따라서 비슷한 주제나 표현기법을 사용한 모둠원이 표현 과정에서 겪은 장점과 어려운 점을 함께 나눌 수 있도록 하면 모둠원 간에 깊은 공감대를 형성할 수 있다.

4) 작품의 재구성 및 시각화

작품의 재구성 및 시각화는 표현 과정에서 느꼈던 감정이나 생각, 친구의 작품을 보고 느낀 점 등 자신의 다양한 경험을 바탕으로 재구성 및 시각화를 통해 소통을 진행할 수 있다. 이는 시각적 의사소통과 연관된다. 시각적 의사

---

1) 본 단락에서 제시한 '작가와의 만남'의 작가는 작품을 제작한 학교 구성원이다.

소통은 자신의 생각을 시각 이미지로 표현해 다른 사람에게 전달하는 방식을 갖고 있다(이수경, 2006). 이와 같은 시각적 의사소통은 독자적 소통 방법으로 활용할 수도 있지만, 위에서 제시한 토론 및 토의, 작가와의 만남과 같은 세미나, 모둠 활동에서 언어적 의사소통과 병행하여 활용할 수 있다. 언어를 통한 문자의 소통은 특정지을 단어가 없을 경우 소통에 필요한 다양한 감정 전달이 어려울 수 있기 때문이다(주형일, 2007). 또한 표현 과정이 개별 활동이었다면 작품 재구성 및 시각화에서는 협동학습을 활용할 수 있다. 개별 학습에 비해 협동학습은 고급 사고력을 활용할 수 있는 기회가 많다(정문성, 2006). 따라서 협동학습을 통해 시각문화의 이해를 비롯해 시각적 의사소통 능력까지 향상시킬 수 있다(정혜연, 서현정, 2017).

4. 미술 표현 결과의 공유와 소통을 위한 환경 구성

표현 결과의 공유와 소통은 학교 또는 학급 공동체간의 새로운 문화를 형성하는 요인이 되므로 진정한 공유와 소통이 되기 위한 환경 구성이 다음과 같이 필요하다.

첫째, 공유와 소통 과정이 편안하고 자연스럽게 이루어질 수 있도록 분위기를 조성하는 것이 필요하다. 특히, 토론 및 토의는 경직된 분위기와 논리성을 강요하는 경우가 많은데, 이러한 분위기는 다양한 아이디어를 도출하는데 어려움을 준다. 발상 방법인 브레인스토밍을 활용할 때는 양질의 아이디어를 얻기 위해서 비판적인 태도를 지양하도록 안내한다(윤상원, 2018). 우습거나 쓸모없는 아이디어라도 개선을 통해 귀한 아이디어로 재탄생할 수도 있으며, 자연스러운 분위기를 통해 새로운 아이디어를 생산하게 하기 때문이다. 교육을 통한 공동체 형성의 상호연결성을 위해 모든 구성원이 주변인이 아닌 동등한 관계를 만드는 것이 필요하다(심영환, 2018). 따라서 동등하고 자유로운 관계 유지를 통한 공동체 형성을 도모하기 위해 공유와 소통은 편안하고 자유로운 분위기를 조성하는 것이 중요하다.

둘째, 공유와 소통 과정에서 구성원 간에 규칙을 세우는 것이 필요하다. 자유로운 공동체 구성에서도 규칙은 필요하므로 공유와 소통의 다양한 방법과 매체 활용에 따라 원활한 공유와 소통이 되도록 구성원이 함께 규칙을 세운 후 활동을 진행할 필요가 있다. '표현-공유-소통-확장 주제 활동'의 프로세스에 따른 활용 방법을 함께 논의하여 과정별 규칙 및 유의점 등을 세우도록 한다. 이는 교실 내 교육 활동임에도 공유와 소통을 하는 공동체의 구성원으로서 최종 표현 결과를 함께 완성 시킨다는 책임 의식을 인지시키고 활동에 대한 적극성을 유도하기 위함이다.

5. 다양한 플랫폼을 활용한 표현 결과의 공유와 소통

표현 결과 공유와 소통은 간편하게는 교실 환경에서 넓게는 전시라는 확장된 공간을 통해 이뤄진다. 2022 미술 교육과정에서는 표현 결과의 공유와 온・오프라인의 확장을 추구하고 있다. 따라서, 공유와 소통의 공간을 더욱 확장하여 바라볼 필요가 있다. 학교 교육에서 활용 가능한 다양한 온・오프라인 플랫폼은 〈표 2〉와 같다.

〈표 2〉 학교 교육에 활용 가능한 다양한 플랫폼의 종류

구분	플랫폼의 종류	특징
오프라인	수업교실	학교 미술 교육의 주요 활용 공간이자 가장 긴밀한 관계를 맺는 학급 구성원이 활동하는 공간으로 공유와 소통에 필요한 작품 발표, 토론과 토의, 모둠 활동 등의 다양한 활동을 소규모로 진행할 수 있다.
	전시 공간	표현 결과의 잘된 사례를 전시하고 작품을 감상하며 다양한 소통 관계를 맺을 수 있다.
	워크숍, 세미나	표현 결과에 대해 더욱 긴밀한 공유와 소통을 날 수 있다. 실질적인 작가와의 만남을 개최할 수 있고, 주제에 따라 한 개의 작품 또는 다수의 작품에 대해 소통할 수 있다.
	지역사회 활용 커뮤니티 아트	학교에서 구성한 표현 결과를 지역사회로 확장하여 지역 사회의 다양한 문제에 대해 고민할 수 있다. 학교의 구성원으로서 학교공동체의 가치를 높이고, 지역민으로서의 자긍심을 높일 수 있다.
	축제	축제는 학생들에게 다양한 문화적 경험을 제공할 수 있으며, 자신의 표현 결과를 자유롭게 선보일 수 있는 기회이므로 공유와 소통의 새로운 경험을 제공한다. 학교 축제, 지역 축제 등이 있다.
온라인	웹공유프로그램	문서 양식 및 프레젠테이션과 같은 인터페이스를 활용하기도 하며, 웹 자체의 양식을 사용하고 있다. 웹 주소를 통해 동시에 소통이 가능하며, 소통을 통해 나타난 다양한 의견을 즉시 활용할 수 있는 문서로 제작할 수 있다. 오프라인 전시나 워크숍에 QR코드를 활용해 정보를 제공하는 역할을 할 수도 있다.
	SNS	SNS는 불특정 다수를 참여시킬 수 있으며, 시간과 공간에 구애받지 않고 댓글을 통해 공유와 소통을 가능하게 한다. 또한, 웹공유프로그램과 마찬가지로 오프라인 활동에 적용해 활용할 수 있다.
	메타버스	현실과 유사한 공간과 나를 대신하는 캐릭터를 활용해 전시, 발표, 토론 및 토의, 모둠 활동 등을 진행할 수 있다.
	화상채팅	거리의 제약에서 벗어나 실물 얼굴과 목소리를 통해 1:1 또는 다수와 대화하듯 공유하고 소통할 수 있다.
	개인방송	방송 진행을 통해 작품의 표현 결과를 상세히 설명할 수 있으며 실시간 채팅을 통해 소통할 수 있다.
	단체채팅방	채팅방의 다양한 기능을 활용해 자유롭게 공유와 소통을 진행할 수 있는 공간이나, 많은 사람들이 참여할 경우 다소 산만해지거나 정리되지 못할 수 있다.

위와 같은 학교 미술 교과의 표현 결과의 공유와 소통은 각각의 플랫폼을 통해 독자적으로 운영될 수도 있지만, 통합적으로 운영될 수 있다. 학교의 환경 및 교사와 학생의 특성 등을 고려하여 표현 결과에 맞는 공유와 소통의 플랫폼을 활용하는 것이 필요하다. 다음은 위 플랫폼 중 실제 적용한 일부 사례를 상세히 살펴보고자 한다.

1) 오프라인: 전시 공간 활용

오프라인 전시는 일반적으로 학교 미술교육에서 표현 결과를 공유하고 소통하기 위해서 교내 공간을 활용하는 경우가 많다. 신설 학교의 경우는 전시실과 같은 전시공간을 마련하여 활용하기도 하지만, 전시공간이 없는 학교에서는 교내 복도나 특별실, 로비 등을 활용해 전시공간을 구성하기도 한다([그림 1] 참조).

[그림 1] 학교 오프라인 공간을 이용한 미술 결과 공유와 소통 전시 사례

전시의 기능은 미술 작품의 특정한 주제를 통해 관람객에게 보여주고, 미술 작품과 관람객의 관계를 맺게 해주는 것이다(김영조 외, 2007). 그러므로 학교 공간에 전시를 기획할 때는 전시될 작품과 관람객인 학생의 특성을 충분히 고려하여 계획해야 하며, 학생들의 통행, 소통의 가능 여부를 확인해 보는 것이 필요하다. 지나치게 통행이 잦은 공간은 전시 작품이 통행을 방해하기도 하지만, 작품을 훼손할 수도 있다. 반면, 학생들이 자주 사용하지 않는 공간에 작품을 전시할 경우는 관람의 흥미 유발이 어려워 전시가 소외될 수 있으며, 제작자와 관람자가 수시로 만나거나 자연스러운 만남을 유도하기 어렵다. 또한 작품을 감상하고 제작자와 관람자가 의견을 나눌 수 있는 공간이 없으면 단순 전시일뿐 공유와 소통의 장이 될 수 없다. 따라서 학교 내 오프라인 공간에서 공유와 소통을 할 수 있는 전시가 되기 위해서는 다음과 같은 사항을 점검할 필요가 있다(〈표 3〉 참조).

〈표 3〉 표현 결과의 오프라인 전시 공간 선정 점검표

구분	표현 결과 오프라인 전시 공간의 특성
공간	① 전시하려는 작품을 모두 전시할 수 있는 공간인가?
	② 작품 제작자와 관람자가 작품에 거리를 두고 자연스러운 만남을 통해 이야기 할 수 있는 공간적 여유가 있는가?
	③ 전시 관람자와 일반 통행자 간에 충돌 가능성이 없는가?
	④ 일반 통행자로 인해 작품이 손상될 가능성이 없는가?
	⑤ 학교 구성원이 작품에 쉽게 접근할 수 있는 공간인가?
	⑥ 학교 구성원이 공간을 자주 활용하는 곳인가?
공유와 소통	⑦ 작품 제작자와 관람자가 작품을 공유하고 소통할 때 방해 요소는 없는가? (통행, 소음 등)
	⑧ 발표와 토론을 위해 새로운 공간을 마련할 필요가 없는가?
공간미	⑨ 전시 시 작품의 미적 효과를 높일 수 있는 공간인가? (조명, 공간의 색, 창 등)

위 점검표의 요소를 활용하여 다양한 공간을 비교해 보고 공간을 선정한다면, 보다 의미 있는 표현 결과의 소통과 공유의 시간을 마련할 수 있을 것이다.

2) 오프라인: 커뮤니티 아트 및 지역 사회 활용 사례

커뮤니티 아트는 공공미술에서 파생 되었다 볼 수 있지만, 작가가 일정한 공간에 조형 작품을 표현하는 공공미술 방식과는 차이가 있다. 커뮤니티 아트는 다양한 사회적 문제에 대한 고민을 공유하고 지역 주민을 포함한 대중이 서로 소통하여 작가와 협업해 창작과정을 함께하는 것이다(맹욱재, 2015). 이러한 커뮤니티 아트는 지역 주민들에게 정체성과 소속감을 느끼게 해 지역 발전에 영향을 미친다(이효연, 최익서, 2020). 커뮤니티 아트는 다소 광범위한 의미로 적용될 수 있다. 하지만 여기에서는 미술 표현 결과의 공유와 소통을 학교를 넘어 지역으로 확장해 생각할 수 있는 플랫폼 공간으로 활용하고자 한다. 특히, 작품 표현 결과를 바탕으로 이뤄진 공유와 소통을 지역으로 확장해 학교 공동체의 가치를 높이기 위함이다. 2022 개정 미술과 교육과정에서도 공유와 소통을 단순히 학교 공간으로 국한 시키지 않고 지역 문화 행사와 축제까지 확장 시키고 있다(교육부, 2022b). 학교는 지역의 긴밀한 연관성을 지니고 있어 학교 공동체 문화 형성에 이바지한다. 따라서 학교 미술교육과 지역과의 연계성을 고려해 커뮤니티 아트를 활용할 수도 있다.

학교 미술교육을 통한 커뮤니티 아트는 학생이 주민인 동시에 작가로 참여할 수 있으며, 학교 구성원이자 지역 주민으로서의 정체성과 공동체적 자긍심을 느끼게 할 것으로 여겨진다. 이러한 커뮤니티 아트 및 지역 사회 활용은 확장 주제 활동 시 효과를 발휘할 수 있다.

〈표 4〉 커뮤니티 아트 및 지역사회 활용 사례

캐릭터 활용 그림 표현		커뮤니티 아트 및 지역 사회 활동		지역 뉴스로 학생 활동 소개
	공유 ▶ 소통	 도시 재생 벽화 그리기  컬러링북 제작 후 지역아동센터 기증	정체성 ▶ 소속감	 2020,10,8. KBS 지역 뉴스 출처: https://n.news.naver.com/article/056/0010913214?sid=102

〈표 4〉는 학교의 표현 결과를 바탕으로 학습자 데이터를 통해 학생 개인별 특성에 맞춰 확장 주제 활동을 진행한 것이다. 캐릭터 활용의 단순한 표현 결과지만, 공유와 소통 후 학습자 데이터를 기반으로 자신에게 맞는 활동에 참여해 학교 공동체의 결속력을 다지고 지역 사회 발전에 기여하였다.

3) 오프라인 & 온라인: 웹 공유 프로그램과 SNS 활용

웹 공유 프로그램과 SNS는 즉각적이고 능동적이며 양방향의 자유로운 의사소통을 할 수 있게 해 더욱 다양한 의미의 공유와 소통을 통한 공동체 활동의 편리함을 제공한다(이경민 외, 2017). 오프라인을 통한 공유와 소통 시 QR코드를 통해 웹 공유 프로그램과 SNS를 함께 사용하면 더욱 긴밀한 소통과 관계를 형성할 수 있다. 이와 같은 웹 프로그램과 SNS를 활용할 경우 불특정 다수를 참여시킬 수 있으며, 개인적 차원에서의 탐색과 공감적 공유를 높인다(이재영, 2020). 그리고, 네트워크 내에서 소통은 동일한 커뮤니케이션 코드를 공유하고 이들의 상호 연관과 통합으로 무한히 뻗어가는 개방구조를 가진다(서제희, 2021). 또한 전시, 토론 및 토의, 세미나와 같은 오프라인 상황에서 넓은 화면이나 개인 스마트기기로 작품을 면밀히 감상할 수 있다. 특히 오프라인 전시공간이 협소하거나 단순 전시만 해야 하는 상황일 때, 웹 공유 프로그램과 SNS를 활용하면 다양한 사람들의 의견을 수집할 수 있다([그림 2], [그림 3] 참조).

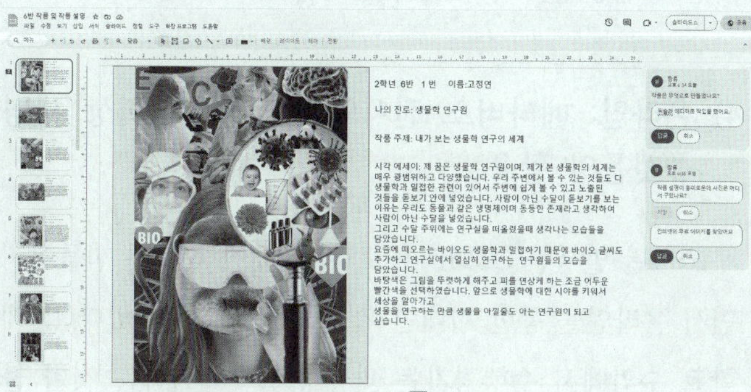

[그림 2] 구글 슬라이드를 활용한 공유와 소통 예시

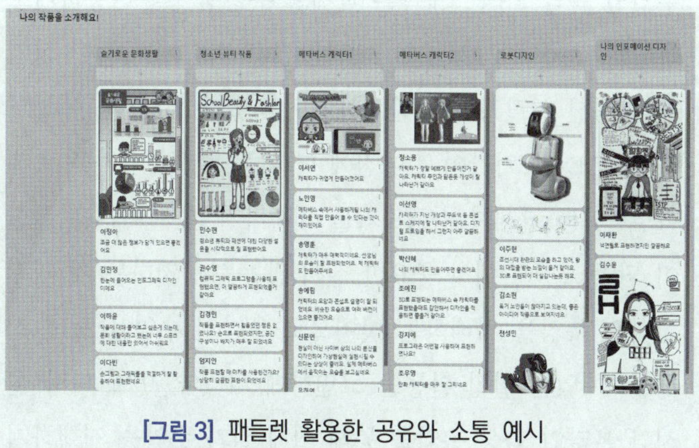

[그림 3] 패들렛 활용한 공유와 소통 예시

무엇보다 시간 제약 없이 의견을 제시할 수 있으며, 더욱 긴밀한 이야기를 나눌 기회를 제공한다. 또한 작품의 다양한 정보를 올리고 댓글 기능을 통해 작품 제작자, 관람자 등이 의견을 나눌 수 있다. 따라서 이러한 웹 공유 프로그램을 활용한 공유와 소통방법은 최종 작품의 결과뿐만 아니라 표현 과정, 이야기하고 싶은 문제, 작품에 보충할 수 있는 정보 등을 다양하게 기록하고 공유할 수 있어 학생 자신과 교사, 동료 학습자가 작품을 이해하는데 많은 도움을 줄 수 있다. 또한, 시각 이미지, 영상, 소리를 포함 시킬 수 있는 SNS는 말과 글로 표현하지 못하는 감정의 상태까지 전달할 수 있다. 실제 COVID-19 기간에 미술관들은 관람객과의 소통 확대를 위해 SNS의 기능을 확대하였으며, 영상과 이미지 업로드가 가능한 플랫폼의 경우 더욱 활성화된 모습을 볼 수 있었다(신희경, 2022).

4) 온라인: 메타버스 전시와 동영상 및 화상 채팅 플랫폼의 활용

2019년 발생한 COVID-19로 인해 대면 활동이 힘들어지면서 온라인을 통한 비대면 활동이 늘어나게 되었다. 본래 학교 수업에서 수행평가는 과제형으로 제시하는 것이 불가능하였지만, COVID-19라는 특수 상황에서 실기 중심의 수업인 음악, 미술, 체육은 과제형 수행평가를 허용하기도 하였다(교육부, 2020.4.7.). 또한, 많은 미술 교사들이 실기평가 대신 지필평가를 진행하기도 하였다. 하지만, 예상보다 COVID-19 기간이 길어짐에 따라 불공정한 평가를 초래할 수 있는 과제형 수행평가를 지속하기 매우 어려운 현실이 되었고, 미술에서 중요한 실기 활동을 중지하는 것 역시 교과의 특성을 저해하는 것이므로 온라인 수업을 통해 진행할 수 있는 실기 활동을 고민하게 되었다. 이에 따라 실시간 온라인 화상 수업을 통해 실제 실기 수업을 진행하기도 하고, 다양한 시각문화를 이해하여 의사소통 능력을 향상시키는 수업을 진행하기도 하였다. 그리고 표현 결과를 공유할 수 있는 공간으로 메타버스라는 가상공간을 활용하기도 하였다. 학교 밖 미술관에서도 COVID-19로 인해 대면 전시와 공연이 불가능해지면서 몇몇 미술관에서는 미술관에 소장된 작품을 디지털화 시켜 메타버스 공간에 옮겨 놓고 관람객과 소통하고자 하는 움직임도 나타났다([그림 4], [그림 5] 참조).

메타버스를 통해 전시 공간을 그대로 복제한 사례(포도뮤지엄, 2021)

출처: https://n.news.naver.com/mnews/article/421/0005481425

미술관 소장 작품을 패러디한 사진 작품을 올리는 챌린지 활동 사례 (게티뮤지엄, 2020)

출처: https://www.khan.co.kr/culture/culture-general/article/202004221458001

[그림 4] 온라인 공간을 활용한 미술관 소통 사례

이와 같은 미술계의 변화에 맞춰 학교 교육 역시 온라인 공간을 활용한 미술 수업을 진행하게 되었다. 특히, 표현

결과의 공유와 소통의 장으로 메타버스는 물리적 공간 제약에서 벗어나 작품을 소개하고, 비대면 소통으로 언제 어디서나 관람객과 만나게 되었다. 그리고 여러 사람의 동시 접속이 가능하여 자신을 대신한 캐릭터를 통해 실제 공간을 공유하는 느낌마저 들게 한다(김시내, 2023). 또한 메타버스 전시는 오프라인 공간과 달리 작품 전시와 철거 과정에서 발생 되는 쓰레기와 폐기물이 없는 장점까지 지니고 있다([그림 5] 참조).

[그림 5] 메타버스 전시공간 '듬'에서 구현된 'A예고 온라인 전시회'

메타버스 외에 실시간 화상채팅, 방송을 통한 소통 방법도 미술 교과에서 활용된다. 실시간 화상 채팅은 가장 흔하게 사용된 수업 방법으로 화면 공유 및 카메라를 다양한 각도로 조절할 수 있으며, 실시간으로 여러 사람과 음성 대화가 가능해 자유로운 소통을 이끌 수 있다. 개인 방송의 경우 방송 진행자가 중심이 된다. 보여주고자 하는 표현 결과를 자세히 설명할 수 있으며, 공유와 소통의 과정을 체계적으로 통제하고 싶을 때 유용하다. 또한 실시간 채팅 및 댓글을 통해 올라온 글로 쌍방향 커뮤니케이션도 가능하다([그림 6] 참조).

[그림 6] 개인 방송을 통한 미술교과 표현 결과 공유와 소통

개인 방송은 메타버스 공간과 링크 연결이 가능하여 메타버스의 가상현실에서 모호하게 보였던 요소들을 보다 구체적으로 소통할 수 있게 한다. 앞으로의 기술은 이러한 미술 감상과 공유, 소통의 방법을 더욱 혁신적으로 변화시켜줄 것으로 기대되고 있다. 따라서 학교 미술교육에서도 일상생활 속에서 미술을 공유하고 감상할 수 있는 첨단 기술적 방법들을 다양하게 접할 수 있도록 해야 할 시점이다.

6. 차기 교육과정에서 표현 결과의 공유와 소통 전망

현재 교육과정은 공동체적 가치와 새로운 문화 형성을 위해 공유와 소통의 중요성을 강조하고 있다. 특히, 미술 교과에서는 감상 중심의 전통적인 틀을 넘어 다양한 영역에서 공유와 소통을 제시하고 있다. 하지만 이러한 접근은 각 영역에서 공유와 소통의 관점을 명확히 이해하고 해석하는 데 어려움을 동반한다. 많은 명화들이 시각적 작품 자체보다 그 속에 담긴 스토리와 역사적 맥락에 더 큰 가치를 부여받는 경우가 많다. 이는 미술의 가치가 단순히 작품의 결과물에만 있지 않으며, 그 과정을 함께한 구성원들의 경험과 스토리 속에서 더욱 완성된다는 것을 보여준다.

따라서 미술 교육은 작품 감상과 비평을 넘어 학생들이 작품을 진솔하게 바라보고 이를 통해 서로 대화하며 의미를 발견할 수 있도록 해야 한다. 이를 위해 작품의 표현 과정과 결과에 대한 고민을 발표와 토론 및 토의를 통해 나누는 과정을 중시할 필요가 있다. 이러한 활동은 학생들이 작품의 기술적 완성도에 머물지 않고, 자신의 생각을 공유하고 타인의 관점을 이해하는 기회를 제공한다. 또한 공동체의 가치를 형성하기 위해 학생들에게 자연스러운 대화의 분위기를 유지하면서도 확장된 주제를 탐구할 수 있도록 구조와 규칙을 마련해야 한다.

이 과정에서 디지털 기술과 다양한 매체를 활용하여 학생들이 작품을 실시간으로 공유하고 소통할 수 있는 공간을 제공하면 효과적일 것이다. 이러한 활동은 학생들로 하여금 개인적인 표현을 넘어서 사회적 문제를 이해하고 해결 방안을 모색하는 데 기여할 수 있도록 한다. 과거의 미술 교육이 자아 탐색과 정서적 안정에 초점을 맞췄다면, 이제는 타인과의 소통을 통해 인간성을 회복하고 환경, 사회적 갈등, 에너지 문제와 같은 공동의 문제를 해결하는 데 기여해야 한다. 특히 미술 교육에서의 공유와 소통의 의미는 이러한 공동의 문제를 인식하고, 이를 해결하기 위한 협력적 기반이 될 수 있다. 학생들이 작품을 통해 자신의 생각을 자유롭게 표현하고, 이를 통해 서로의 의견을 경청하며 대화하는 과정에서 보다 깊이 있는 이해와 공감이 형성될 수 있다. 이는 단순히 예술적 경험을 넘어서, 학생들로 하여금 나와 타인의 관점을 이해하고, 공동체 내에서 조화롭게 소통 능력을 배양하고 향상할 수 있도록 돕는다.

결론적으로 미술에서의 공유와 소통은 단순한 감상을 넘어서, 작품을 매개로 한 협력과 대화의 과정을 통해 학생들이 보다 넓은 시각과 깊이 있는 공감을 배울 수 있는 기회를 제공해야 한다. 이러한 미술 교육은 단순한 기술적 학습을 넘어, 학생들이 현대사회에서 직면한 문제들을 창의적으로 해결하고 학교와 학생들의 공동체 가치를 형성할 수 있는 기반이 될 것이다.

* 이 글은 장유정, 현은령(2024), 학교 공동체 문화 형성을 위한 미술 표현 결과의 공유와 소통 방안(조형교육, 91집)을 수정 보완한 원고임.

장유정(청주여자상업고등학교)

26 미술 감상과 질문

학교 미술 감상 수업에서 '질문'은 크게 교사의 질문과 학생의 질문으로 나눌 수 있다. 수업상황에서 학생의 사고과정 촉진을 위한 교사의 질문은 '발문'이란 용어를 사용하기도 한다. 미술 작품의 해석 과정을 탐구적 활동으로 지칭하는 경우도 있으므로 '탐구'라는 용어도 질문과 밀접한 관련이 있다. 2022 개정 미술과 교육과정에서는 미술 작품의 새로운 관점에서 질문을 제기하는 역할을 강조하며, 이전 교육과정과는 다르게 학생들의 적극적인 질문 생성을 권장하고 있다.

2022 개정 교육과정의 중점 사항 중 하나는 학생의 행위주체성(student agency)을 강조하는 것이다(교육부, 2021). 미술과 교육과정도 예측 불가능한 미래 사회에 학생들이 능동적으로 대응할 수 있도록 미래 핵심을 키우는 방향으로 개발되었으며, 이에 따라 '정체성'과 '공동체' 역량이 새롭게 제안되었다(이주연 외, 2022; 정옥희 외, 2022).

미술과 교육과정에서 신설된 정체성 역량 및 공동체 역량을 감안할 때, 학교 미술 감상 수업에서 학생의 역할은 교사의 작품에 대한 설명을 일방적으로 수용하기보다 작품과 충분히 마주하고 작품에 대한 담론 형성에 적극적으로 참여하는 것이다. 이 과정에서 교사와 학생의 질문을 적극적으로 활용하면 학생은 교사 및 다른 학생들과 교류하면서 작품에 대한 경험을 확장해나갈 수 있다.

1. 미술과 교육과정 감상 영역에서 질문 관련 내용 분석

1) 지난 교육과정에서 감상 관련 '질문' 내용의 전개와 특징

DBAE(Discipline-Based Art Education, 학문 중심 미술교육) 관점에서 미술 비평 교육이 우리나라 국가 수준 미술과 교육과정에 도입된 시기는 제6차 미술과 교육과정부터이다. '비평교육'이 도입되기 전 학교 미술 감상 수업은 작품에 대한 정서적 반응, 지식과 이론 중심, 작가의 전기 탐색을 의미하였으나(박휘락, 2003), 제6차 교육과정 이후 미술 작품에 대한 질문, 발문, 탐구의 과정이 등장한다.

미술 감상에서 '발문'이라는 용어는 2007 개정 미술과 교육과정에서 2015 개정 미술과 교육과정까지 등장하였다. 2007 개정 미술과 교육과정(교육부, 2007)에서는 교사의 적절하고 개방적인 질문의 필요성을 제시하고 있다. 문제해결에 필요한 단서가 들어있도록, 쉽게 접근할 수 있도록 발문을 구상하며 후속 질문이나 피드백을 반드시 제공하고 개방적, 확산적 질문과 함께 수렴적 질문도 혼용할 것을 제안하며 발문 뒤에 학생이 사고할 충분한 시간을 주고 학생 사이의 활발한 상호 소통이 이루어질 것을 권장하였다.

2015 개정 미술과 교육과정의 선택과목 '미술 감상과 비평'에서는 "학습자가 스스로 탐구 문제를 설정하고 다양한 자료를 수집, 분석하는 가운데 작품에 대한 이해를 심화하도록 지도한다."(교육부, 2015, p. 42)라는 문구가 등장하는 것으로 보아 질문이라는 용어를 직접적으로 사용하지는 않았으나 학생들이 궁금한 것을 자발적으로 생성하고 맥락적 정보를 살펴보는 과정이 있었음을 유추할 수 있다.

2) 2022 개정 교육과정 감상 영역에서 '질문'의 두 가지 의미

국가 수준 미술과 교육과정에 등장하는 '질문'이라는 단어는 '발문'과 동일한 의미로 사용되다가 2022 개정 미술과 교육과정에서 그 행위의 주체가 교사에서 학생으로 바뀌었다. 2022 개정 미술과 교육과정 감상 영역에서 '질문'은 두 가지 관점에서 등장했다. 첫 번째는 미술 작품이 '새로운 관점에서 질문을 제기'하게 하는 특성이 있다고 제시한 것이다. 동시대 미술의 학교 미술교육 도입에 대한 논의(김수진, 2022; 이주연, 류지영, 고황경, 2020)가 다수 제시되면서 오늘날 생성되는 미술이 적극적으로 제시하는 여러 질문 제기와 관련한 내용이 2022 개정 미술과 교육과정의 '정체성 역량' 및 '공동체' 역량과 연계되어 반영된 것으로 볼 수 있다. 이는 공통 교육과정과 일반 선택 미술 교과의 성격 부분에 나타나 있다.

> [공통 교육과정] 학생들은 개인의 문제를 넘어 주변과 세계에서 일어나는 **다양한 문제에 새로운 질문을 던지고** 함께 해결하면서... (교육부, 2022, p. 5)
>
> [일반 선택] 미술 표현 내용과 형식의 맥락적 이해와 비평 활동을 통해 자신과 공동체에 관해 성찰하게 하며, **새로운 관점에서 질문을 제기**하고 대안을 도모하도록 한다. (교육부, 2022, p. 33)

위에서 알 수 있듯이 2022 개정 미술과 교육과정에서는 미술 교과를 '새로운 질문을 던지는' 타 교과와는 차별화된 독자적인 성격을 지닌 것으로 규정하며 이를 미술 감상 행위와 연계하여 제시하고 있다. 심미적 교육과 상상력 학습을 주장한 그린(Greene, 2001/2011)은 예술 작품을 접하는 것은 감상자가 작품과 관계를 맺고 이전에는 생각하지 못했던 심미적 질문을 생성할 수 있다고 제시하며 심미적 교육의 진정한 가치는 예술을 통해 발견하는 질문들이라고 주장하였다. 이러한 새로운 질문 생성의 가치는 예술 작품과의 진정한 마주함을 통해서 가능하며, 중요하고 어려운 질문들은 학습자의 상상력을 발휘시키고 진정한 배움을 가능하게 한다.

두 번째는 학생 생성 질문에 대한 성취기준이 3-4학년 수준에서 제시되었다는 것이다. 2022 개정 미술과 교육과정에서는 교사의 '발문'에 대한 내용이 생략되고 대신 학생이 작품 감상 과정에서 생성하는 질문에 대한 내용이 성취기준으로 제시되어 있다.

> [4미03-01] 미술 작품을 자세히 보고 **작품과 미술가에 관해 질문**할 수 있다.
>
> (가) 성취기준 해설: 작품에 대한 **교사의 질문이나 조사에 의존하는 감상 방식에서 벗어나 학생들이 작품을 충분히 보고 자신의 느낌과 생각을 바탕으로 질문을 만들어 상호작용하는데 중점**을 둔다. 질문하기를 통한 감상은 작품과 나누는 대화의 시작이다. 작품 정보를 활용한 질문, 작품의 내용이나 형식에 관한 질문, 작가의 입장이 되어 질문 등 다양한 질문을 통하여 학생들이 감상의 흥미를 느끼고 감상 관점을 기르도록 한다.
>
> (나) 성취기준 적용 시 고려 사항: 미술 작품에 관해 **교사가 질문하고 학생이 답변하는 감상이 아니라** 미술 작품을 충분히 볼 수 있는 기회와 여건을 제공하여 **학생들이 호기심을 갖고 질문을 만들 수 있도록 유도**한다. 질문 만들기를 통해 미술 작품에 대한 적극적인 감상 태도와 자신의 감상 관점을 기르도록 한다. (교육부, 2022 p. 11)

이를 통해 2022 개정 미술과 교육과정은 학생의 행위주체성을 발휘할 수 있는 방향으로 학교에서의 미술 감상 수업 모습을 제시하고 있는 것을 확인할 수 있다.

2. 미술 감상 교육에서 '질문' 관련 선행 연구

1) 미술 감상 교육에서 질문 사용 방식의 변천

교수법에서 질문 활용의 기원은 소크라테스식 대화법인 문답법으로 교사의 질문과 학생의 답변을 바탕으로 한 논쟁적 대화로 거슬러 올라가며 이러한 전통은 오늘날까지 이어지고 있다(Rothstein & Santana, 2011/2017). 학교 미술 감상 수업에서 질문과 관련한 논의는 DBAE에서 미술 실기 외에 미학, 미술사와 함께 '미술 비평' 영역이 도입되면서 교사의 발문 측면에서 활발하게 진행되었다.

기존 감상 수업은 작품에 대한 단순한 느낌 공유, 작가의 일대기나 미술 사조 등의 단순한 암기 등을 포함하였다. 그러나 작품 감상을 통해 학생들이 시각적 사고력을 기르고 삶에서 미술을 즐기도록 하는데 이러한 단순한 반응 혹은 지식 중심의 미술 수업은 한계가 있기 때문에 비평 교육이 도입되었다(손지현, 2012). 이 때, 전문가의 비평 방식을 교육적으로 전환하는 과정에서 학생들이 미술 감상 수업을 통해 작품과 직접적으로 마주하면서 미학적 사고를 기를 수 있는 방향으로 교사의 발문이 사전에 계획되게 되었다.

비평 교육에서 가장 널리 수용된 '기술-분석-해석-판단'의 단계를 제안한 펠드먼(Feldman, 1973)은 학생들에게 미술 비평을 가르칠 때 강의를 하기보다 학생들이 대답할 의무가 있는 질문 전략인 소크라테스식 방법을 활용할 것을 제안하였다. 이는 교사의 설명으로 작품을 감상하는 것이 아니라 학생들이 작품을 직접 보고 이를 기술하고 분석하고 설명하는 방식을 통해 교사의 질문을 기반으로 감상 수업을 하는 기반을 마련했다는데 의의가 있다.

한편, 게히건(Geahigan, 1998, 2001)은 펠드먼이나 앤더슨 등이 제시한 선형적 비평모델을 비판하면서 포스트모더니즘 관점에서 비평 수업이 학생들로 하여금 작품의 의미와 가치에 대해 탐구해나가는, 즉 의문에 대한 가설과 검증을 통한 비선형적, 공동체적 활동임을 제안하였다. 이 과정에서 교사는 학생들의 수준과 경험을 고려하여 탐구를 촉진할 수 있는 질문을 활용하며, 학생들은 연구를 위해 질문, 가설, 검증의 과정을 자연스럽게 겪게 되고, 작품의 자세한 관찰, 맥락적 정보 탐구, 교사의 전문적 지도 등을 통해 학급 구성원과 함께 문제를 해결해나간다. 따라서 게히건 방식에서는 교사와 학생의 질문이 함께 등장하는 것을 알 수 있다.

1990년대 이후 미술관 교육에서는 기존에 미술사적 접근 방식을 우선시하던 방식을 비판하면서 관람객 중심의 구성주의적 접근방식을 도입하여 다양한 질문 기반 접근법이 개발되었다(김수진, 2019b; Burnham & Kai-Kee, 2011/2020). 구성주의는 지식은 객관적으로 존재하지 않으며 개인의 능동적인 참여 및 사회적 상호작용을 통해 구성된다고 보는 교육이론이다. 따라서 구성주의적 관점을 바탕으로 한 미술 감상 수업에서는 학생의 행위주체성이 강조되며, 작품에 대한 합의적 결론에 이르기보다는 학생들이 작품과 관련한 다양한 의미를 생성하거나 수용하게 된다(김수진, 2019a). 따라서 구성주의적 관점에서 발문의 역할은 비평 교육의 초기 모델처럼 정답을 발견하는 것이 아니라 학생들의 지식 구성에 도움이 된다.

질문을 기반으로 한 구성주의적 미술관 교육의 대표적인 접근 방식으로는 2000년대 이후 널리 알려진 뉴욕 현대미술관(MoMA, Museum of Modern Art)의 시각적 사고 전략(VTS, Visual Thinking Strategies)과 하버드 프로젝트 제로(Harvard Project Zero)의 사고 루틴(Thinking Routines)이 있으며 이 두 방식은 미술관뿐만 아니라 학교에서의 미술 감상 수업, 그리고 나아가 미술 외 타 교과목 수업에서까지 널리 사용되었다(김수진, 2019b). 특히 VTS는 우리나라 2015 개정 교육과정에 기반한 미술 교과서 및 지도서 단원에 수록되기도 하였다.

VTS는 감상의 초보자를 위한 전략으로, 교사의 세 발문만을 사용하여 교사와 여러 학생들이 오랜 시간 함께 한 작품을 감상하는 방법이다(Yenawine, 2013/2019). 사고루틴(Thinking Routines)은 반복 사용을 통해 학생들이 사고력을 기르고 생각을 가시화하여 교실에서 '생각하는 문화'를 기르는데 도움이 되는 방식이다(Ritchhart, Church, & Morrison, 2011/2023). 따라서 특정한 사고방식을 계발하기 위한 태도가 형성되며, 작품과 관련하여 깊이 있는 학습이 가능하게 된다. 미술 작품 감상과 관련하여 여러 루틴이 제안되었는데 이 루틴들은 학생들의 관찰 능력, 해석, 그리고 질문 생성 능력을 기르는데 도움이 된다(Project Zero, n.d.).

이에 더해, 최근에는 질문 관련 교육학 이론을 미술 감상 교육에 적용한 연구들이 등장했다. 배진희와 류재만(2018)은 질문생성전략(Rothstein & Santana, 2011/2017)을 활용한 미술 감상 수업에서 학생들은 직접 작품과 관련한 질문을 생성함으로써 미술 감상 능력과 자기 주도적 미술 학습 능력을 향상시킬 수 있음을 제시하였다. 심혜민과 손지현(2021)은 백워드 교육과정 설계에서 제안된 '핵심 질문(Essential Questions)'(McTighe & Wiggins, 2013/2016)을 미술 감상 수업에 도입하면 학생들이 작품의 주제, 예술이론, 미적 가치, 창의성, 제작과 맥락 관련 논쟁, 가설, 관점 등을 탐구하는데 중요한 역할을 한다고 주장하였다.

2) 미술 감상 교육에서 질문의 주체와 유형

질문을 중심으로 한 미술 감상 수업에서 질문의 주체는 크게 교사와 학생 둘로 나눌 수 있다. 이 때 교사의 질문, 즉 발문을 중심으로 이루어지는 수업은 교사 혼자 발문을 하는 경우와 학생의 질문이 일부 함께 이루어지는 수업으로 나누어서 제안되었다. 교사의 발문은 학생들의 사고를 촉진할 수 있는 감상 수업의 출발점이 될 수 있으며, 학생이 생성하는 질문은 학생들이 수업과 작품에 더 관심을 가지고 감상을 위한 탐구 과정에 몰입할 수 있는 방안이 될 수 있다.

이에 더해, 미술 감상 수업에서 질문의 유형은 크게 셋으로 나눌 수 있다. 첫 번째 유형은 수업 내 활동에서 학생들의 작품 감상을 돕는 교사의 발문과 후속 발문(탐문/탐사 질문)이다. 두 번째 유형은 수업 내에서 작품에 대해 학생들이 궁금해 하는 것과 관련한 질문이다. 세 번째 유형은 수업 전체의 주제를 관통하며 학생들의 지적 참여와 탐구를 유도하는 질문이다. 또한, 모든 유형의 질문은 닫힌 질문과 열린 질문, 그리고 발화된 음성 질문과 문자로 적힌 질문으로 나눌 수 있다.

미술 감상 수업에서 교사의 발문 유형은 크게 대답이 정해져 있거나 단순하게 대답할 수 있는 닫힌 질문과 정답이 다양하게 나올 수 있는 열린 질문의 두 유형으로 나눌 수 있다. 닫힌 질문은 감상의 관점을 제공하고 미술 용어 활용을 촉진시키며 작품의 세부 부분에 주의를 기울일 때 도움이 된다. 열린 질문은 학생의 선행 지식과 작품 감상 행위를 연결할 수 있으며 타인의 답변을 듣고 자신의 감상을 수정하거나 확장하는데 기여한다. 답변에 대한 교사의 후속 질문은 학생들이 작품을 더 자세히 관찰하여 작품 속 증거를 기반으로 자신의 해석을 입증하고 명료화하는데 도움이 된다.

두 유형을 모두 사용한 비평 수업은 교사가 생각하는 좋은 해석과 판단으로 학생들을 이끄는 방향으로 시도된다. 그러나 답이 결정된 유도된 질문은 교사와 학생 모두에게 만족스럽지 않은 결과를 가져올 수 있으며 모두가 참여하는 분위기를 형성하지 못할 수 있다. 열린 질문 위주의 감상 수업은 교사가 작품에 대해 완벽하게 알지 못하더라도 학생들과 함께 탐구해나가는 방식으로 활용해나갈 수 있다는 장점이 있어 감상의 초보자에게 적합하며, 반복해서 사용 때 학급 내 생각하는 문화를 만들어나갈 수 있다. 그러나 학생의 답변을 교사가 판단하면 모두가 존중받는 안전한 공간을 제공하지 못할 수 있으며, 작품 유형에 따라 맥락적 정보를 탐구하지 않는 경우 작품에 대해 충분히 해석하는 경험을 하지 못할 수 있다.

미술 감상 수업에서 교사의 발문이 꼭 발화의 형태로만 제시되지 않기도 한다. 박휘락(1999)과 류재만(2008)은 미술 감상 수업에서 교사가 제시하는 질문을 셀프가이드/워크시트 등으로 부를 수 있는 활동지에 수록하여 학생들의 감상 방식을 제안하였다. 이러한 방식은 학생이 질문에 대해 생각하는 시간이 발문의 형태로 제시될 때에 비해서 더 길 수 있는 가능성이 있다. 한편, 원영미(2016)는 교사의 질문이 아닌 학생의 질문을 적을 수 있는 질문지를 제작하여 학생들이 자기 주도적으로 감상 활동을 이끌어나갈 수 있는 것을 기대하였다.

미술 감상 수업에서 학생들이 생성하는 질문은 감상 과정에서 자연스럽게 가지게 되는 궁금증과 교사의 수업 조직을 통해 탐구 과정 내에서 형성하는 질문으로 나눌 수 있다. 학생들의 궁금증은 알고 싶은 진정한 욕구로부터 비롯되기 때문에 수업 내에서 말하기나 쓰기의 형태로 제안될 수도 있지만 겉으로 드러나지 않을 수도 있다. 따라서 수업의 유형에 따라 다루어질 수도 있지만 다루지 못해 탐구의 의지가 꺾일 수도 있다. 반면, 교사의 수업 조직을 통해 생성된 학생 질문은 닫힌 질문과 열린 질문을 포함하여 여러 층위로 제안될 수 있지만 학생들의 숙련도에 따라 작품 해석에 필수적인 중요한 질문과 그렇지 않은 질문이 함께 등장할 수 있으며 인위적으로 생성된 질문도 있을 수 있다. 학생들이 생성하는 질문 또한 닫힌 질문과 열린 질문으로 나눌 수 있다. 로스스타인과 산타나(Rothstein & Santana, 2011/2017)는 두 유형의 질문 모두 가치가 있으며, 서로 다른 상황에서 활용될 수 있기 때문에 학생들이 질문을 생성하는 과정에서 한 유형을 다른 유형으로 바꿔보는 연습을 할 것을 제안하였다. 미술 감상 수업 상황에서 학생이 생성한 닫힌 질문은 맥락적 정보를 탐구하는 과정에서 유용하게 활용될 수 있다.

수업 전체의 주제를 관통하는 중요한 질문은 교사가 생성하지만 학생과 공유될 수도, 그렇지 않을 수도 있다. 학생 공유의 유무와 상관없이, 수업 주제와 관련한 질문은 수업의 학습 목표와도 직접적인 연관이 있다. 맥타이와 위긴스(McTighe & Wiggins, 2013/2016)가 백워드 교육과정의 한 유형인 이해 중심 교육과정(UbD: Understanding by Design)의 중요 요소 중 하나로 제안한 '핵심 질문'은 학생들과 공유하는 질문으로, 교사가 생성하나 학생과 공유되어 학생 주도의 지속적인 탐구와 풍부한 토론을 불러일으키는 것이 목적이다. 반면, 이와 유사하지만 학생과 거의 공유되지 않는 질문으로는 LCI(Lincoln Center Institute)의 심미적 교육(aesthetic education)에서 제시하는 '탐구의 질문(line of inquiry)'이 있다. '탐구의 질문'은 작품에서 발견할 수 있는 요소와 개념을 포함하는 열린 질문이지만 주제가 집중된 질문으로 학생과 교사의 관심사를 반영하며, 질문하는 태도와 수업 내 탐구를 안내하며 경험 중심 수업을 구성하는 토대가 된다(LCI, 2008). 좋은 '탐구의 질문'은 작품의 한 측면에 깊이 집중하여 학생들에게 다양한 가능성, 이해, 관점을 열어주는 역할을 한다(Bose, 2008).

3. 미술 감상 교육에서 질문의 필요성과 사용의 유의점

1) 미술 감상 수업에서 질문의 의의

미술 감상 수업에서 질문의 의의를 크게 넷으로 나누어 제시할 수 있다. 이는 비평 수업 관점에서 교사 발문의 의의, 그리고 구성주의적 감상 수업에서의 교사의 열린 발문의 의의, 그리고 학생 생성 질문의 의의, 그리고 감상 수업이나 감상 행위를 관통하는 중요한 질문의 의의이다.

비평 수업에서 교사 발문은 학생들이 작품을 보는 힘을 기르기 위해(Feldman, 1973) 교사의 설명이 아니라 질문을 도입한다는 데서 그 의의가 있다. 이 때, 비평 수업의 시작에서 열린 질문을 도입하면 학생들의 주관적인 반응을 이끌어낼 수 있다(Anderson & Milbrandt, 2004/2007).

구성주의적 관점에서 여러 사람이 하나의 질문을 함께 생각하고 이를 공유할 때 작품에 나타나있는 요소와 타인의 해석을 토대로 자신의 해석을 구체화해나갈 수 있고 이 때 작품의 해석은 잠정적이거나 다양할 수 있음을 내재화한다(Yenawine, 2013/2019). 학생들의 관찰 능력, 해석, 질문 생성 능력에 도움이 될 수 있도록 질문을 구조화할 수 있으며 반복적인 적용을 통해 생각하는 문화를 형성하고 작품에 대한 깊이 있는 학습이 가능하다(Project Zero, n.d.).

단순히 교사의 지식을 학생들이 발견하기 위함이 아닌 학생들이 스스로 가설을 설정하고 이를 탐구하는 비선형적 과정에서도 질문이 활용될 수 있다(Geahigan, 1998, 2001). 탐구 과정에서 자연스럽게 학생들의 자발적인 질문이 생성될 수 있고 학생은 능동적 탐구자로서의 지식 추구자이고 공동체를 이루는 탐구자가 된다. 학생들이 직접 작품과 관련한 질문을 생성하면 미술 감상 능력과 자기 주도적 미술 학습 능력 향상에 도움이 될 수 있다(배진희, 류재만, 2018; 원영미, 2016).

미술 작품 감상 활동 자체를 여러 수업을 관통하는 중요한 질문으로 설정했을 때 학생들은 작품 감상 행위와 관련한 중요한 개념 및 과정을 파악할 수 있으며, 학생들의 탐구 증진, 사고력 촉발, 의미 구성에 기여할 수 있다(심혜민, 손지현, 2021). 작품이 제기하는 중요한 질문을 수업을 이끌어가는 중요한 요소로 설정할 경우, 감상 수업은 하나의 작품을 중심으로 스튜디오 창작 활동을 포함한 다양한 지점에서 작품의 의미를 생각하는 과정을 거칠 수 있다(LCI, 2008).

2) 미술 감상 교육에서 질문을 둘러싼 논의

미술 감상 수업에서의 질문에 대한 초창기 논의가 교사의 수업 내 질문인 발문에만 한정되어 있었다면 오늘날 미술 감상 수업에서의 질문은 수업 전체를 관통하는 중요한 질문과 학생들이 생성하는 질문으로 확대되었다. 미술 감상 수업에서 닫힌 질문에 대한 논의는 교사 중심 수업에서 학생들이 비평을 잘하도록 사용하는 것에서 학습자 중심 수업으로 넘어오면서 지양하는 방향으로 논의되었다가, 최근에는 학생이 생성한 닫힌 질문의 긍정적인 면모(배진희, 류재만, 2018; 원영미, 2016)도 논의되기 시작한 것을 알 수 있다. 질문에 대한 반응은 교사의 질문에 학생이 적절한 대답을 찾는 것에서 교사의 열린 질문을 통한 대화에서 학생의 답변을 수용하는 태도로의 논의로 이루어졌고, 학생이 생성한 질문을 학생과 교사 모두 함께 탐구하거나 더 나아가 교사와 학생이 함께 당장 답변하기 어려운 중요한 질문을 충분한 시간에 걸쳐서 논의하는 것까지 확대되었다. 이를 통해, 작품 감상은 수업 시간 내에 짧게 끝나는 것이 아니라 다른 사람과 함께하는 탐구를 통한 과정적인 활동이며, 잠정적인 결론을 스스로, 혹은 함께 내면서 수업 내에서의 활동이 실제 삶에서의 작품 감상 활동과 유사할 수 있음을 알 수 있다.

질문 자체보다 더 중요한 것은 질문을 다루는 교사와 학생의 태도를 통한 학급 문화 형성(McTighe & Wiggins, 2013/2016; Ritchhart, Church, & Morrison, 2011/2023)일 수도 있음이 제기되기도 하였다. 학생 주도의 수업에서 질문 생성을 아예 학생의 손에만 맡겨 버리면 중요한 질문을 다루지 못할 수 있으며, 특정 질문이나 질문에 대한 특정 대답이 다른 질문이나 대답보다 더 낫다는 분위기를 형성한다면 교사의 닫힌 질문 주도의 수업과 마찬가지로 학생의 자발적인 참여가 저해될 수 있다. 질문 활용에 규칙을 형성(Project Zero, n.d.; Rothstein & Santana, 2011/2017; Yenawine, 2013/2019)하거나, 작품의 해석에 여러 가능성을 상상할 수 있게 조건부의 언어를 사용(Bose, 2008; Yenawine, 2013/2019)하거나, 학생의 답변이나 질문에 중립적인 태도를 유지(Rothstein & Santana, 2011/2017; Yenawine, 2013/2019)하거나, 작품 자체보다 맥락적 탐구를 위한 자료 탐구에 질문을 활용(김수진, 2019b; 배진희, 류재만, 2018; Bose, 2008; Project Zero, n.d.)하거나, 표현 수업과의 연관성에 초점을 두고 질문을 생성(Bose, 2008)하거나, 교사의 질문은 없고 학생의 질문이 포함될 수 있는 대화적 교육이 더 효과적이라고 주장(Burnham & Kai-Kee, 2011/2020)하는 등 미술 감상 수업에서의 질문을 둘러싼 여러 다양한 수업 내 복잡한 요소들에 대해서도 심층적인 논의가 필요하다.

4. 미술 감상 교육에서 질문의 방법과 내용

1) 핵심 질문(Essential Questions)

핵심 질문은 백워드 설계의 가장 첫 단계에 활용되는 것으로, 세세한 사실보다 다른 상황이나 교과목에 전이가능한 높은 개념을 중심으로 영속적인 이해를 가능하게 하는 질문을 의미한다(McTighe & Wiggins, 2013/2016). 미술 감상 교육과 관련하여 기존 문헌에서 제시되었던 '핵심 질문'의 사례는 다음과 같다.

> "우리는 예술 작품을 어떻게 '읽고' 이해하는가?", "나는 이 그림을 좋아하는가?"(McTighe & Wiggins, 2013/2016, p. 153)
>
> "미술 작품에 담긴 시대와 지역적 배경을 파악하는 것은 왜 중요할까요?", "미술 작품의 주제와 시대적 배경은 어떤 관련이 있을까요?"(심혜민, 손지현, 2021, p. 158)
>
> "인간은 자연을 어떻게 이해하는가?", "자연은 어떻게 인간의 행동에 영향을 미치는가?", "인간은 어떻게 자연에 영향을 미치는가?"(Stewart & Walker, 2005/2020, p. 185)

위의 세 질문은 모두 핵심 질문으로 여겨지지만 각각의 초점이 조금씩 다른 것을 확인할 수 있다. 첫 번째 유형은 미술 감상 행위 자체에 관한 범위가 넓은 질문으로, 어떤 작품을 감상하더라도 사용할 수 있는 질문이다. 두 번째 질문은 작품 감상과 관련하여 미술사와 관련한 내용에 관한 질문으로 첫 번째 유형보다 범위가 좁혀진 것을 확인할 수 있다. 마지막 유형은 타 교과와 미술 교과를 연계하여 지도할 때 교과목을 넘나들 수 있는 큰 범위의 질문이다.

2) 탐구의 질문(Line of Inquiry)

'탐구의 질문'은 철학자 맥신 그린의 이론을 토대로 한 LCI 심미적 교육 방식에서 활용되는 질문이다. 이는 수업의 학습 목표와 유사하지만 열린 질문의 형식을 지니며 교사가 수업을 구성하기 위한 도구로서 사용되고 학생들과 공유되지는 않는다. 이 때 하나의 질문에는 감상의 중점이 되는 작품과 작가의 명칭, 그리고 핵심 아이디어가 포함된다. 핵심 아이디어는 교사가 작품을 탐구하고 추출해 낸 중점적 요소와 개념에 해당한다(김수진, 2013).

Bose(2008)는 목표를 먼저 생각하고 수업을 구상하며 학생과 교사의 관심사를 모두 고려한다는 점에서 맥타이와 위긴스의 이해 중심 교육과정과 LCI 심미적 교육의 수업 준비 방식이 유사함을 제시하였다. 그러나 '핵심 질문'은 여러 작품에 적용가능한 일반적인 질문을 다루고, '탐구의 질문'은 탐구의 대상이 되는 작품에 한정적인 특별한 요소를 포함하는 차이를 알 수 있다.

'탐구의 질문'의 사례로는 다음과 같은 질문들이 있다.

- "Elizabeth Murray는 이 네 개의 회화에서 의미 생성을 위해 의자, 테이블, 인체 형상을 어떻게 분해하고 조립했는가?"(Bose, 2008, p. 179)
- "Helen Frankenthaler는 Mary, Mary(1990)과 Aerie(2009) 등의 추상 작품을 구상하기 위해 자연에서 발견한 형태들과 추상, 다양한 회화 응용 방식을 어떻게 조합하였는가?" (김수진, 2013, p. 35)
- "홍순태 작가는 자신의 〈홍릉(1967)〉 및 〈동대문구 제기동(1968)〉 등의 사진에서 1960년대 서울 모습 속 특징을 드러내기 위해 어떻게 사진의 소재, 구도, 움직임 및 모순을 활용하였는가?"(김수진, 2013, p. 60)

위와 같은 '탐구의 질문'의 사례는 하나의 수업 혹은 여러 차시의 수업에서 학생들이 어떻게 하나의 미술 작품을 깊게 탐구하는 감상을 할 수 있을지 안내하는 길잡이 역할을 한다. 따라서 학생들은 작품에 대해서 암기하거나, 혹은 반대로 자유롭게 해석하는 것이 아니라 작품에서 집중할 부분을 찾아서 그 부분에 대한 대화와 토론, 맥락적 정보 탐구, 창작 활동, 성찰지 작성 등을 통해 작품을 깊이있게 탐구하게 된다.

3) 시각적 사고 전략(VTS, Visual Thinking Strategies)

VTS는 다음과 같은 세 질문을 통해 하나의 수업 내에서 교사와 여러 학생들이 함께 한 작품을 약 15분 내외의 시간 동안 감상하는 방법이다(Yenawine, 2013/2019). 첫 번째 질문은 대화의 시작에 사용되며, 두 번째 질문과 세 번째 질문은 이후 반복적으로 사용된다. 세 질문은 각각 관찰과 해석 유도, 증거 기반 추론, 다양한 해석 촉구의 역할을 담당한다.

- 이 작품에서 무슨 일이 일어나고 있나요(What is going on in this picture)?
- 무엇을 보고 ___라고 말했나요(What do you see that makes you say___)?
- 우리는 무엇을 더 발견할 수 있을까요(What more can we find)?

위의 세 질문을 통해 학생들은 작품 속에 있는 요소를 기반으로 작품을 해석해나가며 그 과정에서 타인의 의견을 듣고 자신의 해석을 확장하거나 수정하는 과정을 거치면서 자신의 해석이 잠정적이며 여러 가능성 중 하나임을 내재화할 수 있다. 특히 두 번째 질문과 세 번째 질문의 반복을 통해 학생들은 작품에서 명시적으로 드러나는 요소를 기반으로 근거를 들어 자신의 해석을 뒷받침하는 연습을 할 수 있다.

VTS에서 질문만큼 중요한 것은 교사의 진행 방식과 태도에 있는데, 중립적인 태도 유지, 학생 답변 경청, 작품의 요소 가리키기, 조건부의 언어(conditional language) 사용, 비슷하거나 반대되는 답변 간의 연결 등의 전략은 VTS 과정에서 학생들이 작품을 탐구하는 과정을 내재화하고, 적극적으로 참여하며, 타인과의 상호작용을 통해 행위주체성을 기르는데 도움이 된다. 그러나 VTS 활동 자체에서는 제목과 작가를 포함하여 작품에 대한 맥락적 정보를 배제하고 진행하기 때문에 미술 장르에 따라 적용의 한계가 존재하며(김수진, 2019b), '틀린' 해석을 정정할 수 없다는 비판도 제기되었다(Burnham & Kai-Kee, 2011/2020). 또한, 이야기 등의 요소가 있는 평면 작품에서 다른 장르의 작품보다 더 효과적으로 적용 가능하며, 따라서 타 장르의 작품에서는 첫 번째 질문이 다소 어색할 수 있다.

4) 사고 루틴(Thinking Routines)

사고 루틴은 하버드 교육대학원에서 진행한 프로젝트 제로를 통해 개발되었다. 학습의 초기에 던지는 질문은 학습의 과정동안 변하고 발전하며, 학습 과정을 겪은 후에도 더 많은 질문이 생성되며, 이는 이해의 깊이를 반영한다(Ritchhart et al., 2011/2023). 우리는 미술 작품의 감상 과정에서도 작품과의 첫 마주침에서 생겨난 질문이 다른 사람의 설명이나 자료 탐구를 통해서 어느 정도 해결되었다고 해도 이후에 더 많은 질문들이 생겨나는 것을 경험하는데, 사고 루틴은 이러한 자연스러운 학습 과정을 반영한다.

여러 사고 루틴 중 See-Think-Wonder, Think-Puzzle-Explore, Creative Questions는 교사의 발문을 통한 학생의 질문 생성과 탐구를 중심으로 둔다는 데 의의가 있다(Project Zero, n.d.). 이와 같은 루틴들은 수업에서의 교사의 발문과 학생이 생성하는 질문을 연결한다.

- See-Think-Wonder(보기-생각하기-궁금해하기): 무엇이 보이나요? 그것에 대해 어떻게 생각하나요? 궁금한 것은 무엇인가요?
- Think-Puzzle-Explore(생각-퍼즐-탐구): 무엇을 알고 있다고 생각하나요? 이 주제에 대해 질문하고 싶은 것이나 혼란스러운 것이 있나요? 그 지점을 어떻게 탐구할 수 있나요?
- Creative Questions(창의적 질문들): 질문 목록의 작성-질문의 변환-질문을 선택하여 상상력을 발휘-새로운 생각 성찰

'보기-생각하기-궁금해하기' 루틴은 작품을 자세히 관찰하고 해석한 후 완전한 새로운 탐구와 사고의 영역을 여는 데 기여한다. '생각-퍼즐-탐구' 루틴은 학생들이 작품을 사전 지식과 연결하고 호기심을 발휘하며 작품에 대한 개별/조별 탐구를 계획하는데 기여할 수 있다. '창의적 질문들' 루틴은 각 과정이 질문으로 제시되지는 않으나 학생들로 하여금 질문을 생성하도록 한다. 두 번째 단계에서 '만약… 된다면 어떨까요?', '만약에… 한다면 어떻게 될까요?', '만약…이라면 어떻게 달라질까?', '만약…한다면 어떻게 다르게 보일까?', '한다고 가정…' 등으로 질문을 변환하는 과정이 있어 학생들이 흥미로운 질문을 생성하고 상상력을 발휘하여 질문들을 통해 놀이하도록 권장한다.

VTS와는 다르게 사고 루틴은 정해져 있는 규칙보다는 사고력 증진에 초점을 두고 교사와 학생이 그 상황에 적절하게 수정하여 반복적으로 활용하기를 기대한다. 따라서 한 번의 사용보다는 같은 루틴을 여러 날에 걸친 다양한 상황에서 지속적인 사용하기를 권장하며 그에 따른 사고 방식의 내재화를 촉구한다. 따라서 질문 생성과 관련한 루틴을 학급에서 지속적으로 사용할 경우 학생들이 추후 스

스로 작품을 마주할 때 자연스럽게 질문을 생성하고 이를 탐구하면서 작품을 감상하기를 기대할 수 있다.

5) 학습자 생성 질문

학습자가 생성하는 질문은 위의 '창의적 질문들'을 비롯하여 다양한 방법이 있을 수 있다. 대표적으로, 질문생성기법(Rothstein & Santana, 2011/2017)에서는 학생들이 질문을 생성하고 개선하고 우선순위를 정하는 순서로 이루어진다. 질문을 생성할 때 네 가지 핵심 규칙이 존재하는데 가능한 한 많은 질문하기, 토의/판단/답하기 위해 멈추지 않기, 정확하게 모든 질문 적기, 진술을 질문으로 바꾸기이다. 질문을 개선하기 위해 생성된 질문들을 폐쇄형과 개방형으로 분류하고 각 유형의 가치를 설명하고 폐쇄형을 개방형으로, 개방형을 폐쇄형으로 바꾸어본다. 가장 중요한 질문 세 가지를 선택하고 그 이유를 밝힌 후 어떻게 사용할 것인지 결정한다.

미술 감상 수업 적용 과정에서 배진희와 류재만(2018)은 질문의 초점 알기, 질문 생성하기, 질문의 우선순위 정하기, 질문의 활용방안 모색하기, 되돌아보기 순서로 제시하였으며, 원영미(2016)는 관심 갖기, 작품 감상하기, 질문지 작성하기, 대화하기, 적용하기의 순서로 제시하였다. 학교 미술 감상 수업의 사례(배진희, 류재만, 2018; 원영미, 2016)에서 학생들이 질문을 생성할 때는 전문가에게 직접 답변을 듣기보다 다른 학생들과 그 질문에 대해 대화하거나 자율적 자료조사 및 교사의 자료 제공을 통해 질문을 탐구하게 된다.

5. 차기 교육과정 미술 감상 영역에서 질문 활용의 전망

차기 미술과 교육과정의 전망과 관련하여 제언을 다음과 같이 제시한다. 첫째, 학생 생성 질문에 대한 논의가 확대될 필요가 있다. 현재 제안된 교육과정에서는 초등학교 3-4학년 수준에서만 이러한 내용을 한정적으로 다루고 있다. 작품을 감상하고 탐구하면서 감상자 입장에서 던질 수 있는 질문의 다양한 유형에 대한 논의를 통해 초등학교 고학년과 그 이후에서도 감상 교육에서 학생의 행위주체성을 향상시킬 수 있는 방안을 모색할 수 있다. 특히 학생의 행위주체성은 다른 인간 및 비인간과의 관계를 통한 상호-주체성을 포함한 개념이므로(OECD, 2019) 질문 생성에 있어서 교사 및 다른 학생과의 교류, 그리고 하나의 작품 감상이 아닌 작품 간의 관계를 통한 다양한 질문 생성, 맥락적 정보과 작품 간의 관계에 있어서의 질문 생성 등 다양한 주제를 논의할 수 있다. 또한, 학생들이 어떻게 좋은 질문을 생성할 수 있는지에 대한 구체적 방안에 대한 논의도 필요할 것이다.

둘째, 미술 감상의 영역에서 '핵심 질문'(McTighe & Wiggins, 2013/2016) 및 '탐구의 질문(LCI, 2008)'의 유형 및 여러 차시에 걸쳐 이를 장기간에 걸쳐 다루는 방식에 대한 여러 논의가 필요하다. 학교에서의 작품 감상은 미술관 등의 장소와는 다르게 실제 작품을 보기 어려울 수 있다는 한계가 있지만 하루 이상의 시간을 들여 작품을 천천히 보고 탐구하는 것이 가능하다는 장점이 있다. 따라서 작품 자체만이 아니라 여러 자료들과 작품을 함께 여러 차시에 걸쳐서 탐구하고 표현 활동과 연계하여 감상 활동을 심화할 수 있는 방안도 '핵심 질문'이나 '탐구의 질문'과 연계되어 논의될 수 있다. 초기 미술과 교육과정에서 감상 영역이 표현의 부수적인 역할을 했다가 비평 교육의 도입으로 독자적인 수업의 확대가 이루어졌다면, 감상의 심화를 위한 미술 표현 활동에 대한 논의도 필요하며, 이는 '핵심 질문'이나 '탐구의 질문'과 함께 다룰 수 있다.

셋째, 동시대 미술의 본격적인 학교 교육과정 도입과 함께 미술 교과에서 다루는 미술 장르는 다양해졌으며 이에 따른 질문의 차이점에 대한 논의도 확대되어야 한다. 이 글에서는 미술 작품이라고 불리는 것에 대한 학교에서의 감상 교육 논의로만 한정지어서 논의를 제안했으나, 사운드 아트나 행위 예술 등 시각적인 것보다 다른 감각이 더 우선될 수 있는 다양한 장르의 현대 미술, 수업에서 생성되는 학생 작품, 시각문화, 지역사회 연계 미술, 학교 연계 미술관 교육 등 어떤 작품을 어떤 상황에서 경험할 것인지에 따라 수업에서 다룰 수 있는 질문의 유형이 세부적으로 상이할 수 있다. 따라서 감상 수업의 구체적인 특수한 상황에 따른 질문 도입의 방향성에 대한 추가 논의가 필요할 것이다.

넷째, 학교 미술 감상 수업에서 질문의 실질적인 활용의 구체적인 교수-학습 방안에 대한 논의가 확대되어야 한다. 앞에서 제안된 내용과는 반대로 질문의 주체 및 유형에 따라 어떤 작품을 선정하는지에 따라 수업에서 활용하는 질문의 유형이 효과적이거나 그렇지 않을 수 있다. 또한 질문 자체보다 질문을 둘러싼 학급 환경 조성에 대해 질문 자체만큼 중요성이 부여되기도 하였으므로(Project Zero, n.d.; Richhart et al., 2011/2023; Rothstein & Santana, 2011/2017; Yenawine, 2013/2019), 이에 대한 다양한 장르의 미술 감상 교육 상황에서의 특수한 내용들을 점검할 필요가 있다. 이는 미술 교과서 개발이나 실제 미술 감상 수업에서의 교사와 학생의 상호작용, 교수-학습 모형, 활동지와 같은 미술 수업 자료 등 다양한 층위에서 논의될 수 있다.

* 이 글은 김수진(2023), 미술과 교육과정 감상 영역 '질문'의 의미 변천: 2022 개정 및 이전 미술과 교육과정 내용 분석 연구(조형교육, 88집)를 수정 보완한 원고임.

김수진(서울교육대학교)

Ⅵ

미술과 교육과정에서의 학습자

27 미술과 교육과정과 민주시민교육

민주시민으로서의 자질을 갖추어 인간다운 삶을 살아갈 수 있도록 하는 것. 교육기본법에 이와 같이 명시된 우리 교육의 목적은 교과 교육과정에서 얼마나 실행되고 있을까? 민주시민이란 무엇이고 인간다운 삶이란 어떤 것일까? 2022 개정 교육과정은 '포용성과 창의성을 갖춘 주도적인 사람'을 비전으로 내세우며 '시민성 함양을 위한 민주시민교육'을 실천 과제로 제시했다. 민주시민교육의 개념을 정의하고 모든 교과와 연계해 실행할 것을 강조한다. 미술과 교육과정에서 민주시민교육은 어떻게 실현될 수 있을까? 본고에서는 민주시민교육의 개념을 살펴보고 2022 개정 교육과정, 2022 개정 미술과 교육과정과의 관계를 탐색함으로써 현장 실행 방안을 제안해보고자 한다.

2022 개정 교육과정에서 정의한 민주시민교육에 대한 개념과 의미를 살펴보는 일은 새로운 교육과정의 방향과 가치를 가늠하고, 실현하는 중요한 첫걸음이 될 수 있다. 또한 총론의 지향을 반영해 개발된 2022 개정 미술과 교육과정에 담긴 민주시민교육의 내용을 분석하고 적용 방안을 탐색해보는 과정은 시대 변화에 따라 폭과 깊이를 확장하고 있는 미술교육의 개념과 역할, 위상을 재고해보는 일이 될 것이다.

1. 교육과정에서의 민주시민교육

1) 민주시민교육의 개념

'민주시민교육의 개념을 어떻게 정의할 것인가?'는 민주시민교육의 성격과 방향, 범주와 방법 등을 결정짓는 중요한 시작점이다. 2022 개정 교육과정 총론 주요사항(시안)에서는 민주시민교육을 다음과 같이 정의하고 있다.

> 학생이 자기 자신과 공동체적 삶의 주인임을 자각하고, 비판적 사고를 통해 자신이 속한 공동체의 문제를 상호 연대하여 해결할 수 있도록 지원하는 교육(교육부, 2021.11.24, p. 15)

자신과 공동체에 대한 주인 의식은 2022 개정 교육과정에서 제시하고 있는 핵심 가치인 '자기 주도성', '포용성과 시민성'에 기반하는 것이다. 2015 개정 교육과정에서 제시되었던 인간상 중 '주도적인 사람'은 2022 개정 교육과정에서 '자기주도적인 사람'으로 변화하였는데, 이것은 주체성과 책임감을 바탕으로 변화를 만들어내는 적극적인 태도를 포함하는 개념으로 OECD Education 2030에서 강조하고 있는 학생 행위 주체성(student agency), 혹은 변혁적 역량을 계승한다. 김종훈(2022)은 OECD Education 2030에 담긴 학생 행위 주체성을 특정 행위를 견인하는 개인의 특성으로부터 개인을 넘어 사회적 관계로 확장된 개념으로 보았다. Vaughn(2021/2023)도 주체성을 고립된 개인이 아닌 타인, 세계와의 관계 속에서 변화되어 가는 것, 나아가 사회를 변화시키는 역동적인 것으로 간주한다. 인간 삶에 대한 깊은 이해를 바탕으로 자신의 삶에 대한 지향성을 확립하고 타인 및 세계와의 관계 속에서 자신의 위치를 객관적으로 지각하며, 그 위치를 협상하고 변화시킬 수 있는 힘을 가질 때 진정한 행위 주체성이 가능하다는 것이다.

비판적 사고 능력도 민주시민의 중요한 자질 중 하나이다. 현상의 옳고 그름을 판단하여 밝히거나 잘못된 것을 지적할 수 있는 능력인 비판적 사고는 지금 이 세계에서 벌어지고 있는 현상에 주목하며 표면적 사건 너머의 본질을 통찰하게 하는 힘을 갖는다. Levitsky와 Ziblatt(2018/2018)는 오늘날 민주주의 붕괴가 위험하면서도 미묘한 방식으로 이뤄지고 있다고 진단한다. 인터넷 게시글과 SNS를 통해 전달되는 신뢰할 수 없는 뉴스들은 조회수와 '좋아요'에 기반하여 중요도와 가치가 정해지고 자극적인 뉴스, 분노와 공포를 부추기는 내용이 주목받거나 보이지 않는 타인에 대해 비난을 퍼붓도록 서로를 부추기기도 한다. 디지털 시대를 살아가는 시민들의 비판적 사고 능력을 기르는 것이 어느 때보다 중요하다고 볼 수 있다. 공동체가 건강한 방향으로 가고 있는지를 판단하기 위해서는 현상에 주목하고 문제의 본질을 파악하는 것이 필수적이다. 공동체의 판단 능력은 곧 나의 판단 능력으로부터 시작된다. 지금 이 생각이 과연 나의 생각인가? 왜 이런 현상이 벌어지고 있는가? 과연 이것이 옳은 결정이라고 할 수 있는가? 라고 질문하는 것, 깊이 숙고하고 판단하는 것은 더 나은 세계로 이끄는 결정과 행동을 만들어낸다.

2022 개정 교육과정은 시대적 변화를 기반으로 새로운 교육에 대한 국가·사회적 요구를 담고 있다. 사회적 문제를 해결하기 위한 상호 존중과 공동체 의식 함양의 필요성이 증대됨에 따라, '협력적 소통'과 '공동체 역량'이 핵심역량으로, '포용성과 창의성을 갖춘 주도적인 사람'이 비전으로 설정되었다. '자기 주도성', '창의와 혁신', '포용성과 시민성'의 핵심 가치를 기반으로 인간상이 제시되었으며, 이를 기반으로 민주시민교육의 개념이 정의되었다. 따라서, 2022 개정 교육과정에서의 민주시민교육은 교육과정의 핵심 가치와 비전을 포괄하며 긴밀하게 연결되어있는 개념이라고 볼 수 있다.

〈표 1〉 2022 개정 교육과정의 배경, 핵심역량, 인간상, 핵심 가치를 기반으로 한 민주시민교육의 개념

비전	**포용성**과 창의성을 갖춘 주도적인 사람		
추진 배경	사회의 복잡성과 다양성이 확대되고 **사회적 문제를 해결하기 위한 협력**의 필요성이 증가함에 따라 **상호 존중과 공동체 의식 함양의 필요성 증대**		
핵심역량	자기관리, 지식정보처리, 창의적 사고, 심미적 감성, **협력적 소통, 공동체 역량**		
핵심 가치	자기 주도성	창의와 혁신	포용성과 시민성
	주도성, 책임감, 적극적 태도	문제해결, 융합적 사고, 도전	배려, 소통, 협력, 공감, 공동체 의식
추구하는 인간상	**공동체 의식**을 가지고 **다양성**에 대한 **상호 이해와 존중**을 바탕으로 **세계와 소통**하는 **민주 시민**으로서 **배려와 나눔, 협력**을 실천하는 더불어 사는 사람		
민주시민교육의 개념	학생이 자기 **자신과 공동체적 삶의 주인임을 자각**하고, **비판적 사고**를 통해 자신이 속한 **공동체의 문제를 상호 연대하여 해결**할 수 있도록 지원하는 교육		

출처: 교육부, 2021.11.24., pp. 1-15에서 관련 내용을 추출하여 통합함. 강조는 연구자.

2) 민주시민교육의 목표

2022 개정 교육과정에서는 민주시민교육의 목표를 학교급별에 따라 차이를 두고 제시했다. 시민 가치(평화, 인권, 성평등, 문화다양성, 지속가능성 등)를 이해하고 태도를 함양하며 실천하는 민주시민교육은 학생 성장 발달 단계에 따라 배움의 폭과 깊이를 확장하는 가운데 초등학교 시기에서 시작해 고등학교 단계에서 최종 목표에 다다를 수 있도록 구조화한 것이다. 이러한 목표에 기반하여 공동체적 가치를 내재화하고 실천하며 함께 잘 사는 사회를 만들어가는 데 지향점을 두고 있다고 볼 수 있다.

초등학교 단계에서는 기본 습관을 기르는 과정에서 민주시민의 태도를 함양하는 데 중점을 두고, 중학교 단계에서는 진로와 삶의 의미를 탐색하는 과정에서 시민 가치를 통한 민주시민의 태도와 자질 함양에 중점을, 고등학교 단계에서는 지역 사회, 국가, 세계로 범위를 확장하여 민주시민의 태도를 함양하고 실천(소통)하는 데 중점을 두고 있음을 알 수 있다.

2. 2022 개정 미술과 교육과정에서의 민주시민교육

1) 미술 교과의 핵심 역량과 민주시민교육의 관계

2022 개정 교육과정 민주시민교육의 개념은 총론에서 제시한 추구하는 인간상의 핵심 가치를 반영하여 정의하였다. 핵심 가치는 2022 개정 미술과 교육과정의 교과 핵심 역량 설정의 기준점이 되어 목표에 반영되었다. 따라서,

〈표 2〉 2022 개정 교육과정에서 민주시민교육의 지향점, 가치, 교육 목표

시민성 함양을 위한 민주시민교육	
지향점	사회를 살아가는 시민으로서 갖추어야 할 기본 역량과 자질에 대한 인식 제고 및 교육 강화를 통해 **함께 잘 살아가는 사회 지향**
시민 가치 (공동체 가치)	**평화, 인권, 성평등, 문화다양성, 지속가능성 등**
방법	• 민주시민교육과 연계하여 평화, 인성교육, 인문학적 소양 교육 등 내실화 • 시민 가치(공동체 가치)를 개인과 공동체적 관점에서 **이해**하고 함께 더불어 살아가기 위한 **태도를 함양하고 실천**할 수 있도록 연계 강화

학교급	초등학교	중학교	고등학교
교육 목표	학생의 일상생활과 학습에 필요한 기본 습관 및 기초 능력을 기르고 **민주시민의 태도를 함양**하는 데 중점을 둔다.	학생의 일상생활과 학습에 필요한 기본 능력을 기르고 **진로와 삶의 의미를 탐색하며 민주시민의 태도와 자질을 함양**하는 데 중점을 둔다.	학생의 적성과 소질에 맞게 진로를 개척하며 **지역사회, 국가, 세계와 소통하는 민주시민의 태도와 자질을 함양**하는 데 중점을 둔다.

출처: 교육부, 2021.11.24., p. 15에서 관련 내용을 추출하여 재구성함. 강조는 연구자.

〈표 3〉 2022 개정 교육과정 총론 핵심 가치와 미술과 교육과정 핵심 역량의 관계

핵심 가치	자기 주도성	창의와 혁신	포용성과 시민성
	주도성, 책임감, 적극적 태도	**문제해결**, 융합적 사고, 도전	**배려, 소통, 협력, 공감, 공동체 의식**

민주시민교육의 핵심 역량
자신과 공동체에 대한 주인 의식, 비판적 사고 능력, 공동체의 문제를 상호 연대하여 해결하는 능력

	심미적 감성 역량	정체성 역량	창의 · 융합 역량	시각적 소통 역량	공동체 역량
미술 교과 핵심역량	대상과 현상에 대한 미적 감수성을 바탕으로 인간의 삶과 문화에 대해 공감적으로 이해하고 심미적 가치를 발견하여 내면화할 수 있는 능력	미술 활동을 통해 독립적인 개인으로서 또한 자신이 속한 집단의 일원으로서 **개인과 집단의 개별성과 고유성을 인식하고 성찰**하여 자아상과 세계관을 형성해 나갈 수 있는 능력	상상력을 바탕으로 다양한 매체를 활용하여 자신의 느낌과 생각을 창의적으로 표현하고, 미술 활동 과정에 타 분야의 지식, 기술, 경험 등을 융합하여 새로운 가능성을 발견하고 삶과 연계한 **문제를 해결할 수 있는 능력**	다양한 매체에 기반한 시각문화를 **비판적으로 이해하고 해석**하며 이를 활용하여 시각적으로 **소통할 수 있는 능력**	전통에서부터 동시대까지 **미술 문화에 대한 이해를 바탕으로 다양한 미술 문화를 존중하며 개방적이고 포용적인 태도**로 인류 공동체 발전에 적극적이고 **책임감 있게 참여**할 수 있는 능력
하위 요소	미적 지각, 미적 반응, 미적 감수성, 직관, 공감, 감정 표현, 심미적 가치 내면화 등	자아정체성, 자아 존중, 자율성, 자기 계발, 자기 성찰, 자기 탐구, 자기 이해, **자기 주도성, 주체성 이해** 등	상상력, 창의적 사고, 융합적 사고, 창의적 표현 능력, 매체 활용 능력, **문제 해결 능력**, 연계 · 융합 능력, 개방적 사고, 실험적 태도, 도전하는 용기 등	이미지 시각화 능력, 시각적 문해력, **비판적 사고력, 의사소통 능력** 등	문화적 감수성, **다원적 가치 존중, 공동체 의식, 세계시민의식, 민주시민의식, 책임감, 배려, 포용성, 협력적 소통 능력, 공감** 등

출처: 교육부, 2021.11.24, p. 12, 이주연 외, 2022, p. 100에서 관련 내용을 추출하여 재구성함. 강조는 연구자.

민주시민교육과 미술과 교육과정은 핵심 가치를 기반으로 지향점을 공유한다고 볼 수 있다.

2022 개정 미술과 교육과정의 정체성 역량은 다음과 같이 정의하고 있다.

> 미술 활동을 통해 독립적인 개인으로서 또한 자신이 속한 집단의 일원으로서 **개인과 집단의 개별성과 고유성을 인식하고 성찰하여 자아상과 세계관을 형성해나갈 수 있는 능력** (이주연 외, 2022, p. 100, 강조는 연구자)

'정체성'은 '나는 누구인가'를 토대로 한 본질적 탐구에서 출발하여 자신을 둘러싼 세계에 대한 통찰로 이끈다는 점에서 2022 개정 교육과정에서 예측 불허하고 불안정한 미래사회를 살아갈 개인이 갖추어야 할 중요 역량으로 제시한 '변혁적 역량'과 관련이 깊다. 2022 개정 미술과 교육과정에서 새롭게 제시된 '정체성 역량'은 2015 개정 미술과 교육과정의 '자기 주도적 미술 학습 능력'을 보다 확장하여 총론에서 제시하고 있는 '자기 주도성'의 핵심 가치인 주도성, 책임감, 적극적 태도 등을 바탕으로 도출된 것이다(이주연 외, 2022).

박수정 외(2022)는 2022 개정 미술과 교육과정의 정체성 역량은 총론의 주체성과 더불어 타인과 타문화에 대한 존중으로까지 의미가 확장되며, 존중의 태도를 갖춘 개인이 공동체 구성원으로서의 자신의 역할을 인식하는 책임감까지 아우른다고 보았다. 이를 위해 미술 교육에서 자아의 내면 세계 표상, 사고와 감정을 공유하는 공동체의 일원으로서의 표상 능력을 함양해야 한다고 했다. 윤미경과 김정효(2023)는 정체성이란 존재 자신의 고유성에 대한 자각이며, 개인의 고유한 성질은 불변하는 것이 아니라 사회와의 만남을 통해 형성되고 늘 변화한다고 말하며, 정체성 함양을 위한 교육은 학생들이 환경과 다양한 맥락을 연결하여 자신을 성찰하며 어떻게 행동할지 결정하는 방향으로 나아가야 한다고 주장했다. 이주연(2023)은 정체성과 관련된 최근의 논의들이 개인의 정체성을 강조하는 전통적인 관점에서 벗어나, 개인이 속한 집단으로 형성되는 사회적 정체성(social identity), 상황, 관계에 따른 유동적 정체성으로 새롭게 해석되고 있다고 분석했다. 따라서, 2022 개정 미술과 교육과정에서 제시된 정체성도 개인 및 개인을 둘러싼 사회와의 상호작용과 경험, 상호 간의 이해 정도에 따라 영향을 받는, 변화하고 구성되는 개념이므로 역동적으로 변화하며 끊임없이 재개념화되는 환경 속에서 자기 스스로를 인식하도록 돕는 것에 중점을 두어야 한다고 강조한다. 개인을 넘어 타자, 세계와의 긴밀한 연결을 통해 상호 소통하고, 책임감을 바탕으로 주체적으로 행동해 나가는 유동적 정체성, 세계를 변화시킬 수 있는 힘을 내재한 보다 확장된 개념으로 볼 수 있는 것이다.

2022 개정 미술과 교육과정의 시각적 소통 역량의 개념은 "다양한 매체에 기반한 시각문화를 비판적으로 이해하고 해석하며 이를 활용하여 시각적으로 소통할 수 있는 능력"(이주연 외, 2022, p. 100)이다.

이미지의 소통 방식은 점점 더 다양한 매체를 기반으로 이루어지고 있다. 매체의 특성에 따라 고유한 소통 방법, 언어와 문화가 만들어지며, 이미지를 매개로 새롭게 변주되는 소통 방식이 끊임없이 재생산되고 소비된다. 어디서든, 누구라도, 언제든지 시각문화 형성에 역동적으로 참여하고 있다는 인식이 필요하다. 이미지에 대한 주체성, 공동체성, 책임감을 바탕으로 한 시각적 소통 역량이 요구된다. 인터넷 공간에서의 디지털 이미지를 통한 소통이 증가하고 있는 상황에서, 디지털 매체의 특징과 소통 방식을 이해하고 판단하는 능력을 기르는 것이 더욱 중요해지고 있는 것이다.

공동체 역량은 총론의 핵심 가치를 포괄하면서 민주시민교육의 개념과 가장 맞닿아 있는 미술과의 핵심 역량이라고 볼 수 있다.

2022 개정 미술과 교육과정의 공동체 역량의 개념은 다음과 같다.

> 전통에서부터 동시대까지 미술 문화에 대한 이해를 바탕으로 **다양한 미술 문화를 존중하며 개방적이고 포용적인 태도로 인류 공동체 발전에 적극적이고 책임감 있게 참여**할 수 있는 능력(이주연 외, 2022, p. 100, 강조는 연구자)

'공동체 역량'은 2015 개정 미술과 교육과정에서 제시되었던 '미술 문화 이해 능력'을 개선한 것이다. 김형숙(2019)

은 2015 개정 미술과 교육과정이 총론에서 제시한 '공동체 역량'을 심도 있게 반영하지 않았다는 점을 지적한 바 있다. 공동체 역량은 미술 교과의 정체성을 보다 분명히 할 수 있고 미술 교과의 사회적 측면을 강화할 수 있다는 관점에서 인지되어야 하며, 총론과 교과 역량과의 관련성을 고려할 때 차기 미술과 교육과정에서 숙고하여 반영되어야 한다고 강조한 것이다. 문화적 감수성, 비판적 역량, 사회·문화 공동체로써의 역할을 포함하는 의미로 수정, 보완돼야 한다는 또 다른 의견, 태도와 가치 같은 정의적 영역이 반영되어야 한다는 요구(주형미 외, 2021) 등을 기반으로 총론의 '공동체 역량'의 지향을 담아, 역량명을 개선함으로써 의미와 가치를 강조했다. 공동체 역량의 하위 요소로는 문화적 감수성, 다원적 가치 존중, 공동체 의식, 세계시민의식, 민주시민의식, 책임감 등을 제시(이주연 외, 2022)하였는데, 민주시민교육의 핵심 요소들을 포괄하고 있다.

공동체 역량을 토대로 당면한 문제를 해결해나가기 위해서는 사회적 상상력이 필요하다. 미술 교과 핵심 역량으로 제시된 '창의·융합 역량'은 이를 염두에 두고 설정되었다.

2022 개정 미술과 교육과정의 창의·융합 역량의 개념은 다음과 같다.

> 상상력을 바탕으로 다양한 매체를 활용하여 자신의 느낌과 생각을 창의적으로 표현하고, 미술 활동 과정에 타 분야의 지식, 기술, 경험 등을 융합하여 새로운 가능성을 발견하고 삶과 연계한 문제를 해결할 수 있는 능력(이주연 외, 2022, p. 100)

상상력은 대안을 현실로 가능하게 하는 능력이며, 인간은 상상력을 발휘하여 세상과 마주한다. 지금보다 더 나은 상황이 존재할 수 있다는 선한 상상력은 세상을 보는 새로운 관점을 제공한다. 공감, 상호연결성을 바탕에 둔 민주적 공동체에 대한 상상은 현상에 대한 질문과 함께 방향을 바꾸어 문제를 해결해나가려는 행동으로 이어질 수 있다. 사회적 마비현상으로부터 감각을 회복하는 일, 상상력의 회복을 가져오는 일은 세상에 무엇이 존재하는가에 대한 깨어있음으로 연결되는 것이다(Greene, 2000/2019).

2) 미술 교과의 성격과 목표에 담긴 민주시민교육의 가치

2022 개정 미술과 교육과정 문서에 제시된 미술과의 '성격'을 살펴보면, 미술 교육과정의 지향이 민주시민을 길러내는 것을 포괄하고 있음을 알 수 있다.

> "… 미술은 조형적으로 문제를 해결해나가는 과정을 통해 자신의 내면을 통찰하고 상상력과 창의성을 발현시켜 **개인과 공동체의 삶을 풍요롭게 한다**. … 미술을 매개로 사고하고 행동하며 **자신과 세계와의 관계를 성찰하여 자신에 대한 이해를 확장**할 수 있다. 나아가 인류의 정신적, 물질적 유산인 **미술 문화를 존중하고 공동의 문제 해결에 참여하며 문화 발전에 기여**할 수 있다. … 타인, 환경, 세계와 상호 작용하는 가운데 자신의 위치를 확인하고 나아가 타인의 고유성을 존중하며 **더불어 살아가는 힘과 협력적 문화를 형성하는 힘**을 기를 수 있다. … 학생들은 개인의 문제를 넘어 주변과 세계에서 일어나고 있는 다양한 문제에 새로운 질문을 던지고 함께 해결하면서 … **공동체의 발전에 참여하는 시민으로 성장**할 수 있다."(교육부, 2022, p. 5, 강조는 연구자)

이주연 외(2022)는 2022 개정 미술과 (공통)교육과정 성격 진술 시 중점 사항을 제시하면서, 개인과 공동체의 지속가능한 삶에 이바지할 수 있는 인류 보편의 언어로 미술을 확대, 규정했음을 밝혔다. 미술을 통한 상상력과 창의성이 개인과 공동체의 삶을 풍요롭게 하며, 인간의 삶에 대한 이해와 인류의 지속 가능한 발전에 공헌한다고 본 것이다.

이에 따라, 미술 교육의 역할과 범위도 함께 확장했다. 미술 교육을 통해 학생들이 타인, 환경, 세계와 상호 작용하면서 더불어 살아가는 힘, 협력적 문화를 형성하는 힘을 기를 수 있다고 보았다. 개인의 문제를 넘어 주변과 세계에서 일어나고 있는 다양한 문제에 새로운 질문을 던지고 함께 해결하는 미술 교육과정이 공동체 발전에 참여하는 시민으로서의 성장에 기여할 수 있음을 밝히고 있다. 미술 교육과정과 민주시민교육의 가치 지향이 다르지 않음을 드러내는 대목이라고 볼 수 있다. 세계의 다양한 문제에 관심을 갖는 것은 타자에 대한 진심, 관심을 기울이고 공감할 수 있는 능력을 필요로 하며, 새로운 질문을 던지기 위해서는 비판적 사고 능력이, 문제를 해결하기 위해서는 세계 내의 문제가 나의 문제와 무관하지 않으며 서로 연결되어 있다는 공동체 의식이 필요하다. 이것은 민주시민교육의 핵심 역량과 맥을 같이 하며 민주시민의 특성을 담고 있다고 볼 수 있다.

〈표 4〉 2022 개정 미술과 (공통)교육과정 목표와 핵심 역량

2022 개정 미술과 공통 교육과정 목표		핵심 역량
총괄 목표	대상과 현상의 미적 체험을 바탕으로 느낌과 생각을 표현하고 감상하는 활동을 통하여 자신과 세계를 이해하고 미술 문화 창조에 주도적으로 참여할 수 있다.	-
세부 목표	(1) 대상과 현상을 감각적으로 지각하고 반응하면서 심미적 감성을 기른다.	➔ 심미적 감성 역량
	(2) 미술 활동을 통해 자신의 느낌과 생각을 창의적으로 표현하며 경험과 사고를 유연하게 통합하고 확장한다.	➔ 창의·융합 역량
	(3) 다양한 매체에 기반한 **시각문화를 비판적으로 이해하고 활용**하여 **시각적으로 소통**한다.	➔ **시각적 소통 역량**
	(4) 미술을 매개로 **주도적으로 사고하고 행동하며 세계와의 관계에서 자신을 이해**한다.	➔ **정체성 역량**
	(5) 미술 문화의 **다원적 가치를 존중**하며 협력적 의사소통을 통해 **공동체의 문화 발전에 참여**한다.	➔ **공동체 역량**

출처: 이주연 외, 2022, p. 99, 강조는 연구자.

3) 미술 '내용 요소(가치 · 태도)'에 담긴 민주시민의 자세

2022 개정 미술과 (공통)교육과정의 내용 체계는 지식 · 이해, 과정 · 기능, 가치 · 태도의 세 범주로 구분되어 영역별로 제시되었다. 가치 · 태도가 내용 요소로 포함된 것은 2015 개정 교육과정과의 두드러진 차이점이며, 정의적 영역을 평가할 수 있는 근거를 마련해준다는 점에서 주목할 필요가 있다. 가치 · 태도의 내용 요소 중 민주시민의 자세와 결을 같이 하는 부분은 미적 체험 영역에서 초등학교 5~6학년의 '비판적으로 이해하는 태도', 중학교의 '다양한 문화 존중과 참여', 감상 영역에서 초등학교 5~6학년의 '서로 다른 관점의 존중', '공동체 문화에 참여', 중학교의 '미술의 다원성 존중', '공동체 문화에 기여'이다.

〈표 5〉 2022 개정 미술과 (공통)교육과정 내용 체계표 미적 체험, 감상 영역 가치 · 태도 부분

영역	미적 체험		감상	
핵심 아이디어	이미지에 대한 비판적 이해는 시각적 소통과 문화적 참여의 토대가 된다.		• 감상은 다양한 삶과 문화가 반영된 미술과의 만남으로 자신과 공동체의 문화를 이해하게 한다. • 감상은 서로 다른 관점을 이해하여 삶에서 미술 문화의 다원적 가치를 존중하도록 한다.	
범주 \ 구분	초등학교 5~6학년	중학교	초등학교 5~6학년	중학교
가치 · 태도	**비판적으로 이해하는 태도**	**다양한 문화 존중과 참여**	**서로 다른 관점의 존중**	**미술의 다원성 존중**
			공동체 문화에 참여	**공동체 문화에 기여**

출처: 교육부, 2022, pp. 6-7에서 관련 내용을 추출하여 재구성함. 강조는 연구자.

미적 체험의 핵심아이디어와 이를 기반으로 구성된 초등학교 5~6학년, 중학교 단계의 가치·태도는 시각문화의 광범위한 확장과 소통 방식의 다변화를 염두에 두고 구성된 것으로 "이미지에 대한 비판적 이해는 시각적 소통과 문화적 참여의 토대가 된다"(교육부, 2022, p. 6)는 점에서 민주시민의 기본 소양이라고도 볼 수 있다.

우리의 인식과 정체성을 구성하는데 이미지(미디어)가 결정적인 영향을 준다는 점에서 이미지를 비판적으로 이해하는 태도는 중요하다. 시시각각 쏟아지는 이미지, 각종 미디어 등 시각문화를 무분별하게 받아들이는 수용적 태도는 비판적 사고를 무력화시킨다. 오늘날 미디어는 의도된 개념과 고정적 틀에 갇힌 이미지를 통해 사람들의 상상력을 얼어붙게 만들거나(Greene, 2000/2019), 광고를 통해 즐거움에 대한 상상력과 좋은 삶에 대한 정의를 독점(Soper, 2020/2021)함으로써 대안적 삶의 가능성을 제한하기도 한다. 이미지의 비판적 이해가 중요한 이유이다.

표현 방식의 하나인 이미지에는 문화적 맥락에 따른 다양한 상징, 기호, 이념이 포함되어 있으므로, 다양한 문화를 존중하는 태도가 요청된다. 문화는 개인의 관습, 전통 및 신념을 중심으로 구성된다. 다양한 문화를 존중한다는 것은 나와 다른 새로운 관점을 받아들임으로써 세상을 보는 시각을 확장하고, 사회에 공존하는 다양한 가치를 이해하는 것이다. 다양성의 존중은 개방성과 포용성을 바탕으로 타인과의 상호 협력의 가능성을 높이고, 문제에 대한 더 많은 해결 방안을 찾도록 도울 수 있으며 문화적 다양성은 공동체를 견고하게 한다. 따라서, 국가, 인종, 성별, 세대, 사회 집단 등 타 문화의 고유한 가치를 존중하는 태도를 바탕으로 "다양한 매체를 통해 이미지로 소통하는 방식을 이해하고 활용하며 나와 세계가 함께 공존할 수 있는 새로운 시각문화 형성에 참여"(교육부, 2022, p. 16)하는 것은 공동체의 문화에 기여하는 것이며 민주시민으로서 갖추어야 할 자세라고 볼 수 있다.

감상 영역의 핵심 아이디어에 진술된 것처럼, "감상은 서로 다른 관점을 이해하여 삶에서 미술 문화의 다원적 가치를 존중하도록 한다(교육부, 2022, p. 7)." 미술 감상 활동은 학습자가 작품에 대한 인지적, 정서적 측면을 표현하는 과정에서 의사소통을 통해 타인에 대한 이해를 높일 수 있다(박남용, 손지현, 2021). 또한, 감상은 "다양한 삶과 문화가 반영된 미술과의 만남으로 자신과 공동체의 문화를 이해하게 한다(교육부, 2022, p. 7)."

김수진(2023)은 미술 감상 행위와 공동체 역량의 관계를 분석하였는데, 미술 감상을 복잡하고 답이 정해져 있지 않은 문제를 감상자가 타자와의 교류 속에서 해결해나가는 과정적 탐구 행위이자 공동체의 미술 문화에 적극적으로 기여하며 참여하는 행위로 보았다. 다양한 생각을 바탕으로 자신의 관점을 수정하거나 발전해나가면서 작품의 의미 형성에 기여하는 감상 행위는 공동체 역량과 긴밀한 관련성을 갖는다. 이와 같이 감상 영역의 내용 요소 중 가치·태도로 범주화된 "서로 다른 관점의 존중", "공동체 문화에 참여", "미술의 다원성 존중", "공동체 문화에 기여"(교육부, 2022, p. 7)는 민주시민에게 요구되는 자세와 결을 같이 한다고 볼 수 있다.

3. 민주시민교육에 기초한 미술교육의 방향

1) 시각적 비판 능력을 기르는 새로운 리터러시 교육: '구경'하는 눈에서 '사유'하는 눈으로

디지털 시대의 시각문화는 광범위해지고 있고 그 변화 속도는 걷잡을 수 없이 빨라지고 있다. 가속화되는 혼란과 불확실성으로 가득한 세계에서 길을 잃지 않으려면, 이미지를 비판적으로 이해하고 해석할 수 있어야 한다. 대상과 현상을 지각하고 비판적으로 사고하며 판단하는 능력은 민주시민에게 요구되며, 미술교육을 통해 길러질 수 있다.

스펙터클한 이미지들이 서로 경쟁하는 온라인 공간에 오래 머물수록, 도리어 타인의 고통에 무감각해지는 아이러니를 경험하기도 한다. 이러한 감각의 마비는 화면 밖 안전한 곳에서 그저 이미지를 구경하는 '수동적인 눈'을 만들고, 비판적 사고와 판단을 차단한다. 여기에서 벗어나려면 알고리즘과 구독에 갇힌 나의 타임라인을 빠져나와 다른 삶의 존재를 알아채는 것, 나와 연관되지 않는 일 역시 중요할 수 있다는 사실을 인정하는 것이 필요하다(김인정, 2023). 이런 측면에서, 비주얼 리터러시는 물론 미디어 리터러시, 디지털 리터러시까지로 범위를 넓힌 새로운 리터러시 교육이 필요하다. 이재예와 이정은(2023)은 디지털 리터러시 증진은 수동적 디지털 감상자를 능동적 창조자로 변화시킬 수 있다고 보았다. 변화를 이끌어내는 주체적인 힘을 기르는 교육으로써, 디지털 시대, 미술 교과의 사회적 역할로써도 의미가 있다. 누군가의 관점과 의도가 반영된 이미지를 천천히 들여다보고, 어떻게 가공되고 생산되었는지를 분석하며 판단할 수 있어야 한다. 이미지에 내재된 사회적, 문화적 맥락을 고려해 비판적으로 해석하려는 태도를 바탕으로 한 '사유하는 눈'을 기르는 교육으로의 전환이 필요하다.

2) 사회적 상상력을 기르는 미술 교육: 삶의 문제를 창의적으로 해결하기

2022 개정 미술과 (공통)교육과정 내용 요소의 표현, 감상 영역의 과정·기능에는 각 "미술 표현 경험을 삶과 연결하기", "미술 감상 경험을 삶과 연결하기"(교육부, 2022, p. 7)가 제시되어 있다. 교과 수업 시간에 배운 학습 경험이 삶의 문제를 해결할 수 있는 역량으로 발휘될 수 있기를 기대하는 것이다. 이 중에서 중학교 표현 영역 성취기준 해설을 살펴보면, 창작 과정과 삶에서의 문제 해결 과정을 다음과 같이 연결지어 진술하고 있다.

> "[9미02-05] 성취기준은 **미술 표현 과정에서 마주하는 크고 작은 질문과 답을 찾아 나가는 과정이 가지는 가치를 알고 그 경험을 삶의 다양한 문제에 활용**하는 데 중점을 둔다. 표현 주제를 찾고, 계획하고, 실험하고, 제작하고, 타인과 상호 작용하는 전체 과정에서 경험한 지식·이해, 과정·기능, 가치·태도를 삶의 다양한 문제와 연결할 수 있다."(교육부, 2022, p. 17, 강조는 연구자)

미술 교육에서의 상상력 교육은 창의적 문제해결과 연결된다. 상상력은 새로운 눈으로 세상을 바라보게 하고, 대안을 현실로 가능하게 한다. 당연하게 여겨온 것들을 전복하고, 익숙한 구별에서 멀어지게 한다. 창작 과정에서 마주하는 크고 작은 문제들을 창의적으로 해결해가는 경험은 삶으로 전이되어 큰 위력을 발휘할 수 있다.

무엇보다 사회적 상상력은 우리 사회의 결핍을 발견하고 무엇이 바람직한 것이며, 무엇이 가능한 것인지를 가늠하게 하고, 비전을 창출해 내는 능력을 발휘하게 한다(Greene, 2000/2019). 사회적 상상력을 통해 창의적으로 문제를 해결하는 모습은 수동적 자세에서 벗어나 새로운 방법을 찾아 도전하는 태도, 지금에 안주하지 않고 주도적으로 문제를 해결해나가려는 민주시민을 연상시키며 동시에, 2022 개정 교육과정의 비전으로 제시된 "포용성과 창의성을 갖춘 주도적인 사람"(교육부, 2021, p. 9)을 떠올리게 한다.

삶의 문제를 창의적으로 해결할 수 있는 사회적 상상력을 기르는 미술 교육을 위한 구체적인 방법은 주제, 교수·학습 방법의 측면에서 제시할 수 있다. 수업 주제를 선정할 때, 환경, 인권, 평등, 문화다양성, 지속가능성 등의 시민 가치를 사회적 문제, 이슈와 연결하여 제시할 수 있다. 인간다운 삶을 위해 중요하게 여겨야 할 공통의 가치가 무엇인지를 탐구하는 계기를 마련해 줄 수 있을 것이다. 교수·학습 방법으로는 토의·토론을 통해 비판적 사고 역량을 강화시키려는 시도가 가능하다. 활동 과정에서는 문제에 심층적으로 접근할 수 있는 탐구 질문, 논쟁적 질문을 이끌어내어 다양한 사람들의 의견을 경청하고 사고의 폭을 확장하는 가운데 해결을 위한 협력의 과정을 경험할 수 있도록 설계한다. 협력학습에 기반한 프로젝트 학습을 적용하면, 탐구 과정을 통해 해결 방안을 모색하고 실행하는 과정에서 상호작용을 통한 깊이 있는 학습의 기회를 제공할 수 있다. 함께 머리를 맞대고 문제를 해결해가는 과정에서 학생들은 건강한 갈등을 경험하고, 서로의 소통 방식을 이해하며 협력적 의사소통 능력, 공동체를 위한 책임감과 같은 민주시민의 자세를 기를 수 있다.

그리고 무엇보다, 수업의 과정에서 학생들이 수평적이고 민주적인 방식으로 자신의 생각을 자유롭게 표현할 수 있는 분위기가 조성되어야 한다. 학생을 미성숙한 인간이 아닌, 변화를 만들어가는 주체이자 민주시민으로 바라보고, 적극적인 실천과 행동을 통해 공동체 구성원으로서의 권리와 의무를 다할 수 있도록 존중하며 지지해주는 학습 환경이 구성되어야 한다.

3) 공감하고 대화하는 새로운 감상 교육: 공동체 문화를 함께 만들어가기

"감상은 다양한 삶과 문화가 반영된 미술과의 만남으로 자신과 공동체의 문화를 이해하게 한다"(교육부, 2022, p. 7) 미술 작품은 시공간을 초월해 작품을 둘러싼 시대적, 역사적 맥락으로 우리를 초대하며, 그 당시 사람들의 삶을 투영한다. 감상을 통해 우리는 타인의 삶을 상상하고, 공감할 수 있는 기회를 얻는 것이다.

타인을 돌보고 공감하고 반응하는 능력은 수백만 년에 걸쳐 진화한 인간의 생존 능력 중 하나이다. 우리는 사회적 동물로서, 사람들 간의 관계 맺음과 경험을 통해 공감 능력을 키워왔다. 그러나, 나와 가깝고 친숙한 상호 의존적인 구성원을 벗어나 멀리 떨어진 타 집단의 구성원에게까지 공감 능력을 발휘하기란 쉽지 않다. 지구 반대편에서 일어나고 있는 전쟁과 기근, 재난 등이 내게 당장 닥친 작은 어려움보다 크게 느껴지지 않는 것이다. 하지만, 전 인류가 직면하고 있는 기후위기, 불평등과 인권 문제, 민주주의의 붕괴 등은 연대를 통해 해결해나가야 하며, 이를 위해서는 공감이 필수적이다. 기후학자 조천호는 세상을 함께 바꾸어나가고자 하는 감정을 함께 공유하는 것이 무엇보다 중요하며, 이것이 곧 공감이고 연대로 이어진다고 말했다(티앤씨재단, 2021). 인간과 인간 사이의 공감은 물론, 다른 생명체에 대한 공감, 문제의식과 해결하려는 마음에 대한 공감 역시 넓은 의미의 공감으로 볼 수 있다.

예술 감상은 나와 다른 사회, 문화를 살아가고 있는 타인의 세계를 경험하고 공감 능력을 키우는 데 기여할 수 있다. 작품에 온전히 몰입하고 주의를 기울이는 태도는 타인의 목소리를 경청하고 존중하려는 자세를 필요로 한다. 시대를 초월해 인간의 삶의 모습을 들여다보고 당시 사람들의 감정에 공감하는 경험은 미술 감상을 통해 제공될 수 있다. 예술가가 구축한 새로운 세계로의 탐험을 위해 개방적이고 포용적인 태도로, 다양한 해석에 대한 열린 가능성을 바탕으로 우리는 작품과 만나는 것이다. 예술가들은 정형화된 틀을 거부하고 고정관념을 전복하며 우리에게 세계를 보는 새로운 시선을 열어준다. 표현 형식과 방법을 확장하고 새로운 도전과 실험을 통해 우리를 북돋우며 질문하고 사유하게 한다.

김수진(2022)은 동시대 예술을 수업에 도입하기 위해서는 미술 교육자의 큐레토리얼 역량이 필요하다고 보았다. 수업에서 다루고자 하는 주제와 가장 맞닿아 있는 예술가와 작업을 선정하기 위해서는 동시대 예술의 다양한 양상에 대해 숙지하고 있어야 한다고 보았으며, 수업에 다원적 시각을 도입하기 위한 열린 마음도 필요하다고 했다. 학생들이 다원적 가치를 존중하고, 미술 감상 과정과 결과에서 얻은 지식과 경험을 자신의 삶과 연결하여 통찰을 얻으며, 자신이 속한 공동체가 더 나은 문화를 만들어나가는 데 기여할 수 있도록 도와야 한다(교육부, 2022).

갈등, 평화, 다양성, 소외와 차별 등 동시대 미술의 이슈를 감상 수업과 연계하여 삶과 문화, 미술의 의미와 가치 등에 대해 고찰해보는 방법을 제안할 수 있다. 이를 통해 지금, 내가 속한 세계에서 벌어지고 있는 현상들에 관심을 기울이고, 보이는 것 너머를 볼 수 있는 통찰을 기르며, 서로 다른 관점을 이해하게 함으로써 다원적 가치에 대한 존중과 공동체 역량을 기를 수 있다. 기존의 연대기적 미술사 수업을 넘어 감상 교육의 본질과 가치에 집중한 새로운 수업 방법의 적용이 필요하다.

삶을 살아간다는 것은 다양한 문제를 만나는 과정이며, 문제를 해결하기 위한 방법을 모색하는 과정에서 우리는 자신의 과거 경험에 비추어 실마리를 얻거나 다른 사람들과의 협업을 통해 해결책을 만들어간다. 스스로 문제를 마주하고 해결하려는 의지, 변화를 만들어내고자 하는 열망과 힘은 행위의 주체가 되었던 경험, 타인(공동체)과 내가 연결되어 있다는 정서적 유대감, 지금의 상황에서 벗어나 더 나은 상황이 존재할 수 있다는 선한 희망과 상상력을 연료로 한다. 우리에게는 공동체에 대한 책임이 있으며 동시에 문제를 해결할 힘도 있다. 더 나은 선택과 관계 맺음, 변화 의지에 의해 보다 의미있는 삶을 살아갈 수 있고 세상에 기여할 수 있는 것이다(박은주, 2021). 공동체의 지속적 발전을 만들어내는 자신들만의 힘을 경험할 때, 건강한 갈등을 통해 협력하여 문제를 해결해나갈 때, 학생들은 공정함, 포용, 상호 책임성과 같은 민주적 가치들이 우리 공적 삶의 모든 지평에 스며드는 방식을 배울 수 있다(Lappe, 2007/2008). 삶의 문제를 해결해나갈 수 있는 힘을 기르는 미술교육이 현장에서 다양하게 실행될 수 있기를 기대한다.

* 이 글은 김효희(2024), 2022 개정 미술과 교육과정과 민주시민교육의 관계 탐색(조형교육, 91집)을 수정 보완한 원고임.

김효희(대안여자중학교)

28 맞춤형 교수 · 학습과 미술교육

2022 개정 초 · 중등 교육과정 총론(교육부, 2022a)은 교육과정 구성 중점사항으로 학생 개개인의 특성과 진로에 맞는 학습을 지원해주는 '학생 맞춤형 교육과정 체제'의 구축을 포함하고 있다. 교수 · 학습의 원칙에서도 '교수학습 교과의 특성과 학생의 능력, 적성, 진로를 고려하여 학습 활동과 방법을 다양화하고, 학교의 여건과 학생의 특성에 따라 다양한 학습 집단을 구성하여 학생 맞춤형 수업을 활성화'를 제시하며 '다문화 가정 배경, 가족 구성, 장애 유무 등 학습자의 개인적 · 사회문화적 배경의 다양성을 이해하고 존중하며, 이를 수업에 반영할 때 편견과 고정 관념, 차별을 야기하지 않도록 유의한다.'라고 명시되어 있다. 평가 측면에서도 '교과목의 성격과 학습자 특성을 고려하여 적합한 평가 방법을 활용'해야 함을 제시하고 있으며 '맞춤형 평가 활성화', '개별 학생의 발달수준 및 특성을 고려하여 평가 계획을 조정'을 명시하고 있다. 또한, 학교 교육과정 지원에서는 '학습자 맞춤 교육 강화'에서는 다양한 특성을 가진 학습자들의 학습을 지원하는 데 필요한 사항을 제시하고 있다. 2022 개정 미술과 교육과정(교육부, 2022b)의 교수 · 학습 및 평가에서도 '학습자 맞춤교육 강화'를 강조하며 "미술 수업에서 학습자의 주도성이 적극적으로 발현될 수 있도록 학습자의 특성을 고려한 개별화, 맞춤형 교수 · 학습 방법을 활용할 수 있다."(p. 21)라고 명시하고 있다. 이처럼 맞춤형 교육에 대한 필요성과 요구가 증가함에 따라 국가 수준 교육과정에서 맞춤형 교육의 실제적 구현을 강조하고 있으며 이러한 맥락에서 이 글에서는 맞춤형 미술교육의 필요성과 의미를 살펴보고 학습자의 다양성 존중 측면에서 발달장애 학습자의 특성, 수준, 요구, 적성 등을 반영한 맞춤형 미술교육의 사례를 통해 맞춤형 미술교육 방안을 탐색하고자 한다.

1. 맞춤형 미술교육의 필요성

대한민국 헌법 제31조 제1항에는 '모든 국민은 능력에 따라 균등하게 교육을 받을 권리를 가진다'라고 규정하고 있으며 모든 국민의 교육받을 권리를 보장하고 있다. 헌법에 명시된 '균등하게 교육을 받을 권리'란 "아동을 비롯한 모든 국민이 나면서부터 교육을 받아 학습하고 인간적으로 발달 · 성장하여 갈 권리를 말하며, 이를 보장하기 위해서 국가는 국민 누구나 능력에 따라 균등한 교육을 받을 수 있게끔 노력해야 할 의무와 과제"(노기호, 2022, p. 27)가 있음을 의미한다. 즉 교육기회 균등권은 동등한 평등(equal as same)의 교육을 의미하는 것이 아닌 학습자들의 다양한 특성을 고려한 적합한 평등(equal as fitting)으로 해석하여야 한다(김정권, 1996; 정동영, 김주영, 김형일, 김희규, 정동일, 2010). 이러한 측면에서 학습자의 다양성에 따른 맞춤형 교육은 학습자의 발달 가능성과 잠재적 능력을 찾아 평등한 교육을 구현하는 데 있어 필수적인 중요한 과제이다.

학습자에게 균등한 교육의 기회를 제공한다는 것은 학습자 개인의 잠재적 역량이 발현될 수 있도록 배움의 장을 제공하는 것이다. "하나로 대부분을 충족시키는(one-size fits most)"(Rose, Meyer, & Hitchcock, 2005/2010, p. 93) 획일적인 교육 방법을 제공하는 것은 교육의 기회 균등이라는 측면에 어긋난다. 누군가에게 좋은 환경이 다른 누군가에게 좋은 환경이 아닐 수 있기에 어떻게 하면 학습자에게 더 나은 양질의 교육을 제공할 것인가에 대해서 고민하여야 한다. 권요한 외(2011)가 주장한 바와 같이 "교육은 현재보다 더 나은 방향을 추구하는 목적성을 가지고 있기 때문에 현재의 상태에 따라 무엇이 필요하며, 그에 따라 무엇을 가르쳐야 하는지가 결정"된다 (p. 53). 2022 개정 교육과정에서는 '맞춤형 교육'이라는 개념을 통해 학습자의 다양성을 존중하며 학습자에게 더욱 많은 권한을 부여하는 학습자 중심 교육과정으로의 전환을 모색하고 있다(김선아, 2022).

학습자의 다양성 존중 측면에서 미술은 학습자의 다양한 욕구와 특성을 수용하여 개별성 향상의 기회를 제공하는 데에 용이한 교과이다(문화체육관광부, 2012). 미술 재료를 통한 조작적, 감각적, 구체적 작업은 모든 감각이 상호작용할 수 있도록 하여 사고, 감각, 느낌의 통합을 촉진함과 동시에 소근육 발달과 시지각 발달을 도와 인지발달에 도움이 된다(금미숙 외, 2010). 또한, 미술은 다른 교과에 비해 동기유발이 용이하여 학습자 자신의 주변 세계에 대한 호기심과 반응을 북돋아 주어(오유정, 이성도, 김택환, 김종례, 2009) 자신의 일상이나 주변 세계에 대한 상황을 인식할 수 있게 하고, 감정과 사고를 다양하게 만들어준다. 추상적 개념을 이해하는 데 어려움을 가지는 학습자에게 미술은 이처럼 환경과의 접촉을 만들고 접촉을 유지하도록 도우며 경험을 구체화할 수 있어 학습과 이해를 위한 적절한 도구가 될 수 있다(금미숙 외, 2010; 이은미, 2002). 더불어 언어 사용과 의사소통의 어려움을 갖는 학습자에게 대상의 개념을 형성하고 표현할 수 있도록 하며 자신의 감정과 생각을 시각화하여 비언어적인 표현 방법으로 드러낼 수 있어 효과적인 의사소통과 관계 형성을 가능하게 한다(김미선 외, 2011; 국립특수교육원, 2013). 경쟁과 지식 중심의 학습 환경 속에서 거듭된 실패 경험을 가진 학습자에게 미술은 실패가 아닌 행위의 결과에 집착하지 않아도 되는 자유로움, 즐거움과 재미라는 긍정적인 감정, 정서적 안정감, 성취감, 내적 동기에 의한 자발성을 제공한다. 이처럼 미술의 본질적이고 고유한 가치는 학습자의 강점에 기반하여 맞춤형 교육을 실현할 수 있는 가능성을 지닌 교과로서 다양한 학습자의 전인적인 성장과 발달에 기여할 수 있다. 미술교육은 개별화된 학습자의 다양성을 인정하고 존중하는 것이 전제되어 있기 때문에 맞춤형 교육은 미술교육의 본질적 특성을 교육 현장에서 적용할 수 있는 유용한 교육적 방법론이 될 수 있다(김선아, 2022).

2. 맞춤형 학습(personalized learning)의 개념

기존의 전통적인 수업은 학습자 개개인이 가진 학습 수준의 차이와 다양성에도 불구하고 교사 주도하에 학습자에게 지식이 한 방향으로 전달되는 한계를 나타내었다. 미래 교육에 대한 논의가 활발한 현시점에서 학습자의 사회·문화적, 경제적, 신체적, 인지적 그리고 학습 선호와 관심 등의 다양성을 감안하지 못하고 동일한 방식으로 모든 학습자를 가르치는 전통적인 접근만을 고집한다면, 많은 학습자는 소외되거나 실패자가 될 수 있으며 미래 사회의 변화에 맞춘 미래형 인재로 성장하기 어렵다. 교육의 패러다임이 교수자 중심에서 학습자 중심으로 변화되면서 David와 Susan(2000/2012)은 배움으로부터 적극적으로 스스로 의미를 구성할 수 있는 학습자 중심의 환경을 강조한다. 이처럼 학습자 중심 교육의 중요성과 필요성이 대두되면서 미국과 영국의 서구권에서는 2000년대 초반 'Personalized Learning'이라는 용어가 등장하였으며, 이후 교육 분야에서 활발하게 논의되고 있다(김선영, 2018).

국내에서는 'Personalized Learning'의 개념이 '개인화 학습', '개인별 맞춤형 학습', '맞춤형 수업', '맞춤형 교육', '학습자 주도적 맞춤 학습' 등으로 소개되고 있다(우지영, 2019). 맞춤형 학습의 개념은 포괄적인 특성 때문에 간혹 수준별 수업으로 오해석되기도 한다. 맞춤형 학습은 학습자의 학습 효과만을 향상하는 것 외에 학습자의 잠재력을 발휘할 수 있도록 하는 목적을 포함하기 때문에 단순히 수준에 맞춰 수업하는 수준별 학습과는 구별되어야 한다(이경언, 2008). 맞춤형 학습은 여러 영역에서 다양하게 정의되어 사용되어 왔으며 개별화, 차별화, 개인화라는 명칭이 혼용되기도 한다. 차별화, 개별화와 같은 용어는 교육 공급자 중심 또는 분리 중심의 성격을 지니지만, 이에 비해 맞춤형 학습은 분리의 의미를 강하게 내포하지 않으면서 '맞출' 대상, 즉 학습자를 중심에 떠올리게 한다(이대식, 2016). 이에 관해 정제영(2017)은 미국 교육부에서 정의한 개념(U.S Department of Education)을 재구성하여 'Personalization'을 전통적인 강의식 교수법, 개별화, 차별화 학습의 대상, 목표(내용), 수준, 방법을 비교하여 개념의 차이를 다음 〈표 1〉과 같이 제시하였다.

〈표 1〉 개인화 학습과 유사 개념과의 차이(정제영, 2017, p. 10)

개념	차이			
	대상	목표(내용)	수준	방법
강의식	집단	동일	동일	동일
차별화	소그룹	동일	그룹별	그룹별
개별화	개인 학습자	동일	개인별	개인별
개인화	개인 학습자	개인별	개인별	개인별

〈표 2〉 PDI 차트(동효관 외, 2022, p. 44)

구분	개별화(Individualization)	차별화(Differentiation)	개인화(Personalization)
대상	• 개별 학습자의 학습 요구 중심	• 학습자 집단 중심	• 학습자 중심
학습 요구 결정	• 학습은 개인의 학습 요구에 맞춰짐	• 학습은 학습자 집단의 학습 요구에 맞춰짐	• 학습은 학습자의 관심, 요구, 열정과 깊은 관련이 있음
수업 구성	• 개별 학습자의 학습 요구에 근거한 명시적 수업 제공 • 교사는 학습자 개개인의 요구에 맞추어 수업 및 과제를 조율	• 학습자 집단의 학습 요구에 근거 • 한 명시적 수업 제공 • 교사는 학습자 집단의 요구에 맞게 수업을 설계하거나 조정하고, 학습자들의 서로 다른 요구에 근거하여 역할을 선택	• 학습자들은 자신의 학습을 설계하는 데 적극적으로 참여 • 학습자들은 주도적으로 학습에 대한 선택권
학습 목표	• 학습자들은 동일한 목표를 가지지만 일대일 지원을 필요로 하는 개개인들에 대해서는 서로 다른 구체적인 목표 존재	• 학습자 집단은 동일한 목표	• 각 학습자는 서로 다른 목표
학습 지원	• 교사는 개별 학습자의 학습 요구에 부합하는 테크놀로지와 지원을 선택 • 학습자들은 자신의 학습을 위해 교사에게 의존	• 교사는 학습자 집단의 학습 요구에 부합하는 테크놀로지와 지원을 선택 • 학습자들은 자신의 학습을 위해 교사의 안내에 따름	• 학습자는 자신의 학습을 위해 적절한 테크놀로지와 지원을 선택 • 학습자들은 자신의 학습에 도움을 얻기 위해 교사, 동료 학습자, 전문가 등과 네트워크를 구축
평가	• 학습 결과에 대한 평가 실시 • 총괄평가는 grade-based이며, 학습자들이 아는 것과 모르는 것을 확인하는 time-based testing으로 이루어짐	• 학습향상을 위한 평가 실시 • 평가는 time-based testing으로 이루어지며, 교사는 학습의 향상을 위한 피드백을 제공	• 학습 과정으로서의 평가 실시 • 교사는 자기 주도적 학습자를 길러내는 능력을 개발하여야 함 • 자기 주도적 학습자가 목표를 설정하고, 과정을 모니터링, 학습에 대해 성찰, 해당 결과로써 학생의 완전 학습에 근거하여 총괄 평가 실시

같은 맥락에서 Bray와 McClaskey는 개별화(individualized), 차별화(differentiated), 개인화(personalized)의 개념을 비교하는 PDI 차트(Personalization vs. Differentiation vs. Individualization Chart)를 만들어 〈표 2〉와 같이 각 개념을 보다 상세화하였다(동효관 외. 2022, pp. 44-45 재인용).

개별화는 교수자가 주도적으로 학습자들의 특성에 맞는 교수·학습 환경을 제공해 주는 접근이다. 서로 다른 학습자의 학습 요구에 맞춘 교수로 동일한 학습 목표를 학습자의 요구에 따라 속도를 달리하여 맞추는 것을 강조한다(김선영, 2018). 차별화는 학습자 집단을 중심으로 학습 목표에 도달하게 된다. 이때 서로 다른 학습자의 특성과 선호에 따라 학습 내용과 방법 등을 달리 제공한다(김선아, 2022). 개인화는 맞춤형 학습(personalized learning)으로 위의 〈표 1〉과 〈표 2〉에 나타난 바와 같이 학습자의 학습 요구에 속도를 맞추고(즉 개별화된), 학습 선호에 맞춤화되며(즉 차별화된), 서로 다른 학습자의 특정한 흥미에 맞춘 수업이다(한경근, 2017). 이처럼 맞춤형 학습은 학습자의 흥미와 관심, 발달 단계 등을 고려하여 학습자 중심의 개인화된 학습 환경에서 학습 목표, 내용, 방법, 속도가 모두 다르다.

맞춤형 학습은 학습자의 개인 특성을 교수·학습에 일부 반영하는 것을 넘어서 학습자가 자기 학습의 주도권을 가짐으로써 의미 있는 학습을 경험하는 것으로 학습자에게 더욱 많은 학습 결정권을 제공한다(우지영, 2019). 학습자가 개인화된 학습의 경로를 스스로 결정하고, 그러한 결정에 따라 적절한 학습 자원과 도움을 제공하여 효과적으로 개별 학습이 가능하게 하는 교수 방법으로 더욱 많은 학습 자율성을 제공하는 접근이라고 볼 수 있다(동효관 외, 2022). Institute for Personalized Learning은 학습자 중심 패러다임의 관점에서 맞춤형 학습은 ① 학습자의 개별적 경험, 관심, 학습 요구, 흥미를 바탕으로 학습의 목표와 방법을 설계하고, ② 학습자는 학습 목표 설정, 학습 경로 계획, 학습 진행 상황 확인, 학습 방법 결정하는 과정에서 ③ 학습자 스스로 주도권을 가지고 끌어나가며 ④ 주어진 시간에 학습 목표, 학습 내용, 학습 방법 및 속도는 학습자가 성취기준 안에서 추구하는 바에 따라 다양하게 할 수 있다고 하였다(김정원, 2023, p. 17 재인용). 이처럼 맞춤형 학습은 학습자의 다양성에 대한 존중과 인정을 바탕으로 학습자가 수업의 주인이 되어야 함을, 즉 학습자가 수업의 주체로서 스스로 자신의 학습을 운용해 갈 수 있는 학습자의 역할을 강조하는 교육적 접근이다.

Bray와 McClaskey는 학습 환경의 개인화 적용 절차를 제안하였는데 교사는 맞춤형 학습모형 6대 영역의 절차를 통해 학습자의 주도성을 점진적으로 강화하는 방식으로 학습 환경을 조성해 간다(김하민, 2023, pp 138-139 재인용). 첫째, 학습자가 누구이며 어떤 방법으로 가장 잘 학습하는지 이해하고자 학습자의 특성을 파악한다. 둘째, 학습자의 의견과 선택을 도입하는 학습 환경의 개인화(PLE) 1단계 수준의 학습 환경을 설계한다. 셋째, 수업을 계획하고, 넷째, 학습을 촉진할 수 있는 학습자의 알맞은 질문을 지원한다. 다섯째, 학습과 교수를 위한 자원, 도구, 전략을 선택한다. 마지막으로 학습으로써 평가를 시행한다.

모든 학습자가 같은 방식으로 배우고 평가받아야 한다는 비민주적이며 비교육적인 기존의 획일적인 교육의 대안으로 맞춤형 학습을 실행하기 위해 학습자 중심의 교육에 대해 살펴보았다. 학습자가 중심이 된다는 것은 모든 학습자를 위한 한 가지 최선의 해결책을 찾는 것을 의미하는 것이 아니다. 학습자의 특성을 반영하는 교육은 실제로 큰 노력과 많은 시간이 필요하기 때문에 단순히 개별화, 차별화 교육의 차이만을 구분하는 것을 넘어 맞춤형 학습이 교육 현장에서 제대로 실행되기 위한 논의가 필요하다.

3. 맞춤형 미술교육의 의미

교육의 형평성 재고와 학습자 개별 맞춤형 학습 지원은 교육의 본질적 의미 실현이라는 측면에서 앞서 논의한 바와 같이 2022 개정 교육과정 총론(교육부, 2022a)의 맞춤형 교육 추진과 같은 맥락으로 2022 개정 미술과 교육과정(교육부, 2022b)의 교수・학습 및 평가에서도 '학습자 맞춤 교육 강화'를 강조하며 "미술 수업에서 학습자의 주도성이 적극적으로 발현될 수 있도록 학습자의 특성을 고려한 개별화, 맞춤형 교수・학습 방법을 활용할 수 있다."(p. 21) 라고 명시하고 있으며 상세한 내용을 살펴보면 다음과 같다.

(나) 미술 수업에서 학습자의 주도성이 적극적으로 발현될 수 있도록 학습자의 특성을 고려한 개별화, 맞춤형 교수・학습 방법을 활용할 수 있다.

- 학습자의 흥미와 관심, 문화적 배경 등을 고려하여 주제를 선정하고 수업 방법을 정할 수 있다. 학습자의 개성, 사전 지식 등 개별 학생의 특성 분석을 토대로 한 맞춤형 교수・학습 설계, 실행, 지원을 통해 학생의 동기를 유발하고 적극적인 참여를 이끌 수 있다.
- 미술 활동 시, 충분한 시간을 확보하여 학습 부진 학생, 느린 학습자 등이 자신의 학습 속도에 맞추어 수업에 참여할 수 있도록 하고, 장애가 있는 학생을 고려하여 미술실 수업 환경, 수업 기자재와 도구 등을 사전에 점검하고 적합한 학습 환경을 구성한다. 학습의 주제와 작품 등을 선정할 때는 다문화 가정 학생을 비롯하여 소외될 수 있는 환경에 있거나, 배려가 필요한 학생들을 고려하여 신중하게 선택한다.
- 학생들이 자신의 경험, 생각과 느낌을 시각적으로 표현하는 과정은 외부 세계와의 상호 관계 속에서 내면을 성찰하게 한다. 삶과의 긴밀한 연결을 만들고 의미를 구성하며 학습자의 반성적 성찰을 돕기 위해 시각 요소를 담은 신문이나 잡지, 이미지를 포함한 일기 등을 활용한 서사 중심의 교수・학습 방법을 활용할 수 있다.

(바) 다양한 학습 격차 문제를 해결하기 위한 평가 방법을 마련한다.

- 장애 학생, 다문화 학생, 탈북 학생 등을 위해 성취기준을 재구조화하여 별도의 평가 방법과 기준을 마련한다.
- 학습에서 소외되거나 학습이 느려서 성취기준 미도달이 예상되는 학생들을 사전에 파악하여 지속적인 관찰과 보충 과제를 부여하는 등 최소 성취수준에 도달할 수 있도록 지원한다.

미술은 다른 교과에 비해 가장 학습자 중심적인 교과이며, 학습자 중심의 자기 주도적 학습이 되어야 하는 당위성을 지닌 교과이다(김지은, 2016). 맞춤형 수업은 학습자의 자기주도권을 강조하며, 학습자가 의미를 구성하고 이해하는 방식과 속도가 다르다는 다양성을 인정하고 학습자의 필요나 특성에 맞추어 제공하는 모든 교육적 노력이다(원초롱, 2021; 임유나, 최한올, 이혜정, 윤완석, 2013). 이처럼 맞춤형 학습의 의의는 학습자의 개별적 학습 능력, 효과적인 학습 절차와 속도, 선호하는 학습 양식 등에 따라 차별화된 교수・학습 처방을 제공하는 데 있다(김미화, 윤관식, 박지원, 2020; 온정덕 2013).

모든 학습자를 위한 교과인 미술은 서로 다른 방법으로 세계를 인지하는 학습자의 특성에 따라 다양하고 구체적인 전략과 방법을 고려할 수 있기에 학습자는 미술을 통해 각기 다른 형태로 자기를 표현하는 것이 가능하다. 특히, 표현 방법에 제약이 많이 따르는 학습자에게 의미 있고 중요한 교과가 될 수 있다. 학습자가 그리고, 색칠하고, 만드는 과정은 주변 세계에 있는 다양한 요소를 선택하고, 해석하고, 재구성함으로써 작품을 통해 자신의 생각과 감정, 느낌을 표현한다. 자신이 어떻게 경험하고, 느끼고, 보고 있는가를 보여주고 소통할 수 있게 하는 미술은 지적, 정서적, 사회적 발달과 더불어 타인과의 의사소통에 긍정적 영향을 미친다. 미술은 옳고 그름을 따질 수 없고 수치화할 수 없으며 정답이 정해져 있지 않다. 정상성 없는 것이 곧 미술이기도 하다. 이처럼 미술은 또 다른 형태의 차별을 초래하는 정상화라는 기능 중심 관점(이소원, 이용표, 2015)이 아닌 다양성을 존중하는 학습자 중심의 맞춤형 학습을 가능하게 하는 교과이다. 이에 김선아, 윤은주, 변경수(2022)는 맞춤형 미술교육에 관하여 "학습자를 고정된 개체가 아닌 성장하는 주체로 인식한다면 무엇이든 될 수 있는 학습자 다양성을 존중할 수 있는 학습 환경"(p. 152)을 제공하여 "학습자가 '중재'를 통해 습관적, 수동적 태도에서 벗어날 수 있으며, 이러한 노력 안에서 자기 삶의 작가가 된다는 점"(p. 152)을 제시하였다.

Sota는 학습자의 의견을 반영하여 교사와 학습자가 학습의 공동 설계자로서 학습자가 학습을 주도적으로 이끈다는 점을 개별화, 차별화와는 구별되는 맞춤형 학습의 특징이라고 하였다(우지영, 2019, p. 3 재인용). 학습자의 필요를 맞추는 것만이 맞춤형 학습이 아니라 학습자에게 자신의 학습에 대한 소유권, 즉 학습자의 자기주도권이 강조되어야 한다는 점에서 기존의 학습자 중심 교육과 차이가 드러나는 것이다(김하민, 2023). 맞춤형 학습은 단지 학습자 개별 특성을 교수·학습에 일부 반영하는 것만을 의미하는 것이 아닌, 학습자 자신을 배움과 삶의 창작자로 위치시키는 것이다(김선아, 윤은주, 변경수, 2022). 미술은 단순히 똑같이 따라 그리거나 만들거나 학습자가 할 수 없는 것을 반복하여 기능적으로만 습득하게 하는 교과가 아니다. 학습자가 자기 작품을 창작하는 과정은 스스로 주체적인 의지와 생각으로 자기 내면을 조직화하여 나가면서 사고를 엮는 것으로, 활동의 주체로서 학습자의 선택권과 자율성을 강화함으로써 문제해결의 방향과 해답을 능동적, 자발적으로 탐구하여 학습에 적극적으로 참여하게 한다(김지은, 2016). 학습자가 배워야 하는 기본적이고 중요한 능력 중 하나가 주도적으로 스스로 해답을 찾고 발견하는 능력이라고 볼 때 미술은 이런 능력을 구체화할 수 있다(Lowenfeld, Brittain, 1987/1995). 이처럼 미술은 다양한 학습자가 자신의 한계점에 초점이 맞춰져 수동적 학습자의 위치에 머무르지 않고 의존적인 사고에서 벗어나 독립적인 사고로, 수동적인 학습자에서 주체자로 위치시키며 억압과 제한에서 벗어나 좌절감에서 자신감과 성취감을 경험할 수 있게 한다.

맞춤형 미술교육의 출발점은 학습자로부터 시작되며, 교육 내용과 방법을 고정된 것으로 보지 않고 학습자 중심의 주도적인 학습에 중점을 두고 수정해 나감으로써 학습자가 가지고 있는 미적 역량을 최대한 강화할 수 있다. 학습자 개인의 선호와 능력, 요구를 반영하여 학습자 중심으로 수업을 설계하고, 학습자가 의사결정에 주체적으로 참여하고 선택함으로써 창작자로 성장할 수 있도록 지원하는 것에서 맞춤형 미술교육의 의미를 찾을 수 있다.

학습자 개인의 다양성이 크기 때문에 교육 현장에서 학습자에 대한 이해를 우선시하는 맞춤형 미술교육은 적절한 교육방법론으로 유용하게 활용될 수 있다. 학습자의 이해는 학습자 개인의 선호, 적성, 능력, 필요와 요구에 적합한 맞춤형 교육을 실천하는 첫걸음이다. 미술교육은 학습에 영향을 미치는 학습자 개인의 고유한 특성을 다양한 경로로 파악하고 수집할 수 있어 수업의 내용과 방법, 과정과 결과에 대한 다양한 접근을 고려할 수 있게 된다. 또한, 학습자의 이해를 통해 개인에게 초점을 맞춘 미술교육은 학습자가 표현하는 세계를 존중함으로써 그들이 의미 있는 학습을 가능하게 할 수 있다. 미술이란 비교적 평등하게 소통하는 수단이자 다양성의 발견과 존중이 가능하다. 모든 학습자에게 같은 내용과 방법으로 단편적인 지식과 기능만을 전달하거나 학습자가 잘하지 못하는 것을 반복적으로만 가르치거나 그들의 삶과 교육을 분절시키는 것이 아닌, 학습자들의 삶의 경험과 환경 그리고 선호, 흥미, 관심 등에 따라 매체, 주제 등을 다양하게 표현함으로써 의미 있는 학습을 경험하게 한다. 그렇기 때문에 교실에서 실행하는 미술 수업은 교사가 중심이 되어 고정해 버리는 것이 아니라 학습자가 중심이 되어 수정하고 재구성하는 것이다. 학습자가 중심이 되는 맞춤형 미술교육은 학습자를 스스로 선택하고 결정하며 책임지는 자기결정권자로 위치시킨다. 자기결정권은 학습자에게 요구되는 중요한 역량으로 학습자의 적극적 참여와 주도성, 더 나아가 학습에 대한 선택권과 구성권을 갖는 것이라고 할 수 있다. 맞춤형 미술교육에서는 과정 중심의 다양한 평가 방법 및 지속적인 평가를 통해 유의미한 평가가 이뤄질 수 있다. 미술은 결과 중심이 아닌 과정 중심의 평가, 단편적인 평가가 아닌 지속적인 평가, 그리고 다양한 평가 방법을 종합적이고 다층적으로 적용하기에 적절한 교과로 발달장애 학습자가 배제되거나 소외되지 않도록, 불합리한 평가를 받지 않도록 한다. 수업 활동 과정, 결과물뿐 아니라 수업 절차와 결과의 활용 등에 대한 평가 영역을 확대하여 정보를 수집하고 분석함으로써 더 나은 수업을 위한 자료로 활용함으로써 교육의 질을 향상할 수 있다.

4. 맞춤형 미술교육 선행연구

맞춤형 학습은 소외 없는 교육을 강조하며 모든 학습자가 무한한 잠재된 능력을 갖추고 있으며 성공할 수 있다는 것을 핵심 철학으로 가지는데(Gayle, Martha, 2012/2019), 어떤 학습자도 소외되지 않게 학습자의 개별 특성을 충분히 반영하여 능동적이고 주체적인 학습자로 위치시켜 자신의 잠재된 미술 능력을 발휘할 수 있도록 하는 미술 수업을 실행하는 것은 여전히 어려운 실정이다. 학술연구 정보서비스(RISS)에서 국내 맞춤형 미술교육에 대한 연구를 검색(학위논문이 학술지에 중복으로 게재된 연구 제외)한 결과, 총 3편으로 국내의 맞춤형 미술교육에 대한 논의와 실행 사례가 매우 미비하였다. 맞춤형 교육 외에 기존의 학습자 중심 교육인 개별화 미술교육은 총 8편, 미술교육에서의 보편적 학습설계 관련 연구는 총 6편으로 학습자 중심 미술교육 연구는 아직 활발하게 이루어지지 않고 있다. 국내의 맞춤형 미술교육, 개별화 미술교육, 보편적 학습설계 미술교육 관련 선행된 연구는 〈표 3〉과 같다.

전형우(2015)는 중학교에서 활용할 수 있는 현장 맞춤형 스마트 미술교육 프로그램을 개발하고 적용해 봄으로써 효과성을 검토하였는데 이는 학교의 물리적 여건을 고려한 현장 맞춤형 연구였다. 최선의(2016)는 중학교 미술 수업에서 자기주도적 학습 능력 향상을 위한 맞춤형 소집단 수업 방안을 제시하고 적용하여 자기주도적 학습 능력과 협동성, 의사소통, 수업 참여도 등이 증진되었음을 분석하였다. 김선아(2022)는 시대의 흐름에 따른 여러 미술교육 이론 안에 학습자 다양성에 대한 강조가 지속되어 왔음을 지적하면서, 맞춤형 학습이 미술교과의 본질을 구현함과 동시에 경직된 학교 교육에 대한 대안이 될 수 있음을 주장하며 미술과 안에서 학습자 특성을 규정하는 발달론적, 인지적, 사회문화적 관점을 논의하고 이에 기초하여 미술 학습분석의 핵심 영역을 제안하였다. 위의 선행 연구에서 살펴본 바와 같이 개별화, 보편적 학습설계와 같은 학습자 중심의 미술교육에 대한 논의는 전반적으로 미비하며 맞춤형 미술교육에 대한 연구는 학습자 중심의 미술교육에 대한 논의 중에도 가장 부족하다. 이는 장애 학습자 대상 맞춤형 미술교육의 개념과 방법론이 명확히 정립되지 않았으며 향후 이론 및 실제에 대한 다양하고 구체적인 논의와 연구가 필요함을 시사한다.

〈표 3〉 국내 맞춤형 미술교육, 개별화 미술교육, 보편적 학습설계 미술교육 관련 선행 연구

구분	연구자	연구 구제
맞춤형 미술교육	전형우(2016)	현장 맞춤형 스마트 미술교육 프로그램 개발 연구: 세종시 J 중학교를 중심으로
	최선의(2016)	중학교 미술 수업에서 자기주도적 학습능력 향상을 위한 맞춤형 소집단 수업 방안
	김선아(2022)	디지털 전환 시대 맞춤형 학습을 위한 미술 학습분석에 관한 기초 연구
개별화 미술교육	오재정(2003)	한국 아동미술교육의 분석과 대안: 미술교과에서의 개별화교육계획(IEP) 적용 현황 및 문제점에 관한 연구 -"정서장애학교" 초등부의 자폐아동을 중심으로-
	김경아(2006)	초등 미술과와 타 교과의 통합 개별화 수업 모형 연구
	한정복(2008)	개별화 미술 활동 프로그램의 적용이 ADHD 아동의 주의력 향상과 충동성 감소에 미치는 효과
	주영숙(2010)	ICT를 활용한 디자인 개별화 교육 연구
	최은식(2013)	음악과와 미술과 교사의 개별화 수업에 관한 인식 비교
	곽혜영(2019)	다중지능을 활용한 개별화 미술 감상 교육: 고등학교 1학년 중심으로
	양지현(2020)	감성지능 향상을 위한 개별화 미술 수업지도 방안 연구: 초등학교 3, 4, 5학년을 대상으로
	김자숙(2022)	아트프로펠을 활용한 개별화 미술 수업에서 중학생의 몰입과 정서적 측면과의 관계
보편적 학습설계 미술교육	박주연(2008)	보편적 학습 설계에 기초한 통합 미술 수업이 자폐 범주성 장애학생의 학습행동에 미치는 효과
	임은숙(2011)	보편적 학습설계에 기초한 미술 수업이 정신지체학생의 사회적 상호작용에 미치는 영향
	박계숙(2013)	보편적 학습설계에 의한 미술 감상활동이 시각장애학교 초등학생의 감상태도 및 학습행동과 감성지능에 미치는 영향
	배현진(2020)	통합교육을 위한 중학교 미술 교사의 보편적 학습설계에 대한 인식
	류재만(2022)	보편적 학습설계의 미술과 적용 가능성 탐색- 미술 감상영역을 중심으로
	조예빈(2023)	중학교 통합학급 미술교사의 보편적 학습설계에 대한 인식 및 지원 방향 연구

5. 발달장애 학습자 대상 맞춤형 미술교육

발달장애 학습자 대상으로 한 맞춤형 미술교육의 수업 사례를 분석하여 그 실제적 의미를 구체화하고자 하였다. 이에 Bray와 McClaskey가 제시한 학습자 특성 파악-학습 환경 설계-수업 계획-학습 촉진 지원-도구, 자원, 전략 선택-평가 절차, 우지영(2019)의 특수학급의 개인화 학습모형 실천적 전략으로써 학습자 이해-학습 환경 설계-학습 목표-학습 내용-교수· 학습 방법-평가 단계, 김선영(2020)의 학습자 주도적 맞춤 학습의 교육과정 계획-학습 활동 구성-학습 활동 선택 및 실행-평가와 분석-결과 소통 및 반영 모델을 종합하여 발달장애 학습자를 위한 맞춤형 미술교육의 순환 과정을 [그림 1]과 같이 제시하였다. 교육과정은 학습자 이해-학습자 중심 수업 설계-학습자 주도적 수업 실행-과정 중심 평가-학습 성과 소통 및 반영의 5가지 단계로 구성된다.

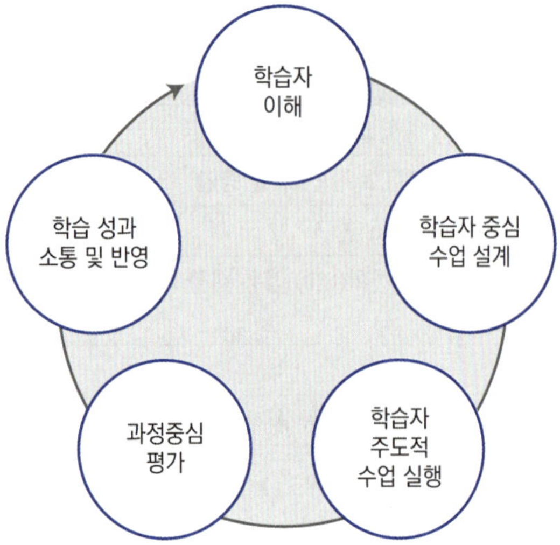

[그림 1] 발달장애 학습자 대상 맞춤형 미술교육의 순환 과정

여기서 제시한 순환 과정에서는 학습자의 특성에 맞춘 교육 전략을 기반으로 미술 표현 발달에 있어 장애로 인한 제한을 받지 않고 미술적 잠재력 발견하는 데 중점을 둔다. 이를 위해 주도적으로 수업을 이끄는 주체이자 정보원으로서 학습자를 중심에 두고 수업을 학습자에 맞추어갈 수 있는 과정을 설계한다. 첫 번째로 발달장애 개별 학습자의 학습 출발점을 결정하기 위해서는 학습자의 이해가 우선시 되어야 한다. 학습자가 어떤 방법으로 가장 잘 학습하는지 이해하고자 학습자의 프로파일을 생성한다. 두 번째로 학습자 중심의 수업을 설계한다. 학습자에 의해 생성된 자료와 더불어 학습자 미적 특성 및 파악하기 위해 초기 수업을 실시한 후 학습자의 발달 상황 및 현행 학습수행 수준과 참여도를 종합적으로 고려하여 학습자 중심의 수업을 계획한다. 세 번째로 학습자를 자기결정권자로서 학습자 역할에 중점으로 두어 학습 환경을 조정해 가며 적절한 도구, 자원, 전략의 선택을 할 수 있도록 지원한다. 개인의 강점을 기반으로 학습하며 개별 학습자의 다양한 교육적 요구를 고려하여 충족할 수 있도록 한다. 네 번째로 학습 결과 중심의 평가보다는 발달장애 학습자가 불합리한 평가를 받지 않도록 지속적이고 다양한 방법으로 학습 결과를 다각적인 방면에서 평가될 수 있도록 과정 중심의 평가 방법을 활용한다. 마지막으로 학습자와 교사, 멘토(보조교사), 학부모가 서로 협력하여 학습자의 학습 과정의 성과를 공유하고 소통한다. 이러한 단계는 총체적이고 지속적인 환류의 순환적 과정으로 이뤄진다.

1) 학습자 이해

맞춤형 학습은 학습자를 중심에 두고 학습자의 동기, 흥미. 특성 및 요구를 반영하여 계획해야 하는데 이때 교육과정 계획의 첫 단추는 학습자를 이해하기 위한 학습자 정보를 생성하는 것이다(김선영, 2020). 학습자 프로파일은 개별 학습자가 학습하는 방법을 확인하고 공유하기 위해 데이터를 모으는 것으로 학습자가 세상을 어떻게 지각하고, 정보에 접근하여 처리하고 학습하며 사고하는지가 포함된다(Gayle, Chapman, 2011/2014).

이 글의 사례에서는 학습자가 누구이며 어떤 방법으로 가장 잘 학습하는지 이해하고자 ① 학습자의 기본 정보, ② 포트폴리오, ③ 포트폴리오의 작품 및 자기비평 자료를 바탕으로 한 미적 특성 분석 ④ 설문 형태의 기초 조사서, ⑤ 학부모 상담을 실시하고 있었다. 이를 통해 학습자의 현재 수행 수준뿐 아니라 강점, 선호도, 관심, 흥미, 교육적 요구, 어려움, 행동 특성 등 학습자를 이해하기 위한 중요한 정보가 생성되었다. 학습자에 대한 이해는 곧 학습자의 학습 방식을 이해하는 것을 의미한다(우지영, 2019). 교사는 수집된 정보를 바탕으로 학습자가 정보에 접근하고 처리하기 위해 선호하거나 필요한 방법, 학습자가 좋아하는 학습 참여 방법, 학습자가 표현하는 데 선호하는 방법에서 학습자 개별의 강점과 흥미 그리고 구체적으로 어려움이 무엇인지를 고려할 수 있다.

2) 학습자 중심 수업 설계

학습자 이해를 위한 학습자의 프로파일을 생성한 이후 학습자의 현재 학습수행 수준, 미적 특성, 학습자 발달 상황 및 성취 정도와 참여도를 종합적으로 파악하기 위해 3차시에 걸쳐 '미술 특성 알기' 초기 수업이 진행되었다. 초기 수업 중 오리엔테이션에 해당하는 1차시에는 '내가 좋아하는 표현 방식을 알아보고 작품을 창작하는 활동'을 통해 미술 성향의 차이를 파악하며, 자신의 미술 성향에 따라 주제를 나타내는 작품 창작을 통해 미술 양식 및 학습자 특성의 차이를 이해하는 내용으로 구성되었다. 이때 학습자가 선호도를 표현하거나 선택할 수 있고, 다양한 선택사항을 시도할 기회를 제공하는 데 중점을 두어 학습자의 수준, 선호, 흥미에 수용적으로 반응하는 수업 설계가 이뤄질 수 있도록 하였다. 발달장애 학습자의 경우 의사소통 기술에 어려움이 있는 경우가 많기 때문에 선호도는 반복적으로 선택하는 행위로부터 선호도와 흥미를 진단할 수 있다(Wehmeyer et al., 2007/2010). 수업에서는 학습자에게 선호하는 주제와 주제 표현에 맞는 재료를 자유롭게 선택할 수 있도록 함으로써 의사결정의 주체가 되도록 하였다.

교사와 멘토(보조강사)는 학생들이 충분히 자신의 특성을 보일 수 있도록 관찰자의 입장으로 기다리면서 학생들의 행동과 표현을 기록하였으며 학습자의 강점과 개선점을 작성하였다. 학습자 중심 미술 수업은 계획 없이, 하고 싶은 활동을 하도록 무조건 허용하는 것을 의미하지 않는다. 오히려 본 사례에서 교사는 학습자 프로파일 및 미술 특성 알기 수업을 통해 수집된 정보를 바탕으로 학습자 특성을 반영하여 개별 교육과정을 계획하고 학습자에게 적절한 교육 목표를 명확하게 설정하고 있었다. 교육과정 계획에 학습자가 직접 참여하지는 않지만, 학습자에 의해 생성된 자료와 초기 수업에서 보여준 학습자의 참여도, 성취 정도, 발달 상황을 종합적으로 고려할 수 있어 학습자의 흥미, 필요, 특성 및 요구에 응답하는 학습자 중심의 수업이 설계된다고 할 수 있다(김선영, 2022). 맞춤형 학습은 교사가 학습자에게 가르쳐야 하는 뭔가를 가르쳐서 학습자가 그것을 배우도록 하는 것을 지양하는 반면, 학습자의 생각과 결정이 반영된다면 무엇이든지 학습할 수 있다고 가정한다(정광순, 2020). 본 사례에서 교사는 학습자의 현행 학습수행 수준을 근거로 수업에서 기대하는 도달 정도를 고려하여 개별 학습 목표를 결정하였다. 맞춤형 교육은 학습 현황을 분석하고 학습자가 부족한 부분을 파악하여 실질적인 이해와 숙달이 이루어지는 것을 목표로 한다(조은길, 조정훈, 2019). 이러한 맥락에서 교사는 학습 목표는 단기 목표와 장기 목표로 설정하되 단기 목표의 성취 여부에 따라 유연하게 수정해 나가면서 맞춤형 교육을 만들어 가고 있었다. 또한, 학습 및 성취를 방해할 수 있는 학습자의 특성을 충분히 고려하고자 하였다. 학급 수준에 따른 반별 전체 목표와 개별 학습자를 위한 교육 목표, 개인차를 고려한 교수·학습 방안 구성의 예는 〈표 4〉와 같다.

3) 학습자 주도적 수업 실행

학습자 개별 학습 목표와 교수·학습 방안이 설정된 후 교사는 의사결정에 학습자를 중심에 위치시키고 학습자가 새로운 학습 내용을 이해하고 적용할 수 있도록 하기 위해 가장 잘 학습할 수 있도록 도구, 자원, 전략의 선택을 도와주었다. 한 학급에서 여러 명이 수업하지만, 학습자에 따라 학습자가 선호하고 필요한 정보에 접근할 수 있도록 다양한 수업 자료와 방법을 활용하였고, 학습자의 표현 동기를 높였다. 발달장애 학습자는 시각적으로 사고하는 경향을 가지기 때문에 추상적인 것이 아닌 실물(구체물), 이미지,

〈표 4〉 개별 학습 목표 및 교수 · 학습 방안 사례

<table>
<tr><th>학생명</th><th>현재 학습수행 수준</th><th colspan="2">개별 학습 목표</th><th>학습자 행동 특성</th></tr>
<tr><td>○○○</td><td>• 좋아하는 캐릭터를 그리는데 몰입함. 캐릭터를 오랜 기간 그려옴. 자신과 관련된 경험을 이야기하거나 그림으로 표현하지 않으나 좋아하는 캐릭터에 대해 이야기하며 좋아하는 주제에 대해서는 집중함.
• 캐릭터 외의 주제 표현이 잘되지 않음.
• 색연필, 마커를 사용하는 것을 좋아함. 새로운 재료에 대해 흥미가 낮고 폐쇄적임.
• 입체보다는 평면 재료를 주로 활용함.
• 캐릭터를 관찰하고 보고 그리는 것을 즐기며 관찰력이 좋음.
• 소근육 발달이 잘 이루어져 있음.</td><td colspan="2">(단기 목표)
• 좋아하는 캐릭터를 충분히 표현함.
• 자신만의 캐릭터를 만듦.
• 자신만의 캐릭터를 활용하여 다양한 형태로 변형하고 표현함.
• 교사와 멘토의 촉진을 통해 색연필, 마커 외의 새로운 미술재료를 탐색함.

(장기 목표)
• 표현 재료 및 주제를 확장하기 위해 좋아하는 주제에서 시작하여 다양한 자신의 이야기를 끌어낼 수 있도록 함.</td><td>• 수용언어는 가능하나 표현언어에 어려움이 있어 원활한 상호작용을 위한 의사소통에 대한 고려가 필요함.
• 컨디션의 영향을 많이 받음. 컨디션이 좋지 않으면 상동 언어를 하거나 집중이 어렵기 때문에 활동을 지속할 수 있도록 적절한 자료제시와 함께 강사와 멘토의 유도가 필요함.</td></tr>
<tr><td rowspan="2">교수
학습
방안</td><td colspan="2">학습 내용 및 방법</td><td colspan="2">학습 과정 모니터링</td></tr>
<tr><td colspan="2">• 내용: 좋아하는 캐릭터를 활용하여 나만의 캐릭터 만들기- 캐릭터를 활용한 영상 제작
• 방법: 단계별 학습 내용 및 수행 과제를 위해 세분화된 단계 제시, 구체적인 예시 제시, 멘토의 모델링
• 자료: 캐릭터 관련 실물(모형과 같은 구체물), 이미지 및 영상자료, 관심 자료 및 학습자의 이전 작품</td><td colspan="2">• 반응 및 선호 관찰
• 수행 과제에 대한 이해 정도 확인
• 재료 및 용구를 탐색하고 다룰 수 있는 충분한 연습 시간 제공 및 확인
• 점진적 지원을 위한 교사 및 멘토 수시로 피드백</td></tr>
</table>

사진, 영상 등과 같은 구체적인 시각 자료를 활용하여 제공하는 정보를 시각화하였다.

수업이 실행되면 반별 수업의 주제가 있고 학습자는 교사의 안내를 받지만, 스스로가 학습에 주체가 되어 주제 안에서 자신이 창작하고자 하는 소재를 직접 정하였다. 물론 이 과정에서 교사는 학습자가 표현하고자 하는 자기 나름의 주제가 무엇인지 학습자 자신의 지식과 경험을 통해 생각과 아이디어, 의도를 반영할 수 있도록 질문하고 지원하였으며 주제 표현은 자연스럽게 표현 방법을 탐색하는 것으로 학습 활동이 이어져 갔다. 언어적 표현에 어려움이 있는 학습자의 경우 앞서 생성한 학습자 프로파일 및 미술 특성 알기 수업을 통해 수집된 정보를 바탕으로 언어뿐 아니라 글, 이미지, 동작 등 다양한 방법으로 의사 표현을 할 수 있도록 하였다.

발달장애 학습자는 그림에 숫자나 문자의 표현이 많거나 지하철, 버스, 자동차, 건물, 캐릭터 등 자신이 좋아하는 것을 반복적으로 그리는 경향성이 있는데 비장애인의 시선에서 이를 교정하려고 하기 보다는, 학생 삶 주변의 다양한 환경에서 표현 소재를 가져올 수 있도록 존중하며 격려하였다. 또한, 매체 및 작업 방법에 대한 지시적인 변화를 강요하는 것이 아니라 학습자의 관심과 표현에서부터 점차 확장할 수 있도록 하였다. 독창적인 표현 세계를 추구하는 미술 영역 안에서 발달장애 학습자가 가지고 있는 자신만의 정서와 언어, 표현양식은 누구와도 비교할 수 없는 강점이라 할 수 있다. 이에 따라 개개인이 집중하는 모티브, 매체, 표현양식뿐 아니라 제한된 독특한 감각에도 관심을 기울여 이들의 특성이 미적 표현으로 연결되어 타인에게도 즐거움과 감동을 줄 수 있는 예술적 표현으로 심화,

확장되도록 하는 데 중점을 두고 있었다. 장애 학습자 대상 미술교육에서 문제점으로 언급되는 미술 교과의 계열화 부재(오재정, 2004)는 단순히 일회성 체험적 활동에만 머무르는 미술 활동의 한계를 지적한 것이다. 본 사례에서는 학습자의 강점을 기반으로 작업 시간의 흐름에 따라 과제가 바뀌고 내용과 표현 방법이 변화되는 일련의 연속적 과정을 관찰할 수 있었다. 이를 통해 현재 수준에서 더 나은 수준으로 나아갈 수 있도록 촉진하며 이전의 활동보다 난이도가 증가하는 계열성을 확인할 수 있었다. 이때 중앙 응집성 부족으로 전체 정보를 통합하는 데 어려움을 나타내는 학습자를 배려하여 조형 활동은 작은 단계로 세분화하여 구성되었다. 또한, 재료와 용구의 반복적 연습, 쉬운 것부터 어려운 기능과 기법을 습득하는 과정을 통해 기본 개념을 형성할 수 있도록 하였다. 이러한 과정은 교사가 학습자에 대한 기대수준을 낮추거나 쉽고 단순한 것만을 기계적으로 반복하여 배우도록 하는 것이 아니라 장애로 인해 표현에 도달하는 데 있어 예상되는 제한점을 고려한 것이다. 자기결정권자로서의 학습자 역할에 중점으로 두어 주도권을 학습자가 가질 수 있도록 교사, 멘토와 상호 협의해 나갔다. 때에 따라 학습자의 활동 수행 속도가 느리거나 과제에 적응하기 어려우면 교사는 학습자의 결과물보다 학습 과정을 강조하며 학습자에게 속도를 맞추어 수업을 진행해 갔다. 또한, 학습자가 작은 성취를 꾸준하게 쌓아갈 수 있도록 하였다.

4) 과정 중심 평가

학습 결과 중심의 평가보다는 발달장애 학습자의 성취 수준, 발달 정도를 파악하기 위해 수업과 연계한 과정 중심의 평가가 지속적으로 실시되었다. 평가는 수업 후 진행되는 분절된 활동이 아니라 일련의 교육과정 안에서 학습자가 자신의 성장을 확인하도록 도움을 주는 교수·학습 활동의 일환으로 수업과 평가의 연계는 평가를 수업의 한 부분으로 포함하여 진행하는 시간적 연계와 수업 내용과 평가를 연계하는 내용적 연계를 의미한다(한경화 외, 2019).

본 사례에서는 과정 중심 평가를 ① 관찰 평가, ② 크리틱(critique), ③ 프로세스폴리오(process-folio)와 같은 다양한 방법으로 실시함으로써 단지 알고, 배운 것을 측정하

H반 미디어 수업 활동 및 학생 작품

I반 복합매체 수업 활동 및 학생 작품

[그림 2] 수업 장면 및 작품

는 것이 아닌 학습자 개개인의 능력을 발견하고 개발시키기 위한 피드백 자료로 활용될 수 있도록 하였다.

첫째, 관찰 평가는 학습자를 관찰하여 평가하는 방법으로 교사와 멘토는 학습자의 창작 과정에서의 특성과 잠재력, 소통 및 협력 방식, 성취기준 도달 등 개별 학습자의 특징 등을 심층적으로 관찰하고 평가하였다. 둘째, 크리틱(critique)을 통해 학습자 스스로 자신의 창작 과정(학습수행 과정) 및 작품에 대해 친구들과 이야기 나누고 감상하며 비평할 수 있는 자기평가와 동료평가의 기회를 제공하였다. 셋째, 프로세스폴리오(process-folio)는 학습자 개별의 창작 과정과 성장에 대한 종합적인 평가이다. 학습자 개개인이 수행하여 누적된 일련의 과제나 작품을 단계적, 체계적 평가로 진행된다. 평가의 목적이 개인 간 비교가 아닌, 학습자 개인의 변화와 성장, 진전도에 있다(한경화 외, 2019). 본 사례에서는 수업 과정에서의 아이디어 스케치, 작품 계획서 등 발달장애 청소년의 발상, 제작, 비평의 전 과정 및 작품 등을 기록하고 있었다. 학습자가 자기 주도적으로 수업의 실제 상황과 맥락에서 자신의 경험을 시각적으로 기록하고, 스스로 자기 작품을 선별, 공유하며 프로세스폴리오를 만들어 가는 과정에서 학습자가 창작 및 비평의 전 과정에 관심을 두도록 유도하고 자신만이 가진 표현적 특성과 장점, 미적 인식 능력 등을 탐색할 수 있게 하였다. 프로세스폴리오는 기록하여 보관하는 용도로만 사용되지 않았다. 학습자 스스로 자신의 발전 과정을 성찰하고 점검할 수 있도록 하며 추후 관리 및 지도에 활용되었다.

5) 학습 성과 소통 및 반영

교사와 멘토는 매 차시 학습자의 학습 과정 및 산출된 결과에 대해 소통하였다. 학습자가 어떤 이해에 도달하였는지 다음 차시에는 어떻게 성과의 내용을 반영할지 의논하며 수업 계획을 재구성해 나갔다. 교사와 멘토는 학습자와 학습 사이가 덜 연계되었는지 살펴보고, 학습자가 도달하는 다양한 경로와 방식을 어떻게 구조화하고 조직하여 수업 현장에서 적용될 수 있는지 구체화하였다. 작품에 대한 다양한 성찰 활동을 지속하면서 반별 전시회를 포함한 학습 성과 공유에도 학습자가 주체적으로 참여하였다. 학습자의 성장 과정과 예술적 성취를 조명할 수 있는 반별 전시를 개최하였으며, 미술 분야에서 활동하는 전문가처럼 학습자들이 객관적인 평가와 피드백을 받는 기회를 제공하였다. 이 과정을 통해 학습자는 자긍심과 성취감을 가질 수 있었다.

* 이 글은 박진희, 김선아(2023), 발달장애 학습자 대상 맞춤형 미술교육 사례 연구(조형교육, 88집)를 수정 보완한 원고임.

박진희(한양대학교)

29 미술교육에서의 맞춤형 교수 · 학습

맞춤형 교수 · 학습은 개별 학습자의 필요에 맞추어 학습 목표를 수립하고, 학습자의 개별적 특성에 따라 차별화된 교수 · 학습 방법을 처방하는 교육 방법이다. 맞춤형 교수 · 학습에서 학습자는 자기 주도적으로 학습 목표를 설정하고 학습에 참여하며, 교사는 학습자의 요구에 적극적으로 대응하며 개별화된 학습 환경과 내용, 수업 전략 등을 제공한다. 맞춤형 교수 · 학습의 실행 근거가 되는 학습자의 특성 및 개인차의 개념은 미술교육의 핵심적인 요소로 여겨지며 여러 미술교육 이론에서 꾸준히 언급되었다. 우리나라 미술과 교육과정에서도 학습자의 특성과 개인차를 고려한 교수 · 학습 설계의 필요성은 꾸준히 강조 되어왔고, 최근 들어 시대적 요구에 따라 더욱 강화되는 추세다. 이전의 2015 개정 교육과정에서는 학생 개개인의 꿈과 끼를 키워주는 맞춤형 수업을 지향해야 함을 명시하며 실질적인 맞춤형 교수 · 학습을 시행할 수 있는 기반을 다졌다. 새로운 2022 개정 교육과정에서는 맞춤형 교수 · 학습의 계획과 실행 과정에서 학습자 주도성의 중요성을 강조하며 구체적인 실행 방안을 마련했다. 급격한 사회변화에 대한 대응으로 개별 학습자의 자기 주도 학습이 점차 강조되고 있다. 이에 발맞추어 미술과의 맞춤형 교수 · 학습 또한 점차 강화될 것으로 예측된다. 특히 디지털 매체와 결합한 형태의 교수 · 학습 방법이 학교 현장에서도 적극적으로 도입될 것으로 보인다.

1. 미술과 교육과정에서 맞춤형 교수 · 학습에 관한 내용 분석

1) 지난 교육과정에서 맞춤형 교수 · 학습의 전개

개인의 흥미와 개성이 결과물에 발현되는 것은 미술의 기본적인 속성이라 할 수 있다. 따라서 개인의 특성을 고려하여 미술 교과를 지도하고자 하는 시도는 우리나라 교육과정에서 꾸준히 강조되었다.

미술과 교육과정에서 맞춤형 교수 · 학습에 관한 내용은 1963년 공포된 제2차 교육과정에서 처음 언급된다. 당시 미술과 교육과정의 'Ⅳ. 지도상의 유의점' 항목에는 '학생의 개성, 성별 등을 고려하여 능력에 따라 기회를 균등히 가지도록 하며, 적절한 시설과 관리에 의하여 지도의 효과를 올리도록 한다(문교부, 1963a, p. 163).'가 진술되어 있다. 제2차 교육과정에서는 미술과의 주된 교육목적 중 하나가 창조적인 표현 활동이라고 보고 성별, 성격, 개성 등 학생의 특성에 따라 창조적 표현 활동의 결과물이 매우 다양할 것이므로 이를 존중하며 충분히 발휘할 수 있도록 지도해야 한다고 강조한다(문교부, 1963b). 이를 통해 학생 개인의 특성이 학습 결과와 교육목표 도달에 영향을 미침을 인정하며, 이를 고려한 교수 · 학습이 이루어져야 함을 주장하고 있음을 알 수 있다.

이후 고시되는 교육과정에서도 꾸준히 맞춤형 교수 · 학습에 대한 언급이 이루어진다. 1981년 공포된 제4차 미술과 교육과정은 '다. 지도 및 평가상의 유의점'에서 '학습의 계획 및 전개에 있어서는 학생의 흥미, 욕구, 자율성, 창의성 등이 존중되도록 유의한다(문교부, 1981, p. 58).'를 첫 번째로 제시하며 학습 지도 시 개인의 특성을 고려해야 함을 강조했다.

1987년 고시된 제5차 교육과정은 인간 중심 교육을 중시하는 방향으로 개정이 이루어지며 교사 중심의 교수 활동이 아닌 학생 개인의 경험과 체험을 중시하는 교수·학습 활동을 중요시한다. 특히 이 시기 강조된 '민주 시민 육성'과 '인간 존중 교육'은 개인 간의 차이와 특성을 고려한 교수·학습의 강조와 그 맥락을 함께 하며, 학생의 개별 상황에 맞게 교육과정을 재구성하고 융통성 있게 운영할 것을 요구한다(문교부, 1987, p. 69).

1992년 고시되어 1995년부터 학교 현장에 적용되기 시작한 제6차 교육과정은 궁극적으로 추구하는 네 가지 인간상 중 하나로 '개성을 추구하며 자율성을 가진 자주적인 인간'을 설정하여 개인의 적성과 능력에 맞는 진로 개발과 문제 해결 자세를 강조했다. 또한 이전의 교육과정이 지나치게 중앙 집권적이고 경직되어 있음을 지적하며 학교 실정과 학생의 요구를 반영한 교육과정 운영에 대한 필요성이 교육과정 개정의 목적이 되었음을 밝히고 있다. 이전까지의 교육과정은 전국 모든 학교가 국가에서 만든 교육과정 문서를 그대로 따라야 했지만, 제6차 교육과정에서는 처음으로 '국가 수준 교육과정'과 '시·도 교육청의 편성·운영 지침'이라는 용어를 사용하며 각급 학교에서 교육과정을 편성 및 운영할 때 지역 및 각급 학교의 실정과 특성을 충분히 반영할 것을 의무화했다. 이 같은 기조를 바탕으로 제6차 미술과 교육과정에서도 학생의 개성, 흥미, 관심사, 인지 및 정서적 발달 단계를 고려해 학습 지도 계획을 수립할 의무를 각급 학교가 가지게 되었음을 강조한다(교육부, 1992).

뒤이어 1997년 고시된 제7차 교육과정은 학생 중심의 교육과정으로, 수준별 교육과정을 도입하며 학생의 흥미, 적성, 능력, 필요 등과 같은 개인차를 고려한 교육을 추구했다. 성취 수준을 정량적으로 측정하기 어려운 예술 교과 특성상 미술 수업이 수준별로 이루어지지는 않았지만, 개인의 조형 능력 및 표현 특색, 흥미, 적성 등 개인차를 고려한 교수·학습 지도 계획을 수립할 것을 명시하였다(교육부, 1997).

이후 교육과정의 수시 개정 시기에 해당하는 2007년 개정 미술과 교육과정, 2009년 개정 미술과 교육과정 또한 이전 시기 교육과정과 같이 학습자의 성취 수준에 맞는 학습 목표를 수립할 것을 강조한다. 더불어 지역 사회와 학교의 특수성, 행사, 계절, 시설 및 용구를 고려하여 학습 내용과 방법 및 수업 시기를 조정하도록 했다(교육인적자원부, 2007; 교육과학기술부, 2011). 학교 수준의 교육과정 구성 시, 학생 개인의 특성뿐만 아니라 학교와 지역 사회의 특성까지 고려하는 것은 이전 교육과정과 구분되는 점으로 맞춤형 교수·학습의 범주를 확장한 접근이라 할 수 있다.

2015년 개정 교육과정은 '학생의 '꿈과 끼'를 키울 수 있는 학생 중심의 교육과정'을 개정의 기본 방향으로 제시하며 학생들이 교육과정 내에서 획일적인 경험을 하지 않도록 경계해야 함을 강조했다. 더불어 학생 개개인의 꿈과 끼를 키워주는 학생 맞춤형 수업을 지향해야 함을 명시했다(교육부, 2016, p. 29). 2015년 개정 미술과 교육과정에서도 교수·학습의 방향 설정 시, 학습자의 성취 수준과 학교의 여건을 고려해 교수·학습 계획을 수립해야 함을 명시하였다(교육부, 2015). 학생 개개인의 특성과 수준 및 지역 사회와 학교의 여건을 고려한 교육에 대한 중요성이 강조된 대목이다.

지금까지의 흐름을 살펴보았을 때, 미술과 교육과정에서 학생 특성을 고려한 교수·학습 설계의 필요성은 오랜 기간 꾸준히 주장됐으며, 이에 대한 요구가 점차 강화되고 있는 것을 알 수 있다.

2) 2022 개정 교육과정에서 맞춤형 교수·학습 내용 분석

COVID-19를 겪으며 우리 사회와 교육 환경은 급격한 디지털 전환을 경험했고, 새로운 시대에 적응할 수 있는 창의적 인재에 대한 요구가 높아졌다. 이 같은 시대 변화에 발맞추어 2022년 개정 교육과정에서는 맞춤형 교수·학습에 관한 요구가 더욱 구체적으로 제시되며 강조되고 있다. 선택 과목 신설 및 운영과 학교 자율시간 편성 및 운영에 대한 자율성이 크게 확대되었고, 교수·학습 및 평가 과정에서 인공지능과 디지털 기술 활용을 시도함으로써 단위 학교 수준에서 교육과정 운영에 자율성을 발휘할 수 있는 폭을 넓혔다(김종훈, 2023).

2022 개정 미술과 교육과정에서는 맞춤형 교수·학습의 방향에 관해 다음과 같이 제시하고 있다.

> (1) 교수·학습의 방향
> (나) 학습자의 주도성을 바탕으로 삶과 긴밀하게 연관된 주제를 다루며 다양한 학습자를 고려한 맞춤형 교수·학습이 이루어질 수 있도록 계획하고 실행한다.
> • 학교의 다양한 여건, 지역 간 차이, 수업 환경 등을 고려하여 학습의 내용과 양, 수준을 적정화한다.
> • 학습자 스스로 자신이 무엇을 배우고 어떻게 문제를 해결하는지 학습 과정에 대해 성찰할 수 있도록 교수·학습을 계획하고 실행한다. (교육부, 2022a, p. 19)

교육과정 고시 문서에 따르면 미술과에서의 맞춤형 교수·학습은 전 과정이 학생 주도적으로 이루어져야 하며, 이때 학습 내용과 수준 및 분량은 교사가 자율성을 가지고 학교 및 지역 사회 여건을 고려하여 조정할 수 있다. 이는 곧 맞춤형 교수·학습 과정을 준비하는 것은 교사이지만 궁극적인 맞춤형 교수·학습의 주체는 학생이 되어야 함을 의미한다.

이전 교육과정에서부터 이어진 흐름을 살펴보았을 때, 2022 개정 미술과 교육과정에서 말하는 맞춤형 교수·학습은 이전 교육과정에서부터 학생 중심 교육과정의 형태로 나타나 시대적 요구에 따라 점차 강화되다가 2022 개정 교육과정에 이르러 더욱 구체화 되고 강조된 것이라 할 수 있다.

2. 맞춤형 교수·학습의 선행연구

1) 맞춤형 교수·학습의 개념과 이론적 배경

맞춤형 교수·학습은 개별 학습자의 다양한 필요에 맞추어서 학습 목표와 교수 방법을 설계한 뒤 학습자의 개별적 특성에 따라 차별화된 교수·학습을 처방하는 교육 방법이다. 학습자의 개별 특성으로는 사전 지식, 학습 목표, 학습 능력, 학습 절차와 속도, 선호하는 학습 양식 등이 고려되며, 교수 방법 설계 요인으로는 학습 목표나 내용, 내용의 계열성, 스캐폴딩, 학습 속도 및 접근 방식, 교수·학습 기술, 평가 등이 포함된다(온정덕, 2013; 동효관 외, 2022).

맞춤형 교수·학습은 구성주의, 자기조절학습, 자기결정성이론, 목표지향이론, 몰입이론 등에 이론적 기반을 두고 있다(Watson, W. & Watson, L., 2017).

구성주의는 학습을 실제 경험의 맥락 속에서 자기 경험과 사회적 상호작용을 통해 의미를 구성하는 과정이라고 보았다. 구성주의적 관점에서 지식의 본질은 외부에 있지 않고 개인의 개별적인 해석에 의해 구성된다. 따라서 교수·학습 설계 시 학습자 중심의 학습환경을 제공하며, 상호협동적, 능동적, 실제적 맥락과 관련 깊은 문제 해결 중심의 학습 과제를 제시해야 한다고 보았다(이현우, 최윤영, 2023).

자기조절학습이란, 학습자가 학습할 때 메타인지, 동기,

학습 전략의 측면에서 능동적으로 학습에 참여하는 것을 말한다. 메타인지, 학습 전략, 동기는 자기조절학습의 주요한 세 가지 구성요인으로 세 요인과 학업성취도 간에 정적인 상관관계가 있는 것으로 밝혀졌다. 자기조절학습이 잘 이루어지는 학습자는 스스로 학습 목표를 설정하고, 목표 달성을 위한 적절한 전략을 선택해 계획을 수립할 수 있으며, 학습 과정을 스스로 성찰할 수 있다(박성익, 김미경, 2004; Watson, W. & Watson, L., 2017).

자기결정성이론은 학습자가 가진 동기의 유형이 다양하고, 동기에 내포된 자기결정성의 수준에 따라 조절(regulation)의 정도가 달라진다고 보았다. 학습 목표를 학습자가 스스로 결정한 내재적 동기는 타인이나 외부 요인에 의해 목표가 설정된 외재적 동기보다 학습 결과에 더 긍정적인 영향을 미친다. 그러나 두 동기는 서로 상호보완적으로 작용하여 다음 시점의 동기 유형 변화에 영향을 주기도 하며 발달하는 모습을 보인다(임성애, 2021).

목표지향이론은 학습자에게 학습 목적이 있어야 함을 강조하며 학습 목표의 종류를 숙달 목표와 수행 목표로 구분하였다. 숙달 목표는 새로운 지식 습득, 기술의 개발을 지향하고, 수행 목표는 수행 과정에서 동료 학습자보다 자신이 좀 더 유능하게 보이는 것을 지향한다. 따라서 수행 목표보다 숙달 목표에 집중하는 것이 개인의 학습과 성장에 집중하는 데 도움이 된다고 보았다(Watson, W. & Watson, L., 2017).

몰입이론은 동기 유발에 관련된 이론이다. 몰입이론을 주장한 Csikszentmihalyi(1990)는 명확한 목적, 학습자의 역량, 성공적으로 수행할 수 있는 수준의 난이도 등의 요소가 갖춰졌을 때 과제에 대한 동기 유발과 깊이 있는 참여, 즉 몰입이 일어난다고 보았다(Watson, W. & Watson, L., 2017, p. 100, 재인용).

한편, 개별 학습자의 요구와 선택을 가장 중요시하고 그에 맞는 교육을 제공한다는 관점에서 학습자 중심 교육에 근간을 두고 있다고 보는 관점도 있다. 학습자 중심 교육은 학습자에게 학습의 주도권이 주어지는 교육으로 학습자 개인의 자율성을 신뢰하며 학습자가 주도적으로 학습 계획을 수립·실행·평가하는 것을 전제로 한다. 학습자 중심 교육은 개별 학습자들의 자유로운 선택에 기초해 학습 목표와 내용, 방법 등을 설계하므로 개인의 목적과 특성에 맞춘 개별화 수업을 지향한다고 할 수 있다. 학습자 중심 교육에서 교수자는 개별 학습자의 학습 요구에 부응하기 위해 적극적으로 참여하고 지원하는 역할을 맡는다(권낙원, 2000; 민용성, 2003).

이상의 선행연구를 종합하여 살펴보면, 맞춤형 교수·학습은 학습자의 내재적 동기를 바탕으로 한 학습 목표 수립과 개인의 삶과 관련 깊은 실제적 학습 과제 제시를 중시하는 이론을 바탕으로 하고 있음을 알 수 있다.

2) 맞춤형 교수·학습의 원리와 모형

맞춤형 교수·학습에서 교수자의 역할은 학습자 개개인의 특성과 필요를 파악하고 그에 맞는 개별화된 교수법, 교육 내용 및 평가를 제공하는 데 있다.

Tomlinson(2014/2019)은 맞춤형 교수·학습을 실행하는 다섯 가지 일반 원리를 다음과 같이 제안했다. 첫째, 학습자의 학습을 적극적으로 지원하는 학습환경을 제공해야 한다. 학습환경이 학습자의 정의적 영역에 영향을 끼치며, 그 영향은 이후 인지와 학습에서 중요한 역할을 하게 된다는 점을 교수자는 인지하고 있어야 한다. 따라서 교수자는 학습자의 학습을 적극적으로 지원하며, 수용적인 태도로 열려있는 학습환경을 제공해야 한다. 둘째, 핵심 지식과 이해, 역량을 중심으로 한 양질의 교육과정을 구성해야 한다. 지식의 단순한 회상보다는 핵심 지식과 이해 및 역량에 초점을 맞춘 양질의 교육과정이 뒷받침되어야 한다. 셋째, 맞춤형 교수·학습 과정에서는 여러 형태의 평가가 수시로 이루어져야 한다. 평가를 통해 학습자의 특성에 관한 정보를 수집할 수 있으며 이는 다음 교수·학습 활동을 위한 기초가 된다. 넷째, 학습 준비도, 학습 양식, 흥미 등 학습자 간의 차이를 고려한 수업이 설계되어야 한다. 학습자 간의 차이는 평가 자료를 바탕으로 수집할 수 있으며, 이를 바탕으로 학습환경 또는 학습 내용, 과정, 결과물을 바꿀 수 있다. 마지막 다섯째, 교수자와 학습자는 유연하게 협동할 수 있어야 한다. 학습자의 특성과 요구에 따라 학습 환경을 유연하게 조정하며 다양한 형태의 교수·학습을 실행할 수 있어야 한다. 교수자는 학급 전체를 이끌어 수업을 진행함과 동시에 각 학습자의 개별적 학습 목표 달성을 위해 학습 자료나 시간 또는 학습 형태를 유연하게 제공해

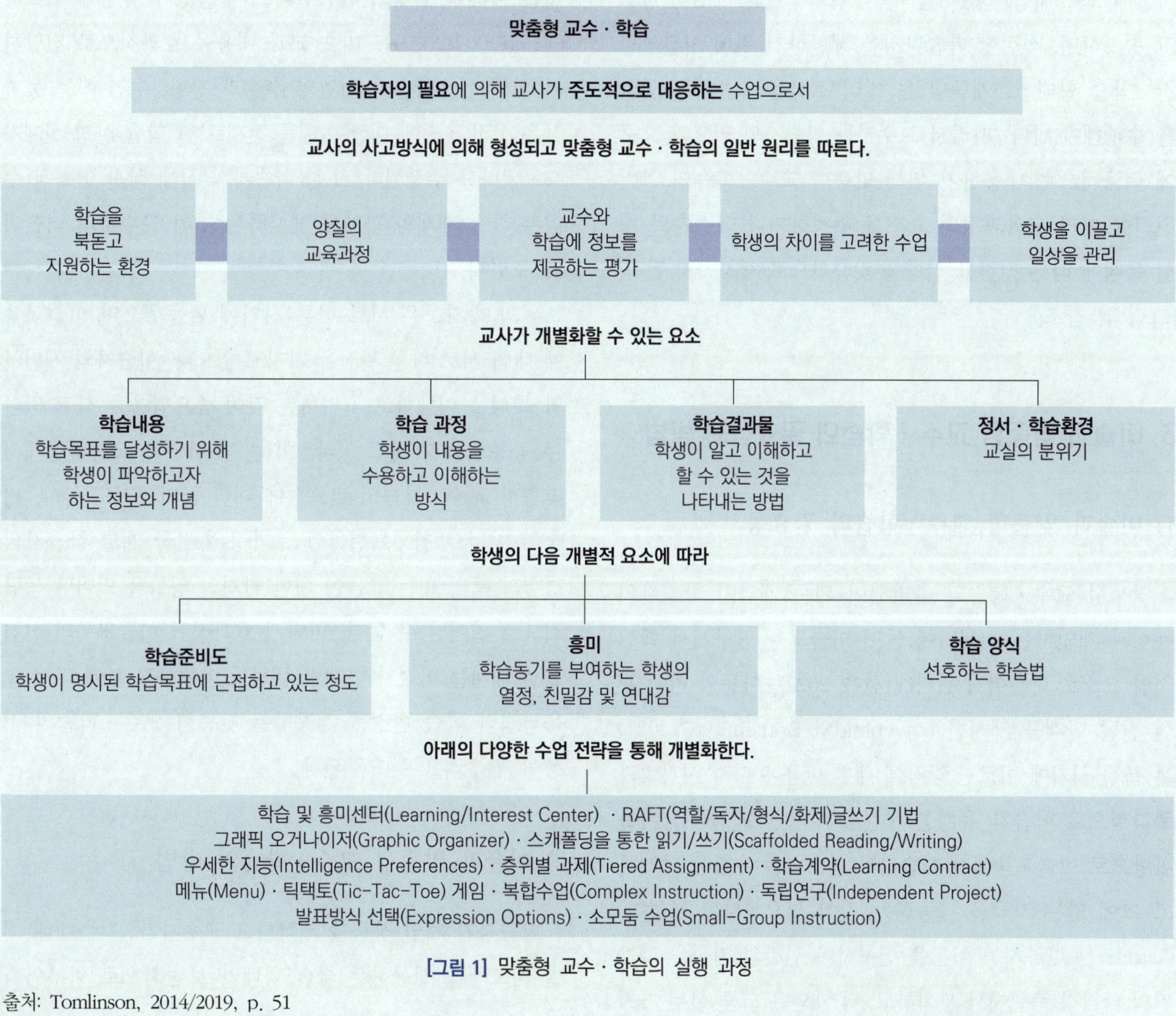

[그림 1] 맞춤형 교수 · 학습의 실행 과정

출처: Tomlinson, 2014/2019, p. 51

야 하기 때문이다.

위의 다섯 가지 원리를 살펴보았을 때, 맞춤형 교수·학습을 실행하기 위해서는 학습자의 개별 특성을 파악하고 그에 맞는 교육과정을 제공할 수 있는 교수자의 역량이 필수적으로 요구됨을 알 수 있다. 맞춤형 교수·학습은 학습자가 중심이 된 교수·학습 방법이기에 교수자는 보조적인 역할에 머무른다고 오해할 수 있다. 그러나 맞춤형 교육의 교수자는 '교실의 리더'이자 '주요 조력자'가 되어 학습자들이 모두 학습에 참여할 수 있도록 그들을 세심히 돌보고 평가하며, 적절한 학습환경을 제공하기 위해 시간·공간·학습 형태·스캐폴딩 등 여러 조건을 조율하는 역할을 수행해야 한다. 따라서 교수자는 학습자의 필요와 요구에 적극적으로 대응하기 위해 맞춤형 교수·학습의 일반 원리에 따라 교육과정의 요소를 수정하거나 학습자의 개별 특성에 따른 적절한 전략을 맞춤형으로 제공하게 된다. [그림 1] 참조.

3. 미술과 맞춤형 교수 · 학습의 필요성과 방법

1) 미술과 맞춤형 교수 · 학습의 필요성

맞춤형 교수·학습의 출발점이 되는 개념인 학습자의 특성과 개인차는 20세기에 들어 미술교육 연구에서 핵심적인 요소로 다루어져 왔다(김선아, 2022). 아동의 미술 표현 발달 단계를 제시한 Lowenfeld와 Brittain(1987/2011)은 특정 시기에 이르면 감각에 대한 반응에 따라 시각형과 촉각형으로 학습자 유형을 구분할 수 있다고 했다. 이를 바탕으로 미술교육에서 학습자가 선호하는 유형을 파악하고 그에 맞는 자극을 제공하는 것이 필요하다고 보았다. Gardner는 다중지능 이론을 연구하며 인간의 지능을 10가지의 다각적 측면에서 분석하고, 각 개인은 그중 한두 가지의 서로 다른 강점지능을 가지고 있다고 보았다. 다중지능 이론의 관점에서 효과적인 미술교육은 학습자의 발달 단계 및 흥미, 욕구, 능력 등 개별 특성을 이해하고 실행할 때 이루어질 수 있다(유승연, 2006). 다문화미술교육의 McFee는 학습자의 개별적 특성을 개인적 요인이 아닌 사회문화적 맥락에서 이해해야 한다고 보았다. McFee의 관점에서 미술은 사회적 의사소통 수단이며 동시에 앎의 방식이므로, 미술교육에선 학습자의 사회·문화적 배경에 대한 이해가 선행되어야 한다고 주장했다(김선아, 2022). Eisner(2002/2007)는 미술 교과 내용을 효과적으로 전달하기 위해서는 학습자 개인의 수준과 경험, 수업 행동 등과 같은 질적 조건에 대한 이해를 전제로 한 학습 환경 설계가 요구된다고 주장했다. 또한 학습자의 실제 삶과 연결될 수 있는 학습 제재와 과제를 제시하는 것이 교수자의 역할이라 보았다.

위의 학자들은 서로 다른 시기에 활동했으며 미술교육에 대해 서로 다른 관점을 가지고 있으나, 학습자의 개인차와 특성을 이해하고 고려하는 것이 중요함을 논하고 있다는 공통점을 가지고 있다. 이는 곧 미술과 교육과정에서 맞춤형 교수·학습의 필요성에 대한 근거이기도 하다. 미술의 미적 체험·표현·감상 과정은 결국 개별 학습자의 경험과 특성 또는 그들이 처한 환경의 영향을 벗어나 독립적으로 일어날 수 없다. 따라서 효과적인 미술교육의 실천을 위해서는 학습자의 개별 특성을 이해하고 그에 맞는 교육과정과 학습 환경을 제공하는 맞춤형 교수·학습의 적용이 필수적으로 요구된다.

2) 미술과 맞춤형 교수 · 학습의 방법

학습자가 개인 작품을 제작하고 교수자가 그에 대해 개별 피드백을 제공하는 학습 형태가 보편적으로 이루어지는 미술과 수업의 특성상, 이론 중심의 타 교과에 비해 맞춤형 교수・학습이 실행될 여지가 많다고 여겨진다. 그러나 개별 학습자가 서로 다른 형태의 산출물을 만들어 내고 이를 개별지도 한 것을 맞춤형 교수・학습이 실행된 것이라 보기에는 여러 제한점이 있다. 이전 장에서 살펴보았듯, 맞춤형 교수・학습에서 가장 중요한 요소는 개별 학습자가 내적 동기를 가지고 주도적으로 학습에 참여하는 것이다. 교사가 일방적으로 교육과정을 제시하고 따르도록 지도했다면, 아무리 작품 표현 과정에서 개별지도를 하고 그 결과물이 다채로웠더라도 온전한 맞춤형 교수・학습이 이뤄졌다고 보기 어렵다. 따라서 미술 교과에서 맞춤형 교수・학습을 효과적으로 적용하기 위해서는 교육과정 설계와 학습 환경 조성 과정에서부터 이를 고려하고 적용해야 한다.

2022 개정 미술과 교육과정에서는 맞춤형 교수・학습을 실행하는 구체적인 방법으로 다음의 세 가지를 제시하고 있다.

첫째, 학습자의 개인적 특성과 사회・문화적 배경을 고려한 교육과정을 설계한다. 교수자는 교육과정 설계 과정에서 학습자의 흥미, 관심, 개성, 사전 지식과 같은 개인적 특성과 지역 사회의 특성, 가정의 문화적 배경, 유행하는 대중문화와 같은 사회・문화적 배경을 분석하고, 이를 반영한 교수・학습 방법을 제공해야 한다. 예를 들어, 디지털 환경에 익숙한 학습자에게는 종이에 색연필을 사용하는 드로잉 수업보다 스마트 기기를 활용한 디지털 드로잉 수업이 더 효과적일 수 있다. 이러한 과정은 학습자의 동기 유발과 적극적인 학습 참여를 유도하는 데 도움을 준다.

둘째, 학습자의 특성을 고려한 학습 환경을 조성한다. 학습 환경에는 미술실의 환경, 수업 기자재, 표현 재료와 용구의 구비 등이 포함된다. 미술 수업의 학습 환경을 구성할 때는 학습자의 신체 특성, 장애 여부 등을 고려해야 한다. 한편, 미술 활동의 특성상 과제 수행에 요구되는 시간의 개인차가 크다. 수행이 느린 학습자 또는 학습 부진 학생도 낙오하지 않고 수업에 참여할 수 있도록 학습의 양을 조절하거나 충분한 학습 시간을 확보해야 한다.

셋째, 학습자의 삶과 밀접한 관련이 있으며 반성적 성찰을 돕는 학습 내용을 제시한다. 학습자는 자신의 생각, 느낌 또는 경험을 시각적으로 표현하는 과정을 통해 외부 세계와 상호 관계를 맺게 되며, 이를 통해 자기 내면을 성찰하게 된다. 학습자가 학습을 통해 반성적 성찰을 이루기 위해서는 학습자의 수준과 경험을 고려한 학습 내용을 선정하는 것이 중요하다. 교육과정에서는 이를 위해 시각 요소가 포함된 신문, 잡지, 일기 등을 활용해 서사 중심의 교수・학습 방법을 활용할 것을 제안하고 있다. 한편, 교수자는 학습 내용을 구성할 때 지역 사회의 특성과 학습자의 가정 환경 등을 고려해 소외되거나 배려받아야 할 상황의 학습자를 놓치지 않도록 신중하게 접근해야 한다(교육부, 2022a).

미술과 맞춤형 교수・학습은 학습자의 특성을 파악하고 그에 부합하는 교육과정과 학습 환경을 제공하는 데서 시작된다. 개별 학습자의 특성에 대한 이해는 교육과정 수립 초기에 1회로 끝나는 것이 아니라, 교수・학습의 전 과정에서 교수자의 관찰, 교수자와 학습자의 상호작용, 학습자의 작품 평가 등을 통해 수시로 일어나야 한다.

4. 미술과 맞춤형 교수・학습의 수업 제안

1) 수업의 목적과 방향

본 장에서는 맞춤형 교수・학습 방법이 적용된 중학교 수준의 수업을 제안하고자 한다. 수업의 주제는 '나를 보여주다, 브이로그(Vlog) 섬네일 제작하기'로 총 6차시에 걸쳐 자신의 취미나 관심사를 급우들에게 소개하는 가상의 브이로그 영상을 기획하고, 영상의 섬네일을 제작하는 활동이다.

2022 개정 미술과 교육과정(교육부, 2022a)에 근거하여 '시각적 소통 역량', '정체성 역량' 함양에 목적을 두었고, 이를 위해 시각문화의 역할과 의미를 이해하며, 자기 삶과 연결된 시각 이미지를 제작하고 소통함으로써 미적 체험 영역과 표현 영역을 통합적으로 경험할 수 있도록 구성했다.

학생들이 익숙하면서도 흥미롭게 느낄 수 있는 학습 주제를 선정해 디지털 매체로 표현할 수 있도록 했다. 브이로그(Vlog)는 비디오(Video)와 블로그(Blog)의 합성어로, 자신의 관심사를 자유로운 형식으로 기록한 영상을 말한다(국립국어원). 온라인 동영상 플랫폼에서의 브이로그 시청은 요즘 세대의 문화로 정착했다(이장석, 성동규, 2022). 섬네일은 온라인상에서 넘쳐나는 브이로그 콘텐츠와 이용자를 연결하는 역할을 한다. 섬네일(Thumnail)은 동영상 콘텐츠의 주요 내용을 시각적으로 함축해 표현한 것으로, 동영상 콘텐츠에 대한 정보를 제공하며 이용자의 흥미를 유발하는 기능을 한다. 섬네일의 시각적 표현 요소는 이미지, 색상, 타이포그래피, 레이아웃으로 구분되며, 표현 유형은 콘텐츠의 핵심을 직설적으로 드러내는 명시적 표현과 간접적으로 전달하는 암시적 표현으로 구분할 수 있다(문상호, 강태임, 2021). 섬네일 제작을 통해 시각 이미지의 구성을 이해하고 자신이 의도한 내용을 함축적으로 표현하는 능력을 기를 수 있길 기대하며 활동을 구성하였다. 또한 디지털 매체를 활용해 표현함으로써 미술 표현에 대한 부담감을 가지고 있는 학습자들도 어려움을 느끼지 않고 활동에 참여할 수 있도록 했다.

2) 맞춤형 교수 · 학습 전략(동효관 외, 2022)

① 수업 준비 단계

- 개인별 미술 학습 능력의 차이를 사전에 파악하고, 각 수준에 맞는 적절한 참고 자료와 피드백을 미리 준비해 수업 설계 과정에 반영한다.
- 교실 내 인터넷 환경 및 디지털 기기 현황, 온라인 플랫폼의 특성 등을 사전에 분석하여 안내 자료 등을 준비한다.
- 교사와 학습자 또는 동료 학습자 간의 원활한 의사소통이 가능한 허용적 분위기로 교실 환경을 조성한다.

② 수업 실행 단계

- 학습자의 실제 삶과 연관 있는 주제를 선택하여 활용하도록 한다.
- 활동과 산출물에 대해 학습자 수준에 적합한 피드백을 제공한다.
- 온라인 자료, 동료 학습자, 교사 등 학습자가 활용할 수 있는 학습 자원을 안내하며, 이를 활용할 때 적절한 피드백을 제공한다.
- 적절한 예시 자료를 제공하며 학습자가 스스로 문제해결 방안을 찾을 수 있도록 지원한다.

③ 수업 성찰 단계

- 학습자가 자기 학습 과정을 스스로 점검하고 평가할 수 있도록 지원한다.
- 동료 학습자와 상호 교류하며 긍정적인 피드백을 주고받음으로써 유대감을 강화할 수 있도록 한다.

3) 교수 · 학습지도안

- **수업 주제:** 나를 보여줄게, 브이로그(Vlog) 섬네일 제작하기
- **대상 학년:** 중학교 1~3학년
- **학습 목표**

시각문화에서 시각 이미지의 기능을 이해하고 표현

의도를 함축적으로 나타내는 브이로그 섬네일을 제작할 수 있다.

- 성취 기준

  [9미01-02] 시각문화의 의미와 역할을 알고 이미지를 비판적으로 해석할 수 있다.

  [9미02-01] 조형 요소와 원리, 표현 재료와 방법, 디지털 매체를 포함한 다양한 매체를 활용하여 주제를 효과적으로 표현할 수 있다(교육부, 2022a, p. 16, 17).

- 학습 준비물: 태블릿PC, 태블릿PC용 펜, 필기도구, 활동지, 색연필 등
- 차시별 교수 · 학습 지도안

〈표 1〉 맞춤형 교수 · 학습을 위한 차시별 미술과 교수 · 학습 지도안

차시	주제	주요 교수 · 학습 활동
수업 전	학습자 및 학습 환경 분석	• 학습자 수준과 특성 파악하기 • 디지털 기기 현황 및 교실 내 인터넷 환경 파악하기
1	주제 인식 및 탐색	• 동기유발: 다양한 브이로그 섬네일 사례 감상하기 Q. 무슨 주제의 영상일까? 영상에서는 어떤 내용이 나올까? Q. 각 섬네일 이미지에서 가장 먼저 눈에 띄는 부분은 어디인가? Q. 가장 먼저 눌러보고 싶은 이미지는 무엇이고, 그 이유는?  • 학습 목표 확인하기 • 브이로그와 동영상 섬네일의 개념 및 기능 알아보기 - 섬네일 표현 요소: 이미지, 색상, 타이포그래피, 레이아웃 - 섬네일 표현 유형: 명시적 표현, 암시적 표현
2, 3	표현 주제 탐색	**[활동1] 주제 탐색: 나의 취미 또는 관심사** • 활동지를 작성하며 표현 주제인 '나의 취미 또는 관심사' 탐색하기 • 표현 주제 관련된 이야기 작성하기 - 내가 이 주제에 관심을 가지게 된 계기는? - 이 주제에 얽혀 있는 나만의 일화가 있다면? **[활동2] 브이로그 제작 기획서 작성** • [활동1]에서 구성한 내용을 바탕으로 브이로그 제작 기획서 작성하기 Q. 평소 관심 있던 대상이나 주제를 중심으로 표현 주제를 탐색 해 보자. Q. 작품을 통해 다른 사람들에게 전달하고 싶은 내용은 무엇인가?
4, 5	주제 표현	**[활동3] 브이로그 섬네일 제작하기** • 태블릿PC를 활용해 섬네일 제작에 필요한 이미지 자료 수집 Q. 내 표현 주제를 드러내기에 적합한 이미지는 어떤 것일까? Q. 수집한 이미지의 어떤 부분을 작품에 활용하고 싶은가? • 드로잉 애플리케이션 또는 무료 이미지 편집 웹사이트를 활용하여 섬네일 제작하기
6	감상 및 평가	• 완성된 친구의 섬네일을 보고 영상의 내용 추측하기 Q. 친구의 브이로그엔 어떤 내용이 담겨있을까? Q. 섬네일의 어떤 부분을 보고 영상의 내용을 추측하였는가? • 제작자의 표현 의도 발표 및 감상 Q. 친구가 작품을 제작할 때 중요하게 생각한 점은 어떤 것일까? • 자기 평가 및 동료 평가지 작성하고 성찰하기 Q. 활동에 참여하며 새롭게 알게 된 점이나 어려웠던 점은 무엇인지 이야기 해 보자. Q. 친구 작품에서 칭찬하고 싶은 점을 찾아보자.
수업 후	수업 운영 결과 성찰	• 수업에 사용한 학습 전략, 활동, 매체 등의 효과 점검하기 • 학습자 특성 분석 결과를 다음 수업에 활용하기

출처: (시계방향으로)
https://youtu.be/SiUig_o0khM?si=mRYo7if1RmDARwp7,
https://youtu.be/QW0_ZiO0ZrM?si=2dStRhC5CdWRUp_k,
https://youtu.be/JrAUtjlzBsk?si=_YTtUvr1us9d6bOF,
https://youtu.be/rmgMF7SdxEg?si=lcozXWuwg5BXSV4o

제시된 교수·학습 지도안은 수업 전, 후 준비 과정과 총 6차시의 수업으로 구성된다. 우선 교사는 수업을 시행하기 전 준비 과정에서 미리 학생들의 수준 및 특성과 교실 내 환경을 파악하여 원활한 맞춤형 교수·학습이 이루어질 수 있는 환경을 조성해야 한다. 이때 학생의 수준은 지금까지의 평가 자료, 학생 포트폴리오 등을 활용하여 파악할 수 있다.

본격적인 수업에 들어가는 1차시 주제 인식 및 탐색 단계에서는 학생들이 여러 섬네일 제작 사례를 탐색하며 학습 동기를 유발하고, 학습 목표와 주요 학습 개념을 숙지하는 과정을 거친다. 이 단계에서 학생들은 학습 목표와 주제를 인식하게 된다.

2, 3차시는 표현 주제 탐색의 단계로 학생은 표현 주제를 탐색하고 표현 계획을 수립하게 된다. 섬네일 제작을 위해 자기 취미나 관심사를 표현 주제로서 탐색하고 제작 계획을 세우는 활동을 진행한다. 이 단계에서 학생들은 작품의 표현 주제가 자기 삶과 깊은 연관이 있음을 인식하고, 표현 주제에 대한 추상적인 이미지나 개념을 구체적인 시각 이미지로 표현하기 위한 준비 과정을 거치게 된다.

4, 5차시는 주제 표현의 단계로 앞서 준비한 내용을 바탕으로 실제 작품을 제작하는 주제 표현의 단계다. 이 단계에서 학생은 표현 주제를 드러내기에 적합한 시각 이미지를 수집하거나 직접 촬영해 활용할 수 있으며, 디지털 기기를 활용해 표현함으로써 표현에 대한 부담을 덜 수 있도록 구성하였다.

6차시는 감상 및 평가의 단계로 작품 발표 및 자기 평가와 동료 평가가 이루어진다. 표현 활동에서의 감상은 자기 학습 과정을 성찰하고, 동료 학습자로부터 다양한 피드백을 받음으로써 다음 활동에서 더욱 성장한 모습을 보여줄 수 있다는 점에서 중요하게 다루어져야 하는 과정이다. 학생이 스스로 하는 평가는 자기 평가 및 동료 평가지 등을 활용해 진행할 수 있다.

모든 수업이 종료된 후, 교사는 수업 운영의 결과를 성찰하며 수업에 사용한 학습 전략, 활동, 매체 등의 효과를 점검하고, 체크리스트 등을 활용해 얻은 학습자 특성 분석 결과를 다음 수업에 활용할 수 있는 형태도 정리한다. 이 같은 과정은 교사로 하여금 개별 학습자의 특성에 대한 깊이 있는 이해를 갖는 것을 목적으로 한다.

• 활동지 예시

본 장에서 제안하고 있는 맞춤형 교수·학습을 위한 교수·학습 지도안에 따른 활동지는 총 두 가지를 예시로 개발하였다. 두 활동지는 모두 2, 3차시에 이루어지는 '표현 주제 탐색' 단계에서 활용할 수 있으며, 각각의 특징은 다음과 같다. 〈표 2〉, 〈표 3〉 참조.

〈표 2〉 [활동1] 활동지 예시 양식

브이로그 주제 탐색하기: 나의 관심사, 나의 취미	
내가 소개하고 싶은 나의 관심사 또는 취미	
내 이야기를 소개하고 싶은 대상	
주제와 관련된 일반적인 정보 또는 지식	
주제에 관심을 가지게 된 계기	
주제와 얽혀 있는 나만의 일화	
브이로그 영상에 꼭 포함하고 싶은 장면 또는 이미지	

[활동1] 활동지는 학생들이 주제 탐색 과정에서 섬네일 제작 활동과 자기 삶의 연관성을 인지할 수 있도록 구성하였다. 학생들은 평소 관심 있던 대상이나 취미를 표현 주제로 선정해 작품을 제작하게 되는데, 활동지를 통해 선정한 표현 주제를 여러 측면에서 심도 있게 탐색할 수 있도록 구성하였다. 이 같은 과정은 표현 대상을 여러 각도로 살펴보게 함으로써 추상적으로 존재하는 '내가 좋아하는 것'의 개념을 구체적인 시각 이미지로 표현하는 데 도움을 준다.

〈표 3〉 [활동2] 활동지 예시 양식

<table>
<tr><th colspan="4">브이로그 콘텐츠 기획안</th></tr>
<tr><td>콘텐츠 제목</td><td></td><td>장르 · 컨셉</td><td></td></tr>
<tr><td>연출자</td><td></td><td>영상 타겟</td><td></td></tr>
<tr><td>기획 의도 · 전달하고 싶은 주제</td><td colspan="3"></td></tr>
<tr><td colspan="2">콘텐츠 구성 스토리보드</td><td colspan="2">섬네일 제작 계획</td></tr>
<tr><td colspan="2"></td><td colspan="2">• 컨셉
• 주요 색상
• 사용할 이미지
• 타이틀과 타이포그래피
• 레이아웃 아이디어 스케치</td></tr>
</table>

[활동2]를 위한 활동지는 콘텐츠 기획안 형식을 바탕으로 한다. 본 활동은 섬네일 제작에 그치지만, 섬네일은 영상의 주요 내용을 함축적으로 보여주는 이미지이므로 완성도 높은 섬네일 제작을 위해서는 전체 영상의 구성 계획이 선행되어야 한다. 따라서 교사는 학생들이 섬네일 이미지 제작에만 몰두하여 섬네일의 본질을 잊지 않도록 전체 브이로그 영상의 구성을 먼저 할 수 있도록 지도해야 한다.

4) 평가 도구 예시

맞춤형 교수·학습에서 평가는 학습 과정에서 수시로 일어나며, 개별 학습자의 역량에 맞춤화된 교수 처방을 제공하는 근거 자료로 활용된다(홍선주 외, 2023). 본 수업 사례의 평가 도구는 학습자가 작성하는 자기 평가 및 동료 평가지와 교사가 수업 중에 수시로 작성하는 체크리스트를 제시하였다. 〈표 4〉, 〈표 5〉 참조.

〈표 4〉 자기 평가 및 동료 평가지

<table>
<tr><th colspan="3">자기 성찰 평가지</th></tr>
<tr><td colspan="3">• 활동 성찰 일지 (수업을 통해 배운 점, 어려웠던 점, 성장한 점, 나의 수업 참여 태도 등을 성찰해 보자.)</td></tr>
<tr><td colspan="3">• 다른 친구들의 발표를 듣고 평가해 보자.</td></tr>
<tr><td>이름</td><td>작품의 주제</td><td>칭찬하고 싶은 점, 궁금한 점</td></tr>
<tr><td></td><td></td><td></td></tr>
<tr><td></td><td></td><td></td></tr>
<tr><td></td><td></td><td></td></tr>
<tr><td colspan="3">• 내 작품에 대한 선생님의 피드백</td></tr>
</table>

제시된 〈표 4〉의 자기 평가 및 동료 평가지는 학생들이

활동 과정과 결과물에 대해 스스로 성찰하고 평가할 수 있는 기회를 제공하는 데 중점을 두고 제작되었다. 활동을 마친 후 지난 과정을 돌아보며 작성하는 평가지는 학생이 스스로 자기 학습 활동을 돌아보며 평가할 수 있도록 돕는 역할을 한다. 또한 학생은 동료 학습자의 작품을 감상하고 평가하는 활동을 통해 서로 긍정적인 피드백을 주고받으며 유대감을 강화할 수 있다.

〈표 5〉 교사용 체크리스트

평가 영역	평가 기준	점수				
		1	2	3	4	5
학습 준비	태블릿 PC를 활용해 이미지를 제작하는 데 어려움이 없는가?					
	인터넷에서 스스로 필요한 이미지 자료를 수집할 수 있는가?					
지식·이해	표현 주제를 자기주도적으로 탐색하였는가?					
	동영상 섬네일의 표현 요소를 이해하고 설명하였는가?					
	자신의 표현 의도에 맞는 섬네일의 표현 유형을 선택하였는가?					
과정·기능	표현 주제와 의도에 적합한 표현 과정을 계획하였는가?					
	동영상 섬네일의 표현 요소를 조화롭게 배치하였는가?					
	주제 표현에 적합한 이미지를 활용하였는가?					
	색상을 조화롭게 사용하였는가?					
	가독성과 주목성을 고려하여 타이틀 문구를 배치하였는가?					
	섬네일 이미지에 표현 주제를 함축적으로 표현하였는가?					
가치·태도	표현 과정에 주도적으로 참여하였는가?					
	활동 성찰 일지를 적극적으로 작성하였는가?					
	작품 발표 과정에서 자신과 타인의 작품을 존중하였는가?					
	타인의 작품에 대해 적절한 피드백을 제시하였는가?					

교사용 체크리스트는 총 네 가지 평가 영역과 15가지의 평가 기준으로 구성되어 있다. 체크리스트를 활용한 평가는 학습의 준비 단계에서부터 학습 과정과 결과, 학생의 태도까지를 교사가 종합적이며 지속적으로 관찰하여 평가할 수 있도록 돕는다. 따라서 최종 결과물만을 평가하는 방식에 비해 학습의 전 과정을 종합적으로 평가함으로써 학생의 개별적 특성에 맞는 맞춤형 피드백을 제공할 수 있다는 장점이 있다. 다만, 교사용 체크리스트의 작성은 활동 중에 수시로 일어나므로 학급 내 학생의 활동을 지도하는 동시에 두루 관찰하고 이를 객관적으로 평가하기 위한 교사의 노력과 역량이 요구된다는 한계점이 있다.

5. 차기 교육과정에서의 전망

최근 우리 사회는 이전의 어느 때보다 빠른 속도의 변화를 겪고 있으며, 교육 현장에서는 불확실한 미래 사회에 유연하게 대응할 수 있는 인간상에 대한 요구가 점차 커지고 있다. 이에 발맞추어 국가 수준 교육과정은 과거의 지식 전달 중심의 교육에서 미래 사회에 대응할 수 있는 핵심역량 중심 교육과정으로 변화하고 있으며, 자기 학습과 진로를 주도적으로 설계하는 자기 주도성을 갖춘 학습자를 길러내고자 한다(교육부, 2022b). 학습자가 중심이 되어 주도적으로 학습을 이끌어가는 맞춤형 교육은 시대적 요구에 부합하는 교수·학습 방법으로서 앞으로 더욱 강조될 것으로 전망된다.

앞으로의 교육과정에서 맞춤형 교수·학습은 에듀테크, 블렌디드 러닝과 같이 정보통신기술을 기반으로 한 학습 형태와 결합하며 더욱 활발하게 적용될 것이다. COVID-19를 계기로 교실 내 인터넷 환경 구축, 태블릿PC 보급 등 블렌디드 러닝을 지원할 수 있는 교실 환경이 빠르게 조성되었다. 1인당 하나의 스마트 기기를 활용할 수 있는 현재의 교실에서는 학습자가 스스로 개인별 맞춤 콘텐츠를 탐색하거나 개별 피드백을 받는 일이 과거에 비해 수월하게 이루어진다.

나아가 정책적 지원의 뒷받침 된다면 다음과 같은 모습을 기대해 볼 수 있다(홍선주 외, 2023).

첫째, 데이터의 수집, 저장 및 관리가 수월해짐에 따라 학습자의 특성에 관한 정보를 범교과, 범학년, 나아가 범학교급 단위로 통합 관리할 수 있다. 수집된 데이터는 종합적인 평가 자료로써 개별 학습자의 성장과 발달을 지원하는 근거가 된다.

둘째, 미술 교과에서는 디지털 기반의 포트폴리오를 범학년 혹은 범학교급 단위로 제작할 수 있다. 디지털 기반의 범학년 포트폴리오를 활용하면 학습자는 언제든지 손쉽게 과거의 수업 산출물을 열람함으로써 자신의 성장을 확인하고 더 나은 결과를 도모할 수 있고, 교사는 학년 초에도 학습자의 특성을 수월하게 파악할 수 있다.

셋째, 누적된 개별 학습자의 데이터는 학생의 진로 설계 및 지도의 근거 자료로 활용할 수 있다. 다양한 형태의 자료를 누가 기록할 수 있게 됨으로써 현재의 학교생활기록부에 기반한 진학 지도 형태에서 벗어나 진로 및 진학 지도의 새로운 패러다임을 제안할 수 있을 것이다.

이 같은 개별 학습자의 성장과 특성에 관한 종합적인 데이터 관리는 교육 현장의 모습을 크게 바꿀 수 있을 것으로 기대한다.

조성인(경기도 교육청)

30 학습자의 자기이해 경험을 통한 맞춤형 미술교육의 의미와 가능성

이 글은 맞춤형 교육이 학생에 대한 이해에서 출발한다는 점에 착안하여, 학생들의 목소리를 통해 개별화된 미술 수업의 의미를 탐색하는 것이 목적이다. 연구의 결과는 '자기의 선호를 발견해가기', '선택을 통해 주체적으로 판단하기', '관계 안에서 차이 인정하기'로, 맞춤형 미술교육에서 나타난 자기 이해의 속성이 확인되었다. 맞춤형 미술교육은 자기 이해 과정이 선행되고 이를 통해 자신의 선호를 인지해 나가며 다른 사람들과 어떤 차이를 갖는지를 시각적으로 확인하도록 돕는다. 또한 학교라는 공동체 속에서 자기이해로부터의 사회적 관계를 형성하여 조화로운 상호작용을 만드는 역할을 한다. 이 글의 시사점은 다음과 같다. 첫째, 맞춤형 교육에서 고려되어지는 학습자 데이터의 개념적 합의가 필요하다. 둘째, 다양한 맞춤형 교육 전략을 적극적으로 모색하며 '나'의 교실에 가장 적합한 교수·학습 방법을 조직하는 것이 미래의 교사에게 요구되는 새로운 역량이 될 수 있다. 셋째, 맞춤형 미술교육을 통해 학습자들의 보다 깊은 자기이해가 가능하다는 것이다.

1. 맞춤형 수업의 설계

1) 맞춤형 수업을 위한 교수·학습 전략

학교 현장에서 활용할 수 있는 다양한 기술이 빠른 발전을 거듭하며 수많은 정보를 생성해내고 있는 가운데, 광범위한 지식, 능력, 흥미 및 경험이 축적된 혁신적 교육 시스템의 도래가 자명해지고 있다(Wolf, 2010). 그렇지만 맞춤형 수업을 실질적으로 운영하고자 할 때 교사가 에듀테크 기술들의 도움을 받는다 하더라도 AI처럼 개별 학생의 특성을 모두 알게 될 것으로 기대할 수는 없다. 1대 다수의 관계를 맺는 교사 1인이 학생 개개인의 특성을 모두 기억하고 있기란 쉽지 않다. 따라서 Tomlinson과 McTighe (2006/2013)가 지적한 바와 같이, 학교 현장에서의 맞춤형 수업은 "보다 많은 학생에게 유익하도록"(p. 45) 노력하는 것이 실현 가능성을 높이는 중요한 지점이라 볼 수 있다. 학습 과정에서 학습자들의 복합적인 차이와 특성이 서로 다른 양상으로 나타날 수밖에 없음을 인정해야 하기 때문이다.

학교 교사들을 대상으로 실시한 동효관 외(2022)의 연구에서는 학습자 특성 파악과 과다한 학급당 인원수가 맞춤형 교육을 실시하기 어려운 주된 이유로 나타났다. 이는 그동안 교육에서 개별화, 차별화의 논의가 수월성 차원인 영재교육에 한정되어(김정희, 강병직, 2011) 이루어져 온 것을 설명해 주는 결과이기도 하다. 따라서 맞춤형 교육에서 다수의 학생들이 갖는 학습자 다양성을 수용하기 위해서는 다면적인 교수·학습 전략이 요구된다. 이를 위해 맞춤형 교육의 개념과 관련하여 개별화, 차별화, 개인화의 교수별 특징은 다양한 방식의 맞춤형 수업설계 전략을 모색하는 데 유용한 틀을 제공한다.

개별화는 학급 전체가 동일한 목표를 향한다. 하지만 개개인의 요구를 따라야 할 여지가 남아있고 학습 속도가 학습자마다 다를 수 있어 이에 맞는 준비와 지원을 교수자가 제공하는 구조이다. 차별화를 위해서는 학습자를 군집화하여 집단별로 학습 요구를 결정하며, 수업 구성 시 동일한 학습 목표 아래서 교수자가 군집화된 각 집단에게 적합한 형태의 자원을 제공하는 것이 중요하다. 이는 집단 교육이 이루어지는 학교 현장에서 상대적으로 수월하게 적용할 수 있는 방안이 될 수 있다. 학습자의 완전학습을 지향하는 역량 기반 모델을 기초로 한 개인화는 기본적으로 학습자의 자기주도적인 학습 설계를 전제로 하고 있다. 따라서 학습자가 자신의 선호, 요구, 관심을 어느 정도 명확히 알 수 있고, 이에 기반한 학습 설계가 스스로 가능할 때 개인화가 시작될 수 있는 것이다.

한편, 학교에서는 어떤 교수·학습 전략이라도 평가의 측면을 간과할 수 없다. 학습자의 다양성을 강조하는 맞춤형 교육에서는 기존의 획일화된, 지필고사 방식의 평가는 불가능할 것이다(Benjamin, 2005; Tomlinson & McTighe, 2006/2013). 그렇지만 교사가 학생들의 학습을 구체화할 수 있도록 학습 과정을 제시했을 경우에는 학습 과정에 대한 평가가 합당할 수 있다(Bray & McClaskey, 2016). 종합하면, 맞춤형 교육을 위한 수업은 학습자의 요구 분석, 학습 목표의 설정, 학습 지원의 형태, 평가의 목적 등을 맥락에 따라 다양한 형태로 구성하여 설계할 수 있다. 국가수준 교육과정과 같은 공통된 학습 목표를 갖는 학교 교육 안에서도 학습자의 특성에 따라 집단을 구성하고 이에 맞는 차별화된 교수·학습 전략을 모색한다면, 맞춤형 교육의 실현 가능성을 높일 수 있을 것이다.

2) 학습 환경 전략

학교에서 맞춤형 교육을 수행하기 위해서는 교수자가 데이터로 분류될 수 있는 학습자 요구와 특성들을 설정하여 범주화하고, 이에 따라 차별화하여 제공할 수 있는 교육 자료나 학습지원 장치를 구안하여 수업 및 교육 환경을 설계하여야 한다. 학습자 요구를 반영한 수업 활동은 그 범위와 방식에 있어 다양한 형태로 나타날 수 있다. 간단하게는 학습자 특성에 따라 구성된 집단별 활동지로도 맞춤형 수업을 시작할 수 있다(동효관 외, 2022). 혹은 공통적으로 필요한 학습에서는 교사의 주도로 하되 그 비중을 줄이고, 그 외의 부분에서는 유사한 선호, 역량을 보이는 학생들끼리 군집을 이루어 수업을 진행하는 활동을 구상할 수도 있다(이대식, 2016).

이처럼 다양한 차이를 고려하여 학습 환경을 달리 설계하기 위해서는 교수자가 학습자와 학급이 나타내는 요구에 대한 정보를 수집하는 것이 선행되어져야 한다. 이에 관해 Thousand, Villa와 Nevin(2015/2019)은 크게 학습자에 대한 정보와 학급 요구에 대한 정보를 구분하여 학습 요구 분석의 방향을 제시한 바 있다. 학습자 개인별 선호, 강점, 경험, 흥미와 같은 정보들을 바탕으로 맞춤형 교육을 수행하기 위한 목적을 세우되, 전체를 아우르는 학급의 요구를 고려하여 내용, 과정, 결과 요구별 범위를 결정하는 방식이다.

학습 정보의 활용에 있어 교수자는 통제 수단이 아닌 학습자가 주체적으로 자신의 흥미, 선호 등을 인지하고 성장할 수 있도록 지원하는 도구로서 정보를 수집하고 분석하여 학생들과 공유하게 된다. 그러므로 맞춤형 교육에서의 교수자는 학습자를 이해하고 적합한 정보를 제공하는 파트너이자 협력자로서 학습 환경의 일부가 된다(Wolf, 2010). 이때 교수자는 교실 안에서 발견되는 학습자 차이의 유형에 따라 〈표 1〉과 같은 유의점을 고려하여야 한다(Tomlinson & McTighe, 2006/2013).

〈표 1〉 학습자 유형과 학습에서의 유의점(Tomlinson & McTighe, 2006/2013, p. 42)

학생 차이 유형	차이 발생원인	학습에서의 유의점
생물학적 차이	성별 학습 신경회로 능력 장애 발달	• 모든 노력에는 능력의 차이가 존재한다. • 학생은 각기 다른 방식으로 학습한다. • 학생에게는 각기 다르게 설정된 학습 시간표가 있다. • 학습 관련 매개 변수는 정의내릴 수 있고, 적절한 맥락과 지원에 의해 처치할 수 있다.
특권(privilege)의 정도	경제적 지위 인종 문화 지원 체계 언어 경험	• 저소득층 출신 및 특권적 지위를 갖지 않는 인종 · 문화 · 언어 배경을 가진 학생은 학교에서 더 큰 어려움을 겪는다. • 성인의 지원 체계 질이 학생의 학습에 영향을 미친다. • 학생의 경험 폭과 깊이가 학습에 영향을 미친다.
학습에 대한 생각	성인 모델 신뢰 자아 개념 동기 성격 대인관계 능력	• 교육을 중요하게 생각하는 부모는 자녀의 학습에 긍정적인 영향을 미친다. • 신뢰, 긍정적인 자아 개념, 긍정적인 성격, 학습 동기는 학생의 학습에 긍정적인 영향을 미친다. • 긍정적인 대인관계 기술과 '정서 지능'은 학생의 학습에 긍정적인 영향을 미친다.
선호도	흥미 학습에의 선호 개인의 선호	• 학생의 흥미는 다양한 주제와 과목에 걸쳐서 다양하게 나타난다. • 학생이 선호하는 지식 습득 및 표현 양식은 다양하다. • 학생은 각기 다른 방식으로 교사와 관계를 맺는다.

맞춤형 교육에서 학습자 다양성을 존중하는 태도는 학습자를 성장의 주체로 위치시키는 것이다(김선아, 윤은주, 변경수, 2023). 따라서 맞춤형 교육에서 학습자 요구 분석은 교수자를 위해 학습자로부터 데이터를 수집하는 행위를 넘어 개인의 주체성을 이해하고 존중하기 위한 교육적 도구이다. 또한, 이에 기반한 맞춤형 수업은 학습자가 이를 다양한 형태로 활용하여 스스로의 학습 경험을 구성할 수 있도록 설계된 학습 환경이라 할 수 있다.

2. 맞춤형 교육을 위한 미술교육적 접근

미술교육은 학습의 과정과 결과가 교수자에게 한정되어 있기보다는, 학습자가 각자의 삶과 연관하여 자신만의 주제를 다양하게 발전시켜 표현할 수 있는 경험 중심의 교과이다(박진희, 김선아, 2023). 이처럼 자유로운 자기표현이 가능한 미술교육에서 학습 데이터를 기초로 다양한 학습자를 특정한 집단으로 분류하고 유형화하는 것이 오히려 학생들의 창의적인 활동을 제한하거나 방해할 수 있다는 우려가 제기되기도 한다. 하지만 학습자의 미술 표현이 진공상태에서 순수한 내면을 표출하거나 1차원적인 감각적 반응에 그치는 것이 아님을 주목할 필요가 있다. 학습자의 미적 성향과 관심은 삶의 경험과 문화적 환경을 통해 특정한 방식으로 강화되거나 축소된다. 또한, 긴 성장기 전반을 학교라는 공간 안에서 자신과 주변 세계를 이해하는 것을 배워 나가며 자신이 속한 세계에서 각자의 위치와 역할을 확장해 나간다(Tomlinson & McTighe, 2006/2013). 이와 같이 학습자가 태생적인 특성에 고정된 존재가 아닌 학습, 문화화, 미적 사고를 통해 지속적으로 형성되는 유기체라는 점에서, 개별 학습자가 어떤 외부 자극에 반응하며 어떤 경향성을 가지고 성장하고 있는가를 파악하고 분석하는 것은 학습자의 자기 이해에 도움을 줄 수 있다.

미술교육에서 자기이해란 자신을 '봄'과 '보여짐'의 관계를 바꾸어 보는 행위를 거치며 가능해진다(김정선, 2017a). 즉 자신을 온전히 이해한다는 것은 친구들과의 상호작용을 통해 서로의 차이를 발견하면서 자신만의 고유한 정체성과 함께 공동체 의식을 형성하는 것을 의미한다. 동시에 미술교육에서 작품을 만드는 행위는 자아를 표현하는 것으로서 자신의 감정이나 생각을 시각화하여 공유 가능한 형식으로 변환한다. 미술을 통해 추상적으로 느끼는 것들에 보이는 형태를 부여함으로써 스스로를 재인식하고 반성하며 자기 자신을 형성하는 기회를 갖게 되는 것이다(김정선, 2017b). 따라서 학교 미술교육은 창작의 경험을 통해 "자신을 찾고, 자신을 이해하고, 자신을 확장해 나가는 과정"(김정선, 2017a, p. 48)이라 할 수 있다. 이러한 맥락에서 다양한 매체와 표현 과정을 거쳐 발견되는 자기 자신이 곧 창의적인 미술학습의 원천이 된다.

Benjamin(2005)은 중등 맞춤형 교육으로 차별화 학습을 시도하는 데에 적절한 교과로 미술을 꼽는다. 교수자가 제공하는 수업 안에서 학습자가 자신이 원하는 '주제'를 표현할 수 있으며, 시각적으로 '소통'하는 과정에서 자신의 의도를 적절히 말하고 보여줄 '매체(재료)'를 사용해 나갈 수 있기 때문이다. 교사가 하나의 기술을 제시하였을 때 이를 습득하는 것은 공통적으로 학생들이 수행해야 하는 영역이지만, 여기에 그치지 않고 자신만의 주제를 찾아 표현하고 자신만의 작품을 만들어내는 과정에서 차별화가 이루어진다. 다시 말해 표현하는 매체와 방법을 선택하고 자신의 주제를 전달하기 위한 소통 방식을 선택하는 것은 모두 학생이라는 점이다. 이처럼 맞춤형 미술교육에서는 학습자가 자신의 선호, 관심, 적성에 따라 주제, 매체(재료), 시각적 소통 방법을 결정해 나가는 주도성이 중요한 요인이 된다.

종합하면 학교에서의 맞춤형 미술교육은 학습자가 자기 이해 과정을 거쳐 정체성을 확립해나갈 수 있는 교육적 환경을 제공한다. 이때 "교사가 계획, 재료, 방법, 시간 등을 제시할 수 있지만 판단의 기준은 학생들의 몫"인 것이다(Eisner, 1995/2001, p. 205). 이러한 학생 중심의 교육과정에서는 다양한 과제를 통해 학습자를 지속적으로 파악하고 평가할 수 있는 증거들을 모을 수 있다(Tomlinson & McTighe, 2006/2013). 이를 위해 교사는 학생들의 선호를 이해할 수 있는 위치로 이동해야 하며, 학생들이 미술교육으로부터 자기이해를 끌어내어 창의적인 활동들을 통해 정체성을 형성해 나가는 기회가 될 수 있도록 노력해야 한다.

3. 맞춤형 미술교육을 위한 수업 설계

1) 연구 대상

연구 현장은 부천에 위치한 경기 S중학교이다. 지리적 특성상 서울시 양천구, 강서구와 맞닿아 있어 도심으로 분류됨에도 불구하고, 교통이 불편하여 접근성이 떨어지는 사각지대에 속해 있어 문화적으로도 소외되어 있다. 따라서 학교의 예술관련 교과 및 활동 이외에 학생들의 삶에 있어서 예술적 경험은 거의 전무하다고 할 수 있다. 가령 27~30명 정원의 한 학급에서 약 18%에 해당하는 학생들이 미술관에 한 번도 가본 적이 없다고 응답한 바 있다. 또한 주변 지역에 비해 소득 수준이 낮아 「교육복지우선지원사업」 학생 중 취약계층에 속하는 학생이 80명 이상일 만큼 대부분 재학생 가정의 경제적 여건이 좋지 못한 상황이다. 이에 경기 S중학교는 다각적으로 학생들을 지원하기 위해 경기도교육청의 지원사업들을 수행하고 있다.

정체성 혼란을 겪는 중학생의 일반적 특성에 덧붙여 가정환경이 좋지 못하거나 정서적 지원을 받기 어려운 상황이어서 학업에 대한 열의가 낮고 또래 간 예민한 모습들을 자주 보인다. 기초학력 미달 학생의 비율이 높고 3R's(기초교육진단평가)에도 통과하지 못한 학생이 학년별, 과목별 10명 이상이다. 담당 교사에 따르면 학생들 간 결집력이 낮아 조별 학습이 어렵고, 기초 학력이 낮아 같은 또래에 비해 미술 용어에 대한 이해와 문해력이 떨어지는 특징이 있다. 간단한 예로 중학교 3학년이지만 한색과 난색, 정면과 측면이라는 용어를 알지 못해 쉬운 표현으로 다시 설명해 주어야 하는 상황이 반복된다. 따라서 기초적인 미술 용어나 지식에 대한 이해, 협력하고 끈기 있게 마무리해보는 경험 제공, 매체의 다양성 탐색의 3가지를 공통의 교육 목표로 하여, 미술교육을 통한 정서적 지원 및 자기이해 과정을 위한 맞춤형 미술교육 프로세스를 설계하고자 하였다. 사전에 보호자(법정대리인)에게 동의서를 배부하여 개인 정보 및 수업 전반에서 생성되는 모든 자료는 연구 개발에 사용될 수 있음을 서명받았다.

2) 맞춤형 미술교육의 단계 및 전략

여기서는 경기 S중학교 3학년 학생 166명을 대상으로 2023년 4월~12월 총 8개월간 33차시의 맞춤형 미술교육을 진행하였다. 현재 학교 현장에 전폭적인 변화가 일어나지 않는 이상, 정해진 틀 안에서 동일한 학습 목표와 내용을 토대로 수업하되 가능한 개별 학습자가 도달할 수 있는 최고 수준으로 목표를 이루도록 도와야 한다(이대식, 2016). 이러한 수업 설계의 기본 방향에 따라, 전체적인 수업 과정은 '개념 이해 및 미술적 선호 인지'와 '자율적 의사결정 및 자기표현'의 학기별 2단계로 구성하였다. 1학기의 첫 단계는 우선적으로 학생의 자기이해를 돕기 위한 데이터 수집 및 분석으로 시작하였다. 이를 위해 S중학교 미술 교사는 먼저 미술교육 에듀테크 기업인 I기업에서 제공하는 미술성향검사를 활용하여 미술학습분석 자료를 확보하고 검사 결과를 개별 학습자들에게 제공하였다. 이러한 학습자 특성 데이터를 바탕으로 연구 협의를 거쳐 해당 학교에 적합한 맞춤형 미술 수업을 설계하였다. 이는 미술성향검사와 연계한 수업 설계를 위해 I기업이 개발한 맞춤형 교육 콘텐츠를 변형하고 상세화하는 방식으로 진행되었다. 여기서는 초점이 맞춤형 미술교육의 세부 내용 개발보다는 학습자 데이터를 중심으로 한 맞춤형 미술 수업의 설계, 운영에 있음을 고려하여, 맞춤형 교육 콘텐츠를 제작, 실행하고 있는 에듀테크 기업과 연계함으로써 맞춤형 미술교육의 현장 적용 방안과 그 가능성을 탐색하는 데 중점을 두고자 한 것이다.

학습자의 개별 특성에 관한 데이터를 바탕으로 1학기에는 교수자가 설정한 학습 주제와 핵심 개념을 중심으로 학습자 개개인이 자신의 미적 성향을 인식하고 탐색하는 수업이 진행되었다. 이때 미술적 선호에 따라 학생들을 나누어 모둠을 구성하고, I기업에서 개발한 맞춤형 교육 콘텐츠와 활동지를 모둠별로 차별화하여 제공하였다. 또한 각자의 관심과 선호를 스스로 인지하고 탐구해 나가는 과정을 촉진할 수 있도록 다양한 표현 방법과 매체를 활용한 미술 활동을 구안하여 실행하였다. 2단계로 2학기에는 표현 과정에 대한 자율적 의사결정 기회를 통해 자신의 미술적 성향을 확장하는 자기표현의 경험을 제공하는 활동으로 구성되었다. 이를 위해 동일한 교육 목표 아래 수업에 참여하지만, 학습자 개개인이 자율성과 선택권을 발휘할 수 있는 전략을 수립하는 데 초점을 두었다. 구체적으로 교사가 창작 활동에 필요할 것으로 예상되는 다양한 재료들로 준비하되, 학습자에게 선택권을 부여함으로써 스스로 결정할 수 있는 자율성을 확보하고자 하였다. 교수자는 학생들이 의미 있는 결정을 하는 데에 있어 학습자 데이터를 활용하거나 이전 학습에서의 내용을 떠올릴 수 있도록 도왔다.

1학기 9차시, 2학기 24차시, 총 33차시에 걸쳐 진행된 맞춤형 미술 수업은 학생들이 점진적으로 인지하게 된 자신의 미술적 선호에 대해 점검하고 스스로 표현 방법과 재료를 선택해 나가면서 자기이해 과정을 거칠 수 있도록 구성되었다. 막연히 학생들에게 선택지를 제공하는 것이 아니라, 학생 스스로 새롭게 인지하게 된 자신의 선호와 성향을 고려하여 그에 맞는 선택과 의사결정의 기회를 제공하는 전략을 수립하였다는 데에 의의가 있다.

4. 맞춤형 미술교육을 통한 자기이해의 속성

이 글에서는 학습자 관점으로 맞춤형 미술교육에서의 학습 경험을 재조명하고, 학생들의 언어로 '맞춤형'의 의미를 기술하고자 하였다. 이를 위해 학습자 대상 집단심층면접(Focus Group Interview, 이하 FGI) 자료를 중심으로 수업 과정 및 결과물, 맞춤형 미술교육 경험에 대한 개방형 설문 결과를 추가 확보하여 학습자들의 전반적인 반응과 경험을 분석하였다. 자료 분석 결과, 학습자들은 자신과 친구들 간의 차이를 느끼지 못하였으나 작품 제작 과정에서 점차 각자의 선호들이 구체화됨에 따라 자기이해를 거쳐 책임 있는 의사결정을 해나가는 양상을 보였다.

1) 자신의 선호를 발견해가기

자신의 미적 선호를 밝히기 위해서는 작품이 내포하고 있는 관계들이 의미하는 것이 무엇인지를 아는 능력이 필요한데, 이것이 부족한 상황에서는 기존에 알고 있던 것을 선호한다고 말하는 것이 전혀 이상하지 않다(Eisner, 1995/2001). 그러므로 수업 중 교수자가 선택지를 주었다 하더라도, 기대하였던 것보다 학습자들의 선호가 다양하지 않을 수 있다. 학습자 FGI에서도 학습자들은 초기 맞춤형 미술 수업에서 제작된 작품들을 보며 자신과 친구들과의 차이를 느끼기 어렵다는 반응을 보이고 있었다.

1회차 FGI에서 연구 참여자 윤주와 서영 또한 위의 내용과 비슷한 반응을 보였는데 '사람마다 생각이 다른 것 같긴 하지만 그냥 똑같은 생각이었던 것 같다.'고 말하였다. 교수자가 준비한 맞춤형 교육이 갖는 의도는 이해하였으나, 데이터 결과로 자신의 선호를 확인하였을 뿐 자신과 친구들 간에 차이가 있다고는 크게 동의하지 않는 모습이라고 볼 수 있다. 이를 통해 미술학습 경험이 많지 않은 경우, 미술에 보편적인 경향성이 있음과 동시에 학습자 간에 다채로운 미적 선호가 존재한다는 것을 이해하기가 쉽지 않음을 알 수 있다.

본 사례의 맞춤형 미술 수업은 학습자의 특성과 요구를 파악하기 위해 미술적 선호를 조사하는 미술성향검사로 시작되었다. 그 결과 수업에 참여한 학생들은 미술 작품의 선호에 있어서 148명 중 110명인 74%가 재현적 성향의 미술을 선택하였다. 이는 1개 반 30명 기준 6명 정도가 추상적인 작품을 선택하였다는 것이다. 안지연, 민경환, 김민희(2018)에 따르면 한국인들은 서양 미술을 선호하며 추상미술에 대하여 낯설어하는 경향을 띤다. 즉 보편적으로 선호하는 미적 특성이 있다는 것이다. 또한 미술과에서는 학습자 발달단계에 따른 미술 표현이 체계적으로 이론화되어 있는데, 의사실기를 지나 결정기에 도달하면 시각형-촉각형으로 나누어지며 개인의 차이가 생겨난다(Lowenfeld & Brittain, 1987/1993). 쉽게 말해 눈으로 본 것을 담아내고자 하는가 혹은 자신의 정서, 내면을 주관적으로 표현하는가를 말한다. 이러한 관점에서 경기 S중학교의 학습자 데이터는 다수의 학생들이 시각형에 가깝고 보편적인 선호를 보이는 특성들을 보였다고 요약할 수 있다.

대신 시간이 지날수록 맞춤형 미술 수업에서 배운 개념들이 점차 분화되어 감에 따라 학습자들은 자신이 무엇을 좋아하는가를 구체적으로 파악하기 시작하였다. 시각이 정교화 되어 서로 간의 차이를 인식하는 능력을 획득한 것이라 볼 수 있다. 이러한 반응은 2학기 수업을 이야기하면서 더욱 입을 모아갔다. 맞춤형 미술교육을 경험한 학습자들은 '자아를 아는 계기'로 '내가 무엇을 좋아하고, 지금 무엇을 하고 싶은지에 집중하면서 나에게 더 신경' 쓰게 되는 시간이 되었다고 설명한다. 1회차 FGI 참여자 정현은 이전에 미술 수업을 즐겁게 하지 못했던 것은 본인이 선호하지 않는 '그림 그리기'들을 자주 만났었기 때문일지도 모른다고 하였다. 입체 표현 활동을 경험한 후에는 자신에 대해 에너지를 표출할 수 있는 활동적인 사람으로 정의내리기도 하였다. 1회차 FGI 참여자 진희는 '입체 창작물을 만들기와 같이 한가지로 정해진 것보다는, 나만의 방법을 찾아내서 나만의 생각을 표현해내는 것을 잘하고 좋아하는 것 같아요'라며 학습 경험에 대한 구체적인 응답을 해주기도 하였다.

교수자가 수업 중 제시하였던 개념들을 반복적으로 상기시킴으로써, 학습자는 여러 창작물들을 제작하며 자신의 선호나 경향을 인지해 나간다. 즉 자신의 선호가 자신만의 표현 양식이 되고 이것이 작품으로 통합되어 시각화되는 것을 눈으로 직접 확인한 것이다. 이렇듯 학습자들은 인지된 개인의 선호에 익숙해져 갔다. 맞춤형 교육에서 학습자들을 고려할 수 있는 특성들은 수도 없이 많다(이대식, 2016). 그렇기에 교수자가 학습자 개개인에게 꼭 맞는 것을 제시할 수도 없다. 오히려 맞춤형 미술교육은 학습자가 선호를 파악하는 과정에서 자기이해가 명료해지도록 돕는다. 따라서 교수자는 데이터를 확보하였다 하더라도 수업에서 제시할 수 있는 범위를 고려해야 하며, 학습자는 학습자대로 자신이 이해되면서 새로운 수업 방식에 익숙해질 수 있는 시간을 확보하게끔 맞춤형 교육을 시도할 수 있다.

2) 선택을 통해 주체적으로 판단하기

학습자 중심의 맞춤형 교육은 학습자별로 가지고 있는 지식과 능력에 차이가 있음을 고려하여 도전적인 학습 경험을 적절히 부여하는 것이 중요하다(Tomlinson, 2001/2009). 미술교육에서의 도전적 학습 경험은 미술 작품을 제작하는 과정에서 학습자가 자신의 선호나 특성에 맞는 선택을 할 수 있도록 자율성을 제공하는 과정에서 나타날 수 있다. 앞서 말했던 Benjamin(2005)의 언급처럼, 중등에서의 맞춤형 미술교육은 학급 전체를 대상으로 공통된 지도 하에 진행하되, 모둠별 차별화된 표현 과정을 탐색하도록 하는 것이 가능하다. 1회차 FGI 연구 참여자 진희는 '다양하게 많은 재료들을 마음대로 골라 담아서 할 수 있다 보니까 표현의 폭이 넓어져' 좋아졌다고 이야기하였다. 1회차 FGI 참여자 정현 또한 진희의 의견에 동의하며 자신은 '의미부여를 잘하는' 사람인 것 같은데 틀에 박히지 않게 하다 보니 '생각이 가는 대로 하니까 속도도 맞춰지고' 작품에 대한 '창작 의도가 뭔지를 붙이는 것'에 만족감을 느낄 수 있는 시간이었다고 대답하였다. 이처럼 미술은 학교 현장에서 학습자의 자율성 및 선택권을 확보할 수 있는 맞춤형 교육을 시도하는 데에 용이한 교과이며, 미술 수업에서의 자기이해로 생겨난 자신감과 만족감은 주체성을 발휘하는 원동력으로 작동할 수 있다.

실례로 주관식 응답에서 언급량이 많았던 2학기 '재활용품을 활용한 조형물 제작 수업'에서의 학습자 반응을 들 수 있다. 교수자는 1학기에 배웠던 2D, 3D 개념을 복습하고 입체물의 골조를 만드는 방법을 공통적으로 안내하였다. 다음으로 학습자들에게 일관된 재료를 주는 것이 아닌 각자가 원하는 재료들을 선택하도록 하였다. 작품 제작에 필요한 기법이나 지식을 제공하되 표현 영역에 있어서는 개인별 특성이 반영되도록 한 것이다. 그 결과 제작된 학생 작품은 아래와 같다.

[그림 1] 입체+재현 : 나이키 신발

[그림 2] 입체+재현 : 모닥불

[그림 3] 입체+추상 : 안아주는 로봇

[그림 4] 입체+추상 : 꽃이 핀 봄나무

출처: 연구자 촬영

입체 조형물 제작이라는 범위는 있지만 자신이 선호하는 표현 양식들이 반영된 다양한 주제들이 제각각 다른 형태와 스케일을 보이며 시각화되어졌다. Eisner(1995/2001, p. 172)는 미술교육에서 표현 영역의 목표란 "학생이 작업에서 직면하게 될 어떤 마주침(encounter)을 기술하는 것"으로서 "교사가 발견하고 평가하려고 시도하는 것"은 마주침 속에서 일어나는 긍정적인 변화라고 말한다. 따라서 학습자 스스로가 만족감을 느낄 정도의 결과물을 완성해 내었을 때 나타나는 반응이 곧 교육적 순간이라 할 수 있다. 학습자들에게는 자신들이 스스로 결정해보는 경험이 누적되고 이를 통해 자신만의 특징들이 두드러지면서 점차 확신이 생겨나는 순간과 마주하게 되었다. 이는 연구 참여자 8명이 공통적으로 동의하였다.

경기 S중학교 학습자들은 미술 수업 중 적지 않게 자신만의 주제나 매체를 결정해야 하는 선택의 순간들과 마주하였다. 2회차 FGI 참여자 주승은 기존의 미술 활동보다 고민하고 선택해야 할 것이 더 많아 어려움에도 불구하고 매체가 갖는 특성들을 알고 이를 시각화해보는 과정이 수업 참여의 흥미를 불러일으킨다고 하였다. 연구자의 현장 관찰에서도 학습자들의 주체적인 면모가 포착되었다. 2학기 후반부에 자연주의적 성향과 장식적 성향의 개념을 이해한 후 학습자들이 자신에게 적합하다고 생각되는 맞춤 학습지를 선택하는 과정이 있었다. 이때 몇몇 학생들은 처음 선택한 학습지와 자신의 선호가 다름을 스스로 판단하였고 수업 중간에 학습지를 바꿔 다시 작성을 시도하였다. 이는 학습자들이 데이터 및 미술 학습 경험으로 받아들인 성향을 스스로 판단해보고 정교화해가는 모습이다. 주체적으로 학습 과정을 선택하는 위치에 있음을 학습자가 인지하고 있는 모습이라 여겨진다.

미술교육에서 "자기이해는 매개를 통한 간접적 이해이고, '이야기'로 설명되는 창작행위를 통하여 가능"하다(김정선, 2017b, p. 19). 미술 작품을 제작하면서 작품 의도를 설명하고 간접적으로 자신이 좋아하는 것들을 알아가는 행위들을 통해 자기 자신에 대해 알아가게 된다. 또한 작품이 제작되는 과정에서 스스로가 결정한 부분들로 인해 표현 범위가 늘어났고, 제작 과정에서 자신의 생각이 온전히 반영되어 완성되었음을 인지하면서 자신감으로까지 이어질 수 있었다. 따라서 맞춤형 미술교육은 수업 중 학생들이 선택권을 갖는 것에 도전적인 모험의 시간이며, 자기이해로부터 자체적으로 피드백을 반복하며 주도적인 참여를 가능케 하는 성격을 갖는다.

3) 관계 안에서 차이 인정하기

공동체 안에서 타인을 이해한다는 것은 자기이해 차원에서 자신을 존중하는 것이 우선되어졌음을 의미한다(김정선, 2017b). 다시 말해 자기이해는 곧 타인을 인정하는 것이라고도 할 수 있다. 맞춤형 미술교육은 남과 비교하거나 부정적인 감정을 갖는 게 아닌, '자신에게도 뭔가 다른 점이 있지 않을까'(정현, 1회차 FGI)와 같이 다름을 인정하도록 해준다. 제작된 친구들의 작품을 감상할 때 친구들이 가진 성향이나 선호를 함께 이해하고 자신이 생각하지 못하였던 지점을 장점으로 이야기하며 서로의 강점을 존중해주는 모습을 보인다. 2회차 FGI 참여자 경수와 규성 또한 맞춤형 미술교육을 통해 '다른 친구들 거 보면 저렇게 만드는 것도 예쁘구나', 그러면서 '여러 가지 방법을 다시 생각해볼 수 있게 되는' 경험이었다고 짚고 있었다. 학교는 사회적 공동체의 일환으로 학교라는 작은 사회 안에서 자기 자신과 주변을 이해하며 자신이 할 수 있는 역할을 찾아가도록 돕는 공간이다(Tomlinson & McTighe, 2006/2013). 따라서 맞춤형 미술교육을 통해서는 사회적 관계 속에서 자기이해로부터 서로의 모습을 존중해주는 긍정적인 효과를 확인할 수 있었다.

맞춤형 미술교육 협의 과정에서 경기 S중학교 담당 교사는 학생들 간 모둠 활동이 쉽지 않을 것이라 조언한 바 있다. 그런데, 주관식 응답을 비롯해 학습자 FGI에서 자신의 생각과 다른 친구들의 생각을 융합해볼 수 있었던 미술 학습경험이 가장 인상적이었다고 답한 것은 놀라운 측면이었으며 주목해볼 수 있는 부분이라고 보인다. 가장 먼저, 학습자들에게 다름이 인정되고 상호 존중하는 태도가 형성되어 서로 간 평등한 관계에서 소통이 이루어졌기 때문으로 추측된다. 이에 대한 근거로는 '추상입체 조형물은 조원들끼리 합동해서 완벽한 작품을 만들어 낸 것'으로 '나와 친구들의 생각을 비교해 보고 조합하면서 나와 다르게 생각한 친구들의 의견을 자세히 들을 수 있던 것'이라는 식의 답변들이다. 창의성은 "머릿속에서 우연하게 생겨나는 것이 아니라, 사람들의 생각과 사회문화적인 배경 사이의 상호관계에서 형성"되는 것으로서, "개인의 능력이 아니라 하나의 체계"이다(Csikszentmihalyi, 1996/2003, p. 25). 그러므로 맞춤형 교육은 개개인에게 초점을 두지만 자기이해로부터 타인을 이해할 수 있는 태도를 수반함으로써 사회적 관계를 긍정적으로 형성할 수 있는 힘을 지녔다고 볼 수 있다. 특히 다인수 학급으로 운영되는 학교 현장에서는 학습자가 맞춤형 수업을 통해 주변 환경을 알고 다양성과 차이들을 존중해나가는 확장성을 포함하고 있다.

다음으로, 협력이 가능해진 상태에서 미술 작품을 제작하는 것은 다름이 어우러져 혼자였다면 생각지 못하였을 새로운 결과물을 만들게 되어 미술 학습경험의 만족감을 높여준다. 패들렛에 아카이빙된 협동 작품 제작 의도들을 살펴보면 전체적으로 '각각의 색으로 자신이 생각하는 대상의 색을 다양한 방법으로 표현'하고 있다는 내용을 포함하고 있다. 헨젤과 그레텔 과자 집을 작품 주제로 제작한 모둠에서, 한 학생은 친구들과 '조합하다 보니' '생각한 것과 다르게 각각 다른 맛인 녹차 맛, 초코칩, 자색 고구마 맛 등이 나와서 오히려 조화롭고 평범하지 않은 과자 집'이 될 수 있었음에 만족감을 나타냈다. 이 또한 자신이 생각한 것 외에도 다양한 방법들이 있음을 알게 되었으며, 그것을 수용하였을 때 새로운 접근을 발견할 수 있었음을 언급한 것이다. 창의성은 사회적 활동이다(Anderson & Milbrandt, 2007/2014). 창의성이 사회적 활동과 연관되어 있다는 측면과 이 과정에서 상호 소통을 통해 발현되는 것이라는 정의적 맥락과도 맞닿아 있어 보인다. 학교에서의 맞춤형 미술교육은 개별적 선호를 존중하지만, 이는 타인과의 관계를 이해하고 다양성을 인지해 나갈 수 있는 학교라는 환경 속에서 이루어졌기에 나타날 수 있는 독특한 양상이라 판단된다.

경기 S중학교 미술 교사는 수업 종료 후 '생각보다 학생들 중에 조형적인 것을 잘 만들어내는 아이들이 많아서 놀랐어요.'라며 놀라움을 보였다. 또한 '늘 주제가 있고 만들어야 하는 게 정해져 있는 것만 해 왔는데, 그게 없으니까 아이들의 능력과 특성이 보여' 신기하다는 반응을 보였다. 즉 맞춤형 미술교육이 기존의 교육 방식에 익숙해져 있는 교수자와 학습자 모두에게 '새롭고 색다른 경험'으로 인식될 수 있었다. 종합적으로 볼 때, 학습자들은 초기에 익숙하지 않은 상황에서 변화된 학습 전략을 이해한다고 해도 크게 차이점을 느끼는 모습은 보이지 않았다. 하지만 차츰 개념을 이해하고 매체를 경험해 나가면서 자신이 알고 있던 것들이 분화되었고 자신의 선호를 구체적으로 인지하기 시작하였다. 미술 작품을 제작하는 경험은 추상적인 생각을 시각적 형상으로 만들며 느낀 점들을 구체적으로 말할 수 있도록 하여 선호를 인지 및 점검해 나가도록 도왔다. 이로써 학습자들은 자신의 선호를 인지하고 자신의 선택에 대한 확신을 느껴가는 과정을 경험하였다고 이야기하였다. 또한 개인 맞춤형으로 활동하는 것이 자연스럽게 사회적 관계를 알고 타인을 인정할 수 있는 마음가짐을 제공하여 구성원 간 협력의 장벽을 낮춰주었다. 이러한 사회적 관계 속에서 자신과 타인과의 차이가 일어날 수 있다는 점에서, 이번 맞춤형 수업 사례는 사회적 관계 속에서 또 다른 나를 알게 해준 경험이 되었다고 할 수 있다.

5. 맞춤형 미술교육의 방향

본 글에서는 맞춤형 미술 수업에 필요한 전략 개발과 학교 현장 적용을 통해 학습자의 목소리를 수집하고 이를 토대로 맞춤형 미술교육의 의미를 고찰하였다. 연구의 시사점은 다음과 같다. 첫째, 맞춤형 교육에서 고려되어지는 학습자 데이터의 개념적 합의가 필요하다. 학습자 데이터는 단기적으로 파악되거나 일회적인 진단 평가로 정의되는 것이 아니다. 학교 공간 속에서 배움과 성장을 이뤄나가는 학생은 여러 상호작용 속에서 변화되어가는 존재이므로 그들이 말하는 선호나 수집된 데이터는 가변적이다. 그러므로 맞춤형 교육 현장에서 경험하는 것들이 학생의 학습 데이터로 순환되어 누적되고 활용되어야 한다. 또한 단지 시스템에 기록하거나 교사 개인이 수집하는 것을 넘어서, 학습 자료로 제공되어 학습자 스스로 자신의 특성을 인지해 나가도록 돕는 방안이 마련되어야 한다.

둘째, 맞춤형 교육에서 교사의 역할은 관리자, 지식제공자가 아닌 "학습 경험 기회의 조직자"로 바꿔 인식해야 한다(Tomlinson, 2001/2009, p. 53). 학습자의 방대한 학습 정보를 기술을 통해 획득한다면 훨씬 학생들을 파악하는 데에 용이할 수 있다. 하지만 맞춤형 교육의 시작은 학습자 개인이 모두 다르다는 것을 인정하고 학습자를 존중하는 데에서 온다는 인식에서 출발한다. 다양한 맞춤형 교수 전략들이 존재하나 결국 수업 자체가 '나'의 교실 상황에 완전히 맞춰진 것은 없다(이대식, 2016). 맞춤형 수업은 단지 학생에게 모든 것을 맞추어주는 것이기보다는, 맞춤형 교육이라는 셋팅 안에서 교수자와 학습자가 함께 만들어가는 과정으로 인식되어야 할 것이다. 여기서 활용한 방법들 이외에도 다양한 맞춤형 교육 전략을 적극적으로 모색하며 '나'의 교실에 가장 적합한 교수·학습 방법을 조직하는 것이 앞으로 교사에게 요구되는 역량이 될 수 있다.

셋째, 맞춤형 미술교육을 통해 학습자의 심층적인 자기 이해가 가능하다는 것이다. 맞춤형 교육의 시작은 학습자의 선호 파악이고, 맞춤형 수업이 이루어지는 과정도 학습자 맞춤이며, 학습자에 맞춰 평가하는 것까지 전 과정의 주체는 학생이다. 즉 학습자는 맞춤형 미술교육에서 작품을 창작하는 과정을 거치며 자아정체성을 확립해나가는 경험을 하게 된다. 이를 통해 불확실한 미래 사회 속에서 학습자들이 자신만의 고유성을 찾아갈 수 있도록 미술교육이 도울 수 있는 것이다.

이 글에서는 맞춤형 미술교육을 위한 새로운 학습 전략을 개발하거나 제안하는 것에 목적을 두기보다, 현재 학교 시스템에서 당장 시도할 수 있는 노력으로서 맞춤형 수업 운영에 대한 방안을 모색하고 활용 가능한 전략들을 적용하는 것으로 범위를 한정하였다. 또한 학습자 중심의 맞춤형 교육이 가지는 의미들을 현장에 기반하여 학습자들로부터 확인하였다는 것에 의의를 찾을 수 있다. 향후 맞춤형 미술교육이 학교 현장에 적용되어 가는 데에 있어 맞춤형 교육의 본질인 학습자들의 목소리에 귀 기울이며 학습자의 관점을 반영한 다양한 학습 전략들이 개발될 수 있기를 기대한다.

* 이 글은 이현정, 윤은주, 주승민, 유지혜, 김선아(2024), 학습자의 자기이해 경험을 통한 중학교 맞춤형 미술교육의 의미와 가능성 탐색(조형교육, 89집)을 수정 보완한 원고임.

김선아(한양대학교)

31 공감기반 맞춤형 미술 수업설계 방안

2022 개정 미술과 교육과정은 2015 개정 미술과 교육과정과 견주어 볼 때, '공감'과 '맞춤형 미술 수업'을 비중있게 간주하며 구체적 지침들을 제시하고 있다. '공감'의 경우, 2015 개정 미술과 교육과정에서 '공감' 용어가 공통 교육과정의 '성격'에서만 1회 제시된 것에 비해 2022 개정 미술과 교육과정에서는 선택 중심 교육과정의 일반, 진로, 융합 선택 과목에서 총 10회 언급되고 있다. '맞춤형 미술 수업'의 경우, 2015 개정 교육과정에서는 '맞춤형'이라는 용어가 명시적으로는 등장하고 있지 않았던 데 반해 2022 개정 교육과정에서는 공통 교육과정에서 8회, 선택 중심 교육과정 일반에서 1회, 선택 중심 교육과정 중 일반 선택 과목에서 6회, 진로 선택 과목에서 11회, 융합 선택 과목에서 5회로 총 31회 등장하고 있다. 내용상 공감의 경우, 2015 개정 미술과 교육과정이 미술 교과와 공감 능력 함양 간의 관계성에 대해 주의를 환기하고 미술 교과 교육의 의미를 인성과 관련하여 보다 새롭게 확대해서 보도록 하였다면, 2022 개정 미술과 교육과정은 공감에 대해 '내용 체계', '성취기준', '성취기준 해설', '성취기준 적용 시 고려사항' 등에서 다루며 보다 실천적 측면을 보강하고 있다고 볼 수 있다. 맞춤형 미술 수업의 경우, 2022 개정 미술과 교육과정의 선택 중심 교육과정은 물론 공통 교육과정 중 초·중등 학습자들에게 공통적으로 교수·학습 방향과 방법 및 평가의 방향과 방법에서 맞춤형으로 수업을 진행할 것을 제안하고 있다. 우리나라 미술교육계 안팎에서 공감과 맞춤형 미술 수업에 대해 관심과 필요성에 대한 자각이 커진 것을 알 수 있다. 이는 현장의 미술 교사들로 하여금 공감 기반 맞춤형 미술 수업을 설계하는 방안에 대해 이해하고 실천해 보아야 할 과제를 남긴다.

1. 공감 및 맞춤형 수업

공감은 인지적 공감, 정서적 공감, 의사소통적 공감의 범주를 구성하는 여러 요인들이 다차원적, 복합적으로 작용하여 이루어진다(이선영, 2020). 인지적 공감의 입장에서는 공감하는 사람들이 왜 그렇게 느끼는지를 '이해'하는 것에 공감을 이해하는 포인트를 두고 있다. 이 입장에서는 사실에 대한 지적 인식과 숙고의 과정을 바탕으로 타인의 감정이나 관점을 이해해서 공감적 정서나 행동이 도출되는 측면에 초점을 맞춘다. 정서적 공감은 공감할 때 일어나는 정서적 각성 같은 것으로 공감을 타인의 감정이나 정서 상태와 자신의 마음 상태를 일치시켜서 타인의 마음을 표상, 경험, 혹은 반응하는 것이라고 보는 데 초점을 두는 것을 말한다. 이 입장에서는 공감의 핵심을 '느낌' 혹은 '정서 반응'이라고 본다. 의사소통적 공감은 공감이란 타인을 인지적 혹은 감정적으로 이해한 바를 민감하고 정확하게 전달할 때 완성된다고 보고 이에 초점을 맞추는 관점이다. 이 입장에서는 공감의 핵심이 지각하고 느낀 것을 표현하는 것에 있다고 본다. 한편, 공감의 인지적 요소에는 역할 수행, 관점 취하기, 감정의 재인이 있다(박성희, 2004; 이선영, 2016). 역할 수행은 타인이 가지는 생각이나 정서를 추론해서 그/그녀의 역할을 취하는 능력을 말한다. 비슷하게 관점 취하기는 타인의 시선에서 사물이나 현상을 보고 이해하는 능력을 말한다. 감정의 재인은 타인이 언어적, 비언어적, 상황적 단서를 통해 보여주는 감정을 인식할 수 있는 능력을 말한다. 공감의 정서적 요소에는 공유된 느낌, 정서 감염, 정서 공명 등이 있다. 공유된 느낌은 대리적으로 타인의 감정을 느끼는 능력을 말한다. 정서 감염은 무의식적이고 반사적으로 타인의 감정을 경험하는 능력을 말한다. 공명은 의식 이전 단계인 전 의식적 과정에서 타인의 감정을 대리 경험하게 되고 또 이해하게 되는 능력을 말한다. 공감의 의사소통적 요소에는 공감적 반응이 있다. 공감적 반응이란 타인의 경험에 대해 이해한 것을 표현하는 능력을 말한다. 공감은 이 세 측면들이 다차원적, 복합적으로 이루어진다. 요컨대, 공감은 타인의 언어적/비언어적 단서를 바탕으로 타인의 입장이나 상황을 이해하고 타인의 정서나 감정 상태를 경험해서 이에 대해 다시 타자에게 반응하는 복합적이고 다차원적인 과정이라고 할 수 있다.

맞춤형 수업은 학습자들이 가진 다양성을 고려하며 다양성에 반응해 최적의 학습을 마련하기 위한 교수·학습 과정을 말한다. 맞춤형 교수·학습은 다음 특징을 갖는다(김경자 & 온정덕, 2011). 첫째, 학습자의 특성은 물론 교수·학습 전반의 모든 요소에서 다양성을 고려한다. 교사는 학습자의 특성에 대해 평가한 후, 이 결과를 교육의 내용, 과정, 수행물들 결정에 반영하도록 한다. 이는 전통적으로 교사가 학습의 내용, 방법, 결과의 전 과정을 주관하여 일방적으로 지식을 전달하는 것이 당연시되었던 구조에서 벗어나 학습자들이 능동적으로 학습의 내용, 방법, 수행물들을 선택할 수 있게 하는 결과를 낳는다. 둘째, 학습자들의 흥미와 특성에 맞춘 교수·학습 활동을 기획하여 제시하기 때문에 학습자들이 효과적으로 성취 기준을 도달할 수 있게 한다. 학습자들은 자신이 선택한 활동에 적극적으로 참여함으로써 자기 주도적으로 학습하는 방법을 배우게 된다. 셋째, 맞춤형 교수·학습은 학습활동에 있어 융통성 있는 집단 구성을 활용하게 된다. 맞춤형 수업을 기획하는 교사는 학습자의 준비도, 흥미 및 관심, 학습 양식에 따라서 학습 모둠을 다양하게 구성하고 학습자들이 모둠 내에서 활발하게 상호작용하여 학습의 목표를 달성하도록 기획한다. 맞춤형 수업은 결국 Tomlinson(2005)이 말하듯 모든 학습자들이 현재 자신의 학습 위치에서 최대로 성장하게 해 질 높은 수준의 교육과정을 수행하는 수업이라고 할 수 있다.

2. 2015 · 2022 개정 미술과 교육과정에서 본 공감 및 맞춤형 미술 수업 설계 관련 내용

최근 우리나라의 국가 수준 미술과 교육과정은 학습자들의 공감 능력을 함양시키는 것이 미술 교과가 학교에서 존립하는데 필요한 조건임을 인정하고 공감에 대한 관심과 교육 실천 확대를 꾀하는 방향으로 나아가고 있다. 2015 개정 미술과 교육과정에 따르면, 학교 교육에서의 미술은 바른 인성을 갖춘 인재를 기를 수 있는 핵심적 역할을 담당한다. 그 이유는 "미술 활동을 통해 느낌과 생각을 표현하면서 자신의 감정을 이해하고, 시각 이미지를 매개로 소통하여 타인의 감정과 사고를 이해하고 공감함으로써 자연스럽게 인성을 함양"할 수 있다고 보기 때문이다(교육부, 2015, p. 3). 2015 개정 미술과 교육과정의 '성격'에서 위와 같이 밝히고 있듯, 공감 능력은 미술이 바른 인성 함양을 도모하는 학교 교육에서 제 본질적 역할을 수행하는데 필요한 요체들 중 하나임에 틀림없다. 한편, 2022 개정 미술과 교육과정은 선택 중심 교육과정의 일반 선택 과목, 진로 선택 과목, 그리고 융합 선택 과목에서 교사가 참고할 '공감' 관련 지침들을 광범위한 영역에 걸쳐 제시하고 있다. 일반 선택 과목의 경우, '내용 체계', '성취기준', '성취기준 적용 시 고려사항'이, 진로 선택 과목의 경우, '성격' 챕터, '내용 체계', '성취기준', '성취기준 해설', '성취기준 적용 시 고려사항'이, 그리고 융합 선택 과목의 경우 '성취기준'이 그 예이다. 각 부분에서 밝히는 공감 관련 구체적인 지침 내용은 아래 〈표 1〉과 같다.

〈표 1〉 2022 개정 미술과 교육과정(전체)에서 다룬 공감 관련 내용

<table>
<tr><th colspan="3">범주</th><th>내용</th><th>출처</th></tr>
<tr><td rowspan="9">선택 중심 교육과정</td><td rowspan="3">일반 선택 과목</td><td>내용 체계
(미적체험-가치 · 태도-내용 요소)</td><td>삶 속 미술의 의미에 대한 공감</td><td>p. 34</td></tr>
<tr><td>성취기준</td><td>[12미01-03] 이미지를 활용한 소통방식을 탐구하여 미술이 삶 속에서 가지는 의미에 대해 공감할 수 있다.</td><td>p. 36</td></tr>
<tr><td>성취 기준 적용시 고려사항</td><td>협동 학습을 통해 학생들이 자료를 수집하고 유목화하며 문제 해결을 위한 공감대를 형성하도록 한다. 특히 자료를 만들고 협의하는 과정에서 상호 의견을 경청하며 다른 의견에 대한 근거를 반론으로 제기하여 합리적이면서 상호 공감하는 소통이 일어나도록 한다.</td><td>p. 36</td></tr>
<tr><td rowspan="5">진로 선택 과목</td><td>성취기준 적용 시 고려사항</td><td>전시된 작품을 발표하고 여러 가지 관점에 대해서 이야기하며 서로의 의견을 공감하고 성찰하도록 한다.</td><td>p. 49</td></tr>
<tr><td>성격
(미술 감상과 비평)</td><td>미술 감상은 전통문화와 타문화 이해의 바탕이 되는 미술 작품, 미술가, 미술사적 사건 등을 탐구하며 작품의 사회 · 문화적 의의를 발견하고 동시대 미술로 확장하여 이해하게 한다. 또한 서로의 작품 감상을 통해 자신의 삶과 환경에 대한 의미를 공감하게 하고 정체성을 형성시킨다. 미술 비평은 작품을 비평적 관점에 따라 해석하고 평가하는 가운데 미적 반응을 명료화하고 논리적으로 표현하게 한다.</td><td>p. 53</td></tr>
<tr><td>내용 체계(미술 감상-
가치 · 태도-내용 요소)</td><td>작품 이해와 해석에 대한 공감과 포용</td><td>p. 54</td></tr>
<tr><td>성취기준</td><td>[12미감01-02] 자신의 삶과 관련된 작가와 작품을 탐색하여 공감하고 진로와 연결할 수 있다.</td><td>p. 55</td></tr>
<tr><td>성취 기준 해설</td><td>[12미감01-02] 성취기준은 자신의 관심과 흥미, 진로와 관련 있는 작가의 작품을 탐색하고 공감하는 활동을 통하여 자신의 삶과 미술 작품이 관련이 있음을 이해하는 활동으로 설정하였다. 작가의 작품이 자신의 삶과 관련성을 맺고 있음을 알고 삶에서 적용되고 이어지는 활동이 되도록 초점을 둔다.</td><td>p. 55</td></tr>
<tr><td>융합 선택 과목</td><td>성취기준</td><td>[12미매02-04] 전시된 작품 속 매체의 효과에 반응하고 공감하며 비판적으로 수용할 수 있다.</td><td>p. 66</td></tr>
</table>

2015 개정 미술과 교육과정에서 '공감'이라는 용어가 공통 교육과정의 '성격' 챕터에서만 1회 보이는데 비해 2022 미술과 교육과정에서는 선택 중심 교육과정의 일반, 진로, 융합 선택 과목에서 총 10회 언급이 되고 있다. 이를 통해 보건대 우리나라의 미술 교육계 안팎에서 공감 교육에 대한 관심과 필요성에 대한 자각이 커진 것을 추측할 수 있다. 내용상 2015 개정 미술과 교육과정이 미술 교과와 공감 능력 함양 간의 관계성에 대해 주의를 환기하고 미술 교과 교육의 의미를 인성과 관련하여 보다 새롭게 확대해서 보도록 하였다면, 2022 개정 미술과 교육과정은 공감에 대해 보다 실천적 측면을 보강하였다고 볼 수 있다.

한편, 맞춤형 미술 수업은 2022 개정 미술과 교육과정에서 새로이 부상하면서 중요하게 간주되고 있다. 2015 개정 교육과정에서는 '맞춤형'이라는 용어가 명시적으로는 등장

하고 있지 않는 데 반해 현 2022 개정 교육과정에서는 공통 교육과정에서 8회, 선택 중심 교육과정 일반에서 1회, 선택 중심 교육과정 중 일반 선택 과목에서 6회, 진로 선택 과목에서 11회, 융합 선택 과목에서 5회로 총 31회 등장하고 있다. 2022 개정 미술과 교육과정의 공통 교육과정에서 '맞춤형'을 언급하고 있는 양상을 초·중등 공통 내용에 기반해 살펴보면 교수·학습 및 평가의 방향과 방법에서 맞춤형 수업을 취할 것을 제안하는 것을 확인할 수 있다. 이를테면, 미술과 교수·학습의 방향을 제안함에 있어 학습자가 다니는 학교의 여건이라든가, 지역, 수업 환경을 고려해 학습의 내용, 양, 수준을 적정화하고, 학습자가 스스로 배움의 주제와 문제 해결 방안에 대해 학습 과정을 성찰할 수 있도록 하고 있다(교육부, 2022). 교수·학습의 방법에 있어서는 보다 구체적으로 미술 수업의 주제와 수업 방법을 선정함에 있어 학습자의 흥미, 관심, 문화적 배경을 고려할 것을 권하고 있다. 그리고 학습자의 특성과 학습 속도를 고려하는데 디지털 기술을 활용할 것을 권하고 있다(교육부, 2022). 그리고 평가의 방향과 방법에서도 학습자에게 과정중심의 맞춤형 피드백을 제공할 것을 제안하고 있다(교육부, 2022).

이 외, 미술과 공통 교육과정의 중학교 표현 영역에 대한 성취기준인 "[9미02-01] 주제를 탐구하고 의도를 반영하여 적합한 표현을 계획할 수 있다"와 관련된 설명에서도 "맞춤형 학습을 위하여 개별 학생들의 배경과 특성, 요구와

〈표 2〉 2022 개정 미술과 교육과정(공통 교육과정)에서 다룬 맞춤형 미술 수업 관련 내용

범주	내용	출처
교수·학습의 방향	(나) 학습자의 주도성을 바탕으로 삶과 긴밀하게 연관된 주제를 다루며 다양한 학습자를 고려한 맞춤형 교수·학습이 이루어질 수 있도록 계획하고 실행한다.	p. 19
교수·학습의 방법	(나) 미술 수업에서 학습자의 주도성이 적극적으로 발현될 수 있도록 학습자의 특성을 고려한 개별화, 맞춤형 교수·학습 방법을 활용할 수 있다. • 학습자의 흥미와 관심, 문화적 배경 등을 고려하여 주제를 선정하고 수업 방법을 정할 수 있다. 학습자의 개성, 사전 지식 등 개별 학생의 특성 분석을 토대로 한 맞춤형 교수·학습 설계, 실행, 지원을 통해 학생의 동기를 유발하고 적극적인 참여를 이끌 수 있다.	p. 21
	(다) 미술 학습 환경의 변화를 고려하여 온·오프라인 연계가 가능한 디지털 기반 교수·학습 방법을 활용할 수 있다. • 디지털 기술을 활용하여 학습자의 개별 특성과 학습 속도에 적합한 맞춤형 학습을 도울 수 있다. 학습관리시스템을 활용하면 실시간 온라인 협업을 통해 작품 및 결과물 공유, 전시가 가능하며 학습자의 관리와 분석, 피드백 제공 등 원격수업 상황에서도 학습자에게 적합한 지원으로 학습 효과를 높일 수 있다.	p. 21
평가의 방향	(나) 학습자가 성취기준에 도달하는 과정과 학습 결과를 고려하여 학습자의 성장과 발달을 지원할 수 있도록 과정을 중시하는 평가를 계획하여 실행한다. • 교수·학습 과정에서의 다양한 산출물(계획서, 아이디어 스케치, 보고서, 창작 작품, 발표 자료 등)과 학생의 변화와 성장에 대한 자료를 다각적으로 수집하여 학습자에게 구체적이고 명확한 맞춤형 피드백을 제공한다.	p. 22
평가의 방법	(가) 교수·학습과 연계하여 학생의 성장을 도울 수 있도록 학습 과정을 중시하는 평가를 시행한다. • 결과 중심의 일회성 평가를 지양하고, 학습자가 성취기준에 도달해 가는 과정을 교사가 직접 관찰하고 기록하여 학습자에게 맞춤형 피드백을 제공할 수 있도록 한다.	p. 23
	(라) 다양한 학습 플랫폼과 디지털 도구를 활용하여 평가할 수 있다. • 디지털 평가 도구를 활용하여 학습자의 누적된 학습 데이터를 분석 및 활용하여 학습자에게 맞춤형 피드백을 제공할 수 있다.	p. 24

필요를 조사하고 관심과 진로·직업을 고려하여 표현 주제와 방법을 선택할 수 있다"(교육부, 2022, p. 17)고 하여 일괄적으로 진행되어왔던 전통적 미술 수업에서 벗어나 맞춤형으로 수업을 진행할 것을 동시대 미술교육계가 요구하고 있음을 확인할 수 있다.

3. 공감 기반 맞춤형 미술 수업 설계

1) 공감 기반 맞춤형 미술 수업의 의미

공감 기반 맞춤형 미술 수업은 공감을 학습의 내용이자 방법으로 삼는 학습 주제를 설정하고 미술 학습 과정에서 학습자들이 다양한 특성을 활용하여 개별·협력적으로 학습 문제를 해결해 갈 수 있도록 돕는 일련의 맞춤형 교수·학습 과정을 말한다(남영림, 2024). 공감 기반 미술 수업은 학습자들이 공감을 학습의 내용이자 방법으로 삼는 학습 주제에 대해 탐구·소통하고, 학습 문제를 미술 언어를 활용해 해결해가는 일련의 교수·학습 과정이라고 볼 수 있다. 공감 기반 맞춤형 미술 수업은 공감 기반 미술 수업을 '맞춤형'으로 기획될 때 완성되는데, 이 글에서 말하는 '맞춤'이란 수업에서 다룰 학습 주제와 관련하여 학습자들이 가지게 되는 학습 준비도, 학습 흥미, 학습 특성의 다양함을 염두에 두면서 '학습자의 특성과 다양성'에 교수·학습의 내용과 방법을 맞추는 것을 의미한다. 이 때 학습자들의 다중지능이라든가 협동집단학습은 학습자들이 저마다 가진 능력을 최대치로 활용하며 공감과 관련한 학습 문제를 개별·협력적으로 해결해가도록 도울 수 있는 맞춤형 수업의 전략이 될 수 있다. 요컨대 공감 기반 맞춤형 미술 수업은 공감에 기반한 미술 수업을 학습자의 다양한 특성에 맞추어 수업하는 것이라고 정리할 수 있다.

2) 공감 기반 맞춤형 미술 수업 설계 방안 탐색의 필요성

다수의 교사들이 공감 기반 맞춤형 미술 수업을 설계할 필요를 느낌에도 불구하고 수업 설계 과정에 대해 막막해 하는 경우가 적지 않으므로 문제 해결을 위해 공감 기반 맞춤형 미술 수업을 설계하는 과정을 살펴보는 것이 필요하다. 맞춤형 수업은 지적 안전을 담보하기 위해 필요하다(Gregory & Chapman, 2013/2014). 지적 안전이란 학습자들이 성공 가능성을 믿고 적극적으로 학습에 도전할 수 있을 때 보장된다. 전통적 수업은 학습자들에게 일괄적인 방식으로 세팅된 수업을 투입해서 결과적으로는 다양한 특성을 가진 학습자들에게 도전 의식 저하나 스트레스를 야기했다. 스트레스를 받으면 뇌의 정서적 중심부가 인지적 기능을 통제하므로 뇌의 이성적 사고가 효율적으로 작동을 하기 어렵게 되어, 결국 학습자들의 지적 안전을 담보할 수 없다. 맞춤형 수업의 중요성에 화답이라도 하듯 최근 개정된 2022 개정 미술과 교육과정에서도 교수·학습 방법 및 평가의 방향과 방법에 있어 맞춤형으로 수업할 것을 강조하고 있다(교육부, 2022; 이주연 외, 2022). 한편, 공감과 관련하여 학습자들의 다양성을 고려하지 않고 일괄적으로 공감 경험을 부여해 교육하는 것은 학습자들의 인지적, 의사소통적 공감력은 물론 공감하고자/받고자 하는 진정성 있는 욕구를 떨어뜨린다. 이에 반해 학습자들의 다양한 특성에 '맞춘' 공감 기반 미술 수업을 설계한다면 학습자들은 공감을 경험하게 되는 미술 학습 과정에 적극적으로 참여함으로써 성공적 과제 수행으로 인한 자아 효능감은 물론 보다 중요하게는 진정성 있는 공감 경험 속에서 자아 존중과 타인 존중의 미덕을 배우게 될 것이다. 그럼에도 불구하고, 공감 기반 미술교과교육에서 학습자의 어떤 다양한 특성을 고려해야 하고, 어떤 과정을 거쳐 맞춤형으로 수업을 설계해 가야 하는지에 대해 일목요연하게 보여주는 연구가 많지 않다. 그러므로 공감 기반 미술 수업을 맞춤형 수업으로 설계해 보는 방안에 대해 탐색해 볼 필요가 있다.

3) 공감 기반 맞춤형 미술 수업 설계의 목적

공감 기반 맞춤형 미술 수업을 설계하는 것의 목적은 교사가 학습자들이 가진 다양성을 고려하며 다양성에 반응해 최적의 수업을 마련하기 위함이다. 이를 위하여 공감 기반 미술 수업을 맞춤형으로 기획하고자 하는 교사는 공감 기반 맞춤형 미술 수업은 무엇이고, 수업을 기획할 때 어떤 틀을 활용해 수업의 거시적 차원에서나 미시적 차원에서 설계를 해야 하는지, 그리고 학습자의 어떤 다양함을 고려하면서 어떻게 설계해야 하는지 등에 대해 수업 설계 과정을 하나의 흐름 속에서 파악하는 것을 일차적 목표로 삼아야 할 것이다. 그리고 자신이 세운 공감 관련 학습 주제를 바탕으로 학습자 맞춤형으로 수업을 기획하는 방안에 대해 아이디어를 얻고 실천하는 것을 그 다음 목표로 삼아야 할 것이다.

4. 공감 기반 맞춤형 미술 수업 설계의 내용과 방법

1) 공감 기반 맞춤형 미술 수업 설계의 내용

공감 기반 맞춤형 미술 수업 설계 방안의 틀로써 데이터 기반 맞춤형 수업 설계 과정(최영인, 홍선주, 박재현, 2019)과 순환적 공감 모형(Barrett-Lennard, 1981) 및 공감 기반 학습모형(이 준, 유숙경, 이윤옥, 2014, 2015)을 결합해 구축한 공감 기반 미술 학습모형(남영림, 2024)을 활용할 수 있다.

데이터 기반 맞춤형 수업 설계 과정에 따르면, 맞춤형 미술 수업 설계는 학습 변인들에 대해 학습자들의 데이터를 수집·분석하는 과정과 분석 결과를 반영하여 교육 활동을 계획하는 과정을 설계원리로 삼는다. 교사는 공감 관련 학습 목표를 설정하고 학습 변인에 대해 학습자를 대상으로 데이터를 수집하고 분석한다. 데이터는 개별 학습자의 특성 분석, 학급 전체의 특성 분석, 차별화된 교수적 처방이 필요한 학습자 군집 분석의 세 단계로 구성된다. 〈개별 학습자 특성 분석〉과 관련하여 교사는 학습에 영향을 미치는 변인들에 대해 개별 학습자의 학습 이력이나 특성에 대해 현상·추이, 타 학습자와의 비교 등을 분석한다. 이 변인들에는 학습 준비도, 흥미, 학습 특성 등이 있다(최영인 외, 2019). 그리고 특정 학습 변인과 관련하여 학급 전체나 특정 학습자 군 혹은 개별 학습자가 특이점이 있을 때 이 변인에 대해서도 분석해 둘 수 있다. 다음으로, 〈학급 전체의 특성 분석〉과 관련하여 교사는 학습에 영향을 끼치는 변인들과 관련된 학급 전체의 경향성을 분석한다. 마지막으로 〈차별화된 교수적 처방이 필요한 학습자 군집 분석〉과 관련하여 교사는 가르칠 내용과 관련하여 주목해야 할 학습자 변인을 선정하고, 이 학습자 변인에 대하여 특별히 눈여겨보아야 할 학습자들이 있다면 이들을 군집화(clustering) 한다. 교사는 학습자에 대한 분석 결과를 반영해 교수·학습을 거시적, 미시적 차원에서 계획한다. 〈수업의 거시 설계〉 단계에서는 '학급 전체의 특성'([그림 1]의 ② 참조)을 반영하여 교육의 내용, 과정, 결과를 다양화한다. 〈수업의 미시 설계〉 단계에서는 '차별화된 교수적 처방이 필요한 학습자 군집'([그림 1] ④ 참조)의 특성을 반영하여 교육의 내용, 과정, 결과를 다양화한다.

단계	세부단계	
학습자 데이터 분석	① 개별 학습자[의] 특성 분석	
	② 학급 전체[의] 특성 분석	④ 차별화된 교수적 처방이 필요한 학습자 군집 분석
	⇓	⇓
분석 결과를 반영한 교육 활동 계획 수립	③ 수업의 거시 설계	⑤ 수업의 미시 설계

[그림 1] 데이터 기반 맞춤형 수업 설계의 단계

출처: 최영인 외, 2019, p. 224.

이 틀은 전체적으로 학습의 주제, 목표, 내용과 관련하여 학습 변인을 설정하고, 학습자 특성을 분석한 후, 수업의 기본 설계안을 학습자의 특성에 맞추어 재구성해 나가는 방식이다.

한편, 수업의 모형으로서 도입될 공감 기반 미술 학습모형은 크게 네 단계로 구성된다(남영림, 2024). 첫 번째 〈시각 매체 읽으며 공감하기〉 단계에서는 그림책이나 다큐멘터리와 같은 동영상을 보면서 정서적으로나 인지적으로 공감해보게 한다. 시각 매체의 제목이나 표지/섬네일 이미지를 보면서 학습자들이 개인적 배경지식을 떠올리고 이미지 속으로 들어가 체험하게 한다. 학습자가 자연스럽게 학습 내용 속에 등장하는 인물이나 존재들의 마음을 생각해 볼 수 있도록 하는 단계이다. 두 번째 〈시각 매체 속 타자에 대한 공감적 탐구 및 표현〉 단계에서는 타자의 마음과 관점을 분석해보고 정리해보는 시간을 갖게 한다. 타자의 마음과 관점을 분석하기 위하여 내용적인 측면과 형식적인 측면에서 접근하게 조력할 수 있는데, 내용적인 측면에서는 타자가 속한 상황을 배경과 사건을 통해 되짚어 보며 타자가 어떠한 마음과 관점을 지닐지를 검토해보게 한다. 형식적 측면에서는 시각 매체에서 타자의 마음과 관점을 알아볼 수 있게 하는 조형 요소나 원리 혹은 영상의 미장센을 분석해보게 한다. 내용적, 형식적 측면에서 타자의 마음과 관점을 분석해 보았다면 탐구한 결과를 공감을 중심으로 시각 매체로 표현해 보게 한다.

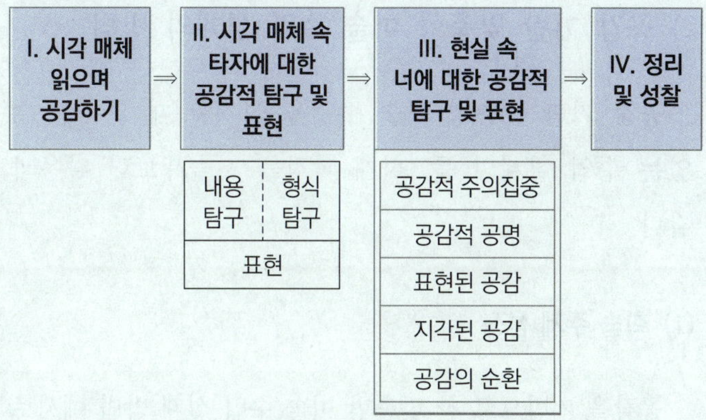

[그림 2] 공감 기반 미술 학습 모형

세 번째 〈현실 속 너에 대한 공감적 탐구 및 표현〉 단계에서는 '너'에 대해 공감적으로 탐구해보고 표현해 보도록 조력하기 위하여 〈공감적 주의집중〉, 〈공감적 공명〉, 〈표현된 공감〉, 〈지각된 공감〉, 〈공감의 순환〉 과정을 거치게 한다. 이 단계는 공감의 대상을 시각 매체 속 인물이나 배경에서부터 현실 속 학습자가 가장 가까이에서 만나고 공감해야 할 친구로 옮겨와 학습한 내용을 자신의 삶 속에서, 삶과 관련지어, 삶을 위해 고찰해 보게 하는 단계이다. 마지막으로 〈정리 및 성찰〉 단계에서는 학습자들이 수업 과정에서 함께 제작한 수행물을 보면서 배운 내용에 대해 정리해보고 활동의 의미와 가치에 대해 성찰해본다.

종합적으로 볼 때, 공감 기반 맞춤형 미술 수업 설계의 내용은 학습 주제 선정-수업 기준안 설계-학습 변인 선정-학습자의 특성 파악-개별 학습자의 특성 분석-학급 전체의 특성 분석-거시적 수업 설계-차별화된 교수적 처방이 필요한 학습자 군집 분석-미시적 수업 설계에 이르는 아홉 항목들의 순차적 처리 과정을 거친다. 시각 매체로는 학습자들

의 공감을 이끄는 공감 및 인성 발달에 대한 주제를 담는 그림책, 혹은 짧은 다큐멘터리나 공익광고 영상 클립 등이 사용될 수 있다.

2) 공감 기반 맞춤형 미술 수업 설계의 방법

공감 기반 맞춤형 미술 수업을 설계할 때 활용할 수 있는 수업 설계의 틀, 설계 과정을 서술해보면 다음과 같다.

(1) 학습 주제 선정

공감을 기반으로 한 맞춤형 미술 수업 설계 방법 예시로서 여기서는 '공감 영상 찍기'를 단원의 학습 주제로 선정해보았다.

(2) 수업 기준안 설계

〈수업 기준안 설계〉 단계에서는 〈학습 주제 선정〉 단계에서 상정한 단원의 주제를 구현하기 위해 어떤 주요한 활동과 교수·학습 자료 등이 필요한지에 대해 개략적으로 구안해본다. 여기에서는 시각 매체에서 타인에 대해 공감하는 경험을 미술 활동을 기반으로 수행한 후 교실 상황에서 비슷한 쟁점이나 상황에 처했던 친구에게 공감해보고 공감의 주제로 모둠이 공감 영상을 함께 찍어보는 과정을 거치게끔 수업을 구안해보았다.

〈표 3〉 공감 기반 맞춤형 미술 수업(예시) 기준안

순서	수업 내용	학습 자료
1	• 시각 매체 속의 인물, 사건, 배경 탐구	• 시각 매체(그림책 혹은 다큐멘터리 영상)
2	• 타자의 마음/관점 분석 - 시각 매체 작품의 내용(사건, 배경) 분석 - 시각 매체 작품의 형식(조형 요소 · 원리/미장센) 분석	• 활동지
3	• 타자에 대해 공감한 내용 표현	• 공감 영상(역할극, (동)시, 그림, 공감 영상 기획서 등)
4	• 너의 마음/관점 분석	• 활동지
5	• 너의 마음/관점에 대해 공감한 내용 표현	• 공감 영상(역할극, (동)시, 그림, 공감 영상 기획서 등)
6	• 나의 마음/관점에 대해 표현한 공감 지각과 표현	• 그림 제작(열쇠고리, 엽서 등)
7	• 배운 내용 확인 및 정리	• 활동지, 공감 영상, 그림 등

(3) 학습 변인 선정

여기서는 교사가 생각하고 있는 학습의 목표를 학습자들이 성취하는 데 영향을 줄 수 있는 변인들을 설정해 본다. 이 글에서는 학습 변인으로 기초 변인, 학습 준비도 변인, 흥미 변인, 학습 특성 변인을 꼽았다. 각 학습 변인들에 속한 하위 변인들은 아래와 같다.

〈표 4〉 공감 기반 맞춤형 미술 수업(예시)의 학습 변인 및 하위 변인

학습 변인	하위 변인	
기초 변인	• 공감 능력	
학습 준비도	• 감상 수행 능력 • 영상 제작 능력	• 비평 수행 능력
학습 흥미	• 감상 동기 • 비평 동기 • 영상 제작 효능감	• 감상 효능감 • 비평 효능감
학습 특성	• 자기 조절 학습 능력	• 학습 스타일

(4) 학습자의 특성 파악

여기서는 성공적인 공감 기반 맞춤형 미술 학습에 영향을 줄 가능성이 있는 4 범주, 총 11개 하위 변인(〈표 4〉참조)에 대해 학급 전체 학습자를 대상으로 정량적, 정성적 자료들을 수집한다. 예를 들어 기초변인 중 '공감 능력'을 알아보기 위해서 학습 대상이 아동인 경우 아동용 공감 지수 척도(EQ-C)를 사용한다거나, '학습 스타일'과 관련해서 Gardner가 제시한 다중지능 중 어느 영역에 학습자 개인들이 능력을 보이는지에 대해 프로파일된 자료를 활용할 수 있다.

(5) 개별 학습자의 특성 분석

이 단계는 [그림 1]의 '① 개별 학습자의 특성 분석'에 해당하는 단계로 전술한 '(3) 학습 변인 선정'과 '(4) 학습자의 특성 파악'에서 조사된 자료들을 보면서 학습자의 특성을 분석하는 단계이다. 수업의 주제나 목표에 따라서는 선정한 학습 변인 중 수치화가 가능한 경우 비교치를 시각화해 두어도 좋다.

(6) 학급 전체의 특성 분석

이 과정은 교사가 해당 수업에 대해 학급 구성원들이 전체적으로 어떤 특기할만한 경향성을 띠게 되는지를 학습 변인에 대해 조사한 정량, 정성적 자료들을 통해 살펴보고 이 특기할만한 변인을 수업 설계 시 어떻게 고려할 것인지를 숙고하는 단계이다. 학급 전체적으로 보았을 때 해당 수업에서 특별히 고려해야 할 학습 변인이 무엇인지를 선정하고 〈거시적 수업 설계〉 단계에서 교육 활동안을 추가하거나 수정, 통합하는 데 활용하도록 한다.

(7) 거시적 수업 설계

여기서는 '수업 기준안'에서 대략적으로 세워 두었던 교육 활동의 순서나 학습 방법을 조정하거나 교수·학습활동과 자료를 추가 혹은 삭제한다. 〈학급 전체의 특성 분석〉 단계에서 파악한 핵심 변인을 수업에서 어떻게 고려해 처치할 것인지를 고려하며 앞서 제안한 공감 기반 미술 학습모형에 기반하여 전체 차시를 거시적으로 단계화하고 단계별 혹은 차시별로 교수·학습의 내용·방법·자료를 기획한다. 예를 들어, 첫 번째 〈시각 매체 읽으며 공감하기〉 단계에서는 학습자들이 시각 매체를 보면서 작품에 누가 등장하고, 어떤 배경 속에서 어떤 사건이 펼쳐져 이 등장인물들이 어떠한 일들을 경험하고 어떤 마음을 갖게 되는지 등에 대해 다양한 아이디어들을 서로 이야기 나누며 학습 주제에 대해 정서적이고 인지적으로 공감하도록 이끈다. 두 번째 〈시각 매체 속 타자에 대한 공감적 탐구 및 표현〉 단계는 크게 두 트랙으로 진행한다. 첫 번째 트랙에서는 공감과 관련된 작품의 내용과 형식에 주목하게 한다. 작품의 내용과 관련해서, 학습자들로 하여금 시각 매체에 나타나는 타자의 마음과 관점을 분석 및 정리하면서 인지적, 정서적, 의사소통적 공감을 할 수 있도록 이끈다. 다음으로 작품의 형식과 관련해서, 학습자들로 하여금 시각 매체에 나타나는 타자의 마음과 관점을 알려주는 작품의 형식적 측면-예를 들어, 그림책과 같은 정적 텍스트라면 조형 요소와 원리를, 다큐멘터리와 같은 동적 텍스트라면 미장센-을 고려하며 작품의 내용과 형식 탐구를 통합적으로 진행한다. 작품의 내용적, 형식적 측면에서 타자의 마음과 관점을 분석해보았다면 두 번째 트랙에서는 탐구한 결과를 공감을 중심으로 시각 매체로 표현해보게 하며 이 과정을 마칠 수 있다. 세 번째 〈현실 속 너에 대한 공감적 탐구 및 표현〉 단계에서는 학습자들이 자신들의 삶과 학습 내용을 연결해 보고, 공감을 내면화하게 한다. 앞선 두 단계가 시각 매체를 매개로 작품에 등장하는 인물에 대한 공감이었다면, 〈현실 속 너에 대한 공감적 탐구 및 표현〉 단계는 현실 속에 있는 자신의 친구에 대한 공감이라고 볼 수 있다. 이 단계에서 우선 교사는 '공감적 주의집중'을 이끌며 학습한 내용을 학습자들이 자신들의 삶과 관련지어 모둠원들에게 말해 보도록 한다. 다음으로 학습자들로 하여금 '공감적 공명' 속에서 친구의 마음을 생각해 보게 한다. 공감적 공명을 실현하기 위하여 교사는 학습자들이 친구의 입장에서 생각할 수 있도록 자신을 친구의 입장에 두고 자신이 어떤 입장이나 마음을 가지겠는지에 대해 경험하게 한다. 다음으로 '표현된 공감'을 이끈다. 친구의 이야기를 들으면서 보고 듣게 된 말이라든가 행동, 정서를 자신이 이해한 대로 공감을 담아 영상으로 전달하도록 한다. 영상에는 글, 그림, 역할극 등 다양한 지능을 요하는 활동들이 수반되어야 하므로 이때 협동집단학습을 하는 모둠의 구성원들로 하여금 개인들의 특화된 지능을 바탕으로 친구의 마음과 관점에 대해 공감 영상의 주제 선정은 물론 이미지 등을 협력하여 기획, 제작하도록 한다. 다음으로 '지각된 공감'에서 학습자는 모둠원들이 표현해 준 공감 영상을 보면서 자신의 생각을 전달한다. 현실 속 친구에게서 경험해 보는 공감의 이 과정들은 '공감의 순환'의 일환으로 당분간 이어질 수 있다. '거시적 수업 설계'는 공감 기반 미술 학습모형의 마지막 단계로 설정된 〈정리 및 성찰〉 단계에서 학습 내용을 정리하고 성찰하며 수업을 마치게 된다.

(8) 차별화된 교수적 처방이 필요한 학습자 군집 분석

이 단계에서는 특별히 지원이 필요한 학습자를 선정하고, 무엇 때문에 이들에게 지원이 필요한지에 대해 살펴보며 어떻게 이들의 필요나 요구에 맞추어 수업을 기획할 것인지를 구상한다. 이를 위해 사전에 조사해 둔 학습자 특성 조사를 바탕으로 특별히 관심 가져야 할 변인을 설정하고 그 변인과 관련하여 일군의 어떤 학습자들을 군집으로 묶고 수업 때 이 집단의 학습자들을 어떻게 고려해 수업할 것인지에 대해 기획한다. 군집화를 할 때는 변인과 관련하여 특별히 눈에 띄게 우수한 능력을 가졌거나 혹은 미진한 능력을 가지는 경우를 생각해 볼 수 있다. 예를 들어 〈학습 변인 선정〉 단계(〈표 4〉참조)에서 설정한 학습 특성의 하위 변인인 학습 스타일의 경우, 학습자 특성을 조사한 결과에 따르면 미술 드로잉으로 표현하는 능력이 우수한 아동(+)과 그렇지 못한 아동(-)이 있다고 분석될 수 있다. 각각의 군집에 누가 속하는지 학습자의 이름들을 적고, 수업 설계 시 이들을 대상으로 어떠한 처치를 할 계획인지에 대해 정리, 미시적 단계에서 수업을 구체화할 때 반영할 수 있다.

〈표 5〉 교수적 처방이 필요한 학습자 군집 분석에 따른 수업 설계 고려 방안(예시)

변인	맞춤형 이유	학습자 명단	수업 설계 시 고려 방안
학습 스타일	자신이 공감하는 바를 미술적으로 표현하는 능력이 필요하므로	그림(+) 홍길동, 이몽룡, 김삿갓	영상에 넣을 그림과 영상 홍보 이미지를 그려보도록 조력한다.
		그림(-) 성춘향, 심 청, 손오공, 사오정	자신이 지닌 다중지능 중 탁월한 분야를 활용해 공감을 표현, 영상에 삽입해보도록 조력한다.

(9) 미시적 수업 설계

여기에서는 차별화된 교수적 처방이 필요한 학습자 모둠을 대상으로 그들의 특성에 '맞추어' 보다 자세히 학습순서, 학습 방법, 학습 자료, 활동 내용 등의 교수·학습 방안을 설계한다. 예를 들어, 협동적 공감 표현이라는 미션

하에서 위에서 예를 든 '학습 스타일' 변인을 중심으로 군집된 학습자들에게 전문가 직소 학습 모둠 체제를 협동 집단 학습 체제와 병행하도록 구축할 수 있다. 여기서 이를테면 〈표 5〉의 성춘향, 심청, 손오공, 사오정은 전문가 집단에서 영상 촬영의 특정 기법을 배워 온 뒤 각자의 모집단으로 돌아가 공감을 표현하는 촬영 기법에 대해 가르쳐주게 하는 방식을 구안할 수 있을 것이다. 그리고 홍길동, 이몽룡, 김삿갓은 그들의 모집단에서 드로잉을 바탕으로 공감에 대해 표현해 영상에 삽입하도록 안내할 수 있을 것이다.

3) 공감 기반 맞춤형 미술 수업 설계 시 유의사항

첫째, 여기서 제안한 수업 설계 과정은 수업 목표와 수업 목표에 부합하는 학습 변인, 수업 시간, 그리고 중요하게는 이 수업을 받아들일 학습자의 다양한 특성에 따라 매우 유동적으로 재/구성될 수 있다. 맞춤형 수업은 보다 많은 학습자들에게 유익하도록 학습자들의 여러 필요에 부응하는 교수 방법을 적용해 보고자 하는 시도(Gregory & Chapman, 2013/2014)임을 재인하며 교사 각자의 창의적인 활용 능력이 요구된다.

둘째, 학습 변인들을 설정할 때 고려할 점은 이 변인들이 학습자들이 수업의 목표를 성취하는 데 직접적으로 영향을 주는 요소들인지 생각해 보는 것이다. 그리고 추후 맞춤형으로 수업을 설계해 가는 과정에서 이 변인들과 관련하여 학습자들의 특성이나 능력 정도를 판단할 것인바, 교사는 각 변인에 대한 측정 도구나 판단 자료가 있는지 검토해야 할 것이다.

셋째, 교사는 학습자의 수준과 흥미를 고려해 한 단원에서 취급할 시각 매체의 수와 수준을 고려하도록 한다. 대체로 초등학교 중학년이라면 그림책을, 초등학교 고학년 및 중학교 학습자라면 사회·문화·환경적 이슈들을 다룬 다큐멘터리 영상이나 공익광고가 적합할 것이다.

넷째, 사고 과정은 선적으로 일어나는 것이 아니므로 실제 수업을 기획할 때 예컨대 거시적 수업 설계와 미시적 수업 설계는 함께 일어날 가능성이 있다. 다만 이론적으로 미시적 수업 설계에서는 거시적 수업 설계과정에서 이루어지는 활동에서보다 다소 상세한 계획이 이루어지도록 하고, 특히 차별화된 교수적 처방이 필요한 학습자를 고려하여 구체적인 수업안을 기획하도록 하는 데 방점을 찍는 것으로 간주하고 수업의 실제에 녹이도록 한다.

5. 공감 기반 맞춤형 미술 수업 설계의 전망

공감 기반 맞춤형 미술 수업은 공감을 학습의 내용이자 방법으로 삼는 학습 주제를 설정하고 미술 학습 과정에서 학습자들이 다양한 특성을 활용하여 개별·협력적으로 학습 문제를 해결해 갈 수 있도록 돕는 일련의 교수·학습 과정을 말한다. 공감 기반 맞춤형 미술 수업은 전체적으로 학습자들이 시각 매체 읽으며 공감하기-시각 매체 속 타자에 대한 공감적 탐구 및 표현하기-현실 속 너에 대한 공감적 탐구 및 표현하기-정리 및 성찰의 과정을 거치게 하되, 학습자들의 다양성이 반영되도록 기획한다. 이를 위하여 학습자들을 대상으로 수업과 관련된 학습 변인 값들을 측정, 조사하고 이때 얻어진 데이터들에 기반하여 교수·학습 활동을 계획해 갈 필요가 있다. 전체적으로 공감 기반 맞춤형 미술 수업을 설계할 때는 학습의 주제 선정-수업 기준안 설계-학습 변인 선정-학습자의 특성 파악-개별 학습자의 특성 분석-학급 전체의 특성 분석-거시적 수업 설계-차별화된 교수적 처방이 필요한 학습자 군집 분석-미시적 수업 설계 순으로 진행될 수 있다.

현 시대·사회적 분위기를 보건대 차기 교육과정에서

공감 기반 맞춤형 미술 수업 설계에 대한 관심은 지속될 것이다. 동시대에 우리들은 인격 장애나 불안을 경험하고 있는 사람들이 경험하는 개인적, 사회적 삶의 네거티브한 측면들을 종종 보고 듣고 있다. 이러한 시대 사회적 분위기를 극복하기 위해서는 미래 인재들이 각자 지닌 특성에 맞추어 공감 능력을 발휘하여 정체성을 구축하고 관계성과 공동체 의식을 회복할 수 있는 경험을 해 보도록 교육하는 것이 필요하다. 미술 교과는 공감을 가르치기에 가장 적합한 교과 중 하나이다. 동시대 우리나라 미술 교과 교육이 나아가야 할 바나 지형을 알려주는 미술 교과교육의 바로미터라고 할 수 있는 국가 수준의 미술과 교육과정에 의하면, "미술은 느낌과 생각을 시각적으로 표현함으로써 자신을 둘러싼 세계와 소통하며 자신과 세계와의 관계를 이해하고 그 의미와 가치를 창조"(교육부, 2022, p. 5)하는 언어이다. 그러므로 우리 시대가 바라는 미술 교과는 학생들이 조형적으로 문제를 해결해가는 과정에서 정체성, 관계성, 공동체성을 구축해가도록 돕는 교과임을 알 수 있다. 자신과 타인과 세계에 대해 이해하고 느끼고 여기에 대해 반응할 수 있는 것을 우리는 공감이라고 한다. 이 '공감' 능력은 학습자들의 다양한 특성에 '맞추'었을 때 효과적으로 작동할 수 있다. 학습자들이 공감을 경험하게 되는 미술 학습 과정에 적극적으로 참여함으로써 성공적 과제 수행으로 인한 자아 효능감은 물론 보다 중요하게는 진정성 있는 공감 경험 속에서 자아 존중과 타인 존중의 미덕을 배우게 될 것이기 때문이다. 따라서 공감 기반 미술 수업은 맞춤형 수업으로 이루어질 필요가 있다. 종합하건대, 공감 기반 맞춤형 미술 수업은 동시대 미술을 통한 인간 교육의 관점에서 볼 때 현재 우리가 경험하는 위기를 극복하는 대안으로서 차기 교육과정에서도 더욱 확대, 보강될 것이라 믿는다.

* 이 글은 「공감 기반 미술교육을 위한 맞춤형 미술 수업 설계 방안 탐색」(남영림, 2024)의 논문을 수정 보완한 원고임.

남영림(서울교육대학교)

Ⅶ

미술과 교육과정에서의 교수 · 학습

32 미술교육에서의 온 · 오프라인 연계학습

2023년 바야흐로 '포스트 코로나 시대'라는 말이 어색하지 않은 때가 왔다. 코로나19 유행 초기 사회적 거리두기 정책과 함께 전면 온라인 수업으로 운영했던 시기를 지나, 요일이나 학급 별로 나누어 오프라인 등교 수업과 온라인 수업을 병행하던 시기를 지났고, 이제 코로나19 유행 이전과 같이 전면 오프라인 등교 수업으로 진행하고 있다. 포스트 코로나 시대를 맞이하여 코로나19 유행 이전과 현재를 비교하면, 코로나19 유행 이전에도 SW교육이라는 이름으로 몇 가지 유용한 온라인 플랫폼들을 활용한 수업이 존재했으나, 온라인 플랫폼을 활용하지 않은 수업이 훨씬 많은 비중을 차지했었다. 하지만 코로나19로 인한 온라인 수업을 통해 수없이 많은 플랫폼들이 소개되었고 지금은 에듀테크(edutech)라는 이름으로 널리 알려져 있다. 전면 온라인 수업에서부터 활용했던 에듀테크 서비스를 현재까지 활용하며 이를 통한 학교 현장의 긍정적 변화의 가능성이 주목받기 시작했다. 에듀테크의 유용성과 효과가 드러남에 따라 교사와 학생의 에듀테크 서비스 활용 수요 역시 뒤따르고 있다(김상운, 명창훈, 유지선, 이재준, 2023). 이전에 요일이나 학급 별로 나누어 온라인 수업과 오프라인 수업을 병행하던 시기에는 온라인으로 학습한 내용을 오프라인으로 등교하는 날 가져와 연계하는 형태를 온오프라인 연계학습이라고 칭했다. 하지만 거리두기 해제 이후 온라인 수업을 운영하지 않는 현재의 학교 현장의 현재를 비추어 보았을 때, 온오프라인 연계학습의 의미를 이전과 동일하게 보기 어렵다. 2022 개정 교육과정에서는 온오프라인 연계학습을 '학습의 목표 달성 및 효과를 극대화하기 위해 온라인 수업과 오프라인 수업 등을 다양한 방식으로 혼합한 교수·학습 방법'으로 정의하고 있다. 따라서 본 수업 사례에서는 다양한 에듀테크 서비스를 활용하여 오프라인 미술 수업을 실시하고, 오프라인 수업의 학습 효과 극대화를 위해 온라인 수업 자료를 수업 전후에 추가로 제시하여 연계한 사례를 소개하고자 한다.

1. 미술과 교육과정에서 온 · 오프라인 연계학습에 관한 내용 분석

1) 2022 개정 미술과 교육과정에서 온 · 오프라인 연계학습의 근거 출현

2022 개정 미술과 교육과정에서 제시하고 있는 미술 교과목의 성격을 살펴보면 디지털 전환의 시대를 맞이하며 미래는 짧은 주기로 급변하고 있으며, 이에 따라 미래에 대한 예측이 불확실해지고 이로 인해 삶의 주체로서 자신에 대한 이해가 더욱 중요해지고 있다. 미술은 이러한 자기 이해를 도울 수 있는 교과목이다. 미술의 경험을 통해 학생들은 자신을 둘러싼 주변에서 느끼고 생각한 것을 확장해 나갈 수 있고 그로써 자신의 정체성을 형성해 갈 수 있다. 학생 자신을 둘러싼 세계와 상호작용하는 가운데 나의 위치를 확인하고 타인을 존중하며 더불어 살아가는 힘과 협력하는 방법을 알 수 있게 되는 것이다. 특히 에듀테크 서비스 활용으로 가상공간까지 미술의 범위를 확대되었고, 미술 표현과 소통의 도구로 디지털 매체를 적극적으로 활용하게 되었다. 학생들은 자신의 경험을 디지털 매체를 통해 확장하며 디지털 시대에 필요한 기본적인 소양을 기를 수 있다(교육부, 2022). 이와 같이 2022 개정 미술과 교육과정에서는 2015 개정 미술과 교육과정과 달리 디지털 매체에 대한 언급이 등장한다. 이는 디지털 매체를 미술에서의 표현 도구로 적극 수용하며 미술교육에서의 온 · 오프라인 연계 학습에 대한 타당성을 뒷받침한다.

2) 2022 개정 미술과 교육과정 분석

2022 개정 교육과정은 순차적으로 적용되어 초등학교 5~6학년은 2026년에 적용된다. 하지만 2015 개정 교육과정에서 디지털 매체 활용에 대한 내용이 직접적으로 제시

되어 있지 않기에 2022 개정 교육과정에서 내용을 발췌하여 수업 사례를 구성하였다. 2022 개정 미술과 교육과정에서 제시하고 있는 초등학교 5~6학년 성취기준 중 표현 영역에 대한 성취기준은 총 5개이다. 이 중 [6미02-02]와 [6미02-05]를 통해 미술과 교육과정에서 온·오프라인 연계학습이 이루어져야 하는 근거를 도출할 수 있다.

〈표 1〉 2022 개정 교육과정 성취기준

구분	성취기준
계획 및 설계	[6미02-02] 디지털 매체 등 다양한 표현 재료와 용구를 탐색하여 작품 제작에 활용할 수 있다. [6미02-05] 미술과 타 교과의 내용과 방법을 융합하는 활동을 자유롭게 시도할 수 있다.

출처: 교육부, 2022, p. 13.

[6미02-02] 성취기준에 의하면 학생들은 스스로 표현하고자 하는 주제에 맞는 재료와 도구를 찾아내고 익혀서, 주제가 더욱 잘 드러나도록 작품에 적용한다. 특히 디지털 매체는 신체적 감각과 인식을 넓히는 표현 도구로 활용되며, 그 특성과 사용법을 배워 작품 제작에 효과적으로 사용한다. 다양성을 존중하는 분위기에서 학생들은 전통적 재료와 도구뿐만 아니라 디지털 매체를 포함한 일상의 여러 매체를 활용하여 자신만의 방식으로 작품을 창조한다. 이를 위해 사용할 재료와 도구의 활용법을 탐색하고 익힐 수 있는 교육 환경을 제공하며, 온라인과 오프라인 수업을 결합한 온·오프라인 연계 학습도 구상할 수 있다. 평가는 학생들이 주제를 발전시키고, 조형 요소와 원리를 적용하며, 다양한 재료와 도구를 탐구하고 활용하는 과정, 작품에 대한 성찰적 태도, 그리고 타 교과와의 융합을 통한 창의적인 표현 시도 등을 지속적으로 관찰하여 이루어진다(교육부, 2022).

〈표 2〉 2022 개정 교육과정 교수·학습

구분	하위 내용
(1) 교수·학습의 방향	(다) 디지털 환경과 미술의 변화를 고려하여 교수·학습 과정에서 다양한 디지털 매체를 활용하고 온·오프라인 연계가 가능한 교수·학습을 계획하고 실행한다. • 디지털 매체를 활용하는 수업을 계획할 때는 미적 경험과 상상력, 표현의 가능성을 확장하는 데 중점을 두어 디지털 소양을 기를 수 있도록 한다. • 비대면 원격교육 시, 학습자 간, 학습자와 교사 간 상호작용을 촉진하고, 참여에 어려움을 겪는 학생을 포함한 모든 학생의 능동적 참여를 강화하는 방안을 마련하여 교수·학습을 계획하고 실행한다.
(2) 교수·학습 방법	(다) 미술 학습 환경의 변화를 고려하여 온·오프라인 연계가 가능한 디지털 기반 교수·학습 방법을 활용할 수 있다. • 온·오프라인 연계 학습은 목표 달성 및 효과 극대화를 위해 온라인 수업과 오프라인 수업 등을 다양한 방식으로 혼합한 교수·학습 방법이다. 학습 상황을 고려하고 온·오프라인 수업의 특징을 분석하여 각 수업의 장점이 잘 연계되도록 한다. • 미술과에서 활용 가능한 디지털 기반 교수·학습 방법에는 실감형 콘텐츠 활용 학습 방법, 메타버스 활용 학습 방법, 학습 관리 시스템(LMS: Learning Management System) 활용 학습 방법 등을 예로 들 수 있다. 실감형 콘텐츠를 활용한 활동은 실재감을 구현하여 학습에 몰입감을 높이고, 공감각적 상호 작용이 가능하다. 새로운 지각 경험을 통해 미적 체험, 표현, 감상의 영역을 확장할 수 있다. 메타버스를 활용한 활동으로 가상공간에서 전시회를 열고 감상하거나, 온라인 게시판 등을 활용하여 소통의 장을 넓힐 수 있다. • 디지털 기술을 활용하여 학습자의 개별 특성과 학습 속도에 적합한 맞춤형 학습을 도울 수 있다. 학습 관리 시스템을 활용하면 실시간 온라인 협업을 통해 작품 및 결과물 공유, 전시가 가능하며 학습자의 관리와 분석, 피드백 제공 등 원격수업 상황에서도 적합한 지원으로 학습 효과를 높일 수 있다.

출처: 교육부, 2022, p. 19, 21.

또한 〈표 2〉에 나타난 것처럼 교수·학습 및 평가에서 온·오프라인 연계 학습의 정의뿐 아니라, 미술 수업에서 어떻게 구현해야 하는지 제시하고 있다. 이를 통해 전통적인 수업 방식이 앞으로 어떻게 변화해야 하는지 알 수 있다.

2. 미술교육에서의 온 · 오프라인 연계학습 개념과 선행연구

1) 미술교육과 온 · 오프라인 연계 학습 관련 개념 정리

같은 개념이라고 할지라도 코로나19 유행 전후로 지칭하는 의미가 달라지기도 하며, 연구마다 개념에 대한 정의가 다르다. 보다 명확한 내용 전달을 위해 다양한 선행연구를 살펴보고 온 · 오프라인 연계 학습과 유사한 의미를 가진 개념들을 정리하였다.

(1) 블렌디드 러닝

교육부(2022)는 2022 개정 교육과정에서 온 · 오프라인 연계 학습을 '온라인 수업과 오프라인 수업 등을 다양한 방식으로 혼합한 교수 · 학습 방법'으로 정의하고 있다. 이때 온 · 오프라인 연계는 단순히 용어 그대로 online-offline learning으로 쓰이기도 하지만 hybrid learning, blended learning 등으로도 쓰인다. 이 중 '혼합한'이라는 2022 개정 교육과정의 정의에 초점을 맞추어 blended learning(블렌디드 러닝)을 중심으로 개념을 정리하였다.

블렌디드 러닝은 2000년대 초반 정보통신기술의 급속한 발전과 함께 현대적인 교수-학습 방식에 대한 수요 증가로 인해 각광받기 시작했다. 이러한 블렌디드 러닝은 온라인과 오프라인 수업의 혼합을 의미하지만, 단순한 병행을 넘어서 이 두 방식의 장점을 조화롭게 통합하는 것이 핵심이다(곽나영, 2021). 즉 블렌디드 러닝은 '대면 학습과 온라인 학습 경험의 사려 깊은 융합'을 의미한다(Garrison & Vaughan, 2008). 이 교육 방식의 궁극적 목표는 학생 중심의 수업을 구현하는 것이며, e러닝과 전통적인 면대면 수업을 유기적으로 결합하여 e러닝의 한계를 보완한다. 따라서, 블렌디드 러닝은 학생이 스스로 학습의 순서와 속도를 조절하는 온라인 수업과 교사의 지도를 받는 오프라인 수업이 조화롭게 연결된 학생 중심의 학습 방법으로 정의될 수 있다(곽나영, 2021). 이와 유사하게 황윤정(2021)은 블렌디드 러닝을 일반적으로 온라인 수업과 오프라인 수업을 적절히 혼합하여 사용하는 것, 온라인 혹은 오프라인 학습의 장점과 단점을 바탕으로 두 가지 학습 방식을 혼합하여 수업하는 것으로 정의했다(황운정, 2021).

이 글에서는 오프라인 수업 실시 이전과 이후에 학습 효과를 높이기 위한 수업자료를 온라인 플랫폼을 통해 e-book, 미디어 형식으로 제공하였다. 거리두기 해제 이후 온라인 수업이 교육과정 시수로 인정되지 않음에 따라 온라인 수업은 학습 여부를 비롯하여 학생 스스로 장소와 시간, 속도 등을 선택하여 진행하도록 설계하였다. 이후 용어에 대한 지칭은 2022 개정 교육과정에 따라 블렌디드 러닝과 같은 의미이나 온 · 오프라인 연계라는 용어를 채택하여 사용하였다.

(2) 에듀테크

에듀테크(Edutech)는 에드테크(Edtech)와 혼용되어 사용되고 있으나, 교육부 문서나 연구 논문 등에서 일반적으로 에듀테크라는 용어를 주로 사용하고 있으며 이는 '교육기술'이라는 개념의 용어로 사용되고 있다(김진옥, 2022). 에듀테크는 온라인 플랫폼뿐만 아니라 온라인 플랫폼에 접속하기 위해 필요한 디지털 기기 등을 아우르는 개념이다(서유미, 2023)

여기서는 온라인, 오프라인 수업을 혼합하기 위해 에듀테크를 활용하였으며, 하드웨어인 태블릿, 소프트웨어인 스케치북 애플리케이션과 패들렛을 사용하였다.

2) 미술교육과 온 · 오프라인 연계 학습 관련 선행 연구 분석

온 • 오프라인 미술교육에 대한 대부분의 연구는 코로나 시대에 사회적 거리두기로 학교에 등교하지 않고 가정에서 이루어지는 온라인 수업과 오프라인 수업이 병행되는 시기에 이루어진 연구였다(이연주, 2021, 조안나, 2021, 최지원, 2021). 이런 수업 방식은 학습권 보장 측면에서 의의가 있었으며, 포스트 팬데믹 시대에서도 이런 수업이 유용하게 사용될 수 있을 것으로 전망했다(유재민, 2023). 본 수업 사례는 모든 수업이 오프라인으로 전환된 포스트 코로나 시대에, 온라인 수업 시기에 사용했던 에듀테크를 이용하여 더 양질의 수업을 제공하고자 하는 연구들을 분석하였다. 이러한 에듀테크 서비스를 오프라인 수업에 적극 활용한 연구는 현재 진행형인 것으로 보인다.

최근 3년간(2021~2023년) 학위논문을 중심으로 분석했을 때, 곽나영(2021)은 블렌디드 러닝을 적용한 초등 미술 수업으로 충분한 표현 활동 시간을 확보할 수 있었다. 강화신(2022)은 블렌디드 러닝을 활용한 중학교 미술 감상 수업을 통해 학습 효과와 학습 기회, 그리고 교사와 학생 간의 상호작용이 확대되는 것을 확인했다. 변지윤(2023)은 온라인과 오프라인이 연계된 수업모델을 '블렌디드 러닝(Blended Learning)'이라는 용어로 지칭하여 패들렛을 활용한 블렌디드 러닝 프로그램을 개발했다. 이를 통해 미술교육에서 패들렛의 활용성을 확인할 수 있었다.

이외에도 미술 감상이나 미술 관련 진로 수업에서 블렌디드 러닝을 활용한 연구도 존재한다. 박지영, 최순종, 조현정(2022)은 블렌디드 러닝의 한 형태인 플립 러닝을 기반으로 미술감상 활동에 대한 기대와 흥미 유발을 도모했다. 플립 러닝은 온라인을 활용하여 수업 내용을 사전에 학습 하는 것으로, 학생들의 미술작품 해석에 자신감이 향상되는 효과 역시 확인할 수 있었다. 이연경(2023)은 시간적 물리적 제약 없이 다양한 교수자와 소통하여 부족한 시수 내에서 효과적인 진로교육을 수행하였다.

선행연구 분석을 통해 디지털 전환 시대에 발맞추어 미술교육에서 온라인 학습과 오프라인 학습을 연계하려는 다양한 시도를 살펴볼 수 있다.

3. 미술교육에서의 온 · 오프라인 연계학습의 필요성

1) 교육 현장의 온 · 오프라인 연계학습 현황

미래 교육 현장에서 강조하고 있는 교육 가치는 학생의 자기주도성이다. 이근진(2022)은 온라인 학습 환경을 비롯하여 다양한 형태의 온라인 학습자료 제공을 통해 학생들이 수업에 흥미를 가지고 능동적인 태도로 학습에 참여하여 주도적으로 학습하는 것을 확인하였다. 에듀테크 활용 경험이 있는 현장 교사 3,494명을 대상으로 2023년 5월 말에 설문을 실시한 결과 에듀테크 서비스 활용 과정에서 느낀 좋은 점 중 가장 높은 점수를 받은 항목이 학생의 수업 참여 동기와 흥미 유발이었다. 이는 5점 척도 기준 4.47점으로 가장 높았다. 그 다음으로 학생의 학습활동 효과성 제고가 4.35점으로 뒤따랐다. 대부분의 교사들이 에듀테크 서비스를 사용함으로써 학생들의 학습에 미치는 긍정적인 효과를 뚜렷하게 경험하고 있다는 사실을 확인할 수 있다(김상운 외, 2023). 미술교육에서도 이와 같이 표현 활동에 대한 동기가 낮은 학생들에게 새로운 표현 도구인 에듀테크 서비스가 흥미를 유발할 것으로 기대할 수 있다.

2) 온 · 오프라인 연계수업 시 활용 가능한 에듀테크

(1) 생성형 AI

생성형 AI는 데이터를 기반으로 다양한 콘텐츠를 만들어 내며, 이 분야에서 OpenAI의 ChatGPT가 사용자와 자연스럽게 대화를 나누는 대표적인 예시로 손꼽힌다. ChatGPT는 OpenAI에 의해 개발된 Google의 트랜스포머 모델 기반의 인공지능으로, 인터넷 검색 대신 사용자의 질문에 적합한 긴 문장 답변을 독립적으로 생성한다. ChatGPT는 사용자와의 자연스러운 대화를 가능하게 하는 인공지능이며, 학습되지 않은 새로운 질문 유형에도 정확하게 반응할 수 있다. 주제가 변경되어도 유연하게 대응하며, 사용자의 요청에 맞춰 전문 지식을 포함한 답변을 제공한다. 이와 같은 능력은 초대형 언어 모델을 기반으로 한 대화 처리 기술 덕분이다(류장경, 김남희, 박정희, 김귀훈, 고우영, 윤혜진… 한준구, 2023).

최근 업데이트를 거치며 2023년 9월부터는 ChatGPT를 통한 이미지 생성도 가능해졌다. 온 · 오프라인 연계수업에서는 이 서비스를 통해 미술 작품 감상문을 퇴고하는 것뿐만 아니라 수업에 활용 가능한 이미지를 생성하는 활동도 가능하다.

(2) 패들렛(Padlet)

패들렛은 여러 사용자가 온라인 작업 공간에 접속해 스티커 노트 형식으로 의견을 기록할 수 있는 웹사이트다. 로그인 없이도 접근 가능하며, 모바일 기기에서도 원활하게 작동한다. 이 플랫폼은 스티커 노트 형식으로 시각적으로 분명한 정리가 가능하고, 다양한 레이아웃 옵션으로 아이디어를 시각화하는 데 도움을 준다. 구글을 통한 이미지 검색과 공유가 용이하며, 댓글 기능으로 상호작용이 활발해지는 것도 주요 특징이다(곽나영, 2021).

패들렛을 수업에 활용했을 때의 장점은 공유의 용이성이다. 온라인 환경에서의 저장성이다. 텍스트, 이미지, 비디오, 오디오 파일, 링크 등 다양한 형태의 콘텐츠를 업로드할 수 있으며 학생들이 동시에 작업을 수행할 수 있도록 지원한다. 이를 통해 학생들은 서로의 작업물을 실시간으로 볼 수 있다. 학생들은 댓글이나 '좋아요' 같은 반응을 통해 생각과 의견을 나눌 수 있고, 동시에 다른 사람의 의견이나 작업물에 대해 즉각적인 피드백을 제공할 수 있다. 이런 방식은 수업에서 교육적 소통을 촉진하고, 효과적인 학습 환경을 만드는 데 도움을 준다. 대면 수업에서는 수업의 결과물을 학급에 게시하거나 집으로 가져가는 경우가 많아, 이후에 다시 볼 기회가 제한적이다. 하지만 패들렛에서는 게시된 모든 내용이 저장되어 이후에도 접근할 수 있다(양혜연, 2023).

패들렛에서 다양한 레이아웃을 제공하고 있는데, 그 중 미술 교과에서는 담벼락(Wall) 레이아웃과 캔버스(Canvas) 레이아웃을 활용하여 온 · 오프라인 연계학습을 구상할 수 있다. 이 레이아웃에 학생 작품을 사진으로 찍어 게시하면 온라인 미술관처럼 활용하는 것이 가능하다. 그 외에도 타임라인(Timeline) 레이아웃에 시대별 작품 사진을 게시하여 감상 수업도 가능하다.

3) 온 · 오프라인 연계수업에서 에듀테크 서비스 활용 시 유의점

일부 에듀테크 서비스의 경우 보호자의 동의가 필요하거나, 특정 연령 이하의 학생이 직접 사용하는 것이 불가하다. 특히 최근 각광을 받고 있는 생성형 AI의 경우 생성된 결과가 미성년인 학생들에게 부적절한 경우가 있어 문제가 되기도 한다. 각 시도교육청에서는 생성형 AI 활용 시 유의점을 정리한 지침을 배포하고 있으나 생성형 AI 역시 계속된 업데이트 과정을 거치고 있기 때문에 지침 역시 계속 바뀔 수 있을 것으로 보인다. 본 수업 사례는 서울시교육청에서 발표한 생성형 AI 활용 유의점에 따랐으며, 학생이 직접 사용하지 않고 교사 주도로 교육적 의도에 따라 생성형 AI를 활용하였다.

지침에 따르면 교사의 시연을 중심으로 하되 학생이 체험 가능한 경우는 해당 연령에서 사용 가능한 서비스인 경우 그리고 교사의 추가 작업을 통해 생성형 AI 산출물의 안전성을 확보할 수 있는 경우에 한한다. 생성형 AI 서비스 사용 시 약관을 통해 사용 가능 연령을 확인해야 하는데, 생성형 AI 중 가장 대표적인 OpenAI의 ChatGPT의 경우 13세 미만은 서비스를 직접적으로 사용할 수 없다. 부모나 법적 보호자의 동의가 필요하나 교사는 법적 보호자에 해당되지 않으므로 수업 시간에 ChatGPT를 학생들이 직접 접속하여 활용할 수는 없다. 따라서 본 수업 사례에서는 학생이 ChatGPT에 접속하여 프롬프트를 입력하는 방식으로 운영하지 않고, 교사가 대신 프롬프트를 입력하여 결과를 확인한 후 안전한 결과만 학생과 공유했다.

수업이나 교육 활동에서 생성형 AI를 활용하기 위해서는 사전에 생성형 AI 원리와 한계점, AI의 윤리적 사용에 대해 학생 교육을 실시해야 한다. 그 외 생성형 AI를 활용할 때 점검해야 하는 사항은 생성된 내용의 오류 가능성에 주의하기, 생성된 내용의 부적절성에 주의하기, 개인정보 보호 및 보안 문제에 유의하기 등이 있다(류장경 외, 2023).

4) 미술교육에서의 온 · 오프라인 연계학습의 필요성과 방향

디지털 전환의 시대를 맞이하여 학교 현장에서도 온라인 수업과 온라인 수업 자료 활용은 이미 자연스럽게 스며들어 있다. 따라서 수많은 온라인 정보를 접하는 학생들이 자신에게 필요한 정보를 정확하게 분별하고 적절히 활용하는 것에 대한 교육은 필수적이다. 2022 개정 미술과 교육과정에서 제시하고 있는 미술 과목의 성격에 따르면 미술의 경험을 통해 학생들은 자신이 느끼고 생각한 것을 이해하고 성찰하며 확장함으로써 자신의 정체성을 형성해간다. 이때, 가상공간을 포함한 새로운 매체는 시대에 발맞춘 표현과 소통의 도구가 된다. 따라서 오프라인 수업에만 국한하지 않고 온·오프라인을 유기적으로 연계한 학습은 시대적 요구이다.

미술교육에서의 온·오프라인 연계학습은 온라인에서 접할 수 있는 다양한 정보와 자료를 활용할 수 있다는 장점을 가진다. 온라인에는 무한한 양의 고품질 자료와 디지털 가상 박물관, 애니메이션, 최신 작품, 미술 관련 기사 및 전문가가 업로드한 멀티미디어 자료 등을 쉽게 검색하여 활용할 수 있다(최지원, 2021). 블렌디드 러닝의 한 종류인 플립 러닝을 적용한 수업은 참여할수록 학생들의 흥미가 높아져 작품에 대한 표현이 향상되었으며, 감상 활동에 적극적으로 참여하게 되었다(박정은, 2019).

이처럼 온라인 자료를 활용하는 학습 방식은 기존의 오프라인 수업에서 사용되던 미술 자료들과 함께 사용하여 학생들의 창의적 표현 활동을 촉진할 수 있다. 이러한 긍정적인 결과를 얻기 위해서는 학생들이 디지털 기기 사용과 온라인 정보 검색 능력을 갖추어야 한다. 또한 학생들의 작품을 온라인에 전시함으로써 다른 학교 구성원, 가족, 해외 관객들과의 소통도 가능하다(곽나영, 2021).

김희영(2016)은 다른 측면에서 블렌디드 러닝의 중요성을 이야기 한다. 해당 연구에서는 온라인 위주 교육과 오프라인과 혼합된 블렌디드 러닝의 효과를 비교하였고, 학습 만족도나 학업 성취도 모두 블렌디드 러닝이 유의적으로 우월한 결과를 보였다.

이처럼 온라인을 활용한 학습의 장점이 오프라인 수업

에서도 충분히 발휘될 수 있도록, 또한 오프라인 수업이 온라인 수업의 단점을 보완할 수 있도록 온·오프라인 연계학습을 구성해야 한다. 또한 교사가 에듀테크 서비스에 대한 충분한 이해를 갖추고 있어야 한다.

4. 미술교육에서의 온 · 오프라인 연계학습 사례

1) 대상 학생 특성

본 수업 사례는 서울 Y초등학교 6학년 학생 22명을 대상으로 실시된 수업을 바탕으로 수업 결과를 반영하여 일부 수정하였다. 수업 설계에 앞서 학급에 적합한 에듀테크 서비스 선정을 위해 사전 조사를 실시하였으며, 22명 학생 모두 전년도까지 e학습터를 비롯하여 zoom 등 온라인 수업 환경을 충분히 경험한 것을 확인하였다. 또한, 전원 개인 스마트폰을 소지하고 있거나 가정에 태블릿PC를 구비하고 있어 온라인 플랫폼에 접속하거나 게시글을 읽고 동영상 자료를 시청하는 방법을 숙지하고 있었다.

그러나, 교사가 제공하는 정보를 받아들이는 것은 원활한 반면, 스스로 창작물을 만들거나 결과물을 도출해내는 것은 미흡했다. 정보 검색 시 적절한 키워드를 입력하지 못했고, 교사가 학급 SNS에 제공한 인터넷 주소를 클릭하는 방법 이외에, QR 코드 스캔을 통해 플랫폼에 접속하거나 파일을 다운로드, 업로드하는 것을 어려워했다. 또한 모바일 환경에 익숙한 것에 비해 데스크탑 활용은 미숙하여 키보드 자판을 외우고 있는 학생이 절반 이하였다. 이에 따라, 온·오프라인 연계학습을 위한 기본적인 디지털 소양 교육이 필요했다.

교육 과정 상 디지털 소양 교육에 충분한 시간을 할애하기 어려웠기 때문에, 여러 가지 에듀테크 서비스를 활용하기 보다 다양한 수업에 적용할 수 있는 한두 가지 에듀테크 서비스를 선정하는 것이 효과적이라 판단하였다.

6학년 학생들은 일정 시간 작업에 집중이 가능하고 자기주도적으로 작업할 능력이 있기 때문에, 단기간에 디지털 기기를 이용한 미술 수업에 익숙해졌으며, 효과적으로 진행될 수 있었다.

2) 수업 설계

박상준(2021)은 온·오프라인 연계 수업의 조건으로 첫째, 학생이 시간과 장소의 제약 없이 스스로 학습의 순서와 속도를 조절할 수 있어야 하며, 온라인으로 학습하는 것을 포함하는 정규 교육의 프로그램이어야 한다. 이에 따라 학생들에게 수준에 맞는 사전 과제를 제공하는 것으로 학교 외 공간에서 시간과 장소의 구애 없이 학습할 수 있도록 하였다. 또한 담임 교사에 의해 미술 교과 시간에 실시하는 수업이므로 정규 교육 프로그램에도 해당한다. 둘째, 온라인으로 학습한 것에 대해 교실이나 정해진 공간에서 교사가 지도하고 관리하는 것을 포함하여야 한다. 온라인으로 사전 학습을 하고 교실에서 교사가 개별 활동 및 모둠 활동을 지도하고 관리하므로 이 조건 역시 충족한다. 셋째, 온라인 학습 내용과 교실 수업의 내용이 통합되어 작동해야 한다. 학교 외 공간에서 온라인으로 학습한 후 학교 교실에 출석하여 각자 실습을 통해 수준에 맞게 표현 활동을 하는 것으로 구성하여 이 조건 역시 충족한다.

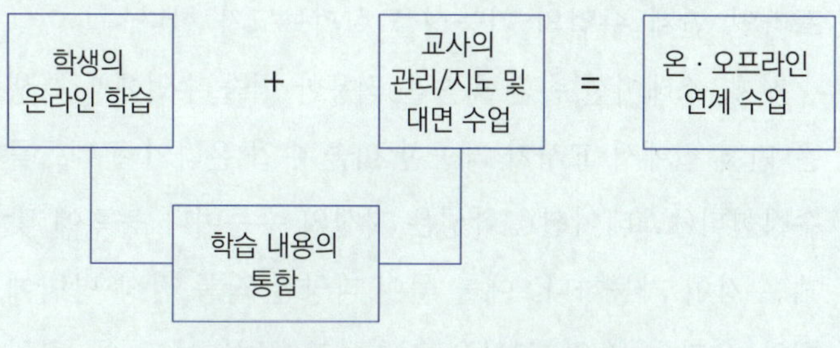

[그림 1] 온 · 오프라인 연계 수업의 요소

출처: 박상준, 2021, p. 186

박상준(2021)은 통합 즉 온라인과 오프라인 수업이 연계된 정도에 따라 대체 수업 모델, 보완 학습 모델, 유연 학습 모델, 순환 학습 모델로 온·오프라인 연계 수업을 분류하였다.

첫째, 교실 대면 수업을 대신하여 온라인 수업을 실시하는 대체 수업 모델의 경우 포스트 코로나를 맞이하며 전면 오프라인 수업 실시로 전환되었기 때문에 설계할 수 없었다.

둘째, 보완 학습 모델은 학생이 원하는 수업이 자신의 학교에 개설되어 있지 않았을 경우 온라인 수업으로 보완하는 방식이다. 현재 초등학교에서는 선택 과목을 개설하지 않으므로 여기서는 설계에 적용하기 어렵다. 하지만 고등학교의 경우 미술 선택 과목 중 수강 희망하는 과목이 재학 중인 학교에서 개설되지 않았을 경우 과목 선택권과 학습권을 보장하는 방법으로 활용될 수 있다.

셋째, 유연 학습 모델은 온라인 수업과 함께 오프라인 수업을 연계하나 오프라인 수업이 이루어지는 공간이 학교 외 장소이다. 또 오프라인 수업을 위한 학습 센터에 출석 수업을 개인에 맞게 2~4일정도 출석하는 것을 기본으로 하기 때문에 여기서는 적용하기 어려웠다.

마지막으로 순환 학습 모델은 순환하는 방식에 따라 스테이션 순환 학습, 랩 순환 학습, 개별 순환 학습, 거꾸로 교실로 구분 가능하다. 순환 학습 모델로 설계한 4가지 미술 수업의 예를 통해 학교 현장 속 미술교육에서의 온·오프라인 연계 수업의 가능성을 살펴보고자 한다.

첫째, 스테이션 순환 학습을 적용한 미술 수업에서 학생은 먼저 집에서 교사가 제공한 미술 수업 온라인 콘텐츠를 수강한다(1스테이션). 학생은 자신의 수준이나 능력에 맞게 수강이 가능하다. 예를 들어 다양한 작품 감상 방법에 대한 온라인 수업 영상을 시청하고 구글 아트 앤 컬쳐(Google Arts&Culture)에 접속하여 직접 원하는 작품을 선정하여 감상 방법을 적용할 수 있다. 그 다음 학교에서 출석하여 교사와 온라인 수업 수강 여부를 확인하고 이해하지 못한 내용에 대해 다시 설명을 듣는다. 또 어려웠던 내용을 질문할 수 있다(2스테이션). 작품 감상 방법 중 적용하기 어려웠던 부분이나 구글 아트 앤 컬쳐 활용 방법 등이 질문 내용이 될 수 있다. 마지막으로 소집단으로 나누어 수업 내용과 관련한 토론이나 탐구 등 심화 활동이 이어진다(3스테이션). 한 작품을 선정하여 그 작품에 대한 서로 다른 감상을 나눌 수 있다.

둘째, 랩 순환 학습에서는 앞선 스테이션 순환 학습에서 1스테이션 활동이었던 온라인 콘텐츠 수강을 학교의 컴퓨터실에서 실시한다.

셋째, 개별 순환 학습에서는 1~3 스테이션 순환을 자신의 수준과 속도에 맞게 개별적으로 실시한다. 랩 순환 학습과 개별 순환 학습이 이루어지기 위해서는 학교에서 컴퓨터실 이용이 일정 시간 이상 가능해야 하며, 학생의 출입이 자유로워야 하고 온라인 수업 접속을 위한 기기 역시 충분해야 한다. 하지만 연구가 진행된 학교에서는 이와 사정이 맞지 않아 적용이 어려웠다.

넷째, 거꾸로 교실은 모든 학생이 집에서 온라인으로 학습하고 교실에서는 온라인에서 학습한 내용을 바탕으로 다양한 심화 활동을 하는 방식이다. 학생이 온라인에서 학습 내용을 미리 숙지해오기 때문에 전체 학생을 대상으로 하는 수업 대신에 소집단 활동을 능동적으로 실시한다. 소집단 활동 시간 동안 교사는 느린 학습자에 대한 보충이 가능하다. 여기에서 교사의 역할은 학습 지원과 촉진 그리고 보충 지도이다. 예를 들어 온라인 수업으로 애니메이션의 정의, 종류와 Animated Drawings와 같이 애니메이션 제작을 돕는 플랫폼 사용법을 숙지한다, 오프라인 수업에서 소집단으로 모여 각자 구상한 애니메이션 캐릭터를 하나로 모아 다수의 등장 인물로 애니메이션 제작 수업을 할 수 있다.

이번 연구는 온·오프라인 연계수업 모델 중 스테이션 순환 학습을 기본으로 적용하였다. 대상 학생들의 경우 온라인 환경에는 익숙하였으나 그동안 접했던 온라인 수업이 영상을 시청하는 것에 그쳐 오프라인 수업 시 스스로 창작물을 표현하는데 어려움을 겪었다. 때문에 전체를 대상으로 온라인 수업 내용에 대한 교사의 확인이 필요했다.

3) 수업 의도

미술 교육과정 성취기준 달성을 위해 교과서에 제시된 1~2차시 활동을 실시하려면 여러 실루엣 도안 자료 도입이 효과적이었다. 하지만 저작권에서 자유로운 이미지를 구하기 어려웠기 때문에 ChatGPT에 문장을 입력하여 필요한 실루엣 도안을 생성하였다. 어떤 프롬프트를 입력해야 원하는 이미지가 생성될지 적절한 프롬프트를 생각하여 학급SNS에 댓글로 달고, 교사가 생성한 이미지를 보며 프롬프트를 수정하는 과정을 통해 원하는 이미지를 찾아갈 수 있도록 설계하였다. 본 수업 단원은 종이 테이프를 이어 붙이는 활동을 주제로 하는 단원이었기 때문에 교과서 안에서 계속 종이 테이프를 붙이는 수업이 제시되었다. 하지만 준비된 종이 테이프의 양이 넉넉하지 않았고 학생들이 비슷한 활동을 반복해서 할 때 흥미가 떨어지는 것을 경험했기 때문에 3~4차시에서 디지털 기기를 활용한 대체 활동을 구안했다.

태블릿PC는 서울 Y초등학교에 구비되어 있는 S사의 갤럭시탭A를 활용했다. 디지털 드로잉에 전용 스타일러스 펜이 필요했으나 학교에 태블릿PC 전용 펜은 구비되어 있지 않아 정전기식 터치펜을 사용했다.

에듀테크를 활용한 경험이 있는 교사를 대상으로 에듀테크 서비스 활용 과정에서 느끼는 애로사항을 조사한 결과, 에듀테크 구매·도입의 어려움이 4.08점으로 가장 높았다(김상운 외, 2023). 수업 사례 확산과 학생 특성을 반영을 위해 패들렛 외 한 가지 에듀테크 서비스만 활용했다. 본 수업 사례에서는 SketchBook, Inc. 사의 애플리케이션인 스케치북(Sketchbook)을 활용하였다. 업데이트 이후 일부 기능이 유료가 되었지만 무료 기능만으로도 충분히 원활한 수업이 가능하였다. 스케치북 애플리케이션은 안드로이드 기기와 IOS 기기에 모두 활용 가능하다. ChatGPT의 경우 교사의 개인 계정으로 유료 버전인 GPT-4를 활용했다.

아래의 표는 서울 Y초등학교에서 채택하여 사용 중인 미술 교과서의 9단원 이어 붙여요를 재구성한 것이며 본 수업 사례는 1~4차시를 실었다. 온·오프라인 연계를 위한 온라인 수업 자료는 차시 진행 전후로 학급 SNS를 통해 전송하였다.

〈표 3〉 단원의 차시 흐름

차시	학습 내용	
1~2차시	온라인	디지털 교과서 학생용 URL 전송
	오프라인	종이 테이프로 표현하기
	온라인	작품 패들렛 주소 게시 및 미디어 자료 전송
3~4차시	온라인	디지털 교과서 학생용 URL 전송
	오프라인	종이 테이프의 특성을 떠올리며 디지털 기기로 표현하기
	온라인	작품 패들렛 주소 게시 및 미디어 자료 전송
5차시	온라인	디지털 교과서 학생용 URL 전송
	오프라인	테이프로 만든 작품 감상하기
	온라인	작품 패들렛 주소 게시 및 미디어 자료 전송

4-1) 1~2차시 오프라인 교수학습 과정안

관련 교과	미술
단원명	9. 이어 붙여요
차시	1~2차시/5차시
수업 주제	종이 테이프로 표현하기
관련 성취기준	[6미02-01] 다양한 방법으로 아이디어를 연결하여 확장된 표현 주제로 발전시킬 수 있다.
학습 목표	종이 테이프의 특성을 탐색하고 작품을 표현할 수 있다.
준비물	도안, 종이테이프, 도화지

학습 단계	학습 모형	학습 내용 및 비고	시간
도입	동기 유발 학습 문제 제시	• 재료 살펴보기 ▷ 종이 테이프를 탐색한다. • 학습 문제 제시하기 [종이 테이프의 특성을 탐색하고 작품을 표현할 수 있다.]	5'
발상 및 구상	재료 탐색	• 종이 테이프 탐색하기 ▷ 종이 테이프를 뜯거나 찢어 빈 도화지에 자유롭게 붙인다.	5'
	표현 방법 알기	• 종이 테이프로 표현하는 방법 이해하기 ▷ 교과서의 참고 작품을 살피며, 선으로 표현하기, 겹쳐서 붙이기, 외곽선을 연결하기 방법의 차이를 이해한다.	5'
	표현 계획 세우기	• 표현 주제와 방법 선택하기 ▷ 종이 테이프로 작품을 표현하기 위해 대상을 단순화하는 방법을 찾는다. ▷ 교과서의 예시 작품을 참고하여 표현 방법을 선택한다.	15'
표현	표현 하기	• 표현 주제와 방법 선택하기 ▷ 표현 시 유의사항을 떠올리며 작품 제작을 시작한다. T: 실루엣 도안을 얻으려면 ChatGPT에 뭐라고 입력해야 할까요? 프롬프트를 학급SNS에 남겨보세요. T: 원하는 도안을 얻었나요? 원하는 도안이 아니라면 프롬프트를 수정해 볼까요?	40'
		• 작품 전시하기 ▷ 완성된 작품을 사진으로 찍어 패들렛에 업로드한다. 패들렛에 업로드 시 작품의 제목을 정해 적는다.	5'
감상 및 정리	작품 감상 하기	• 자리 정리하기, • 친구의 작품 감상하기	5'

[그림 2] 프롬프트 수정 전 도안[1]

[그림 3] 프롬프트 수정 후 도안[2]

[그림 4] 학생 종이 테이프 작품

1) OpenAI의 DALL-E에 의해 생성됨, '곰의 실루엣을 그려줘.'라고 입력함
2) OpenAI의 DALL-E에 의해 생성됨, '곰의 전신을 검은 실루엣에 흰색 배경으로 간단하게 그려줘.'라고 입력함

4-2) 3~4차시 오프라인 수업 교수학습 과정안

관련 교과	미술
단원명	9. 이어 붙여요
차시	3~4차시/5차시
수업 주제	종이 테이프의 특성을 떠올리며 디지털 기기로 표현하기
관련 성취기준	[6미02-02] 디지털 매체 등 다양한 표현 재료와 용구를 탐색하여 작품 제작에 활용할 수 있다.
학습 목표	종이 테이프의 특성을 떠올리며 디지털 기기로 작품을 표현할 수 있다.
준비물	태블릿PC

학습 단계	학습 모형	학습 내용 및 비고	시간
도입	동기 유발	• 작품 살펴보기 ▷ 지난 시간 작품과 교과서 속 작품 살펴보기	5‘
	학습 문제 제시	• 학습 문제 제시하기 종이 테이프의 특성을 떠올리며 디지털 기기로 작품을 표현할 수 있다.	
발상 및 구상	재료 탐색	• 애플리케이션 탐색하기 ▷ 스케치북 애플리케이션을 다운로드 받아 기능을 탐색한다.	10‘
	표현 방법 알기	• 애플리케이션으로 작품 표현하는 방법 이해하기 ▷ 종이 테이프 대신 작품의 외곽선을 두껍게 그린다. ▷ 종이 테이프를 붙이는 것처럼 작품의 외곽선을 직선으로 표현한다.	5‘
	표현 계획 세우기	• 표현 주제와 방법 선택하기 ▷ 디지털 기기로 작품을 표현하기 위해 대상을 단순화하는 방법을 찾는다. - 유의점: 디지털 기기와 애플리케이션 사용이 능숙한 학생은 그라데이션 기능으로 빈 공간을 채우고 그렇지 않은 경우 단색으로 채워 완성에 의의를 두도록 한다.	5‘
표현	표현 하기	• 표현 주제와 방법 선택하기 ▷ 표현 시 유의사항을 떠올리며 작품 제작을 시작한다. - 유의점: 한 번 그린 선의 두께를 바꾸는 것이 어려우므로 처음부터 두껍게 그릴 수 있도록 한다. • 작품 전시하기 ▷ 완성된 작품을 디지털 기기에 저장한 후 패들렛에 업로드한다. 패들렛에 업로드 시 작품의 제목을 정해 적는다.	40‘ 5’
감상 및 정리	작품 감상 하기	• 친구의 작품 감상하기 • 나의 작품 비교 감상하기 ▷ 1~2차시 작품과 3~4차시 작품을 비교하며 감상한다. ▷ 에듀테크 서비스를 수업에 활용한 소감을 발표한다.	10‘

[그림 5] 학생 작품 1

[그림 6] 학생 작품 2

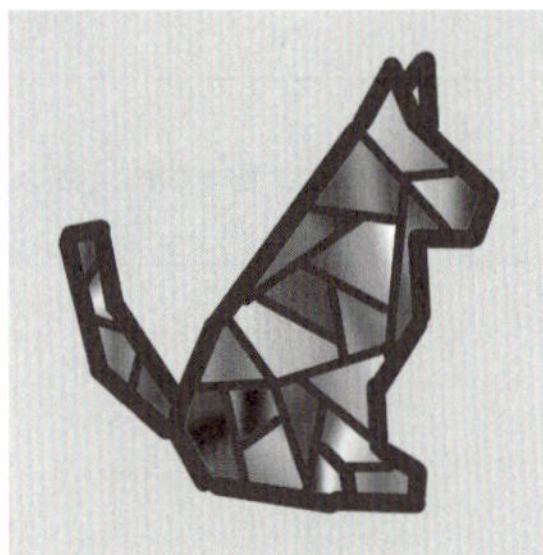

[그림 7] 학생 작품 3

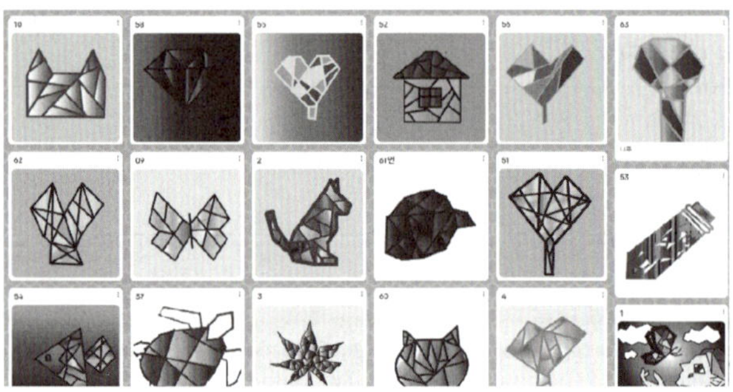

[그림 8] 패들렛을 활용한 학생 작품 모음

5) 수업 결과 분석

본 수업 사례는 서울시교육청(2023)에서 취재한 후 월간지에 발간되었는데, 아래는 학생 인터뷰 내용을 옮겼다.

> 학생A: 디지털 드로잉은 상상하는 대로 그리는 시간이에요. 디지털 드로잉 수업은 6학년 올라오면서 처음 해봤어요. 원하는 대로 화면을 축소했다가 확대할 수도 있고, 머릿속에 상상한 했던 것들을 직접 그리니 신기해요. 원래 그림에 흥미가 없었는데 디지털 드로잉은 재밌어요(서울시교육청, 2023, p. 15)

[그림 5] 학생 작품 1은 학생A의 작품으로 학생A는 그동안 미술 과목에 대한 흥미가 낮은 편이었으나, 에듀테크를 활용한 미술 수업을 통해 재미를 느꼈다. 작품 제작 자체에는 큰 관심을 나타내지 않았으나 오프라인 수업에서 표현한 작품을 온라인에 게시하였을 때 다른 학생들의 작품을 감상하는 과정에 큰 관심을 보였다.

> 학생B: 물감보다 훨씬 색깔이 많아요. 집에서는 손으로 그림을 자주 그리는데요, 크레파스나 물감으로만 그리면 색을 표현하는 데 한계가 있어요. 디지털 드로잉 시간에 배운 기능을 쓰면 색 표현도 다양하게 할 수 있고 예쁜 그림을 더 많이 그릴 수 있으니 좋아요(서울시교육청, 2023, p. 15).

위의 [그림 6] 학생 작품 2는 학생B의 작품이다. 학생B는 평소 미술에 관심이 많은 학생으로 다른 과목 수업 시간에 비해 미술 수업 시간에 집중도가 높은 편이다. 미술 작품 제작에 있어 완벽주의 성향을 가지고 있어 수업 시간에 시간이 부족하여 주로 방과후 시간을 이용해서 작품을 완성했다. 마음에 들지 않는 작품은 다시 제작하거나 섬세한 작업을 위해 개인 미술 도구를 챙겨오는 모습을 자주 보였다. 온・오프라인 연계학습 시 자신이 원하는 시간과 개인 속도에 맞추어 제작을 완성하였으며, 정규 수업 시간 이후에 패들렛에 완성된 작품을 업로드하였다. 또한 온라인으로 제공된 자료를 통해 오프라인 수업에서 제시된 주제 이외에 자신만의 주제를 새롭게 정하여 창작하는 모습을 보였다.

학생C: 유용한 툴과 방법을 배워요. 평소에 핸드폰으로 그림을 종종 그리는데요, 태블릿PC로 그림을 그릴 때 훨씬 더 많은 기능을 쓸 수 있어요. 디지털 드로잉 수업을 하면 선생님이 다양한 툴과 방법을 새로 가르쳐 주시고 직접 연습도 할 수 있어요(서울시교육청, 2023, p. 15).

[그림 7] 학생 작품 3은 학생C의 작품으로 학생C는 평소에도 에듀테크를 원활하게 활용하는 학생이다. 오프라인 수업 실시 전에 사전 제공한 온라인 수업 자료를 시청하고 수업에 참여하였다. 또한 오프라인 수업 이후 온라인으로 제공된 수업 결과물을 가정에도 전달하여 가정의 긍정적인 피드백도 확인할 수 있었다.

1대 다수의 환경인 오프라인에서 교사가 모든 학생들에게 동일한 방식으로 수업을 진행하였으나, 사전, 사후에 제공한 온라인 수업 자료로 인해 개별화된 수업 경험을 가지게 되었음을 확인할 수 있었다. 학생 개인의 자기 주도성에 따라 사전에 제공된 온라인 수업 자료를 선택하여 수강함으로써 오프라인으로 진행한 표현 수업에서 더 심화된 결과물을 제작한 모습을 볼 수 있었다. 또한, 사전 제공 온라인 수업 자료를 학습하지 않은 학생도 사후 온라인 자료를 가정과 공유함으로써 오프라인 수업과 또 다른 추가 경험을 할 수 있었다. 이는 거리두기 해제 이후 전면 등교 수업을 실시하고 있는 현재에도 온라인을 활용한 수업이 오프라인 수업에도 긍정적인 영향을 줄 수 있음을 시사한다.

5. 미술교육에서 온 · 오프라인 연계 학습의 방향과 과제

에듀테크 서비스는 코로나19로 인한 온라인 수업 시기에 학교 현장에 본격적으로 도입되기 시작하여 온라인 수업이 중단된 지금까지 여전히 교실 속에 남아 그 역할을 하고 있다. 디지털 전환 시기를 맞이하여 에듀테크 서비스의 활용이 교실에서 보편화되고 있으며, 이는 더욱 가속될 것으로 보인다. 이를 통해 오프라인 수업 실시와 더불어 학생 개개인의 요구와 자기주도적 학습을 돕는 온라인 자료 제공 형식의 블렌디드 수업은 더 힘을 얻을 것으로 보인다. 본 수업 사례의 의의는 다음과 같이 정리할 수 있다.

첫째, 온라인 수업 자료 제공을 통해 오프라인 수업과 온라인 수업을 연계하였으며, 이때 에듀테크를 활용하여 연계를 원활히 하였다. 거리두기 해제 이후 학교 현장에서 온라인 수업이 이루어지지 않음에도 불구하고 과거 전통적인 수업 방식으로 그대로 되돌아가지 않고 현 상황에 맞는 수업을 운영하였다. 화상 프로그램을 활용한 온라인 수업에서 사용하였던 에듀테크를 가져와 학생이 주도성을 가지고 학습할 수 있는 환경을 조성하였다. 둘째, 적절한 온라인 수업 자료 제공과 에듀테크 서비스 활용으로 그리기에 대한 학생들의 심리적 부담을 낮춘 미술 수업을 지원했다. 학생 개별로 다른 사전 경험을 보완하기 위해 제공한 온라인 미디어 자료는 오프라인 수업에 대한 동기유발 자료로 활용되기도 하였다. 또한 수업 시 사용한 애플리케이션 기능 중 '취소', '레이어 눈 끄기' 기능을 활용하여 마음에 들지 않는 부분을 쉽게 다시 그리거나 삭제할 수 있었다. 또한 잘못 삭제한 부분은 '재취소' 기능으로 되살릴 수 있어 그리기에 부담 없는 환경 조성이 가능했다.

다만 본 수업 사례는 단일 사례를 소개하였기 때문에 모든 학교 현장에 적용하기엔 한계가 있다. 첫째, 수업을 받아들이는 정도가 학생의 기존 디지털 기기 사용 경험에 많은 영향을 받았다. 디지털 기기 사용 경험이 충분한 학생의 경우 기본 디지털 소양 교육에 필요한 시간이 짧았으며, 교사의 별도 안내가 없이도 스스로 애플리케이션을 탐색하여 결과물을 창작하였다. 또한, 사전에 제공한 온라인 수업 자료의 효과 역시 학생의 디지털 기기 사용 경험에 따라 효과가 달라지는 것으로 보인다. 반면, 디지털 기기 사용 경험이 익숙하지 않은 학생들은 애플리케이션 내 도구 사용이 어려워 상대적으로 표현에 필요한 시간이 길었으며, 이는 미술 작품의 미완성으로 이어졌다. 이와 같은 차이를 보완하기 위해서는 타 교과 융합을 고려하여 학년 초 디지털 소양 교육 시간 확보가 필요하다. 둘째, 수업 설계 시 미술교육을 위한 전용 에듀테크 서비스를 찾기 어려웠다. 적절한 에듀테크 서비스의 미비는 미술교육에서의 온・오프라인 연계학습 비중을 낮출 수밖에 없는 원인이 된다. 따라서 수업 설계를 위한 미술교육 에듀테크 서비스 매칭 등 적절한 지원이 필요하다. 셋째, 온라인 수업을 필수 교육으로 지정할 수 없었기 때문에 수강하지 않은 학생들이 발생하였다. 현재 온라인 수업은 교육과정 시수로 인정되지 않기 때문에 온라인으로 제공한 수업 자료는 학생의 선택에 따라 수강되었다. 이는 오프라인 수업의 질과도 연결되기 때문에, 온・오프라인 연계학습이 학교 현장에서 지속적으로 운영되기 위해선 시수 인정에 대한 고민이 필요하다.

온・오프라인 연계학습은 거리두기 해제 이후에도 여전히 학교 현장에서 찾아볼 수 있으나 급속도로 변화하는 교육 현장에 따라 그 모습이 계속 변하고 있다. 따라서 현장의 요구와 모습에 맞는 연구가 지속적으로 필요하다.

* 이 글은 이윤희(2024), 미술교육에서의 온・오프라인 연계학습 사례 연구(조형교육, 89집)를 수정 보완한 원고임.

이윤희(서울영등포초등학교)

33 미술교육과 디지털

4차 산업혁명 시대로 들어서면서 사회 모든 영역이 디지털화되어 감에 따라 교육 분야에서도 디지털 전환 시대에 대비하려는 노력이 요구되고 있다. 미술교육에서도 이러한 요구들이 대두되고 있으며, 이를 위해 디지털을 활용하여 교육 현장에 적용할 수 있는 효과적인 교수·학습 방법이 필요한 상황이다. 이 글에서는 교육과정 차원에서 디지털 교수·학습이 필요한 이유를 토대로 교육 현장에 직접 적용할 수 있는 구체적인 디지털 교수·학습 사례를 소개하고, 미술교육에서 디지털을 어떻게 활용할지에 대한 방향성을 제시하고자 한다. 점차 심화될 디지털 전환 시대에 효과적으로 대비하기 위하여 미술교육 차원의 논의가 계속되기를 기대한다.

1. 미술교육에서 디지털 교수·학습의 필요성

정보화 사회로 들어서면서 우리 사회의 모든 면이 디지털로 전환되고 있다. 더욱이 COVID 19로 인하여 이러한 경향성이 훨씬 강해졌는데, 이제는 행정업무나 정보취득을 온라인으로 하는 수준을 넘어 수업, 전시, 진료. 등도 온라인으로 이루어지는 정도에까지 이르렀다. 일례로 교육 현장에서는 비대면 수업을 구현하기 위한 노력을 위해 줌이나 구글미트와 같은 다양한 플랫폼을 이용하기도 하였으며, 미술계에서는 VR 전시회나 3D 페인팅 등과 같은 가상공간을 활용한 모습들을 통해 미술과 디지털의 결합을 보여주기도 하였다(조원상, 2021; 조원상, 2023).

이러한 경향성은 미술교육에도 큰 시사점을 제공하는데, 결국 미술교육도 우리 주변 세계를 이해하는 방법을 제공한다는 점에서 이와 같은 디지털 전환의 분위기는 미술교육이 중요하게 다뤄야 할 부분이기도 하다. 미술교육은 학습자에게 주변의 이미지와 대상이 가진 의미를 심도 있게 분석하고 판단할 수 있는 시각과 관점을 길러주어야 하는데(조원상, 2021), 이러한 시각과 관점은 디지털로 점철한 현대 사회에서 더욱 중요하게 부각되고 있다. 결국 기본적으로 미술교육이 이미지를 다루는 교과라는 점에서 작품이나 기호와 같은 전통적인 이미지뿐만 아니라 학생들이 일상적으로 접하게 되는 디지털 세계의 이미지 또한 비중있게 다뤄져야 할 것이다. 그리고 이를 통해 길러진 능력들은 앞으로 더욱 심화될 디지털 세계에서 가치롭고 유용하게 활용될 수 있을 것으로 기대된다.

그렇다면 미술교육이 이와 같은 디지털 가속화 상황에 대응하여 디지털이란 요소를 학습자에게 잘 전달하기 위해선 어떤 방법들이 필요한가? 이는 교수·학습 측면과 관련되어 있는데, 교수·학습이란 교사가 가르치고 학생이 배우는 상호 의존적인 관계를 일컫는 것으로, 교수가 교육과정 속 내용을 통해 학습 행위를 촉발하는 작용이라면, 학습은 이를 통해 학습자가 변화하는 과정이라고 할 수 있다(김한중, 2015). 다시 말해서 교수·학습은 교육의 목표와 목적이 잘 구현되도록 교사와 학습자를 이어줌으로써 실질적인 교육의 모습이 역동적으로 드러나는 과정이며, 이것이 잘 이루어지도록 하기 위해선 적절한 교수·학습 방법이 필수적으로 요구된다. 즉 교육의 방법적 측면에서 어떻게 교육할지 설정하는 것은 효과적인 교육 실현을 위해 선행되어야 하며, 적절한 교수·학습 방법의 선택은 모든 교육에 있어서 가장 고민해야 할 부분이기도 하다. 따라서 미술교육에서 디지털을 다룰 때는 이와 같은 교수·학습의 의미를 상기하면서 '어떻게 가르치고 배울 것인가?'라는 질문에 대한 끊임없는 대답을 내놓아야 한다.

미술교육은 화가나 조각가가 제자들에게 자신의 기법이나 기술을 전달하는 도제식 방법이 아니라 교육이라는 틀에서 어떻게 하면 교사가 학생에게 다양한 미술의 영역을 효과적으로 지도할 수 있는지를 제시해야 한다. 물론 회화와 조소와 같은 미술의 기능적 요소도 지도해야 하지만, 학생들이 다뤄야 할 미술의 영역은 이러한 기능을 넘어 인식과 판단 능력까지 포함해야 한다. 즉 미술교육은 이러한 모든 능력을 효과적으로 담당해야 하는데, 이를 위해 교수·학습 방법이 적절하게 활용되어야 한다.

이 글에서는 이러한 교수·학습의 의미에 초점을 맞춰 미술교육이 학생들에게 디지털 요소를 어떻게 다루고 있는지 확인해 보고, 미술교육이 앞으로 디지털을 어떻게 활용하여 교수·학습을 진행해야 할지 그 방향을 제시해 보고자 한다. 이를 위해 먼저 미술교육에서의 디지털 교수·학습의 필요성에 대해 살펴보고자 한다.

박예지, 박소영(2013)은 시각문화 발달의 결정적인 요인이 정보통신기술(ICT)이라고 하였는데, 이를 통해 시각문화를 다루는 미술교육이 전통적인 표현 도구뿐만 아니라 디지털 또한 중점적으로 다루어야 한다는 점을 알 수 있다. 2000년대 이후 디지털 기술은 현대 미술교육 분야에서 다양한 모습으로 변주되어 지속적으로 등장하였는데, 디지털을 통해 구현된 멀티미디어는 새로운 문화·예술적 창작의 수단으로 활용되고 있다(이지연, 2013). 이러한 경향에 따라 이미 미술의 많은 부분이 디지털화되었으며, 코로나19로 인하여 디지털로의 전환은 더욱 심화되었는데, 일례로 공공미술도 VR과 AR 등과의 결합을 통해 시공간의 제약을 완화함으로써 새로운 모습을 보여주고 있다(김선영, 2022). 즉 급격한 디지털 기술의 발전에 따라 우리 사회는 따르게 디지털화되었고, 이에 더하여 감염병으로 인한 비대면 상황은 이러한 디지털화를 더 빠르게 촉진함에 따라 미술계 전반에서 적극적인 디지털 활용 방안에 대한 필요성이 대두되었다. 또한, 미술교육에서도 디지털 기술을 활용하여 과감하고 새로운 표현 시도가 가능하다는 점이 인정되고 있다(이지연, 2013).

위와 같은 사회의 급격한 디지털화는 학습자 측면에도 중요하고 결정적인 영향을 미쳤게 되었다. Prensky(2001)는 컴퓨터나 인터넷 등과 같은 디지털 언어를 모국어처럼 자연스럽게 이용하는 최근의 세대들을 가리켜 디지털 네이티브(Digital Natives)란 개념을, 이들과 다르게 디지털이 전무한 아날로그 환경에서 사회가 디지털화되면서 뒤늦게 디지털 환경으로 진입한 그 윗세대를 가리켜 디지털 이미그런트(Digital Immigrants)란 개념을 제시하였다. 현재 학생들은 디지털 네이티브로서 어릴 때부터 이미 많은 디지털 환경에 노출되었기 때문에 디지털에 매우 익숙하며 그 활용 능력이 뛰어나다(이지연, 2013), 즉 미술교육 학습자에게 디지털 도구는 붓이나 팔레트 같은 미술 용구보다 훨씬 많이 접한 수단일 수 있으며, 이는 곧 교수·학습에 효과적으로 활용할 수 있는 소재가 될 수 있다는 것을 알 수 있다. 물론 이것이 미술의 기초적인 재료와 용구보다 디지털 도구를 우선해야 함을 의미하는 것은 아니다. 즉 미술 고유의 재료와 용구를 그 나름대로 배우되, 현재의 디지털화된 사회에서 디지털 도구가 가지는 의미와 특성을 간과하지 않는 것이 중요하다는 것을 강조하는 바이다.

앞으로의 세대는 현재보다 훨씬 높은 수준의 디지털 매체 및 도구를 활용할 것으로 예상되므로 미술교육에서도 이러한 학습자의 특성을 반영하여 다양한 디지털 방법을 활용해야 하는데, 여기에서 문제가 발생하게 된다. 바로 디지털 이미그런트인 교육 담당자들이 구사하는 디지털 언어는 디지털 네이티브인 학습자들의 것과는 큰 차이가 나며, 이로 인해 교육 담당자들은 학습자의 방식을 이해하는 데 큰 어려움을 겪고 있다(Prensky, 2001). 앞 장에서 밝혔듯 교수·학습이 교사와 학생의 상호 의존적인 관계를 의미한다는 점에서 디지털 이미그런트와 네이티브 간의 차이는 이러한 상호 의존적인 관계를 어렵게 할 수밖에 없다. 따라서 미술교육 담당자들은 학습자들이 디지털 네이티브란 점을 주지하면서 교수·학습 차원에서 이들에게 효과적으로 적용할 수 있는 디지털 매체나 도구, 활용 방법 등에 대한 진지한 고민과 협의가 필요할 것이다. 즉 과거의 미술교육이 디지털 이미그런트인 학습자에게 초점이 맞춰졌다면, 앞으로의 미술교육은 디지털 네이티브인 학습자에 초점을 맞추어야 할 것이다.

2015를 거친 2022 개정 미술과 교육과정에서는 이러한 디지털 네이티브적인 학습자 측면이 반영되어 여러 가지 디지털 교육 방법에 대해 강조하고 있는데, 다음 장에서는 이러한 강조들이 2015 및 2022 개정 미술과 교육과정에서 어떻게 구현되고 있는지 구체적으로 살펴보고자 한다.

2. 미술과 교육과정 속 디지털 교수·학습

미술교육에서 어떠한 방식으로 디지털적 요소를 다루어 왔는지 파악하기 위해 미술과 교육과정을 확인할 필요가 있는데, 그 이유는 교육과정은 교육이라는 추상적인 개념을 구체적인 형태로 구현하여 교육의 양상을 직접적으로 보여줄 수 있기 때문이다. 또한, 교수·학습이 교육과정을 실제로 실행하는 단계(박소영, 양윤정, 백경선, 2016)이기 때문에, 디지털과 관련된 교수·학습을 살펴보기 위해선 교육과정에 대한 점검이 필수적이라고 할 수 있다.

먼저 우리나라 미술교육의 디지털 매체의 도입과 활용을 미술과 교육과정 변천 과정에서 간략히 살펴보고자 한다. 제7차 교육과정에서는 미술교육을 시각문화교육의 관점에서 바라보았는데, 이에 따라 애니메이션 또한 시각문화예술의 한 장르로 보고, 미디어 교육의 일환으로 애니메이션을 해당 교육과정에 도입하였으며(정현선, 2004), 2007 개정을 거쳐 2015 개정 미술과 교육과정에서는 이러한 디지털 매체에 대해 보다 구체적으로 기술하고 있다. 2015 개정 교육과정에 의한 초등 미술 교과서에서는 디지털카메라로 이용한 사진 촬영, 동영상 편집 소프트웨어를 통한 동영상 제작 등의 내용으로 디지털 매체를 다루었다(김정희 외, 2018; 류재만 외, 2019, 백윤소, 2023, p. 142에서 재인용). 그리고 최근 개정된 2022 개정 미술과 교육에서는 시대적·교육적 패러다임의 흐름에 따라 첨단 기술을 적극적으로 받아들이려는 시도를 발견할 수 있는데, 이에 따라 미술교육에 에듀테크를 도입함으로써 디지털 매체 활용에 적극적으로 대응하고자 하는 노력을 하고 있다(백윤소, 2023). 디지털 매체에 대한 강조가 두드러진 2015 및 2022 개정 미술과 교육과정을 통해 미술교육이 어떻게 디지털을 다루고 있는지 살펴보고자 한다.

2015 개정 미술과 교육과정에서는 5가지의 교과 역량을 제시하고 있는데, 그중 '시각적 소통 능력'과 '창의·융합 능력'이 디지털과 직접적으로 관련된 능력이라고 볼 수 있다. 전자는 변화하는 시각문화 속 이미지와 정보를 이해, 해석하고, 이를 소통할 수 있는 능력을, 후자는 다양한 매체를 활용하여 자신의 생각과 느낌을 창의적으로 표현하고, 미술과 타 분야를 융합하여 새로운 가능성을 발견할 수 있는 능력을 말한다. 즉 시각적 소통 능력은 전통적인 미술의 경계를 확장하여 디지털 세계를 포함하는 시각문화라는 넓은 범위의 미술 영역을 다룰 줄 아는 능력임을, 창의·융합 능력은 미술과 디지털을 결합하여 새로운 미술을 창조할 수 있는 능력임을 함축한다고 볼 수 있다. 특히 류지영(2018)은 창의·융합 능력에 대해 미디어와 매체를 기반으로 한 디지털 리터러시와 대응된다고 보았다.

2015 개정 미술과 교육과정의 초등학교 3~4학년 '체험' 영역 성취기준의 '교수·학습 방법 및 유의 사항'에서는 체

험 활동 후 자신의 생각이나 느낌을 영상이나 사진 등을 통해 자유롭게 나타내도록 하고 있으며, 멀티미디어를 활용한 간접적인 체험도 강조하고 있다. '교수·학습 방향'에서는 정보 통신 기술(ICT), 사진, 영상, 멀티미디어 등의 다양한 매체를 활용할 것을 제시하고 있는데, 즉 사진, 영상, 멀티미디어 등처럼 디지털 도구가 표현이나 체험의 수단으로 활용될 수 있음을 밝히는 것을 통해 교수·학습 방법 및 방향 차원에서 디지털을 통한 교수·학습을 분명하게 드러내고 있다. 그리고 2022 개정 미술과 교육과정에서는 이러한 디지털 관련 내용들이 보다 구체적으로 기술되고 있다.

2022 개정 교육과정에서는 총론 차원에서 디지털 전환 등의 미래 사회의 불확실성에 대응할 수 있는 능력과 디지털 기초 소양에 대해 언급하고 있는데, 이는 모든 교과에서 그대로 적용되어야 함을 강조한다(박정현, 2022). 이러한 기조에 따라 미술과 교육과정 '성격'에서도 디지털 전환 시대에 따른 미래의 불확실성에 대처해야 함을 거론하며, 가상공간까지 미술의 범위를 확대함과 동시에 디지털 매체를 표현과 소통의 도구로 활용하여 디지털 시대에 필요한 소양을 기를 것을 제시하고 있는데, 이를 통해 2022 개정 교육과정이 종전 교육과정에서 포괄적으로 기술되었던 디지털 관련 내용들을 '디지털 전환 시대', '가상공간' 등의 사례를 제시함으로써 보다 구체화하고 있다고 볼 수 있다.

성취기준을 살펴보자면, [6미02-02]에서는 '디지털 매체 등 다양한 표현 재료와 용구를 탐색하여 작품 제작에 활용할 수 있다.'라고 기재되어 있는데, 종전 교육과정의 성취기준에서 드러나지 않았던 '디지털 매체'라는 용어를 직접적으로 기재함으로써 미술 표현의 방법으로 디지털 도구를 명확히 설정하고 있다. '미적 체험'의 '성취기준 적용 시 고려 사항'에서도 사진, 영상, 증강현실 및 가상현실 기기 등 디지털 매체 등을 활용하여 감각의 확장을 경험할 수 있음을 제시하고 있는데, 이를 통해 사진과 영상이라는 이미 익숙한 매체를 넘어 증강현실과 가상현실과 같은 가상공간까지 미술의 범위를 확장하고 있음을 명확히 확인할 수 있다. '교수·학습 방향'에서도 디지털 소양을 기르기 위한 디지털 매체 활용을 다시 한번 강조하고 있다.

다음 장에서는 성취기준에서 제시된 디지털 매체와 가상공간과 관련된 구체적인 사례를 통해 교육과정의 내용을 어떻게 구현할 수 있는지 살펴보고자 한다.

3. 미술교육에서 활용할 수 있는 디지털 교수·학습의 사례

미술교육에서 활용할 수 있는 디지털 교수·학습의 구체적인 사례를 체험, 표현, 감상 영역으로 나누어 살펴보고자 한다.

체험 영역에 활용할 수 있는 방법은 디지털 사진이다. 급격한 스마트폰의 발달로 인하여 사진 촬영이 일상화되었고, 미술교육에서 사진을 다루어야 한다는 시대적 분위기가 도래하자 2007 개정 미술과 교육과정에서 영상표현을 처음으로 학습 내용으로 포함시켰으며, 초등 교과서에서 사진 단원이 수록되기 시작되었다(김미남, 2017; 권혜일, 2022). 현재 많은 출판사의 교과서에서 사진 단원을 다루고 있는데, 3, 4학년 내용의 경우 사진에 대한 기술적인 접근에 초점을 맞추어 학생의 삶과 일상을 주제로 자신을 드러내는 창의적인 시도가 부족하거나 사진을 어떻게든 변형하여 다시 미술 작품화하려는 경향이 강했다(권해일, 2021). 그리고 5, 6학년은 3, 4학년의 학습 내용이 제대로 연계되지 않거나 검증되지 않은 작품이 선정되거나 특정 작가의 작품이 반복되는 등과 같이 작품 선정에 대한 어려움이 많아 보였다(권해일, 2022).

본 글에서는 디지털 사진을 현재 미술의 경향에 부합하게 활용하는 방법을 소개하고자 하는데, 디지털 사진을 통해 우리 사회의 쟁점을 드러내는 방법이다. 과거 사진기가 발명되자 있는 그대로 재현한다는 측면에서 위기감을 느낀 회화 분야에서는 사실주의적 표현을 벗어나 회화 고유의 영역을 구축하고자 하였다. 그만큼 사진은 회화를 초월하여 현실을 그대로 담아낼 수 있는 특징이 있는데, 사진이 회화적 표현과 구별되는 예술적인 정당성을 부여받을 수 있었던 이유는 사진이 사실적인 기록이라는 특수성을 포함하고 있기 때문이다(홍상현, 2023). 이렇게 사진이 예술의 영역으로 들어오게 되면서 사진으로 무엇을 담을지가 중요한 초점이 되었다. 그리고 우리 시대의 쟁점은 이러한 사진의 좋은 주제가 될 수 있다.

2015 개정 교육과정의 '체험' 영역과 2022 개정 교육과정의 '미적 체험' 영역 모두 나와 세계를 연결하여 시각적으로 소통하는 능력을 강조하고 있다. 사진을 통해 우리 사회의 쟁점을 다룬다는 것은 나와 세계를 연결하여 시각적으로 소통하는 작업을 의미한다. 최근 미술 분야에서는 사회적 책무성을 다루기 위한 노력을 하고 있는데, 특히 동시대 미술은 사회적 쟁점을 다룸으로써 사회 참여적인 미술의 모습을 강조하고 있다(윤미경 외, 2022). 시각미술교육의 패러다임에 따라 미술 교육학자들은 교실 안 미술 학습과 교실 밖 실제 상황을 관련지어 미적 경험으로 발전시키려는 노력을 해왔는데(이지연, 강주희, 2012), 우리 세계의 쟁점을 다루는 동시대 미술을 다룸으로써 교실 안팎을 연결하고, 이를 사진을 통해 소통함으로써 학생들에게 유의미한 미적 체험을 제공할 수 있다.

이지연, 강주희(2012)는 디지털 사진을 통한 생태 미술교육의 일환으로 골드워시의 작품을 참고하여 대지미술 작품을 만들고 이를 사진으로 남기는 프로젝트를 제안했다. 현재의 미술교육은 미술을 매개로 사회・문화를 바라보며 학생의 경험을 형성해 나가고자 하는데, 이러한 미술교육의 의미를 토대로 위 프로젝트에서는 학생들이 경험한 감각체험을 활용하여 이들이 속한 자연과 생명에 대한 이해를 일깨우고, 디지털 사진이 가진 즉시성, 선택성, 유희성 등을 통해 학생들의 내적 동기를 유발하여 주체적인 활동이 가능하도록 유도한다(이지연, 강주희, 2012). [그림 2]는 위 프로젝트의 학생 작품이다.

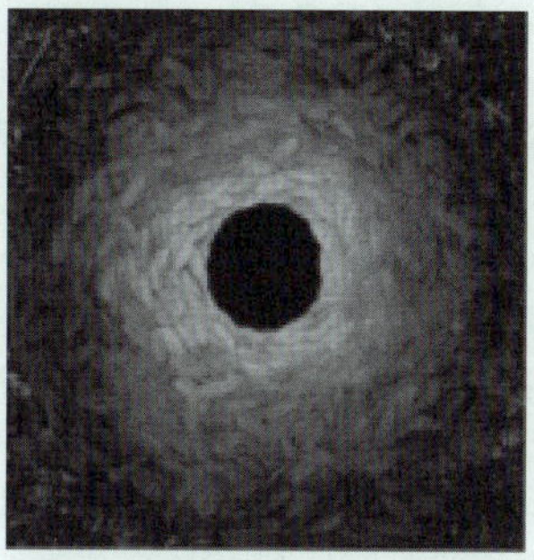

[그림 1] 골드워시의 작품

[그림 2] 학생의 작품

표현과 감상 영역에 활용할 수 있는 방법은 VR과 같은 가상공간을 이용하는 방법이다. 이미 미술에서는 기술의 발전으로 영상예술이나 미디어아트와 같은 분야가 활성화되었고, 온라인 공간에서의 전시 관람이 빈번해졌으며, '융복합', '통섭'과 같은 키워드가 주요한 화두로 제시되고 있다(양현미, 전수환, 홍기원, 최선혜, 2012). 이렇게 미술이 디지털 기술과 결합하면서 그 양상이 매우 다양하게 나타나고 있으며, 코로나19로 인한 비대면의 확산으로 이러한 경향이 더욱 가속화되고 있다. 이미 미술과 디지털은 서로 긴밀한 관계를 맺고 있으며, 가상공간은 디지털 기술을 집약하여 구현한 무한한 가능성의 공간으로, 이와 같은 미술과 디지털의 효과적인 결합을 보여준다(조원상, 2023).

현재 많은 미술관・박물관에서 생생한 작품 체험 및 전시를 위해 다양한 가상공간을 활용하고 있으며, 가상공간을 표현의 도구로 활용하는 VR 아티스트들이 등장하고 있다(조원상, 2021; 조원상, 2023). 앞서서 살펴본 바와 같이 2022 개정 미술과 교육과정에서 가상공간을 미술의 범위로 받아들인 점, 미술계에서 가상공간이 표현과 감상이 도구로 두루 활용되고 있다는 점 등은 미술교육에서도 가상공간을 심층적으로 다뤄야 함을 반증하고 있다. 표현, 감상 영역에서 활용할 수 있는 구체적인 활동 사례는 다음과 같다.

표현 영역에서 활용할 수 있는 가상공간 활동은 '오픈 브러쉬'와 소프트웨어를 이용하는 3D 페인팅이다. 현재 초등 교과서에서 제시된 디지털 관련 표현활동으로는 컴퓨터 그림판과 같은 프로그램을 활용하여 그림을 그리는 활동이다. 물론 이러한 활동들도 필요하겠지만, 가상공간을 미술의 범위로 확장한다는 새로운 교육과정의 취지에 따라 메타버스로 불리는 가상공간을 표현활동에 이용해 보는 것도 새로운 미술을 경험할 좋은 기회가 될 것이다. 오픈 브러쉬는 VR기기로 구현된 가상공간 내에서 입체적인 그리기를 할 수 있게 해주는 소프트웨어로, '메타 퀘스트'와 같은 VR기기가 필요하다. 본 연구자는 2023년 7월에 투고한 「가상공간 표현활동 경험에 대한 사례 연구」라는 논문을 위해 학생들을 대상으로 오픈 브러쉬를 활용한 표현활동을 실시하였는데, 아래 그림은 해당 논문에 기재된 작품 중 일부이다.

[그림 3] 6학년 학생이 그린 오픈 브러쉬 작품

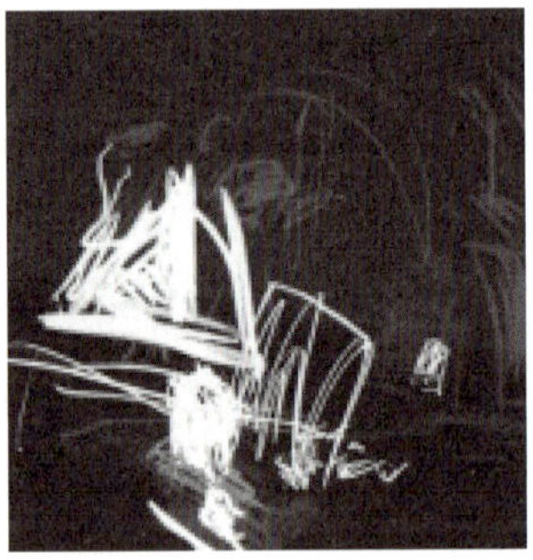

[그림 4] 3학년 학생이 그린 오픈 브러쉬 작품

위 활동은 정규 미술 수업에서 이루어진 것이 아니라 연구 차원에서 3, 4, 5, 6학년 1명씩을 연구 대상자로 선정하여 방과 후에 실시한 활동이다. 양감이나 부피감을 표현할 때 종전의 미술 교과 속 그리기에서는 명암이나 원근법을 통해 간접적으로 나타냈다면, 위와 같은 가상공간 표현활동은 3차원의 공간에 직접적으로 표현할 수 있어 새로운 미적 체험을 통해 조형 요소와 원리에 접근할 수 있다. 디지털 네이티브인 학생들은 새로운 기기를 다루는 것에 빠르게 적응할 수 있기 때문에 컨트롤러 작동법을 익혀야 하는 해당 활동에서 3학년 학생도 몇 번의 연습을 통해 컨트롤러를 조작할 수 있어 작품을 완성하는 데 큰 어려움이 없었다.

감상 영역에서 활용할 수 있는 가상공간 활동은 VR 등을 활용한 가상미술관 관람을 들 수 있다. 종전의 미술관·박물관에서는 주로 전시 홍보나 소개에 대한 용도로 온라인을 활용하였지만, 코로나19로 인하여 온라인 전시는 비대면 감상을 위한 미술관·박물관의 필수적인 대안으로 자리잡았다(김보름, 용호성, 2020). 그리고 이러한 온라인 전시는 실제 전시회를 VR로 구현한 형태가 주를 이루는데, 이미 국내외 많은 미술관·박물관에서는 해당 장소에 직접 가지 않아도 관람객이 작품을 최대한 실제처럼 감상할 수 있도록 VR 기반의 가상미술관을 제작한 상황이다. 가상미술관은 시공간의 제약에서 벗어나 언제 어디서나 디지털 매체를 통해 미술 작품에 쉽게 접근하여 작품에 대한 지식과 정보를 얻을 수 있다는 장점이 있다(양경은, 신형덕, 2012, 이은영, 2019, p. 694에서 재인용). 아래 그림은 국내외 가상미술관의 모습이다.

[그림 5] 바티칸미술관 홈페이지의 가상미술관

출처: https://m.museivaticani.va

[그림 6] 사비나미술관 홈페이지의 가상미술관

출처: https://www.savinamuseum.com

위의 두 가상미술관은 단순히 작품만을 배열한 것이 아닌 실제 그 작품이 전시되어 있는 공간까지 구현하여 관람객의 동선과 시선을 모두 경험할 수 있다. 물론 미술과 교육과정에서 한 학기 1회 이상 전시장을 관람하도록 권장하였듯이 실제 전시회 현장을 방문하는 것이 가장 좋겠지만, 교육 현장에서 학생들을 외부로 인솔하여 활동을 진행하는 것은 사실상 매우 어렵기 때문에 가상미술관은 이에 대한 훌륭한 대안이 될 수 있다.

또 다른 가상미술관의 예시로 '구글 아트 앤 컬쳐(Google Arts & Culture)'를 들 수 있는데, 구글에서 제작한 이 가상미술관은 해당 어플리케이션을 스마트폰에 다운로드하여 이용이 가능하다. 구글 아트 앤 컬쳐는 해외 유수의 많은 미술관의 작품을 탑재하고 있는데, 가상 갤러리 투어, 작품 컬렉션 만들기, 비디오와 오디오 콘텐츠, 아트 셀피, 360° 공간 탐험, VR·AR 체험 등 다양한 기능을 담고 있다(박수빈, 이현경, 2021). 무엇보다 스마트폰으로 다양한 형태의 감상 체험을 할 수 있다는 점에서 디지털 네이티브 학습자의 흥미와 관심을 끌 수 있을 것으로 기대된다. 아래 그림의 구글 아트 앤 컬쳐로 구현된 가상미술관의 모습이다.

[그림 7] 구글 아트 앤 컬쳐 속 360° 공간 탐험

[그림 8] 구글 아트 앤 컬쳐 속 AR 체험

이은영(2019)은 구글 아트 앤 컬쳐의 교육적 가치로 감상에 대한 흥미와 참여 증가, 작품에 대한 이해 심화, 매체를 통한 미적 요소 탐색, 미술 표현 욕구 증가 등을 제시하였다. 특히 가상 체험이나 AR을 통한 감상활동은 신선한 미적 경험이 될 수 있으며, 감상자로 하여금 활동에 적극적으로 참여하고 유희적 체험으로 나아가도록 유도한다(박지숙, 임성환, 2016; 홍인국, 2017). 특히 AR로 구현된 작품을 직접 배치하여 전시하는 경험은 실제 전시회 현장에 가서도 불가능한 경험이기 때문에 학습자에게 의미 있는 경험이 될 수 있다. 이처럼 구글 아트 앤 컬쳐는 가상공간을 기반으로 다양한 교육적 가치를 구현한 디지털 도구로, 교육 현장에 효과적으로 활용될 수 있다.

미술교육에서 활용할 수 있는 구체적인 디지털 교수·학습의 사례를 체험, 표현, 감상 영역을 중심으로 살펴보았다. 물론 몇 가지 활동은 교육 현장에 갖춰져 있지 않은 장비를 구입하고, 교사가 이를 지도하기 위해 그 사용법을 익혀야 한다는 번거로움이 있다. 하지만 점점 확장되는 디지털 기술 및 매체가 발달하는 상황에서 미술교육이 디지털 이미그런트 수준에 머물러 디지털을 활용한다면, 미술교육은 더 이상 급변하는 사회를 반영하고 이에 대응할 수 없을 것이다. 결국 미술교육 또한 4차 혁명과 같은 사회적 물결로부터 자유로울 수 없기 때문이다(이재영, 2017). 마지막 장에서는 이러한 디지털 미술교육이 나아가야 할 방향과 해결해야 할 과제에 대해 살펴보고자 한다.

4. 미술교육에서 디지털 교수 · 학습의 방향과 과제

지금까지 미술교육에서 디지털 교수·학습의 필요성, 미술과 교육과정에 드러난 디지털 교수·학습 내용, 미술과에서 활용할 수 있는 구체적인 디지털 교수·학습 사례에 대해 살펴보았다. 정보화가 가속화되고 디지털 기술이 발달함에 따라 미술교육에서도 이렇게 변화하는 사회적 분위기에 대응하기 위한 많은 노력을 기울이고 있다. 2015 및 2022 개정 미술과 교육과정에서도 디지털 관련 내용들을 명시적으로 제시하고 있으며, 디지털 기기와 소프트웨어를 활용한 활동들도 교과서에 실리고 있는 상황이다. 여기서 중요한 점은 미술교육이 전통적인 재료와 용구를 활용하든, 디지털 기기와 소프트웨어를 활용하든, 미술 고유의 가치를 실현해야 한다는 점이다. 앞서서 언급하였듯 미술교육은 4차 혁명과 같은 시대 변화에 능동적으로 적응하고 대응해야 하지만, 이때에도 표현과 감상을 포괄하는 미적 경험과 정신적인 연계성이라는 미술교육의 정당성을 놓쳐서는 안 된다(이재영, 2017). 즉 디지털 미술교육은 디지털을 통해 미술교육이 추구하는 목표를 달성해야 하는 것이지, 단순히 어떤 소프트웨어나 하드웨어의 사용법을 익히고 끝내는 피상적인 수준에 그친다면 미술 교과의 디지털 활용은 의미가 없는 수단에 불과하다.

현재 미술교육에서 구현되고 있는 디지털 교수·학습은 아직 걸음마 수준이다. 교육 현장에는 태블릿이나 컴퓨터 외의 스마트 기기는 전무하며, 이마저도 미술을 지도하기에 적절한 수준이 아니다. ICT 활용 교육을 위해서는 ICT 하드웨어 및 소프트웨어가 구축되어야 한다(Ely, 1999, 이은영, 2019, p. 705에서 재인용). 하지만 교육 현장에서는 메타 퀘스트와 같은 가상공간을 구현할 수 있는 스마트 기기는 차치하고, 태블릿을 이용한 그리기를 할 때 필요한 스타일러스 펜조차 구비되어 있지 않은 경우가 허다하다. 이처럼 교육 현장 장비적 한계 때문에 많은 미술 교과서에서도 단순한 디지털 도구, 예를 들어 컴퓨터의 그림판, 스마트폰의 카메라와 같은 수준에 초점을 맞추어 관련 내용을 다루고 있다. 물론 이러한 수준의 디지털 미술교육도 필요하지만, 2022 개정 미술과 교육과정에서 가상공간까지 미술의 범위로 확대한 이유는 다양한 양상의 디지털화가 진행되는 사회적 분위기를 수용하려는 미술교육의 의지가 있었기 때문일 것이다. 따라서 가상공간이나 디지털 드로잉과 같은 기존에 있었던 것과는 다른 수준의 디지털 미술교육을 위해 VR기기나 스타일러스 펜과 같은 다양한 스마트 기기와 그 활용 방안을 확보하여 교육 현장에 제공해야 할 것이다.

이와 더불어 필요한 것 교사의 인식 및 전문성 확보일 것이다. 교사들은 학습자들에게 시대에 적합한 지식과 능력을 기르도록 체계적으로 지도해야 하는데, 디지털 네이티브 학습자를 가르치기 위해선 교사의 전통적인 역량 외의 디지털에 초점을 맞춘 추가적인 역량이 필요하다(최은선, 최근배, 박남제, 2023). 현재 모든 교과들이 교육과정 차원에서 디지털 기술을 강조하고 있는데, 이를 학교 교육에 직접 투입하고 실천해야 하는 교사는 디지털 교육에 대한 전문성을 강화해야 한다(김성애, 김성원, 박찬솔, 홍지연, 박정호, 2023). 그리고 이와 같은 전문성뿐만 아니라 디지털을 바라보는 시각에 대한 인식의 변화도 필요하다. 디지털 네이티브 학습자들은 디지털 생활에 익숙하기 때문에 디지털 환경에서 학습하는 것을 자연스럽게 받아들이는 경향이 있지만, 교사의 경우 디지털 요소를 학교 수업과 연계하는 것에 일정 부분 거부감을 품고 있는 것도 사실이다(권혁일, 2008). 따라서 적합한 디지털 활용에 대한 교사의 인식 전환이 필요하다. 디지털 활용에 대한 현실과 가상의 경계가 없어지고 인간과 디지털이 공존하는 다양성의 사회에서 교사는 디지털 활용에 대한 올바른 관점을 형성해야 하고, 예비 교사 시기부터 이에 대한 체계적인 교육도 필요해 보인다(조윤주, 2023).

확보한 스마트 기기와 그 활용법은 결국 미술을 지도하는 교사들에 의해 학생들에게 전달된다. 물론 교사가 이것들을 전문가 수준으로 습득하여 이용하는 모습을 학생들에게 보여줄 수는 없을 것이다. 하지만 변화하는 사회적 분위기에 대응한 미술교육을 위해선 교사들도 이러한 것들에 관심을 갖고 어떻게 교수·학습 과정에 활용할지 고민해야 한다. 결국 앞으로의 미술과 교육과정은 점점 더 심해지는 디지털화를 반영할 것이며, 교사들도 이러한 양상들을 계속적으로 외면하거나 생략할 수는 없기 때문이다. 물론 지나치게 기기나 기술에 초점이 맞춰지는 것, 그리고 이러한 것들이 미술의 가치에 부합하지 않는다는 비판적 의견이 없는 것은 아니다. 하지만 위에서 언급하였듯이 미술교육은 이러한 분위기를 반영하면서도 미술의 가치를 실현해야만 한다. 이미 디지털은 미술의 일부가 되었으며, 가상공간을 미술의 범위로 간주한 것처럼 미래의 미술교육은 지금은 등장하지 않은 미지의 디지털적 무언가를 또다시 미술의 범위에 포함시킬 것이기 때문이다.

조원상(서울금양초등학교)

34 미술과 진로 연계 교육

'진로(進路, Career)'란 말 그대로 '나아갈 길'을 의미한다. 한 사람이 장차 어떠한 꿈을 가지고 어떤 직종에서 어떻게 살아갈지에 대한 인생의 설계를 일컫는다. 진로교육의 기본 전제는 개인의 직업적 잠재 능력을 개발하고 사회와 환경 속에서 그 잠재 능력을 최대한 발휘하도록 기회를 제공하는 것이다. 진로교육의 관점에서 보면 주어진 기회를 최대한 활용하도록 안내하는 것이 중요하다. 한 사회의 발달 정도를 알 수 있으려면 다양한 선택의 가능성이 얼마나 열려 있는지 취업 기회의 구조와 역동으로 가늠할 수 있다.

2025년 전면 고교학점제 시행을 하는 것도 학생들이 개성, 능력, 진로를 스스로 개척하도록 하는 것이다. 우리나라 교육과정을 보면, 제6차 교육과정부터 추구하는 인간상으로 '진로를 개척하는 사람'을 꼽고 있다. 이에 미술과 교육과정에서도 진로와 연계한 창의·융합적 인재를 키우기 위한 다양한 학습을 제공하고 있으며, 다양한 직업의 세계에서 공통으로 요구되는 인간적 특성을 기르는 것을 강조하고 있다. 4차 산업혁명 이후 직업의 세계가 엄청나게 빠른 속도로 변화되기 때문에 이런 변화에 적응할 수 있는 유연성과 창조성 그리고 적응력이 필요하게 되었다.

1. 미술과 교육과정에서 진로 연계 교육 내용 분석

1) 미술과 진로 연계 교육과정 등장 배경

진로 교육이란 개인이 직업적 잠재 능력을 최대한 개발하여 직업의 세계에서 개인적 행복과 개인적 성취가 최고에 달할 수 있도록 지원하는 교육활동이다. 넓은 의미로 보면 진로 교육 자체가 교육의 목적일 수 있지만, 진로 교육의 개념은 범위가 확대되어 교육과 직업의 세계를 효율적으로 연계시켜 교육의 생산성을 증대시키는 국가 발전의 기본 요소로 간주하고 있다. 4차 산업혁명 이후 직업의 세계가 복잡하게 발달하고 있으며, 특히 정보화 사회가 도래하면서 직업 세계에서 개인의 직업적 잠재 능력을 최대한 개발하는 것은 국가의 주요 과제가 되었다.

〈표 1〉 우리나라 교육과정에 제시된 '진로' 교육 관련 내용

진로 관련 교육과정	추구하는 인간상	구성
제6차 교육과정	이 교육과정을 통하여 추구하는 인간상은 건강한 사람, 자주적인 사람, 창조적인 사람, 도덕적인 사람으로 한다. • 다. 학생의 개성, 능력, 진로를 고려하여 교육 내용과 방법을 다양화한다.	중학교 〈총론〉 교육과정 구성 방침에 제시
제7차 교육과정	다. 폭넓은 교양을 바탕으로 진로를 개척하는 사람	초·중등학교 〈총론〉 추구하는 인간상이 단독으로 제시
2007 개정 교육과정	다. 폭넓은 교양을 바탕으로 진로를 개척하는 사람	상동
2009 개정 교육과정	가. 전인적 성장의 기반 위에 개성의 발달과 진로를 개척하는 사람	상동
2015 개정 교육과정	가. 전인적 성장을 바탕으로 자아정체성을 확립하고 자신의 진로와 삶을 개척하는 자주적인 사람	상동
2022 개정 교육과정	가. 전인적 성장을 바탕으로 자아정체성을 확립하고 자신의 진로와 삶을 스스로 개척하는 자기 주도적인 사람	상동

우리나라 교육과정에서 학생의 '진로'와 관련된 용어가 '추구하는 인간상'에 등장한 것은 제6차 교육과정 시기

(1992~1996)부터이다. 제6차 교육과정 시기는 초등학교, 중학교, 고등학교의 총론에 각기 제시되어 있는데, 이 시기에는 추구하는 인간상이 따로 구분되지 않고, 총론의 교육과정 구성 방침에 내용이 들어 있다. 추구하는 인간상의 구현 방침에, "학생의 개성, 능력, 진로를 고려"하라는 내용이 있다. 이때 '진로'의 용어가 처음 제시된 것이다.

이후 제7차 교육과정부터는 초・중등 교육과정 총론에 공통으로 제시되어 있는데, 교육과정의 구성 방향의 '추구하는 인간상' 항목에 '진로를 개척하는 사람'을 하나의 방향으로 하였다. 그런데 제7차와 2007 개정 시기는 진로 항목이 '다'항으로 제시되었지만, 2009 개정 시기부터는 '가' 항목에 제시하여 학생들의 진로 교육의 중요성을 강조하고 있다.

미술과 관련된 진로 연계 교육과정은 2015 개정 교육과정 총론과 학교 진로교육과 관련해서 등장하였다. 2015 개정 교육과정을 통해 달성해야 할 핵심 역량과 학교 진로교육 목표와 성취 기준의 관련성을 직, 간접적으로 명시하였다.

다음은 2015 개정 교육과정 총론(교육부, 2015a: 1)의 핵심 역량과 학교 진로 교육 목표 및 성취 기준의 역량과의 관계를 나타낸 역량 관계도이다(교육부, 2015; 심영옥 외, 2023).

2) 미술과 교육과정에서 진로 개발 교육의 전개 및 특징

2022 개정 미술과 공통 교육과정에서 제시한 미술과의 성격을 보면, "미술은 조형적으로 문제를 해결해 나가는 과정을 통해 자기의 내면을 통찰하고 상상력과 창의성을 발현시켜 개인과 공동체의 삶을 풍요롭게 한다. 또한 시대의 특징과 문화를 기록하고 반영하는 미술은 과거부터 동시대에 이르기까지 시공간을 가로질러 사유하게 함으로써 인간의 삶에 대한 이해와 새로운 미술 문화 창출을 이끌고 인류의 지속 가능한 발전에 공헌한다. 학교 교육에서 미술 교과는 미술의 의미와 가치에 기초하여 심미적 감성을 함

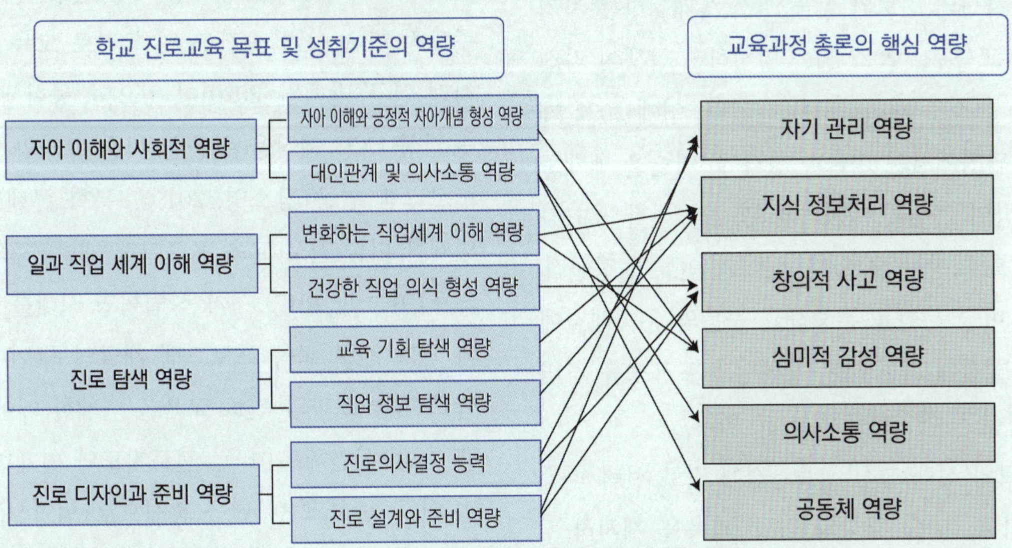

[그림 1] 학교 진로교육 목표 및 성취기준의 역량과 총론의 핵심 역량 관계도

양하고 창의·융합적으로 사고하는 힘과 시각적으로 소통하는 능력을 길러주며 정체성과 공동체성을 확립하여 학생들의 전인적 성장을 이끄는 데 이바지하는 교과"(교육부, 2022b: 5)로 되어 있다.

3) 2022 개정 교육과정에서 미술과 진로 연계 내용 분석

우리나라 초·중등학교 교육과정은 사회 변화와 시대적 요구를 반영하여 지속적으로 개정되고 발전해 왔다. 2022 개정 교육과정에서 교육과정의 변화를 요청하는 주요 배경에 진로와 관련된 내용을 보면, 학생 개개인의 특성과 진로에 맞는 학습을 지원해 주는 맞춤형 교육에 대한 요구의 증가를 들고 있다(교육부a, 2022). 이를 위한 교육과정의 구성 방침으로, "학생들이 자신의 진로와 학습을 주도적으로 설계하고, 적절한 시기에 학습할 수 있도록 학습자 맞춤형 교육과정 체제를 구축한다."(교육부a, 2022: 5)로 되어 있다. 그리고 2022 개정 교육과정이 추구하는 인간상의 첫 번째 가. 항목에 "전인적 성장을 바탕으로 자아정체성을 확립하고 자신의 진로와 삶을 스스로 개척하는 자기주도적인 사람"(교육부a, 2022 5)을 명시하여 학생이 자신의 진로와 삶을 스스로 개척하도록 하였다. 이에 2022 개정 미술과 교육과정에서는 미술과 성격에 "미술을 매개로 사고하고 행동하며 자신과 세계와의 관계를 성찰하여 자신에 대한 이해를 확장할 수 있다. 나아가 인류의 정신적, 물질적 유산인 미술 문화를 존중하고 공동의 문제해결에 참여하며 문화 발전에 기여"하는 창의성과 포용성을 겸비한 주도적으로 삶을 개척하도록 하고 있다.

특히 고등학교의 선택 중심 교육과정에 진로 선택 과목으로 '미술 창작'과 '미술 감상과 비평' 과목을 제시하고, 이 과목을 통해 학생 자신의 진로와 적성에 따라 미술 분야에 대한 종합적 이해를 바탕으로 세부적으로 심화 학습할 수 있도록 하였다(교육부b, 2022). 학생들은 '미술 창작'을 통해 다양한 창작 활동을 경험하며 창작 설계의 방법과 과정은 물론 창작의 확장과 관련된 내용을 학습하여 실기에 재능이 있는 학생이 미술 작가로 진로를 개척할 수 있으며, '미술 감상과 비평'을 통해서는 미술을 감상하고 비평하는 활동을 통해 인문학적 소양과 비판적 사고력을 기를 수 있으므로 미술사가, 미술 비평가, 평론가 등의 진로를 개척할 수 있다.

2. 미술과 연계 진로 교육 관련 선행연구

1) 미술과 연계 진로 교육 관련 선행연구

미술 교과 연계 진로 교육을 주제로 한 연구는 최근 진로 교육의 교육적, 사회적 인식의 확장과 더불어 점차 늘어나는 추세다. 미술 교과 연계 진로 교육 역시 대체로 중학교와 고등학교 학생들을 대상으로 한 연구가 중점적으로 다루어져 왔다. 특히 초등학생 대상 연구는 '초등학생의 자기주도적 학습 능력 증진을 위한 진로 교육 연계 미술 수업 사례 연구'(박혜원, 2020)이 있으며, 중학생 대상의 연구는 '동영상 UCC 제작을 활용한 미술 교과와 진로 교육 연계 프로그램 연구'(장소영, 2019), '문화 콘텐츠 관련 직업과 연계한 미술 진로 교육 프로그램 개발연구: 중학교를 중심으로'(이승희, 2017), '4차 산업혁명 시대를 대비한 미술 교과 연계 진로 교육 프로그램 개발연구'(이수정, 2018), '중학교 미술 교과와 진로 교육을 연계한 메이커교육 프로그램 개발'(신인혜, 2014), '진로지도와 연계한 미술 수업 방법 연구: 중학교 3학년을 중심으로'(임영선, 2006), '미술과와 연계된 자유학기제 선택프로그램이 중학교 1학년 학생들의 진로 성숙도에 미치는 영향'(조은혜, 2015) 등이 있는

데, 자유학기제와 맞물려서 최근 들어 더 활발하게 연구되고 있다(이주연, 안금희, 2018). 고등학교에서는 '진로 개발 역량 증진을 위한 디자인 씽킹(Design Thinking)기반의 미술 연계 진로 수업 사례연구: 고등학교 1학년을 중심으로'(한가휘, 김소정, 2020), '진로발달 이론에 따른 미술 교과 연계 진로 교육 프로그램 개발: 고등학교 교과를 중심으로'(김주선, 2020), '일반계 고등학교 교육과정 클러스터를 위한 미술교과 연계 진로교육 프로그램 개발연구'(서영경, 2020), '미술 활동·창의적 체험활동 연계 교수·학습 모형 개발: 특성화고등학교의 진로활동을 중심으로'(김선영, 2014), '특성화고등학교 미술교육에서 진로지도와 연계한 프로그램 개발'(김보영, 2016), '고등학교 진로 수업을 위한 블렌디드 러닝 활용 미술과 교수학습 지도 방안 연구: 지역 연계 미술교육을 중심으로'(이연경, 2023), 디자인고등학교나 예술고등학교와 같이 미술 관련 특수목적고등학교에서의 진로 교육 연구(김소연, 강윤정, 2016)가 수행되었으며, 미술 수업을 통한 진로지도 방안에 관한 연구(정연희, 2001; 임사영, 2017) 등과 같이 미술 교과 연계 진로 교육 프로그램 개발에 관한 연구들이 있다(이주연, 안금희, 2018).

2) 교과연계 진로교육의 개념 및 유형

교과 연계 진로 교육이란 학교 교육과정에서 운영되고 있는 교과 수업에 진로 교육 성취 기준을 연계하여 운영하는 것으로 2015년 학교 진로 교육 성취 기준을 기준으로 연계한 것이다. 교과 연계 진로 교육은 과거 교과 통합 진로 교육으로 명명되다 2015년부터 교과 연계 진로 교육으로 명칭이 변경되었고, 2017년 '교과 연계 진로 교육 교수·학습 매뉴얼(음악, 미술, 체육)'을 연구로 공식적으로 연구명에 표시되었다. 현재 우리나라 중·고등학교에는 학교별 1명 이상씩 진로 진학 전담교사가 배치되어 있고, 특히 중학교의 경우 자유학기제의 시행으로 자신의 진로를 생각해 보고 탐색할 수 있는 기회가 제공되고 있다. 그러나 정작 중요한 대학 진학 및 사회 인력으로 이행을 앞둔 고등학생 시기에는 대입을 위한 준비로 학교 정규 교육과정에 진로 교육을 시행하기 어려운 것이 학교 현장의 현실이다. 이에 교과 연계 진로 교육은 우리나라 청소년들이 진로·진학 문제를 고민하는 가운데 변화하는 미래 사회에서 자신에게 적합하고 유익한 진로를 탐색하고 체계적인 준비를 할 수 있도록 하는 데 도움을 줄 수 있다. 단위 학교에서의 교과 통합 진로 교육은 최근 청년실업의 문제가 증대되는 것을 예방하는 차원에서 직업탐색 및 준비 활동의 기회를 제공해 줄 수 있으며, 무엇보다 학생들이 자신의 미래를 창의적이고 적극적으로 준비할 수 있는 자기 주도적인 진로 학습의 기회를 제공할 것이다(김나라 외 11인, 2017).

교과 연계 진로 교육의 유형은 연계의 내용 형태에 따라 1) 교과 중심 연계, 2) 진로 중심 연계, 3) 교과&진로 균형 연계로 구분할 수 있다.

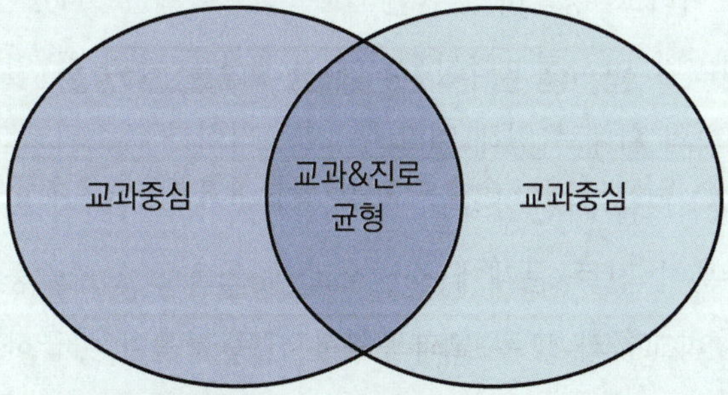

[그림 2] 고등학교 미술 교과 연계 진로 교육 유형

내용 구성에 따라 교과 연계 진로 교육의 유형이 달라질 수 있지만, 교과와 진로 내용이 균형을 이루는 것이 가장 이상적이다. 교과와 진로 교육 내용의 균형을 이루기 위해서는 학생들이 진로에 대해 생각해 볼 수 있는 사항을 주제로 교과 내용을 연계하여 진행하거나, 교과의 내용 중 학생들의 진로와 관련된 내용을 연계하여 진행할 수 있다(김나라 외 11인, 2017).

3) 미술과 진로 연계 교육의 흐름

진로 교육(Career Education)이란 말은 1970년대 이후 미국을 선두로 해서 새롭게 등장한 용어이다. 과거 직업교육은 특정한 직업을 원하거나 필요로 하는 사람에게만 해당되는 교육이었다. 오늘날 직업은 생계의 수단보다는 사회에 봉사하는, 나아가서 자아실현을 위한 수단으로써 더 중요한 의미를 갖게 되었다. 현대사회에서는 모든 사람이 직업을 갖지 않으면 안 되게 되었다. 누구나 직업을 가져야 한다는 관점에서 보면 직업교육은 모든 사람에게 필요한 것으로 인식되었다(한국진로교육학회, 2000).

진로 교육에 대한 정의는 여러 학자에 의해 정의되어 왔는데, 한국진로교육학회(2011: 17)는 "현명한 진로 선택과 진로 발달을 통하여 생산적 사회 구성원으로서 그리고 행복한 개인으로서 삶을 살 수 있도록 성장을 돕는 교육의 과정"이라고 정의하였다(한국교육진로학회, 2011).

2017년 한국정보화진흥원에는 조사를 통하여, 일자리 자동화의 확대로 인해 일할 수 있는 기회가 축소되고, 최상위 성취도를 가진 소수의 학생을 제외하고 나머지 학생들 대부분이 진로 문제에 직면하고 있으므로 초·중등학교 모든 학교급과 모든 교과목에서 진로 교육이 시급하다고 하였다. 특히 저출산으로 인해 학령인구가 감소하고 있고, 이에 반해 다문화·북한 이탈 학생 등 사회적 배려 대상 학생들이 계속해서 증가하는 추세이기 때문에 진로 교육은 더욱 중요하게 된 것이다(교육부, 2018).

이에 교육부(2018: 2)는 "학교 진로 교육 추진 방향"으로 다음의 3가지 목표를 제시하였다.

첫째, 진로 교육을 기반으로 한 학교 교육과정 활성화, 진로 교육 및 상담자료 개발·보급을 통한 학교 진로 교육과정 기반 강화 및 확산시킨다. 둘째, 교원의 진로 교육 역량 강화 및 지원, 소외계층 진로 교육 활성화 프로그램 운영·지원을 통한 교원의 전문성 제고 및 사각지대 없는 진로 교육을 실천한다. 셋째, 커리어넷 유지·보수 및 진로상담 운영, 시·도교육청 특색·자율 프로그램 운영 지원을 통한 학생 중심 진로 교육 기반을 구축한다(교육부, 2018). 이처럼 진로 교육의 필요성과 중요성이 부각하고 있는 만큼, 현재의 사회와 미래 사회에 대응할 수 있는 학교 교육에서는 학생 맞춤형 진로 교육이 이루어져야 할 것이다.

4) 미술과 진로 연계 교육의 지속가능발전의 교육적 관점과 가능성

미술과에서 진로교육과 연계할 수 있는 학교 교육과정은 중학교의 경우 자유학기제, 또는 자유학년제와 연계하는 방법과 창의적 체험활동과 연계할 수 있고, 고등학교에서는 2025년 전면 시행하는 고교학점에 전반에 미술과 관련한 연계 교육을 시행할 수 있다.

자유학기제에는 지역사회와 연계하여 진로 탐색 활동, 주제 선택 활동, 동아리 활동, 예술·체육 활동 등 다양한 체험 중심의 자유 학기 활동을 운영하는 기준이 있으며(교육부, 2015c), 창의적 체험활동은 자율 특색 활동, 동아리 활동, 봉사활동, 진로활동의 4개 영역으로 구성되어 있다(교육부, 2015d).

2015 개정 교육과정에서는 2016년 자유학기제 전면 시행을 하도록 하였다. 자유학기제는 '중학교 교육과정 중 한 학기 동안 학생들이 시험 부담에서 벗어나 꿈과 끼를 찾을 수 있도록 수업 형식을 토론·실습 등 학생 참여형으로 개

선하고, 진로 탐색 활동 등 다양한 체험활동이 가능하도록 교육과정을 유연하게 운영하는 제도'이다(장소영, 2019).

다만 미술과 진로 연계 교육이 효과적으로 지속가능발전하려면 사회 변화에 부응하면서 학생들의 흥미와 적성을 고려한 끊임없는 실험적 연구와 실천이 이루어져야 할 것이다. 또한 진로 교육은 일반 교과 교육과정과 자유학기제, 창의적 체험활동 등에 중요시 다루고 있다. 시간의 대부분을 학교에서 보내는 청소년에게 일이 주는 가치와 변화하는 산업구조, 직업 세계의 정확한 정보 인식 및 탐색이 이루어질 수 있도록 해야 한다(장소영, 2019).

5) 미술과 진로 연계 교육의 교육적 접근

2017년 교육부는 한국직업능력개발원과 공동으로 '교과 연계 진로 교육 교수·학습 매뉴얼(음악, 미술, 체육)'을 연구 결과를 발표했다(김나라 외 11인, 2017). 이 연구에서 제시한 고등학교 교과 연계 진로교육 교수·학습과정안의 미술 교과와 진로 교육을 연계한 내용 구성을 보면 다음과 같다.

〈표 2〉 고등학교 미술 교과 연계 진로 교육 교수 · 학습지도안의 내용 구성(김나라 외 11인, 2017: pp. 6-7)

교과	주제	교과 성취 기준	진로 교육 성취 기준	교과 연계 진로 교육 성취 기준
미술	표현 (제작-표현 매체의 융합, 성찰과 보완)	• 다양한 발상 방법을 활용하여 새로운 주제를 탐색할 수 있다. • 여러 가지 매체의 조합이나 응용 · 확장을 통해 새로운 표현 효과를 탐색할 수 있다. • 주제와 표현 의도, 재료와 표현 방법, 매체, 표현 과정, 결과 등을 종합적으로 검토할 수 있다. • 작품에 대한 성찰을 바탕으로 작품을 수정하거나 다음 작품 계획에 반영할 수 있다.	• 다양한 진취적 역량(창의성, 협업 능력, 창업가정신 및 리더십 등)의 의미와 중요성을 설명할 수 있다. • 관심 분야의 동향 및 전망을 파악하고 관련 창업과 창작 사례를 탐색할 수 있다. • 관심 있는 분야의 직업이나 사업을 구상하고 계획하는 모의활동을 할 수 있다. • 직업생활에서 팀워크와 의사소통의 중요성을 이해할 수 있다. • 상황(대화, 발표, 회의)에 맞는 의사소통 방법을 알고 활용할 수 있다.	• 제품디자인 수업을 통해 '창의적인 사고력'을 기르고 모둠활동으로 협력하여 제품디자인을 하면서 배려와 존중의 마음 등 '인성'을 기를 수 있다.
	체험 (지각, 소통, 자신과 세계, 시각문화의 가치와 역할)	• 자신의 내면세계를 인식하고 외부 세계와의 조화를 이룰 수 있는 방안을 모색할 수 있다.	• 자신의 특성을 이해하고 긍정적인 자아 정체감을 가질 수 있다. • 자신의 진로 목표를 성공적으로 이루어 나갈 수 있다는 자신감을 가질 수 있다.	• 나를 표현하는 방법의 확장으로 나를 '페이퍼아이'로 표현하여 내안의 다양한 생각을 자유롭게 드러낼 수 있을 것이다. 이를 통해 자신을 이해하고 자신의 특성에 맞는 진로에 관한 생각을 정리하여 긍정적인 자아 정체감을 가질 수 있도록 한다.

〈표 3〉 고등학교 미술 교과 연계 진로 교육 교수 · 학습과정안 개발 모형(김나라 외 11인, 2017: p. 24)

단계	내용
1. 분석	• 교과 특성 분석 - 해당 교과 교육과정의 목표, 구조, 편성 및 운영 방향, 성취 기준 파악 • 학생 특성 분석 - 일반적 특성, 출발점 능력 파악 후 수업 설계에 반영 • 학교 특성 분석 - 학교의 물리적, 인적 특성을 분석하여 학습 환경 파악 • 교과 · 진로 교육 성취 목표 분석 및 Mapping - 진로 교육 세부 목표와 교과 단원 간 연계성을 판단하여 효과적인 단원 선택에 도움
▼	
2. 설계	• 학습목표 진술 - 교과 성취 기준과 진로 교육 성취 기준을 연계하여 새로운 학습 목표 진술 • 교수 · 학습 방법 선택 - 앞서 분석한 교과, 학생, 학교의 특성에 따라 다양한 방법 적용 • 평가도구 설계 - 평가의 목적, 시기, 종류 및 반영 비율을 결정하고 학기 초에 공고
▼	
3. 개발	• 교수 · 학습 매체 개발 - 교수 · 학습 방법을 재확인하고 교수 매체 유형을 선택한 후 자료를 선정 • 교수 · 학습과정안 개발 - 설정한 학습 단원, 성취 기준을 바탕으로 도입, 전개, 마무리로 구분하여 교수 · 학습과정안 작성
▼	
4. 실행	• 수업의 실제 - 교과 지식과 진로에 대한 태도 및 가치관을 형성할 수 있도록 구성 • 학생 참여 증진 - 학생 참여를 이끌기 위한 피드백 제공이 중요
▼	
5. 평가	• 평가 실시 - 설계 단계에서 계획한 평가를 실행 • 교수 · 학습 방법, 매체, 자료의 평가 및 수정 - 학생들의 반응 및 의견을 반영하여 수업 개선을 목적으로 함
6. 학생부 기록단계	• 학생부 기록 - 교과 학생부 기록 시 진로 교육 성취기준 달성과 연계하여 작성

3. 미술과 진로 교육 관련 이론

1) 진로 개발 역량의 의미

핵심 역량의 개념은 처음에는 주로 기업 경영 분야에서 사용되었다(Rothwell, W.J., & Lindholm, J. E., 1999), 이후 OECD의 DeSeCo 프로젝트를 통해 핵심 역량이 학교 교육과정에 역량이라는 개념으로 등장하면서 교육 분야에 주목받기 시작했다. DeSeCo 프로젝트에서 요구된 핵심 역량에는 창의성, 문제해결력, 협업능력, 통찰력, 심미적 감성의 4가지였다(육휘영, 2016). 최근에는 기업 외에도 교육 및 다양한 사회기관에서 활용되고 있다(이도현, 2015). 학교 교육에서 핵심 역량은 다양한 문제를 효율적이고 합리적으로 해결하기 위한 학습자에게 요구되는 지식, 기능, 태도의 집합체로 정의되고 있다(이광우, 2009).

미래 핵심역량 증진이라는 비전을 갖고 교육과정을 재구조화한 2015 개정 교육과정의 방향성에 따라 진로교육도 변화하는 미래 직업 세계와 평생학습사회에 창의적으로 진로를 탐색하고 스스로 진로를 개척하며 개발해 나갈 수 있는 진로개발역량 함양을 강조한 것이다.

진로개발역량은 '진로 개발'과 '역량'의 합성어로 기존의 진로교육에서 강조하던 진로 발달이나 진로 성숙의 차원을 넘어 급속도로 발전하고 변화하는 직업 세계에 유연하게 대응하기 위한 노력으로서 '개발'의 중요성을 좀 더 강조한 개념이다(임효신, 2015). 진로개발역량은 단편적인 진로에 대한 정보의 습득과 진로 결정만을 위하는 것이 아니라 삶의 목표를 설정하고, 진로를 선택하며 준비하는 과정에서 자기 주도적으로 대처하는 능력, 즉 지식, 기능, 가치와 성향을 갖추는 것이다(임언, 정윤경, 최동선, 김나라, 장명희, 정연순, 장석민, 2008).

2015 개정 교육과정에서도 교육과정을 통해 달성해야 할 핵심역량과 학교 진로교육 목표와 성취기준의 관련성을 직, 간접적으로 제시하였는데, 이러한 역량을 학교 급별, 각 영역별로 세부 목표와 성취기준으로 정의하였다.

2) 진로교육 관련 법령

우리나라는 2015년「진로교육법」을 제정하여 진로교육의 법적 기초를 마련하였다. 진로교육의 대상과 범위가 초·중등학교 학생뿐만 아니라 대학생과 사회적 배려 대상자(학교 밖 청소년, 장애가 있는 학생 등) 등으로 확대됨에 따라 진로 교육을 더욱 강화하기 위하여「진로교육법 시행령」을 제정하였다.「진로교육법시행령」은「진로 교육법」의 구체적인 방향을 제시한 것으로, 초중고등 단계의 진로 교육 강화와 지역사회의 연계 제고를 위한 관계자의 역할과 방안을 명시하였다(진미석 외 7인, 2015).

「진로교육법」[법률 제17954호(법률용어 정비를 위한 교육위원회 소관 34개 법률 일부개정을 위한 법률) 일부개정 2021. 03. 23.] 제2조에서는 '진로 교육'과 그 하위 활동인 '진로 상담', '진로 체험', '진로 정보', '수업'의 개념을 다음과 같이 정의하고 있다(교육부, 2021a).

> 제1조(목적): 진로교육법은 학생에게 다양한 진로교육 기회를 제공함으로써 변화하는 직업세계에 능동적으로 대처하고 학생의 소질과 적성을 최대한 실현하여 국민의 행복한 삶과 경제 사회 발전에 기여함을 목적으로 한다.
>
> 제2조(정의)
>
> 1. "진로 교육"이란 국가 및 지방자치단체 등이 학생에게 자신의 소질과 적성을 바탕으로 직업 세계를 이해하고 자신의 진로를 탐색·설계할 수 있도록 학교와 지역사회의 협력을 통하여 진로수업, 진로심리검사, 진로상담, 진로정보 제공, 진로체험, 취업지원 등을 제공하는 활동을 말한다.
> 2. "진로 상담"이란 학생에게 진로정보를 제공하고 진로에 관한 조언과 지도 등을 하는 활동(온라인으로 하는 활동을 포함한다)을 말한다.
> 3. "진로 체험"이란 학생이 직업 현장을 방문하여 직업인과의 대화, 견학 및 체험을 하는 직업체험과 진로캠프·진로특강 등 학교 내외의 진로교육 프로그램에 참여하는 활동을 말한다.
> 4. "진로 정보"란 학생이 진로를 선택할 때 필요한 정보로 개인에 대한 정보, 직업에 대한 정보, 노동시장을 포함한 사회환경에 대한 정보 등을 말한다.
> 5. "수업"이란「초·중등교육법」제24조[1]에 따른 수업을 말한다.

---

1) 제24조(수업 등)
① 학교의 학년도는 3월 1일부터 시작하여 다음 해 2월 말일까지로 한다.
② 수업은 주간(晝間)·전일제(全日制)를 원칙으로 한다. 다만, 법령이나 학칙으로 정하는 바에 따라 야간수업·계절수업·시간제수업 등을 할 수 있다. [개정 2020.10.20]

2021년 개정한 「진로교육법」에 따른 「진로교육법시행령」의 '진로교육 현황조사'에 해당하려면 다음과 같은 내용이 포함되어야 한다(교육부, 2021b).

1. 학생의 상급 학교 진학 및 취업 등 진로 현황
2. 진로교육 관련 인력 및 시설 현황
3. 진로교육 프로그램의 운영 현황
4. 진로교육에 관한 학교와 지역사회의 협력 실태
5. 학교 수업에서의 진로교육 실태
6. 그밖에 진로교육에 관한 사항으로서 교육부장관이 현황조사가 필요하다고 인정하는 사항

이상의 진로 교육을 시행하려면 중학교, 고등학교 및 특수학교(중학교 또는 고등학교 교육과정 운영 부분으로 한정함. 이하 같음)의 진로 전담교사는 교육부령으로 정하는 과목이 「교원자격검정령」 제4조에 따라 담당 과목으로 표시(부전공 과목으로 표시된 경우를 포함한다)된 교원자격증을 보유한 교사로 배치해야 한다(진로교육법 시행령, 개정 2018. 7. 3.). 그리고 진로 교육을 시작하기 전에 초·중등학교의 장은 학생이 소질과 적성을 이해하고 진로 상담의 자료로 활용할 수 있도록 진로에 관한 심리검사(이하 "진로심리검사"라 한다)를 제공할 수 있다(진로교육법 제10조(진로심리검사)). 중, 고등학생 대상 심리검사(https://www.career.go.kr)에는 직업적성검사, 진로성숙도검사, 직업가치관검사(청소년), 직업흥미검사(K), 직업흥미검사(H), 진로개발역량 검사가 있는데, 진로 전담교사는 이러한 사전 검사를 종합적으로 검토해서 학생의 소질과 능력에 맞는 진로 교육 및 상담을 시행하게 된다.

③ 학교의 장은 교육상 필요한 경우에는 다음 각 호에 해당하는 수업을 할 수 있다. 이 경우 수업 운영에 관한 사항은 교육부장관이 정하는 범위에서 교육감이 정한다. [신설 2020.10.20]
1. 방송·정보통신 매체 등을 활용한 원격수업
2. 현장실습 운영 등 학교 밖에서 이루어지는 활동

④ 학교의 학기·수업일수·학급편성·휴업일과 반의 편성·운영, 그 밖에 수업에 필요한 사항은 대통령령으로 정한다. [개정 2020.10.20]

[전문개정 2012.3.21.]

-관련시행규칙: 학교생활기록 작성 및 관리지침(교육부 훈령 제365호 일부개정 발령일 2021.01.04, 시행일 2021.03.01)

4. 미술과 진로 연계 교육의 내용과 방법

1) 미술과 진로 연계 교육의 내용

미술과 진로 교육은 지식 체계와 정보가 다양화되고 있는 현대에 예술교육과 문화교육, 문화예술교육을 통해 이와 관련된 적성을 찾아 진로를 개척하는 능력 함양과 더불어 청소년기 학생들에게 미술 분야의 직업을 이해시키고, 적성에 맞는 진로를 선택하면서 직업 선택의 문제 해결을 위한 능력을 함양하는 데 목적을 두고 있다. 또한 생활 속에서 문화·예술 분야의 진로 교육에 대한 역할과 기능을 이해하게 하면서, 미술 분야와 관련된 직업을 탐색하고 진로를 선택할 수 있다. 학생은 스스로 적성과 흥미에 맞는 진로를 선택함으로써 우수한 시민정신의 근본을 형성시켜 국가 경쟁력도 드높일 수 있다(심영옥 외, 2023).

2022 개정 미술과 교육과정에서 각각의 교과목별 진로교육 관련 교수·학습 방향을 다음과 같다.

〈표 4〉 2022 개정 미술과 교육과정 진로 교육 관련 내용

<table>
<tr><th colspan="2">2022 개정 미술과 교육과정</th><th>교과목</th><th>구성</th><th>진로교육 관련 내용</th></tr>
<tr><td colspan="2">공통교육과정</td><td>미술</td><td>교수·학습 방향</td><td>학습자의 진로와 연계한 교수·학습을 계획하고 실행한다.</td></tr>
<tr><td rowspan="7">선택 중심 교육 과정</td><td>일반 선택 과목</td><td>미술</td><td>-</td><td>없음</td></tr>
<tr><td rowspan="5">진로 선택 과목</td><td rowspan="4">미술 창작</td><td>성격</td><td>학생들은 자신의 진로나 관심 분야를 지역사회, 환경, 문화와 연결하여 주제를 선택하고 표현 기법과 매체를 실험하는 과정을 설계할 수 있다</td></tr>
<tr><td>목표</td><td>(1) 자신의 진로나 관심 분야와 연결된 주제를 탐구하고 창작 과정을 설계하며 미적 안목을 높인다.</td></tr>
<tr><td>교수·학습 방향</td><td>학생들의 진로·적성에 맞는 학습 내용과 방법을 맞춤형으로 제공하고 다양한 진로 연계 학습 활동을 통해서 주도적으로 학습하도록 한다.</td></tr>
<tr><td>교수·학습 방법</td><td>자신의 진로와 연계된 깊이 있는 창작 활동을 위해서 개별화 수업 방법을 활용한다.</td></tr>
<tr><td>미술 감상과 비평</td><td>성격</td><td>'미술 감상과 비평'은 미술 작품의 미적 의미를 탐구하고 작품의 해석과 판단을 통해 미술을 깊이 있게 학습하는 진로 선택 과목이다.</td></tr>
<tr><td>융합 선택 과목</td><td>미술과 매체</td><td>-</td><td>없음</td></tr>
</table>

'미술과 공통 교육과정'에서 교수·학습 방향에 제시한 진로 연계 교수·학습 계획 및 실행을 위한 방향은(교육부, 2022: p. 19), 첫째, 교수·학습 계획과 실행 단계에 학습자의 참여를 확대하여 학습자가 자신의 진로와 적성에 따라 무엇을 어떻게 배울지 주도적으로 선택할 수 있도록 하고, 둘째, 진로 연계 교육 시, 학교급 전환을 고려하여 초등, 중·고등학교 간 교육 내용을 자연스럽게 연계 및 심화하여 교수·학습을 계획하고 실행하도록 하였다.

이에 따른 학습자의 진로와 연계한 수업을 실행할 때는 진로와 관련한 문제 해결과 이해에 중점을 두어 교수·학습 방법을 선택할 수 있도록 하였는데(교육부, 2022 p. 22), 구체적인 교수·학습 방법으로는, 첫째, 학습자의 관심 분야에서 실제 경험할 수 있는 문제를 미술과 연계하여 창의적으로 해결하는 활동을 하게 하거나, 둘째, 미술 관련 관심 분야에 따라 모둠을 구성하여 진로를 조사하고 탐구하거나 미술 분야별 전문가 집단을 형성하여 공동의 과제를 수행하는 협동학습을 하거나, 셋째, 미술 관련 인물에 대한 인터뷰, 감상문 작성, 온·오프라인 현장 탐방 등의 활동을 통해 해당 분야에 대한 경험과 지식을 쌓고 구체적인 실행 전략을 배울 수 있도록 하였다.

'고등학교 일반 선택 미술 과목'에는 진로교육과 관련된 내용은 없다. 그 이유는 고등학교 미술교육에는 선택 중심 교육과정에 '진로 선택 과목'이 따로 마련되어 있기 때문이다. '고등학교 진로 선택 과목'인 '미술 창작'에서는 '성격'과 '목표', '교수·학습 방향'과 '교수·학습 방법'에 진로 교육의 내용이 자세히 들어 있다. '고등학교 진로 선택 과목'인 '미술 감상과 비평'에서는 '성격'에 진로 선택 과목이라는 내용이 제시되어 있다. 그러나 진로 선택 과목인 이유는 작가, 작품, 미술관, 박물관, 미술사 등의 교육을 통해서 이 분야와 관련된 직업을 선택할 수 있을 것이다.

2) 미술과 진로 연계 교육의 방법

2022 개정 미술과 교육과정 진로 선택 과목 중 〈미술창

작〉의 교수·학습 방향은, "학생들의 진로·적성에 맞는 학습 내용과 방법을 맞춤형으로 제공하고 다양한 진로 연계 학습 활동을 통해서 주도적으로 학습하도록 한다."고 명시되어 있다. 이를 위한 교수·학습 방법에는, 자신의 미적 관심을 발견하고 직접 경험하며 창작하는 과정들을 기록하여 성장 과정을 살펴볼 수 있는 프로세스폴리오법을 활용하거나, 또는 자신의 진로와 연계된 깊이 있는 창작 활동을 위해서 개별화 수업 방법을 활용하도록 하였다(교육부, 2022b). 그리고 〈미술감상과 비평〉 과목에서는 다양한 미술 비평의 관점을 활용하여 작품의 의미와 특징 등을 논리적인 말과 글로 표현함으로써 작품에 대한 자기의 생각을 명료화하는 비평 활동이 이루어지도록 설정하였다. 작품에 대한 자신의 견해를 미술 용어를 활용하여 다른 사람에게 논리적으로 전달하는 데에 초점을 두었다(교육부, 2022b).

이러한 미술과 교육과정을 통해서 미술과 연계된 진로 교육을 시행하도록 하고 있다.

미술 관련 직업 진로 교육을 위한 진로 교육사의 주요 역할을 살펴보면 다음과 같다.

첫째, 학생의 적성에 맞는 예술·문화 분야의 진로 상담을 할 수 있다.

둘째, 미술과 관련된 다양한 직업의 역할과 특징을 알아보고 미술 연계 진로 교육을 할 수 있다.

셋째. 미술 직업인의 역할과 사회적 기능을 이해하고 예술·문화 진로 교육을 할 수 있다.

① 예술·문화평론가: 예술·문화 감상자들에게 작품 이해를 쉽게 하는 역할
② 심미적 경험과 미의식 전달 역할: 순수 예술·문화 작업 분야
③ 여가 선용 및 문화적 도구 역할: 응용 예술·문화 영역 또는 영화와 관련된 분야
④ 시각적 전달 기능 역할: 출판, 인쇄물, 정기간행물과 그와 관련한 분야
⑤ 사회적, 경제적 기능과 역할: 모바일 문화 콘텐츠, 디자인, 광고, 공연, 공예품 관련 분야
⑥ 의상, 식품 등 전통문화 자원을 활용하는 역할: 의상, 식품 디자인 분야

넷째, 다양한 직업 분야에서 예술·문화를 활용하는 직업과 학생의 적성을 고려하여 예술·문화 진로 교육을 할 수 있다.

다섯째, 한류 열풍에 발맞추어 전통문화 유산해설, 또는 박물관, 미술관 해설사 등 예술·문화 분야 문화재 해설을 할 수 있는 예술·문화 진로 교육을 할 수 있다.

5. 차기 교육과정에서 미술과 진로 연계교육 전망

4차 산업혁명 이후 직업군의 변화도 다양해졌을 뿐 아니라 학생들이 선호하는 직업도 상당한 변화가 있다. 이에 학교 교육에서 모든 교과가 진로 교육을 시행할 수 없는 만큼, 미술 교과 목표 및 성취 기준을 달성하면서도 진로 교육의 목표와 성취 기준을 동시에 달성할 수 있는 미술 교과와 진로를 연계한다면 학생들에게 직업 진로 교육을 효과적이고 실질적으로 교육할 수 있을 것이다.

불확실성이 증가하고 있는 미래 사회의 진로 교육은 학교 교육에서도 매우 중요한 화두가 되고 있으므로, 진로 교육은 기존의 직업교육에서 벗어나 보다 새로운 직업군에 대한 이해를 중심으로 학생 맞춤형 진로 교육이 되어야 할 것이다. 미술 교과와 진로 교육을 연계한 프로그램을 개발하여 실행한다면 사회적, 교육적 요구에 부응하는 미술교육이 될 것이다.

이에 미술과 진로 연계 교육 프로그램 개발 방향을 제언

하면 다음과 같다.

첫째, 미술 교과의 내용 속에 포함되어 있는 진로 교육 관련 요소를 더욱 분명하게 제공하여 미술 교과 목표와 성취 기준, 진로 교육 목표와 성취 기준, 미술과 연계 진로 교육 목표와 성취 기준이 모두 학생들의 소질과 적성, 요구 조건에 맞춘 맞춤형 프로그램으로 개발해야 한다.

둘째, 미술 관련 직업에 대한 학생들의 인식에 다소 변화가 있지만 좀 더 미술 관련 직업군들의 인식을 새롭게 다루는 내용을 개발하여(이주연, 안금희, 2018), 그동안 거의 다루지 않았던 다양한 직업군이 미술과와 관련되어 있다는 인식을 고취하고, 이러한 직업군을 다루는 내용을 미술 교육에서 수시로 다루어야 할 것이다.

셋째, 미술과 연계 진로 교육이 다루는 범주를 미술 관련 직업에 한정해서 지도하지 말고, 사회와 연관시켜서 다양한 직업 분야에서 미술교육이 더욱 창의적으로 적용되고 있다는 인식을 고취할 필요가 있다. 이같이 미술과 연계한 진로 교육이 시행된다면, 삶 속에서 미술의 역할과 기능을 이해하고, 학생의 진로 교육 개척에도 도움을 줄 것이다.

심영옥(경희대학교)

35 미술과 토의 · 토론

토의 · 토론은 교과나 진로와 관계없이 학생들이 갖추어야 할 기본 소양을 기르는 데 주효할 뿐만 아니라 각 교과에서 강조하는 역량을 발전시키는 데 매우 유용한 수업 방법으로, 대부분의 교과에서 중요한 위치를 점하고 있다. 본 장에서는 미술과 토의 · 토론의 특성을 밝히기 위하여 2022 개정 교육과정을 중심으로 타 교과에서 제시하는 토의 · 토론을 검토하고, 미술과 교육과정에서 토의 · 토론의 등장과 전개, 내용을 분석한 뒤 목적을 중심으로 토의 · 토론을 분류하였다. 그 결과 교육과정에서 토의 · 토론의 목적은 학생의 참여 강화, 자신의 생각을 표현하는 기회 제공, 풍성한 해석 및 아이디어 개발, 지식 습득 및 의미 파악, 협력적 의사소통 및 합리적 의사 결정, 문제 탐구 및 해결 방안 모색으로 나눌 수 있었다. 이 중 비교적 적게 제시된 학생 참여 강화, 자신의 생각을 표현하는 기회 제공, 풍성한 해석 및 아이디어 개발을 위한 토의 · 토론을 지원하면서 현 교육과정의 중점 사항 및 미술의 특성에 부합하는 방법으로 스튜디오 크리틱의 도입을 제안하였다. 스튜디오 크리틱은 작품을 중심으로 한 상호 작용으로 이루어진다. 대가의 작품이든, 반 친구의 작품이든 작품에 대해 이야기를 나누며 평가하고 제안하는 경험은 작가가 선택하지 않은 길, 작품의 새로운 가능성을 상상하도록 하고 그것이 습관이 되도록 만든다(Hetland, Winner, Veenema, & Sheridan, 2013). 또한 이러한 습관은 학습자가 더욱 능동적으로 작품을 제작하고 감상할 수 있도록 돕는다. 미술의 다름(otherness, Saltz, 2020/2020)에 의거한, 미술 교과 고유의 토의 · 토론이라고 볼 수 있는 스튜디오 크리틱은 작품을 제작할 때 일상적 재료와 기법을 넘어서서 도전하고 실험하도록 이끌며, 작품을 감상할 때 남들의 해석을 따르는 것이 아닌 새로우면서도 타당하고 설득력 있는 해석으로 작품을 더욱 풍부하고 정교하게 만드는 데 도움을 줄 수 있다.

1. 2022 개정 타 교과 교육과정에서의 토의 · 토론

본 절에서는 2022 개정 타교과 교육과정에서 토의 · 토론이 어떻게 제시되고 있는지 살펴보고 미술과와의 비교를 통해 미술과 고유의 특징을 보다 명료하게 하고자 한다. 모든 교과를 전반적으로 검토한 결과 총론을 비롯하여 토의 · 토론이 주요한 교수 · 학습 방법으로 활용되어 시사점이 있을 것으로 보이는 사회과, 도덕과, 수학자 허준이 교수의 인터뷰(이채린, 2022.07.05.)에 따라 시사점이 있을 것으로 보이는 수학과, 미적 체험, 표현, 감상으로 이루어진 미술과의 교과 특성에 따라 시사점이 있을 것으로 보이는 국어, 음악과를 살펴본다.

1) 총론

2022 개정 교육과정 총론에서는 토의 · 토론이 총 2회 언급되며 다음과 같이 기술하고 있다.

> 학습 주제에서 다루는 탐구 질문에 관심과 호기심을 가지고 스스로 문제를 해결하는 학생 참여형 수업을 활성화하며, **토의 · 토론 학습을 통해 자신의 생각을 표현하는 기회**를 가질 수 있도록 한다.(교육부, 2022a, p. 11, 강조는 연구자)
>
> 자유학기에는 **토의 · 토론 학습, 프로젝트 학습 등 학생 참여형 수업을 강화**하고, 학습의 과정을 중시하는 다양한 평가 방법을 활용하되, 일제식 지필 평가는 지양한다. (교육부, 2022a, p. 22, 강조는 연구자)

위와 같이 총론에서는 의사 결정이나 문제 해결의 목적보다는 2022 개정 교육과정의 주요한 특징인 학생 참여형 수업을 강조하는 가운데 학생의 참여를 강화하고 학생이 자신의 생각을 표현하는 기회를 제공하는 방편으로 토의 · 토론이 제시된 것을 알 수 있다.

2) 사회과

2022 개정 사회과 교육과정에서는 4학년에서 토의 · 토론이 처음 등장한다.

- **우리 사회에서 다양한 문화가 확산되면서 나타나는 문제의 해결 방안을 토의**하는 과정에서 나와 다른 사람이나 문화에 대한 편견과 차별적 태도를 해소하고, 다른 사람과 문화를 존중하는 태도를 형성하였는지를 평가한다.(교육부, 2022d, p. 22, 강조는 연구자)
- **학생이 학교의 주체로서 학교생활 속에서 민주주의를 실천하는 방안을 토론**하는 과정 및 학교 자치 활동에 참여하는 과정을 평가하도록 한다.(교육부, 2022d, p. 26, 강조는 연구자)

시민성 함양을 목표로 하는 사회과에서는 토의 · 토론이 매우 빈번하게, 성취기준, 성취기준 해설, 성취기준 적용 시 고려사항, 교수 · 학습 및 평가 등에서 등장한다. 주로 문제 해결을 위한 합리적인 근거를 찾고 각종 의견을 비판적으로 검토할 수 있는 능력을 기르며 다양한 가치를 이해하고 존중하는 태도를 기르는 것을 주요 내용으로 한다.

[9사(일사)02-03]에서는 우리나라의 다문화적 상황, 여러 민족과 국가의 다양한 문화 사례들에 대한 경험을 토대로 구체적인 맥락에서 자문화 중심주의, 문화 사대주의, 문화 상대주의 등의 문화 이해 태도를 학습한다. 특히 **다양한 문화 사례 중 자신에게 익숙하지 않은 문화 사례들을 조사하고, 실천적인 맥락에서 이를 어떻게 이해할 것인가에 대해 토의**한다.(교육부, 2022d, p. 56, 강조는 연구자)

- 언어, 종교, 민족 등의 배경이 서로 다른 다양한 집단의 문화 사례에 대해 인간의 존엄성을 고려하여 논의하되, **바람직한 문화 이해 태도가 무엇인지 미리 제시하기보다는 토의 과정에서 바람직한 문화 이해 태도가 무엇인지 깨닫도록** 한다.(교육부, 2022d, p. 57, 강조는 연구자)
- **우리 사회에 필요한 기업가 정신에 대해 토의**하는 과정에서 **기업의 이윤 추구와 사회적 책임**에 대한 균형 잡힌 시각으로 기업과 기업가를 바라보는 태도를 기르도록 돕는다. (교육부, 2022d, p. 63, 강조는 연구자)

(다) 한국사에서 논쟁적인 주제를 다루는 수업에서는 역사적 사실에 관한 서로 다른 해석을 비교한다. **토의 · 토론 학습 등을 통해서도 서로 다른 관점을 분석하고 평가하며, 학습자 자신의 관점을 명확하고 일관성 있게 제시하는 경험**을 할 수 있다.(교육부, 2022d, p. 103, 강조는 연구자)

위와 같이 토의 · 토론을 통한 교과 내용의 깊이 있는 이해와 바람직한 태도 형성을 강조하고 있음을 알 수 있다. 또한 사회적 쟁점에 관해 어느 한 관점을 주입하는 것이 아니라 지식과 정보를 바탕으로 자신의 관점을 세우고 가치 판단하는 것을 목적으로 하고 있다.

3) 도덕과

2022 개정 도덕과 교육과정에서 토의 · 토론은 중학교에서 처음 등장한다. 사회과와 마찬가지로 성취기준, 성취기준 해설, 성취기준 적용 시 고려사항, 교수학습 및 평가 등에서 고루 등장하고 있다.

- 남북 분단으로 인해 발생하는 문제들을 다차원적으로 분석하고 평화의 의미와 가치를 성찰할 수 있도록 한다. 그리고 **토의와 토론의 과정을 통해 도덕적 가치에 근거하여 통일의 의미를 재구성하는 학습 기회를 제공**한다.(교육부, 2022c, p. 18, 강조는 연구자)

[12현윤01-01] 윤리학의 성격과 특징을 바탕으로 윤리적 존재로서의 인간 본성을 이해하고, **현대사회의 다양한 윤리 문제를 탐구 및 토론**할 수 있다.(교육부, 2022c, p. 35, 강조는 연구자)

- 다양한 사회적 갈등 양상을 파악하고 사회통합을 위해 필요한 윤리적 소통과 담론의 자세를 지니도록 한다. 이를 위해 **우리 사회에서 발생하고 있는 사회적 갈등의 구체적 사례를 탐구하고, 동·서양 윤리 이론을 바탕으로 토의를 통해 갈등 해결 방안을 모색하도록 지도한다. 이 과정에서 서로 다른 의견에 대한 열린 자세를 갖추도록 하고, 타인과 협력적으로 의사소통하면서 합의를 도출하는 역량**을 기르도록 한다.(교육부, 2022c, p. 40, 강조는 연구자)
- **의견의 불일치는 자신의 생각을 자유롭게 표현하는 민주 사회에서 나타나는 자연스러운 현상**임을 깨달을 수 있도록 지도하고, **쟁점에 대한 토론과 토의를 통해 협력적인 의사소통 역량**을 기르는 데 초점을 둔다.(교육부, 2022c, p. 66, 강조는 연구자)

사회과와 마찬가지로 토의·토론을 통한 교과 내용의 깊이 있는 이해, 사회 문제 탐구와 해결 방안 모색에 초점을 두고 있으며 열린 태도와 협력적 의사소통을 강조하고 있는 것을 알 수 있다.

(사) 교사는 학생들이 고전의 사회적·문화적 맥락을 파악할 수 있도록 지도하고, **교사와 학생, 학생과 학생 간의 협동적 상호 작용이 전제된 토의·토론을 통해 고전에 대한 입체적이고 깊이 있는 이해**가 이루어지도록 한다(교육부, 2022c, p. 69, 강조는 연구자)

(나) **고전에 대한 깊이 있는 이해와 학습자의 능동적 읽기**를 위해, 영역별로 제시된 질문 이외에도 다양한 유형의 물음을 활용하여 고전 읽기 및 토의·토론을 진행할 수 있다. 먼저 학생들이 **고전을 읽고 주제와 관련된 질문을 만들어 짝 토론을 한 뒤, 가장 좋은 질문을 선정한다. 다음으로 선정된 질문에 대해 모둠별 토론을 진행하고, 모둠에서 선정된 가장 좋은 질문에 대해 다시 집중 토론한다. 마지막으로 각 모둠별 정리 내용을 발표하면, 교사가 전체 학생을 대상으로 대화하고 토론하며 마무리한다.**(교육부, 2022c, p. 69, 강조는 연구자)

한편 진로선택과목 '인문학과 윤리'에서는 좋은 질문을 선정하여 토의·토론을 진행함으로써 고전에 대한 입체적이고 깊이 있는 이해, 능동적 읽기를 이끌고 있다.

4) 수학과

2022 개정 수학과 교육과정에서는 토의·토론이 교수·학습 방법에서 제시되고 있다.

② **토의·토론 학습은 특정 주제에 대해 협의하거나 논의하는 교수·학습 방안으로, 학생들이 수학 내용을 폭넓게 이해하고 자신의 주장을 효과적으로 표현하고 다른 사람의 의견을 비판적 사고를 통해 수용하여 합리적으로 의사 결정하는 태도**를 기를 수 있게 한다.(교육부, 2022e, pp. 45, 70, 89, 105, 119, 133, 149, 163, 178, 192, 207(직무수학), 224, 239, 253, 강조는 연구자)

① 범교과 학습 주제에 관심을 갖고 각종 자료와 정보를 수집하여 수학적으로 분석 및 해석하게 하고, **수학적 분석 결과에 근거하여 토의와 토론에 참여**하게 한다.(교육부, 2022e, pp. 46, 71, 90, 106, 120, 134, 150, 164, 179, 193, 208, 225, 239, 253-4, 강조는 연구자)

위와 같이 토의·토론의 목적을 모둠 내 상호 작용, 의사소통, 참여를 통해 학습 목표에 도달하는 것으로 보고 있으며 수학을 폭넓게 이해하고 합리적으로 의사결정하는 태도를 기를 수 있도록 하는 교수·학습 방법으로 소개하고 있다.

5) 음악과

2022 개정 음악과 교육과정에서는 토의·토론이 중학교에서 처음 등장한다. 등장하는 맥락은 음악 창작과 관련하여 윤리의식과 책임감을 갖도록 하는 것으로 "저작권의 중요성과 필요성에 대해 토의·토론하기"(교육부, 2022f,

p. 21)로 등장한다. 이러한 음악에서의 윤리의식에 대한 강조와 이러한 능력을 기르기 위한 토의·토론의 활용은 융합선택과목 '음악과 미디어'의 [12음미02-04]에서도 나타난다.

진로선택과목 '음악 감상과 비평'에는 "토의하거나 토론하기"를 내용 요소로 제시하고 있으며 이에 대한 성취기준은 "[12감비02-02] 사회, 문화, 산업 속의 음악을 듣고 음악의 역할과 필요성에 관해 토의하거나 토론한다."(교육부, 2022f, p. 67)이다. 또한 융합선택과목 '음악과 미디어'에서 "분석하여 토의·토론하기"(교육부f, 2022, p. 81)를 내용 요소로 제시하고 있으며 "[12음미01-02] 음악과 미디어의 관계를 분석하고 음악에 활용되는 미디어의 의미와 역할에 대해 토의하거나 토론한다."(교육부f, 2022, p. 82)를 성취기준으로 제시하고 있다. 이에 대한 성취기준 해설과 교수·학습 및 평가는 다음과 같다.

> [12감비02-02] 이 성취기준은 사회 속 다양한 영역에서 생활과 밀접하게 연결되는 여러 음악의 역할과 필요성에 대한 넓은 안목을 갖추도록 하기 위해 설정하였다. 사회, 문화, 산업 속에서 활용되는 다양한 종류의 음악을 듣고 **음악의 사회적 기능과 역할, 필요성에 관해 함께 토의하거나 토론해 봄으로써 음악을 주제로 한 문제 인식과 해결 과정에 참여**하도록 하는 데 중점을 둔다.(교육부, 2022f, p. 70, 강조는 연구자)
>
> [12음미01-02] 이 성취기준은 실제 사례와 작품을 중심으로 음악과 미디어의 관계를 분석함으로써 음악 미디어의 의미와 역할을 이해하도록 하기 위해 설정하였다. 연주, 창작, 감상 등 음악 활동에 활용되는 도구로서의 미디어, 영화·광고·애니메이션 음악 등 장르로서의 미디어 음악과 같이 다양한 사례를 통해 음악과 미디어의 관계를 분석한다. 또한 이를 바탕으로 **토의하거나 토론하며 음악에서 미디어의 의미와 역할을 능동적으로 파악**하는 데 중점을 둔다.(교육부, 2022f, p. 82, 강조는 연구자)
>
> 미디어 탐구 영역에서는 음악에서 활용되는 다양한 미디어에 대한 조사 및 미디어 음악 감상을 통해 **미디어의 종류와 특징, 변화 과정, 의미와 역할에 대해 토의·토론하고 비평하도록 구성**함으로써 음악 미디어 관련 이해도를 높이도록 한다. 또한 미디어의 가치를 인식하고 비판적 안목으로 미디어 산업을 바라볼 수 있는 균형적 시각을 갖도록 한다.(교육부, 2022f, p. 88, 강조는 연구자)

위와 같이 음악과 토의·토론 교육은 윤리의식, 책임감 함양과 관련하여 제시되거나 음악 관련 지식의 이해를 돕기 위해, 또 문제 인식과 해결에 중점을 두어 제시되었다. 다만 "음악에 대한 흥미나 새로움을 즐기는 태도와 관련된 성취기준은 자신이 만든 음악을 신체나 악기 등으로 표현하기, 친구들과 공유하며 발전시키기, 창작 과정과 결과물에 관한 느낌 발표하기 등의 다양한 활동으로 나타낼 수 있다."(교육부, 2022f, p. 13), "악곡에 대한 이해를 바탕으로 음악적 특징을 살려 노래나 악기 연주로 발표하고, 발표 과정에 대해 성찰하며 동료들과 함께 평가해 보도록 한다."(교육부, 2022f, p. 18), "여러 매체를 활용하여 생활 속에서 음악을 찾아 들으며 다양한 느낌과 정서를 경험하고 이를 공유함으로써"(교육부, 2022f, p. 19) 등으로 생각해보건대, 토의 혹은 토론이라는 용어를 사용하지 않았으나 이와 관련된 것으로 보이는 활동이 안내되어있음을 알 수 있다.

6) 국어과

2022 개정 국어과 교육과정에서는 토의가 초등학교 3~4학년 지식·이해 범주의 내용 요소로 등장하며, 5~6학년에 토론이 등장한다. 이에 해당하는 성취기준은 "[4국01-06] 주제에 적절한 의견과 이유를 제시하고 서로의 생각을 교

환하며 토의한다."(교육부, 2022b, p. 20)이며 문제를 합리적으로 해결하기 위한 기초 능력을 강조한다. 성취기준 적용 시 고려사항에서 제안하는 바는 다음과 같다.

> 토의하기를 지도할 때는 **학습자들이 토의 담화에 입문하는 단계**임을 고려하여 토의 집단을 짝, 소집단, 대집단으로 서서히 확대하고, **학습자가 소속된 학급에서 경험한 실제적 문제와 관련된 주제를 선정하여 토의에 흥미를 갖도록** 한다. **토의의 절차나 형식을 지나치게 강조하지 않으며**, 학급 회의나 원탁회의 등을 활용하여 **학습자들이 자신의 생각을 자유롭게 나눌 수 있도록** 한다. 상대의 의견을 존중하며 경청하는 태도와 자신의 의견만을 고집하지 않는 자세도 함께 지도하여, 협력에 기반한 집단 의사소통을 통해 **민주시민으로서의 기초 소양을 함양**할 수 있도록 한다. (교육부, 2022b, p. 21, 강조는 연구자)

위와 같이 3~4학년 '국어'에서 토의는 민주시민으로서의 기초 소양으로 학습자의 삶과 연계된 문제에 대해 토의하면서 공동체의 문제를 해결하기 위한 방안 모색을 목적으로 한다. '국어'와 '공통국어'의 교수・학습 방법 또한 위와 같은 맥락에서 다음과 같이 안내하고 있다.

> (다) '국어'를 통해 **다양한 정보를 분석・평가・종합하여 대안을 제시하는 문제 해결 능력을 신장하고 학습자의 적극적인 참여와 상호 작용을 독려하기 위해서는 토의・토론 및 협동 수업을 활용**할 수 있다.
>
> • 토의・토론 및 협동 수업을 활용할 때는 학습자가 개인별 언어 활동 외에도 **토의・토론과 같은 협력적 활동을 통해 보다 효과적으로 문제를 해결할 수 있음을 인식하게 하고, 학습자 간의 적극적인 상호 작용을 지원**하는 것에 초점을 둔다(교육부, 2022b, pp. 61, 100(공통국어 1, 공통국어 2), 강조는 연구자)

'국어'의 토의에서 강조되는 내용은 정보 분석을 통해 대안을 제시하는 문제해결능력을 신장하는 것, 협력적 사고를 통한 문제 해결의 가치를 알게 하는 것이다. 그러나 일반선택과목인 '문학'과 진로선택과목인 '문학과 영상', 융합선택과목인 '독서토론과 글쓰기'의 교수・학습 방법을 보면 실생활 문제에 대한 합리적인 문제 해결, 인권, 다문화, 통일 등의 범교과적인 주제를 넘어서 삶에 관한 인문학적 주제를 제시하고 있으며 문제 해결뿐만 아니라 '역동적인 상호 작용', '풍성한 해석', '적절한 해석'에 중점을 두어 안내하고 있다.

> (나) '문학'의 학습에서 **학습자의 적극적인 참여와 상호 작용을 독려하고, 다양한 정보를 분석 및 평가하고 종합하여 대안을 제시하는 문제 해결 능력을 신장하기 위해서 토의・토론 수업을 활용**할 수 있다.
>
> • 토의・토론 수업을 위해서는 담화 유형으로서 토의・토론에 대해 학습한 내용을 활용하도록 안내하되 **집단의 협력적 사고 과정을 통해 문학 활동의 과정과 결과가 풍성해질 수 있음을 인식**하도록 하여 **학습자가 적극적으로 참여하고 상호 작용할 수 있도록 독려**한다.
>
> • 토의・토론 수업을 활용할 때는 **작품의 해석과 감상의 과정에서 주목할 만한 요소를 비롯하여, '인간의 본성, 사회 속에서의 갈등, 인간이 경험한 비극' 등 문학 작품이 던지는 질문이나 형상화하는 주제에 대해 다양한 관점의 논제를 설정**하여 토의・토론할 수 있다.(교육부, 2022b, p. 141, 강조는 연구자)
>
> (다) '문학과 영상'의 학습에서 **학습자가 주체적인 관점에서 작품을 해석하되 다른 학습자와의 소통을 통해 적절한 해석을 모색하는 능력**을 신장하기 위해 토의・토론 수업을 활용할 수 있다.
>
> • 토의・토론 수업을 위해서는 담화 유형으로서의 토의 및 토론에 대해 학습한 내용을 활용하도록 안내하되, **문학 작품과 영상물에 대한 해석에 바탕을 둔 토의 및 토론의 특**

성을 고려하면서 학습자가 적극적으로 참여하고 상호 작용할 수 있도록 한다.

- 토의·토론 수업을 활용할 때는 **학습자가 자신의 해석을 자신 있게 표현**하면서 **다른 학습자의 해석을 경청할 수 있도록** 하되, **학습자들이 해석의 다양성을 경험하는 것에서 그치지 않고 근거를 바탕으로 더욱 적절한 해석을 공동으로 모색하는 활동이 되도록 지도**한다.(교육부, 2022b, p. 167, 강조는 연구자)

(다) '독서 토론과 글쓰기'의 교수·학습에서 **학습자의 적극적인 참여와 학습자 간의 상호 작용을 독려**하고, **다양한 정보를 분석, 평가하고 종합하여 대안을 제시하는 문제 해결 능력을 신장하기 위하여 토의·토론 및 협동 작문 수업을 운영**할 수 있다.

- 토의·토론 및 협동 작문 수업에서 **협력적인 활동을 통해 독서 토론이나 글쓰기의 과정과 결과가 보다 풍성해질 수 있음을 학습자가 인식**하게 하고, **구성원들의 다양한 생각을 공유하고 다름을 인정하는 가운데 새로운 대안을 모색해 가는 역동적인 상호 작용에 중점**을 둔다.(교육부, 2022b, p. 189, 강조는 연구자)

위와 같이 문학에서 제시하는 토의·토론 방법은 미술과의 미적 체험, 표현, 감상에서 두루 참고할 수 있다. 학생은 "주체적인 관점에서 작품을 해석"하고 "작품이 던지는 질문이나 형상화하는 주제에 대해" "자신의 해석을 자신 있게 표현"하면서 "적극적으로 참여하고" "역동적인 상호 작용"을 할 수 있다(교육부, 2022b, pp. 141, 167, 189). 또한 "다양한 생각을 공유하고 다름을 인정하는 가운데 새로운 대안을 모색"하고 "집단의 협력적 사고 과정을 통해" 미술 "활동의 과정과 결과가" 더욱 "적절"하고 "풍성해질 수 있음"을 경험할 수 있다(교육부, 2022b, pp. 141, 167, 189).

그러나 미술은 주로 시각이미지를 대상으로 한다는 점에서 국어와는 다르며 이는 언어 교환을 중심으로 하는 토의·토론에서 큰 차이를 가져온다. 작품이 표현하는 주제가 다른 매체를 넘나든다는 것은 왜곡과 변형을 수반하며 이 과정은 오해를 불러일으킬 수도 있고 반대로 새로운 가능성을 보여줄 수도 있다. 그렇다면 시각이미지를 대상으로 하는 토의·토론은 어떻게 이루어져야 할까? 미술과 교육과정에서 토의·토론의 전개를 통해 살펴보고자 한다.

2. 미술과 교육과정에서의 토의·토론의 전개

본 절에서는 미술과 내 토의·토론의 등장과 주요 특징을 살펴보고자 한다. 미술과 교육과정 문서에 '토론'이 등장하는 것은 7차 교육과정이며 '토의'가 등장하는 것은 2015 개정 교육과정이다. 미술과 7차 교육과정에서의 '토론'은 미적 체험과 감상, 교수·학습 방법과 평가에 제시되어 있다. 작품에 대한 느낌과 생각의 차이 등 열린 토론 주제도 있지만 미술품 감상 후 표현의 차이 토론, 생활 속 미술의 역할에 관한 토론, 조형 요소와 원리와 활용에 관한 토론 등 주로 분석에 초점을 맞추고 있는 것으로 보인다.

〈표 1〉 미술과 7차 교육과정에서의 '토론'(총 9번 등장)(교육부, 1997)

내용
〈3, 4학년〉 (3) 감상 (가) 서로의 작품 감상 ② **작품에 대한 느낌과 생각 등의 차이에 관하여 토론**한다.(p. 29, 강조는 연구자)
〈5, 6학년〉 (3) 감상 (가) 서로의 작품 감상 ② 서로의 작품을 보고, **표현의 차이에 관하여 토론**한다. (나) ② 우리 나라와 다른 나라의 미술품을 보고, **표현의 차이에 관하여 토론**한다. 〈7, 8, 9학년〉 (1) 미적 체험

(가) 자연미와 조형미의 조화 이해 ② **자연과 조형물의 조화를 이룰 수 있는 조건에 관하여 토론**한다. (나) 미술과 생활의 관계 이해 ② **생활에서 미술의 역할에 관하여 토론**한다.(p. 30, 강조는 연구자)
〈10학년〉 (1) 미적 체험 (가) 자연미와 조형물의 미적 가치 이해 ② **조형 요소와 원리의 활용에 관하여 토론**한다. (나) 미술과 문화의 관계 이해 ② **미술의 문화적 역할과 기능에 관하여 토론**한다.(p. 31, 강조는 연구자)
5. 평가 다. 관찰법, 감상문, **토론법,** 포트폴리오 등 다양한 평가 방법을 활용한다.(pp. 33, 36, 강조는 연구자)

교육과정은 이전 교육과정의 내용을 포괄하면서 사회적 요구를 반영하여 확장되고 구체화되는 방향으로 변화되는 바 2007 개정 교육과정에 등장하는 '토론'은 7차 교육과정과 크게 다르지 않다.

반면 이해 중심 교육과정과 역량 개념이 등장한 2009 개정 교육과정은 2007 개정 교육과정에 비해 대폭 구체화되고 확장되었다(한국교원대학교 초등교육연구소 초등교과교육연구회, 2017). 2009 개정 교육과정의 '토론'은 총 25회 등장하며 토론의 내용도 심화되고 구체화, 다양화되었다. 예를 들어 "우리나라의 문화적 전통이 계승된 사례를 조사하고 전통의 의미에 대해 토론한다."(교육과학기술부, 2011, p. 15) 등 당시 전통에 대한 사회적 목소리를 반영하기도 하고, "미술 용어를 활용하여 미술가와 작품에 관하여 토론한다."(교육과학기술부, 2011, p. 15), "미술 작품의 의미에 대한 자신의 생각을 객관적인 근거를 들어 설명하고 토론한다."(교육과학기술부, 2011, p. 20), "미술 용어와 비평 방법을 이해하고, 글쓰기, 발표 및 토론 등에 활용한다."(교육과학기술부, 2011, p. 23) 등 체계적인 지식을 바탕으로 한 토론을 권장하기도 한다. 또한 "자신의 사회적 역할에 관하여 토론하고 시각 이미지로 나타낸다"(교육과학기술부, 2011, p. 16), "'미술 문화' 과목은 지식의 전달보다는 학생들의 삶과 관련하여 관심 있는 사례에 관하여 토론하고 작품으로 표현하는 등 실천적인 학습 과제를 통해 이해하도록 한다."(교육과학기술부, 2011, p. 29) 등 삶과의 연계, 사회와의 연결을 강조하기도 하며, 기술의 변화에 발맞추어 "웹 토론 학습"(p. 30) 등이 등장하기도 한다. 또한 표현에서도 "마. 서로의 작품에 대한 발표와 토론을 통하여 표현 및 감상 능력을 향상시킬 수 있도록 지도한다."(교육과학기술부, 2011, p. 60) 등 토론을 명시적으로 제안하고 있으며, "서로의 작품을 평가하고 개선 방안에 관하여 토론하기"(교육과학기술부, 2011, pp. 33, 55) 등 구체적인 토론 내용을 제시하기도 한다.

2015 개정 교육과정에 이르러 '토의'가 등장한다. 그러나 토의가 단독으로 등장하는 것은 아닌 '발표 및 토의법', 혹은 '토의·토론법'으로 등장한다. 또한 이전 교육과정까지 '발표 및 토론법'으로 제시되었는데 반해 '토의·토론 학습'이 등장하였으며 이 '발표 및 토의법'은 초등학교급까지 제시되고 중학교와 고등학교에서는 '발표 및 토론법'으로 제시되었다. 또한 2015 개정 교육과정에서 제안한 다섯 가지 미술 교과 역량 미적 감수성, 시각적 소통 능력, 창의·융합 능력, 미술 문화 이해 능력, 자기 주도적 미술 학습 능력을 구현하기 위하여 다양한 교수·학습 방법과 전략을 활용하도록 제안하면서 그 중에서도 시각적 소통 능력과 미술 문화 이해 능력에 토의·토론 학습을 제시하였다(교육부, 2015). 두 교과 역량에서 두드러지게 강조하였다는 점에서 감각을 자극하거나 반응을 이끌어내는 미적 감수성 역량, 사고를 확장하고 상상력을 자극하는 창의·융합 역량, 자신의 학습 과정을 성찰하고, 계발, 발전시키는 자기 주도적 미술 학습 능력을 신장시키는 데에는 토의·토론의 역할이 다소 약하게 강조되었음을 알 수 있다.

2022 개정 교육과정에서도 토의가 단독으로 사용되지는 않는다. 교육과정 전체에 걸쳐 토론과 함께 쓰이고 있으며 토론은 단독으로 제시되는 경우도 있다. 또한 기존 교수·학습의 방법을 확대하고 실질적인 수업 개선을 안내하고자 폭넓은 예시를 포함하면서 교수·학습 방법을 구체적으로 예시하고 있는데, 토의·토론을 다음과 같이 분리하여 서술하고 있다.

> 토의·토론 학습 방법은 규칙과 단계에 따라 의견을 나누는 가운데 **앎을 명료하게 하고 확장할 수 있는 교수·학습 방법**이다. **의사 결정이나 아이디어 정교화가 필요한 활동과 쟁점 중심의 활동**에 활용할 수 있다. 다른 친구들과 생각과 의견을 나누며 **다양한 관점을 존중하는 태도**를 기를 수 있다(교육부, 2022g, p. 20, 강조는 연구자)

정문성(2004)에서 말하는 토의·토론의 정의에 의거하여, 의사 결정을 위해 타인을 설득하거나 쟁점 중심의 활동에서 활용되는 토론과 함께, 모호하게 알고 있던 것들을 더욱 명료하게 정리하거나, 함께 이야기하며 더 나은 답을 찾거나 만들어가는 토의가 혼재되어 있음을 알 수 있다.

3. 종합

2022 개정 교육과정에서의 토의·토론을 정문성(2013)에서 제시한 토의·토론의 목적을 참고하여 분류하면 다음과 같다.

〈표 2〉 2022 개정 교육과정의 토의·토론 목적 및 해당 내용 예시

목적	교과	2022 개정 교육과정 내 예시
학생 참여 강화	총론	• 토의·토론 학습, 프로젝트 학습 등 학생 참여형 수업을 강화(교육부, 2022a, p. 22)
자신의 생각을 표현하는 기회 제공	총론	• 토의·토론 학습을 통해 자신의 생각을 표현하는 기회(교육부, 2022a, p. 11)
	사회	• 토의·토론 학습 등을 통해서도 서로 다른 관점을 분석하고 평가하며, 학습자 자신의 관점을 명확하고 일관성 있게 제시하는 경험(교육부, 2022d, p. 103)
	수학	• 토의·토론 학습은...(중략)...자신의 주장을 효과적으로 표현하고(교육부, 2022e, pp. 45, 70, 89, 105, 119, 133, 149, 163, 178, 192, 207(직무수학), 224, 239, 253)
	국어	• 토의의 절차나 형식을 지나치게 강조하지 않으며, 학급 회의나 원탁회의 등을 활용하여 학습자들이 자신의 생각을 자유롭게 나눌 수 있도록(교육부, 2022b, p. 21) • 토의·토론 수업을 활용할 때는 학습자가 자신의 해석을 자신 있게 표현(교육부, 2022b, p. 167)
풍성한 해석 및 아이디어 개발	국어	• 토의·토론 수업을 위해서는 담화 유형으로서 토의·토론에 대해 학습한 내용을 활용하도록 안내하되 집단의 협력적 사고 과정을 통해 문학 활동의 과정과 결과가 풍성해질 수 있음을 인식(교육부, 2022b, p. 141) • 토의·토론 수업을 활용할 때는...(중략)...해석의 다양성을 경험하는 것에서 그치지 않고 근거를 바탕으로 더욱 적절한 해석을 공동으로 모색하는 활동(교육부, 2022b, p. 167) • 토의·토론 및 협동 작문 수업에서 협력적인 활동을 통해 독서 토론이나 글쓰기의 과정과 결과가 보다 풍성해질 수 있음을 학습자가 인식하게 하고, 구성원들의 다양한 생각을 공유하고 다름을 인정하는 가운데 새로운 대안을 모색해 가는 역동적인 상호 작용에 중점(교육부, 2022b, p. 189)
지식 습득 및 의미 파악	사회	• 실천적인 맥락에서 이를 어떻게 이해할 것인가에 대해 토의(교육부, 2022d, p. 56) • 토의 과정에서 바람직한 문화 이해 태도가 무엇인지 깨닫도록(교육부, 2022d, p. 57)

		• 우리 사회에 필요한 기업가 정신에 대해 토의(교육부, 2022d, p. 63)
	도덕	• 토의와 토론의 과정을 통해 도덕적 가치에 근거하여 통일의 의미를 재구성하는 학습 기회를 제공(교육부, 2022c, p. 18) • 교사와 학생, 학생과 학생 간의 협동적 상호 작용이 전제된 토의 · 토론을 통해 고전에 대한 입체적이고 깊이 있는 이해(교육부, 2022c, p. 69) • 고전에 대한 깊이 있는 이해와 학습자의 능동적 읽기를 위해, 영역별로 제시된 질문 이외에도 다양한 유형의 물음을 활용하여 고전 읽기 및 토의 · 토론을 진행(교육부, 2022c, p. 69)
	수학	• 토의 · 토론 학습은 특정 주제에 대해 협의하거나 논의하는 교수 · 학습 방안으로, 학생들이 수학 내용을 폭넓게 이해하고(교육부, 2022e, pp. 45, 70, 89, 105, 119, 133, 149, 163, 178, 192, 207(직무수학), 224, 239, 253) • 수학적 분석 결과에 근거하여 토의와 토론에 참여(교육부, 2022e, pp. 46, 71, 90, 106, 120, 134, 150, 164, 179, 193, 208, 225, 239, 253-4)
	음악	• 저작권의 중요성과 필요성에 대해 토의 · 토론하기(교육부, 2022f, p. 21) • 토의하거나 토론하며 음악에서 미디어의 의미와 역할을 능동적으로 파악(교육부, 2022f, p. 82) • 미디어의 종류와 특징, 변화 과정, 의미와 역할에 대해 토의 · 토론하고 비평하도록 구성(교육부, 2022f, p. 88)
	미술	• 토의 · 토론 학습 방법은 규칙과 단계에 따라 의견을 나누는 가운데 앎을 명료하게 하고 확장할 수 있는 교수 · 학습 방법(교육부, 2022g, p. 20)
협력적 의사소통 및 합리적 의사 결정	사회	• 학생이 학교의 주체로서 학교생활 속에서 민주주의를 실천하는 방안을 토론(교육부, 2022d, p. 26)
	도덕	• 쟁점에 대한 토론과 토의를 통해 협력적인 의사소통 역량을 기르는 데 초점(교육부, 2022c, p. 66)
	수학	• 토의 · 토론 학습은 ...(중략)... 다른 사람의 의견을 비판적 사고를 통해 수용하여 합리적으로 의사 결정하는 태도(교육부, 2022e, pp. 45, 70, 89, 105, 119, 133, 149, 163, 178, 192, 207(직무수학), 224, 239, 253)
	국어	• 토의하기를 지도할 때는...(중략)...상대의 의견을 존중하며 경청하는 태도와 자신의 의견만을 고집하지 않는 자세도 함께 지도하여, 협력에 기반한 집단 의사소통을 통해 민주시민으로서의 기초 소양을 함양(교육부, 2022b, p. 21)
	미술	• 토의 · 토론 학습 방법은...(중략)...의사결정이나 아이디어 정교화가 필요한 활동과 쟁점 중심의 활동에 활용할 수 있다. 다른 친구들과 생각과 의견을 나누며 다양한 관점을 존중하는 태도(교육부, 2022g, p. 20)
문제 탐구 및 해결 방안 모색	사회	• 우리 사회에서 다양한 문화가 확산되면서 나타나는 문제의 해결 방안을 토의(교육부, 2022d, p. 22)
	도덕	• 현대사회의 다양한 윤리 문제를 탐구 및 토론(교육부, 2022c, p. 35) • 우리 사회에서 발생하고 있는 사회적 갈등의 구체적 사례를 탐구하고, 동 · 서양 윤리 이론을 바탕으로 토의를 통해 갈등 해결 방안을 모색(교육부, 2022c, p. 40)
	음악	• 음악의 사회적 기능과 역할, 필요성에 관해 함께 토의하거나 토론해 봄으로써 음악을 주제로 한 문제 인식과 해결 과정에 참여(교육부f, 2022, p. 70)
	국어	• 토의하기를 지도할 때는...(중략)...학습자가 소속된 학급에서 경험한 실제적 문제와 관련된 주제를 선정하여 토의에 흥미를 갖도록(교육부, 2022b, p. 21) • 다양한 정보를 분석 · 평가 · 종합하여 대안을 제시하는 문제 해결 능력을 신장하고 학습자의 적극적인 참여와 상호 작용을 독려하기 위해서는 토의 · 토론 및 협동 수업을 활용할 수 있다. 토의 · 토론 및 협동 수업을 활용할 때는 학습자가 개인별 언어 활동 외에도 토의 · 토론과 같은 협력적 활동을 통해 보다 효과적으로 문제를 해결할 수 있음을 인식하게 하고, 학습자 간의 적극적인 상호 작용을 지원하는 것에 초점(교육부, 2022b, pp. 61, 100) • 학습자의 적극적인 참여와 상호 작용을 독려하고, 다양한 정보를 분석 및 평가하고 종합하여 대안을 제시하는 문제 해결 능력을 신장하기 위해서 토의 · 토론 수업을 활용할 수 있다.(교육부, 2022b, p. 141)

2022 개정 교육과정에서 제시한 토의·토론의 목적을 살펴보면 위와 같이 학생 참여 강화, 자신의 생각을 표현하는 기회 제공, 풍성한 해석 및 아이디어 개발, 지식 습득 및 의미 파악, 협력적 의사소통 및 합리적 의사 결정, 문제 탐구 및 해결 방안 모색 등으로 나눌 수 있었다. 이와 같이 토의·토론은 논리적 설득력, 합리적 의사 결정, 창의적 사고 능력 등 각각 다른 목적으로 활용되지만 모두 학생들에게 필요하고 중요한 능력으로 치우침 없이 조화롭게 함양시킬 필요가 있다. 그러나 위에서 볼 수 있다시피 학생의 참여 강화, 자신의 생각을 표현하는 기회 제공, 풍성한 해석과 아이디어 개발을 목적으로 하는 토의·토론은 비교적 적었으며 대부분 지식 습득 및 의미 파악, 협력적 의사소통 및 합리적 의사 결정, 문제 탐구 및 해결 방안 모색을 목적으로 하는 것을 알 수 있다. 단편적인 지식 습득이 아닌 토의·토론을 통해 깊이 있는 이해를 도모하고 의미를 파악하는 것, 협력적 의사소통을 통해 합리적 의사 결정에 도달하는 것, 학생 스스로 문제 탐구 및 해결 방안을 모색하는 것 모두 현재, 그리고 미래 사회를 대비하여 학생들이 반드시 갖추어야 할 핵심역량임은 누구도 부정하지 않을 것이다. 모든 학생이 참여하여 자신의 생각을 표현하는 기회를 가지며 집단적 사고 과정을 통해 생각을 더욱 풍성하게 만드는 경험은 "포용성과 창의성을 갖춘 주도적인 사람으로 성장하게 하는 데"(교육부, 2022a, p. 4) 필수적이다. 본 글은 학생의 참여 강화, 자신의 생각을 표현하는 기회 제공, 풍성한 해석과 아이디어 개발에 효과적이며 2022 개정 교육과정의 중점과 미술과의 특성에 부합하는 방법으로 스튜디오 크리틱을 미술과 토의·토론에 도입할 것을 제안한다. 이에 다음 절에서 토의와 토론, 스튜디오 크리틱의 비교하고 미술과 토의의 한 형태로서 스튜디오 크리틱 도입의 의의를 살펴보고자 한다.

4. 미술과 토의·토론의 한 형태로서 스튜디오 크리틱의 제안

1) 토의와 토론, 스튜디오 크리틱의 비교

토의와 토론은 두 사람 이상이 상호 작용을 통해 목적에 도달한다는 점에서는 유사하나 토의는 주제에 대해 학습하거나 문제를 해결하기 위한 목적을 지니고, 토론은 자기 주장을 정당화하여 다른 사람을 설득하려는 목적을 지닌다는 점에서 다르다. 토의와 토론은 개념이 서로 다르지만 토론을 토의에 포함되는 개념으로 보기도 하고, 교육과정 내에서, 또 수업 현장에서 혼용되기도 하고 순환적으로 활용되기도 한다(정문성, 2013).

스튜디오 크리틱은 학생이 만든 작품을 가운데 두고 교수자와 학생, 학생과 학생, 때로는 청중과 대화하는 활동으로 오래전부터 미술교육에서 빈번하게 사용되는 교수·학습 방법이며 미술에서 특징적인 교수법이다(Barrett, 2019; Elkins, 2001/2006, Hetland et al., 2013; Shulman, 2005). 교수자와 학생, 학생과 학생, 때로는 청중과 대화한다는 점에서 토의·토론과 유사하다고 볼 수 있지만 토의·토론이 우열을 가리고 최선의 결과를 도출하기 위한 말하기·듣기 활동이라면, 스튜디오 크리틱은 생각을 확장하고, 자신과 타인의 예술에 대해 배울 수 있게 하는 언어, 비언어, 이미지 등을 매개로 한 보다 확장된 상호 작용으로 볼 수 있다(정문성, 2013; Barrett, 2019; Hetland et al., 2013). 토의·토론과 스튜디오 크리틱의 특징을 정리하면 다음 표와 같다.

〈표 3〉 스튜디오 크리틱, 토의, 토론 비교 표

	스튜디오 크리틱	토의	토론
주제의 성격	• 학생의 작품을 중심으로 한 열린 주제, 이런 저런 주제로 표류(Elkins, 2001/2006)	• 합의가 필요한 주제	• 선택이 필요한 주제
목적	• 작품을 만드는 과정을 관찰하고, 반성하고, 탐구하고, 생각을 확장할 수 있는 수단(Hetland et al., 2007) • 자신의 작업에서 약점과 강점을 구별하도록 하고 건설적이고 지지적인 어조로 개선을 위한 제안 제공(Costantino, 2015) • 작품이 왜, 어떻게 구상되고 만들어졌는지에 대한 대화, 작품에 대한 대중의 반응을 확인할 수 있는 기회, 작품의 의도가 완성된 작품에서 실제로 실현되는지 탐구(Barrett, 2019)	• 정보 · 의견 교환 • 최선의 문제 해결 방안 모색 • 최선의 결과 도출	• 주장과 설득 • 의견의 대립 · 모순으로 인한 갈등 해소 • 대안의 우열을 가림
전제	• 임의적이고 혼란스러운 가운데 예기치 못한 발견이 있을 수 있음, 변형적 사고, 유목적 사고 장려(Elkins, 2001/2006)	• 의견 대립 지양(협력적 접근)	• 의견 대립 인정(대립적 접근)
형식	• 언어, 비언어, 시각 이미지 등을 통한 새로운 의사소통(Sentler & Istek, 2000)	• 자유로운 의견제시	• 정해진 형식과 절차
상호 작용	• 역동적이고, 적극적인 대화, 혼돈스러운 개입(Budge, Beale & Lynas, 2013; Scagnetti, 2017)	• 정보나 의견 교환	• 논증과 실증
상호 관계	• 모든 의견은 존중됨(Barrett, 2019) • 지적 공동체, 상호 작용으로부터 배움(협력 학습)(Barrett, 2019; Costantino, 2010)	• 상호 협조적(협력적 태도)	• 상호 경쟁적(비판적 태도)
문제해결방법	• 작품을 중심으로 한 다양한 반응의 성찰을 통해 작품을 수정함. 이는 작품을 바꾸는 것뿐만이 아닌 생각을 바꾸는 것일 수 있음(Barrett, 2019)	• 집단사고 과정을 거쳐 해결책을 모색함	• 논거(증거)를 제시하여 자기 주장의 정당성을 입증하고, 상대방 주장의 모든 입증을 위해 주장의 논의를 파악함
예시	• 무엇을 전달하려는 것인가? ...에 대해 고려해 보았는가? 의도한 바가 무엇인가? 왜 그렇게 하였는가?(Leemann, 2017)	• 인성 교육 어떻게 할 것인가?	-안락사 허용해도 좋은가?
미술교육에서의 예시	• 진행자가 세션의 초점을 설명하고 작가(진행자와는 다른 사람)가 작품이나 관찰된 문제를 제시하여 피드백을 받을 부분을 강조함. 참가자들은 발표자에게 작품 또는 문제에 대해 질문하거나 해석을 요청할 수 있음. 참가자는 작품 또는 문제에 대해 토론하고 발표자는 피드백을 성찰하고 반영하여 아이디어를 발전시킴. 진행자가 세션을 정리함(Constantino, 2010).	• 개념 미술 작품을 보며 만든 각자의 질문에 대해 상상하며 의견을 나누고, 자신이 개념 미술 작품의 작가가 되어 질문을 주고 받음(이은희, 손지현, 2022)	• 제시된 광고이미지의 적절성 혹은 부적절성에 대한 근거를 들어 토론함(이지연, 김지은, 박지원 제갈유진, 2022)

출처: 서울특별시 교육연구정보원(2008). 중고등학교용 토론 수업 길라잡이. p. 4; 정문성, 2013, p. 16의 표에서 관련 내용을 추출하여 통합하고 미술교육 예시와 스튜디오 크리틱에 관한 내용을 각각 해당 문헌에서 추출하여 추가함.

미술교육에서는 수업의 주제와 목표에 따라 토의, 토론, 스튜디오 크리틱이 모두 활용되며 동시에, 혹은 순환적으로 활용될 수 있다. 예를 들어 협동 작품을 만드는 과제에서 주제를 탐색하고, 발견하고, 정교화하는 과정 중 무한한 가능성을 표류하며 생각을 발전시키고, 다양한 대안 중 선택에 따른 결과를 상상하는 스튜디오 크리틱을 경험하며 언어, 비언어, 시각 이미지 등을 매개로 한 새로운 의사소통 능력을 기를 수 있다. 더 나은 결과를 위한 토의 중 대립하는 의견 가운데 선택이 필요할 때 자기 주장의 정당성을 입증하는 토론이 이루어지기도 하고, 토론 가운데 토의의 형태로 협력과 합의가 이루어져 문제 해결에 이르는 경험을 통해 의사소통 능력, 논리적 사고력을 기를 수 있다. 마지막으로 결과물로서의 작품을 중심에 둔 스튜디오 크리틱을 통해 다양한 반응 가운데 자신에게 중요한 주제를 다듬고 정의하며 예술의 감각적 특성, 시각적 표현력, 말과 글로서의 표현력, 개방적 태도 등을 기를 수 있다.

2) 미술과 토의 · 토론에서 스튜디오 크리틱 도입의 의의

토의와 토론, 스튜디오 크리틱 중 수업의 주제와 목표에 따라 적절한 방법을 선택하여 활용해야 한다. 토의와 토론, 스튜디오 크리틱을 통해 함양할 수 있는 능력은 모두 조화롭게 개발할 필요가 있는 중요한 능력이다. 다만 한국의 교육과정에서 모든 학생들이 참여하여 자신의 생각을 자유롭게 표현하는 가운데 풍성한 해석과 다양한 아이디어의 개발을 목적으로 하는 토의 · 토론은 비중이 적다. 본 글은 미술교육에서의 스튜디오 크리틱이 해당 목적에 부응하는 교수 · 학습 방법이라는 판단하에 미술과 토의 · 토론에서 스튜디오 크리틱 개념과 방법의 도입을 제안하고자 한다. 스튜디오 크리틱은 일반적으로 작가인 학생이 만든 작품을 대상으로 하지만 표현 영역에 국한된 것이 아니다. 스튜디오 크리틱의 개념과 방법은 미적 체험이나 감상에도 적용할 수 있으며 이는 더욱 열린 해석을 가능하게 할 수 있다. 이러한 스튜디오 크리틱은 2022 개정 교육과정의 지향과 맞닿아 있으며 미술과 고유의 특징과도 부합한다.

2022 개정 교육과정에서는 2015 개정 교육과정의 네 가지 추구하는 인간상 중 세 가지를 유지하고 한 가지 2015 개정 교육과정의 "전인적 성장을 바탕으로 자아정체성을 확립하고 자신의 진로와 삶을 개척하는 자주적인 사람"(교육부, 2015a, p. 1)을 "전인적 성장을 바탕으로 자아정체성을 확립하고 자신의 진로와 삶을 스스로 개척하는 자기주도적인 사람"(교육부, 2022a, p. 5)으로 수정하였다. 또한 다섯 가지 핵심역량 중 네 가지를 유지하고 의사소통역량 한 가지만 협력적 소통 역량으로 수정하였다. 이는 예측불가능한 미래에 능동적으로 대응하며 자신의 삶과 학습을 스스로 이끌어가는 주도성과, 다양한 사회적 문제를 해결하기 위해 서로 존중하고 함께 협력하여 문제를 해결해나가는 능력이 요구된다는 판단에 의한 것이다(교육부, 2022a). 불확실하고, 복잡하고 불안하고 애매한 미래를 마주하면서 이전에는 접해보지 않은 새로운 문제를 마주하게 되고, 기존에 해왔던 방식이 아닌 낯선 도전을 통해 새로운 가치를 창출하는 능력이 중요해졌다(OECD, 2020).

2022 개정 미술과 교육과정 또한 이러한 요구에 발맞추어 개정되었다. 가장 두드러진 변화 중 하나는 정체성 역량과 공동체 역량이 제안된 것이다. 정체성 역량은 "미술 활동을 통해 독립적인 개인으로서 또한 자신이 속한 집단의 일원으로서 개인과 집단의 개별성과 고유성을 인식하고 성찰하여 자아상과 세계관을 형성해나갈 수 있는 능력"으로, 공동체 역량은 "전통에서부터 동시대까지 미술 문화에 대한 이해를 바탕으로 다양한 미술 문화를 존중하며 개방

적이고 포용적인 태도로 인류 공동체 발전에 적극적이고 책임감 있게 참여할 수 있는 능력"으로 규정되었다(이주연 외, 2022, p. 101). 스튜디오 크리틱은 작품을 중심으로 독립적인 개인으로 또 공동체의 일원으로 서로 언어, 비언어, 이미지를 매개로 한 협력적 의사소통이 이루어지며 다양한 반응의 성찰을 통해 자아상과 세계관을 형성할 수 있다. 또한 자신의 작품에서 다른 사람들이 무엇을 보는지, 혹은 보지 못하는지, 작품이 자신에게 무엇을 의미하며 다른 사람들은 그것을 어떻게 해석하는지, 자신의 작품이 어떠한 생각과 감정을 이끌어내는지 배울 수 있다(Barrett, 2019). 특히 "자신과 다른 사람들이 만드는 예술 작품에서 자신이 가치를 두는 것이 무엇인지 알 수 있으며...(중략)... 자신에 대한 지식을 얻는 것만큼이나 중요한 것은 크리틱에 적극적으로 참여함으로써 타인과의 관계 속에서 자신을 관찰할 수 있는 기회를 가지게 된다"(Barrett, 2019, p. xv)는 점은 위의 정체성 역량과 맞닿아 있다. 또한 "사려 깊고 반성적으로 참여하고 듣고 관찰함으로써, 다른 사람들이 만든 작품을 통해 그들에 대해 배울 기회를 갖게 될 것이며...(중략)...예술과 디자인을 통해 드러난 사람들이 삶에 대해 가지고 있는 가치관의 유사점과 차이점"(Barrett, 2019, p. xvi)을 통해 타인에 대해 학습할 수 있다는 점은 공동체 역량과 밀접하다. 다시 말해, 스튜디오 크리틱을 통해 2022 개정 총론의 신설 핵심역량과 2022 개정 미술과 교육과정의 신설 역량을 함양할 수 있는 것이다.

또한 2022 개정 미술과 교육과정에서는 영역의 핵심 아이디어를 도입하여 미술과의 깊이 있는 학습을 꾀하였다. 즉 미술과 학습이 미술 내에서 그치는 것이 아니라 특정한 맥락이나 상황에서 지식, 기능, 가치 및 태도를 통합적으로 작동시켜 복잡한 문제를 해결할 수 있도록 내용 체계를 재구조화하였으며 나에 대한 탐구에서 출발하여 삶에 대한 통찰을 이끌고 삶의 의미와 가치를 발견하고 향유하는 능력으로 확대하여 규정되었다(온정덕, 2023, 이주연 외, 2022). 또한 이러한 역량 함양을 위해서 학생 스스로 자신이 어떻게 배우고, 문제를 해결하는지 학습 과정에 대해 되돌아보고 성찰하는, 학습에 대한 성찰을 강조하고 있다(온정덕, 2023).

미술은 익숙한 것을 낯설게 만들고, 의문을 던지고, 상상하게 함으로써 다양한 가능성 가운데 예측하고 실행하고 성찰하게 한다. 이미 놓인 길 가운데 가장 잘 닦인 길이 아닌 때로는 길을 만들기도 하고, 돌아가기도 하면서 해결책을 찾는다. 예측하기 어려운 미래사회에서 이러한 교과의 특성은 논리와 합리를 중심으로 한 교과에서는 발견하기 어려운 특징이다. 미술과에서의 토의・토론은 이러한 미술과의 특성에 따라 미술과만이 할 수 있는 경험과 미술과에서 더 잘 함양할 수 있는 역량을 중심으로 미술과 고유의 특성을 극대화할 수 있는 형태로 진행되어야 할 것이다. Elkins(2001/2006; 2012)에 따르면 스튜디오 크리틱은 개방적이고, 포용적이며, 민주적일 수도 있고, 모든 종류의 의미, 모든 형태의 이해가 주제가 될 수 있으며, 예술 자체가 인간 반응의 가장 넓은 스펙트럼을 표현하기 때문에 이 모든 것이 허용될 뿐만 아니라 적절하다고 평가한다. 이러한 즉흥성, 우연성, 모호성, 불확실성, 다의성 등 스튜디오 크리틱의 특성은 타 교과의 교육과정은 물론이고 미술과 교육과정에서조차 찾아보기 어렵다. 인간, 사회에 관한 기존의 인식에 의문을 제기하고 새로운 관점을 요구하는 포스트 휴머니즘 시대에 자유로운 사고와 상상력을 바탕으로 한 스튜디오 크리틱은 경계와 한계를 초월하는 미술의 특성을 반영하고 있으며 미래 세대에게 필요한 능력을 훈련하기 위한 방법이라고 할 수 있다.

5. 미술과 토론 · 토의의 한 형태로서 스튜디오 크리틱 실행 조건

스튜디오 크리틱은 미술 교과의 특성을 반영한 고유의 교수·학습 방법이라고 할 수 있지만 스튜디오 크리틱에 대한 합의된 정의, 모델, 방법, 효과에 대한 연구를 찾아보기는 어려우며 스튜디오 크리틱을 경험한 사람들의 보고에 따르면 긍정적인 경험이 적고, 거칠고, 예측할 수 없으며, 유쾌하고 친절하게 진행될 때조차 그 나름대로 만족스럽지 않다고 말한다(Barett, 2019; Costantino, 2015; Elkins, 2001/2006). 미술 고유의 특성에 의거한 건설적인 스튜디오 크리틱 경험을 촉진 조건을 살펴보면 다음과 같다.

첫째, 스튜디오 크리틱에 대한 대강화된 매뉴얼과 다양한 사례에 기반한 연구가 필요하다. Barrett(2019)은 스튜디오 크리틱이 합의된 정의가 없으며 정해진 정의가 없는 것이 당연할뿐더러 더 좋은 것으로 본다. 스튜디오 크리틱은 누가, 어디서, 왜 참여하는가에 따라 변화하는, 생생한 것이며 시간의 흐름에 따라 변화하는 개방적이고 진화하는 교수·학습 방법이라는 것이다. 따라서 고정된 엄격한 절차가 아닌 시간, 공간, 참여자 등에 따라 선택 가능한 유연한 매뉴얼과 참고할 수 있는 사례가 풍부하게 제공된다면 크리틱이 가진 단점을 최소화하고 장점을 극대화하는 데 도움이 될 것이다.

둘째, 충분한 시간과 여유로운 마음이 필요하다. 한국사회는 학생들에게 오래 보고 깊이 생각할 여유를 허락하지 않는다. 그러나 좋은 작품은 오래 보면 볼수록 안 보이던 것들이 보이고 더 많은 것이 보인다. 안규철(2021)은 "사람들 사이의 대화가 갑자기 끊기고 낯선 정적이 흐르는 순간을 독일어나 불어에서는 '천사가 지나가는 시간'이라고 부른다"(p. 4)고 말하며 이 시간, 사물은 전혀 다른 모습으로 다가온다고 적었다. 스튜디오 크리틱 시간을 충분히 할당하고 여유로운 마음으로 임할 수 있도록 환경을 조성하여, 스튜디오 크리틱 과정에서의 침묵을 어색해하고, 조급해하고, 메우려고 하기보다 그 시간동안 작품이 어떤 모습으로 나타나는지 지켜볼 수 있도록 할 필요가 있다.

셋째, 생각-이미지-언어를 넘나들기 위해 미술 개념에 대한 이해가 필요하다. 표류하는 생각을 붙잡아 언어로 명료하게 표현하고 또 언어로 표현한 바를 서로 정확하게 이해하는 것은 쉬운 일이 아니다. 원활한 대화를 위해서는 공통의 언어를 가지고 있는 것이 도움이 된다. 미술 개념에 대한 학습을 통해 서로 공통의 언어로 대화할 수 있도록 기반을 마련할 필요가 있다.

마지막으로 스튜디오 크리틱의 목적에 대한 공유와 공감이 이루어질 필요가 있다. 스튜디오 크리틱을 처음 접하는 학생들은 이러한 대화 방식에 혼란스러워한다. James Elkins의 책『왜 미술은 가르칠 수 없는가?(why art cannot be taught?)』[1]에는 타과에서 온 학생이 미술대학에서 이루어지는 스튜디오 크리틱을 "사이코드라마"라고 불렀다는 대목이 나온다(Elkins, 2001/2006, p. 10). 미술 대학의 학생이라고 해서 이러한 스튜디오 크리틱에 익숙한 것은 아니다. 나무위키는 크리틱에 대해 "교수와 학생들이 동참하여 과제 비평을 하는 시간을 이르는 말"로, "교수마다 그 혹독함은 다르지만, 엄한 교수들의 크리틱은 인민재판을 연상"시키며 미대생과 건축학과생들에게 "지옥보다 더 지루한 시간, 참을 수 없는 고통과 같이 생각되는 존재"(크리틱, 연도 불명)라고 적고 있다. 이는 스튜디오 크리틱을 왜 하는지, 무엇을 기대할 수 있는지 충분히 공유 및 공감되지 않았기 때문이다. Elkins(2001/2006)에 따르면 스튜디오 크리틱은 정리된 생각을 보고하는 것이 아니라 혼란스러움을 고백하면서 정리되지 않은 생각을 끄집어내어 말하

1) 한국어판 제목은『학교 안의 미술, 학교 밖의 미술』이다.

면서 생각을 발견하는 것이다. 학생들은 작품을 보고 떠오르는 생각과 감정을 꺼내어 나누면서 생각을 다듬을 수 있다. 이러한 스튜디오 크리틱의 목적을 인지하고 있다면 피상적인 피드백만으로 지루한 시간이 되거나, 공격적이거나 방어적인 반응에 상처받지 않고 작품을 통한 앎의 확장, 다음 작품을 위한 감상자 반응의 수집 등으로 활용할 수 있다. 또한 이를 위해서는 모든 구성원이 스튜디오 크리틱에 기여하려는 마음을 가져야한다. 스튜디오 크리틱은 성격이 내향적이라거나 미술에 대해 잘 모른다는 관심의 문제가 아니다. 작품에 집중하고, 생각이나 느낌을 나누고, 상대에게 도움을 주는 것은 스튜디오 크리틱 시간 동안 모든 참여자가 마땅히 해야 할 역할임을 주지하여야 한다. 참여자 간 언어, 비언어, 이미지 등을 넘나들며 역동적으로 상호 작용하는 가운데 의미를 발견하고 만들어가기 위해서는 모든 참여자가 스튜디오 크리틱 시간 동안 집중하고 공헌할 의무가 있다는 점을 공유하고 공감할 필요가 있다.

* 이 글은 안지연(2024), 미술과 토의 · 토론의 목적과 방법: 스튜디오 크리틱 개념과 방법의 도입을 제안하며(조형교육, 89집)를 수정 보완한 원고임.

안지연(아주대학교)

36 미술교육에서의 협동학습

미래사회를 대비하기 위해 오늘날 교육은 협력적 소통 능력을 강조하고 있다. 협력적 소통 능력을 함양할 수 있는 방법은 다양하겠지만 그 중 효과적인 교육 방법으로 협동학습의 활용이 제시되고 있다. 협동학습은 소집단으로 구성된 학습자들이 공통의 목표에 도달하기 위해 구성원들 간 소통과 협력을 통해 학습하는 방법이다. 협동학습은 목표성취를 위해 학습자들이 수업의 주체가 되어 협력적으로 학습하기에 전통적 교육 방법에 비해 수업 내용에 대한 인지와 고차원적 사고가 가능하며 사회성 발달에도 효과적이다. 많은 장점을 가진 협동학습은 1700년대에 등장하여 1970년대부터 다양한 모형들이 제시되었는데 크게 과제 중심, 보상 중심, 구조 중심, 기타 총 네 가지로 분류된다. 협동학습 모형들을 바탕으로 여러 선행연구들이 이루어져 협동학습의 효과성을 강조해왔으나, 아직 미술교과에서는 협동학습을 이용한 연구들이 다소 부족한 것으로 나타났다. 그러나 미래인재 육성을 위해 미술교과에서도 협동학습을 적극 도입할 필요가 있으며, 미술과에서 협동학습을 적용한 다양한 연구들이 이루어져 질 높은 미술교육이 학교교육에서 이루어질 수 있도록 하여야 한다. 이 글에서는 여러 협동학습 모형 중 협동을 위한 협동학습 모형(Co-op Co-op)을 적용한 미술 수업 방법을 제안하였다. 그 방법은 수업지도안을 통해 제시되었으며, 고등학교 1학년을 대상으로 하며 2차시로 구성되었다. 제안된 예시에 대한 평가 방법은 개인 · 모둠 평가이며, 모둠 과정 평가에서 알스탈(Stahl)의 모둠 활동 자체 반성 평가지 활용을 제안하였다. 현재 교육과정과 교육의 방향성 등을 고려하였을 때 협력적 소통 능력은 차기 교육과정에서도 강조될 것으로 예상된다. 협력적 소통 능력을 발달시킬 수 있는 효과적인 교육방법인 협동학습을 미술교과에 적극적으로 사용하는 방법과 연구에 관심을 가지고 학교현장에서 적용할 것을 제안한다.

1. 교육과정에서 협동학습에 관한 내용 분석

1) 협동학습의 등장배경과 과거 교육과정에서 협동학습의 전개

협동학습(Cooperative learning)은 1700년대 영국에서 랭케스터(Lancaster)와 벨(Bell)이 협동학습을 광범위하게 적용하면서 교육현장에 처음 등장하였다. 이후 1806년 미국 뉴욕에 랭케스터 학교(Lancaster School)가 설립되며 미국에서 협동학습의 개념이 소개되었지만, 협동학습이 학습방법으로 수업현장에 도입된 것은 19세기 후반에 협동학습의 주창자이며 실천가인 파커(Paker)에 의해서이다(정문성, 2007). 파커(Paker)를 통해 협동학습은 20세기 전환기의 미국교육에 큰 파장을 일으켰다. 이종일 외(2008)에 의하면 최초의 협동학습은 '1906년 미국 오하이오주 신시네티 직업교육 프로그램'에서 이루어졌다고 한다. 20세기 초반 듀이(Dewey)와 파커(Parker) 등의 학자들은 협동학습을 이론적, 실천적으로 강조하였다. 1938년에 듀이(Dewey)는 장차 협동적인 사회를 구성하기위해 학교현장에서 협동의 경험은 필수적이라고 주장하며 협동학습의 중요성을 강조하였다(이동원, 1997).

협동학습은 20세기 전환기의 미국교육에 많은 영향을 주었지만 자본주의 및 자유경쟁체제를 기반으로 하는 미국의 시대상으로 인해 1930년대 후반부터 경쟁학습(Competitive learning)이 대두되며 협동학습에 대한 관심은 다소 줄어들었다. 미국의 사회 체제에 걸맞은 경쟁학습은 성공적일 것이라는 기대와는 달리 많은 문제를 초래하였다. 경쟁학습은 학업성취도에 따라 학업수준이 높은 소수의 학생들에게는 성공을, 그렇지 않은 학생들에게는 정서적 박탈감을 갖게 하는 등의 폐해를 발생시켰다. 이후 경쟁학습의 한계를 보완하고자 개별학습(Individualistic learning)이

대두되었다. 하지만 개별학습 역시 타인으로부터 받는 지적 자극의 부재와 사회성 결여 등 극단적 개인주의자 또는 편협한 지식인을 배출하는 등의 문제를 발생시켰다.

경쟁학습 및 개별학습의 한계를 해결하고자 1940년대 도이치(Deutch)는 발달심리와 사회심리학을 기반으로 협동학습 구조를 새롭게 형성하여 협동학습의 이론적 기반을 마련하였다. 이후 여러 학자들에 의해 협동학습의 모형이 개발 및 보급되면서 협동학습은 재조명받게 되었다. 특히 협동학습에 관한 연구는 1970년대 후반부터 더욱 활발히 이루어졌다. 존슨과 존슨(Johnson & Johnson), 슬라빈(Slavin), 애런슨(Aronson), 케이건(Kagan) 등에 의하여 협동학습과 관련한 연구가 활발히 이루어지며 협동학습은 세계적인 관심을 얻게 되었다(이상우, 2010). 한국의 경우 1980~1990년대에 들어서 협동학습이 소개되었다.

2) 2022 개정 교육과정에서 협동학습 내용 분석

오늘날 청소년들은 비대면 기술의 발전, 전염병 확산과 같은 불가피한 문제로 인해 공동체 활동 경험이 상대적으로 부족하다. 이러한 상황에 대하여 임성윤(2023)은 '오늘날 청소년들은 집단주의 문화에 대한 경험이 매우 부족한 세대'라 언급하였다. 그러나 협동은 개인이 가진 한계 및 제약을 극복할 수 있는 방안으로써 인류가 오래전부터 행해오던 방식이며, 개인의 능력이 강화된 현대사회에서도 협동은 반드시 필요하기 때문에 교육을 통해 협동능력을 배양할 필요가 있다(정혜선, 2022). 협동적 행동은 학습을 통해 발달될 수 있으며 공동체적 삶을 위한 사회성 발달, 학습부진의 개선, 민주시민 양성에 효과적이다(한방교, 윤길근, 2000). 경제협력개발기구(OECD)는 협동의 중요성을 느껴 2015년부터 국제학업성취도검사 PISA(Programme for International Student Assessment)에서 협동적 문제 해결(Collaborative problem solving) 능력측정을 추가하였다.

이러한 시대적 흐름에 맞춰 교육부는 기존의 교육과정보다 2022 개정 교육과정에서 협동의 필요성을 강조하였다. 2022 개정 교육과정의 총론에서는 "사회의 복잡성과 다양성이 확대되고 사회적 문제를 해결하기 위한 협력의 필요성이 증가함에 따라 상호 존중과 공동체 의식을 함양하는 것이 더욱 중요해지고 있다"는 내용과 함께 협력의 필요성을 강조하였다(교육부, 2022a). 총론을 기반으로 교육과정의 구성 역시 협력하는 공동체 의식을 강조하고 있다. 그 내용은 2022 개정 교육과정의 핵심 역량에서도 찾아볼 수 있다.

급변하는 사회에 맞는 인재를 배양하기 위하여 오늘날 우리 교육은 역량기반교육을 중심으로 이루어지고 있다(허지원, 2021). 2015 개정 교육과정의 핵심역량이 '자기관리 역량, 지식정보처리 역량, 창의적 사고 역량, 심미적 감성 역량, 의사소통 역량, 공동체 역량'이었다면, 2022 개정 교육과정의 핵심 역량은 '자기관리, 지식정보처리, 창의적 사고, 심미적 감성, 협력적 소통, 공동체'역량이다(교육부, 2022a). 두 개정교육과정의 핵심역량을 비교하면 다른 역량들은 동일하지만 2015 개정 교육과정의 핵심역량인 '의사소통 역량'이 2022 개 정교육과정에서는 '협력적 소통 역량'으로 변화한 것을 알 수 있다. 협력적 소통 역량으로 변화한 이유는 앞서 총론의 내용과 같이 협업과 소통은 미래인재에게 가장 중요한 역량 중 하나이며 국가의 경쟁력이 될 것이기 때문이다(이정은, 2022; 김수영, 2023). 즉 미래사회에서는 단순히 타인과의 의사소통을 하는 능력을 넘어 협력적 자세로 소통하는 인재가 필요하다는 것이다.

2022 개정 교육과정 속 미술과의 목표로 그리는 인간상은 '자신과 세계를 이해하고 미술 문화 창조에 주도적으로 참여하는 사람'이며, 이에 따른 교과 역량은 총론의 인간상과 핵심역량을 연계하여 '심미적 감성 역량, 창의·융합 역

량, 시각적 소통 역량, 정체성 역량, 공동체 역량'이다(교육부, 2022b). 미술과 교육과정의 성격에서도 "타인, 환경, 세계와 상호 작용하는 가운데 자신의 위치를 확인하고 나아가 타인의 고유성을 존중하며 더불어 살아가는 힘과 협력적 문화를 형성하는 힘을 기를 수 있다."와 같은 내용이 기술되어 있는 것으로 보아 미술과 역시 공동체 역량과 협력을 강조하고 있음을 알 수 있다(교육부, 2022b).

정보가 급변하는 오늘날 건강한 자아 성장과 친사회적 인식 형성을 위한 교육 방법으로 협동학습 모형이 제시되고 있다(안초희, 이현정, 2022). 또한 협동학습은 2022 개정 교육과정의 교육적 목표를 함양할 수 있는 교육 방법인 동시에 핵심 역량을 함양할 수 있는 효과적인 교육 방법으로 제시된다. 역량 기반 교육이 강조됨에 따라 교육 현장에서는 강의식 수업보다는 프로젝트 학습, 문제 중심 학습, 협동학습, 협력학습, 토의·토론 수업 등을 사용하여 보다 학습자의 참여를 높이고 있기 때문이다(박일수, 2020). 2022 개정 교육과정 속에서 다양한 장점을 가진 협동학습을 알아보고 적극적으로 실현해 볼 필요가 있다.

2. 협동학습의 개념과 선행연구

1) 협동학습의 개념 및 특징

협동학습이란, 다양한 학습수준을 가진 학습자들이 하나의 소집단이 되어 공동의 목표를 성취하기 위해 협력하는 학습방법을 의미한다(한승록, 2009; Slavin, 1991). 소집단의 규모는 수업 상황에 따라서 5~6명 내외의 모둠 혹은 한 학급 전체가 될 수도 있다(이정은, 2022). 이때 주의할 것은 협동학습이 단지 소집단 내 속한 학습자들끼리 모여 학습하는 방법이라고 오해하지 않아야한다는 것이다. 협동학습은 학습자들이 함께 해결하고자 하는 공통의 목표가 있어야하며 목표를 성취하기 위해 구성원들이 함께 학습하거나 서로의 학습을 격려하여야 한다(홍순태, 2016). 또한 구성원들 간 평등한 관계를 유지하며, 개인의 책임이 강조되고, 긍정적인 상호의존 경험을 하며, 구성원 모두가 과정과 결과에 책임이 있으며, 반드시 학습자의 인지 구조에 질적인 변화가 이루어져야 한다(이상우, 2011).

전통적 수업방법인 강의식 수업과는 달리 협동학습은 학습자들이 하나의 공동체가 되어 공동의 과제해결을 위해 함께 협력하기 때문에 학습자들은 수동적 존재가 아닌 능동적 주체가 되어 수업에 참여한다(홍순태, 2016). 학습에 대한 학습자의 능동적 참여는 학습자의 인지 발달에 용이하며, 정의적 측면에서도 효과적인 결과를 도출해낼 수 있다는 장점을 가지고 있다(이정은, 2022).

협동학습은 경제적, 개인주의적 학습구조에 비해 학습자의 고차원적 사고, 성취도, 학습자간 긍정적인 관계의 변화, 심리적 건강, 사회적 유대감, 자존감 등을 향상시키는데 효과적이다(Johnson & Johnson, 1989). 나아가 협동학습은 인지적 목표달성, 동료 간의 우정, 사회적 책임감, 정의적 측면에서의 사회적 목표 달성에 효과적이기에 공동체의식 함양, 학업성취능력향상을 위한 가치 및 환경을 조성할 수 있는 교수방법이다(이종일 외, 2008). 이처럼 협동학습은 많은 장점을 가지고 있으나, 교사의 계획과 준비의 부족, 학생들의 협동능력의 부족, 개인적 책무성 소홀 등의 원인에 의해서 실패할 수 있다는 단점을 가지고 있다(이상우, 2011).

2) 협동학습의 모형 등

협동학습의 모형은 다양하지만 대개 그 순서는 교사가 학습목표에 대하여 설명한 후 집단을 구성하여 학습하도록 하는 것이 일반적이다. 1970년 이후부터 협동학습의 모형은 다양하게 제시되어왔지만, 많은 협동학습 모형 중 사람들이 주목하는 10가지 협동학습 모형은 다음 〈표 1〉과 같다(정문성, 2008).

〈표 1〉 현대의 10대 협동학습 모형

개발 시기	개발자	모형
1960년대 중반	Johnson & Johnson	Leaning Together & Alone: LT
1970년대 초반	De Vries & Edwards	Teams-Games-Tournaments: TGT
1970년대 중반	Sharan & Sharan	Group Investigation: GI
	Johnson & Johnson	Constructive Controversy: CC
1970년대 후반	Aronson & Associates	Jigsaw Procedure
	Slavin & Associates	Student Teams Achievement Divisions: STAD
1980년대 초반	Cohen	Complex Instruction: CI
	Slavin & Associates	Team Accelerated Instruction: TAI
1980년대 중반	Kagan	Cooperative Learning Structures: CS
1980년대 후반	Stevens, Slavin, & Associates	Cooperative Integrated Reading & Composition: CIRC

출처: 정문성, 2008, p. 51

협동학습 모형은 크게 과제 중심, 보상 중심, 교과 중심, 구조 중심, 기타인지에 따라 분류할 수 있다(정문성 외, 2010). 〈표 2〉 참조.

〈표 2〉 협동학습의 분류

분류기준	해당모형
과제 중심	과제 분담 학습 모형(Jigsaw · JigsawⅡ · JigsawⅢ), 모둠 탐구 모형(Group Investigation: GI), 협동을 위한 협동 학습 모형(Co-op Co-op)
보상 중심	모둠 성취 분담 모형(Student Teams Achievement Divisions: STAD), 모둠 게임 토너먼트 모형(Teams-Games-Tournaments: TGT)
교과 중심	모둠 보조 개별 학습 모형(Team Accelerated Instruction: TAI), 읽기 쓰기 통합 모형(Cooperative Integrated Reading & Composition: CIRC), 일화를 활용한 의사결정 모형(Individual Then Group Decision Making Episodes: DME)
구조 중심	암기 숙달 구조, 사고력 신장 구조, 정보 교환 구조, 의사소통 기술 구조, 과제 전문화 설계
기타	함께 학습하기(Leaning Together)모형, 찬반 논쟁 협동 학습 모형(PRO-CON), 시뮬레이션 협동 학습 모형(Simulation), 온라인 협동학습 모형(On-Line CL), 짝점검 모형(Dyads) 등

과제 중심 협동 학습은 공통의 과제 해결을 위해 학습자들 간 과제를 분담하여 서로 협동하는 방식이다. 과제 중심 협동 학습 모형으로는 과제 분담 학습 모형(Jigsaw · Jigsaw Ⅱ · JigsawⅢ), 모둠 탐구 모형(Group Investigation: GI), 협동을 위한 협동 학습 모형(Co-op Co-op)이 있다. 모둠 보상을 통해 협동하게 하는 방법인 보상 중심 협동학습에 속하는 모형으로는 모둠 성취 분담 모형(Student Teams Achievement Divisions: STAD), 모둠 게임 토너먼트 모형(Teams-Games-Tournaments: TGT)이 있다. 교과의 특성을 살린 교과 중심 협동 학습 모형은 수학과의 모둠 보조 개별 학습 모형(Team Accelerated Instruction: TAI), 국어과의 읽기 쓰기 통합 모형(Cooperative Integrated Reading & Composition: CIRC), 사회과의 일화를 활용한 의사 결정 모형(Individual Then Group Decision Making Episodes: DME)이 있다. 여러 협동 학습 모형들이 어렵고 길게 진행

된다는 것을 비판하여 개발된 것이 구조 중심 협동 학습이다. 구조 중심 협동 학습 모형으로는 암기 숙달 구조, 사고력 신장 구조, 정보 교환 구조, 의사소통 기술 구조, 과제 전문화 설계가 해당된다. 이 외에도 함께 학습하기(Leaning Together)모형, 찬반 논쟁 협동 학습 모형(PRO-CON), 시뮬레이션 협동 학습 모형(Simulation), 온라인 협동학습 모형(On-Line CL), 짝 점검 모형(Dyads) 등이 기타로 분류된다.

3) 협동학습에 대한 선행연구

우리나라에 가장 먼저 소개된 협동학습 모형인 과제 분담 학습 모형(Jigsaw)은 원 모둠(Home team)에서 전문가 모둠(Expert team)으로 분리되었다가 다시 원 모둠으로 돌아오는 과정이 직소 퍼즐(Jigsaw Puzzel)과 유사하여 그 명칭이 붙여졌다. 이후 과제 분담 학습 모형의 효과성을 보완하기 위하여 Ⅱ와 Ⅲ모형이 후속 개발되었다. 과제 분담 학습 모형Ⅰ과 Ⅱ의 경우 수업 절차가 1단계 '원 모둠: 과제 분담 활동', 2단계 '전문가 모둠: 전문가 활동', 3단계 '원 모둠: 동료 교수 및 질문 응답'까지였다면 과제 분담 학습 모형Ⅲ의 경우 4단계 '일정 기간 경과', 5단계 '원 모둠: 퀴즈대비 공부', 6단계 '퀴즈(Student Teams Achievement Divisions: STAD'단계로 이루어진다. 과제 분담 학습 모형(Jigsaw)의 특징은 학습자들 간의 극단적 상호 의존적 환경을 구성한다는 것이다.

모둠 탐구 모형(Group Investigation: GI)은 교사가 다각도에서 바라볼 수 있는 문제를 제시하고 학생들이 해당문제를 탐구하기 위한 주제를 제시 및 선정하게 된다. 학생들은 탐구하려는 질문을 다시 소 주제로 분류하여 주제에 따라 모둠을 형성, 탐구계획수립, 계획 실행을 거쳐서 나온 결과들을 통합하여 최종 결과를 제시한다. 모둠 탐구 모형의 특징은 다른 모형에 비해 학습자의 학습 활동에 대한 통제력을 강하게 행사할 수 있다는 것이다.

협동을 위한 협동 학습 모형(Co-op Co-op)은 '모둠 탐구 모형'을 보완하기 위해 개발되었다. 협동을 위한 협동 학습 모형은 학급 과제를 여러 모둠이 함께 협력하여 해결하기 위해 모둠별 협동을 진행하는 학습 방식이다. 협동을 위한 협동 학습 모형은 해결해야 하는 주제에 따라 수업의 기간, 대상, 교과의 적용이 유연하게 이루어 질 수 있다.

모둠 성취 분담 모형(Student Teams-Achievement Division: STAD)은 형평 체제(equity system), 평등 체제(equality system), 필요 체제(need system)의 세 가지 보상 체제를 적절하게 조화시켜 학습동기를 유발시키는 학습방법이다. 모둠 성취 분담 모형은 절차와 점수 계산 방식이 간단하여 모든 교과에서 수업적용이 용이하다.

모둠 게임 토너먼트 모형(Team Games Tounaments: TGT)은 모둠 성취 분담 모형과 절차가 유사하나, 토너먼트 게임 형식이며 게임 점수가 학습동기를 강화시킨다는 것에서 차이점을 가지고 있다. 그리고 모둠 게임 토너먼트 모형은 게임에 많은 시간을 할애하여 협동 학습 활동시간이 다소 부족하지만, 학생들의 흥미가 높고 학습의 질이 풍부하다는 장점을 가진다.

모둠 보조 개별 학습 모형(Team Accelerated Instruction: TAI)은 개별학습과 협동학습의 장점을 결합하여 만든 수학교과 수업 모형이다. 수학교과 모형으로 개발되었으나 타 교과에서도 적용이 가능하다. 모둠 보조 개별 학습 모형은 '모둠(Teams)', '배치 평가(Placement Test)', '학습 자료(Curriculum Materials)', '모둠 학습(Team Study Method)', '모둠 점수와 모둠 보상(Team Scores and Team Recognition)', '교수 모둠(Teaching Group)', '숙제(Home work)', '지식 평가(Facts Test)', '모둠 교수 단원(Group-paced Units)' 등 9가지 구성요소를 가지며, 개인차 극복에 목표를 두고 있다. 따라서 수준별 학습 과제를 협력적으로 수행하는 방식을 가진다.

읽기 쓰기 통합 모형(Cooperative Integrated Reading & Composition: CIRC)은 국어교과의 문제를 해결하기 위해 개발되었으며, '기본적 활동', '읽기 이해에 대한 직접교수', '통합 언어 교육과 쓰기' 총 세 가지 원리로 구성되었다. 실질적인 수업 적용이 까다롭다는 단점을 가지고 있으나 언어사용, 언어에 관한 리허설 경험, 언어 활용 능력을 함양에 효과적이다.

일화를 활용한 의사 결정 모형(Individual Then Group Decision Making Episodes: DME)은 개인적 필요와 사회적 필요의 조화를 추구하는 사회교과에서 학습자의 의사 결정 능력을 함양시키기 위하여 개발되었다. 일화를 활용한 의사 결정 모형은 수업에 대한 높은 흥미, 서열화 능력 향상, 쉬운 감정이입 등의 장점을 가지고 있다. 이 외에도 케이건(Kagan)이 개발한 구조 중심 협동학습이 있으며, 기타 협동 학습에 속한 다양한 협동학습 모형들이 있다.

3. 미술과에서 협동학습의 필요성 및 목적, 현황

1) 미술과에서 협동학습의 필요성 및 목적, 지향

혼자 아이디어를 발상하고 제작과정을 성찰하는 데는 한계가 있다. 많은 경우에서 개인보다 여러 사람의 아이디어는 더욱 풍부하며, 다양한 생각을 가지고 있는 사람들의 피드백은 개인이 미처 생각하지 못한 부분을 고려하게 하여 발전의 기회를 마련한다. 다양한 아이디어와 피드백은 작품의 질을 높이며 제작자를 발전시킨다. 대화와 협력이 미술교과에서 필요한 이유이다. 대화와 협력은 삶을 위한 미술교육의 주요 활동이라 불릴 만큼 미술 교육에서 필수적이다(Anderson & Milbrandt, 2007). 동료 간의 대화와 협력은 작품 기획, 제작, 발표, 감상 등의 영역 전반에서 이루어질 수 있다. 기획 단계에서는 보다 창의적 아이디어를 구현해낼 수 있고, 제작 단계에서는 다양한 표현기법을 습득하거나, 부족한 부분을 서로 보완하며 작품을 완성할 수 있다. 발표 단계에서는 피드백을 통해 상대방에게 보다 명확하게 작품을 설명할 수 있는 방법을 경험할 수 있으며, 다양한 관점에서 작품을 감상할 수 있음을 인지하고 타인을 이해하는 자세를 함양할 수 있다. 다양한 표현을 익히고 자신의 생각을 표출하며 이를 타인과 소통하는 과정을 담고 있는 협동학습은 오늘날 미술교육에서 큰 성과를 이루고 있다(김소희 외, 2016). 학습자의 미술에 대한 사고 및 경험을 확장하기 위해 미술교과에서 협동학습을 적극적으로 활용할 필요가 있다.

2) 미술과 협동학습의 현황

미술교과에서 협동학습이 적용된 국내 선행연구를 알아보기 위하여 학술연구정보서비스(RISS)에 키워드 검색을 실시하였다. 키워드 검색결과는 다음 〈표 3〉과 같다.

〈표 3〉 학술연구정보서비스(RISS)의 키워드 검색결과(2024년 02월 06일 기준)

(단위: 건)

키워드	총	국내 학술 논문	학위 논문	해외 학술 논문	단행본	연구 보고서	공개 강의
협동 학습	18,852	3,432	11,040	4	3,786	565	25
협동 학습 + 미술	1,649	128	1,177	1	328	15	-

2024년 02월 06일 기준 학술연구정보서비스(RISS)의 키워드 검색결과, 협동학습과 연관된 결과는 총 18,852건으로 국내학술논물은 3,432건, 학위논문은 11,040건, 해외학

술논문은 4건, 단행본 3,786건, 연구보고서 565건, 공개강의 25건이었다. 반면 '협동학습'과 '미술'이라는 키워드를 함께 검색한 결과는 총 1,649건으로 국내학술논문은 128건, 학위논문은 1,177건, 해외학술논문 1건, 단행본 328건, 연구보고서 15건으로 나타났다. 물론 학술연구정보서비스의 키워드 검색결과가 가지는 오류는 존재하겠지만, 오류를 감안하더라도 협동학습과 미술이 연관된 연구는 전체 수에 비해 약 9%에 불과하였다. 더욱이 국내학술논문 결과는 약 4%에 지나지 않았다. 즉 미술교과에서 협동학습을 적용한 선행연구들이 다소 부족하다는 것을 알 수 있다.

개인의 표현활동 비중이 높은 미술교과의 특성상 아직 다양한 협동학습이 시도되지는 않았으나, 미술교과에서 협동학습을 실시하였을 때 '학습자 간 상호 배려하며 과제에 충실히 임하는 태도, 다양한 견해를 접할 수 있는 기회가 제공됨으로써 반성능력 함양, 창의적 사고 신장, 다차원적 접근'이 가능하다는 등의 장점이 나타났다(최윤철, 2011).

국내에서 진행된 선행연구 사례들의 내용을 살펴보면 다음과 같다. 안초희・이현정(2022)은 만 5세 유아 50명을 대상으로 15차시동안 LT협동학습을 활용한 협동미술활동 프로그램을 진행하였다. 연구결과는 실험집단에서 리더십, 정서지능이 높다는 유의미한 결과가 나타났다(안초희・이현정, 2022). 강민정(2005)은 서울 강동구의 한 초등학교 4학년 82명을 대상으로 집단 탐구 협동학습 모형을 미술교과의 체험활동, 표현활동, 감상활동 전반에 적용하였다. GI모형을 적용한 수업은 4개의 단원, 총 24차시로 구성되었다. 연구결과 협동학습을 진행한 실험집단의 미술 자아개념, 자아존중감, 사회성이 향상된 것으로 나타났다. 오유라・김효정(2017)은 중학교 1학년 62명을 대상으로 다문화 미술 수업을 GI협동학습모형을 적용하여 총 8차시에 걸쳐 진행하였다. 그 결과 협동학습을 실시한 학습 진단의 다문화 태도가 보다 긍정적으로 나타났다(오유라・김효정, 2017). 반진주・노용(2012)은 데이비스(Davis, 2007)의 공감모형을 바탕으로 경기도 이천의 한 여자고등학교 2학년 71명을 대상으로 미술교과의 감상영역에서의 협동학습을 6차시동안 진행하였다. 연구결과 전통적 교수방법을 사용한 비교집단에 비해 협동학습을 진행한 실험집단에서 공감구성요인이 높게 나타났다. 손수민・강윤정(2018)은 경상북도 경주의 한 대안고등학교에 있는 미술동아리 전학년을 대상으로 협동학습을 실시하였다. 미술감상수업에서 GI협동학습모형을 적용한 결과 미술자아개념과 사회성 증진이 이루어졌다(손수민・강윤정, 2018). 박은주(2019)는 예비유아교사 48명을 대상으로 아동미술 수업에서 협동학습을 실시하였다. 그 결과 협동학습중심의 수업은 예비교사들의 미술교수효능감, 개인효능감, 일반기대감에 효과적이었고 미술에 대한 인식과 미술교수에 대한 인식 역시 긍정적으로 변화한 것으로 나타났다.

앞선 선행연구들의 내용을 종합하자면 아직 미술교과에서는 협동학습과 관련한 다양한 연구들이 활발히 이루어지고 있지는 않으나, 미술교과에서의 협동학습 적용결과는 정서적, 정의적 측면에서 효과적인 것으로 나타났다. 또한 그 대상도 유아에서부터 성인, 비장인과 장애인까지 폭넓게 진행되었으며, 차시구성 역시 교수학습 상황에 맞춰 다양하였다. 그리고 협동학습 및 미술과 관련된 128건의 국내 학술연구 중 다수의 연구들이 유아나 초등학생, 장애학생을 대상으로 협동학습을 진행한 것을 확인할 수 있었다. 이는 연구자들이 협동학습의 특성을 반영한 것으로 보인다. 협동학습 적용의 효과는 학교급에서는 초등학교급이 협동학습의 영향을 많이 받으며, 학습능력이 낮은 학습자가 보다 협동학습을 통한 학업성취가 크기 때문이다(구병두, 2014). 하지만 협동학습의 중요성이 강조되고 있는 시대상에 발맞춰 미술교과에서의 협동학습과 관련한 연구가 더욱 활발히 이루어질 필요가 있다. 예비・현직 교사들에게 협동학습에 대한 명확한 안내 및 연수가 제공되어야 협동학습이 교육현장에서 실제로 발현될 수 있기 때문에 다양한 연구와 교육경험의 기회가 필요하다(유종열, 2011). 다시 말해, 협동학습에 대한 다양한 연구가 활발히 이루어져야 선행연구를 토대로 보다 양질의 미술교육이 이루어질 것이 때문에 미술과에서 보다 협동학습에 대한 보다 많은 관심이 필요하다.

4. 미술과에서 협동학습의 내용과 방법 제안

1) 미술과 협동학습의 내용

입시 위주의 교육으로 인해 학생들이 인식하는 미술교육의 중요성과 필요성이 줄어들고 있다. 종종 학교현장에서 미술 수업시간에 학생들이 다른 교과의 숙제를 하거나 문제지를 푸는 모습을 관찰할 수 있다. 이러한 학생들의 태도를 통해 미술교과에 대한 학생들의 인식을 엿볼 수 있다. 손윤정(2007)의 연구결과에 따르면 현재 중학교 미술과 교육에 대한 중학생들의 인식조사를 하였을 때 중학생 60% 이상이 미술교과의 필요성을 느끼지 못하고 있었다(손윤정, 2007). 또한 초·중·고등학교 미술교과에 배당된 시수 역시 주요 교과에 비해 적다. 입시제도와 경쟁 위주의 교육으로 인해 미술교과의 필요성에 대한 비중이 낮은 상황이지만, 미술교과는 학생들의 인성, 감성, 개성, 창의성 등을 함양할 수 있기 때문에 지식교과에 못지않게 그 중요성을 가지고 있다. 따라서 미술교과는 제한적인 차시 내에서 학생들의 흥미와 집중을 이끌어내며 미술교과에 학생들을 몰입시켜야 한다. 이러한 목표를 달성하기 위한 방안으로 본 저서에서는 협동을 위한 협동 학습 모형을 활용한 미술 수업을 제안한다.

협동을 위한 협동 학습 모형은 총 11단계의 과정을 가진다. '① 학습 주제 소개, ② 학생 중심 학급 토의·토론, ③ 모둠 구성을 위한 소 주제들의 선택, ④ 소 주제별 모둠 구성 및 팀워크 형성, ⑤ 소 주제의 정교화, ⑥ 미니 주제 선택과 분업, ⑦ 개별 학습 및 준비, ⑧ 모둠 내 미니 주제 발표, ⑨ 모둠 별 발표 준비, ⑩ 모둠 별 학급 발표, ⑪ 평가와 반성' 순이다. 소 주제를 선택하고 해당 소주제의 집단 내에서 또 다시 미니 주제를 선택하는 과정을 수행하기 때문에 주제에 대한 학습자의 관심과 적극성이 높다는 장점을 가지고 있다. 그렇기에 미술 수업에 대한 학생의 관심을 이끌어 내며 협동학습 과정의 특성상 수업 참여율을 자연스럽게 높일 수 있다.

2) 미술과 협동학습의 방법과 예시

협동을 위한 협동 학습 모형을 기반으로 한 미술 수업지도안의 예는 다음과 같다.

전체 주제	19세기 후반의 미술에 대한 이해	학교급	고등학교 1학년	차시	총 2차시
영역	감상				
학습목표	01. 19세기 후반의 미술작가와 작품에 대해 조사할 수 있다. 02. 모둠원들이 조사한 내용을 바탕으로 작가와 작품에 대한 정보를 정리할 수 있다. 03. 작가와 작품에 대한 자신의 견해를 이야기할 수 있다. 04. 친구들의 발표를 바탕으로 19세기 후반의 미술작가와 작품에 대해 이해할 수 있다.				
2022 개정 교육과정 연계 성취기준	[12미03-01] 미술의 시대적, 지역적, 사회 · 문화적 변천 과정을 이해하고 작품을 감상하며 자신의 견해를 논리적으로 표현할 수 있다. [12미03-03] 미술 작품 감상과 비평의 관점을 활용한 소통으로 미술 문화의 다원적 가치를 이해하고 존중할 수 있다.				

수업 단계	수업 절차	교수-학습 과정	지도상의 유의점
도입	학습 주제 소개	• 학생들이 알고 있는 미술가의 이름을 포스트잇에 적어 칠판에 붙이도록 한다. • 작가의 이름별로 포스트잇을 분류한다. • 분류한 이름 중에서 19세기 후반에 주로 활동한 작가들을 선별한다. • 이번 수업은 19세기 후반의 미술에 대해 알아볼 것임을 이야기한다. • 19세기 후반 미술의 특징과 중요성에 대해 이해한다.	• 포스트잇 하나에 하나의 이름만 작성하도록 한다. • 학생이 알고 있는 작가의 이름을 최대한 많이 적도록 한다. • 19세기 후반의 작가가 많이 나오지 않았을 경우 교사가 여러 작가의 이름을 부착한다.
전개	학생 중심 학급 토의 · 토론	• 학생들은 19세기 후반 미술에 대한 교사의 설명을 토대로 더 알고 싶은 작가를 추가한다. • 부착된 포스트잇에 적힌 작가들 중 우리 반은 어떤 작가들을 위주로 알아보면 좋을지에 대해 토의하도록 한다.	• 인터넷 검색을 통해 다양한 작가를 알 수 있도록 한다. • 교사는 전시, 작품이 협업된 사례 등을 학생들에게 제공하여 보다 학생의 흥미를 유발시킨다.
	모둠 구성을 위한 소 주제들의 선택	• 학생들은 우리 학급이 알아볼 작가들 중 자신이 알아보고 싶은 작가를 1~3순위까지 선정한다. • 학생의 능력과 선택을 고려하여 소집단을 구성한다. 예) 1모둠: 폴 세잔 / 2모둠: 조르주 쇠라 / 3모둠: 반 고흐 / 4모둠: 폴 고갱 …	• 모둠원의 수가 비슷하도록 한다.
	소 주제별 모둠 구성 및 팀워 형성	• 작가의 별명을 짓는다. • 여러 별명 중 가장 작가를 잘 드러낼 수 있는 별명을 모둠명으로 선정한다.	• 모둠 이름 외에 모둠을 대표하는 컬러나 노래를 선정할 수 있다.
	소 주제의 정교화	• 스마트 기기를 이용하여 작가의 다양한 작품에 대한 탐색을 한다. 예) 폴 세잔 – 목욕하는 여인, 사과바구니가 있는 정물, 생트 빅투아르 산 …	
	미니 주제 선택과 분업	• 자신이 제일 마음에 드는 작품을 선정한다. • 소 모둠 내에서 발표자, 정리자, 기록자 등의 역할을 분담한다. • 조사할 내용에 대해 이야기한다. 예) 제작연도, 재료, 주제 …	
	개별 학습 및	• 스마트 기기를 사용하여 작품에 대한 다양한 정보를 탐색한다.	• 잘못된 정보를 탐색하지 않도록 지

	준비	• 정보의 내용을 종합하여 형식에 맞게 정리한다. • 조사 내용을 활동지에 작성한다.	도한다.
	모둠 내 미니 주제 발표	• 자신이 조사한 내용을 모둠원에게 발표한다.	
	모둠 별 발표 준비	• 조사한 내용을 정리한다. • 모둠별로 작가와 작가의 다양한 작품들을 효과적으로 전달하기 위한 발표 방법에 대해 토의한다. 예) PPT, 팸플릿, 포스터... • 선정한 발표 방법을 위해 자료를 제작한다. • 역할에 따라 발표를 준비한다.	• 다양한 발표 방식이 있음을 사례를 통해 보여준다.
정리 및 평가	모둠 별 학급 발표	• 모둠별로 조사한 작가의 작품을 학급 전체에 발표한다. • 발표내용에 대해 질의응답시간을 가진다. • 전체 모둠 발표가 끝난 이후 19세기 후반 미술가들의 작품의 특징이 어땠는지 감상을 이야기한다.	
	평가와 반성	• 모둠별 발표에 대한 교사의 피드백 • 모둠 내의 동료평가를 실시한다. • 다른 모둠에 대한 평가를 실시한다.	• 모둠별 평가시 학생들의 자체평가 40%, 교사평가를 60%로 진행할 수 있다.

3) 미술과 협동학습의 평가

위 지도안은 협동학습 구조에서 가장 많이 사용되는 평가 방식인 개인·모둠 평가를 제안 한다. 종합적인 평가를 위해 개인별로 작성한 미니 주제의 활동지, 모둠별 제작 자료, 모둠 과정 평가, 다른 모둠에 대한 동료평가, 19세기 후반 미술가와 작품의 특징과 사례를 기술하는 지필평가 등을 사용할 수 있다. 종합적인 평가를 실시하는 이유는 협동을 위한 협동학습 모형에서의 평가는 '학습자의 기여도, 성실성, 적극성'에 집중함으로 교사는 다방면에서 종합적 평가를 실시해야 하기 때문이다(최유성, 김영순, 2019). 이때, 모둠 과정 평가의 경우 알스탈(Stahl)의 모둠 활동의 자체 반성 평가지 활용을 제안한다. 〈표 4〉 참조.

〈표 4〉 알스탈(Stahl)의 모둠 활동의 자체 반성 평가지(정문성, 2007 재인용).

〈모둠 활동의 자체 반성 평가표〉
◆ 모둠에 대하여
• 우리 모둠은 과제를 탐구하기 위해 모둠 활동을 수행하면서 무엇을 배웠는가? • 모둠 동료로부터 배운 아이디어나 관점들을 하나 이상 적어보시오. • 보고서의 질을 높이기 위해서 우리 모둠이 사용한 전략은 무엇이었는지 적어보시오. • 우리는 어느 정도로 모둠 구성원으로서 스스로 잘하였다고 생각하는가?
◆ 모두미에 대하여
• 당신이 맡았던 미니 주제(mini topic)를 학습하고 모둠 내에서 발표할 때 그 내용을 동료 모두미가 쉽게 이해할 수 있도록 어떤 성공적인 방법을 사용했는지 두 가지만 적어보시오. • 동료 모두미가 당신으로부터 배운 아이디어나 정보를 한 가지만 적어보시오. • 동료 모두미로부터 개인적으로 배운 능력을 한 가지만 적고, 어떻게 그것을 배웠는지 적어보시오. • 동료 모두미의 연구에 대해 관찰하고 질문하여 배운 아이디어를 한 가지만 적어보시오.

5. 차기 교육과정에서 협동학습의 전망

기술이 인간의 많은 영역들을 대체할 것이라고 하지만, 미래사회에서도 협동은 여전히 인류의 삶에 있어 필수 활동일 것이다. 기술의 발전과 디지털화로 사회는 점점 더 세계화, 다원화 되고 있다. 사회에서는 다양한 문화와 배경을 가진 사람들이 소통하고 협력하며 살아가고 있기에 학교에서 타인에 대한 이해와 소통을 배우는 것은 필수적이다. 학교는 작은 사회이기 때문에 협동과 협력을 배우기 용이하다. 사회에 나가기 전, 학생들은 학교에서 협동과 소통과정을 풍부하게 경험하고 타인에 대한 이해와 협력 능력을 길러야한다. 이러한 활동이 다른 교육과 공교육이 차별화되는 특징이 될 것이다.

또한 사회가 발달함에 따라 복잡하고 다양한 문제들이 발생하고 있다. 복잡하고 다양한 문제를 개인이 혼자서 해결하기란 쉽지 않다. 이러한 문제해결을 위해서는 여러 사람들의 협력이 필요하다. 협력을 통해 창의적인 아이디어와 혁신적인 해결책을 마련할 수 있기 때문이다. 따라서 미래사회에서도 협동 · 협력 · 소통을 강조한 교육이 지속적으로 이루어질 것이라고 예상된다.

사회성을 요구하는 미래 사회를 대비하기 위해 오늘날 공교육은 협동학습의 필요성을 강조하고 있다(박미화, 박은덕, 2009). 협동학습에서는 학생들이 서로 협력하고 상호작용하면서 지식을 구축하고 함께 배우는 과정을 강조하기 때문에 앞서 언급한 내용들을 실천할 수 있는 효과적인 교육방법이다. 차기 교육과정 역시 다양한 장점을 가진 협동학습을 교육과정 전반에서 다방면으로 활용할 것이라 전망된다. 미술교과 역시 협동학습을 적극적으로 적용하여 미래인재 육성에 힘쓸 필요가 있다.

김정현(한양대학교)

37 미술교육에서의 피드백 발화

이 글에서는 미술교육에서의 피드백에 대해 살펴본다. 미술과 교육과정에서 '피드백'에 대해 역사적 측면에서 살펴보고, 수업 실천의 관점에서 교수언어로서의 피드백 발화에 대해 실태를 분석하고 그 구조와 특성을 밝히고자 한다. 이를 위해 교사가 수업에서 사용하는 발화에 대해 이론적 측면을 탐색하고 초등 예비교사에 의한 미술 수업실천의 결과를 수업 참관 및 분석을 통해 살펴보고 수업 중 교사의 발화에 대한 질적 분석을 시도한다. 미술과 교육과정에서 피드백 발화는 2007 개정 미술과 교육과정에서 처음으로 나타났다. 교사의 수업 중 발언으로서 피드백 발화는 '4. 교수 · 학습'에서 제시되었으며 해설서에서는 '4. 교수 · 학습'과 '5. 평가'에서 비교적 상세하게 제시되어 교사의 수업과 평가에 도움이 되도록 하였다. 2009 개정 교육과정에 따른 미술과 교육과정에서는 '5. 교수 · 학습 방법'에서 제시되었다. 2015 개정 미술과 교육과정에서는 제시되지 않았으며 2022 개정 미술과 교육과정에서는 '5. 교수 · 학습 및 평가'에서 여러 차례 제시되었다. 수업 실천의 관점에서는 교수 언어로서의 피드백 발화에 대한 연구를 통해 교사의 피드백 발화에서 적절한 피드백을 위한 다양한 고려가 필요함을 알 수 있었다. 특히 피드백 발화 내용의 충실함과 구체성이라는 점에 과제가 있는데, 교사는 발화가 수업의 어느 단계에서 전개되고 있는지를 먼저 고려해야 하며 다양한 질문과 피드백 유형에 익숙해질 필요가 있다. 또한 교사-학생-교사 간의 대화가 단선적 대화가 아니라 집단 대화의 형태로서 복합적인 대화에 대한 고려가 필요하다. 교사 발화 교육의 실제적인 기능과 의미를 고찰할 필요가 있다. 교사의 수업언어 가운데 교육언어 등 분류 가능한 피드백 발화 언어의 종류에 대한 인식과 훈련이 필요하다. 특히 수업 전체의 흐름, 미술 수업의 내용 이해나 수업 지도가 가능하도록 하는 피드백 발화의 필요성에 대한 인식이 필요하다.

1. 미술과 교육과정에서 피드백

미술과 교육과정에서 '피드백'은 1997 교육과정까지는 언급되지 않았다. 2007 개정 미술과 교육과정에서 '교수 · 학습 방법', 해설서의 '교수 · 학습 방법'과 '평가'에서 다루어지고 있다.

〈중학교 미술〉
4. 교수 · 학습 방법
가. 교수 · 학습 계획
(3) 학습 과제의 성격, 과제 해결을 위한 기본 절차와 방법, 사전 지식의 활용, 학습 활동, 피드백 등을 세부적으로 제시한다.

〈고등학교 1학년 미술〉
4. 교수 · 학습 방법
가. 교수 · 학습 계획
(3) 학습 과제의 성격, 과제 해결을 위한 기본 절차와 방법, 사전 지식의 활용, 학습 활동, 피드백 등을 세부적으로 제시한다.

〈미술과 삶〉
4. 교수 · 학습 방법
가. 교수 · 학습 계획
(4) 학습 과제의 성격, 과제 해결을 위한 기본 절차와 방법, 사전 지식의 활용, 학습 활동, 피드백 등을 구체적으로 계획한다.

초등학교 해설서

4. 교수 · 학습 방법
가. 교수 · 학습 계획
(3) 학습 과제의 성격, 과제 해결을 위한 기본 절차와 방법, 사전 지식의 활용, 학습 활동, 피드백 등을 세부적으로 제시한다.

~평가 결과에 기초한 학생, 학부모와의 의사소통, 평가 결과를 교육의 질 개선을 위해 피드백할 수 있는 능력 등 다양한 평가 전문성을 갖추고 실천할 수 있어야 한다.

중학교 해설서

4. 교수 · 학습 방법
가. 교수 · 학습 계획
(3) 학습 과제의 성격, 과제 해결을 위한 기본 절차와 방법, 사전 지식의 활용, 학습 활동, 피드백 등을 세부적으로 제시한다.

~여섯째, 학생의 선수 학습 정도를 사전에 파악하며, 학습 과정에서는 순회 지도 등을 통해 학습자에게 적절한 조언이나 격려 등의 피드백을 제공한다.

나. 교수 · 학습 방법
(1) 영역별 학습 내용의 특성을 고려하고, 학습 목표를 효과적으로 달성할 수 있는 다양한 방법과 매체를 활용한다.

(1) 직접 교수법
③ 질의응답을 통해 교사는 학습자의 이해 정도를 확인한다. 질의응답의 과정 없이 학습자의 연습 활동을 관찰하여 간접적으로 확인하고 피드백할 수도 있다.

이를 위해, 평가자로서 미술 교사는 미술과 교수 · 학습 계획과 실천 능력, 이와 연계된 평가 계획과 평가 방법 선정, 평가 도구 개발 능력, 평가 수행 과정에서의 피드백, 결과물에 대한 판단, 평가 결과에 기초한 학생, 학부모와의 의사소통, 평가 결과를 교육의 질 개선을 위해 피드백할 수 있는 능력 등 다양한 평가 전문성을 갖추고 실천할 수 있어야 한다.

(3) 학습자의 지적 호기심과 학습 동기를 유발할 수 있는 발문과 개방적 질문을 적극 활용한다.

~셋째, 교사의 발문에 대한 학습자의 반응을 정교화 할 수 있는 후속 질문이나 피드백을 반드시 제공한다. 예를 들어, "부드러운 느낌이 들어요"라는 학습자의 반응에는 무엇이 그런 느낌을 가지게 했는지, 그런 느낌을 만들기 위해 어떤 조형 요소와 원리가 사용되었는지, 혹은 그런 느낌을 강조한 작가의 의도는 무엇이라 생각하는지 등 이어지는 질문을 통하여 학습자 스스로 자신의 생각을 정교화 하도록 돕는다.

5. 평가

~ 또한, 평가 결과에 근거한 반성적 고찰을 통해 교육과정 및 교수 · 학습 방법을 개선하려는 노력이 이루어져야 한다. 이를 위해, 평가자로서 미술 교사는 미술과 교수 · 학습 계획과 실천 능력, 이와 연계된 평가 계획과 평가 방법 선정, 평가 도구 개발 능력, 평가 수행 과정에서의 피드백, 결과물에 대한 판단, 평가 결과에 기초한 학생, 학부모와의 의사소통, 평가 결과를 교육의 질 개선을 위해 피드백할 수 있는 능력 등 다양한 평가 전문성을 갖추고 실천할 수 있어야 한다.

가. 평가 계획
(2) 평가 방법은 평가 목적과 평가 내용에 적합한 것을 선정하며, 타당도, 신뢰도, 객관도가 높은 평가 방법과 도구를 개발하여 활용한다.

~또한, 학습자의 교수 · 학습 과정의 문제점을 파악하고 문제를 해결할 수 있도록 피드백을 주고, 교수 · 학습 과정을 개선하기 위한 목적으로 평가를 실시하고자 한다면 순회 지도를 통한 관찰 평가, 질의 응답 등 다양한 형성 평가 방법과 이에 적합한 도구를 개발하여 활용할 수 있다.

2007 개정 미술과 교육과정에서는 초등학교 '미술', 중학교 '미술'과 고등학교 1학년 '미술', 선택과목 '미술과 삶'에서 나타났다. 교육과정에서는 '가. 교수・학습 계획' 중 '학습 과제의 성격, 과제 해결을 위한 기본 절차와 방법, 사전 지식의 활용, 학습 활동, 피드백 등을 세부적으로 제시한다.'로서 '피드백 등을', '제시한다'라고 비교적 단순하게 제시하는 것으로 보인다. 그러나 교수・학습 계획을 상세히 설정하는 과정에서 나타나, 피드백이 수업에서 자유롭거나 즉흥적으로 나타나는 것이 아니라 사전 계획되는 것임을 보여준다.

한편 해설서의 경우 '교수・학습 방법'에서는 피드백의 다양한 상황과 발언을 구체적으로 제시하여 수업에 실제적으로 도움이 되도록 하고 있다.

> 미술 교과는 그 특성상 내용의 위계가 분명하지 않은 내적 가치를 다룸으로써 판단 기준을 명확하게 제시하기 어려우며, 학습 내용의 많은 부분이 활동 중심적이고 그 활동은 학생 개개인을 중심으로 이루어진다. 따라서 평가를 할 때 모든 상황과 수준을 예견하여 명확하게 그 기준을 진술하기 어려우며 평가자의 주관적인 요소가 개입될 수밖에 없다.
>
> 그러나 하나의 교과로서 미술과 교육은 지향하는 목표가 있고, 이를 달성하기 위해 학습해야 할 내용, 경험해야 할 활동들이 교육과정에 제시되어 있다. 따라서 미술과 교육과정에 근거하여 이루어지는 미술과 교수・학습을 통해 학습 목표를 학생들이 어느 정도 성취하였는가를 파악하고, 학생들의 향상 정도를 확인하는 평가 활동이 이루어져야 한다. 아울러 평가 결과에 근거하여 학생들에게 자신의 강점과 약점을 설명하고 앞으로 개선하거나 노력해야 할 학습의 방향과 내용을 구체적으로 알려주어야 한다. 또한, 평가 결과에 근거한 반성적 고찰을 통해 교육과정 및 교수・학습 방법을 개선하려는 노력이 이루어져야 한다. 이를 위해, 평가자로서 미술 교사는 미술과 교수・학습 계획과 실천 능력, 이와 연계된 평가 계획과 평가 방법 선정, 평가 도구 개발 능력, 평가 수행 과정에서의 피드백, 결과물에 대한 판단, 평가 결과에 기초한 학생, 학부모와의 의사소통, 평가 결과를 교육의 질 개선을 위해 피드백할 수 있는 능력 등 다양한 평가 전문성을 갖추고 실천할 수 있어야 한다.(2007 개정 초등학교 미술과 교육과정, p. 254)

미술 수업에서는 교육과정 및 교수・학습 방법을 개선하려는 노력이 평가와 관련하여 필요하다는 점을 교과목의 특성과 학생 및 수업을 위해 다양한 관점에서 설명한다. 미술 교과의 평가에서는 주관적 요소 등 그 판단 기준을 상세하게 다루기 어려운 상황과 반성적 고찰, 학생과 학부모와의 의사소통 등과 함께 평가 결과를 교육의 질 개선을 위해 피드백 할 수 있는 능력 등 평가 수행 과정에서 피드백을 둘러싼 여러 관점을 이유와 함께 자세하게 서술하고 있다. '피드백 할 수 있는 능력 등 다양한 평가 전문성을 갖추고 실천할 수 있어야 한다'고 제시하여 피드백 능력과 평가 전문성을 연결하며 미술교사의 전문성을 폭넓게 요구하는 것으로 보인다.

한편 2009 개정 교육과정에 따른 미술과 교육과정(교육과학기술부, 2011)에서는 '교수・학습 방법'으로 다루고 있다.

> 〈공통 교육과정〉
> 5. 교수・학습 방법
> 가. 교수・학습 계획
> (3) 학습 과제의 성격, 과제 해결을 위한 기본 절차와 방법, 사전 지식의 활용, 학습 활동, 피드백 등을 세부적으로 제시한다.
> 〈선택 교육과정: 미술문화〉
> 5. 교수・학습 방법
> 가. 교수・학습 계획
> (4) 학습 과제의 성격, 과제 해결을 위한 기본 절차와 방법, 사전 지식의 활용, 학습 활동, 피드백 등을 구체적으로 계획한다.
> 〈선택 교육과정: 미술창작〉
> 5. 교수・학습 방법
> 가. 교수・학습 계획
> (4) 학습 과제의 성격, 과제 해결을 위한 기본 절차와 방법, 사전 지식의 활용, 학습 활동, 피드백 등을 구체적으로 계획한다.

2009 개정 교육과정에 따른 미술과 교육과정(교육과학기술부, 2011)에서는 '교수·학습 방법' 중 '가. 교수·학습 계획'에서 '(3) 학습 과제의 성격, 과제 해결을 위한 기본 절차와 방법, 사전 지식의 활용, 학습 활동, 피드백 등을 세부적으로 제시한다.'로만 다루고 있다. 지난 2007 개정 교육과정에서와 차이가 없어 보여 유사한 성격임을 알 수 있다. 해설서는 따로 제시되지 않았으나 교육과정과 비슷하게, 만약 제시되었다면 '교수·학습 방법'과 '평가'에서 수업에 도움이 되도록 상세한 기술이 되었을 것으로 여겨진다.

한편 2015 개정 미술과 교육과정에서는 피드백에 대한 내용이 보이지 않는다. 교육과정이 간략화되는 과정에서 피드백 내용이 삭제된 것으로 보인다.

2022 개정 교육과정에서 피드백 발화에 대한 내용은 공통 교육과정의 '교수·학습 및 평가' 영역에서 '피드백'으로 다루어지고 있다.

3. 교수 · 학습 및 평가
가. 교수 · 학습
(1) 교수 · 학습의 방향
(다) 미술 학습 환경의 변화를 고려하여 온 · 오프라인 연계가 가능한 디지털 기반 교수 · 학습 방법을 활용할 수 있다.
- 디지털 기술을 활용하여 학습자의 개별 특성과 학습 속도에 적합한 맞춤형 학습을 도울 수 있다. 학습관리시스템을 활용하면 실시간 온라인 협업을 통해 작품 및 결과물 공유, 전시가 가능하며 학습자의 관리와 분석, 피드백 제공 등 원격수업 상황에서도 학습자에게 적합한 지원으로 학습 효과를 높일 수 있다.

나. 평가
(1) 평가의 방향
(나) 학습자가 성취기준에 도달하는 과정과 학습 결과를 고려하여 학습자의 성장과 발달을 지원할 수 있도록 과정을 중시하는 평가를 계획하여 실행한다.
- 교수 · 학습 과정 전반에서 지식 · 이해, 과정 · 기능, 가치 · 태도 등을 포괄하여 피드백을 제공하도록 한다.
- 교수 · 학습 과정에서의 다양한 산출물(계획서, 아이디어 스케치, 보고서, 창작 작품, 발표 자료 등)과 학생의 변화와 성장에 대한 자료를 다각적으로 수집하여 학습자에게 구체적이고 명확한 맞춤형 피드백을 제공한다.

(다) 원격수업 상황을 고려하여 디지털 도구를 활용한 평가 방법을 계획하고 실행한다.
- 디지털 기반의 학습관리 시스템을 활용하여 온 · 오프라인 연계 수업 상황에서 미적 체험, 표현, 감상 과정의 산출물을 기록 및 관리하고, 디지털 도구를 활용한 실시간 피드백과 학생 간 상호 평가가 이루어질 수 있도록 한다.
- 원격수업 상황에서도 학습자의 성취기준 도달 과정을 지속해서 점검하고 피드백한다.

(라) 학습자의 성장과 발달을 위해 평가 결과는 다음과 같이 활용한다.
- 학습 과정을 중시하는 평가를 통해 드러난 학습자의 현재 수준과 도달해야 할 수행 수준 간의 차이를 피드백함으로써 학습자의 학습과 성장을 지원한다.
- 과제 수행에 어려움을 겪는 학습자가 다른 학습자를 보고 배울 수 있도록 학습자 간 상호 피드백의 기회를 제공한다.

(2) 평가 방법
(가) 교수 · 학습과 연계하여 학생의 성장을 도울 수 있도록 학습 과정을 중시하는 평가를 시행한다.
- 결과 중심의 일회성 평가를 지양하고, 학습자가 성취기준에 도달해 가는 과정을 교사가 직접 관찰하고 기록하여 학습자에게 맞춤형 피드백을 제공할 수 있도록 한다.
- 서술형이나 논술형 평가에서 채점 기준에 따른 피드백을 제공한다.

(라) 다양한 학습 플랫폼과 디지털 도구를 활용하여 평가할 수 있다.
- 다양한 디지털 도구를 활용하여 아이디어 스케치, 제작 과정, 과제 수행 태도 등을 관찰하고 평가할 수 있다.
- 디지털 평가 도구를 활용하여 학습자의 누적된 학습 데이터를 분석 및 활용하여 학습자에게 맞춤형 피드백을 제공할 수 있다.

앞서 2007 개정 미술과 교육과정에서는 '교수·학습'에서 단순하게 제시하고 있으나 해설서에서는 피드백을 능력으로 보고 미술 수업을 개선하려는 노력과 교사의 능력, 피드백 능력과 평가 전문성을 연결하며 미술교사의 전문성을 폭넓게 요구하는 것으로 보였다. 현행 2022 개정 미술과 교육과정에서는 '3. 교수·학습 및 평가'로 제시하여 이전 '교수·학습'과 '평가'를 별개 항목으로 다루었던 것에 비해 내용을 합하여 줄여서 제시하고 있다. 이 중 '교수·학습의 방향'에서 '~학습자의 관리와 분석, 피드백 제공 등 원격수업 상황에서도 학습자에게 적합한 지원으로 학습 효과를 높일 수 있다.'와 같이, 원격 수업 상황을 중심으로 피드백 제공의 문제를 다루고 있다.

한편 '평가'에서 평가의 방향에서 다음과 같이 제시한다. '교수·학습 과정 전반에서 지식·이해, 과정·기능, 가치·태도 등을 포괄하여 피드백을 제공하도록 한다.', '교수·학습 과정에서의 다양한 산출물(계획서, 아이디어 스케치, 보고서, 창작 작품, 발표 자료 등)과 학생의 변화와 성장에 대한 자료를 다각적으로 수집하여 학습자에게 구체적이고 명확한 맞춤형 피드백을 제공한다.', '디지털 기반의 학습 관리 시스템을 활용하여 온·오프라인 연계 수업 상황에서 미적 체험, 표현, 감상 과정의 산출물을 기록 및 관리하고, 디지털 도구를 활용한 실시간 피드백과 학생 간 상호 평가가 이루어질 수 있도록 한다.', '원격수업 상황에서도 학습자의 성취기준 도달 과정을 지속해서 점검하고 피드백한다.', '학습 과정을 중시하는 평가를 통해 드러난 학습자의 현재 수준과 도달해야 할 수행 수준 간의 차이를 피드백함으로써 학습자의 학습과 성장을 지원한다.', '과제 수행에 어려움을 겪는 학습자가 다른 학습자를 보고 배울 수 있도록 학습자 간 상호 피드백의 기회를 제공한다.' 등이다.

또한 '평가 방법'에서, '결과 중심의 일회성 평가를 지양하고, 학습자가 성취기준에 도달해 가는 과정을 교사가 직접 관찰하고 기록하여 학습자에게 맞춤형 피드백을 제공할 수 있도록 한다.', '서술형이나 논술형 평가에서 채점 기준에 따른 피드백을 제공한다.', '디지털 평가 도구를 활용하여 학습자의 누적된 학습 데이터를 분석 및 활용하여 학습자에게 맞춤형 피드백을 제공할 수 있다.'로 제시하고 있다. 이전에는 피드백을 능력과 연계하여 수업 전문성에 대한 실천적 지식으로서 실천 능력으로 볼 수 있다면 이번에는 '실시간 피드백', '지속해서 점검하고 피드백', '학습자의 현재 수준과 도달해야 할 수행 수준 간의 차이를 피드백', '서술형이나 논술형 평가에서 채점 기준에 따른 피드백', '맞춤형 피드백' 등 피드백의 다양한 상황과 이유를 방법과 함께 구체적으로 제시하고 있다. 수업에서 피드백이 필요한 상황을 진행 과정을 상정하며 구체적으로 다루고 있는 점이 이전의 해설서에서의 내용과 대비되어 특징적이다.

2. 교사교육에서 피드백 발화: 의미와 역할 및 종류

교사가 미술 수업에 대한 어려움을 토로하는 경우, 특히 '수업시간에 학생들에게 무슨 말로 어떻게 반응해야 할지 모르겠다'는 경우가 있다. 무슨 '말'을 해야 할지 모른다는 것은 교사의 발화 문제이다. 학생들의 언어적, 미술적 표현에 대한 교사의 모든 반응과 발화는 피드백의 문제와 관련된다. 여기서는 교사교육에서 피드백을 중심으로 하는 발화인 피드백 발화에 대해 미술교육 분야에서 처음 다룬 류지영(2015)의 '미술교육에서 초등 예비교사의 피드백 발화 연구'의 내용을 중심으로 살펴본다.

수업에서는 교사와 학생 사이의 커뮤니케이션이 중요하며 이는 주로 대화를 통해 이루어져 왔다. 이때 교사와 학생의 대화에서 처음 대화를 시작하는 발화는 교사에 의해, 이루어진다. 이러한 수업에서의 커뮤니케이션의 문제는 주로 국어과에서 발화를 중심으로 다루어져 왔다. 수업대화, 교사화법 혹은 교수화법에 대한 연구들(김상희, 1995; 최진희, 1997; 이창덕,2002, 2003; 박태호, 2003; 이수진, 2003, 2004; 박용익, 2003; 임칠성 외, 2004; 이현진, 2004; 김재봉, 2004; 변정민, 2007; 이정숙 외, 2011 등)은 주로 교사의 화법이나 발화에 대해 다루어왔으며 이후 피드백 발화에 대한 연구도 이루어져 오고 있다(권순희, 2005; 이창덕, 2008; 박재현 외, 2010; 박윤희, 2011; 김승현, 2014). 피드백 화법에 관한 연구들은 교사의 발언을 분석하며 수업 연구의 새로운 방향을 제시하고 있으나 보다 구체적이고 실제적인 분석과 고찰에는 이르지 못하고 있다. 이러한 관점에서 김승현은 예비교사의 피드백 화법 연구의 중요성을 지적한다. 예비교사는 가까운 미래에 현장에서 교사가 될 학생이므로 교과의 지식 내용과 더불어 내용 전달 방법, 학습자와의 상호작용 방법, 수업 분위기 및 학습효과를 위한 교수 방법의 이해와 연습이 필요하지만 예비교사들에게 필요한 피드백 발화의 연구는 부족하며(김승현, 2014) 미술교육에서는 거의 다루어지지 못했다. 여기서는 교사의 피드백 화법을 중심으로 다루어 초등예비교사의 미술 수업 연구를 통해 수업 개선을 위한 기초 연구로 진행한다.

발화란 무엇인가. 수업에서 교사가 하는 말이 발화(發話, Locution)이다. 발화란 소리를 내어 말을 하는 언어의 표현으로서 '음성언어를 표출할 때 하는 행동과 그 결과 나타나는 음성'이다(広辞苑編輯部, 1998). 문학용어로서 발화는 사람이 말하는 단어의 연속을 지칭하며 의미내용의 언어적 표현이라는 점에서 언표(言表)라고도 한다. 특히 담화(談話)에서 앞과 뒤가 침묵으로 구분되어서 일정한 독립성을 갖는 단어 연속을 의미한다. 발화는 어떤 의미를 가진 문장을 말하는 것과 관련되고, 하나 또는 둘 이상의 문장을 포함할 수 있으며 언어에서 분석의 출발점으로 간주된다. 우리가 말을 통해 성취하려는 것 즉 정보 전달, 부탁, 명령, 설득, 격려로서 의사소통 의도를 가지는 것이다. 그리고 의사소통 의도를 실현시키기 위해 어떤 것을 말하는 것이 어떤 것을 행하게 된다고 할 때 '어떤 것을 말함'의 행위를 발화 행위라고 한다. 발화는 흔히 말로써 무엇인가를 단순히 말하는 것으로 이해하기 쉽다. 오스틴(J. L. Austin)은 발화는 행위로서, 말로써 무엇인가를 행하는 것이라고 보고 발화 행위를 다섯 가지로 구분한다. 판정발화는 판단을 행사하는 것이며(선고하다 이해하다 등), 행사발화는 영향력의 주장이나 권능의 행사이며(해고하다 등), 언약발화는 책임을 지거나 의도를 선언하는 것이며(약속하다 등), 행태발화는 태도를 취하는 것이며(비판하다 등), 평서발화는 이유, 논의 그리고 의사소통을 분명히 하는 것이다(언급하다 등). 이러한 발화행위의 유형 분류는 Searle에 의해 주장형, 지시형, 공약형, 표현형, 선언형 등 다섯 가지로 재분류되기도 했다(한국문학평론가협회, 2011; 류지영, 2015).

수업 중 교사가 하는 발화는 '발문', '지시' 등 교수행위로서의 발화이다. 수업에서 교사의 발화에 대해 大泉는 형식에 따라 발문, 지시, 설명으로 분석하였다. 이들은 수업 진행 상 필수적인 교사의 발화이며 이들을 적절히 구상하고 다루는 것이 교사의 기본적 소양으로 여겨지는 발화이다. '발문'이란 학생의 능동적인 사고를 촉진하는 발문이다. '지시'는 수업목표달성을 위해 수업 과정에서 학생들의 활동을 방향지우거나 요청하거나 하는 등 교사가 말하고 학생이 수용하는 등의 '말걸기'이다. '설명'이란 교사가 말로 직접적인 교과내용을 전달하는 것이다(大泉, 2011:15). 이상과 같이 교수행위로서의 발화란 상호 관련지어져 사용됨으로써 교사가 수업의 의도를 수행하거나 학생의 활동을 촉진하거나 하기 위해 활용되는 의도적, 계획적인 역할을 가지고 있는 것이다. 그러나 평소 수업에서 교사와 학생 사이에 성립하는 일상적인 커뮤니케이션도 존재한다. '어제 날씨가 좋았지요?' 같은 일상적인 발화는 직접적으로 교수행위와 관계가 없더라도 일상적인 소통으로서 발화에 포함된다.

교사의 교수화법에 관한 개념적 도구로서 Edwards와 Westgate(1994)는 발화를 교실이라는 특수한 커뮤니케이션 환경에서 독특하게 나타나는 본질적인 대화연속체로 파악하였다. 교수 발화에 대해 '개시(Initiation)-반응(Response)-평가/피드백(Evaluation/Feedback)'의 과정으로 다루면서 교사의 개시 발화와 평가/피드백 발화를 수행하는 지배적 성향에 따라 해당 수업이 다른 수업과 구별되는 특성을 가진다고 보았다(박재현 외, 2010). 이 글에서는 이후 '평가/피드백'을 '피드백'으로 통일하여 제시한다. 수업이 같은 질문으로 시작된다고 하더라도 수업 전개의 질적 수준을 결정하는 것은 피드백 발화가 된다.

교수행위로서 다루어지는 교사의 발화 분류로서 박재현 외(2010)는 발화를 교사의 의도에 따라 분류하여, '수업의 구조분석', '질문의 전략', '사고력 향상' 세 가지로 구분하였다.

첫째, 수업 대화의 구조 분석을 주로 하는 접근이다. 일차적으로 교실 안에서 이루어지는 수업 대화에 관심을 두고 그 기본 구조를 밝히려고 하는 다양한 시도로 연결된다. 그 결과 '시작(initiate)-반응(response)-평가(evaluate)/피드백(feedback)/추수(fallow-up)'로 이어지는 교사-학생-교사의 삼원적 대화구조(triadic dialogue)가 수업 대화로서 가장 전형적인 구조이며 연구자의 관점에 따라 마지막 단계를 평가 혹은 피드백, 추수 등으로 구분한다. 이때 평가/피드백 단계를 좀 더 확장하여 세 번째 발화로 인식하여 분석할 수 있는데 이 경우 수업은 '시작-반응-평가'의 단선적 활동의 반복이 아닌 계열별 확장으로서 수업 대화 구조의 중층성과 확장성이 중시된다. 둘째, 교사의 질문에 대한 접근이다. Nyastrand 외(2003)는 수업의 대화에서 나타난 교사의 질문 유형을 실제성, 후속성, 평가수준, 인지수준, 질문자원 등 다섯 가지 기준으로 분석하여 수업 대화의 형식화하였다. 그 외에 교사의 발문 기법을 통한 학급언어의 상호작용 분석 및 교사의 질문전략을 '지식 정보 활성화 질문 전략' '지식 정보 검증 질문 전략' '가치 태도 형성 전략'으로 유형화하는 연구 등이 해당된다. 셋째, 학생의 사고력 신장 측면의 접근이다. 학생의 사고력 향상에 중요한 교사의 발화를 유형별로 구체화하고 질문의 유형과 함께 순서에 주목하였다. '연장, 연장과 상승, 깔때기, 파종과 추수, 상승, 하강, 급강하' 등으로 질문 유형을 나누고 여러 수준의 인지적 복합성에 따른 질문 계열 연구의 필요성을 보여주거나 이를 토대로 하여 질문의 순서와 학생의 사고 전개를 관련짓고 수업 대화의 유형 연구의 필요성을 주장하는 연구가 해당된다(박재현 외, 2010). 이는 교수행위로서의 발화 분류 설정에서 교사의 의도를 중시한 것이다.

피드백(feedback)은 학문 분야에 따라 다양하게 규정된다. 심리학에서는 진행된 행동이나 반응결과를 본인에게 알려주는 일이며 언론 혹은 커뮤니케이션학에서는 교신(交信)에 있어서 송신자가 메시지를 보내고 수신자가 이를 받은 다음에 수신자가 받은 영향・인상 등을 토대로 송신자에게 다시 보내는 메시지의 환류(還流)이다. 교육학에서는 체제 모형에서 투입-과정-산출의 과정을 거친 다음 환경에서 산출의 결과를 평가하여 반영하는 형식으로 재투입(再投入)되는 과정을 피드백이라 한다. 피드백은 평가와 재투입의 과정이며, 개방된 커뮤니케이션의 흐름이나 개방된 체제-교육체제를 포함하여-로 하여금 환경과의 끊임없는 상호작용을 유지 발전시킬 수 있게 하는 필수적인 과정이다(서울대학교교육연구소, 1995). 학습자의 수행결과를 관찰하여 제공하는 것으로서 학습자에게 학습 목표를 달성했음을 확인해 주거나 검증해 주는 사태이다. 피드백은 대개 외적인 확인이 요구되지만, 그것의 주요한 효과는 내적인 것으로서 학습을 수정시켜 주고 계속할 수 있게 해준다(한국교육심리학회, 2000). 교사의 피드백이란 수업에서 학습자의 학습 행동에 대한 교사의 반응으로서 학습이 지속될 수 있도록 하는 필수적인 것이다.

선행연구로서 교사의 언어를 다루는 국어과 교수화법 연구에서 피드백 발화의 정의와 유형을 다루고 있다. 박태호와 이수진의 연구에서는 학습 상황에서 학생이 수행한

양과 질에 대해 학생에게 정보를 제공하는 의사소통의 한 유형으로 보고 확인, 교육, 동기부여 등의 유령으로 분류한다(박태호, 이수진, 2003). 이현진은 교사 표현에 보인 학생 반응에 대한 교사의 반응 및 대응으로서, 학생 대답 평가와 학생질문 대답 및 교사지시에 대한 학생 반응 평가로 분류한다(이현진, 2004). 이창덕 외는 학생의 학습 행동에 대해 교사가 적절한 반응을 보이는 것으로 학습을 성공적으로 이끄는 교사와 학생의 의사소통행위로 보고 긍정과 교정, 부정으로 피드백을 분류하였다(이창덕 외, 2010). 이러한 선행 연구에서 공통적으로 인식하고 있는 것은 피드백 발화가 학생의 반응에 대한 '교사의 반응'이라는 점과 교사의 반응은 평가나 정보제공, 교정 등의 '목적을 가진 행위'라는 점이다. 교사가 학생의 학습에서 조력자의 역할을 하면서도 학습자의 학습을 이끌어 준다는 것을 전제로 하는 것이다. 다시 말해, 피드백 발화를 바라보는 기본 관점은 피드백 발화가 학생의 반응을 수용, 평가, 설명하는 것이며, 따라서 학생에게 자신의 수행에 대한 적절성 여부를 알려주는 발화로 기능한다는 것이다(김승현, 2014: 47). 피드백 발화에 대한 인식은 '시작(I)-반응(R)-피드백(F)'을 'IRF'라는 3단 구조로 수업대화를 분석하도록 하였다. IRF의 구조분석에는 '시작'과 '반응'이 필수구성요소이며 '피드백'은 임의적인 구성요소이기에 생략 가능한 부가적인 것이라는 생각이 바탕에 있다. 피드백 대화는 학생들에게 자신의 과제를 얼마나 잘 수행했는지를 알게 해주는 기능을 가진 것으로 핵심, 설명, 종료를 발화의 구성요소로 보거나, 피드백 발화를 학생의 수행에 대한 평가의 기능으로 한정시키는 관점도 있다. 예를 들어 피드백 화법의 유형 가운데에는 질문화법이나 교정화법의 방법들과 중복되는 경우도 있다(이창덕 외, 2010).

수업의 개선과 교사의 수업 방법의 연구, 보완을 위해서는 피드백 발화를 단순한 평가나 교사의 반응으로 한정하여 단순하게 인식해서는 안 된다. 교수 화법을 분절적으로 인식한다면 피드백 발화의 중요성을 다루기 어렵다. Wells(1999)는 IRF에서 세 번째 발화의 기능을 단순히 학습자에 대한 평가로 보느냐, 학습자 대답의 중요성을 인식하여 확장하고 그 단원의 다른 부분과 연결시키는 피드백 혹은 후속조치(follow-up)로 보느냐에 따라 교사의 일방적인 강의식 수업이 될 수도 있고, 효과적으로 학습자의 참여를 격려하고 이끌어 내는 수업이 될 수도 있다고 하였다. 김승현(2014)의 지적처럼 피드백 발화의 중요성을 인식하고 수업 목적에 따라 제시한다면 수업 개선 및 학습 기여도 향상에 도움이 된다.

피드백 화법에 관한 변화된 인식을 바탕으로 피드백 발화의 역할 및 종류와 기능을 정리하면 다음과 같이 표로 나타낼 수 있다.

〈표 1〉 피드백 발화의 종류(김승현, 2014의 재정리; 류지영, 2015)

목적	관계 형성				학습 촉진							
기능	동기부여		상호작용 촉진		수행 점검			의미 구성 및 문제 해결 촉진				
유형	칭찬하기	격려하기	응답하기	확장하기	수용하기	확인하기	수정하기	초점화하기	질문반복하기	입증하기	명료화하기	정보제공하기

피드백 발화에 대해 김승현은 기존 피드백연구에서 강조하던 '학습자 수행 평가' '교사 반응을 통한 동기부여'외에, '교사와 학습자간 상호작용' '학습자 스스로의 의미 구성과 문제 해결 촉진'을 주요 기능으로 설정하고 수업대화의 진행과정 속에서 피드백 발화의 유형을 추가하였다. 그 내용을 정리하면 다음과 같다(김승현, 2014). 칭찬하기와 격려하기는 긍정적 피드백의 대표적인 방법으로 학습자의 정의적인 측면을 고려한 피드백화법이다. 칭찬은 좋은 점

을 높이 평가하는 것이다. 격려하기는 학습자의 수행자체에 긍정적인 의미를 부여함으로써 학습의 적절성이나 옳고 그름과 관계없이 학습자의 지속적 참여를 독려하는 발화이다. 칭찬하기는 적절한 학습수행에, 격려하기는 부적절한 수행에 사용되는 경향이 있다. 확장하기는 동일한 내용의 발문에 대하여 여러 학습자가 다양하게 대답하도록 요구한다. 응답하기는 학습자의 반응에 교사가 반응을 보이는 것으로, 교사와 학습자간의 관계를 형성하는데 중요하다. 확인하기는 학습자의 답변이나 수행의 적절성 여부를 직접적으로 알려주는 것이다. 수정하기는 대답이 잘못되었을 경우 교정해주는 것이다. 수용하기는 학습자의 답변이 적절한 경우 교사가 이를 반복하거나 학습자의 반응을 인정해주는 것으로, 수행점검 및 학생 지지, 이로 인한 적극적 학습 참여 독려의 효과를 가진다. 초점화하기는 추가적인 질문을 통해 학습을 심화시킨다. 질문 반복하기는 학습자의 무반응, 부적절한 대답의 경우 다시 질문하여 적절한 대답을 이끌어 내는 것이다. 입증하기는 학습자가 자신의 대답 속에 담긴 생각이나 정보를 다시 확인함으로써 명확한 근거를 바탕으로 한 정확한 사고를 할 수 있도록 유도하는 방법이다. 명료화하기는 학습자가 정확하게 표현할 수 있도록 추가적인 설명을 요구하는 것이다. 정보제공하기는 추가적인 설명이나 안내를 통해 학습자의 반응을 이끌어내는 것이다. 이러한 피드백 화법은 학습자의 학습을 평가하고 지지하기 위한 교사의 필수적이고도 당연한 반응이 된다(류지영, 2015).

3. 미술 수업에서 교사의 피드백 발화 및 시사점

교사의 '말'은 교수언어로서, 여기서는 지시적인 언어로서의 발화만이 아니라 순간적인 인상이나 느낌에 따른 감탄사 나아가 고개를 흔든다거나 하는 비언어적인 요소 역시 포함된다. 그렇다면 교사의 '말'은, 학생들의 표현을 포함한 미술작품에 대한 태도로서 수업에 임하는 교사의 마음 자세, 교육관까지 포함된다고 볼 수 있을 것이다. 미술과 수업의 경우 학생들의 내면세계와 직결되는 내용을 교육의 내용으로 하는 특징을 가진다. 미술 수업에서 교사가 학생들의 발언에 대해 무엇이라고 말해야 할지 모르겠다고 한다면 수업에서 학생들의 내면세계가 드러난 미술 표현 및 수업 과정에서 학생들의 대답에 어떻게 피드백하고 다루어야 해야 할지 모르겠다는 의미이다. 어쩌면 가르쳐질 수 없는 것에 대한 학습지도에 대한 불안이 큰 것에 그 원인을 찾을 수도 있다. 나아가 이는 어쩌면 미술을 통해 나타나는 학생들의 내면에 대해 무엇인가 코멘트하거나 다루기를 불안해하는 교사의 마음이 드러난 것인지도 모른다. 특히 초등의 경우에는 모든 교과를 담당하는 담임교사가 미술 수업도 함께 담당하게 되므로 미술에 비전문적인 교사를 위해 수업을 객관적으로 해명하는 수업 연구의 필요성이 더욱 크다고 볼 수 있다. 이러한 이유로 미술 수업의 경우 교사의 피드백 발화의 연구의 중요성이 있으며 미술 수업에 대한 지도자의 불안을 현장 부임 이전의 교원양성 단계에서 다루고 불식할 필요가 있다. 그 해결의 길잡이로서 미술 수업에서 교사의 학습에 대한 '말하기' 즉 발화의 모습을 분석하여 그 구체적인 구조를 명확하게 할 필요가 있다. 수업과정에서 학생의 학습을 인도하고 촉진, 격려함으로써 수업의 심화를 의도하는 피드백 발화의 유형 분류와 실행이 중요하다. 예를 들어 '초점화 하기'를 통해 '~에 대해 더 말해보자' '~과 ~을 연결시켜서 생각해보자'와 같이 학생의 발언에 대해 추가적인 질문을 하거나 기존의 발언과 연결하면서 학습자의 학습을 심화시킬 수 있다. 미술 수업이 보통교육 및 일반교육으로서 학교에서 이루어지는 교과교육으로 진행된다면 수업을 진행하는 교사의 경우 미술 전문가의 역할 이상으로 교육 전문가로서의 역량이 필요하다. 이때 학습자와의 상호작용을 위한 커뮤니케이션 방법으로서 미술 수업에서 교사의 피드백 발화에 관한 연구가 필요한 것이다.

본 연구의 일환으로 예비교사인 교육대학교 4학년 대상으로 피드백 발화에 대한 연구를 진행하였다. 교사교육의 일환으로 4학년 1학기의 학부 마지막 교육실습에 참가한 예비교사들이 진행한 미술 수업을 대상으로 연구를 진행한 결과는 다음과 같다(류지영, 2015).

첫째, 교사의 피드백 교육 필요성과 시사점이 발견되었다. 피드백 발화에서 문제는 적절하지 못한 피드백 발화이다. 이는 반드시 필요한 피드백 발화가 제공되지 못한 경우, 제공되기는 했으나 피드백 발화가 부적절한 경우, 닫힌 피드백 문제 등으로 나타났다. 특히 피드백 발화 내용의 충실함과 구체성이라는 관점에서 교사교육의 과제가 있었다.

둘째, 교사 피드백 교육의 실제적인 기능과 의미를 고찰할 필요가 있다. 교사의 수업언어 가운데 교육언어 등 분류 가능한 피드백 발화언어의 종류에 대한 인식과 훈련이 필요하다. 교사는 발화가 수업의 어느 단계에서 전개되고 있는지를 먼저 고려해야 하며 수업 단계에 적절한 피드백 발화를 연구하며 다양한 질문과 피드백 유형에 익숙해질 필요가 있다. 또한 교사-학생-교사의 대화가 단선적 대화가 아니라 집단대화의 형태로서 복합적인 대화의 양상에 대한 고려와 훈련이 필요하다.

초등 예비교사의 미술 수업에서 나타난 피드백 발화의 과제 및 시사점을, 피드백에 대한 교육과정에서의 관점과 연결하여 살펴보면 다음과 같다.

첫째, 미술 수업은 그 특성 상 진행과정에서 미리 상정된 수업 목적이나 내용의 이해보다 학생들의 작품 제작을 주된 활동 내용으로 하는 경우가 많다. 이 경우 미술 수업에서 교사의 발화는 수업의 목적이나 내용 이해보다는 학생 작품 과정에서의 간단한 질문이나 피드백 등 개인적인 차원에서 이루어지게 된다. 전체 학습 대상의 발화보다 개인적인 차원에서 이루어지는 미술 수업의 특성 및 미술 제작과 작품을 중심으로 하는 수업 내용을 고려한 피드백의 내용과 방법, 분류의 틀에 대한 고민이 중요하게 다루어져야 한다. 이에 대해 미술과 교육과정에서 다루면서 이와 함께 교사교육 과정에서 모의수업의 일환으로 구체적이고도 실천적으로 다루어져야 한다.

둘째, 수업 전체의 흐름, 미술 수업의 내용 이해나 수업지도가 가능하도록 하는 피드백 발화의 필요성에 대한 인식이 필요하다. 초등 예비교사의 경우 미술 수업에서 발화는 특히 수업 도입부분에서 다소 늘어지는 경향이 있었다. 교사는 발화가 수업의 어느 단계에서 전개되고 있는지를 먼저 고려해야 한다. 수업을 하나의 프레임으로 파악하고 각 단계에 따라서 짧은 시간 안에 학생들이 자신이 배울 수업 내용을 빠르고 효과적으로 이해하도록 수업 중간 중간에 핵심을 짚어가며 진행할 수 있을 것이다. 이때 필요한 '명료화하기'나 '촉진하기' 등 상황에 맞는 피드백 발화를 이용하면서 늘어지거나 전체적인 수업의 큰 흐름을 방해하지 않도록 하는 적절한 교수 발화이다. 교사의 피드백 발화의 문제는 결국 학습자의 수준에 대한 이해 부족과 더불어 수업을 전체적으로 이끌고 가는 힘, 수업의 분위기 전체에 영향을 미치는 수업 능력의 문제로 연결된다. 교사의 수업 실천 능력의 제고를 위해서는 피드백 발화의 중요성 인식과 훈련이 필요하다.

이에 대해서는 현재와 같이 미술과 교육과정에서 지속적으로 다룰 필요가 있다. 또한 교육과정에서는 교사의 수업 능력 및 피드백 발화 능력에 대해서도 교사의 전문성과 역량이라는 관점에서 교육과정과 수업의 관계를 장기적,

단기적 혹은 거시적, 미시적 관점에서 함께 다루어 미술교육에 대한 시각을 확장할 필요가 있다.

4. 교육과정 및 교사교육에서 피드백 발화의 과제와 방향성

앞서 다룬 내용을 정리하면, 교육과정에서 '피드백'은 시대와 교육과정 변천 과정에서 차이는 있으나 교수・학습과 평가에서 중요하게 다루어지고 있었다. 2007 개정 미술과 교육과정에서는 '교수・학습'에서 단순하게 제시하였으나 해설서에서는 피드백을 능력으로 보고 미술 수업을 개선하려는 노력과 교사의 능력, 피드백 능력과 평가 전문성을 연결하며 미술교사의 전문성을 폭넓게 요구하는 것으로 보였다. 현행 2022 개정 미술과 교육과정에서는 원격수업 상황을 중심으로 피드백 제공을 다루고 있다. 또한 평가라는 측면에서, 교수・학습 과정 전반에서 지식・이해, 과정・기능, 가치・태도 등을 포괄하여 피드백을 제공하고, 학생의 변화와 성장에 대한 자료를 다각적으로 수집하여 학습자에게 구체적이고 명확한 맞춤형 피드백을 제공하도록 하고 있다. 그리하여 디지털 도구를 활용한 실시간 피드백, 학습자의 성취기준 도달 과정을 지속해서 점검하고 피드백, 학습자 간 상호 피드백 등으로 제시하여 수업에서 피드백이 필요한 상황을 진행 과정을 상정하며 구체적으로 다루고 있는 점이 이전의 해설서에서의 내용과 대비되어 특징적이다. 이전에는 피드백을 능력과 연계하여 수업 전문성에 대한 실천적 지식으로서 실천 능력으로 볼 수 있다면 이번에는 '실시간 피드백', '지속해서 점검하고 피드백', '학습자의 현재 수준과 도달해야 할 수행 수준 간의 차이를 피드백', '서술형이나 논술형 평가에서 채점 기준에 따른 피드백', '맞춤형 피드백' 등 피드백의 다양한 상황과 이유를 방법과 함께 구체적으로 제시하면서 학습자의 학습과 성장 지원을 명시하고 있다. 2007 개정 미술과 교육과정의 해설서에서 교사의 기본적인 능력으로서 다루어지던 '피드백'이, 현행 2022 개정 미술과 교육과정에서는 교수・학습과 평가에서 교수・학습 방법 및 평가의 방법과 방향으로 더욱 구체적으로 제시됨으로써 실행력과 실천력을 강조하고 있다. 수업 실천의 방법 제시라는 점에서 장점과 함께, 해설서의 부재로 인한 교사의 전문성에 대한 전반적인 관점의 미흡이라는 점은 과제로 남아 있다.

미술 수업을, 학교에서 이루어지는 일반교육으로서 확고한 수업 목표와 방법에 따른 교과교육으로 진행하고자 하는 경우 교사의 역량이 무엇보다도 필요하며 이를 위해 미술과 교육과정과 미술 수업에서는 교사의 '발화'에 관한 연구가 필요하다. 학습자의 반응에 의한 피드백의 적절성과 내용의 충실함 및 구체성의 측면 등 다양한 문제점과 고려할 점에 대한 인식이 교육과정에서부터 이루어지고 교사교육에서 모의수업 등 실습을 통해 실천적으로 다루어져야 한다. 교사가 피드백을 하기 위해서는 어떤 수업의 어느 단계에서 전개되고 있는지를 먼저 고려해야 하며 닫힌 질문을 포함한 다양한 질문과 피드백 유형에 익숙해질 필요가 있다. 이를 위해서는 교사의 수업언어 가운데 교육언어 등 분류 가능한 피드백 발화언어의 종류에 대한 인식과 훈련, 교사 발화 교육의 실제적인 기능과 의미를 고려한 교사교육이 필요하며 미술과에서도 이루어져야 한다.

류지영(춘천교육대학교)

VIII

미술과 교육과정에서의 평가

38 평가에서의 디지털 도구 활용

2022년 교육부는 교육과정 개정의 배경 중 하나로 사회 불확실성을 들었고 디지털 기술의 발전이 영향을 주었다고 했다. 2022 개정 교육과정 전반에 디지털과 관련된 내용이 등장하고 있다. 총론에서는 기초 소양으로 언어, 수리, 디지털을 포함하였으며 디지털 리터러시와 관련이 높은 지식정보처리 역량을 핵심역량 중 하나로 제시하여 디지털을 학교 교육과 이후의 평생 학습의 바탕이자 전 교과를 통해 획득되어야 하는 역량으로 간주하였다.

2022 개정 미술과 교육과정에서 언급한 디지털 관련 내용을 살펴보면 미적 체험 영역과 관련이 깊은 가상공간 체험을 통한 학습자 경험의 확장, 표현 영역과 관련이 깊은 표현과 소통의 도구로서 디지털 매체 활용, 감상 영역과 관련해서는 자료 수집, 정리, 전달의 수단으로서 디지털 기술 활용 등을 언급하였다. 예로 제시한 디지털 도구로는 실감형 콘텐츠, 메타버스, 학습관리시스템이 있었는데 실감형 콘텐츠는 가상공간 경험을 제공할 수 있으며 메타버스와 학습관리시스템은 학습과 평가의 개별화에 기여할 수 있다. e-교과서에서 디지털 교과서, 나아가 AI 교과서 개발을 앞두고 AI 교과서에 실감형 콘텐츠, 메타버스, 학습관리시스템을 통합하여 교수·학습과 평가가 하나의 플랫폼에서 이루어지고 학습과 평가의 환류가 촉진될 수 있을 것으로 기대된다.

1. 디지털 기술과 교육의 변화

산업계에서 디지털 기술을 사용하여 기업의 경영 전반에 걸친 전략적 변화를 끌어낸다는 것에서 사용되기 시작한 디지털 전환(Digital Transformation, DX)이라는 용어는 이후 사회 여러 분야에서 광범위하게 사용되었다. 교육 분야에서 디지털 전환이 언급된 것은 2017년 후반부터였고 과학기술정보통신부는 '2018년도 국가디지털전환 사업'에 교육 분야를 포함하였다(김신애, 방준성, 권희경, 2018). 비약적으로 발전한 디지털 기술은 인공 지능, 가상현실, 증강현실, 사물인터넷 등을 통해 전과는 차원이 다른 경험을 제공하고 있고 이러한 기술을 교육에 활용하는 방안에 관한 많은 연구와 시도들이 활발하게 진행되고 있다.

디지털 기술을 교육에 접목하면서 이전과는 다른 여러 교육적 시도들이 가능해졌다. 디지털 기술과 접목할 때 자주 등장하는 단어로 적응형, 개별화, 맞춤형 등이다. 이는 목표 설정, 학습 내용 및 방법 선정 등 학습의 전 과정에서 학습자의 필요와 요구, 흥미에 맞추어 설계하는 것이며 학습의 과정에서 변화하는 학습자의 상황에 따라 지속적으로 학습 경로를 수정하는 것을 의미한다(김수진, 김동영, 이명진, 백은진, 2022). 학습자의 흥미와 관심, 필요 등은 매우 다양하고 시기에 따라 변화한다. 학습자 개개인에게 적합한 교수·학습 방법과 내용, 시기, 수준은 모두 다를 수밖에 없다. 그러나 다인수 학급에서 한 명의 교사가 모든 학생의 학습 단계마다 최적의 학습 경험을 제공하는 것은 현실적으로 불가능하다. 따라서 수요자의 개별적인 상황에 맞추기 위한 수단으로 디지털 기술을 활용하고자 하는 것이다. 학습자의 요구와 필요를 파악하여 맞춤형 학습 경험을 제공하고 이에 따른 후속 학습이나 피드백도 디지털 기술을 활용하여 제공할 수 있다.

디지털 기술을 교육에 활용하는 또 다른 방법으로는 학습 관리 시스템(LMS: Learning Manage System)이 있다. 학습 관리 시스템은 학습자의 학습에 관한 모든 자료를 종합적으로 관리하고 기록, 보관할 수 있다. 학습자는 학습 관리 시스템에서 학습 활동을 하고 평가 결과와 피드백 등도 확인할 수 있다. 나아가 자신의 학습 이력, 진도율, 다른 학습자와의 성취 수준 비교 등도 가능하다. 학습 관리 시스템을 통해 가정과 학습자, 교사 간 정보 교환이 가능하며 학습자와 교사 모두 시간과 장소의 구애를 받지 않고 교수·학습과 평가를 할 수 있다.

디지털 기술을 통한 교육의 변화와 더불어 교육 자체에 관한 관점의 전환도 있었다. 전통적인 교육에서는 교사가 지식을 학습자에게 전달하는 방식이었다면 이제는 어떤 것을 할 수 있는 것, 즉 역량을 강화하는 것이 교육의 목적이 되었다(김해경, 2020). 서책형 교재를 통해 지식을 전달하고 인쇄된 문제로 지식을 확인하는 평가 방법이 새로운 교육 패러다임에 적합하지 않게 되자 교수·학습과 평가 방법에도 변화가 필요하였다. 역량은 단순히 아는 것을 넘어서 그것을 활용하고 적용할 수 있는 능력을 의미하기 때문에 직접 행하면서 학습하고 행하는 장면을 평가해야 한다. 역량을 교육하고 평가하는데 가상·증강 현실을 활용하면 반복하여 연습하거나 가상으로 주어진 상황에서 문제를 해결하는 경험을 할 수 있고 그 과정을 관찰, 기록하여 평가할 수도 있게 된다.

디지털 기술의 발달, 학습자 맞춤형 교육에 대한 요구, 역량 중심으로의 교육적 패러다임의 전환 등으로 인하여 교육에서의 디지털 기술 활용은 앞으로 더욱 활발히 이루어질 것이다. 김수진, 김동영, 이명진, 백은진(2022, pp. 13-14에서 재인용)은 교실 환경에서 디지털 기술의 활용에 따른 교수·학습과 평가의 변화를 보여주는 Puentedura의 SAMR(Substitution, Augmentation, Modification and Redefinition) 모형을 재구조화하여 제시하였다. 이 모형에서 기술은 대체 수준, 향상 수준, 확장 수준, 혁신 수준으로 제시된다.

단계별로 살펴보면 대체 수준은 학습 활동에 변화 없이 기술이 기존의 도구를 대신한다. 이 단계에서 이루어지는 평가의 모습은 인쇄된 시험지 대신 디지털 기기를 사용하고 관찰 및 실기 평가 결과를 디지털 매체에 기록한다. 향상 수준에서는 디지털 기술을 통해 실시간 소통과 즉각적인 피드백이 가능해져 디지털 기술이 학습 활동을 향상하는데 기여한다. 이 단계에서 평가는 자동으로 학습자의 활동이 기록, 녹화되어 평가자와 학습자에게 자동으로 제공되며 채팅과 댓글 창 등을 통해 일대일 소통과 피드백이 이루어진다. 확장 수준은 디지털 기술로 인하여 학습 자체가 변화하는 단계로 디지털 기술을 활용한 공유와 협력, 협업 등의 상호작용이 늘어나고 통합적 운영이 가능해진다. 평가는 협력적 프로젝트를 공동으로 진행하고 이 과정에서 피드백이 주어지며 학생의 활동과 평가를 누적하여 기록, 관리하게 된다. 혁신 수준에서는 학습의 개별화와 학습자의 자기 학습 관리가 가능한 단계로 디지털 기술로 인해 이전에는 불가능했던 새로운 형태의 학습이 가능해진다. 평가는 학습과 연계되고 컴퓨터 기반 평가 방식을 통해 평가 결과가 자동으로 누적 기록, 분석되어 학습자의 성장과 학습 상황을 파악할 수 있게 된다.

COVID 19로 인해 교육 현장에 디지털 기술의 도입이 가속화되었고 여러 디지털 기기와 프로그램이 사용되고 교수·학습과 평가 방법에도 변화가 있었다. 그럼에도 불구하고 우리나라 학교 현장에서 디지털 기술 활용은 대체 수준에 머물고 있다(김수진, 김동영, 이명진, 백은진, 2022). 일반적인 교실에서 가장 흔히 관찰되는 디지털 기술의 활용은 멀티미디어 자료 시청과 총괄 평가 결과 기록이고 학습자의 창작물을 촬영하여 업로드하여 공유하고 댓글을 달아 상호작용하는 경우도 있다. 향상 수준이나 확장 수준까지 활용하는 경우도 있겠지만 일반적인 교실의 상황으로 보기는 어렵다. 디지털 기술을 교육에 활용하였을 때 긍정적인 측면이 있음을 여러 연구에서 밝혀진 만큼 디지털 기술을 교육에 활용하였을 때의 장점을 찾아 적극적으로 활용할 필요가 있다.

이 글에서는 디지털 기술을 미술과 평가에서 활용할 수 있는 방안을 탐색해 보고자 한다. 이를 위해 교육과정에서 언급한 디지털 관련 내용을 2022 개정 미술과 교육과정에 비중을 두어 살펴보고 특히 평가와 관련지을 수 있는 부분을 중점적으로 조망해 보았다. 또 교수・학습과 평가를 연속적이고 환류적으로 접근하는 관점을 반영하여 교수・학습 과정 중 디지털 도구를 활용한 평가 방안에 관해 사례를 통해 알아보았다. 미술과와 관련한 사례가 드물어서 다른 교과의 사례를 통해 미술과 적용 방안을 모색해 보는 방법을 취하였다. 끝으로 미술과 평가 방법별로 디지털 기술을 적용할 수 있는 방안을 모색해 보았다.

2. 2022 개정 미술과 교육과정에서의 디지털 활용 평가

2022년 교육부는 사회 불확실성의 증가, 상호 존중과 공동체 의식 함양의 중요성 증대, 맞춤형 교육에 대한 요구, 교육과정 의사 결정 과정에 다양한 교육 주체의 참여와 교육과정 자율화 및 분권화의 활성화를 교육과정 개정의 배경으로 설명하였다. 개정 배경 중 사회 불확실성을 증가시키는 원인 중 하나로 디지털 기술의 발전을 꼽았을 뿐 아니라 교육과정 문서 전체에서 디지털 기술과 관련된 용어가 자주 등장한다. 그러나 디지털 기술을 미술 교육에 활용하는 방안에 관한 논의는 이론적인 측면에서나 실천적인 측면에서나 제한적으로 이루어지고 있다. 학교 교육의 근간이 되는 교육과정에서 디지털 기술 관련 부분이 어떻게 언급되고 있는지 알아보고 활용하는 방안에 대해 논의할 필요가 있다. 그런 의미에서 이번 장에서는 미술과 교육과정 내 디지털 관련 부분을 평가에 중점을 두어 살펴보고자 한다. 우선 디지털과 평가를 중심으로 2022 개정 교육과정 총론을 살펴보고 2022 개정 미술과 교육과정을 살펴보고자 한다.

교육과정 구성의 중점에서는 언어, 수리, 디지털 기초소양을 학습의 기초에 포함하고 학교 교육과 이후의 평생 학습의 바탕이 되는 기초소양을 전 교과에서 함양할 수 있도록 교수・학습 활동을 설계해야 한다고 하였다(교육부, 2022a). 디지털을 언어, 수리와 동등하게 모든 학습의 기초소양으로 포함한 것을 보면 디지털을 활용하는 능력이 학습을 수행하는데 있어 얼마나 중요한지를 새삼 느낄 수 있다. 평가와 관련한 부분은 문제 해결 및 사고의 과정을 평가해야 한다고 하였다(교육부, 2022a). 이 부분은 학습자의 성장과 교수・학습 개선에 초점을 두는 평가 패러다임의 변화가 반영된 것이다.

2022 개정 교육과정 총론에서 제시하는 핵심역량은 자기관리 역량, 지식정보처리 역량, 창의적 사고 역량, 심미적 감성 역량, 협력적 소통 역량, 공동체 역량으로 협력적 소통 역량을 제외하면 2015 개정 교육과정에서 제시한 핵심역량과 동일하다. 지식정보처리 역량은 "문제를 합리적으로 해결하기 위하여 다양한 영역의 지식과 정보를 깊이 있게 이해하고 비판적으로 탐구하며 활용할 수 있는(교육부, 2022a, p. 6)" 역량으로 디지털 리터러시와 관련이 깊다고 해석되어 왔다(이영호, 2022).

다음으로 디지털과 평가와 관련된 내용이 등장하는 것은 '학교 교육과정 설계와 운영'의 하위 항목인 '교수・학습'과 '평가'이다. '교수・학습'에서는 학습 활동과 방법을 다양화하고 맞춤형 수업을 활성화하기 위해 정보통신기술과 지능정보기술을 활용할 수 있고 교육공간과 환경은 디지털 기반 학습이 가능하도록 조성하도록 하였다. '평가'에서 언급된 디지털 관련 내용은 지능정보기술을 활용해 학습자 맞춤형 평가를 활성화하도록 한다고 하였다(교육부, 2022a). 결국 맞춤형 학습과 평가를 제공하는데 디지털 기술을 활용하도록 제안하는 것이다.

〈표 1〉 2022 개정 교육과정 초 · 중등학교 교육과정 총론-학교 교육과정 설계와 운영

2. 교수 · 학습(일부) 가. 학교는 학생들이 깊이 있는 학습을 통해 핵심역량을 함양할 수 있도록 교수 · 학습을 설계하여 운영한다. 5) 교과의 깊이 있는 학습에 기반이 되는 **언어 · 수리 · 디지털 기초소양을 모든 교과를 통해 함양**할 수 있도록 수업을 설계한다. 다. 교과의 특성과 학생의 능력, 적성, 진로를 고려하여 학습 활동과 방법을 다양화하고, 학교의 여건과 학생의 특성에 따라 다양한 학습 집단을 구성하여 학생 맞춤형 수업을 활성화한다. 2) **정보통신기술 매체를 활용하여 교수 · 학습 방법을 다양화**하고, 학**생 맞춤형 학습을 위해 지능 정보기술을 활용**할 수 있다. 라. 교사와 학생 간, 학생과 학생 간 상호 신뢰와 협력이 가능한 유연하고 안전한 교수 · 학습 환경을 지원하고, **디지털 기반 학습이 가능하도록 교육공간과 환경을 조성**한다. 3) 다양한 지능정보기술 및 도구를 활용하여 효율적인 학습을 지원할 수 있도록 **디지털 학습 환경을 구축**한다. 3. 평가(일부) 다. 학교는 교과목의 성격과 학습자 특성을 고려하여 적합한 평가 방법을 활용한다. 3) 학교의 여건과 교육활동의 특성을 고려하여 **다양한 지능정보기술을 활용함으로써 학생 맞춤형 평가를 활성화**한다.

출처: 교육부(2022a), pp. 10-13.

다음으로 2022 개정 미술과 교육과정(교육부, 2022b)에 언급된 디지털과 평가 부분을 살펴보면 우선 '성격'에서 미술의 범위에 가상공간을 포함하고 표현과 소통의 도구로 디지털 매체를 적극적으로 활용하여 학습자의 경험을 확장하도록 했고 궁극적으로는 디지털 시대에 필요한 소양을 기르도록 한다고 하였다.

〈표 2〉 2022 개정 미술과 교육과정-성격 및 목표

가. 성격(일부) 특히 **가상공간까지 미술의 범위를 확대**하고, **표현과 소통의 도구로 디지털 매체를 적극적으로 활용**함으로써 학생들은 신체와 사고, 시간과 공간의 경험을 확장하며 **디지털 시대에 필요한 소양**을 기를 수 있다.

출처: 교육부(2022b), p. 5.

'내용 체계 및 성취기준'에서는 초등학교 5~6학년 표현 영역의 지식 · 이해 범주의 내용요소로 '디지털 매체'를 포함하였고 성취기준으로 "[6미02-02] 디지털 매체 등 다양한 표현 재료와 용구를 탐색하여 작품 제작에 활용할 수 있다."를 제시하였다. 역시 5~6학년 미적 체험 영역의 '성취기준 적용 시 고려 사항'에서는 자신과 대상을 탐색하는 다양한 방법에 증강현실과 가상현실 기기 등 디지털 매체를 통해 학습자의 감각을 확장하도록 했다. 표현 영역에서는 표현 재료와 용구를 확장하여 디지털 매체를 비롯한 다양한 매체와 방법을 활용하도록 하였고 표현 영역 평가는 디지털 매체를 포함한 다양한 표현 재료와 용구의 탐색 및 활용 능력을 평가하여야 한다고 했다.

〈표 3〉 2022 개정 미술과 교육과정-내용 체계 및 성취기준 1

나. 성취기준(일부) [초등학교 5~6학년] (1) 미적 체험 (나) 성취기준 적용 시 고려 사항 • 자신이나 대상을 다양한 방법으로 탐색할 수 있도록 고려한다. 3, 4학년에서 경험한 몸의 감각적 체험과 더불어 **사진, 영상, 증강현실 및 가상현실 기기 등 디지털 매체를 포함한 다양한 매체를 활용**하여 탐색하고 새로운 특징을 지각하도록 한다. 이를 통해 학습자가 감각의 확장을 경험할 수 있다. (2) 표현 (가) 성취기준 해설 • 디지털 매체는 신체적 감각과 지각을 확장하는 표현의 도구로써 **디지털 매체의 특징과 사용법을 익혀 작품 제작에 효과적으로 활용**하게 한다. (나) 성취기준 적용 시 고려 사항 • 남과 다른 자신만의 표현 방식을 존중받는 분위기 속에서 표현 재료와 용구를 확장하여 **디지털 매체를 포함한 생활 주변의 다양한 매체와 방법을 활용**하여 작품을 제작할 수 있도록 한다. • **표현에서 평가는** 표현 주제를 발전시키는 능력, 조형 요소와 원리를 작품 제작에 활용하는 능력, **디지털 매체 등 다양한 표현 재료와 용구를 탐색**하고 활용하는 과정, 반성적 태도로 작품을 발전시키는 성찰의 과정, 타 교과와 융합하여 자유롭게 표현하려는 시도 등을 지속해서 관찰하여 평가한다.

출처: 교육부(2022b), pp. 12-14.

중학교는 '내용 체계 및 성취기준'에서는 미적 체험 영역에서 시각문화의 의미와 역할을 탐색할 때 시각문화에 가상현실을 포함하여 언급했고 표현 영역 성취기준으로 "[9미02-03] 조형 요소와 원리, 표현 재료와 방법, 디지털 매체를 포함한 다양한 매체를 활용하여 주제를 효과적으로 표현할 수 있다."를 제시하여 디지털 매체를 표현을 위한 매체로 제시했다. 또 작품을 공유하는 공간으로 온라인 공간도 포함하고 발상과 표현 과정에서 디지털 도구를 사용하도록 하였다. 감상 영역에서는 디지털 매체를 활용하여 작품에 관한 자료를 수집, 정리, 전달하되 자료의 신뢰성과 질을 판단하도록 하여야 한다고 했다.

〈표 4〉 2022 개정 미술과 교육과정-내용 체계 및 성취기준 2

나. 성취기준(일부) [중학교] (1) 미적 체험 (나) 성취기준 적용 시 고려 사항 • 주변에서 흔히 찾아볼 수 있는 기호, 사진, 광고, 영상, **가상현실**에 이르기까지 학생들의 삶에서 쉽게 접할 수 있는 각종 시각문화의 의미와 역할을 분석하고 비판적으로 판단하는 활동을 통해 시각적 문해력을 기를 수 있도록 한다. (2) 표현 (가) 성취기준 해설 • **미술 표현 과정과 결과물을** 교실, 복도, 지역 사회 공간, **온라인 공간까지 확장**하여 공유하고 발표하며 토론할 수 있다. (3) 감상 (나) 성취기준 적용 시 고려 사항 • 미술 작품에 대한 **자료 수집 과정에서 디지털 매체를 적극적으로 활용**하되 신뢰할 수 있는 양질의 정보를 비판적으로 선택하여 적용할 수 있도록 한다. 또한 **수집한 정보를 정리하고 설명하는 과정에서 디지털 매체를 활용**하여 자신의 감상과 비평을 효과적으로 전달할 수 있도록 한다.

출처: 교육부(2022b), pp. 16-18.

'교수·학습 및 평가'의 '교수·학습' 하위 항목인 '교수·학습의 방향'에서는 교수·학습 과정에서 다양한 디지털 매체를 활용하고 온·오프라인 연계 수업이 가능하도록 하여야 하며, 디지털 소양을 포함한 범교과 주제를 미술과에서 도입한다고 했다. '교수·학습 방법'에서는 온·오프라인 연계가 가능한 실감형 콘텐츠, 메타버스, 학습관리시

〈표 5〉 2022 개정 미술과 교육과정-교수·학습

가. 교수·학습(일부) (1) 교수·학습의 방향 (다) 디지털 환경과 미술의 변화를 고려하여 **교수·학습 과정에서 다양한 디지털 매체를 활용**하고 **온오프라인 연계가 가능한 교수·학습**을 계획하고 실행한다. • **디지털 매체를 활용하는 수업을 계획할 때**는 미적 경험과 상상력, 표현의 가능성을 확장하는 데 중점을 두어 **디지털 소양을 기를 수 있도록** 한다. • **비대면 원격교육 시**, 학습자 간, 학습자와 교사 간 상호 작용을 촉진하고 참여에 어려움을 겪는 학생을 포함한 모든 학생의 능동적 참여를 강화하는 방안을 마련하여 교수·학습을 계획하고 실행한다. (마) 범교과 교수·학습 주제를 미술 수업에 도입하고 적용한다. • 인성, 인권, 다문화, 통일, 독도, 경제·금융, **디지털 소양** 등 범교과 학습 주제를 교수·학습과 연계하여 민주시민의 태도와 자질을 함양할 수 있도록 한다. (2) 교수·학습 방법 (다) 미술 학습 환경의 변화를 고려하여 **온오프라인 연계가 가능한 디지털 기반 교수·학습 방법을 활용**할 수 있다. • **미술과에서 활용 가능한 디지털 기반 교수·학습 방법**에는 **실감형 콘텐츠 활용 학습 방법, 메타버스 활용 학습 방법, 학습관리시스템(LMS: Learning Management System) 활용 학습 방법** 등을 예로 들 수 있다. **실감형 콘텐츠**를 활용한 활동은 실재감을 구현하여 학습에 몰입감을 높이고, 공감각적 상호 작용이 가능하다. **새로운 지각 경험**을 통해 미적 체험, 표현, 감상의 영역을 확장할 수 있다. **메타버스**를 활용한 활동으로 **가상공간에서 전시회를 열고 감상**하거나, **온라인 게시판 등을 활용하여 소통**의 장을 넓힐 수 있다. • 디지털 기술을 활용하여 학습자의 개별 특성과 학습 속도에 적합한 **맞춤형 학습**을 도울 수 있다. **학습관리시스템**을 활용하면 **실시간 온라인 협업**을 통해 **작품 및 결과물 공유, 전시**가 가능하며 **학습자의 관리와 분석, 피드백 제공** 등 원격수업 상황에서도 학습자에게 적합한 지원으로 학습 효과를 높일 수 있다.

출처: 교육부(2022b), pp. 19-21.

스템 등을 활용한 디지털 교수·학습 방법을 활용할 수 있다고 하였다. 실감형 콘텐츠의 장점으로는 새로운 지각적 경험을 들었고 메타버스는 가상공간에서의 전시회나 감상 활동 및 소통의 장 확장을 제시하였다. 학습관리시스템은 실시간 온라인 협업을 통한 작품 및 학습의 공유와 전시가 가능하고 원격 수업 시 학습 관리, 분석, 피드백 제공 등을 통해 지원할 수 있다고 했다. 디지털 기술을 통해 맞춤형 학습을 지원에 할 수 있다고도 언급하였다.

'평가'의 하위 항목인 '평가의 방향'에서는 원격수업 상황에서 디지털 도구를 활용하여 평가할 수 있도록 계획, 실행해야 한다고 하였다. 그 방법으로 학습관리 시스템을 활용하여 학습 과정의 산출물을 기록, 관리하고 실시간 피드백과 상호평가를 시행할 수 있으며 원격수업 상황에서 학습자의 성취기준 도달 과정을 지속적으로 확인하고 피드백 주어야 한다고 하였다. '평가 방법'에서는 평가시 다양한 학습 플랫폼과 디지털 도구를 활용할 수 있다고 하였다. 디지털 도구는 발상 및 제작 과정, 태도 등을 관찰, 평가하는데 활용할 수 있고 학습 데이터를 누가적으로 기록, 분석하여 맞춤형 피드백을 제공할 수 있다고 하였다.

지금까지 살펴본 바를 정리하면, 2022 개정 교육과정의 총론과 2022 개정 미술과 교육과정 모두에서 디지털 관련 내용이 폭넓게 언급되고 있는 것을 알 수 있다. 우선 총론에서 기초소양으로 제시하였던 언어, 수리, 디지털 중 미술과에서 가장 두드러지는 것은 디지털 기초소양이다. 미술과 '성격'에서 미술에 가상공간, 디지털 매체 등을 포함하면서 궁극적으로는 "디지털 시대에 필요한 소양(교육부, 2022b, p. 5)"을 기른다고 언급하였다. 또 '교수·학습 방법'에서 범교과 주제를 미술과에 도입한다고 하였는데 범교과 주제 중 하나는 디지털 소양이다.

〈표 6〉 2022 개정 미술과 교육과정-평가

가. 평가(일부)
(1) 평가의 방향 (다) 원격수업 상황을 고려하여 **디지털 도구를 활용한 평가** 방법을 계획하고 실행한다. • **디지털 기반의 학습관리 시스템을 활용**하여 온·오프라인 연계 수업 상황에서 미적 체험, 표현, 감상 **과정의 산출물을 기록 및 관리**하고, **디지털 도구를 활용한 실시간 피드백과 학생 간 상호 평가**가 이루어질 수 있도록 한다. • **원격수업 상황**에서도 학습자의 성취기준 도달 과정을 **지속해서 점검하고 피드백**한다.
(2) 평가 방법 (라) 다양한 **학습 플랫폼과 디지털 도구를 활용**하여 평가할 수 있다. • 다양한 **디지털 도구를 활용**하여 **아이디어 스케치, 제작 과정, 과제 수행 태도 등을 관찰하고 평가**할 수 있다. • **디지털 평가 도구를 활용**하여 학습자의 **누적된 학습 데이터를 분석 및 활용**하여 학습자에게 **맞춤형 피드백을 제공**할 수 있다.

출처: 교육부(2022b), pp. 23-24.

전체적으로 보았을 때 디지털과 관련된 내용이 직접적으로 언급되며 강조되기 시작하는 시기는 5~6학년이다. 5~6학년 표현 영역의 내용요소로 '디지털 매체'가 포함되었고 성취기준에서도 디지털 매체가 언급되었다. 중학교에서도 발상과 제작의 과정에서 디지털 매체를 활용하는 등 표현 매체로 언급하였다. 디지털 매체를 표현 매체에 포함한 만큼 디지털 매체의 탐색 및 활용 능력도 평가 대상에 포함되었다.

미적 체험 영역과 관련해서는 5~6학년에서 가상·증강현실 등의 디지털 기술을 활용한 감각의 확장이 언급되었다. '교수·학습의 방향'에서는 감각적 경험을 확장하는 방법으로 실감형 콘텐츠를 제시하였다. 중학교에서는 시각문화에 가상현실을 포함하는 정도로만 언급하였다.

감상과 관련해 디지털 활용이 언급되기 시작한 것은 중학교부터이다. 온라인에서 작품을 공유하고 작품과 관련된 자료를 수집하고 공유할 때 디지털 매체를 활용하도록 했다. 이 때 수집하는 자료에 관한 비판적으로 판단하고 활용할 수 있어야 한다는 부분은 총론의 핵심역량 중 지식과 정보를 비판적으로 탐구하고 활용하는 지식정보처리 역량과 밀접한 부분이다. 온라인에서의 작품 공유를 하는 방법으로 제시된 것은 '교수·학습 방법'에서 언급된 메타버스와 학습관리시스템이다. 메타버스와 학습관리시스템을 작품과 학습의 전시를 비롯하여 감상과 소통의 장으로 제시하였다.

온·오프라인 연계 수업이나 원격 수업 상황에서 수업과 평가가 가능해야 한다고 언급한 부분들은 COVID 19 상황과 같이 대면 수업이 불가능한 상황을 대비하는 것과 동시에 최상의 교육을 제공하기 위해 온라인 수업의 장점과 오프라인 수업의 장점을 취하고자 하는 의도로 보인다. 온·오프라인 연계 수업을 위해서 제안한 것은 앞서 언급한 실감형 학습 콘텐츠, 메타버스, 학습관리시스템 등을 포함한 교수·학습 방법이었다. 더불어 원격수업 상황에서도 학습관리시스템을 활용하여 학습의 과정을 기록, 관리, 평가하고 실시간 피드백이 이루어질 수 있도록 해야 하며 이 과정에서 다양한 학습 플랫폼과 디지털 도구를 활용할 수 있다고 하였다.

3. 디지털 기술의 교육적 활용 가능성 탐구

교육 분야에서 디지털 기술은 평가보다 교수·학습에 주로 사용되고 있다(김은규, 김정효, 2022; 김혜숙, 이미미, 안성훈, 2014). 그러나 최근 교수·학습과 평가의 일체화가 강조되면서 교수·학습 과정 중 평가가 상시 이루어지고 평가 결과에 기반하여 교수·학습 내용과 방법을 수시로 수정하는 등 교수·학습과 평가의 경계가 흐려졌다. 디지털 기술을 교육에 적용하는 상황에서도 다르지 않아 교수·학습과 평가의 연속적이고 순환적인 과정에서 평가만 따로 분리하기는 모호한 경우가 종종 있다. 따라서 이 장에서도 교수·학습과 평가를 인위적으로 분리하여 논하기보다 자연스러운 교수·학습과 평가의 상황에서 어떻게 디지털 기술이 활용될 수 있는지 평가에 비중을 두고 탐색해 보는 방법을 택하기로 한다.

디지털 기술을 교육에 활용하는 방안의 하나로 디지털 교과서가 있다. 디지털 교과서는 서책형 교과서의 내용을 디지털화하여 수록하고 참고 자료, 문제집, 학습 사전, 노트 등 멀티미디어 자료를 포함하여 유·무선정보통신망을 이용해 학습할 수 있도록 개발한 학생용 교재를 의미한다(교육인적자원부, 2007; 변호승, 송연옥, 2010; 한국소프트웨어진흥원, 2008; 황윤정, 2010). 디지털 교과서는 우리나라의 획일적이고 표준화된 교육을 극복하는 방법으로 제시되었다. 디지털 교과서를 통해 선택형, 맞춤형 교육이 가능하며 디지털 교과서가 제공하는 풍부한 자료와 정보기술을 활용하여 교육에 변화를 끌어내고자 하였다(이용일, 2015).

우리나라에서 디지털 교과서 개발이 구체화한 것은 1997년 한국교육학술정보원에서 전자 교과서에 관한 기초 연구를 진행하면서이다. 2004년 사회과와 과학과의 전자 교과서 샘플을 시범 운영하였고 2005년에는 디지털 교과서 표준안이 개발되었다. 2006년에는 전국의 5개 초등학교에서 디지털 교과서 연구학교를 운영하였고 2008년은 20개교, 2011년에는 100개교로 확대하였다(황윤정, 2010). 2023년 교육부는 '디지털 기반 교육혁신 방안'에 2025년부터 수학, 영어, 정보 교과에 인공지능 기술을 도입한 AI 디지털 교과서를 도입하겠다는 계획을 포함하여 디지털 교과서의 개발 방향이 전환될 것을 예고하였다(송선진, 2023).

이전의 e 교과서와 디지털 교과서의 차이점으로는 e 교과서가 서책형 교과서를 단순히 디지털화하여 서책형 교과서의 동일 내용을 디지털 기기에서 볼 수 있는 형태에서 그쳤다면 디지털 교과서는 앞서 언급하였듯이 서책형 교과서의 내용에 참고서, 문제집, 추가 학습 자료 등을 포함한 것은 물론 학습자가 스스로 자신의 학습을 관리할 수 있는 도구를 제공하고 학교와 가정이 학습자에 관한 정보를 공유할 수 있다는 점에서도 차이가 있다. 디지털 교과서를 통해 학습자가 자신의 학습을 스스로 관리할 수 있어 자기주도적 학습을 가능하게 하며 지식 정보 사회에서 요구되는 지식을 다양한 디지털 콘텐츠의 형식으로 제공한다는 점도 디지털 교과서를 활용해야 하는 이유이기도 하다(이용일, 2015).

한국교육학술정보원(연도 불명)은 에듀넷·티-클리어 사이트에서 디지털 교과서를 제공하고 있다. 2023년 기준으로 초등학교 3~6학년 사회, 과학, 영어, 중학교 1~3학년 사회, 과학, 영어, 고등학교는 영어, 영어 I, 영어회화, 영어 독해와 작문 과목의 디지털 교과서가 제공된다. 미술과 관련 자료는 실감형 콘텐츠 항목에 포함되어 있다. 실감형콘텐츠는 AR이나 VR을 활용한 자료로 미술과는 '공통' 항목에 포함되어 있다. 미술과는 'VR 소리미술관', '옛 그림 보여주는 고양이', '겸재 정선과 고흐의 VR 여행'이 VR 방식으로 제공된다. 학교급이나 학년군, 미술과 영역 등에 따라 세분된 자료가 풍부하게 제공되었으면 하는 아쉬움이 있다.

2007년 교육과학기술부가 디지털교과서 상용화계획에서 디지털 교과서의 기능을 '학습 주 자료기능', '학습지원 및 촉진기능', '학습관리 및 도구 기능'으로 구분하고 하위 항목을 제시하였다. '학습관리 및 도구 기능'의 하위 항목으로 '상호 작용 기능', '평가 도구 기능', '학습관리 시스템 기능', '제작 도구 기능', '정보자원 연계 기능'이 있다. '평가 도구 기능'은 디지털교과서로 학습자의 학습목표 성취 여부를 평가할 수 있다는 것으로 디지털 교과서 내 포함된 문제 풀이나 과제 제출, 활동지 작성 등을 활용하는 것이 가능하다. '학습관리 시스템 기능'을 활용하여 학습자의 포트폴리오를 제작할 수 있는데 포트폴리오는 미술과에서 사용되는 평가 방법 중 하나이므로 학습관리뿐 아니라 평가 도구로 활용할 수도 있다(이용일, 2015). 미술과 디지털 교과서가 없으므로 다른 교과의 디지털 교과서 활용과 관련된 연구를 참고하면 디지털 교과서를 사용하는 교사들이 가장 많이 활용하는 것이 멀티미디어 자료이고 두 번째로 자주 활용하는 것이 평가 문항이다(김혜숙, 이미미, 안성훈, 2014). 이것은 디지털 교과서에서 평가 기능이 매우 중요하고 활용도가 높다는 것을 보여준다. 따라서 향후 미술과 디지털 교과서를 개발할 때 미술과에서는 어떤 내용과 방법으로 평가가 이루어져야 할지에 관한 논의와 연구가 필요할 것이다.

디지털 기술을 교육에 활용한 두 번째 사례는 한국교육개발원의 미래교육연구본부에서 제공하는 온라인 중등교육 서비스이다. 온라인 중등교육 서비스는 성인이나 학업을 중단한 청소년이 학력을 취득할 수 있도록 지원하기 위해 1974년 방송통신고등학교를 설립한 것을 시작으로 하여 현재는 일반 중·고등학교에 재학 중인 학생들의 학습권과 교과 선택권을 보장하는 것으로 역할과 기능이 확대되었다. 미래교육연구본부는 다양한 학습자의 요구에 부응하는 맞춤형 교육과 학습과 학력 취득의 시기와 장소, 방법 등을 다각화하여 유연한 교육체계를 만드는데 디지털 기술을 활용하고 있다(손찬희, 김성미, 2019).

미래교육연구본부는 교육 대상자에 따라 세분된 프로그램을 제공한다. 방송통신중·고등학교는 성인과 학업중단 청소년들이 학업을 지속하고 학력을 취득할 수 있도록 지원한다. 중·고등학교 미이수·미개설 교과 온라인수업은 전·편입 학생들이 학교 간 교육과정의 차이로 인해 미이수하는 교과의 발생을 막고, 단위 학교에서 개설하기 어려운 선택과목을 개설하여 학생들의 교과 선택권을 보장한다. 고등학교 온라인 공동교육과정은 단위 학교에서 개설하기 어려운 선택교과를 복수의 학교가 공동으로 개설하여 실시간 화상수업으로 진행한다. 건강장애학생 원격수업은 만성질환으로 인해 3개월 이상 입원 또는 통원치료를 하는 학생들을 대상으로 블렌디드 러닝 방식을 사용한다. 학생선수 e-school은 훈련과 대회 참가로 발생하는 학생선수들의 수업결손을 보충한다. 의무교육단계 미취학·학업중단학생 학습지원은 다양한 기관의 교육 프로그램을 통해 의무교육을 완료하지 못한 학교밖 학생들의 학력 취득을 지원한다(손찬희, 김성미, 2019).

미래교육연구본부의 서비스를 이용하는 학습자는 나이와 학습 이력, 수준, 동기, 흥미와 필요, 개인적 경험과 환경 등이 매우 다양하다. 이러한 학습자의 필요와 요구를 충족할 수 있는 개별화된 맞춤형 교육을 제공하고자 적응형 온라인 형성평가 시스템을 개발하였다. 온라인 학습은 회차당 50분의 학습 분량으로 한 회는 10~15분의 강의 동영상 2~3개와 학습의 파지 및 전이를 고려한 학습활동으로 구성된다. 한 회차의 학습을 완료하면 5개의 문항으로 이루어진 평가가 진행되는데 평가를 통해 수집된 학습자의 학습 데이터를 누적·관리하여 이후 제공되는 교육 콘텐츠의 내용이나 순서 등을 결정하기 위해 형성평가 시스템을 활용하고자 한 것이다(이은주, 2019).

적응형 온라인 형성평가 시스템이 운영되는 방법을 좀 더 자세히 살펴보면 교육과정의 성취기준을 평균 3개의 소주제에서 다루고 소주제별로 '상', '중', '하' 수준의 문항을 5개씩 출제하여 하나의 성취기준에 수준별로 15개의 평가 문항을 배정한다. 학습을 마치면 학습자에게 '중' 수준의 문제를 제공하고 학습자가 정답을 맞히는 경우 '중' 수준의 문제를 한 번 더 제공한다. 두 번째 제공된 '중' 수준의 문제를 맞히는 경우 '상' 수준의 문제를, 맞히지 못했을 경우 '하' 수준의 문제를 제공한다. 즉 평가 결과에 따라 학습자에게 이후에 제시되는 문제의 난이도가 결정된다. 제공되는 문제의 유형은 선택형, 단답형, 서술형이 있고 학습 콘텐츠와 마찬가지로 평가 문항에도 다양한 형식의 멀티미디어 자료를 활용한다. 평가를 마친 후에는 채점 결과와 정답, 해설, 해설 영상을 확인할 수 있고 '다시풀기' 기능을 사용하여 반복해 문제를 풀어 볼 수 있다. 평가와 학습 콘텐츠가 연계되어 있으므로 학습자의 성취 수준에 따라 보충학습, 복습, 심화학습이 가능한 부가학습자료도 제시할 수 있다(이은주, 2019).

적응형 온라인 형성평가 시스템은 디지털 환경에서 평가가 어떠해야 하는지 잘 보여주는 사례이다. 적응형 온라인 형성평가 시스템에서 평가는 교수·학습 활동과 긴밀히 연계되어 있다. 사전 평가를 통해 학습자를 파악하여 학습자 수준에 맞는 학습 콘텐츠를 제공한다. 학습 후에는 학습의 결과를 평가하여 이후 제공되는 학습의 내용과 수준을 결정하는 데 반영한다. 평가 자체도 학습자 맞춤형으로 이루어진다. 모든 학습자에게 같은 문제를 제시하는 것이 아니라 학습자의 응답에 따라 이후의 평가 문항 난이도가 조절되어 평가가 개별화될 수 있다. 평가 이후 제공되는 피드백 역시 개별화된다. 학습자의 수준에 따라 보충학습이나 심화학습 자료를 제시하는 것이 가능하다. 평가에서 멀티미디어 자료를 활용하여 평가 문항을 제작할 수 있거나 학습자의 학습 활동과 평가 문항에 대한 답이 누가 기록될 뿐만 아니라 즉각적인 피드백이 가능하다. 평가 문항이 교육과정 성취 기준과 연계되어 있어 교과 영역이나 성취기준에 따른 성취 정도를 파악할 수 있는 자료를 쉽게 얻을 수도 있다. 이러한 자료들은 학습자를 파악하고 학습 지원 방안을 모색하는 데 도움이 되도록 가공하기도 쉽다는 장점이 있다.

그러나 이러한 평가 방식은 학습자의 사고 변화와 학습의 과정을 관찰하기가 어렵고 학습자의 경험과 생각, 느낌을 주관적으로 표현한 작품을 평가할 수 있는 평가 문항을 사전에 만들어 수준별로 제시한다는 것은 불가능하다. 학습자의 미적 체험을 평가하거나 판화 작품을 제작하면서 마주한 문제를 해결해 가는 과정을 평가하기 위해 어떤 평가 문항을 만들어야 할지 상상해 보면 쉽게 답할 수 없을 것이다. 다시 말해 질적인 측면과 관련된 학습, 맞고 그름으로 구분하기보다 더 효과적인 방법을 찾아가는 과정에 중점을 두는 학습, 복수의 답이 존재할 수 있는 학습 등에 적응형 형성평가 시스템의 운영 방법을 적용해 학습과 평가, 피드백을 개별화하는 데는 한계가 있어 미술과의 경우 학습 목표와 내용을 고려하여 활용해야 한다.

4. 미술과 평가 방법별 디지털 기술 활용 방안 제안

2022 개정 미술과 교육과정 '평가 방법'에서는 평가의 목표, 내용, 상황 등을 고려하여 다양한 평가 방법을 활용해야 한다며 서술형 및 논술형 평가, 관찰법, 발표 및 토의·토론법, 자기 평가 및 동료 평가, 연구보고서법, 감상문, 포트폴리오법, 실기 평가 등을 예로 제시하였다(교육부, 2022b). 서술형 및 논술형 평가와 발표 및 토의·토론법은 미술 지식을 바탕으로 자신의 관점이나 의견, 주장을 말 또는 글을 통해 타인과 소통하는 능력을 파악할 수 있다. 우선 글을 통해 소통할 경우 메타버스나 학습관리시스템 과제 탑재 메뉴를 활용하여 과제를 제출, 공유, 평가할 수 있다. 댓글쓰기 기능을 통해 교수자와 다른 학습자의 피드백을 받을 수 있고 이를 바탕으로 수정, 보완한 글을 다시 업로드하면서 반성적 사고를 촉진할 수도 있다. 말이 소통의 수단이 되는 발표 및 토의·토론법의 경우 영상이나 음성을 녹화하거나 실시간 화상 수업의 형식을 취할 수 있는데 영상이나 음성을 녹화하는 경우 글을 통해 소통할 때와 마찬가지로 메타버스나 학습관리시스템 과제 탑재 메뉴와 댓글쓰기 기능을 활용할 수 있다. 실시간 화상 수업을 시행할 경우 교수자와 다른 학습자와의 상호작용과 피드백이 즉각적으로 이루어질 수 있고 화상 수업 영상을 기록해두면 누가 기록을 통해 성장과 변화를 측정하거나 학습자가 자신의 영상을 보며 스스로 평가하는 등 다양한 방식으로 평가에 활용할 수 있다.

포트폴리오법과 프로세스폴리오법은 학습 과정에서 발생하는 학습자의 성찰과 변화를 파악하고 학습자의 성장 정도를 평가하는데 활용하기 적합한 평가 방법이다. 학습자의 학습 과정을 파악하기 위해 계획서, 마인드맵, 아이디어 스케치, 수집한 자료, 보고서, 제작한 작품 등 다양한 산출물을 수집하여야 하는데 이러한 산출물들을 보관, 관리하는데 공간과 인력이 필요해 제한된 학교 공간에 많은 양의 자료와 미술 작품을 꾸준히 보관, 관리하여 평가하기는 어렵다. 이러한 학습 과정에서 발생하는 산출물과 결과물을 디지털화하면 보관과 관리에 드는 비용과 품을 줄일 수 있다는 장점이 있고 누적된 자료를 정리하거나 찾아보기에 편리하므로 학습자의 성장을 평가하기에 편리하다. 또 학습 과정 중 발생하는 산출물들을 메타버스나 학습관리시스템에 업로드할 경우 교수자와 다른 학습자의 피드백을 받을 수도 있다.

관찰법, 자기 평가 및 동료 평가는 학습자의 태도와 학습 과정 및 결과를 평가하는 데 활용 가능하며 학습 단계와 성취를 다면적으로 평가하기 적합한 방법으로 제시되었다. 관찰법의 경우 다인수 학급에서 모든 학습자의 활동을 활동 중에 평가하는 것이 불가능한데 학습 과정을 녹화하면 시간에 구애받지 않고 개별화된 피드백을 제공할 수 있다. 자기 평가와 동료 평가는 학습 과정과 결과에서 발생한 산출물을 메타버스나 학습관리시스템을 통해 공유하게 되면 자신의 산출물과 이에 대한 다른 학습자의 피드백을 통해 자신의 학습을 성찰할 수 있다. 또 다른 학습자의 산출물과 이 산출물에 대한 다른 학습자 간의 상호작용을 관찰하면서도 자신의 학습을 성찰할 수 있다.

실기 평가, 감상문, 연구보고서법 등은 수업 목표와 성취기준 도달 정도를 파악하고 후속 학습의 목표 설정을 위한 근거 자료로 활용될 수 있다. 실기 평가와 감상문, 연구보고서법 역시 앞서 언급된 평가 방법들과 같이 메타버스와 학습관리시스템 탑재와 댓글쓰기 기능의 디지털 기술 도입을 통해 반성적 사고와 성찰의 기회 제공, 시간과 공간에 구애받지 않는 평가와 피드백, 자료 보관과 관리의 편의성 등의 장점을 갖고 있다.

정리하여 보면, 미술과 평가에서 가장 널리 활용할 수 있는 디지털 도구는 메타버스와 학습관리시스템으로 자료를 누가 기록하고 공유할 수 있다. 또 음성이나 영상을 녹화하는데에도 디지털 도구를 활용할 수 있다. 미술과 평가에서 디지털 도구를 활용하면 학습 과정과 결과의 누가 기록 및 관리, 학습 산출물 공유를 통한 상호작용, 성찰 기회 제공, 관찰 평가의 편의성 증대 등의 효과를 얻을 수 있다. 미술과의 경우 입체 작품을 비롯하여 학습의 과정과 결과물이 물리적 부피를 갖고 있어 보관과 관리가 어려운데 이를 디지털화하면 학습자의 성장과 변화의 증거를 수집하여 평가하기 편리하다. 또 산출물을 공유하면서 교수자와 다른 학습자 간의 피드백을 통해 상호작용이 촉진될 수 있어 다양한 관점에 노출되고 새로운 아이디어를 생성하는데 도움이 된다. 자신의 산출물과 다른 학습자의 산출물, 이에 대한 상호작용을 통해 자신의 학습에 관해 학습자 스스로 성찰할 수 있는 기회를 갖게 된다. 끝으로 한 사람의 교수자가 다수의 학습자를 관찰할 수 없는 문제를 영상 녹화를 통해 해소할 수 있다. 이러한 디지털 도구가 가진 장점을 충분히 활용하면 미술과에서 개별화 평가, 과정 중심 평가, 학습자의 성찰 촉진 등의 효과를 기대할 수 있을 것이다.

5. 미술과 평가에서 디지털 기술 활용의 전망

2022 개정 미술과 교육과정에서 디지털 도구를 활용하는 주요한 이유는 맞춤형 학습과 평가를 제공하고 학습자의 경험을 확장하기 위한 것으로 볼 수 있다. 미술과 교수·학습 및 평가에 활용하도록 제안한 디지털 도구로는 실감형 콘텐츠, 메타버스, 학습관리시스템이 있다. 이 중 메타버스와 학습관리시스템은 맞춤형 학습과 평가를 지원하기 위한 목적이 크며 실감형 콘텐츠는 학습자 경험 확장이 목적이다. 현재 에듀넷·티-클리어 사이트의 디지털 교과서가 실감형 콘텐츠를 제공하고 있으나 미술과 관련하여서는 학년, 학교급, 영역 등 세밀한 구분 없이 세 개의 콘텐츠만 제공되고 있는 점은 매우 아쉽다.

미술과 평가와 관련된 디지털 기술 개발 및 활용을 위해 세 가지를 제안하고자 한다. 우선 한국교육개발원의 적응형 온라인 형성평가 시스템(이은주, 2019)과 유사한 평가 시스템이 개발될 수 있다. 기존 디지털 교과서의 활용을 보면 가장 많이 활용된 것이 멀티미디어 자료이고 다음이 평가 메뉴이다. 미술과의 특성을 고려하여 적응형 온라인 형성평가 시스템 형식의 학습과 평가가 가능한 내용을 추출하여 개발한다면 학습과 평가를 개별화하는 데 도움이 될 것이다. 적응형 온라인 형성평가 시스템에 적합한 내용의 예로는 미술사적 정보, 재료와 용구의 명칭, 제작 절차, 안전상의 유의점 등 내용 요소에서 지식·이해 범주에 해당하는 것들이 있을 수 있다.

다음으로 디지털 교과서에서 가장 많이 활용되는 멀티미디어 자료의 하나로 실감형 콘텐츠를 풍부히 개발할 필요가 있다. 또 실감형 콘텐츠를 통해 학습자의 경험을 확장하기 위해서는 실감형 콘텐츠를 교수·학습에 활용하는 다양하고 효율적인 방안과 학습자의 경험을 어떻게 관찰하고 평가하여 학습자의 성장을 촉진하는데 활용할 수 있는지에 관한 구체적인 안내가 디지털 도구 개발될 함께 진행되어야만 한다. 지금까지 실감형 콘텐츠는 교육계에서 널리 사용되어 온 자료가 아니어서 자칫 디지털 도구를 활용한 지각적 경험이 일시적인 흥밋거리에 그칠 위험이 있다. 따라서 실감형 콘텐츠 개발에 앞서 디지털 도구를 활용한 지각적 경험을 통해 어떤 교육적 효과와 목표를 추구할 것인지, 이 때 이루어지는 학습자의 경험에서 무엇을 평가할 것이고 그 방법에는 어떤 것이 있는지에 관한 연구와 논의가 이루어져야 한다.

COVID 19 이후 교육계의 디지털 도구 도입은 급속도로 이루어져 현재는 매우 다양한 방법으로 활용되고 있다. 그러나 디지털 도구 활용은 Puentendura의 SAMR 모형에서 대체 수준 또는 향상 수준 정도를 오가고 있다고 본다. 교육부가 발표한 AI 교과서가 개발이 된다면 확장 또는 혁신 수준까지 활용 가능하다고 본다. SAMR 모형에서 언급하고 있는 디지털 도구 활용은 어찌보면 현재의 디지털 도구를 활용하면 충분히 실현 가능하다. 예를 들어 확장 수준의 협력적 프로젝트를 진행하고 실시간 피드백을 주는 것은 하나의 파일을 웹하드 등을 통해 다수가 공유하여 동시에 접속하는 프로그램과 다수가 메시지를 주고 받는 앱 등을 활용할 수 있다. 혁신 수준에서 제시한 컴퓨터 기반 평가 방식을 사용해 평가 결과를 분석하여 학습에 환류하는 것은 온라인 사교육 시장에서 널리 사용되는 방식이다. 다만 이러한 기능들을 한 곳에서 구현할 수 있도록 개발된 종합적이고 총체적인 시스템이 공교육에 사용되지 않고 있을 뿐이다. 이러한 총체적인 시스템은 교육부가 발표한 AI 교과서 개발에 반영될 수 있다고 본다. AI 교과서에 멀티미디어 자료 중 하나로 실감형 콘텐츠를 제공하고 메타버스와 학습관리시스템의 기능을 통합하면 학습자와 교수자는 여러 플랫폼이나 프로그램 등을 오가는 불편함 없이 교수·학습과 평가를 수행할 수 있다.

물론 디지털 도구를 교수·학습과 평가에 활용하기 위해서는 선행되어야 할 문제가 있다. 예를 들어 가정과 학교에서 디지털 도구를 활용할 수 있는 환경이 구축되어야 하며 학습자의 개인정보를 안전하게 관리하기 위한 방안이 마련되어야 하고 조손 가정, 다문화 가정, 여러 유형의 장애를 가진 아동 등 디지털 도구 활용과 관련된 학습자의 다양한 상황을 고려하여 디지털 도구를 사용하는 것이 학습의 또 다른 걸림돌이 되지 않도록 세심한 대비가 필요하다.

김해경(경인교육대학교)

39 미술교육에서의 과정 중심 평가

최근 학교 현장에서는 학생의 흥미를 유발하고 사고력을 촉진하며 창의적인 문제 해결 능력을 기를 수 있는 다양한 교수·학습 및 평가가 적용되고 있다. 교수·학습 및 평가 방법의 질적인 변화의 흐름 중 하나가 과정 중심 평가이고, 미술과 교육과정에서도 주요한 평가로 서술되어 있다. 과정 중심 평가는 학생의 다양한 평가 자료를 확인하여 학습 단계별 수시로 피드백을 제공하여 학생의 학습 능력 향상에 도움을 주는 평가라고 할 수 있다. 이 글에서는 과정 중심 평가의 의미와 미술과의 특성을 반영한 미술과 과정 중심 평가 적용 방안을 살펴보고자 한다. 연구의 내용은 선행 연구를 분석하여 미술과 과정 중심 평가의 개념과 중요성, 절차 등을 서술하고 선행 연구를 바탕으로 미술과 과정 중심 평가의 개발 방향, 방법 및 절차, 미술과 교수·학습 과정과 평가 과정을 연계한 과정 중심 평가도구를 제안하고자 한다.

1. 미술과 과정 중심 평가의 개념 및 필요성

1) 과정 중심 평가 개념 및 필요성

최근 학교 현장의 미술 평가는 다양한 평가 방법이 도입되고 적용되어 많은 변화의 흐름 속에 있다고 할 수 있다. 2011년 당시 교육과학기술부는 「중등학교 학사 관리 선진화 방안(2011.12.13.)」을 발표하였는데, 주요 내용 중 '평가 방법의 질적 혁신'의 내용은 중등학교에서 학생이 스스로 자신의 생각을 구성하고 이를 표현함으로써 창의성, 문제해결력 등을 신장시킬 수 있도록 서술형 평가와 수행 평가의 질 제고를 추진하는 것이다(양윤정 외, 2012, p. 3-4). 2012년부터 중 고등학교에 성취평가제를 적용하여(교육과학기술부, 2011), 결과 중심의 서열화를 위한 평가에서 벗어나고자 하였고, 자유학기제를 자유학년제로 확대하면서 과정 중심 평가를 지속적으로 강화하는 계획을 발표하였다(교육부, 2017)(박지현 외, 2018b, p. 4 재인용).

학교 교육에서는 수행평가, 성취평가제 실시, 서술형 및 논술형 평가 방법 확대, 과정 중심 평가 등이 추진되어 시행되고 있다. 학생 평가는 학생이 학교 교육을 통해 학습한 성과를 확인하려는 목적, 학생의 교육적 성장과 발전을 돕기 위한 목적, 향후 교수·학습 과정의 계획을 수립하기 위한 목적으로 행하는 중요한 교육적 행위이다(교육부 외, 2017, p. 2). 학교 교육에서 교수·학습을 진행하고 학생의 성취도를 평가하는 목적은 학습한 성과를 확인하고 교수·학습의 범위 및 수준을 정하며, 평가 결과를 활용하여 학생의 학습 능력 향상을 돕기 위한 것이다.

이경화 외(2016, p. 827)는 결과중심평가와 과정 중심 평가를 평가의 목적, 학습과의 관계, 평가 방법 등의 기준으로 비교하였는데, 결과중심평가는 총괄적 성격을 보이며, 학습의 평가, 지필평가 위주의 평가, 수업 후에 일회적으로 실시하는 평가, 평가의 주체가 교사이고, 즉각적이지 않으며 일반적인 피드백을 실시하는 평가라고 할 수 있다. 과정 중심 평가는 형성적 평가, 학습으로서의 평가이며, 지필평가, 프로젝트 평가, 포트폴리오 평가, 관찰평가 등 다양한 평가 방법을 활용하여 수업 중에 지속적으로 실시하는 평가, 평가 주체가 교사와 학생(동료, 자기 자신) 모두가 해당하며, 즉각적이고 구체적인 피드백을 실시하는 평가라는 특징이 있다. 평가 패러다임의 변화에 따라 결과 중심의 평가에서 학습의 과정을 중시하는 방향으로 변화하면서 과정 중심 평가에 대한 요구가 높아지고 있다고 할 수 있다.

학교 교육의 평가 개선을 위한 교육 정책에서도 과정 중심 평가를 강조하고 있다. 교육부 외(2017, p. 4)에서는 과정 중심 평가의 의미를 '교육과정의 성취기준에 기반한 평가 계획에 따라 교수·학습 과정에서 학생의 변화와 성장에 대한 자료를 다각도로 수집하여 적절한 피드백을 제공하는 평가'라고 설명하고 있다. 또한 교수·학습의 결과뿐 아니라 교수·학습의 과정을 중시하는 수행평가는 수업 장면에서 과정 중심 평가의 방향성을 담을 수 있는 대표적인 평가 방법(교육부 외, 2017, p. 4)이라고 제시하였다. 과정 중심 평가의 의미에 대해 이경화 외(2016, p. 826)는 '수업과 연동된 평가를 실행하고 그 결과를 교수·학습에 반영함으로써 학생의 수학 학습을 돕는 평가'라고 하였고, 수업의 결과가 아닌 수업 중 나타난 학생의 학습 과정을 평가 대상으로 한다고 하였다. 과정 중심 평가는 결과 위주의 평가가 아닌 학생의 학습 과정을 위주로 평가를 하는 것으로 학생들의 학습 수준을 학습 과정 중에 수시로 진단하며, 피드백 및 학생들의 학습을 위한 재검토를 하여 학생들의 학습 능력을 향상시킬 수 있도록 돕는 것이라 할 수 있다.

과정 중심 평가의 특징은 성취기준에 기반을 둔 평가, 수업 중에 이루어지는 평가, 수행 과정의 평가, 지식, 기능, 태도를 아우르는 종합적인 평가, 다양한 평가 방법의 활용, 학습자의 발달을 위해 평가 결과를 활용하는 평가이다(교육부 외, 2017, p. 5). 과정 중심 평가는 교육과정을 바탕으로 교수·학습을 계획하고 실행하는 수업과 평가가 통합적으로 이루어지는 평가라고 할 수 있다. 김태현 외(2020, pp. 105-106)에서 과정중심 수행평가는 교육과정, 수업, 평가가 유기적이고 통합적인 관계 속에서 이루어질 수 있으며 교사가 학생들이 어떤 상태에 있는지, 학생이 학생 스스로 어느 교육목표까지 알게 되었는지 정확하게 파악하는 방법이라고 하였다. 평가는 단지 학생의 학업성취 정도를 확인하는 것이 아니라 '교육과정-수업-평가'로 이어지는 일련의 과정 가운데 하나이며, 평가는 교육과정과 수업에 의미 있는 정보를 제공하는 피드백(feedback) 역할을 한다(이형빈, 2015, pp. 61-62).

교육과정, 수업과 연계된 평가에서는 교수·학습의 과정에서 학생의 학습 성취도를 수시로 파악하여 학습 능력의 향상에 도움을 주기 위해 교사의 피드백이 활발하게 이루어진다. 학교 교육에서 평가를 하는 주된 이유 혹은 목적은 학생들의 학습과 학습 프로그램의 질을 증진시키고, 또한 학생들의 진전도를 보고하고 총괄적인 학습 정보를 제공해 주는 데에 있다(정종진, 1999, pp. 35-36). 수업의 과정 중에 진전도를 평가하여 학습정보를 수시로 제공하는 과정 중심 평가의 의미를 구현하는 평가 방법은 학생들의 학습의 질을 보다 더 증진시킬 수 있을 것이다.

2) 과정 중심 평가의 절차

교육과정의 대표적인 개발 모형은 Tyler와 Taba의 합리적 모형, Wheeler와 Nicholls의 순환적 모형, Walker와 Skillbeck의 역동적 상호작용 모형, 여러 모형들의 장·단점을 고려하여 절충하여 제시하는 절충형 모형 등이 있다(정찬기오 외, 2014, pp. 20-22). 절충형 모형은 교육과정을 조직하는 단계에서 교육과정의 맥락을 강조하고, 개발 단계에서는 교육과정 내용 요소를 포함하는 교육과정 활동을 구성하며, 적용 단계에서는 교육과정의 실행 및 수정, 관리감독 및 피드백(평가)을 실시한다. 교육과정 조직의 단계에서 교육과정 맥락, 교육과정 적용 단계에서 관리 감독 및 피드백(평가)의 단계가 교육과정의 설계에서 중요하게 다루어짐을 알 수 있다.

정미경 외(2019, p. 62)에 따르면, 교수·학습 과정안은 목적에 따라 다양하게 구성할 수 있으나 수업 목표를 작성하기 전 중요하게 다루어야 할 부분은 교육과정의 분석이다. 교육과정의 분석에 따라 수업 목표를 설정하고 교수·학습 및 평가의 대상인 학습자를 분석하며, 해당 수업 자료 개발 및 선정을 하게 되고 재구성의 단계를 거쳐 평가의 내용 및 방법을 작성하게 된다.

학습의 과정 또는 수행의 과정을 평가하고 수업과 연계하여 수업 중에 평가하는 과정 중심 평가는 박지현 외(2018b, p. 146)의 과정 중심 평가 운영 모형과 같이 실시될 수 있다. 성취기준 분석을 통한 교육과정을 재구성하고, 과정 중심 평가 계획을 수립하고, 평가 과제를 설계하고 평가도구를 개발한다. 이후 과정 중심 평가를 시행하고 평가 결과를 활용하는 과정으로 이루어질 수 있다. 과정 중심 평가 계획을 수립할 때 성취기준 분석을 통한 교육과정 재구성이 필요하며 평가 내용 선정 및 구성의 적절성을 점검한 과정 중심 평가 도구를 개발하고 수업의 전 과정을 중심으로 한 과정 중심 평가를 시행하며 평가 결과 제공 및 학생에 대한 피드백을 제공한다. 과정 중심 평가 결과는 다음 과정 중심 평가 계획에 반영되어 순환되는 구조를 보인다. 이경화 외(2016, p. 829)가 제시한 과정 중심 평가 모형이다. 수업 전 간접평가 단계에서 교과서 분석 및 학생들의 특성을 반영한 평가 등이 이루어지고, 수업 중 직접평가 단계에서는 모둠 내 토론 내용 관찰을 통한 직접평가, 전체 활동을 통한 직접평가 등이 이루어진다. 수업으로 평가 결과의 환류 단계에서는 수업 중 직접평가 결과의 분석, 환류 등의 과정으로 이루어지며, 수업의 여러 단계에서 다양한 수시 평가가 이루어지는 특징을 볼 수 있다.

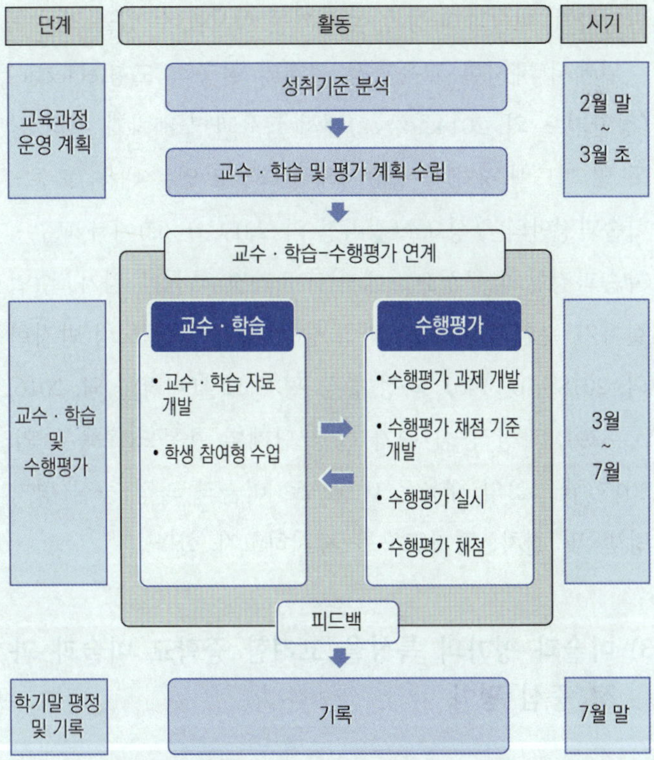

[그림 1] 과정 중심 평가 운영 단계별 흐름도
(교육부 외, 2017, p. 12)

[그림 1]은 교육부 외(2017, p. 12)에서 제시한 과정을 중시하는 수행평가 운영 단계별 흐름도이다. 교육과정 운영 계획 단계에서 성취기준을 분석하여 교수·학습 및 평가 계획을 수립하고, 교수·학습 및 수행 평가 단계에서 교수·학습과 수행평가를 연계하여 실시할 수 있는데, 이 과정에서 학생의 성장과 발달을 촉진하기 위하여 학생의 수행 과정에 대한 피드백을 제공할 수 있다. 학기 말 평정 및 기록 단계에서 학생의 수행 과정을 통해 드러난 학생의 특성을 종합적으로 기록할 수 있다. 교육과정 운영 계획을 작성하고 교수·학습 및 수행평가를 개발하는 것은 중요한 점이라고 할 수 있다. 교육과정 운영 계획에서 성취기준을 분석하여 계획을 수립하고 교수·학습 및 수행평가 단계에서 교수·학습과 수행평가가 연계된 점 등 주요한 점 등을

반영하여, 미술과 과정 중심 평가를 실시할 수 있을 것이다.

위에서 제시한 교육과정 설계의 절충적 모형(eclectic)(정찬기오 외, 2014, p. 22)에서 교육과정 맥락과 관리 감독 및 피드백(평가)을 중요시해서 다루고 있는 내용, 교수·학습과정안의 구성요소(정미경 외, 2019, p. 62)에서 교수·학습과정안의 구성요소에서 교육과정 분석과 평가, 수업 절차가 순환되는 내용, 과정 중심 평가 운영 모형(박지현 외, 2018b, p. 146), 과정 중심 평가 모델(이경화 외, 2016, p. 829), 과정 중심 평가 운영 단계별 흐름도(교육부 외, 2017, p. 12)의 내용을 바탕으로 미술과 과정 중심 평가 방법 및 절차, 평가도구를 제시하고자 한다.

3) 미술과 평가의 특성을 고려한 중학교 미술과 과정 중심 평가

미술과 교육과정의 평가 방향 중 하나인 과정 중심 평가의 의미를 구현하면서 미술과의 특성을 고려한 미술과 평가가 학교 미술교육에서 실시될 필요가 있다. 미술과는 다양한 미술 활동을 통하여 미술에 대한 이해, 표현 및 감상 능력, 창의성, 심미적 태도를 함양하기 위한 교과이다(박소영 외, 2006, p. 17). 학교 교육에서 예술 교과로서의 미술과는 학생들에게 미술에 대한 이해 및 미적인 체험, 다양한 표현 활동, 미술사의 이해와 미술비평 등 감상의 교과 내용으로 교수·학습이 구성되는 교과라고 할 수 있다. 미술과 교육과정에서는 학교 교육에서의 미술 교과에 대해 '미술의 의미와 가치에 기초하여 심미적 감성을 함양하고 창의·융합적으로 사고하는 힘과 시각적으로 소통하는 능력을 길러주며 정체성과 공동체성을 확립하여 학생들의 전인적 성장을 이끄는 데 이바지하는 교과이다.(교육부, 2022, p. 5)'라고 제시되어 있다. 학교 미술교육에서 과정 중심 평가를 실시할 때에는 미술과의 특징 및 학습 내용의 연계성을 고려해야 한다. 학교 미술교육에서 초등학교, 중학교, 고등학교 학교급을 연계하여 미적 체험, 표현, 감상 영역의 교과 내용으로 교과 역량을 기르도록 느낌과 생각을 표현하고, 다양한 시각이미지를 이해하며 감상하는 활동으로 교과 내용을 구성할 수 있다. 학습 내용을 구성할 때 미적 체험, 표현, 감상의 영역이 특정한 영역에 편중되지 않고, 유기적인 관련성 및 연계성을 고려하여 통합적으로 실시할 수 있도록 구성하는 것이 요구된다. 미술과의 평가는 지필평가 및 다양한 수행평가 방법을 활용하여 실시하게 된다. 선택형 평가, 서술형 및 논술형 검사법, 실기 평가, 관찰법, 발표 및 토론법, 자기 평가 및 동료 평가 보고서법, 연구보고서법, 감상문, 포트폴리오법 등의 평가 방법을 적절하게 활용하여 평가하는 데 이러한 내용이 과정 중심 평가에도 적용되어 실시될 수 있다. 미술과 교육에서 이루어지는 학생평가의 목적에 대해 박소영 외(2006, p. 9)는 학생 개개인의 성장 과정을 모니터하여 피드백을 제공하고, 학습 목표를 성취했는가를 점검하며, 그 결과를 학생, 교사, 부모에게 제공함으로써 앞으로의 교육적 노력의 향방을 효율적으로 결정하도록 돕는 데 있다고 하였다. 미술과 평가는 학생들의 성장을 위한 도구로서 학생들의 수준을 진단하고, 수업의 과정 중에 학생의 발달 정도를 파악하고 피드백하여 학습 향상을 도와주고, 학습 결과물에 대한 평가, 평가 결과의 활용 등의 전 과정에서 이루어질 수 있다. 또한 과정 중심 평가는 교사의 평가만이 아닌 학생 스스로 자기 평가 및 동료 평가 등 총체적인 평가를 통해 학습 능력을 기를 수 있도록 도울 수 있다. 과정 중심 평가에서 중요한 과정인 학생의 학습 능력을 학습의 과정에서 진단하고, 교사의 피드백을 통해 학습 능력 향상에 도움을 주는 과정이 교수·학습의 도입, 전개, 정리의 전 과정에서 이루어질 수 있다. 과정 중심 평가에 대해 박정(2019, p. 427)은 학생의 학습을 수업 과정 중에 평가하기 위한 것에 초점이 있는 것이 아니라 수업 과정 중에 학생의 학습을 평가하여 교사의 수업과 학생의 학습을 조절하는 것에 초점이 있는 평가라고 하였다. 과정 중심 평가는 학교 교육에서 중요한 평가로 인식되어 시행되고 있지만, 여러 가지 문제들이 있다. 고현(2019, p. 1137)은 교사들이 교사별 과정 중심 평가를 실시함에 있어 평가 전문성 부족, 과정 중심 평가의 개념에 대한 혼란, 계획과 실천의 분절 등으로 인해 수행상의 어려움이 있다고 하였고, 문병찬(2019, p. 250)은 학교 현장에서 이루어지는 교과수업에서 정해진 학습 목표를 달성함과 동시에 과정 중심 평가를 운영하는 것이 실제로는 매우 어려운 과제라고 하였고, 구정화 외(2017, pp. 60-66)는 과정 중심 평가로서 수행평가 시행에서 나타난 문제점에 대해 수업과 연계되지 않은 수행평가, 교과의 성격과 성취기준 도달 정도 측정에 적합하지 않은 수행평가, 학생 중심의 수업 방식과 다양한 수행평가 방법의 활용 부족, 적시에 적절한 피드백이 제공되지 않는 점 등을 제시하였다. 과정별 평가가 실시되기 위해서는 평가의 객관성 및 공정성 확보, 교사의 과정 중심 평가 전문성 신장을 위한 체계적인 교사 연수가 필요하며, 과정 중심 평가의 대상 학생이 많으므로 교사 1인당 학생수의 적정화가 요구된다고 할 수 있다. 미술과 교육과정의 교수·학습 및 평가의 내용 및 방향에 따라 초등학교 3~4학년, 초등학교 5~6학년, 중학교의 학교급이 구성된다. 2015 개정 교육과정은 초등학교 1학년부터 중학교 3학년까지의 공통 교육과정과 고등학교 1학년부터 3학년까지의 선택중심 교육과정으로 편성·운영하고 있다. 여기서는 국가 교육과정에서 제시하고 있는 공통 교육과정 미술 교과의 최종 단계인 중학교 학교급을 연구의 대상으로 하였다. 초등학교에서는 미술 교과의 기초적인 개념 이해 및 기초 능력을 향상시키는데 중점을 두며, 중학교 단계에서는 초등학교에서 익힌 미술의 기초 개념 및 기능을 심화 확대하여 효과적으로 활용하는 능력을 기르기 위한 교과 내용으로 구성할 수 있다(교육부, 2015c, p. 4). 이에 따라 초등학교, 중학교 학교급별 단계에 따라 연계하여 교과 내용, 교수·학습 및 평가 활동을 구성할 수 있다. 연구의 대상인 중학교급의 교과 내용을 구성할 때, 교육과정 및 교육과정이 구현된 교과서와 관련 자료를 바탕으로 초등학교에서 익힌 기초 개념 및 기능을 심화해서 효과적으로 활용하는 내용으로 교수·학습 및 평가의 내용을 구성하고자 한다.

2. 미술과 과정 중심 평가의 방법 및 절차

1) 교육과정에 따른 미술과 과정 중심 평가 개발 방향

선행 연구를 통해 미술과 과정 중심 평가의 개념 및 필요성과 특징, 과정 중심평가의 절차 등의 내용을 분석하였다. 분석한 내용을 바탕으로 주요 내용을 도출하여, 미술과 과정 중심 평가 개발 방향에 대해 교수·학습 및 평가 계획 측면, 교수·학습 및 평가 과정 운영 측면, 평가 방법의 선정 측면, 채점, 피드백, 결과 활용 측면에서 제시하고자 한다.

(1) 교수 · 학습 및 평가 계획 측면

미술과 교육과정, 교수·학습 활동, 평가를 연계하여 실시할 수 있다. 교수·학습 활동과 평가가 통합되어 실시되도록 교수·학습 및 평가 계획을 세우며, 교수·학습의 과정 중 실시되기에 적합한 평가 내용 및 방법을 구성할 수 있다. 과정 중심 평가는 학생의 학습 능력 향상을 위해 수시로 학습 능력을 진단하고 피드백하여 실시하는 평가로, 교수·학습 과정을 학생의 활동 중심 수업으로 구상할 수 있다. 이를 위해 학생의 학습 능력 향상을 위하여 교과 핵심개념을 중심으로 수업 내용을 재구조화하고 학습의 양을 적정화하며, 학습의 과정들을 평가의 대상으로 다루고, 수시로 학습 능력을 진단하는 평가 과정으로 교수・학습을 구성할 수 있다. '심미적 감성 역량', '창의・융합 역량', '시각적 소통 역량', '정체성 역량', '공동체 역량' 등 교육과정에서 제시한 미술 교과 역량(교육부, 2022, p. 3)과 연계하여 과정 중심 평가를 계획하고 미술과 교육과정에 따른 미술과 성취기준을 분석하여 교육과정을 재구성하고, 교수・학습 및 평가 계획을 수립할 수 있다.

(2) 교수 · 학습 및 평가 과정 운영 측면

학습자의 수행 과정을 교수・학습 및 평가 대상으로 하며 지식, 기능, 태도 영역을 모두 다루는 종합적인 교수・학습 및 평가로 운영하며, 교수・학습의 과정과 평가 과정이 연계되어 운영될 수 있도록 구성한다. 평가 과제는 미술과 교육과정, 미술과 교과서, 미술과 지도서, 여러 자료를 참고하고, 다양한 평가 방법을 활용하며, 학생의 학습 능력을 수시로 진단하여 피드백하고, 학생 중심 수업이 운영될 수 있도록 구성할 수 있다.

(3) 평가 방법의 선정 측면

서술형 및 논술형 평가, 토론법, 연구보고서법, 실기평가, 관찰법, 자기평가 및 동료평가 보고서법, 포트폴리오 평가, 구술평가, 선택형 평가 등 미술과의 교수・학습 내용을 고려하여 학생들의 학습에 대해 평가할 수 있는 다양한 평가 방법을 활용할 수 있다. 과정 중심 평가는 교사의 평가만이 아닌 학생 스스로 평가하는 자기 평가, 학생간에 평가하는 동료 평가를 활용하여 총체적인 평가가 이루어질 수 있도록 구성할 수 있다.

(4) 채점, 피드백, 결과 활용 측면

과정 중심 평가의 평가도구 제작, 평가 과정별 피드백, 학습 결과물(학생 작품 등) 및 평가 답안지 채점, 평가 결과 분석 및 활용 등으로 교수・학습 및 평가가 시행될 수 있다. 학생의 학습 능력 향상을 위해 교수・학습 과정에서 학생들의 학습 수준을 진단하고 학생의 변화와 성장에 대한 자료를 바탕으로 학습의 과정 중에 수시로 진단하여 적절한 피드백을 제공할 수 있도록 한다.

2) 미술과 과정 중심 평가 방법 및 절차

교육과정 설계의 절충적 모형(eclectic)(정찬기오 외, 2014, p. 27), 교수・학습과정안의 구성 요소(정미경 외, 2019, p. 63), 과정 중심 평가 운영 모형(박지현 외, 2018b, p. 146), 과정 중심 평가 모형(이경화 외, 2016, p. 829), 과정 중심 평가 운영 단계별 흐름도(교육부 외, 2017, p. 12)를 바탕으로 미술과 과정 중심 평가 절차 및 방법을 개발하고자 한다. 과정 중심 평가 선행 모형을 종합하여 미술과 과정 중심 평가 절차 및 방법을 제안하였다. 미술과 과정 중심 평가의 절차는 미술과 교육과정, 성취기준을 분석하여 교수・학습 및 평가 계획을 수립하기, 과정 중심 평가의 평가도구 제작하기, 과정 중심 평가 시행 및 피드백하기, 채점, 평가 결과 분석 및 활용하기 등으로 구성될 수 있다.

(1) 교수 · 학습 및 평가 계획 수립하기

미술과 교육과정, 성취기준을 분석하고 선정 및 재구성한다. 교육과정, 교수・학습, 평가의 일관성을 갖추고, 교수・학습과 연계한 과정 중심 평가를 실시하기 위해 학생들이 성취해야 할 지식, 기능, 태도 등의 특성을 진술한 교육과정의 성취기준을 분석하여 선정하며, 교수·학습 및 평가의 내용으로 재구성할 수 있다. 선정 및 재구성한 성취기준을 바탕으로 수업 목표를 작성하고, 교수·학습 및 평가 내용을 연계하여 계획을 수립한다. 교육과정, 교과서, 학습 자료를 활용하여 학습 목표에 따라 해당 학년, 제재, 차시, 교육과정 관련 내용(미술과 교과 역량, 핵심 개념, 성취기준, 내용 요소 등), 수업 목표, 주요 활동, 차시, 평가 영역, 평가 방법, 평가 시기 등을 고려하여 교수·학습 및 평가 계획을 작성한다.

(2) 과정 중심 평가의 평가도구 제작하기

교수·학습 및 평가 계획의 수업 목표를 확인하고, 과정 중심 평가의 평가도구를 제작한다. 창의적 문제 해결법, 귀납적 사고법, 토의·토론 수업, 프로젝트 학습 등 다양한 교수·학습 방법을 고려하여 구성한다. 교수·학습 활동 및 평가의 연계가 가능한 내용, 교수·학습의 과정 중 평가가 이루어질 수 있는 평가 방법을 고려하여 구성할 수 있다. 선택형 평가, 서술형 및 논술형 평가, 토론법, 연구보고서법, 실기평가, 관찰법, 자기평가 및 동료평가 보고서법, 포트폴리오 평가 등 다양한 평가 방법을 활용할 수 있다. 과정별 해당 평가 방법을 선정하고, 과정 중심 평가의 평가도구를 제작한다. 문항의 예시답안 및 채점기준표를 작성하며, 교과협의회를 통해 문항 검토 및 수정이 이루어질 수 있도록 한다.

(3) 과정 중심 평가 시행 및 피드백하기

과정 중심 평가 관련 교수·학습 활동 및 평가 활동을 실시한다. 교사는 학생의 수행 과정을 관찰하고 평가하여 교수·학습과 연계한 평가를 수시로 실시할 수 있다. 학생의 현재 학습 능력을 향상시키기 위해 교사는 학습의 과정, 학습의 결과에 대한 피드백을 개인별, 모둠별로 제공할 수 있다.

(4) 과정 중심 평가 채점하기

교수·학습 과정 중 활동한 학생의 학습 과정 및 결과물(학생 작품 등)에 대해 채점 기준에 따라 채점을 실시한다. 수업의 전 과정에서의 학생 활동에 대해 관찰, 누가기록 및 체크리스트 등을 활용하여 채점을 하며, 채점 결과에 대하여 동교과, 타교과와의 교과 협의회를 통해 검토 및 확인을 실시할 수 있다.

(5) 과정 중심 평가 결과 분석 및 활용하기

수업의 과정 중에서 실시한 평가 결과는 평가 실시 다음 단계의 교수·학습 과정에 반영되어 학생에게 피드백 등 다양한 방법으로 활용될 수 있으며, 학생의 성장 확인을 위한 자료로 활용된다. 학생의 수행 과정에 대한 상시 관찰 및 누가기록을 한 것을 바탕으로 생활기록부의 교과학습 발달 상황 등에 평가를 기록할 수 있다.

3. 미술과 과정 중심 평가의 예시평가도구 개발

2장의 미술과 과정 중심 평가의 방법 및 절차 모형을 바탕으로 중학교 미술과의 과정 중심 평가의 평가도구를 개발하였다. 평가도구는 교수·학습 활동과 평가 활동을 연계하여 개발하였다. 미술과 과정 중심 평가 방법 및 절차 단계에 따른 평가도구 내용은 다음과 같다.

1) 교수·학습 및 평가 계획 수립하기

중학교 3학년을 대상으로 '함께 하는 세상 속 미술'을 교수·학습 제재로 선정하였다. 교육과정, 교과서의 단원, 수업 내용, 관련 자료를 재구성하여 생활 주변의 다양한 세계 미술 문화를 이해하고 생각과 느낌을 공유하고, 이를 작품으로 표현하고, 미술 용어와 지식을 활용하여 미술 문화의 다양성을 이해하는 내용으로 교수·학습 및 평가 계획을 구성하고자 한다.

〈표 1〉은 미술과 교육과정(교육부, 2022)을 분석하여 교육과정의 성취기준과 성취기준 관련 내용 요소를 선정한 것이다. 교육과정에서 제시된 역량 중에서 '함께 하는 세상 속 미술' 교수·학습 제재와 관련하여 '시각적 소통 역량', '공동체 역량'으로 선정하였다. 교육과정 내용 영역은 미적 체험, 표현, 감상 영역을 연계하여 구성하였다. 미적 체험 영역의 성취기준은 '시각문화의 의미와 역할을 알고 이미지를 비판적으로 해석할 수 있다.', 표현 영역의 성취기준은 '주제를 탐구하고 의도를 반영하여 적합한 표현을 계획할 수 있다.', 감상 영역의 성취기준은 '작품의 내용과 형식을 분석하고 미술 용어와 지식을 활용하여 설명할 수 있다.'로 선정하였다. 내용 요소는 시각문화의 의미와 역할, 표현 주제와 의도, 미술 작품의 내용과 형식 분석하고 설명하기 등으로 선정하였다.

〈표 1〉 교수·학습 및 평가 계획-역량, 영역별 성취기준 및 내용요소

역량	영역	성취 기준	내용 요소
시각적 소통 역량, 공동체 역량	미적 체험	시각문화의 의미와 역할을 알고 이미지를 비판적으로 해석할 수 있다.	시각문화의 의미와 역할
	표현	주제를 탐구하고 의도를 반영하여 적합한 표현을 계획할 수 있다.	표현 주제와 의도
	감상	작품의 내용과 형식을 분석하고 미술 용어와 지식을 활용하여 설명할 수 있다.	미술 작품의 내용과 형식 분석하고 설명하기

〈표 2〉는 교수·학습 및 평가 계획(교수·학습 및 평가 목표, 주요차시)이다. 미술과 교육과정의 역량, 성취 기준, 교수·학습 제재, 주요 활동을 바탕으로 교수·학습 및 평가 목표를 설정하였다. 대상, 제재, 총 차시, 평가 방법, 연계 교과, 관련 교수·학습 모형, 내용 요소, 주요 활동을 바탕으로 교수·학습 및 평가 계획을 수립하였다. 본 연구의 미술과 과정 중심 평가 대상은 중학교 3학년으로 하며, 교수·학습 제재를 '함께 하는 세상 속 미술'로 선정하여, 총 차시를 16차시로 진행하였다. 2차시(90분) 블록타임 수업으로, 8주 동안 진행되는 수업으로 계획하였다. 교수·학습 제재인 '함께 하는 세상 속 미술'은 교수·학습 및 평가 목표를 '생활 주변의 다양한 세계 미술 문화를 이해하고 생각과 느낌을 공유하고 표현할 수 있다.'로 설정하였다. 세계의 미술 문화를 교수·학습 내용으로 다루기에 타 교과, 타 분야를 연계한 융합 교과로 사회 교과를 선정하였다. 세계의 미술 문화 관련 사회과 교과서, 사회과 부도, 관련 자료 등과 연계하여 교수·학습 과정을 실시할 수 있다.

〈표 2〉 교수 · 학습 및 평가 계획-교수 · 학습 및 평가 목표, 주요차시

<table>
<tr><th colspan="2">학 년</th><td colspan="3">중학교 3학년</td></tr>
<tr><th colspan="2">제 재</th><td colspan="3">함께 하는 세상 속 미술</td></tr>
<tr><th colspan="2">타교과, 타분야 연계</th><td colspan="3">사회</td></tr>
<tr><th>영역</th><th>성취 기준</th><th>교수 · 학습 및 평가 목표</th><th>내용 요소</th><th>주요 차시</th></tr>
<tr><td>미적 체험</td><td>시각문화의 의미와 역할을 알고 이미지를 비판적으로 해석할 수 있다.</td><td>① 생활 주변의 다양한 세계 미술 문화를 이해하고 생각과 느낌을 공유하고 표현할 수 있다.</td><td>시각문화의 의미와 역할</td><td>1-2 차시</td></tr>
<tr><td>표현</td><td>주제를 탐구하고 의도를 반영하여 적합한 표현을 계획할 수 있다.</td><td>② 생활 주변의 다양한 세계 미술 문화를 주제로 작품의 표현과정을 계획하여 창의적으로 표현할 수 있다.</td><td>표현 주제와 의도</td><td>3-8 차시</td></tr>
<tr><td rowspan="2">감상</td><td rowspan="2">작품의 내용과 형식을 분석하고 미술 용어와 지식을 활용하여 설명할 수 있다.</td><td>③ 생활 주변의 다양한 세계 미술 문화를 표현한 작품을 미술 용어와 지식을 활용하여 내용과 의미를 설명한다.</td><td rowspan="2">미술 작품의 내용과 형식 분석하고 설명하기</td><td rowspan="2">9-16 차시</td></tr>
<tr><td>④ 미술 문화의 다양성 및 특징을 이해하고 문화의 다양성을 존중할 수 있다.</td></tr>
</table>

2) 과정 중심 평가의 평가 도구 제작하기

〈표 3〉은 미술과 과정 중심 평가 교수 · 학습 및 평가 개요이다. 미술과 과정 중심 평가 방향 및 시행 절차에 따라 작성된 교수 · 학습 및 평가 계획을 바탕으로 중학교 미술과 과정 중심 평가 평가도구를 제시하였다. '함께 하는 세상 속 미술'을 제재로 생활 주변의 다양한 세계 미술 문화를 이해하고, 작품으로 표현하고 감상하는 과정으로 교수 · 학습 및 평가를 구성하였다. 교수 학습 및 평가 자료는 '조사활동보고서', '아이디어 스케치', '자기평가 및 동료평가 보고서', '논술 평가지와 답안지' 등으로 구성할 수 있고, 여기서의 평가 방법은 관찰법, 실기 평가, 자기평가 및 동료평가 보고서법, 논술형 검사법 등으로 선정하였다. 이 글의 교수 · 학습 및 평가에서 적용된 교수 · 학습 모형은 창의적인 문제 해결을 위한 아이디어 창출 능력을 기르는 창의적 문제 해결법, 미적 인식 능력, 귀납적 사고력을 기르는 귀납적 사고법 등을 연계해서 적용하고자 한다. 〈표 4〉는 미술과 과정 중심 평가 교수 · 학습 및 평가 과정으로 〈표 3〉 미술과 과정 중심 평가 교수 · 학습 평가 개요를 바탕으로 차시, 주요 활동, 교수 · 학습 자료 등을 고려하여 교수 · 학습 및 평가 과정을 제시하였다.

〈표 3〉 미술과 과정 중심 평가 교수 · 학습 및 평가 개요

<table>
<tr><th>학년</th><td colspan="3">중학교 3학년</td></tr>
<tr><th>제재</th><td colspan="3">함께 하는 세상 속 미술</td></tr>
<tr><th>차시</th><td colspan="3">16차시</td></tr>
<tr><th rowspan="6">교육 과정 내용</th><td>역량</td><td colspan="2">시각적 소통 역량, 공동체 역량</td></tr>
<tr><th>영역</th><th>성취 기준</th><th>내용 요소</th></tr>
<tr><td>미적 체험</td><td>시각문화의 의미와 역할을 알고 이미지를 비판적으로 해석할 수 있다.</td><td>시각문화의 의미와 역할</td></tr>
<tr><td>표현</td><td>주제를 탐구하고 의도를 반영하여 적합한 표현을 계획할 수 있다.</td><td>표현 주제와 의도</td></tr>
<tr><td>감상</td><td>작품의 내용과 형식을 분석하고 미술 용어와 지식을 활용하여 설명할 수 있다.</td><td>미술 작품의 내용과 형식 분석하고 설명하기</td></tr>
<tr><td>타교과, 타분야</td><td colspan="2">사회</td></tr>
<tr><th>평가방법</th><td colspan="3">관찰법, 실기 평가, 자기평가 및 동료평가 보고서법, 논술형 검사법</td></tr>
<tr><th>교수 · 학습 모형</th><td colspan="3">창의적 문제 해결법, 귀납적 사고법</td></tr>
</table>

〈표 4〉 미술과 과정 중심 평가 교수 · 학습 및 평가 과정

차시	주요 활동	교수 · 학습 및 평가 과정	비고(방법, 자료 등)	평가
1-2 차시	탐색하기, 나타내기	◆ 문제 인식 • 학습 목표: ① 생활 주변의 다양한 세계 미술 문화를 이해하고 생각과 느낌을 공유하고 표현할 수 있다. • 이를 위해 생활 주변에서 찾을 수 있는 다양한 세계 미술 문화를 소재로 작품을 표현한다. 세계 미술 문화 관련 다양한 자료나 정보를 모아 주제를 검토 분류한다. ◆ 아이디어 탐색하기 • 브레인스토밍, 마인드 맵 등을 활용하여 세계 미술 문화에 관해 생각하고, '아이디어 스케치 1' 양식을 활용하여 정리한다. 세계 미술 문화 유산 중 나라, 표현할 내용 등을 선정한다. • 국내외 여행을 다녀온 경험을 나누는 시간을 통해 여행 속 발견한 세계 미술 문화를 탐색하고 세계 미술 문화에 대해 관심을 갖는다. 건축, 미술 작품, 음식 문화 등과 관련하여 여행 중 촬영한 사진, 영상 파일, 자료 등을 활용하여 모둠별 발표, 토론한다.	-아이디어 스케치 1(브레인스토밍, 마인드맵) -조사활동보고서	-관찰법, -실기 평가 (아이디어 스케치 1)
3-8 차시	계획하기, 표현하기	◆ 문제 인식 • 학습 목표: ② 생활 주변의 다양한 세계 미술 문화를 주제로 작품의 표현과정을 계획하여 창의적으로 표현할 수 있다. ◆ 아이디어 정교화하기 • 세계 미술 문화 중 선정한 나라, 내용을 인터넷, 도서 등을 활용하여 탐색한다. 관련 내용 등을 확인하여 아이디어 스케치 2(학습지 양식)에 작성한다. ◆ 아이디어 적용하기 * 세계 미술 문화 관련하여 작품을 제작한다. • 탐색한 자료와 아이디어 스케치 2(작품계획서 양식)를 바탕으로 세계 중 한 나라를 선정하여 그 나라의 지도, 미술 문화(건축, 회화 등 미술 작품, 음식 문화 등) 관련 작품 구상 및 스케치한다. • 아이디어 스케치 2(작품계획서 양식)를 바탕으로 세계 중 한 나라를 선정하여 그 나라의 지도, 미술 문화(건축, 회화 등 미술 작품, 음식 문화 등)의 이미지를 표현하기에 적합한 매체를 선정하고 다양한 표현재료 및 기법 등을 활용하여 작품을 제작한다. 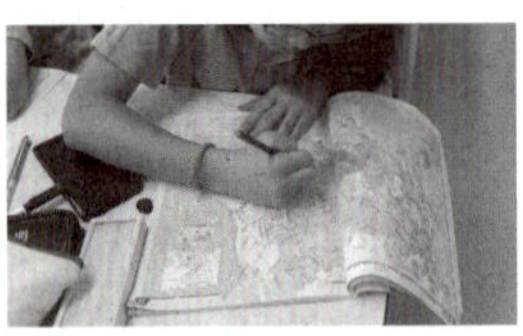 [그림 2] 관련 자료 탐색하는 모습  [그림 3] 세계 여행 학생 작품 1  [그림 4] 세계 여행 학생 작품 2	-아이디어 스케치 2(작품계획서양식)	-관찰법, -실기 평가 (아이디어 스케치 2)
9-10 차시	이해하기, 설명하기,	◆ 문제 인식 • 학습 목표: ③ 생활 주변의 다양한 세계 미술 문화를 표현한 작품을 미술 용어와 지식을 활용하여 내용과 의미를 설명한다. ◆ 종합 및 재검토하기		

		• 세계 미술 문화 관련 작품이 조건에 맞게 잘 제작되었는지 감상 분석한다. * 학생은 자기평가 및 동료평가 보고서법을 활용하여 자기평가 및 학생 간 평가를 실시하고, 교사는 학생들의 감상 발표에 대해 관찰법, 실기평가로 평가하고, 발표에 대한 질문, 답변 등으로 피드백한다.	-자기평가 및 동료평가 보고서 양식	-관찰법, -자기평가 및 동료 평가 보고서법
11-16 차시	해석하기	◆ 문제 인식 • 학습 목표: ④ 미술 문화의 다양성 및 특징을 이해하고 다양한 문화를 존중할 수 있다. ◆ 관계 탐색하기 • 학생들이 제작한 작품 속 세계 미술 문화 이미지를 통해 다양한 미술 문화를 탐색한다. ◆ 개념 발견하기 • 세계 미술 문화의 특징 등 탐색한 사실을 근거로 문화의 다양성을 발견한다. 세계 미술 문화의 다양성, 학생들이 표현한 미술 문화 관련 많이 표현된 미술 작품을 중심으로 세계 미술 문화의 특징에 대한 내용 정리, 조사 활동 및 토론을 통해 학생들이 미술 문화의 다양성을 이해할 수 있도록 한다. * 교사 준비-전 차시에 완성된 세계 미술 문화 관련 학생 대표 작품, 세계 지도 및 미술 문화 사진 등 예시 자료, 프로젝션 TV, 스마트 패드(인터넷 검색), 세계의 미술 문화 학습지, 모둠별 활동지 • 전 차시에서 제작한 학생 작품 중에서, 학생들이 많이 표현한 세계 미술 문화 관련 미술 작품을 중심으로 소개한다. 학생들과 작품 속 세계 미술 문화의 미술사적 중요성, 특징, 작품 해석 등에 대해 이야기한다. • 모둠별로 세계 미술 문화 관련 작품, 내용, 미술사적 중요성, 작품 해석 등을 서로 나누고, 내용 및 서로의 생각을 정리하여 발표, 공유한다. • 모둠별 활동 및 생각 정리에 대해 피드백을 실시한다. ◆ 정리 및 발전 • 학습 과정의 반성 단계로 세계 미술 문화의 다양성에 대해 학생들의 이해력을 높이고 실생활에 응용하도록 한다. * 수업의 과정 중에서 생활 속 발견하는 세계 미술 문화에 관련한 논술형 평가를 실시하여 미술 감상 능력을 향상시키도록 한다.	-학습지(세계의 미술 문화 내용 정리) -모둠별 활동지	-감상법 -논술형 평가

3) 과정 중심 평가 시행 및 피드백하기

미술과 과정 중심 평가 교수·학습 및 평가 과정에 따라 과정 중심 평가를 시행할 수 있다. 과정 중심 평가 평가 방법 및 피드백은 〈표 5〉에서 차시별로 서술하였다. 피드백은 과정 중심 평가의 중요한 구성요소라고 할 수 있으며, 학습의 과정, 학습의 결과에 대하여 개인별, 모둠별로 피드백을 제공하는 내용을 구성할 수 있다. 본 연구의 평가 피드백은 1~2차시에서는 '조사활동보고서' 작성 후 토론·토의시 피드백을 실시할 수 있고, '아이디어 스케치 1(마인드맵 등)'을 작성하고 모둠별로 발표하고 생각을 공유하는 과정에서 모둠별 피드백을 실시할 수 있다. 3~8차시에서는 '아이디어 스케치 2(작품계획서)' 작성, 발표 및 순회 지도시 작품 계획을 돕는 피드백을 실시할 수 있으며, 실기 제작 과정에서 순회 지도시 개인별, 모둠별로 제작 목적에 적합한 표현 과정을 계획하여 표현하는 것에 대해 피드백을 통해 학습에 도움을 줄 수 있다. 9~16차시에서는 감상 수업을 실시할 수 있는데, 학생 작품을 발표하고 비평하는 과정을 통해 학생들의 사고를 돕고, 작품을 감상하는 관점을 돕는 피드백을 실시할 수 있다. 또한 작품 감상에 대한 모둠별 내용 정리 및 토론·토의, 서로의 생각 정리 등에 피드백을 실시할 수 있다. 논술형 평가 실시 전 모의 평가 및 논술 정리 시간에 미술 감상의 과정을 이해하고 논리적으로 사고하여 논술을 할 수 있도록 수시 피드백을 제공할 수 있다.

〈표 5〉 미술과 과정 중심 평가 평가 방법 및 평가 피드백

역량	성취기준	평가 시기	평가 방법	평가 피드백
시각적 소통 역량, 공동체 역량	시각문화의 의미와 역할을 알고 이미지를 비판적으로 해석할 수 있다.	1-2 차시	-조사활동보고서 -아이디어 스케치1 (마인드맵)	-조사활동보고서 모둠별 토의시 피드백 -아이디어 스케치1(마인드맵) 모둠별 발표시 피드백
	주제를 탐구하고 의도를 반영하여 적합한 표현을 계획할 수 있다.	3-8 차시	-아이디어스케치2 (작품계획서) -실기평가	-아이디어스케치(작품계획서) 발표시 피드백 -실기 수업에서 순회지도시 피드백
	작품의 내용과 형식을 분석하고 미술 용어와 지식을 활용하여 설명할 수 있다.	11-16 차시	-발표 및 감상법 -자기 평가 및 동료 평가 보고서법 -논술형 평가	-감상 수업에서 작품 발표시 피드백 -논술형 평가 전 모둠별 내용 정리 및 토의, 서로의 생각 정리 시간에 피드백

4) 과정 중심 평가 채점하기

교수·학습 과정 중 활동한 학생의 과정에 대해 채점 기준에 따라 학습 단계별, 과정별로 채점을 실시한다. 1~2차시에서 '조사활동보고서', '아이디어스케치 1(브레인스토밍, 마인드맵 활용)', 3~8차시에서는 '아이디어스케치 2(작품 계획서)', '학생 작품'에 대하여 실기평가를 실시하고, 교수·학습 전 과정의 학생 활동에 대해 관찰법을 실시한다. 9~16차시에서는 교수·학습 활동으로 제작된 학생 작품에 대해 '발표 및 토론·토의' 등의 활동을 감상 평가하며, 감상법, 자기평가 및 동료 평가 보고서법을 실시한다. 세계 미술 문화 관련 감상 수업을 학생들이 제작한 학생 작품과 연계하여 실시하며, 이를 '논술형 평가지'를 활용하여 논술형 검사법을 실시한다. 채점 결과에 대하여 동교과, 타교과와의 교과 협의회를 통해 검토, 확인을 한다.

5) 과정 중심 평가 결과 분석 및 활용하기

'함께 하는 세상 속 미술' 수업 제재로 실시한 교수·학습 내용을 바탕으로 평가준거 성취기준과 평가 기준을 근거로 학생의 수행 과정에 대한 성취 정도를 평가하여, 평가 결과를 생활기록부의 미술 교과 학습 발달 상황 등에 기록할 수 있다. 실기평가, 관찰법, 감상법, 자기 평가 및 동료 평가 보고서법, 논술형 검사법 등 다양한 평가 방법을 활용하여 채점한 '아이디어 스케치', '조사활동보고서', '학생 작품 제작 과정', '완성된 학생 작품', '작품 발표 및 토론·토의', '자기 평가 및 동료 평가 보고서', '논술형 평가 결과지'를 분석하여, 학생과 학부모 등에게 학생의 성장 확인과 학습 능력 향상을 위한 상담 자료로 활용할 수 있다.

4. 학교 미술교육에서 과정 중심 평가

최근 학교 현장에서는 학생의 흥미를 유발하고 사고력을 촉진하며 창의적인 문제 해결 능력을 기를 수 있는 다양한 교수·학습 및 평가가 적용되고 있는데, 교수·학습 및 평가 방법의 질적인 변화의 흐름 중 하나가 과정 중심 평가

이고, 이는 미술과 교육과정에서 주요한 평가 방향이라고 할 수 있다. 과정 중심 평가는 수업의 과정 중 나타난 학생의 학습 과정들을 다루고 있으며, 학습 성취도를 진단하고, 학습 능력의 향상을 돕는 평가라고 할 수 있다. 과정 중심 평가는 수업 계획에서부터 시행, 평가, 활용에 이르는 교수·학습의 전 과정에서 이루어지며, 교수·학습 활동과 평가가 연계되어 실시된다. 또한 교사가 학생을 평가하는 것만이 아닌 학생이 자신을 평가하는 자기평가, 학생 간의 평가인 동료 평가 등 총체적인 평가로 실시될 수 있으며. 차기 교육과정의 미술과의 교수학습 및 평가에서도 과정 중심 평가는 중요한 평가 방법이라고 할 수 있다. 과정 중심 평가는 학교 교육에서 중요한 평가로 인식되어 시행되고 있지만, 다양한 과정 중심 평가 방법의 활용 부족, 교사의 평가 전문성 부족, 교사별 과정 중심 평가 대상 학생수 과다 등 여러 문제들이 있다. 학생 중심의 수업 운영과 교수·학습의 과정 중 수시로 학습 성취도를 진단하고 피드백을 실시하여 학생들의 학습 능력 향상에 도움을 줄 수 있는 과정 중심 평가가 학교 현장에 정착되고 활용되기 위해서는 평가의 객관성 및 공정성 확보, 교육부, 지역교육청, 학교의 지원 등이 필요할 것이다. 또한 현장의 학교 미술 교사들을 대상으로 교과 교육과정 및 평가 전문가로서 전문성을 개발할 수 있도록 보다 실제적이고 체계적인 연수가 제공되어야 하며, 교육과정과 평가의 연계성이 강조될 필요가 있다.

* 이 글은 고황경(2020), 2015 개정 교육과정에 따른 미술과 과정 중심 평가 적용 방안 연구(미술교육연구논총, 60권)를 수정 보완한 원고임.

고황경(부천동여자중학교)

40 미술교육에서의 학생 참여 중심 평가

학생 참여 중심 평가는 2022 개정 미술과 교육과정에서 새롭게 제시한 평가 방법으로 2022 개정 교육과정 총론의 평가 지침 중 '학생이 자신의 학습 과정과 결과를 스스로 평가할 수 있는 기회를 제공'하는 것과 같은 목적을 지닌다. 학생 참여 중심 평가의 개념 정의와 시행 방법 모색을 위해 2015 개정 교육과정부터 강조하기 시작한 학생 참여 중심 수업과 과정 중심 평가 관련 선행연구를 탐색한 결과 학생 참여 중심 수업, 과정 중심 평가, 학생 참여 중심 평가의 공통점으로 역량 중심 교육과정의 내실화를 위한 방안으로 제시되었다는 점, 학습자의 학습 주도성을 강조한다는 점, 교육 정책에 의해 용어가 만들어졌다는 점을 알 수 있었다. 학생 참여 중심 평가는 교사의 고유한 역할이라고 여겨왔던 평가의 주체를 교사와 학습자로 확장하면서 수업의 전 과정에서 평가가 적용되는 과정 중심 평가 패러다임에 평가 주체의 다양화를 더함으로써 평가와 수업이 일체화를 이루도록 한다. 학생 참여 중심 수업, 과정 중심 평가, 2022 개정 미술과 교육과정에 나타난 학생 참여 중심 평가 방법을 참고하여 본 고에서는 학생 참여 중심 평가를 '학생 참여 중심 수업과 평가 활동이 일관성을 갖도록 학습자와 교사가 평가 계획과 방법에 대해 협의한 후 평가 기준을 마련하여 이를 근거로 교수·학습 과정에서 학습자가 실행하는 평가'로 정의하였고, 이를 토대로 학교 현장에서 적용할 수 있는 학생 참여 중심 평가 단계를 제안하였다.

1. 미술과 교육과정에서 학생 참여 중심 평가 관련 내용 분석

OECD와 PISA(국제학업성취도평가 프로그램)은 2005년 DeSeCo(Definition and Selection of Competencies) 프로젝트 보고서를 발표하여 현대인들이 살아가는 데 필요한 핵심 역량을 제시하였다(OECD, 2005). 국내 교육계에서도 핵심 역량 함양의 중요성에 공감하며 '역량 중심 교육과정'으로 재편되어야 한다는 주장이 대두되었으나 곧바로 국가 교육과정에 반영되지는 못했고 오랜 연구와 논의 끝에 2015 개정 교육과정에서 창의융합형 인재 양성을 위한 핵심 역량을 선정하고 교과별 교과 역량과 역량 함양을 위한 성취기준을 제시함으로써 역량 중심 교육과정으로 개정될 수 있었다(교육부, 2015). 이후 미래 사회의 불확실성 증가, 사회의 복잡성과 다양성 확대로 사회적 문제를 해결하기 위한 상호 존중과 공동체 의식 함양 중요, 학생 개개인의 특성과 진로에 맞는 학습을 지원하는 맞춤형 교육에 대한 요구 증가, 다양한 교육 주체의 참여와 교육과정 자율화 및 분권화 요구 증가라는 배경에 기초하여 2022 개정 교육과정 또한 미래 사회를 살아갈 학생들이 주도적으로 삶을 이끌어가는 능력을 함양할 수 있도록 역량 중심 교육과정으로 개정되었고 2015 개정 교육과정에서 강조했던 과정 중심 평가의 기조를 유지하면서 학생 참여 중심 평가를 새롭게 제안하였다(교육부, 2022h).

2015 개정 교육과정 총론에서는 "학습의 결과뿐만 아니라 학습의 과정을 평가하여 모든 학생이 교육 목표에 성공적으로 도달할 수 있도록 한다(교육부, 2015, p. 33)."라고 서술하였기에 '과정 중심 평가'가 새로운 평가 방법으로 제안되었다고 여겨지기도 하지만, '과정 중심 평가'는 평가 방법이라기보다는 평가를 대하는 하나의 관점으로 수용하는 것이 적절해 보인다(강대일, 정창규, 2018). 박지현, 진경애, 김수진, 이상아(2018)는 "'과정 중심 평가'라는 용어는 관련 이론이 거의 부재하여 학문적으로 독자적 의미를 지닌 개념으로 보기 어렵다는 협의 결과에 따라 '과정중심 평가'와 같이 한 단어로 고유명사처럼 표기하여 쓰기보다

는, '과정 중심 평가'로 띄어 씀으로써 보편적이고 일반적으로 사용하고자 한다(p. 17)."라며 '과정 중심 평가'가 구체적인 평가 방법이 아님을 밝히고 있다. 이와 마찬가지로 '학생 참여 중심 평가'도 2022 개정 교육과정 총론에서 평가 지침으로 제시한 "학생이 자신의 학습 과정과 결과를 스스로 평가할 기회를 제공한다"라는 사항을 근거로 제안된 평가 '관점'으로 해석하는 것이 합리적일 것이다(교육부, 2022h, p. 12).

2022 개정 미술과 교육과정에서는 "교사 주도의 평가 외에도 학습자가 평가에 참여하는 학생 참여 중심 평가 방법을 운영한다(교육부, 2022c, p. 24)."라고 기술하여 학습자가 주도적으로 자신의 학습을 설계하고 그 과정과 결과의 평가에 참여하는 것을 '학생 참여 중심 평가'라고 명시하였다. 미술과 교육과정에서 '학생 참여 중심 평가'라는 용어를 사용한 것은 처음 있는 일이며, 이는 학습자 주도성과 학습자의 참여 수준을 훨씬 높인 평가 관점이자 방법으로 수업뿐 아니라 평가에도 학습자가 적극적으로 참여할 것을 강조하려는 의도를 담고 있다. 2022 개정 교육과정에서 미술과 외 타 교과에서의 '학생 참여 중심 평가'는 〈표 1〉과 같다.

미술, 국어, 도덕, 역사, 실과, 음악, 영어 교과의 2022 개정 공통 교육과정에는 학습자가 평가에 주체적으로 참여할 것을 평가 방향 또는 평가 방법으로 제시하였으나, 사회, 수학, 과학, 정보, 체육 교과의 2022 개정 공통 교육과정에서는 학습자가 평가의 주체로 참여해야 한다는 내용을 찾아볼 수 없었다. '학생 참여 중심 평가'라는 용어와 함께 학생 참여 방법을 가장 구체적으로 제시한 것은 미술과 교육과정이었는데, 2022 개정 미술과 교육과정의 평가 방법에서는 학생 참여 중심 평가를 할 때 학습자는 평가 기획, 평가 기준 마련, 평가 수행 주제와 방법 결정, 평가 실행을 담당하고, 그 과정에서 교사와 협의를 하게 된다고 설명한다(교육부, 2022c). 이를 종합해 볼 때 학생 참여 중심 평가는 평가에 있어 교사가 하던 역할을 교사와 학생이 공유하면서 함께 계획하는 형태의 평가라는 것을 알 수 있다. 국어과에서도 교사와 학생이 협의하여 평가 기준을 마련할 수 있다고 했고(교육부, 2022a), 도덕과에서는 교사와 학생의 소통으로 평가 기준의 상호주관성을 확보하기 위해 노력해야 한다고 했다(교육부, 2022b). 실과 교육과정에서는 학생들과 함께 평가 항목을 구체화한 채점 기준을 작성하여 학습 동기를 유발하고 학습자가 평가에 성실히 참여하도록 해야 한다고 언급했다(교육부, 2022e). 영어과 교육과정은 미술과 교육과정에 이어 학생 참여 중심 평가를 자세히 서술하고 강조한 교과로 '학습자가 평가 준비, 시행, 결과 해석 과정에 적극적으로 참여'할 것과 '학습자가 영어 능력을 다각도로 평가할 수 있는 다양한 평가 방법을 활용'해야 한다고 주지하였다(교육부, 2022f). 이처럼 2022 개정 교과 공통 교육과정의 평가 방향과 평가 방법 분석을 통해 수학, 과학, 정보, 체육 교과를 제외한 모든 교과에서 학습자가 참여하는 평가의 필요성과 긍정적 효과, 개괄적인 방법을 제시한 것을 확인할 수 있었다.

2. 학생 참여 중심 평가 관련 선행연구

문헌 탐색 결과 학습자 중심 수업, 학생 참여 중심 수업, 배움 중심 수업 등 학생이 주도적으로 참여하는 수업을 주제로 한 연구는 꽤 많이 찾아볼 수 있었지만, '학생 참여 중심 평가'를 주제로 한 연구는 찾아볼 수 없었다. 따라서 본 고에서는 2022 개정 미술과 교육과정에서 제시한 '학생 참여 중심 평가'와 유사한 맥락의 교육 관점으로 '학생 참여 중심 수업'과 '과정 중심 평가'의 개념과 방법을 탐색하고, 이를 토대로 '학생 참여 중심 평가'의 의미와 방법을

〈표 1〉 2022 개정 교육과정 총론 및 교과 공통 교육과정에 나타난 학생 참여 중심 평가 관련 내용

교과		학생 참여 중심 평가 관련 내용
초 · 중등학교 총론		3. 평가 "나. 학교와 교사는 성취기준에 근거하여 교수 · 학습과 평가 활동이 일관성 있게 이루어지도록 한다. 2) 학교는 학생의 인지적 · 정의적 측면에 대한 평가가 균형 있게 이루어질 수 있도록 하며, 학생이 자신의 학습 과정과 결과를 스스로 평가할 수 있는 기회를 제공한다(교육부, 2022h, p. 12)."
미술		평가 방법: "(마) 교사 주도의 평가 외에도 학습자가 평가에 참여하는 학생 참여 중심 평가 방법을 운영한다. • 학생 참여 중심 평가에서 교사는 학습자가 평가를 기획하고 실행하는 평가의 주체가 될 수 있도록 평가 조력자의 역할을 수행한다. • 학습자가 수행 계획과 방법에 대해서 교사와 협의한 후 자기 평가 기준을 마련하고, 이를 근거로 학습자가 평가를 수행할 수 있도록 한다. • 학습자가 관심 있는 수행 주제와 방법을 스스로 결정하고 자신의 표현 능력이나 탐색 과정을 평가하는 기회를 제공한다(교육부, 2022c, pp. 24-25)."
국어		평가 방법: "(다) 교사 주도적인 평가 외에도 학습자가 평가의 주체가 되는 자기 평가나 동료 평가를 적극적으로 활용하고, 인지적 영역의 평가와 정의적 영역의 평가가 조화를 이룰 수 있도록 한다. • 자기 평가나 동료 평가를 활용하여 학습자가 주도적으로 자신의 수행을 점검 · 조정할 수 있도록 한다. 이를 위해서 학생과 교사가 함께 협의하면서 평가기준을 마련하고, 학습자가 평가기준의 의도와 내용을 정확히 이해하도록 하여 자기 평가와 동료 평가가 학습자의 발전과 성장에 실질적으로 도움이 될 수 있도록 한다(교육부, 2022a, p. 65)."
도덕		평가 방향: "(라) 학습의 결과뿐만 아니라 학습의 과정을 평가할 수 있는 수행평가 방법을 활용한다. 수행평가의 기준은 성취기준 도달 여부를 측정할 수 있는 것이어야 하고, 교사와 교사, 교사와 학생 사이의 소통을 통해 평가기준의 상호주관성을 확보하기 위해 노력한다(교육부, 2022b, p. 21)."
사회	사회	없음
	역사	평가 방법: "(다) 학습자 스스로 자신의 성취수준을 진단하고 이를 바탕으로 학습 목표를 설정하여 개선 방안을 마련할 수 있도록, 교사 평가뿐 아니라 학습자의 자기 평가와 동료 평가를 함께 활용할 수 있다(교육부, 2022d, p. 88)."
수학		없음
과학		없음
실과 (기술 · 가정)		평가 방법: "(마) 평가에서 학습자들의 참여의식을 높이고 협력적 학습 공동체 구성원으로서 소통을 강화하기 위해 평가의 주체를 교사 외에 학습자 본인과 동료 학생 등으로 다양하게 실시한다. 이를 위해 평가 항목을 구체화한 채점 기준을 학생들과 함께 작성하여 동기유발은 물론 학습자가 평가에 성실히 참여할 수 있도록 한다(교육부, 2022e, p. 34)."
정보		없음
체육		없음
음악		평가 방향: "(라) 학생을 평가 과정에 포함하여 평가의 주체로서 자신의 음악 학습을 성찰할 수 있는 기회를 제공하며, 학습 과정이나 상황을 면밀히 파악하고 적절한 피드백을 제공하여 학습한 내용의 의미를 재확인할 수 있도록 한다(교육부, 2022g, p. 26)."
영어		평가 방향: "(라) 학습자가 평가 준비, 시행, 결과 해석 과정에 적극적으로 참여할 수 있도록 한다. 이를 통해 학생은 영어 학습의 목표와 성공적인 수행 수준을 명확하게 인지할 수 있게 된다. 또한 수행 과정과 결과를 스스로 평가하고 진단할 수 있는 기회를 학습자에게 제공함으로써 학습자가 자신의 영어 학습을 성찰하고 향후 학습 방향을 계획할 수 있도록 한다(교육부, 2022f, p. 27)."
		평가 방법: "(마) 학습자가 영어 능력을 다각도로 평가할 수 있도록 다양한 평가 방법을 활용한다(교육부, 2022f, p. 28)."

고찰해보았다.

2015 개정 교육과정 구성의 중점 사항에서는 “교과 특성에 맞는 다양한 학생 참여형 수업을 활성화하여 자기주도적 학습 능력을 기르고 학습의 즐거움을 경험하도록 한다(교육부, 2015).”라며 ‘학생 참여형 수업’을 새롭게 제안했다. 2015 개정 교육과정은 핵심 역량 함양을 위해 ‘교실 수업 개선’과 ‘평가 방법 변화’라는 두 가지 측면을 내세우며 학생 참여 중심 수업과 과정 중심 평가 방법을 구체적으로 제시하여 학습자 중심 교육의 중요성을 한층 강조하였다고 평가받는다(이필남, 홍지인, 2022). 마찬가지로 2022 개정 교육과정의 구성 중점에서도 “다양한 학생 참여형 수업을 활성화하고, 문제 해결 및 사고의 과정을 중시하는 평가를 통해 학습의 질을 개선한다(교육부, 2022h, p. 5).”라고 하여 학생 참여형 수업과 과정 중심 평가를 지속해서 강조하는 것을 알 수 있다.

양정실, 노원경, 박주현, 변태진, 홍미영, 최성희(2020)는 교육과정에서 명시한 대로 ‘학생 참여형 수업’이라는 용어를 채택하고 2020년 1월부터 12월까지 중학교의 학생 참여형 수업의 실태 및 질 제고 방안을 탐색하기 위해 학생 참여형 수업에 대한 선행연구로 교과 및 교수학습 분야의 국내외 연구와 시도교육청의 정책을 분석하였다. 양정실 외(2020)의 연구자들이 선정하여 분석한 국내 선행연구에서는 ‘학습자 중심 수업, 자기 주도적 학습, 학생 참여형 수업, 학습자 주도 수업, 학생 참여 중심 수업’ 등 다양한 용어가 사용되고 있었다. 또한 다수의 연구자가 학생 참여 중심 수업을 교수·학습 모형이나 방법으로 인식하고 ‘협동 학습, 토의·토론 학습, 문제 해결 학습, 프로젝트 학습, 플립러닝, 이해 중심 게임 학습, 액션 러닝’과 같은 참여 중심 수업 모형과 이를 적용했을 때 나타나는 학생 참여 정도와 학습 효과를 분석한 연구가 다수 이루어졌다. 학술 연구와 비슷한 양상으로 시도교육청에서 수립한 학생 참여형 수업 활성화 정책에서도 하나로 통일되지 않은 유사한 용어들이 혼재하고 있는 것 또한 확인할 수 있었다(〈표 2〉 참조).

〈표 2〉 시도교육청별 ‘학생 참여형 수업’ 용어 사용 현황

용어 사용 현황	해당 교육청	
학생 참여형 수업 용어 사용	대전광역시, 강원도, 전라남도, 경상북도, 경상남도, 제주특별자치도	
학생 참여형 수업 용어 변형 사용	부산광역시	학생 참여 중심 수업
	울산광역시	학생 중심 수업/학생 참여 중심 수업
학생 참여형 수업 용어 혼용 사용	서울특별시	학생 참여·협력 중심 수업(교육과정, 평가)
	인천광역시	학생 중심 수업(교육과정, 평가)
	광주광역시	배움중심 수업, 활동 중심 수업, 학생 중심 참여형 수업
	세종특별자치시	배움중심
	경기도	배움중심 수업, 학생 참여 중심 수업
	충청북도	학생 참여 중심 수업
	충청남도	학생 참여·활동형 수업
미사용(관련 정책 없음)	대구광역시, 전라북도	

출처: 양정실 외(2020), pp. 56-57

문제 해결 학습, 프로젝트 학습, 토의·토론 학습, 협동 학습, 거꾸로 학습 등 학습자의 능동적이고 적극적인 참여가 필요한 학습 방법을 수업에 많이 활용하게 되면서 학생 참여 중심 수업이 잘 구현되고 있다는 오해가 발생하기도 하는데, 학생 참여 중심 수업은 과정 중심 평가처럼 ‘관점’의 문제이지 수업 모형과 같은 특정한 교수·학습 방법으로 실현될 수 있는 것은 아니다. 즉 “학생 참여형 수업은 교수·학습 방법의 개선 차원을 넘어서는 의미를 지니고 있으며 학생들이 수업에서 소외되지 않고 학습권을 누릴 수 있어야 한다는 기대와 결부되어 있다(양정실 외, 2020, p. 54).” 따라서 학생 참여형 수업을 교수·학습 방법이나 수업 모형처럼 좁은 의미로 해석하기보다는 교육의 목적과 수업 방법에 대한 인식의 전환이 필요한 목적 지향적이고 선언적인 개념으로 이해하는 것이 적절해 보인다. 필자는 학생이 주도적으로 참여하는 수업 방법 및 교육 방향을 통틀어 ‘학생 참여 중심 수업’으로 정의하여 사용하고자 한다.

학생 참여 중심 수업과 더불어 2015 개정 교육과정 발표 이후 많은 연구가 이루어진 ‘과정 중심 평가’의 개념과 실천 방안을 분석해보는 것도 학생 참여 중심 평가의 의미와 방법을 모색하는 데 일조할 수 있다. 과정 중심 평가가 교육과정 전면에 등장하기 한참 전인 1999년, 수행평가가 일제히 학교 현장에 도입되었다(강대일, 정창규, 2018). 수행평가는 양적 측정에 따른 객관식 평가 방식과 이의 단점을 보완하기 위해 등장한 논문형의 주관식 문제와 실기 평가에서도 여전히 제기되는 결과 중심의 평가를 개선하기 위해 학습의 실제 상황에서 학생의 총체적인 능력을 평가하기 위한 방안으로 제시된 것이었다(김경배, 김재건, 이홍숙, 2005). 수행평가는 수업의 과정에서 수시로 이루어지는 과정 중심 평가의 구체적인 실천 방법으로 이해할 수 있으며, 2022 개정 교육과정에서도 여전히 중요시하는 평가 방법으로 교육과정 총론에서는 과정 중심 평가 및 수행평가와 관련하여 다음과 같이 서술하고 있다(〈표 3〉 참조).

〈표 3〉 2022 개정 교육과정 초·중등학교 교육과정 총론-평가

3. 평가(일부)
나. 학교와 교사는 성취기준에 근거하여 **교수·학습과 평가 활동이 일관성 있게** 이루어지도록 한다. 1) 학습의 결과만이 아니라 결과에 이르기까지의 **학습 과정을 확인하고 환류**하여, 학습자의 성공적인 학습과 사고 능력 함양을 지원한다. 2) 학교는 학생의 인지적·정의적 측면에 대한 평가가 균형 있게 이루어질 수 있도록 하며, **학생이 자신의 학습 과정과 결과를 스스로 평가**할 수 있는 기회를 제공한다.
다. 학교는 **교과목의 성격과 학습자 특성을 고려하여 적합한 평가 방법을 활용**한다. 1) **수행평가를 내실화하고 서술형과 논술형 평가의 비중을 확대**한다. 2) 정의적, 기능적 측면이나 실험·실습이 중시되는 평가에서는 교과목의 성격을 고려하여 타당하고 합리적인 기준과 척도를 마련하여 평가를 실시한다.

출처: 교육부(2022h), pp. 12-13.

〈표 3〉을 보면 과정 중심 평가는 교수·학습과 평가의 일체화를 위한 방안으로 강조되었고, 수행평가는 교과목과 학습자에 적합한 평가 방법으로 제시되었다는 것을 알 수 있다. 결과 중심 평가에서 과정 중심 평가로 평가 패러다임이 확장된 것과 학습자의 실제적인 행동으로 나타난 것을 평가하는 수행평가 및 그 외 여러 평가 방식 간의 관계를 이해하기 쉽게 도식화하면 [그림 1]처럼 나타낼 수 있다.

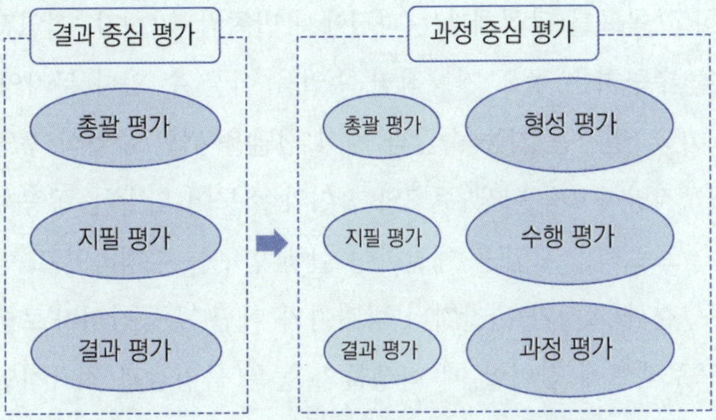

[그림 1] 평가 패러다임의 변화

과정 중심 평가는 학생평가에서 결과 중심 평가 패러다임을 강조하는 기존의 총괄적 평가, 결과 지향 평가, 지필 중심 평가 방식의 영향력을 줄이고, 형성적 평가, 과정에 대한 평가, 수행평가와 같은 학생의 학습 과정에 대한 평가 패러다임을 확산하려는 목적으로 제기된 것이다(박지현, 진경애, 김수진, 이상아, 2018). 과정 중심 평가는 학문에 기반하여 정립된 용어가 아닌 교육과정을 개정하면서 교육 정책에 의해 도입된 것이었고, '학생 참여 중심 평가'도 교육학에서 비롯된 용어가 아닌 교육과정에서 제시하는 핵심 역량을 함양하기에 적합한 학생 참여형 수업과 평가가 일체화를 이루도록 교육 정책에 의해 만들어진 용어이다. 따라서 학생 참여 중심 평가는 특정한 평가 방법을 지칭하는 것이 아니며, 과정 중심 평가의 하위 개념으로 평가의 주체가 교사에서 교사와 학습자로 확장되어야 함을 의미한다([그림 2] 참조).

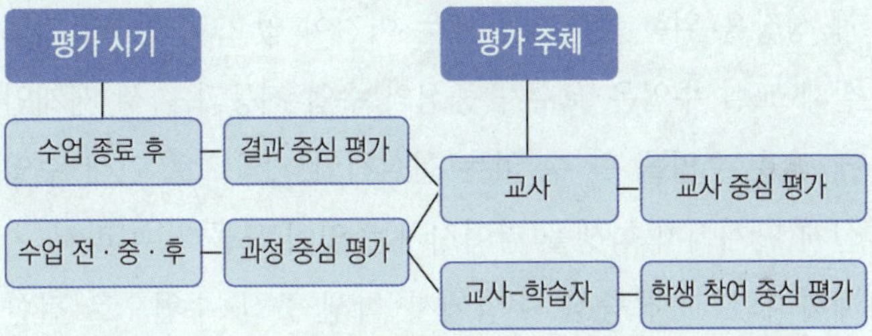

[그림 2] 과정 중심 평가와 학생 참여 중심 평가의 관계

과정 중심 평가에 관한 선행연구 분석 결과 과정 중심 평가는 평가에 관한 관점이자 새로운 패러다임이라는 것을 알았다. 결과 중심 평가가 학기말이나 학년말에 시행되는 총합적 평가로 결과에 따라 등급을 매겨 줄을 세우고 인간을 적재적소에 배치하는 것을 목적으로 이루어져왔다면, 과정 중심 평가는 평가를 학습 과정의 일부로 인식하고 교사의 피드백을 통해 학생을 이해하고 미래를 안내하려는 목적을 지닌다(조한무, 한상모, 이바름, 홍명기, 2018).

3. 미술과 학생 참여 중심 평가의 필요성 및 목적

일반적인 수업은 교사가 주도적으로 계획하고 설계하여 이루어진다. 교사가 수업을 계획할 때 학생의 관심사나 수준을 고려하지 않는 것은 아니지만 학생이 무엇을 배우고 싶은지, 어떻게 학습하고 싶은지에 대해 직접 묻지 않고 진행하는 수업은 수업에서 학생을 소외시키는 결과를 낳게 되고 수업에 흥미를 떨어트리는 주요 원인이 되기도 한다. 이러한 문제점으로 인해 교사 중심 수업에서 학생 참여 중심 수업으로 전환해야 한다는 목소리가 높아지고 있으며, "요즘 우리 아이들의 집중 시간은 8초"여서 기존의 수업 방법으로는 수업을 진행하기가 어려우므로 학생들의 관심, 흥미, 참여를 극대화한 수업을 기획해야 한다는 주장이 일기도 한다(최무연, 2020, p. 36). 수업은 학생의 배움과 성장을 위한 것이라는 데는 이견이 없으나, 안타깝게도 실제 교실 수업은 교수자 중심의 수업 전통과 학생 개개인에 맞춘 수업을 할 수 없는 현실적인 제약으로 인해 수업 설계 단계에서 학생을 참여시키는 일이 드물다. 따라서 이제까지의 '교사 중심' 수업에서 '학생 중심' 수업으로 전환하는 것이 미래교육을 위해 꼭 필요하다는 당위성에 교수자와 학습자가 동의하는 것으로부터 변화가 시작될 것이며, 교사와 학생이 수업을 공동으로 기획하고 수업의 과정과 평가를 공유하는 책무성이 뒤따를 때 학생 참여 중심 수업은 정착될 수 있을 것이다.

수업코칭 전문가이자 수석교사인 최무연 선생님은 학생 참여 중심 수업에 관한 자료를 많이 찾아 보았지만 실체를 확인하기가 어려웠고, 교사 입장에서 학생 참여 중심 수업을 알려주는 내용이 없다고 하면서 개인적인 경험과 생각을 토대로 다음과 같이 학생 참여 중심 수업의 특징과 개념을 이야기한다(최무연, 2020).

첫째, 학생 중심 수업은 학생이 '학습'을 스스로 계획하고 주도하는 수업이다.

둘째, 학생 중심 수업은 수업을 교사와 학생이 함께 공유하고 고민한다.

셋째, 학생 중심 수업에서 교사는 학습의 촉진자가 된다.

넷째, 학생 중심 수업은 학생의 강점을 존중하는 수업이다.

다섯 번째, 학생 중심 수업에는 아이들의 삶, 즉 현실이 반영되어 있다.

여섯 번째, 학생 중심 수업은 사회적 기술과 책무성을 동반한 수업이다.

학생 참여 중심 수업은 학생이 학습을 '계획'하고 수업을 교사와 학생이 '공유'하는 것으로부터 시작된다. 학습자는 스스로 학습 목표를 세우고, 자신이 계획한 대로 수업을 하고 목표를 달성해가는 과정에서 만족감, 자신감, 희열감을 추구하는 목표 지향적인 수업을 이끌 수 있다(문지영, 2015). 필자는 기능 숙달과 지식 전달을 위한 주입식 수업을 지양하고자 학생 주도의 참여와 소통이 활발한 '공공미술 프로젝트 수업'을 개발하여 실행 연구를 수행하였고, 연구 결과 교사가 관찰자나 방관자가 아닌 '공동참여자'로서 프로젝트에 참여할 때 학생들의 높은 몰입감과 적극적인 참여를 이끌 수 있다는 것을 확인할 수 있었다(장현주, 2022). 학생 참여 중심 수업에서 교사가 '공동참여자'이자 '학습의 촉진자'가 되어야 한다는 것은 학생이 수업을 설계하고 진행하는 주체가 되더라도 교사의 역할은 여전히 중요하며 수업에서 배제되어서는 안 된다는 것을 의미한다. 학생 참여 중심 수업에 관한 오해 중 하나가 '교사의 권위가 필요 없는 수업'이라는 것인데, 학생이 수업 계획을 주도적으로 한다고 해도 학급 교육과정을 수립하고 수업을 기획하는 것은 교사의 역할이므로 수업과 관련해서 교사의 권위는 반드시 있어야 한다(최무연, 2020). 또한 수업의 단계와 내용에 따라 교사가 한 걸음 물러서 있을 때도 있지만 교사가 주도적으로 이끌어야 할 때도 분명히 존재한다.

학생 참여 중심 수업을 직접 실행하고 선행 연구자들의 연구 사례를 분석한 결과 학생 참여 중심 수업이 창의적 사고 역량, 자기관리 역량, 학교행복감, 자기효능감 등 학습자의 역량 발달과 인격적 성장에 유의미한 결과를 가져온다는 연구 결과를 확인할 수 있었다(김나영, 이다경, 김한나, 2018; 김나영, 홍유정, 2018; 김이경, 김경현, 이세미, 김기영, 윤예지, 2020; 김희연, 탁하연, 2020; 박경희, 이지혜, 2021; 신윤범, 이자형, 원효헌, 2022; 장현주, 2022; 장현주, 2023). 이처럼 학습자 중심 수업에 대한 선행연구가 학생의 참여를 높이는 교수-학습 방법 개발 및 교사의 교육 역량 탐색을 중심으로 이루어져 왔다면, 이제는 수업의 참여 주체로서 학습자의 특성을 탐색하는 연구가 이루어져야 할 것이다(양정실 외, 2020). 왜냐하면 학습자에 대한 이해와 분석을 바탕으로 '학습자의 강점'과 '학습자의 경험(삶)'을 반영한 수업을 기획했을 때 학습자 맞춤형 개별화 수업이 실현될 수 있기 때문이다. 하지만 작금의 교육 환경에서는 한 명의 교사가 20~30여 명이나 되는 다수의 학생을 가르치고 있어 학생 한 명 한 명에 집중하여 개별 맞춤 수업을 준비하는 것이 매우 어려운 상황이라는 점을 인정하지 않을 수 없다. 따라서 학생 참여 중심 수업이 학교 현장에 안착하고 활성화되기 위해서는 교사가 학생 개개인에 대한 높은 이해를 지니고, 교사와 학생이 수업 계획을 공유하고 수업 과정과 결과를 환류할 수 있는 교육 여건이 우선하여 조성되어야 할 것이다. 학습자가 주도적으로 참여할 수 있는 수업 여건을 마련한다는 것은 수업과 평가가 일치할 때 교육과정-수업-평가의 일체화가 구현된다는 점에서 학생 참여 중심 평가가 이루어질 수 있는 환경을 조성한다는 것과 동일한 의미로 볼 수 있기 때문이다(유영식, 2017).

4. 미술과 학생 참여 중심 평가의 내용과 방법

2015 개정 교육과정이 고시된 이후, 과정 중심 평가가 무엇인가에 관한 개념 정립은 여러 연구자의 연구를 통해 상당한 수준으로 이루어졌고, 이제는 교육의 최종 목표인 핵심 역량 함양의 목표를 달성하기 위해 과정 중심 평가로 이행해야 한다는 것에 대해서도 이견이 없어 보인다. 그러나 선언적인 수준에서 과정 중심 평가를 이해했다고 해서 교육 현장에 곧바로 적용할 수 있는 것은 아니며, 과정 중심 평가를 실천해야 하는 일선 교사들에게 과정 중심 평가의 절차, 평가 방법 및 평가도구를 개발하여 제공해야 할 필요가 있다. 고황경(2020)은 교수・학습 과정안의 구성요소, 과정 중심 평가 운영 모형, 과정 중심 평가 운영 단계별 흐름도 등 관련 선행연구를 종합하여 '미술과 과정 중심 평가 방법 및 절차'를 개발하였다. 미술과 과정 중심 평가 절차는 미술과 교육과정과 성취기준을 분석하여 교수・학습 및 평가 계획 수립하기, 과정 중심 평가의 평가도구 제작하기, 과정 중심 평가 시행하고 피드백하기, 채점하고 피드백하기, 평가 결과 분석 및 활용하기의 순서로 진행된다(고황경, 2020). 학생 참여 중심 평가는 평가의 주체를 교사 중심에서 학습자 중심으로 이행하는 것으로, 과정 중심 평가의 이론적 기반이 된 구성주의의 학습관을 보다 적극적으로 실천할 수 있는 평가 방안이다. 미술과 과정 중심 평가 절차에 양정실 외(2020)가 제시한 질 높은 학생 참여 중심 수업의 실천 방안[1]을 적용해보면 학습자가 계획하고 실행하는 학생 참여 중심 과정 평가 절차를 고안해볼 수 있다.

미술과 과정 중심 평가의 첫 번째 단계는 '교수・학습 및 평가 계획 수립'으로 이 단계에서 교사와 학생은 '수업 목표와 성취기준을 공유하는 수업 전 활동'을 해야 한다. 초등학교에서 학습자 개개인의 관심에 따라 과목을 선택하도록 하는 것이 아직은 어렵겠지만, 학생의 학습 동기를 높이고 적극적인 참여를 끌어내기 위해서는 초등학생 때부터 자신이 왜 이 과목을 배워야 하며 교과 목표와 핵심 역량이 무엇인지에 대한 이해와 수업 계획에 대한 공유가 필수적이다. 특히 교과서 중심으로 수업이 실행되는 상황에서 교과서에 있는 내용과 진도를 따라가기에 급급하기보다는 성취기준에 대한 이해를 우선하여 학습자의 특성에 부합하고 학습자가 좋아하는 교수・학습 방법을 선택

1) ① 수업의 목표와 비전을 공유하는 학기 초 활동 ② 의미 있고 도전적인 학습 경험 구성③ 학습 목표, 활동, 자원의 선택 기회 부여 ④ 교사-학생, 학생-학생 간 상호작용 활성화 ⑤ 학생의 학습 특성을 고려한 교수・학습 전략 활용 ⑥ 학생의 학습 경험 진술을 통한 수업 성찰(양정실 외, 2020, p. 416)

하여 교사와 학생이 공동으로 수업을 실행하고 평가할 수 있어야 한다. 2022 개정 미술과 교육과정의 목표는 미술 교과 역량을 반영하여 제시되었다. 다시 말해, "미술 교과 역량과 미술과 목표를 일체화하여 역량 중심 교육과정의 성격을 명확히 한 것이다(배주경, 박소영, 이미경, 권점례, 이지수, 이소연, 2023, p. 468)." 학교에서 미술을 배우는 학습자가 미술교육의 목표와 미술 교과를 통해 함양해야 할 5가지 교과 역량을 알지 못한 채 수업에 참여하는 것은 목적지를 모른 채 바다를 항해하는 배를 탄 것과 같다. 따라서 학생들에게 교육과정의 목표, 교과목의 목표, 미래 사회에 필요한 핵심 역량이 무엇인지를 수시로 주지하고 공유하는 활동은 단편적인 지식과 기능을 가르치는 것보다 중요하고 우선되어야 한다.

미술과 과정 중심 평가의 두 번째 단계는 '평가도구 제작하기'로 이 단계에서 학생 참여 중심 평가의 실천 방안 중 하나인 '학습자가 평가 목표, 방법, 시기 등 평가 계획 수립과 평가 기준 마련'이 적용 가능하다. 과정 중심 평가의 평가도구는 평가 목표와 방법에 맞게 개발하는 것으로 학습자의 수행 과정을 파악하고 피드백하여 성장을 돕는 수행평가가 적합하다. 조한무, 장준걸, 유병욱, 박태준, 이성진, 설진희(2020)는 과정 중심 평가에 대한 다양한 정의에서 세 개의 공통적인 요소-성취 기준을 기반으로 함, 학생의 변화와 성장에 대한 자료를 수집, 피드백을 제공하며 지속적으로 환류함-를 추출했다고 한다. 이러한 특징에 기초하여 교육과정, 수업, 평가가 일체화되는 수행평가로 포트폴리오가 가장 적합하다는 결론을 내리고 초등 미술 수업에서 활용할 수 있는 포트폴리오 평가도구를 개발하였다(조한무, 장준걸, 유병욱, 박태준, 이성진, 설진희, 2020). 미술 수업에서 포트폴리오는 학기별 혹은 연간 학생의 최종 실기 결과물을 수집한 자료집으로 인식되어 왔다. 학습자가 오랜 기간 다양하게 학습하고 그에 대한 결과물을 모았다는 점에서 과정 중심 평가에 포트폴리오가 일견 적합해 보일 수 있으나, 결과물이 나오기까지의 학습 '과정(process)'이 포함되지 않는다면 과정 중심 평가로 보기가 어렵다. 이를 보완하기 위해 제안된 것이 '프로세스폴리오법'인데 프로세스폴리오는 프로세스(process)와 폴리오(folio)의 합성어로 최종 결과물뿐 아니라 작품 계획, 초기 스케치, 수집한 자료와 데이터, 자기나 동료의 비평, 교사의 피드백 등이 포함된다. 2022 개정 미술과 교육과정에서도 포트폴리오법과 프로세스폴리오법을 활용하여 미술 활동 과정에서의 학습자의 성찰과 변화를 파악하고 성장 정도를 평가할 것을 요청하고 있다(교육부 2022c). 프로세스폴리오를 포함한 포트폴리오는 과정 중심 평가가 강조되기 이전부터 수행평가의 방법으로 많이 알려져 왔고, 역량 함양을 위한 과정 중심 평가가 중요시되면서 재조명된 것으로 보인다. 포트폴리오법이 학생의 발달 과정을 잘 보여주며 교사의 의견이 필수적으로 들어가 학습자의 성장을 돕는 평가 방법이라는 것에는 동의하지만, 과정 중심 평가가 곧 포트폴리오라고 인식하는 것은 지양해야 한다. 마찬가지로 학생 참여 중심 평가를 할 때 학습자가 원하는 수행평가 방법을 선택하도록 하고, 교사는 수행평가 방법의 장단점을 제대로 파악하지 못한 학생에게 적절한 평가 방법을 알려줌으로써 학습자 개별 맞춤형 평가가 시행될 수 있도록 해야 한다.

평가 방법을 결정하고 평가도구를 개발하는 과정에서 '교사-학생, 학생-학생 간 상호작용'이 활성화될 수 있는 허용적인 분위기를 조성하는 것도 교사의 주요한 역할이다. 2022 개정 미술과 교육과정의 교수・학습 및 평가에서는 "학습자 주도성, 다양한 학습자를 고려한 개별화・맞춤형 교수・학습, 다양한 학습 격차 문제 해결을 위한 평가 등을 새롭게 강조하고 있다."(배주경 외, 2023, p. 487) '학습자 주도성'은 오랜 기간 현장 교사들에게 매우 중요한 이슈로 논의됐으며 교사들은 학생들이 적극적으로 참여하고 주도하는 활발하고 생생한 수업을 만들기 위해 많이 고민하고 연구한다. 그런데 학습자의 자기 주도성을 어느 수준으로 끌어올려야 할지 가늠할 수 있는 기준이 없다면 학습자 주도적인 수업의 성취 여부를 판단하거나 새로운 방안을 모색하기가 어렵다. Treffinger(1982)는 학습자의 자기 주도성 수준을 4단계로 나누어 자기 주도 학습 모형을 제시하였고(최미정, 2004, 재인용), 이는 학생 참여 중심 수업과 평가 실행에 유의미한 시사점을 준다. 미래 사회를 대비하여 미래형 교육과정을 개발할 때 학습자의 역할은 점점 더 커질 것으로 예상되는 가운데, 교실에서 학습자의 자기 주도성 수준이 어디 정도인지는 지역, 학교, 교사, 학생에 따라 다를 수 있다. 그러나 분명한 것은 교사 주도의 수업은 역량 중심 교육과정을 구현하는 방법이 아니라는 것과 앞으로는 학생들이 스스로 교육 목표를 정하고, 연구를 수행하고, 평가까지 완수할 수 있는 Treffinger의 자기 주도 3수준을 향해 나아가야 한다는 것이다. 이제 막 학생 참여 중심 평가의 중요성이 거론되고 관련 연구가 수행되어야 하는 시점에서 학습자 주도성을 어떻게 바라보고 어떤 기준으로 목표를 설정할 것인가는 매우 중요한 문제이며 이에 대한 논의는 지속해서 이루어져야 한다.

미술과 과정 중심 평가의 나머지 세 절차는 '평가 시행, 채점, 결과 분석 및 활용'이다. Treffinger가 구분한 자기 주도 2수준의 수행평가는 동료들에 의한 피드백과 교사와 학생 간 회의가 이루어지고, 자기 주도 3수준의 수행평가는 학생 스스로 평가하는 단계이다. 학생 참여 중심 평가를 할 때 교사의 역할이 어느 정도인지는 교사의 수업 기획 의도와 수업 상황 및 참여 학생에 따라 차이가 난다. 학생 참여 중심 평가의 질 제고 방안에 따라 학습자는 자신의 수준을 고려한 평가를 실행해야 하며, 학생과 교사는 평가 결과를 공유하고 분석함으로써 후속 학습을 계획해야 한다. 필자는 미술과 과정 중심 평가 단계, 학생 참여 중심 평가 실천 방안 여섯 가지[2], 2022 개정 미술과 교육과정에서 제시한 학생 참여 중심 평가 방법을 종합하여 '학생 참여 중심 평가' 절차를 [그림 3]과 같이 제안하고자 한다.

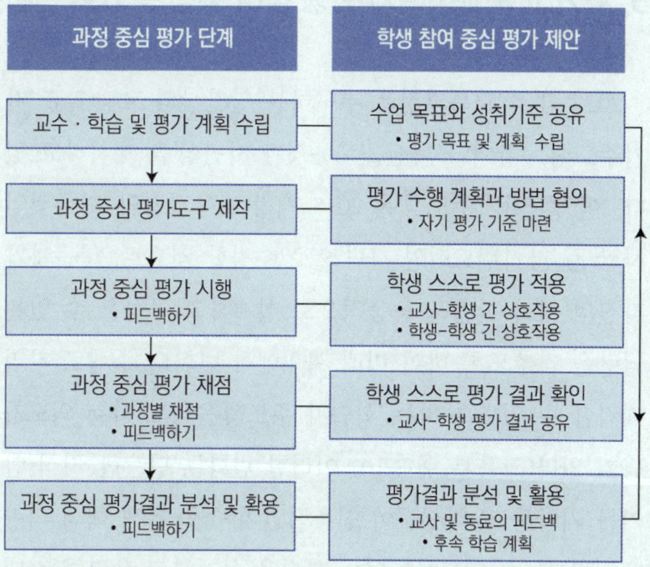

[그림 3] 미술과 과정 중심 평가 단계별 학생 참여 중심 평가 제안

학생 참여 중심 평가의 핵심은 학습자와 교수자가 수업 목표설정부터 평가 계획, 평가 적용, 평가 결과 확인, 결과 분석 및 활용까지 함께한다는 것이다. 평가는 학생의 실력을 가늠하고 서열화하는 도구가 아닌 학생의 성장과 수업을 돕고 미래 설계 방향을 안내해주는 역할을 해야 한다(조한무 외, 2020). 평가에 대한 인식의 변화, 평가 기능의 변화, 평가 시기와 주체의 변화는 새로운 교육의 흐름을

2) 양정실 외(2020)의 연구에서 제시한 '질 높은 학생 참여 중심 수업을 위한 실천 방안 6가지를 참조하여, 학생 참여 중심 평가를 위한 실천 방안 여섯 가지를 다음과 같이 제시하였다.
① 수업의 목표와 성취기준을 공유하는 수업 전 활동 ② 의미 있고 도전적인 학습 경험 구성 ③ 평가 목표, 방법, 시기 등 평가 계획 수립과 평가 기준 마련 ④ 교사-학생, 학생-학생 간 상호작용 활성화 ⑤ 자신의 수준을 고려한 학습자의 평가 실행 ⑥ 평가 결과 공유, 분석, 활용

만들어갈 것이며 이러한 변화가 가능하도록 교육 여건 개선과 수업 현장에 대한 배려 그리고 교사 재교육이 동시에 이루어져야 한다.

5. 차기 교육과정에서 학생 참여 중심 평가의 전망

2022 개정 교육과정은 추구하는 인간상의 요건으로 '자기주도성', '창의와 혁신', '포용성과 시민성'을 제시하고 있다. 이 중 '자기주도성'은 2015 개정 교육과정의 '자주적인 사람'을 '자기주도적인 사람'으로 수정한 것으로, 학습자가 자신의 삶과 학습을 능동적으로 설계하고 구성할 수 있는 역량을 갖추도록 하여 미래 사회에서 변화의 주체로 자리매김할 수 있도록 하는 '학습자 주도성'을 강조하는 의도가 담겨 있다(교육부, 2022h). 이러한 변화는 단순한 지식 암기를 지양하고, 학생들이 심층적인 학습을 통해 핵심 역량을 배양할 수 있도록 교수·학습을 설계하고 운영하는 데 필요한 '자기주도 학습 능력'의 중요성을 강조한다. 자기주도 학습 능력은 학생이 다양한 교과의 고유한 탐구 방법을 익히고, 자신의 학습 과정 및 전략을 점검하고 개선해 나가는 능력을 의미한다. 이를 실현하기 위해서는 '학생 참여형 수업'을 설계하고 운영해야 할 필요성이 있다(교육부, 2022h).

2015 개정 교육과정은 총론에서 제시한 핵심 역량인 자기관리 역량, 지식정보처리 역량, 창의적 사고 역량, 심미적 감성 역량, 의사소통 역량, 공동체 역량의 함양을 위한 방안으로 '학생 참여 중심 수업'과 '과정 중심 평가'를 새롭게 도입하였다. 과정 중심 평가는 이전의 결과 중심 평가에서 탈피하여 새로운 시각과 변화를 제시했다는 점에서 의미가 있지만, 평가의 주체가 여전히 교사 중심으로 이루어져 있음에 따라 학생의 자주성과 주도성을 강조하는 교육과정-수업-평가의 일체화를 이루지 못했다는 한계를 지닌다. 이러한 문제점을 해결하고 학습자 주도적인 교육이 실현될 수 있도록 2022 개정 미술과 교육과정에서는 학생이 자신의 학습 과정과 결과를 스스로 평가할 수 있는 기회를 제공하는 '학생 참여 중심 평가'를 새롭게 제안하였다.

학생 참여 중심 평가는 학생 참여 중심 수업을 심화할 수 있는 효과적인 평가 방법으로, 교육과정-수업-평가 간의 일관된 연계를 가능하게 한다. 그러나 학생 참여 중심 평가에 대한 연구가 부족하여 이의 개념, 방향, 방법이 명확하지 않으며, 섣부른 적용은 학교 현장에 혼란과 부담을 초래할 수 있다. 최무연(2020)은 학생 중심 수업의 주요 특징으로 교사와 학생 간의 수업 공유, 학습 촉진자로서의 교사의 역할, 학생의 강점 존중, 삶과 현실의 반영, 사회적 기술 및 책무성을 강조하였다. 이와 비슷한 맥락에서 양정실 외(2020)의 연구에서는 질 높은 학생 참여 중심 수업을 하기 위한 교사의 교육적 실천 방안으로 1. 수업의 목표와 비전을 공유하는 학기 초 활동, 2. 의미 있고 도전적인 학습 경험 구성, 3. 학습 목표, 활동, 자원의 선택 기회 부여, 4. 교사-학생, 학생-학생 간 상호작용 활성화, 5. 학생의 학습 특성을 고려한 교수·학습 전략 활용, 6. 학생의 학습 경험 진술을 통한 수업 성찰을 제안했다.

필자는 학생 참여 중심 수업의 특징과 방안, 2022 개정 미술 교육과정, 과정 중심 평가의 개념을 종합하여 학생 참여 중심 평가를 '수업과 평가 활동이 일관성을 갖도록 학습자와 교사가 평가 계획과 방법에 대해 협의한 후 평가 기준을 마련하여 이를 근거로 교수·학습 과정에서 학습자가 실행하는 평가'로 정의하였다. 또한 고황경(2020)이 개발한 미술과 과정 중심 평가 절차를 참고하여 '학생 참여 중심 평가 단계'를 제안하였다. 새로운 평가 패러다임으로서 과정 중심 평가의 이해와 적용이 어려운 상황에서 학생 참여 중심 평가를 제시함으로써 교사들이 겪는 혼란이 심화될 수 있지만, 과정 중심 평가와 학생 참여 중심 평가는 상호 보완적인 평가 방향으로 작용할 수 있다. 교사와 학생이 수업 목표 및 평가 계획을 공유하고, 수업 전 과정에서 학습자가 주도적으로 평가를 시행할 때 비로소 본래의 목적을 달성할 수 있을 것이다.

학습자의 삶과 성장을 고려한 질 높은 수업 제공을 위해 새로운 평가 방향과 방법이 지속적으로 제안되고 있음에도 불구하고, 입시 위주로 수렴되는 평가 체제 안에서 학생과 교사 모두 교육의 주체로서 자율성과 창의성을 상실해 가고 있는 현실은 매우 안타깝다. 교사들은 입시 제도에 맞춰 수업과 평가를 실행할 수밖에 없는 상황 속에서, 2022 개정 미술 교육과정에서 제안한 학생 참여 중심 평가는 기존의 단편적인 학생 참여 평가(자기평가) 접근을 넘어, 학습자가 보다 능동적이고 주도적인 주체로서 평가에 적극적으로 개입할 수 있는 가능성을 제시함으로써 학습자가 배움과 탐구에서의 주도성을 회복하는 데 기여할 수 있다.

미술교과만이 아니라 교육과정 총론을 비롯한 다수의 교과에서 지속해서 강조하는 과정 중심 평가, 학생 참여 중심 평가 등 새로운 평가 패러다임이 학교 현장에 보다 적극적으로 수용되고 정착되어야 할 것이다. 이를 통해 입시 위주로 경직된 교육 환경에서 학습자가 수업의 주체로 자리매김하는 실질적인 변화가 이루어지고, 미래 사회에 적절히 대비할 수 있는 교육적 가능성이 열릴 것으로 기대된다.

* 이 글은 장현주(2024), 학생 참여 중심 평가의 의미와 방법 고찰: 2022 개정 미술과 교육과정을 중심으로(조형교육, 89집)를 수정 보완한 원고임.

장현주(덕천초등학교)

41 미술교육에서의 서술형 및 논술형 평가

1980년대에 접어들면서 기존의 선다형 평가만으로는 교수-학습 활동 내용에 대한 학습자의 이해도를 충분히 측정할 수 없다는 비판을 배경으로 수행평가가 새롭게 등장하게 되었다. 수행평가는 학생들의 창의력과 문제해결능력을 평가하고 결과보다는 과정을 중시하는 평가의 개념이었으나, 처음 도입 단계에서의 인식 부족으로 당초에는 여러 시행착오를 야기하였다. 이후 수행평가가 교육현장에 정착하기 시작하면서 새롭게 도입된 것이 서술형 · 논술형 평가이다. 이는 기존의 선택형, 단답형 문항 중심 평가만으로는 학생들의 고등 정신능력을 제대로 평가하기 어렵다는 지적에서 비롯된 것이었다. 종전의 2015 개정 교육과정에서의 서술형 · 논술형 평가는 지필평가가 사라지고 '서술형 및 논술형 검사법'으로 대체되었으며, 이전보다 더욱 확대되었다. 새로운 2022 개정 교육과정에서는, 학생의 지식과 기능, 문제해결, 비판적 사고, 창의적 사고 등의 고차원적 사고, 정의적 태도 역량을 평가하여 학생의 성장을 돕는 평가를 지향하고 있다. 특히 총론에서도 학생 개개인의 교육목표 도달 정도를 중요시하고 있으며, 학습 과정을 확인하고 평가하여 학습자의 성공적인 학습과 사고능력 함양에 주안을 두도록 강조하고 있다. 특히 미술과에서의 서술형 · 논술형 평가는 학생들의 분석력, 비판력, 조직력, 종합력, 문제해결력, 창의력 등을 측정하는 데 유용하며, 학생에게 다양한 답이 존재할 수 있다는 인식을 갖게 하고 그 과정에서 자신의 사고를 정립하여 자아를 이해할 수 있는 기회를 제공한다. 자신의 삶의 문제를 고민해가는 과정에서 학생들은 성장해 가고 삶을 풍부하게 만들 수 있을 것이다.

1. 미술과 교육과정에서 서술형 · 논술형 평가 관련 내용 분석

1) 서술형 · 논술형 평가의 교육과정 등장 배경

시대에 따라 교육철학과 사조별 교육목적, 교육내용이 변화함과 동시에 교육평가의 기준 또한 함께 변화되어왔다. 종래에는 주로 미술표현 결과물의 조형적 완성도를 중심으로 평가하였지만, 오늘날에는 학습자의 학습 과정에서 결과물까지를 종합적으로 평가하는 것이 일반적이다. 즉, 종래 학업성취도를 측정하기 위한 교사 중심의 '학습결과에 대한 평가(assessment of learning)'는 최근 들어 상황과 맥락에 근거한 평가, 의미를 창출하기 위한 평가방향에 기반하여 평가와 학습을 통합한다는 개념에서의 '학습으로서의 평가(assessment as learning)', 혹은 '학습을 위한 평가(assessment for learning)'의 패러다임으로 변화되고 있다(McMillan, 2014). 이와 같은 과정 중심적 평가 속에서 학습자는 교사와의 상호작용을 통해 다양한 피드백을 얻고, 이를 정보로 활용하여 자기 작업물을 책임감 있게 구성해나갈 수 있다(McMillan, 2014). 특히 1980년대에 접어들면서 기존의 선다형 평가만으로는 교수-학습 활동 내용에 대한 학습자의 이해도를 충분히 측정할 수 없다는 비판을 배경으로 수행평가가 새롭게 등장하게 되었다. 수행평가는 학생들의 창의력과 문제해결능력을 평가하고, 결과보다는 과정을 중시하는 평가의 개념이었으나, 처음 도입 단계에서의 홍보와 관계자들의 인식 부족으로 학생 및 교사 모두에게 과제물과 그것의 채점에 드는 시간과 노력만 늘었다는 부담으로 인식되어 그 본질은 점차 의미를 잃어 갔다(박도순 외, 2007). 그러나 수행평가가 교육현장에 정착할 무렵, 새롭게 도입된 것이 바로 서술형 · 논술형 평가이다. 이는 기존의 선택형, 단답형 문항 중심 평가만으로는 학생들의 고등 정신능력을 제대로 평가하기 어렵다는 지적에서 비롯된 것이었다.

2) 지난 교육과정에서 서술형 · 논술형 평가의 전개

1997년 제7차 교육과정 때부터 수행평가와 포스트모던 검사 이론(Postmodern test theory)이 대안적 평가의 하나로 등장하였고, 이는 학습과 평가가 학생의 특성과 여러 상황에 따라 다르게 진행되어야 함을 의미하는 상황 기반 평가(situated evaluation)와 맥락 기반 평가(contextualized evaluations)를 강조하였다. 이후 2009 개정 교육과정에서는 선택형 평가보다는 서술형이나 논술형 평가, 그리고 수행평가의 비중을 늘려 교과별 특성에 적합한 평가를 시행하도록 하였다. 이에 따라, 미술과에서의 서술형 · 논술형 평가는 지필평가와 수행평가 중 감상문 작성이나 연구보고서법 등을 활용하여 실시되었다. 2012년부터는 중 · 고등학교에 성취평가제를 적용하여(교육과학기술부, 2011) 결과 중심의 서열화를 위한 평가에서 벗어나고자 하였고, 자유학기제를 자유학년제로 확대하면서 과정을 중심으로 한 평가를 강화하는 계획을 발표하였다(교육부, 2017). 이후 학교교육에서는 서술형 및 논술형 평가방법이 확대되고, 과정 중심 평가가 추진, 시행되고 있다. 과정 중심 평가는 2015 개정 교육과정 총론과 2015 문 · 이과 통합형 교육과정 총론 주요 사항 등과 같은 국가 수준에서의 공식 문서에서도 그 중요성이 명시되었다(박일수, 2022). 또한, 교육부(2015)는 2015 개정 미술과 교육과정에서 창의 · 융합 능력, 자기 주도적 미술학습 능력, 시각적 소통 능력, 미적 감수성, 미술문화 이해 능력을 함양하기 위해 과정 중심의 평가를 기획, 실행하도록 강조하였다.

그러나, 서술형 · 논술형 평가는 실제 운영상 많은 문제점이 나타났다. 우선 서술형 · 논술형 평가에 대한 개념 정리가 제대로 이루어지지 않았고, 교사를 대상으로 한 연수와 사전교육 등 실질적인 준비가 충분하지 못하였다. 아울러, 서술형 · 논술형 평가에 대한 학생 및 학부모들의 이해도 충분히 구하지 못하였다. 2013년 학교 만족도 조사 결과에서는 종종 학생들의 가장 불만족스러운 영역으로 '평가'가 꼽혔고 그 중 서술형 · 논술형 평가에 대해 가장 불만이 많은 것으로 나타났다(경기도교육청, 2013).

3) 2022 개정 교육과정에서 서술형 · 논술형 평가 내용 분석

2022 개정 교육과정 총론에서도 학생 개개인의 교육목표 도달 정도를 중요시하고 있으며, 학습 과정을 확인하고 평가하여 학습자의 성공적인 학습과 사고능력 함양을 지향하고 있다. 아울러, 평가 결과를 통한 교수 · 학습의 질을 개선할 것, 학습자 스스로 자신의 학습을 성찰하고 개선할 수 있도록 할 것을 중요한 유의사항으로 언급하였다. 〈표 1〉은 2022 개정 교육과정 총론에서의 평가 방향이다(교육부, 2022).

〈표 1〉 2022 개정 교육과정 총론의 평가 방향(교육부, 2022, p. 12)

평가 방향	내용
학생 개개인의 교육목표 도달도를 통해 교수 · 학습의 질을 개선하는 데 주안을 둔다.	• 학생이 학습 과정을 스스로 성찰하고 개선할 수 있도록 하고, 평가 결과를 통해 수업의 질을 개선한다.
성취기준에 근거하여 평가 활동이 일관성 있게 이루어지도록 한다.	• 학습자의 성공적인 학습과 사고를 위해 결과에 이르기까지의 과정을 확인하고 환류한다. • 다양한 수업 중 산출물을 활용하여 학생의 성장에 대해 분석하여 구체적이고 명확한 맞춤형 피드백을 제공하도록 한다.
교과의 성격과 학습자 특성에 적합한 평가를 진행한다.	• 서술형, 논술형 평가의 비중을 확대한다. • 타당하고 합리적인 평가 기준을 마련 후 실시한다. • 학교의 여건 및 과목의 특성을 고려한 다양한 지능정보 기술을 활용하여 학생 맞춤형 평가를 활성화한다.

이상 총론에서의 평가 방향을 바탕으로, 2022 개정 미술과 교육과정에서는 이전 교육과정보다 평가의 방향뿐 아니라 평가 방법도 상세하게 제시하고 있다. 이는, 교육과정 내에서 제시하는 평가 방향의 모호성과 추상성으로 인한 평가 기피를 막고자, 교수·학습별, 영역별 평가 가이드를 상세하게 제공한 것이다. 다음의 〈표 2〉는 2022 개정 미술과 교육과정의 평가 방향을 정리한 것이다.

〈표 2〉 2022 개정 미술과 교육과정 평가 방향(교육부, 2022, p. 86)

평가 방향	내용
학습자의 성취 수준을 고려하여 미술과 교육과정의 목표 및 성취기준을 달성할 수 있도록 평가 계획을 수립한다.	• 평가 계획을 수립하고, 이를 학습자에게 미리 제시하여 평가에 대한 신뢰성을 높인다. • 영역별 특성을 고려한 다양한 평가방법을 구안한다. • 학습자의 태도와 과정, 결과를 균형 있게 평가한다. • 교수·학습과 평가가 일관성을 갖도록 유의하여 평가한다.
학습자의 성취기준 과정과 결과를 중시하는 평가를 실행하여 학습자의 성장과 발달을 지원한다.	• 학습자가 자신의 과정을 돌아보고 스스로 자신의 과정을 성찰하고 보완할 수 있도록 한다. • 지식·이해, 과정·기능, 가치·태도를 포함하여 피드백을 제공한다. • 수업 중에 발생하는 다양한 산출물(아이디어 스케치, 보고서 등)과 학생의 성장 과정에 대한 기록을 바탕으로 맞춤형 피드백을 제공한다. • 학습자가 자기 평가, 동료 평가를 통해 스스로 반성할 수 있도록 기회를 제공한다.
디지털 도구를 활용한 평가 방법을 실행한다.	• 온·오프라인 연계 수업 상황에서 수업 과정의 산출물을 기록하고 디지털 도구를 활용하여 실시간으로 피드백과 학생 간 상호 평가를 진행한다. • 원격수업 상황에서도 학습자의 성장과정을 지속적으로 점검하고 피드백한다.
학습자가 성찰할 수 있는 기회를 제공한다.	• 개별 평가와 모둠 평가를 적절히 활용하고 학습자 개개인의 역할을 고려하여 평가 기준을 선정한다. • 교사의 평가와 학습자끼리의 평가 외에도 학습자들이 스스로 자신의 학습 단계를 성찰할 기회를 가질 수 있도록 한다.
평가 결과를 활용한다.	• 과정중심 평가를 통해 학습자의 수준과 도달해야 할 수준 간의 차이를 피드백하여 학습자의 성장을 지원한다. 이때 학습자 간 상호 피드백의 기회를 제공할 수 있다. • 학습자의 수행 과정을 점검하여 수업의 질을 개선하기도 하고, 학습자의 진로 지도에 활용하기도 한다. • 학습자의 개인차를 고려하여 성장을 돕는 평가 결과 제공을 통해 학습자를 긍정적인 방향으로 촉진한다.

다음 〈표 3〉은 2022 개정 미술과 교육과정 평가 방향에 기반한 구체적인 평가 방법을 정리한 것이다.

〈표 3〉 2022 개정 미술과 교육과정 평가 방법(교육부, 2022, p. 92)

평가방법	내용
교수·학습과 연계된 과정중심의 평가를 통해 학습자의 성장을 돕는다.	• 학습자의 계획서, 스케치, 과정 보고서 등을 활용하여 교수·학습의 과정 안에서 평가를 시행한다. • 결과 중심의 평가를 지양하고, 과정 중심의 평가를 시행한다. 이때 교사는 학습자의 성장 과정을 관찰 후 기록하며 맞춤형 피드백을 제공하도록 한다. • 서술형 평가에서 채점 기준에 따른 피드백을 제공한다.
평가 목표, 내용, 상황 등을 고려하여 포트폴리오법, 실기 평가 등 다양한 평가 방법을 적절하게 활용한다.	• 다양한 평가 방법을 활용하여 미술 지식을 바탕으로 다른 사람과 소통하는 능력을 파악한다. • 포트폴리오법과 프로세스폴리오법을 활용하여 과정 중심 평가를 시행한다. 이를 통해 학습자의 성장 정도를 파악할 수 있다. • 학습 단계와 성취를 다양한 방면에서 점검하고 평가한다. • 과정이 담긴 산출물을 통해 수업 목표와 성취기준을 근거로 결과를 평가하고 다음 수업 목표 설정의 자료로 활용한다. • 협동 활동 시 개인의 역할과 비중을 고려하여 공정하게 평가한다.
교수·학습 활동에 따라 미적 체험, 표현, 감상 영역을 균형있게 평가한다.	• 미적 체험 영역에서는 자신과 대상, 환경을 탐색하는 능력을 평가하기 위해 관찰법, 연구보고서법 등을 활용한다. • 표현 영역에서는 작품 제작 과정 및 평가를 위해 포트폴리오, 프로세스폴리오 등을 활용하고 과정중심 평가를 위한 계획서, 체크리스트, 자기평가 등의 방법을 활용한다. • 감상 영역에서는 작품을 맥락적으로 감상하고 이해하는 정도를 평가하기 위해 연구 보고서법, 감상문 등을 활용한다.
다양한 디지털 도구를 활용하여 평가한다.	• 디지털 도구를 활용하여 아이디어 스케치, 과제 수행 과정 등을 관찰하고 평가하며 학습자에게 맞춤형 피드백을 제공한다.
학습자가 평가에 참여하는 학생 참여 중심 평가를 운영한다.	• 학습자가 평가를 기획하고 실행할 수 있도록 교사는 평가 조력자의 역할을 수행한다. • 학습자가 수행 방법에 대해 교사와 협의한 후 자기 평가 기준을 마련하여 스스로 평가할 수 있도록 기회를 제공한다.

이와 같이 2022 개정 미술과 교육과정에서는 과정 중심 평가의 중요성과 더불어 구체적인 과정 중심 평가 활용방안이 제시되어 있으며, 본격적인 개별 맞춤 피드백 및 평가 진행을 권고하고 있다. 그러나 이와 같은 평가 패러다임의 변화에도 불구하고, 여전히 여러 학교 현장에서는 단순한 지식전달식 수업과 결과 중심 평가에 머무르고 있는 경우가 적지 않다. 이와 같은 과거의 평가도구는 미래 사회에 필요한 복합적 문제해결 역량, 주도권 역량, 적극적 학습 및 학습 전략 역량, 창의성, 독창성(World Economic Forum, 2020) 등을 제대로 평가하기에 부적합하다고 지적되고 있어 개선이 필요하다.

2. 서술형 · 논술형 평가 관련 선행연구

1) 미술과에서의 평가의 개념 및 과정 평가의 의의

교육에서의 평가란 교육과정의 계획 · 실천에 있어서 교육목표가 올바르게 설정되었는지, 목표 실현을 위한 교육 활동의 계획과 과정은 적절한지, 그리고 궁극적으로는 교육의 목표가 제대로 성취되었는지를 확인 · 판단하는 일련의 과정을 말한다. 다시 말하면, 교육평가는 수업이 이루어진 후 학습자들이 수업 목표에 도달한 과정을 총괄적으로 평가하는 것을 의미하며, 이에 대해 정의한 여러 학자의 견해를 정리하면 다음 〈표 4〉와 같다. 특히 Tyler(1949)는 교육과정이나 프로그램으로 의도된 교육목표가 어느 정도 실현되었는지를 밝히는 과정을 교육평가라고 정의하였으며, 이는 교육의 목표가 얼마나 잘 시행되었는지, 교육하는 데 있어 미비점이 무엇인지, 교육의 효과가 얼마나 향상되었는지 등을 판정하는 것을 의미한다. 이와 더불어, 김호권 외(2018)는 각종 검사(시험 또는 고사)와 측정 활동 등의 선행과정에서 얻은 정보를 기초로 하여 교육목표의 달성 정도를 파악하는 가치판단 행위를 교육평가라고 하였다.

〈표 4〉 교육평가에 대한 학자별 정의(송지은, 2023, p. 4)

학자	교육평가의 정의
Tyler(1949)	교육목표 달성 여부의 판단 과정
Stufflebeam(1973)	의사결정 대안을 판단하기 위한 유용한 정보를 기술, 수집, 제공하는 과정
Nevo(1983)	교육 대상에 대한 체계적인 기술과 가치와 판단 과정
Scriven(1991)	어떤 것의 가치, 장점을 판단하는 과정 또는 그 결과
Wanzer(2021)	효율성과 효과성, 목표 도달 충족 여부 등을 판단하는 행위

한편, 미술과 교육에서 이뤄지는 평가의 목적 역시 학생 개개인의 성장 과정을 모니터하여 피드백을 제공하고, 학습 목표를 성취했는가를 점검하며, 그 결과를 학생과 교사, 그리고 학부모에게 제공함으로써 앞으로의 교육적 노력의 방향을 효율적으로 결정하도록 돕는 데 있다. 또한 평가의 결과를 반영한 교육과정의 계속적인 수정, 보완을 통하여 궁극적으로는 미술교육의 질을 관리하는 데 최종적인 목적을 두고 있다(박소영 외. 2006).

미술교과의 평가에 있어서는, 지속적인 관찰을 통하여 학습 태도, 과정 및 결과를 균형 있게 평가하되, 평가 방법은 평가 목적과 평가 내용에 적합한 것을 선정하며, 타당도, 신뢰도, 객관도가 높은 평가 방법과 도구를 개발하여 활용할 필요가 있다.

미술과에서의 평가 중 서술형 · 논술형 평가와 관련된 선행연구로, 고황경(2020)은 미술교육에 있어 과정 중심 평가가 학습자를 수시로 진단하고 미술 학습능력을 향상하는 데 적절하다는 근거를 제시하며 과정 중심 평가의 필요성을 강조하였다. 남명호(2006)는 학생의 창의력과 문제

해결력을 길러줄 수 있는 교육으로의 전환을 위해 서술형·논술형 평가의 정착이 시급하다고 주장하였다. 또한, 양알마(2016)는 중학교 미술과 서술형·논술형 평가의 실태를 분석하고 그 개선 방안에 대해 고찰하였으며, 박소영 외(2006)는 미술 수업에서 학생평가를 효과적으로 잘 하기 위한 방안의 하나로서 서술형·논술형 평가방법에 대해 제언하였다.

2) 서술형 · 논술형 평가의 의미

서술형·논술형 평가는 학생이 알고 있는 정보나 지식 등을 활용하여 문제에 대해 논리적으로 분석, 설명, 해석하거나, 창의적으로 문제를 해결할 수 있는 능력을 측정하는 평가 유형이다(김주환, 2010). 서답형 문항 중 서술형·논술형은 주어진 질문에 대해 여러 개의 문장으로 응답하는 문항 형태로, 학생이 문제에 접근하는 방법, 정보를 활용하는 방식, 답을 구성하는 방식 등에서 크게 제한을 받지 않는다. 보통 서술형과 논술형이 혼용되어 사용되고 있지만 이를 굳이 분류하여 정의하자면, 서술형은 논술형에 비해 서술해야 하는 분량이 많지 않고 채점할 때 서술된 내용의 깊이와 넓이에 주된 관심을 두는 문항인 반면에, 논술형은 학생이 자기 나름대로의 생각이나 주장을 논리적으로 설득력 있게 조직하여 작성해야 함을 강조하는 문항이다(양알마, 2016).

학교 현장에서 흔히 사용되는 평가의 한 방법인 지필평가는 선다형, 진위형, 연결형 등 선택형 문항과 단답형, 완성형, 서술형, 논술형 등의 서답형 문항으로 구분되는데, 이 가운데 서술형 문항은 출제자가 제시한 문항에 대해 학생이 답이라고 생각하는 지식이나 의견 등을 직접 서술하는 방식으로, 보통 어떤 개념을 이해했는지 확인하기 위해 설명하거나 짧게 요약해 보라는 등의 문제가 있다. 논술형 문항은 학생 나름의 생각이나 주장을 논리적으로 설득력 있게 기술하는 것으로, 주로 서론, 본론, 결론 등으로 구성해 글을 쓰는 방식이다. 논술이란 어떤 문제에 대해 자신의 견해나 주장을 논리적 과정을 통해 전개하는 것이다. 즉 문제를 발견하고 그것을 구체화하여 이를 해결하기 위한 주장을 내세우고 자신의 주장을 논증의 방식으로, 상대방에게 설득력 있게 전달하는 종합적 글쓰기 양식이라 할 수 있다. 이와 같은 논술의 방식을 평가에 적용하는 것이 논술형 평가이다.

경기도교육청 「성장중심평가를 위한 논술형 평가 길라잡이」에 따르면, 학교에서 실시하는 논술형 평가는 각 교과의 교육과정과 성취기준을 바탕으로 수업의 연장선에서 학생의 지식과 -지필로 측정할 수 있는-기능, 문제해결, 비판적 사고, 창의적 사고 등의 고차원적 사고, 정의적 태도, -지필로 측정 가능한- 역량을 평가하여 학생의 성장을 돕는 평가라고 설명하고 있다. 원리가 적용되고, 논리나 사고가 확장되거나, 지식의 재구성이 이루어지면 논술형 평가로 볼 수 있다(경기도교육청, 2022).

3. 미술과 서술형 · 논술형 평가의 필요성 및 목적, 현황

미술과 교육에서 이뤄지는 학생평가의 목적은 학생 개개인의 성장 과정을 모니터하여 피드백을 제공하고, 학습 목표를 성취했는가를 점검하며, 그 결과를 학생과 교사, 그리고 학부모에게 제공함으로써 앞으로의 교육적 노력의 방향을 효율적으로 결정하도록 돕는 데 있다. 또한 평가의 결과를 반영한 교육과정의 계속적인 수정, 보완을 통하여 궁극적으로는 미술교육의 질을 관리하는 데 최종적인 목적을 두고 있다(교육부, 2009).

특히 서술형·논술형 평가는 학생들의 분석력, 비판력, 조직력, 종합력, 문제해결력, 창의력 등을 측정하는 데 유용하며, 학생에게 다양한 답이 존재할 수 있다는 인식을 갖게 하고 그 과정에서 자신의 사고를 정립하여 자아를 이해할 수 있는 기회를 제공한다. 자신의 삶의 문제를 고민해 가는 과정에서 학생들은 성장해 가고 삶을 풍부하게 만들 수 있을 것이다.

서술형, 논술형 평가를 통해 얻을 수 있는 장점은, 교사 입장에서는 새로운 관점에서 문항을 바라보게 되고 발문 작성을 통해 보다 정교화되고 정확한 의사를 전달하는 능력을 기를 수 있고, 또한 학생들의 관점을 이해할 수 있다. 아울러 출제와 채점 기준 작성 과정에서 동료 교사와의 심도 있는 의견 교류를 통해 교사의 평가에 대한 전문성을 향상시킬 수 있다.

학생 입장에서는, 자신이 작성한 답안을 통해 현재 성취 수준과 오개념에 대한 정보를 제공받을 수 있다. 그리고 문제에 주어진 조건, 상황을 이해하는 정도에 따라 다양한 답을 생각하게 되고 여러 개념에 대해 좀 더 포괄적인 이해를 할 수 있다. 학생들은 실생활과 관련된 평가 문항을 통하여 나와 이웃, 그리고 사회의 문제에 대해 고민하고 해결할 수 있는 능력을 기를 수 있다(경기도교육청, 2022).

이상을 통해 서술형·논술형 평가는 교사와 학생의 상호작용을 기반으로 학생들로 하여금 자발적인 학습을 가능하게 해주며, 학생의 창의력과 사고력, 자기주도적 학습 능력 등을 길러준다는 점에서 그 중요성을 확인할 수 있다.

4. 미술과 서술형 · 논술형 평가의 내용과 방법

1) 미술과 서술형 · 논술형 평가의 내용

서술형 및 논술형 평가는 학습자가 자신의 생각이나 주장을 창의적이고도 논리적으로 설득력 있게 구성하여 서술하는 방식으로, 미술에서 표현 매체와 용구, 조형 요소와 원리, 제작 방법 등에 관한 지식, 자연미와 조형미의 이해, 미술과 생활의 관계, 미술사와 미술 감상, 미술비평에 대한 학습자의 학습능력 등을 평가하는 데 적절하다(김형숙, 2010).

서술형 평가는 단순한 지적 능력인 지식, 기능뿐만 아니라 고등정신 능력인 분석력, 비평능력, 종합력과 정의적인 능력인 호기심 등 주어진 질문 또는 지시에 따라 자유롭게 답을 구상하고 스스로 생각을 풀어낸 지식의 총체적인 능력을 평가하게 된다. 논술형 평가는 종합적이고 객관적으로 채점하고 학생의 다양한 사고력 증진과 미술 가치의 이해, 판단 능력을 증진시키는 자료로 평가하고 활용한다.

박소영(2006)은 인지적, 정의적, 심동적 영역에서의 평가 관점과 미술과 교육과정 상에서 영역별로 제시하고 있는 평가 관점에 근거하여 미술과 평가 내용을 다음의 〈표 5〉와 같이 제시하였다. 이는 미술과에서의 서술형·논술형 평가에 있어서도 적용되어야 할 사항이다.

〈표 5〉 미술과 평가 내용(박소영, 2006, p. 17)

내용	하위 내용
지식	• 이미 배운 사실, 개념, 원리, 방법, 유형, 구조 등의 기억 • 특수 사상, 용어, 특수 사실, 특수 사상을 다루는 방법과 수단, 형식 혹은 관례, 경향과 순서, 분류와 유목, 준거, 방법론, 보편적·추상적 사상, 원리와 법칙, 이론과 구조 등
이해	• 이미 배운 내용에 관한 의미를 파악하는 능력, 해석, 추론하는 능력 • 어떤 자료를 다른 언어나 형태의 자료로 바꾸는 번역 • 주요 부분과 부분 간의 관계를 해독하고 전체적인 견해를 갖는 해석 • 자료에 담긴 경향, 추세 또는 조건들을 해독하고 추정하거나 예언하는 추론
적용	• 이미 배운 내용을 구체적이거나 새로운 장면에 활용하는 능력 • 방법, 원리, 학설, 추상 개념의 이해를 기초로 새로운 문제사태에 활용 • 어떤 자료나 사상을 분석, 종합, 정리 • 분석, 종합, 정리를 바탕으로 새로운 결론을 끄집어내고 판단
관찰력	• 주제가 되는 대상을 관찰하고, 그 특징을 살려 나타내는 능력
상상력	• 주제나 내용을 참신하고 독특하게 구상하여 표현하는 능력
표현력	• 주제가 되는 대상을 관찰하거나 구상하여 그 특징을 살려 나타내는 능력 • 주제를 짜임새 있게 배치하고, 의도한 대로 나타내는 능력 • 입체 표현에서는 스케치를 하고, 밑그림을 옮기거나 뼈대를 제작하는 능력 • 디자인을 할 때에 구성하는 능력 • 표현 기법을 살려 나타내는 능력 • 조형 요소와 원리를 활용하여 표현하는 능력 • 제작 과정에 따라 효과적으로 표현하는 능력
재료 및 용구의 선택과 활용	• 주제나 내용에 알맞은 재료, 용구를 선택하는 능력 • 선택한 재료와 용구의 특징을 살려 효과적으로 활용하는 능력
창의성	• 주제나 내용에서 참신하고 독특한 아이디어로 표현하는 독창성 • 고정적인 주제를 변화시켜 다양하게 표현하는 융통성 • 참신하고 독특한 표현 방법을 시도하는 독창성 • 기존 재료나 도구의 사용 방식, 표현 방법을 변화시켜 다양하게 표현하는 융통성
심미성	• 전체적인 아름다움 • 형과 색의 짜임새, 전체적인 변화, 통일, 균형감 • 주제와 표현 기법 등에 의한 표현 효과 등 전체적인 조화
실용성	• 디자인, 공예에서 표현 의도와 쓰임새에 맞게 꾸미거나 만드는 능력
분석력	• 감상에서 작품에 대한 정보를 수집하고 분류하는 능력 • 작품의 구조적인 요소를 찾아내거나 지적하는 능력 • 구조적인 요소 간의 상호 관계를 찾아내거나 관계 짓는 능력
판단력	• 정보에 근거하여 어떤 가치가 있는가를 판단하는 능력 • 작품의 가치를 찾아 입증하는 능력 • 작품을 감정하고 비교하는 능력
태도	• 재료 및 용구의 준비성 • 관심을 가지고 적극적으로 표현 활동 참여하는 태도 • 설명, 비평, 친구의 견해를 듣거나 발표에 적극적으로 참여하는 성실성 • 모방하지 않고 자신 있게 표현하거나 자기의 의견을 발표하는 자신감 • 작품을 끝까지 완성하려는 태도, 작품을 소중하게 여기는 태도

2) 미술과 서술형 · 논술형 평가의 방법

미술과에 있어서 평가의 유형으로는 지필평가, 관찰법, 감상문, 토론법, 연구 보고서법, 자기평가 및 동료평가, 실기평가, 포트폴리오, 정의적 능력 평가, 교사별 평가, 서술형 · 논술형 평가 등 다양한 평가 방법을 활용한다. 그 중 서술형 · 논술형 평가는 지필평가와 수행평가의 형태로 실시할 수 있으며, 논술형 평가를 수행평가의 한 형태로 실시할 경우, 지필평가에서 제외할 수 있다.

서술형 · 논술형 평가의 방법으로서는 다음의 항목들을 들 수 있다(경기도교육청, 2022).

- 학생이 '무엇'에 대해 '어떻게' 응답해야 하는지 분명하게 알 수 있도록 발문을 작성한다.
- 측정하고자 하는 능력이 분명하게 드러나는 행동 용어 '서술하시오', '비교하시오', '분석하시오', '요약하시오', '평가하시오', '비판하시오' 등을 사용한다.
- 발문에 포함된 평가 요소가 둘 이상일 경우에는 학생이 각 평가 요소에 모두 응답할 수 있도록 각 평가 요소를 쉼표, 기호 등으로 구분하여 제시하거나 굵은 글씨체로 나타낸다.
- 발문 작성 시 언어 규범에 맞는 문어체를 사용하도록 하며, 구어나 비속어를 사용하지 않는다.

한편, 수행평가로서의 논술형 평가는 수업 과정의 한 부분으로서, 수업에서 배운 내용을 바탕으로 수업시간에 상시평가 형태로 이루어져야 하므로 집에서 해오는 과제물 방식의 평가는 지양하는 것이 바람직하다. 경기도교육청(2022)에서는 서술형 · 논술형 평가에 있어서의 주안점과 유의사항에 대한 구체적인 체크리스트를 다음과 같이 제시하였다.

〈표 6〉 서술형 · 논술형 평가 체크리스트(경기도교육청, 2022)

번호	내용	확인
1	수업목표나 성취기준에서 제시하고 있는 중요한 지식이나 기능을 평가하는가?	
2	평가 계획에 명시된 내용과 사고 수준을 평가하는 데 적합한가?	
3	학생들의 교육적 성숙도(학교급 등)에 적합한 인지적 복잡성을 요구하고 있는가?	
4	학생들이 사실, 정의, 개념, 절차를 단순히 기억해 내는 것 이상의 고차원적인 사고력을 보여 주도록 개발되었는가?	
5	출제 의도가 분명히 드러나도록 지시문이 작성되었는가?	
6	학생이 답하는 데 필요한 중요한 정보가 빠져 있지는 않은가?	
7	채점 기준은 구체적이고 명확한가?	
8	내용상 오류가 없는가?	
9	일정 시간 내에 문제를 해결하는 데 적절한 분량인가?	

5. 차기 교육과정에서 서술형 · 논술형 평가의 전망

미술과 서술형 · 논술형 평가에 대한 개선 방안으로는 채점기준을 통한 공정성 및 객관성 확립이 시급하다. 이를 위해서는 미술과를 위한 서술형 · 논술형 평가 문제와 채점 기준 및 척도 자료집을 개발, 보급할 필요가 있으며, 교육청 단위로 이를 추진해 나가는 것도 구체적인 방안이 될 수 있다. 이때, 서술형 · 논술형 평가 목적에 부합되는 문제들을 만들고, 학생들에게도 평가를 통해 어떤 능력을 개발시키며 평가에서는 무엇을 측정할 것인지 정확히 안내해야 한다. 이와 관련하여, 평가 기준과 척도는 어떠해야 하는지를 구체적으로 안내하는 자료집을 다양하게 개발할 필요가 있다.

차기 교육과정에서는 '좋은 평가문항 개발', '평가 문항의 다양성', '공정한 채점'과 '채점 결과에 대한 피드백' 등에 대한 구체적인 고려가 이루어져야 할 것이다.

* 이 글은 김향미(2024), 2022 개정 교육과정에서 미술과 서술형·논술형 평가의 교육적 의의 및 적용 방향성(조형교육, 92집)을 수정 보완한 원고임.

김향미(숙명여자대학교)

42 미술교육에서의 성취기준 재구조화 및 최소 성취수준

2022 개정 미술과 교육과정은 학생의 성장과 발달을 중심으로 교과 학습을 통해 지식, 이해, 과정, 기능, 그리고 가치와 태도를 폭넓게 아우르는 성취기준을 제시하고 있다. 성취기준은 교육과정에서 도달하려는 목표가 되어주며 성공적인 학습을 위한 지점을 제시한다. 성취기준에 따른 성취수준은 학생이 해당 성취기준에 도달한 정도를 나타내며, 최소 성취수준은 학생이 반드시 달성해야 할 수준을 의미한다. 최소 성취수준을 달성하기 위하여 교사의 전문성을 바탕으로 성취기준을 재구조화함으로써 학생 중심의 맞춤 교육을 실시할 수 있는 기반이 마련된다. 미술과 역시 성취기준과 성취수준에 대한 더 많은 연구와 토론이 필요하며 특히 미술 역시 교과목으로서 학습적인 측면에서의 미술 부진과 기초 학력에 대한 논의 또한 요구된다.

1. 성취기준과 성취수준의 개념

1) 국가 교육과정에서 성취기준

우리나라의 교육과정은 국가수준 교육과정으로 '성취기준'을 제시한다. 우리나라에서 성취기준은 평가준거로의 기준 설정적 성격이 강한데, 성취기준은 초・중등학교의 생활기록부 기재 방식이 절대평가로 변하면서 1996년 한국교육개발원에서 절대평가 기준을 개발하기 위한 연구로 기준의 개념 정립 방안을 모색한 것에서 시작되었다(박지현, 강현석, 2018). 1995년 5・31 교육개혁 조치를 통하여 교육이 목표하는 바에 따라 상대 평가의 문제점을 극복하고자 학생기록부를 절대기준평가로 바꾸었지만, 절대평가의 실시 요건이 되는 명료하고 구체적인 성취기준이 마련되어 있지 않아 부작용을 낳고 있었기 때문에(허경철 외, 1996), '국가 공통 절대평가 기준 일반모형 개발 연구'를 통하여 학생생활기록부의 취지에 맞추어 절대기준평가를 실시하기 위한 기틀을 닦은 것으로 볼 수 있다.

우리나라 교육과정에서 성취기준이 처음 언급된 것은 제7차 교육과정 시기이다. 이전까지 이어지던 주제 또는 제재 나열방식의 내용 제시에서 벗어나 교육과정의 질 관리 측면에서 성취기준식 내용 제시를 하게 되었다. 이후로는 〈표 1〉에서 확인할 수 있듯이 성취기준에 대한 내용과 그 활용이 점점 세분화되어 나타나고 있다. 우리나라의 성취기준은 내용기준과 수행기준의 의미를 충분히 생각하지 못하고 개발되어온 경향이 있어 혼란스러우나, 전반적으로 교육과정에서 성취기준은 내용기준의 성격으로 수행기준은 평가기준의 성격으로 볼 수 있다(한혜정, 2023). 국가수준 교육과정에 따라 그 후속 연구로 평가기준 개발 연구가 꾸준히 진행되어 오고 있는데, 제7차 교육과정 시기에는 성취기준과 더불어 평가기준을 개발하였으며 그 후로 꾸준히 교육과정 문서 등을 통하여 성취기준을 찾아볼 수 있고, 관련한 평가기준이 개발 및 배포되고 있다.

제6차 교육과정까지 내용 나열식의 교육과정 내용 제시 방식을 취했다면, 제7차 교육과정에서부터는 '내용+행동' 형식의 진술이 2009 개정 교육과정까지 이어졌으며, 2015 개정 교육과정에서 성취기준은 '학습 결과'로써 역량기반 교육과정에서 바라보는 수행 능력으로 제시되었다(백남진, 온정덕, 2021). 2022 개정 미술과 교육과정에서 성취기준은 내용체계의 지식・이해, 과정・기능, 가치・태도의 범주에 따른 내용요소를 결합하여 진술되었다.

〈표 1〉 미술과 교육과정에서 교육과정 시기별 성취기준 관련 내용

시기별 구분	성취기준 관련 내용
제7차 미술과 교육과정 (교육부, 1997)	➾ 내용 체계, 학년 군별 내용 제시 • 단계형 수준별 교육 과정 운영에 있어서, 교과, 학년 또는 단위 학교의 상황에 따라 해당 단계 학습 목표의 일정한 성취기준을 고려하여 차상급 단계의 진급을 위한 자격 기준을 설정한다.(학교급별 지침-고등학교)
2007 개정 미술과 교육과정 (교육인적자원부, 2007)	➾ 과목별 내용 체계, 학년 군별 내용 제시 • 학습 목표는 교육과정의 내용 체계와 학습자의 성취수준을 종합적으로 고려하여 설정한다.(교수 · 학습 방법) • 평가 목표와 내용은 교육과정의 내용 체계와 영역별 내용을 근거로 설정하되, 학습자의 성취수준을 고려한다.(평가)
2009 개정 미술과 교육과정 (교육과학기술부, 2011)	➾ 학교급별 성취기준 및 영역(학년)별 성취기준 제시 • 학습 목표는 교육과정의 내용 체계와 학습자의 성취수준을 종합적으로 고려하여 설정한다.(교수 · 학습 방법) • 평가 결과는 성취수준으로 제시하여 학생들이 자신의 성취 정도를 이해하는 자료가 되도록 한다.(평가) • 평가 결과는 학습자의 성취수준을 판단하고, 교수 · 학습 내용 및 방법 개선을 위한 자료로 활용한다.(평가)
2015 개정 미술과 교육과정 (교육부, 2015)	➾ 내용 체계 및 성취기준 제시 * 성취기준 – 학생들이 교과를 통해 배워야 할 내용과 이를 통해 수업 후 할 수 있거나 할 수 있기를 기대하는 능력을 결합하여 나타낸 수업 활동의 기준 • 학습 목표는 교육과정의 내용 체계와 성취기준, 학습자의 성취수준 등을 종합적으로 고려하여 설정한다.(교수 · 학습 및 평가의 방향) • 평가 목표와 내용은 미술 교과 역량, 교육과정의 내용 체계와 성취기준을 근거로 설정하되 학습자의 성취수준을 고려한다.(평가) • 평가 결과는 학습자의 성취수준을 판단하고 교수 · 학습 방법을 개선하며 내용을 선정하기 위한 자료로 활용한다.(평가)
2022 개정 미술과 교육과정 (교육부, 2022a)	➾ 내용 체계 및 성취기준 제시 • 미술과 공통 교육과정은 성격 및 목표, 내용 체계 및 성취기준, 교수 · 학습 및 평가의 구성 체계를 갖는다. • 영역별 성취기준은 지식 · 이해, 과정 · 기능, 가치 · 태도 중 두 개 이상의 내용 요소를 연결하여 진술하였다. • 미술과 교육과정의 목표와 성취기준을 근거로 성취기준 도달 정도를 정확하게 파악할 수 있도록 평가의 목표와 내용을 설정하되, 학습자의 성취수준을 고려하여 평가 계획을 수립한다. • 학습자가 성취기준에 도달하는 과정과 학습 결과를 고려하여 학습자의 성장과 발달을 지원할 수 있도록 과정을 중시하는 평가를 계획하여 실행한다.

2) 성취기준 코드의 이해

2015 개정 교육과정부터는 각 교과별 성취기준에 코드가 부여되었다. 이는 교과 간, 교과 내 성취기준의 연계성을 쉽게 파악하여 교사가 교육과정을 재구성하고 수업을 개선하는 것을 도우려는 의도를 담고 있다. 성취기준에 부여된 코드는 다음과 같은 부여 방식을 지닌다.

〈표 2〉 성취기준 코드 부여 방식

학년군 1자리	교과명	영역 숫자 2자리	성취기준 2자리
4는 초등 3~4학년군 6은 초등 5~6학년군 9는 중등 1~3학년군 12는 고등 1~3학년군	'미'는 미술	영역 순서대로 01 미적 체험 02 표현 03 감상	교육과정에서 성취기준을 제시하는 순서

맨 앞에는 학년군별 교육과정의 최종 학년을 숫자로 표기하며, 다음으로 한글로 교과명을 붙인다. 미술과 공통교육과정 및 일반 선택 미술은 '미', 진로 선택 과목 '미술 창작'은 '미창', '미술 감상과 비평'은 '미감', 융합 선택 과목 '미술과 매체'는 '미매'로 나타낸다. 그 다음으로는 교과 내 영역을 숫자로 표기하며 이후 성취기준을 표기한다. 예를 들어 [4미01-04]라는 성취기준 코드는, 초등학교 3·4학년군 미술교과의 1번째 영역인 미적 체험의 4번째 성취기준임을 알 수 있다. 이렇듯 성취기준 코드를 통하여 각 성취기준이 속하는 학년군과 교과, 영역을 빠르게 알 수 있어서 교육과정 재구성이나 평가계획 수립 등에 유용하게 인식되고 있다.

3) 성취기준과 성취수준

성취기준은 교수·학습 활동의 기준으로써 학생들이 각 교과 수업을 통해 배워야 할 내용(지식, 기능, 태도)과 이를 통해 할 수 있어야 하는 능력 또는 특성을 진술한 것으로써, 교수·학습 기준뿐만 아니라 평가 근거로서의 역할 또한 강조되고 있다(최성희 외, 2018). 교육과정에서 안내하는 성취기준은 수업의 기준이자 평가의 기준이 된다. 즉 교수·학습의 기준점이 되어준다.

성취기준이 학생들이 교육과정을 통해서 도달해야 할 기준점이라면 성취수준은 교수·학습이 끝났을 때 학생이 성취하기를 기대하는 지식, 기능, 태도에 도달한 정도를 기술한 것을 의미한 것으로 성취기준에 어느 정도 도달했는지를 나타낸 것이다. 성취수준은 학교급과 교과에 따라 단계를 A/B/C/D/E의 5단계 또는 A/B/C의 3단계로 나눌 수 있으며 미술과의 경우 3단계로 나눈다.

〈표 3〉 3수준 구분 성취수준의 일반적 특성(박상돈 외, 2024, p. 35)

성취수준	일반적 특성	성취율
A	**교과목의 교수·학습을 통해 기대하는 지식·이해, 과정·기능, 가치·태도에 도달한 능력 정도가 우수한 수준** • 개념에 대한 이해가 깊고, 지식 전이 수준이 높음. • 배운 지식을 다양한 맥락에 적용하고, 연계된 기능의 수행 정도가 능숙함. • 기대하는 가치와 태도를 조직화하고 실천과 적용 범위가 넓음.	80% 이상
B	**교과목의 교수·학습을 통해 기대하는 지식·이해, 과정·기능, 가치·태도에 도달한 능력 정도가 보통 수준** • 개념에 대한 이해와 지식 전이 수준이 보통이거나 지식 습득이 다소 제한적임. • 배운 지식을 일부 맥락에 적용하고, 연계된 기능의 수행 정도가 중간 수준이거나 연계된 기능의 기본적인 부분을 수행할 수 있음. • 기대하는 가치와 태도를 일부 조직화하고 실천과 적용 범위가 보통이거나 다소 제한적임.	60% 이상 80% 미만
C	**교과목의 교수·학습을 통해 기대하는 지식·이해, 과정·기능, 가치·태도에 도달한 능력 정도가 제한된 수준** • 위계가 낮은 수준의 개념을 일부 이해하고, 지식 습득이 제한적임. • 연계된 기능의 일부를 수행할 수 있음. • 기대하는 가치와 태도의 일부 의미를 알고, 실천과 적용 범위가 좁음.	40% 이상 60% 미만

성취기준은 평가 근거로서도 활용될 수 있으므로 성취기준에 따른 성취수준을 파악하는 것은 학습 도달점에 대한 학생의 현재 상태를 이해할 수 있게 하여 평가나 수업 설계의 기준점이 되어준다. 즉 교사의 수업 설계와 교육과정 운영 방향에 학생 수준을 고려한 수업 설계에 도움을 주며 평가에 있어서 채점 기준 설정을 용이하게 한다.

2. 성취기준 재구조화

1) 성취기준 재구조화의 개념

성취기준은 교수・학습의 방향을 안내하고, 평가 방향 및 평가 기준 설정의 근거가 되며, 교과서 개발의 기준이 되어 교과서 내용 집필 및 검・인정 판단 기준을 마련하는 근거와 방향이 된다. 성취기준은 교육 내용과 평가의 실질적인 근거가 되는 지표로 작용하는데, 학교 현장에서 보다 구체적인 안내를 제공하기 위해 필요한 경우에 한하여 교육과정 성취기준을 재구성하여 제시할 수 있다(최성희 외, 2018).

2020년 COVID-19를 맞아 교육부는 등교수업과 원격수업에 대해 블렌디드 학습 자료를 제공하는 자료집을 통해 "'성취기준의 재구조화'는 교육과정 성취기준을 실제 평가의 상황에서 준거로 사용하기에 적합하도록 보다 구체적이고 명료하게 하는 것을 의미한다. 다만, 성취기준을 통합하거나 일부 내용을 압축하여 재구조화할 경우, 성취기준의 내용요소 일부가 임의로 삭제되지 않도록 유의해야 하며, 일부 내용요소를 추가해야 하는 경우에는 학생의 학습 및 평가 부담이 가중되지 않도록 학년(군), 학교급 및 교과(군)간의 연계성을 충분히 고려해야 한다."라고 정의하고 있다(교육부, 2020, p. 4). 학교생활기록부 기재요령(교육부, 2024a, p. 100; 교육부, 2024b, p. 110)에서도 "성취기준이란 학생들이 교과를 통해 배워야 할 내용과 이를 통해 수업 후 할 수 있거나 할 수 있기를 기대하는 능력을 결합하여 나타낸 활동의 기준을 의미하며, 학생의 특성・학교 여건 등에 따라 교육과정 및 교과서 내용을 분석하여 교과협의회를 통해 재구조화할 수 있다."라고 설명하고 있다.

그동안 널리 이해되고 있던 개념인 '교육과정 재구성'이 이미 만들어진 성취기준을 토대로 하여 방법이나 내용을 바꾸는 것이라면, '성취기준 재구조화'는 성취기준 자체를 재구성하는 것이다. 성취기준 재구조화는 "교육과정 성취기준을 기초로 학생의 개별성과 다양성, 학교의 특수성과 교육 환경 등을 고려하여 실제 수업과 평가 상황에 최적화된 성취기준을 수정・변형하거나 개발하는 것"을 의미한다(옥진엽 외, 2022, p. 15).

성취기준 재구조화는 2022 개정 교육과정에서 말하는 지역의 특성과 학생의 필요에 맞춘 교육과정 확대, 미래 교육환경 변화에 맞는 교수 학습 및 평가 체제 구축에 있어서 교사를 교육과정 전문가로 인정하는 방향성이다. 성취기준 재구성은 학습량을 줄여 학습자 주도, 학생 맞춤 교육 등을 위해 교육의 여유공간을 확보하는 방법이 되면서 동시에 국가수준 교육과정이 지니는 특수한 학습자를 고려할 수 없는 상황을 극복할 수 있는 대안이자, 교사의 전문성과 자율성을 최대로 끌어올리는 결과를 기대할 수 있을 것이다.

2) 성취기준 재구조화 예시

성취기준 재구조화에서 놓치지 말아야 할 것은 목적과 방향성이다. 교과의 목표와 핵심 아이디어, 내용 체계 및 성취기준, 교수・학습 및 평가의 전체적인 방향과 맥락을 고려하면서 재구조화의 목적과 근거가 명확해야 한다. 또한 각 영역별로 내용 요소를 조합하여 성취기준이 선정되었기에 성취기준에 제시된 필수 내용 요소는 재구조화 이후에도 생략되지 않아야 한다.

성취기준 재구조화는 크게 '통합', '재조정', '유지'를 틀로 하여 이루어질 수 있다(교육부, 2021a). 성취기준 통합은 2개 이상의 성취기준을 합쳐서 학습량을 줄이는 것으로 두 개의 교과에서 통합을 한다면 학습 요소를 연계하여 지도하는 경우가 될 수 있다. 성취기준 재조정은 학습 내용의 연결, 압축, 재조정이 이루어지는데 온·오프라인 학습 상황을 고려하여 재조정할 수 있다. 성취기준 유지는 학습결손 방지 등을 위하여 기본적인 성취기준은 유지하는 것이다.

〈표 4〉 성취기준 재구조화 유형(교육부, 2021a, p. 7)

구분	내용
성취기준 통합	• 2개 이상의 성취기준을 통합하여 제시하여 학습량을 적정화하는 경우 • 교과의 특성을 고려하여 2개 이상의 성취기준의 학습 요소 등을 연계하여 지도하기 위해 재구조화한 경우
성취기준 재조정	• 원격수업 전환, 온·오프라인 연계 수업에서 탄력적으로 적용할 수 있도록 내용의 연결 및 압축, 재조정하여 제시하는 경우 • 원격수업 전환, 수업시수 감축 등에 따라 2개 이상의 성취기준의 기능을 연계하거나 원격 수업 등에 적합한 기능으로 재조정하는 경우
성취기준 유지	• 학습결손 방지 등을 위해 현행 성취기준을 그대로 유지하는 경우

성취기준 재구조화를 위하여 교사는 교수·학습과 평가 모두를 고려해야 한다. 학생이 어떠한 활동을 하는지 알맞은 내용에 따라서 온·오프라인 병행 상황 또는 차시감축이나 블록타임 운영 등을 활용할 수 있으며, 평가 측면에서는 과정중심평가, 성취기준과 성취수준 도달 등을 고려한 평가를 균형있게 고려해야 한다. 재구조화된 수업 사례를 2022 개정 교육과정 성취기준에 맞추어 살펴본다면 다음과 같다.

〈표 5〉 성취기준 재구성 사례-초등(교육부, 2020, p. 152를 발췌하여 재구성)

구분	내용
주제(학년)	감성이 자라는 우리 마을 (초등학교 3학년)
성취기준 재구조화(통합)	**미적 체험**: [4미01-02] 주변 대상을 체험하며 떠오른 느낌과 생각을 다양한 방법으로 나타낼 수 있다. + **표현**: [4미02-04] 표현 의도를 가지고 작품을 제작하며 자기 작품을 소중히 여길 수 있다. + **감상**: [4미03-02] 미술 작품의 특징과 작품에 관한 자신의 느낌과 생각을 설명할 수 있다. ↓ **성취기준 재구조화 (통합)**: 주변을 관찰하여 주제를 정하고, 표현 계획을 세워 만들고 그 이유를 설명할 수 있다.
수업 실시 유형	원격수업(과제수행형·콘텐츠 활용+실시간 쌍방향)+등교수업(개별활동)
차시 흐름	[1차시] 마을 공간 탐색하고 주제 정하기 (콘텐츠 활용 과제 수행) [2~3차시] 우리 마을 감성 지도 만들기 (개별 활동) [4차시] 작품 발표 및 평가 (실시간 쌍방향 수업)

〈표 6〉 성취기준 재구성 사례-중등 (교육부, 2021a, p. 32를 발췌하여 재구성)

구분	내용
주제(학년)	아무 작품 챌린지 (중등)
성취기준 재구조화(재조정)	**표현**: [9미02-03] 조형 요소와 원리, 표현 재료와 방법, 디지털 매체를 포함한 다양한 매체를 활용하여 주제를 효과적으로 표현할 수 있다. + **감상**: [9미03-02] 작품의 내용과 형식을 분석하고 미술 용어와 지식을 활용하여 설명할 수 있다. ↓ **성취기준 재구조화 (재조정)**: 미술 작품의 내용, 배경과 의미 해석을 바탕으로, 주제와 의도에 적합한 표현 매체를 활용하여 창의적으로 표현할 수 있다
수업 활동 예시	미술 작품 웹 포스터, 카드 뉴스 제작하기 집 안의 물건과 배경을 활용하여 명화 패러디하기(게티 미술관 집콕 챌린지)

성취기준 재구조화는 기존의 성취기준에 근거하여 교사의 전문성과 교육적 안목을 바탕으로 이루어질 수 있으며 학급이나 학생들의 실정에 맞게 다양하게 구성되어 교-수-평 일체화에도 기여할 수 있다. 성취기준 재구성을 위하여 도움을 받을 수 있는 곳은 다음과 같다.

〈표 7〉 미술과 교육과정과 재구성을 위하여 도움을 받을 수 있는 관련 누리집

누리집	주소	내용
국가교육과정정보센터	ncic.re.kr	우리나라 및 세계 교육과정 원문 조회
학생평가지원포털	stas.moe.go.kr	성취기준에 근거한 평가도구 탑재
에듀넷:티-클리어	www.edunet.net	교육정보 통합 지원 서비스
잇다 디지털콘텐츠 플랫폼	itda.edunet.net	교원 전용 자료 탑재 기반 콘텐츠 공유
어린이 · 청소년 문화재청	kids.cha.go.kr	문화유산 프로그램 및 영상자료
지식샘터	educator.edunet.net	초중등 교사 전용 강의 공유

3. 최소 성취수준

1) 성취평가제에서 최소 성취수준

모든 학생의 성장을 돕는 포용적 고교교육 실현이라는 비전 아래 고교학점제가 시행되었다. 고교학점제는 학생의 수요 반영, 진로・학업설계 체계화, 그리고 '최소 학업 성취 보장'을 운영 중점으로 한다(교육부, 2021b). 학생의 진로설계에 따라 과목을 선택하여 수업을 듣고 수업 연계 과정중심평가 성취평가를 실시하여 이수기준 도달 시 학점을 취득할 수 있고 미이수 학생에게는 보충이수를 지원하는 것이 큰 흐름이다.

〈표 8〉 고교학점제 도입 이후 성취수준 변화(박혜영 외, 2022, p. 13)

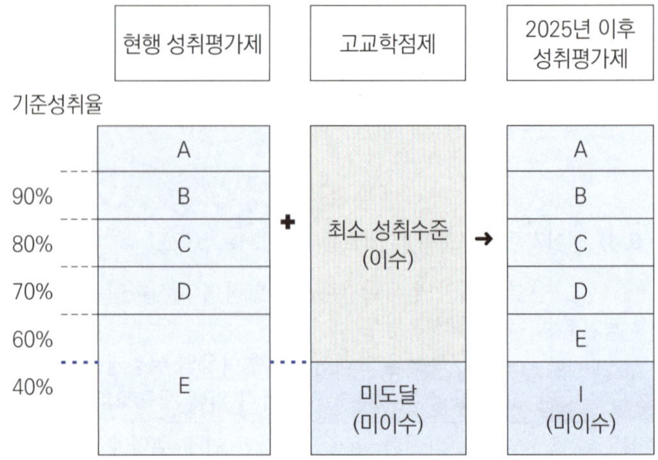

고교학점제의 과목 이수 여부를 평가하기 위하여 수업 횟수의 3분의 2 이상 출석과 학업성취율 40%이상을 충족하는 경우를 이수하도록 기준을 마련하였다. 또한 고교학점제가 본격적으로 시행되는 25년부터는 학업 성취도를 기존 성취평가제의 A, B, C, D, E에서 I를 추가하여, A, B, C, D, E의 이수, 미이수 40%미만의 I 성취도로 구분하도록 하였다. 고교학점제에서 최소 성취수준은 미도달 학생의 파악, 미도달 예방 지도 및 보충지도와 관련한다.

2) 기초 학력 보장 기본계획에서 최소한의 성취기준

교육부는 2022년 10월 제1차 기초 학력 보장 종합계획(2023~2027)을 발표한 바 있다. 모든 학생의 기초 학력을 보장하는 국가 교육책임제 실현을 정책 비전으로 한다(교육부, 2022b). 펜데믹 이후 기초 학력 미달 학생의 지속적 증가에 따라 기초 학력 보장 체계를 마련하고자 한 이 계획에서 언급되고 있는 개념은 '최소한의 성취기준'이다. 최소한의 성취기준은 기초학력보장법 제2조에서 "기초 학력이란 「초・중등교육법」 제2조에 따른 학교의 학생이 대통령령으로 정하는 바에 따라 학교 교육과정을 통하여 갖추어

야 하는 최소한의 성취기준을 충족하는 학력을 말한다"라고 논의되는 부분에서 찾아볼 수 있다(교육부, 2022b).

기초 학력 보장 기본계획에서는 정확한 진단을 통한 지원 대상 학생 선정, 기초 학력 향상 다중 안전망 구축, 코로나19 대응 교육결손 해소 집중지원, 학습지원교육 기반 내실화를 핵심과제로 하여 기초 학력 진단 및 지원체계를 구축하고 국가-지역-학교 연계 기초 학력 안전망을 완성하는 것을 목표로 한다(교육부, 2022b).

기초 학력 보장 종합계획에서 말하는 최소한의 성취기준은 "국어, 수학 등 교과의 내용을 이해하고 활용하는 데 필요한 읽기·쓰기·셈하기를 포함하는 기초적인 지식, 기능 등"(교육부, 2022b)이다. 여기서는 읽기·쓰기·셈하기 및 관련 교과를 중심으로 최소한의 성취기준을 개발하여 제공한다고 말하며 관련 교과로 초3~고1의 국어, 수학, 사회(역사), 과학, 영어를 제시하였다. 기초 학력 보장 기본계획에서 미술과는 '체육·예술·건강'으로 "묶여 전문 분야 활동 및 건강 상 장기 결석 등 수업 참여가 어려운 학생을 위해 학습 콘텐츠, 온라인 튜터링 등 제공"(교육부, 2022b, p. 18)으로만 다루어지고 있다.

3) 미술과 교육과정에서 최소 성취수준

2022 개정 교육과정 총론에서는 "학교는 과목별 최소 성취수준을 보장하기 위해 학교의 여건 등을 고려하여 다양한 방식으로 예방·보충 지도를 실시한다."(교육부, 2022c, p. 35)라는 언급이 있다. 이는 최소 성취수준을 염두에 둔 것으로 교육과정을 통하여 학생들이 최소한으로 도달해야 할 지점이 있음을 말하고 있다. 최소 성취수준에 관한 언급은 〈표 9〉에서처럼 미술과 교육과정에서도 찾아볼 수 있다. 특히 미술과 교육과정은 국어과와 함께 초·중등 수준의 공통 교육과정에서도 최소 성취수준 도달을 언급하고 있었으며 일반선택 교육과정에서도 타 교과와 비교하여 최소 성취수준에 관한 교육과정 명시 횟수가 높은 편이었다.

〈표 9〉 2022 개정 미술과 교육과정에서의 최소 성취수준(교육부, 2022a)

구분	내용
공통 교육 과정	(바) 다양한 학습 격차 문제를 해결하기 위한 평가 방법을 마련한다(교육부, 2022a, p. 25) • 장애 학생, 다문화 학생, 탈북 학생 등을 위해 성취기준을 재구조화하여 별도의 평가 방법과 기준을 마련한다. • 학습에서 소외되거나 학습이 느려서 성취기준 미도달이 예상되는 학생들을 사전에 파악하여 지속적인 관찰과 보충 과제를 부여하는 등 **최소 성취수준**에 도달할 수 있도록 지원한다.
선택 중심 교육 과정 설계의 개요	성취기준 적용 시 고려 사항을 통해 2022 개정 교육과정에서 제시하고 있는 범교과 학습 주제를 반영할 수 있도록 하였고, 교수·학습 및 평가는 각 선택 과목별 성격에 따라 핵심적인 내용을 학습할 수 있도록 방향 제시와 함께 디지털 교육 환경 변화에 부합된 학생 맞춤형 교수·학습 및 **최소 성취수준** 보장을 위한 다양한 교수·학습 및 평가 방법을 제시하였다(p. 30)
일반 선택 과목 '미술'	• 성취기준을 바탕으로 **최소 성취수준**을 설정하여 안내하고 개별 진단과 맞춤형 학습 관리를 통해 **최소 성취수준**에 도달할 수 있도록 한다(p. 39). • **최소 성취수준** 보장을 위해 교수·학습 방법을 계획하고 유의 사항을 제시한다(p. 39). • 학기 초 학습자 사전진단과 학기 중 맞춤형 학습관리를 통해 **최소 성취수준**을 보장하고 **최소 성취수준**에 도달하지 못한 학생에게는 온·오프라인 수업으로 보충학습의 기회를 제공한다(p. 41).
진로 선택 과목 '미술 창작'	• 성취기준을 종합하여 **최소 성취수준**을 설정하고 개별 진단, 맞춤형 학습 관리를 통해서 학습자의 **최소 성취수준**을 보장할 수 있도록 한다. **최소 성취수준** 도달을 위한 기준을 수립한 후 안내하여 학생들이 자신의 삶과 연계한 주제를 선정하고 적합한 매체를 선택하여 창작할 수 있도록 돕는다(p. 48). • 성취기준을 종합하여 **최소 성취수준**을 설정하고, 개별 진단, 맞춤형 학습 관리를 통해서 학습자의 **최소 성취수준**을 보장할 수 있도록 한다. **최소 성취수준** 도달을 위한 기준을 수립한 후 안내하여 표현 매체를 실험·융합하고 전시를 개최하는 창작의 확장 과정을 돕는다(p. 49). • **최소 성취수준** 보장을 위한 적절한 교수·학습 방법 및

	유의 사항을 계획하여 제시한다(p. 50). • 학기 초 학습자 사전진단과 학기 중 맞춤형 학습관리를 통해 **최소 성취수준**을 보장하고 **최소 성취수준**에 도달하지 못한 학생에게는 온·오프라인 수업으로 보충학습의 기회를 제공한다(p. 52).
진로 선택 과목 '미술 감상과 비평'	• 성취기준을 바탕으로 **최소 성취수준**을 설정하여 안내하고 개별 진단과 맞춤형 학습 관리를 통해 **최소 성취수준**에 도달할 수 있도록 한다(p. 55). • 성취기준을 바탕으로 **최소 성취수준**을 설정하여 안내하고 개별 진단과 맞춤형 학습 관리를 통해 **최소 성취수준**에 도달할 수 있도록 한다(p. 56). • '미술 감상과 비평' 과목의 **최소 성취수준** 보장을 위해 교수·학습 방법을 계획하고 유의 사항을 제시한다(p. 57). • 학기 초 학습자 사전진단과 학기 중 맞춤형 학습관리를 통해 **최소 성취수준**을 보장하고 **최소 성취수준**에 도달하지 못한 학생에게는 온·오프라인 수업으로 보충학습의 기회를 제공한다(p. 59)

미술과 교육과정에서 언급하고 있는 최소 성취수준에 관한 키워드는 〈표 10〉과 같으며 학습 격차 해결, 보장, 적절한 교수학습, 보충학습 등과 연계하여 최소 성취수준의 도달과 보장을 논하고 있었다. 미술과 교육과정에서 언급하고 있는 최소 성취수준에 대한 내용들은 미술에서도 학습이 온전하게 이루어져야 하며 학습에 대한 성취를 면밀히 고려하여 결손이 이루어지지 않아야 한다는 점을 말한다.

〈표 10〉 미술과 최소 성취수준에 관한 공통적 진술 키워드 분석(송명길, 2023)

공통 교육과정	선택 중심 교육과정
학습 격차 해결 (장애, 다문화, 탈북 학생 등을 위한 성취기준 재구조화와 별도의 평가, 학습에서 소외되거나 느린 학습자 지속 관찰과 보충 과제 부여 등 지원)	최소 성취수준을 설정하여 안내, 개별 진단, 맞춤형 관리를 통한 최소 성취수준 보장 최소 성취수준 보장을 위한 적절한 교수학습 최소 성취수준 미도달시 온·오프라인 보충학습 제공

기초 학력의 논의에서 다소 멀다고 여겨지는 미술과에서, 고교학점제 밖의 범위에서 언급되는 최소 성취수준에 대한 논의는 학습자의 학습을 보장하고 교과목으로서의 당위성을 공고히 하며 학생의 입장에서 학습과 배움에 대해 고민함을 드러내어 인류 보편의 언어로서 포용성을 갖는 미술의 성격을 보여준다고도 볼 수 있다.

4. 차기 교육과정에서의 전망

2022 개정 미술과 교육과정에서 성취기준은 학생의 성장과 발달을 도모하는 방향에서 교과 학습을 통하여 지식·이해, 과정·기능, 가치·태도를 고루 포함하여 제시되었다. 교육과정은 성취기준을 통해 배우고 도달해야 할 지점을 명확히 하여 학생과 교사 모두에게 성공적인 교육이 이루어지도록 하고 있다. 성취기준에 대한 이해를 높이고 현장에 잘 적용되게 하는 것은 교육과정의 성공적인 정착과 관계한다고 볼 수 있다.

성취기준이 도달점을 나타낸 것이라면 성취수준은 성취기준에 대한 학생의 도달 정도를 나타낸다. 성취수준을 파악하는 것은 학생의 현재 상태를 진단 및 평가하거나 교육활동을 설정하는 것에 필요하다. 고교학점제와 관련한 최소 성취기준 및 기초 학력 보장 종합 계획에서 논의하는 최소한의 성취기준은 학생이 교과목을 통한 배움에서 도달해야 할 정도를 제안한다. 학생이 도달해야 할 최소한의 성취 정도에 대한 기준점과 학생 파악은 모두 학생의 배움과 성장을 목표로 한다.

최소 성취수준 도달을 위하여 교사는 성취기준 재구조화를 생각해볼 수 있다. 교사는 교육과정 전문가로서 바탕으로 성취기준을 통합하거나 재조정해 나가며 성취기준을 재구조화하여 교육과정을 계획할 수 있다. 미술과에서도 다양한 방법으로 성취기준 재구조화가 이루어질 수 있으며 성취기준을 재구성하는 것은 학생들의 성장과 발전을 위하여 최소 성취수준에 도달할 수 있도록 학생 주도 맞춤 교육을 실시할 수 있는 바탕이 된다.

최소 성취수준에 대한 논의는 학력과도 연관되는데, 그동안의 기초 학력과 학습 부진에 대한 논의에서 미술과는 국어나 수학만큼 다루어지지 못한 것이 사실이다. 그러나 미술과 역시 교과로서 최소 성취수준에 대한 논의를 활발히 언급하고 있는 만큼 학습에 관한 부분에도 많은 연구와 미술을 통한 학습의 성취 또한 다루어져야 함이 마땅하다.

미술과의 성취기준과 최소 성취수준은 미술이 교과로서 기능하고 있음을, 또 더욱 교과로서 탄탄히 나아가야 함을 드러내 준다. 이에 앞으로 미술과의 성취기준 및 최소 성취수준에 관한 많은 연구가 필요할 것으로 보이며 특히 교과로서 미술과가 지녀야 할 학습적인 측면에서의 부진이나 기초 학력 등에 대한 논의도 필요할 것이다.

* 이 글은 송명길(2023), 미술과에서 최소 성취수준의 의미 고찰: 2022 개정 교육과정을 중심으로(조형교육, 88집)를 수정 보완한 것임.

송명길(인천당산초등학교)

참고문헌

〈1〉

교육부(2015). **초·중등학교 교육과정 총론.** 교육부 고시 제2015-33호 [별책 1].

교육부(2022a). **초·중등학교 교육과정 총론.** 교육부 고시 제2022-33호 [별책 1].

교육부(2022b). **초등학교 교육과정.** 교육부 고시 제2022-33호 [별책 2].

교육부(2022c). **국어과 교육과정.** 교육부 고시 제2022-33호 [별책 5].

교육부(2022d). **도덕과 교육과정.** 교육부 고시 제2022-33호 [별책 6].

교육부(2022e). **사회과 교육과정.** 교육부 고시 제2022-33호 [별책 7].

교육부(2022f). **수학과 교육과정.** 교육부 고시 제2022-33호 [별책 8].

교육부(2022g). **과학과 교육과정.** 교육부 고시 제2022-33호 [별책 9].

교육부(2022h). **실과(기술·가정)과 교육과정.** 교육부 고시 제2022-33호 [별책 10].

교육부(2022i). **체육과 교육과정.** 교육부 고시 제2022-33호 [별책 11].

교육부(2022j). **음악과 교육과정.** 교육부 고시 제2022-33호 [별책 12].

교육부(2022k). **미술과 교육과정.** 교육부 고시 제2022-33호 [별책 13].

교육부(2022l). **영어과 교육과정.** 교육부 고시 제2022-33호 [별책 14].

교육부(2022m). **바른 생활, 슬기로운 생활, 즐거운 생활 교육과정.** 교육부 고시 제2022-33호 [별책 15].

권정민(2017). 4차 산업혁명 시대 우리나라 교육이 나아가야 할 방향. 2020 과학문화 포럼 기조발제문.

김란주(2019). '심미적 감성 역량'의 개념 탐색. **교육과정연구, 37**(3), 1-28.

김외순(2018). 자기연구를 통한 교사의 예술성 찾기. **미술교육연구논총, 55**, 65-104.

김정효, 김해경(2019). 국가 수준 미술과 교육과정의 OECD 역량 반영 분석: 초·중학교 미술과 교육과정 내용 맵핑(CCM: Content Curriculum Mapping)을 중심으로. **조형교육, 71**, 29-60.

김영호(2021). 파울로 프레이리(Paulo Freire)의 의식화 교육론을 통한 기독교 공공교육론. **신학사상, 195**, 353-380. DOI: 10.35858/sinhak.2021..195.011

김황기(2017). 미술적 페다고지에 대한 탐구. **미술교육연구논총, 51**, 89-108.

류지영(2021). 미술과 교육과정에서 미술교과 역량 탐색을 위한 미술 이론과 실천 연계의 재개념화. **조형교육, 80**, 87-113.

류지영(2022). 감성학으로서의 미술교육 - 미술교육에서 심미성의 재개념화. **조형교육, 84**, 95-117.

박수정, 송명길, 공완욱, 이미희, 이하림, 전수현(2022). 2022 개정 미술과 교육과정 핵심 역량 고찰: 심미적 감성, 정체성, 공동체 역량을 중심으로. **미술교육연구논총, 71**, 127-166.

박은진, 최영인(2020). 핵심역량으로서 '심미적 감성 역량'의 재개념화를 위한 방향 탐색. **한국초등교육, 31**(1), 213-231.

박찬영(2020). 페다고지에 대한 성찰: 뒤르켐의 페다고지론을 중심으로. **교육철학, 77**, 67-90.

유네스코 한국위원회(2020). 함께 그려보는 우리의 미래: 교육을 위한 새로운 사회계약. 국제미래교육위원회 보고서.

이광우, 백경선, 이수정(2017). 2015 개정 교육과정에서의 핵심역량 관련 이슈 고찰: 인간상, 교육 목표, 교과 역량과의 관계. **교육과정연구, 35**(2), 67-94.

이은적(2022). **시각예술·문화로 핵심역량 교육하기.** 파주: 교육과학사.

진보교육연구소 교육과정연구모임(2022). **대전환 시대 변혁의 교육학: 유네스코, OECD의 교육 패러다임 전환을 중심으로.** 서울: 도서출판 살림터.

최진(2020). 심미적 감성 역량의 이해를 위한 '표현' 개념의 재탐색. **예술교육연구, 18**(2), 237-255.

허정임(2022). **존 듀이의 경험주의 미학과 예술교육.** 파주: 교육과학사.

Freire, P. (2012). **페다고지**(남경태 역). 그린비. (원저 1986 출판)

Freire, P. (2007) **자유의 교육학**(사람대사람 역). 아침이슬. (원저 1998 출판)

Greene, M. (2011). **블루 기타 변주곡**(문승호 역). 서울문화재단. (원저 2001 출판)

Durkheim, É. (2003). *Éducation et sociologie*. Presses Universitaires de France.

Mialaret, G. (1979). *Vocabulaire de L'éducation*. Presses Universitaires de France.

Smith, R. A. (2006). *Culture and the Arts in Education*. Teachers College Press.

〈2〉

교육부(2015). **미술과 교육과정.** 교육부 고시 제2015-74호 [별책 13].

교육부(2022a). **초·중등학교 교육과정 총론.** 교육부 고시 제2022-33호 [별책 1].

교육부(2022b). **미술과 교육과정**. 교육부 고시 제2022-33호 [별책 13].

교육부(2024). 2022 개정 교육과정 연수자료. 교육부.

박남정(2016). 2015 개정 교육과정의 핵심역량으로 살펴본 미술교육의 미래교육 방향 탐색. **미술교육논총**. **30**(3), 121-144.

박수정, 송명길, 공완욱, 이미희, 이하림, 전수현(2022). 2022 개정 미술과 교육과정 핵심 역량 고찰. **미술교육논총**, **71**, 127-166.

이주연(2018). 미래 사회 우리나라 미술교육의 방향 탐색. **조형교육**, **66**, 245-289.

이주연, 장연자(2017). 미술과 핵심역량 재구조화 방안. **조형교육**, **64**, 135-154.

조기원(2019). 튀니지 분신 청년 어머니 "아들 자랑스러워" 영 언론과 인터뷰. 한겨레신문, 2019-10-20 게재. https://www.hani.co.kr/arti/international/arabafrica/460024.html. (2024/6/30 접속)

하영유(2020). 시각적 은유와 상징을 통한 자기 인식과 내적 성장에 관한 실행적 연구. **조형교육**, **73**, 355-379.

Avgerinou, M. D., & Pettersson, R. (2011). Toward a Cohesive Theory of Visual Literacy. *Journal of Visual Literacy, 30*(2), 1-19.

Bamford, A. (2006). *The Wow Factor: Global Research Compendium on the Impact of the Arts in Education*. Münster: Waxmann Verlag.

Barrett, T. (2017). **미술 창작: 동시대 미술의 형식과 의미**(이지연, 강주희 공역). 서울: 미진사. (원저 2011 출판)

Berger, J. (1972). *Ways of Seeing*. London: Penguin Books.

Burton, J. M., Horowitz, R., & Abeles, H. (1999). Learning In and Through the Arts: The Question of Transfer. *Studies in Art Education, 41*(3), 228-257.

Deasy, R. J. (2002). *Critical Links: Learning in the Arts and Student Academic and Social Development. Arts Education Partnership*. National Endowment for the Arts (NFAH), Washington, DC.

Kress, G. (2010). *Multimodality: A Social Semiotic Approach to Contemporary Communication*. London: Routledge.

Lakoff, G. & Johnson, M. (2006). **삶으로서의 은유**(노양진, 나익주 공역). 서울: 박이정. (원저 2003 출판)

Mirzoeff, N. (2015). *How to See the World*. London: Pelican Books.

Rose, G. (2023). *Visual Methodologies: An Introduction to Researching with Visual Materials* (5th ed.). London: SAGE.

Sturken, M & Cartwright, L. (2017). *Practices of Looking: An Introduction to Visual Culture*. (3rd ed.). Oxford: Oxford University Press.

UN(1948). 세계 인권 선언(Universal Declaration of Human Rights, UDHR). https://www.ohchr.org/en/human-rights/universal-declaration/translations/korean-hankuko. (2024/4/3 접속).

Winner, E., Goldstein, T. R., & Vincent-Lancrin, S. (2006). *Arts for Art's Sake? The Impact of Arts Education*. OECD Publishing.

〈3〉

강정찬(2015). 창의·융합 교육을 위한 수업설계원리 개발. **교육방법연구**, **27**(3), 275-305.

교육부(2015). **미술과 교육과정**. 교육부 고시 2015-74호 [별책 13].

교육부(2021). 국민과 함께 하는 미래형 교육과정 추진 계획(안). 교육정책과.

교육부(2022a). **미술과 교육과정**, 교육부 고시 2022-33호 [별책 13].

교육부(2022b). 초·중등학교 교육과정 총론, 교육부 고시 제2022- 33호 [별책 1].

김기석(2012). **전후 미국의 한국 교육원조, 1956-1962: 피바디프로젝트 사례 분석**. 서울대학교 석사학위논문.

김정효(2012). **미술과 중심의 융합인재교육이 미술과 교육과정에 주는 시사점 탐색**. 연구보고 RRC 2012-8. 한국교육과정평가원.

김왕동(2012). 창의적 융합인재에 관한 개념 틀 정립: 과학기술과 예술 융합 관점. **영재와 영재교육**, **11**(1), 97-119.

김진수(2012), **STEAM교육론**. 서울: 양서원.

김진수(2016). 인문사회와 과학기술 및 예술의 융합을 위한 STEAM 융합교육 이론. **예술인문사회융합멀티미디어논문지**, **6**(5), 163-172.

박찬홍(2018). 창의융합 인재 양성 역량 강화를 위한 예비교사 화법 교육 방안, **청람어문교육**, **65**, 37-64,

박창언(2017). 2015 개정 교육과정의 창의융합형 인재상과 역량 중심의 교육목적 체제 분석. **예술인문사회 융합 멀티미디어 논문지**, **7**(1), 743-752.

성은모 외(2013), 대학교육에서 산업형 융합인재 육성을 위한 융합프로젝트 교수학습모형 탐구. **교육방법연구**, **25**(3), 543-580.

소경희(2007). 학교교육의 맥락에서 본 '역량(competency)'의 의미와 교육과정적 함의. **교육과정연구**, **25**(3), 1-22.

소경희(2013). 역량 중심 교육과정의 이해: 의미와 실천 방향. **교육연구정보**, **63**. 32-43.

신동희 외(2012). 융합형 교사 교육 프로그램 개발 연구. **교과교육학연구, 16**(1), 371-398.

심영옥・경희예술문화진로교육연구회(2022). **창의・융합형 인재로 키우는 예술문화 직업과 진로교육**. 경희대학교 출판문화원.

위키백과 https://ko.wiktionary.org/wiki/

이경진 외(2012). 통합교육과정 접근으로서의 '융합인재교육(STEAM)'의 의미와 실천 가능성 탐색. **초등교육연구, 25**(3), 55-81.

이광우(2009). "핵심 역량 기반 초・중등학교 교육과정 설계 방안", 핵심 역량 기반 초・중등학교 교육과정 설계 방안 탐색을 위한 세미나. 한국교육과정평가원, 연구자료 ORM2009-20.

이영태, 남창우(2015). 고등학교 창의・융합 수업을 위한 교수・학습 모형 개발. **교육공학연구, 31**(3), 533-569.

이정아(2015). 미술, 과학 교과의 융합인재교육(STEAM) 프로그램이 창의성과 과학적 사고에 미치는 영향에 관한 연구. 한양대학교 박사학위논문.

이한울(2021). 2015 개정 중학교 미술과교육과정과 IB MYP의예술교육과정 비교 연구. 경희대학교 석사학위논문.

이효진(2017). 창의・융합 능력을 위한 생활 주변 소재 활용 일러스트레이션 프로그램 개발 연구: 고등학교를 중심으로. 경희대학교 석사학위논문.

조향숙, 김훈, 허준영(2012). 현장 적용 사례를 통한 융합인재교육(STEAM)의 이해. 현안보고 OR 2012-02-02. 한국교육개발원. 한국과학창의재단.

정미경 외(2015). 융합형 교육을 위한 교사교육 개선 방안 연구. 연구보고 RR 2015-05, 한국교육개발원.

정지은, 조연순(2012). 국내 창의성 교육 연구동향 분석: 창의성 교육의 유형을 중심으로. **교육방법연구, 24**(4), 369-382.

주미경 외(2012). 수학교과와 융복합교육: 담론과 과제. **학교수학, 14**(1), 165-190.

지은림, 주언희(2012). 창의적 인재 역량 측정을 위한 구인 탐색 및 척도 개발. **교육평가연구, 25**(1), 69-94.

최석민(2003). 창의성 교육의 접근방식 탐색. **교육철학, 8**(23), 315-331.

최유현 외(2012). 창의적 융합인재양성을 위한 STEAM 교육과정 모형 개발. **한국기술교육학회지, 12**(3), 63-88.

태진미(2011). 창의적 융합인재양성, 왜 예술교육에 주목하는가?. **영재교육연구, 21**(4), 1015-1016.

허혜경, 류진순(2010). **유아미술교육**. 서울: 신정출판사.

홍은숙(2015). 국가 교육과정의 교육적 인간상 진술에 대한 비판적 고찰. **교육과정연구, 33**(4), 227-250.

홍효정, 이재경(2015). 창의・융합적 사고역량 강화를 위한 교양교육 과정 개발 방향 탐색. **교양교육 연구, 9**(3), 163-192.

IBO(2017). What is an IB education?, International Baccalaureate Organization.

Renzulli, J. S., & De Wet, C. F. (2010). Developing creative productivity in young people through the pursuit of ideal acts of learning. In R. A. Beghetto & C. Kaufman (Eds.), *Nurturing creativity in the classroom* (24-72). Cambridge, UK: Cambridge University press.

Rychen, D. (2003). Investing in competencies - But which competencies and for what? A contribution to the ANCLI/AEA conference on assessment challenges for democratic society(conference paper), Conference in Lyon, November 2003.

〈4〉

고미숙(2003). 정체성 교육의 새로운 접근: 서사적 정체성 교육. **한국교육, 30**(1), 5-32.

교육부(2015a). 미술과 교육과정. 교육부 고시 제2015-74호 [별책 13].

교육부(2015b). 초중등학교 교육과정 총론. 교육부 고시 제2015-74호 [별책 1].

교육부(2021). 2022 개정 교육과정 총론 주요사항 발표-더 나은 미래, 모두를 위한 교육. (보도자료)

교육부(2022a). 미술과 교육과정. 교육부 고시 제2022-33호 [별책 13].

교육부(2022b). 초・중등학교 교육과정 총론. 교육부 고시 제2022-33호 [별책 1].

교육부・미술과 교육과정 시안 개발 연구팀(2022a). 2022 개정 미술과 교육과정 시안검토 공청회자료집.

교육부・미술과 교육과정 시안 개발 연구팀(2022b). 2022 개정 미술과 교육과정 정책 연구 의견수렴 토론회자료집.

김규태(2018). 교사 정체성 이론과 쟁점 미 과제. **한국교원교육연구, 35**(3), 491-521.

김선규(2016). 세계화와 다문화주의 그리고 정체성: 개념과 논쟁을 중심으로. **다문화콘텐츠연구, 22**, 153-185.

김설리, 조남규(2019). 사르트르 실존주의 철학과 에릭슨의 자아정체성 발달 이론을 중심으로 한 초등학교 무용교육의 의미 연구. **무용역사기록학, 55**, 57-73.

김성곤(2017). 체육교육에 있어서 전인 교육의 문제. **한국초등체육학회지, 22**(4), 17-30.

김아미(2019). OECD 학습 나침반 2030: 변혁적 역량과 민주시민교육의 접점. (이슈페이퍼 2019-15). 경기도교육연구원.

김영례(2018). 인공지능 시대에 있어서 인간에 대한 철학적 성찰: 칸트의 인간학과 뇌 과학의 사이에서. **철학논총, 91**, 105-128.

김혜경, 박은덕(2013). 역량 중심 미술과 교육과정 접근을 위한 미술과 핵심 역량 도출. **미술교육논총, 27**(3), 187-206.

김혜숙, 이미경, 양윤정, 배주경, 이영미, 김종윤, 박일수, 이승은(2018). 2015 개정 교과 교육과정 실행 모니터링 연구(I): 모니터링 체제 설계. 연구보고 RRC 2018-5. 한국교육과정평가원.

김홍희(2010). 후기 식민주의 시각으로 살펴보는 한국 현대미술의 정체성. **동아시아문화와예술, 8**, 108-129.

류지영, 이주연, 고황경(2020). 학교미술교육 강화를 위한 미술교육의 내용 및 방향: 동시대 미술, 지역사회 연계 미술(공공미술), 미술 감상·미술관 교육에 대한 전문가 자문 내용을 중심으로. **미술교육연구논총, 60**, 1-34.

박소영, 양윤정, 김정효, 박정유, 이주연, 임종삼...조은정(2015a). 2015 미술과 교육과정 시안 개발 연구I: 미술과 교육과정. 연구보고 CRC 2015-11. 한국교육과정평가원.

박소영, 양윤정, 김정효, 박정유, 이주연, 임종삼...조은정(2015b). 2015 미술과 교육과정 시안 개발 연구II: 미술과 교육과정. 연구보고 CRC 2015-25-11. 한국교육과정평가원.

박소영, 양윤정, 박상돈(2022). KICE 연구 성과 분석을 통한 미술과 교육 연구의 현황 진단과 미래 전망. 연구자료 ORM 2022-68-2. 한국교육과정평가원.

박수정, 이미희, 전수현, 이하림, 송명길, 이주연(2019). 포스트 휴먼 시대 디지털 감성으로 접근하는 미술교육. **미술교육연구논총, 59**, 1-36.

박승규(2013). 정체성, 인간과 공간의 관계를 설명하는 노두. **대한지리학회지, 48**(3), 453-465.

박영민, 이성흠(2020). 교양교육을 통한 미래 역량 개발 방향 탐색: 글쓰기 강좌에서 자아정체성 확립을 중심으로. **인문사회과학연구, 28**(2), 90-109.

박은주(2018). 교사 정체성에 관한 철학적 접근: 존재론적 정체성의 시론적 탐색. **한국교원교육연구, 35**(4), 71-94.

배주경, 박소영, 김종윤, 김혜숙, 도종훈, 박윤경...라재주(2019). 2015 개정 교과 교육과정 실행 모니터링 연구(II): 초·중학교 모니터링 및 결과 분석. 연구보고 RRC 2019-4-1. 한국교육과정평가원.

배주경, 박진용, 서지영, 이경언, 박소영(2021). 2015 개정 교육과정 운영 실태 분석: 중학교 국어, 영어, 체육, 음악, 미술 교과를 중심으로. 연구보고 RC 2021-9-1. 한국교육과정평가원.

신은화(2021). AI 시대 인간의 정체성과 소외. **동서인문, 15**, 5-42.

양은희, 진휘연(2017). **22개 키워드로 보는 현대 미술**. 키메이커. (ebook).

윤미경, 장현주, 조원상, 이정현, 이주연(2022). 학교교육에서 바라본 동시대 미술의 쟁점과 미술교사의 역할. **미술교육연구논총, 69**, 213-249.

윤성우(2004). **폴 리쾨르의 철학**. 서울: 철학과 현실사.

이경언, 진의남, 김기철, 채정현, 유정애, 김선아(2010). 2009 개정 교육과정에 따른 교과 교육과정 개선 방안 연구: 실과(기술·가정), 체육, 음악, 미술 교과를 중심으로. 연구보고 RRC 2010-14. 한국교육과정평가원.

이경재, 조상식(2017). 미술교사의 정체성에 관한 현상학적 연구. **교육문화연구, 23**(4), 213-234.

이근호, 곽영순, 이승미, 최정순(2012). 미래사회 대비 핵심 역량 함양을 위한 국가 교육과정 구상. (연구보고 RRC 2012-4). 한국교육과정평가원.

이미경, 서지영, 이근호, 조성민, 김기철, 유창완...윤기준(2018). OECD Education 2030 교육과정 내용 맵핑 참여 연구. 연구보고 RRC 2018-12. 한국교육과정평가원.

이민경, 김보기(2013). 에릭슨의 심리사회적 이론에 나타난 청소년기의 아이덴티티의 분석 연구. **한국복지실천학회지, 5**(2), 83-101.

이정민(2019). 동시대 미술에 나타나는 트랜스내셔널리즘 담론 분석에 의한 미술교육 프로그램 개발 연구. 숙명여자대학교 석사학위논문.

이주연(2018). 미래사회 우리나라 미술교육의 방향 탐색. **조형교육, 64**, 135-154.

이주연(2019). 학교교육에서 동시대 미술에의 접근 방안 모색. **조형교육, 72**, 85-115.

이주연(2023a). 정체성 역량 함양을 강조하는 2022 개정 미술과 교육과정에 거는 기대. **전시가이드, 1월호**(200), 28-29.

이주연(2023b). 2022 개정 미술과 교육과정 정체성 역량 고찰. **조형교육, 88**, 227~254.

이주연(2023c). 21세기 학교미술교육에서 왜 정체성 역량이 중요한가. **전시가이드, 5월호**(204), 34-35.

이주연, 강래형, 김경순, 김은주, 김정선, 김지영, 김혜경, 김효희, 노진영, 류지영, 서예식, 안지연, 이은영, 이진희, 정옥희, 정회진(2022). 2022 개정 미술과 교육과정 시안(최종안) 개발 연구II: 미술과 교육과정. 교육부.

이주연, 장연자(2017). 미술과 핵심 역량 재구조화 방안. **조형교육, 64**, 135-154.

이지은(2015). 미술작품의 국가적 정체성에 관한 소고: 3인의 중국 작가를 중심으로. **현대미술사연구, 38**, 163-183.

이현재(2005). 정체성 개념 분석: 자율적 주체를 위한 시론(試論). **철학연구, 71**, 263-292.

장용선, 조대환(2017). 조직 정체성이 조직 기반 자존감에 미치는 영향과 조직 사회화의 조절 효과에 관한 연구. **경영학연구, 46**(1), 24-47.

정영근, 민용성, 이주연(2019). 2015 개정 교육과정의 핵심 역량 이해에 관한 고찰. **학습자중심교과교육연구, 19**(8), 211-237.

정옥희(2012). 미술교사의 정체성 형성에 대한 해석학적 탐구. **조형교육, 42**, 213-232.

정옥희(2023). 지속가능한 미래를 향한 심미적 감성 역량 고찰. 미래로 나아가다: 미술교육적 대안과 가치. 2023 한국조형교육학회 정기학술대회 발표집. 102-109.

정옥희, 강래형, 김경순, 김정선, 김지영, 김혜경, 김효희, 류지영...홍인선(2022). 2022 개정 예술교과 교육과정 시안 개발 연구I: 미술과 교육과정. 교육부.

조성은, 김선희, 장근영, 한은영(2013). 초연결 사회에서 디지털 자아의 정체성 연구. (정책 연구 13-51). 미래창조과학부 · 정보통신정책연구원.

조현영, 손민호(2017). 진로교육은 언제 역량교육이 되는가?. **교육과정연구, 35**(1), 199-219.

주형미, 최정순, 유창완, 김종윤, 임희준, 주미경(2016). 미래사회 대비 교육과정, 교수 · 학습, 교육평가 비전 연구(I): 초 · 중등학교 교과교육의 방향. (연구보고 RRI 2016-10). 한국교육과정평가원.

주형미, 김종윤, 배화순, 변희현, 유금복, 서지영...배주경(2020). 2015 개정 교육과정에 따른 초 · 중학교 교과 교육 내용의 적정성 분석. (연구보고 RRC 2020-6-3). 한국교육과정평가원.

주형미, 박진용, 김상범, 김현미, 변희현, 임윤진...배주경(2021). 초 · 중학교 교과 교육과정 개선 방안 탐색. (연구보고 RRC 2021-6-2). 한국교육과정평가원.

진의남, 박소영, 장근주, 김기철, 김현수(2014). 교과 교육과정 쟁점 및 개선 방향: 도덕, 실과(기술 · 가정), 체육, 음악, 미술 교과를 중심으로. 연구보고 RRC 2014-7. 한국교육과정평가원.

진의남, 유창완, 장근주, 이영미, 박소영, 양윤정...박정준(2015). 핵심 역량 증진을 위한 교과 교육과정 실행 방안: 실과(기술 · 가정), 체육, 음악, 미술 교과를 중심으로. 연구보고 RRC 2015-8. 한국교육과정평가원.

최수진, 김은영, 김혜진, 박균열, 박상완, 이상은(2019). OECD 교육 2030 참여 연구: 미래지향적 역량교육의 실행 전략 탐색. 연구보고 RR 2019-06. 한국교육개발원.

홍경한(2022). 기대 밑돈 '제의의 장'. 경향신문. https://m.khan.co.kr/opinion/column/article/202206160300055#c2b (2023.11.1. 검색)

홍원표(2011). 글로벌 · 다문화 시대에 적합한 정체성 교육의 내용 영역 구안 및 교과교육과의 연계 방안 탐색. **교육과정평가원구, 14**(3), 1-23.

황세영(2018). 세계시민의식 개념의 지속가능발전교육 기여 가능성에 대한 질적 사례 연구. **환경교육, 31**(1), 35-52.

Erikson, E. H. & J. M. Erikson (2019). **인생의 아홉 단계**(송제훈 역). 서울: 교양인. (원저 1998 출판)

Harari, Y. N. (2015). **사피엔스**(조현욱 역). 서울: 김영사. (원저 2015 출판)

Jarvis-Selinger, SA. (2012). Competency is not enough: Integrating identity formation into the medical education discourse. **Acad Med, 87**(9), 1185-1190.

Kalb, P. R. (2020). **1980년 이후 현대 미술: 동시대 미술의 지도 그리기**(배혜정 역). 서울: 미진사. (원저 2013 출판)

Lanier, J. (2014). **미래는 누구의 것인가**(노승영 역). 서울: 열린책들. (원저 2013 출판)

NCIC 국가교육과정정보센터. https://ncic.re.kr/mobile.index2.do에서 검색

Robertson, J. & McDaniel, C. (2011). **테마 현대미술 노트**(문혜진 역). 서울: 두성북스. (원저 2010 출판)

OECD (2005). 데세코 프로젝트(DeSeCo Project) 핵심 역량 정의 및 선정 프로젝트(DeSeCo Project) 요약. 민주화사업회 발간.

OECD (2018). *The future of Education and skills: Education 2030*. Retrieved Oct. 15, 2023, from https://www.oecd.org/education/2030/E2030%20Position%20Paper%20(05.04.2018).pdf

OECD (2019). *OECD future of Education and skills: Education 2030: OECD learning compass 2030* (A Series of Concept Note). Retrieved Oct. 15. 2023, from https://www.oecd.org/education/2030-project/teaching-and-learning/learning/learning-compass-2030/OECD_Learning_Compass_2030_concept_note.pdf

⟨5⟩

김수진(2022). 국제이해교육 및 세계시민교육 관점에서 동시대 예술의 미술 교육 적용에 관한 기초 연구. **조형교육, 81**, 1-28.

김아미(2019). OECD 학습 나침반 2030: 변혁적 역량과 민주시민교육의 접점. 경기도교육연구원.

김예지, 김효정(2022). 세계시민교육 향상을 위한 고등학교 미술교과서 개선방향에 대한 연구. **미술교육연구논총**, 70, 57-86.

교육과학기술부(2009). **초 · 중등학교 교육과정**. 교육과학기술부 고시 제2009-41호 [별책 1].

교육과학기술부(2011). **미술과 교육과정**. 교육과학기술부 고시 제2011-361호 [별책13].

교육부(1997a). **초 · 중등학교 교육과정**. 교육부 고시 제1997-15호 [별책 1].

교육부(1997b). **미술과 교육과정**. 교육부 고시 제1997-15호 [별책 13].

교육부(2015a). **초 · 중등학교 교육과정 총론**. 교육부 고시 제2015- 호 [별책 1].

교육부(2015b). **미술과 교육과정**. 교육부 고시 제2015-74호 [별책 13].

교육부(2022a). **초 · 중등학교 교육과정 총론**. 교육부 고시 제2022-33호 [별책 1].

교육부(2022b). **미술과 교육과정**. 교육부 고시 제2022-33호 [별책 13].

교육부(2022c). **2022 개정 교육과정 총론 해설**. 교육부 고시 제2022-33호.

교육인적자원부(2007a). **초 · 중등학교 교육과정**. 교육인적자원부 고시 제2007-79호 [별책 1].

교육인적자원부(2007b). **미술과 교육과정**. 교육인적자원부 고시 제2007-79호 [별책 13].

박수정, 송명길, 공완욱, 이미희, 이하림, 전수현(2020). 2022 개정 미술과 교육과정 핵심 역량 고찰: 심미적 감성, 정체성, 공동체 역량을 중심으로. **미술교육연구논총**, 71. 127-166.

백순근, 김서진, 홍수민(2023). 시나리오 기법을 활용한 음악과의 문화적 공동체 역량 측정도구 개발 및 타당화. **문화예술교육연구**, 18(1), 101-127.

송기연(2020). 세계시민교육을 위한 미술과 기반 교수학습 방안: 공동체 역량 함양을 중심으로. 경인교육대학교 석사학위논문.

안혜리(2024). 문화예술교육사를 위한 공동체 중심 미술교육에서 CRAFT 모형 활용 사례 연구. **예술교육연구**, 22(1), 161-181.

유네스코 아시아태평양국제이해교육원(2003). 세계시민을 위한 국제이해교육: 초중등학교 교육과정.

유네스코 아시아태평양 국제이해교육원(2015). 세계시민교육: 학습 주제 및 학습 목표.
https://www.gcedclearinghouse.org/sites/default/files/resources/150020kor.pdf

유네스코 아시아태평양 국제이해교육원(2021). 2022 개정 교육과정을 위한 제안: 평화문화를 만들어 가는 세계시민교육.

유네스코한국위원회(2016). 교육2030 인천선언과 실행계획.
https://www.unesco.or.kr/assets/data/report/RZlQm1vN6mf5P8JD9Z0WJO0S7J7IYs__2.pdf

유네스코한국위원회(2018). 문답으로 풀어보는 지속가능발전목표(SDG) 4-교육 2030 (개정본).
https://overseas.mofa.go.kr/unesco-ko/brd/m_8654/view.do?seq=1335698

유네스코한국위원회(2021). 지속가능발전교육이란?
https://esd.unesco.or.kr/지속발전가능교육이란/

이선혜(2021). 세계시민교육을 위한 멀티미디어 활용 디자인 수업 개발: 초등학교 3학년 의사소통능력 중심으로. **미술교육논총**. 36(2), 214-239.

이선혜, 김선아(2021). 세계시민교육을 위한 그림책 활용 미술교육에 관한 실행연구. **조형교육**, 80. 163-189.

이정우(2017). 2015 개정 교육과정 총론의 공동체 역량 의미와 하위요소 탐색. **시민교육연구**, 49(4), 149-170.

장연자(2017). 세계시민교육에 기반한 미술교과 지속가능발전교육. **조형교육**. 71, 283-299.

정우탁(2022). **세계시민학총서2: 세계시민교육과 SDGs**. 서울: 주류성출판사.

전수연, 김형숙, 이재예(2023). 미술대학에서 세계시민교육 실행의 문제점과 실천 방향. **미술교육논총**, 37(1), 153-180.

조현기(2017). W.I.T.H 세계시민교육을 통한 공동체 역량 신장. **글로벌교육연구**. 9(2), 87-114. DOI:
http://dx.doi.org/10.19037/agse.9.2.04

한경구(2017). 국제이해교육에서 세계시민교육으로: 글로벌 교육패러다임의 진화 그리고 현장의 혼란. **국제이해교육연구**, 12(2), 1-43.

한국교육과정평가원(2009). 2009 개정 교육과정이 추구하는 인간상 및 교육목표 개선 연구.

한지수(2023). 노동요에서 나타난 문화적 공동체 역량 구현 양상 분석: 5~6학년 음악 교과서를 중심으로. **국악교육연구**, 17(1), 233-268.

한혜정, 김영은, 이주연, 곽상훈, 김광하, 김기탁...황유진(2015). 2015 개정 교육과정 총론 해설서(중 · 고등학교) 교육과정평가원 연구보고서.

Anderson, T., & Milbrandt, M. (2012). **삶을 위한 미술교육**(김정희 외 역). 서울: 예경. (원저 2012 출판)

Bishop, C. (2006). The social turn: Collaboration and its discontents, *Art forum*, 2, 178-183.

OECD (2005). The definition and selection of key competencies: Executive summary. https://www.deseco.ch/bfs/deseco/en/index/02.parsys.43469.downloadList.2296.DownloadFile.tmp/2005.dskcexecutivesummary.en.pdf

OECD (2019). *OECD Future of education and skills 2030: OECD Learning compass 2030.*

〈6〉

곽덕주, 최진(2018). 맥신 그린의 '미적 체험 예술교육 접근'의 인문교육적 가치 - 새로운 '인문적' 교수 학습 패러다임을 탐색하며. **교육철학연구, 40**(2), 1-26.

교육과학기술부(2011). **초·중등학교 교육과정 총론.** 교육과학기술부 고시 제2011-361호 [별책 13].

교육부(2022). 교육부 고시 제2022-33호 [별책 13].

김정선(2012). 2007/2009 개정 미술과 교육과정 비교. **미술교육연구논총, 31**, 49-71.

김진엽(2001). 미적 체험에 대한 미학적 이해. **미술교육논총, 11**. 1-9.

김혜숙(2007). 미의식과 미적 체험에 관한 담론 연구. **미술교육논총, 21**(2), 1-28.

류재만(2007). 2007년 개정 초등미술과 교육과정의 검토와 논의. **미술교육연구논총. 22**. 97-119.

류지영(2022). 감성학으로서의 미술교육-미술교육에서 심미성의 재개념화-. **조형교육, 87**, 95-117.

류지영(2023), 미래 미술교육의 방향성 탐색: 미술과 교육과정에서의 미적 체험, **조형교육, 88**. 85-110.

박상규(1991). **미학과 현상학**. 서울: 문예출판사.

박정애(2001). **포스트모던 미술, 미술교육론**. 서울: 시공사.

박정훈(2020). 미적 경험을 넘어 미적 실천으로: 현대 예술의 성격 규정을 위한 하나의 시도. **미학, 86**(2), 129-159.

손지현, 이민정(2012). 2009 개정 미술과 교육과정의 '체험'에 관한 논의, **미술교육논총, 26**(2), 83-110.

박소영, 조은정, 김선아, 장경아, 양윤정, 박정유, 정용호(2011). 2011 미술과 교육과정 개정 시안 연구 개발. 한국교육과정평가원 연구보고 CRC 2011-6.

양윤정(2016). 미술과 교육과정. 류지영 외 편. **미술교육의 기초**. 파주: 교육과학사.

이경언. 진의남, 김기철, 채정현, 유정애, 김선아, 김유경(2010). 2009 개정 교육과정에 따른 교과 교육과정 개선 방안 연구. 한국교육과정평가원 연구 보고 RRC 2010-4.

이은적(2003). 미적 태도, 미적 체험의 개념 이해와 미술교육적 논의. **조형교육, 21**. 189-209.

임새롬, 민경훈, 백성혜(2021). 융합기반 음악교육 수업원리 개발. **음악교육공학, 49**, 6-93.

정순복(2007). 미적 경험의 근원적 지평. 엄경아, 홍이복, 성하영 편. **미학으로 읽는 미술**. 서울: 월간미술.

최준호(2004). 심미적 반성활동과 예술의 경험의 고유성 - 칸트의 논의를 중심으로. **칸트연구. 14**.

황명자, 송혜순(2015). 초등학교 표현활동 영역에서 미적체험교육의 가능성 탐색. **교과교육학연구, 19**(2), 323-340.

Anderson, T. & Milbrandt, M. K. (2007). **삶을 위한 미술교육**(김정희 외 역). 서울: 예경. (원저 2005 출판)

Beardsley (1982). "Aesthetic Experience", *The Aesthetic Point of View*. Selected Essays, Ithaca: Cornell University Press.

Bertram, G. W. (2017). **철학이 본 예술**(박정훈 역). 서울: 세창출판사.

Broudy, H. (1972). *Enlightened cherishing: An Essay on aesthetic education.* IL: University of Illinois Press.

Dewey, J. (2016). **경험으로서의 예술** *Art as Experience*(박철홍 역). 서울: 나남. (원저 1934 출판)

Dufrenne, M. (1996). **미적체험의 현상학**(김채현 역). 서울: 이화여자대학교출판부. (원저 1967 출판)

Eisner, E. (2007). **예술교육론: 미술 교과의 재발견**(강현석 외 역). 서울: 아카데미프레스. (원저 2004 출판)

Greene, M. (1978). *Landscape of Learning*. New York: Teachers College Press.

Greene, M. (1995). *Releasing the Imagination*. San Francisco: Jossey-Bass.

Iser, W. (1976), D*er Akt des Lesens. Theorie ästhetischer Wirkung,* München: UTB.

Kant, I. (2009). **판단력 비판**(백종현 역). 파주 아카넷. (원저 1790 출판)

Makkreel, R. A. (2015). *Orientation and Judgement in Hermeneutics.* Chicago: Chicago University Press.

Merleau-Ponty, M. (2006). **지각의 현상학**(류의근 역). 서울: 문학과지성사. (원저 1945 출판)

Shustermann, R. (2000), *Performing Live*, Ithaca: Cornell University.

Smith, R. (1991). *Philosophy and theory of aesthetic education.* In R. A.

〈7〉

교육부(2015). **2015 개정 미술과 교육과정**. 교육부 고시 제2015-74호 [별책 13].

교육부(2022). **2022 개정 미술과 교육과정**. 교육부 고시 제2022-33호 [별책 13].

김정선(2016). 미술과 교육과정에서 〈창의적 표현 능력〉의 의미. **미술교육연구논총**. 47. 1-24.

김정선(2017). 미술을 통한 자기이해는 어떻게 가능한 것인가. **미술교육연구논총**. 48. 31-52.

김창식(2005). 비평적 사고와 미술교육. **미술과 교육**. 6-1. 119-134.

류지영(2016). 일본 자유화운동 및 그 이후의 영향. 류지영 외(편). **미술교육의 기초**(pp. 85-86). 파주: 교육과학사.

문교부(1955a). **국민학교 교과과정**. (문교부령 제44호, 단기 4288년 8월 1일 공포)

문교부(1955b). **중학교 교과과정**. (문교부령 제45호 별책, 단기 4288년 8월1일 제정)

박영주(2016). 표현활동. 류지영 외(편). **미술교육의 기초**(pp. 396-399). 파주: 교육과학사.

박정애(2000). 1945년부터 1999년까지의 한국 미술교육의 목표. **미술과 교육**. 1. 41-62.

박정애(2006). 현재 교육과정 담론과 한국 미술 교육과정. **미술과 교육**. 7-1. 1-20.

박휘락(1995). 한국 미술교육의 내용과 방법에 관한 사적 고찰. **미술교육연구논총**. 7. 37-68.

소경희(2019). 한국의 국가교육과정의 변천과 최근의 개혁 동향. **The SNU Journal of Education Research**. 28(1). 87-103.

양윤정(2016). 제7차 미술과 교육과정 이후. 류지영, 이은적, 안혜리, 이주연, 김선아(편). **미술교육의 기초**(pp. 94-98). 파주: 교육과학사.

양윤정 외(2003). 미술과 교육 목표 및 내용 체계 연구(Ⅱ). 한국교육과정평가원.

이경언 외(2010). 2009 개정 교육과정에 따른 교과 교육과정 개선 방안 연구. 한국교육과정평가원.

이주연, 김성숙, 김정희, 김형숙, 김혜숙, 안금희, 이성도, 정여주, 황연주(2020). **미술교육과 문화(4판)**. 서울: 학지사.

임혜은(2007). 표현, 미학대계간행회(편). **미학의 문제와 방법**(미학대계 2권). 서울: 서울대학교 출판부.

최진(2020). 심미적 감성 역량의 이해를 위한 '표현' 개념의 재탐색. **예술교육연구**. 18(2). 237-255.

Biesta, G.(2018). What if? Art education beyond expression and creativity. Naughton, C., Biesta, G. & Cole, D. R.(eds.). *Art, Artists and Pedagogy*. NY: Routledge.

Eisner, E.(2014). **인지와 교육과정**(박승배 역). 파주: 교육과학사. (원저 1994년 출판)

Parsons, M. J. & Blocker, H. G.(1998). **미학과 예술교육**(김광명 역). 서울: 현대미학사. (원저 1993년 출판)

Taguchi, H. L.(2018). **들뢰즈와 내부작용 유아교육**(신은미 외 역). 서울: 창지사. (원저 2010년 출판)

〈8〉

교육부(2015a). **2015 개정 미술과 교육과정**. 교육부 고시 제 2015-74호.

교육부(2015b). **2015 개정 교육과정 총론 해설**. 교육부 고시 제 2015-80호.

김형숙(2015). 미술과 교육과정에서 감상영역의 변천과 미술비평방법론 개선방안. **미술교육연구논총**. 42, 77-101.

류지영(2011). **미술 감상 교육**. 서울: 미진사.

류지영(2018). **미술 감상-중층적 네트워크와 커뮤니케이션의 구축**. 파주: 교육과학사.

류지영(2019). 미술 감상교육 및 미술비평교육, **미술교육학**. 파주: 교육과학사.

박휘락(1998). **한국미술교육사**. 서울: 예경.

박휘락(2003). **미술비평과 감상교육**. 서울: 시공사.

서울교대미술교육연구회(2014). **미술교육학**. 파주: 교육과학사.

양윤정(2015). 2015 미술과 교육과정 개정 시안의 이해. 새교육개혁포럼. 국가교육과정포럼(현장교원중심) (1차) 자료집. 175-202.

오유림, 안혜리(2021). 미술감상교육 연구 동향 분석 국내 미술교육 학술지 논문(1990~2020)을 중심으로. **조형교육**, 79, 163-194.

Erikson, E. H.(1959). *Identity and the Life Cycle*. International Universities Press.

Feldman, E. B.(1988). "The teacher as critic". *Research Readings for Discipline-Based Art Education*. VA: National Art Educaton Association.

Feldman, E. B.(1994). *Practical art criticism.* NY: Prentice Hall.

Lowenfeld, V.(1963). *Creative and Mental Growth*. NY: The Macmillan Company.

Parsons, M.(1987), *How We Understand Art: A cognitive developmental account of aesthetics experience*, Cambridge: Cambridge University Press.

Yenawine, P.(2013). *Visual thinking strategies: Using art to deepen learning across school disciplines.* MA: Harvard Education Press.

〈9〉

강현석, 이지은, 배은미(2019). **최신 백워드 교육과정과 수업설계의 미래**. 파주: 교육과학사.

고관희(2016). 제4차 교육과정기 미술 감상작품 분석. **미술사와 문화유산, 5**, 337-358.

고려대학교 민족문화연구원(2011). **고려대 한국어대사전**. 서울: 고려대학교 민족문화연구원 국어사전편찬실.

고인규(2016). 백워드 설계 모형을 적용한 실과 농업 단원의 구조화 연구. **실과교육연구, 11**(2), 257-276.

교육부(2015). **초·중등학교 교육과정 총론**. 교육부 고시 제2015-80호 [별책 1].

교육부(2021). **2022 개정 교육과정 총론 주요사항(시안)**. 교육부 보도자료(2021. 11. 24).

교육부(2022). **미술과 교육과정**. 교육부 고시 제2022-33호 [별책 13].

권난주, 권재술(1998). 인지갈등을 통한 개념수업 절차 모형의 적용. **한국과학교육학회지, 18**(3), 261-271.

김경자, 온정덕(2014). **이해중심 교육과정**. 서울: 교육아카데미.

김동렬(2009). Driver의 개념변화 학습 모형을 적용한 수업이 고등학생들의 식물의 광합성과 호흡의 오개념 교정에 미치는 효과. **한국과학교육학회지, 29**(6), 712-729.

김동영, 김익수, 김정, 김정숙, 김혜숙, 노부자...홍석창(2000). **한국의 미술교육 과제와 조형예술학적 접근**. 서울: 예경

두산동아(2008). **동아 새국어사전**. 서울: 두산동아.

류종열(2003). 사회과 교수·학습 모형과 ICT 활용 수업 – 개념 학습 모형을 적용한 교수·학습 과정안 설계를 중심으로-. **사회과교육연구, 10**(1), 137-168.

문교부(1973). **국민학교 교육과정**. 문교부령 제301호.

문교부(1987). **국민학교 교육과정**. 문교부 고시 제87-9호.

문지은(2018). 제 2 차 교육과정 개정의 특징과 사회적 맥락 (1958~1963). *The SNU Journal of Education Research*, 27(1), 47-69.

박상돈(2023). 반사물(反事物) 시대 미술교육에 대한 소고. **미술교육논총, 37**(3), 166-190.

박재문(1998). **지식의 구조와 구조주의**. 서울: 교육과학사.

박정애(2022). **미술로 이해하는 미술교육**. 서울: 사회평론아카데미.

서울대학교 국어교육연구소(2014). **한국어 교육학 사전**. 서울: 하우.

소경희(2006). 학교지식의 변화요구에 따른 대안적 교육과정 설계방향 탐색. **교육과정연구, 24**(3), 39-59.

손민호(2011). 역량 중심 교육과정의 가능성과 한계: 역량 개념을 중심으로. **교육실천연구, 10**(1), 101-121.

신범석(2018). 암묵지(暗默知)의 학습적 가치. **휴먼웨어 연구, 1**(1), 25-54.

양민영(2019). **제1차·제2차 교육과정기 한국 미술교육의 역사적 풍경**. 파주: 한국학술정보.

유진현(2014). 문학능력 신장을 위한 문학 지식 교육 방향 연구. **문학교육학, 45**, 303-336.

이모영(2007). 예술에 대한 인지적 접근과 예술교육. **문화예술교육연구, 2**(1), 61-86.

이영문(2010). 윌슨의 개념분석법에 따른 도덕과의 개념 분석 수업 모형에 대한 연구. **초등도덕교육, 34**, 61-83.

이주연, 강래형, 김경순, 김은주, 김정선, 김지영, 김혜경, 김효희, 노진영, 류지영, 서예식, 안지연, 이은영, 이진희, 정옥희, 정회진(2022). **2022 개정 미술과 교육과정 시안(최종안) 개발 연구**. 교육부.

온정덕, 변영임, 안나, 유수정(2023). **교실 속으로 간 이해중심 교육과정**. 서울: 살림터.

채경전, 김종한, 김태영(2012). 초등학생을 위한 발견학습 모형 기반 프로그래밍 수업 설계. **한국컴퓨터교육학회 학술발표대회논문집, 16**(1), 52-56.

철학사전편찬위원회(2012). **철학사전**. 서울: 중원문화.

한국교육과정학회(2017). **교육과정학 용어 대사전**. 서울: 학지사.

한국미술교육학회(2000). **미술교육학**. 서울: 교육과학사.

한국조형교육학회(2018). **미술교육의 기초**. 파주: 교육과학사.

허경철, 조덕주, 소경희(2001). 지식 생성(生成) 교육을 위한 지식의 성격 분석. **교육과정연구, 19**(1), 231-250.

황연주(2008). 2007 개정 초등 미술과 교육과정 내용영역의 이해와 고찰. **미술교육논총, 22**(1), 125-152.

Efland, A. D. (2006). **인지 중심 미술 교육론 탐구 –교육과정 개발의 새 접근–** (안금희 외 역). 서울: 교육과학사. (원저 2002 출판).

Erickson, H. L. (2008). *Stirring the head, heart, and soul: Redefining curriculum, instruction, and concept-based learning*. Thousand Oaks, CA: Corwin.

Hamlyn, D. W. (2010). **교육인식론 –경험과 이해의 성장–** (이홍우 역). 파주: 교육과학사. (원저 1978 출판)

Hessen, J. (2016). **인식론**(이강조 역). 파주: 서광사. (원저 1964 출판)

Lehrer, K. (1996). **현대 지식론**(한상기 역). 파주: 서광사. (원저 1990 출판)

Marschall, C., & French, R. (2024). **생각하는 교육과정과 수업을 위한 개념 기반 탐구학습의 실천 – 전이 가능한 이해의 촉진 전략 –**. (신광미, 강현석 역). 서울: 학지사. (원저 2018 출판)

Perkins, D. (1998). *What is understanding?. Teaching for understanding: Linking research with practice*. San Francisco: Jossey-Bass.

Plato. (2023). **플라톤의 국가**(박종현 역). 파주: 서광사. (원저 2003 출판)

Shunk, D. H. (2016). **학습 이론 교육적 관점**(노석준 외 역). 파주: 아카데미프레스. (원저 2016 출판)

Stern, J., Lauriault, N., & Ferraro, K. (2021). **개념기반 교육과정과 수업**(임유나 외 역). 서울: 박영STORY. (원저 2018 출판)

Stewart, M. & Walker, S. (2020). **미술 수업설계 다시보기**(류지영 역). 파주: 교육과학사. (원저 2005 출판)

〈10〉

Harriet Isecke(2016). **백워드 설계와 수업 전문성**(강현석, 이지은, 정수경 역서). 서울: 학지사. (원저 2011 출판)

권문호, 박종석(2020). 2015 개정 과학과 교육과정의 '기능'에 대한 비판적 검토. **Journal of the Korean Association for Science Education, 40**(2), 151-161.

교육부(2015). **미술과 교육과정**, 교육부 고시 제2015-74호[별책 13], 교육부.

교육부(2021). 2022 개정 교육과정 총론 주요사항(시안)(2021년 11월 24일).

교육부(2022a). **미술과 교육과정**, 교육부 고시 제2022-33호[별책 13], 교육부.

교육부(2022b). 「2022 개정 교육과정」 질의・응답 자료.

류지영(2021). 미술과 교육과정에서 미술교과 역량 탐색을 위한 미술 이론과 실천 연계의 재개념화. **조형교육, 80**, 87-113.

박소영, 양윤정, 백경선(2016). 핵심역량 함양을 위한 2015 개정 미술과 교육과정 실행 방안 탐색. **조형교육, 59**, 61-91.

백애정(2013). 교육적 진화에 대한 소고: 미술창작활동에서 물성체험을 중심으로. **조형교육, 45**. 159-177.

백애정(2020). 미술 교사, 지각(知覺)의 의미를 말하다: 자문화기술지를 중심으로. 한국교원대학교 박사학위논문.

서영진(2015). 2015 개정 국어과 교육과정의 주요 쟁점과 향후 과제-공통 교육과정 '국어'를 중심으로, **청람어문교육, 56**, 67-106.

이광우, 정영근, 서영진, 정창우, 최정순, 박문환, 이봉우, 진의남, 유정애, 이경언, 박소영, 주형미, 백남진, 온정덕, 이근호, 김사훈(2014). 교과 교육과정 개발 방향 설정 연구, **한국교육과정평가원 연구보고** CRC 2014-7.

이광우 외(2015a). 2015 개정 교과 교육과정 시안 개발 연구 Ⅰ-국가 교육과정 각론 조정 연구, 연구보고 CRC 2015-9. 한국교육과정평가원.

이광우, 정영근(2017). 2015 개정 교과 교육과정 내용 체계 구성의 반성적 고찰: 핵심개념, 일반화된 지식, 기능을 중심으로. **학습자중심교과교육연구**, 17-16, 597-622.

이미경(2022). OECD Education 2030 학습 프레임워크에 기반한 우리나라 교사의 역량 개발 방향 탐색. **교육광장, 81**, 10-13.

이상은 외(2018). OECD 교육 2030 참여 연구: 역량의 교육정책적 적용 과제 탐색. 연구보고 RR 2018-08. 한국교육개발원.

임유나, 홍후조(2016). 2015 개정 교육과정의 교과별 교육내용 제시 방식 검토: 내용 체계를 중심으로. **아시아교육연구, 17**(3), 277-302.

온정덕, 변영임, 안나, 유수정(2018). **교실 속으로 간 이해중심 교육과정**. 서울: 살림터.

H. Lynn Erickson, Lois A. Lanning and Rachel French(2019). **생각하는 교실을 위한 개념 기반 교육과정 및 수업**(온정덕, 윤지영 역). 서울: 학지사. (원저 2017 출판)

최수진 외(2019). OECD 교육 2030 참여 연구: 미래지향적 역량교육의 실행 전략 탐색. 연구보고 RR 2019-06. 한국교육개발원.

한혜정 외(2022). 2022 개정 교육과정 각론 조정 연구. 1, 연구보고 CRC 2022-5. 한국교육과정평가원.

〈11〉

국토연구원(2023). 소득불평등과 거주지 분리의 특성 및 변화 - '서울의 달'에서 '펜트하우스'까지 – **국토정책Brief, 제928호**.

교육부(2022a). **초등학교 교육과정**. 교육부 고시 제2022-33호. [별책 2]

교육부(2022b). **미술과 교육과정**. 교육부 고시 제2022-33호. [별책 13]

김태형(2019). **혐오 시대 헤쳐가기**. 파주: 열린책들.

김혜경(2010). 통합교과를 통한 다문화 미술교육 방안. **미술교육논총** 24(2), 449-467.

매체. **국립국어원 표준국어대사전**. https://stdict.korean.go.kr/search/searchResult.do?pageSize=10&searchKeyword=%EB%A7%A4%EC%B2%B4에서 검색

박수미, 정기선(2006). 사회적 소수자에 대한 편견적 태도에 관한 연구. **여성연구, 71**, 5-26.

박수정, 송명길, 공완욱, 이미희, 이하림, 전수현(2022). 2022 개정 미술과 교육과정 핵심 역량 고찰: 심미적 감성, 정체성, 공동체 역량을 중심으로. **미술교육연구논총, 71**, 127-166.

박정애(2011). 탈주체의 문화중심에서의 미술교육의 가치체계. **미술교육연구논총**, 30, 55-57.

손인서, 김승섭(2015). 한국의 차별 경험과 건강 연구에 대한 체계적 문헌 고찰. **保健社會硏究, 35**(1), 26-57.

심규선(2018). 사회통합을 위한 문화예술실천에서 집단 간 접촉이론의 적용 가능성. **문화예술경영학연구, 11**(1), 101-125.

연대. **국립국어원 표준국어대사전.** https://stdict.korean.go.kr/search/searchResult.do?pageSize=10&searchKeyword=%EC%97%B0%EB%8C%80에서 검색

우호. 국립국어원 표준국어대사전. https://stdict.korean.go.kr/search/searchResult.do?pageSize=10&searchKeyword=%EC%9A%B0%ED%98%B8에서 검색

이재영(2016). 미술교육의 인문학적 가치를 중심으로 한 미술교육의 변화 모색. **미술과 교육**, 17(4), 1-17.

이창현(2016. 8. 18). **"차별 요인은 돈" 50% 응답…분배정의는 어디로**. 서울앤. https://www.seouland.com/arti/society/society_general/929.html 에서 검색.

임윤서, 안윤정(2016). 대학생의 잠재된 차별의식 드러내기 -차별대상과 편견 성찰에 대한 질적 연구-. **민주주의와 인권, 16**(4), 103-151.

접촉. **국립국어원 표준국어대사전.** https://stdict.korean.go.kr/search/searchResult.do?pageSize=10&searchKeyword=%EC%A0%91%EC%B4%89에서 검색

통계청(2022). **합계 출산율.** https://www.index.go.kr/unity/potal/main/EachDtlPageDetail.do?idx_cd=1428에서 검색.

통계청(2023). **1인 가구 비율.** https://www.index.go.kr/unity/potal/indicator/IndexInfo.do?popup=Y&clasCd=2&idxCd=5065 에서 검색.

한수정(2012). 초등학교에서의 다문화 미술교육 프로그램 계발 연구. 서울교육대학교 석사학위논문.

혐오. **국립국어원 표준국어대사전.** https://stdict.korean.go.kr/search/searchResult.do?pageSize=10&searchKeyword=%ED%98%90%EC%98%A4에서 검색

Allport, G. W. (1993). **편견의 심리**(이원영 역). 서울: 성원사. (원저 1954)

Bourriaud, N. (2011). **관계의 미학**(현지연 역). 서울: 미진사. (원저 1998)

Dewey, J. (2016). **경험으로서 예술①**(박홍철 역). 서울: 나남. (원저 1934)

Everhardt, J. (2021). **편견**(공민희 역). 파주: 스노우폭스북스. (원저 2020)

Gaither, S. E. & Sommers, S. R. (2013). Living with an other-race roommate shapes whites' behavior in subsequent diverse setting, *Journal of Experimental Social Psychology 49,* 272-276.

Goldbard, A. (2015). **새로운 창의적 공동체-예술은 무엇을 할 수 있는가?-**(임산 역). 파주: 도서출판 한울. (원저 2006 출판)

Hare, B. & Woods, V. (2021). **다정한 것이 살아남는다.** 파주: 디플롯 (원저 2020 출판)

Merleau-Ponty, M. (2002). **지각의 현상학**(류의근 역). 서울: 문학과 지성사. (원저 1945 출판)

Paluck, E. L. & Green, D. P. (2009). Prejudice reduction: what works? a review and assessment of research practice. *Annual Review of Psychology, 60*, 339-367.

Williams, M. (2022). **혐오의 과학**(노태복 역). 서울: 반니.

Young, J. (2013). **예술과 지식**. 서울: 서울대학교출판문화원. (원저 2001 출판)

〈12〉

교육부(2015). **초등학교 교육과정.** 교육부 고시 제2015-74호 [별책 2].

교육부(2022a). **초 · 중등학교 교육과정 총론.** 교육부 고시 제2022-33호 [별책 1].

교육부(2022b). **미술과 교육과정.** 교육부 고시 제2022-33호 [별책 14].

김상환(2008). 데리다의 텍스트. **철학사상, 27**, 91-121.

김윤한(1999). 번역의 개념과 언어학적 번역론. **人文論叢, 42**, 117-136.

김진우(2014). **언어와 언어이론: 소쉬르에서 촘스키까지.** 서울: 한국문화사.

박정애(2018). 미술, 지역적 언어인가? 보편적 언어인가? **미술과교육, 19**(4), 1-18.

송선희, 정영기(2021). 비트겐슈타인의 언어놀이에 대한 교육학적 해석. **동서철학연구, 99**, 451-474.

안규철(2013). **아홉 마리 금붕어와 먼 곳의 물.** 서울:현대문학.

이은영(2014). 시각문화 미술교육에서의 학습자 언어에 대한 탐색적 논의. **조형교육, 50**, 2-49.

이하림(2023). 동시대성의 교육학적 전환 맥락에서 미술교육 커먼즈의 실현 원리 연구: Bruno Latour의 ANT를 중심으로. 박사학위논문. 경인교육대학교.

진휘연, 양은희(2022). **현대미술 키워드 1.** 성남: 헥사곤.

최진(2019). '자기형성적 표현'으로서의 예술언어-자기존중을 위한 교육에의 함의. 서울대학교 박사학위논문.

하영유(2019). 미술 교육에서 침묵과 몸 언어의 의미에 관한 현상학적 체험 연구. **조형교육, 70**, 183-206.

Bakhtin, M. M. (1981). *The dialogic imagination*. Austin: University of Texas Press.

Barthes, R. (1977). *Image Music Text*(Heath, S, Trans.). London; Fontana.

Barthes, R. (1984). *Le bruissement de la langue*. Paris: Seul.

Berger, J. (2017). **우리가 아는 모든 언어**. 파주: 열화당. (원저 2016년 출판)

Derrida, J. (2010). 그라마톨로지(김성도 역). 서울: 민음사. (원저 1967년 출판)

Dewey, J. (2016). **경험으로서의 예술 2**(박홍철 역). 파주: 나남. (원저 1934년 출판)

Greene, M. (2019). **상상의 나래 펴기**(문승호 역). 서울: 다빈치. (원저 1995년 출판)

Robertson, J., & McDaniel. C. (2022). *Themes of contemporary art: visual art after 1980* (fifth edittion). NY: Oxford University Press.

Royle, N. (2007). **자크 데리다의 유령들**(오문석 역). 서울: 앨피. (원저 2003년 출판)

Saussure, F. de. (1959). *Course in general linguistics.*(ed.). Bally, C. and Sechehaye, A. (trans). Baskin, W. N.Y.: Philosophical Library. (원저 1916년 출판)

Stake, R. E. (1995). *The art of cast study research*. London: Sage Publications.

Staniszewski, M. A. (2001). **이것은 미술이 아니다**(박이소 역). 서울: 현실문화연구. (원저 1995년 출판)

Wittgenstein, L. (1994). **철학적 탐구**(이영철 역). 파주: 서광사. (원저 1953년 출판)

〈13〉

강동수·김재철(2003). 초기 르네상스 철학의 상상력 이론. **철학연구, 87**, 1-28.

강동수·김재철(2007). 현대철학의 상상력 이론-구성과 해석으로서의 상상. **철학연구, 104**, 1-20

교육과학기술부(2011). **미술과 교육과정**. 교육과학기술부 고시 제 2011-361호 [별책13].

교육부(1992a). **초등학교 교육과정**. 교육부 고시 제1992-16호.

교육부(1997). **미술과 교육과정**. 교육부 고시.

교육부(2015). **미술과 교육과정**. 교육부 고시 제2015-74호 [별책13].

교육부(2021). (더 나은 미래, 모두를 위한 교육) 2022 개정 교육과정 총론 주요사항(시안).

교육부(2022a). **초·중등 교육과정 총론**. 교육부 고시 제 2022-33호 [별책 1].

교육부(2022b). **미술과 교육과정**. 교육부 고시 제2022-33호 [별책13].

교육인적자원부(2007). **미술과 교육과정**. 교육인적자원부 고시 제 2007-79호 [별책13].

김성숙, 이주연(2012). 미술과 교육과정의 이해. **미술교육과 문화(3판)**, 65-88.

류지영(2021). 미래교육으로서의 물질적 상상력과 미술교육. **조형교육, 79**, 103-129.

문교부(1963a). **초등학교 교육과정**. 문교부령 제119호.

문교부(1963b). **중학교 교육과정**. 문교부령 제119호.

문교부(1979a). **초등학교 교육과정**. 문교부 고시 제424호.

문교부(1979b). **중학교 교육과정**. 문교부령 제325호.

문교부(1981a). **국민학교 교육과정**. 문교부 고시 제442호.

문교부(1981b). **중학교 교육과정**. 문교부 고시 제442호.

문교부(1987). **국민학교 교육과정**. 문교부 고시 제 87-9호.

박휘락(1998). **한국미술교육사-미술교육 100년의 흐름**(1895-1995). 서울: 예경.

백경미(2011). 디지털시대의 창조적 상상력: 미디어 아트에 대한 이공계 학생들의 반응. **미술과 교육, 12**(1), 71-89.

심락현(2012) 미적 상상력의 다원성 고찰. **인문과학연구, 34**, 345-371.

유경훈(2009). 바슐라르의 상상력 이론과 창의력의 철학적 기초. **영재교육연구, 19**(3), 603-646.

이상오(2014). **상상력과 교육: 인간과 테크놀로지의 만남**. 서울: 강현출판사.

이주하(2008). 바슐라르와 뒤랑의 상상력 재발견과 그 교육적 함의. **교육철학, 34**, 351-390.

임정택(2011). **상상, 한계를 거부하는 발칙한 도전**. 서울: 21세기 북스.

장동호(2009). 미술활동에서 상상표현의 교수-학습 방법. **미술교육연구논총, 25**, 77-98.

정희경(2016). 공감적 상상력을 통한 예술가 생애사 활용 방안 연구. **조형교육, 59**, 233-251.

최은영(2018). 제4차 산업혁명 시대가 요구하는 상상력 개발을 위한 미술교육의 역할. **미술교육연구논총, 52**, 95-126.

홍명희(2005). **상상력과 가스통 바슐라르**. 서울: 살림출판사.

홍병선(2008). 상상력의 철학적 근거-흄의 상상력 이론을 중심으로. **철학탐구, 24**, 119-140.

홍병선(2009). 예술에서의 상상력, 그 철학적 토대- 음악적 상상력을 중심으로. **철학논총, 57**, 343-360.

홍병선(2014). 회화예술에서의 상상력과 그 교육적 적용을 위한 대안 모색. **교양교육연구, 8**(4), 565-582.

홍병선, 김장용, 지상범, 임옥, 이수정, 이경숙, 이경은(2012). **예술에서의 상상력**. 서울: 연경문화사.

Bachelard, G. (1993). **공기와 꿈-운동에 관한 상상력**(정영란 역). 서울: 민음사. (원저 1943 출판)

Bachelard, G. (2020). **물과 꿈-질료에 관한 상상력 시론**(김병욱 역). 서울: 이학사. (원저 1942 출판)

Efland, A. D.(2006). **인지 중심 미술 교육론 탐구-교육과정 개발의 새 접근**(강현석 외 역). 서울: 교육과학사. (원저 2002출판)

Eisner, E. W.(2007). **예술교육론-미술교과의 재발견**(강현석 외 역). 서울: 아카데미프레스. (원저 2002 출판)

Root-Bernstein. R., & Root-Bernstein. M. (2007). **생각의 탄생**(박종성 역). 서울: 에코의 서재. (원저 1999 출판)

Sartre, J. P.(2015). **사르트르의 상상력**(지영래 역). 서울: 기파랑. (원저 1940 출판)

Vygotsky(2014). **어린이의 상상과 창조**(비고츠키연구회 역). 서울: 살림터. (원저 1930 출판)

〈 14 〉

공완욱(2023). 미술교육에서 수준에 따른 재료와 기법, 지도방법, **조형교육, 88**, 1-31.

교육부(1997). **7차 미술과 교육과정**(교육부고시 제1997-15호).

교육부(2015). **2015 개정 미술과 교육과정**(교육부 고시 제2015-74호 [별책 13]).

교육부(2022a). **2022 개정 교육과정 총론**(교육부 고시 제2022-33호 [별책 1]).

교육부(2022b). **2022 개정 미술과 교육과정**(교육부 고시 제2022-33호 [별책 13]).

교육부(2021). 2022 개정 교육과정 총론의 중요사안. 교육부 보도자료.

교육인적자원부(2007). **2007 개정 미술과 교육과정**

교육과학기술부(2011). **2009 개정 미술과 교육과정**(교육과학기술부 고시 제2011-361호 [별책13]).

김혜경(2022). 미술교육에서 포용성의 실천적 방향탐색 기초 연구. **미술교육논총, 36**(2). 51-76.

박준, 류현숙, 김성근, Peter, G., Brezzi, M., Baredes, B. ... 이지영(2021). **국가포용성지수 개발 연구**. 협동연구총서(경제인문사회연구회 21-24-01).

신철균(2019). 포용국가 실현을 위한 교육혁신 전략과 과제, **교육개발, 46**(1), 한국교육개발원.

오명숙(2019). 다양성과 포용성. **Ingenium(人材니움), 26**(1), 3-6.

이상은, 소경희(2019), 미래지향적 교육과정 설계를 위한 OECD 역량교육의 틀 변화 동향 분석: 'Education 2020'을 중심으로, **교육과정연구, 37**(1), 139-164.

이상은, 김은영, 김소아, 유예림, 최수진, 소경희, 신연재(2018). **OECD 교육 2030 참여 연구: 역량의 교육정책적 적용 과제 탐색**(연구보고 RR 2018-08). 한국교육개발원.

이재영(2022). 인문 성찰을 위한 미술교육: 2022 개정 미술과 교육과정에 대한 고찰. **미술과교육, 23**(4). 1-20.

이재열(2021). 사회적 포용. 박준 외, 국가 포용성 지수 개발 연구, (pp.150-173). **협동연구총서**(21-24-01). 세종: 경제인문사회연구회.

최수진, 김은영, 김혜진, 박균열, 박상완, 이상은, 장암미(2019). **OECD 교육 2030 참여 연구: 미래지향적 역량교육의 실행 전략 탐색**(연구보고 RR 2019-06). 한국교육개발원.

황은영(2010). 포용교육에 기초한 다문화교육의 재성찰. **글로벌교육연구, 2**(1), 31-61.

Anderson, T., & Milbrandt. M. (2007). **삶을 위한 미술교육**(김정희 외 역). 서울: 예경. (원저 2004 출판)

Bates, J. (2000). *Becoming an Art Teacher*. CA:Wadsworth.

Henderson,C.M. & Lasley, E. (2014), Creating inclusive classrooms through the arts, *Dimensions of Early Childhood*, *42*(3), 11-17.

Jackson, L.(2017). Book Reviews, Towards an inclusive arts education(2015), *Disability & Society*, *32*(6), 928-936.

Karkou, V. & Glasman, J. (2004). Arts, education and society: the role of the arts in promoting the emotional wellbeing and social inclusion of young people. *Support for Learning*, *19*(2), 57-65.

Musneckiene, E. (2020). Inclusive education in the arts: challenges, practices and experiences in Lithuania, *European Teachers Education Network*, 18-29. Retrieved from https://etenjournal.com/2020/10/06/inclusive-education-in-the-arts-challenges-practices-and-experiences-in-lithuania-by-edita-musneckiene

Penketh, C. (2017). Inclusion and Art Education: 'Welcome to the Big Room, Everything's Alright', *The international Journal of Art & Design Education*. 35(2). 153-163. doi: 10.1111/jade.12084

UNESCO(2015). Education 2030 Incheon Declaration and Framework for Action: Towards Inclusive and Equitable Quality Education and Lifelong Learning for All. Received from https://unesdoc.unesco.org/ark:/48223/pf0000245656

UNESCO(2016). Reaching Out to All Learners: A Recourse Pack

to Supporting Inclusive Education. Defining Inclusive Education. Retrieved from https://www.ibe.unesco.org/sites/default/files/medias/fichiers/2023/10/unesco_bie_2021_web_inclusive_education_resrouce_pack.pdf

UNESCO(2020). Youth Report 2020: Inclusion and Education, All Means All. Retrieved from https://unesdoc.unesco.org/ark:/48223/pf0000373878?posInSet=1&queryId=23579874-a7a4-41a6-a800-716a9222cc21

https://sdgs.un.org

http://www.unesco.org

〈 15 〉

강순전(2016). **정신현상학의 이념**. 서울: 세창.

강윤정(2024). 미술교육에서 포용성의 의미와 실천 방법에 대한 고찰. **조형교육, 89**, 1-20.

교육부(2015). **초 · 중등학교 교육과정 총론**. (교육부 고시 제2015-74호 [별책 1]).

교육부(2022a). **초 · 중등학교 교육과정 총론**. (교육부 고시 제2022-33호 [별책 1]).

교육부(2022b). **미술과 교육과정**. (교육부 고시 제2022-33호 [별책 13]).

교육부(2022c). **2022 개정 교육과정 총론 해설_초등학교**. (교육부 고시 제2022-33호).

김지원(2020). 포용적 미술관에서 포용적 가치 실현을 위한 방안으로서의 문화예술교육 연구. **문화예술교육연구, 15**(2). 135-161.

김혜경(2022). 미술교육에서 포용성의 실천적 방향 탐색 기초 연구. **미술교육논총, 36**(2). 51-76.

박수정, 송명길, 공완욱, 이미희, 이하림(2022). 2022 개정 미술과 교육과정 핵심 역량 고찰: 심미적 감성, 정체성, 공동체 역량을 중심으로. **미술교육연구논총, 71**, 127-166.

박원빈(2008). 에마뉘엘 레비나스의 타자윤리. **철학, 95**, 173-198.

서동욱(2022). **타자철학: 현대 사상과 함께 타자를 생각하기**. 서울: 반비.

심유진(2009). 하이데거의 공동존재론 재구성: 『존재와 시간』에서 드러난 본래적 공동존재의 가능성과 그 구체적 양상. 서울대학교 석사학위논문.

이주연(2023). 2022 개정 미술과 교육과정 정체성 역량 고찰. **조형교육, 88**, 227-254.

이하림(2023). 동시대성의 교육학적 전환 맥락에서 미술교육 커먼즈의 실현 원리 연구: Bruno Latour의 ANT를 중심으로. 경인교육대학교 박사학위논문.

Descartes(2022). **방법서설**(이현복 역). 서울: 문예출판사. (원저 1637년 출판)

Hegel, G. W. F.(2005). **정신현상학 1**(임석진 역). 파주:한길사. (원저 1807년 출판)

Heidegger, M. (1998). **존재와 시간**(이기상 역). 서울: 까치. (원저 1927년 출판)

Kant, I.(2006). **순수이성비판 1**(백종현 역). 파주: 아카넷. (원저 1781년 출판)

Levinas, E.(2020). **타자성과 초월**(김도형 · 문성원 역). 서울: 그린비. (원저 1995년 출판)

Nancy, J. L.(2022). **무위의 공동체**(박준상 역). 서울: 그린비. (원저 1996년 출판)

〈 16 〉

교육부(1997). **미술과 교육과정**. 교육부 고시 제1997-15호 [별책13].

교육인적자원부(2007). **초등학교 교육과정**. 교육인적자원부 고시 제2007-79호 [별책 02].

교육과학기술부(2007). **초 · 중등학교 교육과정**. 교육인적자원부 고시 제2007-79호 [별책 1].

교육과학기술부(2009). **2009 교육과정 총론**. 교육과학기술부 고시 제2009-411호 [별책1].

교육과학기술부(2011). **미술과 교육과정**. 교육과학기술부 고시 제2011-361호 [별책13].

교육부(2015). **2015 개정 미술과 교육과정**. 교육부 고시 제2015-74호 [별책 13].

교육부(2018). **초 · 중등학교 교육과정 총론**. 교육부 고시 제2018-162호 [별책 2]. (교육부 고시 제2015-74호의 일부개정).

교육부(2021). **초 · 중등학교 교육과정 총론**. 교육부 고시 제2022-33호 [별책 1].

김선아(2016). 미술과 자기주도학습의 의미와 원리에 관한 탐색적 연구. **조형교육, 57**, 1-22.

김양주(2022). 대학생들의 자기 주도 통합미술교육에 대한 사례연구. **미술교육논총, 69**, 105-136.

김황기(2021). 미래교육의 원리 미술교육에서 찾다. **미술교육논총, 35**(3), 155-177.

김혜경(2013). 미술과 교육과정의 흐름과 국제 비교를 통해 본 교육과정의 방향 탐색. **교원교육, 29**(2), 37-65.

남미자, 김경미, 김지원, 김영미, 박은주, 박진아, 이혜정(2021). 학습자 주도성, 미래교육의 거대한 착각-교사 없는 학습은 가능한

가?. 경기도교육연구원, 학이시습.

박소영, 양윤정, 박상돈(2022). KICE 연구 성과 분석을 통한 미술과 교육 연구의 현황 진단과 미래 전망. 한국교육과정평가원 연구자료 ORM 2022-68-2.

설연경(2023). OECD Education2030의 변혁적 역량의 미래지향적 교육 방안으로 미적경험기반 교육 탐색. **조형교육, 88**, 139-156.

성열관(2022). 2022 개정 교육과정과 교육과정의 역할. **교육과정연구, 39**(2), 1-3.

손지현(2015). 2015 개정 미술과 교육과정 개발을 위한 기초 연구. **조형교육, 53**, 129-151.

이경재(2018). 미술과 교육과정으로 살펴 본 미술의 개념 변화 연구. **학습자중심교과교육연구, 18**(22), 1287-1308.

이미경, 서지영, 이근호, 조성민, 김기철, 유창완, 김종윤, 이재진, 윤기준(2018). OECD Education 2030 교육과정 내용 맵핑 참여 연구. 연구보고 RRC 2018-2. 한국교육과정평가원.

이용일(2005). 학습자 중심의 자기주도적 학습을 위한 초등미술교과서 개발 방안. **미술교육논총, 19**(3), 131-160.

이인태, 우연경, 유은정(2023). 중학생용 학습자 주도성 측정 도구 개발 연구. **교육과정평가연구, 26**(2), 191-215.

이재영(2019). 자기 주도적 미술 학습 능력 신장을 위한 미술 감상 학습 방안 연구: 미술교육의 인문학적 가치를 기반으로. **미술과교육, 20**(2), 69-92.

이주연(2001). 학습자중심의 제7차 미술과 교육과정 운영을 위한 방한연수. **학습자중심교과교육연구, 1**(1), 59-73.

이채원, 김효정(2020). 학습자 중심의 전시 감상 수업을 통한 미술관과 학교연계교육 방안 연구, **미술교육연구논총, 61**, 111-148.

이화식(2019). 대화 기술을 적용한 학습자 중심 감상법. **미술교육연구논총, 58**, 225-244.

임새롬, 민경훈, 백성혜(2021). 융합기반 음악교육 수업 원리 개발. **음악교육공학, 49**, 69-93.

임정기, 정옥희, 최수영, 홍기태(2010). **미술 교수학습 패러다임 변화와 실천을 위한 이론과 방법**. 교육과학사.

장운, 고영춘(2023). 학습자 주도 수업에 의한 미술사 교과의 학업 자기효능감, 학습몰입 및 학업성취의 연구: 중국 후난성 H사범대학 미술전공 2학년 학생들을 대상으로, **인문사회21, 14**(1), 799-810.

장현주(2022). 학생 주도의 소통과 참여 중심 공공미술 프로젝트 실행연구. **조형교육, 81**, 217-244.

장연자(2015). 미래 사회와 미술교육 그리고 창의성: 창의성 강화를 위해 고려되어야 할 전제들. **기초조형학연구, 16**(1), 505-516.

정기효(2021). **학습자 주도성과 생성교육 어떻게 배움의 주인이 되는가.** 서울: 비비투.

편지윤, 정혜승(2023). 학생 주도성의 의미와 교육의 방향. **교과교육학연구, 27**(2), 235-249.

Anderson, T. & Milbrandnt, M. (2007). **삶을 위한 미술교육**(김정희 외 역). 서울: 예경. (원저 2004 출판)

Vaughn. M. (2023). **Student Agency in the Classroom: Honoring Student Voice in the Curriculum. 교사와 함께 성장하는 학생 주도성: 자기주도적 학습을 넘어 학생 행위주체성으로**(김영민, 최 진, 박소영, 최윤성 역). 서울: 학지사.

Sousa, D. A & Tomlinson, C. (2019). **뇌과학을 적용한 개별화수업**(이찬승 역). 교육을 바꾸는 사람들. (원저 2011 출판)

Victor Rowenfeld & W. Lembert Brittain. (2022). The Creative and Mental Growth 8th EDITION. **창의적 정신적 성장**(김인숙, 신현식 역). 서울: SGS서진교육.

OECD.(2005). *The definition and selection of key competence: Executive summary.* Paris: OECD.

OECD.(2018). *The future of education and skills: Education 2030. Position Paper.* Paris: OECD Publishing.

OECD.(2019). OECD Future of Education and Skills 2030. *OECD Learning Compass 2030: A Series of Concept Notes.* Retrieved from https://www.oecd.org/education/2030-project/teaching-and-learning/learning/learning-compass-2030/OECD_Learning_Compass_2030_concept_note.pdf.

[기타자료]

NCIC국가교육과정정보센터, 우리나라교육과정, https://ncic.re.kr/mobile.kri.org4.inventoryList.do

국립국어원, 표준국어대사전, https://stdict.korean.go.kr/main/main.do

학술연구정보서비스, http://www.riss.kr/index.do

〈17〉

교육부(2021). 2022 개정 교육과정 총론의 중요사안. 교육부 보도자료.

교육부(2022a). **2022 개정 교육과정 총론**(교육부 고시 제2022-33호 [별책 1]).

교육부(2022b). **2022 개정 미술과 교육과정**(교육부 고시 제2022-33호 [별책 13]).

교육부(2022c), 2022 개정 미술과 교육과정 시안(최종안) 개발연구

교육부(2022d), **2022 개정 교육과정 총론해설**

김남수, 조성화, 황세영, 현명주(2016). 환경교육 용어 사전 편찬 기획 연구. **환경교육, 29**(1), 96-115.

강병화(2012). **식물학 · 재배학 · 동양의학 · 식품학 용어해설**. 한국학술정보.

김성숙, 임광철, 김계영(2012). 생태학적 관점의 미술과 교수·학습 방법. **미술교육연구논총, 31**, 221-238.

김지서, 정은영(2023). 생태 전환 교육을 위한 인공지능 융합 미술 프로젝트의 실행에 관한 연구: 고등학교 미술 수업 사례를 중심으로. **한국과학예술융합학회, 41**(5), 95-115.

김지은, 이두곤(2022). 생태 전환 교육의 발전 방향: 탐구중심 환경교육을 중심으로. 한국환경교육학회 학술대회 자료집, 7. p.33.

김향미(2009). 환경미술교육의 방향과 내용 탐색. **미술교육논총, 23**(1), 271-292.

김형숙(2015). 미술을 통한 지속가능발전교육의 가능성 탐색: 예술과 환경의 관계를 중심으로. **미술교육논총, 29**(4), 23-48.

김효정, 김태선(2022). **디자인교육이 꿈꾸는 미래**. 서울: 도서출판 청람.

김효정(2023). 지속가능발전목표(SDGs) 실천을 위한 미술교육 방안에 관한 연구. **한국예술연구, (41)**, 5-31.

김혜숙, 이성도, 김경순, 안정희, 김성태, 배여진(2012). **바스락거리는 자연 꿈틀거리는 미술**. 서울: 학지사.

남상준, 문현진, 이수룡, 채유정, 이현진(2020). '교육생태학' 연구의 생태계: 개념변천 양상을 중심으로. **환경교육, 33**(1), 40-59.

류하영(2023) 비주얼 저널을 활용한 생태 전환 교육 프로그램 개발과 적용, **미술교육논총, 37**(4), 156-178.

박성준, 이승준(2022.8.26). 호주 국립기후복원센터 정책보고서「기후 도미노: 중대한 기후 시스템들이 임계점에 도달했음을 알리는 위험신호」 전문번역.
https://ecosophialab.com/%ED%98%B8%EC%A3%BC%EB%B3%B4%EA%B3%A0%EC%84%9C-2022-%EA%B8%B0%ED%9B%84-%EB%8F%84%EB%AF%B8%EB%85%B8-%EC%A4%91%EB%8C%80%ED%95%9C-%EA%B8%B0%ED%9B%84-%EC%8B%9C%EC%8A%A4%ED%85%9C%EB%93%A4%EC%9D%B4/

박수련(2022). 교육과정 내용분석을 통한 생태 전환 교육 방향 탐색. **교육과정연구, 40**(3), 1-25.

서울시특별시교육청(2020. 1.), 생태전환 교육 중장기(20~24) 발전 계획.

송슬기(2022). 융합적 생태 전환 교육을 위한 교육활동 모형 개발 - 기후 아포칼립스 배경 소설 창작 활동을 중심으로. **한국어문교육, 40**, 367-395.

이성도, 김혜숙(2016). 생태체험학습과 생태미술교육의 방향 탐색: 학습자의 생태적 감수성 중심으로. **미술교육논총, 30**(3), 193-218.

이은애(2022). 2022 개정 교육과정의 생태 전환 교육을 위한 제언. **윤리교육연구, 63**, 217-237.

이장원(2022). 생태 전환 교육 실천을 위한 국악교육의 역할과 방향. **국악교육연구. 16**(2), 195-215.

이지연, 강주희(2012). 디지털 사진을 통한 생태 미술교육: 앤디 골드워시의 작품세계와 미술교육에의 응용 가능성 연구. **미술과 교육, 13**(2), 133-151.

이지원, 오민주, 장진아, 이효영, 김수연, 김찬국(2021). 그들은(우리는) 생태 전환 교육을 어떻게 인식하고 있는가: 서울시교육청 생태 전환 교육에 관한 교사의 인식. 한국환경교육학회 학술발표대회 자료집, 2021(12), 19-24.

이한진(2022). 2022 개정 도덕과 교육과정의 생태 전환 교육 적용 방안. **학습자중심교과교육연구, 22**(18), 79-94.

임혜원, 공완욱, 최은영, 나선엽, 이주연(2017). 미술교육에서 지속가능발전교육의 교육적 함의와 실행 방안제안. **미술교육연구논총, 51**, 27-61.

안종복, 배영직, 임재일, 정진아, 정나미, 정수현, 이수종(2021). 생태 전환 교육 목표 체계 구축및 성과관리 방안 연구. 서울특별시교육청 교육연구정보원, 33.

유네스코 및 유네스코한국위원회(2022), 함께 그려보는 우리의 미래: 교육을 위한 새로운 사회 계약. 서울: 유네스코 아시아태평양 국제이해교육원.

윤나은, 서은정(2022). 학교 전체적 접근을 통한 생태 전환 교육 연구학교의 운영실태 조사 연구. **환경교육, 35**(1), 55-66.

장연자(2014). 미술교육의 탈구조주의 생태학적 접근. **기초조형학연구, 15**(4), 425-434.

장연자(2017). 지속가능한 삶을 위한 생태 미술교육-'살아있는 생명 표현하기'수업을 중심으로. **미술교육연구논총, 51**, 63-87.

정헌이(2012). 통섭학으로서의 생태미술: 생태주의 미학의 새로운 전망. **서양미술사학회논문집, 37**, 295-326.

최병두(2020). 인류세를 위한 녹색전환. **공간과 사회, 30**(1), 10-47.

환경부(2022). 환경교육포털. https://www.keep.go.kr/portal/141 (검색일: 2024.01.11.).

Ali Kahn, S. (2003). *Greening FE curricula: a position paper*. Hereford: Bulmer Foundation, 2003

Anderson, T., & Guyas, A. S. (2012). E art h education, interbeing, and deep ecology. *Studies in Art Education*, 53(3), 223-245.

Blandy, D., Congdon, K. G., & Don H. Krug. (1998). Art,

ecological restoration, and art education. *Studies in Art Education*, 39(3), 230-243.

Bonnett, M. (2002). Education for sustainability as a frame of mind. *Environmental education research*, 8(1), 9-20.

Bookchin, M. (1974). Toward an ecological society. *Philosophica*, 13.

Capra, F. (1996). *The web of life: a new scientific understanding of living system*. New York:Anchor Books.

Crutzen, P. J. (2016). Geology of mankind. Paul J. Crutzen: A pioneer on atmospheric chemistry and climate change in the Anthropocene, 211-215.

Elliott, S., & Davis, J. (2009). Exploring the resistance: an australian perspective on educating for sustainability in early childhood. *International Journal of Early Childhood*, 41(2), 65-77.

Garoian, C. R.(1998). Art Education and the Aesthetics of Land use inthe Age of Ecology. *Studies in Art Education*, 39(3), 244-261.

Gradle, S. (2007). Ecology of Place: Art Education in a Relational World. *Studies in Art Education*, 48(4), 392-411.

Graham, A. M. (2007). Art, Ecology, and Art education: Locating Art Education in a Critical Place-Based Pedagogy. *Studies in Art Education*, 48(4), 375-391.

Harlem, B. G. (1987). *Our common future*. Report of the World Commission on Environment and Development.

IPCC. (2018). *Proceedings of the Summary for policymakers of IPCC special report on global warming of 1.5°C approved by governments*, 8 October 2018,
https://www.ipcc.ch/news_ and_events/pr_181008_P48_ spm.shtml

Moore, A. (2020). Arts immersion: Using the arts as a vehicle for interdisciplinary Learning. Master of Education Thesis, University of British Columbia, Vancouver, Canada.

Naess, A. (2001). *Environmental philosophy: From animal rights to radical ecology* (3rd ed.). In M E. Zimmerman (Eds.), The Deep Ecological Movement: Some Philosophicla Aspects (pp. 185-203). NJ: Prentice-Hall.

OECD. (2018). *The future of education and skills Education 2030*. Paris: OECD Publishing

Orr, D.(1992), *Ecological Literacy: Education and the Transition to a Postmodern World*, Albany, NY: State University of New York Press.

United Nations. (1992). Agenda 21. Rio de Janeiro.
www.un.org/esa/sustdev/agenda21.htm, accessed in December 2003.

United Nations. (2002). "In its 57th meeting in December 2002, the United Nations General Assembly proclaimed the UN Decade of Education for Sustainable Development, 2005-2014, (DESD) 'emphasizing that education is an indispensable element for achieving sustainable development.'" DESD,
https:// desd.org/About%20ESD.htm

United Nations. (2015). Transforming our world: the 2030 agenda for sustainable development. Retrieved from
https://sustainable development./post2015/transformingourworld/publication

UNESCO. (2004). UNESCO UN decade for education for sustainable development (2005–2014). Paris: UNESCO. Retrieved from http://portal.unesco.org/education/en/ev.php-URL_ID=45201&URL_ DO=DO_TOPIC&URL_SECTION=201.html

World Commission on Environment and Development (WCED). 1987. *Our Common Future*. Oxford University Press, Oxford.

WEF (World Economic Forum). (2024), *The Future of Growth Report 2024*, Cologny, Geneva, World Economic Forum, 17th January

〈18〉

교육부(1997). **초 · 중등학교 교육과정 해설(I)**. 교육부 고시 제1997-15호.

교육부(2015a). **초 · 중등학교 교육과정 총론**. 교육부 고시 제2015-74호 [별책 1].

교육부(2015b). **미술과 교육과정**. 교육부 고시 제2015-74호 [별책 13].

교육부(2022a). **초 · 중등학교 교육과정 총론**. 교육부 고시 제2022-33호 [별책 1].

교육부(2022b). **미술과 교육과정**. 교육부 고시 제2022-33호 [별책 13].

교육인적자원부(2007a). **중학교 교육과정 해설(IV)** 체육, 음악, 미술. 교육인적자원부 고시 제2007-79호.

교육인적자원부(2007b). **미술과 교육과정**. 교육인적자원부 고시 제2007-79호 [별책 13].

강주희, 김정효(2022). DBAE의 재조명을 통한 미술과 교육과정에서의 내용의 의미와 구성 방안 모색. **미술교육연구논총, 69**, 1-22.

강현석, 방기용(2012). 교육과정 재구성 저해 요인 분석을 위한 탐색. **수상해양교육연구, 24**(1), 123-135.

곽병선 외(1986). 제5차 교육과정 총론 개정 시안의 연구・개발 답신 보고서. 한국교육개발원 보고서(RR86-02).

김선아(2022). 디지털 전환 시대 맞춤형 학습을 위한 미술 학습분석에 관한 기초 연구. **조형교육, 83**, 35-53.

김종훈(2017). 교사들이 형성한 '교육과정 재구성'의 의미 탐색. **교육과정연구, 35**(4), 281-301.

류지영(2021). 미술과 교육과정에서 미술교과 역량 탐색을 위한 미술 이론과 실천 연계의 재개념화. **조형교육, 80**, 87-113.

박채영(2019). 아이즈너 예술적 교육과정 모형에 대한 비판적 고찰. **도덕교육연구, 31**(1), 65-86.

박천환, 박채형, 노철현(2015). **교육과정 담론**. 서울: 학지사.

서경혜(2016). 교육과정 재구성 논쟁. **교육과정연구, 34**(3), 209-235.

성정민(2021). 예비교사가 경험한 예술적 교육과정의 사례연구: Eisner와 Vallance의 유형을 중심으로. **교육과정연구, 39**(2), 105-125.

송명길(2022). 초등 미술과 교육과정 재구성의 근거이론적 탐구. **미술교육연구논총, 68**, 67-93.

이경재(2018). 미술과 교육과정으로 살펴본 미술의 개념 변화 연구. **학습자중심교과교육연구, 18**(22), 1287-1308.

이윤미, 조상연, 정광순(2015). 교육과정 실행 관점 국내 연구에 대한 문제제기. **교육과정연구, 33**(3), 79-100.

이주연(2001). 학습자중심의 제7차 미술과 교육과정 운영을 위한 방안 연구. **학습자중심교과교육연구, 1**(1), 59-73.

Efland, A. D. (2006). **인지 중심 미술교육론 탐구: 교육과정 개발의 새 접근**(강현석 외 역). 서울: 교육과학사. (원저 2002 출판)

Eisner, E. W. (1993). Invitational conference on the hidden consequences of a national curriculum. *Educational Researcher*, 22(7), 38-39.

Eisner, E. W. (1995). Should America have a national curriculum? *Educational Leadership*, 49(2), 76-81.

Eisner, E. W. (1998). **새로운 눈으로 보는 미술교육**(서울대학교 미술교육연구회 역). 서울: 예경. (원저 1972 출판)

Eisner, E. W. (2007). **예술교육론: 미술 교과의 재발견**(강현석 외 역). 서울: 아카데미 프레스. (원저 2002년 출판)

Eisner, E. W. (2009). 교육적 상상력: 교육과정의 구성과 평가 5쇄. (이혜영 역). 서울: 단국대학교 출판부. (원저 1979년 출판).

Freedman, K. (2003). Recent shift in US art education. In N. Addison & L. Burgess (Eds.) *Issues in art and design teaching* (pp. 8-18). London: RoutledgeFalmer.

London, P. (1997). National standards for arts education, No; Local standards, yes. *Educational Horizons*, 76(1), 28-32.

〈19〉

교육과학기술부(2011). **미술과 교육과정**. 교육과학기술부 고시 제 2011-361호 [별책 13].

교육부(2015a). **초 - 중등학교 교육과정 총론**. 교육부 고시 제2015-74호 [별책 1].

교육부(2015b). **미술과 교육과정**. 교육부 고시 제 2015-74호 [별책 13].

교육부(2022). **미술과 교육과정**. 교육부 고시 제 2022-33호 [별책 13].

김남시(2019). **현대 독일 미학: 감각, 기억, 사유의 변증법**. 서울: 이학사.

김은령(2020). **포스트휴머니즘의 미학**. 서울: 그린비.

김지혜(2010). 심미적 교육을 위한 미적 체험의 미학적 고찰과 지도 방안 연구. 한국교원대학교 석사학위논문.

민동원(2016). **문화적 배경과 체화된 인지**. 파주: 집문당.

양윤정, 박소영, 김정효 이주연, 이은영, 박정유, 손지현 박만용, 서진아, 박남정(2016). 2015 개정 교육과정에 따른 초 - 중학교 미술과 평가 기준 개발 연구. 한국교육과정평가원 연구보고 CRC 2016-2-11.

양윤정, 박소영, 조은정 김선아, 장경아, 박정유(2011). 2011 미술과 교육고저 개정 시안 연구 개발. 한국교육과정평가원 연구보고 CRC 2011-6.

박소영, 양윤정, 김정효, 박정유, 이주연, 임종삼, 손지현, 김은숙, 김선아, 조우호, 조은정(2015). 2015 개정교과 교육과정 시안 개발 연구 I. 한국교육과정평가원 연구보고 CRC 2015-11.

박정애(2022). **미술로 이해하는 미술교육: 감각이 깨우는 지성**. 서울: 사회평론아카데미.

백애정(2021). 미술 교사, 지각의 의미를 말하다: 자문화기술지를 중심으로. 한국교원대학교 박사학위논문.

심혜련(2019). 포스트 디지털 매체 시대의 미학에 관하여, "미적 경험과 예술교육", 한독교육학회 춘계학술대회 발표집, 5-20.

서울대학교 철학사상 연구소(2015). **데카르트에서 들뢰즈까지: 이성과 감성의 철학사**. 서울: 세창출판사.

윤화숙(2012). 지각(aisthesis) 개념 확장을 통한 미학의 재정립: G. 뵈메(Böhme)의 지각학(Aisthetik)을 중심으로. 서울대학교 석사학위논문.

이경란(2017). **로지 브라이도티, 포스트휴먼**. 서울: 커뮤니케이션북스.

이동신(2022). **포스트휴머니즘의 세 흐름**. 서울: 갈무리.

이명순(2020). 예술창작 과정에서의 감각 표현에 대한 이해: 감각에 대한 들뢰즈의 철학을 바탕으로. 한국교원대학교 박사학위논문.

이주연, 김성숙, 김정희, 김형숙, 김혜숙, 안금희, 이성도, 정여주, 황연주(2020). **미술교육과 문화**. 서울: 학지사.

이은적(2003). 미적 태도, 미적 체험의 개념 이해와 미술교육적 논의. **조형교육, 21**, 190-209.

이은적(2022). **시각 예술 · 문화로 핵심역량 교육하기**. 파주: 교육과학사.

이은적(2021). 2015 개정 미술과 교육과정 내용 체계 및 구성에 대한 비판적 고찰,

이주연, 강래형, 김경순, 김은주, 김정선, 김지영, 김혜경, 김효희, 노진영, 류지영, 서예식, 안지연, 이은영, 이진희, 정옥희, 정회진(2022). 2022 개정 미술과 교육과정 시안(최종안) 개발 연구Ⅱ. 교육부.

이화식(2005). 미적 체험 영역의 분석과 지도 방안에 관한 연구. 한국교원대학교 석사학위논문.

임정기, 이성도, 김황기(2006). **미술교육의 이해와 방법**. 서울: 예경.

조광제(2016). **회화의 눈, 존재의 눈: 메를로퐁티의 '눈과 정신' 강해**. 서울: 이학사.

진중권(2019). **감각의 역사**. 서울: 창비.

Arnheim, R. (1996). **미술과 시지각**(김춘일 역). 서울: 미진사. (원저 1954 출판)

Arnheim, R. (2004). **시각적 사고**(김정오 역). 서울: 이화여자대학교출판부. (원저 1969 출판)

Franco Bifo. B. (2013). **미래 이후**(강서진 역). 서울: 난장. (원저 2011 출판)

Lowenfeld, V. (1993). **인간을 위한 미술교육: 어린이와 청소년의 발달단계를 중심으로**(서울교대미술교육연구회 역). 서울: 미진사. (원저 1947 출판)

Morana. C. & Oudin. E. (2013). **예술철학: 플라톤에서 들뢰즈까지**(한의정 역). 서울: 미술문화. (원저 2009 출판)

Pacini-Ketchabaw. V. & Kind. S. & L. M. Kocher. L. (2021). **물질과의 새로운 만남: 관계와 연결로서의 유아시기 교육 재료 탐구**(이연선, 전가일, 정혜영, 최승현, 하영유 역) 서울: 살림터. (원저 2016 출판)

〈20〉

교육부(1997). **미술과 교육과정**. 교육부 고시 제1997-15호 [별책 13].

교육부(2015). **미술과 교육과정**. 교육부 고시 제2015-74호 [별책 13].

교육부(2022). **미술과 교육과정**. 교육부 고시 제2022-33호 [별책 13].

교육인적자원부(2007). **미술과 교육과정**. 교육인적자원부 고시 제 2008-79호 [별책 13].

교육인적자원부(2011). **미술과 교육과정**. 교육과학기술부 고시 제 2011-361호 [별책 13].

김현정(2009). 시각적 문해력 형성을 위한 그림동화 읽기 교수·학습 방안 연구. 한국교원대학교 석사학위논문.

박상돈, 이성도(2007). 비주얼 리터러시의 미술교육적 접근 - 휴대폰 카메라를 이용한 다큐멘터리 사진의 제작과 활용을 중심으로. **미술교육논총, 21-2**, 189-216.

박서연(2020). 비주얼 리터러시 평가 도구 개발과 영어 교과서 분석 - 중학교 1학년 영어 교과서를 중심으로. 고려대학교 석사학위논문.

박소영(2002). 초등학교 미술과 교수·학습 방법 연구. 한국교육과정평가원 연구보고 RRC 2002-14-4.

송정은(2009). TV타이틀 디자인을 통한 시각적 문해력(Visual Literacy) 지도 방안 연구 - 초등학교 5학년을 중심으로. 한국교원대학교 석사학위논문.

우유민(2021). 초등 지리교육에서 시각적 문해력 신장을 위한 그림책 활용 방안 연구. 한국교원대학교 석사학위논문.

이창호(2012). 시각적 문해 활동이 아동의 시각적 문해력과 수학적 문제해결력에 미치는 효과. 경북대학교 박사학위논문.

정선주(2009). '글 없는 그림책'을 활용한 시각적 문해력 신장 방안 연구. 부산교육대학교 석사학위논문.

진솔(2021). 광고를 활용한 비주얼 리터러시 교육 방안. **새국어교육, 126**, 275-305.

황연주(2000). *Vermittlung von 'Visual Literacy' durch Computeranimation im Kunstunterricht*. 박사학위논문. Berlin: Freie Universität (http://www.diss.fu-berlin.de/2000/137).

황연주(2001). 영상 정보화 시대에 대처하는 미술교육에서의 '비주얼 리터러시(Visual Literacy)'교육. **미술교육논총, 12**, 137-156.

황연주(2018). 미술교육에서 비주얼 리터러시 교육. 류지영, 이은적, 안혜리, 이주연, 김선아(편). **현대미술교육의 동향**(p. 79-99). 파주: 교육과학사.

황연주(2020). 시각문화교육과 영상교육. 이주연 외 8인: **미술교육과 문화**(p. 295-326). 서울: 학지사.

Braden, R. A. & Hortin, J. A. (1982). Identifying the theoretical foundations of visual literacy. in: *Journal of Visual*, Verbal Languaging 2.

Curtiss, D. C. (1987). *Introduction to visual literacy*. New Jersey: Prentice Hall.

Debes, J. L. (1969). The loom of visual literacy. in: *Audiovisual Instruction* 14.

Dondis, D. (1973). *A primer of visual literacy.* MA: Cambridge. The MIT Press.

Freiberg, H. (1999). Medien-Kunst-Pädagogik Anstö β e zum Umgang mit Neuen Medien im Fach Kunst. in: *Kunst+Unterricht* 230, 231.

Heinich, R. & Molenda, M. & Russell, J. D. (1982). *Instructional media and the new technologies of instruction.* New York: John Wiley & Sons.

Lacy, L. (1987). An interdisciplinary approach for students K-12 using visuals of allkinds. in: Braden, R. A. & Beauchamp, D. G. & Miller, L. W. (Hrsg.): *Visible & viable The role of images in instruction and communication.* TX: Wolfe City. International Visual Literacy Association.

Pettersson, R.(1994). Visual Literacy und Infologie. in: Weidenmann, B. (Hrsg.), *Wissenserwerb mit Bildern Instruktionale Bilder in Printmedien, Film・Video und Computerprogrammen.* Göttingen, Toronto, Seattle: Verlag Hans Huber in Bern.

Pöttinger, I. (1997). *Lernziel Medienkompetenz*. Diss. München: KoPäd Verlag.

Randhawa, B. S. (1978). Visual trinity An overview, in: Randhawa, B. S. & Coffman, W. E. (Hrsg.): *Visual learning, thinking, and communication.* New York: Academic Press.

Röll, F. J. (1998). *Mythen und Symbole in populären Medien*. Frankfurt am Main: Gemeinschaftswerk der Evangelischen Publizistik. Abt. Verlag.

Schmidt, S. J. (1996). *Die Welten der Medien - Grundlagen und Perspektiven der Medienbeobachtung.* Braunschweig, Wiesbaden: Friedr. Vieweg & Sohn Verlagsgesellschaft mbH.

Seels, B. A. (1994). Visual Literacy. in: Moore, D. M. & Dwyer, F. M. (Hrsg.): *Visual Literacy A Spectrum of Visual Learning.* New Jersey 07632: Educational Technology Publications Englewood Clifs.

Sless, D. (1984). Visual literacy: A failed opportunity, *Educatinal Communications and Technology,* 32-4, 224-228.

〈21〉

교육부(2022). **미술과 교육과정**. 교육부 고시 제2022-33호 [별책13].

이주연, 김성숙, 김정희, 김형숙, 김혜숙, 안금희, 이성도, 정여주, 황연주(2020). **미술교육과 문화**. 서울: 학지사.

김정희, 허정임, 이은영, 최선희, 박영욱, 김호정, 권혁미(2018). **초등학교 5-6 미술 교사용지도서**. 서울: 동아출판.

김홍숙(2008). 초등미술에서 시각문화교육의 방향. **미술교육논총**. 22(3), 1-18.

김해경(2010). 시각문화 미술교육에서 외연과 내포 개념을 통한 이미지 해석력 교육. **미술교육논총, 24**(3), 219-235.

신현경(2020). 비주얼 리터러시에 관한 시론. **미술교육논총, 34**(2), 59-87.

손지현(2011). 창의・인성교육과 시각문화 미술교육: 통합 교육과정 개발과 수업 사례를 중심으로, **미술교육연구논총, 24**(3), 195~216.

이은적(2022). **시각예술・문화로 핵심역량 교육하기**, 파주: 교육과학사.

류지영(2021). 뉴노멀 시대의 미술교육-포스트휴먼 시대의 감성과 기술적 상상력으로서의 미술교육. **미술교육연구논총, 66**, 103-131.

이주연(2023). 2022 개정 미술과 교육과정 정체성 역량 고찰. **조형교육, 88**, 227-254.

이준, 김유진(2023). AI 생성예술과 게임화 요소가 통합된 미술교육 모델 개발: 창의적 사고 향상. *The Journal of the Convergence on Culture Technology, 9*(3), 425-433.

Svetlana, A. (1983). *The art of describing*. IL: University of Chicago Press.

〈22〉

고홍규(2014). 소통의 개념으로 본 백남준의 작품 세계와 미술교육에의 적용. **미술과 교육, 15**(2), 33-50.

교육과학기술부(2007). **초등학교 미술과 해설서**.

교육부(2015). **미술과 교육과정**. 교육부 고시 제 2015-74호 [별책 13].

교육부(2022). **미술과 교육과정**. 교육부 고시 제2022-33호 [별책13].

김예림(2022). 시각문화 미술교육에 대한 현행 교과서 내용 분석. **학습자중심교과교육연구**. 22(20), 827-844.

김정선(2004). 의사소통 중심의 시각문화 교육을 통한 미술교육 개선 연구. 홍익대학교 박사학위논문.

김정선(2007). 시각문화교육의 방법론적 모색을 위한 기초연구-TV광고를 중심으로. **미술교육연구논총, 22**, 51-72.

김진선(2008). UCC동영상을 활용한 시각문화 미술교육: 중학교 교과과정을 중심으로. 숙명여자대학교 석사학위논문.

김진희(2020). 대학생들의 간판 디자인 개선 제작활동과 시각문화 미술교육의 재인식. **학습자중심교과교육연구, 20**(10), 577-598.

박상돈(2020). 시각 미디어 환경 변화에 따른 미술교육에서의 영상교육에 관한 재고. **미술교육논총, 34**(2), 114-139.

서제희(2020) "15초의 소통": SNS에 나타난 짧은 동영상의 시각적 소통 방식에 관한 연구. 2020 한국조형교육학회 정기학술대회 발표집.

손지현(2021). 시각문화와 디지털 리터러시 교육을 교수학습 원리 연구, **미술과 교육, 22**(3), 1-24.

송기현(2020). 세계시민교육을 위한 미술과 기반 교수학습 방안: 공동체 역량 함양을 중심으로. 경인교육대학교 석사학위논문.

안인기(2007). 시각문화교육으로서 디자인 수업의 가능성 연구. **미술교육논총. 21**(3), 195-216.

안인기(2008). 시각문화교육의 정의와 담론 구분에 관한 연구. **미술교육논총, 22**(1), 1-25.

안인기(2014). 시각적 문해력 이후의 시각문화교육, **미술과교육, 15**(1), 55-74.

안인기(2016). 시각문화교육. 류지영, 이은적, 안혜리, 이주연, 김선아(편). **미술교육의 기초.** (pp.124-125). 파주: 교육과학사.

안인기(2023). 포스트 디지털 담론과 시각문화교육의 방향. **미술과교육. 24**(1), 1-22.

이선혜(2023). 크레딧 타이틀을 활용한 시각문화 미술교육에 관한 실행연구: 초등학교 3학년 대상 소통능력 중심으로. **미술과교육. 24**(1), 43-65.

이영기(2006). 시각문화 관점에 의한 초등미술 교수학습 모형 개발연구. 홍익대학교 박사학위논문.

이임수(2015). 디지털 미디어 시대의 참여 미술: 재매개와 미술과 교육, 24(1), 43-65. 상호작용. **미술이론과 현장, 19**, 82-113.

이현진(2013). 소통과 공감의 시각문화 미술교육(VCAE) 활동 프로그램을 적용한 자기 표현력 신장. **미래교육연구, 3**(1), 45-62.

황연주(2003). **미술교육의 동향과 전망.** 서울: 학지사.

황연주(2004). 시각문화교육으로서 동영상 교육, **미술교육연구논총, 16**(1), 199-220.

Anderson, A. & Milbrandt, M. (2012). **삶을 위한 미술교육**(김정희 외 역). 서울: 예경. (원저 2007년 출판)

Rebaud, D. (2008). **생각정리의 기술**(김도연 역). 서울: 지형. (원저 2007년 출판)

Duncum, P. (2001). *Visual Culture:* Developments, Definitions, and Definitions, and Directions for Art Education, Studies in Art education, 42(2), 101-112.

Feedman, K. (2000). *Social Perspectives on Art Education in the U. S.*: Teaching Visual Culture in a Democracy. Studies in Art Education. 41(4), 314-329.

Keifer-Boyd, K., & Maitland-Gholson, J. (2010). **시각문화와 미술교육**(류재만, 손지현, 박미진, 정윤의 역). 파주: 교육과학사. (원저출판, 2007)

Mitchell, W. J. (1994). *The reconfigured eye: Visual truth in the post-photographicera*. Cambridge, MA: MIT

국립국어원 표준국어대사전
https://stdict.korean.go.kr/search/searchResult.do

〈23〉

강현석, 정재임, 최윤경(2005). Bloom의 교육목표분류학에 대한 비판과 그 대안 탐구. **중등교육연구, 53**(1), 51-84.

민경익(2006). **테라코타.** 서울: 신광출판사.

심상철(2000). **미술 재료와 표현.** 서울: 미진사.

Efland, A. (1990). *A history of art education: intellectual and social currents in teaching the visual art*. NY: Teachers College Press.

Gair, A. (1996). *Artist's Manual: A Complete Guide to Paintings and Drawing Materials and Techniques*. CA: Chronicle Books.

Ginsburg, H. P. (2006). **피아제의 인지발달이론** (김정민 역). 서울: 학지사. (원저 1969 출판)

Holt, T. & Smith, S. (1995). **미술 재료 및 용구 백과** (이주연 역). 서울: 예경. (원저 1980 출판)

Lowenfeld, V. (2002). **인간을 위한 미술교육** (서울대학교 미술교육연구회 역). 서울: 미진사. (원저 1956 출판)

Vygotsky, L. S. (1978). *Mind in society: The development of higher psychological processes.* MA: Harvard University Press.

〈24〉

박균열, 엄준용, 주영효(2015). 학생생활기록부 기재방식, 관리, 활용의 문제점과 개선방안. **교육문제연구, 28**(1), 81-107.

박병철(2021). '교육과정-수업-평가-기록의 일체화' 사례. **현장수업연구, 2**(2), 85-110.

박소영, 강현석(2019). '교육과정-수업-평가-기록 일체화'에 관한 교원의 인식과 요구 분석. **수상해양교육연구, 31**(6), 1734-1742.

오병근, 강성중(2018). **정보디자인 교과서.** 파주:안그라픽스. (원저 2008 출판)

윤현희(2020). **미술관에 간 심리학.** 서울:믹스커피. (원저 2019 출판)

이경렬, 권요한(1999). 고등학교 학교생활기록부의 도입·운영에 대한 교사, 학부모, 학생의 인식. **학생생활연구,** 12, 33-61.

이명섭, 김학미, 이윤진, 정윤리, 최미현, 고은정, 고민성(2019). **교육과정-수업-평가-기록 일체화 실천편.** 서울: 에듀니티. (원저 2017 출판)

이수룡, 김일두, 박민재(2021). 초등교사의 사회과 교육과정-수업-평가-기록 일체화 실천 양상 탐색 - 교육과정 문해력을 중심으로. **교육논총,** 41(1), 109-134.

장유정, 현은령(2023b). 에듀테크를 통한 고등학교 미술교과의 '교육과정-수업-평가-기록'일체화 적용 사례연구. **학습자중심교과교육연구,** 23(20), 269-289.

정종복(2019). 교육과정-수업-평가-기록의 일체화 역사과 사례. 2019, 419-435.

천호성(2014). 수업기록 작성과 활용방안. **초등교육연구,** 25(2). 115-131.

충청북도교육청(2022). 2022 미래형 교수학습 운영 사례집. 충청북도교육청.

Eisner, E. W.(1972). Educating artistic vision. New York: Mcmillan.

Lynton, N.(2011). **20세기의 미술**(윤난지 역). 서울: 예경. (원저 1980 출판)

Read, H.(2007). **예술을 통한 교육**(황향숙 외 역). 서울: 학지사. (원저 1956 출판)

〈 25 〉

교육부(2022a). **초·중등학교 교육과정 총론.** [별책 1].

교육부(2022b). **미술과 교육과정.** [별책 13].

교육부(2020.4.7). 원격수업 출결. 평가. 기록 가이드라인 안내. https://www.moe.go.kr/boardCnts/viewRenew.do?boardID=72755&lev=0&statusYN=W&s=moe&m=031303&opType=N&boardSeq=88861에서 검색

김성숙(2012). 미적소통을 위한 공공미술 사례연구-공공미술의 역할과 미술교육의 방향. **문화예술교육연구,** 7(3), 89-105.

김수진(2018). 관람객과 소통하는 동시대 미술관 전시의 다중 사례 연구. **미술교육연구논총,** 54, 53-79.

김시내(2023). 메타버스의 경험적 특성과 미술교육: 인지 학습이론과 경험적 특성 분석을 중심으로. **미술교육연구논총,** 73, 1-34.

김영조, 김지인, 김지혜(2007). 소규모 미술관의 전시 공간 구성에 관한 연구. **조형미술논문집,** 7(1), 29-53.

김혜숙, 김성숙, 김정희, 김형숙, 안금희, 이성도, 이주연, 정여주, 황여주(2013). **미술교육과 문화.** 서울:학지사.

맹욱재(2015). 관객참여방식에 의한 커뮤니티아트의 표현 특성 연구. **조형디자인연구,** 18(4), 107-121.

박일수(2012). 토의·토론 수업의 학습효과에 관한 메타분석. **교육과정평가연구,** 15(3), 153-178.

박지원, 박향숙(2010). 대화중심 미술감상교육이 학생의 자아존중감에 미치는 영향. **조형교육,** 38, 149-188.

서영식(2009). 고대 그리스 문화의 의사소통과 가치공유 전통: 신화와 철학의 몇몇 국면들에 대한 논의를 중심으로. **동서철학연구,** 52, 5-29.

서제희(2021). "15초의 소통" SNS에 나타난 짧은 동영상의 시각적 소통 방식에 관한 연구. **조형연구,** 77, 95-117.

신희경(2022). 언택트 시대, 사립미술관의 온라인 플랫폼과 소셜 미디어 활용 현황에 관한 연구. **기초조형학연구,** 23(3), 139-151.

심영환(2018). 파머의 공동체 이론을 기반으로 하는 교육공동체 구성원들 간의 '상호연결성' 회복에 관한 연구. **신학과 사회,** 32(4), 111-148.

유혜종(2013). 삶의미술소통의확장: 김봉준과두렁. **미술이론과 현장,** 16, 71-103.

윤병화, 이영란(2013). **전시기획입문.** 파주: 예문사.

이경민, 김찬의, 박한우(2017). SNS 매개 학습공동체의 학습네트워크 탐색: 페이스북 그룹을 중심으로. **한국데이터분석학회지,** 19(2), 873-884.

이수경(2006). 시각적 문해력 신장을 위한 창의적 수업모형 연구. 서울교육대학교 석사학위논문.

이재영(2020). 디지털 프로세스폴리오를 활용한 대안적인 전시 활동 탐색- Untact 미술 수업 방안을 중심으로. **미술교육연구논총,** 63, 235-258.

이채원(2020). 학습자 중심의 전시 감상 수업을 통한 미술관과 학교연계교육 방안 연구. **미술교육연구논총,** 61, 111-148.

이황은(2009). 또래집단미술치료 프로그램이 고등학생의 의사소통기술과 대인관계에 미치는 효과. 영남대학교 박사학위논문.

이효연, 최익서(2020). 지역 정체성 기반 주민참여형 커뮤니티 아트 활성화에 관한 연구 - 국내 지역 연계 프로젝트 사례 중심으로. **한국공간디자인학회논문집,** 15(7), 311-318.

정다은(2020). 온라인 미술교육을 통해 살펴본 포스트 코로나 시대 미술교육 변화에 관한 사례연구. **미술과 교육,** 21(3), 67-94.

정문성(2004). 토의 수업의 개념과 수업에의 적용모델에 관한 연구. **열린교육연구,** 12(1), 147-168.

정문성(2006). **협동학습의 이해와 실천**(개정판). 파주: 교육과학사.

정혜연, 서현정(2017). 시각적 의사소통능력 증진을 위한 협동학습 방법 연구. **미술과 교육, 18**, 145-171.

주형일(2007). **내가 아는 영상 기호 분석**. 파주: 인영출판.

〈26〉

교육부(2015). **미술과 교육과정**. 교육부 고시 제2015-74호 [별책 13].

교육부(2021). (더 나은 미래, 모두를 위한 교육) 2022 개정 교육과정 총론 주요 사항(시안). (2021. 11. 24.)

교육부(2022). **미술과 교육과정**. 교육부 고시 제 2022-33호 [별책 13].

김수진(2013). 뮤지엄에서의 심미적 교육 모형 개발 및 적용: 링컨센터 예술교육원의 교육방식을 기반으로. 서울교육대학교 석사학위 논문.

김수진(2019a). 구성주의적 감상 교육에서 "주제"의 생성 과정에 관한 연구. **미술과 교육, 20**(2), 109-135.

김수진(2019b). 질문을 기반으로 한 미술관 교육의 교수법 비교 연구. **미술교육논총, 33**(2), 32-62.

김수진(2022). 국제이해교육 및 세계시민교육 관점에서 동시대 예술의 미술 교육 적용에 관한 기초 연구. **조형교육, 81**, 1-28.

류재만(2008). 학교 연계 박물관·미술관 학습을 위한 워크시트 개발 프로세스에 관한 연구. **미술교육연구논총, 23**, 121-144.

박휘락(1998). **한국미술교육사**. 서울: 예경.

박휘락(1999). 미술 감상교육용 「셀프 가이드」의 제작기법에 관한 연구. 대구교육대학교 논문집, 34, 195-244.

박휘락(2003). **미술감상과 미술비평교육**. 서울: 시공사.

배진희, 류재만(2018). 질문생성전략을 활용한 미술관 작품 감상 활동이 미술 감상 능력에 미치는 영향. **미술교육논총, 32**(3), 79-113.

손지현(2012). 미술 감상·비평 교육의 교수법 비교 연구. **미술교육연구논총, 33**, 1-28.

심혜민, 손지현(2021). 2015 개정 미술과 교육과정에 따른 초등학교 5-6학년 감상 단원 핵심 질문 개발 연구. **미술교육연구논총, 66**, 133-163.

원영미(2016). 질문지와 대화법을 활용한 자기 주도적 감상교육 방안. **미술과 교육, 17**(1), 127-149.

이주연, 강래형, 김경순, 김은주, 김정선, 김지영, 김혜경, 김효희, 노진영, 류지영, 서예식, 안지연, 이은영, 이진희, 정옥희, 정회진(2022). 2022 개정 미술과 교육과정 시안(최종안) 개발 연구Ⅱ. 교육부.

이주연, 류지영, 고황경(2020). 학교미술교육 강화를 위한 미술 교과서 내용 개선 제안: 동시대 미술, 지역사회 연계 미술(공공미술), 미술 감상·미술관 교육의 3가지 핵심 주제를 중심으로. **조형교육, 72**, 85-115.

정옥희, 강래형, 김경순, 김정선, 김지영, 김혜경...홍인선(2022). 2022 개정 예술 교과 교육과정 시안 개발 연구Ⅰ: 미술과 교육과정. 교육부.

Anderson, M., & Milbrandt, M. (2007). **삶을 위한 미술교육**(김정희 외 역). 서울: 예경. (원저 2004 출판)

Bose, J. H. (2008). *Aesthetic education: Philosophy and teaching artist practice at Lincoln Center Institute* (Unpublished doctoral dissertation). City University of New York, New York, NY.

Burnham, R., & Kai-Kee, E. (2020). **미술관 교육: 관람객과 호흡하는 경험과 해석의 미술관**(한주연, 류지영 역). 서울: 다빈치. (원저 2011 출판)

Feldman, E. B. (1973). The teacher as model critic. *Journal of Aesthetic Education*, *7*(1), 50-57.

Geahigan, G. (1998). Critical inquiry: Understanding the concept and applying it in the classroom. *Art Education*, *51*(5), 10-16.

Geahigan, G. (2001). Art criticism and postmodernism. **미술과 교육, 1**(2), 143-159.

Greene, M. (2011). **블루 기타 변주곡**(문승호 역). 서울: 서울문화재단. (원저 2001 출판)

LCI (2008). *Entering the world of the work of art*. New York, NY: Lincoln Center Institute.

McTigh, J., & Wiggins, G. (2016). **핵심 질문: 학생에게 이해의 문 열어주기**(정혜승, 이원미 역). 서울: 사회평론아카데미. (원저 2013 출판)

OECD (2019). *OECD future of education and skills 2030 concept note: Student agency for 2040*. Paris, France: OECD publishing.

Project Zero (n.d.). Project Zero's Thinking Routine Toolbox. Retrieved from https://pz.harvard.edu/thinking-routines

Ritchhart, R., Church, M., & Morrison, K. (2023). **생각이 보이는 교실**(최재경 역). 서울: 사회평론아카데미. (원저 2011 출판)

Rothstein, D., & Santana, L. (2017). **한 가지만 바꾸기: 학생이 자신의 질문을 하도록 가르쳐라**(정혜승, 정선영 역). 서울: 사회평론아카데미. (원저 2011 출판)

Stewart, M. G., & Walker, S. R. (2020). **미술 수업설계 다시보기: 학습자 중심의 교수학습을 위한 미술 교육과정 설계**(류지영 역). 서울: 교육과학사. (원저 2005 출판)

Yenawine, P. (2019). **이미지로 키우는 사고력, VTS**(손지현 외 역). 서울: 미술문화. (원저 2013 출판)

〈27〉

교육부(2021.11.24). (더 나은 미래, 모두를 위한 교육) 2022 개정 교육과정 총론 주요 사항(시안).

교육부(2022). **미술과 교육과정**. 교육부 고시 제2022-33호 [별책 13].

김수진(2022). 국제이해교육 및 세계시민교육 관점에서 동시대 예술의 미술 교육 적용에 관한 기초 연구. **조형교육, 81**, 1-28.

김수진(2023). 미술과 감상 영역 '질문'의 의미 변천: 2022 개정 및 이전 교육과정 내용 분석 연구. **조형교육, 88**, 33-53.

김인정(2023). **고통 구경하는 사회**. 서울: 웨일북.

김종훈(2022). 미래교육 담론에 나타난 학생 행위주체성 개념 탐색: OECD Education 2030 프로젝트에 대한 (재)해석. **교육과정연구, 40**(2), 181-202.

김형숙(2019). 2015 개정 미술과 교육과정이 남긴 과제: 세계시민교육을 향하여. **미술교육논총, 33**(3), 26-45.

박수정, 송명길, 공완욱, 이미희, 이하림, 전수현(2022). 2022 개정 미술과 교육과정 핵심 역량 고찰: 심미적 감성, 정체성, 공동체 역량을 중심으로. **미술교육연구논총, 71**, 127-166.

박은주(2021). **한나 아렌트, 교육의 위기를 말하다**. 파주: 빈빈책방.

윤미경, 김정효(2023). 2022 개정 미술과 교육과정의 '정체성 역량' 탐색과 미술 교과서 구성 방안. **미술교육연구논총, 75**. 113-144.

이재예, 이정은(2023). 미술과 디지털 리터러시 역량에 대한 탐색적 연구: 초등학교 고학년 사례를 중심으로. **미술교육연구논총, 72**, 221-248.

이주연, 강래형, 김경순, 김은주, 김정선, 김지영, 김혜경, 김효희, 노진영, 류지영, 서예식, 안지연, 이은영, 이진희, 정옥희, 정회진(2022). 2022 개정 교육과정 미술과 교육과정 시안(최종안) 개발 연구(미술과 교육과정). 교육부.

이주연(2023). 2022 개정 미술과 교육과정 정체성 역량 고찰. **조형교육, 88**, 227-254.

주형미, 박진용, 김상범, 김현미, 변희현, 임윤진, 서지영, 이경언, 박소영, 배주경(2021). 초·중학교 교과 교육과정 개선 방안 탐색: 실과/기술·가정, 체육, 음악, 미술. 한국교육과정평가원. 연구보고 RRC 2021-6-2.

티엔씨재단(2021). 기후위기, 공감이 먼저다, 조천호 전 국립기상과학원장, https://www.youtube.com/watch?v=chnBcTxjG0w/에서 검색

Lappe, F. M.(2008). **살아 있는 민주주의**(우석영 역). 서울: 이후. (원저 2007 출판).

Vaughn, M.(2023). **학생 주도성**(김영민, 최진, 박소영, 최윤성 역). 서울: 학지사. (원저 2021 출판).

Soper, K.(2021). **성장 이후의 삶**(안종희 역). 서울: 한문화멀티미디어. (원저 2020 출판).

Levitsky, S., & Ziblatt, D.(2018). **어떻게 민주주의는 무너지는가**(박세연 역). 서울: 어크로스. (원저 2018 출판).

Greene, M.(2019). **상상의 나래 펴기**(문승호 역). 서울: 박영스토리. (원저 2000 출판).

〈28〉

국립특수교육원(2013). **장애학생문화예술교육 실태 및 지원 방안 연구: 특수학교 예술교과를 중심으로**. 서울:(주) 필코in.

권요한, 윤광보, 이만영, 정희섭, 김원경, 정은희, 김요섭(2011). **특수교육 교육과정론**. 서울: 학지사.

교육부(2022a). 교육과정 총론 주요사항(시안).

교육부(2022b). **미술과 교육과정**. 교육부 고시 제2022-33호 [별책 13].

금미숙, 이성도, 김택환, 김영길, 이경민, 이영숙(2010). 고등학교 통합교육 교수·학습자료 개발: 미술. 국립특수교육원 연구자료 RDM 2010-03.

김미선, 박주연, 심상욱, 이경면, 임지향, 정동영, 홍금녀(2011). **특수교육 미술교육론**. 서울: 교육과학사.

김미화, 윤관식, 박지원(2020) K대학의 역량기반 맞춤형 학습 지원을 위한 탐색적 연구. **실천공학교육논문지, 12**(1), 49-60.

김선아(2022). 디지털 전화 시대 맞춤형 학습을 위한 미술 학습분석에 관한 기초연구. **조형교육, 83**, 35-53.

김선아, 윤은주, 변경수(2022). 미술성향검사를 활용한 미술과 맞춤형 학습 사례 연구. 한국조형교육학회 정기학술대회 발표 논문집 (pp. 151-157).

김선영(2018). 학습자 주도적 맞춤 학습(Personalized Learning)의 개념과 성격: 미국 학교 사례를 중심으로. **교육과정연구, 36**(3), 49-70.

김선영(2020). 학습자 주도적 맞춤 학습(Personalized Learning)의 교수·학습 흐름: 미국 공립 초등학교 사례. **통합교육과정연구, 14**(2), 83-103.

김지은(2016). 학습의 개별화와 개성화. 한국조형교육학회(편), **미술교육의 기초**. (pp. 390-392). 서울:교육과학사.

김정권(1996). 개별화교육의 배경. 한국정신지체아교육연구회(편). **개별화교육 프로그램의 이론과 실제**. 대구대학교 출판부.

김정원(2023). 개인 맞춤형 학습(Personalized Learning)을 적용한 기초 문해력 학습자 프로파일 개발 연구. 경인교육대학교 석사학위논문.

김하민(2023). 초등 도덕과 학습자 주도적 맞춤 학습(Personalized Learning) 실행에 대한 비판적 고찰. **초등도덕교육, 82**, 127-159.

노기호(2022). 헌법 제31조 제1항 "능력에 따라 균등하게" 교육을 받을 권리에 대한 재해석. **법과정책연구, 22**(2), 3-32.

동효관, 김덕근, 박상돈, 홍원준, 이재진, 김종윤(2022). 블렌디드 러닝 환경에서 학습자 유형화에 따른 맞춤형 교수·학습 방안 탐색(I). 한국교육과정평가원 연구보고 RRI 2022-1.

문화체육관광부(2012). 특수아동을 위한 미술관교육 활성화 방안연구: 국립현대미술관 교육 프로그램을 중심으로.

오유정, 이성도, 김택환, 김종례(2009). 중학교통합교육 교수-학습자료 개발: 미적체험/ 표현1/ 표현2/ 감상. 연구자료 RDM 2009-010, 2009-011. 2009-012, 2009-013. 국립특수교육원.

오재정(2004). 한국 아동미술교육의 분석과 대안: 미술교과에서의 개별화교육계획(IEP) 적용 현황 및 문제점에 관한 연구 "정서장애학교" 초등부의 자폐아동을 중심으로. 현대미술연구소 논문집, 6, 175-208.

온정덕(2013). 이해중심 교육과정과 맞춤형 수업의 통합: 초등 예비교사들의 현장 적용을 중심으로. **한국초등교육, 24**(1), 25-42.

우지영(2019). '개인화 학습모형(Personalized Learning Model; PLM)'의 실천적 전략 개발과 특수학급 수업 적용 사례 연구. 단국대학교 박사학위논문.

원초롱(2021). 이해중심 교육과정과 맞춤형 수업의 적용을 통한초등학교 통합학급의 음악과 수업 방안 연구. **인간행동과 음악연구, 18**(1), 79-102.

이경언(2008). 맞춤형 교육의 진실과 오해. **교육광장, 30**, 21-22.

이대식(2016). 맞춤형 교수에서의 '맞추는 것'의 본질과 성격. **통합교육연구, 11**(2), 187-216.

이소원, 이용표(2015). 문화예술교육을 통한 장애인의 변화경험 연구, **GRI연구논총, 17**(3) 35-71

이은미(2002). 장애아동 미술통합수업 담당교사의 지원요구: 서울시공립초등학교를 중심으로. 이화여자대학교 석사학위논문.

임유나, 최한올, 이혜정, 윤완석(2013). 이해중심 교육과정과 맞춤형 수업의 통합 가능성 탐색: 초등사회과 역사 영역을 중심으로. **학습자중심교과교육연구, 13**(2), 61-83.

전형우(2016). 현장 맞춤형 스마트 미술교육 프로그램 개발 연구: 세종시 J 중학교를 중심으로. 한국교원대학교 석사학위논문.

정광순(2020). 학교학습 모델로서 Personalized Learning. **통합교육과정연구, 14**(1), 1-21.

정동영, 김주영, 김형일, 김희규, 정동일(2010). **특수교육의 이해**. 서울: 교육과학사

정제영(2017). 4차 산업혁명 시대의 학교제도 개선 방안: 개인별 학습 시스템 구축을 중심으로. **교육정치학연구, 24**(3), 53-72.

조은길, 조정훈(2019). 맞춤형 학습을 위한 온라인 학습 관리 시스템. 한국HCI학회 학술대회 발표 논문집(pp. 486-489).

최선의(2016). 중학교 미술 수업에서 자기주도적 학습능력 향상을 위한 맞춤형 소집단 수업 방안. 숙명여자대학교 석사학위논문.

한경근 (2017). 개별화(individualization)를 넘어 개인화(personalization)를 추구하는 보편적 학습설계. 한국특수교육문제연구소 추계학술대회 자료집(pp. 3-22).

한경화, 김새봄, 정명철, 정혜원, 김영미, 김혜리(2019), **개별화교육계획-교육과정-수업과 연계한 특수교육 과정 중심 평가**. 서울: 교육과학사.

David H. J. &, Susan M. L. (2012). **학습자 중심 학습의 연구 실천을 위한 이론적 토대**(김현진, 정종원, 홍선주 역). 서울: 교육과학사. (원저 2000 출판)

Gayle, H. G. & Chapman, C. (2014). **맞춤형 수준별 개별화 수업 전략**(조영남, 나종식, 김광수 역). 서울: 학지사. (원저 2011 출판)

Gayle, G. & Martha, K. (2019). **생각은 크게 시작은 작게 맞춤형 수업과 교육 신경과학**(조영남 역). 서울: 학지사. (원저 2015 출판)

Lowenfeld, V. & Brittain, W. L. (1995). **인간을 위한 미술교육**(서울교육대학교 미술교육연구회 역). 서울: 미진사. (원저 1987 출판)

Rose, D. H., Meyer, A., & Hitchcock, C. (2010). **보편적 학습 설계: 접근 가능한 교육과정과 디지털테크놀로지**(안미리, 노석준, 김성남 역). 서울: 한양대학교 출판부. (원저 2005 출판)

Wehmeyer, M. L., Agran, M., Hughes, C., Martin, J. E.,Mithaug, D. E., & Palmer, S, B. (2010). **발달장애 학생의 자기결정 증진 전략**(이숙향 역). 서울: 학지사. (원저 2007 출판)

〈 29 〉

권낙원(2000). 학습자 중심 교육의 성격과 이론. **학습자중심교과교육연구, 1**(1). 29-40.

교육과학기술부(2011). **미술과 교육과정**. 교육과학기술부 고시 제 2011-361호 [별책13].

교육부(1992). **중학교 미술과 교육 과정 해설**.

교육부(1997). **초등학교 교육과정 해설(Ⅰ) 총론**, 재량 활동. 교육부 고

시 제 1997-5호.

교육부(2015). **미술과 교육과정.** 교육부 고시 제2015-74호 [별책13].

교육부(2016). **2015 개정 교육과정 총론 해설 초등학교.**

교육부(2022a). **미술과 교육과정.** 교육부 고시 제2022-33호 [별책13].

교육부(2022b). **초·중등학교 교육과정 총론.** 교육부 고시 제2022-33호 [별책1].

교육인적자원부(2007). **미술과 교육과정.** 교육인적자원부 고시 제 2007-79호 [별책13].

김선아(2022). 디지털 전환 시대 맞춤형 학습을 위한 미술 학습분석에 관한 기초 연구. **조형교육, 83**, 35-53.

김종훈(2023). 2022 개정 교육과정의 개정 관련 정책문서에 대한 비판적 담론 분석. **교육과정연구, 41**(3), 153-178.

동효관, 김덕근, 박상돈, 홍원준, 이재진, 김종윤(2022). 블렌디드 러닝 환경에서 학습자 유형화에 따른 맞춤형 교수·학습 방안 탐색(Ⅰ). 한국교육과정평가원. 연구보고 RRI 2022-1.

문교부(1963a). **국민학교 교육과정.** 문교부령 제 119호 별책.

문교부(1963b). **중학교 교육과정 해설서.**

문교부(1981). **국민학교 교육과정.** 문교부 고시 제 442호(1981.12.31.) [별책2].

문교부(1987). **중학교 미술과 교육 과정 해설.** 문교부 고시 제 87-7호 (1987.3.31.).

문상호(2021). 유튜브 콘텐츠 섬네일의 시각적 표현이 이용자들의 상호작용에 미치는 영향 연구. **한국디자인문화학회, 27**(4), 169-181.

민용성(2003). 학습자 중심 교육과정의 내용선정 준거 탐색 및 적용: 제7차 교육과정 총론을 중심으로. **학습자중심교과교육연구, 3**(1), 1-22.

박성익, 김미경(2004). 자기조절학습의 구성요인과 학습효과에 관한 고찰. **아시아교육연구, 5**(2), 137-158.

온정덕(2013). 이해중심 교육과정과 맞춤형 수업의 통합: 초등예비교사들의 현장 적용을 중심으로. **한국초등교육, 24**(1), 25-41.

유승연(2006). Gardner의 다중지능(Multiple Intelligence) 이론을 활용한 아동미술 프로그램의 방향 모색에 관한 연구. **미술교육논총, 20**(1), 69-94.

이선희(2019). 개인화 학습 지원을 위한 공개교육자원(OER) 활용 교수설계원리 개발연구. 서울대학교 박사학위논문.

이장석, 성동규(2022). 브이로그는 어떻게 MZ 세대의 문화가 되었나? 유튜브 브이로그의 관음주의가 감정이입, 시청 만족, 지속시청 의도에 미치는 영향. **문화산업연구, 22**(4), 115-123.

이현우, 최윤영(2023). 구성주의 원리 기반 온라인 학습이 학업성취에 미치는 영향: 인지부하의 매개효과를 중심으로. **한국콘텐츠학회 논문지, 23**(9), 233-241.

임성애(2021). 자기결정성이론에 근거한 학습동기와 수업참여의 종단적 관계. **교육학연구, 59**(4), 163-184.

홍선주, 김미지, 박선화, 성경희, 이현경, 장근주, 안지연, 이가영, 최영인, 허선영(2023). 블렌디드 러닝 환경에서 학습자 유형화에 따른 맞춤형 교수·학습 방안 탐색(Ⅱ). 한국교육과정평가원. 연구보고 RRI 2023-5.

Eisner, E. W.(2007). **예술교육론 미술 교과의 발견**(강현석 외 역). 서울: 아카데미프레스. (원저 2002 출판)

Lowenfeld, V. & Brittain, W. L.(2011). **인간을 위한 미술교육**(서울교육대학교 미술교육연구회 역). 서울: 미진사. (원저 1987 출판)

Tomlinson, C. A.(2019). **교실현장에서 가져온 개별화 수업 1. 실천편**(홍완기 역). 서울: 교육을 바꾸는 사람들. (원저 2014 출판)

Watson, W. & Watson, L.(2017). Principles for personalized instruction. In Reigeluth, C., Beatty, & Myers, R. (eds.) *Instructional design theories and models: The learner-centered paradigm of education*(pp.94-117). NY: Routhedge.

국립국어원. 표준국어대사전. https://stdict.korean.go.kr/에서 검색.

유튜브 채널 몽중다과
https://youtu.be/JrAUtjlzBsk?si=_YTtUvr1us9d6bOF에서 검색.

유튜브 채널 빠니보틀
https://youtu.be/QW0_ZiO0ZrM?si=2dStRhC5CdWRUp_k에서 검색.

유튜브 채널 입시덕후
https://youtu.be/SiUig_o0khM?si=mRYo7if1RmDARwp7에서 검색.

유튜브 채널 ITSub잇섭
https://youtu.be/rmgMF7SdxEg?si=lcozXWuwg5BXSV4o에서 검색.

〈30〉

김선아(2022). 디지털 전환 시대 맞춤형 학습을 위한 미술 학습분석에 관한 기초 연구. **조형교육, 83**, 35-53.

김선아, 윤은주, 변경수(2023). 미술성향검사를 활용한 미술과 맞춤형 학습 사례 연구. 한국조형교육학회 2023년도 정기학술대회 발표자료집. 151-157.

김정선(2017a). 미술을 통한 자기이해는 어떻게 가능한 것인가. **미술교육연구논총, 48**, 31-52.

김정선(2017b). 미술교육에서 '자기이해'와 창의-인성. **미술교육연구논**

총, 49, 1-22.

김정희, 강병직(2011). **미술영재교육학**. 서울: 학지사.

동효관, 김덕근, 박상돈, 홍원준, 이재진, 김종윤(2022). 블렌디드 러닝 환경에서 학습자 유형화에 따른 맞춤형 교수·학습 방안 탐색(Ⅰ) (연구보고 RRI 2022-1). 진천: 한국교육과정평가원.

박진희, 김선아(2023). 발달장애 학습자 대상 맞춤형 미술교육 사례 연구. **조형교육, 88**, 111-137.

안지연, 민경환, 김민희(2018). 한국인과 미국인의 미술 선호 양상 비교 연구. **미술교육연구논총, 52**, 405-426.

이대식(2016). 맞춤형 교수(differentiated instruction)에서의 '맞추는 것'의 본질과 성격. **통합교육연구, 11**(2), 187-216.

Anderson, T. & Milbrandt, M. (2014). **삶을 위한 미술교육**(김정희 외 역). 서울: 예경. (원저 2007 출판)

Benjamin, A. (2005). *Differentiated Instruction Using Technology: A Guide for Middle and High School Teachers*. NY: Eye On Education.

Bray, B. & McClaskey, K. (2016). *Personalization vs Differentiation vs Individualization Chart* (v3). Retrieved from https://barbarabray.net/download/pdi-report-version-3/에서 2023년 1월 4일 검색.

Csikszentmihalyi, M. (2003). **창의성의 즐거움**(노혜숙 역). 서울: 더난출판사. (원저 1996 출판)

Eisner, E. W. (2001). **새로운 눈으로 보는 미술교육(4판)**(서울교육대학교 미술교육연구회 역). 서울: 도서출판 예경. (원저 1995 출판)

Lowenfeld, V. & Brittain, W. L. (1993). **인간을 위한 미술교육: 어린이와 청소년을 중심으로**(서울교육대학교 미술교육연구회 역). 서울: 미진사. (원저 1987 출판)

Tomlinson, C. A. (2009). **수준차가 다양한 교실에서의 효율적인 개별화 수업**(황윤한 외 역). 파주: 교육과학사. (원저 2001 출판)

Tomlinson, C. A., & McTighe, J. (2013). **맞춤형 수업과 이해중심 교육과정의 통합**(김경자 외 역). 서울: 학지사. (원저 2006 출판)

Tousand, J. S., Villa, R. A., & Nevin, A. I. (2019). **수업 차이화하기 보편적 학습설계와 통합교육 수업 계획**(민천식 외 역). 서울: 학지사. (원저 2015 출판)

Wolf, M. A. (2010). Innovate to Educate: System [Re]Design for Personalized Learning - A Report From the 2010 Symposium. Washington, DC: SIIA.

〈 31 〉

교육부(2015). 교육부 고시 제2015-74호 [별책 13]. 교육부.

교육부(2022). 교육부 고시 제2022-33호 [별책 13]. 교육부.

김경자, 온정덕(2011). **이해중심 교육과정**. 서울: 교육아카데미.

박성희(2004). **공감학: 어제와 오늘**. 서울: 학지사.

이선영(2016). 초등학생 다문화 감수성 증진 프로그램 적용 실행연구- 관계성 영역을 중심으로-. **국제이해교육연구, 11**(2), 125-152.

이선영(2020). 공감 중심 초등 인권교육 프로그램 개발 및 적용. 서울교육대학교 박사학위논문.

이주연, 강래형, 김경순, 김은주, 김정선, 김지영…정회진(2022). 2022 개정 미술과 교육과정 시안(최종안) 개발 연구 미술과 교육과정. 교육부.

이 준, 유숙경, 이윤옥(2014). 공감 기반 학습모형 개발연구. **교원교육, 30**(4), 151-177.

이 준, 유숙경, 이윤옥(2015). 공감 기반 학습모형을 적용한 중학교 도덕과 수업의 효과 분석. **학습자중심교과교육연구, 15**(3), 419-441.

최영인, 홍선주, 박재현(2019). 국어과 예비교사를 위한 데이터 기반 맞춤형 수업 설계프로그램 개발 연구. **교사교육연구, 58**(2), 221-236.

Barrett-Lennard, G. T. (1981). The empathy cycle: Refinement of a nuclear concept. *Journal of Counselin g Psychology, 28*(2), 91-100.

Gregory, G. H., & Chapman, C. (2014). **맞춤형 수준별 · 개별화 수업 전략**(조영남, 나종식, 김광수 역). 서울: 학지사. (원저 2013 출판)

Tomlinson, C. A. (2005). *How to differentiate instruction in mixed-ability classrooms*. Upper Saddle River, N. J.: Pearson/Merrill Prentice Hall.

〈 32 〉

강화신(2022). 블렌디드 러닝을 활용한 중학교 미술 감상 수업 지도방안 연구. 중앙대학교 석사학위논문.

곽나영(2021). 블렌디드 러닝을 적용한 초등학교 미술 수업의 효과와 한계에 관한 연구. 서울교육대학교 석사학위논문.

교육부(2022). **2022 개정 미술과 교육과정**. 교육부 고시 제2022-33호 [별책 13].

김상운, 명창훈, 유지선, 이재준(2023). 교육현장의 에듀테크 활용 현황 분석 - 교원 설문조사 결과를 중심으로 -. 한국교육학술정보원. 기타자료 2023 RS-1.

김정선, 김향순, 박정유, 박문수, 박선경, 류청림...오희택(2019). **초등 학교 미술(5~6학년군) 6.** 서울: 금성출판사.

김진옥(2022). 에듀테크 활용에 대한 초등교사의 인식 조사. **실과교육 연구, 28**, 37-55.

김희영(2016). 블렌디드 러닝을 활용한 드로잉수업의 학업성취도 분석. 한국방송통신대학교 석사학위논문.

류장경, 김남희, 박정희, 김귀훈, 고우영, 윤혜진...한준구(2023). 생성형 AI 교육 자료: 챗 GPT 사례 중심으로. 서울특별시교육청.

박상준(2021), **코로나 이후 미래교육: 블렌디드 러닝, 학생주도성, 교사주도성.** 파주: 교육과학사.

박정은(2019). 미술감상 수업에서 플립 러닝의 적용 및 효과 분석. 대구교육대학교 석사학위논문.

박지영, 최순종, 조현정(2022), 청소년들의 플립 러닝 기반 미술감상 활동 경험 탐구. **미래청소년학회지, 19**(3), 99-118.

변지윤(2023). 2022 개정 교육과정 블렌디드 러닝 프로그램 개발- 패들렛을 활용한 고등학교 미술교육을 중심으로. 중앙대학교 석사학위논문.

서울특별시교육청(2023). 지금서울교육 11월호(291호).

서유미(2023). 공교육 에듀테크 도입 가이드. 한국교육학술정보원 교육자료 TL 2023-4.

양혜연(2023). 블렌디드 러닝에서 패들렛(Padlet)을 활용한 개인화 활동이 영어 의사소통 역량 및 학습 자기주도성 신장에 미치는 영향. 제주대학교 석사학위논문.

유재민(2023). 초,중등교육에서 하이브리드 수업 연구: 교사의 수업경험을 중심으로. 한국교원대학교 석사학위논문.

이근진(2022). 블렌디드 러닝에서의 자기주도학습 경험 탐색 - 초등학교 5·6학년군 대상으로 질적 연구 -. 한국교원대학교 석사학위논문.

이연경(2023). 고등학교 진로 수업을 위한 블렌디드 러닝 활용 미술과 교수학습 지도 방안 연구. 한양대학교 석사학위논문.

이연주(2021). COVID-19 상황에서의 미술과 온라인 수업에 대한 청각장애 청소년의 인식. 강남대학교 석사학위논문.

이윤희(2024), 미술교육에서의 온·오프라인 연계학습 사례 연구, **조형교육, 89**, 283-301.

조안나(2021). 코로나19 팬데믹 상황이 학교현장과 미술교사들의 수업에 미치는 영향: 중·고등학교 미술교사를 중심으로. 한국교원대학교 석사학위논문.

최지원(2021). 원격수업을 활용한 중학교 미술 감상교육 지도방안 연구: 박물관·미술관 감상수업을 중심으로. 동국대학교 석사학위논문

황윤정(2021). 블렌디드 러닝을 기반으로 한 중등미술 수업방안. 충북대학교 석사학위논문.

Garrison, D. Randy, and Norman D. Vaughan(2008). *Blended learning in higher education: Framework, principles, and guidelines*. John Wiley & Sons.

〈33〉

권해일(2021). 2015 개정 교육과정 미술 교과서 사진 단원에 관하여: 3, 4학년 교과서를 중심으로. **미술과 교육, 22**(4), 117-138.

권해일(2022). 2015 개정 교육과정 미술 교과서 사진 단원에 관하여: 5, 6학년 교과서를 중심으로. **미술과 교육, 23**(4), 163-182.

권혁일(2008). 디지털게임의 교육적 기능에 대한 초등학교 교사·학생·학부모의 인식. **초등교육연구, 21**(3), 29-63.

김미남(2017). 초등 사진교육 속 신화 찾기: 미술교과서 및 교사용지도서의 기호학적 분석. **미술과 교육, 18**(2), 133-156.

김보름, 용호성(2020). 포스트 코로나 시대 뮤지엄 온라인 전시 유형에 관한 연구. **문화산업연구, 20**(3), 95-104.

김선영(2022). 디지털 전환에 따른 공공미술의 가치. **대한건축학회 학술발표대회 논문집, 42**(2), 726-727.

김성애, 김성원, 박찬솔, 홍지연, 박정호(2023). 디지털 교육 전문성 강화를 위한 예비교사용 AI 역량 측정 도구 개발. **컴퓨터교육학회 논문지, 26**(4), 21-32.

김한중(2015). **교수학습과 교육심리.** 키메이커.

류지영(2018). 미술감상교육 루브릭 연구. **조형교육, 68**, 43-70.

박소영, 양윤정, 백경선(2016). 핵심역량 함양을 위한 2015 개정 미술과 교육과정 실행 방안 탐색. **조형교육, 59**, 61-91.

박수빈, 이현경(2021). 메타버스형 가상 박물관의 사례 연구에 따른 발전 방향 제안: 개인화와 공유를 중심으로. **한국디자인포럼, 26**(3), 19-30.

박예지, 박소영(2013). 스토리텔링(storytelling)을 활용한 시각문화 비판적 읽기 미술 수업 연구. **미술교육연구논총, 36**, 207-242.

박정현(2022). 디지털 리터러시 역량 함양을 위한 온라인 미술관 연계 감상 교육 프로그램 개발: 중학교 미술과 '감상'영역 전시기획을 중심으로. 한양대학교 석사학위논문.

박지숙, 임성환(2016). 가상체험을 활용한 미술영재의 감상 수업 연구: 구글 아트프로젝트와 구글 카드보드활용을 중심으로. **조형교육, 60**, 183-207.

백윤소(2023). VR 디지털 매체 탐색 및 활용에 나타나는 인식 탐구: 초등 6학년 학생을 중심으로. **미술과 교육, 24**(2), 141-159.

양현미, 전수환, 홍기원, 최선혜(2012). 미래환경 변화에 따른 예술정

책의 기본방향 연구. 문화체육관광부.

윤미경, 장현주, 조원상, 이정현, 이주연(2022). 학교교육에서 바라본 동시대 미술의 쟁점과 미술교사의 역할. **미술교육연구논총, 69**, 213-249.

이은영(2019). 유아 미술감상교육을 위한 교수매체로서 구글 아트 앤 컬쳐의 교육적 가치 및 과제. **인문사회21, 10**(5), 693-708.

이재영(2017). 디지털 시대 미술교육의 정신성에 대한 놓쳐버린 의문들. **미술과 교육, 18**(3), 13-23.

이지연, 강주희(2012). 디지털 사진을 통한 생태 미술교육: 앤디 골드워시의 작품세계와 미술교육에의 응용 가능성 연구. **미술과 교육, 13**(2), 133-151.

이지연(2013). 디지털 스토리텔링을 활용한 디지털 미술교육의 가치와 가능성. **미술과 교육, 14**(2), 123-139.

정현선(2004). 발제 4-2: 한국의 교육과정과 미디어 교육: 교과교육을 중심으로. 한국언론학회 심포지움 및 세미나, 90-147.

조운주(2023). 유치원 교사의 디지털 콘텐츠를 활용한 수업 경험. **육아지원연구, 18**(3), 5-26.

조원상(2019). 초등학생들의 온라인 미술교육 경험에 대한 연구. **미술교육연구논총, 65**, 349-386.

조원상(2023). 가상공간 표현활동 경험에 대한 사례연구. **조형교육, 87**, 155-178.

최은선, 최근배, 박남제(2023). 디지털 네이티브의 미래사회 변화대응력 및 개인 역량 제고를 위한 교사 실천 역량 제고 교육 방안. 한국정보기술학회 2023년도 하계종합학술대회 및 대학생논문경진대회자료집, 1-1.

홍상현(2023). 예술적 표현으로서의 비(非)서사적, 사적(私的), 시적(詩的) 다큐멘터리 사진 -『ROUTE44』의 사진적 방법론. HOMO MIGRANS, 28, 96-120.

홍인국(2017). 디지털 전시 기술의 적용과 박물관의 새로운 모색. **박물관학보, 32**, 47-67.

Prensky, M.(2001). Digital Natives, Digital Immigrants. *On the Horizon,* 9(5), 1-6

〈 34 〉

교육부(2015a). **초 · 중등학교 교육과정 총론**, 교육부 고시 제2015-74호 [별책 1].

교육부(2015b). 2015 학교 진로교육 목표와 성취기준 해설.

교육부(2015c). 교육부 고시 2015 개정 교육과정 총론 해설(중학교) 제2015-74호.

교육부(2015d). 교육부 고시 **창의적 체험활동 교육과정**. 제2015-74호 [별책 42].

교육부(2021a). **진로교육법**, [시행 2022. 7. 21.] [법률 제18298호, 2021. 7. 20., 타법개정]

교육부(2018). 2019 학교진로교육 추진계획.

교육부(2021b). 진로교육법시행령. [시행 2022. 7. 21.] [대통령령 제32627호, 2022. 5. 9., 타법개정]

교육부(2022a). **초 · 중등학교 교육과정 총론**, 교육부 고시 제2022-33호 [별책 1].

교육부(2022b). **미술과 교육과정**, 교육부 고시 제2022-33호 [별책 13].

김나라 외 11인(2017). 교과연계 진로교육 교수·학습 매뉴얼(음악, 미술, 체육). 교육부·한국직업능력개발원.

심영옥 외(2023). **예술문화 직업과 진로교육**(창의·융합형 인재로 키우는). 경희대학교 출판문화원.

육휘영(2016). 디자인 사고(Design Thinking)를 적용한 아동의 창의성 향상 지도 방안. 숙명여자대학교 석사학위논문.

이광우(2009). 핵심역량 기반 초·중등학교 교육과정 설계방안. 핵심역량 기반 초·중등학교 교육과정 설계 방안 탐색을 위한 세미나. 한국교육과정평가원. 연구자료 ORM2009-20.

이도현(2015). 집단 창의성 교육을 위한 방안으로서 과학 교육에 디자인적 사고를 도입하기 위한 핵심 역량 탐색 및 프로세스 개발 연구. 한국교원대학교 박사학위논문.

임효신(2015). 중학교 진로개발역량 검사도구 개발. 서울대학교 박사학위논문.

이주연, 안금희(2018). 미술교육을 통한 진로교육의 내실화 방안, **미술교육연구논총, 54**, 109-140.

임언, 정윤경, 최동선, 김나라, 장명희, 정연순, 장석민(2008). 교육과정과 연계된 진로교육 운영모델 구축: 총괄보고서. 한국직업능력개발원 경제·인문사회연구회 협동연구총서(08-21-01). 한국직업능력개발원 경제·인문사회연구회.

장소영(2019). 동영상 UCC 제작을 활용한 미술교과와 진로교육 연계 프로그램 연구. 국민대학교 석사학위논문.

진로정보망 커리어넷(CareerNet) https://www.career.go.kr/

진미석 외 7인(2015). 진로교육법 제정의 의의 및 시행령 기본방향. 한국직업능력개발원.

한국진로교육학회(2000). **진로교육의 이론과 실제**. 서울: 교육과학사.

한국진로교육학회(2011), **선진 패러다임을 위한 진로교육의 이론과 실제**. 서울: 교육과학사.

Rothwell, W. J., & Lindholm, J. E. (1999). Competency indentification, modelling and assessment in the USA. *International Journal of Training and Developmant,* 3(2), 90-105.

〈35〉

교육부(1997). **미술과 교육과정**. 교육부 고시 제1997-15호.

교육과학기술부(2011). **미술과 교육과정**. 교육과학기술부 고시 제2011-361호 [별책13].

교육부(2015). **미술과 교육과정**. 교육부 고시 제2015-74호 [별책 13].

교육부(2021.11.24). (더 나은 미래, 모두를 위한 교육) **2022 개정 교육과정 총론 주요 사항**(시안).

교육부(2022a). **초·중등학교 교육과정 총론**. (교육부 고시 제2022-33호 [별책 1]).

교육부(2022b). **국어과 교육과정**. 교육부 고시 제2022-33호 [별책 5].

교육부(2022c). **도덕과 교육과정**. 교육부 고시 제2022-33호 [별책 6].

교육부(2022d). **사회과 교육과정**. 교육부 고시 제2022-33호 [별책 7].

교육부(2022e). **수학과 교육과정**. 교육부 고시 제2022-33호 [별책 8].

교육부(2022f). **음악과 교육과정**. 교육부 고시 제2022-33호 [별책 12].

교육부(2022g). **미술과 교육과정**. 교육부 고시 제2022-33호 [별책 13].

안규철(2021). **사물의 뒷모습**. 서울: 현대문학.

온정덕(2023). **2022 개정 교과 교육과정 이해 제고를 위한 교과별 선도교원 연수 강사 사전 협의회 자료집**. 교육부.

이은희, 손지현(2022). 개념미술 감상 활동을 통한 미술에 대한 인식 확장. **미술과 교육, 23**(3), 83-101.

이주연, 강래형, 김경순, 김은주, 김정선, 김지영...정회진(2022). 2022 개정 교육과정 미술과 교육과정 시안(최종안) 개발 연구(미술과 교육과정). 교육부.

이지연, 김지은, 박지원, 제갈유진(2022). 미술과 토론 수업의 사례와 방법론 탐구. **미술과 교육, 23**(3), 17-37.

정문성(2013). **토의·토론 수업방법**. 파주: 교육과학사

차우규(2013). 도덕교육에 있어서의 민주시민교육의 방향. **도덕윤리과 교육, 41**, 1-22.

크리틱. In namu.wiki. Retrieved from http://www.oxforddictionaries.com/definition/english/narrative?q=narrative/

한국교원대학교 초등교육연구소 초등교과교육연구회(2017). **초등 교과 교육의 이해**. 파주: 양서원.

Barrett, T. (2019). *Crits: A student manual*. New York: Bloomsbury Publishing.

Braun, V., & Clarke, V. (2006). Using thematic analysis in psychology. *Qualitative research in psychology, 3*(2), 77-101.

Budge, K., Beale, C., & Lynas, E. (2013). A chaotic intervention: Creativity and peer learning in design education. *International Journal of Art & Design Education, 32*, 146-156.

Costantino, T. (2010). The critical friends group: A strategy for developing intellectual community in doctoral education. *Inquiry in Education, 1*(2), Article 5. Retrieved from http://digitalcommons.nl.edu/ie/vol1/iss2/5

Costantino, T. (2015). Lessons from art and design education: The role of in-process critique in the creative inquiry process. *Psychology of Aesthetics, Creativity, and the Arts, 9*(2), 118-121.

Elkins, J. (2006). **학교 안의 미술, 학교 밖의 미술**(장호연 역). 서울: 책세상. (원저 2001 출판)

Elkins, J. (2012). *Art critiques: A guide*. Washington, DC: New Academia Publishing.

Hetland, L., Winner, E., Veenema, S., & Sheridan, K. (2013). *Studio thinking 2: The real benefits of visual arts education*. New York, NY:Teachers College Press.

Leeman, J. (2017) Pragmatics of Studio Critique. In: Fraser P, Rothman R. (eds.), *Beyond Critique: Contemporary Art in Theory, Practice, and Instruction.* (pp. 181-194). New York: Bloomsbury Academic.

OECD(2020). *Curriculum (re)design: A series of thematic reports from the OECD Education 2030 project*. Overview Brochure.

Saltz, J. (2020). **예술가가 되는 법** (조미라 역). 서울: 처음북스. (원저 2020 출판)

Scagnetti, G. (2017) A dialogical model for studio critiques in Design Education. *The Design Journal, 20*(1), 781-791.

Senturer, A., & Istek, C. (2000), Discourse as Representation of Design Thinking and Beyond: Considering the Tripod of Architecture - Media, Education, and Practice. *Journal of Art and Design Education, 19*(1), 72-85.

Shulman, L. S. (2005). Signature Pedagogies in the Professions. *Daedalus, 134*(3), 52-59.

〈36〉

강민정(2005). 협동학습을 적용한 미술 수업이 초등학생의 미술 자아 개념, 자아존중감 및 사회성에 미치는 영향. **이화교육논총, 15**, 301-316.

교육부(2022a). **초·중등학교 교육과정 총론**. 교육부 고시 제2022-33호 [별책1].

교육부(2022b). **미술과 교육과정**. 교육부 고시 제2022-33호 [별책13].

구병두(2014). 메타분석을 통한 협동학습이 학업성취에 미치는 영향. **학습자중심교과교육연구, 14**(12), 91-114.

김소희 외 4인(2016). 협동학습을 통한 미술교육의 효과에 대한 연구. 한국조형교육학회 학술대회지, 2016(6), 271-273.

김수영(2023). 2015 개정 교육과정과 2022 개정 교육과정 문서의 비교 분석. **한국교육과정개발연구, 1**(2), 131-144.

박미화, 박은덕(2009). 구조중심 협동학습을 적용한 초등미술과 수업 디자인 개발. **교원교육, 25**(2), 390-413.

박은주(2019). 협동 학습 중심의 미술교육 강좌가 예비유아교사의 미술교수 효능감에 미치는 효과 및 미술교수 인식의 변화 과정 탐색. **유아교육학논집, 23**(2), 231-257.

박일수(2020). 프로젝트 기반 협동학습이 예비교사의 창의역량에 미치는 효과. **학습자중심교과교육연구, 20**(20), 307-327.

반진주, 노용(2012). 미술 감상수업에서 협동학습이 고등학교 2학년 여학생의 공감능력에 미치는 영향. **미술교육논총, 26**(3), 289-320.

손수민, 강윤정(2018). GI협동학습모형을 적용한 미술감상수업이 미술 자아개념과 사회성에 미치는 영향: 대안고등학교를 중심으로. **문화예술교육연구, 13**(4), 123-155.

손윤정(2007). 중학교 미술교육에 대한 중학교 3학년 학생들의 인식 및 기대. 이화여자대학교 석사학위논문.

안초희, 이현정(2022). LT협동학습을 활용한 협동미술활동이 유아의 리더십과 정서지능에 미치는 영향. **교양학연구, 9**(2), 19-40.

오유라, 김효정 (2017). GI협동학습모형을 적용한 다문화 미술 수업이 중학교 1학년의 다문화태도에 미치는 영향. **문화예술교육연구, 12**(1), 145-170.

유종열(2011). 협동학습에 대한 중등 교사들의 인식 조사 연구. **학습자중심교과교육연구, 11**(1), 203-228.

이동원(1997). **인간교육과 협동학습**. 서울: 성원사.

이상우(2010). **살아있는 협동학습**. 서울: 시그마프레스.

이상우(2011). **협동학습으로 토의 · 토론 달인 되기**. 서울: 시그마프레스.

이정은(2022). 미술 교과 협동학습에서의 상호작용 분석 체계 제안과 적용. **미술교육논총, 36**(1), 164-193.

이정은(2022). 온라인 미술 학습에서의 집단 창의성과 상호작용. 서울대학교 박사학위논문.

이종일 외 10인(2008). **협동학습과 탐구**. 파주: 교육과학사.

임성윤(2023). MZ 세대의 개인주의 문화, 어떻게 볼 것인가?. **청소년문화포럼, 73**, 97-106.

정문성(2008). **협동학습의 이해와 실천**. 서울: 교육과학사.

정문성, 조성태, 서우철(2010). **함께해서 즐거운 협동 학습**. 서울: 즐거운학교.

정혜선(2022). **테크놀로지와 협동학습**. 서울: 커뮤니케이션북스.

최유성, 김영순(2019). 세계시민성 함양을 위한 중학교 사회과 수업 프로그램 개발: 자율적 협동학습(Co-op Co-op) 모형을 적용하여. **학습자중심교과교육연구, 19**(14), 295-321.

최윤철(2011). 구성주의 협동학습을 활용한 미술교육의 연구. **예술교육연구, 9**(2), 1-18.

한방교, 윤길근(2000). **교육의 이해**. 서울: 동문사.

한승록(2009). 위키 기반 협동학습과제 수행에서 혼합학습 유형과 협동학습 구조화 전략이 학습태도에 미치는 효과. **학습자중심교과교육연구, 9**(3), 311-330.

허지원(2021). '역량기반 교육' 개념체제의 이해와 조건 탐색을 통한 과제 제시. **핵심역량교육연구, 6**(1), 1-22.

홍순태(2016). **협동학습 이론과 적용**. 서울: 한빛문화.

Johnson, D. W., & Johnson, R. T. (1989). *Cooperation and Competition: Theory and research.* Edina, Minnesota: Interaction Book Co.

Slavin, R. E. (1991). Synthesis of research on cooperative learning. *Educational leadership*, 48(5), 71-82.

Anderson. T. & Milbrandt, M. K. (2007). **삶을 위한 미술교육: 미술의 실제적 교수 · 학습을 중심으로**(김정희 외 역). 서울: 예경

〈 37 〉

권순희(2005). 초등학교 국어과 수업에 나타난 교사 질문 · 피드백 양상과 개선 방안. **국어교육, 118**, 65-100.

김상희(1995). 국어과 수업담화분석을 통한 교수 전략 연구: '말하기 · 듣기', '언어' 영역을 중심으로. 서울대학교 석사학위논문.

김승현(2014). 초등 예비 교사의 피드백 발화에 대한 분석적 고찰. **화법연구, 25**, 41-73.

김재봉(2004). '교사 질문-학생 대답-평가' 대화 연속체에서 교사 질문 전략 연구. **한국초등국어교육, 25**, 37-73.

류지영(2015). 미술교육에서 초등 예비교사의 피드백 발화 연구. **미술교육연구논총, 42**, 103-128.

박윤희(2011). 수업상황 요인에 따른 국어교사의 피드백 화법 양상 연구. 이화여자대학교 석사학위논문.

박재현 · 김호정 · 남가영 · 김은성(2010). 국어 교수 화법의 유형적 특성에 관한 분석적 고찰 -국어교사의 평가/피드백 발화를 중심으로. **새국어교육, 86**, 125-156.

박태호(2003). 오 교사의 말하기 · 듣기 수업대화 목적 분석. **새국어교**

육, 66, 35-65.

박태호 · 이수진(2003). 김교사의 읽기 교수화법 분석 연구: 수업대화 구조를 중심으로. **교육과정평가연구, 6**(1), 75-98.

변정민(2007). 교수 화법의 상호교섭적 전략 연구. **새국어교육, 77**, 171-201.

서울대학교교육연구소(1995). **교육학용어사전**. 서울: 하우동설.

이수진(2003). 국어교육과 수업대화 분석. **학습자중심교과교육연구, 3**(1), 115-132.

이수진(2004). 수업 평가를 위한 교수대화 분석 방법 연구. **국어교과교육연구**, 7, 243-287.

이정숙 · 김국태 · 박창균(2011). 국어 수업대화의 재개념화: 대화적 관계 형성을 중심으로. **우리말교육현장연구, 5**(2), 282-313.

이창덕(2002). **수업대화 분석 연구의 필요성과 그 과제. 국어교육학의 새로운 지평**. 서울: 한국문화사.

이창덕(2003). 교사화법연구와 교육의 필요성과 그 과제. **화법연구, 5**, 9-48.

이창덕(2008). 교사 질문 발화와 학생 반응에 대한 교사 피드백 발화 연구. **국어교과교육연구, 15**, 177-216.

이창덕 · 민병곤 · 박창균 · 이정우 · 김주영(2010). **수업을 살리는 교사 화법**. 서울: 즐거운 학교.

이현진(2004). 국어과 수업 대화 분석을 통한 교수 화법 양상 연구. **국어교과교육연구, 8**, 189-229.

임칠성 · 심영택 · 원진숙 · 이창덕(2004). **교사화법 교육**. 서울: 집문당.

최진희(1997). 수업담화 분석을 통한 교사와 학습자의 발화 특성에 관한 탐색 연구. 서울대학교 석사학위논문.

한국교육심리학회(2000). **교육심리학용어사전**. 서울: 학지사.

한국문학평론가협회(2011). **문학비평용어사전**. 국학자료원.

広辞苑編輯部(1998). 広辞苑 第五版 東京: 岩波書店.

大泉義一(2010). 図画工作 · 美術科の授業における教師の発話に関する実践研究. 美術科教育学会誌, 32, 69-83.

Wells, G(1999). *Dialogic Inquiry: Towards a Sociocultural Practice and Theory of Education.* Cambridge University Press

대구미디어센터 우수수업영상 http://media.edunavi.kr

〈38〉

교육부(2022a). **초 · 중등학교 교육과정 총론**. 교육부 고시 제2022-33호 [별책 1].

https://ncic.re.kr/mobile.dwn.ogf.inventoryList.do#에서 검색.

교육부(2002b). 미술과 교육과정. 교육부 고시 제2022-33호 [별책 13]. https://ncic.re.kr/mobile.dwn.ogf.inventoryList.do#에서 검색.

교육인적자원부(2007). 디지털교과서 상용화 개발 본격 착수. 유비쿼터스 시대의 미래학교교육 현실로 다가와. 교육인적자원부 보도자료.

김수진, 김동영, 이명진, 백은진(2022). 디지털 교육환경 변화에 따른 교사의 학생평가 역량 기준 개발 및 활용 방안 탐색. KICE 이슈페이퍼. 24.

김신애, 방준성, 권희경(2018). 교육 분야 「국가디지털전환」 기획의 방향성 탐색. **한국교육, 45**(4), 173-200.

김은규, 김정효(2022). 초등 미술과 체험 영역에서 에듀테크 활용 수업 사례 연구. **문화예술교육연구, 17**(6), 107-132.

김해경(2020). 백워드 설계 관점에서 본 2015 개정 미술과 교육과정 분석 연구: 내용 체계를 중심으로. **미술교육연구논총, 63**, 65-87.

김혜숙, 이미미, 안성훈(2014). 디지털 교과서 활용을 위한 교수 · 학습 지원 방안 연구. 연구보고 RRT 2014-3. 교육과정평가원.

변호승, 송연옥(2010). 디지털교과서 현황과 발전과제. **정보과학지, 28**(10). 58-63.

손찬희, 김성미(2019). 디지털교육연구센터의 사업 및 정책 제안. **교육개발, 46**(1), 36-40.

송선진(2023). "모두를 위한 맞춤 교육"의 실현, 디지털 기반 교육혁신. **교육개발, 226**, 35-39.

이영호(2022). 국가별 디지털 리터러시 교육 현황 탐색 및 시사점 분석. **정보교육학회논문지, 26**(5), 385-396.

이용일(2015). 스마트교육 기반 초등 미술과 디지털 교과서 개발방안. **미술교육연구논총**. 41, 189-208.

이은주(2019). 적응형 온라인 형성평가 시스템 운영 방안 연구: 온라인 중등교육을 대상으로. **교육개발연구, 32**(2), 181-201.

한국교육학술정보원(연도 불명). 디지털교과서.

https://dtbook.edunet.net/viewCntl/dtIntro?in_div=nedu에서 검색.

한국소프트웨어진흥원(2008). 디지털콘텐츠산업 백서.

황윤정(2010). 디지털교과서 운영사례 분석. 청주교육대학교 석사학위논문.

〈39〉

고황경(2020). 2015 개정 교육과정에 따른 미술과 과정 중심 평가 적용 방안 연구. **미술교육연구논총, 60**, 79-106.

고현(2019). 교사별 과정 중심 평가에 대한 인식 및 실태와 지원방안 탐색. **학습자중심교과교육연구, 19**(9), 1137-1164.

교육과학기술부(2011). 창의 · 인성교육 강화를 위한 중등학교 학사관리 선진화 방안 발표. 보도발표자료(2011.12.13.).
교육부(2015a). 중학교 교육과정 총론. 교육부 고시 제2015-74호 [별책 1].
교육부(2015b). **중학교 교육과정 총론 해설.**
교육부(2015c). 미술과 교육과정. 교육부 고시 제2015-74호 [별책 13].
교육부(2017). 내년부터 희망하는 학교에서 자유학년제를 시작한다-중학교 자유학기제 확대·발전 계획 시안 발표-교육부 보도자료(2017.9.12.).
교육부(2022). **미술과 교육과정.** 교육부 고시 제2022-33호 [별책 13].
교육부, 한국교육과정평가원(2017). 과정을 중시하는 수행평가 어떻게 할까요?: 중등. 연구자료 ORM 2017-19-2.
구정화, 김상도, 이현진, 최영아(2017). 과정 중심 평가로서의 수행평가 현황 및 개선방안 연구. 경기도교육연수원. 정책연구 2017-15.
김금란(2019). 초등 미술과 과정 중심 평가를 위한 수업 디자인 제안. 경인교육대학교 석사학위청구논문.
김정민(2018). 과정 중심 평가의 개념과 교육적 의의 탐색. **학습자중심교과교육연구, 18**(20), 839-859.
김태현, 김석우(2020). 교육과정-수업-평가 일체화를 통한 과정 중심평가의 실제: 고등학교 영어과 수업을 사례로. **학습자중심교과교육연구, 20**(2), 91-110.
권미선(2018). 어떻게 가르칠 것인가? 초등 수학에서 과정 중심 평가 적용을 중심으로. **학습자중심교과교육연구, 18**(18), 873-896.
류영지(2019). 초등학교 과학 수업에서의 과정 중심 평가 적용 현황 분석. 서울교육대학교 석사학위청구논문.
문병찬(2019). 예비초등 교사들을 대상으로 과학수업에서 운영한 '과정 중심 평가' 실효성 연구. **대한지구과학교육학회지, 12**(3), 239-251.
박지현, 조지민, 진경애, 김수진, 이재봉, 배주경, 김현정, 박종임, 이상아, 배화순, 이소연, 이동욱(2018a). 초·중학교 교사별 과정 중심 평가 연수 프로그램 개발 및 강사 연수. 한국교육과정평가원 연구보고 CRE 2018-4.
박지현, 진경애, 김수진, 이상아(2018b). 과정 중심 평가 내실화를 위한 교사의 평가 전문성 신장 방안 연구. 한국교육과정평가원 연구보고 RRE 2018-5.
박소영, 이주연, 김선아, 김선희, 고황경, 김현정, 양윤희, 오미숙, 장경아(2006). 미술 수업에서 학생평가를 잘 하려면. 한국교육과정평가원 연구보고 ORM 2006-22-5.
박소영(2019). 미래 사회 대비 학교미술교육 정책 방향 및 과제. 2019 한국조형교육학회 국제학술대회 발표집, 67-72.
박정(2019). 과정 중심 평가를 위한 수업과 학생 자기평가 의미 탐색. **교육평가연구, 32**(3), 421-440.
신보미, 이경언(2018). 교사 학습 공동체의 과정 중심 평가도구 검토 사례 분석. **교육과정평가연구, 21**(4), 73-98.
이경화, 강현영, 고은성, 이동환, 신보미, 이환철, 김선희(2016). 과정 중심 평가의 실행을 위한 방향 탐색. **수학교육학연구, 26**(4), 819-834.
양윤정, 박소영, 김정효, 김정선, 박정유, 손지현, 김선아, 고황경, 조은정, 장경아, 김현정, 송희성(2012). 2009 개정 교육과정에 따른 미술과 성취기준 및 성취수준 개발 연구. 한국교육과정평가원 연구보고. CRC 2012-10.
이형빈(2015). **교육과정-수업-평가 어떻게 혁신할 것인가**, 서울: 맘에드림.
정미경, 권재기, 안혜진(2019). **예비교사를 위한 교육평가.** 파주: 공동체.
정종진(1999). **교육평가의 이해.** 서울: 양서원.
정찬기오, 문승한, 이광우, 김훈희, 양은진, 정다운(2014). **교육과정 개발과 수업설계: 교육공학적 접근.** 서울: 양서원.

⟨ 40 ⟩

강대일, 정창규(2018). **과정중심평가란 무엇인가.** 서울: 에듀니티.
고황경(2020). 2015 개정 교육과정에 따른 미술과 과정중심평가 적용 방안 연구. **미술교육연구논총, 60**, 79-106.
교육부(2015). **초·중등학교 교육과정 총론.** 교육부 고시 제2015-74호 [별책 1].
교육부(2022a). **국어과 교육과정.** 교육부 고시 제2022-33호 [별책 5].
교육부(2022b). **도덕과 교육과정.** 교육부 고시 제2022-33호 [별책 6].
교육부(2022c). **미술과 교육과정.** 교육부 고시 제2022-33호 [별책 13].
교육부(2022d). **사회과 교육과정.** 교육부 고시 제2022-33호 [별책 7].
교육부(2022e). **실과(기술·가정)/정보과 교육과정.** 교육부 고시 제2022-33호 [별책 10].
교육부(2022f). **영어과 교육과정.** 교육부 고시 제2022-33호 [별책 14].
교육부(2022g). **음악과 교육과정.** 교육부 고시 제2022-33호 [별책 12].
교육부(2022h). **초·중등학교 교육과정 총론.** 교육부 고시 제2022-33호 [별책 1].
김경배, 김재건, 이홍숙(2005). **교육과정과 교육평가.** 서울: 학지사.
김나영, 이다경, 김한나(2018). 학습자 중심 수업활동이 중학생의 의사소통 역량에 미치는 영향. **학습자중심교과교육연구, 18**(3), 101-118.
김나영, 홍유정(2018). 학습자 중심 수업이 초등학생의 창의역량에 미치는 영향 분석. **학습자중심교과교육연구, 18**(19), 749-770.
김이경, 김경현, 이세미, 김기영, 윤예지(2020). 2015 개정 교육과정

정책이 교사의 수업활동과 학생의 핵심 역량에 미친 영향 분석. **교육정치학연구, 27**(2), 169-188.

김희연, 탁하연(2020). 학교급별 학생의 개인변인, 가정변인, 학교변인이 학교행복감에 미치는 영향. **청소년학연구, 27**(7), 23-45.

문지영(2015). 학습자 중심교육에 기반한 전통문양의 의미 이해 교육방안 모색. **아동미술교육, 14**, 1-13.

박경희, 이지혜(2021). 초등학교 디자인씽킹 기반 주제 중심 수업이 학습자의 핵심 역량 신장에 미치는 효과. **학습자중심교과교육연구, 21**(20), 191-210.

배주경, 박소영, 이미경, 권점례, 이지수, 이소연(2023). 2022 개정 교육과정에 따른 교과 교육과정 적용 방안 연구(Ⅰ): 초등학교를 중심으로. 한국교육과정평가원 연구보고 RRC 2023-6.

신윤범, 이자형, 원효헌(2022). 학습자중심수업이 학습 동기, 학교행복감을 매개로 고등학생의 창의적 사고역량과 자기관리역량에 미치는 영향에 관한 구조분석. **학습자중심교과교육연구회, 22**(15), 37-57.

양정실, 노원경, 박주현, 변태진, 홍미영, 최성희(2020). 중학교 학생 참여형 수업의 실태 분석과 질 제고 방안. 한국교육과정평가원 연구보고 RRI 2020-6.

유영식(2017). **교육과정-수업-평가를 일체화하는 과정중심평가**. 서울: 테크빌교육(주).

이필남, 홍지인(2020). 자유학기제가 교사 전문성에 미친 영향: 교사효능감, 교사협력, 학습자중심수업을 중심으로. **학습자중심교과교육연구, 20**(4), 1127-1147.

장현주(2022). 학생 주도의 소통과 참여 중심 공공미술 프로젝트 실행 연구: 초등학교 고학년 미술 수업을 중심으로. **조형교육, 81**, 217-244.

장현주(2023). 수업 사례로 본 공공미술교육의 방법과 가치 탐색: 뉴장르 공공미술 프로젝트 수업을 중심으로. **조형교육, 85**, 179-206.

장현주(2024). 학생 참여 중심 평가의 의미와 방법 고찰: 2022 개정 미술과 교육과정을 중심으로. **조형교육, 89**, 327-348.

조한무, 장준걸, 유병욱, 박태준, 이성진, 설진희(2020). **수업을 돕는 과정중심 평가**. 서울: 지식플랫폼.

조한무, 한상모, 이바름, 홍명기(2018). **교수 · 평가 통합을 위한 과정평가 디자인하기**. 파주: 교육과학사.

최무연(2020). **학생중심수업, 교육과정을 디자인하다**. 남양주: 행복한미래.

최미정(2004). 학습자중심 수업설계에 대한 의미 탐색. **학습자중심교과교육연구회, 4**(1), 93-114.

박지현, 진경애, 김수진, 이상아(2018). 과정 중심 평가 적용에 따른 학교수준 학생평가 체제 개선 방안. 한국교육과정평가원. 연구보고 ORM 2018-39-7.

OECD(2005). The definition and selection of key competencies: Executive summary.

〈41〉

경기도교육청(2013). 중학교 교육 활성화 방안 연구.

경기도교육청(2022). 성장 중심 평가를 위한 논술형 평가 길라잡이. 연구보고서. 2022-032.

고황경(2020). 2015 개정 교육과정에 따른 미술과 과정중심평가 적용방안 연구. **미술교육연구논총, 60**, 79-106.

교육부(2009). **미술과 교육과정**. 교육부 고시 제2011-361호 [별책 13].

교육부(2022). **미술과 교육과정**. 교육부 고시 제2022-33호 [별책 13].

교육부(2022). **초 · 중등학교 교육과정 총론**. 교육부 고시 제2022-33호.

김주환(2010). **서술형 평가 ROAD VIEW-서술형 평가 문항 제작 컨설팅 그리고 채점까지**, 서울: 도서출판 박이정.

김형숙(2010). 평가의 딜레마: 미술교육 패러다임의 전환과 평가, **미술과 교육, 11**(1). 135-165.

김호권, 임인재, 변창진, 김영채(2000). **현대교육평가론**. 서울: 교육출판사.

남명호, 박소영, 송미영, 김국현, 김수동, 조일수, 임완성, 이경애, 오수학, 강민선, 강진호(2006). 교사의 학생평가 전문성 신장 연구(III). 한국교육과정평가원 연구보고 RRE 2006-5.

박소영, 남명호, 송미영, 강진호(2006). 미술 수업에서 학생평가를 잘하려면. 한국교육과정평가원 연구자료 ORM 2006-22-5.

손원숙, 박정, 강성우, 박찬호, 김경희 공역(2015). **교실평가의 원리와 실제: 기준참조수업과의 연계**. 파주: 교육과학사.

송지은(2022). 미술과 과정중심 평가 활성화를 위한 중등교사의 인식 연구. 이화여자대학교 석사학위논문.

양알마(2016). 중학교 미술과 서술형 · 논술형 평가의 실태 분석 및 개선 방안. 숙명여자대학교 석사학위논문.

McMillan, J. H. (2014). *Classroom assessment: Principles and Practice for Effective Standards-Based Instruction.*

Tyler, R. (1949). *Basic Principle of Curriculum and Instruction.* Chicago: University of Chicago Press.

〈42〉

교육과학기술부(2011). **미술과 교육과정**. 교육과학기술부 고시 제2011-361호 [별책13].

교육부(1997). **미술과 교육과정**. 교육부 고시 제 1997-15호 [별책 13].

교육부(2015). **미술과 교육과정**. 교육부 고시 제2015-74호 [별책 13].

교육부(2020). 코로나-19 대응을 위한 교육과정 운영 예시 자료집(성취기준 재구조화 블렌디드 러닝 수업자료). https://www.edunet.net/nedu/ncicsvc/selectTchBoardForm.do?boardNum=15&menu_id=659&atclNum=8281&contents_openapi=totalSearch#

교육부(2021a) 중·고등학교 미술과 교육과정 재구성 예시 자료집(성취기준 재구조화, 온·오프라인연계 수업 및 평가·기록 자료).

교육부(2021b). 고교학점제 종합 추진계획. 교육부 보도자료 (2021. 2. 16). https://www.moe.go.kr/boardCnts/viewRenew.do?boardID=294&lev=0&statusYN=W&s=moe&m=020402&opType=N&boardSeq=83590

교육부(2022a). **미술과 교육과정**. 교육부 고시 제2022-33호 [별책 13].

교육부(2022b). 제1차 기초학력 보장 종합계획 [2023~2027].

교육부(2022c). **초·중등학교 교육과정 총론**. 교육부 고시 제2022-33호 [별책 1].

교육부(2024a). 2024학년도 초등학교 학교생활기록부 기재요령.

교육부(2024b). 2024학년도 중학교 학교생활기록부 기재요령.

교육인적자원부(2007). 중학교 교육과정. 교육인적자원부 고시 제2007-79호 [별책 3].

박상돈, 박소영, 이주연, 박유신, 이은영, 이하림, 고황경, 이진희, 황선하(2024). 2022 개정 교육과정에 따른 초·중학교 미술과 성취수준 개발 연구. 연구보고 CRC 2024-14. 한국교육과정평가원.

박지현, 강현석(2018). 국가 교육과정 성취기준의 구현 방안: 교실 수업으로의 실행과 내러티브에 초점을 두고. **내러티브와 교육연구** **6**(2). 61-87.

박혜영, 김경희, 장의선, 김유향, 양영자, 서지희(2022), 고교학점제 도입에 따른 성취평가제 개선 방안. 연구자료 ORM 2022-68-19. 한국교육과정평가원.

백남진, 온정덕(2021). **성취기준의 이해**. 서울: 교육아카데미.

송명길(2023). 미술과에서 최소 성취수준의 의미 고찰: 2022 개정 교육과정을 중심으로. **조형교육, 88**, 157-167.

옥진엽, 김진선, 김현우, 박미연, 백준호(2022). **수업의 폭과 깊이를 더하는 성취기준 재구조화**. 서울: 하움출판사.

최성희, 김정효, 강주희, 고황경, 장경아, 조성희, 김선아, 서진아, 노현옥(2018). 2015 개정 교육과정에 따른 고등학교 미술과 평가기준 개발 연구. 연구보고 CRC 2017-5-12. 한국교육과정평가원.

한혜정(2023). 내용기준과 수행기준 관련 선행연구 분석을 통한 역량중심 교육과정의 성취기준 개발 방향 탐색. **학습자중심교과교육연구, 23**(14), 553-564.

허경철, 백순근, 김신영, 채선희, 구자억, 최돈형, 이인제, 김왕근, 박경미(1996). 국가공통 절대평가기준 일반모형 개발연구. 수탁연구 RM 96-4. 한국교육개발원.

찾아보기

〈기타〉

2022 개정 미술과 교육과정 핵심 가이드

2025년 1월 25일 1판 1쇄 인쇄
2025년 1월 30일 1판 1쇄 발행

편저자: 류지영, 김효정, 안지연
이주연, 김향미
저　자: 한국조형교육학회
발행자: 한　정　주
발행처: 교 육 과 학 사

저자와의
협의하에
인지생략

경기도 파주시 광인사길 71
전화(031)955-6956~8/팩스(031)955-6037
Home-page: www.kyoyookbook.co.kr
E-mail: kyoyookbook@daum.net
등록: 1970년 5월 18일 제2-73호

정가 36,000원
ISBN 978-89-254-2002-8